Grundwissen
für jedermann

Grundwissen
für jedermann

Das umfassende
NACHSCHLAGEWERK
für die ganze Familie

wissenmedia
Chefredaktion: Dr. Beate Varnhorn
Projektleitung: Christian Adams
Grafik: Verena Wübbe
Bildredaktion: Svenja Meinholz, Silke Kirchhoff
Redaktion Karten und Grafiken: Dr. Matthias Herkt
Schlusskorrektorat: Andrea Rocha-Lieder

Loop Redaktionsgruppe (Realisation)
Projektleitung: Henning Aubel
Autoren: Ellen Astor, Dr. Matthias Delbrück, Wieland Eschenhagen,
Elke Eßmann, Lars Günther, Carsten Heinisch, Ute Kleinelümern, Brigitte Lotz
Korrektorat: Petra Frese, Elke Eßmann
Bildredaktion: Birgit Bödeker

Reader's Digest
Redaktion: Joachim Zeller
Grafik: Peter Waitschies (auch Umschlag)
Bildredaktion: Christina Horut
Prepress: Andreas Engländer
Redaktionsdirektorin: Suzanne Koranyi-Esser
Redaktionsleiterin: Dr. Renate Mangold
Art Director: Susanne Hauser
Leitung Produktion Buch: Norbert Baier

Produktion
arvato print management: Thomas Kurz
Satz: Böcking Gestaltung, Bochum

Druck und Binden: mohn media Mohndruck GmbH, Gütersloh

Dieses Buch entstand in Zusammenarbeit zwischen der wissenmedia GmbH und
Reader's Digest Deutschland, Schweiz, Österreich – Verlag Das Beste GmbH

Autorisierte und aktualisierte Sonderausgabe 2011 für Reader's Digest Deutschland, Schweiz,
Österreich – Verlag Das Beste GmbH, Stuttgart, Zürich, Wien und ADAC Verlag GmbH, München

Redaktionsschluss: 1. Oktober 2010

GR 1681/IC

Printed in Germany

ISBN 978-3-89915-695-9

Über dieses Buch

Vieles hat man in der Schule gelernt, manches vergessen und einiges würde man wieder gern wissen. Aber kein Mensch, und sei er noch so gebildet, kann in unserer Zeit alles wissen oder sich einmal Gelerntes für immer merken. Kann es ein Buch geben, das ein solches Basiswissen lebendig vermittelt und somit eine Orientierung ermöglicht?

GRUNDWISSEN FÜR JEDERMANN bringt „verschüttetes Wissen" wieder ans Licht, stellt einzelne Fakten in einen anschaulichen Zusammenhang und liefert die Grundlagen für das Verständnis unserer Welt. Mit Bedacht größtenteils an klassische Schulfächer angelehnt, stellt es in zehn Kapiteln die Grundlagen des aktuellen Wissens vor: von Geografie bis Kunst & Kultur, von Mathematik bis Geschichte oder von Politik & Wirtschaft bis zu Physik.

Dieses Werk strukturiert und sortiert das Wissen in allgemeinverständlicher Form und stellt vielfach einen nutzbaren Bezug zum Alltag her – ein außergewöhnliches Nachschlagewerk, das zugleich zum Blättern einlädt, nicht zuletzt wegen der zahlreichen faszinierenden Fotos und Illustrationen.

Die Redaktion

Inhaltsverzeichnis

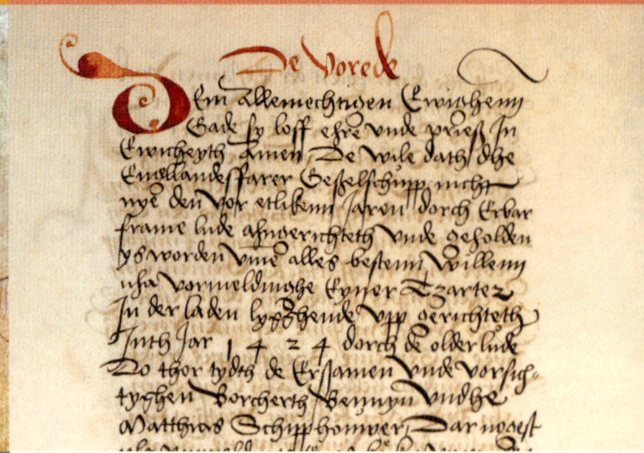

Die Geschichte der Menschheit

Die Macht der Sprache

Der kreative Mensch

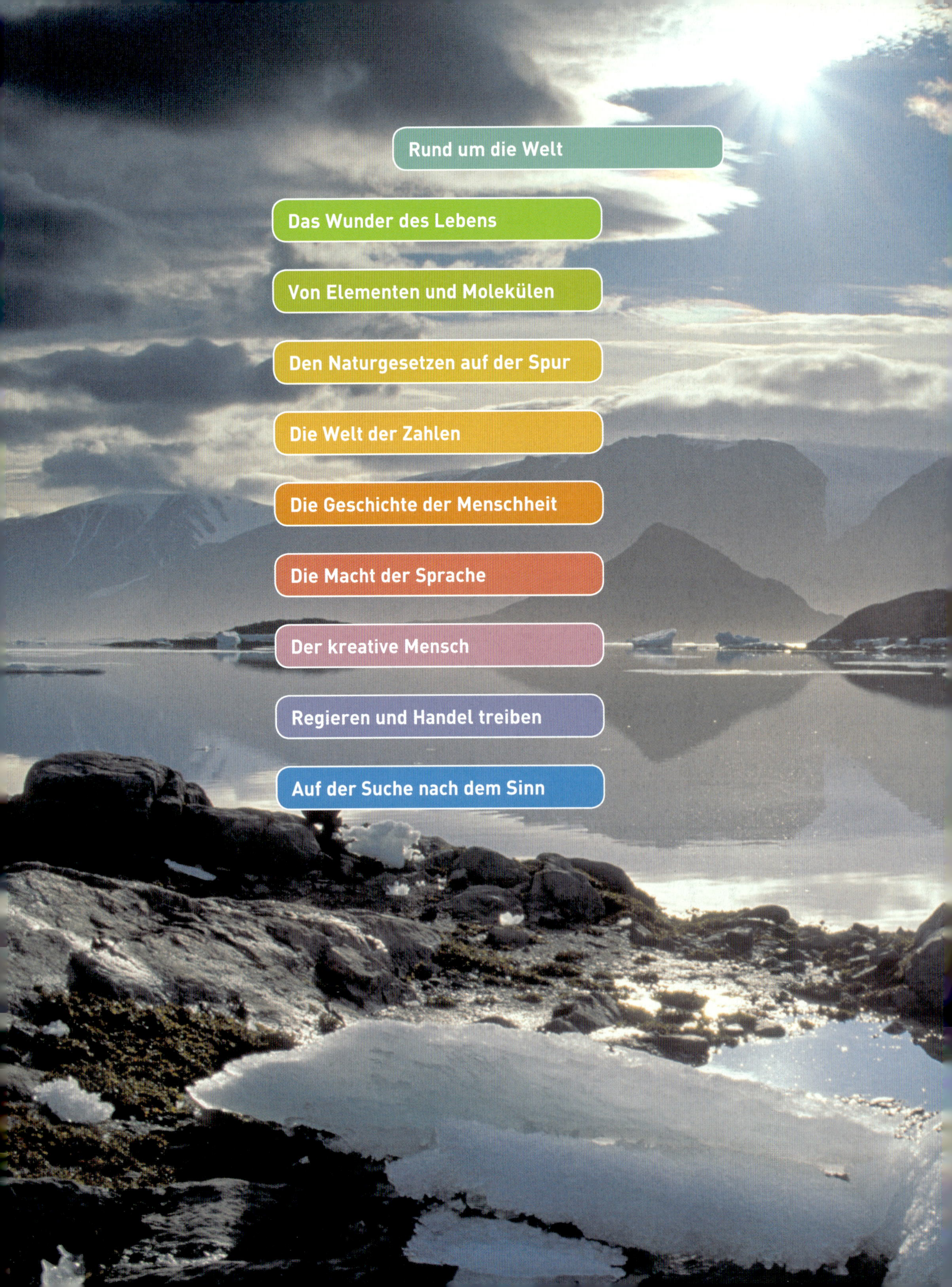
Rund um die Welt
Das Wunder des Lebens
Von Elementen und Molekülen
Den Naturgesetzen auf der Spur
Die Welt der Zahlen
Die Geschichte der Menschheit
Die Macht der Sprache
Der kreative Mensch
Regieren und Handel treiben
Auf der Suche nach dem Sinn

Rund um die Welt

Es gibt kaum eine umfassendere Wissenschaft als die Geografie oder Erdkunde, die sich mit der Erdoberfläche als Ganzem und ihren unter verschiedenen Aspekten abgegrenzten Landschaften beschäftigt. Sie untersucht Einzelerscheinungen und deren wechselseitige Beziehungen. So erfahren wir nicht nur, wie hoch der Mount Everest ist, sondern auch, warum er noch weiterwächst.

Küstenlandschaft auf Ellesmere Island (Kanada)

Was ist Geografie?

Die Beobachtung der Dinge, die sich auf der Erdoberfläche abspielen, und der Versuch, die einzelnen Beobachtungen wie Mosaiksteine zu einem Gesamtbild zusammenzufügen, sind Kernelemente geografischer Arbeit. Eine so verstandene Geografie umschließt sowohl die Geschichte der Entdeckungsreisen als auch die modernen Geowissenschaften: Marco Polo, der im 13. Jh. Ostasien bereiste, war in diesem Sinne ebenso Geograf wie Alfred Wegener, der die Theorie der Plattentektonik entwickelte, oder der Zukunftsforscher Dennis Meadows. Die Entdeckung der Kontinente ist heute weitgehend abgeschlossen, aber immer noch gibt es Regionen, z. B. die Tiefsee oder das Erdinnere, über die wir noch zu wenig wissen. Und Themen wie der Klimawandel werden uns noch lange beschäftigen.

Geografie heißt direkt – und auch treffend – übersetzt Beschreibung der Erde. Hervorgegangen ist die Wissenschaft aus dem seit der Antike bestehenden Drang, die Welt zu erforschen und die Forschungsergebnisse mitzuteilen. Nach den ersten Kartenentwürfen etwa von Hesiod und Länderbeschreibungen von Herodot unternahm Eratosthenes im 3. Jh. v. Chr. seine berühmte Gradmessung und entwarf eine Weltkarte mit Längen- und Breitengraden. Strabo (um Christi Geburt) schrieb eine große Länderkunde und zeichnete eine neue Weltkarte. Das Weltbild des Ptolemäus (um 140 n. Chr.) beeinflusste das ganze Mittelalter, bis das Zeitalter der Entdeckungen wesentliche Verbesserungen brachte. Die moderne Geografie begann im 19. Jh. mit Alexander von Humboldt und Carl Ritter. Die weltweiten Gründungen geografischer Gesellschaften im 19. Jh. dokumentieren das wachsende Interesse an der Geografie. Da sich die Erde im stetigen Wandel befindet, tauchen auch heute noch ständig neue Forschungsthemen auf.

Daten zur Erde

Mittlere Entfernung zur Sonne	149,6 Mio. km
Lichtweg Erde–Sonne	8 min 20 sec
Äquatorradius	6378,137 km
Polradius	6356,752 km
Äquatorumfang	40 075 km
Meridianumfang	40 007 km
Oberfläche	510 065 600 km²
Volumen	1 083 207 000 000 km³
Masse	5,974 Trillionen t
Mittlere Erddichte	5515 kg/m³
Rotationsgeschwindigkeit am Äquator	465,1 m/sec
Neigung der Erdachse gegen die Erdbahn	66° 33′

Erforschung einer komplexen Welt

Im Mittelpunkt der geografischen Forschung steht die Erdoberfläche. Die Erdhülle oder Geosphäre ist der Raum, in dem sich Gesteinsschicht und Boden, Wasser- und Lufthülle berühren und durchdringen. Durch das Zusammenspiel von äußeren Kräften wie Verwitterung und Erosion mit Vorgängen, die sich im Innern der Erde abspielen wie Plattentektonik und Vulkanismus, ist die Erde ständigen Veränderungen ausgesetzt. Eine weitere Hülle ist die Biosphäre, der gesamte, mit Pflanzen und Tieren besiedelte Raum der Erde. Zu diesem belebten Raum gehört schließlich auch der Mensch, der nahezu alle Regionen der Erde besiedelt hat und seinen Lebensraum aktiv gestaltet und verändert, oft auf Kosten von Natur und Umwelt.

Die Geografie analysiert eine Vielzahl von Einzelaspekten der natürlichen Umwelt und des menschlichen Handelns und setzt sie zu einem vernetzten Gesamtsystem zusammen. Land- und Satellitenkarten spielen als Hilfsmittel eine zentrale Rolle in der Geografie.

schnell gefunden:

Frühe und traditionelle Weltbilder

Ein Weltbild beinhaltet nicht nur objektive Tatsachen wie den Lauf der Erde um die Sonne. Wenn das so wäre, müssten die Weltbilder aller Gesellschaften, die sich auf einem gleichen naturwissenschaftlichen Niveau befinden, identisch sein.

Weltbilder werden von soziologischen, philosophischen und religiösen Hintergründen geprägt. Im Altertum fand sich verbreitet die Vorstellung von der Erde als einer flachen Scheibe, bis die Griechen die Idee von der kugelförmigen Erde entwickelten, die im Mittelpunkt des Universums stand, während die Sonne und die anderen Planeten sie umkreisten, das sog. geozentrische Weltbild. Einer der wichtigsten Verfechter dieser Theorie war Ptolemäus. Als sich ab dem 16. Jh. durch Kopernikus die Vorstellungen vom Sonnensystem änderten, änderte sich auch das Bild von der Welt zum heliozentrischen oder kopernikanischen Weltbild mit der Sonne als Zentrum.

Natur und Mensch im Mittelpunkt

Um die komplexe Aufgabe der Raumanalyse zu bewältigen, teilt sich die Geografie in mehrere recht unterschiedliche Bereiche. Die allgemeine Geografie, auch als Geofaktorenlehre bezeichnet, sucht eine Verbindung natur- und gesellschaftswissenschaftlicher Aspekte. Die physische Geografie befasst sich mit Natur und Umwelt. Zu ihr gehören verschiedene Einzeldisziplinen wie z. B. die Geomorphologie, die sich mit den Oberflächenformen beschäftigt. Die geisteswissenschaftlich ausgerichtete Anthropogeografie oder Geografie des Menschen untersucht die Beziehungen zwischen Mensch und Umwelt. Hauptzweige der Anthropogeografie sind Siedlungsgeografie, Wirtschaftsgeografie und Bevölkerungsgeografie.

Mit Problemen der Raumplanung und des Umweltschutzes befasst sich die angewandte Geografie. Neben der allgemeinen Geografie steht die regionale Geografie oder Länderkunde, die einen bestimmten Raum, sei es ein Kontinent, ein Staat, eine Landschaft oder ein Ballungsraum, erforscht. Ohne die Zusammenarbeit mit anderen Disziplinen, insbesondere mit den Wirtschaftswissenschaften, der Politologie oder der Geologie, die in die Geografie hineingreifen, ist ein Verständnis der Welt und ihrer vielfältigen Zusammenhänge allerdings nicht möglich. Geografie ist also doch mehr als bloße Erdbeschreibung.

Unser Blauer Planet

Die Erde ist nur einer unter den acht Planeten des Sonnensystems, bisher konnten aber auf keinem anderen Planeten eindeutig Lebensformen nachgewiesen werden. Nur auf der Erde gibt es alle vier Elemente, die zur Entstehung und Entfaltung des Lebens beitragen: Feuer, Wasser, Erde und Luft. Über zwei Drittel der Erdoberfläche sind von Meeren bedeckt, der Rest ist Landmasse. In der Erdhülle durchdringen sich die feste Gesteinsschicht sowie die flüssige Wasser- und die gasförmige Lufthülle.

Aufbau und Bewegung der Erde

Alles Leben spielt sich auf der äußeren Hülle des Erdballs, der Erdkruste, ab. Entstehung und Veränderung dieser auch Geosphäre genannten Hülle fallen in der 4,6 Mrd. Jahre währenden Geschichte der Erde in zwei Abschnitte: Der erste umfasste die Aufspaltung der Urmaterie in Wasser, Luft und Gestein. Im zweiten entstand das Leben auf der Erde und die Bodenbildung setzte ein. Auch wenn wir glauben, festen Boden unter den Füßen zu haben, täuschen wir uns. Wir leben auf einer Kugel, die sich nicht nur ständig um die eigene Achse dreht, sondern sich auch noch auf einer Umlaufbahn um unser Zentralgestirn, die Sonne, bewegt.

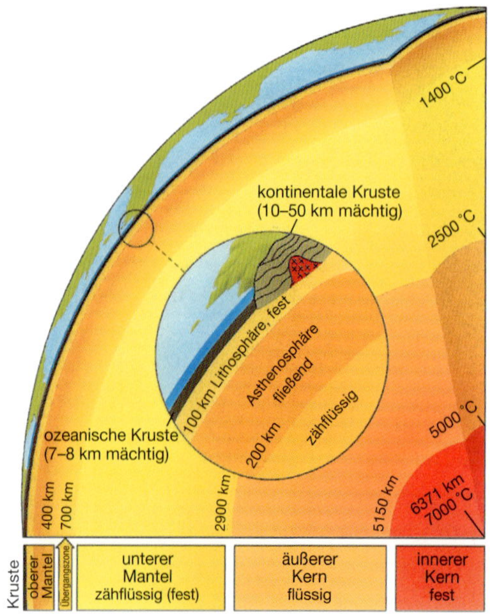

Von der dünnen Erdkruste bis ins heiße Erdinnere: der Schalenaufbau unseres Planeten

Von der Erdkruste zum Erdkern

Die Erde lässt sich in Erdkruste, Erdmantel und Erdkern gliedern. Selbst die tiefsten Erdbohrungen erreichen nicht einmal zwei Prozent der Entfernung bis zum Mittelpunkt der Erde, die mehr als 6300 km beträgt. Die bislang tiefste Bohrung auf der russischen Halbinsel Kola erreichte 1974 eine Tiefe von 12 262 m, das Kontinentale Tiefbohrprogramm im oberpfälzischen Windischeschenbach wurde in einer Tiefe von 9101 m beendet. Im Vergleich zu den anderen Schichten ist die äußere **Erdkruste** so dünn wie eine Eierschale: unter den Ozeanen gerade einmal 7–8 km, unter den Kontinenten 10–50 km mächtig. Die kontinentale Kruste besteht überwiegend aus Graniten, die ozeanische Kruste aus schwererem Basalt und Gabbro. Eine Grenzlinie, die kurz „Moho" genannte Mohorovičić-Diskontinuität, trennt die Kruste vom 2800–2900 km dicken **Erdmantel.** Sein dünnerer oberer Teil ist außen fest und wird zum Erdzentrum hin flüssig. Auf diesem plastischen Abschnitt bewegen sich die Erdplatten. Der untere Erdmantel besteht wieder aus festem Gestein. Die Temperaturen steigen dort auf bis zu 2500 °C an. Noch heißer ist der **Erdkern:** In seinem inneren Teil werden Temperaturen von 5000–7000 °C erreicht. Der im Durchmesser nur 7000 km große Erdkern besteht aus einem flüssigen äußeren Bereich vermutlich aus Eisen und Eisenoxid sowie einer inneren Schicht aus festem Eisen und Nickel.

Die Magnetosphäre

Ohne das **Magnetfeld** der Erde würden gefährliche Teilchenstrahlungen alles Leben auf der Erde zerstören. Erzeugt wird das Magnetfeld durch einen Dynamoeffekt im äußeren, flüssigen Erdkern. Gewaltige Konvektionsströme – vergleichbar den auf- und absteigenden Flüssigkeitsteilen in einer kochenden Suppe – steuern diesen Geodynamo. Sie erhalten ihren Antrieb aus der Rotation, der Drehung der Erde um sich selbst.

Die Erde wurde vor Jahrmilliarden vom starken Magnetfeld der Sonne magnetisiert. Das erdmagnetische Feld dehnt sich als Magnetosphäre weit in das Weltall aus. Sie ist Teil der hohen Atmosphäre. Der Aufbau der Magnetosphäre wird vom Erdmagnetfeld und dessen Wechselwirkung mit der kosmischen Teilchenstrahlung, u. a. dem Sonnenwind, bestimmt. So hat sich die Magnetosphäre auf der sonnenzugewandten Seite der Erde kugelförmig ausgebildet, auf der Nachtseite läuft sie wie ein Schweif aus. Kosmische Strahlen und andere Teilchen aus dem Weltall werden hier stromlinienförmig an der Erde vorbeigeleitet.

Jahreszeiten und Gezeiten

Messverfahren haben gezeigt, dass die Erde keine Kugelform, sondern die eines Ellipsoids hat. Längs der Polarachse ist sie leicht zusammengedrückt und am Äquator etwas herausgewölbt. Die Abplattung an den Polen rührt von Verformungen her, die von der **Erdrotation,** der Drehbewegung der Erde um ihre eigene Achse, verursacht werden. Die Rotationsdauer beträgt annähernd 24 Stunden, also einen Tag.

Für ihren Umlauf um die Sonne benötigt die Erde etwas mehr als 365 Tage, eine Zeitspanne, die wir als ein Jahr bezeichnen. Der in unseren Breiten gut zu beobachtende Wechsel der **Jahreszeiten** beruht auf dem Umlauf der Erde um die Sonne, der Erdrotation und der Schieflage des Erdkörpers. Zur Zeit der Sommersonnenwende am 21. Juni erreicht die Sonne ihren höchsten Stand über dem Horizont. Die Zeit der Sonneneinstrahlung ist dann am längsten. Der mit knapp acht Stunden kürzeste Tag des Jahres ist der Tag der Wintersonnenwende, der 22. Dezember. Gleich lang sind Tag und Nacht am 21. März und am 23. September.

Das Zusammenspiel der Anziehungskräfte von Erde, Mond und Sonne mit den durch deren Drehbewegungen bewirkten Fliehkräften verursacht die Gezeiten. Das Ansteigen des Meereswassers bezeichnet man als **Flut,** das Fallen als **Ebbe.** Wenn bei Neu- oder Vollmond die Erde mit der Sonne und dem Mond auf einer Linie stehen, verstärken sich die Anziehungskräfte und rufen eine Springflut hervor. Bei niedrigem **Tidenhub** im ersten und letzten Mondviertel spricht man von der Nipptide.

Luftaufnahme des Gezeitenkraftwerks La Rance in der französischen Bretagne

Gezeitenkraftwerk

Gezeiten bergen eine große Menge an Energie in sich. Das Heben und Senken des Meeres macht sich der Mensch in Gezeitenkraftwerken zunutze. An der Trichtermündung der Rance in der Bretagne z. B. treiben Ebbe und Flut im Gezeitenkraftwerk La Rance 24 Turbinen von je 10 MW Leistung an. Der Tidenhub beträgt dort 12–18 m. Die Anlage (ab 1966) erzeugt jährlich rd. 600 Mio. Kilowattstunden Strom. Mit zehn Turbinen zu je 25,4 MW wird Sihwa-ho in Südkorea 2011 La Rance als weltgrößtes Gezeitenkraftwerk ablösen. Großbritannien plant an der Mündung des Severn ein Gezeitenkraftwerk mit 216 Turbinen (8500 MW). Zum Vergleich: Das größte deutsche Kraftwerk, das Braunkohlekraftwerk Niederaußem, hat eine Leistung von 3864 MW.

Unsere Schutzhülle, die Atmosphäre

Die Atmosphäre besteht aus der Luft, die wir atmen, ein Gemisch aus 78 % Stickstoff und 21 % Sauerstoff sowie Spuren anderer Gase, Wasserdampf und festen Partikeln. Die Uratmosphäre vor 4,6 Mrd. Jahren bestand hauptsächlich aus Wasserstoff und Helium. Durch Vulkanausbrüche und Meteoriteneinschläge wurden in der Frühzeit der Erde andere Gase, vor allem Kohlendioxid, aber auch Wasserdampf und Stickstoff freigesetzt – eine zweite Atmosphäre entstand. Den für das Leben auf unserem Planeten so wichtigen Sauerstoff produzierten vor etwa 3,5 Mrd. Jahren erstmals im Meer lebende Cyanobakterien (früher auch Blaualgen genannt) durch Photosynthese (→ S. 79), doch erst seit rd. 200 Mio. Jahren ist der Sauerstoffgehalt der Atmosphäre konstant.

Schichtung und Temperaturen in der Atmosphäre

Die extrem hohen Temperaturen in den oberen Schichten der Atmosphäre haben keine Wirkung auf dort befindliche Objekte, weil in der extrem dünnen Luft kein „Wärmeaustausch" stattfindet. So kann die Internationale Raumstation ISS, die hier um die Erde kreist, ohne zu verglühen ihre Bahn ziehen.

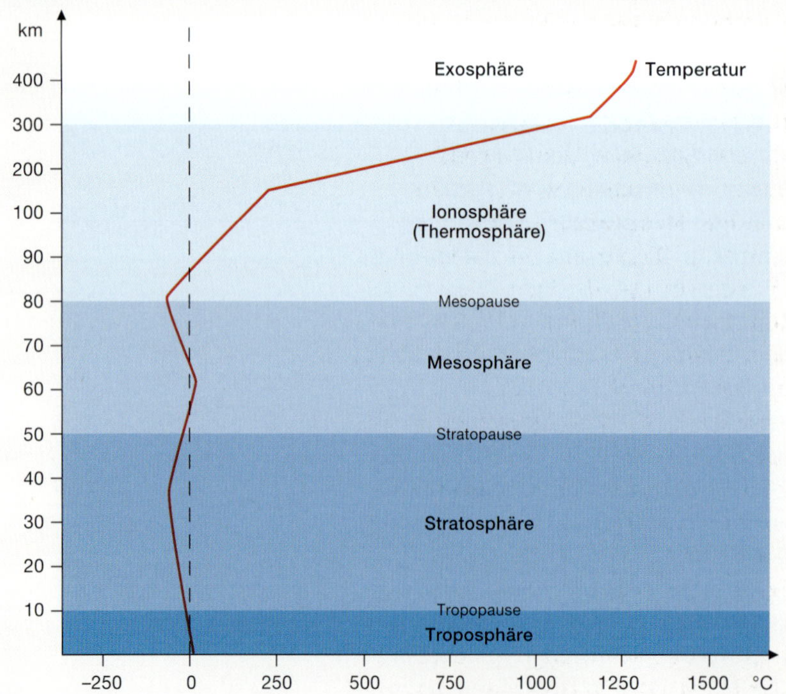

Stockwerke

Die vertikale Gliederung der Atmosphäre basiert auf dem An- bzw. Abstieg der Temperatur mit zunehmender Höhe. Für unser Wettergeschehen von entscheidender Bedeutung ist die je nach Breiten- und Wetterlage 9–18 km hohe untere Schicht, die **Troposphäre.** Darüber schließt sich nach der Grenzschicht Tropopause bis in etwa 50 km Höhe die **Stratosphäre** an, in der sich die zur Lufterwärmung beitragende Ozonschicht befindet. Über der Grenzschicht Stratopause erstreckt sich bis in 80 km Höhe die **Mesosphäre.** Wie die obere Stratosphäre absorbiert sie gefährliche ultraviolette Strahlen und wirkt so wie ein Schutzschild. Die Mesopause begrenzt die Mesosphäre nach oben hin. Darüber befindet sich die mehr als 200 km mächtige, Radiowellen reflektierende **Ionosphäre** oder Thermosphäre mit stark schwankenden Temperaturen. Die anschließende **Exosphäre** geht ohne scharfe Grenze in den Weltraum über.

Das Ozonloch

Aus **Fluorchlorkohlenwasserstoff (FCKW)** freigesetzte Chloratome zerstören die **Ozonschicht,** die die ultraviolette Sonnenstrahlung mit Wellenlängen um 300 nm absorbiert. Diese UV-B-Strahlung kann Erbgut schädigen sowie Krebs auslösen. Die Zerstörung geschieht vor allem am Südpol, an dem sich die Ozonschicht Mitte der 1980er Jahre erstmals stark ausdünnte. FCKW kann dort bei Temperaturen unter –80 °C nicht wie in anderen Breiten durch Methan oder Stickstoffoxid gebunden werden. 2006 hatte das antarktische Ozonloch mit etwa 27,5 Mio. km² eine Ausdehnung größer als Nordamerika. Auch über der Nordhalbkugel hatten sich mehrmals kleinere Ozonlöcher gebildet. Die Ozonschicht wird sich frühestens 2010 langsam erholen und das Ozonloch bis 2065 verschwinden.

Wasserwelten

Ob in gasförmigem Zustand in der Atmosphäre, in flüssiger Form in Ozeanen, Flüssen, Seen und im Grundwasser oder in festem Zustand als Eis der Polkappen und Gletscher – in jeder Beschaffenheit ist das Wasser, das aus Wasser- und Sauerstoff gebildet wird (H_2O), als Lebenselixier unersetzlich. Das Wasser der Erde ist ständig in Bewegung. Verdunstung, Niederschlag und Abfluss bestimmen die Zirkulation des Wassers, den **Wasserkreislauf.** Es gestaltet maßgeblich das Klima mit, formt die Erdoberfläche und ist die Geburtsstätte des Lebens: Im Wasser entstanden vor etwa 3,5 Mrd. Jahren erste Lebensformen. Wasser hatte sich vermutlich beim Abkühlen der noch jungen Erde gebildet. Danach gelangte es mit der Entgasung des glutflüssigen Magmas vor etwa 4 Mrd. Jahren als Wasserdampf in die Uratmosphäre und formte diese um. Weitere Abkühlung ließ den Wasserdampf in der Atmosphäre zu Wasser kondensieren. Als Regen fiel es über Millionen von Jahren auf die Erde herab und sammelte sich in Hohlformen. In riesigen Senken bildeten sich Meere, auf höher gelegenen, geneigten Flächen entstanden Flüsse und in kleineren Vertiefungen Seen. Ein Teil des Wassers versickerte in der Tiefe und bildete dort umfangreiche Grundwasserreservoire.

Salz- und Süßwasser

Wasser gibt es in verschiedenen „Geschmacksrichtungen“ – Süßwasser, Salzwasser oder als ein Gemisch aus beiden, das Brackwasser. **Süßwasser,** das nicht mehr als 1 g Salz pro Liter enthalten darf, spielt für das Leben auf der Erde die entscheidende Rolle, doch hat es nur einen Anteil von weniger als 3 % an den globalen Wasserreserven. Mehr als drei Viertel davon sind im Eis gespeichert. Durch die von Natur aus ungleichmäßige Verteilung des Süßwassers, den steigenden Verbrauch und die Verschmutzung der Oberflächengewässer sind immer mehr Regionen von existenzbedrohendem Wassermangel betroffen.

Eine Möglichkeit, den steigenden Bedarf an Trinkwasser zu decken, ist, salzhaltiges **Meerwasser** in Süßwasser zu verwandeln. Die Ozeane enthalten 97 % des Wasservorrates der Erde. Meerwasser besteht im Durchschnitt zu 96,5 % aus reinem Wasser und zu 3,5 % aus Salz, vor allem aus Kochsalz. Im Zyklus von Verdunstung und Niederschlag erneuert sich das gesamte Wasser der Weltmeere ungefähr alle 3000 Jahre. Obwohl **Brackwasser** nur einen Salzgehalt zwischen 0,1 % und 1 % hat, ist es nicht zum Trinken geeignet. Die Mischung aus süßem Flusswasser und salzigen Meerwasser entsteht z. B. in flachen Mündungsbereichen großer Flüsse oder in tropischen Mangrovensümpfen.

Eine Wasserfläche, darüber die Erdatmosphäre – für uns ist davon nur der Wasserdampf in Form von Wolken sichtbar.

In vielen Regionen der Erde wie im Tschad (Afrika) ist Wasser ein knappes und daher wertvolles Gut. Es wird aus primitiven Brunnen geschöpft und muss oft kilometerweit zu Fuß transportiert werden.

Unterirdisches Wasser

Ein kleiner Teil des Wassers, der als Niederschlag auf die Erde gelangt, versickert in den oberen Bodenschichten und bildet dort das **Bodenwasser.** Es wird mit den in ihm gelösten Nährstoffen von den Pflanzenwurzeln aufgenommen und ist darüber hinaus wesentlich an der Bodenbildung beteiligt. Der größere Teil des Bodenwassers dringt als Sickerwasser in tiefere Schichten vor und fließt dort dem **Grundwasser** zu. Es füllt die Hohlräume in der Erdkruste wie Poren, Klüfte, Spalten und feinste Haarrisse. Die Wasser führenden Gesteinsschichten werden Grundwasserspeicher oder **Aquifere** genannt. Sie liegen zwischen wasserundurchlässigen Schichten, den meist tonhaltigen Grundwasserstauern. Lockergesteine wie Kies und Sand können riesige Mengen Wasser speichern und sind für die Trinkwasserversorgung von unschätzbarem Wert. In Gebieten, in denen Kalkgestein oder Dolomit weit verbreitet sind, löst unterirdisches Wasser das Gestein und zerstört es. Durch diese **Karsterosion** bzw. Korrosion entstehen unter und über der Erdoberfläche bizarre Erosionsformen.

Wasserversorgung

Die Wasserreserven auf der Erde sind begrenzt. Da gleichzeitig mit der Weltbevölkerung auch der Verbrauch jedes Einzelnen wächst, gibt es immer mehr Engpässe bei der Wasserversorgung. Weltweit haben mehr als 1,2 Mio. Menschen keinen Zugang zu sauberem **Trinkwasser.** Im Jahr 2025 wird die Hälfte der Weltbevölkerung, also rund 3,5 Mrd. Menschen, unter Wassermangel leiden. Dort, wo Wasser im Überfluss vorhanden ist oder wo sich die Bevölkerung Wasser leisten kann, wird dagegen verschwenderisch mit diesem „Lebensmittel" umgegangen. In Deutschland liegt der **Wasserverbrauch** bei 130 Liter pro Kopf und Tag. Eingerechnet sind dabei die Dusche und die Toilettenspülungen ebenso wie das Autowaschen oder die Rasenbewässerung. Saudi-Arabien verbraucht 210 % dessen, was es an eigenen Wasserressourcen hat. In anderen Ländern sind die Menschen froh, ihr Überleben sichern zu können. Das wird in Zukunft zu immer mehr Verteilungskonflikten führen. Gefragt ist die internationale Politik, die Wasser als schützenswertes Gut behandeln muss.

Werden und Vergehen

Mit Hilfe von **Fossilien**, den versteinerten Resten von Pflanzen und Tieren aus der Urzeit, kann ein Bild der Vergangenheit der Erde erstellt werden. Das erste primitive Leben hatte sich vor 4 Mrd. Jahren entwickelt. Zu einer explosionsartigen Entfaltung kam es im kambrischen Meer vor 545 Mio. Jahren. Den ersten Landgang schafften vor rd. 400 Mio. Jahren im Devon primitive Pflanzen, denen erst 50 Mio. Jahre später die Tiere, zunächst Tausendfüßer, folgten. Die ersten Landwirbeltiere waren Lurche mit vier Beinen und einem Fischschwanz im Oberdevon. Frühe, allerdings sehr kleine Vertreter der Säugetiere tauchten schon vor 200 Mio. Jahren in der Trias auf.

Artensterben – gestern und heute

Mindestens fünf große **Massensterben** hat es im Lauf der Erdgeschichte gegeben. Bei den großen Ereignissen verschwand mindestens ein Drittel aller Tiere und/oder Pflanzen für immer. Über die jeweiligen Ursachen – ob Meteoriteneinschläge, Vulkanismus, Meeresspiegelschwankungen, Entstehung neuer und Verdrängung alter Arten – wird heftig gestritten. Zwei der größten Katastrophen fanden vor etwa 250 Mio. Jahren im Perm zu Beginn und vor 65 Mio. Jahren am Ende des Erdmittelalters statt. Betroffen waren zuerst – womöglich durch erhöhte vulkanische Aktivität – fast alle Meeresbewohner und später die Dinosaurier. Im Lauf der Evolution wurden 99 % aller Arten, die jemals die Erde besiedelten, durch natürliche Auslese ausgemerzt. Auch heute verarmt die Pflanzen- und Tierwelt zusehends. Allein in Deutschland sind mittlerweile rund 40 % der einheimischen Tier- und Pflanzenwelt gefährdet. Einige Wissenschaftler haben den Begriff von der „sechsten Auslöschung" geprägt.

Warum sind die Dinosaurier verschwunden?

Das am meisten diskutierte Massensterben beendete an der Wende von der Kreide zum Tertiär das Erdmittelalter. Die riesigen **Dinosaurier** und Flugsaurier starben aus, die kleinen Säugetiere überlebten. Nach der gängigen Theorie war ein großer **Meteorit,** der vor 65 Mio. Jahren mit unvorstellbarer Wucht im Golf von Mexiko nahe dem Ort Chicxulub auf der Halbinsel Yucatán einschlug, Ursache für das große Sterben. Der Einschlag löste gewaltige Brände und um die ganze Welt laufende Flutwellen aus. Der in die Atmosphäre geschleuderte Staub verdunkelte das Sonnenlicht und kühlte die Atmosphäre ab. Etwa zur gleichen Zeit kam es im heutigen Südindien zu gewaltigen Lavaergüssen. Schwefel- und Kohlendioxid gelangten in die Atmosphäre und führten langfristig mit Aerosolen und Vulkanasche zu deren Abkühlung.

Erdzeitalter

Beginn vor Mio. Jahren	Dauer in Mio. Jahren	Erdzeitalter	System
1,8	1,8	Neo- oder Känozoikum (Erdneuzeit)	Quartär
65	63,2		Tertiär
135	70	Mesozoikum (Erdmittelalter)	Kreide
205	70		Jura
248	43		Trias
290	42	Paläozoikum (Erdaltertum)	Perm
355	65		Karbon
410	55		Devon
438	28		Silur (Gotlandium)
510	72		Ordovizium
545	35		Kambrium
600	55		Ediacarium
2600	2000	Präkambrium (Proterozoikum, Urzeit)	Algonkium (Jungproterozoikum)
4500	1900		Archaikum (Altproterozoikum)
			Erdurzeit

Tierarten wie die Haie, die seit Jahrmillionen unverändert geblieben sind, gestatten uns als „lebende Fossilien" einen Blick in die Vergangenheit.

Das Gesicht der Erde im Wandel

Die Erde ist schon Milliarden Jahre alt – und verändert sich immer weiter. Vulkane brechen aus, Erdbeben zerstören ganze Regionen. Die Kraft dieser Naturgewalten kommt aus dem Inneren der Erde. Gewaltige Magmaströme bewegen die aus einzelnen Platten bestehende Erdoberfläche.

Wandernde Kontinente

Tektonische Prozesse, d. h. die Vorgänge in Erdkruste und -mantel, haben das Antlitz der Erde in den vergangenen Jahrmillionen grundlegend verändert. Sie haben Kontinente verlagert, Gebirge geformt, Ozeane verschwinden lassen und neue geschaffen. Motor der **Plattentektonik** sind Strömungen im oberen Erdmantel. Die Erdkruste und die äußere Schicht des Erdmantels werden als **Lithosphäre** bezeichnet. Diese Gesteinshülle ist bis zu 200 km dick und setzt sich aus sieben größeren und mindestens einem Dutzend kleineren Platten zusammen, die auf der unten an die Lithosphäre angrenzenden plastischen **Asthenosphäre** „schwimmen". Diese besteht nämlich aus stark erhitztem, leicht aufgeschmolzenem Gestein.

Die Platten können auseinanderdriften wie die Amerikanische Platte auf der einen und die Eurasische sowie die Afrikanische Platte auf der anderen Seite, die einmal einen zusammenhängenden Kontinent – Pangäa – gebildet haben. Heute liegt zwischen diesen Platten der Atlantik. Umgekehrt können Platten aufeinanderprallen. In diesen „Knautschzonen" schiebt sich eine Platte unter die andere; den Vorgang nennt man **Subduktion.** Unter dem starken Druck türmen sich dann gewaltige Gebirge wie die Anden, die Alpen oder der Himalaya auf. Manchmal gleiten Platten auch in entgegengesetzter Richtung aneinander vorbei, wie es die Nordamerikanische und die Pazifische Platte bei der gut sichtbaren San-Andreas-Verwerfung in Kalifornien tun. Verhaken sich bei dieser **Transformbewegung** Krustenteile, kann es zu verheerenden Erdbeben kommen.

Abgründe auf Island

Mittelozeanische Rücken entstehen dort, wo zwei Lithosphärenplatten auseinanderdriften. In der 20–50 km breiten Bruchzone steigt unablässig Lava aus dem Erdmantel auf. Sie drückt das alte Krustenmaterial zu beiden Seiten auseinander und erstarrt an den Rändern zu Basalt – neue Erdkruste bildet sich. Durch diesen Vorgang, das **Sea-Floor-Spreading,** spreizt sich der Tiefseeboden im Atlantik jedes Jahr um etwa 1 cm und in Teilen des Pazifiks um 3 cm. Mittelozeanische Rücken sind in allen Weltmeeren zu finden. Ihre maximale Breite beträgt etwa 1500 km. In der Regel liegen ihre Kämme 1000–2500 m unter dem Meeresspiegel. Nur in seltenen Fällen ragen sie als Inseln aus dem Wasser. Zu diesen Ausnahmen zählt Island, das Teil des **Mittelatlantischen Rückens** ist. Eine Hälfte der Insel wandert mit der Amerikanischen Platte nach Westen, die andere mit der Eurasischen nach Osten.

Begrenzte Richterskala

Die bekannteste Erdbebenskala ist die Richterskala, eine Magnitudenskala. Grundlage zur Berechnung der **Erdbebenstärke** ist der maximale Ausschlag, den ein Beben auf einer Erdbebenaufzeichnung durch einen Seismografen hinterlässt, und die Entfernung zum Ausgangspunkt des Bebens. Theoretisch ist die inzwischen modifizierte Richterskala nach oben hin „offen", was in den Medien auch immer gern betont wird. Da die Erdkruste aber nur begrenzt aufgestaute Spannungen speichern kann, die in Form von Erdbeben freigesetzt werden, ist eine Magnitude größer als 9,5 kaum möglich. Bei höheren Werten würde die Erdkruste brechen.

Warum die Erde bebt

Die meisten Erdbeben sind das Resultat ruckartiger Bewegungen der Kontinentalplatten. Besonders gehäuft treten sie rund um den Pazifik auf. Der **zirkumpazifische Feuerring** resultiert aus Kollisionen der Pazifischen mit der Eurasischen Platte im Osten und mit den Amerikanischen Platten im Westen. Diese Erdbebenzone steht mit anderen Plattengrenzen in Verbindung. Viel rätselhafter sind die sog. Intraplattenbeben weit weg von den Rändern der Erdplatten in geologischen Schwächezonen. Auch heftige Vulkanausbrüche oder Einstürze von Hohlräumen in Bergbauregionen können (leichtere) Erdbeben auslösen. Gemessen wird die Stärke eines Erdbebens mit Hilfe von **Seismografen,** die die Erdbebenwellen aufzeichnen.

Wie entstehen Tsunamis?

Auslöser eines Tsunamis sind Vulkanausbrüche, Fels- und Eisstürze, vor allem aber schwere **Seebeben.** Die Energie solcher Ereignisse breitet sich im Wasser wellenförmig mit einer Geschwindigkeit von bis zu 800 km/h aus. Auf dem offenen Ozean ist die Flutwelle an ihrem oft nur etwa 30 cm hohen Kamm kaum zu erkennen. Wenn sie den Festlandsockel erreicht, wird das heranströmende Wasser mit abnehmender Meerestiefe nach oben gedrückt und türmt sich schließlich zu einer gigantischen Flutwelle auf, die alles zerstört, was sich ihr in den Weg stellt. Als am 26. Dezember 2004 vor der Küste Sumatras ein Seebeben der Stärke 9 den Meeresboden erschütterte, löste es einen Tsunami aus, der mehr als 250 000 Menschen tötete.

Warum bricht ein Vulkan aus?

Auch der Vulkanismus steht in engem Zusammenhang mit der Plattentektonik. Glutflüssiges **Magma** quillt vorwiegend an den Schwachpunkten der Erde, den Mittelozeanischen Rücken und entlang des zirkumpazifischen Feuerrings hervor. Das Magma sammelt sich in Hohlräumen unter der Erdoberfläche. Von dort aus bildet es durch Druck einen dünnen Kanal – den Schlot, der es bis zur Erdoberfläche führt –, wo es als **Lava** austritt. Ein verstopfter Schlot bei zähflüssigem Magma führt häufig zu explosionsartigen, sehr heftigen Ausbrüchen wie beispielsweise beim Vesuv nahe Neapel. Neben glutflüssigen Stoffen werden dann auch feste oder gasförmige Stoffe freigesetzt. In den letzten 10 000 Jahren waren rd. 1400 Vulkane aktiv, manche wie der Ätna oder der Stromboli, ebenfalls beide in Italien, sind daueraktiv.

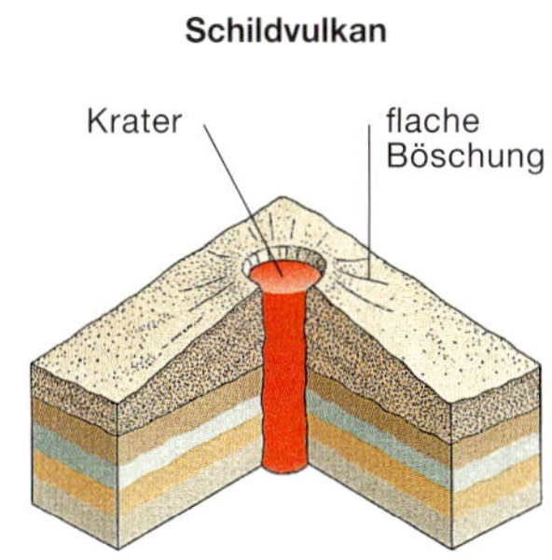

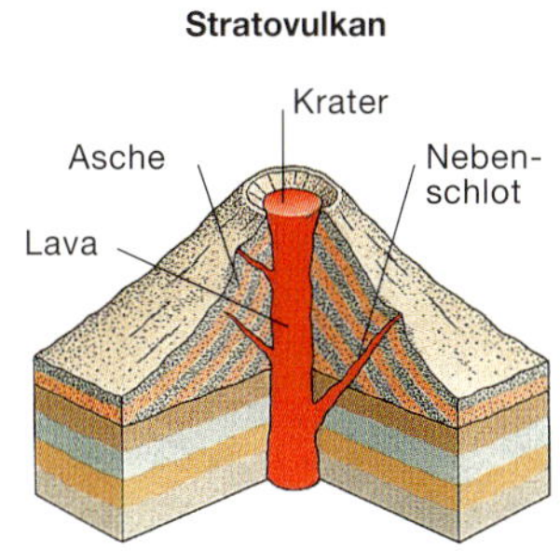

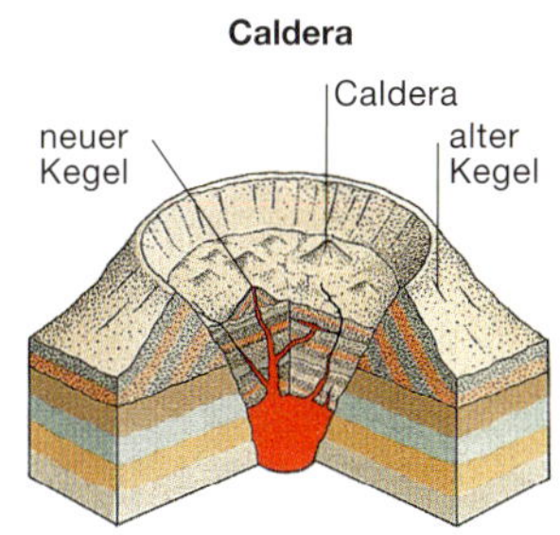

Vulkantypen: Ein Schildvulkan entsteht durch Ausbrüche dünnflüssiger Lava, ein Stratovulkan durch relativ gleichmäßige Materialablagerungen zahlreicher Ausbrüche. Stürzt das Dach einer Magmakammer ein oder wird der Gipfel weggesprengt, entsteht eine Caldera.

Im Nationalpark Thingvellir auf Island zeigen Verwerfungen in der Landschaft die tektonischen Spalten in der Tiefe an, die durch aktiven Vulkanismus am Mittelatlantischen Rücken entstehen.

Wasser, Eis und Wind hinterlassen sichtbare Spuren

Lange und kurze Reisen

Starke Stürme tragen Feinmaterial über weite Strecken. Saharastaub gelangt bis nach Mitteleuropa, setzt sich über dem Atlantik ab und „regnet" manchmal sogar im brasilianischen Tropenwald ab. Für die meisten Sand- und Staubkörner ist die Reise aber schon nach kurzer Zeit zu Ende. Sie lagern sich in Form von Flugsandfeldern oder Dünen ab. Wall- oder Querdünen bilden sich quer zur herrschenden Windrichtung, Strich- oder Längsdünen in Windrichtung. Sicheldünen oder Barchane wölben sich dem Wind entgegen, Parabeldünen scheinen vor dem Wind zu fliehen.

Kaum haben sich Landmassen gebildet, unterliegen sie einem ständigen Wechsel durch äußere Einflüsse. Temperaturunterschiede, Wasser, Wind und Schwerkraft formen die Landschaft durch Verwitterung, Abtragung und Ablagerung. Die wichtigste Rolle spielt das Wasser: Bäche und Flüsse schneiden sich in das Gelände und schaffen markante oder sanfte Täler. Meereswellen zerkleinern Küstenfelsen bis in feinste Bruchstücke, die durch Wind und Strömungen an Strände verfrachtet werden. Wasser in Form von Eis hat mit seiner Kraft tiefe Spuren in der Landschaft hinterlassen. Die Gletscher der letzten Eiszeiten haben weite Teile der Nordhalbkugel geprägt. Wind ist dort von großer Erosionskraft, wo der Boden nicht durch Wurzeln oder Feuchtigkeit festgehalten wird. Bewegte Luft wirbelt Sand auf und trägt ihn davon. Legt sich der Wind oder stößt er auf ein Hindernis, wird der Sand wieder als Sediment abgelagert.

Bewegtes Wasser

Jeder große Strom fängt ganz klein an, meist im Gebirge als Rinnsal oder Bach. Im Oberlauf hat das Wasser eine hohe Geschwindigkeit und führt große Geröllmassen mit sich. Bei steilem Gefälle schafft es sich ein v-förmiges **Kerbtal** oder eine **Schlucht** mit fast senkrechten Wänden. Verlässt der Fluss das Gebirge, bilden sich am Gebirgsrand bei abnehmendem Gefälle und abnehmender Fließgeschwindigkeit durch das mitgeführte Geröll große **Schwemmfächer.** Noch feineres Material wird weitertransportiert und im Unterlauf des nun im flachen Gelände träge fließenden Flusses abgelagert oder gelangt in den Mündungsbereich. Schwebstoffreiche Flüsse wie die Donau, die Wolga oder der Mississippi schütten oft ein großes **Delta** auf, das sich immer weiter nach draußen ins Meer verlagert. Unterliegt ein Küstenabschnitt, wie im Fall der Nordsee, starken Gezeiteneinflüssen, bildet sich ein trichterförmiges **Ästuar.** Dort, wo Meer und Land aufeinandertreffen, nagen Brandungswellen an der felsigen

Das Wasser hat bizarre Formen in die Kreidefelsen bei Étretat in der Normandie (Frankreich) gegraben.

Seit etwa 6 Mio. Jahren trägt der Colorado River im Südwesten der USA das Gestein des Coloradoplateaus ab und formt die Landschaft des Grand Canyon.

Steilküste und verlagern sie mit der Zeit landeinwärts. An anderer Stelle setzt das Meer Sand und Schlick am Strand flacher Meeresbuchten ab und schafft neue Lebensräume für Pflanzen und Tiere.

Wind und Verwitterung

Jedes Gebirge, ganz gleich wie hoch es ist, wird eines Tages verschwunden sein: durch **Erosion.** Das sind alle Vorgänge, die zur Einebnung der Erdoberfläche beitragen. Neben Wasser und Eis spielt der Wind eine große Rolle. So baut er in Wüsten gewaltige Dünenfelder auf. In China und Mitteleuropa hat sich feiner Löss, ein Relikt aus der Eiszeit, durch den Wind zu oft mächtigen Schichten gelagert. Das Lockersediment aus Quarz, Glimmer, Feldspat und Kalk ist der Ausgangsstoff für fruchtbare und ertragreiche Böden.

Ebenso wichtig ist es, auf welche Art von Gestein die abtragenden Faktoren einwirken. Lockerer Boden und weiches Tongestein widerstehen weniger als verfestigter Sandstein oder Granit und Basalt. Den Zerfall von Gesteinen und Mineralen durch mechanische, chemische oder biologische Einflüsse nennt man **Verwitterung.** Beim ständigen Wechsel von Erwärmung und Abkühlung, Gefrieren und Wiederauftauen wird Gestein entlang von Schwachstellen in immer kleinere Bruchstücke zerlegt. Diese Verwitterungsformen nennt man Temperaturverwitterung und Frostsprengung. Bei der chemischen Verwitterung wird das Gestein durch Zersetzung und die Bildung neuer chemischer Verbindungen verändert.

Gletscherspuren

Gewaltige Eismassen besitzen eine ungeheure erosive Kraft und transportieren, einmal in Bewegung, große Materialmengen. Durch den enormen Druck der Eisschichten und die langsame Fließbewegung wird selbst das härteste Gestein glattgeschliffen. Mitgeführtes Gestein dagegen hinterlässt Kratzspuren wie grobes Sandpapier.

Gletscher entstehen dort, wo mehr Niederschlag in Form von Schnee fällt als abschmilzt oder verdunstet. Die feinen Schneekristalle verdichten sich im Lauf der Jahre zu grobkörnigem Firneis, aus dem unter zunehmendem Druck Gletschereis entsteht. Der klassische Gletschertyp ist der **Talgletscher** (Bild unten): Er fließt aus seinem **Nährgebiet** genannten Entstehungsort talabwärts und bildet eine breite **Gletscherzunge,** an deren Ende ein **Gletscherbach** ausfließt. Das Eis, das durch Abschmelzen oder Verdunsten im sog. **Zehrgebiet** unterhalb der Schneegrenze verlorengeht, wird durch die Fließbewegung des Gletschers aus dem Nährgebiet ständig nachgeliefert. Dabei sammelt sich herausgebrochenes und aus den Wänden hinuntergefallenes Gestein an der Seite des Gletschers als dunkle **Seitenmoräne.** Wo Gletscher zusammenfließen, bilden sie **Mittelmoränen.** Der durch das Eis losgeschürfte Untergrund wird als **Grundmoräne** mitgeführt und an der Gletscherzunge schließlich zur **Endmoräne** zusammengeschoben, die häufig einen Gletschersee aufstaut.

Aufbau eines Talgletschers

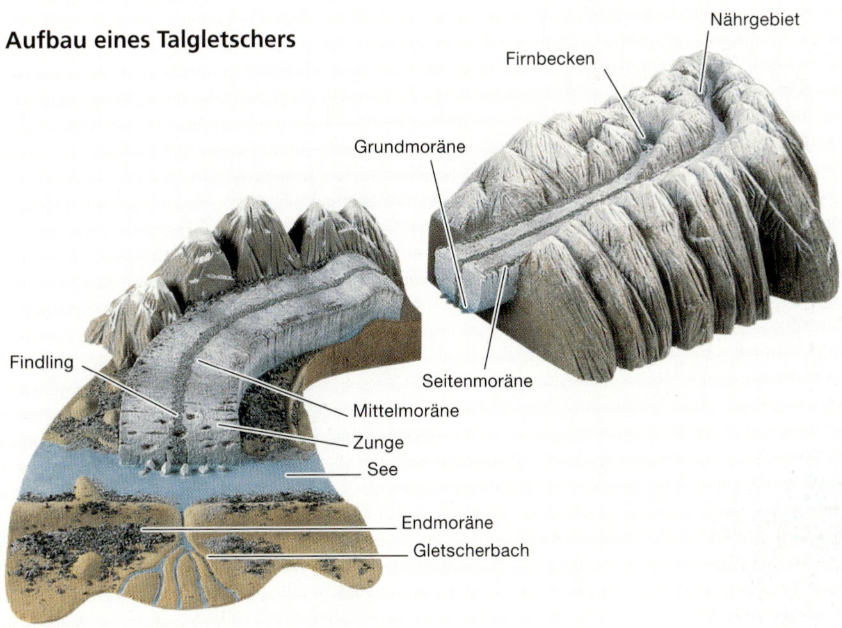

Ein häufiger Bodentyp in den gemäßigten Breiten ist die Braunerde; sie wird als ertragreicher Ackerboden geschätzt.

Vom Gestein zur Ackerkrume

Als „Boden" wird das durch physikalische, chemische und biologische Vorgänge entstandene Lockermaterial bezeichnet, das die oberste Schicht der Erdkruste, die **Pedosphäre,** ausmacht. Böden enthalten neben mineralischen Bestandteilen tote und lebende Organismen und können in ihren Hohlräumen (Poren) Wasser und Luft speichern. Nur etwa ein Viertel der Böden ist mittel bis sehr, ein Drittel wenig bis mäßig fruchtbar; der große Rest – in Wüsten, Gebirgen und Kältesteppen – ist unfruchtbar.

Wie entstehen Böden?

Boden bildet sich durch Stoffumwandlung, Stoffverlagerung innerhalb des Bodens und durch Abtragung an der Oberfläche. Natürliche Bodenbildungsfaktoren sind Klima, Gestein, Oberflächenform, Wasser, Tiere und Pflanzen. Eine große Rolle spielt der Mensch, der den Boden umgestaltet, ja auch zerstört. Die **Bodenbildung** dauert meist mehrere Jahrtausende. Die Humusbildung wird durch das Klima und die Vegetation verursacht.

Humus besteht aus abgestorbenen organischen Substanzen und ist von zahlreichen kleinen Bodenlebewesen bevölkert. Unter nasskalten Bedingungen bildet sich Rohhumus, auf kalkhaltigem Untergrund **Moder.** Bei wärmerem und trockenerem Klima entsteht der wertvolle lockere **Mull.** Bodenbildungsprozesse führen zur Entwicklung von **Bodentypen** mit gleichen Eigenschaften und einer immer wiederkehrenden Abfolge von Bodenhorizonten.

Der Aufbau eines Bodens

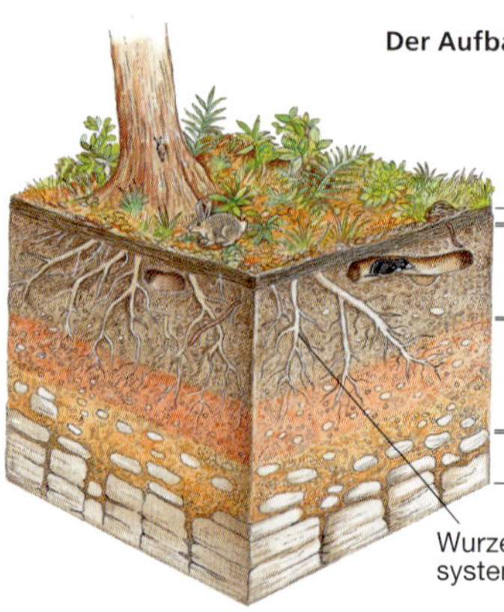

Horizonte geben Aufschluss

Das **Bodenprofil** zeigt den senkrechten Aufbau eines Bodens von der Erdoberfläche bis zum Gesteinsuntergrund. Die Bereiche eines Profils nennt man **Bodenhorizonte.** Sie unterscheiden sich durch ihre Struktur, die ablaufenden chemischen Prozesse, den Wasserhaushalt und die Farbe. Dem Boden streng genommen noch nicht zuzurechnen ist der Laubstreuhorizont. Dieser L-Horizont besteht aus einer Schicht frischem oder halbverrottetem Material wie Blättern, Zweigen oder Nadeln. Der eigentliche Boden setzt sich von oben nach unten zusammen aus dem O-Horizont, dem aus Humus bestehenden organischen Horizont, dem A-Horizont, dem Oberboden oder Auslaugungshorizont, dem B-Horizont, dem Unterboden oder Anreicherungshorizont, sowie dem C-Horizont, dem relativ stabilen Ausgangsgestein.

Permafrostboden

Permafrost ist eine aus „permanent" und „Frost" gebildete Abkürzung und bedeutet so viel wie **Dauerfrostboden.** Die Sonneneinstrahlung in den kurzen arktischen Sommern bewirkt nur ein Auftauen des Bodens bis zu höchstens 1 m Tiefe. Hinsichtlich ihrer Bebauung stellen Dauerfrostböden durch den Wechsel von Gefrieren und Wiederauftauen besondere Anforderungen. Häufig errichtet man Häuser in Permafrostgebieten auf Stahlbetonpfählen, die bis in die permanent gefrorenen Bodenschichten reichen. Durch die globale Klimaerwärmung haben sich in den vergangenen Jahren in einigen Regionen ehemalige **Dauerfrostböden** in Morast verwandelt.

Satellitenaufnahme eines Hurrikans über der Karibischen See

Klima und Wetter

Motor des gesamten Klima- und Wettergeschehens ist die Sonne, deren energiereiche Strahlen mit unterschiedlichem Winkel auf die Erdoberfläche einfallen und so die Klimazonen entstehen lassen. Als **Wetter** bezeichnet man nur den augenblicklichen physikalischen Zustand der Atmosphäre, als **Witterung** den Wetterverlauf über mehrere Tage bis Monate und als **Klima** den mittleren Zustand der Witterung, der aus jahrelangen Datenreihen abgeleitet wird.

Hoch- und Tiefdruckgebiete

In gewaltigen Strömen gleiten die Luftmassen der unteren Atmosphäre um die Erde. Am Äquator steigen sie in die Höhe und strömen von dort polwärts nach Norden und Süden. Sie ordnen sich durch Auf- und Abstieg zu Luftdruckgürteln, die in enger Beziehung zueinander stehen und maßgeblichen Einfluss auf das Klima haben. Motor und Steuerung der Luftmassen ist der **Luftdruck.** Dieser hängt vor allem von der Erwärmung der Erde ab, da warme Luft auf- und kalte Luft absteigt. Das weltweite Rotieren der Luftmassen wird als **atmosphärische Zirkulation** bezeichnet. Die Luftzirkulation in den gemäßigten Breiten wird durch das Luftdruckgefälle zwischen den subtropischen Hochdruckgürteln und den subpolaren Tiefdruckgebieten in Gang gehalten – starke Westwinde versuchen die Luftdruckunterschiede auszugleichen.

Ein **Hochdruckgebiet** liegt vor, wenn der Druck im Zentrum stärker ist als in der Umgebung, bei einem **Tiefdruckgebiet** ist er dagegen im Zentrum niedriger. Unterschiedliche Luftdruckverhältnisse bewirken ein Luftdruckgefälle. Luft mit hohem Druck strömt an die Stelle mit niedrigem Druck – in einem Tief bewegt sich die Luft nach oben, in einem Hoch nach unten. In beiden entsteht dadurch eine Luftströmung, der **Wind.** Je größer der Druckunterschied ist, desto stärker bläst der Wind.

Begriffe aus dem Wetterbericht

Azorenhoch: häufig über den Azoren liegendes, in Europa wetterbestimmendes Hochdruckgebiet

Föhn: warmer und trockener Fallwind in den Alpen. Föhn entsteht, wenn feuchte Luft gegen das Gebirge strömt und sich beim Aufsteigen nur um 0,4–0,8 °C/100 m abkühlt, während sie sich hinter dem Gebirgskamm beim Absinken um 1 °C/100 m erwärmt.

Front: die Grenzlinie zwischen ungleich temperierten Luftmassen am Boden. Verschiebt sich die Front in das kalte Gebiet, so heißt sie Warmfront, im umgekehrten Fall Kaltfront.

Inversion: die Umkehrung des in der Atmosphäre normalen Temperaturverlaufs mit zunehmender Höhe, wodurch das Aufsteigen der Luft behindert wird. Bei Inversion reichern sich in geringer Höhe vermehrt Luftschadstoffe an.

Islandtief: häufiges Tiefdruckzentrum über Island, für den Ablauf der europäischen Witterung sehr einflussreich

Isobaren: Verbindungslinien von Orten gleichen Luftdrucks auf Wetterkarten

Luftdruck: der Druck, den die Luft der Erdatmosphäre aufgrund der Schwerkraft auf ihre Unterlage oder eine ihrer Luftschichten ausübt. Er wird in Hektopascal (hPa) gemessen.

Verdunstung: Übergang eines Stoffs aus dem flüssigen in den dampfförmigen Aggregatzustand

Tiefdruckrinne: langgestrecktes Gebiet mit tiefem Luftdruck

Zyklone: Gebiet tiefen Luftdrucks mit kreisförmigen bis elliptischen Isobaren; wird vom Wind auf der Nordhalbkugel gegen den Uhrzeigersinn umweht, auf der Südhalbkugel im Uhrzeigersinn

Verheerende Stürme

In den gemäßigten Breiten trieben früher die **Westwinde** die Seefahrer und ihre Schiffe schnell von Westen nach Osten. Doch die Winde werden immer wieder von Tiefausläufern unterbrochen, die sich leicht zu starken und gefährlichen Stürmen entwickeln können. Die Windstärke wird nach der zwölfteiligen Beaufortskala eingeteilt, die auf der gemessenen Windgeschwindigkeit in m/s beruht. Windstärke 8 bezeichnet einen stürmischen Wind, Windstärke 12 einen **Orkan.** Am 26. Dezember 1999 z. B. richtete der Orkan „Lothar" vor allem in Nordfrankreich, der Schweiz, Süddeutschland und Österreich schwere Schäden an. „Kyrill" zog am 18./19. Januar 2007 mit einer Spitzengeschwindigkeit von 225 km/h eine Schneise der Verwüstung durch Mitteleuropa.

Noch verheerendere Auswirkungen haben **tropische Wirbelstürme:** über dem Atlantik die **Hurrikans,** über dem Pazifik die **Taifune** und über dem Indischen Ozean die **Zyklone.** Die höchsten Geschwindigkeiten wurden bei **Tornados,** kleinräumigen Luftwirbeln, mit über 500 km/h gemessen.

Wolken und Wetter

Die meisten Tropfen, die als Regen oder Schnee auf die Erde fallen, haben eine lange Reise hinter sich. Das Regenwasser, das über Europa niedergeht, stammt ursprünglich aus dem Atlantik. Dort ist es zu Wasserdampf verdunstet und mit den Westwinden nach Europa gelangt. In der Atmosphäre bilden sich Wolken. Ein Wassermolekül verweilt nach der Verdunstung im Durchschnitt neuneinhalb Tage als Wasserdampf in der Atmosphäre. Kondensiert es zu Wasser, fällt es als **Niederschlag,** also als Regen, Schnee, Hagel, Nebel oder Tau, zur Erde zurück.

Wolken treten in verschiedenen Stockwerken auf. Ganz oben dominieren Wolken aus Eiskristallen. Im mittleren Stockwerk sind es Wolken aus sehr kaltem Wasser oder Mischwolken aus flüssigem oder gefrorenem Wasser, im niedrigsten Stockwerk sind es nur noch Wasserwolken. Cirren oder **Federwolken** kündigen oft die Warmfront eines Tiefs an, können aber auch eine stabile Wetterlage begleiten. Seltener sind Cirrocumulus- oder **Schäfchenwolken,** Vorboten eines Gewitters. Cirrostratuswolken sind hohe **Schleierwolken,** die eine Warmfront ankündigen.

Zu den mittelhohen Wolken gehören die Altocumuluswolken oder groben Schäfchenwolken. Altostratuswolken bilden graue oder bläuliche Wolkenfelder. Stratus- bzw. **Schichtwolken,** aus denen oft Sprühregen fällt, zählen zu den tiefen Wolken. Im untersten Stockwerk tummeln sich auch die Stratocumulus- oder Haufenschichtwolken. Zu den Wolken mit vertikalem Aufbau zählen die Cumulus- bzw. **Haufenwolken.** Die auch als **Gewitterwolke** bezeichnete Cumulonimbuswolke durchzieht alle drei Wolkenstockwerke. Für anhaltende Regen- oder Schneefälle sorgen Nimbostratuswolken.

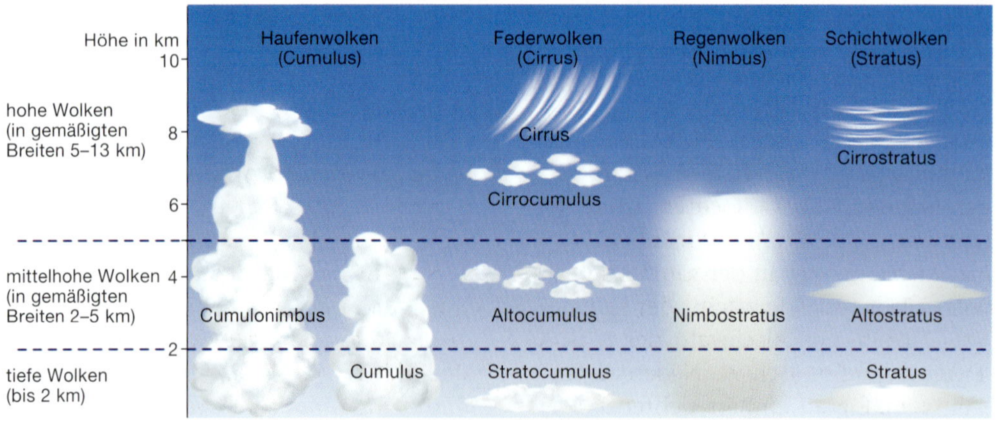

Je nach Höhe und Form unterscheidet man mehrere Wolkengattungen (z. B. Federwolken in ca. 5–13 km Höhe); einige erstrecken sich über mehrere Stockwerke.

Das grüne Kleid der Erde

Die Tundravegetation besteht aus Moosen, Flechten, Gräsern und Zwergsträuchern.

Das Leben und die Verbreitung von Pflanzen ist an viele Bedingungen geknüpft: Welches Klima herrscht vor? An wie viel Niederschlag, Sonneneinstrahlung und Wind und an welche Temperaturen ist das Gedeihen einer Pflanze gebunden? Welcher Boden steht zur Verfügung? Gibt es Barrieren, die eine Verbreitung von Pflanzen verhindern, z. B. Gebirge oder Meere?

Vom Pol zum Äquator

Von Nord nach Süd können global mehrere Klima- und Vegetationszonen unterschieden werden. An die weitgehend vegetationslosen polaren **Kältewüsten** schließt sich die von Sträuchern dominierte **Tundra** an, die nach Süden hin immer artenreicher wird. Es folgt der **boreale Nadelwald,** der ein Drittel der weltweiten Waldfläche umfasst. In dieser kaltgemäßigten Zone dominieren Nadelbäume wie Fichten, Lärchen und Tannen. Zum Äquator hin wird das Klima milder. In der sommerlichen Vegetationsperiode wächst der sommergrüne **Laub- und Mischwald,** der auch für Deutschland typisch ist. Neben dieser kühlgemäßigten immerfeuchten Zone gibt es die kühlgemäßigte wechselfeuchte Zone. Die typische Vegetationsform ist hier die **Steppe,** auf der wegen mehrerer Trockenmonate im Jahr nur Gräser, Stauden und Sträucher gedeihen.

Nach Süden hin schließen sich die **Subtropen** an, in denen die Vegetationsperiode nicht durch eine kalte Jahreszeit unterbrochen wird. Charakteristische Pflanzen der Winterregengebiete sind die an die sommerliche Trockenheit angepassten Hartlaubgewächse des Mittelmeerraums wie Ölbaum oder Oleander.

Die letzte Zone ist die der **Tropen** zu beiden Seiten des Äquators. Hier liegt die mittlere Temperatur des kältesten Monats noch über 15 °C. Die am wenigsten anspruchsvollen Pflanzen wachsen in der wechselfeuchten **Savanne.** Im Kerngebiet der Tropen, wo sich die hohen Niederschlagsmengen gleichmäßig über das Jahr verteilten, wächst der immergrüne **tropische Regenwald.** Hinzu kommen die besonderen Vegetationsformen der **Wüsten und Halbwüsten** sowie der Gebirge. Die einen sind durch Trockenheit bestimmt, die anderen durch die lebensfeindlichen Bedingungen in zunehmender Höhe.

Natur muss nicht natürlich sein

Die heutige Vegetation spiegelt die land- und forstwirtschaftliche Nutzung wieder. Die **Great Plains** in Nordamerika etwa werden nicht mehr von Steppengräsern bedeckt, sie wurden in eine Kulturlandschaft mit Weiden, Weizen-, Mais- und Sojafeldern verwandelt. Der sommergrüne Laubwald Mitteleuropas wurde durch landwirtschaftlich genutzte Gebiete ersetzt, in denen Weizen, Obst oder Wein gedeihen. Auch die **Lüneburger Heide** ist kein natürliches Ökosystem, sondern durch Abbholzung im Mittelalter entstanden. Von den übrigen Waldflächen werden viele bewirtschaftet, unberührte Areale gibt es kaum noch.

Durch konstant warmes und feuchtes Klima entstand der artenreiche tropische Regenwald.

Der Mensch besiedelt die Erde

Von Afrika aus breitete sich der Mensch über die ganze Erde aus. Wanderungsbewegungen begleiteten auch weiterhin seine Geschichte. Heute leben rd. 6,8 Mrd. Menschen auf der Erde. Sie unterteilen sich in eine Vielzahl von Völkern, die unterschiedlichste Kulturen hervorgebracht haben.

Immer unterwegs

Am Beginn der Menschheitsgeschichte stehen zwei große Auswanderungsbewegungen: Jeweils von Afrika ausgehend, begann vor 1,8 Mio. Jahren die Verbreitung des Homo erectus, schließlich vor 60 000 Jahren die des Jetztmenschen Homo sapiens über die Welt. Die Gründe sind unklar, vielleicht folgten einzelne Menschengruppen ihren Jagdtieren und gelangten so über Jahrtausende in immer neue, bis dahin unbesiedelte Regionen. Spätere **Wanderungen** hatten andere Ursachen, spielten sich schneller ab und verliefen zielgerichtet. Im 15. und 16. Jh., dem **Zeitalter der Entdeckungen,** wurden ganze Erdteile für die Europäer „entdeckt". Die meiste Zeit waren hauptsächlich Kriege dafür verantwortlich, dass sich Menschen eine neue Heimat suchen mussten – ob inner-

Frühe Entdeckungsreisen der Spanier und Portugiesen

halb oder außerhalb des eigenen Landes. Andere Zwänge zur **Migration** sind Menschenrechtsverletzungen oder schlechte Umweltbedingungen. Viele Migranten suchen in fremden Ländern aber auch eine bessere und sichere wirtschaftliche Zukunft für sich und ihre Familien.

Sklavenhandel

Die extremste Form der **erzwungenen Migration** ist der Sklavenhandel. Zwar gibt es den Handel mit Menschen schon seit Urzeiten, im Zuge der Eroberung Amerikas durch Europäer erreichte er aber eine neue Dimension. Von der ersten europäischen Besiedlung Amerikas 1493 bis 1900 wurden über 11 Mio. Menschen von Afrika über den Atlantik als Sklaven verschleppt. Sie waren Teil des **transatlantischen Dreieckshandels:** Aus Europa und Asien wurden Waren nach Afrika transportiert, um sie dort gegen Sklaven zu tauschen. Diese wurden an die Plantagen in Latein- und Nordamerika verkauft. Die dort angebauten oder veredelten Produkte, z. B. Zucker, Rum oder Kaffee, gelangten schließlich als Handelsgüter nach Europa. Im 19. Jh. wurde der transatlantische Sklavenhandel verboten. Noch heute ist die Bevölkerung vieler amerikanischer Staaten von diesem **Menschenhandel** geprägt. So sind 40 % der brasilianischen Bevölkerung Schwarze oder Mulatten.

Einwanderung in die USA

Von 1820 bis heute wanderten über 75 Mio. Menschen legal in die USA ein. Um 1850 war die Bevölkerungszahl der USA auf 23 Mio. angewachsen. Jeder Zehnte von ihnen war nicht im Land geboren worden, 2,5 Mio. waren schwarze Sklaven oder deren Nachkommen. Im 19. Jh. und Anfang des 20. Jh. kamen die meisten Einwanderer noch aus Europa. Seit dem Zweiten Weltkrieg haben sich die Schwerpunkte verschoben. So stammten von den fast 18 Mio. Einwanderern zwischen 1961 und 1992 über 5 Mio. aus Asien. Auch der Anteil der Einwanderer aus Lateinamerika ist gestiegen; viele von ihnen sind illegal ins Land gekommen, weshalb die Vereinigten Staaten ihre Sicherheitsvorkehrungen an ihrer südlichen Grenze zu Mexiko extrem verschärft haben.

Migranten in Deutschland und der Schweiz

In Deutschland lebten Ende 2009 rd. 15,7 Mio. Menschen mit Migrationshintergrund; 2,5 Mio. hatten türkische Wurzeln. Als nach dem Bau der Berliner Mauer (1961) der Zustrom von Übersiedlern aus der DDR abriss, hatte man wegen des Arbeitskräftemangels in Westdeutschland begonnen, **ausländische Arbeitskräfte** anzuwerben. Als sich die wirtschaftliche Situation in Deutschland verschlechterte, verhängte die Bundesregierung 1973 einen Anwerbestopp für Gastarbeiter aus Nicht-EG-Ländern. Die Ausländerpolitik verlagerte sich nun auf die **Familienzusammenführung.** In der Schweiz lag der Ausländeranteil zur gleichen Zeit sogar bei fast 21 %; allerdings war bei den meisten die Aufenthaltsdauer auf ein Jahr beschränkt.

Drama auf dem Meer

Jahr für Jahr wagen Tausende von Menschen mit überfüllten, oft hochseeuntauglichen Booten den gefährlichen Weg von Nord- und Westafrika oder Kleinasien (Anatolien) über das Mittelmeer nach Europa. Sie landen in Südspanien, auf der italienischen Insel Lampedusa, auf Malta, auf Kreta oder den ostägäischen Inseln. Einige wagen sich auf den Atlantik und steuern die Kanarischen Inseln an. Etwa die Hälfte der **„Boatpeople“**, die einen Asylantrag stellen, wird als schutzbedürftige **Flüchtlinge** anerkannt, die anderen werden in Lager gesteckt, abgeschoben oder sie tauchen unter. Oft enden die von Schleppern organisierten Überfahrten tragisch: Allein 2007 kamen rd. 1000 Flüchtlinge im Mittelmeer um.

Ferdinand Magellan

Portugiesischer Seefahrer und Entdecker, * um 1480 Sabrosa, † 27. 4. 1521 Mataan (Philippinen)

Seine wichtigste Reise mit dem Ziel, die Molukken in Südostasien auf der Westroute zu erreichen, startete Fernão de Magalhães (deutsch Ferdinand Magellan) 1519 mit fünf Schiffen. Ein Jahr nach seinem Tod – er wurde auf den Philippinen von Eingeborenen getötet – konnten nur 18 Mann seiner Besatzung mit drei verbliebenen Schiffen die erste Weltumsegelung der Geschichte beenden. Damit konnte die Kugelgestalt der Erde unwiderruflich bewiesen werden. Der Portugiese in Diensten der spanischen Krone entdeckte die später nach ihm benannte Magellanstraße und benannte selbst u. a. den Pazifischen Ozean und Feuerland.

Indiofrauen in Cajamarca in Peru; das Land weist nach Bolivien den höchsten Anteil indigener (ursprünglicher) Bevölkerung in Südamerika auf.

Völker, Sprachen, Religionen

Berichte über Konflikte, Unruhen oder Kriege sind ein alltäglicher Bestandteil der Nachrichten. Gründe für die Auseinandersetzungen sind unterschiedliche politische, wirtschaftliche, gesellschaftliche und religiöse Interessen. Oft geht es um die Unterdrückung ethnischer oder religiöser Minderheiten, denen eine politische Selbstverwaltung, der Gebrauch ihrer Sprache oder Religion sowie der Zugang zu Bildungseinrichtungen und Arbeitsplätzen verweigert werden.

Völker

Ein Volk ist zum einen eine politische Gemeinschaft, die durch das Bewusstsein einer politischen und kulturellen Eigenständigkeit gekennzeichnet ist und ein Zusammengehörigkeitsgefühl entwickelt hat. Als Volk oder **Ethnie** wird aber auch eine Gruppe von Menschen innerhalb eines Landes bezeichnet, die sich selbst eine gemeinsame Identität zuschreibt und nicht von anderen definieren lässt. Fünf Hauptmerkmale kennzeichnen eine Ethnie: die gemeinsame Kultur, die sich in Sprache, Religion, Werten und Traditionen äußert, die gemeinsame Herkunft und Geschichte, das gesellschaftliche Miteinander, das gemeinsame Siedlungsgebiet und schließlich bestimmte physische Merkmale. Wie viele Völker es auf der Erde gibt, lässt sich nicht genau beziffern. Die Zahl der **indigenen Völker** – früher oft Naturvölker genannt – wird z. B. auf 4000 bis 5000 geschätzt, allein in Amazonien leben mehr als 450.

Ethnische und religiöse Konflikte werden oft blutig ausgetragen – nicht nur in Afrika, wo die Massaker zwischen Tutsi und Hutu 1994 in Ruanda rd. 850 000 Menschenleben forderten und fast 3 Mio. Menschen zu Kriegsflüchtlingen machten. Auch in Europa kam es nach dem Zweiten Weltkrieg zu **Völkermord.** Nach dem Zerfall des multiethnischen Jugoslawien in den 1990er Jahren eskalierten lange unterdrückte Konflikte in einer Reihe blutiger Kriege mit sog. **ethnischen Säuberungen.** In den Westpyrenäen und im Baskenland haben die vorindogermanischen Basken eine eigenständige Kultur bewahrt, die die Terrororganisation ETA zum Anlass nimmt, eine gewaltsame Loslösung des Baskenlandes aus dem spanischen Staatsverband zu verfolgen.

Sprachen

Schätzungen über die Anzahl von Sprachen gehen weit auseinander, weil es schwierig ist, eigenständige Sprachen von **Dialekten** abzugrenzen und noch nicht alle gegenwärtigen Sprachen bekannt sein dürften (→ S. 312). Manche Sprachen werden nur noch von kleinen Gruppen gesprochen, sodass jedes Jahr Sprachen aussterben. Dies geschieht nicht nur im Regenwaldgebiet des Ama-

Analphabeten

Eine Sprache hat jeder, aber nicht jeder hat Zugang zu ihrer schriftlichen Form. Nach Angaben der UNESCO von September 2010 gab es 2008 rd. 796 Mio. Erwachsene, davon 64 % Frauen, die weder lesen noch schreiben konnten. 131 Mio. junge Menschen haben entweder gar keine oder nur unzureichende Lese- und Schreibfertigkeiten. Besonders hoch ist die **Analphabetenquote** in wenig entwickelten Ländern, vor allem in den Staaten Schwarzafrikas sowie in Südasien. Aber selbst in den reichen Industrienationen wird die Analphabetenquote auf etwa 5 % geschätzt. Allein für Deutschland geht man von etwa 4 Mio. Menschen aus, die Schwierigkeiten beim Lesen und Schreiben haben. Sie gelten als **funktionale Analphabeten.**
Im Hinblick auf die rasant gestiegene Weltbevölkerung hat sich die Situation durch Bildungsinitiativen z. B. der UNO in den letzten drei Jahrzehnten jedoch gebessert. Von 2003 bis 2012 läuft bei der UNESCO der Aktionsplan „Internationale Dekade der Alphabetisierung“.

zonas, sondern auch in Europa: 1974 starb der letzte Sprecher der ursprünglich auf der zwischen England und Irland gelegenen Isle of Man gesprochenen keltischen Sprache Manx.

Die weltweit dominierende Sprache in unseren Tagen ist Englisch. Die leicht zu lernende Sprache hat im 20. Jh. ihren Platz als führende **Weltsprache** erlangt, nachdem sich die USA als größte politische und wirtschaftliche Macht etabliert hatten. Weltsprachen waren immer die Sprachen der politisch einflussreichsten Staaten. In der Antike waren es Griechisch und Latein.

Kirchen, Tempel und Moscheen

Zu den ursprünglichsten Religionen gehören die traditionellen oder **ethnischen Religionen,** die besonders in Afrika, Südostasien und Südamerika noch weit verbreitet sind. Sie sind in der Regel auf einen kleinen Kreis von Angehörigen beschränkt. Die großen **Weltreligionen** gehen meist auf Religionsstifter oder Reformer zurück, die als Heilige verehrt werden. Viele große Religionen beziehen sich auf heilige Schriften und richten ihre Heilsbotschaft an alle Menschen. Sie alle unterliegen ständigen Wandlungen.

Jerusalem ist eine heilige Stadt für Juden, Christen und Muslime. Die Juden verehren hier ihre wichtigste heilige Stätte, die 400 m lange Klagemauer, ein Teil der Ummauerung des ehemaligen Tempelplatzes. Eine der wichtigsten christlichen Stätten ist die Grabeskirche auf dem Hügel Golgatha über dem vermuteten Grab von Jesus Christus. Auf dem Tempelberg stehen zwei bedeutende islamische heilige Stätten: der Felsendom und die Al-Aqsa-Moschee.

Mitten in China? Keineswegs: Chinatown in New York ist mit rd. 300 000 Einwohnern die größte chinesische Ansiedlung außerhalb Asiens; viele Bewohner sprechen ausschließlich ihre Muttersprache.

Weltsprachen, Weltreligionen

Sprachen	Bevölkerungsanteil	Religionsgruppen	Bevölkerungsanteil
Chinesisch	16,9 %	Christen	33,0 %
Englisch	5,6 %	Davon:	
Spanisch	4,0 %	Katholiken	17,5 %
Hindi	3,2 %	Protestanten	5,6 %
Russisch	2,7 %	Orthodoxe	3,6 %
Arabisch	2,4 %	Muslime	19,6 %
Bengali	2,4 %	Hindus	13,4 %
Portugiesisch	2,3 %	chinesische Religionen	6,4 %
Japanisch	1,9 %	Buddhisten	5,9 %
Deutsch	1,8 %	ethnische Religionen	3,6 %

Schulkinder in Mombasa, Kenia: In vielen Ländern Afrikas hat Kinderreichtum einen hohen gesellschaftlichen Stellenwert.

Die bevölkerungsreichsten Staaten

Rang	Name (Kontinent)	Einwohner (Mio.)
1	VR China (Asien)	1331
2	Indien (Asien)	1171
3	USA (Amerika)	307
4	Indonesien (Asien)	243
5	Brasilien (Amerika)	192
6	Pakistan (Asien)	181
7	Bangladesh (Asien)	162
8	Nigeria (Afrika)	153
9	Russland (Europa/Asien)	142
10	Japan (Asien)	128

Wachsende Weltbevölkerung

Noch leben knapp über 6,8 Mrd. Menschen auf der Erde, aber nach Prognosen der UNO könnten es 2050 schon mehr als 9 Mrd. sein. Dabei sind schon heute die Chancen ungerecht verteilt. Während die Menschen in den **Industriestaaten** verschwenderisch mit den knappen Ressourcen der Erde wie Wasser und Energieträgern umgehen, müssen sich die Bewohner der **Entwicklungsländer** in fast allen Lebensbereichen einschränken – das umfasst den Zugang zu sauberem Wasser, Lebensmitteln und medizinischer Versorgung ebenso wie zu Bildung. Ein Umdenken in den Industrienationen, aber auch eine Verlangsamung des rasanten Wachstums der Weltbevölkerung sind daher bedeutende Aufgaben. Dabei gilt es nicht nur, liebgewonnene Privilegien aufzugeben, sondern auch religiöse, gesellschaftliche und soziale Traditionen zu überdenken.

Unterschiedliche Prognosen

Alle zwei Jahre gibt die UNO Prognosen zur **Weltbevölkerung** heraus. Die Szenarien beruhen jeweils auf unterschiedlichen Annahmen, z. B. wie hoch die **Fruchtbarkeitsziffer** ist, also wie viele Kinder jede Frau auf der Erde im Durchschnitt bekommt. Bei einer mittleren Prognose wird von einer durchschnittlichen Zahl von zwei Kindern pro Frau ausgegangen. In diesem Fall würde die Bevölkerungszahl bis 2050 auf 9,3 Mrd. wachsen. Wenn die angenommene Kinderzahl bei 2,6 läge– so die hohe Variante– würde das für 2050 eine Weltbevölkerung von 10,9 Mrd. Menschen bedeuten. Umgekehrt prognostiziert die niedrige Variante mit durchschnittlich 1,7 Kindern pro Frau die geringste Bevölkerungszahl von 7,3 Mrd. Erdenbürgern. Heute wächst die Weltbevölkerung pro Jahr um über 80 Mio. Menschen, also um ungefähr so viele, wie in Deutschland leben. Pro Tag sind das mehr als 200 000, was der Einwohnerzahl einer deutschen Großstadt wie Mainz oder Erfurt entspricht.

Ungleiche Entwicklung

Der Anstieg der Weltbevölkerung findet zum allergrößten Teil in den Entwicklungsländern und Schwellenländern wie Indien statt. Dort leben ohnehin schon mehr als 80% der Menschen. Außerdem haben diese Länder eine sehr **junge Bevölkerung.** In Afrika z.B. sind mehr als 40% der Menschen jünger als 15 Jahre, kommen also erst noch in das Alter, in dem sie selbst Kinder haben werden. In Afrika bekommen Frauen durchschnittlich 4,6 Kinder. Die hohe Zahl der Todesfälle durch **Aids,** speziell in den Ländern südlich der Sahara, wirken sich nur regional aus. Für die meisten Industriestaaten sieht die Prognose ganz anders aus. Hier liegt die Gesamtfruchtbarkeitsrate bei 1,6 – die Bevölkerungszahlen nehmen also ab.

Dieses Missverhältnis schafft große Probleme. Ein weiterer Anstieg der Bevölkerungszahlen würde viele Entwicklungsländer vor große Schwierigkeiten stellen – bei jetzt schon kaum lösbaren wirtschaftlichen, gesellschaftlichen und sozialen Problemen. Gerade die ärmsten Länder müssen immer mehr Menschen mit Nahrung, sauberem Trinkwasser und Gesundheits- und Bildungsleistungen versorgen. Die weltweite **landwirtschaftliche Nutzfläche** ist nicht mehr wesentlich auszudehnen. Auch können kaum mehr Pflanzen als heute auf der gleichen Fläche angebaut werden. Um 2025 die Menschen ausreichend ernähren zu können, müsste nicht nur die weltweite **Nahrungsmittelproduktion** verdoppelt werden. Die Lebensmittel müssten auch so verteilt werden, dass sie jeder erreichen kann.

Überalterung

Während China durch strenge politische Maßnahmen versucht, Familien dazu anzuhalten, maximal zwei Kinder zu haben, um die Bevölkerungszahlen nicht zu stark steigen zu lassen, haben die wohlhabenden Industriestaaten mit Problemen ganz anderer Art zu kämpfen; ihre Bevölkerung schrumpft und wird immer älter. Sie müssen sich Gedanken darüber machen, ob ihre Wirtschaftskraft und das Niveau ihrer Sozialversorgung, z.B. das Renten- und Krankenversicherungssystem, mit weniger Menschen überhaupt zu halten sein werden. Will ein Land wie Deutschland langfristig seine Bevölkerungszahl beibehalten, reicht der Versuch nicht aus, mit einer „familienfreundlichen" Politik die Kinderzahl zu erhöhen. Eine andere Möglichkeit ist die Steigerung der Zuwanderungszahl. Ein besonderes Beispiel für eine **überalterte Gesellschaft** ist **Japan.** Dort sind bereits 24% der Bevölkerung über 60 Jahre alt, in den kommenden Jahren wird es ein Drittel sein. 18 von 100000 Japanern (in Deutschland zehn) werden 100 und mehr Jahre alt. Die finanzielle Absicherung der alten Menschen kostet viel Geld. Andererseits haben japanische Firmen den „Silbermarkt" längst als lukrativ erkannt.

Altersstruktur 2050

Die 11. koordinierte **Bevölkerungsvorausberechnung** des Statistischen Bundesamtes aus dem Jahr 2006 geht in einer Variante davon aus, dass der Bevölkerungsanteil in der Altersgruppe der Kinder und Jugendlichen (bis 19 Jahre) bis 2050 um fast 30 % und jener der 20- bis 59-Jährigen um über 20 % abnehmen wird. Demgegenüber werden die Anteile der Über-60-Jährigen deutlich zunehmen. Am stärksten wird dieser Prognose nach der Anteil der sog. **Hochbetagten** (über 80 Jahre) steigen: um 164 %. Der Altersquotient wird sich dramatisch verschieben, von jetzt 30 auf deutlich über 60. Das bedeutet, dass auf 100 Menschen im Jugend- und Erwachsenenalter (15 bis 64 Jahre) mehr als 60 Menschen kommen, die 65 Jahre alt oder älter sind – heute sind es erst 30. So zeigt sich das Bild einer deutlich überalterten Gesellschaft, in der die Zahl der **Menschen im Erwerbsalter** etwa gleich hoch ist wie die Zahl der Rentner, Kinder und Jugendlichen zusammengenommen.

In den meisten europäischen Staaten wird in naher Zukunft die Zahl der Älteren die der Jungen übertreffen.

Slum vor der Skyline des Bankenviertels in Manila, Philippinen: Die Hoffnung auf ein besseres Leben zieht die Menschen in die Städte, an deren Rändern riesige Elendsquartiere entstehen.

Verstädterung

Immer mehr Menschen bevölkern die Erde, immer mehr leben in Städten und immer mehr große Städte entstehen, besonders in den Entwicklungs- und Schwellenländern. Im Zuge der Industrialisierung wuchsen zunächst die europäischen und nordamerikanischen Metropolen London, New York und Paris zu **Megastädten** heran, gefolgt von Tokio. Megacitys sind Städte, die je nach Definition mindestens 5, 8 oder 10 Mio. Einwohner haben und im Stadtzentrum eine Bevölkerungsdichte von mehr als 2000 Einwohnern pro km² aufweisen. Wachsen sogar mehrere Millionenstädte zusammen, spricht man von einer **Megalopolis.** Eine der bekanntesten von ihnen ist „Boswash“, das Städteband im Nordosten der USA zwischen Boston und Washington, in dem auf 3 % der Landfläche rund ein Fünftel der US-amerikanischen Bevölkerung lebt.

Flucht in die Städte

Während die „alten“ Megacitys heute in ihrem Wachstum stagnieren, sind in den Entwicklungsländern zahlreiche neue Megastädte entstanden. Die arme Landbevölkerung hofft, dort Arbeitsplätze und bessere Lebensbedingungen vorzufinden. Ihr Wachstum läuft wesentlich rasanter und in größeren Dimensionen ab als in Europa oder Nordamerika. So liegen heute 80 % der Megastädte in Asien und Lateinamerika, darunter Bombay, Hongkong, Jakarta, Mexiko-Stadt, São Paulo und Shanghai. Sie sind allein schon aufgrund ihrer Größe kaum zu überschauen. Ihre Infrastruktur hinkt meist den Ansprüchen hinterher.

Als neue Siedlungsform findet man heute in den schnell wachsenden Großstädten Asiens, Afrikas und Lateinamerikas, wo der Gegensatz zwischen Arm und Reich deutlich zutage tritt, **Gated Communities.** Gemeint sind Wohngebiete der oberen Schichten mit beschränktem Zugang für Nichtanwohner. Die Viertel sind umgeben von Mauern oder Zäunen, Wachpersonal kontrolliert die Eingänge.

Favela, Slum, Elendsviertel

Weil in schnell wachsenden Städten auf kurze Zeit kein angemessener Wohnraum geschaffen werden kann, drängen die Menschen in **Slums.** Sie liegen entgegen der verbreiteten Meinung zunächst nicht am Rand, sondern in heruntergekommenen innerstädtischen Gebieten. Von diesen **Elendsquartieren** wandern viele in die Außenbezirke, wo sie etwa in illegal errichteten Behausungen leben. Gemeinsam ist den schnell errichteten Hüttensiedlungen, dass es dort kaum Infrastruktur gibt und die hygienischen Verhältnisse katastrophal sind. Sie unterscheiden sich nur im Namen: Im französischen Sprachraum ist das Wort Bidonville verbreitet, Spanischsprachige kennen die Barriada. In Brasilien ist das Wort **Favela** gebräuchlich, in Indien Basti. Die Wissenschaft bevorzugt die Bezeichnungen Shanty Town oder Squattersiedlung.

Orientierung im Raum

Im selben Jahr, in dem Christoph Kolumbus Amerika entdeckte, stellte der Geograf Martin Behaim in Nürnberg eine Kugel aus Pappe, Gips und Pergament vor. Heute gilt diese Kugel von 1492 weltweit als ältester, erhaltener **Globus.** Behaim war davon überzeugt, ein realistisches Abbild der Erde geschaffen zu haben. Er konnte nicht ahnen, dass dazu u.a. noch die zu entdeckenden Kontinente Amerika, Australien und die Antarktis fehlten. Wie aber stellt man die dreidimensionale Gestalt der Erde auf einer zweidimensionalen Karte dar? Dazu entwickelte die **Kartografie** Projektionen und Entwürfe, von denen naturgemäß keine alle Ansprüche an ein korrektes Kartenbild erfüllen kann. Keine Karte kann gleichzeitig die Flächen, die Längen und die Winkel richtig wiedergeben.

Vom Kompass zum GPS

Jahrhundertelang galt der **Kompass** als ein unverzichtbares Navigationsgerät. Das Gerät zur Bestimmung der Himmelsrichtung wurde vermutlich um 1100 von den Chinesen erfunden und seit dem 13. Jh. in Europa in der heutigen Form verwendet. Beim Magnetkompass stellt sich eine Magnetnadel unter Einwirkung des magnetischen Erdfeldes in Nord-Süd-Richtung ein. Mit Hilfe einer **Windrose** bzw. Kompassrose – die Einteilung eines Kreises in Himmelsrichtungen –, über der die Kompassnadel spielt, kann man die gesuchte Richtung ablesen.

Die Bedeutung des Magnetkompasses ist seit dem Erscheinen moderner Navigationsgeräte stark gesunken. Die 24 Satelliten des **Global Positioning System (GPS),** die in einer Höhe von 20200 km in sechs Bahnen um die Erde kreisen, ermöglichen eine viel genauere Orientierung im Raum. Mit einem kleinen Empfangsgerät – heute schon Bestandteil vieler Mobiltelefone – kann jedermann bestimmen, wo genau er sich befindet. GPS wurde 1978 vom US-Verteidigungsministerium für zunächst nur militärische Nutzungen errichtet.

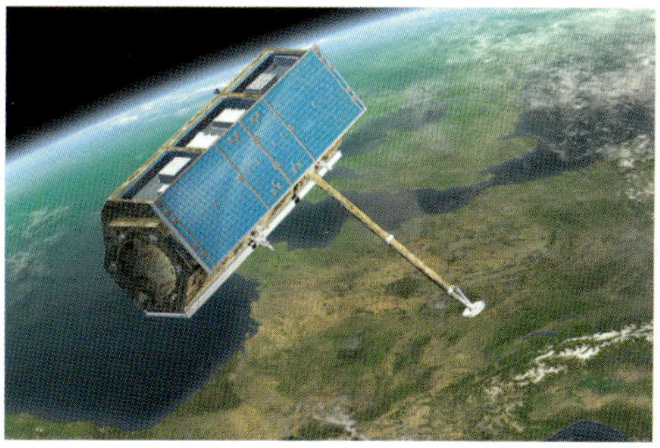

Der deutsche Radarsatellit TerraSAR-X umkreist die Erde in rd. 500 km Höhe. Aus dieser Entfernung kann er Details von 1 m Größe erkennen. Die Bilder, die er liefert, dienen Wissenschaft, Katastrophenschutz und kommerziellen Zwecken (z. B. Computerdarstellung).

Ein dreidimensionales Abbild der Erde

Am 11. Februar 2000 startete die US-Raumfähre „Endeavour“ mit der Shuttle Radar Topography Mission (SRTM) ins All. In nur elf Tagen nahm sie die Erde zwischen 60 Grad nördlicher und 56 Grad südlicher Breite auf. So wurden 80% der Landfläche dreidimensional erfasst. Zwei leicht versetzte Radarantennen lieferten die Ausgangsfotogramme, die zunächst in Radarbilder umgesetzt wurden. Aus ihnen entstanden wiederum Interferogrammpaare, die für den Laien kaum voneinander zu unterscheiden sind, aber die Daten enthalten, die ein dreidimensionales Modell ergeben. Aus den Grunddaten entstehen **digitale Animationen** wie die aus manchen Wettervorhersagen bekannte Flugsimulation. Im Vordergrund steht aber die militärische, wirtschaftliche und wissenschaftliche Nutzung. So lässt sich z. B. aus dem dreidimensionalen Modell eines Vulkankegels der Weg künftiger Lavaströme berechnen.

Der älteste erhaltene Globus der Welt, der „Erdapfel“ von Martin Behaim, steht heute im Germanischen Museum in Nürnberg.

Der Mensch nutzt die Erde

Der Mensch nutzt den Boden und den Raum in vielfältiger Weise. An erster Stelle steht natürlich die Sicherung der Ernährung und damit die Landwirtschaft, also Ackerbau und Viehzucht. Aber auch der Wald wird genutzt. Bodenschätze werden schon seit der Steinzeit gefördert und verwendet.

Riesige Weizenanbauflächen in den USA verlangen einen großen Maschinenpark. Ganz im Gegensatz dazu ist an unzugänglichen Stellen noch immer die jahrhundertealte Technik mit der Sense gefragt (Bild oben rechts).

Ackerbau und Viehzucht

Die Landwirtschaft dient dem Ziel, die Menschen zu ernähren. Die Arbeit ist geprägt vom Wechsel der Jahreszeiten und vom natürlichen Kreislauf des Säens, Reifens und Erntens. Die moderne Landwirtschaft beruht auf Erkenntnissen einer langen Entwicklung und Forschung, die zu einer stetigen Ertragssteigerung führten. Die Forstwirtschaft, also die Bewirtschaftung von Wäldern zur Produktion vor allem von Holz, ist außerdem in vielen Teilen der Welt ein wichtiger Energielieferant. Auch die Fischerei gehört zu diesem primären Wirtschaftssektor. Vor allem im 20. Jh. kam es zu tiefgreifenden Veränderungen in den Methoden der Land- und Forstwirtschaft.

Rasante Veränderung

Hightech auf dem Bauernhof ist schon lange kein Fremdwort mehr. Zwar beschäftigt die Landwirtschaft weltweit immer noch mehr Menschen als alle anderen Wirtschaftssektoren, aber traditionelle Betriebe stecken vielerorts in der Krise. Wirtschaftlich dominieren leistungsstarke industrielle Unternehmen, kleine Betriebe überleben meist nur noch, indem sie sich spezialisieren. Gleichzeitig stiegen die Ernteerträge um ein Vielfaches. Mechanisierung, die Zucht ertragreicher Sorten, Düngemitteleinsatz und Pflanzenschutz sind Methoden, die Kosten zu verringern und die Menge an verfügbaren Nahrungsmitteln zu erhöhen.

Eine Alternative zur konventionellen Landwirtschaft mit ihren negativen Auswüchsen wie Massentierhaltung und Monokulturen ist der **ökologische Landbau.** Er will die landwirtschaftliche Erzeugung im Einklang mit Natur und Umwelt und mit möglichst geringem Verbrauch an Ressourcen durchführen. Ein Ökobetrieb verzichtet auf den Einsatz von chemischen Dünge-, Schädlings- und Unkrautvernichtungsmitteln,

Wachstumshormonen, Antibiotika und Gentechnik. Durch höhere Endpreise kann er gewinnbringend wirtschaften.

Auch unter Wasser hat sich einiges verändert. Angesichts der wegen Überfischung und Verschmutzung der Gewässer entstandenen Krise der **Fischerei** hat sich in den letzten Jahren das Aquafarming entwickelt, die industrielle Produktion von Fischen, Meerestieren wie Muscheln, Schwämmen und Schalentieren sowie Algen. Etwa die Hälfte der heute konsumierten Lachse, 40 % der Weichtiere und 65 % der Süßwasserfische werden aus **Aquakulturen** gewonnen. Der größte Aquakulturproduzent ist China.

Gentechnisch veränderte Lebensmittel

Für gentechnisch veränderte Lebensmittel besteht in der EU seit April 2004 Kennzeichnungspflicht. Derartige Produkte müssen Aufdrucke wie „hergestellt aus **gentechnisch veränderten Organismen (GVO)"** oder „enthält gentechnisch veränderte Organismen" tragen. In Restaurants oder Kantinen sind alle Speisen und Getränke kennzeichnungspflichtig, die aus GVO bestehen, sie enthalten oder aus ihnen hergestellt wurden. Nicht gekennzeichnet werden müssen Lebensmittel, die beim Herstellungsprozess unvermeidbare Spuren von GVO unterhalb eines Schwellenwertes von 0,9 % enthalten. Unsicherheiten gibt es auch bei Fleisch, Eiern oder Milch, die von Tieren stammen, die mit gentechnisch veränderten Futtermitteln gefüttert wurden. Bei sämtlichen Bioprodukten ist der Einsatz von GVO verboten.

Biosprit verteuert Lebensmittel

Nach einem vertraulichen Bericht der Weltbank, der im Juli 2008 bekannt wurde, war die Produktion von Biosprit verantwortlich für einen Anstieg der Lebensmittelpreise um 75 %.

Besonders in den USA und in Europa stieg die Nachfrage nach Treibstoff aus nachwachsenden Rohstoffen rasant an. Durch den Wechsel von fossilen Brennstoffen zu Biosprit soll sich der Ausstoß klimaschädigender Gase verringern. Mit dem Anbau von nachwachsenden Rohstoffen lassen sich zudem höhere Preise für den Landwirt erzielen. So wird z. B. in Mitteleuropa statt Weizen oder Zuckerrüben immer häufiger die Ölpflanze Raps angebaut. In Brasilien und Mexiko weichen Maisfelder den Sojabohnen- oder Zuckerrohrmonokulturen, in Indonesien und Malaysia verdrängt die Ölpalme den tropischen Regenwald, aber auch Reisterrassen.

Die Rodung der Wälder

Große Teile der Erdoberfläche, rd. 6,2 Mrd. ha, waren ursprünglich mit Wald bedeckt. Heute ist die globale Waldfläche auf 3,5 Mrd. ha geschrumpft. Großflächige Abholzungen betreffen vor allem den **tropischen Regenwald** – jährlich werden trotz internationaler Proteste rd. 15 Mio. ha Tropenwald in Südamerika, Asien und Afrika sowie Teile der **borealen Nadelwälder** in Russland, den USA und Kanada vernichtet. Durch das Abholzen von **Mangrovenwäldern** in tropischen Küstengebieten sind heute viele Gebiete dem Meer schutzlos ausgeliefert.

Massentierhaltung senkt die Produktionskosten und die Verbraucherpreise, ist aber durch nicht artgerechte Haltung bis hin zur Tierquälerei in Verruf geraten.

Um dem Boden seine kostbaren Schätze zu entreißen, unternimmt der Mensch große Anstrengungen: Hier fördert ein riesiger Bagger Braunkohle im Tagebau Hambach.

Bodenschätze und Bergbau

Noch bevor der Mensch Getreide anbaute und Vieh züchtete, betrieb er Bergbau. Als das Sammeln von harten, scharfkantigen Steinen zur Herstellung von Werkzeugen und Waffen den Bedarf nicht mehr deckte, begann er mit dem Abbau von Feuerstein – vor mehr als 30000 Jahren, wie ein Bergwerk in Oberägypten belegt. Nicht nur Steine werden vom Menschen als natürliche Rohstoffe genutzt. Auch **Erze,** die größte Gruppe der Bodenschätze, und Salze sowie andere nichtmetallische Minerale zählen wie die fossilen Energieträger Kohle, Erdöl und Erdgas zu den Bodenschätzen der Erde. Im Lauf der Erdgeschichte haben sich Lagerstätten gebildet, deren Vorkommen sowohl ober- als auch unterirdisch abgebaut werden.

Die größten Förderer

Rohstoff	Land	Fördermenge	Weltförderung
Blei	VR China	1,55 Mio. t	3,88 Mio. t
Braunkohle	Deutschland	175,3 Mio. t	902,3 Mio. t
Diamanten	Russland	36,9 Mio. Karat	152,8 Mio. Karat
Eisenerz	VR China	263,7 Mio. t	1121,2 Mio. t
Erdgas	USA	593,4 Mrd. m³	2987,0 Mrd. m³
Erdöl	Saudi-Arabien	459,5 Mio. t	3820,5 Mio. t
Gold	VR China	275,29 t	2281,33 t
Kupfer	Chile	5,33 Mio. t	15,42 Mio. t
Steinkohle	VR China	2645,4 Mio. t	6038,3 Mio. t
Uran	Kasachstan	14020 t	50772 t

Stand 2008/09

Unter und über Tage

Gelangen die Rohstoffe bis an die Oberfläche oder liegen sie nur knapp darunter, können sie im **Tagebau** gefördert werden. Sehr weiches Gestein kann mit Hilfe von Wasser ausgeschwemmt werden, härteres Gestein wird durch Bagger abgetragen, etwa in den großen Braunkohletagebaugebieten. Die größte Tagebaumine der Erde ist die Kupfermine Chuquicamata in Chile, die seit 1910 ausgebeutet wird. Täglich werden hier aus 180000 t Gestein etwa 2500 t Kupfer gewonnen.

Meist liegen die wertvollen Erze jedoch verborgen in der Tiefe. Beim **Untertagebau** werden die Rohstoffe über vertikale Schächte und horizontale Stollen gefördert. Sie müssen gegen Einsturz und Nachrutschen gesichert werden, eindringendes Grundwasser muss abgepumpt werden. Um Gasexplosionen, besonders in Kohlebergwerken, zu vermeiden, muss ständig Frischluft zugeführt und verbrauchte Luft abgeleitet werden. Je tiefer man in die Erdkruste eindringt, desto heißer wird es. In den Goldminen Südafrikas ist man in Tiefen bis über 3000 m vorgestoßen, wo Temperaturen von mehr als 50 °C herrschen.

Fossile Brennstoffe

Zurzeit decken fossile Brennstoffe, also **Braun- und Steinkohle, Erdöl und Erdgas,** weltweit immer noch mehr als drei Viertel des Energiebedarfs. Die wirtschaftlich sinnvoll förderbaren Vorräte werden in absehbarer Zeit erschöpft sein, zuerst wahrscheinlich beim Erdöl. Außerdem entstehen bei ihrer Verwendung als Brenn- oder Treibstoff große Mengen Schadstoffe wie Schwefel- und Stickoxide oder Rußpartikel. Täglich werden große Mengen an Kohlendioxid als **Treibhausgas** an die Atmosphäre abgegeben.

Kohle gilt als größte fossile Reserve unter allen Energieträgern. Allerdings ist ihr Abbau aufwendig und teuer und verbraucht viel Landschaftsfläche. In Deutschland gibt es neben den – bald nicht mehr genutzten – Steinkohlerevieren im Ruhrgebiet und im Saarland vor allem umfangreiche Braunkohlereviere. Im Bundesgebiet lagern mehr als 10 % der weltweit förderbaren Braunkohlereserven. Im rheinischen und im Lausitzer Revier sowie im Raum Halle–Leipzig wurden und werden mit dem Tagebau ganze Landschaften zerstört: Ortschaften müssen umgesiedelt, Flüsse umgeleitet werden. Pumpanlagen führen Grundwasser ab. Inzwischen wird großer Wert auf die **Rekultivierung** der Abbaugebiete gelegt.

Gesteinsuntersuchung in einer Goldmine bei Tyndrum, Schottland; die Mine wurde 2008 wieder in Betrieb genommen.

Der Kampf um die letzten Ressourcen

Nicht alle Bodenschätze sind gleichmäßig auf der Erde verteilt. So sind die Schweiz und Japan fast ausschließlich von einer Zulieferung von außen abhängig. Staaten wie Südafrika oder Australien hingegen gelten als rohstoffreich. Hier finden sich vor allem umfangreiche Erzlagerstätten oder Diamantenminen. Auch die fossilen Brennstoffe Erdöl oder Erdgas konzentrieren sich an nur wenigen Punkten der Erde. Ein gemeinsames Merkmal all dieser Bodenschätze ist, dass sie uns **nicht in unbegrenzter Menge** zur Verfügung stehen. Prognosen gehen davon aus, dass die Reserven an fossilen Brennstoffen je nach Energieträger in einem Zeitraum von einigen Jahrzehnten bzw. ein oder zwei Jahrhunderten erschöpft sein werden. Eine Verlagerung der Förderung auf Regionen mit extremen klimatischen Bedingungen wie die Polargebiete würde zu gravierenden ökologischen Schäden führen. Noch schützt der 1960 in Kraft getretene und durch Zusatzartikel erweiterte Antarktisvertrag den Südpol bis zum Jahr 2041.

Die weltweite Verknappung der Ressourcen wird aber nicht erst in Zukunft eine wichtige Rolle für das Leben auf der Erde spielen. Bereits heute kommt es zu Auseinandersetzungen um Rohstoffe. Verteilungskonflikte um den Besitz bzw. die Kontrolle einer Ressource haben bereits zu Bürgerkriegen wie im Kongo oder zu zwischenstaatlichen Kriegen oder Krisen wie in der Region am Persischen Golf geführt. Mit sog. **Blutdiamanten,** die illegal gefördert und vertrieben werden, werden Waffenkäufe finanziert.

Deutschland bei Windenergie Spitze

In Deutschland haben Windkraftanlagen den größten Anteil an dem aus **erneuerbaren Energien** gewonnenen elektrischen Strom. Im internationalen Vergleich wird hier ein Spitzenplatz erreicht: Mit einer installierten Leistung von 25 777 Megawatt (MW) lag Deutschland bei der Windenergie Ende 2009 hinter den USA (35 159 MW) auf Rang 2. Damit übertraf die Gesamtleistung der installierten Windkraftanlagen zwar diejenige aller 17 Atomkraftwerke, diese erzeugten aber dreimal so viel Strom – weil sie unabhängig vom Wetter arbeiten.
Insgesamt wurden 2009 mit erneuerbaren Energien 15,6 % des Strombedarfs gedeckt; beim Energieverbrauch lag der Anteil bei 8,7 %. Um den Kohlendioxidausstoß bis 2020 um 40 % gegenüber 1990 zu senken, will die Bundesregierung die erneuerbaren Energien weiter ausbauen. Dabei spielen Windkraftanlagen vor den Küsten eine wichtige Rolle: Bis 2030 könnten **Offshore-Parks** mit insgesamt 5000 Windrädern rd. 15 % des deutschen Strombedarfs decken.

Von der Industrie- zur Dienstleistungsgesellschaft

Die Industrie hat die Welt in einer Geschwindigkeit verändert wie zuvor keine andere menschliche Wirtschaftsweise. Im 18. und 19. Jh. vollzog sich der tiefgreifende Wandel von der Agrargesellschaft zur Industriegesellschaft. Im späten 20. Jh. veränderte sich die Industriegesellschaft kaum weniger dramatisch hin zur Dienstleistungsgesellschaft. Und im neuen Jahrtausend ist der Weg frei für die Entwicklung zur Informationsgesellschaft. Während heute noch in zahlreichen ehemaligen Industrieregionen der Strukturwandel nur schleppend verläuft, sind viele Entwicklungsländer von diesem rasanten Entwicklung bisher ganz ausgeschlossen.

Alte Industrien – neue Industrien

Historische Industrielandschaften waren von rauchenden Fabrikschloten und gigantischen Werkshallen gekennzeichnet. Zu Beginn des Industriezeitalters und noch bis in die Mitte des 20. Jh. entsprachen viele Regionen diesem Bild. Kohle und Stahl prägten beispielsweise das Ruhrgebiet mehr als ein Jahrhundert lang. Wirtschaftskrisen, Automatisierung und Mikroprozessoren sowie die Nanotechnologie haben modernen Industrielandschaften ein ganz anderes Aussehen verliehen.

Kennzeichen einer alten Industrielandschaft sind eine meist hohe Bevölkerungsdichte und eine einseitige Industriestruktur. Hohe Umweltbelastungen, dichte Bebauung und ein überlastetes Verkehrsnetz tragen dabei oft zu einem Imageverlust der ganzen Region bei. Neue Industrielandschaften mit sauberen Produktionsstätten, Technologie- und Wissenschaftsparks fallen dagegen kaum noch ins Auge. Ein moderner Standort ist etwa das **Silicon Valley** in Kalifornien mit seiner Ballung von mehr als 7000 Hardware- und Softwarefirmen. Voraussetzungen für das oft kopierte Erfolgsmodell waren die enge Zusammenarbeit mit renommierten Universitäten, eine perfekte Infrastruktur und dazu ein hoher Freizeitwert.

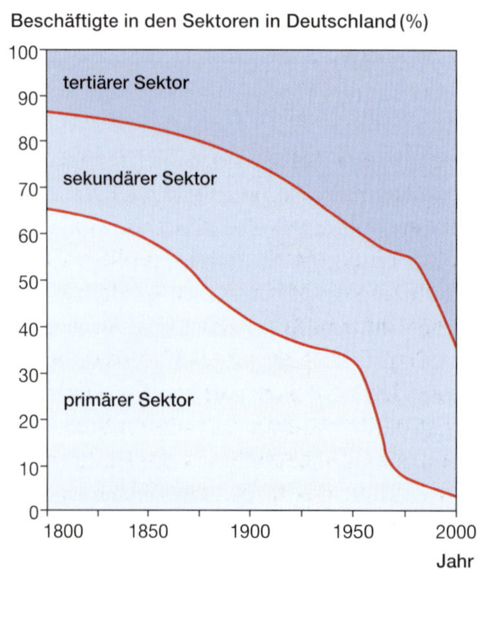

Die Grafik zeigt die Veränderung der Beschäftigungsstruktur in Deutschland: Landwirtschaft (primärer Sektor) und Industrieproduktion (sekundärer Sektor) haben ihre beherrschende Stellung an den Dienstleistungssektor (tertiärer Sektor) verloren.

Welchen Weg legen unsere Lebensmittel zurück?

In dem preisgekrönten Dokumentarfilm von 2005 „We feed the world“ legt der Österreicher Erwin Wagenhofer u. a. dar, welchen Weg einige Lebensmittel zurücklegen müssen, um vom Produzenten in den Einkaufskorb des Verbrauchers zu gelangen. Moderne und schnelle Verkehrsmittel sorgen dafür, dass wir im Winter Trauben aus Südafrika oder Erdbeeren aus Israel essen können, auch Biogemüse und -obst sind dabei. Tropische Produkte sind das ganze Jahr über verfügbar. Solche langen Transportwege verursachen einen hohen Kohlendioxidausstoß. Umweltbewusste Verbraucher fordern hierzulande ein Klimasiegel für Lebensmittel und andere Konsumgüter wie etwa Blumen. Die meisten Rosen, die in Deutschland verschenkt werden,

Stadt der Wissenschaft

Seit 2005 vergibt der Stifterverband für die Deutsche Wissenschaft den begehrten Titel „Stadt der Wissenschaft". 2011 erhält ihn die Stadt Mainz. 2005 waren es Bremen und Bremerhaven, 2006 Dresden, 2007 Braunschweig, 2008 Jena und 2009 Oldenburg (2010 wurde kein Titel vergeben). Mit dem Titel wird jeweils eine Stadt ausgezeichnet, die Forschung und Wissenschaft fördert, vernetzt und die Bürger mit einzubeziehen weiß. Das Konzept, Wirtschaftsunternehmen, Forschung und Stadt oder Region miteinander zu verbinden, hat sich durchgesetzt. In Deutschland gibt es mittlerweile über 150 Innovations-, Technologie- und Gründerzentren sowie **Wissenschafts- und Technologieparks** mit etwa 56 000 Mitarbeitern. In Japan gilt das seit 1970 aufgebaute Tsukuba als „reine Stadt der Wissenschaft" mit mehr als 200 000 Einwohnern.

Moderne Industrieroboter – hier Fließbandmontage in einem Automobilwerk – machen den Einsatz von Menschen weitgehend überflüssig. Eine wachsende Zahl von Arbeitsplätzen gibt es in erster Linie im Dienstleistungssektor.

stammen aus riesigen Treibhäusern in Kenia und kommen per Luftfracht in die Blumenläden.

Vernetzte Gesellschaft

Im Gegensatz zu Agrarprodukten oder Industriegütern sind die Leistungen des tertiären oder **Dienstleistungssektors** meist nichtmaterieller Art, z. B. eine ärztliche Untersuchung oder eine Banküberweisung. In modernen Gesellschaften beschäftigt der Dienstleistungssektor wesentlich mehr Menschen, als es die Landwirtschaft oder die Industrie tun. Heutzutage gilt ein wachsender Anteil des Dienstleistungssektors an der Wirtschaftsleistung als Ausdruck der nationalen Leistungsfähigkeit.

Auch innerhalb des Dienstleistungssektors selbst vollzieht sich ein gravierender Wandel zur **Informationsgesellschaft.** Ohne die ständige Verfügbarkeit von gespeichertem und vernetztem Wissen kann die moderne Gesellschaft nicht mehr funktionieren. Dies gilt auch für den privaten Bereich. Kommunikation beherrscht unser Leben. Onlinebanking oder Shopping im Internet spart den Weg zur Bank oder zum Einzelhändler. Neue Technologien ermöglichen die **Entkoppelung von Betrieb und Arbeitsplatz.** Viele Tätigkeiten lassen sich mühelos auch zu Hause erledigen oder sie werden gleich in Billiglohnländer verlagert. Viele Unternehmen lassen ihre Software von Spezialisten in Indien entwickeln.

Nicht erfasst, aber notwendig

In offiziellen Statistiken von Entwicklungsländern tauchen viele Dienstleistungen überhaupt nicht auf, obwohl sie für einen Großteil der Bevölkerung überlebenswichtig sind. Beispiele für diesen **informellen Sektor** sind Straßenhändler, Schuhputzer und Müllsammler. Besonders in den rasant wachsenden Megastädten arbeiten in diesen Bereichen manchmal mehr als die Hälfte der Einwohner. Der informelle Sektor ist zu einem festen Bestandteil der Wirtschaft geworden.

Kommunikation, Wissen und Vernetzung sind die Zauberworte der Dienstleistungsgesellschaft.

Die Kontinente

Blickt man auf eine Weltkarte, so erkennt man, dass die Landmassen nicht gleichmäßig verteilt sind. Wie viele Kontinente aber hat die Erde? Im folgenden Abschnitt werden Europa, Asien, Afrika (rechts der Suezkanal als Trennlinie), Amerika, Australien und Ozeanien sowie die Polargebiete vorgestellt.

Die größten Länder

Land	Fläche (km²)
Russland (Europa, Asien)	17 075 400
Kanada (Amerika)	9 984 670
USA (Amerika)	9 809 155
China (Asien)	9 572 419
Brasilien (Südamerika)	8 547 404
Australien	7 692 030
Indien (Asien)	3 287 263
Argentinien (Amerika)	2 780 403
Kasachstan (Asien)	2 724 900
Sudan (Afrika)	2 505 813

Kontinente: Bevölkerung

Name	Einwohner (1000)
Asien	4 117 000
Europa	728 000
Afrika	999 000
Nord- und Mittelamerika	534 000
Südamerika	386 000
Australien	36 000
Antarktis	unbewohnt

Die Kontinente: geografische Daten

Name	Fläche (km²)	Länge/Breite	höchster Punkt	tiefster Punkt
Afrika	30 300 000	8000/7600 km	5892 m ü. M.	153 m u. M. (Assalsee)
Antarktis (Antarktika)	13 980 000	4800/5700 km	5149 m ü. M.	2555 m u. M. (subglazial)
Asien	45 300 000	8600/11 000 km	8846 m ü. M.	418 m u. M. (Totes Meer)
Australien	7 680 000	3700/4100 km	2228 m ü. M.	15 m u. M. (Lake Eyre)
Europa	10 500 000	3800/6000 km	4807 m ü. M.	26 m u. M. (Nordufer Kasp. Meer)
Nord- und Mittelamerika	24 930 000	8000/6000 km	6198 m ü. M.	86 m u. M. (Death Valley)
Südamerika	17 843 000	7500/5100 km	6952 m ü. M.	40 m u. M. (auf Halbinsel Valdes)

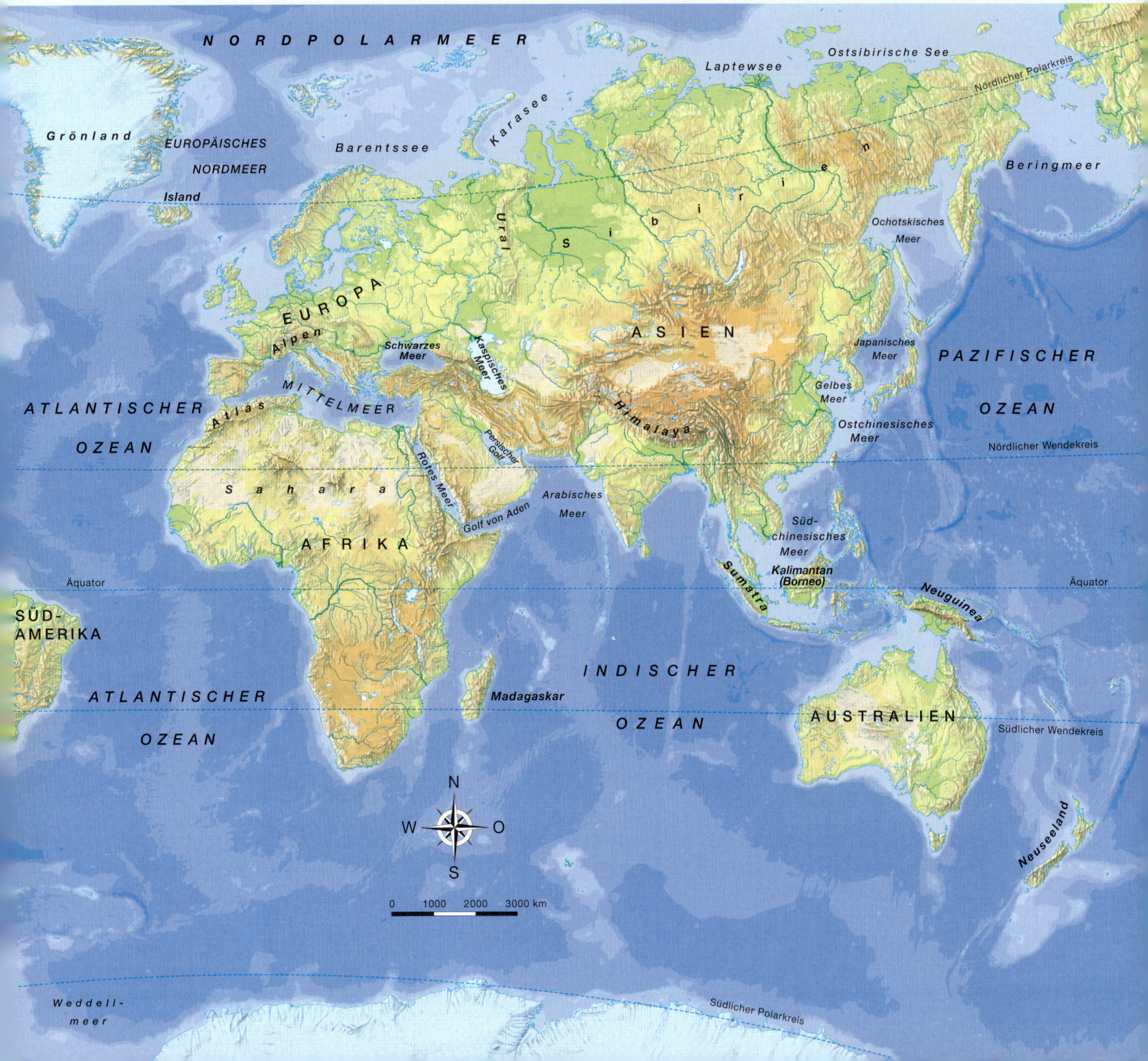

Montblanc oder Elbrus?

Wo liegt der höchste Berg Europas? Natürlich in den Alpen, sagen jedenfalls die meisten. Schließlich erhebt sich das vergletscherte Massiv des Montblanc bis zu 4807 m in den Savoyer Alpen an der Grenze zwischen Frankreich und Italien. Rechnet man aber den halben Kaukasus noch zu Europa, wie es manche, vorwiegend angloamerikanische Geografen tun, dann wäre der Elbrus mit immerhin 5642 m der höchste Berg Europas. Der Elbrus liegt im russischen Teil des Hohen Kaukasus und ist ein stark vergletscherter Vulkan.

Blick auf den 5642 m hohen Elbrus (hinten Mitte) im Hohen Kaukasus. Sieht man den Kaukasushauptkamm als Südostgrenze des europäischen Kontinents, so gehört der Elbrus zu dessen höchsten Bergen.

Europa

Ist Europa ein eigener Kontinent oder nur das westliche Anhängsel Eurasiens, der größten zusammenhängenden Landmasse der Erde? Kulturelle, historische und politische Erwägungen haben bei der Ernennung zu einem eigenen Kontinent eine Rolle gespielt – nicht die Geografie. Grenzen zu Asien bilden Gebirge und Fluss Ural, das Kaspische Meer und die Manytschniederung bis zum Asowschen Meer, einem Nebenmeer des Schwarzen Meeres. Abgesehen von Nordamerika liegt Europa als einziger Kontinent ganz auf der Nordhalbkugel. Mit einer Fläche von 10,5 Mio. km² umfasst er 7 % der gesamten Festlandfläche und ist vor Australien der zweitkleinste Kontinent. Mit rd. 705 Mio. Einwohnern belegt er Platz 3 unter den Kontinenten.

Landschaften Europas

In Europa wechseln sehr vielfältige Landschaftsräume auf engstem Raum miteinander ab. Die im Westen gelegene Halbinsel von **Eurasien** gliedert sich wiederum in vier große Halbinseln: die Skandinavische, die Iberische, die Apennin- und die Balkanhalbinsel. Inseln machen etwa 7 % der Fläche aus; die größten sind Großbritannien, Island, Irland, Sizilien, Sardinien, Korsika und Kreta. Das Relief gipfelt in den Kettengebirgen, die sich wie ein Rückgrat durch den ganzen Kontinent ziehen. Die jungen Faltengebirge setzen sich von Westen nach Osten zusammen aus den Pyrenäen, den Alpen sowie den Karpaten und stoßen mit der Betischen Kordillere in Südspanien, dem Apennin und dem Balkan weit nach Süden in den Mittelmeerraum vor. Die **Kettengebirge** sind das Ergebnis der Kollision der Afrikanischen mit der Eurasischen Platte. Vulkanismus und Erdbeben sind ein Zeichen dafür, dass die Gebirgsbildung noch nicht abgeschlossen ist.

Mehr als die Hälfte der Oberfläche wird jedoch von maximal 200 m über dem Meeresspiegel liegenden **Ebenen** gebildet. Einen sehr großen Teil nehmen der mitteleuropäische Tieflandsaum und die osteuropäische Ebene ein, die fast nahtlos ineinander übergehen und ein Tiefland bilden, das vom Atlantik bis zum Ural reicht. Seine Oberfläche wurde von den letzten Eiszeiten geprägt. Die Tiefländer enden im Süden ziemlich abrupt am **Mittelgebirgssaum.** Diese Mittelgebirgslandschaft umfasst alte Faltengebirge wie das Rheinische Schiefergebirge oder den Böhmerwald, Schichtstufenlandschaften und Vulkangebiete wie den Vogelsberg in Hessen.

Wirtschaftsräume Europas

Von Europa aus eroberte die Industrialisierung die Welt. Eine Voraussetzung hierfür war der Reichtum an Bodenschätzen. Viele Vorkommen sind heute erschöpft oder es ist zu teuer geworden, diese Rohstoffe abzubauen. Der Erfindungsreichtum war eine andere Voraussetzung und diese Ressource spielt nach wie vor eine große Rolle.

Aus dem relativ dicht besiedelten und stark verstädterten Kontinent heben sich die **Industrieregionen als Kernräume** heraus: Hierzu zählen große Teile von Großbritannien und Nordfrankreich, das Ruhrgebiet sowie die Rheinische und die Leipziger Bucht in Deutschland, die Beneluxländer, Oberschlesien, Oberitalien und die Kohleregion der Ukraine. Weitere Verdichtungsräume kristallisierten sich an den Verkehrsschnittpunkten wie dem Rhein-Main-Gebiet und an Orten von multifunktionaler und kultureller Bedeutung mit Wachstumsindustrien und einem breitgefächerten Dienstleistungsgewerbe heraus. Dazu gehören Metropolen wie London oder Städte in der Schweiz wie Zürich und Genf. Ein Kennzeichen der europäischen Wirtschaft ist ihre enge Verflechtung mit den anderen Teilen der Welt.

Europäische Union

Im Lauf der Geschichte haben sich in Europa die unterschiedlichsten Kulturlandschaften entwickelt, in denen sich Monarchien, Republiken und Staatenbündnisse abwechselten. Heute befindet sich Europa in einer Phase, die von Vereinigungstendenzen, wirtschaftlichen Zusammenschlüssen und politischem Miteinander geprägt ist. Die Europäische Union (EU) aus 27 Staaten ist der wirtschaftliche und politische Kern Europas mit dem größten Binnenmarkt der industrialisierten Welt (mit rd. 500 Mio. Einwohnern). Neben den den Vereinigten Staaten zählt sie zu den stärksten Wirtschaftsräumen.

Nach dem Zweiten Weltkrieg gewann die sog. Europabewegung an Kraft und einte viele der alten Kriegsgegner. Meilensteine der europäischen Einigung waren die Gründung der Europäischen Gemeinschaft für Kohle und Stahl (EGKS) 1951 sowie die Bildung der **Europäischen Wirtschaftsgemeinschaft (EWG)** und der Europäischen Atomgemeinschaft (EURATOM) 1957. 1965 schlossen sich EGKS, EWG und EURATOM zur **Europäischen Gemeinschaft (EG)** zusammen. Mit dem Inkrafttreten des **Maastrichter Vertrags** wurde aus der EG am 1. November 1993 die EU. 2002 bildeten dann elf Staaten (ab 2011: 17) die Europäische Wirtschafts- und Währungsunion mit dem Euro als gemeinsamer Währung. 2007 nahm die EU im bisher größten Erweiterungsschritt zehn weitere Staaten auf, darunter acht aus dem ehemaligen sozialistischen Ostblock. Der Reformvertrag von Lissabon (2009) soll die EU handlungsfähiger machen und ihre Organe besser demokratisch legitimieren. So erhält das Europäische Parlament mehr Befugnisse und der Ministerrat kann in größerem Umfang mit Mehrheitsbeschlüssen arbeiten.

Die europäische Einigung: Von den sechs Gründungsmitgliedern der EWG (1958) bis zur Europäischen Union aus 27 Staaten (2007)

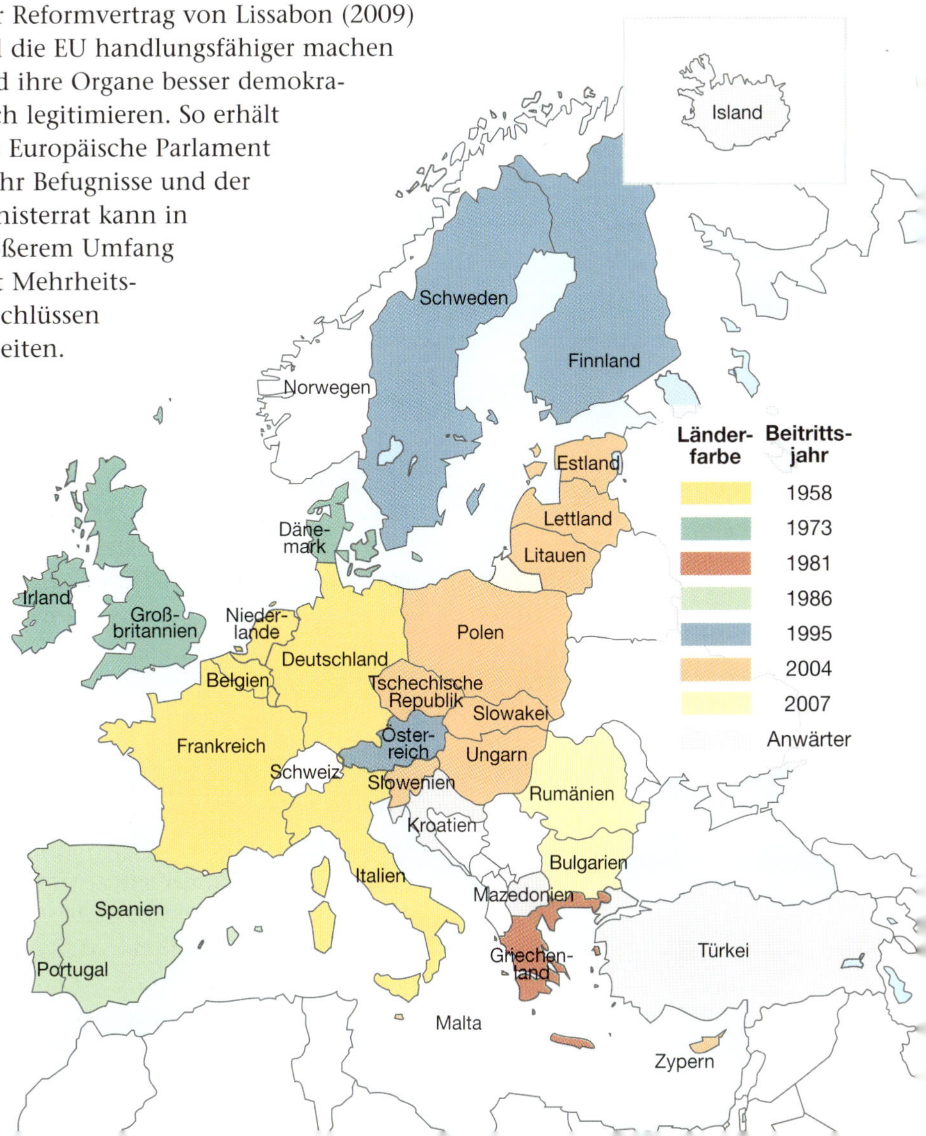

Ist der Mt. Everest der höchste Berg?

Je nach Betrachtungsweise, denn der 8846 m hohe Gipfel wird vom Mauna Kea auf Hawaii deutlich übertroffen. Dieser **Schildvulkan** erreicht, von seinem Fuß aus gemessen, 9702 m, allerdings liegen davon 5500 m unter der Meeresoberfläche. Der Vulkan brach zuletzt vor etwa 4000 Jahren aus. Der höchste Berg über dem Meeresspiegel ist somit tatsächlich der Mount Everest (tibetisch: Jomolungma) im Himalaya, auf der Grenze zwischen China (Tibet) und Nepal. Außer ihm gibt es noch 13 weitere Achttausender; alle liegen in Asien. Prozesse der Plattentektonik heben diese Berge immer noch leicht an. Der Mount Everest wird also im Lauf der Zeit noch höher werden.

Asien

Mit über 44 Mio. km² ist Asien der größte Kontinent. Er nimmt ein Zwölftel der Erdoberfläche ein und umfasst etwa ein Drittel der Landmasse. Eine natürliche Grenze zu Europa fehlt, von Amerika ist Asien durch die Beringstraße, von Afrika durch die Landenge von Suez abgegrenzt. Mit rd. 4 Mrd. Menschen leben in Asien über drei Fünftel der Weltbevölkerung, über ein Drittel allein in China und Indien. Hauptsiedlungsgebiete sind die tropischen und subtropischen Bereiche sowie die gemäßigten Zonen. Dem stehen fast menschenleere Räume im Norden Sibiriens, in den zentralasiatischen Hochgebirgen sowie den Wüsten und Halbwüsten auf der Arabischen Halbinsel und in Iran gegenüber.

Landschaften

Ganz im Westen Asiens liegt die kleinasiatische Halbinsel, die weit ins Mittelmeer ragt und von der Türkei eingenommen wird. Nach Süden schließt sich die Arabische Halbinsel an, nach Osten folgt eine Kette von ausgedehnten Hochländern und mächtigen Faltengebirgen, die sich über die iranischen Hochgebirge, Hindukusch, Karakorum und Himalaya bis hin zum Südchinesischen Bergland am Pazifik erstrecken. Im Norden führen Gebirgsausläufer durch die innerasiatischen Hochebenen und entlang der großen Beckenlandschaften quer durch Sibirien bis zum Nordpolarmeer. Nördlich der Gebirge erstrecken sich im Westen Steppen und Wüsten, denen sich die weiten, kalten Ebenen Sibiriens anschließen. Im Süden liegt der indische Subkontinent. Der Ostrand Asiens ist durch Halbinseln wie Kamtschatka, Korea oder Malakka stark gegliedert. Dem Festland vorgelagert sind große Inseln und Inselgruppen wie Sachalin und die japanischen Inseln in Ostasien und der Malaiische Archipel in Südostasien.

Wirtschaftsräume

Von regionalen Problemen sowie Versorgungsengpässen nach Naturkatastrophen abgesehen, hat Asien die Gefahr von Hungersnöten gebannt und kann seine Menschen versorgen. Allerdings ist die Versorgung nicht überall ausreichend. So gibt es in China, Indien und Nordkorea noch viele Millionen Menschen, deren Ernährung mangelhaft ist.

In Asien liegen viele Wurzeln der modernen Zivilisation. Asiatische Länder waren über Jahrhunderte führend in Wissenschaft, Technik und Kunst. Alle Weltreligionen sind asiatischen Ursprungs. Mit dem Kolonialismus setzte ein Niedergang ein, der in jüngster Zeit jedoch wieder einem Aufschwung weicht: Einige Regionen Asiens sind zurzeit die Wachstumspole der Weltwirtschaft. Dazu gehören neben Israel, Japan und den **Tigerstaaten** (z. B. Südkorea und Malaysia) sowie den Erdölstaaten am Persischen Golf die schnell wachsenden Schwellenländer China und Indien.

Die zentralasiatische Beckenlandschaft Gobi besteht aus mehreren Wüsten und Steppenlandschaften; sie erstreckt sich in durchschnittlich 1000 m Höhe über fast 2000 km Ost-West-Ausdehnung in der Mongolei und China.

Über 90 % der Weltjahresproduktion an Reis kommen aus Asien, wo auch der meiste Reis konsumiert wird. Der überwiegend übliche Nassreisanbau wird besonders in Indonesien – wie hier auf Bali – im Terrassenanbau betrieben.

Schwellenländer China und Indien

Indien ist ein Land der Kontraste. Noch immer leben zwei Drittel der indischen Bevölkerung von der Landwirtschaft, viele in bitterster Armut. Gleichzeitig hat sich das Land einen Spitzenplatz in der Computer- und Biotechnologie sowie der Mikrochipproduktion erobert, verbunden mit einem wachsenden Angebot im Sektor der Kommunikationsdienstleistungen. Gebremst wird das Wirtschaftswachstum von der starken Bevölkerungszunahme, religiösen und sozialen Konflikten und der schlechten Infrastruktur.

Das weltweit stärkste Wirtschaftswachstum seit Jahren verzeichnet China. Diese Entwicklung ist trotz Beibehaltung einer straffen staatlichen Führung durch die Öffnung des chinesischen Marktes und seine Integration in den Weltmarkt möglich geworden. China profitiert vor allem von seinen immensen Rohstoffvorkommen und den billigen Arbeitskräften. Als Wirtschaftsmotoren erwiesen sich exportorientierte **Sonderwirtschaftszonen** wie Shenzhen oder Xiamen, deren Wirtschaftssystem sich von dem des übrigen Landes unterscheidet.

Russland

Das flächengrößte Land der Erde hat die nach dem Zusammenbruch der Sowjetunion mit Einführung der Marktwirtschaft entstandene Wirtschaftskrise seit etwa 1999 überwunden. Lange hatte Russland unter dem Zerfall der wirtschaftlichen Verflechtungen mit den früheren Sowjetrepubliken gelitten. Die großen Industriekomplexe wurden nur zögernd privatisiert, die Landwirtschaft leidet heute noch unter veralteten Maschinenparks und mangelhafter Absatzstruktur. Russlands großes Plus – und wichtigster Devisenbringer – sind die reichen Bodenschätze, vor allem die fossilen Energieträger Erdöl und Erdgas.

Asiatische Kontraste: eine traditionelle chinesische Dschunke vor der Skyline Hongkongs

Australien und Ozeanien

Australien und Ozeanien werden oft in einem Atemzug genannt, könnten aber kaum unterschiedlicher sein. Australien ist eine kompakte Landmasse, ein Kontinent, Ozeanien besteht dagegen aus Tausenden von Inseln, die über weite Teile des Pazifiks verstreut liegen. Es wird in die drei Gruppen **Melanesien, Mikronesien und Polynesien** – mit Neuseeland – gegliedert. Wegen ihrer isolierten Lage wurden Australien und die pazifischen Inseln relativ spät besiedelt.

Der australische Kontinent

Das rd. 7,7 Mio. km² große Australien ist der einzige Kontinent, der von einem einheitlichen (gleichnamigen) Staat eingenommen wird. Der Nordostküste ist das 2000 km lange **Große Barriereriff** vorgelagert, das größte Korallenriff der Erde. Aufgrund der erdgeschichtlichen Entwicklung hat sich in Australien eine eigenständige Flora und Fauna entwickelt. Die charakteristischste Pflanze ist der Eukalyptus. Populärste Vertreter der urtümlichen Beuteltiere sind Känguru und Koala. Australien ist größtenteils ein gewaltiges Tafelland, das von Gebirgszügen umrahmt wird. Das Innere, das **Outback,** ist kaum besiedelt, dort herrschen Steppen- und Wüstenklimate. Zu den wichtigsten der reichlich vorhandenen Bodenschätze gehören Eisenerze und Bauxit.

Der Uluru (auch: Ayers Rock), das steinerne Nationalsymbol Australiens, ragt in der Mitte des Kontinents 350 m hoch auf; die rötliche Färbung stammt von dem hohen Eisengehalt des Sandsteins.

Die pazifische Inselwelt

Ozeanien, traditionelle Bezeichnung für die Inselwelt des Pazifischen Ozeans, vor allem zwischen den beiden Wendekreisen, umfasst mehr als 10 000 Inseln mit einer Landfläche von rd. 1,3 Mio. km². Die vom **Meeresspiegelanstieg** bedrohten Koralleninseln und vulkanischen Inseln verteilen sich allerdings über 70 Mio. km², eine Gesamtfläche, auf der Europa siebenmal Platz finden würde. Eine Brücke zu Asien schlägt die große Insel **Neuguinea,** deren westlicher Teil zu Indonesien gehört.

Zwei Inseln

Allein durch seine Ausdehnung von knapp 270 000 km² ragt **Neuseeland** unter den Inseln Ozeaniens hervor. Es besteht aus zwei großen und vielen kleinen Inseln: Das Rückgrat der Südinsel bilden die stark vergletscherten Südlichen Alpen, denen im Südwesten das von zahlreichen Fjorden durchbrochene Fjordland vorgelagert ist. Das Zentrum der Nordinsel beherrschen Vulkane und Kraterseen. Vom aktiven Vulkanismus zeugen auch zahlreiche Thermalquellen und Geysire.

Die europäischen Siedler brachten Schafe und andere Tierarten mit. Diese haben die ursprüngliche Fauna, die keine Säugetiere kannte und von flugunfähigen Laufvögeln wie Kiwis und Moas beherrscht wurde, verdrängt.

Afrika: Kontinent der Gegensätze

Eine Löwin mit ihren Jungen im Serengeti-Nationalpark im Norden Tansanias

Afrika erstreckt sich von Norden nach Süden über mehr als 8000 km. Der Äquator teilt den Kontinent nahezu in der Mitte der Nord-Süd-Achse. Dementsprechend sind Afrikas Klima- und Vegetationszonen parallel zu den Breitengraden angeordnet. Seine größte Ost-West-Erstreckung beträgt über 7600 km. Der höchste Berg, der 5895 m hohe Kilimandscharo, weist vom Fuß bis zur Gipfelregion fünf höchst unterschiedliche Klima- und Landschaftszonen auf. Mit einer Fläche von rd. 30 Mio. km² ist Afrika der zweitgrößte Kontinent, der mit etwa 999 Mio. Menschen allerdings nur recht dünn besiedelt ist.

Landschaften

Zentralafrika und die südliche Küstenzone von Westafrika zählen zu den immerfeuchten, vom Regenwald geprägten Tropen. Nördlich und südlich schließen sich die wechselfeuchten Tropen mit ihrer sommerlichen Regenzeit an. Hier herrschen Savannen vor. Als klassische Wendekreiswüste der Tropen gilt die rd. 8,7 Mio. km² große **Sahara** im Norden Afrikas, die in den Trockenräumen des südlichen Afrikas mit Kalahari und Namib ihre Entsprechung findet. Nur in seinem äußersten Norden und Süden herrscht das Klima der relativ feuchten Subtropen vor. Eine besondere Rolle spielt das ostafrikanische Grabensystem, das **Rift Valley,** das durch seine großen Seen markiert wird. Die Zone ist tektonisch so unruhig, dass sich die Region östlich des Grabenbruchs auf lange Sicht vom restlichen Kontinent lösen wird.

Völkervielfalt

Die Bezeichnung Afrikas als „schwarzer Erdteil“ ist in ethnografischer Hinsicht nur bedingt zutreffend. Nicht nur der Äquator, auch die Sahara teilt den Kontinent in zwei Hälften. Der Lebensraum der dunkelhäutigen Völker beginnt erst südlich der Sahara, während der Norden von hellhäutigen Völkern besiedelt ist. Man sprach deshalb früher von „Weißafrika“ und „Schwarzafrika“. Für Letzteres hat sich inzwischen die Bezeichnung

Die Serengeti lebt

Der wohl berühmteste Nationalpark des afrikanischen Kontinents liegt im Norden Tansanias. Auf die Konflikte zwischen Naturschutz, Wilderei und Nutzung als Weideland machte Ende der 1950er Jahre der deutsche Zoologe **Bernhard Grzimek** mit seinem Buch „Serengeti darf nicht sterben“ aufmerksam. Besonders schlimm war die Situation in den 1970er Jahren, als nur noch zwei Nashörner im 15 000 km² großen Nationalpark überlebt hatten. Ab den 1980er Jahren verbesserte sich die Lage. Heute leben neben mehr als 20 Nashörnern im **Ngorongorokrater** u. a. etwa 1 Mio. Weißbartgnus, 100 000 Zebras, mehr als 1000 Afrikanische Elefanten und bis zu 3000 Löwen in der jährlich von etwa 90 000 Touristen besuchten Savannenlandschaft.

Mann der Tuareg; die in der Sahara und im Sahel lebenden Tuareg gehören zu den Berbern, den europiden Völkern Nordafrikas.

Afrika südlich der Sahara bzw. subsaharisches Afrika eingebürgert. Im Norden leben neben den **Berbern** im Atlasgebirge und den **Tuareg**, dem Berbervolk in der Sahara, überwiegend im Zuge der islamischen Staatenbildung eingewanderte Araber. Zahlreiche Mischbevölkerungen schaffen Übergänge, besonders in der Sahelzone, im Sudan und in Ostafrika. Südlich der Sahara bilden dunkelhäutige Völker die Mehrheit; unter ihnen ragen als sprachlich zusammenhängende Gruppe die **Bantu** heraus. Die in Rückzugsgebieten noch anzutreffenden kleinen Gruppen der Pygmäen und San sind meist Jäger und Sammler.

Das Erbe des Kolonialismus ist überall präsent. Ohne Rücksicht auf die Natur, auf die ursprüngliche Bevölkerung, ihre Traditionen und Kulturen wurden viele Ländergrenzen gewissermaßen mit dem Lineal gezogen – einer der Gründe für immer wieder auftretende Spannungen und Bürgerkriege.

Sprachenvielfalt

Auf dem afrikanischen Kontinent gibt es rd. 2000 Sprachen. Zu Chaos und Verwirrung führt dies jedoch nicht, denn in den Großregionen haben sich verschiedene Verkehrssprachen durchgesetzt. Im Norden ist es das Arabische, das sich als Sprache des Islams über die Region verbreitet. In Ostafrika dominiert **Suaheli,** die Amtssprache in Kenia und Tansania. In Zentralafrika gewinnt das kongolesische **Lingala** an Bedeutung und in Westafrika breitet sich das im Norden von Nigeria gesprochene **Haussa** als offizielle Verkehrssprache aus. Als verbindende Elemente kommen die Sprachen der ehemaligen Kolonialmächte hinzu: Englisch, Französisch und Portugiesisch.

Armut und Reichtum

Die Landwirtschaft ist vorwiegend auf den Export ausgerichtet, daneben gibt es kleine Selbstversorgungsbetriebe. Wegen des starken Bevölkerungswachstums ist in vielen Staaten die Nahrungsmittelversorgung der Menschen nicht gewährleistet, sodass teure **Lebensmittelimporte** die Länder vor allem im subsaharischen Afrika immer weiter in die Verschuldung treiben – oder der Import billiger, da subventionierter Lebensmittel aus den Industriestaaten zerstört einheimische Wirtschaftsstrukturen.

Die reichen **Bodenschätze** werden noch nicht in großem Umfang abgebaut, auch die Industrie ist erst wenig entwickelt. Durch umfangreiche Entwicklungshilfeprojekte, die neben Kapitalhilfen die Bereitstellung und Ausbildung von Fachkräften umfasst, wird versucht, die wirtschaftliche Situation der ärmsten Länder Afrikas zu verbessern. **Südafrika** zählt als einziger Staat Afrikas nicht zu den Entwicklungsländern. Auch die Länder, die durch Erdöl- und Erdgasausfuhren oder den **Tourismus** hohe Deviseneinnahmen haben wie Libyen, Algerien, Nigeria und Ägypten oder neuerdings Angola sind in ihrer Entwicklung begünstigt.

Eine traditionell lebende Zulu-Familie in den Drakensbergen im Osten Südafrikas

Amerika

Bei fast allen Kontinenten ist nicht ganz klar, wie man sie abgrenzt, sei es Europa von Asien oder Asien von Afrika. Das ist bei Nord- und Südamerika nicht anders. Unter rein geografischen Gesichtspunkten ist der Isthmus (Landenge) von Tehuantepec in Mexiko die südliche Begrenzung von Nordamerika. Sprachlich-kulturell ist Mexiko jedoch ein Teil Lateinamerikas, in dem Spanisch oder Portugiesisch gesprochen wird. Mittelamerika schließlich umfasst die auch als Zentralamerika bezeichnete Landbrücke zwischen der Landenge von Tehuantepec und der Grenze zwischen Panama und Kolumbien, das zu Südamerika gehört. Zu Mittelamerika zählt auch die karibische Inselwelt.

Landschaften Nordamerikas

Einschließlich Grönlands und der Bermudainseln, aber ohne Mexiko, umfasst Nordamerika 21,8 Mio. km² mit 341 Mio. Einwohnern. Im Westen des Kontinents erhebt sich das Gebirgssystem der **Kordilleren,** das zwischen den Küstengebirgen und den Rocky Mountains ausgedehnte trockene Hochlandbecken und Plateaus einschließt. Im Osten flankiert das geologisch alte Mittelgebirge der Appalachen die Atlantikküste. Zwischen den Gebirgen erstreckt sich das **Tiefland der Prärien** (Great Plains). In Kanada umschließt der Kanadische Schild die Hudsonbai, ein Binnenmeer des Atlantik. Nördlich der kalten Hudsonbai endet der Kontinent im Kanadisch-Arktischen Archipel, der sich aus Hunderten von Inseln zusammensetzt. Zwischen dem Kanadischen Schild und den Appalachen liegen die fünf miteinander in Verbindung stehenden **Großen Seen,** mit 245 212 km² die größte Süßwasserfläche der Erde und von großer wirtschaftlicher Bedeutung für die USA und Kanada. Größter Fluss ist der Mississippi, der zusammen mit Missouri und Ohio rd. 15 % der Fläche entwässert.

Führend in der Weltwirtschaft

Der nordamerikanische Kontinent ist der bedeutendste Wirtschaftsraum der Erde und die USA sind die letzte große Weltmacht. Spitzenpositionen werden trotz aller Wirtschaftskrisen in der landwirtschaftlichen, bergbaulichen und industriellen Produktion sowie im Welthandel belegt. Bis zu Beginn des 20. Jh. war die Wirtschaft der USA und Kanadas von der Landwirtschaft bestimmt. Auf riesigen Farmen werden auch heute große Überschüsse bei Weizen, Mais, Soja, Baumwolle und Tabak erzielt, nicht minder große Ranches liefern Fleisch und Milch. Nordamerika, vor allem Kanada, verfügt über reiche Erz- und Energielagerstätten;

Spektakuläre Niagarafälle

Der Niagarafluss verbindet den Ontariosee und den Eriesee, zwei der Großen Seen. Auf der Grenze von Kanada und den USA überwindet er das Gefälle zwischen beiden Seen in zwei spektakulären Wasserfällen: Der American Fall ist rd. 350 m breit, der Canadian Fall, wegen seiner Form auch Hufeisenfall genannt, weist eine Breite von etwa 790 m auf. Da das Wasser 50 m tief stürzt, bieten die Fälle durch die aufspritzende Gischt und den Nebel einen spektakulären Anblick. Aufgrund der Gewalt des Wassers wird von der Oberkante ständig Gestein abgebrochen, sodass sich der Wasserlauf immer weiter zurückverlagert – zwischen 15 und 150 cm pro Jahr.

Blick auf die berühmten Niagarafälle – vorne der US-amerikanische, hinten der kanadische Wasserfall

Nebelwald in Santa Elena, Costa Rica; die Natur des zentralamerikanischen Landes ist bekannt für ihre große Artenvielfalt.

die USA als Land mit dem höchsten Energieverbrauch sind aber auf Importe angewiesen. Die Industrie in den USA und Kanada ist breit gefächert und deckt alle Branchen ab. Viele Produkte werden nur für den amerikanischen Binnenmarkt produziert. Die verarbeitende Industrie in den USA hat sich u. a. auf die Produktion von Autos und Flugzeugen, auf die Herstellung von Waffen sowie von Produkten des Kommunikations- und Datenverarbeitungswesens – vor allem in Kalifornien und im Bundesstaat Washington – spezialisiert.

Mexiko und Mittelamerika

Mittelamerika schließt neben **Zentralamerika** auch die Länder der östlich vorgelagerten karibischen Inselflur (Westindien) mit ein. Inklusive Mexiko umfasst Mittelamerika 2,71 Mio. km² mit 193 Mio. Einwohnern. Abgesehen vom Tiefland der Insel Yucatán wird die Landschaft Zentralamerikas vom Faltengebirge der Kordilleren mit zahlreichen tätigen Vulkanen geprägt. Die **karibische Inselwelt** besteht aus den Großen Antillen (Kuba, Hispaniola, Jamaika und Puerto Rico), den Kleinen Antillen, den Bahamas, den Turks- und Caicosinseln sowie den Cayman Islands.

In Zentralamerika und Mexiko stellen fast überall Mestizen, Abkömmlinge europäisch-indianischer Eltern, die größte Bevölkerungsgruppe, auf den meisten Inseln Schwarze und Mulatten, die von einem schwarzen und einem weißen Elternteil abstammen. Haupterwerbszweig der Bevölkerung ist die tropische Landwirtschaft mit dem Anbau u. a. von Zuckerrohr, Bananen, Kaffee, Kakao und Ananas. Mexiko ist wirtschaftlich ein sog. Schwellenland, in dem in den letzten Jahrzehnten große Anstrengungen zur Industrialisierung und Modernisierung unternommen wurden. Zur Aufhebung von Handelsschranken wurde 1994 das Wirtschaftsbündnis **NAFTA** (North American Free Trade Agreement) zwischen den USA, Kanada und Mexiko gegründet.

Landschaften Südamerikas

Der rd. 7500 km lange und bis 5100 km breite Kontinent umfasst 17,8 Mio. km² mit 386 Mio. Einwohnern. Die Landschaftsformen Südamerikas zeigen eine ähnliche **Dreigliederung** wie Nordamerika. Den Westen des südamerikanischen Festlands – 7500 km von Panama bis hinunter nach Feuerland – durchziehen die meist in drei Gebirgsketten angeordneten **Anden** mit ihren zahlreichen, z. T. sehr hohen Vulkanen. Das längste Gebirge der Welt ist genau genommen doppelt so lang, denn die Anden sind nur der südliche Teil der Kordilleren, die im Norden bis nach Alaska und im Süden bis in die Antarktis reichen. Das Gebirge ist ein Ergebnis der Plattentektonik. Die Pazifische Platte, die Nazca-Platte und die Kokos-Platte schieben sich von Westen kommend unter die Amerikanische Platte und türmen so die Anden auf. Erdbeben und Vulkanausbrüche zeugen davon, dass die Plattenverschiebung und die Anhebung der Kordilleren nach wie vor anhalten.

In der Mitte Südamerikas erstrecken sich ausgedehnte **Tiefländer und Ebenen** (Amazonien, Gran Chaco, Pampa und Patagonien), die im Osten von den Berg- und Tafelländern Brasiliens und Guyanas begrenzt werden. Die Küstenebenen sind mit Ausnahme der Amazonasmündung und des Mündungstrichters des Rio de la Plata meist schmal.

Der größte Teil des Kontinents hat tropisches Klima, die Südspitze mit Feuerland und den Falklandinseln liegt aber bereits in der **subpolaren Klimazone.** Große Gebiete des Kontinents sind trotz extensiver Rodung noch bewaldet. Vor allem die tropischen Regenwälder sind außerordentlich artenreich und dicht gewachsen.

Marktstand in Guatemala mit traditionellen Stoffen; rd. 40 % der Bevölkerung in dem zentralamerikanischen Land sind Indigene.

Potenziale und Probleme

Die meisten Einwohner Südamerikas sind **Nachfahren europäischer Einwanderer,** vor allem aus Spanien und Portugal, sowie Mestizen. Eine indianische Mehrheit haben nur noch Bolivien und Peru. Schwarze und Mulatten sind besonders im Küstenbereich von Brasilien bis Venezuela vertreten. Groß ist immer noch die Kluft zwischen Reich und Arm. Bislang ist es nur wenigen lateinamerikanischen Staaten gelungen, ihren Reichtum an landwirtschaftlichen Produkten und Bodenschätzen so weit umzuschichten, dass es funktionierende Sozialversicherungssysteme gibt. Die exportorientierte Landwirtschaft kann die Versorgung der Bevölkerung mit Nahrungsmitteln nicht zu jeder Zeit sicherstellen. Von großer Bedeutung ist die Investitionstätigkeit ausländischer Unternehmen (vor allem aus den USA, Deutschland und Großbritannien).

Panamakanal

Der französische Diplomat Ferdinand Vicomte de Lesseps (1805–1894) leitete nicht nur von 1850 bis 1869 den Bau des Suezkanals. 1879 begann auch eine von ihm gegründete Gesellschaft mit dem Bau des Panamakanals, musste aber 1889 Bankrott anmelden. Eine neue Gesellschaft scheiterte 1899 ebenfalls an finanziellen Schwierigkeiten. Danach erwarben die USA das Recht zur Fertigstellung des Kanals. Sie unterstützten 1903 die Gründung der **Republik Panama** – das Gebiet gehörte zu Kolumbien – und kauften von ihr das Kanalbaugebiet. Im August 1914 wurde der Panamakanal eröffnet. Im Januar 2000 gingen die Hoheitsrechte an der Kanalzone von den USA auf Panama über. Die **81,6 km** lange Verbindung verkürzt den Seeweg zwischen Atlantischem und Pazifischem Ozean um 15 000 km.

Wettrennen zum Südpol

Im Schatten der von dem Briten **Robert Falcon Scott** (1868–1912) groß angekündigten Südpolarexpedition machte sich der Norweger **Roald Amundsen** (1872–1928) heimlich auf den Weg nach Süden. Mit Hundeschlitten und Skiern starteten er und seine Begleiter noch vor Scott, der sich für Motorschlitten und Ponys entschieden hatte. Als Scotts Mannschaft am 18. Januar 1912 den Südpol erreichten, mussten die ohnehin schon geschwächten Männer – die Schlitten hatten versagt und die Ponys mussten geschlachtet werden – feststellen, dass Amundsen das Ziel schon fast vier Wochen zuvor erreicht hatte. Enttäuscht traten sie den Rückweg an. Erst im folgenden Frühling fand ein Suchtrupp das Zelt mit den Leichen von Scott und zwei seiner Begleiter.

Von Pol zu Pol

Die Polargebiete sind die größtenteils von ewigem Eis geprägten Regionen um den Nord- und Südpol, die jenseits der 10-°C-Juli-Isotherme liegen, also der Linie, die die Punkte mit dieser Durchschnittstemperatur verbindet. Man bezeichnet sie auch als polare Baumgrenze. Eine Abgrenzung nach dem **Polarkreis,** der bei 66°33‘ nördlicher bzw. südlicher Breite verläuft, ist viel zu schematisch. Direkt an den Polen dauert die **Polarnacht,** während der die Sonne unter dem Horizont bleibt, fast ein halbes Jahr, an den Polarkreisen nur einen Tag. Das umgekehrte Phänomen ist der **Polartag** (Mitternachtssonne).

Die Arktis

Zur 26 Mio. km² umfassenden Arktis gehören nicht nur Meeresgebiete, sondern auch insgesamt 8 Mio. km² große Landmassen – Festlandteile von Skandinavien, Russland und Nordamerika, Grönland, der Kanadisch-Arktische Archipel, Spitzbergen, Nowaja Semlja, Sewernaja Semlja, Franz-Joseph-Land, die Neusibirischen Inseln und die Wrangelinsel. Im Zentrum liegt das mit **Packeis** bedeckte, bis 5000 m tiefe **Nordpolarmeer.** Am kältesten ist es im Innern von Sibirien (z. B. –77,8 °C in Oimjakon), Kanada und Grönland. Wüsten aus Eis und Frostschutt sowie Tundren nehmen weite Teile ein. Imposante Vertreter der Tierwelt sind Eisbär, Polarfuchs, Rentier bzw. Karibu, Moschusochse, Wal und Walross. Seit etwa 20 Jahren verringert sich die Packeisfläche im Nordpolarmeer ständig.

Die Antarktis

Auch in der Antarktis mehren sich die Anzeichen für einen Klimawandel. Immer häufiger kommt es zu spektakulären Gletscherabbrüchen am Rand des **Schelfeises.** Am Südpol steht man im Gegensatz zum Nordpol in einer Höhe von ca. 3000 m inmitten eines eisigen Kontinents, der mit seinen Inseln und der Schelfeistafel eine Fläche von fast 14 Mio. km² einnimmt. 98 % der Landmasse sind von einem durchschnittlich 2000 m dicken Eispanzer bedeckt. Die wenigen eisfreien Flächen beschränken sich auf die hohen Gebirge und kleinere Küstengebiete. Charakteristische Vögel sind die flugunfähigen Pinguine. Nach dem **Antarktisvertrag** von 1959 gehört die Antarktis der internationalen Gemeinschaft. Ihre Bodenschätze sind noch bis zum Jahr 2041 geschützt.

Eine Kolonie von Kaiserpinguinen trotzt der eisigen Kälte in der Antarktis. Entgegen der landläufigen Meinung sind die Frackträger nicht durch Eisbären gefährdet, da diese nur in der Arktis vorkommen.

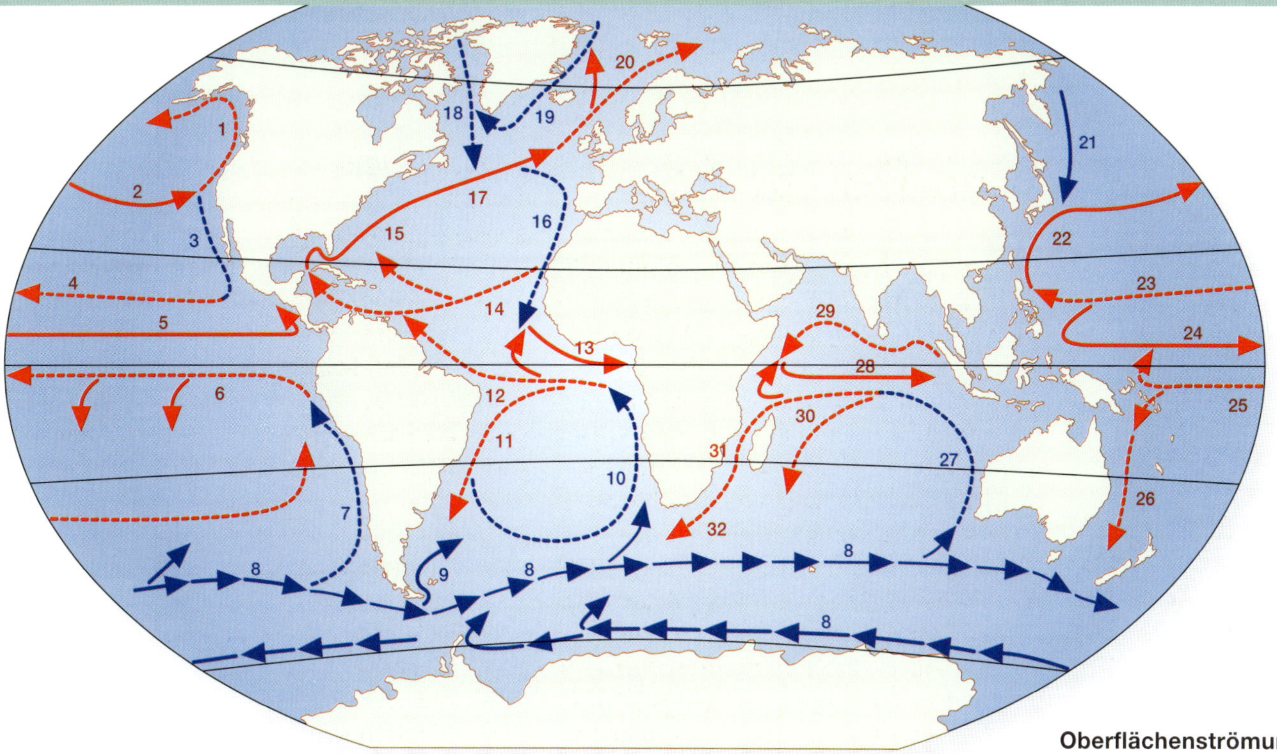

Oberflächenströmungen in den Weltmeeren

- - - - = warm
- - - - = kalt
═══ = besonders stark

1 Alaskastrom
2 Nordpazifischer Strom
3 Kalifornienstrom
4 Nordäquatorialstrom
5 Äquatorialer Gegenstrom
6 Südäquatorialstrom
7 Humboldtstrom
8 Westwinddrift, Antarktischer Zirkumpolarstrom
9 Falklandstrom
10 Benguelastrom
11 Brasilstrom
12 Südäquatorialstrom
13 Guineastrom
14 Nordäquatorialstrom
15 Golfstrom
16 Kanarenstrom
17 Nordatlantischer Strom
18 Labradorstrom
19 Ostgrönlandstrom
20 Norwegischer Strom
21 Oya-Shyo
22 Kuro-Shyo
23 Nordäquatorialstrom
24 Äquatorialer Gegenstrom
25 Südäquatorialstrom
26 Ostaustralstrom
27 Westaustralstrom
28 Äquatorialer Gegenstrom
29 Nordostmonsunstrom
30 Südäquatorialstrom
31 Mosambikstrom
32 Agulhasstrom

Die Ozeane

Der Blaue Planet trägt seinen Namen zu Recht, bestehen doch mehr als zwei Drittel der Erdoberfläche aus Meeresflächen. Die Kontinente sowie durch internationale Abkommen vorgenommene Grenzziehungen gliedern **das Weltmeer** in einen Pazifischen, Atlantischen und Indischen Ozean. Die beiden Polarmeere werden z.T. als eigenständige Meere angesehen. Inselketten und untermeerische Rücken und Schwellen trennen einzelne Meeresteile als **Nebenmeere** ab. Sie werden Randmeere genannt, wenn sie vor den Kontinenten liegen (z.B. die Nordsee), und Mittelmeere, wenn sie von Landmassen umschlossen sind (z.B. das Europäische Mittelmeer).

Pazifischer, Atlantischer und Indischer Ozean

Der Pazifische oder Stille Ozean ist mit einer Ost-West-Erstreckung von über 20000km und einer Nord-Süd-Erstreckung von fast 15000km das größte Meer. Er umfasst mit seinen Nebenmeeren eine Gesamtfläche von 178,8Mio. km². Seine tiefste Stelle ist mit 11034m der **Marianengraben,** zugleich der tiefste gemessene Punkt der Erde. Der Atlantische Ozean ist mit einer Fläche von 106Mio. km² das zweitgrößte Meer. Zu ihm wird oft auch das Nordpolarmeer als Nebenmeer gerechnet. Die tiefste Stelle liegt mit 9219m im Puerto-Rico-Graben. Der Indische Ozean ist der kleinste und zugleich erdgeschichtlich jüngste Ozean. Er bedeckt 75,8Mio. km²; im Sundagraben ist er 7455m tief.

Meeresströmungen

Meereswasser kreist in gewaltigen Strömen um die Erde, angetrieben durch die Schubkraft der Winde. Die Strömungen prägen nicht nur die oberen Wasserschichten, sondern wirken bis auf den Meeresboden hinab. An der Oberfläche werden sie durch Unterschiede bei Temperatur und Salzgehalt, in der Tiefe durch Druckunterschiede hervorgerufen. Die **Tiefenströme** erfassen nahezu das gesamte Meereswasser. Das schwere kalte Wasser der Polarregionen sinkt unter das wärmere leichtere Wasser der mittleren Breiten und fließt entlang des Meeresbodens in umgekehrter Richtung weiter. Man nennt das riesige ozeanische Förderband auch **thermohaline Zirkulation.** Störungen dieses Systems hätten große Auswirkungen auf unser Klima.

Der Wassertransport des warmen Golfstroms, eine der stärksten Meeresströmungen, nimmt von 50 Mio. m³/s am Ausgang der Floridastraße bis auf 150 Mio. m³/s südlich von Neufundland zu.

Infolge des Klimawandels häufen sich Wetterextreme, die zu starken Wirbelstürmen, Dürren und Überschwemmungen führen – wie hier in der indonesischen Hauptstadt Jakarta (2007).

Chancen und Risiken

Zu den globalen Herausforderungen, denen sich die Menschheit künftig stellen muss, gehört der Klimawandel (➔S. 169), der zum größten Teil wohl durch das Wirtschaften der Menschheit, insbesondere der industrialisierten Staaten, ausgelöst oder mit verursacht wurde. Gerade bei diesem Thema zeigt sich, dass schonender Umgang mit Rohstoffen immer wichtiger wird und dass die größte Gefahr vom Menschen selbst ausgeht. Das unterschiedliche Wirtschaftswachstum in den armen Entwicklungsländern und den reichen Industriestaaten hat zum Nord-Süd-Konflikt geführt, der vor dem Hintergrund der Globalisierung an Heftigkeit zunimmt. Auch unter diesem Gesichtspunkt wurde seit Mitte der 1990er Jahre das Konzept der nachhaltigen Entwicklung angestoßen.

Klimawandel

Der 2007 veröffentlichte vierte Weltklimabericht des UN-Ausschusses für Klimawandel IPCC (engl., Intergovernmental Panel on Climate Change) gibt Anlass zur Sorge. Wissenschaftler vermuten, dass die Temperaturen bis zum Jahr 2100 wahrscheinlich mehr als doppelt so schnell steigen wie im vergangenen Jahrhundert. Die schon seit ca. 50 Jahren festzustellende **globale Erwärmung** lässt sich mit hoher Wahrscheinlichkeit vor allem auf den Verbrauch fossiler Brennstoffe wie Kohle und Erdöl zurückführen.

Für die Klimaforscher bedeutet das: In Zukunft müssen die Emissionen der **Treibhausgase** Kohlendioxid und Methan – es entweicht aus Reisfeldern, Verdauungsvorgängen von Rindern und auftauenden Permafrostböden – stärker reduziert werden und zugleich Vorbereitungen für den Klimawandel getroffen werden. Sonst drohen neben einem steigenden Meeresspiegel, der ganze Inselreiche wie Tuvalu, die Malediven oder die Bahamas verschwinden lassen wird, auch gigantische Überschwemmungen, extreme Dürren und heftige Wirbelstürme. Bei einer Erhöhung der Durchschnittstemperatur zwischen 1,1 °C und 6,4 °C bis 2100 könnte der Meeresspiegel durch geschmolzenes Polareis in diesem Zeitraum um 18 bis 59 cm ansteigen.

Ressourcen werden knapp

Es sind nicht nur die fossilen Brennstoffe wie Erdöl oder Kohle, die knapp werden. Auch alle anderen mineralischen Rohstoffe neigen sich in näherer oder ferne-

Ein Leben ohne Erdöl?

Irgendwann werden unsere Erdölressourcen erschöpft sein. Auch bislang noch unerschlossene Reserven in den Polarregionen oder in der Tiefsee werden versiegen. Erdöl lässt Autos fahren, heizt Häuser, ist Ausgangsstoff für mehr als 80 % aller Chemikalien und wichtig bei der Herstellung von Medikamenten. Gefragt sind möglichst preiswerte und gleichzeitig umweltfreundliche Alternativen. Die chemische Industrie betreibt intensive Forschungen auf dem Gebiet der **Biotechnologie.** Bioplastik könnte z. B. aus Holzabfällen oder anderer Biomasse mit Hilfe von Mikroorganismen hergestellt werden. Die Japaner bauen Hybridautos, Lithium-Ionen-Akkus treiben Elektroautos an. Strom kann aus alternativen Energiequellen gewonnen werden.

rer Zukunft ihrem Ende zu. Im Gegensatz zu organischen Rohstoffen können mineralische Rohstoffe nicht nachwachsen und sind nur in beschränktem Maß regenerierbar – Stahl etwa kann zu einem gewissen Grad aus Schrott hergestellt werden. Aus gebrauchten Plastikflaschen lässt sich beispielweise in einem relativ einfachen **Recyclingverfahren** der leichte Faserpelz Fleece herstellen und Papier und Pappe sowie Glas können wiederverwertet werden.

Auch die **Bodenverluste** wachsen rapide. Zur Steigerung der Nahrungsmittelproduktion werden neue Anbauflächen vor allem in Trockengebieten oder im tropischen Regenwald erschlossen, mit allen damit einhergehenden negativen Folgen. Bereits kultivierter Boden geht oft durch Übernutzung, Vernässung, Versalzung und Verwüstung verloren. Der Rückgang an verfügbarem Ackerland und die Ausbreitung der Wüste verläuft in Afrika besonders dramatisch.

Globalisierung

Die rasanten Fortschritte in der Informations- und Kommunikationstechnologie sowie neue Organisationsformen der betrieblichen Produktion und des Handels haben die Globalisierung, die zunehmende internationale Verflechtung der Volkswirtschaften durch grenzüberschreitenden Handel mit Gütern, Dienstleistungen, Kapital und technischem Know-how, ins Rollen gebracht. **Multinationale Unternehmen** spielen die größte Rolle. Die Globalisierung bringt vor allem den entwickelten Gesellschaften Wohlstandsgewinne, während die Verteilung dieser Gewinne zwischen Industrie- und Entwicklungsländern umstritten ist. Auch birgt die internationale Verflechtung der Finanzmärkte Risiken. Für die Gleichberechtigung der armen Länder kämpft die **Gruppe der 77**. Die sieben führenden Industriestaaten plus Russland (G8), die sich zu **Weltwirtschaftsgipfeln** treffen, bilden zusammen mit großen Schwellen- und Entwicklungsländern die **Gruppe der 20** (G20).

Nachhaltige Entwicklung

Die langfristige Sicherung von Ressourcen für die Zukunft erfordert einen nachhaltigen, d. h. wirkungsvollen, umweltschonenden und verantwortungsvollen Umgang mit ihnen. Nur die Zusammenarbeit von wohlhabenden Industriestaaten mit den wachsenden Schwellenländern und den armen Entwicklungsländern kann Schäden in globalem Ausmaß verhindern.

Das Konzept der **Nachhaltigkeit** wird seit Mitte der 1980er Jahre von allen wichtigen multilateralen Organisationen vertreten und stand im Mittelpunkt des Umweltgipfels 1992 in Rio de Janeiro. Dieses entwicklungspolitische Konzept verfolgt dabei grundsätzlich ähnliche Ziele wie herkömmliche Entwicklungsmodelle: Neben Wirtschaftswachstum, Armutsbekämpfung, Bevölkerungskontrolle und dem Einsatz neuer Technologien soll aber auch die Demokratisierung von Entscheidungsprozessen auf nationaler und internationaler Ebene vorangebracht werden. Ein großes Problem bei der Umsetzung dieser Ziele liegt in der mangelnden Bereitschaft der Industrieländer, ihre Produktions- und Konsummuster so zu verändern, dass der globale Raubbau an der Natur gestoppt werden kann.

Mit Solarkochern wird bei diesem Entwicklungsprojekt in Ghana versucht, den Holzverbrauch zu reduzieren – und damit Abholzung und fortschreitende Wüstenbildung.

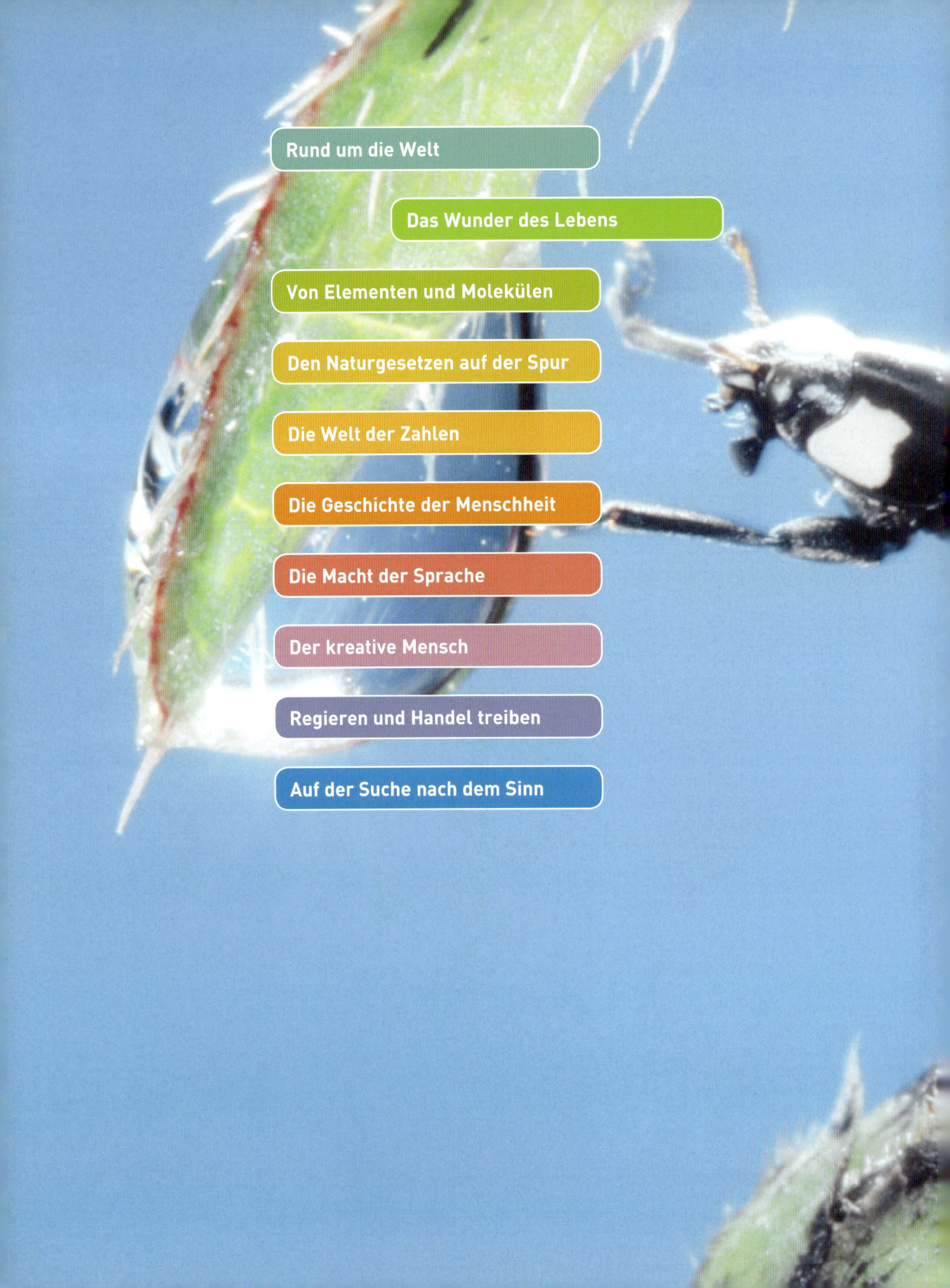

Das Wunder des Lebens

Die Biologie ist die Lehre von der lebendigen Natur – vom einfachsten Mikroorganismus über die höheren Pflanzen und Tiere bis hin zum Menschen. Die Wissenschaft versucht die Gesetzmäßigkeiten des Lebens und seine Zusammenhänge zu erkennen und zu erklären. Doch sie spielt auch in unserem Alltag eine große Rolle: Ob es um die Funktion unseres Körpers, die Haltung von Haustieren oder die Erhaltung von Ökosystemen geht – überall hilft biologisches Wissen, die Dinge um uns herum zu verstehen und Entscheidungen zu treffen.

Ein Siebenpunkt-Marienkäfer trinkt an einem Tautropfen.

Was ist Biologie?

Die eigentlichen Grundlagen des Lebens blieben viele Jahrtausende lang für die Menschen unverständlich – Geheimnisse, die nur mit der Existenz eines göttlichen Schöpfers erklärbar schienen. Erst 1884 konnte der französische Arzt Louis Pasteur in einer Reihe von Versuchen nachweisen, dass alles Leben aus Leben entsteht – die moderne Biologie war geboren.

Louis Pasteur (1822–1895) im Labor; der französische Wissenschaftler entdeckte grundlegende Mechanismen der Mikrobiologie.

Betrachtet man die Vielfalt der Lebewesen, so sind zunächst nicht viele Gemeinsamkeiten zu erkennen. Doch neben der Tatsache, dass alle Organismen aus Zellen bestehen, gibt es noch weitere Merkmale, die nur bei Lebewesen zu finden sind. Dazu gehören z.B. Individualität und Gestalt, Wachstum und Entwicklung, Stoffwechsel, Bewegung, die Reaktion auf äußere Reize und das darauf folgende Verhalten.

Außerdem pflanzen sich alle Lebewesen fort. Die ungeschlechtliche Fortpflanzung ist sowohl bei Pflanzen als auch bei Tieren zu finden. Bei der geschlechtlichen Fortpflanzung des Menschen kommt es gleichzeitig zu einer Neukombination des Erbgutes. Dennoch bleiben die charakteristischen Eigenschaften der Art erhalten und werden auf die Nachkommen übertragen (Vererbung). Diese Eigenschaften können sich im Laufe von Generationen verändern. Das heißt, neben der Individualentwicklung findet auch eine Entwicklung der Arten statt. Sie sorgt u.a. dafür, dass sich Organismen an ihren Lebensraum und an andere Lebewesen anpassen und so als Art überleben können. Gelingt dies nicht, stirbt die Art aus. Alle heute existierenden Arten und auch die bereits ausgestorbenen sind das Ergebnis einer viele Millionen Jahre dauernden stammesgeschichtlichen Entwicklung, die als Evolution bezeichnet wird.

Fünf Reiche des Lebens

Alle Lebewesen lassen sich in fünf Reiche einordnen, hauptsächlich aufgrund von mikroskopischen Strukturen und biochemischen Besonderheiten. Dabei handelt es sich um das Reich der Bakterien oder Prokaryoten, der Protisten (eukaryotische Einzeller), der Pilze und der Pflanzen, zu Letzteren gehören Moose, Farne sowie Samenpflanzen – von Nadel- über Laubbäume bis zu den Blumen. Das fünfte Lebens-

Wale sind die größten lebenden Tiere mit einer Körpermasse von bis zu 200 t.

Systematik des Lebens

Die Grundlage für die Systematik der Tier- und Pflanzenwelt legte der schwedische Botaniker Carl von Linné, der in der Mitte des 18. Jh. Pflanzen und Tiere nach äußeren Merkmalen in Gruppen einteilte. Außerdem führte er die „binäre Nomenklatur" ein, bei der jedes Lebewesen bis heute einen international gültigen lateinischen oder latinisierten Doppelnamen erhält. So heißt etwa die gewöhnliche Hunds- oder Heckenrose wissenschaftlich Rosa canina, wobei „Rosa" die Gattung bezeichnet und „canina" die Art charakterisiert.

reich schließlich umfasst die Tiere. Die mannigfaltige Gruppe umfasst Wirbellose wie die Qualle und Wirbeltiere bis hin zum Menschen.

Molekül

Lebewesen liegt eine komplexe Ordnung zugrunde. Bei genauer Betrachtung sind verschiedene Strukturebenen zu erkennen, die durch steigende Komplexität gekennzeichnet sind. Die unterste Strukturebene bilden die Atome und Moleküle. Manche Moleküle werden aus der Umgebung aufgenommen, andere können durch Stoffwechselprozesse von den Lebewesen selbst hergestellt werden. Zum großen Teil handelt es sich um organische Moleküle, deren Grundgerüst aus Kohlenstoffatomen besteht, die zu Ketten und Ringen verbunden sind. Ein solches komplexes Molekül ist etwa der Blattfarbstoff Chlorophyll der grünen Pflanzen. In einem Organismus lagern sich die Moleküle zu höheren Einheiten zusammen. Eine solche Struktur sind die Zellorganellen, die innerhalb einer Zelle ganz bestimmte Aufgaben wahrnehmen.

Komplexe Lebenssysteme

Aus dem geordneten Zusammenwirken der Zellorganellen, zu denen z. B. der Zellkern, die Mitochondrien und bei den Pflanzen die Chloroplasten gehören, entsteht auf der dritten Strukturebene erstmals ein lebensfähiges System: die Zelle. Einzellige Organismen wie Pantoffeltierchen und Chlamydomonas weisen bereits alle Merkmale von Lebewesen auf. In einem vielzelligen Organismus übernehmen Zellen verschiedenste Aufgaben; häufig sind gleichartige Zellen zu Geweben zusammengeschlossen.

Prozesse wie Verdauung oder Atmung, die bei Einzellern von den Zellorganellen übernommen werden, laufen bei vielzelligen Organismen meist in Organen ab, die aus verschiedenen Geweben bestehen. Am Prozess der Verdauung beispielsweise sind beim Menschen u. a. Speicheldrüse, Magen, Galle und Leber beteiligt. Sie bilden das Verdauungssystem, eines von mehreren Organsystemen des Menschen.

Die nächsthöhere Einheit ist der Organismus. Er funktioniert nur, wenn die bislang beschriebenen Organisationsebenen zusammenwirken. Solche Organismen können ganz unterschiedlich groß sein: Während kleinste Einzeller nur Bruchteile von Mikrometern messen, erreicht der vielleicht größte lebende Organismus – das Fadennetz eines Pilzes aus der Gattung der Hallimasche – fast 900 Hektar.

Zusammenleben von Organismen

Doch Lebewesen existieren nicht isoliert. Sie leben mit Artgenossen zusammen (Population) und bilden zusammen mit vielen anderen Arten eine Lebensgemeinschaft (Biozönose) in einem bestimmten Lebensraum (Biotop). Dabei bestehen zwischen den Individuen einer Art sowie zwischen den Arten einer Lebensgemeinschaft zahlreiche Wechselbeziehungen und Abhängigkeiten, ohne die das einzelne Lebewesen nicht existieren könnte.

schnell gefunden:

Die Grundlage

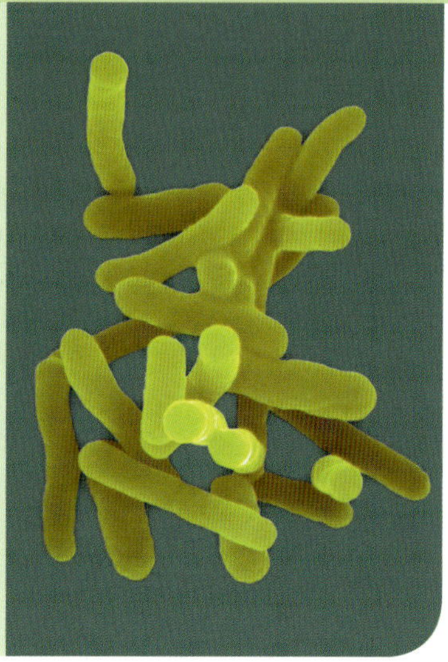

Die Menschen haben lange gebraucht, bis sie zumindest teilweise verstanden, worin die Grundlagen des Lebens bestehen – und noch immer ist vieles ungeklärt und umstritten: Wie entstand das Leben, wie hat es sich weiterentwickelt und wie erhält es sich scheinbar aus sich selbst heraus?

Bild oben: Elektronenmikroskopische Aufnahme der Stäbchenbakterien Shigella sonnei, Erreger der Bakterienruhr. Sie gehören zu den einzelligen Prokaryonten, die am Anfang des Lebens auf der Erde stehen.

Es dauerte Jahrmillionen, bis die Erde so weit abgekühlt war, dass sich die Meere bilden konnten; in ihnen begann die Entwicklung des Lebens.

Entstehung des Lebens

Die ersten Bausteine des Lebens hat es wohl schon bald nach der Entstehung der Erde vor rd. 4,6 Mrd. Jahren gegeben, als sich vor etwa 4,2 Mrd. Jahren eine Uratmosphäre und ein Urozean gebildet hatten. Der erste Versuch war jedoch zunächst zum Scheitern verurteilt, denn schon 300 Mio. Jahre später traf ein heftiger Meteoritenschauer die junge Erde und alles musste noch einmal von vorn beginnen. Vor 3,8 Mrd. Jahren tauchten schließlich die ersten zellähnlichen Gebilde auf. Zuvor mussten aber die typischen organischen Moleküle einer Zelle wie Proteine, Fette und Nukleinsäuren entstanden sein. Diese frühe Entstehungsgeschichte bezeichnet man als chemische oder **präbiotische Evolution.**

Die Ursuppe

Die bekannteste Theorie zur Entstehung des Lebens schuf 1924 Alexander Oparin, ein russischer Biochemiker. Er ging von einer Uratmosphäre aus einfachen chemischen Verbindungen aus, die sich unter der Einwirkung von Blitzen, also Elektrizität, zu größeren Molekülen verbanden und mit dem Wasser des Uroze-

ans die sog. Ursuppe bildeten. Tatsächlich gelang es dem US-amerikanischen Biochemiker Stanley Miller 1953 in einem Laborversuch, aus Ammoniak (NH_3), Wasserstoff (H_2), Methan (CH_4) und Wasser (H_2O) mit Hilfe von Funkenentladungen **organische Verbindungen** herzustellen, darunter einfache Zucker, Fett- und Aminosäuren.

Leben in der Tiefe

Nach neueren Erkenntnissen enthielt die **Uratmosphäre** allerdings vor allem Kohlendioxid (CO_2), Stickstoff (N_2), Wasserdampf und nur geringe Mengen anderer Gase. Daher werden heute z. B. solche Theorien favorisiert, die Eisenerzminerale wie Pyrit oder Tonminerale wie den zweischichtigen Kaolinit als Reaktionsbeschleuniger (chemische Katalysatoren) und/oder Träger für neu entstehende Moleküle annehmen. Die Entdeckung der **Blacksmoker,** über 300 °C heiße Quellen in der Tiefsee, und von Bakterien, die in dieser Umgebung in vollständiger Dunkelheit ohne Sauerstoff aus erz- und schwefelreichen Mineralien Energie für ihren Stoffwechsel gewinnen, gab diesen Theorien Nahrung. Die Entstehung organischer Verbindungen könnte durch die hohen Temperaturen und den hohen Druck in über 2000 m Tiefe gefördert worden sein.

Prokaryonten: einfache Einzeller

Die frühesten Nachweise für die Existenz von zellulären Lebewesen wurden in südafrikanischen und australischen Gesteinen entdeckt, die 3,5 Mrd. Jahre alt sind. Bei diesen Mikrofossilien handelt es sich um Bakterien und Cyanobakterien, sog. Prokaryonten. **Cyanobakterien** waren die ersten Lebewesen, die mittels Photosynthese Sauerstoff freisetzen konnten. Indirekte Beweise für die Anwesenheit dieser Organismen sind **Stromatolithen,** die ab derselben Zeit auftreten: Diese auch als „Algenkalke" bezeichneten lamellenartigen Ablagerungen entstehen in seichten Gewässern aus der Materie abgestorbener Cyanobakterien. Ein weiteres Abfallprodukt des mikrobiellen Stoffwechsels ist Sauerstoff, der sich im Laufe der folgenden drei Milliarden Jahre (bis zum Ende der Erdfrühzeit) auf 30 %, das Anderthalbfache des heutigen Wertes, in der Atmosphäre anreicherte.

Leben aus dem All?

Einige Jahre nach dem Miller-Experiment fand man bei Murchison in Australien einen vor 4,5 Mrd. Jahren abgestürzten Meteoriten, der etwa dieselbe Zusammensetzung an Aminosäuren aufwies wie die berühmte Ursuppe.

In der Frühzeit der Erde war unser Planet einem beständigen Bombardement aus dem Weltall ausgesetzt. Riesige Gesteinsklumpen durchbrachen die Uratmosphäre und prallten mit hoher Geschwindigkeit auf die Erdoberfläche. Durch die bei den Einschlägen erzeugten Hitzewellen wurde die Planetenoberfläche verwüstet und ein großer Teil der noch sehr dünnen Atmosphäre vernichtet. Das waren keineswegs ideale Voraussetzungen für die Entstehung von Leben. Sichere Plätze für eventuell vorhandene molekulare Bausteine bot aber vielleicht der Urozean. Auch kosmischer Staub und Kometen enthalten viele Kohlenstoffverbindungen, die Grundvoraussetzung für die Entstehung des Lebens sind. Im kosmischen Eis, aus dem Kometen zu einem Großteil bestehen, können sich Moleküle ähnlich wie in irdischem Wasser frei bewegen und Verbindungen eingehen.

Auf dem Weg zum Vielzeller

Vor 2,1 Mrd. Jahren entstanden die ersten komplexeren Einzeller – die **Eukaryonten.** Sie besaßen einen Zellkern, in dem das genetische Material durch eine Membran eingeschlossen war, und lebten dicht unter der Wasseroberfläche. Wann die ersten Vielzeller auftauchten, ist nicht genau bekannt. Ihre frühesten fossilen Spuren sind etwa 700 Mio. Jahre alt. Bereits 100 bis 150 Mio. Jahre später, im Präkambrium, belegen Fossilfunde in Australien eine Fülle von Wesen, die aber wenig mit den heute lebenden Tierarten gemein zu haben scheinen.

Zu den ersten Vielzellern gehörten einfache **Rotalgen.** Die fossile Rotalge Bangiomorpha pubescens, die in der Arktis gefunden wurde, zeigt als erstes Lebewesen ein für die geschlechtliche Fortpflanzung typisches Zellteilungsmuster.

Nach australischen Fossilienfunden erstellte Illustration der Lebenswelt im Präkambrium

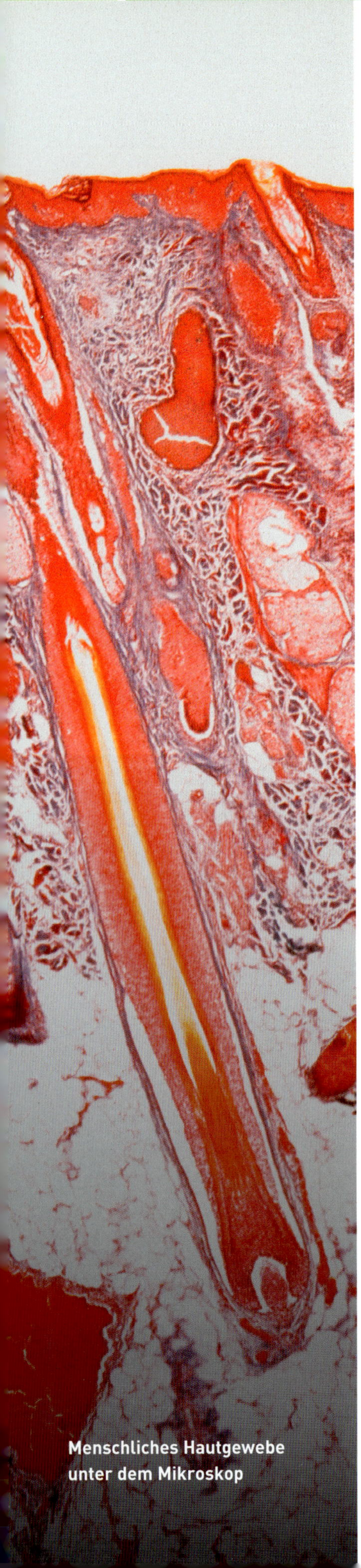

Menschliches Hautgewebe unter dem Mikroskop

Bausteine des Lebens

Alle Lebewesen, die in vielfältigen Formen die unterschiedlichsten Lebensräume auf der Erde bevölkern, haben eines gemeinsam: Sie sind aus Zellen aufgebaut. Zellen sind die kleinsten Einheiten der Natur, die die Merkmale des Lebens tragen: Sie besitzen eine spezifische Größe und Gestalt, können wachsen, sich entwickeln und fortpflanzen, sie nehmen Stoffe aus ihrer Umgebung auf und geben auch Stoffe wieder ab. Sie reagieren auf Reize und haben prinzipiell die Fähigkeit, sich fortzubewegen.

Aufbau von Zellen

Klammert man die Prokaryonten, zu denen die Bakterien zählen, aus, so haben alle Zellen weitgehend die gleiche innere Struktur, obwohl ihr äußeres Erscheinungsbild sich entsprechend ihrer spezifischen Funktion enorm unterscheidet. Das Steuerzentrum der eukaryotischen Zelle ist der **Zellkern (Nucleus).** Er wird von der Kernmembran umgeben und enthält die Chromosomen, die Träger des Erbmaterials. Der Zellkern produziert **Ribosomen,** die ihrerseits für die Bildung des Zellproteins verantwortlich sind. Dies findet an der Oberfläche des endoplasmatischen Retikulums statt, eines Systems aus abgeflachten Röhren, das mit der Kernmembran verbunden ist und die ganze Zelle durchzieht. Der **Golgi-Apparat** ist eine Art Lager, wo Proteine sortiert und bereitgestellt und dann an andere Teile der Zelle versendet oder nach außen ausgeschieden werden.

Die **Mitochondrien** sind die Zellgeneratoren. Sie setzen die Energie frei, die benötigt wird, um sämtliche anderen Aktivitäten der Zelle anzutreiben. Die Zellmembran hält alle Bestandteile der Zelle zusammen, hat aber zahlreiche Poren, durch die Nährstoffe und andere lebenswichtige Substanzen hinein- und herausgelangen können. In das **Cytoplasma** (Protoplasma), einen wässerigen Stoff, sind die Zellorganellen eingebettet.

Pflanzenzellen

Pflanzliche Zellen haben eine steife Zellwand aus Zellulose. Den größten Raum im Inneren nimmt die **Vakuole** ein. Sie ist mit Zellsaft gefüllt und durch die Tonoplastmembran vom Zellplasma getrennt. Der Zellsaft besteht überwiegend aus Wasser und darin gelösten Stoffen wie Zucker, Eiweißen und Salzen. Die Vakuole dient u.a. der Speicherung von Stoffen und gewährleistet zusammen mit der festen Zellwand die Stabilität krautiger Pflanzen.

Ausschließlich in Pflanzenzellen sind die Plastiden zu finden. Zu ihnen gehören die **Chloroplasten,** kleine ovale, grüne Körperchen, die sich in lebenden Zellen mit der Plasmaströmung bewegen. Sie enthalten den grünen Blattfarbstoff Chlorophyll, der beim wichtigsten biologischen Stoffwechselprozess, der Photosynthese (→ S. 79), eine entscheidende Funktion hat. Farblos sind dagegen die als Speicherorgane für Stärke dienenden **Leukoplasten,** die u. a. in Wurzeln und Getreidekörnern vorkommen. Die **Chromoplasten** sind als Träger von roten und gelben Farbstoffen verantwortlich für die entsprechende Färbung von Blättern, Früchten und Blüten.

Gibt es unsterbliche Zellen?

Tumorzellen sind durch ein unaufhaltsames Wachstum gekennzeichnet. Sie reagieren nicht mehr auf äußere und innere Signale, die normalerweise die Zellteilung unterbinden. Züchtet man Tumorzellen im Labor, so teilen sie sich unbegrenzt weiter – sie sind also potenziell unsterblich! Solche außer Kontrolle geratenen Zellen verursachen bei Menschen und Tieren die verschiedenen Arten von Krebskrankheiten, die häufig tödlich sind. Aber auch Pflanzen sind von solchen Zellwucherungen, die oft durch Viren, Bakterien oder Pilze ausgelöst werden, betroffen.

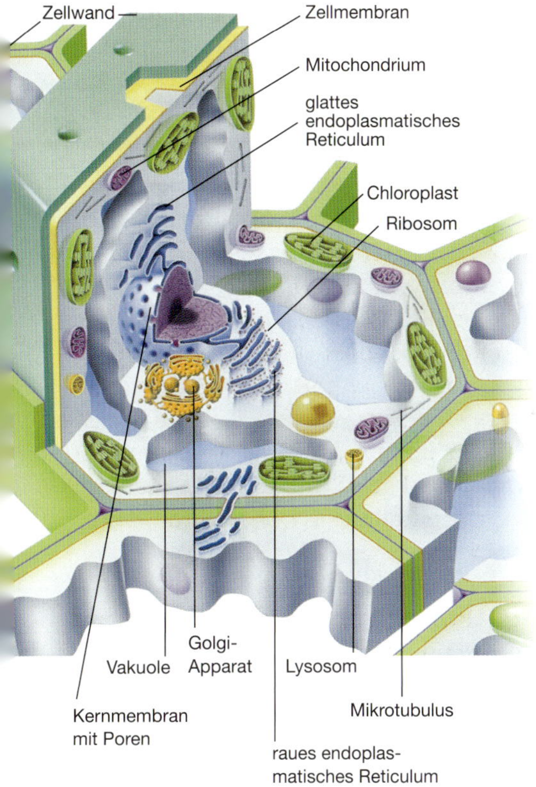

Schnitt durch eine pflanzliche Zelle; durch ihre feste Zellwand ist sie besonders stabil.

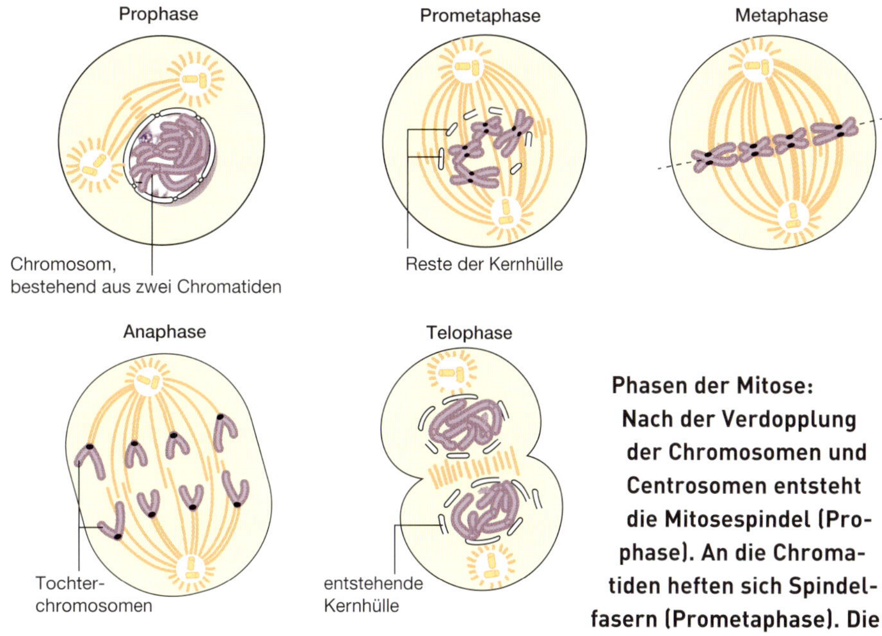

Phasen der Mitose: Nach der Verdopplung der Chromosomen und Centrosomen entsteht die Mitosespindel (Prophase). An die Chromatiden heften sich Spindelfasern (Prometaphase). Die Chromosomen ordnen sich in der Zellmitte an (Metaphase). Die Chromatiden werden zu den Spindelpolen hin gestreckt (Anaphase). An den Zellpolen liegen nun zwei identische Chromosomenpakete. Die Zellkerne bilden sich neu, die Zellen teilen sich (Telophase).

Zellteilung

Wie jede natürliche Struktur unterliegen auch Zellen den Einflüssen der Umgebung, sie altern und sterben. Im menschlichen Körper werden in jeder Sekunde Millionen von Zellen abgebaut. Die abgestorbenen Zellen müssen durch Teilung vorhandener Zellen ersetzt werden. Die neuen Zellen wachsen dann zur Größe der Ausgangszelle heran. Bei der Teilung ist es wichtig, dass die Erbinformation der Ausgangszelle gleichmäßig auf die Tochterzellen verteilt wird. Der Teilung der Zelle geht deshalb eine Teilung des Zellkerns voraus.

Die in fünf festgelegten Phasen ablaufende Kernteilung heißt **Mitose.** Im Lauf dieses Prozesses vergrößert sich das Volumen des Cytoplasmas, Organellen und genetische Information verdoppeln sich. Das Kernmaterial verdichtet sich zunächst durch Aufwicklung, sodass Chromosomen sichtbar werden. Dabei werden die Organellen und Chromosomen zu den gegenüberliegenden Polen der Zelle bewegt. Die Zellmembran schnürt sich in der Mitte der Zellen immer weiter ein und schließlich sind zwei Zellen mit identischer Geninformation entstanden.

Zellen im Verband

Im Allgemeinen entstehen bei einer Zellteilung zwei identische Tochterzellen. Aus den Zellteilungen, die in der Embryonalzeit eines Lebewesens stattfinden, gehen jedoch unterschiedliche Zellen hervor. Ihre äußere Struktur und ihr innerer Aufbau sind ihrer spezifischen Aufgabe angepasst. Die **Differenzierung** ist ein Vorgang, der nicht mehr rückgängig gemacht werden kann.

Die unterschiedlich differenzierten Zellen sind die Grundlage für die verschiedenen Gewebe. Als **Gewebe** bezeichnet man einen Verband von Zellen, die eine ähnliche Größe, Struktur und Funktion haben. So lagern sich etwa Knochenzellen zu einem Knochengewebe zusammen. Zu den wichtigsten Gewebearten zählen das Bildungsgewebe, das Wechselgewebe und das Dauergewebe. Mehrere Gewebe können sich zu einem **Organ** verbinden.

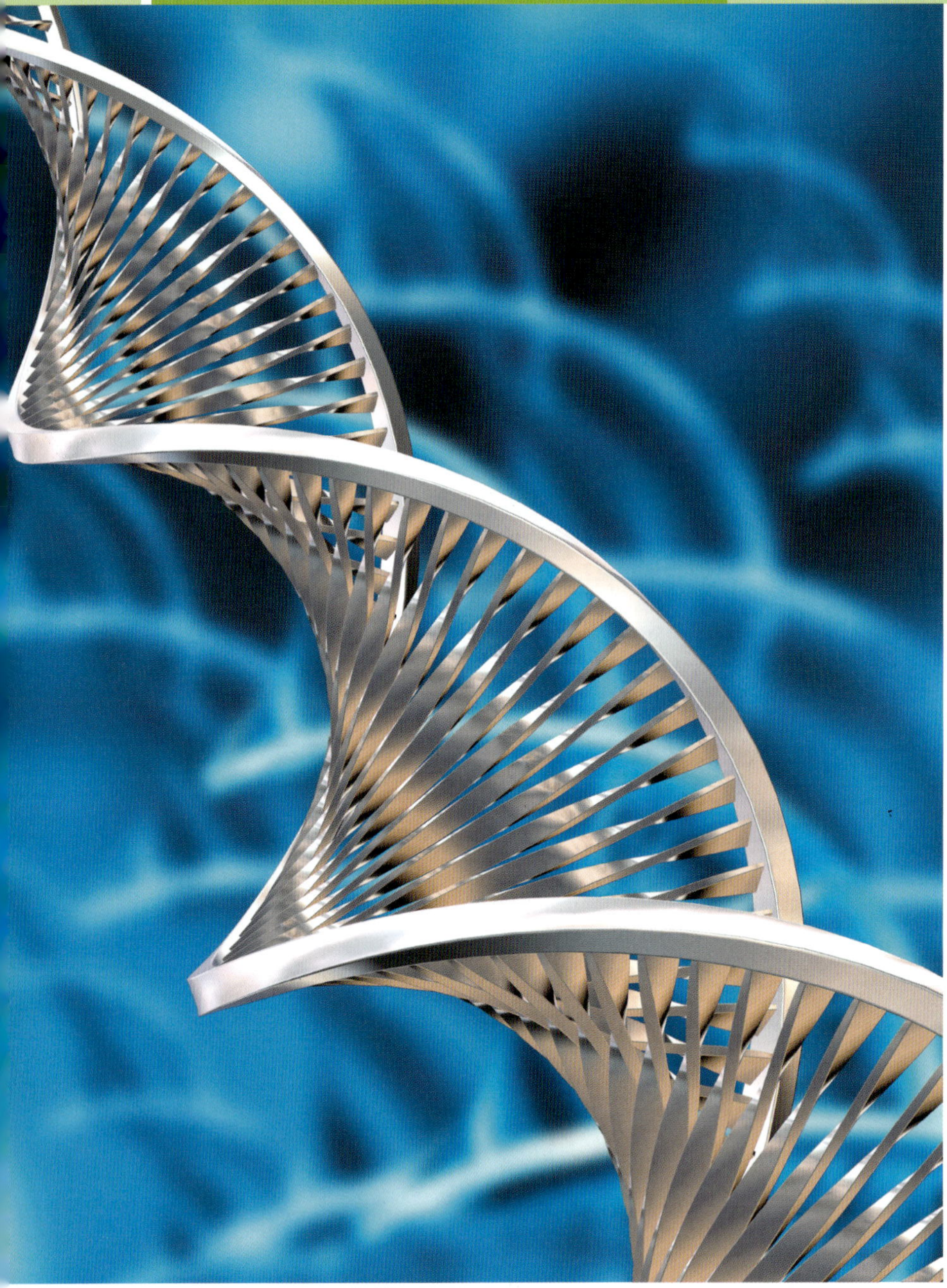

So stellt sich in einem Computermodell die Doppelhelix der DNA dar, die – einer gewundenen Strickleiter gleich – verschlüsselt die Erbinformation trägt.

Genetik

Schon im Altertum versuchte man, angeregt durch das Wissen um die Ähnlichkeit von Verwandten, die der Vererbung zugrundeliegenden Gesetze zu ergründen. Doch erst Mitte des 19. Jh. entdeckt der Augustinermönch **Gregor Mendel** (1822–1884) die grundlegenden Regeln der Vererbung. Auf der Basis seiner Forschungen entwickelte sich die moderne Genetik, die sich vor allem mit den Trägern der Erbinformationen – den Chromosomen – und den Erbanlagen selbst – den Genen – sowie ihren Funktionen beschäftigt.

Bauplan des Lebens

Die genetischen Informationen befinden sich im Zellkern. Sie sind verschlüsselt in den **Chromosomen** verpackt. Die Anzahl der Chromosomen, der Chromosomensatz, ist für eine Art immer gleich. Doch während etwa die Taufliege acht Chromosomen besitzt, werden bei Farnen rd. 500 gezählt. Die Körperzellen des Menschen enthalten 46 Chromosomen.

Im Wesentlichen besteht ein Chromosom aus den vielfach verschlungenen „Fäden" der Desoxyribonucleinsäure (DNS, englisch DNA). Die **DNA** gleicht in ihrem Aufbau einer schraubenförmig gewundenen Strickleiter und wird deshalb auch **Doppelhelix** genannt.
Die Holme der Doppelhelix bestehen abwechselnd aus Zuckermolekülen (Desoxyribose) und Phosphatgruppen, die Leitersprossen werden jeweils von zwei stickstoffhaltigen Basen gebildet. Guanin (G) und Cytosin (C) sowie Adenin (A) und Thymin (T) bilden immer jeweils ein Basenpaar. Die lineare Reihenfolge dieser Basenpaare (Basensequenz) bildet die eigentliche Erbinformation, den **genetischen Code.** Jeweils drei benachbarte Basenpaare (Basentriplett) werden über den Zellstoffwechsel zunächst in eine Aminosäure übersetzt und die entstandenen Aminosäuren im Proteinstoffwechsel dann zu Eiweißkörpern (Proteinen) zusammengesetzt. Proteine sind wiederum die Grundsubstanz aller Lebensvorgänge, die **Gene** stellen letztlich nur Anweisungen für die zelluläre Produktion von Proteinen dar. Die Gesamtheit aller chromosomalen Gene eines Organismus wird als **Genom** bezeichnet und jede Zelle eines Organismus trägt mindestens eine Kopie des Basissatzes in sich.

Meiose

Die Körperzellen der meisten Lebewesen sind **diploid,** d. h., jedes Chromosom liegt doppelt vor: Die beiden homologen (gleichen) Chromosome bilden ein Chromosomenpaar. Keimzellen (weibliche

Eizelle und männliches Spermium) enthalten nur einen **haploiden** (einfachen) Chromosomensatz. So wird verhindert, dass bei der Verschmelzung (Befruchtung) der Keimzelle sich von Generation zu Generation die Anzahl der Chromosomen verdoppelt. Die **Halbierung der Chromosomenzahl** erfolgt bei der Teilung der Keimzellen, der Meiose, in zwei Schritten: Bei der Reduktionsteilung werden die homologen Chromosomen sepeiert, sodass zwei haploide Tochterzellen entstehen. Bei der Äquationsteilung werden wie bei der Mitose die Chromosomenhälften (Chromatiden) voneinander getrennt. Als Resultat entstehen vier haploide Keimzellen, in denen durch Überkreuzungs- oder Verteilungsprozesse die Erbanlagen neu kombiniert sind.

Merkmale der Vererbung

Die einander entsprechenden Gene auf den beiden DNA-Strängen eines Chromosomenpaares sind nicht wirklich identisch. Die Varianten ein und desselben Gens heißen **Allele.** Sie stehen zwar für dasselbe Merkmal, können aber verschiedene Ausprägungen in sich verschlüsseln und sind für die **unterschiedlichen Erscheinungsbilder** (Phänotypen) innerhalb einer Art verantwortlich, z. B. die Augenfarbe beim Menschen. Sind die beiden Allele identisch, bezeichnet man den Organismus als **reinerbig** (homozygot) in Bezug auf dieses Merkmal. Unterscheiden sich die Allele, so ist er für dieses Merkmal **mischerbig** (heterozygot). Manche Gene können ihre Ausprägung eines Merkmals gegenüber anderen durchsetzen. Solche Gene bezeichnet man als **dominant,** die unterdrückten dagegen als **rezessiv.**

Regeln der Vererbung

Aufschlüsse über die Vererbung gaben z. B. Gregor Mendels Kreuzungsversuche mit Erbsen und Bohnen. Er formulierte 1865 die nach ihm benannten **Mendel'schen Gesetze** zu den Erbgängen von Merkmalen über mehrere Generationen: Kreuzt man zwei Individuen einer Art, die sich in nur einem Merkmal reinerbig unterscheiden, so sind die Nachkommen in der ersten Tochter- oder Filialgeneration (F_1) in Bezug auf dieses Merkmal gleich. Bei dominant-rezessivem Erbgang gleichen die F_1-Individuen alle dem Elternteil mit dem dominanten Erbmerkmal **(Uniformitätsgesetz).** Kreuzt man die mischerbigen Individuen der F_1-Generation, so spaltet sich die F_2-Generation in ihrem Erscheinungsbild auf, und zwar bei dominant-rezessivem Erbgang im Verhältnis 3:1, beim intermediären (oder unvollständig dominanten) Erbgang im Verhältnis 1:2:1 **(Spaltungsgesetz).** Kreuzt man Individuen einer Art, die sich in mehreren Merkmalen reinerbig unterscheiden, so werden die einzelnen Gene unabhängig voneinander verteilt und können in neuen Kombinationen auftreten **(Unabhängigkeitsgesetz).**

Braunäugige Eltern – blauäugige Kinder?

Ja – umgekehrt allerdings nicht. Denn die Augenfarbe braun (B) ist dominant gegenüber der Augenfarbe blau (b). Und nur, wenn beide Eltern für die Augenfarbe braun mischerbig (Bb) sind, werden statistisch von vier Kindern drei braune Augen und eines blaue haben. Ein Kind ist für das Merkmal der Augenfarbe braun reinerbig (BB), zwei sind mischerbig. Das Kind mit den blauen Augen ist für das Merkmal der Augenfarbe reinerbig (bb).

Evolution: Ursprung der Arten

Immer, wenn im Laufe der Zeit die Gestalt von Lebewesen neue Formen annimmt, sich Organe verändern oder die Lebensweise von Organismen wechselt, ist Evolution im Spiel. Dieses in der Natur waltende Prinzip erkannte Charles Darwin im 19. Jh. Aber noch etwas anderes war Darwin aufgefallen: Es gab eine **natürliche Auslese** (Selektion) unter den Lebewesen und nur der am besten an seine Umwelt angepasste Organismus konnte überleben – andernfalls war er irgendwann zum Aussterben verurteilt.

Wie stark sich Merkmale verändern können, zeigen die vielen Hunderassen, die alle auf den Wolf als Stammform zurückgehen.

Entstehung der Arten

Vor Charles Darwin wurde die Diskussion um die Entwicklung der Lebewesen vor allem von zwei Theorien beherrscht: Der **Katastrophentheorie** von Georges Cuvier (1769–1832) und der **Abstammungslehre** von Jean Baptiste de Lamarck (1744–1829). Cuvier vertrat die Ansicht, dass Naturkatastrophen in größeren Zeitabständen alle Lebewesen in einem Gebiet vernichten; die Wiederbesiedlung erfolgt durch Zuwanderung und Neuschöpfung, die Arten selbst verändern sich nicht (Konstanz der Arten). Sein Gegenspieler Lamarck ging von der Veränderlichkeit der Arten aus: Alle Lebewesen haben einen Trieb zur Vervollkommnung, der sie veranlasst, Körperteile mehr oder weniger zu gebrauchen; dies führt zu Veränderungen im Körperbau, die vererbt werden.

Das Prinzip der Selektion

Wenn man von eineiigen Mehrlingen absieht, sind die Individuen in einer normalen Population nie zu 100 % identisch. Meist betreffen die Unterschiede nicht nur ein Merkmal, sondern viele. Wie wir heute wissen und belegen können, müssen nicht einmal alle Unterschiede äußerlich sichtbar sein. Die Merkmale und Eigenschaften eines Lebewesens sind in seinen Genen festgelegt. Bei der Verschmelzung von Ei- und Samenzelle wird das Erbgut der Eltern durchmischt und neu kombiniert, sodass die Nachkommen ihren Erzeugern zwar ähneln, aber nicht mit ihnen identisch sind. Bei der Rekombination können auch Fehler unterlaufen **(Mutationen)**, die zu neuen Genvarianten führen. Die Verschiedenartigkeit der einzelnen Individuen hat den Vorteil, dass diese sich z. B. besser an veränderte Umweltbedingungen anpassen können. Hier setzt im Sinne der Evolutionstheorie der Hebel der Selektion an.

Überleben der Stärksten

Individuen, die in einer gegebenen Umwelt besser zurecht kommen als andere, werden wahrscheinlich mehr Nachkommen großziehen als jene, die weniger gut angepasst sind. Das ist die Kernaussage der wesentlich plakativeren Formulierungen „survival of the fittest" (Überleben der Stärksten) im „struggle for life" (Kampf ums Dasein). Beide werden oft Darwin zugeschrieben, doch er hat sie vom englischen Philosophen Herbert Spencer bzw. dem schottischen Geologen Charles Lyell übernommen. Biologen sprechen heute lieber von **Konkurrenz und Fortpflanzungserfolg.** Diejenigen Nachkommen, die die vorteilhaften Eigenschaften ihrer Eltern geerbt haben, werden in der Regel wieder erfolgreicher sein als andere Mitglieder der Population, denen sie fehlen. So erhöht sich der Anteil bestimmter Merkmale im Genpool – zumindest solange die äußeren Umstände gleich bleiben.

Räumliche Isolation

Die beschriebenen Mechanismen spielen sich innerhalb einer Art ab. Über viele Generationen hinweg kann es dadurch zu Veränderungen in Merkmalen und

Eigenschaften kommen, die z. B. beim Vergleich der 49. mit der 50. Generation kaum ins Auge fallen, aber unübersehbar sind, wenn man die erste Generation neben die 50. stellt. Wird ein Teil einer Population unwiederbringlich vom Rest getrennt **(Isolation)**, zerfällt ein Genpool in zwei neue. Diese umfassen zudem nicht unbedingt dieselben Genvarianten. Deshalb entwickeln sich die Populationen allmählich auseinander. Von dem Zeitpunkt an, an dem ihre Angehörigen keine fruchtbaren Nachkommen mehr miteinander zeugen können, sind aus den zwei Populationen einer Art zwei verschiedene Arten geworden.

Darwins Finken

Ein ähnliches Phänomen tritt aber auch auf, wenn eine Art in einen Lebensraum mit freien ökologischen Nischen vorstößt **(adaptive Radiation)**. Bekanntestes Beispiel sind die Darwinfinken auf den Galapagosinseln, die sich in Körperbau und Ernährungsweise deutlich unterscheiden. Genetische Tests bestätigen Darwins Vermutung, dass sich sämtliche 13 nur dort vorkommenden Finkenarten aus einer einzigen Stammart entwickelt haben. Diese muss es vor 2–3 Mio. Jahren auf die Inseln verschlagen haben.

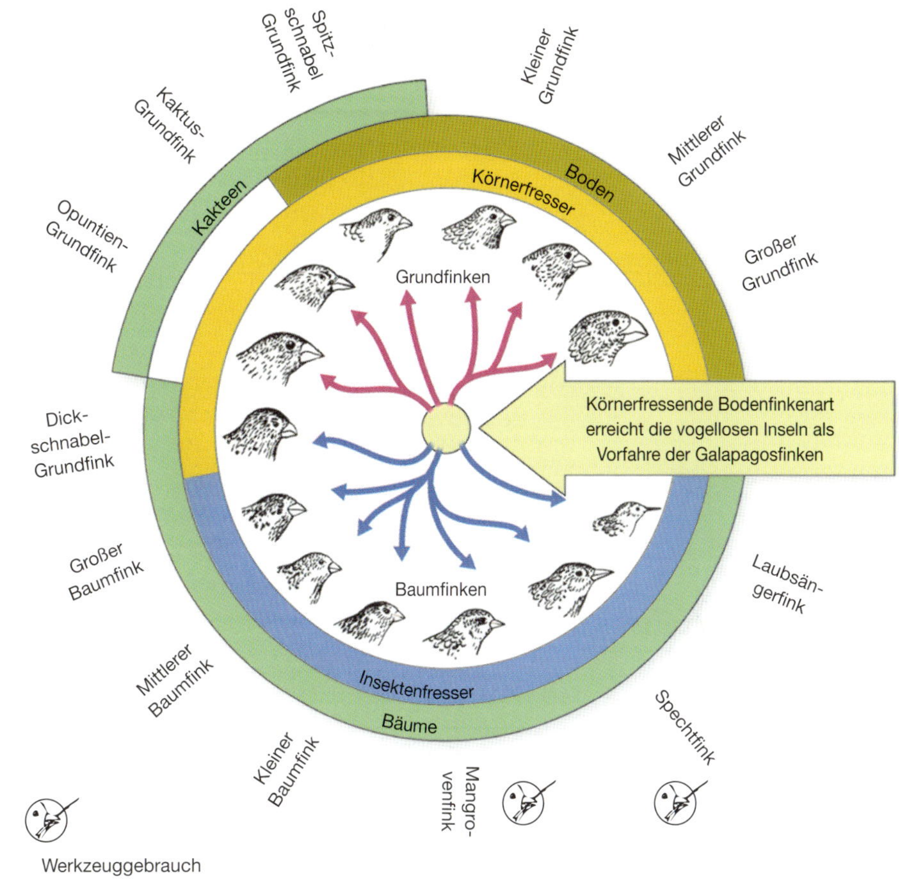

Nicht zuletzt sorgen auch Massenaussterben für neue Freiräume: Die Säugetiere etwa konnten ihr **evolutives Potenzial** erst nach dem Verschwinden der Dinosaurier (→S. 19) entfalten.

Die Finkenarten der Galapagosinseln entwickelten je nach Anpassung an die Nahrungsquelle ganz unterschiedliche Schnabelformen: von kräftig bis pinzettenförmig.

Charles Darwin

Der britische Naturforscher Charles Darwin (* 12. 2. 1809 in Shrewsbury, † 19. 4. 1882 in Down, Grafschaft Kent) begründete aufgrund seiner Naturbeobachtungen eine Theorie von der Entstehung der bis dahin für konstant gehaltenen Arten. Sie gilt heute als die einzige fundierte Theorie zur Deutung des Evolutionsgeschehens.

Auf Wunsch seines Vaters studierte Charles Darwin zunächst Medizin, später Theologie. 1831 erhielt er die Chance seines Lebens: Fünf Jahre lang segelte er an Bord der „Beagle" als Naturforscher und Gesellschafter des Kapitäns um die Welt. Seine Beobachtungen regten ihn zu seinen **bahnbrechenden Erkenntnissen** über die Entwicklung und Veränderung der Arten an. Da Darwin wusste, welchen gesellschaftlichen Sprengstoff seine Theorie darstellte, zögerte er 20 Jahre lang mit einer Veröffentlichung. Erst 1859 erschien „Über den Ursprung der Arten durch natürliche Selektion", dem 1871 „Die Abstammung des Menschen und die geschlechtliche Zuchtwahl" folgte. Vor allem die Einbeziehung des Menschen in das Evolutionsgeschehen löste bei vielen seiner Zeitgenossen **größte Empörung** aus, bedeutete sie doch, dass der Mensch – im Widerspruch zur Bibel und zur Lehrmeinung der Kirchen – im Vergleich zu Pflanzen und Tieren keine Sonderstellung in der Natur einnimmt.

Überreste von Trilobiten gehören zu den wichtigsten Fossilien in der Paläontologie; das Bild zeigt einen Fund aus Marokko.

Fossilien

In Gesteinen und Ablagerungen ist die Erdgeschichte festgehalten wie in einem Buch: Die einzelnen Schichten geben die zeitliche Abfolge der Epochen wieder. Aus physikalischen Strukturen und chemischen Verbindungen lassen sich die Umstände ihrer Entstehung ablesen und Altersbestimmungen vornehmen. Durch die eingebetteten Fossilien, die versteinerten Überreste oder Lebensspuren von Pflanzen und Tieren, erhält das Buch Illustrationen, welche die jeweilige Zeit und den Wandel im Lauf der Jahrmillionen anschaulich dokumentieren. Nicht zuletzt dienen sie als Beweise für die theoretischen Überlegungen zur Entstehung des Lebens, zur Entfaltung der Arten und der gemeinsamen Abstammung aller Lebewesen.

Das Leben breitet sich aus

Mehrere Milliarden Jahre lang war das Meer der einzige Lebensraum. Er bot vielfältigen tierischen Lebensformen ideale Entwicklungsbedingungen. Im **Kambrium,** das vor 545 Mio. Jahren begann, entfaltete sich das Leben so plötzlich und vielfältig, dass sich dafür der Begriff der kambrischen Explosion eingebürgert hat. Schnecken, Brachiopoden, also festsitzende Meerestiere, tauchten in vielen Formen auf. Zahlreich waren auch Gliederfüßer mit dreigeteiltem Rückenpanzer. Diese **Trilobiten** waren auch für das sich vor 510 Mio. Jahren anschließende Erdzeitalter, das **Ordovizium,** typisch – mittlerweile hatten sich rd. 4000 Arten herausgebildet. Als Zeugen einer komplexeren Welt entwickelten sich verschiedene Fischarten, vereinzelte Vorgänger dieser ersten Wirbeltiere hatte es schon im Kambrium gegeben.

Zeitalter der Fische

Vor 438 Mio. Jahren bildeten sich im **Silur** neue Lebensformen. Infolge einer Eiszeit waren die meisten alten Arten verschwunden. Neuartige Fische mit Kiefern waren die ersten Räuber. Die als „Zeitalter der Fische" bekannte Epoche ist jedoch das vor 410 Mio. Jahren beginnende **Devon.** Die Tiere besiedelten nicht mehr nur die Ozeane, sie drangen auch in Süßwasserbereiche vor. Panzerfische, Knorpelfische, Lungenfische und Quastenflosser – nicht nur die Artenvielfalt hatte zugenommen, auch die Größe, denn manche Tiere erreichten Längen von mehreren Metern.

Die Eroberung des Landes

Bis zum Devon fand das Leben der Wirbeltiere nur im Wasser statt. Erst nachdem die Pflanzen vor rd. 400 Mio. Jahren den Schritt an Land gewagt hatten, waren auch für die Tiere die Voraussetzungen gegeben, das Festland zu erobern – bis dahin vergingen aber noch mindestens 50 Mio. Jahre. Die ersten Gehversuche unternahmen die **Gliederfüßer,** bei denen die ersten Anpassungen an ein Leben außerhalb des Wassers zu finden sind. So ist ihr Körper von einem festen Außenskelett aus Chitin umgeben, das ihm Stabilität verleiht, vor Wasserverlust schützt und als Ansatzfläche für die Muskulatur dient. Um den notwendigen Sauerstoff aus der Luft aufnehmen zu können, entwickelten sie **Tracheen** – röhrenförmige Strukturen, die von einer Pore in der äußeren Chitinhülle ausgehen und den Sauerstoff direkt zu den Geweben im Körperinneren leiten. Diese und weitere Anpassungen befähigten vor allem die Insekten dazu, sich alle Lebensräume auf dem Land und in der Luft zu erschließen.

Amphibien

Ähnlich erfolgreich waren nur noch die **Wirbeltiere.** Vorläufer der Landwirbeltiere waren Fische wie Eusthenopteron und Ichthyostega aus dem Devon, die sowohl Merkmale von Fischen als auch von Amphibien aufwiesen. So hatten die Vertreter von Ichthyostega zwar noch einen Fischschwanz, andererseits aber bereits vier Beine. Ihr Schädel zeigte noch ein deutliches Schädeldach, aber es waren schon Nasenöffnungen und **Lungensäcke** vorhanden und ihr stark verknöchertes **Skelett** konnte den Körper beim Gehen an Land ausreichend stützen. Allerdings waren diese frühen Amphibien noch keine echten Landbewohner. Sie betraten trockenen Boden nur, um neue Feuchtbiotope aufzusuchen, auf die sie weiterhin angewiesen waren – und bis heute sind, denn zur Fortpflanzung müssen fast alle Amphibien noch immer das Wasser aufsuchen.

Libellen erobern den Luftraum

Im feuchtwarmen Klima des **Karbon** ernährte die üppige Vegetation der Sümpfe mit ihren baumgroßem Schachtelhalmen und Bärlapp, Lebermoos und Farnen eine gigantische Menge tierischen Lebens. Aber es galt noch einen anderen Lebensraum zu erobern: die Luftschichten über dem Festland. **Insekten** entwickelten Flügel und setzten zum Höhenflug an. In den tropischen Steinkohlenwäldern des Oberkarbon erreichten libellenartige Insekten wie Meganeura monyi Flügelspannweiten von bis zu 70 cm. Von der bislang erfolgreichsten Insektengruppe der Evolution, den Käfern, gab es noch keine Spur. Dafür krochen Spinnentiere und riesenwüchsige Tausendfüßer über den feuchten Waldboden.

Reptilien

Aus den Amphibien entstanden vor etwa 300 Mio. Jahren die Vorläufer der Reptilien. Sie waren die Ersten, die unabhängig vom Wasser leben konnten, u. a. dank einer wasserundurchlässigeren Haut und leistungsfähigerer Lungen. Der entscheidende Fortschritt war jedoch das durch die Ausbildung von drei Embryonalhüllen gekennzeichnete Ei **(Amniotenei).** Diese Hüllen, vor allem das Amnion – ein flüssigkeitsgefüllter Hohlraum, in dem der Embryo wie in einem Miniaturmeer

Im Oberkarbon beherrschten große Fluginsekten wie die libellenartigen Meganeura die Lüfte.

schwimmt–, erlaubte erstmals eine vom Wasser unabhängige Embryonalentwicklung. Nun konnten sich die Wirbeltiere weiter vom Wasser entfernen und neue, trockenere Gebiete besiedeln; das **Perm** wurde zur ersten Blütezeit der Reptilien.

Guanlong wucaii war ein Ahne des Tyrannosaurus Rex. Der chinesische Name („gekrönter Drache von den fünffarbigen Steinen“) bezieht sich auf den Nasenkamm und auf das Gestein am Fundort.

Blütezeit der Dinosaurier

Jura und **Kreide** waren die Zeit der Dinosaurier, der größten Landwirbeltiere, die je die Erde bewohnt haben. Die anfangs kleinen Reptilien hatten schnell alle ökologischen Nischen besetzt. Sie lebten an Land, eroberten die Luft und kehrten auch ins Wasser zurück, das ihre Vorfahren 100 Mio. Jahre zuvor verlassen hatten. Die Lebensbedingungen für die Tiere wurden mit üppiger Vegetation und tropischen Temperaturen so gut, dass sich besonders große Arten entwickelten. Dazu zählten **Flugsaurier** mit mehr als 10 m Flügelspannweite und bis zu 15 m lange **Fischsaurier.** Die eindrucksvollsten Kolosse sind vom Land bekannt, z. B. der 40 m lange und 100 t schwere Pflanzenfresser Argentinosaurus oder die über 5 m hohe Raubechse Tyrannosaurus Rex. Die letzten Dinosaurierfossilien finden sich in Schichten, die 65 Mio. Jahre alt sind. Zwei Reptilienordnungen haben von der Zeit der Dinosaurier bis in die Moderne überdauert: **Schildkröten und Krokodile.**

Siegeszug der Säugetiere

Das Aussterben der Dinosaurier machte anderen Tieren den Weg frei, die über eine neue Eigenschaft verfügten: Vögel und Säugetiere waren in der Lage, sich durch die Aufrechterhaltung einer konstant warmen Körpertemperatur den unterschiedlichsten Lebensbedingungen

Der aufrechte Gang

Bis auf den Menschen sind alle Primaten mehr oder weniger Vierbeiner, und das aus gutem Grund: Zweibeinigkeit macht langsamer, unbeweglicher und erheblich ungeschickter, zumindest beim Klettern auf Bäumen.

Wenn man jedoch den angestammten Lebensraum verlässt und seine **Nahrung in der Savannenlandschaft** sucht, bietet der aufrechte Gang Vorteile. Er ist die ökonomischere Fortbewegungsart, minimiert den Wasserverlust durch Verdunstung und erweitert den Horizont. Warum gerade unsere Vorfahren zuerst den aufrechten Gang entwickelt haben, ist nicht geklärt, was dieser Schritt den Menschen gebracht hat, aber doch. Die frei gewordenen **Hände,** die fortan in vielfältiger Weise eingesetzt werden konnten, gelten als wichtiger Motor der Evolution. Der freie und präzise Einsatz der Hand erlaubte die Handhabung von Gegenständen, die Herstellung und den Gebrauch von Werkzeugen. Gleichzeitig mit den Veränderungen im Aufbau des Schädels und des Gehirns nahmen die **intellektuellen Fähigkeiten** zu.

Täuschend echt – zwei Vertreter der 3,5 Mio. Jahre alten Australopithecinen in einer Ausstellung des American Museum of Natural History 2007 in New York

anzupassen und verbreiteten sich im **Tertiär** über die gesamte Erde.

Große, schnellfüßige Huftiere wanderten über die Grasländer und waren Beute für flinke Raubtiere. Fledermäuse bevölkerten die Luft. Die Vorfahren von Delfinen und Walen kehrten ins Meer zurück, aus dem ihre Ururahnen gekommen waren. Die frühen Primaten entdeckten die Bäume als Lebensraum. Gefahren und Risiken, die dieser Lebensraum barg, führten zur Entwicklung eines besonders ausgeprägten Sehsinnes, zum kontrollierten Einsatz der Hände und Füße sowie zu einer Vergrößerung des Gehirns. Von ihren Nachkommen leitet sich die Linie ab, die direkt zu Menschenaffen und Menschen führt.

Die Evolution des Menschen

Dank umfangreicher Fossilfunde lassen sich heute zumindest die wichtigsten Schritte in der Entwicklung des Menschen nachvollziehen. 25–9 Mio. Jahre alte Fossilien von sog. **Dryopithecinen** weisen diese als gemeinsame Vorfahren von Mensch und Menschenaffen aus. Nachdem sich die Entwicklungslinien der Vorfahren von Orang-Utan und Gorilla schon vorher abgespalten hatten, trennte sich vor 8–5 Mio. Jahren der Weg von Schimpanse und Mensch. Die **Australopithecinen,** die vor 4–1 Mio. Jahren lebten, zeigten noch ursprüngliche Merkmale ihrer Menschenaffenvorfahren, aber auch schon solche des Menschen. Die berühmteste Vertreterin dieser Gruppe ist **„Lucy“,** ein weibliches Exemplar des Australopithecus afarensis, deren Skelett 1974 in Äthiopien entdeckt wurde. Während die Australopithecinen noch als Vormenschen in einer eigenen Gattung stehen, zählt man spätere Frühmenschen bereits zur Gattung **Homo** (Mensch), etwa den Homo rudolfensis, der vor 2,5–1,8 Mio. Jahren lebte.

Der erste Mensch, der aus Afrika in andere Gebiete einwanderte und dessen berühmteste Fossilien aus Java und Peking stammen, war **Homo erectus.** Er lebte vor etwa 1,8 Mio. bis vor rd. 300 000 Jahren, benutzte bereits das Feuer und stellte Steinwerkzeuge her. Aus ihm ging allmählich der Jetztmensch hervor. Dessen Entwicklungslinie teilte sich: Einen Zweig besetzt der **Neandertaler** (Homo neanderthalensis), der Europa und Asien besiedelte, aber vor 30 000 Jahren ausstarb. Eine zweite Linie führt zum modernen Menschen **Homo sapiens.**

Bemerkenswertes aus dem Erdzeitalter

Kambrium, vor 545 Mio. Jahren

Die Meereslebewesen entwickeln erstmals Schalen, Stacheln und Gehäuse.

Ordovizium, vor 510 Mio. Jahren

Die im Meer lebenden Brachiopoden erreichen ihre größte Vielfalt.

Silur, vor 438 Mio. Jahren

Die Panthalassa, der Urpazifik, bedeckt die Hälfte der Erdoberfläche.

Devon, vor 410 Mio. Jahren

Ichthyostega, der erste Vierfüßer, benutzt seine Beine eher zum Schwimmen als zum Laufen.

Karbon, vor 355 Mio. Jahren

Feuchtwarmes Klima und üppige Sumpfwälder bilden die Grundlage für die Bildung von Steinkohle.

Perm, vor 290 Mio. Jahren

Ein großes Massensterben markiert das Ende des Erdaltertums.

Trias, vor 248 Mio. Jahren

Die ersten Dinosaurier treten auf.

Jura, vor 205 Mio. Jahren

Die Entwicklung der Wirbeltiere schreitet rasch voran, erstes Auftreten des Urvogels Archaeopteryx.

Kreide, vor 135 Mio. Jahren

Am Ende des Erdzeitalters sterben die Dinosaurier und drei Viertel aller Tierarten aus.

Tertiär, vor 65 Mio. Jahren

Die Säugetiere entwickeln sich zur herrschenden Klasse der Wirbeltiere.

Quartär, vor 1,8 Mio. Jahren

Der Frühmensch erschließt Kontinente außerhalb Afrikas.

Kreisläufe des Lebens

Ein Regenwurm zieht ein Laubblatt in den Boden. Durch ihre Grab- und Fresstätigkeit sorgen Bodenwürmer für die Vermischung der organischen und mineralischen Bodenpartikel.

Alle Lebewesen auf der Erde sind voneinander und von ihrer Umwelt abhängig. Sie können nur existieren, wenn sie mit ihrer Umwelt Stoffe und Energie austauschen. Nahrungsketten und Nahrungsnetze bilden sich zwischen den Arten heraus, die in einer Fressfeind-Beute-Beziehung stehen, also **fressen und gefressen werden.** Innerhalb der Nahrungsnetze sind die Stoffkreisläufe angesiedelt. Sie sorgen dafür, dass durch einen ständigen Auf-, Um- und Abbau der organischen Stoffe die anorganischen Bestandteile wie beispielsweise Stickstoff und Kohlenstoff in einem Ökosystem erhalten bleiben und somit allen beteiligten Pflanzen und Tieren immer wieder zur Verfügung stehen.

Nahrungspyramide

Ein großer Teil der Nahrung wird in Energie umgesetzt, die u. a. für den Aufbau von Körpermasse benötigt wird. Betrachtet man das Verhältnis von Gewicht der aufgenommenen Nahrung zur Gewichtszunahme des Konsumenten, so ergibt sich eine Pyramide, deren Basis die grünen Pflanzen als Produzenten und deren Spitze die Endverbraucher bilden. Beispielsweise muss ein Mensch 10 kg Hechtfleisch verzehren, um 1 kg Gewicht zuzunehmen. Damit der Hecht diese 10 kg Körpermasse produzieren kann, muss er 100 kg Karpfen fressen. Die Karpfen wiederum benötigen 1000 kg Algen, um diese Masse aufzubauen. Auf jeder Stufe werden also lediglich 10 % der Nahrung für den Aufbau von Körpersubstanz genutzt, der überwiegende Teil wird über Atmung und Ausscheidung abgegeben.

Nahrungsbeziehungen

Am Beginn einer Nahrungskette stehen immer die grünen Pflanzen. Sie bauen in der Photosynthese energiereiche organische Stoffe auf, die die weiteren Glieder der Kette benötigen. Daher werden sie als **Produzenten** (Erzeuger) bezeichnet. Das zweite Glied bilden diejenigen Tiere, die sich von Pflanzen und deren Produkten ernähren **(Herbivoren).** Diese Erst- oder Primärkonsumenten (Verbraucher) werden ihrerseits wieder von den Fleischfressern **(Carnivoren)** erbeutet (Zweit- oder Sekundärkonsumenten). Mit dieser Stufe muss eine Nahrungskette noch nicht abgeschlossen sein, denn auch Fleischfresser können wiederum anderen Fleischfressern – den Konsumenten höherer Ordnung – zum Opfer fallen. Das letzte Glied bilden die Endkonsumenten.

Da sich Tiere jedoch selten nur von einer einzigen Pflanzen- oder Tierart ernähren und als Beutetiere in der Regel auch von unterschiedlichen Tierarten gefressen werden, verknüpfen sich die einzelnen Nahrungsketten eines Ökosystems zu einem **Nahrungsnetz.** Das biologische Gleichgewicht eines Ökosystems ist umso stabiler, je stärker das Nahrungsnetz ausgebaut ist.

Stoffkreisläufe

Stoffkreisläufe sind ein grundlegendes Merkmal von Ökosystemen und verlaufen von den Produzenten (grüne Pflanzen) über die Konsumenten (Pflanzen-, Fleisch- und Allesfresser) und die Destruenten (Zersetzer) wieder zu den Produzenten. Die **Destruenten,** zu denen beispielsweise Würmer, Pilze und Bakterien gehören, sind dabei von besonderer Bedeutung. Indem sie Abfallstoffe wie abgestorbene Samen, Blätter, Stängel und andere Pflanzenteile, Ausscheidungen wie Harn und Kot sowie tote Tiere und Pflanzen verwerten, überführen sie

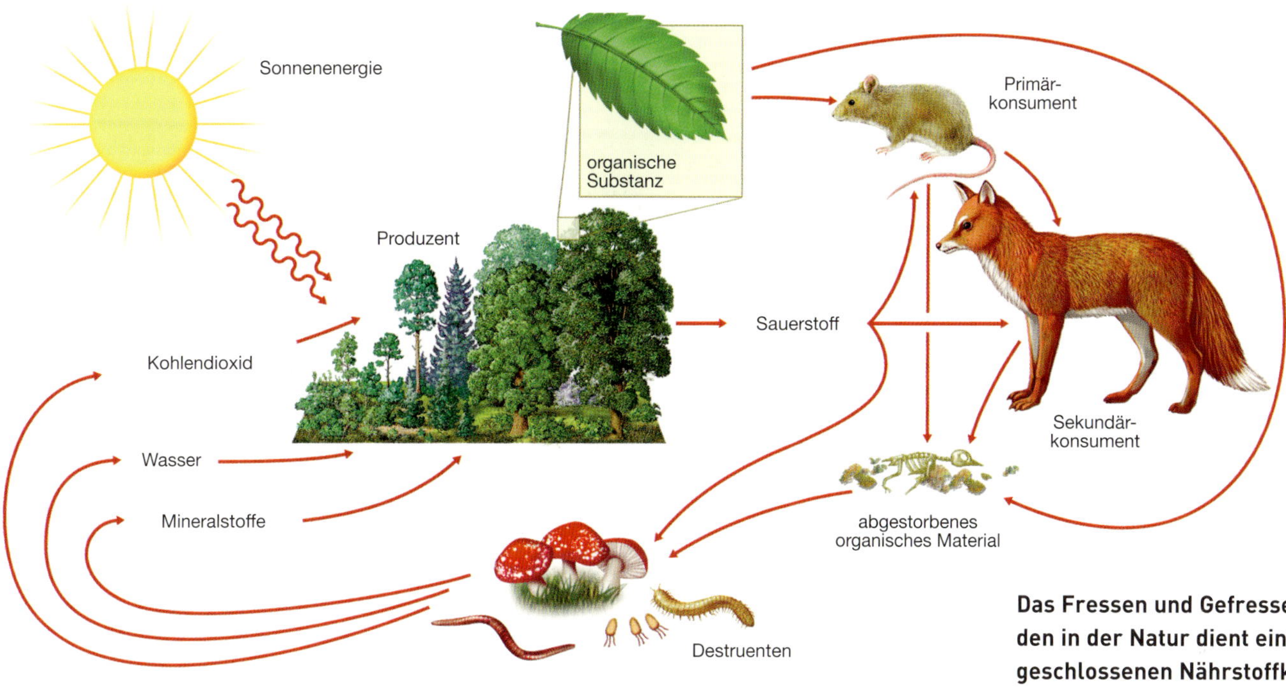

Das Fressen und Gefressenwerden in der Natur dient einem geschlossenen Nährstoffkreislauf: Grünpflanzen liefern organische Substanz und Sauerstoff für die Konsumenten, deren Abfallstoffe schließlich von den Destruenten wieder in die Nährstoffe für Grünpflanzen (Mineralstoffe, Wasser, Kohlendioxid) aufgelöst werden.

organische Verbindungen wieder in die anorganischen (chemischen) Elemente Kohlenstoff, Stickstoff, Schwefel und Phosphor. Diese werden von den grünen Pflanzen erneut zum Aufbau organischer Substanz eingesetzt.

Kohlenstoffkreislauf

Der Kohlenstoffkreislauf wird in Gang gesetzt, wenn die Pflanzen der Atmosphäre Kohlendioxid für die **Photosynthese** (→ S. 79) entnehmen. Während ein Drittel des Gases von den Pflanzen sofort wieder über die Atmung an die Umgebung abgegeben wird, gelangen zwei Drittel – in der Pflanzenmasse gebunden – in die Nahrungsketten. Bei den Konsumenten wiederholt sich dieser Prozess: Ein Teil des Kohlendioxids wird ausgeatmet, ein Teil wird in der Körpermasse gebunden. Am Ende der Nahrungsketten überführen die Destruenten die nun als Abfallstoffe vorliegenden Kohlenstoffverbindungen wieder in anorganisches Kohlendioxid, das in die Atmosphäre entweicht. Damit ist der Kreislauf geschlossen.

In Verlauf dieses Kreislaufes wird der Atmosphäre etwa genauso viel Kohlendioxid zugeführt, wie ihr am Beginn entnommen wurde. Nur ein geringer Teil bleibt länger gebunden, u. a. in Humus und Torf.

Stickstoffkreislauf

Vornehmlich zum Aufbau der Proteine benötigen Pflanzen und Tiere Stickstoff, der in großen Mengen (rund 78 %) in der Atmosphäre enthalten ist. Die meisten Organismen können den atmosphärischen Stickstoff jedoch nicht unmittelbar aufnehmen. Symbiotische Knöllchenbakterien und bestimmte, frei im Boden lebende Bakterien sind dagegen in der Lage, den **Luftstickstoff in Form von Nitrat** zu binden (Stickstofffixierung).

Aus Exkrementen und toter organischer Substanz setzen wiederum andere Bodenbakterien Ammonium frei. Dieses wird bei der weiteren **bakteriellen Nitrifikation** ebenfalls in Nitrat überführt. In Abwesenheit von Sauerstoff kann auch eine Denitrifikation stattfinden. Dabei wird der Nitratstickstoff in molekularen Stickstoff umgewandelt und entweicht wieder in die Atmosphäre. Pflanzen können den Stickstoff sowohl in Form von Nitrat als auch von Ammonium aus dem Boden aufnehmen und in Proteine und andere Verbindungen umwandeln.

Ein Papageitaucher mit seiner Beute: kleinen Fischen

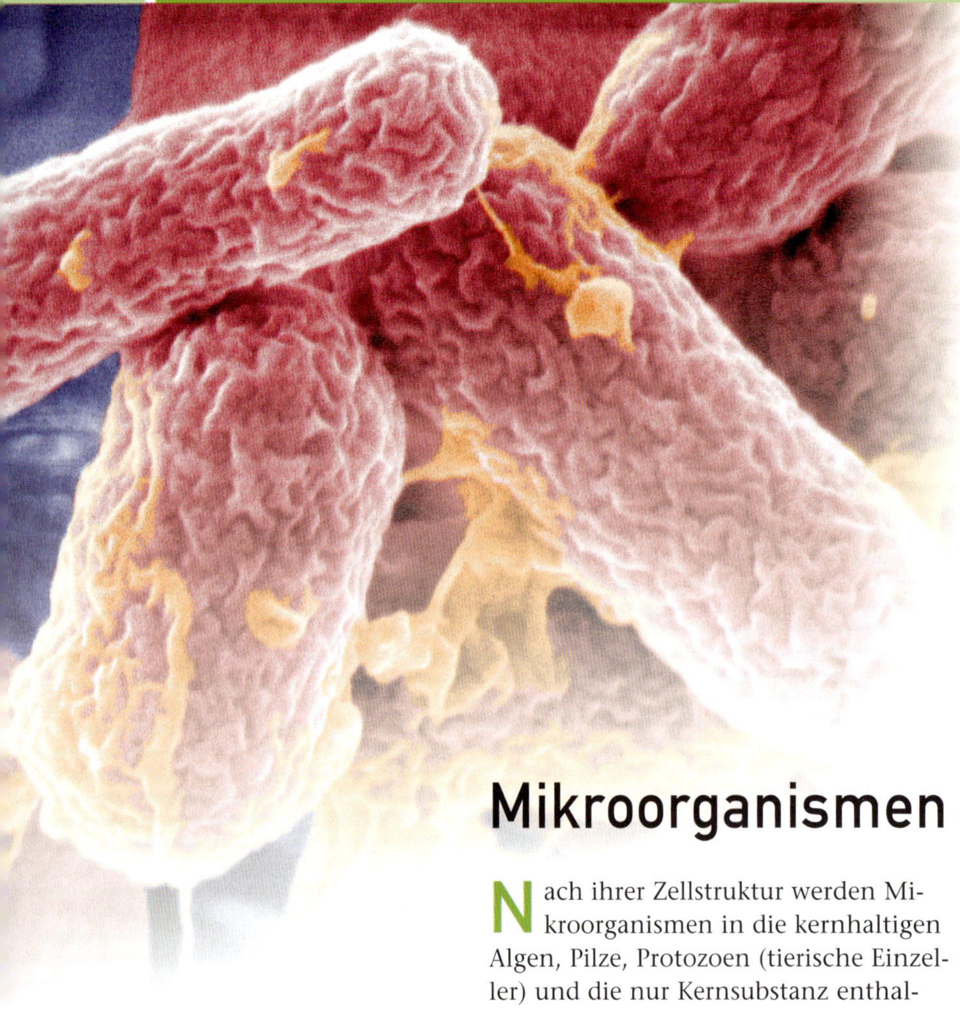

Colibakterien (Escherichia coli) sind Teil der gesunden Darmflora vieler Säugetiere und spielen bei der Zersetzung der Nahrungsbestandteile und bei der Vitaminbildung eine wichtige Rolle.

Mikroorganismen

Nach ihrer Zellstruktur werden Mikroorganismen in die kernhaltigen Algen, Pilze, Protozoen (tierische Einzeller) und die nur Kernsubstanz enthaltenden Echten Bakterien, Archaebakterien (Urbakterien) und Cyanobakterien unterteilt. Unter ihnen finden sich frei lebende Formen, gefährliche Parasiten und Schmarotzer. Zahlreiche Mikroorganismen sind Erreger ansteckender Krankheiten bei Mensch, Tier und Pflanze.

Bakterien

Bakterien sind mikroskopisch kleine, **einzellige Organismen,** die keinen echten Zellkern besitzen und deshalb zu den Prokaryoten gehören. Sie sind von kugeliger (Kokken), länglicher (Stäbchen), länglich-gekrümmter (Vibrionen) oder schraubiger Gestalt (Spirillen) und können sich z. B. in Form von Zellhaufen (Staphylokokken) oder kettenförmig (Streptokokken) aneinanderlagern. Ihre DNA liegt frei im Cytoplasma, allerdings in einer bestimmten Region konzentriert (Nucleoid), und bildet meist ein ringförmig geschlossenes **Bakterienchromosom.** Nach außen hin wird der Zellkörper durch eine Zellmembran (Plasmalemma) abgegrenzt, die zusätzlich von einer netzartigen Zellwand und oft noch von einer zähen Schleimschicht umhüllt ist. Obwohl sie sich durch einfache Zweiteilung oder Sprossung vermehren, kommt es auch zur Übertragung von Erbsubstanz von einer Zelle auf eine andere.

Vielseitige Einzeller

Im Gegensatz zu den Bakterien rechnet man die Protozoen zu den Eukaryoten, da sie **deutlich unterscheidbare Organzellen** wie Zellkerne und Mitochondrien besitzen. Einige von ihnen sind pflanzenähnlich und verfügen über Chloroplasten, womit sie zur Photosynthese (→ S. 79) fähig sind. Die meisten von ihnen jedoch ernähren sich durch die Aufnahme organischer Reste oder anderer Mikroorganismen.

Die Protozoen leben vorwiegend im Wasser, teils frei oder festsitzend, teils Kolonien bildend; manche leben auch als Parasiten in Tieren. In Größe und Gestalt weisen sie eine enorme Vielfalt auf und reichen von der **Amöbe,** die ständig ihre Form verändert, bis hin zu jenen, die mit komplizierten Gebilden zum Beutefang, zur Ernährung und zur Fortbewegung ausgestattet sind. Nach den **Bewegungsorganellen** unterscheidet man die großen Gruppen der Flagellaten, die sich mit Geißeln bewegen, Wurzelfüßer (Rhizopoden) mit Scheinfüßchen sowie Wimpertierchen (Ciliaten).

Sonderfall Viren

Anders als Mikroorganismen bestehen Viren nicht aus einer Zelle, sondern aus **fadenförmigem Erbmaterial,** das von einer Proteinhülle (Kapsid) umschlossen wird. Sie besitzen keinen eigenen Stoffwechsel und können sich daher nicht selbst, sondern nur im Inneren einer lebenden Zelle (Wirt) vermehren. Dadurch wird die Wirtszelle geschädigt oder sogar zerstört, was zu Erkrankungen und manchmal zum Tod des Gesamtorganismus führt.

Eigenständige Organismen: Pilze

Die lange Zeit zu den Pflanzen gerechneten Pilze werden inzwischen als eigenständige Gruppe klassifiziert. Während die eine Plasmamasse bildenden Schleimpilze (Myxomycota) und Eipilze bzw. Algenpilze (Oomycota) zu den pilzähnlichen Protisten gehören, werden nur die früher auch Echte Pilze oder Höhere Pilze (Eumycota) genannten Formen heute noch zu den Pilzen im engeren Sinn gezählt.

Lebensfäden und Sporen

Pilze sind chlorophyllfreie Organismen, die sich als **Fäulnisbewohner oder Parasiten** von organischen Substanzen lebender oder toter Organismen (heterotroph) ernähren. Die Körper der Echten Pilze bestehen aus langen Zellfäden, den Hyphen. Sie sind zu einem oft weitläufigen **Myzel** miteinander verflochten. Ihre Zellwände sind aus Chitin, als Reservestoffe werden Fett und Glycogen gespeichert. Viele Echte Pilze bilden charakteristische **Fruchtkörper,** die sowohl über dem Erdboden als auch in der Erde zu finden sind. Sie enthalten die der Fortpflanzung dienenden **Sporen** und sind bei zahlreichen Arten essbar.

Champignon und Schimmel

Zu den Pilzen im engeren Sinn gehören die **Hefepilze** und die **Jochpilze;** der Köpfchenschimmel, ein Jochpilz, lässt z. B. auf feuchtem Brot die bekannten weißgrauen Schimmelrasen entstehen. Zu den **Schlauchpilzen** zählen die Speisepilze Morchel und Trüffel sowie die Peniciliumarten, die das begehrte Antibiotikum liefern. Die am höchsten entwickelte Klasse bilden die **Ständerpilze** mit den bekannten Gift- und Speisepilzen.

Mit Grünalgen oder Cyanobakterien können vor allem Schlauchpilze zu einem „Doppelwesen" verschmelzen, den **Flechten.**

Manche Pilzarten leben mit dem Wurzelsystem von Waldbäumen in **Symbiose.** Diese Lebensgemeinschaft, die auch als Mykorrhiza bezeichnet wird, ist für die Bäume lebenswichtig. Aber es gibt auch gefürchtete Schädlinge wie Rostpilz und Brandpilz, die Getreideernten vernichten, oder die Mehltaupilze, die Wein- und Obstkulturen befallen. Andererseits tragen Pilze durch ihre Tätigkeit als Destruenten wesentlich zum **Abbau organischer Substanzen** bei und sorgen so dafür, dass die Stoffkreisläufe in der Natur aufrechterhalten werden.

Bäcker und Brauer

Hefe gehört zu den wichtigsten Pilzarten in der Sozialgeschichte des Menschen. Sie verwandelt Malzgerste in Bier und gibt Backwaren ihre lockere Beschaffenheit. Wenn ein Fass mit Traubensaft gärt, steigen kohlendioxidhaltige Bläschen an die Oberfläche. Auch sie werden von mikroskopisch kleinen Hefen produziert, die den Zucker in dem Saft als Brennstoff für die Atmung benötigen. Im Gegensatz zu den meisten Pilzen atmen **Hefen** anaerob, d. h., sie benötigen keinen Sauerstoff. Außerdem verwerten sie ihre Nahrung nur unvollständig. Die Abfallprodukte dieser Form der Atmung sind Kohlendioxid und Alkohol, die beispielsweise Traubensaft in Wein verwandeln.

Der Schuppige Porling besiedelt bevorzugt die Stämme von kranken Laubbäumen und zersetzt das Holz. Seine Fruchtkörper können die stattliche Größe von bis zu 50 cm Durchmesser erreichen.

Die Pflanzenwelt

Pflanzen sind die Voraussetzung und Grundbedingung jeglicher Form von Leben. Sie produzieren den für Lebewesen notwendigen Sauerstoff und dienen als Nahrung für Mensch und Tier. Sie sind unterschiedlich hoch entwickelt: Algen und Moose gehören zu den niederen, Farne und Samenpflanzen zu den höheren Pflanzen.

Samenlose Pflanzen

Die frühesten Pflanzen lebten sämtlich im Wasser und verbreiteten sich erst vor ca. 435 Mio. Jahren an Land. Die ersten Landpflanzen waren einfach, sie hatten keine Blätter und Blüten, besaßen aber wasseraufnehmende Wurzeln und wasserführende Kanäle in ihrem Körper. Als Vorfahren unserer Farne und Schachtelhalme trugen sie in kleinen Kapseln **Sporen.** Bald danach tauchten die Moose auf. Zapfentragende Pflanzen, die Cycadeen (Palmfarne) und Koniferen (Kierfernartige), sowie Blütenpflanzen im engeren Sinn entwickelten sich viel später aus farnähnlichen Vorläufern.

Grünalgen der Gattung Volvox unter dem Mikroskop; sie leben im Süßwasser, wo sie große Kolonien bilden.

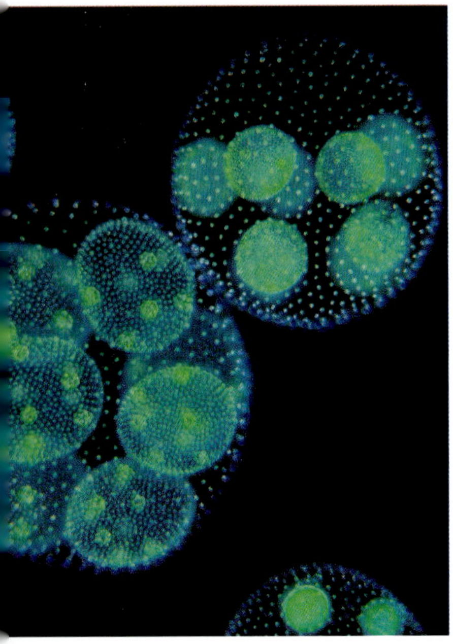

Algen: Produzenten im Wasser

Die Algen gehören zu den urtümlichsten und ältesten Lebewesen der Erde. Sie werden zu den niederen Pflanzen gerechnet und gedeihen vorwiegend im Wasser oder an feuchten Standorten an Land. Es sind in etwa 26 000 Arten bekannt. Viele Algen sind einzellig und winzig klein, andere können mehrere Meter lang werden und verfügen über einen komplexen Aufbau. Sie dienen zahlreichen Wassertieren als Nahrung.

Die Botaniker systematisieren die Algen vor allem nach ihrer Farbe. Zwar enthalten alle Algen grünes **Chlorophyll,** doch wird es z. T. durch andere Farbstoffe überdeckt. Wichtige Gruppen sind Rotalgen (Rhodophyceae), Braunalgen (Phaeophyceae), Grünalgen (Chlorophyceae) und Goldalgen (Chrysophyceae).

Eine selbstständige Abteilung bilden die Blaualgen (Cyanophyta oder Cyanobakterien), die keinen Zellkern haben und daher streng genommen nicht zu den Algen gehören.

Lebenszyklus von Moosen und Farnen

Moose und Farne pflanzen sich durch Ausstreuung staubfeiner Sporen fort, die – in einen komplexen Lebenszyklus eingebunden – zu neuen Pflanzen heranwachsen. So ist der aus der Spore des Farns entstehende Vorkeim (Gametophyt), die **geschlechtliche Generation,** eine kleine Pflanze (Prothallium) mit männlichen und weiblichen Geschlechtsorganen. Nach der Befruchtung entwickelt sich die **ungeschlechtliche Generation** (Sporophyt), die eigentliche Farnpflanze.

Farne tragen Sporen in kleinen Kapseln unter den Blättern, Laub- und Lebermoose in gestielten Kapseln, die sich erst nach der Vereinigung von männlichen und weiblichen Geschlechtszellen bilden. Wie die Farnpflanzen sind die Moose ans Landleben angepasst, brauchen zur Fortpflanzung aber noch das Wasser und gedeihen daher hauptsächlich in feuchter Umgebung.

Wo Sonnenstrahlen durch das dichte Blätterdach des Waldes bis auf den Boden treffen, bildet sich ein grüner Pflanzenteppich.

Photosynthese

Von der Photosynthese hängt fast alles Leben auf der Erde ab. Im Rahmen dieses biosynthetischen Prozesses bauen grüne Pflanzen (einschließlich Algen) aus anorganischen Stoffen energiereiche komplexe organische Stoffe auf, die den Pflanzen selbst und allen anderen Lebewesen als Nahrungsgrundlage dienen. Nur die sog. chemoautotrophen Bakterien können aus chemischer Energie organische Stoffe herstellen.

Nahrung aus Sonnenlicht

Grundstoffe für die Photosynthese sind das Kohlendioxid der Luft, das die Blätter aufnehmen, und Wasser aus dem Boden, das über die Wurzeln in die Pflanze gelangt. Beide Stoffe verbinden sich zunächst zu einfachen Zuckern und Sauerstoff. Die Energiequelle ist das Sonnenlicht. Der Prozess läuft in den **Chloroplasten** der grünen Blätter der Pflanze ab. In diesen winzigen Zellorganellen befindet sich ein System von Membranen, das die Photosynthese-Pigmente enthält – das wichtigste von ihnen ist der grüne Farbstoff **Chlorophyll.**

Die eingefangene Lichtenergie regt die Chlorophyllmoleküle an, Elektronen (elektrisch geladene Elementarteilchen, → S. 170) abzugeben. Die im Chlorophyll fehlenden Elektronen werden bei der Spaltung von Wasser in Elektronen, Protonen und Sauerstoff (Photolyse) ersetzt. Der Sauerstoff wird nach außen abgegeben. Das freie Proton verbindet sich mit einem Wasserstoffträger (NADP). Diesen Vorgang, bei dem Energie in der „Überträgersubstanz" Adenosintriphosphat (ATP) gespeichert wird, bezeichnet man als **„Lichtreaktion".**

Die **„Dunkelreaktion"** (Calvinzyklus) benötigt kein Licht. Die Energie des ATP wird verwendet, um aus aufgenommenem anorganischem Kohlendioxid energiereiche organische **Glucose (Traubenzucker)** aufzubauen. Sie dient dem Stoffwechsel oder wird als **Stärke** gespeichert.

Photosyntheseleistung

Die chemische Bilanzgleichung der Photosynthese lässt sich folgendermaßen berechnen: $6\,CO_2$ (Kohlendioxid) + $12\,H_2O$ (Wasser) + Lichtenergie → $C_6H_{12}O_6$ (Glucose) + $6\,O_2$ (Sauerstoff) + $6\,H_2O$. Insgesamt entstehen bei der Photosynthese aus zwölf Molekülen Wasser und sechs Molekülen Kohlendioxid ein Molekül Glucose, sechs Moleküle Sauerstoff und sechs Moleküle Wasser. Für diesen Vorgang werden ein Molekül Kohlendioxid, zwei Moleküle $NADPH_2$ und drei Moleküle ATP verbraucht.

Samenpflanzen

Kennzeichen aller Samenpflanzen ist, dass sie sich mit Hilfe von Samen vermehren. Auch ihr Bauplan lässt Gemeinsamkeiten erkennen: Wurzel, Sprossachse, Blatt und Blüte sind ihre wichtigsten Organe, die jedoch sehr unterschiedlich aussehen können.

Nackt- und Bedecktsamer

Die Samenpflanzen werden in zwei Gruppen eingeteilt, die sich durch die Anordnung der Samenanlage unterscheiden: Bei den Nacktsamern, zu denen u.a. die Nadelbäume gehören, liegt sie frei, bei den Bedecktsamern ist sie in den Fruchtknoten eingeschlossen. Letztere untergliedert man wiederum in die **Einkeimblättrigen** (Monokotylen) und die **Zweikeimblättrigen** (Dikotylen). Vertreter der Einkeimblättrigen sind beispielsweise Süßgräser wie Reis und Weizen sowie die Liliengewächse mit Lilie, Tulpe, Zwiebel und Spargel. Zu den zweikeimblättrigen Pflanzen gehören die meisten Sträucher und Bäume, Stauden und Kräuter. Sie haben oft auffällige Blüten.

Wurzeln – für den Halt

Das **Wurzelsystem** sorgt dafür, dass eine Pflanze fest im Boden verankert ist. Außerdem versorgen die Wurzeln eine Pflanze mit Wasser und Mineralsalzen, die sie aus der Erde aufnehmen. Bei einigen Arten, beispielsweise der Möhre, dienen sie auch als **Speicherorgane** für Nährstoffe. An der äußersten Spitze einer Wurzel sitzt die **Wurzelhaube.** Sie schützt das Bildungsgewebe, in dem ständig neue Zellen entstehen. In der Streckungszone vergrößern sich die neuen Zellen und lassen so die Wurzel wachsen. Feine **Wurzelhärchen** nehmen das Wasser mit den darin gelösten Mineralsalzen auf und leiten es zu den Gefäßen im Inneren der Pflanze.

Sprossachse

Die Sprossachse, allgemein als **Stängel** bezeichnet, trägt die Blätter und Blüten der Pflanze. Sie bleibt bei ein- und zweijährigen Kräutern mehr oder weniger saftig. Bei langlebigen Bäumen und Sträuchern verholzt sie zu Stämmen und Ästen. Von der Wurzel über die Sprossachse bis in die Blätter durchzieht die Pflanze ein zusammenhängendes System von Leitungsbahnen, die aus **Leitbündeln** bestehen. Der Wasser- und **Nährstofftransport** findet im sog. Gefäßteil (Xylem) statt. Im Siebteil (Phloem) werden die von der Pflanze gebildeten Nährstoffe von den Blättern zu den anderen Pflanzenteilen befördert.

Kraftwerke Blätter

Die Blätter, genauer gesagt die **grünen Laubblätter,** sind die Organe, in denen der wichtigste Stoffwechselvorgang in der Natur stattfindet: die Photosynthese (→S. 79). Ein Laubblatt setzt sich aus der meist flächigen Blattspreite, dem Blattstiel und dem Blattgrund zusammen. Die Blattspreite ist bei vielen Arten so typisch geformt, dass sie ein wichtiges Erken-

Pflanzen auf Insektenjagd

Pflanzen benötigen neben Wasser und Luft auch Stickstoff, Kalium, Phosphate und andere Mineralstoffe sowie verschiedene Spurenelemente, die sie gewöhnlich aus dem Boden ziehen. Um auch auf nährstoffarmen, vor allem stickstoffarmen Böden wachsen zu können, haben manche Pflanzen sich zu Fleischfressern entwickelt. Mit einer Palette außerordentlicher Strategien fangen beispielsweise Sonnentau, Fettkraut und Kannenpflanzen Insekten und andere kleine Tiere, um sie mit Hilfe von Enzymen langsam zu verdauen.

Vom Winde verweht: Die Samen des Löwenzahns machen sich an ihren „Fallschirmchen" auf die Reise zu neuen Standorten. Der Kopf des Blütenstandes wird auch „Pusteblume" genannt.

nungsmerkmal darstellt. Auf den ersten Blick als Blätter nicht mehr zu erkennen sind die Blattdornen der Kakteen, die der Abwehr von Feinden dienen, oder die Blattranken der Erbse, mit denen sie sich beim Klettern festklammert.

Laubblätter werden auf beiden Seiten von einer meist einschichtigen Zellhaut (Epidermis) umschlossen, die auf der Blattoberseite von einem dünnen Häutchen (Kutikula) bedeckt ist. Die Blattunterseiten tragen viele kleine **Spaltöffnungen** (Stomata), die den Gasaustausch erlauben. Sie geben gleichfalls eine Menge Wasserdampf durch Verdunstung (Transpiration) in die Atmosphäre ab.

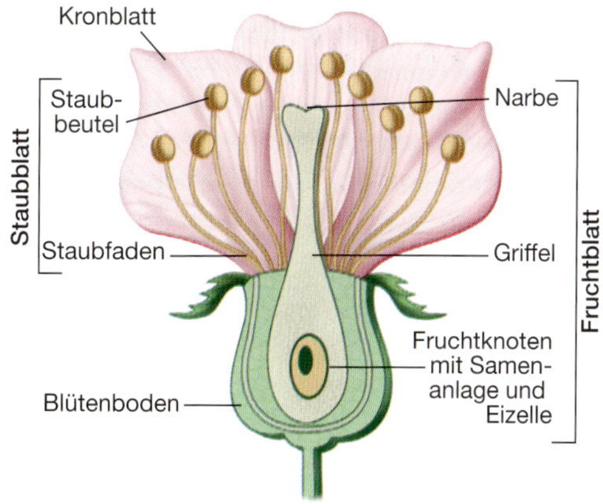

Aufbau einer zwittrigen Blüte, in der es männliche und weibliche Geschlechtsorgane gibt. Blüten, die entweder männlich oder weiblich sind, heißen eingeschlechtig.

Blüten: farbig und auffällig

Blüten, die **Fortpflanzungsorgane** einer Pflanze, sind aus umgebildeten Blättern zusammengesetzt und in Größe und Form sehr variantenreich. Ihr auffälligster Teil ist die Krone, an die sich normalerweise der Kelch anschließt. Die **Kelchblätter** schützen die übrigen Blütenteile, die Kron- oder Blütenblätter dienen dem Anlocken von Insekten und sind meist farbig. Einige Pflanzen, vor allem solche, die vom Wind bestäubt werden, haben unscheinbare, duftlose Blüten.

Fantasievolle Wege: die Bestäubung

Soll eine Frucht und damit eine neue Pflanze entstehen, müssen die männlichen Fortpflanzungszellen, die **Pollen,** mit der weiblichen Eizelle zusammengebracht werden. Diesen Vorgang nennt man Bestäubung; sie wird vom Wind oder von Insekten vollzogen. Pflanzen, die auf den Wind angewiesen sind, bilden oft sehr große Mengen an Pollen. Damit ist sichergestellt, dass wenigstens einige ihr Ziel, eine weibliche Blüte, erreichen.

Bei der Bestäubung durch Insekten muss die Pflanze nicht so verschwenderisch sein, denn Insekten fliegen Blüten gezielt an. Angelockt werden sie durch den **Nektar,** eine zuckerhaltige Flüssigkeit am Blütenboden. Auch die eiweiß- und fettreichen Pollenkörner dienen ihnen als Nahrung. Sammelt nun beispielsweise eine Biene Nektar und Pollen, so bleiben Pollenkörner am haarigen Körper des Tieres hängen. Streift die Biene bei der nächsten von ihr angeflogenen Blüte nun zufällig an der klebrigen Narbe entlang, bleibt der Blütenstaub daran haften und befruchtet die Pflanze.

Befruchtung: eine neue Pflanze entsteht

Nach der Bestäubung bildet jedes Pollenkorn einen **Pollenschlauch,** der durch den Griffel bis in das Innere des Fruchtknotens hineinwächst. Der erste Pollenschlauch, der in die Samenanlage eindringt, platzt auf und gibt einen Zellkern frei, der sich mit dem Kern der Eizelle vereinigt. Damit ist die Befruchtung vollzogen. Die nun überflüssigen Blütenteile wie Kronblätter, Kelch- und Staubblätter welken und fallen schließlich ab. Samenanlage und Fruchtknoten wachsen jedoch weiter.

Früchte und Samen

Nach erfolgreicher Befruchtung bildet sich aus der im Fruchtknoten befind-

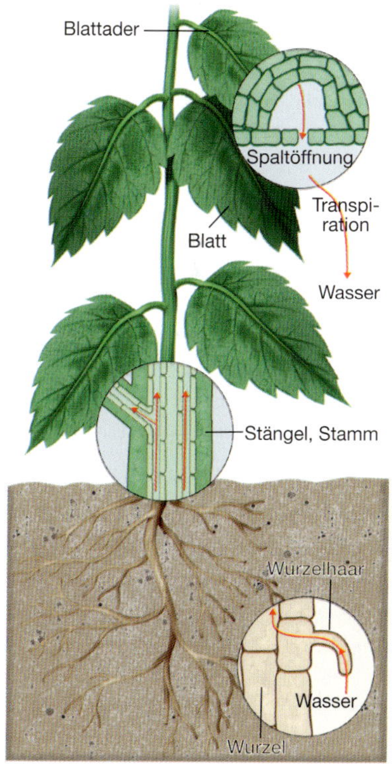

Der Wassertransport von den Wurzeln bis zu den Spaltöffnungen: Verliert die Pflanze über ihre Blätter Wasser, wird ein Unterdruck erzeugt, der bis zum Leitgewebe der Sprossachse reicht. So entsteht ein Transpirationsog, durch den das Wasser entgegen der Schwerkraft aufsteigt.

lichen Eizelle ein Pflanzenembryo, der **Keimling.** Die Samenanlage wächst zum Samen heran, aus dem Fruchtknoten entsteht die Frucht.

Früchte, die aus einem einzigen Fruchtknoten hervorgehen, heißen Einzelfrüchte. Bei **Schließfrüchten** bleiben die Samen in der Frucht eingeschlossen, **Streufrüchte** öffnen sich und geben die Samen frei. Zu den Schließfrüchten gehören z. B. die Nussfrüchte (Haselnuss, Esskastanie, Sonnenblumenkerne, Früchte des Löwenzahns), Beeren (Johannisbeere, Stachelbeere, Kürbis, Gurke), Spaltfrüchte (Wegmalve, Kümmel, Ahorn) und Steinfrüchte (Kirsche, Pfirsich, Kokosnuss). Streufrüchte sind etwa die Hülsen von Erbse, Klee und Bohne, die Kapseln von Rosskastanie, Tulpe und Klatschmohn sowie die Schoten von Rettich und Ackersenf.

Sind mehrere Einzelfrüchte zu einem Verband zusammengeschlossen, so bilden sie eine **Sammelfrucht.** Sie täuscht oft eine Einzelfrucht vor und wird deshalb auch als Scheinfrucht bezeichnet. Sammelfrüchte werden von Erdbeere, Rose, Himbeere und Apfel gebildet. Zu Fruchtständen vereinigte Früchte sind Ananas, Maulbeere und Feige. Auch die trockenen Zapfen vieler nacktsamiger Pflanzen werden als Frucht bezeichnet, da sie den Samen enthalten und seiner Verbreitung dienen.

Die Keimwurzel dieses Bohnenkeimlings hat bereits Seitenwurzeln in der Erde gebildet. Am Stängel schieben sich die ersten Blätter aus der Erde.

Fremde Hilfe nötig: Verbreitung der Samen

Bei der Verbreitung der Früchte und Samen sind **Tiere und Wind** behilflich. Die Samen vom Löwenzahn sind beispielsweise so leicht, dass der Wind sie wegtragen kann. Mohnkapseln haben kleine Löcher, durch die die Samen bei Wind verstreut werden. Bei Ulme, Ahorn und Linde sind die Samen sogar mit „Flügeln" versehen, sodass sie mit Hilfe des Windes gleich größere Strecken zurücklegen können.

Auffällig gefärbte Früchte, wie sie etwa Schneeball, Holunder oder Eberesche hervorbringen, werden dagegen gern von Vögeln gefressen. Die unverdaulichen Samen werden mit dem Kot ausgeschieden und können dann, oft weit entfernt von der Mutterpflanze, auskeimen. Nüsse und Eicheln werden von Eichhörnchen und Siebenschläfern verbreitet, denen sie als Wintervorrat dienen. Viele Trockenfrüchte, wie die der Spitzklette Noogoora, besitzen Haken, die sich im Fell von Tieren verfangen und dadurch über große Strecken befördert werden.

Die reifen Schoten der Erbsenfamilie dagegen platzen und schleudern ihre Samen weit hinaus. Die Früchte des Springkrauts, auch eine Springfrucht (Streufrucht), schleudern ihre Samen sogar aus eigener Kraft **3–5 m weit.**

Warum ist die Banane krumm?

Bananen gehören zu den Staudengewächsen. Im Alter von etwa zehn Monaten bildet sich an der Bananenpflanze aus der Mitte des Scheinstammes heraus ein langer dünner Zweig, der einen hängenden Blütenstand trägt. Die Einzelblüten sind in halbkreisförmigen Wirteln an der Mittelachse des Blütenstandes angeordnet. Aus den Blüten entwickeln sich die Früchte, die Bananen. Sie wachsen zunächst im rechten Winkel aus der Staude. Sobald jedoch die Deckblätter abgefallen sind und die Bananen größer werden, bewegen sie ihre Spitzen entgegen der Schwerkraft nach oben – dadurch erhält die Banane ihre charakteristische, leicht gebogene Form. Das Phänomen heißt negativer Geotropismus (Gravitropismus) und bewirkt, dass das Sonnenlicht optimal genutzt werden kann. Neigen sich Pflanzenorgane wie Wurzeln nach unten, spricht man dagegen von positivem Geotropismus.

Eine Gelbhalsmaus versucht, an die Früchte der Eberesche zu gelangen, die auch viele Vögel als Nahrung schätzen. Der unverdauliche Samen wird mit dem Kot ausgeschieden und so „unfreiwillig" von den Tieren verbreitet.

Ungeschlechtliche Vermehrung

Viele Pflanzenarten können sich auch ungeschlechtlich **(vegetativ)** vermehren. **Erdbeeren** beispielsweise bilden oberirdische Ausläufer, die auf dem Erdboden liegen. An ihnen sitzen Knospen, aus denen sich die neuen Pflanzen entwickeln. Dank unterirdischer Ausläufer kann eine Pflanze sich über ein großes Gebiet verbreiten. **Kartoffeln** etwa vermehren sich durch Sprossknollen: Trennt man eine Knolle ab und pflanzt sie ein, wächst sie zu einer Pflanze heran. Tulpen bilden ebenso wie Krokusse unterirdische **Tochterzwiebeln.** In den Blattachseln, am Spross, in der Blüte oder an den Blatträndern sitzen die Brutknöllchen. Sie fallen von der Mutterpflanze ab und treiben zu neuen Pflanzen aus. Viele Zierpflanzen und Bäume lassen sich durch **Stecklinge** vermehren: Dabei wird ein abgeschnittenes Sprossstück, bei manchen Arten auch ein einzelnes Blatt, in Wasser oder Erde gegeben, bis es Wurzeln ausbildet; dann kann es eingepflanzt werden.

Rekorde

Die **Titanenwurz,** eine auf Sumatra heimische Art der Aronstabgewächse, gilt als die größte Blume der Welt. Ihr Blütenstand kann über 2 m hoch wachsen und ihr Hüllblatt einen Durchmesser von 1,5 m erreichen.
Die größte Blüte der Welt bringt die Schmarotzerpflanze **Rafflesia** hervor, die in den Urwäldern auf Borneo und Sumatra wächst. Ihre Riesenblüten mit einem Durchmesser von mehr als 1,5 m verströmen einen aasähnlichen Geruch, mit dem sie vor allem Fliegen, aber auch andere Insekten anlocken, die sie zur Bestäubung benötigen.
Mit Wuchshöhen von über 100 m sind die nordamerikanischen **Mammutbäume** der Art Sequoia sempervirens die höchsten Bäume der Welt. Als ältester Baum gilt eine über 4700 Jahre alte kalifornische Grannenkiefer in den White Mountains in Kalifornien.
Keine andere Pflanze wächst so schnell wie der **Bambus,** manche Sorten bringen es auf mehr als 1 m pro Tag.

Viele Pflanzensamen haben nährstoffreiche Anhängsel, die Ameisen gern fressen und zu ihrem Nest tragen. Oft löst sich das Samenkorn schon auf dem Weg dorthin aus seiner Hülle.

Heilpflanzen

Viele Pflanzen haben aufgrund ihrer für den Menschen wichtigen Inhaltsstoffe besondere Bedeutung erlangt und werden schon jahrhundertelang als Heilkräuter verwendet. Denn solange es noch keine chemisch hergestellten Arzneimittel gab, waren die Menschen auf die heilkräftigen Wirkungen von Pflanzen angewiesen. Bis heute schwören viele auf die Heilkräfte aus der Natur.

Zwischen Medizin und Gift

Die Inhaltsstoffe der Pflanzen lassen sich aufgrund ihrer Wirkung sehr grob einteilen in heilende und schädigende „Wirkstoffe" (Drogen). Der Übergang ist allerdings fließend, da viele Inhaltsstoffe in geringen Dosen eine positive, in höheren Dosen allerdings eine **toxische (giftige) Wirkung** auf den Organismus haben. In vielen Fällen ist es der Wissenschaft gelungen, die wirksamen Stoffe der Arzneipflanzen künstlich herzustellen. Man kennt u.a. ätherische Öle (z.B. Menthol in der Pfefferminze), Glykoside (Fingerhut), Bitterstoffe (Wermut), Gerbstoffe (Arnika) und Alkaloide (Tollkirsche).

Die Echte Kamille ist eine weit verbreitete, von alters her bekannte Heilpflanze, die vor allem bei Entzündungen sowie bei Magen- und Darmbeschwerden Verwendung findet.

Getrocknete Heilpflanzen werden für Kräutertees verwendet, außerdem werden aus ihnen mancherlei Tinkturen, Auszüge und Säfte bereitet, die zu Tropfen, Sirup, Aufgüssen, Salben und Einreibemitteln weiterverarbeitet werden.

Apotheke der Natur

Auch die moderne Medizin konnte die Phytotherapie, wie die **Pflanzenheilkunde** wissenschaftlich genannt wird, nicht völlig verdrängen. Da viele ihrer Heilerfolge auch naturwissenschaftlichen Untersuchungen standhalten, hat sie sich trotz noch bestehender Widerstände inzwischen vor allem im Bereich der Vorsorge, bei der Behandlung chronischer Erkrankungen und in der Rehabilitationsmedizin einen festen Platz erobert. Anerkannt ist beispielsweise die positive Wirkung von Johanniskraut bei Depressionen, des Roten Fingerhutes auf das Immunsystem oder der Mistel bei Krebserkrankungen.

Ein reiches Reservoir an noch unbekannten Wirkstoffen scheint vor allem die tropische Pflanzenwelt zu bieten. Im Auftrag von Pharmaunternehmen sind wissenschaftliche Expeditionen auf allen Kontinenten unterwegs, um Pflanzen zu sammeln und ihre Heilwirkung zu erforschen. Auf diese Weise wurde das Reserpin entdeckt, ein blutdrucksenkendes Alkaloid, das in einigen Arten der Gattung Rauvia enthalten ist.

Giftpflanzen

Das **Maiglöckchen** gehört zu den Pflanzenarten, die gefährliche Giftstoffe enthalten. So finden sich in allen Pflanzenteilen stark herzwirksame Glycoside (wie auch beim Fingerhut), die in hoher Dosierung zum Tode führen, und Stereoidsaponine, die Übelkeit und Erbrechen hervorrufen. Die Liste der Giftpflanzen ist lang: Neben Tollkirsche, Goldregen oder Eisenhut befinden sich auch so bekannte Zierpflanzen wie der Weihnachtsstern und das Alpenveilchen, die Engelstrompete und die Tulpe darunter.

Nutzpflanzen

Im Lauf der Jahrtausende hat der Mensch es immer besser verstanden, Pflanzen unmittelbar für seine Zwecke zu nutzen: Sie dienen ihm als Nahrungsmittel und als Tierfutter, liefern Material für Kleidung, Behausung sowie die Energiegewinnung und sind durch ihre Konstruktions- und Funktionsweisen sogar Vorbilder für die Lösung komplexer technischer Probleme.

Tausendsassa Sojabohne

Die Sojabohne ist eine wahre Wunderbohne: Sie ist Nahrung für die Menschen, Futter für die Tiere und wird verstärkt als Grundlage für die Gewinnung von Biodiesel erwogen. In der asiatischen Heimat ist die Hülsenfrucht mit den wertvollen Inhaltsstoffen seit Jahrtausenden als hochwertiger Proteinlieferant vom Speisezettel der Menschen nicht mehr wegzudenken und in Form von Tofu ein unverzichtbarer Bestandteil der Küche. In der westlichen Welt, wo der Schmetterlingsblütler seit dem 19. Jh. angebaut wird, begegnet dem Verbraucher Soja vor allem in Form von Öl, das hauptsächlich zu Margarine verarbeitet wird. Heute stammt ein Drittel der Weltproduktion aus den USA.

Nahrungs- und Kulturpflanzen

Nachdem er auf seinen Wanderzügen Samen und Früchte zunächst nur gesammelt hatte, begann der Mensch vor rd. 11 000 Jahren, Nutzpflanzen gezielt anzubauen. Zu den weltweit herausragenden Kulturpflanzen gehört das **Getreide.** Über Jahrtausende war vor allem die Hirse ein wichtiges Grundnahrungsmittel der Menschen. Die bedeutendste Getreidesorte der Gegenwart ist – wenn man die Produktionsmengen zugrunde legt – der Reis, gefolgt von Mais und Weizen. Auch Früchte und Gemüse werden heute in großen Mengen produziert.

Durch gezielte Auswahl und Kreuzung – in jüngster Zeit auch mit Hilfe moderner gentechnischer Methoden – ist es gelungen, die ursprünglich wenig ertragreichen Wildformen zu Kulturformen weiterzuentwickeln. Sie zeichnen sich durch ihre besondere Größe und ihren hohen Ertrag aus, sind aber auch anfälliger für Krankheiten und Schädlingsbefall. Über die Auswirkung, die die Verbreitung gentechnisch veränderter Pflanzen auf die Natur haben könnten, wird bis heute gestritten.

Energie- und Rohstofflieferant

Pflanzen haben als Rohstoffquelle einen unschätzbaren Vorteil: Sie wachsen ständig nach. Dabei wusste der Mensch Pflanzen schon früh als Energiequelle und Baumaterial (Holz), für die Textilherstellung (Flachs, Leinen, Baumwolle) oder auch für Hygieneartikel wie Seife (pflanzliche Fette) zu nutzen. Die wässerigen Auszüge aus gerbhaltigen Pflanzenteilen (Rinde, Holz, Blätter, Früchte) wurden seit alters her bei der Lederverarbeitung benutzt, um Tierhäute geschmeidig und haltbar zu machen.

Nach der Erfindung der Vulkanisierung im 19. Jh. wurde der aus Gummibäumen quellende Milchsaft (Latex) einer der bedeutendsten pflanzlichen Rohstoffe. Aus Holz etwa werden auch Stoffe gewonnen, die die Grundlage für viele Industriezweige bilden. Wichtigstes Produkt ist die **Zellulose,** die zu Papier, Pappe und Faserstoffen (Viskose) verarbeitet wird. **Öle aus Pflanzensamen** werden zur Herstellung von Schmier- und Hydraulikölen eingesetzt und sind auch in der chemischen Industrie als Grundstoff für die Produktion von Tensiden in Reinigungsmitteln gefragt. Schließlich eignen sich Pflanzenreste, beispielsweise Hanf- oder Flachsfasern, auch als umweltfreundliche **Dämmstoffe** oder als Zusatzstoffe zur Verstärkung von modernen Werkstoffen wie etwa Kunstharzen.

Aus den weißen Samenhaaren der Baumwollpflanze wird die Naturfaser Baumwolle gewonnen, die – zu dünnen Fäden versponnen – hauptsächlich in der Textilindustrie zum Einsatz kommt.

Die Tierwelt

Mindestens 1,7 Mio. Tierarten wurden bislang entdeckt und bestimmt – und jährlich werden es mehr. Hinter dieser riesigen Zahl verbergen sich mikroskopisch kleine Einzeller, Blumentiere, Quallen und Polypen, Gliederfüßer sowie die zu den Wirbeltieren zählenden Fische, Amphibien, Reptilien, Vögel und Säuger.

Bild oben: Der bis zu 6 m lange Tigerpython kann einen Leoparden erwürgen und verschlingen.

Wirbellose – Leben ohne Rückgrat

Etwa 95 % aller heute bekannten Tiere zählen zu den Wirbellosen. Wie es die Definition schon sagt, haben diese Tiere keine Wirbelsäule. Deren Funktion übernimmt der Druck von Körperflüssigkeit, ein hartes äußeres Skelett oder eine Schale, die ihnen eine feste Form gibt. Hinsichtlich Form und Größe haben sie eine **erstaunliche Vielfalt** entwickelt. Sie reicht von den Einzellern mit Längen von Millimeterbruchteilen bis zum Riesenkalmar, der eine Gesamtlänge von bis zu 25 m aufweisen kann. Auch die **Atmungsmechanismen** sind äußerst vielfältig. Sie reichen von der einfachen Sauerstoffaufnahme über die Haut bis zu den Buchlungen der Spinnen, den Kiemen der wasserlebenden und den Tracheen der landlebenden Insekten. Ebenso unterscheiden sich die Wirbellosen in der Mobilität: Zweischalige Muscheln etwa verankern sich an Felsen oder Schiffsrümpfen, während Heuschrecken ständig in Bewegung sind.

Fortpflanzung

Formenvielfalt und Größenunterschiede der wirbellosen Tiere spiegeln sich auch in ihren **Fortpflanzungsstrategien** wider. Einige können aus einzelnen Teilen

Kalmare – mit über 250 Arten die größte Gruppe unter den Kopffüßern – besitzen kein Skelett; nur ein flacher Chitinstab (Gladius) stützt den weichen Körper. Das Bild zeigt einen Großflossen-Riffkalmar, der im Indopazifik beheimatet ist.

ihres Körpers ganze Individuen regenerieren, z. B. die Strudelwürmer. Andere bedürfen komplexer Werbung, innerer Befruchtung, mehrerer Larvenstadien und sogar elterlicher Brutfürsorge, um sich erfolgreich fortzupflanzen. Viele im Meer lebende Arten praktizieren Massenfortpflanzungen und wandern aus verschiedenen Gebieten zu gemeinsamen Brutplätzen, andere Arten leben weit verstreut und finden Paarungspartner nur mit großer Mühe.

Schützende Hüllen

Die erfolgreichste Gruppe unter den Wirbellosen sind die **Gliederfüßer,** zu denen u. a. Insekten, Spinnen und Krebse gehören. Sie alle haben einen segmentierten Körper und gegliederte Beine. Als Außenskelett dient ihnen ein Chitinpanzer, der sie z. B. vor Austrocknung schützt. **Weichtiere** – darunter Kopffüßer (z. B. Kalmare und Tintenfische), Schnecken und Muscheln – haben einen weichen Körper und weisen keine Segmentierung auf. Viele haben zum Schutz Schalen entwickelt, während Röhrenwürmer Höhlen bauen und Einsiedlerkrebse von anderen verlassene Schalen bewohnen. Ein weicher Körper hat, besonders bei Parasiten wie Bandwürmern, auch Vorteile. Die Tiere können von ihren Wirten abgegebene Nahrung über die eigene Haut aufnehmen.

Insekten

Die Insekten sind die einzigen Wirbellosen, die **Flügel** haben können. Erwachsene Tiere haben drei Körperabschnitte und **drei Beinpaare.** Zum Kopf gehören die aus vielen Einzelaugen zusammengesetzten Komplex- oder **Facettenaugen,** Mundwerkzeuge und **Fühler** zum Tasten und Riechen. Viele Insekten fressen nur Pflanzen oder nur Fleisch. Einige haben es nur auf Holz abgesehen wie die **Termiten.** Andere ernähren sich von Wolle wie die Larven der **Kleidermotte. Bienen** und Schmetterlinge saugen den süßen Saft der Blüten. **Wespen** jagen Insekten, fressen aber auch Süßes. **Mistkäfer** und viele **Fliegen** leben von Aas und Kot. Libellen, die größten Räuber unter den Insekten, verspeisen sogar Artgenossen. Das größte Insekt ist die **Riesenstabschrecke,** die bis zu 35 cm lang sein kann. Das kleinste ist die **Zwergwespe.** Mit nur 0,2 mm Länge ist sie mit bloßem Auge kaum zu sehen.

Krebse

Zu den Krebsen gehören Krabben und Hummer, Entenmuscheln und Wasserflöhe. Die meisten haben fünf Paar Schreitbeine, wobei das vordere Beinpaar bei vielen Krebsen zu **Scheren** umgebildet ist. Auffällig an den Krebstieren sind ihre **Antennen.** Als Wassertiere atmen Krebse mit Kiemen. Auch an Land lebende Krebse haben die **Kiemenatmung** beibehalten.

Spinnentiere

Spinnen gehören wie Skorpione und Milben zur Klasse der Arachnida. Sie haben zwei Körperabschnitte und **vier Beinpaare.** Ihre Waffen sind ihre beiden beweglichen **Kieferklauen.** Alle Spinnen fressen Fleisch und töten ihre Beute mit Gift. Viele Arten fangen ihre Beute in Netzen. Skorpione haben einen **Giftstachel,** den sie über den Körper nach vorne biegen. Anders als Spinnen legen sie keine Eier, sondern gebären lebende Junge.

Lebensläufe bei Insekten

Insekten, die aus Eiern schlüpfen, durchlaufen eine Entwicklung von der **Larve** zum Vollinsekt (Imago). Dieser **Metamorphose** (griechisch für Umwandlung) genannte Prozess kann sich auf zwei Arten vollziehen. Eine junge Heuschrecke ähnelt bereits der **Imago,** also dem geschlechtsreifen erwachsenen Insekt, doch muss sie sich, während sie heranwächst, noch mehrmals häuten, weil ihr äußerer Panzer nicht dehnbar ist. Junge Insekten, die auf diese Weise heranwachsen, werden **Nymphen** genannt. Libellen, Ohrwürmer, Läuse und Wanzen entwickeln sich ebenfalls nach diesem Schema. Schmetterlinge – aber auch Bienen, Fliegen und Käfer – sind in einem ihrer Entwicklungsstadien blattfressende Larven oder **Raupen.** Mit jeder Häutung wird die Larve größer, mit der letzten Häutung wird sie zur **Puppe,** die in einem Kokon eingeschlossenen ist. Darin vollzieht sich die Verwandlung zum Nektar saugenden Schmetterling.

Wenn der ausgereifte Schmetterling (hier ein Schwalbenschwanz) aus seiner Puppenhülle geschlüpft ist, hat er einen vollkommenen Gestaltwandel durchlaufen. In Aussehen und Lebensweise hat er mit der Raupe nichts mehr gemeinsam.

Makrelenhaie, zu denen auch der Weiße Hai zählt, sind schnelle Schwimmer. Ein fossiler Vorfahr dieser Familie war der Megalodon, der vor 5 bis 1,6 Mio. Jahren lebte und mit einer Länge von bis zu 14 m der größte bekannte Hai der Erdgeschichte ist.

Fische – Leben im nassen Element

Fische bilden heute mit ungefähr 22000 Arten die größte Gruppe der Wirbeltiere und haben sich ganz speziell an den Lebensraum Wasser angepasst. Sie haben in der Regel eine spindelförmige, seitlich abgeplattete Gestalt, sodass ihnen das Wasser wenig Widerstand bietet. Schlängelnde Bewegungen des Körpers oder seitliche Ausschläge der **Schwanzflosse** treiben sie durchs Wasser, die paarigen Seiten- und Bauchflossen helfen beim Steuern und Abbremsen. Fische sind im Allgemeinen wechselwarm, ihre Körpertemperatur richtet sich also nach der sie umgebenden Wassertemperatur.

Knorpelfische

Neben den Rochen und den Seedrachen gehören die Haie zu den urtümlichen Knorpelfischen, deren gesamtes Innenskelett ausschließlich aus **Knorpelmasse** aufgebaut ist. Allerdings befinden sich auf der sandpapierrauen Haut der Haie kleine **Hautzähnchen** aus Knochenanteilen mit einer Spitze aus Zahnbein. Zu messerscharfen Reißwerkzeugen sind diese Hautzähnchen im Kiefer der Haie umgebildet. Sie stehen in mehreren Reihen hintereinander. Verbrauchte Zähne werden abgestoßen und wie auf einem Förderband durch die dahinterliegenden ersetzt. Da allen Knorpelfischen die Schwimmblase fehlt, müssen auch die Haie, die im offenen Meer leben, ständig in Bewegung bleiben, um nicht auf den Boden zu sinken.

Knochenfische

Die meisten Fische zählen zur Gruppe der Knochenfische. Ihr Skelett ist teilweise oder völlig verknöchert und der Rumpf in der Regel von dachziegelartig übereinanderliegenden **Knochenschuppen** bedeckt. Die zarten Kiemen in der Kiemenhöhle werden von einem Kiemendeckel geschützt.

Ein ganz besonderes Organ ist die **Schwimmblase,** die je nach der Wassertiefe, in der sich der Fisch bewegt, mit Luft gefüllt wird und so ein kontrolliertes Steigen und Sinken ermöglicht.

Die meisten Knochenfischarten legen Eier, die äußerlich befruchtet werden. Mit wenigen Ausnahmen – die meisten Buntbarscharten – betreiben Fische keine Brutpflege, sondern überlassen ihre Eier sich selbst.

Rekorde

größter Fisch
Walhai (bis 18 m)

kleinster Fisch
Zwerggrundel (11 mm)

schnellster Schwimmer
Fächerfisch (bis zu 109 km/h)

tiefster Taucher
Brotulide (bis 8300 m Tiefe)

höchstes Alter
Stör (bis 150 Jahre)

giftigster Fisch
Steinfisch (tödlich, kein Gegengift!)

Enorm anpassungsfähig

Obwohl die meisten Fische ähnliche Grundstrukturen haben, variieren sie sehr in Größe und Form. Aale und Große Seenadeln können durch Riffspalten ein- und ausgleiten, während Pinzettfische ihr langes Maul zum Sondieren benutzen. Seepferdchen klammern sich mit ihren Greifschwänzen an Gräsern fest. Rochen, Schollen und Flundern haben flache Formen entwickelt, um auf dem Meeresgrund verborgen liegen zu können. Viele Fische halten sich nahe der Wasseroberfläche auf, andere dagegen können selbst dem ungeheuren Druck im ewigen Dunkeln der Tiefsee trotzen. Der **Lungenfisch** kann in Trockenzeiten sogar außerhalb des Wassers überleben.

Wie Fische atmen

Auch Fische brauchen zum Überleben Sauerstoff, den sie – abgesehen von einigen Ausnahmen – durch **Kiemen** aufnehmen. Ständig strömt sauerstoffhaltiges Wasser durch das Maul, umspült die stark durchbluteten **Kiemenblättchen** und tritt aus den **Kiemenspalten** wieder aus. Dabei wird der Sauerstoff aus dem Atemwasser gegen das Kohlenstoffdioxid im Blut ausgetauscht (Diffusion). Die Kiemen haben aber noch eine wichtige Funktion: Im Meer ist die Salzkonzentration höher als in der Körperflüssigkeit der Fische. Um dieses Gefälle aufrechtzuerhalten, scheiden Knochenfische das überflüssige Salz über **Salzdrüsen** im Kiemengewebe wieder aus. Die Wasserausscheidung über die Nieren ist dagegen stark reduziert. Süßwasserfische scheiden hingegen über die Nieren Wasser möglichst effektiv aus, damit ihre Körperflüssigkeit nicht zu stark verdünnt wird.

Sehen unter Wasser

Für die meisten Tiere, die im durchlichteten Bereich des Meeres leben, ist das **Sehvermögen** wichtig. Da Wasser Licht viel stärker bricht als Luft, haben Knochenfische eine kugelförmige Linse mit hoher Brechkraft: Das Auge ist in Ruhe auf Nähe eingerichtet und wird durch Linsenverschiebung auf Fernsicht eingestellt; die Fähigkeit zur Scharfstellung ist jedoch begrenzt. Eine geniale Lösung hat der **Vieraugenfisch,** der genau an der Wasseroberfläche schwimmt, gefunden: Seine Linse ist zweigeteilt, sodass er über und unter Wasser scharf sieht.

Feinsinnige Wahrnehmungen

Fische sind keineswegs stumm und viele Arten können auch sehr gut **hören,** wenn auch vornehmlich im tiefen Frequenzbereich. Sie können auch **riechen** und reagieren noch auf geringste Spuren von Geruchsstoffen im Wasser. Dies hilft in lichtarmer Tiefsee, Partner zu finden, und lenkt Hochseehaie, die auch als „schwimmende Nasen“ bezeichnet werden, zu blutenden Beutetieren. Haie besitzen zudem am Unterkiefer Elektrorezeptoren, **Lorenzinische Ampullen,** mit denen sie selbst die schwachen elektrischen Impulse wahrnehmen, die von den Muskelkontraktionen einer im Sand liegenden Scholle verursacht werden.

Zu alledem haben Fische noch einen sechsten Sinn: das **Seitenlinienorgan,** das sich auf beiden Seiten des Körpers vom Kopf bis zum Schwanz zieht. Damit nehmen sie Druckschwankungen im Wasser wahr, sodass Fische selbst bei schlechten Sichtverhältnissen sicher manövrieren oder sich nähernde Feinde spüren.

„Elektrische“ Fische

Manche Fische benutzen Elektrizität zur Navigation und zum Aufspüren der Beute, indem sie Impulse aussenden, die ein elektrisches Feld erzeugen. Dabei spürt der Fisch jede Veränderung, hervorgerufen durch ein Hindernis oder eine Beute, die das Feld stört. Andere Fische benutzen die Elektrizität zum Schutz oder um die Beute zu lähmen. Diese Fähigkeit hat sich in verschiedenen Arten ausgebildet, so bei Glattrochen, Zitterrochen und dem Zitteraal. Tiefseefische wie der Beilbauch erzeugen hingegen Licht, um Beute oder Partner anzulocken **(Biolumineszenz)**.

Bau eines Knochenfisches

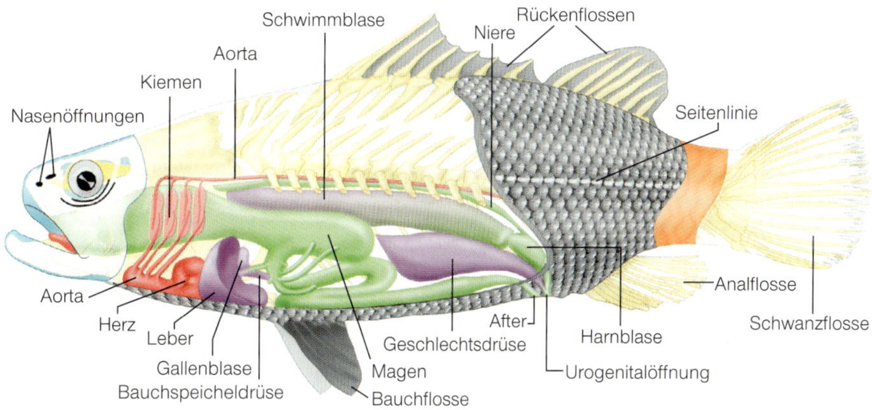

Amphibien – zwischen Wasser und Land

Rekorde

größte Amphibie
Riesensalamander (bis 1,5 m)

kleinste Amphibie
Madagaskarfrosch (bis 7 mm)

höchstes Alter
Riesensalamander (bis 55 Jahre)

giftigster Frosch
Pfeilgiftfrosch (Nervengift Batrachotoxine)

weitester Springer
Spitzmaulfrosch (bis 3,6 m; das 45-Fache seiner Körperlänge)

Die Amphibien waren die ersten Wirbeltiere, die das Landleben erprobten. Doch sie konnten sich nie ganz vom feuchten Element trennen: Zur Fortpflanzung müssen die meisten wieder ins Wasser zurückkehren. Stammesgeschichtlich haben sie eine Mittlerrolle zwischen den Fischen, von denen sie abstammen, und den an Land lebenden Reptilien.

Anpassung an das Landleben

Für das Landleben wurde der gesamte Organismus umgebaut. Brust- und Bauchflossen wurden durch vier muskulöse Extremitäten ersetzt, die eine Fortbewegung auf festem Grund erlauben. Um Luftsauerstoff aufzunehmen, wurden die Kiemen durch **Lungen** ersetzt. Schließlich benötigte der Körper auch ein tragfähigeres Skelett. Wie Fische und Reptilien sind Amphibien wechselwarm; ihre Körpertemperatur wird von der Umgebungstemperatur bestimmt.

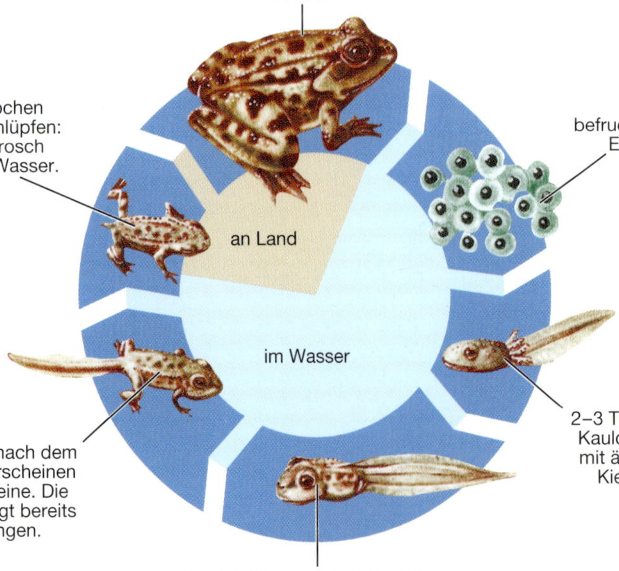

Lebenszyklus eines Frosches

Ordnungen und Lebenszyklus

Die etwa 5700 bekannten Amphibienarten verteilen sich auf nur drei Ordnungen. Die **Gymnophiona** umfassen die wurmartigen Blindwühlen der Tropen, deren Beine und Augen völlig zurückgebildet sind. Zu den **Urodela** gehören die Schwanzlurche, d. h. die Molche und Salamander, während die schwanzlosen Froschlurche – Frösche mit weicher und Kröten mit warziger Haut – die Ordnung **Anura** bilden.

Die meisten Frösche und Kröten legen ihre Eier im Wasser ab und durchlaufen in ihrer Entwicklung zunächst ein kiemenatmendes **Kaulquappenstadium.** Molche haben einen ähnlichen Lebenszyklus, einige Arten wie der Grottenolm behalten auch nach der Metamorphose zum erwachsenen Tier ihre äußeren Kiemen. Im Gegensatz zu Blindwühlen und Froschlurchen gibt es bei den Schwanzlurchen die innere Besamung. Einige Salamander bringen sogar lebende Junge zur Welt.

Vielseitige Haut

Ausgewachsene Tiere sind durchweg Räuber und ernähren sich überwiegend von Insekten und anderen Wirbellosen, größere Arten fressen auch kleine Wirbeltiere. Frösche und Kröten fangen ihre Beute meist mit ihrer langen, klebrigen Zunge, die sie blitzschnell hervorschleudern. Trinken können Amphibien nicht; sie nehmen Wasser durch die nackte, feuchte Haut auf, die auch einen Teil der Atmung übernimmt. Die lungenlosen Salamander atmen nur über die Haut. Bei vielen Arten, z. B. Färberfröschen, sondert die Haut giftige **Sekrete** als Schutz vor Fressfeinden oder Infektionen ab, bei anderen ist sie auffällig gefärbt.

Reptilien – wechselwarme Kriechtiere

Die Reptilien entstanden vor rund 300 Mio. Jahren. Ihre Vorläufer waren Amphibien, von denen sie sich durch die Ausbildung einer wasserundurchlässigen, beschuppten Haut sowie durch einen neuen Typ von Ei unterschieden. Das **Reptilienei** hat eine derbe Schale und kann sich unabhängig vom Wasser entwickeln. Die meisten Reptilien legen auch heute noch Eier, obwohl einige auch lebende Junge zur Welt bringen.

Ihre Blütezeit hatten die Reptilien vor 220–65 Mio. Jahren mit den **Dinosauriern** (→S. 72). Die meisten starben jedoch am Ende der Kreidezeit aus. Zu den heute noch existierenden Arten gehören die **Schildkröten** (Testudines), die **Panzerechsen** (Crocodylia) mit den Echten Krokodilen, Alligatoren und Gavialen sowie die **Schuppenkriechtiere** (Squamata) mit allen Schlangen, Echsen und Doppelschleichen. Die **Brückenechse** aus Neuseeland ist der einzige lebende Vertreter der Ordnung Rhynchocephalia.

Die prächtige Färbung des Jemenchamäleons kann von Grün, Braun, Gelb, Orange bis zu Schwarz und Weiß variieren.

Gestalt und Lebensweise

Echsen haben **fünfzehige Gliedmaßen,** die den Körper bei der schlängelnd-kriechenden Bewegung kaum vom Boden abheben. Schlangen besitzen keine Extremitäten. Sie leben räuberisch und verschlingen ihren Fang unzerkleinert. Manche Arten wie die Anakonda ersticken ihre Beutetiere allerdings zunächst durch Umschlingung, während andere beim Zubeißen Gift spritzen. Schildkröten haben schwere, mit Hornschildern bedeckte äußere Panzer. Die Beine der Landschildkröten sind gut ausgebildet, ihre Fortbewegung ist aber schwerfällig. Landschildkröten leben gewöhnlich vegetarisch; Meeresschildkröten jedoch fressen Fische und andere Meerestiere.

Die Aktivität der wechselwarmen Reptilien hängt in hohem Maße von der Außentemperatur ab. Ihre Körpertemperatur kann stark schwanken, aber jedes Reptil hat eine **Vorzugstemperatur,** bei der der Stoffwechsel optimal funktioniert. Durch viele Strategien versuchen Reptilien, ihrer optimalen Körpertemperatur stets so nahe wie möglich zu kommen: Dazu gehören Aufwärmen durch allmorgendliches Sonnenbaden oder Abkühlung im Schatten bei Überhitzung.

Warum wechselt das Chamäleon die Farbe?

Der Farbwechsel bei einem Chamäleon dient nicht in erster Linie der Tarnung, sondern primär der innerartlichen Kommunikation und dem Ausdruck von Stimmungen. Ein männliches Tier signalisiert damit z. B. Paarungsbereitschaft oder Angriffslust. Außerdem reagiert es damit auf Temperatur- oder Lichtänderungen und reguliert so die Körpertemperatur. Ermöglicht wird das Farbenspiel durch unterschiedliche Pigmentzellen, sog. **Chromatophoren,** die über mehrere Schichten in der Haut liegen und die durch Nervenimpulse ihre Ausdehnung und Verteilung verändern.

Mit Hilfe seiner breiten Schwingen nutzt der Weißkopfseeadler die Thermik der Luft optimal aus. Das majestätische Tier kann bei einer Körperlänge von knapp 1 m eine Flügelspannweite von 2,5 m erreichen; seine Heimat ist Nordamerika.

Haben Enten kalte Füße?

Wasservögel bekommen in der Tat kalte Füße, aber sie haben eine spezielle Methode entwickelt, um dennoch nur einen Bruchteil ihrer Körperwärme an das kalte Wasser zu verlieren. Im körpernahen Teil des Beines liegen die weitverzweigten Netze von Arterien und von Venen überwiegend parallel nebeneinander. An deren dichten Kontaktstellen kommt es zu einem Wärmeaustausch: Das arterielle Blut aus dem Körper gibt seine Wärme an das venöse Blut ab, das von den kalten Füßen in den Körper zurückfließt. Auf diese Weise gelangt „vorgekühltes“ Blut in die kalten Füße und „vorgewärmtes“ in den Körper.

Vögel – Herrscher der Lüfte

Die ersten Vögel entwickelten sich vor rd. 150 Mio. Jahren. Der bislang älteste bekannte fossile Vogel ist der **Archaeopterix.** Er war etwa taubengroß und ähnelte in vielen seiner Merkmale den Reptilien. Heute gibt es etwa 9000 Vogelarten, die über alle Erdteile und Weltmeere verbreitet sind – von der 6 cm kleinen Hummelelfe bis hin zum 150 kg schweren Strauß, einem flugunfähigen Laufvogel. Es gibt relativ viele Vögel, die überhaupt nicht fliegen können, während andere, z. B. die Küstenseeschwalbe, als Zugvögel Tausende von Kilometern im Flug zurücklegen oder bei gewagten Sturzflügen Geschwindigkeiten von über 200 km/h erreichen.

Allgemeine Kennzeichen

Vögel haben wie alle Landwirbeltiere zwei Paar Extremitäten, wovon die vorderen zu Flügeln umgebildet sind. Einzigartig ist das **Federkleid.** Die verschiedensten Federn bilden nicht nur die zum Fliegen notwendige Flügeloberfläche (Kontur- und Schwungfedern), sondern haben zugleich eine isolierende Wirkung. Mit unzähligen Mustern und Farben dienen sie auch der innerartlichen Kommunikation, z. B. bei der Balz.

Auch ohne Ohrmuscheln haben Vögel ein ausgezeichnetes **Gehör** sowie ein äußerst gutes Sehvermögen. Ober- und Unterkiefer der Vögel sind zum **Schnabel** umgestaltet, Zähne fehlen. Empfindliche Tastorgane an der Schnabelspitze dienen einigen Vögeln (z. B. Schnepfen) zur Nahrungssuche.

Die Vögel pflanzen sich über **Eier** fort. Sie werden in Nestern elf (z. B. einige Prachtfinken) bis 63 Tage (Kaiserpinguin) lang bebrütet, bis das Küken sich mit dem Eizahn befreit; es ist dann je nach Entwicklungszustand Nestflüchter (z. B. Huhn) oder -hocker (z. B. Taube).

Fluganpassung

Vögel bewegen sich in der Luft mit ihrer Muskelkraft (Ruderflug) oder sie lassen sich wie Albatrosse oder Geier mit Hilfe von Wind und Thermik tragen (Gleitflug, Segelflug). Der Vogelkörper ist dem Fliegen perfekt angepasst: stromlinienförmiger Bau, hohle, leichte Knochen, ein starkes vierkammeriges Herz, kräftige Brustmuskeln und ein leistungsfähiges Kreislauf- und Atmungssystem. Neben Lungen haben Vögel **Luftsäcke,** die sich durch den Körper ziehen. Sie helfen bei der Atmung und verringern das Gewicht.

Verlust der Artenvielfalt

Fast 99 % aller Arten, die einmal die Erde besiedelten, sind wieder ausgestorben. Während es früher vor allem Naturkatastrophen und globale Klimawechsel waren, die im Lauf der Erdgeschichte die biologische Vielfalt veränderten, so ist es heute meist der Mensch. Jeden Tag sterben bis zu 130 Arten aus – viele davon, noch bevor sie überhaupt entdeckt worden sind.

Natürlich und menschengemacht

Das Aussterben bzw. die Verdrängung von Tier- und Pflanzenarten ist ein natürlicher Vorgang im Rahmen der Entwicklung des Lebens auf der Erde, der sich seit Millionen von Jahren wiederholt. Bekanntes Beispiel ist das Aussterben der Dinosaurier am Ende der Kreidezeit vor 65 Mio. Jahren, das wahrscheinlich durch einen Meteoriteneinschlag sowie heftige Vulkanausbrüche und einen darauffolgenden Klimawandel ausgelöst wurde. Noch gravierender war das **Artensterben** am Ende des Erdmittelalters vor 250 Mio. Jahren, dem 90 % aller Meereslebewesen und 60 % aller Landbewohner zum Opfer fielen.

Warum also schlagen Wissenschaftler wegen des **Artenrückgangs** Alarm? Ursachen sind das aktuelle Ausmaß der Verluste und die Rolle, die der Mensch dabei zu spielen scheint: Nach Angaben der Internationalen Naturschutzunion (IUCN), die regelmäßig die **Roten Listen** der gefährdeten Tier- und Pflanzenarten veröffentlicht, liegt die jetzige Rate der Artenvernichtung 1000-mal höher, als sie unter natürlichen Bedingungen ohne menschlichen Einfluss zu erwarten wäre.

Ursachen des Rückgangs

Die hohen Artenverluste lassen sich in erster Linie auf die **Zerstörung von Ökosystemen** zurückführen. Umweltverschmutzung, die Erschließung immer neuer Acker- und Weideflächen, die Anlage von Verkehrswegen und die Versiegelung von Flächen stellen teilweise dramatische Eingriffe in den Naturhaushalt dar und vernichten die Lebensgrundlage für Pflanzen und Tiere. Auf globaler Ebene trägt der Treibhauseffekt zum aktuellen **Klimawandel** bei, der sich auf alle Ökosysteme der Welt auswirkt.

Neben dem Rückgang der Artenvielfalt ist auch ein **Verlust der genetischen Vielfalt** innerhalb einzelner Arten zu beobachten. Die Verkleinerung einzelner Populationen reduziert die genetische Regenerationsfähigkeit innerhalb einer Art. Immer bedeutender wird die Rolle von gebietsfremden Tier- und Pflanzenarten, die meist durch den Menschen – absichtlich oder unabsichtlich – eingeschleppt werden. Diese **Neozoen** können für die einheimischen Arten zu einer Bedrohung werden und zu ihrer vollständigen Vernichtung führen.

Der Borneo-Orang-Utan zählt zu den zahlreichen Tierarten, die aufgrund der Zerstörung ihrer natürlichen Lebensräume vom Aussterben bedroht sind. Artenschutzprogramme sollen derartigen Entwicklungen entgegenwirken.

Ausgestorbene Tierarten

Die **Dronte,** ein auch Dodo genannter flugunfähiger Riesenvogel von der Insel Mauritius, wurde zuletzt 1681 beobachtet. Er war eine leichte Beute für Seefahrer und von Siedlern eingeschleppte Tiere.
Die letzte **Steller'sche Seekuh** wurde vermutlich 1768 von Pelztierjägern bei der Beringinsel erschlagen.
Der seit 1844 ausgerottete **Riesenalk** (Pinguinus impennis) war der ursprüngliche Träger des Namens „Pinguin".
Von der **Wandertaube,** die einst in Amerika in riesigen Schwärmen umherflog, wurde 1900 das letzte Tier erlegt.
Der letzte **Karolinasittich,** der einzige nordamerikanische Papagei, starb 1913 im Zoo.
Die letzten Exemplare der **Nacktbrustkängurus** wurden 1935 in Australien gesehen.
Der auf Tasmanien beheimatete **Beutelwolf** gilt seit 1936 als ausgestorben.
Die **Karibische Mönchsrobbe** wurde 2008 offiziell für ausgestorben erklärt.

Der Koala zählt zu den Beutelsäugern. Seine Jungen wiegen bei der Geburt weniger als 1 g und reifen noch gut sechs Monate im mütterlichen Beutel heran.

Säugetiere – warmblütig und behaart

Säugetiere gelten als die am höchsten entwickelte Tiergruppe. Sie erschienen vor etwas mehr als 200 Mio. Jahren. Es waren Nachfahren kleiner, insektenfressender Reptilien, doch erlangten sie keinerlei Bedeutung, bevor die Dinosaurier vor etwa 65 Mio. Jahren ausstarben. Heute existieren über 4000 Säugetierarten. Dank der Fähigkeit, ihre Körpertemperatur auf einem gleichbleibend hohen Niveau zu halten, konnten sie sich in alle Teile der Welt, auch die unwirtlichsten, ausbreiten.

Rekorde

größtes Säugetier
Blauwal (bis zu 30 m lang und 130 t schwer)

größtes Landsäugetier
Afrikanischer Elefant (bis zu 3,3 m Schulterhöhe und 7 t schwer)

kleinstes Säugetier
Etruskerspitzmaus (5 cm lang und bis zu 2 g schwer)

schnellster Läufer
Gepard (Spitzengeschwindigkeit bis zu 100 km/h)

Typische Merkmale

Die Aufrechterhaltung der Körpertemperatur wird durch die **Körperbehaarung** unterstützt. Haare finden sich bei allen Säugetieren, auch wenn sie bei Walen, Elefanten und anderen großen Landsäugetieren bis auf wenige Borsten reduziert sind. In der Regel besitzen Säugetiere **vier Gliedmaßen.** Bei manchen sind die zwei vorderen Beine zu Armen umgebildet. In Sonderfällen sind diese zu Flossen (z. B. bei Seehunden) oder Flügeln (z. B. bei Fledermäusen) umgestaltet. Bei Walen und Seekühen sind die Gliedmaßen stark zurückgebildet bzw. verkümmert.

Ein weiteres Kennzeichen ist das **vierkammerige Herz,** das sauerstoffreiches und sauerstoffarmes Blut vollständig getrennt hält. Außerdem sind die Lungen durch ein **Zwerchfell** vom Magen- und Darmbereich abgetrennt und dadurch besonders leistungsfähig. Das grundlegendste Merkmal aber sind die **Milchdrüsen** bei den Weibchen. Die Milch dient der Ernährung der Jungen für eine unterschiedlich lange Zeitspanne, sodass immer eine gewisse elterliche Fürsorge notwendig ist.

Mit Spitzengeschwindigkeiten von bis zu 100 km/h verfolgt der Gepard seine Beute.

In der Luft und im Wasser

Die meisten Säugetiere leben auf dem Boden oder in den Bäumen. Einige können mit Hilfe von Hautlappen von Baum zu Baum gleiten, doch nur die Fledertiere können wirklich fliegen. Ihre Flügel sind zwischen den langen Fingern ausgespannt, ziehen sich an den Körperseiten entlang und schließen die Hinterbeine und den Schwanz mit ein. Sie sind nachtaktiv und orientieren sich unter Einsatz von Ultraschall. Einige Säugetiere leben im Wasser, müssen aber zur Geburt der Jungen aufs Land zurückkehren. Nur Wale und Seekühe sind vollkommen an ein Leben im Wasser angepasst. Selbst die Geburt der Jungen findet bei ihnen im nassen Element statt.

Fortbewegung zu Land

Die meisten Säugetiere bewegen sich auf vier Beinen an Land. **Sohlengänger** wie der Mensch setzen den ganzen Fuß auf und bewegen sich relativ langsam. Gute Läufer wie die Hunde oder Springer wie die Katzen sind dagegen **Zehengänger.** Bei Huftieren wie Pferd und Rind wird aus dem Zehengang ein Zehenspitzengang. Das Pferd gehört zu den **Unpaarhufern,** ebenso das Nashorn und der Tapir. Pferde haben nur einen Hornschuh, der die Mittelzehe umgibt. Nashörner laufen auf drei Zehen, Tapire vorn auf vier und hinten auf drei. Sie haben also unpaarige Hufe. Das Rind ist ein **Paarhufer.** Bei ihm tragen die dritte und vierte Zehe einen Huf. Zu den Paarhufern zählen auch Schafe und Ziegen, Hirsche und Schweine, Giraffen, Antilopen und Gazellen.

Fortpflanzung

Nach der Art ihrer Fortpflanzung werden die Säugetiere in drei Gruppen unterteilt: eierlegende Säugetiere (Kloakentiere), Beutel- sowie Plazentatiere. **Kloakentiere** tragen noch Merkmale der Reptilien und sind nur durch das Schnabeltier und den Schnabeligel vertreten. Die **Beuteltiere** sind im Wesentlichen auf Australien und Neuguinea beschränkt. Sie werden sehr früh geboren – ein neu geborenes Riesenkänguru ist nur wenige Millimeter groß – und vollenden ihre Entwicklung an der Milchzitze im Beutel ihrer Mutter. **Plazentatiere,** die Mehrzahl der lebenden Säugetiere, gebären ihre Jungen in einem späteren Entwicklungsstadium. Im Körper der Mutter wird der Nachwuchs über die Plazenta mit Nahrung und Sauerstoff versorgt. Viele dieser Jungen sind bei ihrer Geburt so weit entwickelt, dass sie sofort ihrer Mutter folgen können.

Nager und Raubtiere

An der Bezahnung kann man die Art der Nahrung erkennen, von der die Säugetiere leben. Das Gebiss besteht im Grundaufbau aus vier Zahntypen: **Schneidezähnen, Eckzähnen** und zwei Arten von **Backenzähnen.** Die Nagetiere sind die größte Säugetiergruppe und überwiegend Pflanzenfresser. Man unterscheidet Mäuse, Hörnchen, Meerschweine, Stachelschweine sowie deren jeweilige Verwandte. Alle besitzen sie stark entwickelte, nachwachsende Schneidezähne.

Raubtiere erkennt man an ihren dolchartigen Eckzähnen und den Reißzähnen. Fast alle besitzen scharfe kräftige Krallen, mit denen sie ihre Beute schlagen. Eines der kleinsten Raubtiere ist das etwa 20 cm lange Mauswiesel, das größte ist der See-Elefant. Neben Mardern und Robben zählen Bären, Hyänen, Schleichkatzen, Katzen und Hunde zu den Raubtieren. Hundeartige Raubtiere sind z. B. Wölfe und Füchse, katzenartige sind Löwen, Tiger und Leoparden.

Haus- und Nutztiere

Hunde waren die ersten Tiere, die zu **Haustieren** gemacht wurden, wahrscheinlich schon vor mehr als 10 000 Jahren. Ihre Vorfahren waren Wölfe, die in Südwestasien lebten. Mit der Sesshaftigkeit des Menschen begann die **Domestizierung** im großen Stil. Aus Wildtieren wurden **Nutztiere,** die Fleisch und Milch lieferten, später auch Wolle, Felle, Häute, Dünger und Arbeitskraft. Schon um 9000 v. Chr. wurden im Vorderen Orient Wildschafe in Herden gehalten. 2000 Jahre später wurden dort Ziegen, um 6700 v. Chr. die ersten Wildschweine gezähmt. Das Pferd wurde vor über 4000 Jahren domestiziert, als noch der Tarpan und das Przewalskipferd die Steppen Zentralasiens bevölkerten.

Fledertiere – hier eine Große Hufeisennase – sind die einzigen aktiv fliegenden Säugetiere.

Der Mensch

Der Mensch kann nur leben, weil viele Systeme des Körpers harmonisch zusammenwirken – von der Atmung und Verdauung bis zur Verarbeitung von Sinneseindrücken. Wie ist der menschliche Organismus aufgebaut, wie setzt er sich gegen Eindringlinge zur Wehr, wie kann er von Krankheiten geheilt werden?

Zellen

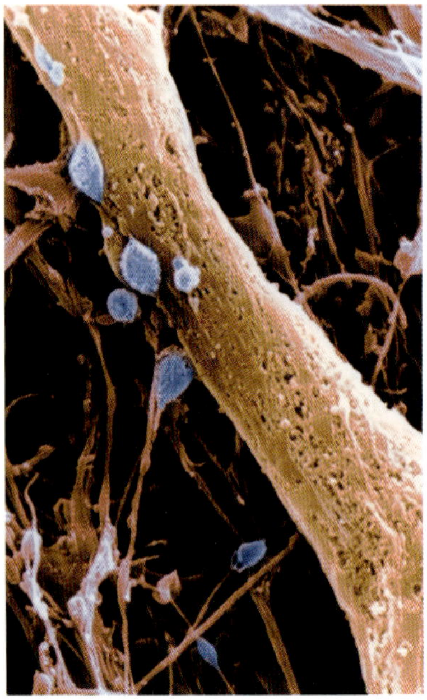

Etwa 10 Billionen Nervenzellen bilden im menschlichen Körper ein dichtes Netz. Ihre Zellkörper – im Bild blau hervorgehoben – sind nicht teilungsfähig.

Wie alle lebenden Organismen bestehen auch wir Menschen aus Zellen (→S. 64), und zwar aus einigen Billiarden dieser winzigen biochemischen Fabriken. Die Zellen spezialisieren sich im Lauf ihrer Entwicklung und ihres Wachstums, um bestimmte Aufgaben im Körper erfüllen zu können. Der Mensch besteht aus mehr als 200 unterschiedlichen Typen von Zellen, die allerdings alle eine ähnliche Grundstruktur aufweisen. Die Lebensdauer der **Zelltypen** ist sehr unterschiedlich. Praktisch genauso lange wie der Gesamtorganismus leben die meisten Nervenzellen. Das andere Extrem sind die weißen Blutkörperchen, die nur wenige Tage lang überleben und demzufolge ständig durch neue ersetzt werden müssen.

Fettzellen

Zu den größten Zellen im menschlichen Körper zählen die Fettzellen, die aus dem Bindegewebe hervorgehen und große Fettbläschen aufweisen. Es gibt zwei Arten von Fettgewebe: Das weiße Fettgewebe dient als Energiereservoir für nahrungsarme Zeiten sowie als Bau- und Polstergewebe. Das braune Fettgewebe dient vor allem zur Aufrechterhaltung der Körpertemperatur. Seine Zellen weisen vermehrt Mitochondrien auf. In diesen wird das in zahlreichen Fetttröpfchen eingelagerte Fett verbrannt und dabei Wärme erzeugt.

Gewebe

Gleichartige Zellen, die eine bestimmte Aufgabe erfüllen, bilden zusammen ein Gewebe, wie beispielsweise das Bindegewebe oder das Muskelgewebe. Die verschieden spezialisierten Gewebe wiederum bilden die Organe eines Organismus, etwa die Leber, die Lunge oder die Sinnesorgane. Die Zellen, aus denen ein bestimmtes Gewebe aufgebaut ist, sind in ihrem Bau den jeweiligen Aufgaben entsprechend angepasst. In der Biologie spricht man von einer funktionsspezifischen Differenzierung der Zellen.

Stammzellen

Sind Zellen erst einmal spezialisiert, können sie in der Regel keine anderen Aufgaben im Organismus mehr übernehmen. Eine Muskelzelle kann also nicht die Funktion der Weiterleitung neuronaler Signale einer Nervenzelle übernehmen. In einem Organismus bleiben jedoch immer auch einzelne Zellen in einem weniger differenzierten Zustand erhalten.

Embryonale Stammzellen sind unbegrenzt teilungsfähig und können sich zu jedem beliebigen Zelltyp entwickeln. Daher sind sie in der Gentechnik sehr begehrt. Adulte Stammzellen, die auch noch bei Erwachsenen vorkommen, sind **teilungsfähige Zellen,** die z. B. im Knochenmark, Blut oder Gehirn als körpereigener „Sanitätsdienst" darauf warten, defektes Gewebe zu reparieren.

Haut und Haare

Kaum ein anderes Organ hat so viele verschiedene Funktionen zu erfüllen wie die Haut. Sie bedeckt die äußere Körperoberfläche des Menschen wie eine geschlossene Decke; bei einem Erwachsenen nimmt sie eine Fläche von etwa 2 m² ein. Die Haut dient vor allem als Schutzschild vor schädlichen Umwelteinflüssen, Krankheitserregern und mechanischen Verletzungen. Außerdem ist sie das größte Sinnesorgan des Menschen, mit dem wir tasten oder Temperaturen wahrnehmen.

Aufbau der Haut

Die Haut ist aus mehreren Schichten aufgebaut. Die nur etwa 0,015 mm dünne Oberhaut (Epidermis) wird von einer **Hornschicht** aus abgestorbenen Zellen und der darunterliegenden **Keimschicht** gebildet, die ständig neue Zellen nachliefert. Im unteren Bereich befinden sich die Pigmentzellen oder Melanozyten, die einem Menschen seine charakteristische Hautfarbe verleihen und ihn zugleich vor der gefährlichen UV-Strahlung der Sonne schützen. Die Hornschicht schützt vor Austrocknung und Verletzungen und sie verhindert das Eindringen schädlicher Bakterien.

Die folgende etwa 1 mm dicke **Lederhaut (Dermis)** besteht aus faserigem Bindegewebe, zugfesten kollagenen Fasern und dehnbaren elastischen Fasern. Sie enthält Schweiß- und Talgdrüsen, über die Abfallstoffe ausgeschieden werden. Die **Talgdrüsen** sitzen an jedem Haarfollikel, in dem die Haarwurzel eines Körperhaares steckt. Schweißdrüsen und Blutgefäße regulieren u. a. die Körpertemperatur. Sinneszellen (Rezeptoren) und freie Nervenendungen dienen der Aufnahme von Reizen wie Druck oder Schmerz. Die dickste der drei Hautschichten ist die **Unterhaut.** Sie besteht aus lockerem Bindegewebe und Fettgewebe, das Wärme- und mechanischen Schutz bietet sowie der Energiespeicherung dient.

Gänsehaut

Können jemandem wirklich die Haare zu Berge stehen, wie es die Redewendung behauptet? Ja, die Haare können sich dank eines Muskels, der am Haarfollikel sitzt, tatsächlich aufrichten. Auslöser für solch eine „Gänsehaut" kann ein Kältereiz sein, aber auch ein Schock oder hochgradige Erregung. Das Aufrichten der Haare ist im Übrigen, wie bei Tieren noch deutlich zu sehen, eigentlich eine Drohgebärde, die einem Gegner Angst einjagen soll.

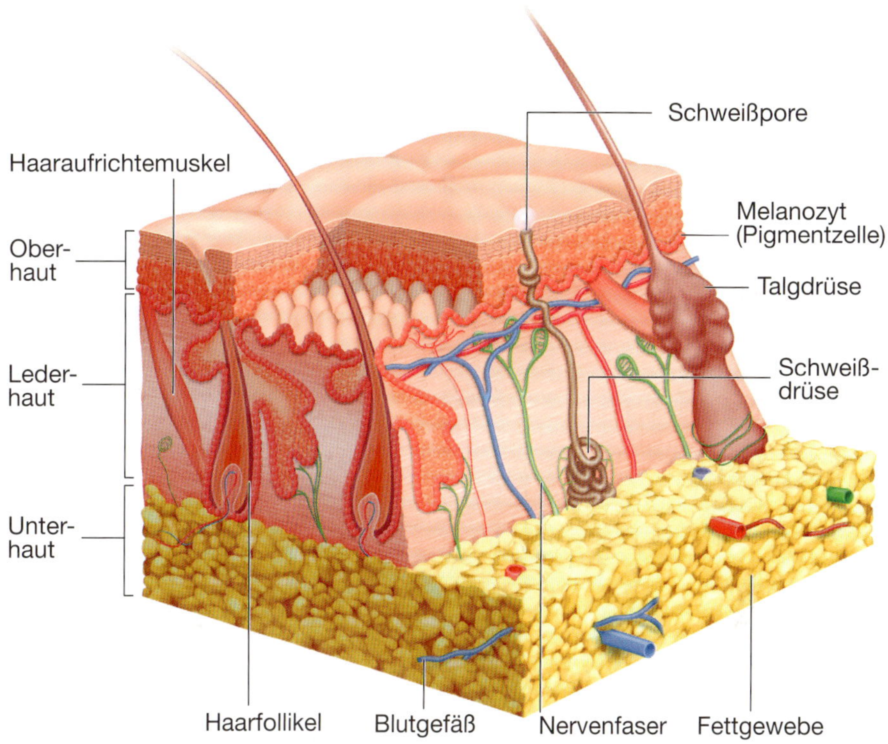

Haarige Angelegenheiten

Die Haare bestehen aus Hornzellen, die in einer **Mark- und einer Rindenschicht** angeordnet und von einem Oberhäutchen überzogen sind. Farbeinlagerungen (Pigmente) in der Rindenschicht bestimmen die Haarfarbe. Die meisten Kopfhaare haben blonde Menschen, nämlich ca. 150 000. Die Haare des Menschen wachsen rd. 1 cm pro Monat. Ein Kopfhaar wird in der Regel **zwei bis sechs Jahre alt,** dann fällt es aus. Körperhaare, von denen auf Brust, Rücken, Armen und Beinen ca. 25 000 wachsen, haben eine wesentlich kürzere Lebensdauer und werden deshalb auch nicht so lang. Sie helfen bei der Regulierung der Körpertemperatur und verstärken die Empfindlichkeit für Berührungen.

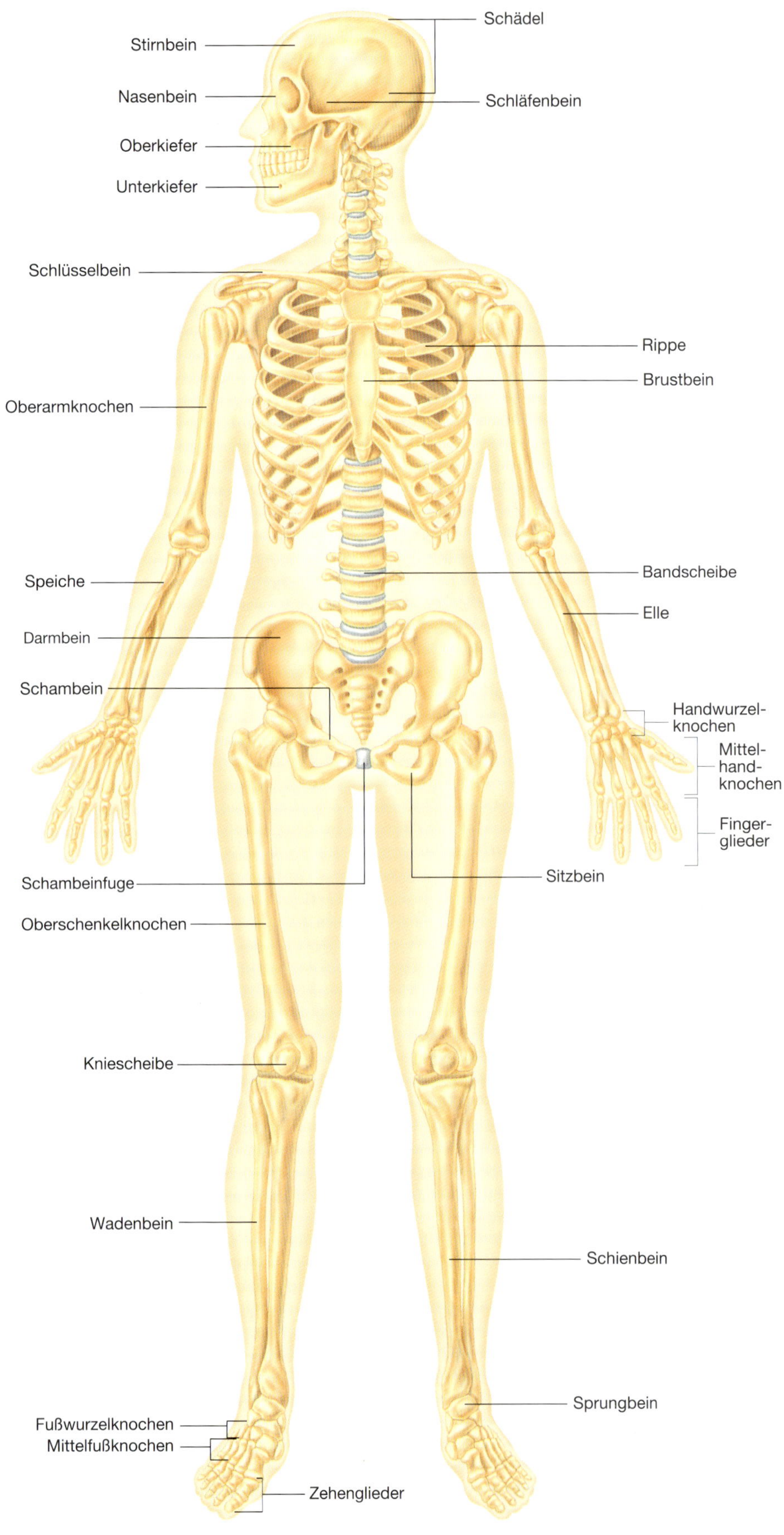

Knochen, Gelenke und Muskeln

Das menschliche Skelett besteht aus über **200 Einzelknochen** und bildet zusammen mit den Muskeln und Gelenken den Bewegungsapparat. Das Knochengerüst gibt dem Körper Stabilität, verleiht ihm seine äußere Gestalt und umschließt schützend die inneren Organe. Darüber hinaus dient es aber auch als mobiler Speicher für Mineralstoffe und enthält das blutbildende Knochenmark.

Skelett – das tragende Element

Der menschliche Rumpf besteht aus dem Schultergürtel mit den Schlüsselbeinen und den Schulterblättern, aus dem Brustkorb (Thorax) mit Rippen und Brustbein sowie aus dem Beckengürtel. Die oberen Extremitäten werden von den Armen mit Oberarm-, zwei Unterarm- und den 27 einzelnen Handknochen gebildet.

Die unteren Extremitäten bestehen aus den Beinen mit Oberschenkelknochen, Waden- und Schienbeinknochen sowie den zahlreichen Fußknochen, die beim Menschen etwa **ein Viertel der Knochen** insgesamt ausmachen.

Das tragende Element des Körpers ist die senkrecht ausgerichtete Wirbelsäule; sie trägt auch den frei balancierenden Schädel. Die **Wirbelsäule** setzt sich aus sieben Hals-, zwölf Brust- und fünf Lendenwirbeln sowie den fünf verwachsenen Kreuzbeinwirbeln und dem rudimentären Steißbein zusammen. Die Wirbel bestehen aus einem Wirbelkörper und aus Wirbelfortsätzen. Letztere formen den Wirbelkanal, durch den das Rückenmark verläuft. Jeweils zwischen zwei Wirbeln sitzen die elastischen **Bandscheiben,** die wie Stoßdämpfer harte Stöße abfangen und der Wirbelsäule gleichzeitig ihre Gelenkigkeit verleihen. Die **doppelte S-Form** der Wirbelsäule erlaubt es dem Menschen, aufrecht zu gehen.

Knochen

Die Knochengrundsubstanz (Knochenmatrix) besteht v. a. aus Kollagenfasern und Mineralsalzen wie Kalziumphosphat. Die kompakte Außenschicht (Kompakta) ist von der **Knochenhaut** umgeben, die von zahlreichen Blutgefäßen sowie von Nervenfasern durchzogen wird. Die innere Knochensubstanz (Spongiosa) setzt sich aus einem wabenartigen Gerüstwerk feiner **Knochenbälkchen** zusammen, die den Knochen, gemessen an seiner Stabilität, verhältnismäßig leicht macht. Im Inneren des Hohlraumsystems befindet sich das **Knochenmark.**

Nach der Form werden mehrere **Knochentypen** unterschieden: Zu den langen Röhrenknochen gehört z. B. der Oberarmknochen. Er besteht aus einem Schaft, der Diaphyse, sowie zwei Gelenkenden, den Epiphysen, die mit Gelenkknorpel überzogen sind. Daneben gibt es kurze Knochen wie die Hand- und Fußwurzelknochen, flache Knochen wie Schulterblatt und Brustbein oder luftgefüllte Knochen wie z. B. den Oberkieferknochen; die Hohlräume in seinem Innern sind mit Schleimhaut bedeckt.

Gelenke

Gelenke sind die knorpelbehafteten Verbindungen zwischen zwei Knochen. Im Spalt zwischen den gegenüberliegenden Knochenenden, von denen eines den Gelenkkopf, das andere die Gelenkpfanne bildet, befindet sich die **Gelenkschmiere.** Die Gelenkflächen sind mit Gelenkknorpel überzogen. Das Gelenk wird von einer Gelenkkapsel umschlossen, **Bänder** stabilisieren es in seiner Längsrichtung.

Das Ausmaß der Bewegung hängt von dem Gelenktyp ab: **Scharniergelenke** im Knie und Ellbogen erlauben nur die Bewegung in eine Richtung. **Sattelgelenke** wie zwischen Daumen und Handwurzel bieten dagegen Bewegungsfreiheit in zwei Richtungen. Schulter- und Hüftgelenk lassen sich als **Kugelgelenke** zu allen Seiten bewegen.

Muskulatur

Die Muskulatur umfasst alle Muskeln im Körper. Je nach Aufgabe sind Muskeln unterschiedlich gebaut. Für Bewegungsvorgänge, die der Mensch mit seinem Willen steuern kann, ist die quer gestreifte Skelettmuskulatur zuständig. Die **600 einzelnen Muskeln** können unter hohem Energieverbrauch schnell aktiviert werden, ermüden aber auch leicht. Für die Bewegung von inneren Organen wie etwa Magen oder Blutgefäße sind glatte Muskeln verantwortlich. Meist aus langgestreckten, spindelförmigen Zellen aufgebaut, arbeiten sie langsam, aber ausdauernd und können vom menschlichen Willen nicht beeinflusst werden. Letzteres gilt auch für das **Herz,** den am stärksten beanspruchten Muskel des menschlichen Körpers. Es besteht aus quer gestreiften Muskeln, deren Muskelfasern jedoch nicht miteinander verschmolzen sind, sondern ein Netzwerk bilden.

Was die Muskeln bewegt

Ein Skelettmuskel besteht aus mehreren Faserbündeln, die von einer Muskelhülle zusammengehalten werden. Jedes Faserbündel enthält mehrere **Muskelfasern,** die wiederum von einigen Hundert Muskelfibrillen (Myofibrillen) durchzogen werden. Die in ihrem Inneren versetzt angeordneten sog. Myosin- und Actinfäden sind der eigentliche Ort der Bewegung, also der Muskelkontraktion. Angeregt wird diese durch elektrochemische Signale motorischer Nervenzellen. Durch das Zusammenziehen des Muskels verkürzt er sich und übt Zug auf die **Sehnen** aus. Diese Zugkräfte werden an die Knochen weitergeleitet, die sich nun wie **Hebel** in Bewegung setzen.

Um Bewegungen koordiniert auszuführen, arbeiten die Muskeln immer paarweise: Zieht sich ein Muskel **(Agonist)** zusammen, entspannt sich sein Gegenspieler **(Antagonist)** und umgekehrt. Flüssige Bewegungen entstehen durch komplexes Zusammenwirken zahlreicher Muskeln.

Muskelkater

Entgegen der weit verbreiteten Meinung beruht Muskelkater nicht allein auf der Ansammlung von Milchsäure im Muskel, die als Nebenprodukt seiner erhöhten Stoffwechselaktivität anfällt. Als Ursache kommen auch kleinste Risse in den Muskelfibrillen infrage, die vor allem bei starken Belastungen entstehen können. Deshalb sollte man sich vor sportlichen Aktivitäten gut aufwärmen und vordehnen. Dass der Muskelkater erst frühestens einen Tag nach der körperlichen Überanstrengung auftritt, liegt daran, dass es gut 24 Stunden dauert, bis die geschädigten Strukturen der Miniaturverletzungen abgebaut werden. Erst diese Abbauprodukte reizen die Schmerznerven, die im Bindegewebe außerhalb der Muskelfasern liegen.

Dehn- und Aufwärmübungen vor dem Sport verbessern die Beweglichkeit und beugen Verletzungen vor.

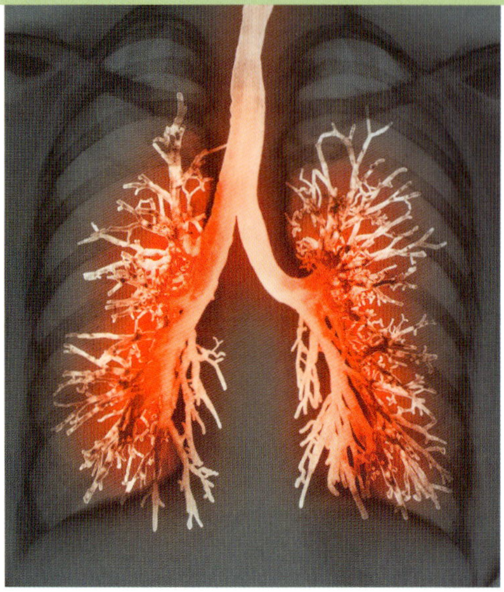

Die Luftröhre verzweigt sich zu zwei Hauptbronchien, deren feine Verästelungen die Atemluft in die Lungenflügel transportieren.

Blutkreislauf und Atmung

Ohne Luft kann der Mensch nicht leben, denn nur mit Sauerstoff können die Körperzellen die Nährstoffe in Energie umsetzen, die sie für die Aufrechterhaltung der lebenswichtigen Stoffwechselprozesse benötigen. Durch die Atmung gelangt der Sauerstoff in den Körper. Dort wird er vom Blut zu den Orten des Verbrauchs, den Körperzellen, transportiert. Im Gegenzug gibt das Blut das als Abfallprodukt des Energiestoffwechsels entstandene giftige Kohlendioxid ab. Das Blut kann diese Aufgaben nur erfüllen, weil es sich in einem ununterbrochenen Strom durch den Körper bewegt. Motor dieses Blutkreislaufes ist das Herz.

Die Atemwege

In der Regel gelangt die Luft über die Nase in den Körper. Beim Passieren der **Nasenhöhle** wird die Atemluft durch die Nasenschleimhaut und die darin enthaltenen Blutgefäße angefeuchtet und vorgewärmt. Feine Flimmerhärchen sorgen dafür, dass Fremdkörper abgefangen werden, bevor die Atemluft den Rachenraum erreicht. Von dort aus strömt sie durch den Kehlkopf in die Luftröhre. Im Brustraum gabelt sich die Luftröhre in zwei Äste, die **Bronchien.** Sie führen zu den beiden Lungenflügeln, wo sie sich in feinere Bronchiolen verästeln, die in den **Lungenbläschen** (Alveolen) enden. Auch die Bronchien sind mit einer Schleimhaut ausgekleidet, die Staub aus der Atemluft filtert und mit Hilfe von Flimmerhärchen rachenwärts befördert. Außerdem gibt sie ständig Wasserdampf ab, der die Atemluft anfeuchtet.

Rote Blutkörperchen haben die Form beidseitig eingedellter Scheiben; das eisenhaltige Hämoglobin verleiht ihnen die Farbe. Weiße Blutkörperchen haben keine einheitliche Form; sie können ihre Gestalt ändern.

Sauerstoff gegen Kohlendioxid

Die rd. **300 Mio. Alveolen** sind der eigentliche Ort des Gasaustausches in der Lunge. Jede Einzelne ist von einem dichten Netz feinster Blutgefäße, den Kapillaren, umsponnen. Alveolen und **Kapillargefäße** bestehen nur aus einer hauchdünnen Schicht Gewebe, durch das entsprechend dem Konzentrationsgefälle Sauerstoff in das Kapillarblut und umgekehrt Kohlendioxid in die Alveolarluft eindringen und sich vermischen kann. Im Blut wird der Sauerstoff an ein spezielles Eiweiß gebunden, das **Hämoglobin.** Es befindet sich in den roten Blutkörperchen, den Erythrozyten. Der Gasaustausch wird auch als äußere Atmung bezeichnet. Sie ist die Voraussetzung dafür, dass die innere Atmung oder Zellatmung, das heißt die Gewinnung von Energie durch den Abbau von Fetten, Proteinen und Kohlenhydraten unter Anwesenheit von Sauerstoff, ablaufen kann.

Die Lunge

Die Lunge setzt sich aus **schwammartigem Gewebe** zusammen und besteht aus zwei Lungenflügeln, die in zwei bzw. drei Lungenlappen unterteilt sind. Geschützt von Wirbelsäule, Rippen und Brustbein, füllt sie den größten Teil des Brustraums aus. Die beiden Lungenflügel ruhen auf dem Zwerchfell. Das Innere der Lunge besteht aus dem sog. Bronchialbaum. Nach außen sind die Lungenflügel von einer glatten, feuchten Haut überzogen, dem Lungenfell. Es grenzt an das Rippenfell, das den Brustraum auskleidet. Beide Gewebe zusammen bilden das Brustfell.

Bitte ein- und ausatmen!

Unter Atmung versteht man den rhythmischen Wechsel zwischen Füllung der Lunge mit frischer Atemluft und der folgenden Entleerung der verbrauchten kohlendioxidreichen Luft. Die Lunge füllt sich nur mit Luft, wenn der Brustraum erweitert wird. Da sie jedoch über keine Muskeln verfügt, muss diese Bewegung von den Muskeln anderer Organe geleistet werden. Bei der Einatmung (Inspiration) senkt sich das **Zwerchfell** (Bauchatmung). Gleichzeitig ziehen sich die Zwischenrippenmuskeln zusammen und heben die unteren Rippen an (Brustatmung). Die Brusthöhle erweitert sich und zusammen mit ihr dehnen sich die Lungen aus. Dadurch entsteht ein **Unterdruck,** durch den Luft über die Luftröhre in die Lungen gesaugt wird. Bei der Ausatmung (Expiration) entspannen sich Zwerchfell und Rippenmuskeln wieder: Der Brustkorb verengt sich und die Lungen ziehen sich bedingt durch ihre Eigenelastizität zusammen. Dabei entsteht ein **Überdruck,** der die Luft über die Atemwege wieder herauspresst.

Die Atembewegungen des Menschen werden unwillkürlich durch das im verlängerten Rückenmark liegende **Atemzentrum** ausgelöst. Bei ruhiger Atmung (12–15 Atemzüge pro Minute) nimmt ein Erwachsener mit einem Atemzug etwa einen halben Liter Luft auf. Die **Atemfrequenz** eines Säuglings liegt bei etwa 40–45 Atemzügen pro Minute.

Blut – ein besonderer Stoff

Das Blut ist das wichtigste Transportmittel des Organismus. Neben dem Sauerstoff aus der Atemluft führt es den Zellen Nährstoffe, Vitamine und Mineralstoffe zu. Andererseits befördert es die beim Stoffwechsel entstehenden Abfallstoffe zu den Ausscheidungsorganen. Das Blut kann eingedrungene Fremdstoffe, Gifte und Fremdorganismen abwehren **(Immunreaktion)** und offene Blutgefäße **(Blutgerinnung)** verschließen. Außerdem verteilt es die Wärme im Körper und sorgt so dafür, dass eine gleichmäßige Körpertemperatur von rd. 37 °C erhalten bleibt. Die Verteilung des Blutes – je nach Alter, Körpergröße und Gewicht zwischen 4,5 und 6 Liter – erfolgt über die Blutgefäße.

Blut besteht zu etwa 55 % aus **Plasma,** einer klaren eiweißreichen Flüssigkeit, und zu etwa 44 % aus **roten Blutkörperchen,** den Erythrozyten. Die **weißen Blutkörperchen** (Leukozyten) und die **Blutplättchen** (Thrombozyten) machen weniger als 1 % aus. Die Erythrozyten werden

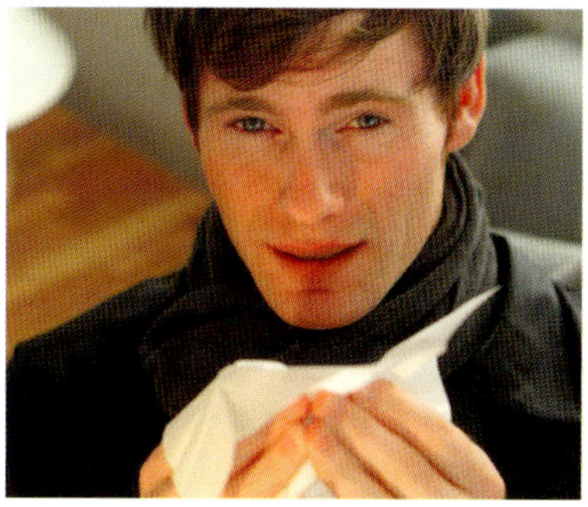

Beim Schnupfen, einer entzündlichen Erkrankung der Nasenschleimhaut mit starker Schleimabsonderung, muss der Mensch häufig niesen.

Warum muss man niesen?

Gerät ein Fremdkörper in die Nase, werden die empfindlichen Zellen der Nasenschleimhaut gereizt. Nervenzellen leiten diese Information an das Gehirn weiter und augenblicklich wird eine Kaskade von Körperreaktionen in Gang gesetzt: Zunächst erfolgt ein tiefer Einatemzug, dann wird nahezu explosionsartig **mit bis 160 km/h** die Atemluft ausgestoßen, und zwar durch die Nase, wobei sich gleichzeitig reflektorisch der Mund schließt. Dieser gesamte Vorgang des Niesens unterliegt nicht unserem Willen, sondern ist im Wesentlichen ein Reflex. Man kann jedoch vereinzelt ein sich ankündigendes Niesen durch andere starke Reize überlagern. Ein Kitzeln mit der Zunge unter dem Gaumen oder ein kräftiges Drücken auf die Oberlippe lenkt das Nervensystem gewissermaßen vom Niesreiz ab und die Atemmuskulatur lässt von ihrem gerade erhaltenen „Arbeitsauftrag“ ab.

Lungen- und Körperkreislauf

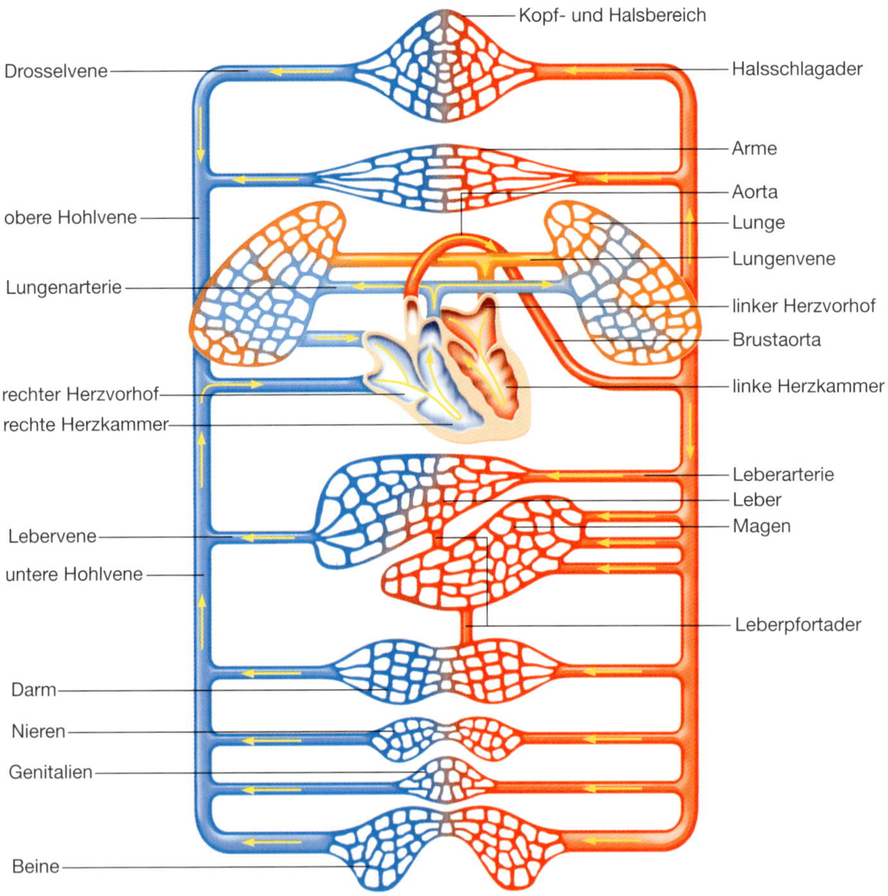

Schematische Darstellung des menschlichen Blutkreislaufs (rot = sauerstoffreiches Blut; blau = sauerstoffarmes Blut): Während die rechte Herzhälfte Blut durch den Lungenkreislauf pumpt und so mit Sauerstoff anreichert, pumpt die linke Herzhälfte Blut durch den Körperkreislauf, um die Organe zu versorgen.

im Knochenmark gebildet und nach etwa 120 Tagen in der Milz abgebaut. Sie enthalten das für den Sauerstofftransport nötige Transportmittel, das Hämoglobin. Das Häm, ein Bestandteil des Hämoglobins, gibt dem Blut seine rote Farbe. Die Leukozyten gehören zum Abwehrsystem. Sie können das Blut verlassen und direkt im Gewebe und im Lymphsystem gegen Erreger vorgehen.

Blutgefäße: das Transportsystem

Die **Arterien** sind die Gefäße, die das Blut vom Herzen in den Körper transportieren. Durch Abzweigungen und Aufspaltungen werden die Arterien immer zahlreicher und gleichzeitig im Durchmesser immer enger (Arteriolen). Als winzige Gefäße durchziehen die Kapillaren wie ein hauchdünnes Gewebe jedes Organ bis in den letzten Winkel hinein. Das aus den Kapillaren abfließende Blut wird über Venolen und die größeren **Venen** zum Herzen geführt.

Venen und Arterien ähneln sich sehr in ihrem Aufbau. Die innere Schicht ist mit flachen **Endothelzellen** ausgekleidet. Diese Zellen sind so glatt, dass der Blutdurchfluss reibungslos verläuft. Die mittlere Schicht besteht aus glatten **Muskelzellen,** die eine Verengung durch Kontraktion oder Erweiterung durch Erschlaffung ermöglichen. Die äußerste Schicht besteht aus Kollagenfasern und verankert die Gefäße im Gewebe. Eine weitere Besonderheit sind die **Venenklappen:** Sie sorgen dafür, dass das Blut nur in eine Richtung fließt, nämlich zum Herzen hin.

Strom des Lebens: der Blutkreislauf

Der Blutkreislauf des Körpers ist ein **Doppelkreislaufsystem**, in dessen Mittelpunkt als Verbindungsglied das Herz steht. Der faustgroße Hohlmuskel, der in der Regel nach links verschoben hinter dem Brustbein liegt, besteht aus der linken und der rechten Herzkammer sowie aus deren durch Klappen abgetrennten, kleineren Vorhöfen. Der rechte Vorhof nimmt sauerstoffarmes Blut aus den verschiedenen Organen auf und pumpt es über die rechte Kammer in den **Lungenkreislauf.** Dort wird es mit Sauerstoff versorgt und dann weiter in den linken Vorhof transportiert.

Jetzt beginnt der große **Körperkreislauf.** Von der linken Herzkammer wird das Blut in die **Herzschlagader (Aorta)** gepumpt und gelangt über das arterielle System bis in die Peripherie. Nach dem Stoffaustausch in den **Kapillaren** wird es über die Venen zur rechten Herzkammer zurücktransportiert und der Kreislauf beginnt wieder von vorn. Das Blut durchläuft die gesamte Kreislaufbahn in etwa einer Minute.

Die Herzmuskulatur selbst wird über ein eigenes Gefäßsystem, die sog. **Herzkranzgefäße** (Koronargefäße), mit Sauerstoff versorgt.

Ernährung und Stoffwechsel

Eine gesunde Ernährung und ein funktionierender Stoffwechsel sind Voraussetzungen für das Leben und die Gesundheit des Menschen. Damit die lebensnotwendigen chemischen Bausteine und die Energie aus der Nahrung vom Körper aufgenommen werden können, muss sie zunächst verdaut werden. Nur so kann der tägliche Energiebedarf gedeckt und Körpersubstanz aufgebaut bzw. erhalten werden.

Wichtige Nährstoffe

Zu den Nährstoffen werden alle Bestandteile der Nahrung gerechnet, die dem Organismus Energie und Baustoffe liefern: Eiweiße (Proteine), Fette und Kohlenhydrate. Sie werden in **Stoffwechselprozessen** chemisch so verändert, dass sie vom Körper zum einen für die Aufrechterhaltung der Lebensvorgänge (Betriebsstoffwechsel), zum anderen für das Wachstum (Baustoffwechsel) genutzt werden können.

Proteine benötigt der Organismus vor allem für den Aufbau von körpereigenen Stoffen. Sie bestehen aus Ketten von kleinen Bausteinen, den Aminosäuren. **Kohlenhydrate** – Zucker, Stärke, Glykogen – und **Fette** sind die wichtigsten Energielieferanten. Kohlenhydrate sind außerdem notwendig für den Proteinstoffwechsel, um neue Körpersubstanz aufzubauen und für die Funktion des zentralen Nervensystems.

Wirk- und Ballaststoffe

Damit die Nährstoffe vom Körper überhaupt genutzt werden können, müssen sie chemisch verändert werden. Für diese Prozesse sind **Vitamine, Mineralstoffe und Spurenelemente** unentbehrlich. Vitamine kann der menschliche Organismus mit Ausnahme von Vitamin D nicht selbst produzieren. Sie müssen deshalb regelmäßig und in ausreichender Menge zugeführt werden. Mineralstoffe und Spurenelemente sind auch für den Transport von Stoffen innerhalb der Zellen wichtig. Eisen beispielsweise unterstützt die Sauerstoffversorgung des Körpers, Zink und Selen beeinflussen das Immunsystem positiv. Die Aufbaustoffe Kalzium, Magnesium und Phosphat spielen eine wichtige Rolle bei der Reizleitung in den Nerven, bei der Tätigkeit der Muskeln, der Blutgerinnung sowie der Bildung, Erhaltung und Erneuerung von Knochen und Zähnen.

Ballaststoffe können zwar nur teilweise oder gar nicht vom Organismus abgebaut werden, sie sind dennoch wertvolle Bestandteile der Nahrung. Der Mensch nimmt vor allem **Zellulose** auf, die in den pflanzlichen Zellwänden eingelagert ist. Die unverdaulichen Fasern fördern die Produktion von Verdauungssäften, regen die Darmbewegungen an und sind Nahrung für die **Darmbakterien,** die den Abbau der Nährstoffe bewerkstelligen.

Der Weg der Nahrung durch den Körper

An der Verdauung der Nahrung sind verschiedene Organe beteiligt, die zusammen das **Verdauungssystem** bilden. Der Prozess beginnt im Mund mit der mechanischen Zerkleinerung der Nahrung. Über Rachen und Speiseröhre wird die vom **Speichel** eingeweichte Nahrung in den Magen weitertransportiert. Dort wird sie durch Muskelkontraktionen ebenfalls bearbeitet und durch die im **Magensaft** enthaltene Salzsäure so weit aufbereitet, dass sie als Speisebrei in den Zwölffingerdarm weitergeleitet werden kann. Hier, im ersten Teil des Dünndarms, beginnt dann die chemische Zerkleinerung durch **Gallensaft und Verdauungsenzyme,** die u.a. von der Bauchspeicheldrüse beigesteuert werden. Diese spalten aus dem Nahrungsbrei die verwertbaren Nährstoffe heraus, die von der Schleimhaut des Dünndarms aufgenommen (resorbiert)

Lebenswichtige Vitamine

Vitamin A
Augen, Haut, Schleimhäute und Abwehrsystem

Vitamin B1
Abbau von Kohlenhydraten, Nervensystem

Vitamin B2
Haut und Schleimhäute, Fett-, Kohlenhydrat- und Eiweißstoffwechsel

Folsäure
Zellregeneration, Bildung roter und weißer Blutkörperchen

Niacin
Herzfunktion, Nervensystem, Kohlenhydrat- und Fettstoffwechsel

Pantothensäure
Fett-, Kohlenhydrat- und Eiweißstoffwechsel, Hormonbildung

Vitamin B6
Eiweißstoffwechsel, Blutbildung, Nervensystem

Vitamin B12
Bildung der roten Blutkörperchen

Vitamin C
Bildung von Bindegewebe; Unterstützung der Eisenaufnahme; Vorbeugung von Erkältungskrankheiten

Vitamin D
Härtung der Knochen, Mineralisierung der Zähne

Vitamin E
Substanzen, die Zellen schädigen, werden in weniger gefährliche umgebaut

Biotin
Haut, Haare, Nägel, Nerven, Fett- und Kohlenhydratstoffwechsel

Vitamin K
Blutgerinnung

Die Aufgabe der Leber

Die Leber ist ein Anhangsorgan des Verdauungstraktes und ein unverzichtbares Organ für den Stoffwechsel. Sie überwacht die chemische Zusammensetzung des Blutes, u. a. reguliert sie die Glucosekonzentration. So speichert die Leber beispielweise nach dem Essen, wenn der Blutzuckerspiegel hoch ist, Glucose in Form von Glykogen. Beim Absinken der Konzentration gibt sie Glucose wieder ins Blut ab. Die Leber speichert aber auch Fette oder liefert für deren Transport wichtige Bestandteile, z. B. Lipoproteine. Des Weiteren nimmt sie auch Funktionen im Eiweißstoffwechsel und in der Vitamin- und Mineralienspeicherung wahr. Auch die Galle wird in der Leber gebildet. Eine besonders wichtige Aufgabe ist die Reinigung des Blutes von Giften, z. B. Alkohol.

werden. Von dort werden sie dem weiteren Stoffwechselprozess zugeführt: Die aus den Kohlenhydraten stammende Glucose und die Aminosäuren gelangen direkt ins Blut, das Glycerin und Fettsäuren z. T. in die Lymphe.

Die Funktion des Dickdarms

Die Verdauungsvorgänge sind beim Menschen im Dünndarm abgeschlossen. Die Hauptaufgabe des Dickdarms besteht darin, dem Nahrungsbrei den Großteil des darin enthaltenen Wassers zu entziehen: Wasser ist zwar kein Nährstoff, aber unentbehrlich für die Aufrechterhaltung der Stoffwechselvorgänge. Mit dem Wasser werden dem Körper auch Mineralstoffe und Vitamine zugeführt, die ansonsten verlorengehen würden. Zurück bleiben neben den unverdaulichen Bestandteilen der Nahrung noch einige Abfallstoffe wie abgestorbene Darmschleimhautzellen oder Bakterienreste, die über den Mastdarm und den After ausgeschieden werden.

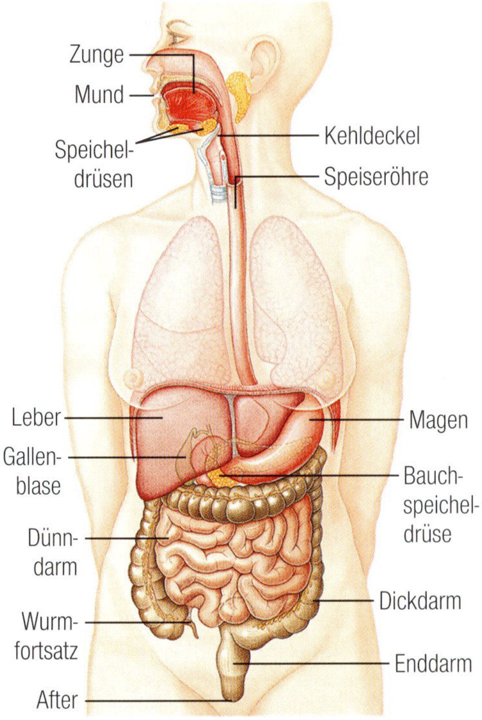

Im inneren Hohlraum des Darms wird der im Magen vorbereitete Speisebrei durch rhythmisches Zusammenziehen (Peristaltik) seiner längs- und ringförmig angeordneten Muskulatur bis zum After befördert.

Ausscheidung von Abfallstoffen

Nicht alle Stoffe, die während der verschiedenen Stoffwechselprozesse entstehen, können vom Körper genutzt werden. Einige von ihnen sind sogar schädlich und ihr Verbleib im Körper würde den Organismus vergiften. Diese **Stoffwechselendprodukte** müssen unbedingt ausgeschieden werden. Während z. B. die Entgiftungsprodukte der **Leber** den Körper über den Kot verlassen, werden die wasserlöslichen Abfallstoffe von den **Nieren** als Harn entsorgt und über die Blase als Urin ausgeschieden. Zwar sind die Nieren das wichtigste Ausscheidungsorgan, aber auch über die Haut werden nicht mehr benötigte Stoffwechselprodukte abtransportiert.

Eine ausgewogene Ernährung ist unerlässlich für ein intaktes Verdauungssystem. Dazu gehören auch Ballaststoffe, die hauptsächlich in Vollkornprodukten sowie in Obst und Gemüse enthalten sind.

Das Immunsystem

Täglich ist der menschliche Organismus einer Vielzahl von Krankheitserregern ausgesetzt. Doch gegen die meist mit bloßem Auge nicht zu erkennenden Eindringlinge wie Bakterien, Viren, Pilze und tierische Parasiten hat er Abwehrmechanismen entwickelt, die in den überwiegenden Fällen einen wirkungsvollen Schutz bieten.

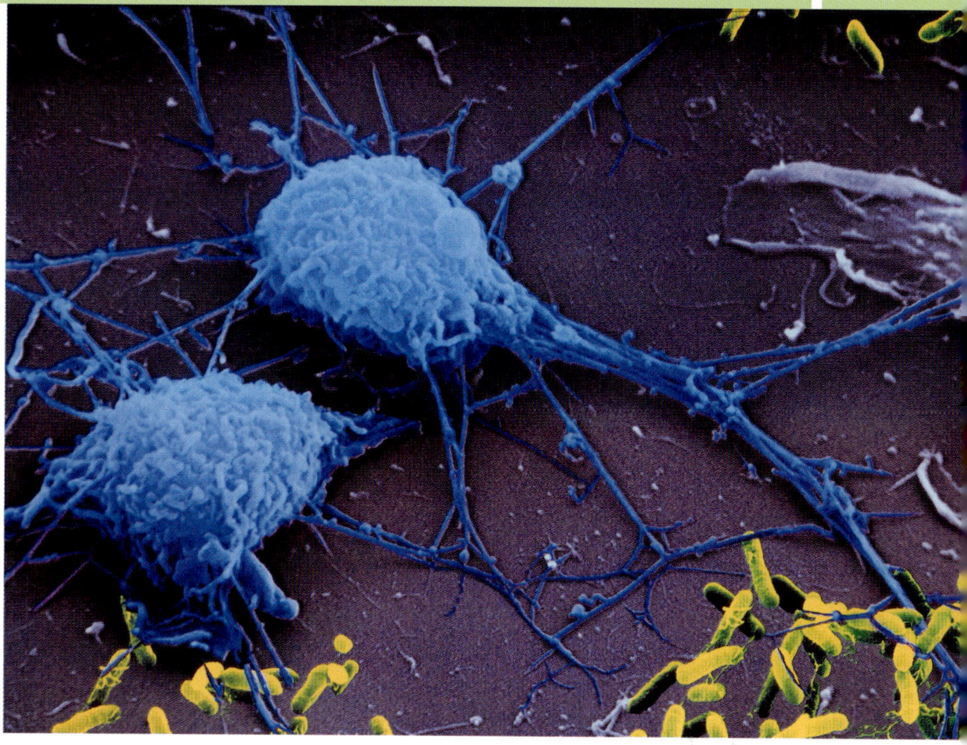

Makrophagen (blau hervorgehoben) spielen im Immunsystem eine unverzichtbare Rolle. Sie spüren körperfremde Stoffe auf und machen Krankheitserreger unschädlich; hier werden Kolibakterien (gelb) von ihnen attackiert.

Natürliche Resistenz

Schon eine **gesunde Haut** ist dank der von den Talg- und Schweißdrüsen abgesonderten Sekrete das erste große Hindernis, das viele Erreger nur schwer überwinden können. Tränenflüssigkeit, Speichel und Nasensekret können dennoch eingedrungene Mikroorganismen einschließen und wieder aus dem Körper befördern. **Säuren und Enzyme,** die z. B. im Magen gebildet werden, hemmen die Aktivität der Erreger oder zerstören sie. Eine wichtige Rolle spielen auch ungefährliche Bakterien **(Mikroflora),** die sich im Darm, auf der Haut und auf den Schleimhäuten ansiedeln und so verhindern, dass sich die Krankheitserreger dort niederlassen können.

Zu den natürlichen Abwehrreaktionen des Körpers gehört auch das **Fieber.** Die erhöhte Körpertemperatur beschleunigt die Stoffwechselvorgänge und unterstützt damit die Abwehrreaktionen. Besonders effektiv bekämpfen die **weißen Blutkörperchen (Leukozyten)** Krankheitserreger, die bereits in den Körper eingedrungen sind. Als sog. **Fresszellen (Makrophagen)** umfließen sie den körperfremden Stoff, nehmen ihn in ihr Plasma auf und verdauen ihn.

Spezifische Immunabwehr

Reichen die unspezifischen Abwehrmaßnahmen nicht aus, wird die spezifische Abwehr aktiviert. Hierbei spielt die **Antigen-Antikörper-Reaktion** eine Rolle, für die weiße Blutkörperchen, die B-Lymphocyten, zuständig sind. **Antigene** sind Proteine, die auf der Oberfläche von Bakterien und Viren sitzen und sie als körperfremde Stoffe ausweisen. Trifft ein B-Lymphocyt auf Antigene, produziert es spezifische Antikörper gegen den Eindringling, die sich mit dem Antigen nach dem **Schlüssel-Schloss-Prinzip** verbinden. Viren verklumpen daraufhin und können nicht mehr in Zellen eindringen, Bakterien werden teilungsunfähig. Die auf diese Weise unschädlich gemachten Krankheitserreger werden von den **Makrophagen** vernichtet. Ein Teil der B-Lymphocyten wird zu langlebigen B-Gedächtniszellen, die bei erneutem Antigenkontakt zu einer sehr viel schnelleren Immunantwort führen.

Das zweite Standbein der spezifischen Abwehr sind **T-Lymphocyten,** die bereits in Zellen eingedrungene Krankheitserreger wie Viren erkennen. T-Helferzellen binden sich an die Antigene und senden gleichzeitig Botenstoffe aus. Diese rufen die **T-Killerzellen** auf den Plan, die die befallene Zelle mitsamt dem Erreger vernichten.

Die **Schutzimpfung** imitiert den Vorgang der Infektion: Der Körper wird mit abgetöteten oder abgeschwächten Erregern in Kontakt gebracht und zur Bildung von Antikörpern und Immungedächtniszellen veranlasst.

Nerven und Sinne

Das Nervensystem, als dessen Schaltzentrale das Gehirn fungiert, verarbeitet die von den Sinnesorganen aufgenommenen Informationen und setzt Reaktionen in Gang, die von den Muskel- oder Drüsenzellen der angesprochenen Organe umgesetzt werden. Das größte Sinnesorgan ist die Haut (→S. 97), die auf Berührung, Druck, Schmerz und Temperatur reagiert. Die Sinnesrezeptoren für das Sehen, Hören, Riechen und Schmecken liegen alle im Kopf. Sie befinden sich in den Augen, den Ohren, der Nase und auf der Zunge.

Bevor er den Geschmack prüft, verschafft sich der Weintester durch die Aufnahme des Duftes einen ersten Eindruck vom Charakter des Weines. Geruchs- und Geschmackssinn sind eng miteinander verknüpft.

Nervensysteme

Der übergeordnete Teil des Nervensystems ist das **Zentralnervensystem,** das aus dem **Gehirn** und dem **Rückenmark** besteht. Hier werden die einlaufenden elektrischen Impulse verarbeitet, die ihm durch das **periphere Nervensystem** zugeleitet wurden. Zum peripheren Nervensystem gehören die von Gehirn und Rückenmark ausgehenden Nerven sowie das Nervengeflecht für die Haut und die Muskeln von Hals, Nacken, Rumpf und Gliedmaßen.

Nerven, die zu den inneren Organen und von ihnen weg führen, bilden das **vegetative Nervensystem.** Wie die ebenfalls gebräuchliche Bezeichnung autonomes Nervensystem andeutet, ist es für die Steuerung unwillkürlich ablaufender, nicht beeinflussbarer Körperfunktionen wie Herzschlag, Verdauung, Atmung, aber auch für die Schweiß- und Speichelbildung verantwortlich.

Das vegetative Nervensystem setzt sich aus zwei Teilsystemen zusammen: Mittels des **Sympathikus,** der seinen Ursprung im Rückenmark hat, werden vorwiegend Körperfunktionen stimuliert, die den Körper in erhöhte Leistungsbereitschaft versetzen, z. B. in Stresssituationen. Sein Gegenspieler ist der **Parasympathikus,** der auf Beruhigung und Regeneration des Körpers zielt.

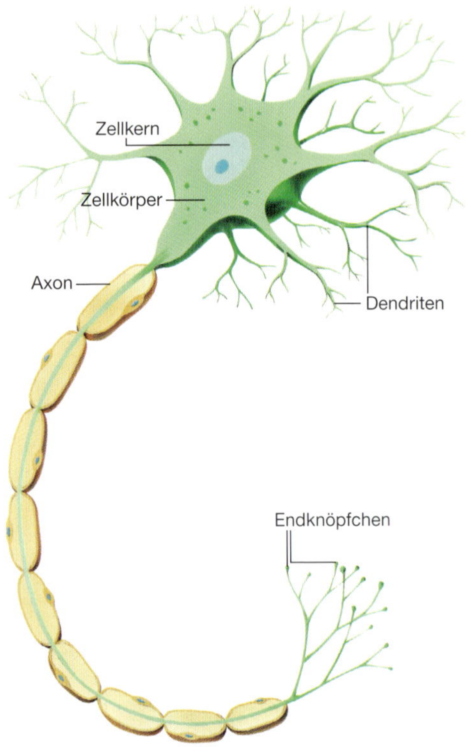

Die Nervenzelle besteht aus Zellkörper, Dendriten, die Impulse aufnehmen, und Axon, das sie weiterleitet. Die Endknöpfchen des Axons sind Bestandteil der Synapsen.

Die Nervenzelle

Die kleinste Einheit eines Nervensystems ist die Nervenzelle oder das **Neuron.** Ihre Länge reicht von wenigen Mikrometern bis zu über 1 m. Neuronen können Erregungen in Form elektrischer Impulse erzeugen, verarbeiten und weiterleiten. Die Übertragung erfolgt an den langen Fortsätzen der Nervenzellen, den **Axonen.** Die Kontaktstelle, an denen Informationen von einer Nervenzelle auf eine andere übertragen werden, heißen **Synapsen.** Hier werden die chemischen Botenstoffe des Nervensystems, die **Neurotransmitter,** freigesetzt, um dann erneut in elektrische Signale übersetzt zu werden.

Die Fähigkeit des Sehens

Das menschliche Auge besteht aus einem kugelförmigen Augapfel, der von der Lederhaut und der Aderhaut umhüllt ist.

Stabilität verleiht dem Auge der Glaskörper, eine durchsichtige, gallertartige Masse, die den Hohlraum zwischen Linse und Netzhaut (Retina) ausfüllt. Die Netzhaut enthält **Photorezeptoren** – Sinneszellen, die durch Lichtreize Nervenimpulse erzeugen. Man unterscheidet **Stäbchen** zum Schwarz-Weiß-Sehen und **Zapfen** zum Farbensehen.

Wie viel Licht das Auge aufnimmt, wird durch die farbige Iris oder Regenbogenhaut reguliert, die die Pupillengröße bei geringem Lichteinfall erweitern und bei viel Licht verkleinern. Einfallende Lichtstrahlen werden von Hornhaut und Linse mehrfach gebrochen und erzeugen auf der Netzhaut ein scharfes, auf dem Kopf stehendes und seitenverkehrtes Bild. Von hier ausgehende Impulse gelangen über den **optischen Nerv** zur Sehrinde im Gehirn, wo die Signale in bewusste Bilder umgewandelt werden.

Hören

Schall verbreitet sich in Form von Wellen durch die Luft wie Kräuselungen auf einem Teich. Durch das muschelförmige Außenohr gelangen sie am Ende des Gehörgangs auf das Trommelfell und lassen es vibrieren. Dadurch geraten drei winzige **Gehörknöchelchen** im Mittelohr – Hammer, Amboss und Steigbügel – in Schwingung und drücken das ovale Fenster nach innen und außen. Das versetzt dann das mit Flüssigkeit gefüllte **Innenohr** in Schwingungen, die wiederum sensorische Haarzellen in der schneckenförmigen Cochlea stimulieren. Diese senden Impulse entlang des **Hörnervs** zum Schläfenlappen des Gehirns, wo sie als Schall interpretiert werden. Die Bogengänge im Innenohr sind darüber hinaus der Sitz des menschlichen **Gleichgewichtsorgans.**

Schmecken und riechen

Nur rd. 2000 **Geschmacksknospen** mit jeweils 10–50 Sinneszellen nehmen auf verschiedenen Bereichen der Zunge fünf Geschmacksvarianten wahr: süß, sauer, salzig und bitter sowie die Geschmacksrichtung „fleischig, herzhaft", die mit dem japanischen Wort „Umami" im Allgemeinen beschrieben wird. Nachdem sie den Reiz empfangen haben, setzen die Sinneszellen Botenstoffe frei, die über Ausläufer von Nervenzellen schließlich ins Gehirn gelangen.

Die **Geruchsrezeptoren** befinden sich im Riechepithel, mit dem die obere Nasenhöhle ausgekleidet ist. Hier nehmen 25 Mio. Rezeptoren die eingeatmeten Geruchsmoleküle wahr und senden die Information darüber an das Gehirn. Ähnlich wie die Geschmackssinneszellen scheinen auch die Riechzellen auf nur wenige Gerüche spezialisiert zu sein. Trotzdem kann der Mensch bis zu **1000 Düfte** unterscheiden. Geruchs- und Geschmackssinn sind eng verbunden.

Kurzsichtig oder weitsichtig?

Viele Menschen sind kurzsichtig – sie sehen zwar in der Nähe gut, aber Gegenstände in der Ferne sind unscharf. Umgekehrt ist es bei den Weitsichtigen: Sie erkennen mühelos weit entfernte Dinge, doch beim Lesen verschwimmen die Buchstaben vor ihren Augen.

Bei Kurzsichtigen ist der Augapfel zu lang und damit die Brechkraft zu groß. Sie brauchen eine Sehhilfe, die den Brennpunkt so weit verschiebt, dass er wieder auf der Netzhaut liegt. Bei Weitsichtigen liegt der Brennpunkt hinter der Netzhaut, der Augapfel ist zu kurz. In jungen Jahren gleicht das Auge die Weitsichtigkeit durch eine stärkere Krümmung der Linse meist von selbst aus. Ab dem 40. Lebensjahr lässt jedoch die Fähigkeit der Linse nach, sich zu krümmen: Der zu kurze Augapfel kann nicht mehr ausgeglichen werden – es kommt zur Altersweitsichtigkeit. Tritt sie bei einem Kurzsichtigen auf, kann dieser manchmal auch ohne Sehhilfe auskommen.

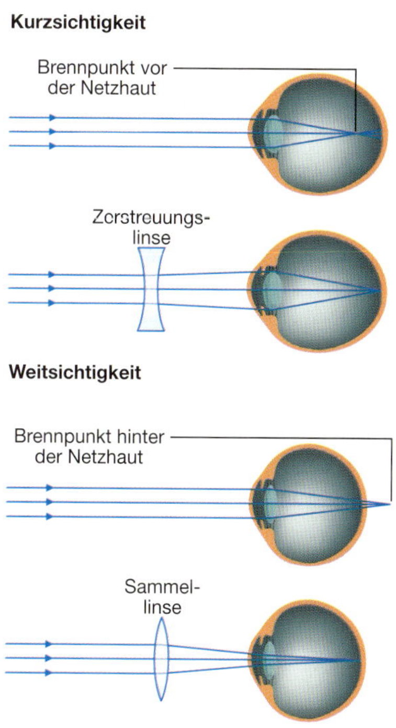

Kurzsichtigkeit lässt sich mit Zerstreuungslinsen („Minusgläser") in Brillen oder Kontaktlinsen ausgleichen; Weitsichtigkeit wird durch Sammellinsen („Plusgläser") korrigiert.

Schaltzentrale Gehirn

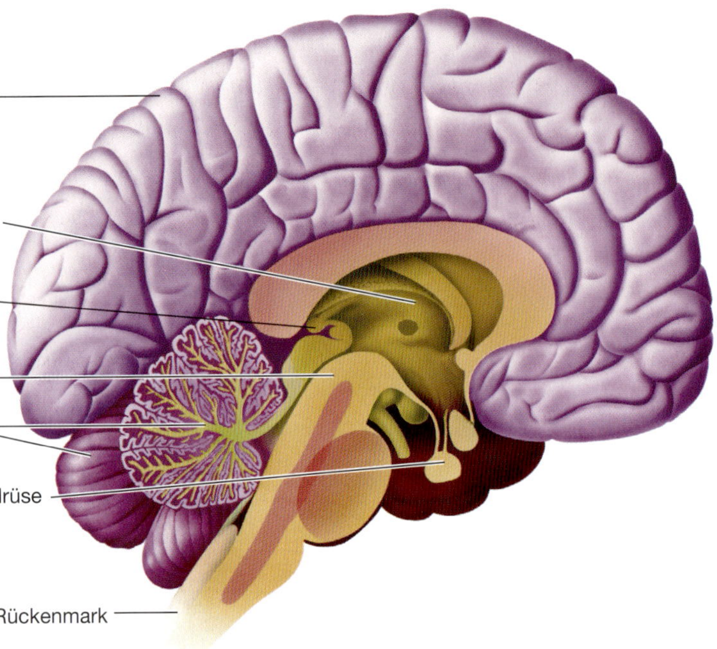

Das Gehirn ist das komplexeste Organ des Menschen. Es gehört zum Zentralnervensystem und ist für die Steuerung der Körperfunktionen zuständig. Darüber hinaus ist es verantwortlich für das Lernen und Denken, für das Speichern und Abrufen von Erinnerungen.

Wo der Verstand sitzt

Schädelknochen und Hirnhäute schützen das empfindliche Gehirn vor schädlichen Einflüssen von außen. Der **Hirnstamm** verbindet das Rückenmark mit der Schaltzentrale. Ein Teil, das **verlängerte Mark,** steuert alle Vitalfunktionen, also Blutdruck, Herz- und Atemfrequenz. Zusammen mit der **Brücke** und dem **Mittelhirn,** dem Reflexzentrum für visuelle Reize, bildet es den entwicklungsgeschichtlich ältesten Teil des Gehirns.

Über dem Mittelhirn befindet sich das **Zwischenhirn**: Der **Thalamus** sortiert ein- und ausgehende Informationen. Der **Hypothalamus**, das übergeordnetes Zentrum zur Aufrechterhaltung wichtiger Gleichgewichte im Körper (Homöostasis), kontrolliert u. a. Hunger- und Sättigungsgefühl, reguliert die Körpertemperatur und steuert mit dem **limbischen System** Emotionen und Sexualverhalten. In der **Zirbeldrüse** wird das Hormon Melatonin produziert, über das u. a. der Schlaf-Wach-Rhythmus gesteuert wird. An der Basis des Zwischenhirns hängt die Hirnanhangsdrüse **(Hypophyse).** Sie steuert das Hormonsystem.

Der zentrale Teil des Gehirns ist das **Großhirn,** der Sitz von Bewusstsein, Wille, Intelligenz, Gedächtnis und Lernfähigkeit. Es besteht aus zwei stark gefurchten Halbkugeln **(Hemisphären),** die durch ein dickes Bündel Nervenfasern, den **Balken,** miteinander verbunden sind. Die äußere Schicht bildet die Großhirnrinde **(graue Substanz),** deren Nerven über Synapsen miteinander verschaltet sind. Der übrige Teil des Großhirns besteht aus Nervenfasern **(weiße Substanz),** die die Nervenzellen mit anderen Hirnteilen verbinden.

Die Oberfläche der Hirnrinde ist in vier **Lappen** unterteilt, die **Areale** mit verschiedenen Funktionen enthalten. Vorwiegend in der linken Hälfte befinden sich die Sprachregionen. Visuelle und räumliche Wahrnehmung kontrolliert die rechte Hemisphäre. An der Hirnvorderseite liegt das **Assoziationsfeld,** von dem man annimmt, dass dort komplexe mentale Prozesse stattfinden.

Über die Brücke ist das Großhirn mit dem **Kleinhirn** verbunden. Es ist ebenfalls in zwei Hälften unterteilt und vorwiegend für die Motorik zuständig.

Rückenmark

Alle Nervenverbindungen zwischen der Schaltzentrale Gehirn sowie den Organen und Muskeln in Rumpf und Gliedmaßen verlaufen durch das **bleistiftdicke** Rückenmark, das im Rückenmarkskanal der Wirbelsäule liegt. Über diese Funktion als Hauptleitungsbahn hinaus hat es große Bedeutung als **Reflexzentrum.** Es ist in der Lage, mit unwillkürlichen Reaktionen selbsttätig auf bestimmte elektrische Impulse zu antworten.

Fortpflanzung und Geburt

Ein unverwechselbares Individuum kann nur entstehen, wenn sich die beim Mann und bei der Frau herangereiften **Keimzellen** zum richtigen Zeitpunkt vereinigen. Während die Spermien kontinuierlich im Hoden des Mannes entstehen, wird eine Frau mit allen Eizellen geboren. Von den über 400000 in den Eierstöcken lagernden **Eizellen** reift nur ca. ein Tausendstel zur Befruchtungsfähigkeit heran. Dieser Prozess setzt bei der Frau einen Menstruationszyklus voraus.

Befruchtung und Einnistung

Nach dem Eisprung ist die Eizelle nur wenige Stunden befruchtungsfähig und nur wenn es in dieser Zeitspanne zum Geschlechtsverkehr kommt, kann neues Leben entstehen. Beim Geschlechtsverkehr gelangen mit dem Samenerguss (Ejakulation) mehrere Millionen **Spermien** (Samenzellen) in den weiblichen Genitaltrakt, wobei ein Großteil bereits in der Scheide zugrunde geht. Angetrieben von ihren Schwanzfäden und angelockt durch chemische Signale der reifen **Eizelle,** schwimmen die übrigen Spermien durch die Gebärmutter in die Eileiter. Ein komplizierter Mechanismus an der Außenhülle der Eizelle verhindert, dass mehr als eine Samenzelle eindringt. Die Samenzelle schwillt zum männlichen Vollkern an und verschmilzt mit dem Kern der Eizelle.

Bereits auf dem weiteren Weg der befruchteten Eizelle **(Zygote)** durch den Eileiter setzen die ersten Zellteilungen ein, bis sich eine Zellkugel, der sog. Maulbeerkeim bzw. die Morula, gebildet hat. Aus ihr entsteht durch weitere Teilungen nach etwa vier Tagen die Keimblase, die sich etwa am siebten Tag an die Gebärmutterschleimhaut anlagert. Um den zehnten Entwicklungstag beginnen in der Schleimhaut Blutgefäße auf den Keimling zuzuwachsen. Der Mutterkuchen, auch **Plazenta** genannt, entsteht. Vor Stößen und Druck wird der heranwachsende **Embryo** von der mit Fruchtwasser gefüllten **Fruchtblase** geschützt, die sich im Inneren der Keimblase ausbildet.

Vom Embryo zum Fötus

Ab der vierten Schwangerschaftswoche verändert sich die Gestalt des Embryos stark: Die Anlagen für Kopf, Hände, Füße, Ohren und Herz entstehen, kurz darauf beginnt das Herz zu schlagen. Am Ende des zweiten Monats sind alle

Künstliche Befruchtung

Wenn alle Bemühungen erfolglos bleiben, ein Kind zu zeugen, finden ungewollt Kinderlose ihre letzte Hoffnung oftmals in den Methoden der **Fortpflanzungsmedizin.** Liegt der Kinderlosigkeit eine organisch bedingte Unfähigkeit des Mannes zum Geschlechtsverkehr zugrunde, dann genügt die **Insemination.** Dabei werden Partnerspermien oder Spermien fremder Spender in die Gebärmutter der Frau eingebracht. **In-vitro-Fertilisation** ist die wissenschaftliche Bezeichnung für eine Befruchtung im Reagenzglas. Sie wird angewandt bei Frauen mit funktionsunfähigen Eileitern. Nach einer hormonellen Stimulationstherapie werden der Frau mehrere reife Follikel aus dem Eierstock entnommen, mit dem Samen des Partners befruchtet und nach einer Inkubationszeit von 48 bis 72 Stunden im Brutschrank in die Gebärmutter eingebracht.

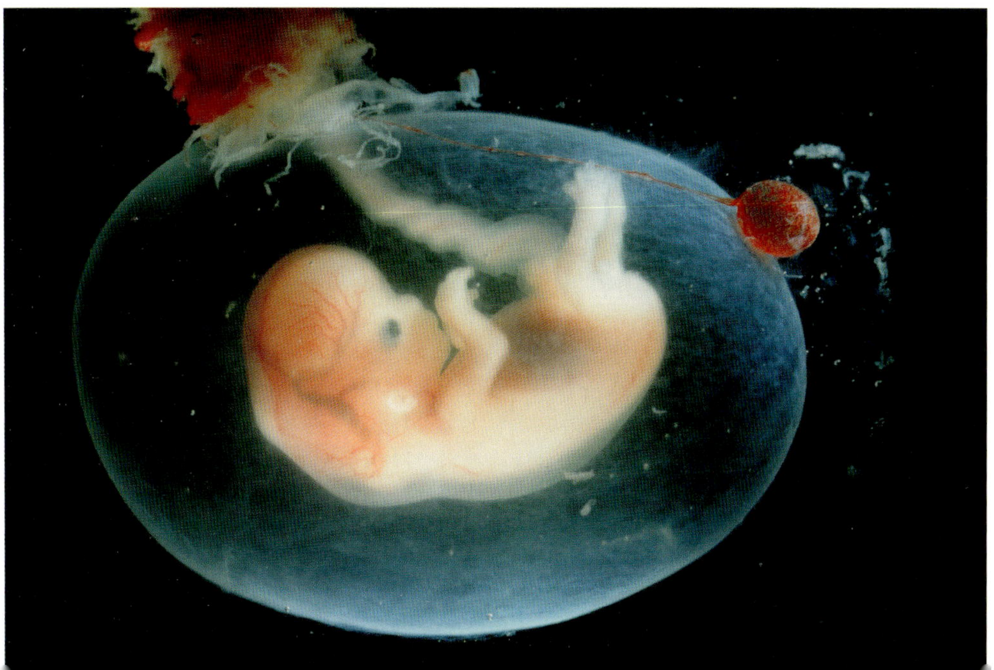

Ein sieben bis acht Wochen alter Embryo; über die Nabelschnur und die Plazenta (oben links) ist er mit dem Blutkreislauf seiner Mutter verbunden.

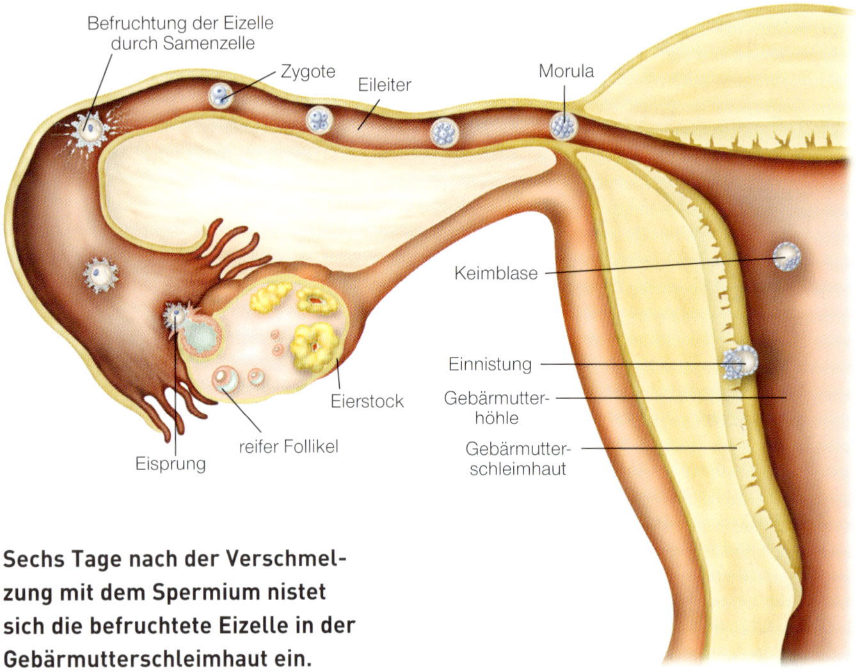

Sechs Tage nach der Verschmelzung mit dem Spermium nistet sich die befruchtete Eizelle in der Gebärmutterschleimhaut ein.

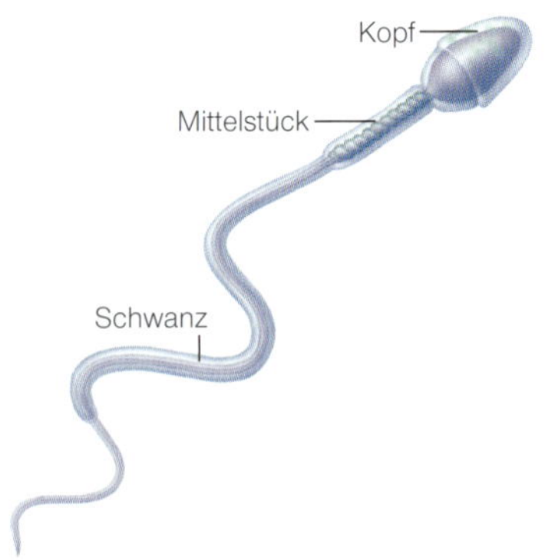

Der Kopfteil des Spermiums enthält die Erbinformation. Das Mittelstück liefert die Antriebsenergie für den Schwanzfaden, der die Zelle mit einer Geschwindigkeit von 3–4 mm/Minute vorantreibt.

inneren Organe angelegt und das Herz schlägt bereits 65-mal in der Minute, obwohl das Blutgefäßsystem noch nicht voll ausgebildet ist. Der Embryo ist jetzt etwa 3–4 cm lang und rd. 11 g schwer. Im dritten Monat setzt ein starkes Wachstum von Gehirn und Rückenmark ein. Gleichzeitig verlängern sich Arme und Beine und die Geschlechtsorgane werden ausgebildet. Am Ende des dritten Monats besitzt der Embryo alle Gliedmaßen und seine inneren Organe sind angelegt.
Mit Beginn des vierten Monats wird das Ungeborene als **Fötus** bezeichnet. Bis zum Ende des siebten Monats entwickeln sich aus den Organanlagen die funktionsfähigen Organe. Außerdem beginnen sich die knorpeligen Knochenanlagen zu verfestigen, Haare und Nägel zu wachsen und der Fötus ist in der Lage, Arme, Beine, Finger und Zehen zu bewegen.
In den letzten beiden Monaten vor der Geburt nimmt er nur noch an Größe und Gewicht zu.

Der Schritt ins Leben

Gegen Ende der etwa 270 Tage dauernden Schwangerschaft hat sich das Kind normalerweise gedreht und liegt mit dem Kopf nach unten in der Gebärmutter – bereit zur Geburt. In der ersten Geburtsphase, der **Eröffnungsphase,** setzen die Wehen ein. Durch die Kontraktionen der Gebärmuttermuskulatur wird das Kind in Richtung Muttermund gedrückt, der sich langsam öffnet. Gleichzeitig ziehen die wellenförmigen Kontraktionen der Gebärmutter den Muttermund über dem Kopf des Kindes zurück. Während dieser ersten Phase platzt die Fruchtblase und das Fruchtwasser fließt ab. Daraufhin beginnt die zweite Phase, die **Austreibungsphase,** in der das Baby den Geburtskanal, die Vagina, passiert. Die Mutter unterstützt den Austritt des Kindes durch aktives Mitpressen. Der Kopf des Kindes schiebt sich aus dem Geburtskanal. Bald darauf gleitet der ganze Körper heraus und das restliche Fruchtwasser fließt ab.

Damit das Neugeborene beim Einatmen keine Schleimreste durch Mund oder Nase ansaugen kann, wird es manchmal mit den Beinen kurz nach oben gehalten. **Der erste Atemzug,** oft von einem lauten Schrei begleitet, entfaltet die Lungen und das Kind beginnt, selbstständig zu atmen. Wenn die Atmung in Gang gekommen ist, wird die **Nabelschnur** abgebunden und anschließend durchtrennt.

Etwa eine halbe Stunde nach der Geburt des Kindes setzen die **Nachgeburtswehen** ein. Dabei löst sich die Plazenta von der Gebärmutterwand ab und wird mit der Haut der Fruchtblase sowie den Resten der Nabelschnur als Nachgeburt ausgestoßen.

Kaiserschnitt

Nicht alle Kinder erblicken auf diesem natürlichen Weg das Licht der Welt. Sind beispielsweise Komplikationen zu erwarten, die das Leben von Mutter oder Kind bedrohen könnten, oder stellen sich solche während des Geburtsvorganges ein, muss ein Kaiserschnitt vorgenommen werden. Dabei werden Bauchdecke und Gebärmutter unter Narkose geöffnet und das Kind wird durch diese Öffnung herausgezogen.

Medizin: den Kranken helfen

Die Medizin ist die Wissenschaft vom gesunden und kranken Menschen. Sie umfasst neben der Erforschung der Ursachen und Erscheinungsformen von Krankheiten (Pathologie) sowie ihrer Verhütung (Prophylaxe) auch deren Erkennung (Diagnose) und Behandlung (Therapie).

In den Körper hören

Bei einer systematischen körperlichen Untersuchung reichen dem Arzt die fünf Sinne: Er betrachtet, tastet, klopft, horcht ab und kontrolliert die wichtigsten Lebensfunktionen des Körpers. Das Beklopfen **(Perkussion)** des Körpers erlaubt dem Untersuchenden die Schalldichte des Gewebes zu beurteilen. Mit einem **Stethoskop** wird „abgehört“ **(Auskultation)**. Mit ihm kann z. B. die Lunge auf Entzündungsprozesse oder Wassereinlagerungen abgehört werden. Am Herzen werden die Herztöne an verschiedenen Stellen beurteilt und krankhafte Nebengeräusche diagnostiziert.

Blutdruckmessung

Neben „einfachen“ Hilfsmitteln wie dem Reflexhammer und der Taschenlampe, mit denen das Nervensystem (Reflexe und Pupillenreaktion) geprüft wird, spielt die Messung des Blutdrucks eine wichtige Rolle im medizinischen Alltag. Sie liefert Informationen über die Funktion von Herz und Kreislauf. Dazu wird eine Manschette um den Oberarm gelegt, die dann aufgepumpt wird. Beim langsamen Ablassen der Luft kann mit dem Stethoskop ein Strömungsgeräusch über der Arterie auskultiert werden. Der **systolische Wert** entspricht dem Beginn, der **diastolische Wert** dem Verschwinden dieses Geräusches. Die optimalen Blutdruckwerte für Erwachsene betragen systolisch < 120 und diastolisch < 90 mm Hg (Millimeter Quecksilbersäule).

Blick in den Körper

Die bildgebenden Verfahren haben die medizinische Diagnostik radikal verändert. Bei der **Röntgendiagnostik** nutzt man die unterschiedliche Durchlässigkeit verschiedener Gewebe für Röntgenstrahlen. Bei der **Computertomographie** (CT) handelt es sich letztlich nur um eine Erstellung von Röntgenbildern in Serie. Es entstehen recht präzise Querschnittbilder des Körpers – und das mit einer für den Patienten geringeren Strahlenbelastung. Mittels der **Sonographie** werden verschiedene Körperregionen mit Hilfe von Ultraschallwellen bildlich dargestellt. Eingesetzt wird sie in der Schwangerenvorsorge und vor allem bei der Untersuchung des Herzens und der Oberbauchorgane sowie speziell bei Gefäßerkrankungen. Eine Anlage zur Magnetresonanztomographie (MRT), auch **Kernspintomographie** genannt, besteht im Wesentlichen aus Magneten, die im Untersuchungsbereich ein starkes, homogenes Magnetfeld erzeugen. Die im Körper vorhandenen Wasserstoffatome haben einen einfachen Atomkern, der

Mit einem Stethoskop werden bei einer ärztlichen Untersuchung besonders Herz, Lunge, Blutgefäße und Darm „ausgehorcht“.

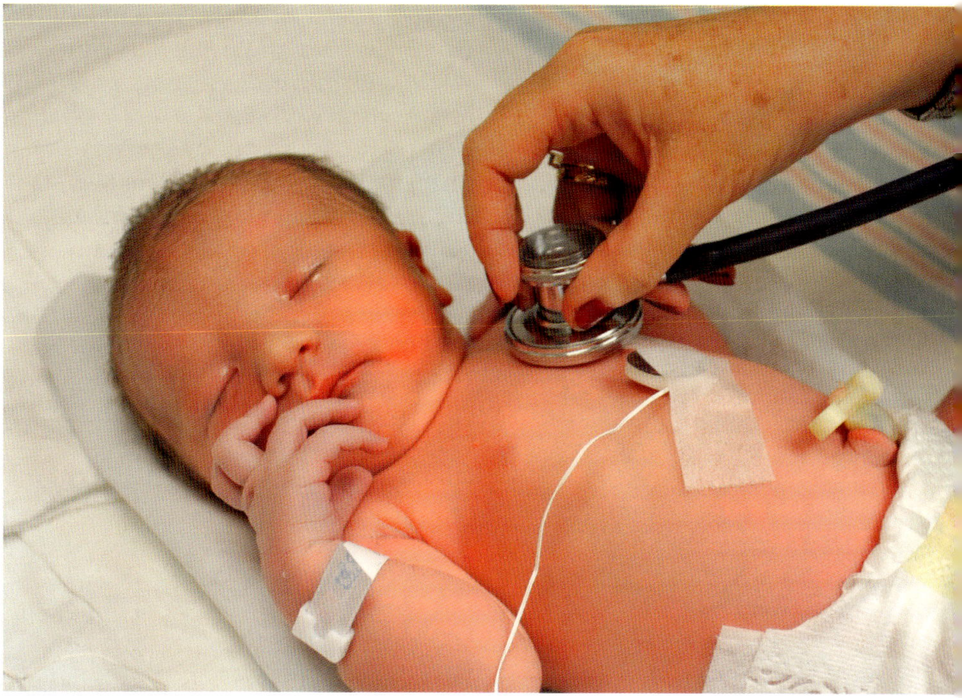

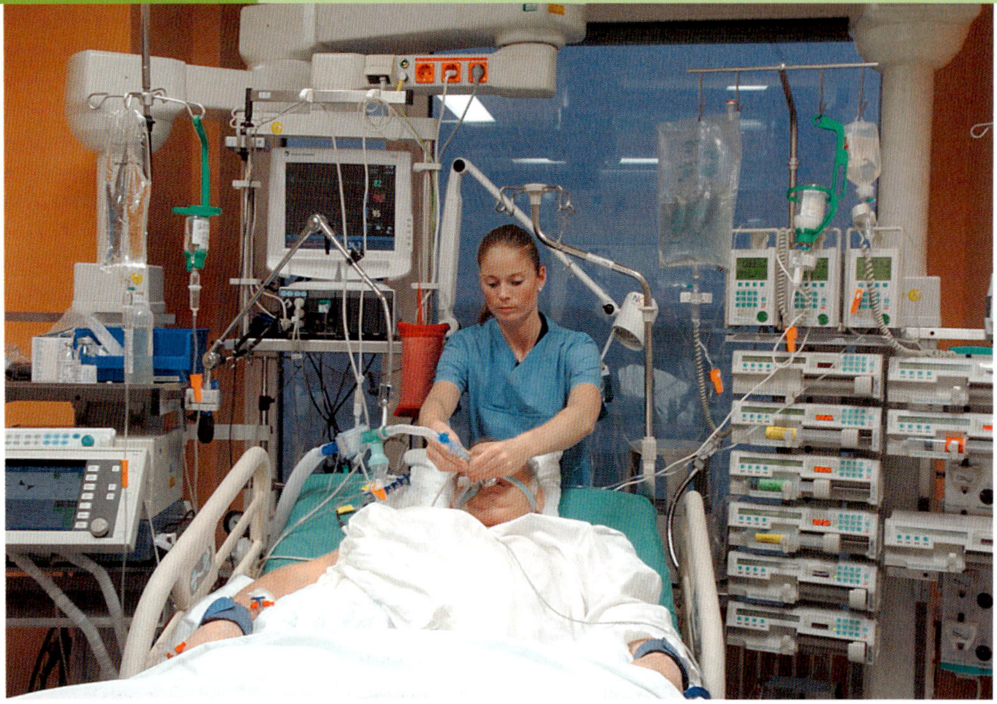

Hochleistungsmedizin auf der Intensivstation eines Krankenhauses: Überwachungsmonitore, Medikamentenpumpen, Dialyse- und Beatmungsgeräte lassen fast vergessen, dass sich hier Menschen um den Patienten kümmern.

sich um seine eigene Achse dreht und damit selbst ein winziges, messbares Magnetfeld erzeugt.

Arzneimittel

Zur Verhütung und Therapie von Erkrankungen stehen dem Arzt heute eine große Anzahl wirksamer Medikamente zur Verfügung, die entweder aus natürlichen Substanzen bestehen oder künstlich hergestellt werden. Bei der **oralen Anwendung** wird das Arzneimittel geschluckt, die Wirkstoffe werden im Darm resorbiert und danach im Blut aufgenommen und im Organismus verteilt. Bei der **parenteralen Anwendung** wird der Magen-Darm-Trakt umgangen: Das Arzneimittel wird entweder gespritzt (bei einer intravenösen Injektion direkt in die Blutbahn) oder über die Lunge eingeatmet (Inhalation). Gewisse Arzneimittel können auch über die Haut aufgenommen werden. Bei der rektalen Anwendung wird das Arzneimittel als Zäpfchen in den Enddarm eingeführt und dort resorbiert. Nach der Verarbeitung im Stoffwechsel werden die Abbauprodukte der Arzneimittel wieder ausgeschieden. Dies erfolgt in erster Linie über die Niere und den Urin, über die Leber und die Galle sowie über den Stuhl.

Dialyse

Ist die Nierenfunktion so stark eingeschränkt, dass es zur Harnvergiftung (Urämie) kommt und die Stoffwechsellage trotz medikamentöser Therapie nicht normalisiert werden kann, muss das Blut außerhalb des Körpers durch die sog. Hämodialyse gereinigt werden.

Von der Armschlagader aus wird das Blut des Patienten in das Dialysegerät gepumpt. Kernstück des Dialysators ist eine Membran, die gelöste Stoffe wie Harnstoff und Salze passieren können, Eiweiße und Blutkörperchen jedoch nicht. Auf der einen Seite strömt das Blut entlang, auf der anderen Seite eine Dialyseflüssigkeit (Dialysat). Sie nimmt die Giftstoffe auf, die das Blut durch die Membran verlassen, und gibt Salze in das Blut ab. Über die Armvene gelangt das gereinigte Blut dann wieder in den Körper zurück.

Chirurgische Eingriffe

Die Behandlung einiger Krankheiten und Verletzungen erfordert den operativen Eingriff durch einen speziell ausgebildeten Arzt, den Chirurgen. Dabei wird gewöhnlich die Haut eingeschnitten, sodass Teile des Körpers freiliegen. Der Chirurg kann Gewebe für Untersuchungen entnehmen **(Biopsie),** Organe entfernen, die durch eine Krankheit wie Krebs geschädigt wurden, Strukturen wieder einrichten, die z. B. durch einen schweren Bruch aus ihrer Lage gebracht wurden, Gewebe oder Organe wie Nieren verpflanzen oder Blockaden in Blutgefäßen beseitigen. Kleinere Eingriffe erfolgen oft **ambulant** und es ist nur eine örtliche Betäubung nötig, die den Teil des Körpers gefühllos macht, der operiert wird. Größere Operationen finden unter sterilen Bedingungen in einem Operationssaal statt. Der Patient erhält normalerweise eine **Vollnarkose,** sodass er während der Operation ohne Bewusstsein ist.

Mikrochirurgie

Der Laser ist in der modernen Chirurgie häufig im Einsatz. Er wurde in den 1960er Jahren für die Augenchirurgie entwickelt. Heute zerstören medizinische **Laser** Gehirntumore, ohne benachbartes Gewebe zu verletzen, oder schweißen bei Transplantationen Nerven und Blutgefäße zusammen. Häufig angewandt wird heute auch die **Ballonchirurgie,** die Arterien von Fettablagerungen befreit. Die Chirurgen schieben einen Katheter durch die Arterie zu den Fettablagerungen und pumpen dort einen Ballon auf, der das Fett gegen die Gefäßwände drückt, damit sich die Arterie wieder öffnet. Dieses Verfahren kann eine risikoreichere Bypass-operation überflüssig machen.

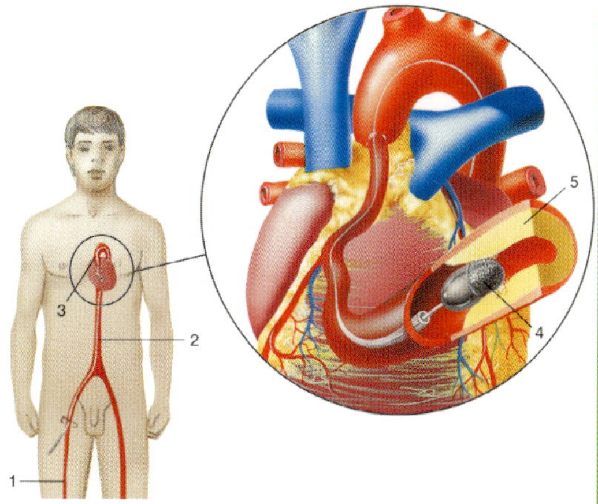

Bei einer Verengung der Herzkranzgefäße bietet die Angioplastie eine Behandlungsmöglichkeit. Dabei wird von der Oberschenkelarterie (1) aus über die Aorta (2) ein Katheter bis in die betroffene Herzkranzarterie (3) eingeführt, an dessen Spitze sich ein aufblasbarer Ballon oder ein kleiner Bohrkopf (4) befindet. Mit Hilfe des Ballons kann das Gefäß erweitert werden; mit dem Bohrkopf werden die Ablagerungen (5) von der Gefäßwand gefräst.

Transplantation

Durch eine Transplantation werden erkrankte, nicht mehr funktionstüchtige oder schwer verletzte Organe ersetzt. Zu unterscheiden ist die **Übertragung körpereigenen Gewebes** von einem Körperteil auf einen anderen (autogene Transplantation) und die Übertragung von Geweben und **Organen** von einem Menschen auf einen anderen (allogene Transplantation) sowie die Organübertragung zwischen Individuen verschiedener Arten, etwa vom Tier auf den Menschen (xenogene Transplantation). Am häufigsten ist die Transplantation von Nieren, es folgen die Transplantation von Herz bzw. Herz und Lunge, Knochenmark, Leber und Bauchspeicheldrüse. Damit es nicht zu **Unverträglichkeitsreaktionen** (Abstoßungsreaktionen) zwischen Spenderorgan und Empfängerorganismus kommt, wird das Immunsystem des Empfängers vor und nach der Transplantation mit Medikamenten künstlich geschwächt (Immunsuppression).

Alternative Heilmethoden

Alternative Heilverfahren sind Therapieformen, deren Methoden nicht oder nur teilweise wissenschaftlich belegt sind. Bei ihnen steht in der Regel die Behandlung des gesamten Organismus anstelle der isolierten Therapie eines erkrankten Organsystems im Vordergrund. Besonderer Wert wird auf die Förderung der Selbstheilungskräfte des Körpers gelegt.

Bei der **Homöopathie,** einem ganzheitlichen Ansatz, der auf den deutschen Arzt Samuel Hahnemann (1755–1843) zurückgeht, wird mit stark verdünnten Wirkstoffen gearbeitet. Die **Akupunktur** ist eine Hauptrichtung der traditionellen chinesischen Medizin, in der durch Nadelstiche an genau festgelegten Körperstellen sog. Meridiane – energetische Leitungsbahnen – aktiviert werden. Der **Chiropraktiker** geht davon aus, dass z. B. ein Rücken- oder Kopfschmerz, Bluthochdruck oder Asthma auf eine Fehlstellung oder eine Blockade des Körpers zurückzuführen ist, die er löst.

Meilensteine der Medizin

5. Jh. v. Chr.
Hippokrates begründet die abendländische wissenschaftliche Heilkunde.

1137
Beginn der Universitätsmedizin

1726
Stephen Hales misst erstmals exakt den Blutdruck eines Tiers.

1796
Edward Jenner führt die Pockenimpfung mit Kuhpocken durch.

1816
Théophile Laennec erfindet das Stethoskop.

1846
William Morton führt die erste Äthernarkose durch.

1895
Wilhelm Conrad Röntgen entdeckt die Röntgenstrahlen.

1902
Willem Einthoven glückt das erste Elektrokardiogramm (EKG).

1924
Georg Haas nimmt die erste Blutwäsche (Hämodialyse) vor.

1928
Alexander Fleming entdeckt das Penicillin.

1932
Rudolf Schindler erfindet den Magenspiegel (Gastroskop).

1958
Åke Senning implantiert den ersten Herzschrittmacher.

1967
Christiaan Barnard nimmt die erste Herztransplantation vor.

1976
Godfrey Hounsfield entwickelt die Computertomographie.

1992
Die „minimalinvasive Chirurgie" mit Endoskop wird vorgestellt.

2003
Die Sequenzierung des menschlichen Genoms ist vollständig.

Rund um die Welt

Das Wunder des Lebens

Von Elementen und Molekülen

Den Naturgesetzen auf der Spur

Die Welt der Zahlen

Die Geschichte der Menschheit

Die Macht der Sprache

Der kreative Mensch

Regieren und Handel treiben

Auf der Suche nach dem Sinn

Von Elementen und Molekülen

Die Chemie ist unter den Naturwissenschaften diejenige mit der größten industriellen Bedeutung. Ob es um die Bearbeitung oder Veredelung vorhandener Stoffe geht oder die Synthese gänzlich neuartiger Verbindungen: Immer ist Chemie mit im Spiel und die chemische Industrie ist einer der wichtigsten Industriezweige weltweit. Dabei spielen die Produkte dieser Branche nicht nur für Techniker und Wissenschaftler, sondern auch für den Alltag jedes Einzelnen eine große Rolle. Farben, Waschmittel, Dünger, Medikamente und natürlich alle „Kunststoffe“ wären ohne die Chemie nicht oder nur mit viel größerem Aufwand herzustellen.

Eine Lösung wird in Petrischalen pipettiert.

Was ist Chemie?

Chemie ist in allererster Linie die Wissenschaft von den Stoffen, ihren Eigenschaften und Umwandlungen. Stoffe im Sinne der modernen Chemie sind die Materialien, aus denen unsere Umwelt oder auch wir selbst aufgebaut sind. Stoffe können flüssig, fest oder gasförmig sein, zusammengesetzt oder elementar, hochreaktiv oder träge und sie können noch eine Fülle anderer Eigenschaften aufweisen. Diese zu kennen und gezielt zu beeinflussen, ist die Hauptaufgabe der Chemie.

Ein Ei – ein physikalischer Körper, ein Nahrungsmittel oder Eiweiß mit (beschädigter) Kalkummantelung?

Stellen wir uns ein frisches Ei vor und dazu drei Naturwissenschaftler unterschiedlicher Fachrichtungen. Als Erster untersucht ein Physiker das Ei: Er wird es wiegen und vermessen, dann vielleicht eine schiefe Ebene hinunterrollen lassen und schließlich die Kraft ermitteln, die benötigt wird, um seine Schale zu zerbrechen. Als Nächster kommt ein Biologe an die Reihe. Er bestimmt zunächst die biologische Art des Tieres, welches das Ei gelegt hat. Wenn er genügend Zeit und Forschungsgelder hat, wird er das Ei künstlich bebrüten, um Aufwachsen und Verhalten des neu entstandenen Lebewesens zu untersuchen. Er könnte natürlich auch das Ei öffnen und den Nährwert von Eiklar und Dotter bestimmen.

Wie würde ein Chemiker an das Ei herangehen? Er würde erkennen, dass die drei Stoffe Schale, Eiklar und Dotter die wesentlichen Komponenten des Eis sind. Deren Verhalten bei hohen oder tiefen Temperaturen, bei Kontakt mit einer Säure oder verschiedensten Reagenzien würde festgestellt werden und schließlich könnte der Chemiker noch auf die Idee kommen, aus bekannten Substanzen ein naturidentisches „Kunst-Ei“ zu produzieren. Breiten Raum nähme auch die chemische Analyse der im Ei enthaltenen Stoffe ein, d. h. die Frage, aus welchen Molekülen sie bestehen, in welcher Form sie vorliegen und welche chemischen Elemente in diesen Molekülen miteinander verbunden sind.

Manchmal ist es nicht ganz einfach zu erkennen, ob Chemie im Spiel ist oder nicht. So wird bei einer „chemischen Reinigung“ der Schmutz nicht durch chemische Stoffumwandlung, sondern mit Hilfe von physikalisch wirkenden Lösungsmitteln entfernt. Wenn jemand hingegen „ohne Chemie“, nur mit Haushaltsessig putzt, ändert er den pH-Wert, also das Säuregleichgewicht am Küchenboden, was eindeutig ein chemischer Vorgang ist.

Die Themen der Chemie

Angesichts der unvorstellbaren Menge von natürlichen und künstlichen Stoffen ist es nicht verwunderlich, dass die Chemie sich mittlerweile in eine Vielzahl von Fachdisziplinen aufgespalten hat. Einige von ihnen wie die Biochemie, die Geochemie oder die physikalische Chemie arbeiten im Grenzbereich zu benachbarten Naturwissenschaften. Die Überschneidung mit der Biologie ergibt sich daraus, dass fast alle Prozesse in einer lebenden Zelle auf chemischen Reaktionen beruhen. Auch die Erbinformation jedes Lebewesens und damit auch jedes einzelnen Menschen ist bereits in einem einzigen, wenn auch extrem großen Molekül enthalten. Mit der Physik verbinden die Chemie vor allem Forschungsmethoden wie die Spektroskopie oder die Untersuchung elektromagnetischer und thermodynamischer Erscheinungen. Ein weiteres gemeinsames Forschungsfeld ist die Beschreibung des Aufbaus von Molekülen und Atomen, die sowohl die Chemie als auch die Physik zu ihren wichtigsten Aufgaben zählen.

Eine ganz andere Unterscheidung besteht zwischen organischer und anorganischer Chemie. Diese erfolgt nach den betrachteten Stoffen – enthalten sie Verbindungen des Elements Kohlenstoff, gelten sie als organisch, andernfalls als anorganisch. Man kann in der Chemie auch nach analytischer (die Zusammensetzung von Stoffen erforschender) und präparativer (neue Verbindungen herstellender) Herangehensweise differenzieren. Schließlich sind die technische Chemie als Grundlage der chemischen Industrie sowie die zahlreichen Spezialgebiete erwähnenswert, die meist mit besonderen aktuellen Fragestellungen gekoppelt sind, etwa die klinische Chemie, die Lebensmittel- oder die Umweltchemie.

Alchemie

Von der Spätantike bis in die frühe Neuzeit galt die Alchemie als eine Geheimwissenschaft, die sich nur wenig von Magie und Hexerei unterschied. Das hing nicht nur damit zusammen, dass viele frühe Chemiker und Alchemisten entweder allein oder in streng abgeschotteten, verschworenen Zirkeln tätig waren. Auch ihre wenig rationalen Ziele – wie die Umwandlung unedler Metalle in Gold oder Silber mit Hilfe des „Steins der Weisen" oder auch die Suche nach dem ewigen Leben – trugen zu diesem Ruf bei. Der Übergang zur modernen Naturwissenschaft vollzog sich nicht schlagartig, sondern allmählich durch die Verbreitung neuzeitlicher experimenteller Methoden und die Zusammenarbeit mit Naturforschern anderer Disziplinen. Bekannte Gelehrte wie der englische Physiker und Mathematiker Isaac Newton (1643–1727) betätigten sich zeitlebens auch als Alchemisten.

Ein Alchemist bei der Suche nach dem „Stein der Weisen", einer Substanz mit der angeblichen Fähigkeit, unedle Metalle wie etwa Quecksilber in Gold oder Silber zu verwandeln (Radierung, 1625)

Stoffe und Elemente

Es ist nicht ganz einfach zu definieren, was ein chemischer Stoff ist. Nach dem pragmatischen Ansatz ist ein Stoff alles, was mit chemischen Methoden untersucht werden kann. Oft steckt der Stoff bereits in der Bezeichnung, z. B. gibt es Treibstoffe, Farbstoffe oder Rohstoffe. Auch Arzneimittel oder Düngemittel sind Stoffe – und typische Produkte der chemischen Industrie.

Wenn Eis flüssig wird, ändert sich der Aggregatzustand, der Stoff – Wasser – bleibt derselbe.

Bild oben: Flüssiges Quecksilber

Stoffe der Welt

Seit dem Altertum unterschied man Stoffe vor allem mit den Sinnen. Farbe, Geruch, Geschmack und fühlbare Eigenschaften wie Härte, Sprödigkeit oder Gewicht kennzeichneten Metalle, Gase, Nahrungsmittel oder die verschiedensten Werkstoffe. Dabei weist jeder Stoff eine **charakteristische Kombination** von Merkmalen auf. Die Farbe allein etwa ist kein guter Ratgeber: Kohle z. B. ist schwarz, Schwefel gelb, doch Arsen ist ebenfalls gelb, kann aber auch in einer grauen Modifikation auftreten. Klassisch sind sog. nasschemische Verfahren. Hier bringt man kleine Mengen der Stoffe in Lösung. Dann fügt man andere Stoffe hinzu und beobachtet die chemische Reaktion. Dabei treten Färbungen, Niederschläge usw. auf, die charakteristisch für bestimmte Stoffe sind. Ein Beispiel dafür ist die Titration (→S. 142). Spektroskopische Untersuchungen (→S. 121) sind zwar aufwendiger, dafür aber auch viel genauer.

Die **sinnliche Wahrnehmung** eignet sich nicht immer für chemische Analysen. Viele Metalle sehen silbrig grau aus und fühlen sich relativ schwer an – unterscheiden lassen sie sich aber beispielsweise aufgrund ihrer elektromagnetischen Eigenschaften. Der **Geruchssinn** wiederum kann zwar recht viele verschiedene Gase erkennen (wenn er bei weitem auch nicht so leistungsfähig ist wie eine Hundenase). Doch es gibt eine Reihe von Substanzen, die man wegen ihrer Giftigkeit niemals einatmen sollte – manche würde man daher nur ein einziges Mal erkennen können. Der **Geschmackssinn** schließlich unterscheidet nur die vier Grundqualitäten süß, sauer, salzig und bitter (Japaner erkennen noch eine weitere, Umami genannte Geschmacksqualität). Doch die moderne analytische Chemie hält ein großes Arsenal an **Bestimmungstechniken** bereit, welche die Fähigkeiten der sinnlichen Wahrnehmung weit übertreffen.

Reinstoffe und Gemische

Reiner Sauerstoff, gediegenes Gold, Kupferdraht oder destilliertes Wasser haben eines gemeinsam: Sie bestehen (bis auf etwaige winzige Verunreinigungen) jeweils aus einem einzigen Stoff, sind sog. **Reinstoffe.** Luft, Stahl, Granit oder Leitungswasser dagegen enthalten eine mehr oder weniger zufällige Mischung von Stoffen. **Luft** beispielsweise besteht zu knapp vier Fünfteln aus dem Gas Stickstoff und etwa einem Fünftel aus Sauerstoff. Der Rest teilt sich in wechselnde Anteile von Wasserdampf, Kohlenstoffdioxid, Argon, Methan und eine ganze Reihe von sog. Spurengasen. **Stahl** erhält seine vorteilhaften Materialeigenschaften sogar erst durch die gezielte Zugabe von Kohlenstoff und Metallen wie Chrom, Nickel oder Vanadium.

Die entscheidende Eigenschaft aller Gemische ist es, dass sie allein mit physikalischen Methoden getrennt werden können – etwa durch Erhitzen bzw. Aufschmelzen, Zentrifugieren, Destillieren usw. **Granit** beispielsweise ist ein **erstarrtes Gemisch** aus vielen verschiedenen Kristallen, das tief im Erdinneren entstanden ist. Unter den dort herrschenden Druck- und Temperaturbedingungen würde es sich wieder zersetzen und könnte in seine Bestandteile aufgeteilt werden.

Aggregatzustände

Farbe, Gewicht bzw. Dichte, Geruch und andere Merkmale charakterisieren einen Stoff. Ob er fest, flüssig oder gasförmig ist, ist dagegen kein Unterscheidungsmerkmal. Dies liegt daran, dass bei genügend hoher Temperatur jeder Stoff flüssig bzw. gasförmig wird, bei hinreichend niedrigen Temperaturen und hohem Druck lassen sich alle Stoffe verfestigen. Darum ist der sog. Aggregatzustand eines Stoffes keine Materialeigenschaft – wohl aber die **Temperatur,** bei der er von einem in einen anderen wechselt. **Übergänge zwischen Aggregatzuständen,** also etwa Verdampfen, Gefrieren, Schmelzen usw., sind auch heute Gegenstand der physikalisch-chemischen Forschung.

Von allen bekannten Stoffen gibt es nur einen, der in unserer natürlichen Umwelt in allen drei Aggregatzuständen vorkommt: **Wasser.** Als Flüssigkeit macht es die Hauptmasse der Ozeane aus, ist Grundnahrungsmittel und Produktionsmittel für die verschiedensten Prozesse. **Eis** bedeckt Nord- und Südpol sowie viele Berggipfel, allein der antarktische Eisschild macht den größten Teil der globalen Süßwasservorräte aus. Vor der Erfindung des Kühlschranks waren gut isolierte Eisblöcke in sog. Eiskellern die beste Möglichkeit, in der warmen Jahreszeit Speisen frisch zu halten. **Wasserdampf** schließlich ist wichtiger Bestandteil der Erdatmosphäre, dort trägt er zum Wärmehaushalt und zur Entstehung von Wolken und Niederschlag bei und ist entscheidend für das Wettergeschehen.

Als Rost bezeichnet man das Korrosionsprodukt, das aus Eisen oder Stahl durch Oxidation mit Sauerstoff entsteht. Bei diesem Schiffswrack wird der Vorgang zudem durch das salzige Meerwasser beschleunigt.

Stoffeigenschaften im Alltag

Die gezielte Änderung von Stoffeigenschaften hat zu vielen praktischen Erfindungen geführt. Andere Eigenschaften ändern sich von selbst, oft mit unerwünschten Folgen.

In den Sandwichboden eines **Kochtopfs** ist meist eine Aluminium- oder Kupferplatte eingearbeitet, weil diese Metalle Wärme besser leiten als Eisen. Die Griffe bestehen dagegen aus Materialien, die eine besonders schlechte Wärmeleitung aufweisen.

Wird Eisen längere Zeit an einem feuchten Ort gelagert, so bildet sich **Rost.** Kupfer überzieht sich mit einer grünlichen **Patina** (oft fälschlich als Grünspan bezeichnet). Während das Verrosten die Materialeigenschaften von eisernen Gegenständen massiv ändert (bis zur Zerstörung), bewirkt eine Patina lediglich eine Farbänderung.

Maßgeschneiderte Werkstoffe sind ein aktuelles Thema in der **chemisch-materialwissenschaftlichen Forschung.** War etwa die berühmte Teflonpfanne noch ein Zufallsfund, so will man heute Stoffe mit genau definierter Hitzebeständigkeit und Festigkeit entwickeln. Gleichzeitig sollen sie ideal schmutzabweisend und natürlich preiswert und ohne giftige Abfallprodukte herzustellen sein.

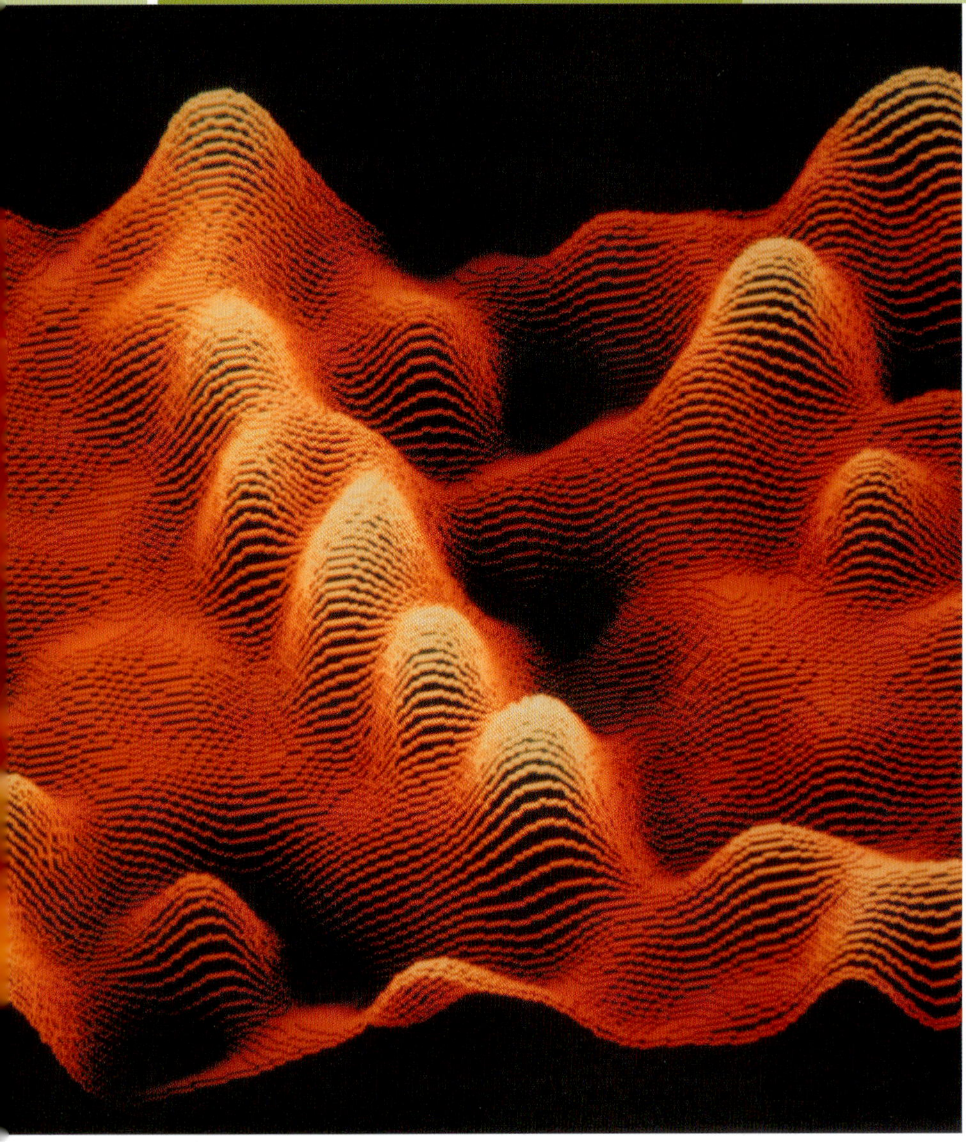

Atome sind viel zu klein, um direkt beobachtet werden zu können. Erst mit einem sog. Rastertunnelmikroskop kann man die Ausdehnung einzelner Atome auf einer Festkörperoberfläche sichtbar machen.

Atommodelle

Der Begriff „Atom" kommt aus dem Griechischen und bedeutet so viel wie „Unteilbares". Bereits um 400 v. Chr. benannte der Philosoph Demokrit so die von ihm postulierten kleinsten Bestandteile aller Materie. Ob es sie überhaupt gibt, war viele Jahrhunderte Gegenstand heftiger Debatten. Heute weiß man, dass es Atome tatsächlich gibt und dass alle Stoffe aus ihnen aufgebaut sind – doch unteilbar sind sie nicht.

Elemente und Atome

Stoffgemische – Luft, Meerwasser, Sand – lassen sich auf physikalischem Wege trennen. Chemische Verbindungen – also Stoffe wie Alkohol oder Kohlenstoffdioxid, die durch eine chemische Reaktion entstehen – lassen sich auch nur auf chemischem Wege wieder lösen. Chemische Elemente dagegen sind mit chemischen Mitteln nicht weiter zu zerlegen, sie sind die **Grundbausteine** in der Welt der Chemie.

Bis ins Mittelalter hielt man **Feuer, Wasser, Erde und Luft** für die elementaren Bestandteile der Welt. Heute kennt man über 100 chemische Elemente, darunter so bekannte wie Sauerstoff, Kohlenstoff, Eisen und Gold und unbekannte wie Ytterbium, Praseodym oder Darmstadtium. Sie alle unterscheiden sich dadurch, dass die Atome, aus denen sie bestehen, eine jeweils charakteristische Struktur besitzen. Schwere Elemente besitzen schwere **Atome,** leichte Elemente leichte. Elemente, die elektrischen Strom leiten, haben Atome, die elektrische Ladungen leicht abgeben können, und Elemente, die leicht chemische Reaktionen eingehen, tun dies, weil ihre Atome sich leicht mit anders- oder gleichartigen Atomen verbinden.

Was ist ein Atom?

Im Lauf der Wissenschaftsgeschichte gab es viele Antworten auf diese Frage, darunter das sog. Rosinenkuchenmodell des englischen Forschers Thomson und natürlich die antiken Vorstellungen des Demokrit. Heute gibt es eine ausformulierte und in unzähligen Experimenten bestätigte Theorie vom Aufbau und den Eigenschaften der Atome, welche eine gemeinsame Glanzleistung von Physikern und Chemikern des 20. Jh. war.

Grundsätzlich besitzt ein Atom einen kleinen, schweren Kern, der elektrisch positiv geladen ist, sowie eine gewisse Anzahl von sehr leichten, elektrisch negativ geladenen **Elektronen.** Dabei bedeuten „klein" und „leicht", dass ein **Atomkern** zehn Millionstel eines Milliardstel Meters durchmisst (10^{-14} m) und ein Elektron eine Masse von ca. 10^{-30} kg hat. Die Masse eines Atomkerns ist zwar 1000- bis 100 000-fach größer, aber immer noch winzig. Die Elektronen eines Atoms sind um den Kern herum als **„Elektronenhülle"** verteilt, die Größe eines Atoms entspricht der Ausdehnung dieser Elektronenhülle und ist mit einem Zehnmilliardstel bis Milliardstel Meter (10^{-10} m bis 10^{-9} m) ebenfalls sehr gering.

Für die Unterscheidung zwischen verschieden Atomen ist eine Zahl ausschlaggebend: die **Anzahl der Elektronen** in der Hülle des Atoms. Diese Zahl ist gerade so groß wie die Anzahl der positiven elektrischen Ladungen im Atomkern; daher ist ein Atom nach außen elektrisch neutral. Da die Zahl der positiven Ladungen im Kern immer eindeutig ist, werden die Elemente danach durchnummeriert: Element Nummer 1, der Wasserstoff, hat eine positive Kernladung und ein Elektron, Element Nummer 2, Helium, zwei Kernladungen und zwei Elektronen, Element 6, Kohlenstoff, entsprechend 6 Kernladungen und 6 Elektronen usw. bis beispielsweise zum Darmstadtium mit 110 Kernladungen und 110 Elektronen.

Aufbau der Elektronenhülle

Würden sich die Elektronen eines Atoms gleichmäßig um den Kern verteilen, so dürften sich die Atome verschiedener Elemente nur in ihrer Größe und ihrem Gewicht unterscheiden. Tatsächlich aber gibt es deutliche Variationen in der Bindungsfreudigkeit oder auch den elektrischen und magnetischen Eigenschaften der Elemente. Dies liegt daran, dass die Elektronenhülle eine sog. **Schalenstruktur** besitzt: Die Gesetze der Quantenphysik (→S. 192) verlangen, dass sich Elektronen nur auf ganz bestimmte Weise um den Atomkern gruppieren können. In nächster Nähe des Kerns (bzw. bei **minimaler Elektronenenergie**) dürfen sich nur maximal zwei Elektronen aufhalten. Darum gibt es einen Bereich mit etwas höheren Energien, den maximal acht Elektronen bevölkern dürfen, darum weitere Schalen, die sukzessive mehr Elektronen aufnehmen können.

Die hier nur grob angedeutete Struktur der Elektronenhülle eines Atoms spiegelt sich wider im Aufbau des **Periodensystems der Elemente** (→S. 122). Sie bestimmt die chemischen Eigenschaften der Elemente und kann mit verschiedenen Näherungsverfahren sogar zahlenmäßig berechnet werden. Das Wissen um sie ist der krönende Abschluss von zwei Jahrtausende währendem Nachdenken über das Atom. „Unteilbar", wie Demokrit geglaubt hat, sind die Atome jedoch nicht. Jedes Atom kann ein oder mehrere Elektronen abgeben oder aufnehmen und dadurch zum **elektrisch geladenen Ion** werden. Und selbst Atomkerne sind nicht unveränderlich. Durch radioaktive Prozesse können sie sich ineinander umwandeln und so ihre chemische Natur verändern. Dennoch ist und bleibt das Atom **der Grundbaustein** aller chemischen Substanzen und Verbindungen.

Spektroskopie

Wenn ein Elektron von einem erlaubten Platz in der Hülle auf einen anderen, energieärmeren wechselt, sendet es ein elektromagnetisches Strahlungsquant aus, das genau dieser Energie entspricht. Für „elektromagnetische Strahlung" gibt es auch ein einfacheres Wort: Licht – man kann also durch Analyse des von Atomen ausgehenden Lichts erschließen, wie die Struktur der Elektronenhülle aufgebaut ist. Diese Spektroskopie genannte Technik ist eine der wichtigsten Untersuchungsmethoden in der gesamten Chemie.

Jedes Element besitzt eine charakteristische Anzahl von Elektronen. Diese halten sich, bildlich gesprochen, in verschiedenen „Schalen" auf. Während die innerste Schale nur zwei Elektronen aufnehmen kann, passen in die zweite Schale acht, sodass beim zehnten Element Neon gerade die ersten beiden Schalen vollständig mit Elektronen gefüllt sind.

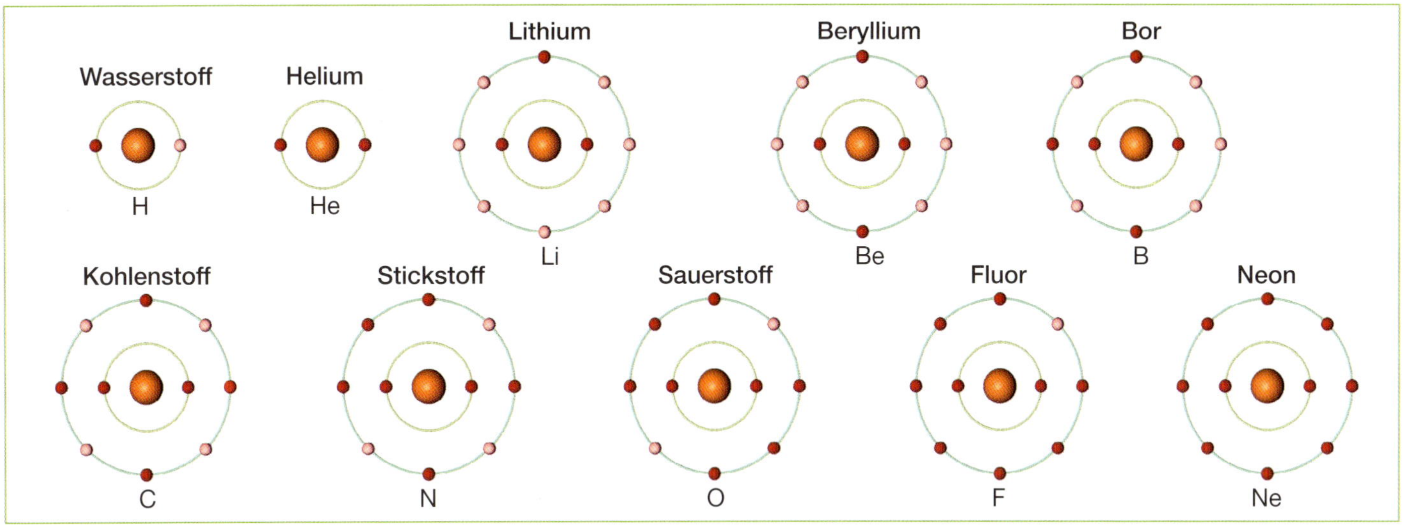

Die Welt der Elemente

Vom Altertum bis in die frühe Neuzeit hielten viele Gelehrte Feuer, Wasser, Erde und Luft für die Grundbausteine oder Elemente der Materie, manche mutmaßten noch über ein fünftes Element, die sog. Quintessenz. Heute kennt man 117 chemische Elemente, von denen 94 auf der Erde vorkommen und 80 stabil (nicht radioaktiv) sind. Hier werden die wichtigsten von ihnen mit ihren chemischen Besonderheiten vorgestellt.

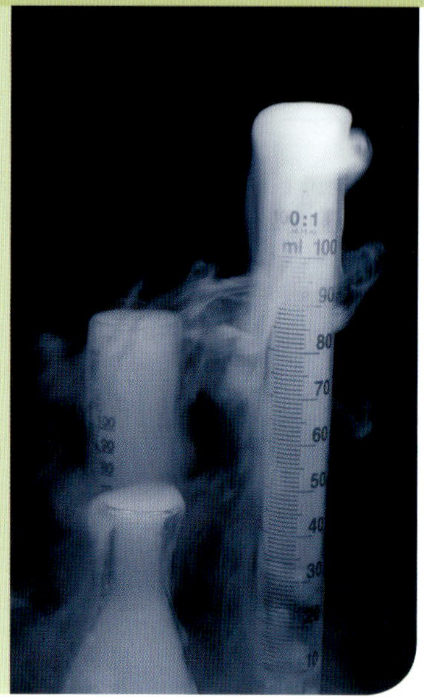

Das Periodensystem

Das moderne Periodensystem nummeriert die Elemente nach der Anzahl der Protonen im Atomkern durch. Es spiegelt die im Schalen- bzw. Orbitalmodell beschriebene Struktur der Atomhülle wider. Blau dargestellt sind Metalle, grün Halbmetalle, orange Nichtmetalle und gelb die Edelgase. Neben der klassischen Einteilung in Haupt- („A") und Nebengruppen („B") ist auch die wissenschaftliche Notation mit 18 Gruppen angegeben.

Gruppe	1	2	3	4	5	6	7	8	9	10	11	12	13	14	15	16	17	18
	IA	IIA	IIIB	IVB	VB	VIB	VIIB	VIIIB			IB	IIB	IIIA	IVA	VA	VIA	VIIA	VIIIA
Periode																		
1	1 H																	2 He
2	3 Li	4 Be											5 B	6 C	7 N	8 O	9 F	10 Ne
3	11 Na	12 Mg											13 Al	14 Si	15 P	16 S	17 Cl	18 Ar
4	19 K	20 Ca	21 Sc	22 Ti	23 V	24 Cr	25 Mn	26 Fe	27 Co	28 Ni	29 Cu	30 Zn	31 Ga	32 Ge	33 As	34 Se	35 Br	36 Kr
5	37 Rb	38 Sr	39 Y	40 Zr	41 Nb	42 Mo	43 Tc	44 Ru	45 Rh	46 Pd	47 Ag	48 Cd	49 In	50 Sn	51 Sb	52 Te	53 I	54 Xe
6	55 Cs	56 Ba	*	72 Hf	73 Ta	74 W	75 Re	76 Os	77 Ir	78 Pt	79 Au	80 Hg	81 Ti	82 Pb	83 Bi	84 Po	85 At	86 Rn
7	87 Fr	88 Ra	**	104 Rf	105 Db	106 Sg	107 Bh	108 Hs	109 Mt	110 Ds	111 Rg	112 Uub	113 Uut	114 Uuq	115 Uup	116 Uuh	117 Uus	118 Uuo
*Lanthanoide			57 La	58 Ce	59 Pr	60 Nd	61 Pm	62 Sm	63 Eu	64 Gd	65 Tb	66 Dy	67 Ho	68 Er	69 Tm	70 Yb	71 Lu	
**Actinoide			89 Ac	90 Th	91 Pa	92 U	93 Np	94 Pu	95 Am	96 Cm	97 Bk	98 Cf	99 Es	100 Fm	101 Md	102 No	103 Lr	

Bis Mitte des 19. Jh. hatten die Chemiker schon eine Vielzahl von Substanzen als Bausteine chemischer Verbindungen erkannt. Diese **chemischen Elemente** ließen sich nach ihren Eigenschaften ordnen: elektrische Leiter und Nichtleiter, reaktionsfreudige und -träge Elemente oder solche, die Säuren, Laugen oder Salze bilden konnten. Der russische Chemiker Dimitrij Mendelejew (1834–1907) fasste diese Erkenntnisse im Periodensystem zusammen. Er ordnete 1869 die damals bekannten Elemente in Form einer Tabelle an. Elemente mit ähnlichen Eigenschaften fasste er in Spalten **(Gruppen)** zusammen, die Zeilen waren die **Perioden.**

Gruppe für Gruppe periodisch

Alle Elemente einer Gruppe im Periodensystem haben ähnliche Eigenschaften, weil ihre Elektronenhülle (→S. 121) ähnlich strukturiert ist. Je tiefer ein Element im Periodensystem steht, umso größer und schwerer ist es.

In der ersten Periode gibt es nur zwei Gruppen, in der zweiten und dritten Periode sind es acht: die Alkali- und Erdalkalimetalle (Gruppe IA, IIA), die Bor-, Kohlenstoff- und Stickstoffgruppe (Gruppen IIIA bis VA), die Erzbildner (Chalkogene; Gruppe VIA), die Salzbildner (Halogene; Gruppe VIIA) und die Edelgase (Gruppe VIIIA). Dies sind die acht **Hauptgruppen,** da sie in allen Perioden (außer der ersten) Mitglieder haben. Ab der vierten Periode wird es komplizierter: Nach Calcium (drittes Element von Gruppe IIA) folgen zehn sog. Übergangsmetalle. Diese bilden die **Nebengruppen** (IB bis VIIIB). In der sechsten Periode kommen nach dem ersten Übergangsmetall Lanthan die 14 Seltenerdmetalle (Lanthanoide), in der siebten nach Actinium die radioaktiven Actinoide.

Edle und unedle Metalle

Der größte Teil der Elemente im Periodensystem sind Metalle. Praktisch unsere ganze Zivilisation beruht auf der technischen Nutzung von Metallen wie Eisen, Kupfer, Aluminium oder Gold. Als „Spurenelemente“ sind die Metalle Eisen (in den roten Blutkörperchen), Calcium (Knochen), Natrium oder Kalium (Übertragung von Nervenreizen) für unser Leben unentbehrlich.

Eigenschaften

Man kann Metalle auf vielerlei Arten einteilen – z. B. nach ihrer Dichte (Leichtmetalle wie Aluminium, Natrium, Magnesium und Schwermetalle wie Blei, Chrom und Gold) oder nach ihrer Oxidierbarkeit (unedle Metalle wie Aluminium und Eisen, halbedle Metalle wie Kupfer, Nickel und Zinn sowie die Edelmetalle Silber, Gold oder Platin). Allen Metallen gemeinsam ist ihre **gute Leitfähigkeit** für elektrischen Strom und für Wärme. Sie zeigen einen „metallischen“ Glanz, lassen sich unter Druck formen und sind – bis auf Quecksilber – unter Normalbedingungen fest. Alle Metalle haben nur wenige Außenelektronen, die sie leicht in einer sog. metallischen Bindung abgeben können. Sie gehen mit den elektronegativeren Nichtmetallen Ionenbindungen ein (z. B. Natrium, Na, und Chlor, Cl, im Kochsalz NaCl). Da sie leicht Elektronen abgeben, sind sie gute Reduktionsmittel (→S. 137).

Edelmetalle

Die klassischen Edelmetalle (Silber, Gold, Platin) heißen so, weil sie praktisch nicht oxidieren und beständig gegen konzentrierte Schwefelsäure sind. Sie sind relativ selten und daher teuer.
Silber beispielsweise spielt schon immer eine wichtige Rolle in der (analogen) Fotografie. Auf Film und Fotopapier ist das Salz Silberbromid aufgebracht; bei Lichteinfall entstehen daraus Silberatome, die ein noch unsichtbares, „latentes“ Bild erzeugen. Durch den Entwicklungsvorgang wird das Bild sichtbar, die Fixierung macht es dauerhaft.
Gold ist nicht nur Schmuck- und Münzmetall, sondern wird vom Zahnarzt für Kronen und Füllungen verwendet und in der Elektronik als Beschichtung für Kontakte. Der größte Teil wird von Staatsbanken in Barrenform als Währungsreserve genutzt.
Platin wiederum dient in Abgaskatalysatoren für Autos der Luftreinhaltung und wird auch sonst gern als Reaktionsbeschleuniger benutzt.

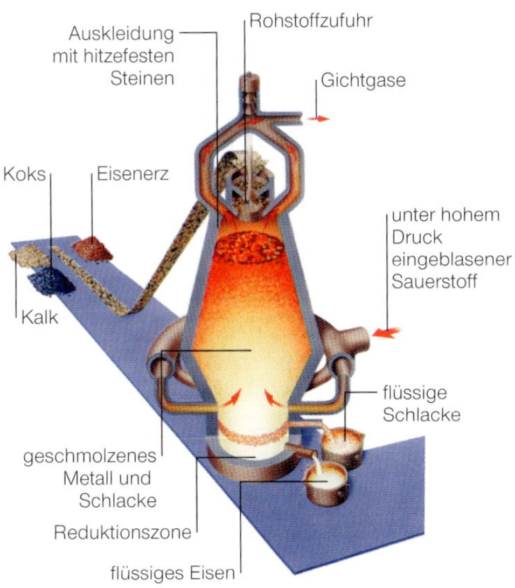

Im 20–30 m hohen Hochofen wird Roheisen aus Eisenerz unter Zugabe von Koks als Brennstoff und von Kalk zur Bindung des Gichtgases gewonnen.

Eisengewinnung im Hochofen

Da alle Metalle außer den Edelmetallen leicht oxidiert werden können, kommen sie auf der Erde nur als Salze oder **Erze** vor: in Verbindungen mit Sauerstoff als Oxide, mit Schwefel als Sulfide oder Sulfate, mit Kohlenstoff als Carbonate, mit Silicium als Silicate usw. Seit ca. 3500 Jahren gewinnen Menschen elementare Metalle aus diesen Verbindungen.

Ausgangsmaterial für die Gewinnung von Eisen (Fe) sind Eisenerze. Sie enthalten oft Schwefel. Solche Erze müssen an der Luft erhitzt werden („Rösten“), wobei sich aus den Sulfiden Oxide bilden. Im **Hochofen** werden die Oxide (Verbindungen mit Sauerstoff, O_2) durch Kohle als Reduktionsmittel zu Eisen

Gediegenes Gold; nur die Edelmetalle Gold und Silber kommen in nennenswerten Mengen in dieser Form vor. Als gediegen bezeichnet man Vorkommen von reinen chemischen Elementen in der Natur.

Aluminium

Aluminium ist das häufigste Metall der Erdkruste (Hauptbestandteil von Tonerden) und das meistverwendete Leichtmetall. Aluminiumlegierungen werden eingesetzt, wenn es bei niedrigem Gewicht auf die Festigkeit des Materials ankommt, z. B. in Autos und im Flugzeugbau, aber auch für Verpackungen. Gewonnen wird Aluminium aus geschmolzenem Aluminiumoxid (Al_2O_3), welches man seinerseits aus dem Mineral Bauxit erhält. Da dies sehr energieaufwendig ist, kommt dem Recycling von Aluminium eine große Bedeutung zu.

reduziert. Ein Hochofen ist ein mit feuerfesten Steinen ausgekleideter **Schachtofen** mit kreisförmigem Querschnitt. Er ist zwischen 20 und 40 m hoch. Vom oberen Ende (der Gicht) aus kann er automatisch mit Koks, Erzen und weiteren Zusätzen beschickt werden. Vom unteren Teil des Hochofens her, dem Gestell, wird heiße Luft eingeblasen. Sie durchströmt die Beschickung und wird dabei chemisch umgewandelt. Als „Gichtgas" wird sie an der Gicht abgezogen.

Im Hochofen finden folgende chemische Reaktionen statt:

Kohlenstoff (C) verbrennt in der heißen sauerstoffhaltigen Luft hauptsächlich zu gasförmigem Kohlenstoffmonoxid (CO):

$2C + O_2 \rightarrow 2\,CO$

Das heiße Kohlenstoffmonoxid steigt auf und reduziert in der sog. **Reduktionszone** das Eisenoxid zu einem sehr lockeren, „schwammigen" Eisen. CO wird dabei selbst zu Kohlenstoffdioxid (CO_2) oxidiert:

$Fe_3O_4 + 4\,CO \rightarrow 3\,Fe + 4\,CO_2$

$Fe_2O_3 + 3\,CO \rightarrow 2\,Fe + 3\,CO_2$

Ein Teil des Kohlenstoffmonoxids zerfällt in der Reduktionszone wieder zu Kohlenstoffdioxid und Kohlenstoff (C):

$2\,CO \rightarrow CO_2 + C$

Dieser fein verteilte Kohlenstoff löst sich größtenteils in dem Eisen. Dadurch sinkt der Schmelzpunkt des Eisens von normalerweise 1535 °C auf etwa 1100 °C. Das geschmolzene Eisen **(Roheisen)** kann dann abgelassen werden (Eisenabstich). Aus den Begleitgesteinen des Erzes und dem Zuschlag bildet sich die **Schlacke,** die ebenfalls schmilzt und in das Gestell tropft. Sie sammelt sich auf dem Roheisen an und schützt dieses so vor erneuter Oxidation. Das Roheisen enthält noch Kohlenstoff und andere Metalle als Beimengungen. Es ist hart und spröde, kann jedoch in Formen gegossen werden **(Gusseisen).** Durch Verringerung des Kohlenstoffgehalts entsteht **Stahl.**

Legierungen

Eine Legierung ist ein Gemisch aus zwei oder mehr Metallen, das meist ganz andere Eigenschaften hat als die Ausgangsstoffe. Beispiele für Legierungen sind Bronze (Kupfer und Zinn), Messing (Kupfer und Zink) oder Amalgam (Quecksilber mit einem anderen Metall). Die gebräuchlichste Legierung aber ist **Stahl,** eine Legierung aus Eisen, max. 2 % Kohlenstoff und weiteren Metallen.

Zur Stahlerzeugung muss man den Kohlenstoffgehalt von Roheisen (3–10 %) auf unter 2 % verringern; dazu leitet man Sauerstoff in das flüssige Roheisen, wodurch Kohlenstoff, Schwefel und weitere Verunreinigungen wie Mangan, Silicium oder Phosphor **oxidiert** werden. Die Oxide bilden eine Schlacke. So entsteht **unlegierter Stahl.** Durch Zusätze kann man die Eigenschaften fast beliebig steuern: Niedrig legierte Stähle (max. 5 % andere Elemente) sind gut schmiedbar, hoch legierte Stähle (mindestens ein Legierungselement mit über 5 %) haben besondere physikalische Eigenschaften (z. B. nichtrostend). Durch Zugabe von 20 % Chrom und 8 % Nickel entsteht der sehr harte Edelstahl.

Kohlenstoff, Stickstoff, Sauerstoff

Sauerstoff und Stickstoff, die Hauptbestandteile der Luft, sind zusammen mit Kohlenstoff und Wasserstoff die häufigsten Elemente in allen Lebewesen. Kohlenstoff gilt geradezu als „das" Element des Lebens, seine vielfältigen Fähigkeiten, chemische Bindungen einzugehen, bilden die Grundlage der gesamten organischen Chemie (→S. 144). Für das Leben auf der Erde unentbehrlich ist auch der Sauerstoff; er wird bei der Atmung verbraucht und bei der Photosynthese der Pflanzen erzeugt. Stickstoff ist ein wichtiger Bestandteil von Nucleinsäuren und ist damit in allen Genen und Proteinen von Pflanzen und Tieren enthalten.

Unter Luftabschluss, Druck und Wärme bildet sich aus den organischen Rückständen zunächst Torf (oben), dann Braunkohle (Mitte) und schließlich Steinkohle (unten).

Kohlenstoff (C)

Kohlenstoff ist neben Sauerstoff der Hauptbestandteil aller biologischen Substanzen und damit auch von uns Menschen. In der unbelebten Natur ist er Bestandteil vieler Carbonatgesteine, u.a. Kalk, Marmor und Dolomit. Elementarer Kohlenstoff kann in drei sehr unterschiedlichen Formen (Modifikationen) auftreten: als **Graphit** (schwarzgrau, weich, elektrisch leitend), als **Diamant** (das härteste natürliche Material) und als **Fullerene;** dies sind erst um 1980 entdeckte, fußball- oder röhrchenartige Moleküle. **Kohle** besteht aus den Rückständen abgestorbener Lebewesen, die unter Luftabschluss vollständig verwest sind. Unter Druck und im Lauf von Jahrmillionen bildet sich so zunächst Torf, dann Braunkohle und schließlich Steinkohle, die außer Kohlenstoff noch ca. 5% Wasser und Spuren anderer Elemente enthält.

Kohlenstoff hat als Element der IV. Hauptgruppe im Periodensystem vier Außenelektronen und geht Atombindungen mit fast allen anderen Elementen ein, z.B. bildet es mit Sauerstoff Kohlenstoffmonoxid (CO) und Kohlenstoffdi-

Schwefel und Phosphor

Schwefel und Phosphor sind die „großen Brüder" von Sauer- und Stickstoff. Sie stehen als „satanisch" in schlechtem Ruf – völlig zu Unrecht –, obwohl Schwefeloxid (SO_2) und Schwefelwasserstoff „höllisch" nach faulen Eiern riechen. Schwefel kommt in der Natur elementar vor, vor allem aber in Form von Sulfaten wie Gips (Calciumsulfat, $CaSO_4$) oder Sulfiden (Eisensulfid Pyrit, FeS_2). Schwefel wird in der Lebensmittelindustrie und bei der Vulkanisation von Kautschuk zu Gummi benötigt. **Schwefelsäure** (H_2SO_4) ist eine der wichtigsten Industriechemikalien, die z.B. in Autobatterien verwendet wird und als Ausgangsstoff für Düngemittel und andere chemische Produkte dient.

Phosphor gibt es in den drei Modifikationen Weißer, Roter und Schwarzer Phosphor, die sich in ihrem Kristallaufbau unterscheiden und unterschiedlich reaktionsfreudig sind. In der Natur tritt Phosphor nur in Verbindungen auf, vor allem in Phosphaten, wichtigen Pflanzennährstoffen; sie sind z.B. in der Erbsubstanz DNA und in vielen Enzymen enthalten, auch Knochen und Zähne enthalten Phosphatverbindungen.

Ein Feuerwerk ist ein besonders schönes Beispiel für die explosionsartige Oxidation von Substanzen. Das in Feuerwerkskörpern enthaltene Schwarzpulver ist eine Mischung aus Kohle, Schwefel und Kaliumnitrat (Salpeter), die bei der Zündung in Kohlendioxid, Schwefeldioxid und Stickstoff zerfällt. Die Farben entstehen bei der Verbrennung von Metallsalzen.

oxid (CO_2). CO_2 ist in geringen Anteilen in der Luft enthalten, es ist ein klimarelevantes **Treibhausgas.** In Wasser gelöst entsteht aus CO_2 Kohlensäure, deren Salze die Carbonate bzw. Hydrogencarbonate sind.

Sauerstoff (O)

Sauerstoff ist in der Form von O_2-Molekülen mit ca. 20% der zweithäufigste Bestandteil der Luft; in der Erdkruste ist er sogar das häufigste Element. Die Reaktion von Stoffen mit Sauerstoff heißt **Oxidation.** Läuft die Reaktion schnell ab, spricht man von einer **Verbrennung,** eine langsame Oxidation ist beispielsweise das **Rosten** von Eisen. Auch die **Atmung** ist eine Oxidation, aus der biologische Zellen Energie gewinnen.

Sauerstoffgas kann nicht nur als zweiatomiges O_2, sondern auch in einer Modifikation mit drei Atomen auftreten, dem **Ozon** (O_3). Es entsteht in den oberen Schichten der Erdatmosphäre durch Einwirkung von UV-Licht auf O_2. Die Ozonschicht ist lebenswichtig, denn sie absorbiert den größten Teil der schädlichen UV-Strahlung der Sonne. Am Boden hingegen ist Ozon ein schädliches **Reizgas.**

Stickstoff (N)

Stickstoff ist mit knapp 80% der Hauptbestandteil von Luft. Stickstoff verbindet sich mit sich selbst zu dem Molekül N_2. Diese sehr starke Bindung, gasförmiger Stickstoff, ist daher sehr reaktionsträge. Alle Pflanzen benötigen Stickstoff als Nährstoff, sie können ihn jedoch nicht aus der Luft aufnehmen. (Nur bestimmten Pflanzen wie Klee oder Lupinen gelingt dies mit Hilfe von Bakterien.) Darum wird in der Landwirtschaft stickstoffhaltiger Dünger ausgebracht, traditionell etwa Jauche, Mist oder Salpeter. 1913 gelang es den deutschen Chemikern **Fritz Haber** (1868–1934) und **Carl Bosch** (1874–1940), ein technisches Verfahren für die Synthese von Ammoniak (NH_3) aus Luftstickstoff zu entwickeln (→ S. 152). Ammoniak (NH_3) ist Ausgangsstoff für alle **Nitratdünger** wie auch für die meisten **Sprengstoffe.** Die Haber-Bosch-Synthese ist eines der wichtigsten großchemischen Verfahren überhaupt, sie läuft aber nur unter hohem Druck bei 500 °C ab und benötigt daher sehr viel Energie – rund 3% des Weltenergieverbrauchs gehen auf ihr Konto.

Zündholz – viel Chemie für eine kleine Flamme

Als um 1830 die ersten Zündhölzer industriell hergestellt wurden, enthielten sie weißen Phosphor und Bleiverbindungen. Diese **Phosphorhölzer** waren jedoch sehr giftig, eine Berufskrankheit der Zündholzarbeiter war die sog. Phosphor-Nekrose (ein Absterben des Unterkiefers). Zwischen 1872 und 1907 wurden diese Phosphorhölzer in ganz Europa verboten. Doch die Phosphorhölzer waren nicht nur giftig, sondern auch gefährlich: Sie entzündeten sich bei festem Druck auch selbst. Daher sind heute praktisch nur noch **Sicherheitszündhölzer** gebräuchlich. Sie entzünden sich nur an den speziellen Reibflächen der Schachtel.

Die **Zündmasse** am Streichholz enthält gut 50% Kaliumchlorat als Oxidationsmittel (also zur Sauerstoffzufuhr), ca. 7% Schwefel als Brennstoff und bis zu 4% Kaliumchromat bzw. Mangandioxid als Katalysator; der Rest sind Füllstoffe (Glasmehl, Kreide u. a.) und Bindemittel. Die **Reibflächen** auf der Schachtel bestehen im Wesentlichen aus rotem Phosphor, Glaspulver und Bindemittel. Die Hölzer selbst sind zur Förderung der Brennbarkeit in Paraffin getaucht und mit einer Ammoniumphosphat-Verbindung imprägniert, um das Nachglimmen zu verhindern. Beim Reiben bildet sich eine kleine Menge des sehr reaktionsfähigen Gemischs aus Kaliumchlorat und rotem Phosphor, das sich entzündet und den **Entflammungsvorgang** im Zündholzkopf einleitet, der in mehreren Schritten abläuft, wie man bei genauem Hinsehen erkennen kann.

Halogene und Edelgase

Gegensätzlicher können Elemente nicht sein: Die Halogene sind die aggressivsten und reaktionsfreudigsten Elemente, die Edelgase dagegen sind so reaktionsträge („edel"), dass sie praktisch überhaupt keine Verbindungen eingehen. Und dennoch sind sich beide Gruppen von der Elektronenstruktur her ähnlich: In Edelgasen ist die äußerste Elektronenschale komplett gefüllt, Halogenen fehlt in der Außenschale genau ein Elektron.

In einer Halogenlampe schützt das Halogensalz Methylbromid den Glühfaden aus Wolfram vor dem Durchbrennen, indem es verdampftes Wolfram sich wieder am Draht abscheiden lässt. Halogenlampen haben daher bei höherer Lichtintensität eine längere Lebensdauer als „normale" Glühbirnen.

Edelgase

Die Edelgase Helium (He), Neon (Ne), Argon (Ar), Krypton (Kr), Xenon (Xe) und das radioaktive Radon (Rn) sind auf der Erde sehr selten. Lediglich **Argon** ist zu knapp 1 % in der Luft zu finden, da es ein Abfallprodukt radioaktiver Prozesse im Erdinneren ist. Im Weltraum hingegen ist Helium nach Wasserstoff (und weit vor Kohlenstoff und Sauerstoff) das zweithäufigste Element. Edelgase wie Argon nutzt man als Schutzgas beim Elektroschweißen oder – ebenfalls wegen ihrer Reaktionsträgheit – als Füllgas in Glühlampen. **Neon** ist das bekannteste Edelgas, allerdings enthalten die meisten „Neonröhren" gar kein Neon, sondern Quecksilberdampf.

Salzbildner

Die Halogene – dies ist die griechische Übersetzung von „Salzbildner" – Fluor (F), Chlor (Cl), Brom (Br), Iod (I) und Astat (At) sind hochreaktiv. Dies erklärt sich aus ihrer Elektronenstruktur: Mit nur einem zusätzlichen Elektron erreichen sie die sehr stabile Konfiguration der Edelgase. In Zahlen drückt die Chemie dies durch die sog. **Elektronegativität** aus. Von allen Elementen ist diese in jeder Periode beim jeweiligen Halogen am größten, den Rekord hält Fluor. Wegen ihrer Aggressivität sind elementares Fluor und Chlor mit großer Vorsicht zu behandeln. Chlor dient als Bleichmittel und zur Desinfektion von Trinkwasser. Die schwereren **Halogene** sind etwas gemäßigter, da bei ihnen die zusätzlichen inneren Elektronenschalen abschirmend wirken. Alle Halogene bilden mit unedlen Metallen (z. B. Natrium oder Kalium) sehr stabile salzartige Verbindungen, die **Halogenide.** Bekanntestes Beispiel ist das gewöhnliche Kochsalz Natriumchlorid (NaCl), auch Calciumfluorid (Flussspat, CaF_2) oder Kaliumiodid (KI) zählen hierzu.

Füllstoff der Luftschiffe

Die ersten Luftschiffe wurden mit dem leichtesten Gas gefüllt, das es gibt: mit dem leicht entzündlichen Wasserstoff. 1937 kam es zu einer Katastrophe: Der Zeppelin „Hindenburg" ging bei der Landung in Lakehurst (südlich von New York) in Flammen auf, als ein Funke die Wasserstofffüllung in Brand setzte. 32 Menschen kamen dabei um. Danach war das Zeitalter der kommerziellen Luftschifffahrt vorbei. Heute werden neue Hightechluftschiffe entwickelt, diese werden mit dem teureren, jedoch unbrennbaren Helium befüllt.

Wasser und Luft

Von den unzähligen chemischen Verbindungen, Stoffgemischen oder Legierungen gibt es zwei, deren Bedeutung für uns Menschen und das Leben immens ist: Wasser und Luft. Insbesondere das Wasser weist zudem eine Vielzahl von besonderen chemischen (und auch physikalischen) Eigenschaften auf.

Wasser und seine Eigenheiten

Wasser (H_2O) ist ein sog. **elektrischer Dipol:** Das Sauerstoffatom ist in dem Molekül negativ, die Wasserstoffatome hingegen positiv geladen – und diese Ladungsdifferenz ist im Wasser sogar rekordverdächtig groß. Darum reagiert das Wassermolekül stark auf **elektrische Felder,** wie sie z.B. im Mikrowellenherd herrschen. Trockene Substanzen werden dort deswegen kaum erwärmt. Eine weitere Konsequenz des **Dipolcharakters** des Wassers ist seine Fähigkeit, sog. **Wasserstoffbrücken** aufzubauen. Dabei ziehen sich der positive Pol eines Moleküle und der negative eines anderen elektrisch an. Wegen der starken Polarität sind diese „Brückenbindungen" relativ stark, daher hat Eis einen viel höheren Schmelzpunkt als vergleichbare Moleküle.

Eine chemische Eigenschaft macht Wasser zu einer buchstäblich lebenswichtigen Verbindung: Sehr viele Stoffe lösen sich ausgezeichnet darin, z.B. alle Nährstoffe, aber auch Verunreinigungen und Gifte. Im menschlichen Körper ist Wasser **Lösungs- und Transportmittel** für die unübersehbare Vielfalt der körpereigenen Moleküle. Insgesamt besteht ein Mensch zu mehr als zwei Dritteln aus Wasser.

Luft und ihre Bestandteile

Luft ist nicht, wie man früher meinte, ein Element, sondern ein **Gasgemisch.** Die Hauptbestandteile von trockener Luft sind Stickstoff (ca. 78%) und Sauerstoff (ca. 21%), außerdem verschiedene Edelgase (ca. 1%, im Wesentlichen Argon), Kohlenstoffdioxid, CO_2 (0,038%) sowie eine Reihe von Spurengasen. Damit ist der CO_2-Gehalt der Luft zwar ausgesprochen gering, aber doch deutlich höher als noch vor 200 Jahren. Selbst in dieser niedrigen Konzentration ist CO_2 ein klimarelevantes Treibhausgas (→S. 169). Reale Luft enthält außerdem bis zu 5% Wasserdampf.

Es hat bis in die 1890er Jahre gedauert, bis man alle **Bestandteile der Luft** erkennen konnte, da es sehr schwierig ist, Luft mit chemischen Mitteln zu zerlegen. Erst mit der Entwicklung der Kältetechnik wurde es ab 1870 leichter. Da Gase bei unterschiedlichen Temperaturen flüssig werden (CO_2 bei ca. –80 °C, Sauerstoff bei –183 °C, Stickstoff bei –196 °C), kann man die einzelnen Gase trennen.

Umweltchemie

Atemluft und Trinkwasser werden durch viele Stoffe in ihrer Qualität beeinträchtigt. Zu den Luftschadstoffen gehören z.B. Schwefeldioxid, Stickoxide, Kohlenwasserstoffe oder Ruß. Der Hauptanteil dieser Verunreinigungen stammt aus Verbrennungsprozessen, etwa vom Autoverkehr, der Gebäudeheizung oder von Kraftwerken, und Industrieanlagen. Auch das Wasser ist Gefahren ausgesetzt. So können Düngemittel oder Waschmittelrückstände das Wasser „überdüngen", Schwermetallverbindungen, Öl, Pestizide oder Arzneimittelrückstände sind unmittelbar schädlich. Aufgabe von Umweltchemikern ist es, solche Verunreinigungen zu erkennen und zu bekämpfen – sei es durch Reduzierung oder Vermeidung der Einleitung, sei es durch nachträgliche Reinigung etwa in Kläranlagen.

Wasserstoffbrücken

Die elektrische Ladung innerhalb eines Wassermoleküls (H_2O) ist stark ungleichmäßig verteilt, es ist ein sog. Dipol. Deshalb besteht zwischen dem positiven Ende eines H_2O-Moleküls und dem negativen Ende eines anderen eine elektrische Anziehung, die man Wasserstoffbrückenbindung nennt. In der Biochemie spielen solche Wasserstoffbrücken eine wichtige Rolle.

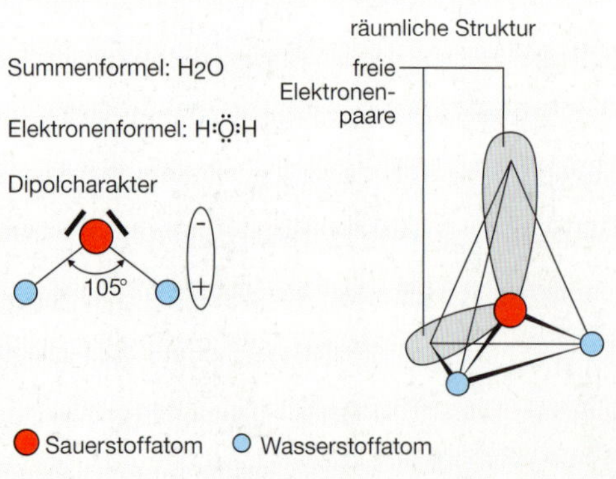

Das Wassermolekül hat zwei Wasserstoffatome und ein Sauerstoffatom.

Künstliche Elemente

Die Kernchemie steht zwischen Chemie und Physik. Eigentlich beschäftigen sich Chemiker mit den Eigenschaften der Elemente und ihren Reaktionen, die sie aus dem Aufbau der Elektronenhülle erklären. Wenn aber die Physiker neue, künstliche Elemente erzeugen, müssen Kernchemiker auch Vorgänge im Atomkern untersuchen.

Neue Elemente

Sehr große Atomkerne sind nicht stabil – sie wandeln sich unter Aussendung von Alpha-Teilchen und Neutronen in stabilere Elemente oder sie zerfallen bei einer Kernspaltung in kleinere Teile (→S. 196).

Könnte man umgekehrt auch große Kerne „zusammenbauen“, indem man diese Prozesse umdreht und so neue, in der Natur nicht vorkommende Elemente erzeugen? Ja, das geht. In solchen Experimenten verschmelzen die Wissenschaftler zwei Elemente, deren Atomkerne zusammengenommen so viele Protonen besitzen wie das „neue Element“. In einem **Beschleuniger** schießt man dazu schnelle Ionen des einen Elements auf eine dünne Folie des anderen. In seltenen Fällen verschmelzen zwei Atomkerne zu einem neuen Element. Das neue Element ist immer **radioaktiv,** es zerfällt also nach Bruchteilen von Sekunden wieder in ein anderes, leichteres Element. Dieser Vorgang wiederholt sich einige Male, bis ein hinreichend **stabiles Zerfallsprodukt** entstanden ist. Mit hochempfindlichen Nachweisdetektoren werden die Zerfallsketten überwacht und auf diese Weise neue Elemente „entdeckt“. So wurde bereits 1937 das erste künstliche Element **(Technetium)** erzeugt. Seit dem Zweiten Weltkrieg wurden zahlreiche neue Elemente jenseits des schwersten natürlich vorkommenden Elements Plutonium für z. T. sehr kurze Zeit produziert, zuletzt die Elemente 116 und 118. Die Elemente 107 bis 112, u. a. **Hassium** und **Darmstadtium,** wurden am GSI Helmholtzzentrum für Schwerionenforschung in Darmstadt erzeugt.

Bei der Erzeugung künstlicher Elemente entstehen nur sehr kleine Mengen – etwa 1 Atom pro Minute bei Rutherfordium oder 1 Atom pro Monat bei Element 116 (Uuh). Das reicht nicht für klassische chemische Verfahren, doch wurden schon bis Dubnium (Element 105) erste Untersuchungen durchgeführt.

Das GSI

Das GSI Helmholtzzentrum für Schwerionenforschung ist eine Großforschungseinrichtung im südhessischen Darmstadt mit ca. 1200 Wissenschaftlern. Die Tätigkeiten am GSI betreffen die Atom- und Kernphysik sowie die Plasmaphysik und Materialforschung. Aber auch die Biophysik und Strahlenbiologie sowie daraus abgeleitet die Entwicklung eines neuen Tumortherapieverfahrens mit Schwerionen sind Arbeitsfelder.

Professor Sigurd Hofmann, der die Entdeckung des Elements 112 am Forschungszentrum GSI leitete, schlug für dieses Element den Namen „Copernicium (Cp)“ vor.

Reaktionen und Bindungen

Die Synthese und Analyse chemischer Verbindungen sind das tägliche Brot der Chemie, verbunden mit theoretischen Überlegungen, z. B. welcher Art die neu geschaffenen oder aufgelösten Verbindungen sind. Um dies zu erforschen, muss man sich mit Reaktionen und chemischen Bindungen beschäftigen.

Chemische Bindungen

Was unterscheidet ein Wasser- oder Sauerstoffmolekül von einem Salzkristall oder von einem Stück Kupfer? Einem Nichtchemiker fallen sofort sehr viele Unterschiede ein, ein Chemiker hingegen wird in der Regel antworten: „Der chemische Bindungstyp." Ausgehend vom Atommodell mit der für jedes Element charakteristischen Schalenstruktur der Elektronenhülle lassen sich die verschiedenen Arten chemischer Bindungen verstehen und daraus die im letzten Abschnitt vorgestellten Gruppeneigenschaften im Periodensystem theoretisch begründen.

Atombindung

Der erste Typ einer chemischen Bindung, die Atombindung oder **kovalente Bindung,** ließe sich auch als „Elektronen-Sharing" bezeichnen: Zwei Atome, deren äußere Elektronenschale (Valenzschale) nicht vollständig gefüllt ist, teilen sich Elektronen derart, dass ihre **Valenzschale** dadurch komplett wird. Beispielsweise braucht das Wasserstoffatom mit seinem einen Elektron, dessen äußerste (und einzige) Schale genau zwei Elektronen aufnehmen kann, ein weiteres Elektron, um den energetisch vorteilhaften Schalenabschluss zu erreichen. (Man spricht hier auch von der **Edelgaskonfiguration,** da die Edelgase durch diese Elektronenstruktur gekennzeichnet sind.) Verbinden sich zwei Wasserstoffatome, weisen sie als Molekül die notwendigen zwei Elektronen auf und gewinnen dadurch genug chemische Bindungsenergie, um eine **stabile Verbindung** zu formen.

Ionenbindung

„Kovalent" bedeutet auf Deutsch „gleichwertig", denn die Atombindung ist im Prinzip ein „Austausch auf Gegenseitigkeit". Es geht aber auch ganz anders: Wenn Bindungspartner A eine fast volle und B eine fast leere Valenzschale hat, gibt B die überzähligen Elektronen an A komplett ab. Beide erreichen auf diese Weise die Edelgaskonfiguration und werden dabei zu elektrisch geladenen **Ionen,** da sie nun mehr bzw. weniger negativ geladene Elektronen tragen, als positive elektrische Ladungen im Atomkern sind. Zwischen positiven und negativen Ionen herrscht eine starke elektrische Anziehungskraft, welche die **Ionenbindung** bewirkt; sie ist so stabil wie die Atombindung. Ein Beispiel für eine Ionenbindung ist ein Salzkristall wie **Natriumchlorid:** Dem Halogen (Chlor) fehlt ein Elektron in der Valenzschale, das Alkalimetall (Natrium) hat nur ein Elektron in der Valenzschale. Im Übrigen sind reine

Ionen- oder Atombindungen eher seltene Extremfälle. Viele chemische Bindungen haben sowohl ionische als auch kovalente Bindungsanteile.

Metallische Bindung

Metalle zeichnen sich durch eine hohe Leitfähigkeit für Wärme und elektrischen Strom aus. Dieser Effekt beruht auf einer besonderen Form der chemischen Bindung, die man als **„Elektronenkommune"** bezeichnen könnte. Metallatome besitzen generell ein oder mehrere leicht abtrennbare Elektronen. Diese werden aber nicht, wie etwa beim Wasserstoffmolekül, nur jeweils zwischen zwei Bindungspartnern geteilt. Vielmehr bilden die Aberbilliarden von Metallatomen eines Eisendrahts eine gigantische **Elektronenwolke** – man könnte ein makroskopisch großes Metallstück also als ein einziges Riesenmolekül bezeichnen. Die „Elektronenkommune" zieht sich durch den ganzen Festkörper und erlaubt es den Elektronen, sich darin gleichsam frei zu bewegen. Auch die **Wärmeleitfähigkeit** der Metalle beruht auf der Elektronenbeweglichkeit (→ S. 188). Wärme wird im Allgemeinen durch Stöße zwischen den kleinsten Teilchen übertragen und im Metallverband erledigen die freien und schnellen Elektronen diese Aufgabe besonders effizient.

Der Diamant besteht aus reinem Kohlenstoff und ist aufgrund seiner besonders stabilen Kristallstruktur das härteste Mineral (Bild: Rohdiamanten).

In geschliffener Form werden Diamanten zu wertvollem Schmuck verarbeitet.

Der Energiegewinn durch das „Elektronen-Sharing" bewirkt, dass viele Metalle eine sehr **stabile Kristallstruktur** mit festen Bindungen aufweisen: Die Elemente mit den höchsten Schmelzpunkten sind Metalle wie Wolfram und Osmium.

Bindungsarten und Elektronegativität

Atom- und Ionenbindung sind idealisierte Spezialfälle, bei denen die bindenden Elektronen entweder exakt mittig (unpolar) oder eindeutig bei einem Bindungspartner lokalisiert sind. Dazwischen liegen die polaren Atombindungen, bei denen die Bindungselektronen mehr oder weniger stark einer Seite zugeordnet sind.

Bindungstyp	Kennzeichen	Beispiel
Unpolare Atombindung/ kovalente Bindung	Bindendes Elektronenpaar gehört zu gleichen Anteilen beiden Bindungspartnern an.	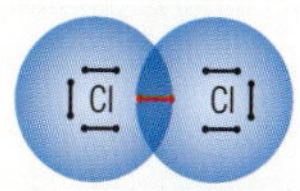
Polare Atombindung	Elektronenpaar wird von einem Partner stärker angezogen.	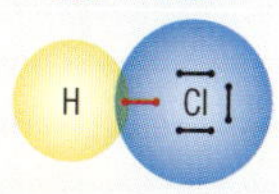
Ionenbindung	Alle Elektronen sind eindeutig einem Atom bzw. Ion zugeordnet. Bindung durch elektrische Anziehung zwischen Ionen	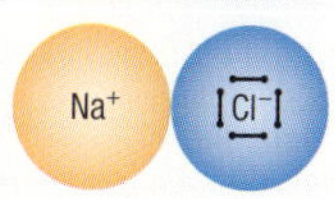

Unter dem Elektronenmikroskop ist die kubische Struktur der Kochsalzkristalle gut zu erkennen.

Moleküle und Kristalle

Der Naturphilosoph Demokrit erkannte schon 400 v. Chr., dass alle Materie aus Atomen zusammengesetzt ist. Er meinte, jeder Stoff sei aus einer anderen Art von Atomen aufgebaut. Im 19. Jh. kam der Begriff des Moleküls auf; Wasser etwa besteht aus einer Vielzahl gleichartiger Moleküle. Die Beziehungen zwischen Atomen, Molekülen und Kristallen sind heute geklärt – sie sind die mikroskopische Grundlage des Verhaltens aller bekannten Stoffe.

Rotation und Vibration

Atome sind nicht nur in Demokrits Weltbild, sondern auch nach heutigem Kenntnisstand im Wesentlichen kugelförmig. Moleküle dagegen weisen, vor allem wenn sie viele Atome enthalten, praktisch beliebig komplizierte Formen auf. Ihre Atome können daher eine große Zahl von inneren Bewegungszuständen einnehmen, z. B. Schwingungen um die Ruhelage ausführen oder um eine Bindungsachse rotieren. Die Untersuchung von molekularen Vibrationen und Rotationen ist ein wichtiges Hilfsmittel der **analytischen Chemie;** sie ermöglicht es, Struktur und Dynamik auch komplexer Verbindungen zu entschlüsseln.

Atome und Moleküle

Wenn zwei Atome miteinander eine kovalente Bindung eingehen (polar oder unpolar), dann bilden sie ein **zweiatomiges Molekül.** Beispiele hierfür sind das Stickstoffmolekül (N_2) und das Sauerstoffmolekül (O_2). Kohlenstoffmonoxid (CO) oder Chlorwasserstoff („Salzsäure", HCl) sind unsymmetrische zweiatomige Moleküle. Natürlich können Moleküle auch mehr als zwei Atome enthalten: Beim Methan (CH_4) sind es fünf, der sog. **Benzen-Ring** (früher: Benzol, C_6H_6) besitzt zwölf Atome und bei großen Biomolekülen geht die Zahl der Atome in die Hunderttausende. Das **Molekül DNA,** in dem unsere Gene codiert sind, enthält sogar mehrere Millionen Atome.

Schön geordnet

Auch die größten Moleküle sind so klein, dass man sie mit dem Mikroskop untersuchen muss. Stoffe in makroskopischen Mengen enthalten eine unvorstellbar große Zahl von Atomen; bereits wenige Gramm eines Stoffs bestehen aus rd. 10^{23} Atomen. Wenn diese alle in einer durchgehend regelmäßigen räumlichen Struktur angeordnet sind, spricht man von einem **Kristall** oder, um die Reinheit zu betonen, einem Einkristall.

Edelsteine wie Diamant oder Edelmetalle wie Silber und Gold sind Beispiele für Stoffe mit einem aus einzelnen Atomen desselben Elements aufgebauten **Kristallgitter.** Die meisten Minerale und die daraus aufgebauten Gesteine weisen ebenfalls ein regelmäßiges Kristallgitter auf, allerdings sind dort verschiedene Elemente in festen Mengenverhältnissen vertreten. Gefrorenes Wasser, also Eis, dagegen ist ein Beispiel für einen **Molekülkristall,** also einen Kristall, dessen Grundbaustein ein Molekül, nämlich H_2O, ist. Schließlich gibt es noch die Klasse der ungeordneten oder **amorphen Körper**. Der bekannteste ist Glas.

Edelgase wie Helium bestehen aus einzelnen Atomen, das Gas Kohlenstoffdioxid hat dreiatomige Moleküle als kleinste Einheit und im Diamantkristall bilden unzählige Kohlenstoffatome eine regelmäßige räumliche Struktur.

Atome: Helium

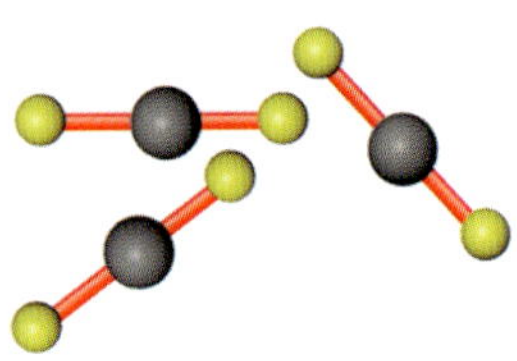

Moleküle: Kohlenstoffdioxid

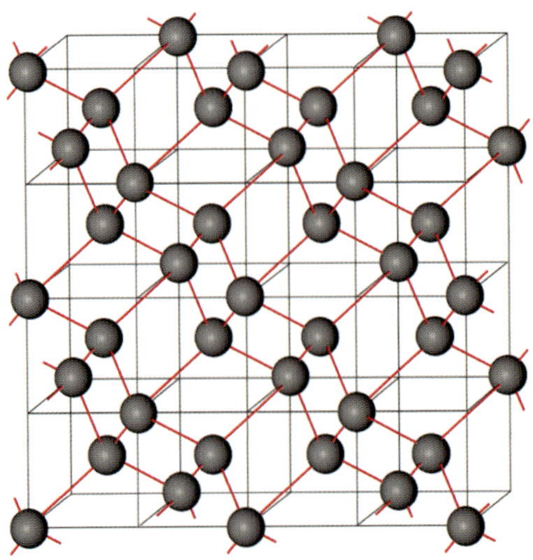

Kristall: Diamant

Einfache Reaktionen

In unserer Umwelt, in Alltag und Technik, ja selbst in unserem eigenen Körper laufen unablässig chemische Reaktionen ab, derer wir uns nur in den seltensten Fällen bewusst sind: Kerzen oder Treibstoffe werden verbrannt, ein Braten wird gegart, Atmung und Stoffwechsel versorgen uns mit Energie und Nährstoffen und vieles anderes mehr. Viele Reaktionen laufen nicht von selbst ab, sondern müssen entweder aktiviert oder sogar durch beständige Energiezufuhr am Laufen gehalten werden. Manche Stoffe – wie Sekundenkleber oder Sprengstoff – aber reagieren von selbst und so heftig, dass strenge Vorsichtsmaßnahmen erforderlich sind.

Kennzeichen von Reaktionen

Das Grundschema einer chemischen Reaktion ist einfach: Eine gewisse Menge an Ausgangsstoffen oder **Edukten** tritt miteinander in Wechselwirkung, verändert sich und liefert schließlich andersgeartete Endstoffe bzw. **Produkte**. Die Stoffeigenschaften von Edukten und Produkten können ähnlich oder sehr verschieden sein, sind aber fast nie gleich. Auf chemischem Weg kann eine Reaktion in der Regel rückgängig gemacht werden, durch rein physikalische Trennverfahren hingegen nicht. Werden z. B. Eisenspäne (Fe) mit Schwefel (S) vermischt, so lässt sich mit einem Magneten die **frühere Ordnung** leicht wieder herstellen. Wird das Gemisch jedoch erhitzt, so bildet sich ein **neuer Stoff,** Eisendisulfid (Pyrit, FeS_2), der wegen seiner Farbe auch „Katzengold" genannt wird.

Neben der **Stoffumwandlung** ist ein weiteres Kennzeichen chemischer Reaktionen, dass auch Energie in andere Form überführt wird. Nach den Gesetzen der Physik kann Energie zwar weder erzeugt noch vernichtet werden, Energieumwandlungen sind jedoch in der Natur verbreitet. Bei der **chemischen Energie** handelt es sich im atomaren Modell um die in einer chemischen Bindung gespeicherte Energie. Beim Auflösen einer Bindung wird diese **Bindungsenergie** frei; zum Aufbau einer neuen Bindung wird entsprechend Energie benötigt. Die che-

Chemolumineszenz

Reaktionen können nicht nur durch Licht ausgelöst werden, etwa bei der Photosynthese, sondern es gibt auch den umgekehrten Fall: chemische Reaktionen, bei denen „kaltes" Licht entsteht. Bestimmte, Luminophore genannte organische Moleküle können durch chemische Anregung Licht aussenden. Ein Beispiel aus der Biologie ist das **Glühwürmchen,** welches in seinem Hinterleib Stoffwechselenergie in gut sichtbare Lichtsignale umsetzt.

Pyrit (Eisendisulfid), das bei der Verbindung von Eisen und Schwefel entsteht, ist ein weltweit häufig vorkommendes Sulfidmineral; es entwickelt Kristalle mit gleichmäßigen geometrischen Strukturen.

Die köstlichen Duft- und Aromastoffe, die beim Backen von Waffeln freigesetzt werden, entstehen durch eine Reihe chemischer Reaktionen.

mische Energie kann durch Wärme, als elektrische oder magnetische Energie, als Strahlung (Licht) oder auch mechanisch zu- oder abgeführt werden. Eine wichtige Aufgabe ist es daher, die **Energiebilanz** von chemischen Reaktionen aufzustellen und zu analysieren.

Küchenchemie

Als Beispiel für chemische Reaktionen an einer Stelle, wo sie nicht jeder vermutet, betrachten wir, was beim Backen von Waffeln aus Hefeteig passiert. Die Hauptzutaten Fett, Eier und Wasser werden verrührt und bilden dabei eine sog. **Emulsion.** Salz und Zucker lösen sich im Wasser, alles zusammen wird mit dem Mehl zu einem (mechanisch recht zähen) Gemisch verknetet. Chemische Reaktionen kommen erst mit der Hefe ins Spiel. Die Hefezellen vergären Zucker zu **Alkohol** und CO_2, aber nur, wenn der Teig warm, aber auch nicht zu heiß ist! Gasblasen aus CO_2 und verdampftem Alkohol lassen den Teig zunächst „aufgehen" und luftig-locker werden. Beim weiteren Backvorgang stirbt die Hefe ab, Alkohol und CO_2 entweichen und das Gebäck wird stabilisiert.

Beim Backen schließlich reagieren in der sog. **Maillard-Reaktion** (nach L. C. Maillard, 1878–1936) Aminosäuren und Kohlenhydrate aus Eiern und Mehl miteinander. Ab etwa 140 °C bilden sich Stoffe, welche die Waffel bräunen und gleichzeitig für Duft und Wohlgeschmack sorgen. Auch diese Reaktion benötigt die **Zufuhr von Energie** – hier mit Hilfe des Waffeleisens, das elektrische in Wärmeenergie umwandelt, die wiederum in die chemische Bindungsenergie (und natürlich die Wärme) der fertigen heißen Waffeln investiert wird.

Reaktionsgleichungen

Es gibt genaue Regeln dafür, ob Reaktionen von selbst oder nur bei Energiezufuhr ablaufen oder aber ganz unmöglich sind. Um einen Überblick über das Geschehen während einer Reaktion zu gewinnen, schreiben Chemiker die wichtigsten Punkte in einer **Reaktionsgleichung** auf.

Auf der linken Seite findet man jeweils die **Edukte,** auf der rechten die **Produkte.** Dabei wird jedes Element durch sein chemisches Symbol gekennzeichnet, die Zahl der Atome eines Elements in einem Molekül zeigt eine tiefgestellte Zahl rechts vom Elementsymbol an, die Anzahl der an einer Reaktion teilnehmenden Moleküle einer Molekülart (bzw. Atome eines Elements) wird links von der **Molekülformel** oder dem **Elementsymbol** notiert. Häufig wird auch die Energiebilanz notiert. Weitere thermodynamische Größen geben an, ob eine Reaktion freiwillig abläuft oder nicht. Wichtig ist dabei: Nach dem Aufstellen einer Reaktionsgleichung muss immer kontrolliert werden, ob auf beiden Seiten gleiche Mengen aller auftretenden Elemente stehen. Beispiele finden sich in der Tabelle.

Bekannte chemische Reaktionen

Reaktion	Gleichung	Bemerkung
Wasserstoff und Sauerstoff gibt Wasser.	$2\,H_2 + O_2 \rightleftharpoons 2\,H_2O$	verläuft explosiv („Knallgasreaktion")
Verbrennung von Erdgas (Methan) zu Kohlenstoffdioxid und Wasser	$CH_4 + O_2 \rightleftharpoons CO_2 + 2\,H_2O$	Energie wird frei, da die Produkte eine höhere Bindungsenergie haben als die Edukte.
Laden einer Autobatterie („Bleiakku")	$2\,PbSO_4 + 2\,H_2O + O_2 \rightleftharpoons 2\,PbO_2 + 2\,H_2SO_4$	Elektrische Energie muss zugeführt werden (Pb: Blei, S: Schwefel; H_2SO_4: Schwefelsäure).
Ätznatron und Salzsäure geben Kochsalz und Wasser.	$NaOH + HCl \rightleftharpoons NaCl + H_2O$	Neutralisation von Lauge und Säure zu Salz und Wasser

Reaktion im Gleichgewicht

Zu wissen, wie viel Energie bei einer Reaktion frei wird bzw. zugeführt werden muss, ist sicherlich wichtig. Doch ebenso interessant ist die Frage, wie schnell eine Reaktion abläuft: Während sich Kalk in heißem Essig in Minutenschnelle auflöst, rosten Stahlträger nur sehr langsam.

Geschwindigkeit von Reaktionen

Um die Reaktionsgeschwindigkeit quantitativ erfassen zu können, betrachtet man die **Konzentration** *c* von Edukten und Produkten, also die Anzahl der in einem vorgegebenen Volumen enthaltenen Teilchen aller beteiligten Stoffe. Die **Reaktionsgeschwindigkeit** *v* ist dann definiert als

$$v = \frac{\Delta c}{\Delta t}$$

Dabei steht Δc (lies „Delta c") für die Konzentrationsänderung eines Reaktionspartners und Δt für die während der Reaktion verstrichene Zeit – es genügt in den meisten Fällen, die Durchschnittsgeschwindigkeit der Reaktion zu betrachten. Die Reaktionsgeschwindigkeit hängt von einer **Reihe von Größen** ab und lässt sich daher auch gezielt beeinflussen. Sie ist besonders hoch, wenn die Eduktkonzentrationen hoch sind, weil dann die Wahrscheinlichkeit groß ist, dass die Reaktionspartner bei einem zufälligen Zusammenstoß miteinander „ins Geschäft kommen". Aus diesem Grund nimmt die Geschwindigkeit im Verlauf der Reaktion in dem Maße ab, wie die Edukte verbraucht werden. Eine Temperaturerhöhung beschleunigt generell jede Reaktion, denn so wird sowohl die Wahrscheinlichkeit von Stößen zwischen Reaktionspartnern als auch deren Energie erhöht. Nach der **RGT-Regel** (Reaktionsgeschwindigkeit-Temperatur-Regel) läuft die Reaktion bereits bei einer um nur 10 °C erhöhten Temperatur doppelt so schnell ab.

Liegen die Reaktionspartner in unterschiedlichen Aggregatzuständen vor (fest/flüssig, fest/gasförmig usw. – man spricht in diesem Fall auch von heterogenen Reaktionen), dann ist die Größe der **Kontaktfläche** zwischen den sog. Phasen wichtig. Schließlich können **Katalysatoren** (→S. 138) Reaktionen mit hoher Aktivierungsenergie erheblich beschleunigen.

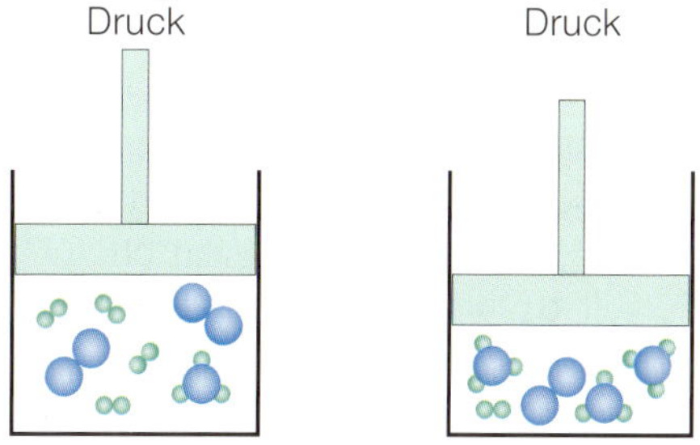

Druck beeinflusst chemische Gleichgewichtsreaktionen mit Gasen in einem geschlossenen System. Höherer Druck bedeutet weniger Volumen für die Stoffe, dadurch kommen sie sich „näher" und weniger Teilchen (nach der Reaktion) brauchen weniger Raum.

Chemisches Gleichgewicht

Chemische Reaktionen sind nie „Einbahnstraßen". Immer ist auch die sog. **Rückreaktion** möglich, wenn zufällig oder durch externe Energiezufuhr an einer Stelle die Bedingungen hierfür erfüllt sind. Außer in extremen Fällen stellt sich daher bei allen Reaktionen ein Gleichgewichtszustand ein, in dem pro Zeitintervall gleich viele Edukte in Produkte verwandelt werden wie umgekehrt. Beispielsweise verbinden sich Wasserstoff (H) und Iod (I) bei 425 °C zu Iodwasserstoff, $H_2 + I_2 \rightleftharpoons 2\,HI$. Gleichzeitig zerfällt aber auch Iodwasserstoff in die Ausgangsprodukte: $2\,HI \rightleftharpoons H_2 + I_2$. Im chemischen Gleichgewicht sind beide Reaktionsrichtungen gleich wahrscheinlich, die Reaktionsgeschwindigkeit wird (auf makroskopischer Skala) null. Man deutet dies durch einen Doppelpfeil an: $H_2 + I_2 \rightleftharpoons 2\,HI$. Nach dem **Massenwirkungsgesetz (MWG)** ist das Verhältnis der Gleichgewichtskonzentrationen der Produkte zu denen der Edukte eine Konstante, die sog. **Gleichgewichtskonstante** K.

Elektrochemie und Elektrolyse

Die Elektrizität gilt gemeinhin als Thema für Physiker. Doch Elektronen und Ionen sind auch für die Chemie eminent wichtig. Dies zeigt sich auch daran, dass die fast allgegenwärtigen Redoxreaktionen letztlich auf dem Austausch von Elektronen beruhen. Trennt man nun bei solch einem Vorgang den oxidierenden und den reduzierenden Teilprozess räumlich, schafft aber eine elektrisch leitende Verbindung zwischen beiden, hat man bereits den Grundaufbau einer elektrochemischen Zelle.

Galvanische Elemente

Ein galvanisches Element oder eine **galvanische Zelle** (nach dem Arzt Luigi Galvani, 1737–1798) ist ein Behälter, in dem zwei verschiedene Metalle – die Elektroden – in eine elektrisch leitfähige Lösung, den **Elektrolyten,** getaucht werden. Dabei geht das leichter oxidierbare, unedlere Metall in Lösung, diese Elektrode beginnt sich aufzulösen. Ionen des leichter reduzierbaren, edleren Metalls wiederum scheiden sich aus der Lösung an der anderen Elektrode ab. Zwischen den Elektroden besteht eine elektrische Spannung, deren Größe vom unterschiedlich edlen Charakter der Metalle, dem **elektrochemischen Potenzial,** abhängt. Schaltet man mehrere solcher Zellen hintereinander, addiert sich deren Spannungen zu einer **Batterie**.

Bei diesem elektrochemischen Experiment wird ein Kupferdraht in eine Silbernitratlösung, $AgNO_3$, getaucht. Da Silber das edlere Metall ist, wird es reduziert und scheidet sich am Draht ab. Das Kupfer wird oxidiert und geht in Form von Cu^{2+}-Ionen in Lösung. Die entstehende Kupfernitratlösung, $Cu(NO_3)^{2+}$, schimmert bläulich. Die Reaktionsgleichung lautet: $Cu + 2\,AgNO_3 \rightarrow Cu(NO_3)^{2+} + 2\,Ag$.

Akkumulatoren

Das, was gemeinhin als „Autobatterie" bezeichnet wird, ist eigentlich gar keine Batterie, sondern ein wiederaufladbarer **Akkumulator.** Hier sind die Redoxvorgänge an den Elektroden umkehrbar: Legt man an einen entladenen Akku eine externe elektrische Spannung an, so wandeln sich die Elektroden in einen energiereichen Zustand um, beim Entladen („Stromentnahme") läuft die umgekehrte Reaktion ab. Dabei wechselt bei einem 12-Volt-Auto-Akkumulator das Blei der Elektroden zwischen dem reduzierten, vierwertigen Zustand im Blei(IV)-Oxid (PbO_2) und dem oxidierten, zweiwertigen im Blei(II)-Sulfat, $PbSO_4$. Der Elektrolyt ist in diesem Fall verdünnte Schwefelsäure (H_2SO_4). Die zugehörige Netto-Reaktionsgleichung lautet:

$$Pb + PbO_2 + 2\,H_2SO_4 \underset{\text{Laden}}{\overset{\text{Entladen}}{\rightleftharpoons}} 2\,PbSO_4 + 2H_2O$$

Elektrolyse

Elektrochemische Elemente dienen auch dazu, in der **Elektrolyse** gezielt Stoffe zu zersetzen, z. B. bei der Herstellung von Aluminium durch Elektrolyse von geschmolzenem Aluminiumoxid oder bei der Zerlegung von Wasser in Sauerstoff und Wasserstoff. In beiden Fällen muss elektrische Energie aufgebracht werden, um den Prozess zu ermöglichen. Auch das Abscheiden von gelöstem Metall in einer elektrolytischen Lösung wird technisch genutzt. Dieser Vorgang wird als **Galvanisierung** bezeichnet.

Reduktion und Oxidation

Was haben ein brennendes Streichholz, ein rostender Nagel und ein Handy im Ladegerät gemeinsam? In allen drei Fällen laufen sog. Redoxreaktionen ab, im wissenschaftlichen Sprachgebrauch: Reduktions-Oxidations-Reaktionen. Gemeinsames Kennzeichen dieser heutzutage sehr abstrakt definierten Vorgänge ist der Austausch von Elektronen; der Elektronen abgebende Reaktionspartner wird oxidiert, zur gleichen Zeit wird der Elektronen aufnehmende Stoff reduziert.

Wertigkeit und Oxidationszahl

Atome versuchen bei einer chemischen Bindung nach Möglichkeit, die Edelgaskonfiguration zu erreichen, indem Elektronen in die äußerste Elektronenschale, die Valenzschale, aufgenommen oder aus ihr abgegeben werden. Die dazu aufgenommene oder abgegebene Zahl von Elektronen nennt man Valenz oder **Wertigkeit.** Halogene haben eine Wertigkeit von 1, Erdalkalimetalle (II. Hauptgruppe) von 2, Kohlenstoff von 4.

Im Laufe der Zeit wurde die Wertigkeit immer wieder neu definiert. Daher benutzt man heute lieber die **Oxidationszahl (OZ),** um anzugeben, mit wie vielen Partnern ein Element eine Bindung eingehen kann. Bei Metallen ist die OZ immer positiv, bei stark elektronegativen Stoffen wie den Halogenen ist sie negativ. Fluor hat immer OZ = –I, Sauerstoff (fast) immer OZ = –II, Wasserstoff meistens OZ = +I (man verwendet immer römische Ziffern für die OZ). In einer chemischen Verbindung muss die Summe aller Oxidationszahlen immer null ergeben. Ein Beispiel: Im **Kohlenstoffdioxid** hat das C-Atom OZ = +IV, die beiden O-Atome OZ = –II, in der Summe gibt dies $+4 + 2 \cdot (-2) = 0$.

Je negativer die Oxidationszahl eines Atoms ist, desto größer ist die Elektronendichte um dieses Atom in einer Verbindung. Wenn also in einer Redoxreaktion elementarer Schwefel mit OZ = 0 reduziert wird (formal Elektronen aufnimmt), dann nimmt seine Oxidationszahl ab, etwa im Schwefelwasserstoff (H_2S) auf –II: $2 \cdot 1 + (-2) = 0$. Wird der Schwefel dagegen oxidiert, steigt die OZ bis auf die maximale Oxidationsstufe +VI in der Schwefelsäure(H_2SO_4): $2 \cdot 1 + 6 + 4 \cdot (-2) = 0$.

Im 19. Jh. verstand man unter einer Oxidation immer eine Reaktion mit Sauerstoff, daher der Name (Oxygenium ist der lateinische Name von Sauerstoff). Eine Reduktion war dementsprechend die „Reduzierung" der Sauerstoffatome einer Verbindung. Die meisten Redoxreaktionen laufen jedoch ohne die Beteiligung von Sauerstoff ab, sodass die Definition über Elektronenaustausch bzw. Erhöhung oder Erniedrigung der Oxidationszahl wesentlich sinnvoller ist.

Redoxreaktionen im Alltag

Es gibt unzählige Beispiele von Redoxreaktionen, die uns im täglichen Leben begegnen:

Sanitärreiniger können Hypochlorit-Ionen (ClO^-) enthalten, das Chloratom hat dort die OZ +I. Durch Reduktion wird daraus das aggressive Chlorgas (Cl_2, OZ 0), das wegen seiner desinfizierenden Eigenschaften zum Putzen genutzt wird.

Das jedem bekannte **Rosten von Eisen** lässt sich mit der (vereinfachten) Redoxgleichung $4\,Fe + 6\,H_2O + 3\,O_2 \rightleftharpoons 4\,Fe(OH)_3$ beschreiben. Dabei wird elementares Eisen mit OZ = 0 zu dreiwertigem Fe(III) reduziert.

Auch mit **Wasserstoffperoxid** (H_2O_2) blondierte Haarsträhnchen sind das Resultat eines Redoxvorgangs. Dabei wird das Haarpigment Melanin oxidiert und dadurch entfärbt, gleichzeitig wird der Sauerstoff im Wasserstoffperoxid reduziert.

Mit Wasserstoffperoxid blondierte Haare sind das Resultat eines Redoxvorgangs.

Für die Reaktion – Katalysatoren

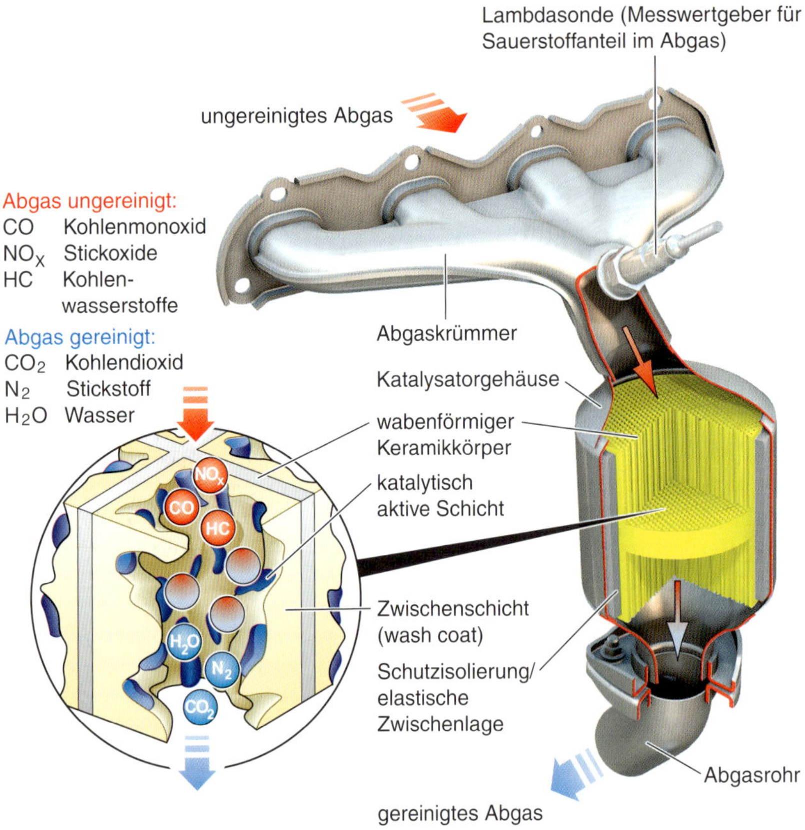

Der eigentliche Katalysator in einem „Kat" für den Pkw befindet sich in der Beschichtung eines hochporösen Keramikkörpers. Wichtigste weitere Komponente des Bauteils ist die λ-Sonde (Lambdasonde), die das Treibstoff-Luft-Gemisch so einregelt, dass der Sauerstoffgehalt im Abgas etwa konstant bleibt.

Seit man in den 1980er Jahren begann, Autoabgase katalytisch zu reinigen, ist der Begriff „Katalysator" geläufig. Katalysatoren und das Phänomen der Katalyse allgemein sind aber nicht auf das Problem der Luftreinhaltung beschränkt. Sie tauchen in verschiedenen Gebieten der Chemie auf und haben z. B. als Enzyme auch größte biologische Bedeutung. Ohne sie läuft kaum eine Reaktion in einer Zelle ab, sie lassen nicht nur Reaktionen bei niedrigen Temperaturen schnell ablaufen, sondern haben auch eine wichtige Regelungsfunktion, insbesondere bei der Übersetzung des genetischen Codes (→S. 66).

Aktivierung von Reaktionen

Bei manchen Reaktionen ist es ähnlich wie beim Schlittenfahren: Bevor der Spaß beginnt, muss man zunächst den Berg hinauf. Übersetzt in die Sprache der Chemie bedeutet dies, dass man den Edukten erst einen gewissen Energiebetrag zuführen muss, bevor die Reaktion starten kann. Diese **Aktivierungsenergie** ist oft größer als die thermische Energie der Reaktionspartner und hemmt auf diese Weise an sich freiwillig ablaufende Prozesse erheblich. Hier kommt die Katalyse ins Spiel. Man fügt den Edukten einen weiteren **Reaktionspartner** – den Katalysator – zu, der mit einem der Edukte zu einem reaktiven Zwischenprodukt reagiert, das sofort in das gewünschte Endprodukt und den Katalysator im Ausgangszustand zerfällt. Entscheidend dabei ist, dass für die Reaktionsschritte mit Katalysator jeweils niedrigere Aktivierungsenergien aufzubringen sind als ohne ihn; dadurch wird die Reaktionsgeschwindigkeit erheblich gesteigert.

Zwei Beispiele

Ein Beispiel für eine katalytische Reaktion in der Natur ist die Ozonzerstörung, die zum sog. **Ozonloch** führt. In rd. 20 km Höhe befindet sich in der unteren Stratosphäre eine mit Ozon (O_3) angereicherte Luftschicht, die die Erde vor schädlicher UV-Strahlung schützt. Diese Ozonschicht wird über dem Südpol regelmäßig im Südfrühling fast vollständig zerstört.
Der Grund ist ein katalytischer Reaktionsmechanismus mit Halogenen, der in sehr kalter Luft und in Anwesenheit von Sonnenlicht O_3 in O_2 umwandelt. Jedes Halogenatom (Chlor, Fluor, Brom, außerdem auch Stickoxide) kann dabei Hunderttausende O_3-Moleküle vernichten.

Das zweite Beispiel ist der **Abgaskatalysator,** der eigentlich „Abgasreinigungsgerät mit katalytisch wirksamem Modul" heißen müsste. Tatsächlich als Katalysator arbeitet nämlich nur ein mit den Edelmetallen Platin (Pt) und Rhodium (Rh) und/oder Palladium (Pd) beschichtetes Bauteil. Die Metallatome senken die Aktivierungsenergie für den Abbau schädlicher Abgasbestandteile.

Reaktionen im menschlichen Körper

Alle Lebewesen benötigen Nährstoffe, um Energie zu gewinnen und lebenswichtige körpereigene Substanzen zu bilden. Gleichzeitig scheiden sie nicht benötigtes oder schädliche Stoffe aus dem Körper aus. Dieser sog. Stoffwechsel ist ein hochkomplexes System aus unzähligen miteinander gekoppelten chemischen Reaktionen. Auch Vorgänge wie das Auslesen der Erbinformation, die Informationsverarbeitung im Gehirn oder die Arbeit von Herz, Lunge und Fortpflanzungsorganen beruhen in erster Linie auf chemischen Reaktionen zwischen den Molekülen, aus denen lebende Systeme bestehen.

Energiequelle Nahrung

Alle Tiere und damit auch wir Menschen nehmen über die Nahrung Stoffe und Energie auf. Dabei besteht der Energiegehalt der Nahrung, der Nährwert, im Wesentlichen aus der chemischen **Bindungsenergie von Biomolekülen** tierischen oder pflanzlichen Ursprungs.

Die Nahrung des Menschen lässt sich grob in die Kategorien **Kohlenhydrate** (Zucker und Stärke aus Getreide, Kartoffeln, Obst usw.), **Fette** (Öl, Butter, Speck) und Eiweiße bzw. **Proteine** (beispielsweise aus Fleisch oder Hülsenfrüchten) einteilen. Die ersten beiden Gruppen dienen in erster Linie als Energiequelle, Proteine hauptsächlich als Baumaterial z. B. für die Muskulatur.

Nährstoffe sind in der Regel sehr große, kompliziert gebaute Moleküle, die zunächst verdaut, das heißt in verwertbare Einheiten zerlegt werden müssen. Die mechanische Verkleinerung leisten die Zähne, dann beginnen Enzyme, also **Biokatalysatoren,** und die **Magensäure** zu arbeiten. Schad- und Reststoffe scheiden die Ausleitungsorgane aus, momentan nicht benötigte Energiereserven werden als Körperfett vor allem an Bauch, Beinen und Po eingelagert, die dann häufig als „Problemzonen" gelten.

Reaktionen des Lebens

Die wohl grundlegendste Lebenstätigkeit ist die Übersetzung der Informationen in unseren Genen in **Bauanweisungen** für Proteine. Hier spielen verschiedene Enzyme eine zentrale Rolle, indem sie die Bildung von Kopien („Abschriften" bzw. „Transkripten") einzelner Genabschnitte katalysieren. Andere Moleküle steuern, welche Gene wann aktiv sind, wieder andere zerstören falsch aufgebaute Proteine. Bei all diesen Reaktionen herrscht ein **empfindliches Gleichgewicht** zwischen Auf- und Abbau, Beschleunigung und Hemmung. Indem externe Reize wie Konzentrationsänderungen von Botenstoffen diese Gleichgewichte verschieben, beeinflussen sie den Proteinsyntheseapparat und damit die Lebensvorgänge in unseren Zellen. Und dabei geht es nicht nur um das Verdauen eines Frühstückseis. Im Gehirn jedes Menschen laufen unzählige dieser Reaktionen ab und erzeugen die hochkomplexen Anregungsmuster im Geflecht der Nervenzellen, welche wir als Gedanken, Gefühle und Erinnerungen wahrnehmen.

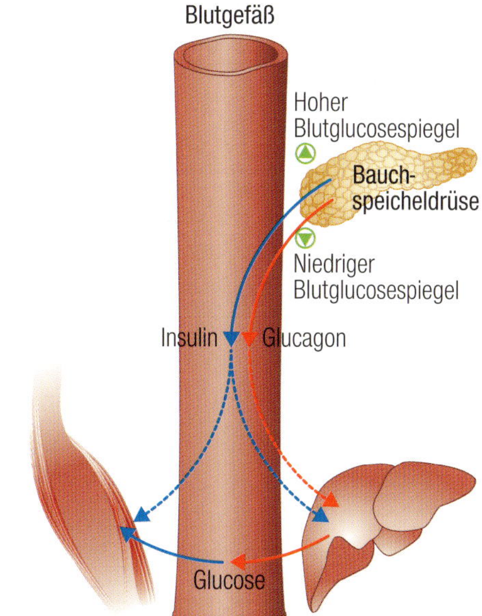

Diabetiker leiden unter einer gestörten Regulierung des Glucosehaushalts, das heißt des Blutzuckerspiegels. Im gesunden Körper herrscht ein Gleichgewicht zwischen dem Botenstoff Insulin, das den Verbrauch von Glucose anregt, und dem Botenstoff Glucagon, das den Aufbau von Glucose fördert.

Atmung und Photosynthese

Tiere und Pflanzen ergänzen sich perfekt: Während Pflanzen bei der Photosynthese CO_2 aus der Luft entnehmen und zusammen mit Wasser in Biomoleküle und Sauerstoff umwandeln, atmen Tiere Sauerstoff ein und CO_2 aus. Auf diese Weise kann die Luftzusammensetzung im chemischen Gleichgewicht bleiben und konstante Lebensbedingungen für alle bieten.

Säuren und Basen

„Sauer macht lustig“ – wenige chemische Fachbegriffe sind so sehr in der Alltagssprache präsent wie „Säure“. Gleichzeitig aber war die wissenschaftliche Definition von Säure sowie die der korrespondierenden „Base“ lange Zeit unbefriedigend gelöst. Die heute gebräuchliche Definition von Säure und Base ist ziemlich abstrakt, aber eine sehr einfache Formel besagt: „Säure plus Base gibt Salz.“

Säuren einst und jetzt

Neben „bitter“, „süß“, „salzig“ und „Umami“ (fleischig, herzhaft) ist „sauer“ eine der fünf Grundgeschmacksqualitäten. Daher kann jeder Mensch Säure sinnlich wahrnehmen. Dennoch waren bis in die frühe Neuzeit praktisch nur natürliche Fruchtsäuren bekannt, mit Ausnahme des schon im Altertum hergestellten Essigs. Heute werden in der chemischen Industrie die verschiedensten Säuren eingesetzt; zu den bekanntesten Beispielen zählen Salz-, Schwefel- und Salpetersäure sowie das berühmte Königswasser.

Mineralsäuren und organische Säuren

Seit dem Mittelalter stellten Alchemisten und später auch die ersten modern arbeitenden Chemiker fest, dass bestimmte wässrige Flüssigkeiten die Fähigkeit besaßen, andere Stoffe aufzulösen. Salpetersäure etwa (HNO_3), auch als **Scheidewasser** bekannt, löste zwar Silber auf, nicht aber Gold. Dem **Königswasser,** einer Mischung aus Salpetersäure und Salzsäure (HCl), widerstand nicht einmal Gold. Auch schweflige Säure (H_2SO_3) und Schwefelsäure (H_2SO_4) waren in alchemistischen Kreisen bekannt, lange bevor die Chemie die ätzende Wirkung der Säuren wissenschaftlich erklären konnte.

Die bislang aufgeführten Säuren zählen alle zu den sog. Mineral- oder anorganischen Säuren. Organische Säuren enthalten dagegen Kohlenstoff, z. B. Essigsäure, Citronensäure (Vitamin C) und viele andere Fruchtsäuren. Sie kommen häufig in biologischen Systemen vor; allerdings finden sich dort auch anorganische Mineralsäuren: Die **Magensäure** des Menschen, die beim Verdauen der Nahrung sehr wichtig ist, besteht aus einer verdünnten Salzsäurelösung.

Das Konzept von Arrhenius und Brönsted

Obwohl schon im 17. und 18. Jh. wichtige Schritte zum Verständnis von Säuren gemacht wurden, gelang es erst dem schwedischen Chemiker Svante Arrhenius (1859–1927) 1884, eine erste umfassende Theorie der Säuren und ihrer Gegenspieler, der Basen, aufzustellen. In den 1920er Jahren wurde das Konzept dann von dem Dänen Johannes Brönsted (1897–1947) verallgemeinert. Demnach sind **Säuren** Stoffe, die in wässriger Lösung (oder auch in anderen Reaktionen) Protonen, also positive Wasserstoff-Ionen (H^+), abgeben. Dabei bildet sich in Wasser das Oxonium-Ion H_3O^+, auf dessen Reaktionsfreudigkeit die aggressive Wirkung von Säuren beruht. Je

Mit Essig gegen Kalk

„Hartes“ Wasser, also solches, das viele gelöste Carbonat-Ionen enthält, ist vielen Menschen ein Ärgernis, weil sich beim Verdunsten an Behälterwänden Kalk abscheidet – bei Waschmaschine, Kaffeemaschine oder Wasserkocher kann das auf die Dauer zu ernsten Problemen führen. Ein geeignetes Mittel dagegen ist der Einsatz einer Säure wie Haushaltsessig (auf keinen Fall Balsamico o. Ä., die Geschmacksstoffe würden die Geräte ebenfalls belasten). Durch das Ansäuern des Wassers verschieben sich die chemischen Gleichgewichte, sodass abgeschiedener Kalk in Lösung geht und fortgespült werden kann.

mehr Protonen abgegeben werden und je schneller dies geschieht, desto stärker (aggressiver) ist die Säure.

Es können jedoch nicht nur Protonen abgebende Stoffe **(Protonendonatoren)** ätzend wirken, auch der umgekehrte Fall ist möglich: Stoffe wie Natriumhydroxid (Ätznatron, NaOH) sind besonders gute Protonenaufnehmer **(Protonenakzeptoren).** In wässriger Lösung entziehen sie H_2O-Molekülen ein Proton, wodurch reaktive Hydroxid-Ionen (OH^-) entstehen. In diesem Fall spricht man von einer **Base.** Man kann sich nun gut vorstellen, was passiert, wenn eine Säure und eine Base miteinander reagieren: Die Säure gibt bereitwillig Protonen ab, die von der Base ebenso bereitwillig aufgenommen werden. Dadurch neutralisieren sie sich gegenseitig und es bildet sich ein neutraler Stoff, der chemisch gesehen ein **Salz** ist.

Das Modell, nach dem Säure-Base-Reaktionen als Protonenaustausch aufzufassen sind, hat noch weitere Konsequenzen: Gibt eine Säure, etwa die Salzsäure (HCl), ein Proton ab, dann bleibt ein Chlorid-Ion (Cl^-) übrig. Dieses kann natürlich durch Aufnahme eines Protons wieder zum Salzsäuremolekül werden, ist demnach ein Protonenakzeptor, also eine Base. Umgekehrt wird Ammoniak (NH_3) als Base durch Aufnahme eines Protons zum Ammonium-Ion (NH_4^+), das dementsprechend als Säure wirken kann. Allgemein gilt, dass es **zu jeder Säure eine korrespondierende Base** und umgekehrt gibt; man schreibt

$HA + H_2O \rightleftharpoons A^- + H_3O^+$,

$B + H_2O \rightleftharpoons BH^+ + OH^-$.

Hierbei ist HA eine Säure und A^- die korrespondierende Base, BH^+ die korrespondierende Säure der Base B. Der Doppelpfeil in den beiden Reaktionsgleichungen deutet an, dass es sich um eine Gleichgewichtsreaktion handelt.
Bei starken Säuren bzw. Basen verläuft die Reaktion „von links nach rechts“, bei schwachen Basen und Säuren vor allem „von rechts nach links“.

Saurer Regen

Seit den 1980er Jahren ist das **Waldsterben** eines der größten umweltpolitischen Themen. Ursache für die Schädigung weiter Teile des Baumbestands ist u. a. die **Versauerung der Böden** infolge säurehaltiger Niederschläge. Saurer Regen entsteht, wenn durch Vulkanausbrüche, besonders aber durch Emissionen von Industrie und Verkehr Schwefeloxide (SO_2, SO_3) und Stickoxide (z. B. NO_2, N_2O_4) in die Atmosphäre gelangen. Zusammen mit Luftwasserdampf bilden sich daraus **Schwefel- und Salpetersäure** (H_2SO_4 bzw. HNO_3). Diese lösen sich in Regentropfen und gelangen auf diese Weise als sog. saurer Regen auch über große Entfernungen in Gewässer, Boden- und Grundwasser. Erst als Ende der 1970er Jahre großflächige Waldschäden sichtbar wurden, erkannte man, dass der verunreinigte Regen ein ernstzunehmendes Problem ist.
Zur Bekämpfung der Folgen des sauren Regens wird versucht, übersäuerte Waldböden mit Kalk zu neutralisieren.

Weniger der Zahn der Zeit als der saure Regen: ein „angefressenes“ Denkmal

Doch nicht nur die Natur, auch Gebäude und Denkmäler leiden unter dem sauren Regen: Oft bestehen sie aus kalkhaltigem Gestein bzw. Marmor und werden von den Säuren stark angegriffen: Die **Verwitterung** schreitet dann schnell voran, das Gestein bröckelt. Betroffen sind so bekannte Gebäude wie das Taj Mahal in Indien und Westminster Abbey in London.

Ein wichtiges chemisches Messverfahren ist die Titration oder Maßanalyse. Dabei wird einer Säure unbekannter Konzentration tröpfchenweise so viel Base zugefügt, bis sie neutralisiert ist, was mit einer Indikatorchemikalie sichtbar gemacht wird. Aus der zugeführten Stoffmenge lässt sich sehr genau die ursprüngliche Konzentration errechnen.

Der pH-Wert

Die Chemie ist eine exakte Wissenschaft; deshalb begnügt sie sich nicht damit, die Wirkungen von Säuren und Basen nur qualitativ zu beschreiben. Durch den pH-Wert (von lateinisch potentia hydrogenii, „Macht des Wasserstoffs") kann der saure oder basische Charakter einer Lösung quantitativ exakt beziffert werden.

Von alkalisch bis sauer

Da die Aggressivität einer Säure oder Base durch ihr Bestreben bestimmt wird, Protonen abzugeben bzw. aufzunehmen, liegt es nahe, die Zahl der ausgetauschten **Wasserstoffkerne** zum Maß des sauren oder basischen Verhaltens einer Substanz zu machen. Nun hat man es, da Atome sehr klein sind, in der Regel mit sehr großen oder sehr kleinen Zahlen zu tun, weswegen nicht die Konzentration $c(H_3O^+)$ der in der Lösung vorhandenen Oxonium- bzw. Hydroxid-Ionen verwendet wird, sondern der **Logarithmus** dieser Größe. Diese mathematische Funktion gibt, vereinfacht gesagt, an, wie viele Nullen eine große Zahl hat. Der Logarithmus von 100 ist 2, der von einer Million 6. Bei Zahlen unter 1 tauchen negative Werte auf: 0,001 hat den Logarithmus –3, 0,00001 den Logarithmus –5. Der pH-Wert einer Lösung ist damit definiert als

$$pH = -\log c(H_3O^+)$$

Das Minuszeichen bewirkt, dass der pH-Wert eine positive Zahl ist, da die $c(H_3O^+)$ praktisch immer kleiner als eins ist.

Eine neutrale Lösung hat einen pH-Wert von 7, da in reinem (destilliertem, vollentsalztem) Wasser 10^{-7} mol/l Oxonium-Ionen enthalten sind. Lösungen mit größerem pH (also weniger H_3O^+-Ionen) werden **alkalisch** genannt. Alkalische Lösungen entstehen, wenn Basen in Lösung gehen, sie heißen auch **Laugen.** Bleichmittel oder Ofenreiniger erreichen pH = 13–14, Flüssigseife 8–9, menschliches Blut hat pH = 7,4. **Saure Lösungen** haben pH-Werte unter 7. Die pH-Werte von Kaffee, Tee und normalem Regen liegen zwischen 5 und 6, bei saurem Regen unter 5, für Citronensäure bei 3 und für Magensäure bei 1–2.

Blaukraut bleibt Blaukraut

Der alte Zungenbrecher „Blaukraut bleibt Blaukraut …" ist chemisch gesehen nicht korrekt. Denn Rotkohl oder Blaukraut, wie die intensiv gefärbte Kohlsorte je nach Landschaft genannt wird, ändert seine Farbe bei wechselnden pH-Werten. Man kann ihn sogar leicht zu einem farbigen **pH-Indikator** machen: Dazu werden die Blätter kleingeschnitten, gekocht und filtriert, sodass man einen sog. **Farbauszug** erhält. Gibt man jetzt Essig oder einen trockenen Wein hinzu, färbt sich der Auszug rot; bei $pH < 2$ dunkelrot, bei pH = 2–4 rosarot. Mineralwasser oder Tee dagegen bringt die gewohnte violette Färbung zurück, die im pH-Bereich zwischen 4 und 7 auftritt. Aufgelöstes Backpulver ($pH \approx 8$) macht die Lösung alkalisch und lässt sie bläulich erscheinen. Höhere pH-Werte, etwa in Natronlauge (pH bis 12–14), ändern die Farbe in grünlich gelb.

Salze

Kochsalz – chemischer Name: Natriumchlorid – ist ein essenzieller Nahrungsbestandteil und bereits seit Urzeiten ein begehrtes Handelsgut. Es ist namensgebend für die große Substanzklasse der Salze, die aus den unterschiedlichsten Elementen und Verbindungen aufgebaut sein können. Sie entstehen aus der Reaktion von Säuren und Basen und ihre Grundbausteine sind elektrisch teils positiv, teils negativ geladene Ionen.

Ionengitter und Salzkristall

Viele Salze lassen sich als Verbindung von einem Metall-Ion (→S. 123) und einem Nichtmetall-Ion (→S. 127) auffassen – beim Kochsalz etwa verbinden sich Ionen vom Alkalimetall Natrium und vom Halogen Chlor. Dabei heißt das positiv geladene Metall-Ion **Kation,** das negative Nichtmetall-Ion **Anion.** Es gibt aber auch komplizierter gebaute Ionen wie das Carbonat-Anion (CO_3^{2-}) oder das Ammonium-Kation (NH_4^+) sowie verschiedenste organische Ionen. Kationen und Anionen üben starke elektrostatische Anziehungskräfte aufeinander aus und formen durch Ionenbindungen ein stabiles **Ionengitter,** in dem sich Kationen und Anionen in einem regelmäßigen räumlichen Muster abwechseln.

Ionengitter bilden harte und spröde **Kristalle,** die erst bei hohen Temperaturen schmelzen: Kochsalz schmilzt erst ab 800 °C, wasserfreies Calciumsulfat (Anhydrit, $CaSO_4$) sogar erst bei 1450 °C. Feste Salzkristalle sind elektrische Isolatoren; geschmolzen oder in Wasser gelöst sind Salze dagegen sehr gute Leiter, denn sowohl Kationen als auch Anionen sind dann frei bewegliche Ladungsträger.

Was Salze löst

Aufgrund der elektrischen Ladung ihrer Grundbausteine sind die meisten Salze gut in Wasser löslich, denn auch die polaren Wassermoleküle können sich zwischen die Ionenbindungen drängen und diese öffnen. Ist ein Salz **in Lösung gegangen,** dann ist jedes Kat- und jedes Anion von einer Hülle von Wassermolekülen umgeben, die ihre jeweils elektrisch „passende" Seite dem Ion zuwenden. Dieser Vorgang heißt **Hydratation,** er setzt Energie frei, die Hydratationsenergie. Nur wenn die Hydratationsenergie kleiner ist als die Gitterenergie (also die Bindungsenergie im Ionengitter), ist ein Salz schlecht löslich. Beim Lösen eines Salzes in Wasser bleibt das Volumen in etwa gleich, die Masse hingegen erhöht sich. Darum ist Salzwasser schwerer als Süßwasser.

Nomenklatur

Bei einem Salz wird immer das (positive) Kation zuerst genannt. Das Anion erhält häufig eine Endung, die über seine Natur Auskunft gibt: sauerstofffreie Anionen wie Chlorid (Cl^-), Bromid (Br^-) oder Sulfid (S^{2-}), die sich von sog. Wasserstoffsäuren ableiten, haben die Endung „-id". Sauerstoffhaltige Anionen, die sich von den sog. Oxosäuren ableiten, erhalten die Endung „-at": Sulfat (SO_4^{2-}), Nitrat (NO_3^-). Enthalten Anionen ein Sauerstoffatom weniger, dann ändert sich die Endung in „-it": Hydrogensulfit (HSO_3^-), Nitrit (NO_2^-).

Löslichkeit in Wasser

Die Löslichkeit verschiedener Salze in Wasser ist sehr variabel. In gesättigter Ammoniumnitrat-Lösung befindet sich der Masse nach mehr als doppelt so viel Salz wie Wasser.

Salz (Formel)	Löslichkeit (g in 100 ml Wasser bei 25 °C)
Ammoniumnitrat (NH_4NO_3)	208
Kaliumchlorid (KCl)	35
Natriumchlorid (NaCl)	26
Calciumcarbonat ($CaCO_3$, Kalk)	0,0013
Silberchlorid (AgCl)	praktisch unlöslich

Durch den hohen Salzgehalt von rd. 30 % und den damit verbundenen starken Auftrieb kann ein Mensch im Toten Meer nicht untergehen.

Organische Chemie

Früher dachte man, es gebe einen fundamentalen Unterschied zwischen lebendigen Wesen und der unbelebten Natur. Alle Stoffe, aus denen Lebewesen bestehen, sollten eine Art „organische Lebenskraft" besitzen. Heute weiß man, dass vom chemischen Standpunkt her in jeder Blume, jedem Menschen und jedem Stein im Prinzip dieselben Atome stecken.

Kohlenwasserstoffe

Die Chemie der Kohlenstoffverbindungen, aus denen die meisten biologischen Substanzen aufgebaut sind, heißt „organische Chemie". Die einfachsten organischen Verbindungen enthalten nur Kohlenstoff und Wasserstoff, daher nennt man diese Substanzklasse „Kohlenwasserstoffe". Ein Kohlenstoffatom ist meist vierwertig, kann also vier chemische Bindungen eingehen; der einfachste Kohlenwasserstoff ist das Gas Methan (CH_4). Kohlenstoffatome können sich auch miteinander verbinden.

Die Sonderstellung des Kohlenstoffs

Die Elemente der Kohlenstoffgruppe stehen in der Mitte des Periodensystems (→S. 122). Sie müssen vier Elektronen abgeben oder vier aufnehmen, um die Edelgaskonfiguration zu erreichen. Dies gilt besonders für Kohlenstoff und Silicium. Kohlenstoff ist eines der häufigsten Elemente auf der Erde. Seine Fähigkeit, viele kovalente Bindungen einzugehen, ermöglicht ihm eine große Vielfalt der organischen Verbindungen.

Kettenmoleküle

Fügt man zwei Methan-Moleküle so zusammen, dass jedes ein H-Atom abgibt und die freiwerdenden Bindungsstellen miteinander verknüpft werden, erhält man das Ethan-Molekül (C_2H_6). Durch sukzessives Verlängern der **Kohlenwasserstoffkette** entstehen Propan (C_3H_8), Butan (C_4H_{10}), Pentan, Hexan usw. Gemeinsam werden sie als **Alkane** bezeichnet. Mit der Kettenlänge steigt der Schmelzpunkt: Methan, Propan und Butan sind gasförmig, Pentan und Hexan bei Raumtemperatur hingegen flüssig, Eicosan ist mit 20 C-Atomen sogar fest. Alle Alkane sind brennbar; Benzin oder Heizöl sind in erster Linie Gemische aus längerkettigen Alkanen.

Enthält ein Alkan Doppelbindungen, bei der zwei C-Atome über zwei Bindungsstellen verknüpft sind, spricht man von einem **Alken** (z. B. $CH_2{=}CH_2$, Ethen), bei einer Dreifachbindung von einem **Alkin** (z. B. $HC{\equiv}CH$, Ethin). Schließt sich die Kette zu einem Ring, gelangt man zur wichtigen Gruppe der Aromaten, beispielsweise C_6H_6 (Benzen, früher: Benzol).

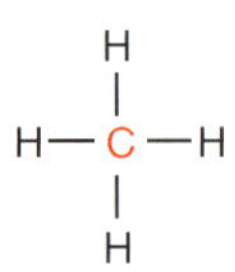

Methan
CH_4

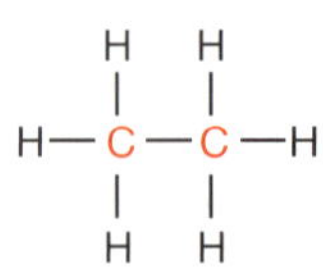

Ethan
C_2H_6

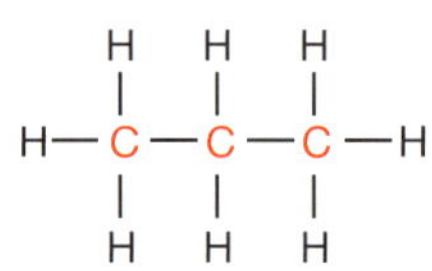

Propan
C_3H_8

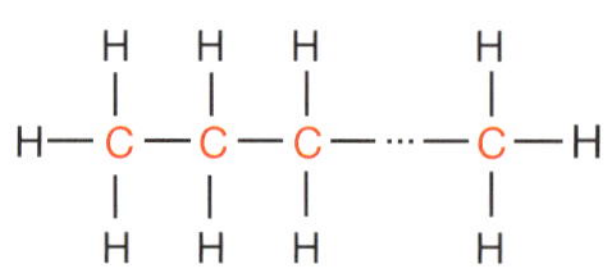

höheres Alkan allgemein
C_nH_{2n+2}

Bild oben: Nahaufnahme einer Mittagsblume (Dorotheanthus bellidiformis)

Viele organische Substanzklassen bilden sog. homologe Reihen, deren Mitglieder sich nur durch eine bestimmte Gruppe (hier CH_2) unterscheiden und die sehr ähnliche chemische und physikalische Eigenschaften besitzen.

Vom Alkohol bis zur Seife

Alkohol, Fette, Seifen, Ether, Ester, Formaldehyd, Aceton – viele dieser Stoffe kennt man aus dem Haushalt. Doch was steckt dahinter, welche Beziehungen bestehen chemisch gesehen zwischen ihnen und wie sind sie aufgebaut? Auf all diese Fragen weiß die organische Chemie eine Antwort.

Reste und funktionelle Gruppen

Ein Kohlenwasserstoff muss nicht nur aus einer linearen oder geschlossenen Kette von C-Atomen bestehen, deren freie Bindungen mit Wasserstoffatomen (H) besetzt sind. Im Prinzip kann jedes H-Atom durch eine **Kohlenwasserstoff-Seitenkette** oder ein anderes Atom oder eine Atomgruppe ersetzt werden. Sitzt z. B. eine $-CH_3$-Gruppe seitlich an einer Kohlenwasserstoffkette, nennt man sie „Methylgruppe“, die Gruppe $-C_2H_5$ heißt Ethylgruppe usw. Ein Molekül mit sechs Kohlenstoffatomen und zwei CH_3-Gruppen wäre demnach ein Dimethylhexan. Die Seitenketten eines organischen Moleküls werden oft einfach als **„Rest“** bezeichnet und in der Strukturformel mit „R“ abgekürzt: So erkennt man in $R-C \equiv C-R'$ ein Alkin (wegen der Dreifachbindung in der Mitte; die Verbindung heißt Ethin, auch als **Acetylen** bekannt), bei dem aber anstelle der beiden H-Atome zwei verschiedene Seitenketten stehen.

Wenn eine Atomgruppe die Eigenschaften eines organischen Moleküls entscheidend bestimmt, nennt man sie nicht „Rest“, sondern **funktionelle Gruppe**. Oft bilden Moleküle mit einer bestimmten funktionellen Gruppe eine ganze Substanzklasse. Beispielsweise zeichnen sich die Alkohole durch die Hydroxylgruppe –OH aus oder die Carbonsäuren durch die Carboxylgruppe –COOH.

Alkohole und Aldehyde

Alkohole sind die organischen Verwandten des Wassers. Ihre funktionelle Gruppe –OH ist wie das H_2O-Molekül polar und kann Wasserstoffbrückenbindungen ausbilden. Aus diesem Grund sind Alkohole auch ein **gutes Lösungsmittel.** Die allgemeine Formel lautet R–OH. Der einfachste Alkohol ist das giftige **Methanol** (Methylalkohol, Holzgeist, CH_3OH). Mit einem Grundgerüst aus zwei C-Atomen erhält man **Ethanol** (Ethylalkohol, Weingeist, CH_3CH_2OH), der zwar ebenfalls gesundheitsschädliche, aber doch oft genossene „Trinkalkohol“. Alkohol entsteht biologisch mit Hilfe von Bakterien durch Vergären von Zucker oder Stärke, industriell auch durch Reaktion von Alkenen mit Wasser. Werden Alkohole oxidiert, bilden sich **Aldehyde** oder **Ketone,** die jeweils die funktionelle Carbonylgruppe (>C=O) enthalten. In **Ethern** ist ein Wasserstoff der Hydroxylgruppe des

Isomerie

Die chemische Formel eines organischen Moleküls sagt nicht alles über seine Struktur aus. Ein Molekül kann bei gleicher Atomzahl kettenförmig oder verzweigt sein, Seitenketten können an unterschiedlichen Stellen sitzen und Moleküle können zwei spiegelbildliche Formen haben. Man bezeichnet dieses Phänomen als Isomerie (griechisch, „gleicher Teil“). Moleküle mit gleichem Atomgehalt und unterschiedlicher Gestalt werden Isomere genannt.

Der Gärungsprozess bei der Bierherstellung erfolgt durch Hefe, die den Malzzucker in Alkohol und Kohlensäure umwandelt.

Carbonsäureester sind im Aroma zahlreicher Früchte enthalten.

Alkohols durch eine organische Gruppe ersetzt. Bekannte Vertreter dieser Klassen sind Methanal **(Formaldehyd),** Ethanal (Acetaldehyd), Propanon (Dimethylketon oder **Aceton)** und Diethylether (das frühere Narkosemittel **„Äther"**). Übrigens sind alle einfachen Zuckermoleküle wie Glucose (Traubenzucker) und Fructose Ketone oder Aldehyde, die sowohl Carbonyl- als auch Hydroxylgruppen aufweisen.

Ester, Fette und Seifen

Mit der funktionellen Carboxylgruppe –COOH wird ein Kohlenwasserstoff zur **Carbonsäure,** die wie die anorganischen Säuren leicht Protonen (Wasserstoffkerne) abgeben kann. Die wohl bekannteste dieser Säuren ist die Ethansäure oder Essigsäure. Durch Verbindung von Carbonsäuren und Alkoholen erhält man sog. **Ester.** Kurzkettige Ester werden häufig als Fruchtaroma genutzt. Eine wichtige Untergruppe der Ester sind die **Fette** und **Öle,** systematisch als Triglyceride bezeichnet. Sie bestehen nämlich aus dem Alkohol Propan-1,2,3-triol (Glycerin), der an allen drei funktionellen Gruppen mit je einer sog. Fettsäure verbunden ist. Reale Fette und Öle sind immer Gemische aus Triglyceriden mit Fettsäuren unterschiedlicher Länge, weswegen es keinen klar definierten Schmelzpunkt gibt: Olivenöl verfestigt sich im Kühlschrank nur allmählich und Butter wird in der Wärme erst weich, bevor sie schmilzt. Enthalten die Fettsäuren eines Triglycerids nicht an allen besetzbaren Stellen Wasserstoffatome, nennt man sie **ungesättigt;** sie gelten als besser verdaulich.

Kehrt man die Veresterung mit Hilfe von Alkalisalzen um („alkalische Hydrolyse"), so wird dieser Vorgang **Verseifung** genannt. Schon seit vielen Jahrhunderten wurde auf diese Weise aus Fetten Seife gekocht; chemisch gesehen handelt es dabei sich um Alkalisalze der Fettsäuren. Diese Moleküle (meist Natrium- oder Kaliumsalze) sind an ihrem einen Ende wasserabweisend und fettanziehend, am anderen Ende wasseranziehend und fettabweisend. Beim **Waschen mit Seifenlauge** lagern sie sich daher an fettige Schmutzpartikel an, die so eine wasseranziehende Hülle erhalten und sich ausspülen lassen.

Wichtige organische Moleküle

Name	Trivialname	Strukturformel	Verwendung, Eigenschaften
Alkohole			
Methanol	Methylalkohol	CH_3OH	Treibstoff, chemische Industrie
Ethanol	Ethylalkohol	CH_3CH_2OH	Getränke, Treibstoff, Lösungsmittel
Propan-1,2,3-triol	Glycerin	$HO-CH_2-CH_2(OH)-CH_2-OH$	Süßliche Flüssigkeit, Frostschutzmittel, Sprengstoffherstellung
Cholesterol	Cholesterin	$C_{27}H_{46}O$ (komplizierte Molekülstruktur)	Naturstoff (Hormon), polyzyklischer Alkohol
Aldehyde			
Methanal	Formaldehyd	HCHO	Starkes Reduktionsmittel, chemische Industrie, gesundheitsschädlich
Ethanal	Acetaldehyd	CH_3-CHO	Ethanolabbauprodukt im Körper, Ausgangsstoff für Farb- und Kunststoffe
Ketone			
Propanon	Aceton	$CH_3-CO-CH_3$	Universallösungsmittel für Lacke und Fette
Carbonsäuren			
Methansäure	Ameisensäure	H-COOH	Gift von Ameisen und Brennnesseln
Ethansäure	Essigsäure	CH_3-COOH	Speiseessig
Ester			
Ameisensäure-Ethylester	Rumether	$HCOO-C_2H_5$	Rumaroma

Biochemie

Wie die physikalische Chemie zwischen Chemie und Physik steht, bewegt sich die Biochemie zwischen Biologie und Chemie. Denn fast alle Lebensfunktionen haben als Grundlage chemische Reaktionen und die wichtigsten Grundstoffe in der belebten Natur – z. B. Eiweiße, Gene, Kohlenhydrate, Hormone – sind mehr oder weniger komplexe Moleküle.

Zucker

Ähnlich wie Salz ist auch Zucker für die Chemie nicht nur ein spezieller Stoff, sondern eine ganze Substanzklasse. Korrekt spricht man nicht von *dem* Zucker, sondern von *den* Zuckern oder Sacchariden, im einfachsten Fall von **Monosacchariden.** Sie sind Grundbausteine aller **Kohlenhydrate,** etwa von Stärke oder Cellulose. Monosaccharide (Einfachzucker) haben die allgemeine Formel $C_nH_{2n}O_n$ (*n* liegt zwischen 3 und 7, meist bei 5 oder 6). Ihr Name endet immer auf „-ose", z. B. Glucose (Traubenzucker) oder Fructose (Fruchtzucker). Je nach Stellung ihrer Carbonylgruppe unterscheidet man Aldosen mit einer Aldehydgruppe und Ketosen mit einer Ketogruppe. Zwei Monosaccharide zusammen bilden ein Disaccharid, Verbindungen von bis ungefähr 20 Einfachzuckern Oligosaccharide (griechisch oligos, „einige"). Bei deutlich mehr Zuckerbausteinen spricht man von **Polysacchariden,** hierzu zählen der Pflanzenbaustoff Cellulose und die Stärke, die Kartoffeln und Getreide so nahrhaft macht.

Aminosäuren und Proteine

Neben den Kohlenhydraten und Fetten werden bei Nährwertangaben meist auch **Eiweiße** aufgelistet. Auch hier handelt es sich um eine **Substanzklasse.** Eiweiße – fachsprachlich **Proteine** – bestehen aus einer jeweils spezifischen Abfolge von Aminosäuren, die zu oft sehr langen Ketten verknüpft sind, welche sich zu einer charakteristischen **dreidimensionalen Struktur** verknäulen. Praktisch alle natürlichen Proteine setzen sich aus nur 20 verschiedenen **Aminosäuren** zusammen, also Carbonsäuren, die eine Aminogruppe ($-NH_3$) enthalten. Die Aminogruppe enthält **Stickstoff,** der nur von wenigen Pflanzen mit Hilfe von speziellen Bakterien aus der Luft in biologisch verwertbare Formen überführt werden kann; man kann sich daher ausrechnen, wie wichtig diese stickstoffbindenden Pflanzen für die Ernährung der Tiere und damit auch der Menschen sind. Denn Proteine sind nicht nur der Grundbaustoff unseres Körpers, sondern wirken als **Enzyme** und **Hormone** auch an der Regulierung fast aller biochemischen Prozesse mit.

Die DNA

Auch die **Erbinformation** der Lebewesen ist in einem Molekül codiert, der Desoxyribonucleinsäure, fachsprachlich DNA abgekürzt. Die DNA enthält bis über eine Milliarde Atome; Grundbausteine sind **Ribosen** genannte Zucker und die organischen **Nucleinsäuren.** Vier sog. Nucleinsäurebasen sind die „Buchstaben" des genetischen Codes, denn ihre Abfolge bestimmt, in welcher Reihenfolge eine Zelle Aminosäuren zu Proteinen zusammensetzt.

Nach der Ernte wird den Zuckerrüben der saccharosehaltige Saft entzogen, der dann zu Zucker weiterverarbeitet wird; die Rückstände werden als Viehfutter verwendet.

Chemie in Industrie und Forschung

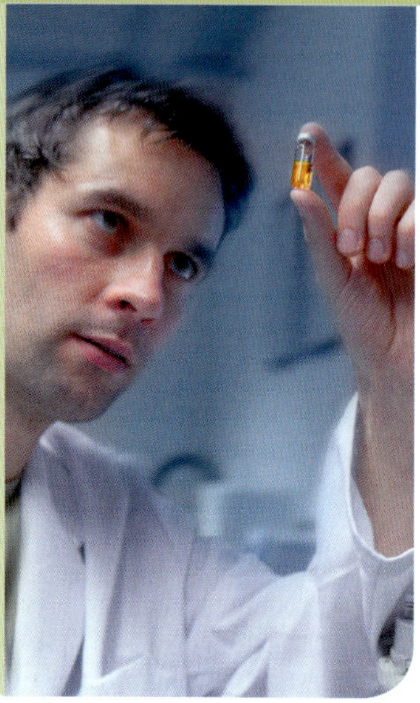

Die chemische Industrie ist eine wichtige Wirtschaftsbranche. Hier wird ein bedeutender Anteil der chemischen Forschung geleistet. Bei wohl keiner anderen Wissenschaft ist die Vernetzung zwischen Forschern und Entwicklern so groß, werden Ergebnisse so intensiv wirtschaftlich genutzt.

Petrochemie

Die chemische Industrie ist in einer großen Zahl von Arbeitsfeldern tätig; eines der bekanntesten und umsatzträchtigsten ist die Petrochemie. Der Name leitet sich von dem Wort Petroleum ab (wörtlich: „Steinöl"), das früher für Erdöl gebräuchlich war. Aufgabe der Petrochemie ist die Aufbereitung und Weiterverarbeitung von Erdöl, aus dem sich nicht nur Treibstoff und Heizöl, sondern eine fast unüberschaubare Vielzahl von Grundstoffen der organischen Chemie herstellen lässt.

Woher kommt Erdöl?

Erdöl ist – wie Stein- und Braunkohle sowie Erdgas – das Produkt eines Jahrmillionen währenden Prozesses, bei dem aus in der Urzeit abgestorbenen Pflanzenresten kohlenwasserstoffhaltige Bodenschätze wurden. Wegen der unvorstellbaren Dauer dieses Vorgangs sind Erdöl, Kohle und Erdgas keine nachwachsende, sondern sich bei fortgesetztem Abbau erschöpfende, nur begrenzt vorhandene Bodenschätze, mit denen entsprechend sinnvoll und sparsam umgegangen werden sollte (→S. 38). Zu den größten **Erdölproduzenten** der Welt gehören die Staaten Saudi-Arabien, Russland, USA, Mexiko und Iran.

Wie kommt das Erdöl aus der Erde in die Raffinerien der petrochemischen Konzerne? Am Anfang des Prozesses stehen Geologen, die **Erdöllagerstätten** aufgrund geologischer Untersuchungen ausfindig machen. Mit tiefen Bohrungen werden die oft unter Druck stehenden Vorkommen erschlossen, andernfalls müssen sie mit Luft- oder Wasserdruck an die Erdoberfläche befördert werden.

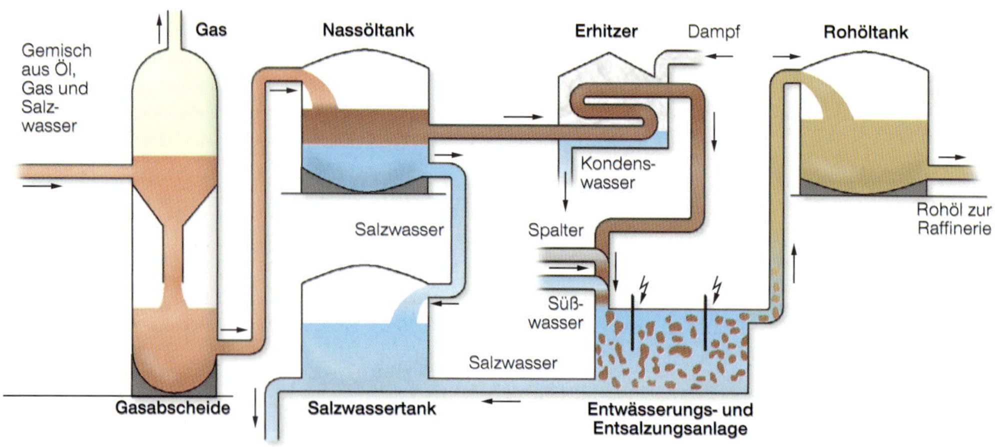

Wird Öl aus dem Meer gefördert, muss es zunächst von Beimengungen wie Salzwasser oder Gasen getrennt werden. Man nutzt dabei die geringe Dichte des Öls aus (Öl schwimmt auf Wasser) sowie die Tatsache, dass Salz-Ionen elektrisch geladen sind und daher mit Hilfe elektrischer Felder separiert werden können.

Pipelines und Riesentanker transportieren das **Rohöl** zur Weiterverarbeitung in Raffinerien.

Die Palette der **Endprodukte** reicht vom Otto- und Dieselkraftstoff über Heizöl und die verschiedensten Kunststoffe bis hin zu Feinchemikalien und Medikamenten.

Aufschluss des Rohöls

Nach der Förderung auf Bohrplattformen im Meer, in arabischen Wüsten oder den Sümpfen Nigerias wird das Erdöl als Erstes von Sand, Schlamm und Wasser gereinigt. Von diesem **Rohöl** werden in der Raffinerie im sog. Hydrofiner mit Wasserstoff zunächst die Schwefelverbindungen abgetrennt. Sie würden im Kfz-Motor den Abgaskatalysator zerstören, außerdem erzeugen sie bei der Verbrennung Schwefeloxide, Ausgangsstoffe des sauren Regens.

Im nächsten Schritt wird das Öl in einer **fraktionierten Destillation** in seine verschiedenen Bestandteile (Fraktionen) aufgetrennt. Unter einer Destillation versteht man das kontrollierte Verdampfen eines flüssigen Gemischs. Da die einzelnen Komponenten unterschiedliche Siedetemperaturen haben, erhält man bei sukzessiver Erwärmung zunächst die einzelnen Fraktionen nacheinander in verdampfter Form nach ihrem Siedepunkt sortiert. Die verbleibende Fraktion ist das sog. **Bitumen** oder Erdharz; es dient als Dichtungsmaterial und zur Herstellung von Asphalt.

Raffinieren, cracken und reformieren

Der fraktionierten Destillation folgt die **Raffination.** Darunter versteht man die Veredelung der einzelnen Rohölfraktionen zu „raffinierten" Zwischen- und Endprodukten. Zu diesen Verfahren zählt das **Cracken** (englisch, „aufbrechen"). Dabei werden die im Rohöl enthaltenen langkettigen Alkane bei etwa 500 °C zu kürzeren Ketten (Leichtöl) gespalten. Dies geschieht in Gegenwart eines Katalysators in einem Wirbelbettreaktor.

Das **Reformieren** (Umformen) erhöht den Anteil der verzweigten und ringförmigen Alkane in der Benzinfraktion. (Der Name „Benzin" kommt vom tropischen Benzoeharz.) Durch das Reformieren erhöht sich die **Klopffestigkeit** von Treibstoffen, das heißt deren Eigenschaft, nicht unkontrolliert ohne Zündfunken zu verbrennen. Sie wird mit der Oktanzahl angegeben. Das früher zugesetzte Antiklopfmittel Tetraethylblei ($C_8H_{20}Pb$) wurde wegen seiner Umweltschädlichkeit in den 1980er Jahren verboten, seitdem fährt man „bleifrei". Zum Reformieren nutzt man einen **Reaktor,** der mit platinbeschichteten Füllkörpern bestückt ist. Bei 500 °C und einem Druck von 3 Megapascal (30 bar) werden die Kohlenwasserstoffe zu verzweigten oder cyclischen Ketten umgebaut (reformiert). Das Platin wirkt dabei als **Katalysator.** Der bei diesem Vorgang freiwerdende Wasserstoff kann abgetrennt und zur Entschwefelung verwendet werden.

Ist das Erdöl zu ersetzen?

Jahr für Jahr werden gigantische Mengen an Rohöl verarbeitet, sodass eine Umstellung auf andere Grundstoffe schwer vorstellbar scheint. Doch gibt es bereits Forschungen für die Zeit nach dem „Peak Oil", also dem Erreichen der „Förderspitze", wenn die Förderung immer mehr zurückgehen wird. Nachwachsende Rohstoffe wie Rapsöl oder die Verarbeitung von Pflanzenresten stehen zur Diskussion, ebenso die sog. Kohleverflüssigung, denn speziell die Braunkohlenvorräte werden noch wesentlich länger halten als die Ölreserven unseres Planeten.

Anlagen der Total-Raffinerie in Leuna (Sachsen-Anhalt); hier werden pro Jahr mehrere Millionen Tonnen Erdöl, das per Pipeline aus Russland kommt, verarbeitet.

Kunststoffe

Der Begriff Kunststoff ist eigentlich irreführend: Es gibt viele Substanzen, die in der Natur nicht vorkommen, sondern vom Menschen hergestellt werden, z. B. auch Glas oder Messing. Mit „Kunststoff" oder auch „Plastik" bezeichnet man gemeinhin aber speziell Stoffe aus langkettigen Riesenmolekülen, sog. Polymeren, die nicht (wie Stärke oder Cellulose) natürlich auftreten.

Kunststoffe sind aus unserem Leben nicht mehr wegzudenken: Sie sind relativ preiswert herzustellen, leicht und widerstandsfähig – und daher ideal für Kinderhände.

Plastik & Co.

Kunststoffe lassen sich nach verschiedenen Kriterien einteilen. Ein typisches Merkmal ist das sog. Werkstoffverhalten, etwa bei Einwirkung von Hitze. **Thermoplaste** erweichen beim Erwärmen und verändern ihre Form, die sie dann beim Abkühlen beibehalten, beispielsweise Polyethen (PE). **Duroplaste** (von lateinisch durus, „hart") behalten auch bei hohen Temperaturen ihre Form, bis sie sich thermisch zersetzen, beispielsweise Phenolharze wie Bakelit oder Aminoharze wie Resopal. **Elastomere** schließlich sind auch bei niedrigen Temperaturen elastisch und formbar, sie kehren nach einer durch äußere Kräfte bewirkten Verformung wieder in ihre vorherige Gestalt zurück. Klassisches Beispiel hierfür sind Gummibälle oder -bänder, die aus synthetischem Kautschuk hergestellt werden. (Kautschuk selbst ist ein Naturprodukt, das aus einem Latex genannten Pflanzensaft gewonnen wird.) In der DDR war die Verformbarkeit das wichtigste Unterscheidungskriterium; daher sprach man nicht von „Plastik", sondern von „Plasten" und „Elasten".

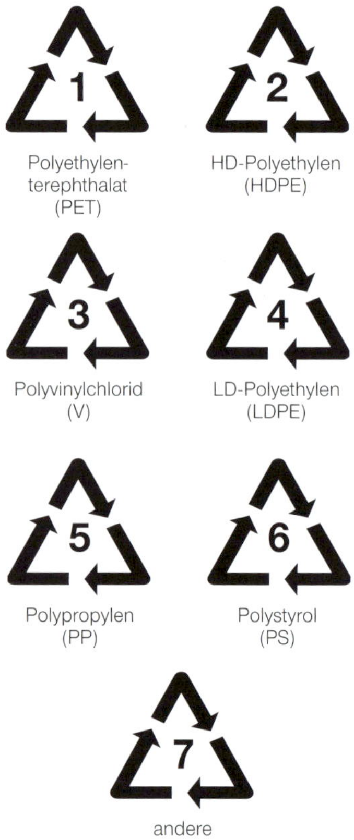

Für die wichtigsten Polymerklassen gibt es Kennzeichen, die beim Kunststoffrecycling helfen.

Das unterschiedliche mechanische Verhalten von Thermo- und Duroplasten sowie Elastomeren lässt sich recht einfach erklären: Kunststoffe bestehen überwiegend aus unverzweigten, sehr langkettigen Polymeren. Das Wort **Polymer** bedeutet, frei aus dem Griechischen übersetzt, „viele Teile". Bei einem Polymer ist ein Grundbaustein, das Monomer, in einer geraden oder verzweigten Kette angeordnet. Die Namen werden daher meist aus dem Namen des Monomers mit dem Vorsatz „Poly" gebildet: Polyethylenterephthalat (PET), Polyvinylchlorid (PVC), Polystyrol (PS) usw.

Polymere sind relativ beweglich, vor allem bei Erwärmung. Duroplaste dagegen enthalten Ketten mit vielen Seitensträngen, die sich ineinander verhaken und dem Werkstück daher mechanische Stabilität verleihen. In Elastomeren wie-

Polymer – biologisch abbaubar

Um dem Problem des „Plastikmülls" zu begegnen, hat man begonnen, biologisch abbaubare, also kompostierbare Polymere zu entwickeln. Kunststoffe auf Cellulosebasis oder solche, die aus Stärke hergestellt werden, sowie einige Polyestersorten haben diese Eigenschaft. Mengenmäßig spielen sie noch keine große Rolle; eingesetzt werden sie z. B. für kompostierbare Einkaufstüten.

derum sind die Ketten nur weitmaschig miteinander vernetzt. Wie die Maschen eines Pullovers können sie auseinandergezogen werden und ziehen sich danach wieder zusammen.

Eine andere Einteilung der Kunststoffe beruht auf dem Herstellungsverfahren, durch das die Polymerisation der Monomere erreicht wird. Die einfachste Methode ist die **radikalische Polymerisation,** bei der die Monomere in einer reaktiven „Radikal"-Form vorliegen und sich zum energetisch günstigeren Kettenmolekül zusammenfinden. Auf diese Weise gewinnt man das am häufigsten eingesetzte Polymer Polyethen und seine Abkömmlinge oder das PVC. Bei der **Polykondensation** lagern sich die Monomere unter Abspaltung eines Wassermoleküls zusammen (Beispiel: das Kunstgarn Nylon). Bei der **Polyaddition** schließlich reagieren zwei verschiedene Ausgangsstoffe miteinander, aus deren Reaktionsprodukt sich dann die Polymerkette aufbaut. Ein Beispiel hierfür ist das Füll- und Abdichtmittel Polyurethan („Moltopren®").

Kunststoffrecycling

Allein in der Bundesrepublik Deutschland fallen jährlich weit über 2 Mio. Tonnen **Kunststoffmüll** an. Da diese kaum verrotten, können sie nicht wie Speiseabfälle auf natürlichem Wege abgebaut werden. Früher wurden diese Abfälle auf immer größeren Deponien abgelagert; seit das Kreislaufwirtschaftsgesetz dies verbietet, werden große Mengen in **Müllverbrennungsanlagen** „thermisch verwertet", das heißt verbrannt. Die dabei frei werdende Energie dient zur Stromerzeugung und wird manchmal auch als Fernwärme genutzt. Dies ist jedoch nur ein Bruchteil der Energie, die zur Produktion der Polymere aufgewandt wurde, zudem entstehen bei der Verbrennung vieler Kunststoffe **giftige Rückstände.** Da zudem Rohöl, der Grundstoff der meisten Kunststoffe, in Zukunft immer knapper werden wird, entstand die Idee des Kunststoffrecyclings.

Grundidee der „stofflichen Verwertung" von Abfällen ist es, Materialien möglichst hochwertig wiederzugewinnen und nach einer Reinigung wieder in den Wirtschaftskreislauf einzubringen. Dabei gibt es zwei mögliche Verfahren: Beim **werkstofflichen Recycling** werden sortenreine Kunststoffabfälle zerkleinert, aufgeschmolzen und dann dem laufenden Produktionsprozess beigemischt. Die Schwierigkeit ist die aufwendige Vorsortierung, die trotz Kennzeichnungspflicht immer noch ein zeit- und damit kostenintensiver Verfahrensschritt bleibt.

Einfach, aber auch weniger umweltschonend ist das **rohstoffliche Recycling.** Hier werden bei hohen Temperaturen (600–900 °C) unter Sauerstoffausschluss Polymere in niedermolekulare Stoffe wie Ethan, Propen oder Benzen zerlegt, aus denen man anschließend neue Kunststoffe herstellen kann. Man nennt dieses Verfahren Pyrolyse (griechisch, „Spaltung durch Feuer"). Auch die Hydrolyse (die Spaltung unter Druck und in Anwesenheit von Wasser) wird angewandt. Doch auch diese Methode verbraucht sehr viel Energie und ist damit ebenfalls vergleichsweise teuer.

Die Entwicklung und Verbesserung von Kunststoffen für die unterschiedlichsten Anwendungsbereiche ist ein weites Forschungsfeld; im Bild synthetische Fasern auf einer Versuchsspinnanlage.

Fritz Haber

deutscher Chemiker
*** 9. 12. 1868 Breslau**
+ 29. 1. 1934 Basel

Fritz Haber, 1911–1933 Leiter des Kaiser-Wilhelm-Instituts für physikalische Chemie, schuf die wissenschaftlichen Grundlagen für die Synthese von Ammoniak aus Wasserstoff und Stickstoff. Hierfür erhielt er 1918 den Nobelpreis für Chemie. Andererseits trieb Haber im Ersten Weltkrieg Produktion und Einsatz von Giftgas an der Westfront voran, weswegen sich seine Frau später das Leben nahm. 1933 wurde er trotz seiner extrem konservativen Haltung als Jude aus allen wissenschaftlichen Positionen vertrieben. Wenig später starb er in der Schweiz.

Ammoniaksynthese

Aminosäuren, die Grundbausteine der Proteine, enthalten eine Stickstoffgruppe. Anders als Kohlenstoff kann Stickstoff aber nicht einfach der Umgebung entnommen werden, da das in der Luft reichlich vorhandene Stickstoffmolekül N_2 bzw. N≡N mit seiner Dreifachbindung zu stabil ist. Auch technisch war es lange Zeit unmöglich, aus Luftstickstoff stickstoffhaltigen Kunstdünger herzustellen. Dies ändert sich erst am Anfang des 20. Jh. mit der Erfindung der Ammoniaksynthese nach dem Haber-Bosch-Verfahren.

Das Haber-Bosch-Verfahren

Während des 19. Jh. war die Notwendigkeit von Düngegaben zwar bereits erkannt worden und viele Pflanzennährstoffe wie Phosphor oder Kalium konnten auch bereits großtechnisch hergestellt werden. Stickstoff dagegen ließ sich damals nur mit Hilfe von aus Chile importiertem **Salpeter** (Natriumnitrat, $NaNO_3$) oder mit ebenfalls aus Übersee eingeführtem **Guano** (Vogelkot) düngen. Wesentlich einfacher wäre es im Prinzip, aus Luftstickstoff und Wasserstoff Ammoniak (NH_3) zu bilden nach der Reaktionsgleichung

$$N_2 + 3H_2 \rightleftharpoons 2NH_3.$$

Die **Aktivierungsenergie** für das Öffnen der Stickstoff-Stickstoff-Bindung ist extrem hoch. Dieses Problem konnte erst 1910 mit dem Haber-Bosch-Verfahren gelöst werden. Dieses nutzt sowohl hohen Druck (30 Megapascal) und Temperaturen um 450 °C als auch einen Eisen-Katalysator, um die Aktivierungsenergie zu überwinden bzw. zu senken. Die Reaktion findet in einem **Kreisprozess** statt, bei dem das gebildete Ammoniak laufend entfernt wird.

Dünger und Munition

Aus Ammoniak lassen sich relativ leicht Ammonium- (NH_4^+-) und **Nitratsalze** gewinnen, die heute wie vor 100 Jahren in großer Menge in der Landwirtschaft zum Einsatz kommen. Ammoniumnitrat ist aber auch ein wichtiger Grundstoff zur Herstellung von **Sprengstoffen** (auch das seit dem Mittelalter bekannte Schwarzpulver besteht zu 75 % aus Nitratsalzen). Daher ermöglichte das Haber-Bosch-Verfahren nicht nur die massenhafte Herstellung von **Stickstoffdünger** für die wachsende Weltbevölkerung, sondern auch von **Munition** – und schuf damit eine Voraussetzung für den Masseneinsatz von modernen Waffen im Ersten Weltkrieg.

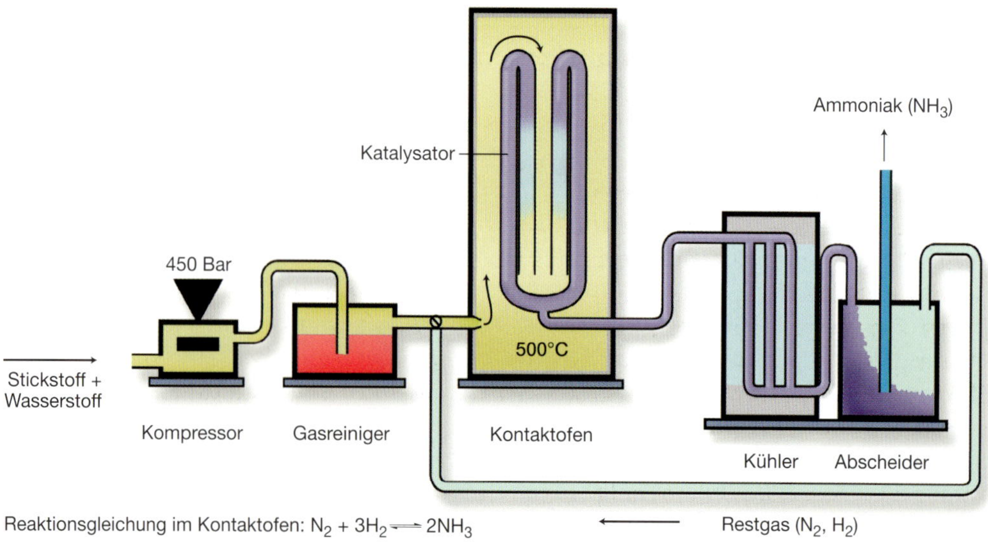

Das im Schaubild lila dargestellte Gasgemisch aus Stickstoff (N_2), Wasserstoff (H_2) und Ammoniak (NH_3) gelangt in den Abscheider, wo sich Ammoniak abtrennt, während das Restgas in den Reaktor zurückgeleitet wird.

Spektroskopie

Neben der Herstellung neuer Verbindungen, der sog. Synthese, spielt die Analyse von vorgefundenen Substanzen eine wichtige Rolle in der Chemie. Die klassischen **Analyseverfahren** sind das Auflösen in Säuren bzw. Laugen oder das Versetzen mit Nachweisreagenzien. Doch es gibt noch einen anderen Weg, etwas über die Struktur unbekannter Stoffe zu erfahren: die Untersuchung der von ihnen ausgesandten Strahlung mit Hilfe spektroskopischer Verfahren.

Spektrallinien, NMR- und Massenspektroskopie

Die älteste Form der Spektralanalyse ist die optische Spektroskopie. Sie wurde 1859 von dem Physiker Gustav Kirchhoff und dem Chemiker Robert Bunsen in Heidelberg erfunden. Sie erkannten, dass Licht, wenn es von einem bestimmten Stoff ausgesandt oder reflektiert wird bzw. ihn durchlaufen hat, ganz charakteristische Linien in seinem **Spektrum** hat. Unter einem Spektrum versteht man die Aufspaltung des Lichts in seine Farb- bzw. Wellenlängenanteile (➔S. 163). Später erkannte man, dass die Lage der Linien im Spektrum von den quantisierten Energien abhängt, welche die Elektronen in einem bestimmten Element oder Molekül einnehmen können.

Es gibt zwei Arten von Spektren: Bei **Emissionsspektren** gehen die Elektronen vom höherenergetischen Zustand in einen mit weniger Energie über und senden dabei Licht entsprechender Wellenlänge aus, bei **Absorptionsspektren** „verschlucken" sie Lichtquanten passender Wellenlänge, wenn sie vom niedrigeren in einen Zustand höherer Energie übergehen. Ein Beispiel ist die sog. Natrium-D-Linie. Sie entspricht den Wellenlängen 586 bzw. 586,6 nm und liegt damit im gelben Bereich. Daher leuchten **Natriumdampflampen** intensiv gelb. Umgekehrt kann man, wenn man in einem Spektrum Linien bei diesen Wellenlängen findet, darauf schließen, dass in der untersuchten Probe Natrium enthalten sein muss. Mit verschiedenen optischen Spektroskopiemethoden wie der Flammen- oder Atomabsorptionsspektroskopie erreicht man heute **Nachweisgrenzen** von einem Millionstel Gramm pro Liter, was mit „nasschemischen" Verfahren nur schwer zu erreichen wäre. Nicht nur sichtbares Licht, auch Ultraviolett- oder Infrarotstrahlung werden für spektroskopische Untersuchungen genutzt. Dabei gilt: Je niedriger die Energien der im Atom oder Molekül angeregten Vorgänge liegen, desto langwelliger und damit niederenergetischer ist die zu untersuchende Strahlung. So gibt es bestimmte magnetische Energieübergänge in Atomkernen, deren Energie einer elektromagnetischen Welle im Radiobereich entspricht. Diese nutzt man bei der magnetischen Kernresonanz (englisch nuclear magnetic resonance, **NMR**). Diese Untersuchungsmethode wird nicht nur in der Chemie, sondern auch in der medizinischen Diagnostik eingesetzt.

Bei der **Massenspektroskopie** (oder Massenspektrometrie) wird keine Strahlung aufgespalten, sondern es werden die unterschiedlichen Moleküle und Molekülbruchstücke eines Gemischs nach ihrer Masse aufgetrennt. Die so erhaltenen Massenspektren sehen ähnlich aus wie elektromagnetische Spektren.

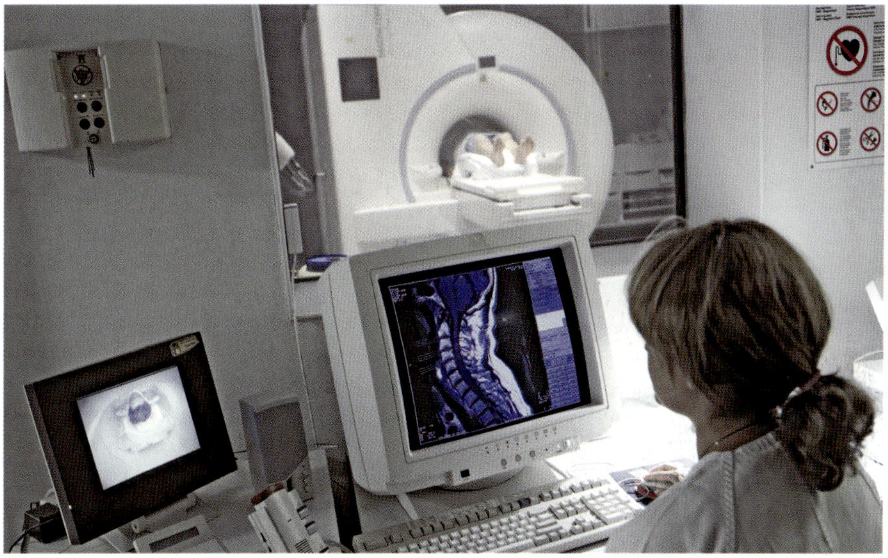

Die Kernspintomographie ist nichts anderes als die Anwendung der NMR-Spektroskopie in der Medizin; der Patient (auf dem Foto im Hintergrund) wird mit Hilfe eines Magnetfeldes untersucht.

Rund um die Welt

Das Wunder des Lebens

Von Elementen und Molekülen

Den Naturgesetzen auf der Spur

Die Welt der Zahlen

Die Geschichte der Menschheit

Die Macht der Sprache

Der kreative Mensch

Regieren und Handel treiben

Auf der Suche nach dem Sinn

Den Naturgesetzen auf der Spur

„Zu erkennen, was die Welt im Innersten zusammenhält" – dieser programmatische Ausspruch aus Goethes „Faust" fasst den Antrieb von Philosophen, Alchemisten und Naturforschern zusammen, die seit dem Altertum die Geheimnisse der Natur zu entschlüsseln suchten. Heute liefert vor allem die Physik Antworten auf die Fragen nach den kleinsten und größten Dingen im Universum – aber sie beschäftigt sich auch mit vielen Phänomenen, die uns im täglichen Leben begegnen: vom Laser-Barcodescanner über die Wärmedämmung bis zum Elektrosmog.

Spektroskopische Untersuchung von Materie

Was ist Physik?

Wieso fällt ein Apfel vom Baum auf die Erde? Was ist das Kleinste, was es gibt? Warum schwimmt die Sahne auf der Milch? Wie funktioniert ein Fahrraddynamo? Wie verändern Abgase das Klima? Warum ist ein Kühlschrank hinten warm? Diese und andere Fragen bringen Menschen immer wieder dazu, über Physik und physikalische Gesetzmäßigkeiten nachzudenken. Von den griechischen Philosophen über die Naturforscher des Barock bis zu den vielen Teilnehmern bei den Wettbewerben „Jugend forscht“ und „Physik-Olympiade“ – sie alle wurden und werden für ihr Forschen und Knobeln mit verblüffenden und tiefschürfenden Erkenntnissen belohnt.

Die größten Untersuchungsobjekte der Astrophysik sind die Galaxien (Sternensysteme).

Im Lexikon wird Physik als die „Wissenschaft von den Gesetzmäßigkeiten der unbelebten Natur“ bezeichnet. Ihr Ursprung im Altertum lag in der Vorhersage von Sonnenfinsternissen wie auch im Bau von Mühlen, Pumpen und anderen Maschinen. Entscheidend war dabei der erstmals im antiken Griechenland aufgekommene Gedanke, man könne hinter den Erscheinungen der Natur Gesetze erkennen und damit die beobachteten Abläufe erklären.

Der Begriff „Naturerscheinung“ ist dabei sehr weit gefasst: Physiker untersuchen die Dynamik von Sternen, Galaxien und Schwarzen Löchern, das Innenleben von Computern und Hybridfahrzeugen, Wetter und Klima in der Erdatmosphäre, die Eigenschaften von Elementarteilchen und selbst Verkehrsstaus und das Auf und Ab der Börsenkurse. Das Gemeinsame an diesen vielfältigen Forschungsgebieten sind dabei weniger die Inhalte als vielmehr die Art, wie Physiker sich mit ihnen beschäftigen: Aus Beobachtungen und Experimenten leiten sie mathematisch formulierte Modellvorstellungen ab, die durch weitere Experimente bestätigt oder infrage gestellt werden. Merke: Ein physikalisches Gesetz ist nur so lange gültig, bis es durch ein Experiment widerlegt wird.

Einheitenvorsätze

Name	Symbol	Zehnerpotenz
Yokto, Zepto, Atto, Femto	y, z, a, f	10^{-24}, 10^{-21}, 10^{-18}, 10^{-15}
Piko	P	10^{-12}
Nano	N	10^{-9}
Mikro	µ („my“)	$10^{-6} = 0{,}000\,001$
Milli	M	$10^{-3} = 0{,}001$
Zenti (Centi)	C	$10^{-2} = 0{,}01$
Hekt(o)	H	$10^{2} = 100$
Kilo	K	$10^{3} = 1000$
Mega	M	$10^{6} = 1\,000\,000$
Giga	G	10^{9}
Tera	T	10^{12}
Peta, Exa, Zetta, Yotta	P, E, Z, Y	10^{15}, 10^{18}, 10^{21}, 10^{24}

Physik und Verantwortung

Spätestens seit der Explosion der ersten Atombomben über Hiroshima und Nagasaki im August 1945 wird die Frage diskutiert, welche Verantwortung die Physiker für die Ergebnisse ihrer Forschungen tragen. Die zunächst völlig akademischen Untersuchungen der Kernphysik hatten der Menschheit mit einem Mal eine unvorstellbar mächtige Energiequelle in die Hand gegeben. Seit Beginn des atomaren Wettrüstens im Kalten Krieg gibt es genug Atomwaffen, um die gesamte Erdoberfläche auf Dauer unbewohnbar zu machen. Doch auch bei den Auswirkungen des Klimawandels, bei der Entwicklung sauberer Techniken für Energieerzeugung, -speicherung und

Winziges und Riesiges

Nicht nur in der Himmelskunde, der Astronomie, tauchen „astronomisch" große Zahlen auf. Auch in vielen anderen Teilgebieten der Physik hat man es mit Größenangaben zu tun, bei denen viele Nullen vor oder hinter dem Komma stehen.

Ein Atom ist ein zehnmilliardstel Meter (0,000 000 000 1 m = 10^{-10} m) groß. Handelsübliche Kondensatoren besitzen Kapazitäten zwischen einem Millionstel und einem Billionstel Farad. Um es sich übersichtlicher zu machen, haben die Physiker sog. Einheitenvorsätze eingeführt. Dies sind Buchstaben, die den Wert einer physikalischen Einheit um eine bestimmte Zahl von Zehnerpotenzen erhöhen oder erniedrigen bzw. die entsprechende Anzahl von Nullen ersetzen (siehe Tabelle). Dabei können dies recht viele Nullen werden – die kürzeste vorstellbare Zeitspanne, die sog. Planck-Zeit, beträgt 10^{-43} s, die weiteste messbare Distanz im Universum ist 13,7 Mrd. Lichtjahre oder $1{,}3 \cdot 10^{26}$ m. Dies entspricht etwa der Strecke, die 10^{41} Wasserstoff-Atomkerne in einer Reihe hintereinandergelegt einnehmen würden!

-transport oder in der Computertechnik haben Tun oder Lassen der Physiker weitreichende Konsequenzen. Für Nichtphysiker ist dies ein (weiterer) guter Grund, sich mit den fundamentalen Aspekten dieser faszinierenden Wissenschaft zu beschäftigen.

Fachgebiete der Physik

Die Physik ist in eine Reihe von Fachdisziplinen aufgespalten. Wichtigste Unterscheidung ist die Trennung zwischen Experimental- und Theoretischer Physik. Inhaltlich spielen heute vor allem Hochenergiephysik, Festkörperphysik, Quantenoptik und Atomphysik, aber auch kleinere Gebiete wie Astro-, Umwelt- oder Medizinische bzw. Biophysik eine wichtige Rolle.

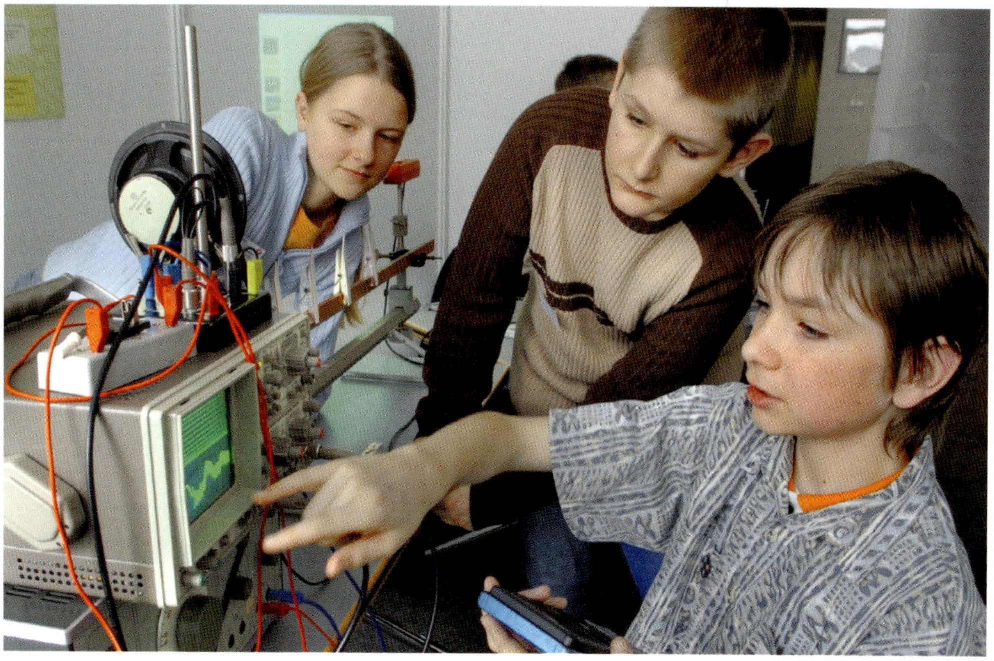

Ein Jungforscher erklärt beim Wettbewerb von „Jugend forscht" seinen Versuchsaufbau zur Schallgeschwindigkeitsmessung und zur Sichtbarmachung von Schallwellen.

schnell gefunden:

Mechanik

Elektromagnetismus

Wärmelehre

Relativität und Quanten

Natur und Kosmos

Mechanik

Weg, Zeit, Kraft, Geschwindigkeit, Gewicht bzw. Masse – die Mechanik beschäftigt sich mit den Größen, die unserer Alltagserfahrung am nächsten stehen. Ihre theoretische Fundierung durch Isaac Newton war der Beginn der modernen Physik. Auch wenn sie im Bereich der Atome und Elementarteilchen an ihre Grenzen stößt, ist sie im Alltag unverändert gültig und bedeutend.

Physik und Mathematik

An vielen deutschen Universitäten bilden Physik und Mathematik eine gemeinsame Fakultät, ebenso unterrichten die meisten Physiklehrer auch Mathematik und umgekehrt. Wie kommt es zu dieser engen Verbindung? Lässt sich Physik „ohne Formeln" überhaupt verstehen?

Eine Sprache für die Naturerkenntnis

Es ist kein Zufall, dass die beiden Universalgelehrten Isaac Newton (1643 bis 1727) und Gottfried Wilhelm Leibniz (1646–1716) vor allem für zwei Leistungen berühmt geworden sind: für die Begründung der Mechanik als moderner Wissenschaft und für die Entwicklung der Differenzial- und Integralrechnung (zusammen auch „Analysis" genannt), einem der wichtigsten Gebiete der neuzeitlichen Mathematik. Tatsächlich gingen die Entwicklung der **Mechanik** und die der **Analysis** Hand in Hand. Die Größen Weg, Geschwindigkeit und Beschleunigung sind einerseits die besten Beispiele für differenzierte („abgeleitete") bzw. integrierte Funktionen. Andererseits lassen sich diese Größen ohne die Mittel der Analysis nicht berechnen. Seitdem gab es viele weitere Beispiele dafür, wie sich Fachgebiete aus Physik und Mathematik wechselseitig befruchtet haben.

Gesetze und Gleichungen

Isaac Newton formulierte seine **Axiome der Mechanik** auch im Klartext. So lautete das zweite Axiom „Die Änderung der Bewegung einer Masse ist proportional zu der Einwirkung der sie bewegenden Kraft (…)." Drückt man dies mathematisch aus, wird daraus: $F = m \cdot a$. Fünf Zeichen können also das ganze fundamentale Gesetz ausdrücken. So ist fast jedes physikalische Gesetz in Form einer mathematischen Gleichung formuliert. Das spart nicht nur Platz – vor allem lassen sich durch mathematische Umformungen Gesetze herleiten.

Größen und Einheiten

Eine physikalische Größenangabe besteht immer aus zwei Teilen, einer Zahl und einer Einheit. Einheiten sind z. B. Meter, Sekunde, Volt, Gigabyte oder Grad Celsius. Man kann mit Einheiten auch rechnen: Teilt man etwa die Einheiten Kilometer (km) und Stunde (h), ergibt sich die Einheit „km/h" der Geschwindigkeit. Man kann diesen Zusammenhang aber auch als Gleichung für die physikalischen Größen Weg bzw. Länge (s), Zeit (t) und Geschwindigkeit (v) ausdrücken:

$$v = \frac{s}{t}$$

Raum, Zeit und Bewegung

Ganz entspannt im Hier und Jetzt. Diese Aufgabe für Yogaschüler gibt auch Physikern und Philosophen zu denken. Was heißt „hier" und „jetzt"? Sind Zeit und Raum für alle Beobachter jeweils das Gleiche? Die Antworten, die Albert Einstein auf diese Fragen fand, sind nicht für alle sehr hilfreich. Am besten ist es, im Alltag Raum und Zeit als etwas anzusehen, bei dem man intuitiv versteht, was gemeint ist – und zeitliche Änderungen des Ortes eines Objekts, also Bewegung, mit den Mitteln der klassischen Mechanik anzugehen.

Geschwindigkeit und Beschleunigung

Die Geschwindigkeit v ist in der Mechanik definiert als die Änderung des Ortes mit der Zeit. Bewegt sich etwa ein Fahrradfahrer in einer Stunde von Heidelberg ins 20 km entfernte Mannheim, dann beträgt seine (durchschnittliche) Geschwindigkeit 20 km/h. Ein Profiradler hätte es in wohl in einer halben Stunde geschafft, also mit Tempo 20 km : 0,5 h = 40 km/h. Physiker nutzen allerdings lieber die eigentlichen Grundeinheiten von Weg und Zeit, Meter und Sekunde. Für die Umrechnung zwischen km/h und m/s nutzt man die Gleichung

$$1\,\frac{\text{m}}{\text{s}} = \frac{\frac{1}{1000}\,\text{km}}{\frac{1}{3600}\,\text{h}} = 3{,}6\,\frac{\text{km}}{\text{h}}$$

Bleibt der Fahrer stets gleich schnell, lässt sich die Geschwindigkeit einfach als Quotient von Fahrtstrecke und benötigter Zeit berechnen. Schwieriger wird dies, wenn v sich ändert, also **Beschleunigung** auftritt (für die Physik ist „Bremsen" eine negative Beschleunigung). In diesem Fall muss die mathematische Ableitung („Differenziation") nach der Zeit t gebildet werden:

$$v(t) = \frac{\mathrm{d}s}{\mathrm{d}t}$$

Möchte man wissen, wie stark sich die Geschwindigkeit während der Fahrt ändert, muss man noch einmal **differenzieren.** Für die Beschleunigung a gilt

$$a(t) = \frac{\mathrm{d}v(t)}{\mathrm{d}t} = \frac{\mathrm{d}^2 s(t)}{\mathrm{d}t^2}$$

Ein typischer Beschleunigungswert ist z. B. 3,5 m/s^2 für ein Auto, das in 8 s von 0 auf 100 km/h beschleunigt.

Größen mit Richtung

Weitere Beispiele für physikalische Größen, bei denen es nicht nur auf den Zahlenwert ankommt, sondern auch auf die Richtung, sind Kräfte oder Magnetfelder, die auch in eine bestimmte Richtung wirken. Mathematisch beschreibt man solche gerichteten Größen als **Vektoren** (lateinisch vector, „Pfeil"), also etwa $\vec{v}$, $\vec{a}$ oder $\vec{F}$ („F" ist das Größenzeichen der Kraft). In der klassischen Mechanik wird ein Vektor mit drei Zahlen zu Geschwindigkeit, Beschleunigung und Kraft in den drei Raumrichtungen beschrieben.

Da die Geschwindigkeit vektoriellen Charakter hat, liegt eine Beschleunigung auch dann vor, wenn sich lediglich die Richtung, nicht aber der Betrag einer Geschwindigkeit verändert. Daher ist eine konstante Kreisbewegung auf einem Kinderkarussell oder ein Raketenstart eine beschleunigte Bewegung.

Der Transrapid in Shanghai ist bis zu 430 km/h schnell; durch die langen Beschleunigungs- und Bremsphasen beträgt die Durchschnittsgeschwindigkeit für die 30-km-Strecke 247 km/h.

Obwohl es so aussieht, als würden diese Menschen frei schweben, werden sie von der Schwerkraft rasend schnell in Richtung Erde gezogen.

Massen und Kräfte

Die Mechanik gliedert sich, ganz grob gesprochen, in zwei Teilgebiete: die **Kinematik,** die verschiedene Formen von Bewegungen nur beschreibt, und die **Dynamik,** die auch nach den Ursachen der Bewegungen fragt. Genau hier kommt die Masse ins Spiel: Als Trägheit bewirkt sie den Widerstand gegen Beschleunigungen und als Quelle der Schwerkraft bringt sie selbst einiges ins Rollen oder Rutschen.

Beschleunigte Körper

Kräfte tauchen im Alltag an den verschiedensten Stellen auf. Man spricht von der Kraft eines Motors, der Schwerkraft, von Reibungskräften und einem kräftigen Händedruck. Immer haben Kräfte Auswirkungen, sie führen z. B. zu Fortbewegung oder schmerzenden Fingern.

Die Physik definiert eine Kraft sehr allgemein, und zwar als Änderung des Bewegungszustands eines Körpers. Ein Körper ist dabei jedes zusammenhängende Objekt, ob belebt oder nicht. Hat ein Körper die Masse m (angegeben in der Einheit Kilogramm, kg), dann gibt der Quotient aus Kraft F und Masse m die von der Kraft bewirkte **Beschleunigung** a an:

$$\frac{F}{m} = a \quad \text{oder, gleichbedeutend: } F = m \cdot a$$

Physikalische Einheit der Kraft ist das **Newton (N),** es gilt $1\,\mathrm{N} = 1\,\mathrm{kg} \cdot \mathrm{m/s^2}$. Mit dieser Gleichung ist noch nichts über den speziellen Charakter der angreifenden Kraft gesagt – ob es sich etwa um die Massenanziehung von Erde oder Sonne, um die Wirkung von Magneten oder elektrischen Ladungen oder gar um die enormen Kräfte handelt, die im Atomkern schlummern.

Große und kleine Bälle

Mit unterschiedlich schweren Bällen lässt sich der Zusammenhang von Kraft, Masse und Beschleunigung gut demonstrieren. Wirkt eine große Kraft auf eine kleine Masse (kräftiger Tritt gegen den Tennisball), so erfährt dieser eine große Beschleunigung. Umgekehrt wird der Basketball sich nach einem leichten Tritt kaum von der Stelle bewegen. Dazwischen liegen die Fälle „leichter Tritt, kleine Masse“ und „kräftiger Tritt, große Masse“.

Je kleiner die Masse und je stärker die auf sie wirkende Kraft, desto stärker fällt die Beschleunigung aus.

Masse, Dichte und Gewicht

Leicht zu verwechseln sind die Begriffe „Masse“, „Gewicht“ und „Dichte“. In der Physik kommt es aber immer auf die genaue Verwendung der Begriffe an. Im umgangssprachlichen Sinne „schwer“ sind Körper mit einer großen **Gewichtskraft.** Diese Kraft ist Ausdruck der Tatsache, dass sich alle Massen im Universum gegenseitig anziehen; diese **Schwerkraft** (oder **Gravitation**) f_g zwischen zwei Massen m_1, m_2 ist umso stärker, je kleiner ihr Abstand r und je größer das Produkt der beiden Massen ist. Als Formel ausgedrückt:

$$f_g = const. \cdot \frac{m_1 \cdot m_2}{r^2}$$

(„*const.*“ = konstanter Faktor)

Die bei weitem größte Masse auf der Erde ist der Erdkörper selbst. Die Schwereanziehung zwischen einem Objekt auf der Erdoberfläche und der Erde selbst ist die Gewichtskraft dieses Objekts. Demnach muss derselbe Körper mit derselben Masse auf dem Mond oder dem Jupiter ein ganz anderes Gewicht haben, da diese Himmelskörper eine andere Masse aufweisen als die Erde. Und im interstellaren Weltraum, weit weg von der Sonne, ist eine Masse sogar gewichts- oder „schwerelos“ – besitzt aber dennoch dieselbe Masse wie bei uns auf der Erde.

Unter der **Dichte** eines Körpers versteht man schließlich das Verhältnis aus Masse und Volumen. Eine Bleikugel hat eine deutlich größere Masse als eine gleich große Holzkugel, Blei ist also der dichtere Stoff. Die Frage: „Was ist schwerer, ein Kilo Blei oder ein Kilo Watte?“ ist dagegen eine Scherzfrage, denn ein Kilogramm wiegt immer gleich viel. 1 kg Watte nimmt lediglich ein größeres Volumen ein als 1 kg Blei. Die Dichte eines Stoffes ist eine charakteristische Materialkonstante, sie kann sich aber mit der Temperatur ändern.

Scheinkräfte

Nicht alles, was wie eine Kraft aussieht, ist auch eine. Es gibt auch Kräfte, die nur in bestimmten Bezugssystemen vorkommen. Solche Scheinkräfte treten z. B. bei beschleunigten Bewegungen auf. Hierzu zählen nicht nur ein startender Rennwagen und ein fallender Stein, sondern auch Kreisbewegungen, bei denen sich die Richtung der Geschwindigkeit ändert, und Bremsvorgänge, bei denen sie abnimmt statt anzuwachsen. Ein Beispiel ist ein plötzlich abbremsender Zug. Die Fahrgäste meinen, während des Abbremsens nach vorne beschleunigt zu werden. Von außen betrachtet behalten dagegen die Passagiere ihre Geschwindigkeit zunächst bei, nur der Zug selbst ändert seinen Bewegungszustand. Diese **Trägheitskraft** auf die Passagiere tritt nur in Bezug auf die Wände des Fahrgastraums auf, nicht aber in Bezug auf die Außenwelt. Sie ist eine Scheinkraft. Ähnlich ist auch die Fliehkraft, die man im Karussell spürt, eine Scheinkraft.

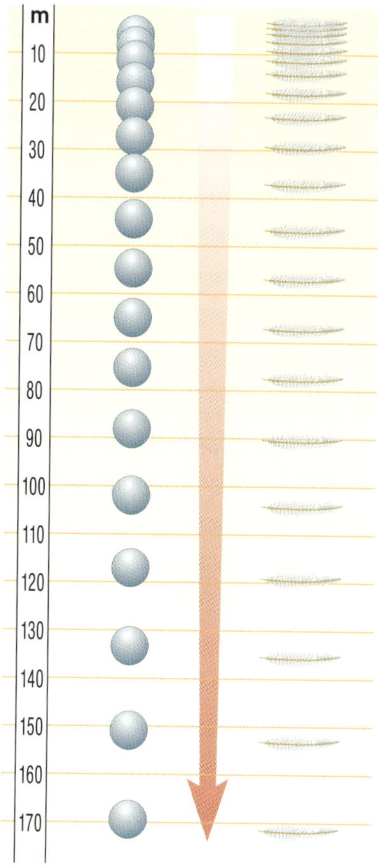

Im luftleeren Raum (z. B. in einem Fallturm) fallen alle Körper gleich schnell: Die Fallbeschleunigung beträgt 9,81 m/s². Nur der unterschiedliche Luftwiderstand sorgt im Alltag dafür, dass die Metallkugel vor der Feder den Boden erreicht.

Kräfte in Natur und Technik

Name	Auftreten	Charakter
Schwerkraft, Gravitation	Freier Fall, Erdanziehung, Planetenbewegung	Fundamentalkraft
Fliehkraft	Karussell, Erdrotation	Scheinkraft
Kernkraft	Atomkern, Kernwaffenexplosion	Fundamentalkraft
Magnetkraft	Kompass, Stabmagnet, Magnetschwebebahn	Aspekt der elektromagnetischen Fundamentalkraft
Elektrische Anziehung bzw. Abstoßung	Stabilität von Atomen, Elektrolyse, elektrische Ströme	Aspekt der elektromagnetischen Fundamentalkraft
Reibung	Luftwiderstand, Reibungswärme, Zähigkeit von Flüssigkeiten	Überwiegend durch elektromagnetische Kräfte zwischen Atomen verursacht

Ein Karussell ist nicht nur ein Kinderspaß, sondern auch ein gutes Untersuchungsobjekt für Kreisbewegungen und rotierende Bezugssysteme.

Drehungen und Schwingungen

Die einfachsten Bewegungsformen sind – neben der geradlinigen Bewegung mit konstanter Geschwindigkeit – die harmonische Schwingung und die gleichmäßige Kreisbewegung. Beide sind eng verwandt. Beispiele dafür sind Karussell, Erdrotation und Schallschwingungen. Und die in der Physik allgegenwärtigen Wellen sind nichts anderes als sich räumlich ausbreitende Schwingungen.

Wichtige Größen bei Vibration und Rotation sind Frequenz f und Periode T. Die **Periode** (Einheit s) ist die Zeit, die ein voller Umlauf bzw. „einmal Hin- und Herschwingen" benötigt. Die **Frequenz,** Einheit Hz (Hertz, $1\,Hz = 1/s = 1\,s^{-1}$), ist der Kehrwert der Periode.

Harmonische Schwingungen und Rotationen

Die Bewegungen eines sanft angestoßenen Pendels oder einer Schaukel sind Beispiele für eine **harmonische Schwingung (Vibration).** Geschwindigkeit und Ort ändern sich gleichmäßig, mathematisch beschrieben durch die Sinus- oder die Kosinusfunktion. Führt das Pendel eine **regelmäßige Kreisbewegung (Rotation)** aus, ist das gewissermaßen das Gegenstück zum freien Fall: Während beim freien Fall die Richtung der Geschwindigkeit konstant ist, ihr Betrag sich dagegen gleichmäßig erhöht, ist ihr Betrag bei einer gleichmäßigen Rotation konstant, doch die Richtung ändert sich kontinuierlich.

Kreisel

Für Physiker gehören Kreisel zum Kompliziertesten, was die Mechanik zu bieten hat. Der Grund ist die sog. Drehimpulserhaltung. Der Bewegungszustand eines Kreisels (und jedes anderen rotierenden Systems) wird durch eine Vektorgröße namens **Drehimpuls** beschrieben, deren Richtung der der Drehachse entspricht. Ohne äußere Einwirkung bleibt diese Größe in Betrag und Richtung konstant, weswegen z. B. rollende Fahrräder nicht umkippen. Greifen Kräfte und sog. Drehmomente an dem Kreisel an, vollführt er teils überraschende, auf jeden Fall komplizierte Ausweichmanöver. Auch die Erde ist ein **ausweichender Kreisel:** Ihre Rotationsachse beschreibt in 26000 Jahren einen großen Kreis am Himmelsgewölbe; in der Antike sah man also z. B. den Polarstern woanders als heute.

Trägheitsmoment

So wie die Masse eines Körpers einer geradlinigen Beschleunigung einen Widerstand entgegensetzt (die sog. Trägheit), gibt es bei rotierenden Objekten ein sog. Trägheitsmoment. Ist es groß, kann man den Körper nur schwer in Drehung versetzen, ist es klein, fällt dies mit gleichem Aufwand viel leichter. Das Trägheitsmoment berechnet sich im Wesentlichen aus der Verteilung der Körpermasse um die Drehachse. Zieht eine Eiskunstläuferin beispielsweise bei einer Pirouette ihre ausgestreckten Arme an, so vermindert sie ihr Trägheitsmoment und beschleunigt dadurch die Rotationsgeschwindigkeit erheblich.

Wellen

Es gibt kein physikalisches Fachgebiet, in dem Wellen keine Rolle spielen würden. Zwei Disziplinen, die Optik und Akustik, beschäftigen sich sogar ausschließlich mit Wellenerscheinungen. Auch in der Chemie und der Biologie hat man es mit Wellen zu tun. Zum Glück lassen sich viele Aspekte bereits an sehr einfachen mechanischen Beispielen veranschaulichen.

Wellenlänge, Frequenz und Geschwindigkeit

Eine Welle ist, allgemein ausgedrückt, ein wandernder Bewegungszustand bzw. eine sich durch Zeit und Raum ausbreitende Schwingung. Eine Schallwelle wird ausgelöst, wenn schwingende Luftmoleküle ihre Nachbarn anstoßen, die wiederum ihre Nachbarn in Schwingung setzen und immer so weiter. Andere Beispiele sind sich durch den Erdkörper fortpflanzende seismische Wellen, wandernde elektromagnetische Schwingungen oder die bekannte „La Ola" aus dem Fußballstadion. Wie Schwingungen haben auch Wellen daher eine **Frequenz** f, zusätzlich aber auch eine Wellenlänge und eine **Ausbreitungsgeschwindigkeit.** Sie wird meist mit dem Symbol v (bei Lichtwellen: c) bezeichnet und gibt an, wie schnell sich ein Wellenberg bzw. -tal bewegt. Die **Wellenlänge** λ („lambda") gibt den Abstand zwischen zwei aufeinanderfolgenden Bergen oder Tälern an. Alle drei Größen hängen folgendermaßen zusammen: $v = f \cdot \lambda$.

Längs- und Querwellen

Wellen unterscheiden sich nach der relativen Lage von Schwingungs- und Ausbreitungsrichtung. Bei Schallwellen in der Luft schwingen die Luftmoleküle in Richtung der Wellenausbreitung, solche Wellen heißen **Längswellen** (Longitudinalwellen). Seilwellen und Lichtwellen sind dagegen **Querwellen** (Transversalwellen), hier vollzieht sich die Schwingung immer senkrecht zur Ausbreitungsrichtung. Seismische Wellen, wie sie von Erdbeben ausgelöst werden, haben transversale und longitudinale Anteile. Bei Oberflächenwellen auf Wasser führen die Wassermoleküle Kreisbewegungen aus; diese Wellen sind also eine Mischform.

Überlagerung und Interferenz

Wellen können sich überlagern und durchdringen. Lässt man etwa Steine ins Wasser fallen, so bilden sich Ringwellen, die sich gegenseitig durchdringen. Überlagern sich zwei Wellen so, dass an bestimmten Punkten immer ein Berg auf einen Berg und ein Tal auf ein Tal trifft, verstärken sie sich **(konstruktive Interferenz).** Trifft aber ein Berg der einen Welle auf ein Tal der anderen, löschen sie sich aus **(destruktive Interferenz).**

Regentropfen bilden hier im Wasser Ringwellen, die sich gegenseitig durchdringen.

Wellenphänomene

Phänomen	Ausbreitungsgeschwindigkeit
Wasserwellen (0,5 Hz)	3 m/s
Wasserwellen (0,1 Hz)	15 m/s
Tsunami im Ozean (5000 m Tiefe, ca. 10–3 Hz)	ca. 220 m/s (800 km/h)
Schall in Luft bei 0 °C	330 m/s
Schall in Wasser	1500 m/s
Erdbebenwellen, transversal	ca. 3 km/s
Erdbebenwellen, longitudinal	ca. 6 km/s
Licht (elektromagnetische Wellen) im Vakuum	300 000 km/s

Das Newtonpendel oder Kugelspiel illustriert den Impulserhaltungssatz: Schlägt die linke Kugel gegen die Kugelreihe, wird der Impuls durch die nächsten Kugeln bis zur letzten Kugel übertragen, die dann nach rechts hochschnellt.

Energie

Das Wort „Energie“ steht in der Physik wie auch in der Alltagssprache für eine Vielzahl von Erscheinungen. Der entscheidende Unterschied ist aber, dass in der Physik alle Formen von Energie ineinander umgewandelt werden können, also letztlich nur verschiedene Aspekte derselben physikalischen Grundgröße sind.

Was ist Energie?

Der Energiebegriff wurde erst im 19. Jh. schlüssig definiert, als die von Newton formulierten Grundlagen der Mechanik schon fast 200 Jahre alt waren. Es handelt sich dabei um ein recht abstraktes Konzept, das nicht ganz einfach mit den Mitteln der Umgangssprache beschrieben werden kann. Eine prägnante Formulierung ist die folgende: **Energie ist die Fähigkeit, (mechanische) Arbeit zu verrichten.** Arbeit wiederum tritt in der Physik immer dann auf, wenn eine Kraft einen Körper bewegt. Sie ist dann definiert als das Produkt aus Kraft und Wegstrecke, wobei im allgemeinen Fall auch noch die Richtungen berücksichtigt werden müssen (Kraft und Weg sind Vektorgrößen). Um mechanische Arbeit verrichten zu können, muss also Energie aus einer ihrer vielen Erscheinungsformen umgewandelt werden. Zu diesen Formen zählen Lageenergie (potenzielle Energie), Bewegungsenergie, chemische Energie (in Nahrung oder Brennstoffen gespeichert), Kernenergie oder Wärme. Die offizielle **Einheit der Energie ist Joule** (Symbol J).

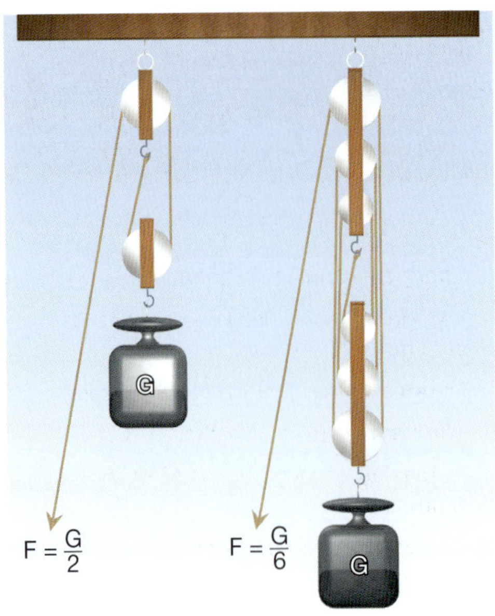

Bei einem Flaschenzug verteilt sich das Gewicht der Last auf die verschiedenen Seilzüge. Je mehr Rollen es gibt, desto leichter wird das Hochziehen, desto länger dauert es aber auch. Die mechanische Energie bzw. Arbeit, die aufgewandt wird, ist in jedem Fall die gleiche.

Der Energiesatz

Entgegen der gängigen Redewendung vom „Energieverbrauch“ eines elektrischen Gerätes oder Autos ist es eine der fundamentalen Eigenschaften der Energie, dass sie *niemals* verbraucht oder erzeugt wird. Die Gesamtenergie des Universums ändert sich nicht, sie hat heute exakt denselben Wert wie beim Urknall vor knapp 14 Mrd. Jahren. Man spricht von Energie als einer **Erhaltungsgröße.**

Dieser sog. Energiesatz ist eines der wichtigsten Gesetze der Physik, wenn nicht gar so etwas wie ihr „Grundgesetz“: **Die Energie eines abgeschlossenen Systems ist konstant.**

In diesem Sinne gibt es auch keine Energieerzeuger – es gibt nur Anlagen, die Energie aus schlecht nutzbaren in leicht zu verwendende (hochwertige) Formen umwandeln. Die wohl vielseitigste Energieform ist die elektrische Energie, da sie mit Kabeln oder in Batterien fast überallhin transportiert werden kann. Wärmeenergie ist eine nur schwer zu nutzende Energieform. Aus diesem Grund versuchen Ingenieure, ihre Maschinen möglichst reibungsarm zu konstruieren. Denn Reibung erzeugt Wärme, wandelt also gewünschte Bewegungsenergie in – zumeist nutzlose – Abwärme um.

Der Impuls

Neben der Energie gibt es in der Mechanik noch eine weitere Erhaltungsgröße, den Impuls. Er ergibt sich als Produkt aus Masse m und Geschwindigkeit v eines Körpers und ist deshalb wie die Geschwindigkeit eine Vektorgröße. Mit Hilfe von Energie- und Impulserhaltung können Physiker Stöße zwischen Billardkugeln oder Elementarteilchen sehr elegant analysieren. Denn sie müssen lediglich Energie und Impuls vor und nach dem Stoß bilanzieren und prüfen, ob die Summen jeweils auch wirklich konstant sind.

Zwischen Masse m, Kraft F, Impuls p, Leistung P und kinetischer bzw. Bewegungsenergie E_{kin} gibt es vielfältige Beziehungen, u. a. die folgenden:

$$E = \frac{m}{2} v^2$$

$$P = F \cdot v$$

$$F = \frac{dp}{dt}$$

Die dritte Gleichung besagt, dass die zeitliche Änderung des Impulses gleich der einwirkenden Kraft ist. Eine ähnliche Beziehung lässt sich zwischen Weg und Geschwindigkeit sowie zwischen Geschwindigkeit und Beschleunigung konstatieren.

Die Bewegungsenergie eines 200-m-Läufers im Ziel beträgt bei einer Geschwindigkeit von ca. 28 km/h ungefähr 3000 J (3 kJ).

Energieformen

Name	Beispiel	Größenordnung
Potenzielle Schwereenergie, Lageenergie im Gravitationsfeld	Energie eines um 10 m gehobenen 10-l-Wassereimers	1 kJ
Bewegungsenergie	Energie eines Fahrradfahrers bei 20 km/h	1,5 kJ
Strahlungsenergie	Von einer 23-W-Energiesparlampe in einer Stunde abgegebene Lichtenergie	ca. 8 kJ
Chemische Energie	Nährwert einer 100-g-Tafel Schokolade	2000 kJ
Wärmeenergie	Wärmeenergie von 10 l Wasser bei 20 °C	12 250 kJ
Kernenergie	Detonationsenergie der 1945 über Hiroshima eingesetzten Atombombe	ca. $5 \cdot 10^{10}$ kJ
Relativistische Ruheenergie ($E = m \cdot c^2$)	Energie, die bei der Vernichtung von je 500 g Materie und Antimaterie frei wird	$9 \cdot 10^{13}$ kJ

Das Prinzip „Aktion = Reaktion" hat ganz konkrete Auswirkungen: Während eine Rakete Verbrennungsprodukte nach hinten ausstößt, üben diese gleichzeitig eine nach vorne gerichtete Kraft auf die Rakete aus und beschleunigen sie dadurch.

Newton'sche Dynamik

Als **Isaac Newton** 1687 sein Buch „Philosophiae Naturalis Principia Mathematica" (Die mathematischen Grundlagen der Naturphilosophie) veröffentlichte, schuf er damit die Basis der klassischen Physik. Mit seiner Erkenntnis, dass Planeten, Sterne ebenso wie jeder Körper auf der Erde denselben Gesetzen der Schwerkraft unterworfen sind, wurde er so berühmt – wie nach ihm nur noch Albert Einstein.

Die drei Axiome der Mechanik

Der 1643 im englischen Woolsthorpe geborene Newton war nicht der erste Gelehrte, der sich mit der Bewegung von irdischen und Himmelskörpern beschäftigte. Vor ihm hatte Johannes Kepler (1571–1630) 1609 und 1618 seine drei Gesetze der Planetenbewegung veröffentlicht, Galileo Galilei (1564–1642) hatte in den 1630er Jahren seine Fallgesetze publiziert. Newtons Leistung bestand darin, dass er alle bisherigen Ergebnisse zusammenfasste und auf eine mathematische Grundlage stellte. Diese wiederum leitete er aus nur **drei Grundannahmen oder Axiomen** her:

1. Ein Körper ändert seinen Bewegungszustand nur, wenn er unter dem Einfluss von Kräften steht **(Trägheitsprinzip).**
2. Die (vektorielle) Summe der auf einen Körper einwirkenden Kräfte ist gleich der zeitlichen Änderung seines Impulses **(Aktionsprinzip).**
3. Kräfte treten immer paarweise auf: Greift ein Körper A mit Kraft FA an einem Körper B an, so wirkt B auf A mit der Kraft FA zurück; es ist $FA = -FB$ **(Reaktionsprinzip,** Kurzform: Aktion = Reaktion).

Beim Verfassen seines Meisterwerks entwickelte Newton – zeitgleich mit und unabhängig von Gottfried Wilhelm Leibniz (1646–1716) – die dazu benötigte Mathematik der Differenzial- und Integralrechnung. Man kann Newton deshalb nicht nur als **Vater der modernen Physik** bezeichnen, sondern ebenso als Mitbegründer der engen Verbindung von Physik und Mathematik.

Fallobst

Isaac Newton soll auf die Idee zu seinen Gesetzen der Schwerkraft gekommen sein, als er unter einem Apfelbaum lag und in den Himmel blickte. Plötzlich löste sich ein Apfel vom Baum; dessen Fallen interpretierte Newton als gegenseitige Anziehung der Körper „Obst" und „Erde". Ob dieser Legende eine wahre Begebenheit zugrunde liegt, ist zweifelhaft. Sie illustriert aber schön die universelle Gültigkeit der mechanischen Gesetze.

Ein Jahrhundertgenie

Newton gehörte zu den ersten Mitgliedern der 1660 gegründeten britischen **Royal Society** („königliche Gesellschaft"), einer Vereinigung der wichtigsten Naturforscher seiner Zeit. Obwohl ihr auch andere berühmte Gelehrte angehörten, galt Newton bereits zu Lebzeiten als „eine Klasse für sich". Dazu trug bei, dass er auch auf anderen Gebieten als der Mechanik große Erfolge hatte: Er erfand das Reflektor-Fernrohr, dessen Bauweise allen modernen Großteleskopen zugrunde liegt, leistete wesentliche Beiträge zur Theorie des Lichts sowie zur Wärmelehre und zur Theorie der Reibung. Von 1703 bis zu seinem Tod war Newton Präsident der Royal Society.

Zeit seines Lebens beschäftigte sich das Jahrhundertgenie aber auch mit der geheimnisumwitterten Alchemie. Er trug eine Vielzahl überlieferter alchemistischer und magischer Schriften zusammen, vermutlich, um daraus Hinweise auf eine allumfassende Theorie der Natur zu bekommen. So war Newton Bindeglied zwischen Mittelalter und Neuzeit.

Hydro- und Aerodynamik

Vom Standpunkt der Mechanik aus gesehen haben Flüssigkeiten und Gase vieles gemein, deshalb fasst man sie oft unter dem Oberbegriff „Fluide“ zusammen. Dementsprechend enthält die **Fluidmechanik** die beiden Teilgebiete Hydrodynamik (von griechisch „Hydor“, Wasser) und Aerodynamik (griechisch „Aer“, Luft).

Hydrostatischer Druck und Auftrieb

Flüssigkeiten wie auch Gase haben ein Eigengewicht. So lastet auf einem Taucher das Gewicht der Flüssigkeitssäule über ihm als hydrostatischer Druck, auf der Erdoberfläche lastet entsprechend der Luftdruck. Ist ein ausgedehnter Körper ganz von einem Fluid umgeben (z. B. ein Taucher, U-Boot oder Tiefseefisch, aber auch jeder Körper in der Luft), so ist der Druck auf seiner Oberseite niedriger als auf seiner Unterseite. Diese Druckdifferenz bewirkt eine nach oben gerichtete Kraft, den (hydrostatischen) **Auftrieb.** Die Größe des Auftriebs entspricht der Gewichtskraft des verdrängten Fluids. Daraus folgt, dass ein Körper, dessen Dichte kleiner als die eines Fluids ist, darauf schwimmt. Ist die Dichte gleich, taucht er ein und schwebt in der Flüssigkeit (U-Boot) bzw. in der Luft (Zeppelin), ist der Auftrieb zu schwach, sinkt der Körper bis zum Grund.

Der Luftdruck

Mit „Hochs“ und „Tiefs“ auf der Wetterkarte (→S. 25) sind Gebiete gemeint, in denen der normalerweise bei gut 1000 hPa (Hektopascal) liegende Gasdruck der Luft erhöht oder erniedrigt ist. Sie entstehen durch auf- bzw. abwärtsgerichtete Luftströmungen. Da der Luftdruck sowohl mit der Lufttemperatur als auch mit deren Aufnahmefähigkeit für Wasserdampf zusammenhängt, ist er so wichtig für die Entwicklung des Wetters. Dabei bedeutet ein um nur 3 % höherer oder tieferer Wert schon ein ausgeprägtes Hoch- oder Tiefdruckgebiet.

Wieso fliegt ein Flugzeug?

Da Luft eine etwa 800-mal geringere Dichte hat als Wasser, erfahren nur große, leichte Körper wie Heißluftballons und Zeppeline einen statischen Auftrieb. Ein Flugzeug dagegen ist bei weitem zu schwer bzw. zu klein. Warum kann es trotzdem abheben? Die Antwort liegt im **dynamischen Auftrieb.** Er beruht darauf, dass der Druck einer Flüssigkeitsströmung mit zunehmender Geschwindigkeit abnimmt. Man nutzt dies aus, indem man den Tragflächen ein teilweise gewölbtes Profil gibt, sodass die den Flügel umströmende Luft oben einen längeren Weg hat als unten. Sie muss darum oben schneller strömen als unten, weswegen der Druck oberhalb des Flügels niedriger ist als unterhalb. Die Druckdifferenz zwischen Ober- und Unterseite steigt mit wachsender Geschwindigkeit stark an und ist ab etwa 200 km/h so groß, dass der schwere Flieger abhebt.

Um den Auftrieb auszugleichen, müssen Taucher Bleigürtel tragen. Deren Gewicht wird individuell dem Gewicht des Tauchers (inklusive Ausrüstung) angepasst, damit er im Wasser schweben kann.

Aufgegebene Industrieflächen müssen oftmals mit hohem Aufwand von Altlasten befreit werden. Physikalische Untersuchungsmethoden helfen dabei, Kosten zu sparen.

Umweltphysik

Zahlreiche Prozesse in Natur und Umwelt lassen sich mit physikalischen Mitteln untersuchen und mit aus der Physik entlehnten Modellen beschreiben. Dies gilt für Wetter und Klima, Ozeane und Gletscher, aber auch für Themen wie Elektrosmog oder die Zusammensetzung von Artengemeinschaften. Wegweisend bei der Entstehung des Fachgebiets „Umweltphysik" war die radioaktive Altersbestimmung; heute stehen Klimaforschung und Stofftransport an erster Stelle.

Die Biosphäre als physikalisches System

Die dem Menschen zugängliche Zone ober- und unterhalb der Erdoberfläche – also Atmosphäre, Ozeane, Festland und die obersten Schichten der Erdkruste – sind nur ein verschwindend dünnes Häutchen auf dem Erdball. Doch in dieser **Biosphäre** spielt sich eine Vielzahl von komplexen Phänomenen ab, die unser Leben beeinflussen. Mit Hilfe von Energie- und Stoffbilanzen können Physiker hier Licht ins Dunkel bringen, denn sie sind es gewohnt, sich bei komplizierten Sachverhalten mit abstrakten Modellen einen Überblick zu verschaffen. Ein aktuelles Beispiel ist die Prognose der weiteren **Erwärmung des Erdklimas,** in die Prozesse aus Luft, Meeren, Landwirtschaft, Gewässern usw. einfließen. Physikalisch basierte Wettervorhersagen sind dagegen schon seit langem etabliert.

Altersbestimmung

Nachdem Mitte des 20. Jh. die wichtigsten Entdeckungen auf den Gebieten Kernphysik und Radioaktivität gemacht waren, wurde den Physikern klar, dass der über lange Zeit gleichmäßig ablaufende radioaktive Zerfall Altersbestimmungen von archäologischen und geologischen Proben ermöglicht. Damit haben sie die Altertumswissenschaften revolutioniert. Beispielsweise nehmen alle Lebewesen ständig Kohlenstoff auf, darunter einen geringen Anteil an **radioaktivem Kohlenstoff C-14.** Nach dem Tod sinkt dieser Anteil. Misst man ihn, kann man daraus auf das Alter der Probe schließen.

Stofftransport

In der Biosphäre spielen Stoffströme und -kreisläufe eine große Rolle (→S. 74). Nährstoffe werden recycelt, Sauerstoff und Kohlenstoffdioxid werden per Photosynthese und Zellatmung ausgetauscht und Wasser wandert zwischen Ozeanen, Atmosphäre, Gewässern und Eisschilden. Speziell der Transport von Schadstoffen aus Industrie, Verkehr und Landwirtschaft muss untersucht werden, um Schutzmaßnahmen einleiten zu können. Hierzu dienen physikalisch basierte **Computermodelle,** welche die Gesetze der Fluidmechanik wie auch die relevanten chemischen und biologischen Prozesse integrieren. Die Ergebnisse der Modellierung müssen dabei immer mit Messdaten abgeglichen („geeicht") werden. Die Messwerte ihrerseits werden häufig mit physikalischen Mitteln gewonnen. So lassen sich aus elektromagnetischen Sondierungen Informationen über die Wasserleitfähigkeit von Böden gewinnen.

Klimawandel

Die globale Durchschnittstemperatur war in der Erdgeschichte immer wieder Schwankungen unterworfen. Damit einher gingen dramatische Änderungen des Erdklimas. Extreme waren eine fast globale Vereisung vor 700 Mio. Jahren, das sehr warme und feuchte Klima der Karbonzeit (vor 350 Mio. Jahren) und auch die Eiszeitmaxima der letzten 2 Mio. Jahre. Der Temperaturanstieg der letzten 200 Jahre, der sich mindestens bis Ende des Jahrhunderts fortsetzen wird, leitete einen neuen globalen Klimawandel ein.

Der Treibhauseffekt

Physikalisch gesehen ist die Erde ein von einer Lampe, der Sonne, beschienener Ball. Die Strahlungsenergie der Sonne wird teilweise in Wärme umgewandelt und teilweise reflektiert. Außerdem strahlt die Erde wie jeder Körper eine seiner Temperatur entsprechende Wärmestrahlung im infraroten Bereich aus. Erschwert wird die Situation durch den **Treibhauseffekt:** Wie das Glasdach eines Treibhauses sorgen manche Gase in der Erdatmosphäre dafür, dass ein Teil der Wärmeabstrahlung ins All in der Atmosphäre verbleibt; deren Temperatur ist daher um gut 30 °C höher als ohne Treibhauseffekt. Neben Wasserdampf sind Kohlendioxid (CO_2) und Methan (CH_4) die wichtigsten **Treibhausgase.** Ihre Konzentration hat sich seit Beginn der Industrialisierung durch die Verbrennung von Kohle, Öl und Erdgas erheblich erhöht und liegt heute bei Werten, wie es sie seit mindestens einer halben Million Jahren nicht mehr gab. Die Folge ist eine Verstärkung des Treibhauseffekts und damit ein Temperaturanstieg.

Folgen der Erderwärmung

Der Klimawandel hat vielfältige Folgen, die teilweise bereits eingetreten sind, teilweise erst in den nächsten Jahrzehnten offen zutage treten werden. Generell verschieben sich Klima- und damit auch Vegetationszonen (→S. 27) zu den Polen hin. Dies hat einschneidende Folgen für die Landwirtschaft und Tier- und Pflanzenarten. Sie sind meistens an die bisherigen Niederschlags- und Temperaturverhältnisse angepasst und können nur begrenzt ausweichen. Eine weitere Folge ist ein intensiveres Wettergeschehen. Hierfür gibt es ein einfaches physikalisches Argument: Mehr Wärme in der Luft heißt mehr Energie in der Luft, d. h. mehr Bewegungsenergie für Stürme und größere Niederschlagsmengen. Schließlich dehnt sich das Wasser der Ozeane durch die Erwärmung aus mit der Folge, dass der Meeresspiegel ansteigt. Verstärkt wird dies durch das Abschmelzen von Gletschern und polarem Inlandeis.

Anstieg des Meeresspiegels

Beim Meeresspiegelanstieg unterliegt man leicht einem physikalischen Missverständnis: Wenn das Meereis im Nordpolarmeer schmilzt, ändert dies nichts an der Höhe des Meeresspiegels. Es schwimmt nämlich auf dem Meer und verdrängt genau so viel Wasser, wie es beim Schmelzen hinzufügen würde. Würde aber der Eisschild von Grönland, wie für die nächsten Jahrhunderte prognostiziert (oder gar das antarktische Inlandeis), schmelzen, würde der Meeresspiegel 10 bis über 50 m ansteigen.

Infolge der Klimaerwärmung häufen sich extreme Wettergeschehnisse. Anfang 2007 zog der Orkan Kyrill mit Windgeschwindigkeiten von mehr als 200 km/h über Europa und verursachte schwere Schäden wie hier bei Magdeburg.

Elektromagnetismus

Anders als die Schwerkraft machen sich elektrische und magnetische Kräfte in Natur und Alltag nur in wenigen Fällen direkt bemerkbar. Dies ist wohl auch der Grund dafür, dass die Erforschung dieser Phänomene erst im 19. Jh. in Schwung kam und die technische Nutzung des Elektromagnetismus erst im 20. Jh. einsetzte. Heute sind sie die unverzichtbare Grundlage unserer industrialisierten Gesellschaft.

Ladungen und Leiter

Im Altertum machten griechische Naturphilosophen die erstaunliche Entdeckung, dass sich Bernstein – griechisch „elektron" – durch Reibung aufladen lässt und dann Gegenstände anziehen kann. Auch mit Glas, Haaren und anderen Materialien lassen sich solche „elektrischen" Reaktionen hervorrufen. Dies sind aber eher Randerscheinungen unter den elektromagnetischen Phänomenen, denn die Kräfte zwischen elektrischen Ladungen und den später behandelten Magnetpolen bewirken so grundlegende Erscheinungen wie die Stabilität von Atomen, die Vielfalt der chemischen Reaktionen und sogar das Licht!

Ladungsträger

Nach heutigem Verständnis ist die elektrische Kraft eine fundamentale Naturerscheinung, die auf der Anziehung oder Abstoßung zwischen Körpern oder elementaren Partikeln mit einer **elektrischen Ladung** besteht. Dabei gelten zwei grundlegende Regeln:

- Die elektrische Ladung nimmt immer Vielfache eines kleinstmöglichen Wertes an. Diese Elementarladung hat einen Wert von ca. $1{,}602 \cdot 10^{-19}$ Coulomb (C; eine vollgeladene Autobatterie hat etwa 200 000 C).
- Es gibt zwei Arten von Ladung, die man (elektrisch) positiv und negativ nennt. Gleichartige (oder gleichnamige) Ladungen stoßen sich ab, verschiedenartige ziehen sich an. Eine positive und eine negative Ladung von gleichem Betrag heben sich in ihrer Wirkung auf, sie gelten nach außen als (elektrisch) neutral.

Die wichtigsten Ladungsträger sind die **Elektronen.** Diese winzigen Elementarteilchen haben genau eine negative Elementarladung und die unvorstellbar kleine Masse von etwa 10^{-30} kg (ein Milliardstel Milliardstel Milliardstel Gramm). In den meisten alltagsrelevanten Prozessen laufen Transport, Speicherung und Manipulation von elektrischer Ladung über Elektronen ab.

In manchen Stoffen gibt es die Möglichkeit, die Elektronen innerhalb eines Körpers umzuverteilen: Wenn man einen (z. B. positiv) geladenen Gegenstand in

Elektrizität wirkt in der Fußballarena auf vielfältige Weise: Sie sorgt für Beleuchtung, lässt Fernsehkameras und Monitore laufen.

die Nähe bringt, bewegen sich die Elektronen zu dem geladenen Objekt hin. Die dem geladenen Gegenstand zugewandte Seite erscheint dann negativ, die abgewandte Seite positiv geladen, obwohl der Stoff elektrisch neutral bleibt. Diesen Effekt nennt man **Influenz.**

Leiter, Isolatoren, Halbleiter

Es macht einen großen Unterschied, ob ein Material den Transport von Ladungsträgern zulässt oder nicht: Das metallische Anschlussstück einer Autobatterie zu berühren, ist lebensgefährlich, ein gut isoliertes Kabel kann man dagegen gefahrlos anfassen. Man kann daher alle Stoffe grob in drei Kategorien einteilen. Durch einen **Leiter** können sich Elektronen oder andere Ladungsträger ungehindert bewegen. Hierzu zählen die Metalle, dazu Stoffe wie Graphit und salzige Lösungen (auch Leitungswasser). In ihnen befinden sich freie, nicht an Atome gebundene Elektronen, die über geeignete Kontakte das Material verlassen oder darin eindringen können.

Isolatoren besitzen hingegen keine freien Ladungsträger und lassen sie auch nicht passieren. Gute Isolatoren sind Keramik, fast alle Kunststoffe und Glas. Eine Zwischenstellung nimmt die dritte Gruppe ein, die **Halbleiter.** Unter normalen Umständen leiten sie keinen Strom. Doch bereits eine recht geringe Energiezufuhr durch Wärme, Licht oder auf elektrischem Wege genügt, um Ladungsträger freizusetzen und Strom fließen zu lassen. Daher kann man aus Halbleitern ideale Schaltelemente bauen, die **Grundlage der Computertechnik.** Nach dem häufigsten Halbleiterelement Silicium wurde das Silicon Valley, das Zentrum der US-amerikanischen Computerindustrie südlich von San Francisco, benannt.

Geladene Luft

Gewitter mit Blitz und Donner sind eine Naturerfahrung, die Menschen seit jeher tief beeindruckt. Heute sind sie darüber hinaus Gegenstand intensiver Forschung. Man weiß inzwischen einiges, aber nicht alles: Entstehende Gewitterwolken laden die oberen Schichten der Erdatmosphäre allmählich elektrisch auf, transportieren also Ladungsträger. Wird der Ladungsüberschuss zu groß, kommt es zu einer Entladung. Dabei entsteht zunächst ein kaum sichtbarer Vorblitz, der sich mit ca. 160 km/h zu Boden tastet und dabei hin und her schwankt (daher die gezackte Form der Blitze). Er heizt die Luft so sehr auf, dass ein Gemisch aus heißem Gas und Elektronen entsteht, ein sog. Plasma, das hell leuchtet.

Auf den nur 20 Millisekunden langen Vorblitz folgen ein oder mehrere Hauptblitze von nur 70 Mikrosekunden Länge. In einem solchen Hauptblitz rasen die Elektronen zu Boden; die Stromstärke kann bis zu 200 000 Ampere betragen. Gleichzeitig bewegt sich heißes Gas nach oben; die Druckschwankung löst eine Stoßwelle aus, die wir als Donner wahrnehmen.

So weit sind sich die Wissenschaftler heute einig. Doch welche Mechanismen genau bei einem Gewitter wirken, was die Entladung auslöst und wie sie sich im Detail vom Himmel zum Erdboden hin ausbreitet, ist immer noch nicht vollständig verstanden.

Strom im Herzen

Auch der menschliche Körper enthält elektrische „Leitungen“: Entlang der Nervenbahnen wandern elektrische Pulse, mit denen das Gehirn die Aktivität von Muskeln, Drüsen und anderen Organen steuert und seinerseits Informationen über deren Zustand erhält. Die Informationsverarbeitung im Gehirn wie auch die Speicherung im Gedächtnis geschieht ebenfalls mit Hilfe von elektrischen Signalen. Und auch das Herz, mit dem Gehirn das wichtigste Organ im Körper, koordiniert seine Pumpbewegungen elektrisch. Mit einem Elektrokardiogramm (EKG) zeichnet man den zeitlichen Verlauf von dessen elektrischer Aktivität auf und kann so Unregelmäßigkeiten erkennen.

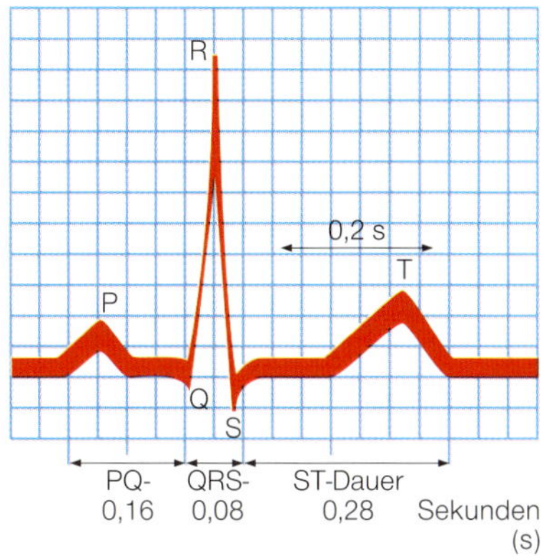

Aus der Lage der fünf Punkte P, Q, R, S und T in einem EKG kann der Arzt wichtige Rückschlüsse auf den Gesundheitszustand des Patienten ziehen.

Europäische Steckertypen: CEE 7/7 (oben und unten) ist eine Kombination aus dem Schukosystem und dem französischen System; Schukostecker (Mitte links) und Eurostecker (Mitte rechts) ohne Schutzleiter.

Strom und Spannung

Durch Stromausfall im Wiener Fernsehzentrum der UEFA wurde am 25. Juni 2008 die Übertragung des Halbfinales Deutschland–Türkei der Fußball-EM zweimal unterbrochen. Dieses Ereignis machte über 100 Mio. Menschen die Abhängigkeit vom elektrischen Strom bewusst – doch was ist Strom eigentlich? Und warum spielt die Spannung auch bei langweiligen Übertragungen eine wichtige Rolle?

Ladungstransport und Stromstärke

Elektrischer Strom wird in vielen technischen Anwendungen als Kraftquelle eingesetzt, um etwas zu betreiben, zu übertragen oder zu bewegen. Physikalisch gesehen handelt es sich dabei um elektrische Ladungen, die durch ein Material, einen Leiter, fließen. Meist sind dies **Elektronen,** die wegen ihrer negativen Ladung vom negativen zum positiven Pol einer Strom- bzw. Spannungsquelle wandern. Auch andere Teilchen können Träger eines Stroms sein: In Wasser gelöstes Kochsalz besteht aus positiv geladenen Natrium- und negativ geladenen Chlor-Ionen. Auch diese wandern unter dem Einfluss elektrischer Kräfte, ebenso wie die Kalium-Ionen an den Schnittstellen unserer Hirnzellen.

Je mehr Ladungen pro Sekunde durch einen Leiter fließen, desto stärker ist der Strom. Das Größenzeichen der Stromstärke ist „I“, ihre Einheit das **Ampere** (A, nach André Marie Ampère, 1775–1836).

Grundlegende Schaltzeichen

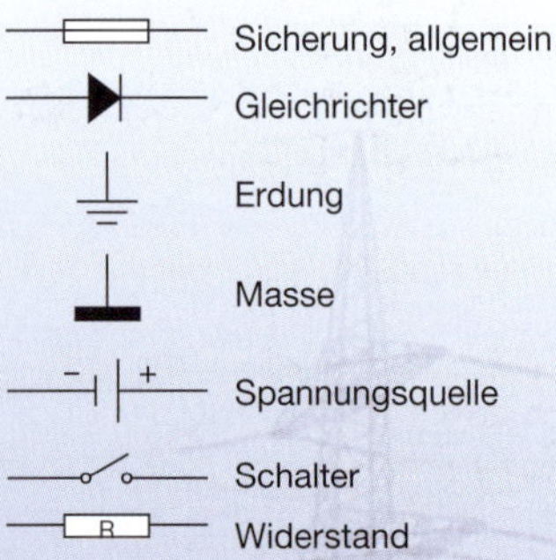

Watt und Volt

Der Ausdruck „elektrische Kräfte“ ist der Physik als Ursache elektrischer Ströme wissenschaftlich zu unpräzise. Man spricht daher lieber von elektrischen Potenzialen – ähnlich wie die Schwerkraft auf die unterschiedliche Lageenergie in unterschiedlichen Höhen (Gravitationspotenziale) zurückgeführt wird. Eine elektrische Potenzialdifferenz heißt **elektrische Spannung** (Größenzeichen U, Einheit **Volt,** V, nach Alessandro Volta, 1745–1827). Und so wie ein Wagen auf einer abschüssigen Fahrbahn nach unten rollt, fließt ein Strom, wenn Ladungen einer elektrischen Spannung ausgesetzt sind. Zwischen den Einheiten für Leistung (Watt, W), in thermischer Form in Joule (J) pro Sekunde (s) ausgedrückt, sowie Strom und Spannung gibt es einen einfachen Zusammenhang:

$$1\,W = 1\frac{J}{s} = 1\,V \cdot A$$

Stromkreise

Verbindet man eine Spannungsquelle (Batterie oder Akkumulator) und einen Verbraucher (Lampe) mit Hilfe zweier Kabel, entsteht ein einfacher Stromkreis. Auch die Elektrik eines Wohnhauses, die Versorgungsleitungen eines Stromversorgers und die Schaltkreise in den Prozessoren eines Computers sind Stromkreise. Elektrotechniker benutzen für die verschiedenen Elemente eines Strom- oder Schaltkreises genormte Symbole. Diese helfen bei der Konstruktion komplexer elektrischer Geräte.

Grundsätzlich gibt es zwei Arten von Verbindungen: Bei einer Reihen- oder Serienschaltung befinden sich alle Verbraucher in einer Reihe hintereinander, etwa in einer Weihnachtsbaumlichterkette. Typisch bei einer **Reihenschaltung** ist, dass eine Unterbrechung den gesamten Stromkreis lahmlegt: Ist eine Birne der Kette defekt, leuchtet die ganze Reihe nicht mehr. Bei der **Parallelschaltung** sind dagegen alle Verbraucher direkt mit der Stromquelle verbunden, der Strom fließt „parallel". In technischen Stromkreisen findet sich immer eine Kombination aus Reihen- und Parallelschaltungen.

Kurzschluss und Erdung

Elektrotechniker fürchten Kurzschlüsse, die z. B. dann auftreten, wenn durch einen Gerätedefekt ein Stromkabel mit dem Gehäuse in Verbindung kommt. Beim Berühren eines solchen Geräts bekäme man einen heftigen Schlag. Das verhindern sog. Schukostecker (Schutzkontaktstecker). Sie enthalten neben den beiden Drähten zur Stromleitung noch einen dritten, den Schutzleiter. Durch den Schutzkontakt – Metallfedern an der Seite einer Steckdose – ist das Gerätegehäuse über den Schutzleiter mit der Erde verbunden („geerdet"). Tritt ein Kurzschluss ein, führt der sonst stromlose Schutzleiter plötzlich Strom, wodurch die Haushaltssicherung ausgelöst und weiterer Schaden vermieden wird.

Widerstände überwinden

Keine Rose ohne Dornen, keine (elektrische) Leitung ohne Verluste. Mit Ausnahme sog. Supraleiter in der Nähe des absoluten Nullpunktes setzt jedes Material dem Transport elektrischer Ladung einen gewissen Widerstand entgegen. Das Größenzeichen des elektrischen Widerstands ist „R", seine Einheit das Ohm (Ω, nach Georg Simon Ohm, 1789 bis 1854). Für viele gebräuchliche Leiter, vor allem metallische Drähte, gilt das Ohm'sche Gesetz für den Zusammenhang von Spannung, Widerstand und Strom: $U = R \cdot I$.

Werden mehrere Leiterabschnitte (und Verbraucher) zu einer Reihenschaltung verbunden, so addieren sich deren Widerstände zum Gesamtwiderstand: $R_{ges} = R_1 + R_2 + \ldots$.

Bei einer Parallelschaltung müssen stattdessen die Kehrwerte zusammengezählt werden: $R_{ges} = 1/R_1 + 1/R_2 + \ldots$. Der Kehrwert des Widerstands heißt „(elektrische) Leitfähigkeit".

Aufbau des in Deutschland üblichen Schukosteckers; das System ist in Europa immer noch am verbreitetsten, obwohl es Mängel hat. So ist es nicht verpolungssicher: Der braun oder schwarz gekennzeichnete Außenleiter soll üblicherweise unter Spannung stehen. Das ist aber nicht gewährleistet, weil der Stecker auch um 180 Grad gedreht in die Steckdose gesteckt werden kann.

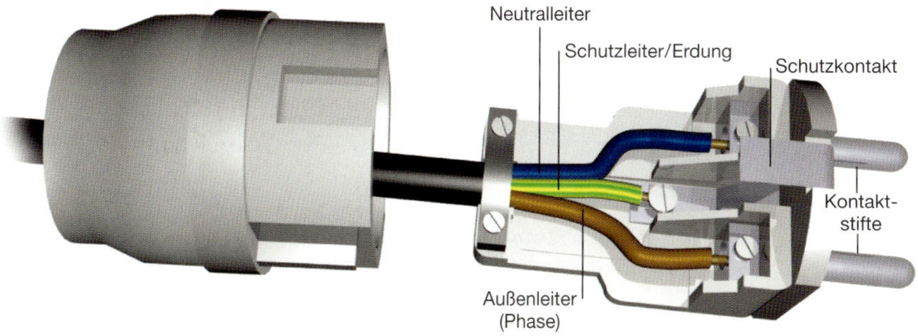

Mobile Spannungsquellen

Gewöhnlich sorgen Kraftwerke dafür, dass in unserem Stromnetz immer die gleiche Spannung herrscht (230 V). Wo ein Anschluss an das öffentliche Netz nicht möglich oder sinnvoll (Laptop, Handy) ist, kann auf andere Spannungsquellen ausgewichen werden: Batterien, Akkumulatoren oder auch Brennstoffzellen. Diese liefern meist Spannungen zwischen 1 V und 12 V.

Batterie, Akkumulatoren (Akkus) und Brennstoffzelle nutzen elektrochemische Reaktionen, um elektrische Energie zu speichern und bei Bedarf kontrolliert wieder abzugeben. Abgesehen von den Materialien, die in den mobilen Stromquellen zum Einsatz kommen, unterscheiden sie sich vor allem in ihrer Wiederverwertbarkeit: **Batterien** werden einmal geladen und müssen nach Gebrauch entsorgt werden (aufgrund der teils giftigen Inhaltsstoffe als Sondermüll und nicht im Hausmüll). **Akkus** dagegen können bis zu 1000-mal aufgeladen werden und haben daher eine deutlich bessere Ökobilanz als herkömmliche Batterien. **Brennstoffzellen** werden kontinuierlich mit elektrischem „Brennstoff" versorgt, um eine Spannung abgeben zu können. Sie sind Energiewandler, keine Energiespeicher. Ihr Vorteil ist ihre Umweltverträglichkeit: Mit Wasserstoff und Sauerstoff als Brennstoff entsteht lediglich Wasserdampf als „Abgas".

Elektronik

Die Namen vieler physikalischer Fachgebiete enden auf „-ik“, die Optik als die Lehre vom Licht, die Akustik als die vom Schall, die Mechanik als die von Bewegungen und Kräften. Bei der Elektronik verhält es sich anders. Die Elektronik ist nicht die Lehre von der Natur der Elektronen oder der elektrischen Erscheinungen, sondern eine technische Disziplin, in der man sich mit der Steuerung von Geräten, der Speicherung von Informationen und vielen weiteren (elektro-) technischen Anwendungen beschäftigt. Das berühmteste Kind der Elektronik ist sicher die Mikroelektronik, die sich mit der Konstruktion von Computerchips beschäftigt.

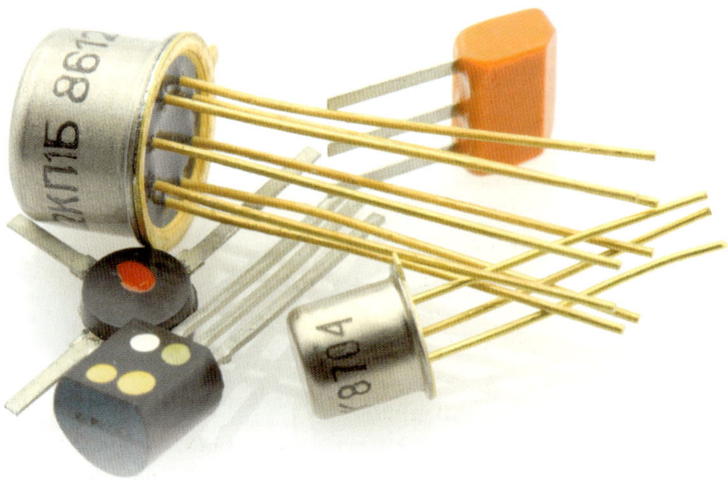

Die Erfindung des Transistors 1947 und die folgende Verdrängung der Elektronenröhre als elektronisches Bauteil war der erste Schritt einer beispiellosen Miniaturisierung der Apparatewelt.

Transistor & Co.

Ein **Mikroprozessor,** der das „Gehirn“ eines PCs bildet, enthält heute mehrere Hundert Millionen bis über eine Milliarde elektronischer Bauteile auf engstem Raum. Jedes dieser Bauteile entspricht einer elektrischen Schaltung, die auf verschiedene Eingangssignale mit den jeweils passenden Ausgangssignalen reagiert. Dabei können in der Digitaltechnik Signale immer nur zwei Werte annehmen, nämlich „ein“ (1) und „aus“ (0). Eine sehr einfache Schaltung ist die „UND“-Schaltung: Wenn an beiden Eingängen dieses Elements das Signal 1

Der Mikrochip hat die Welt in einem halben Jahrhundert verändert: Es gibt kaum noch Geräte ohne integrierte Schaltkreise.

anliegt, ist das Ausgangssignal eine 1, sonst 0.

Komplexer, aber auch sehr vielfältig einsetzbar ist der 1947 erfundene Transistor. Dieser besitzt einen Eingang, einen Ausgang und einen „Steueranschluss“, mit welchem der vom Ein- zum Ausgang fließende Strom geregelt werden kann. Realisiert wird dies durch Schichten mit unterschiedlicher Leitungscharakteristik in einem halbleitenden **Siliciumkristall.** An den Übergangsbereichen bilden sich Grenzzonen aus, welche je nach anliegender Spannung leitend oder nicht leitend wirken. Indem Eingang, Ausgang und Steuersignal vieler Transistoren und anderer Bauelemente geeignet miteinander verbunden werden, entstehen überaus leistungsfähige **integrierte Schaltkreise,** welche die bekannten Erfolge der modernen Computertechnik möglich machen.

Rechnen und Speichern

Es ist kaum vorstellbar, aber die Milliarden Schaltelemente in einem Mikroprozessor, welche das Wetter über Europa, das Erdklima während der Eiszeit oder die Vorgänge in einem explodierenden Stern berechnen können, basieren alle auf der Addition und Multiplikation von Nullen und Einsen, den Ziffern des dualen Zahlensystems (→S. 212). Allerdings genügt es nicht, Zahlen oder andere Daten miteinander verknüpfen zu können. Das Speichern von Eingabedaten, Zwischenergebnissen und Endresultaten ist genauso wichtig. Dies lässt sich entweder elektrisch in einem **Kondensator** genannten Ladungsspeicher oder magnetisch bewerkstelligen. Letzteres hat den Vorteil, dass ein magnetisiertes Eisenstück seine Magnetisierung, d.h. die gespeicherte Information, ohne Energiezufuhr behält. Elektrische Speicher dagegen „vergessen" ihren Inhalt, wenn der Strom ausgeschaltet wird. Dafür wiederum sind sie schneller. Deswegen arbeitet der **Arbeitsspeicher** im Mikroprozessor elektrisch, die **Festplatte** dagegen magnetisch. Die heute weit verbreiteten Speichermedien CD und DVD nutzen noch ein anderes Prinzip. Bei diesen Datenträgern ist die Oberfläche so modifiziert, dass sie je nach Speicherinhalt einen Laserstrahl unterschiedlich reflektieren. Doch auch hier ist der Speicherinhalt nur eine Folge aus Nullen und Einsen, die als digitales Eingangssignal für den Mikroprozessor dient.

Das Moore'sche Gesetz

Der Transistor und auch der Computer selbst wurden in den 1940er Jahren erfunden. Zunächst spielten Halbleiterbauteile noch keine große Rolle, stattdessen verwendete man Vakuumglasröhren als Bauelemente. Seit Beginn der 1960er Jahre aber ist die **Halbleitertechnik** für die Fortschritte der Computertechnik bestimmend. In dieser Zeit prognostizierte der Ingenieur und Physikochemiker Gordon Moore (* 1929), dass sich in Zukunft alle eineinhalb Jahre die Zahl der Transistoren auf einem Computerchip verdoppeln würde. Dieses exponentielle Wachstum würde ebenso für die Leistungsfähigkeit, insbesondere die Rechengeschwindigkeit und Speicherkapazität der Rechner gelten. Moore, einer der Mitbegründer des Branchenriesen IBM, hatte damit natürlich kein Naturgesetz entdeckt. Er erkannte lediglich das große Potenzial der Halbleitertechnologie und hielt seine Ingenieure dementsprechend an, die Entwicklung im Tempo seines sog. Moor'schen Gesetzes voranzutreiben.

Bis heute hat sich die Branche in etwa an diese Vorgaben gehalten. **Speichermedien,** deren Kapazität in den 1980er Jahren in Kilobyte (etwa 1000 sog. Datenwörter) gemessen wurden, sind heute im Elektronikmarkt mit über einem Terabyte Speicher zu haben, also mehr als einer Billion Datenwörter. Ein Ende der Entwicklung ist allerdings abzusehen: Kleiner als ein Atom kann ein Bauteil wohl nicht werden und weniger als eine Elementarladung pro Zeiteinheit kann ein Stromfluss nicht transportieren. Schon vorher werden Gesetze der **Quantenmechanik** ein völliges Umdenken erfordern, bereits heute laufen Vorarbeiten zur Konstruktion sog. Quantenrechner.

Module eines Solarkraftwerks bei Regensburg; angesichts steigender Energiepreise und einer zu erwartenden Steigerung des Wirkungsgrades scheint die Photovoltaik Zukunft zu haben.

Photovoltaik

Wird in einem Halbleiter-Bauelement die Energie für den Übergang in den leitenden Zustand nicht durch elektrische Signale, sondern durch Strahlung, also Licht, aufgebracht, dann wandelt das Bauelement als sog. **Solar- oder Photozelle** Licht- in elektrische Energie. 2000–2009 hat sich die Stromerzeugung durch dieses Photovoltaik genannte Verfahren in Deutschland auf das Hundertfache erhöht. Allerdings wurde die öffentliche Förderung für Solarmodule (Vergütung für Stromeinspeisung) 2010 verringert. Dem genial einfachen Grundprinzip, **emissionsfrei Strom** zu erzeugen, stehen einige Probleme entgegen. So ist die Herstellung von Solarzellen recht aufwendig, die in der Produktion verbrauchte Energie erwirtschaftet ein Solarmodul in Mitteleuropa innerhalb von etwa fünf Jahren. Danach beginnt erst die Nettoenergieproduktion. Der **Wirkungsgrad** der Zellen ist mit 5–24 % relativ niedrig. So benötigt man, um die fünf Megawatt einer Windkraftanlage zu erzeugen, etwa 25 ha Solarmodule.

Eine Kompassnadel zeigt zum Nutzen der Reisenden immer nach Norden. Nur etwa 2000 km um den magnetischen Südpol (in der kanadischen Arktis) funktioniert sie nicht.

Magnetfelder

Ein einfacher Eisenstreifen war seit dem Mittelalter eines der wichtigsten Navigationsgeräte. Drehbar als Kompass montiert, zeigt er die Nordrichtung unabhängig von Wind und Wetter. Der Grund hierfür ist das **Erdmagnetfeld,** dessen Achse in etwa mit der Drehachse der Erde zusammenfällt und nach dem sich frei bewegliche Eisenstücke ausrichten. Fragt man nach den tieferen physikalischen Ursachen, landet man meist bei bewegten elektrischen Ladungen – denn der Magnetismus ist nur eine besondere Erscheinungsform elektrischer Kraftwirkungen.

Nord- und Südpol

So wie es zwei Arten von elektrischen Ladungen gibt (positive und negative), so haben Magnete zwei Pole („Nord" und „Süd"). Dies ist eine reine Konventionssache und rührt von der lange Zeit dominierenden Nutzung als Kompass her. Übrigens liegt der **magnetische Südpol** der Erde in der Nähe des geografischen Nordpols in der kanadischen Arktis. Magnete sind nämlich so definiert, dass ihr Nordpol nach geografisch Nord weist. Da sich aber auch beim Magneten nur ungleichnamige Pole anziehen, muss sich am geografischen Nordpol der Südpol des Erdmagnetfelds befinden.

Bei Permanentmagneten (z. B. in Stab- oder Hufeisenform) färbt man die Pole häufig ein, und zwar den Nordpol rot, den Südpol grün. Experimentiert man mit solch einem Magneten, stellt man fest, dass scheinbar unmagnetische Eisenstücke in der Nähe eines genügend starken Dauermagneten selbst zu Magneten werden und dann von dem Dauermagneten angezogen werden. Man spricht bei diesem Vorgang auch von **Magnetisierung.**

Elementarmagnete

Nicht nur das Phänomen der Magnetisierung, auch die Tatsache, dass ein zerteilter Magnet wieder einen Nord- und Südpol aufweist, war lange Zeit schwer zu erklären. Erst das Modell der **Elementarmagnete** konnte diese und andere magnetische Erscheinungen plausibel machen. Man kann sich die Elementarmagnete als Atome mit einem „eingebauten" Magnetfeld vorstellen. Große Magnete sind aus einer Unzahl solcher atomaren Miniaturmagnete zusammengesetzt. In einem Dauermagneten sind sie parallel angeordnet (jeweils Nord an Süd), sodass sich ihre winzigen magnetischen Kräfte zu einer makroskopisch spürbaren Kraft addieren. Zersägt man einen Magneten, so werden benachbarte Elementarmagneten getrennt – und aus den beiden Trennflächen werden dann der Nord- bzw. der Südpol der beiden Teilstücke.

Bei der Magnetisierung werden die im Normalfall ungeordneten Elementarmagnete aufgrund äußerer magnetischer Kräfte ausgerichtet. Dass sich nicht jedes Metall für eine Magnetisierung eignet, liegt daran, dass nicht bei allen Metallen die Atome selbst ein Magnetfeld besitzen, das sich ausrichten ließe.

Was ist ein ein Feld?

Der Feldbegriff ist eine wichtige, wenn auch etwas abstrakte Vorstellung in der Physik. In der Mechanik spricht man vom **Schwere- oder Gravitationsfeld,** hier haben wir es mit **elektrischen und Magnetfeldern** zu tun.

Ganz allgemein kann man ein Feld als eine über den Raum „verschmierte" physikalische Größe bezeichnen. Was aber hat das für eine Bedeutung? Das Schwerefeld der Erde beispielsweise gibt für jeden Punkt über und unter der Erdoberfläche an, wie groß dort die Schwerkraft ist und in welche Richtung sie wirkt. Oft kann man ein physikalisches Feld mit einer mathematischen Funktion beschreiben; so nimmt das Schwerefeld der Erde mit dem Quadrat des Abstandes zum Erdmittelpunkt ab. Dieses Abstandsgesetz gilt auch für elektrische und magnetische Felder.

Magnetfelder, also die räumliche Verteilung von magnetischen Kraftwirkungen, lassen sich in einfacher Weise veranschaulichen. Man streut dazu Eisenfeilspäne auf eine waagerechte Platte und legt dann einen Stabmagneten hinein (siehe Grafik). Wegen der Reibung an der Plattenoberfläche rutschen die Späne nicht, wie man vielleicht erwarten würde, zum Magneten hin, sondern richten sich entsprechend dem an ihrem Ort wirkenden Magnetfeld aus. Verbindet man die Späne zeichnerisch zu Linien, entstehen **Feldlinien.** Sie entspringen am Nordpol des Magneten und verlaufen dann im Boden zum Südpol. In der Nähe des vom Magneten dargestellten „Äquators" richten sie sich parallel zur Achse des Stabmagneten aus.

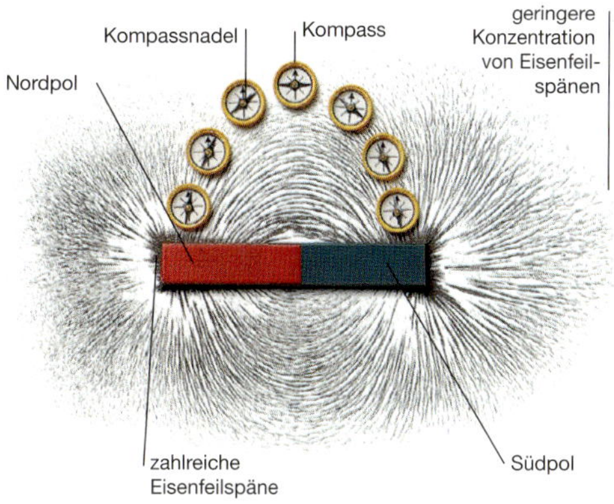

Mit Eisenfeilspänen kann man das Feld eines Stabmagneten sichtbar machen. Auch Kompassnadeln richten sich in Richtung der magnetischen Feldlinien aus.

Anziehende Münzen

Verschiedene Metalle reagieren unterschiedlich auf Magnetfelder. Dies lässt sich gut mit einigen Münzen und einem Stabmagneten demonstrieren.

Die rötlichen Ein-, Zwei- und Fünf-Cent-Stücke bestehen aus einer Stahl-, also Eisenlegierung mit einem Überzug aus Kupfer. Eisen kann leicht magnetisiert werden, deshalb zieht der Magnet die „Kupfermünzen" mit einiger Kraft an. 10-, 20- und 50-Cent-Münzen sehen zwar golden aus, werden aber tatsächlich aus einer „Nordisches Gold" genannten Legierung geprägt (fast 90 % Kupfer sowie Aluminium, Zink und Zinn). Dieses Material ist nahezu unmagnetisch und reagiert nicht auf einen handelsüblichen Magneten. Die zweifarbigen Ein- und Zwei-Euro-Stücke sind schwach magnetisch. Die silbrigen Bereiche enthalten vor allem eine kaum magnetische Kupfer-Nickel-Legierung, während der Kern der gelblichen Zonen aus reinem Nickel besteht, das fast so gut magnetisiert werden kann wie Eisen. Daher (und aufgrund ihres größeren Gewichts) kann man mit einem Magneten Ein- und Zwei-Euro-Stücke zwar aufrichten, hochheben kann man sie so aber nicht.

Die erste große Vereinheitlichung

In den Medien hört man manchmal, die Physik strebe eine „große Vereinheitlichung" aller Theorien an, eine einzige „Theorie für alles". Besonders, wenn sehr teure neue Großgeräte gebaut werden sollen, soll dies das lohnenswerte Ziel hinter allen Bemühungen sein. Solch ein Vorhaben ist nicht neu, es beruht auf einem erfolgreichen Vorbild: der Vereinheitlichung der Phänomene von Elektrizität, Magnetismus und Optik in einer einzigen Theorie – der **klassischen Elektrodynamik.**

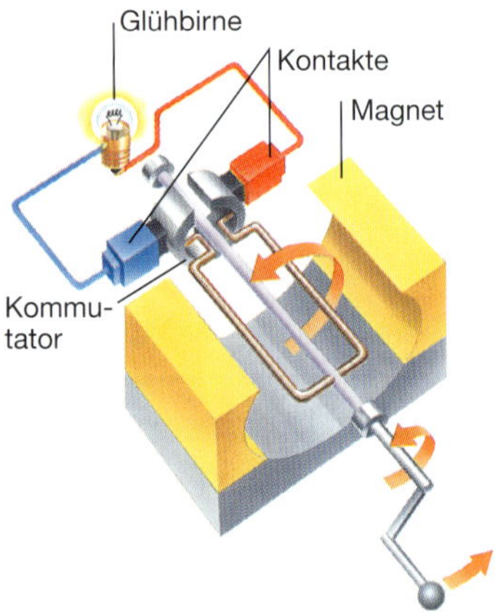

Bewegen sich ein elektrischer Leiter und ein magnetisches Feld relativ zueinander, so wird in dem Leiter eine Spannung induziert. Im hier gezeigten Schema eines Generators rotiert eine Kupferschleife im Magnetfeld, die entstehende Spannung lässt sich über Schleifkontakte am Kommutator abgreifen.

Ladungen und Kreisströme

Die Ähnlichkeiten zwischen Elektrizität und Magnetismus beschäftigten die besten Physiker des 19. Jh., bis schließlich der Schotte **James Clerk Maxwell** (1831 bis 1879) mit nur vier Grundgleichungen die Verhältnisse klären konnte. Ihre Mathematik ist relativ anspruchsvoll, darum seien hier nur die physikalischen Grundideen kurz vorgestellt. Albert Einstein schätzte die Leistungen Maxwells „als das Tiefste und Fruchtbarste" seit Newtons Werken ein.

Ausgangspunkt sind die elektrischen Ladungen, deren Anziehung oder Abstoßung durch elektrische Felder beschrieben wird. Ein Magnetfeld entsteht immer dann, wenn Ladungen sich bewegen (d.h. ein Strom fließt) oder ein elektrisches Feld sich zeitlich ändert. Um einen geraden elektrischen Leiter bildet sich dabei ein kreisförmiges Magnetfeld; ein Kreisstrom erzeugt ein Feld, das dem eines Stabmagneten ähnelt. Auf diesem Prinzip basiert der aus einer Leiterspule konstruierte **Elektromagnet.** Gleichzeitig erklärt es das **Modell der Elementarmagnete,** denn die um den Atomkern kreisenden Elektronen stellen einen atomaren Kreisstrom, also einen winzigen Magneten dar.

Wellen, Licht, Relativität

Doch nicht nur sich ändernde elektrische Felder erzeugen ein Magnetfeld, dieser Vorgang ist auch in seiner Umkehrung wirksam: Ein zeitlich variables magnetisches Feld induziert eine elektrische Spannung und damit ein elektrisches Feld. Auf diese Weise können Wellen von einander beeinflussenden elektrischen und magnetischen Feldern entstehen. Deren Geschwindigkeit lässt sich direkt aus den sog. Maxwell'schen Gleichungen, die der Physiker in den Jahren 1861 bis 1864 aufstellte, ablesen. Sie entspricht exakt der Lichtgeschwindigkeit, eine wichtige Naturkonstante. Dies ist kein Zufall, denn das **Licht** selbst besteht, wie in der zweiten Hälfte des 19. Jh. entdeckt wurde, aus elektromagnetischen Wellen.

Die wichtigsten Aussagen der Elektrodynamik

Stichwort	Bedeutung
Feldlinien	Elektrische Feldlinien beginnen und enden an elektrischen Ladungen; magnetische Feldlinien sind immer geschlossen.
Quelle des Magnetfelds	Magnetfelder entstehen durch elektrische Ströme oder zeitlich veränderliche Magnetfelder. Die Elementarmagnete eines Permanentmagneten sind atomare Kreisströme.
Induktion	Zeitlich veränderliche Magnetfelder erzeugen eine elektrische Spannung.
Elektromagnetische Wellen	Elektrische und magnetische Felder können sich wellenförmig ausbreiten, Licht ist eine Form solcher elektromagnetischer Wellen.
Relativität	Anders als die Newton'sche Mechanik ist die klassische Elektrodynamik vollständig mit der Relativitätstheorie Albert Einsteins vereinbar.

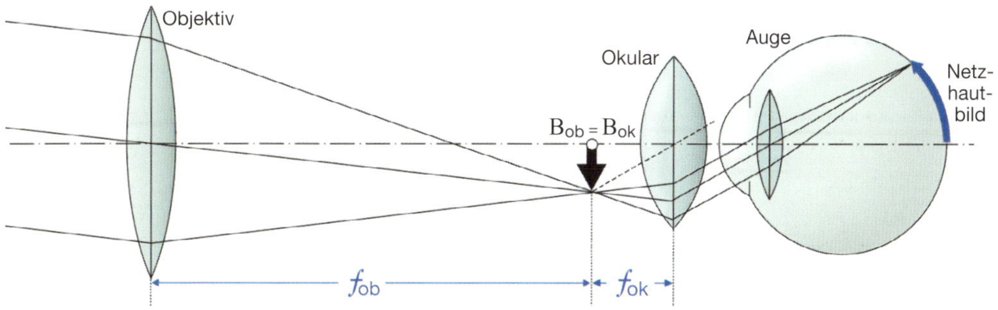

Beim Fernrohr erzeugt das Objektiv (Gegenstandslinse) vom betrachteten Objekt ein kleines Bild, das sich durch das Okular (Augenlinse) wie mit einer Lupe betrachten lässt. Dazu müssen die Brennpunkte von Objektiv und Okular übereinstimmen. Die Länge des Fernrohrs ergibt sich dann als Summe der Brennweiten von Objektiv und Okular (f_{ob} bzw. f_{ok}).

Optik

Der Gesichtssinn ist der wichtigste Sinn des Menschen, Licht eine der alltäglichsten Formen der Energie. Über die wahre Natur des Lichts stritten schon die Philosophen des antiken Griechenland, letztlich entschieden wurde die Frage erst im 20. Jh. mit der Quantenphysik. Bei vielen Fragen genügt es aber, sich Licht wahlweise als „Strahl" oder als „Welle" vorzustellen.

Beugung, Brechung und andere Erscheinungen

Trifft Licht auf eine Oberfläche, so gibt es je nach Materialbeschaffenheit drei Möglichkeiten: Es kann gespiegelt werden **(Reflexion),** es kann verschluckt werden **(Absorption)** oder es kann in den Stoff eindringen (etwa in Glas oder Wasser). Im letzteren Fall wird es in der Regel seine Richtung ändern, man spricht dann von **Lichtbrechung.** Für alle diese Phänomene – die auch gleichzeitig ablaufen können – genügt das Bild vom Lichtstrahl, der sich geradlinig ausbreitet.

Andere Beobachtungen werden gemacht, wenn das Licht durch dicht beieinander liegende Spalte tritt oder hochreine Laserstrahlen sich überlagern. In beiden Fällen treten **Interferenzen** auf, wie sie für Wellen typisch sind. Tatsächlich bewies der britische Physiker Thomas Young im Jahr 1802 mit einem berühmt gewordenen Doppelspaltexperiment, dass Licht aus Wellen bestehen muss, 60 Jahre bevor Maxwell (→S. 178) dies mit seinen Gleichungen theoretisch bestätigen konnte.

Optische Geräte

Da Licht sich unter normalen Umständen geradlinig ausbreitet, kann es Informationen über weite Strecken übertragen. Hierauf beruht unser Gesichtssinn und natürlich erst recht die astronomische Forschung. Mit Hilfe von Linsen, Spiegeln und anderen optischen Elementen können optische Abbildungen nach Wunsch vergrößert, verkleinert, fokussiert usw. werden. Um etwa ein **Fernrohr** zu konstruieren, benötigt man zwei Linsen: ein Objektiv, das einfallende Lichtstrahlen an einem Punkt bündelt, und ein Okular, das ein vergrößertes Abbild auf die lichtempfindliche Netzhaut im Auge projiziert. Der Vergrößerungsfaktor ergibt sich dann als das Verhältnis von Objektiv- und Okularbrennweite. Unter der **Brennweite** einer Linse versteht man dabei den Abstand der Linse zu ihrem Brennpunkt, in dem parallel einfallende Strahlen sich schneiden.

Nicht nur Linsen, auch **gewölbte Spiegel** können Bilder vergrößern, verkleinern oder auch verzerren, wie man im Spiegelkabinett auf dem Jahrmarkt überprüfen kann. Auch Schminkspiegel oder Rückspiegel im Auto nutzen diesen Effekt. Und eine der wichtigsten Erfindungen Isaac Newtons verwendet gewölbte Spiegel: das **Spiegelteleskop.** Die Idee, die Objektivlinse durch einen Spiegel zu ersetzen, bietet zwei Vorteile: Zum einen wird der Lichtweg „gefaltet", das Fernrohr wird bei gleicher Leistung kürzer. Zum anderen aber sind Spiegel viel unempfindlicher als Linsen und können mit über 10 m Durchmesser gefertigt werden, während das größte Linsenfernrohr der Welt nur einen Durchmesser von etwas über 1 m hat.

Farbiges Interferenzmuster bei Seifenblasen, hervorgerufen durch unterschiedliche Lichtbrechung

Das elektromagnetische Spektrum

Was ist ein Spektrum?

Der lateinische Begriff „Spektrum" bedeutet ursprünglich „Bild". In der Optik verwendet man den Begriff für das Bild eines dünnen Lichtstrahls, der mit Hilfe eines Prismas in seine Frequenzen (Farben) zerlegt wird. Diese Farben heißen deshalb **Spektralfarben.** Heute ist ein Spektrum allgemein die Zerlegung einer elektromagnetischen Welle nach ihren Frequenzen.

Dass sich elektromagnetische Felder von den sie erzeugenden Ladungen lösen und als Wellen durch den Raum ausbreiten können, ist eine unmittelbare Konsequenz von Maxwells Grundgleichungen. Die größten und die kleinsten bekannten Frequenzen unterscheiden sich um einen Faktor 10^{24} – eine Billion Billionen! Doch eines ist immer gleich: Das Produkt aus Frequenz ν und Wellenlänge λ ergibt stets die Lichtgeschwindigkeit c.

Vom Wechselstrom zur Mikrowelle

Die einfachsten elektromagnetischen Wellen mit den niedrigsten Frequenzen und größten Wellenlängen entstehen, wenn eine elektrische Ladung hin- und herbewegt wird. So sendet ein (nicht abgeschirmter) Leiter, der von einem 50-Hz-Wechselstrom durchflossen wird, Wellen mit der Frequenz 50 Hz (Hertz) aus. Analoge Telefonsignale werden mit akustischen Frequenzen zwischen etwa 30 und 10 kHz übertragen. Von etwa 30 kHz bis 300 MHz reicht das Gebiet der **Radiowellen,** nach ihrer Wellenlänge oft auch als Kilometer- bis Meterwellen bezeichnet. Ebenfalls zur Telekommunikation dienen GHz-Wellen, etwa für Mobilfunk. Gleichzeitig kann man mit ihnen Wasser erwärmen – hierauf basiert der **Mikrowellenherd.**

Von der Optik zur kosmischen Strahlung

Zwischen Mikrowellen und Infrarotstrahlung gibt es einen (fließenden) Übergang: Bei Wellenlängen im Mikrometerbereich und Frequenzen von 100 Terahertz tritt der Wellencharakter weniger zutage, da dieser nur mit ausgeklügelten Apparaturen nachweisbar ist. Sichtbares Licht ($\lambda = 400–700$ nm) und noch kurzwelligere Strahlung kann man rein geometrisch als „Strahlen" behandeln.

Die **Wärmestrahlung** von Körpern mit Temperaturen zwischen wenigen Kelvin (→S. 183) und einigen Hundert Grad liegt im Infrarotbereich, die Wärmestrahlung der Sonnenoberfläche ist dagegen sichtbar. Mit höheren Frequenzen und kürzeren Wellenlängen folgen auf das sichtbare Licht das Ultraviolettlicht (UV), Röntgen-, Gamma- und kosmische Strahlung. Ihre Strahlungsenergie ist sehr hoch, deshalb können Röntgen- und Gammastrahlung das Erbgut schädigen. Die kosmische Strahlung gelangt bis in die hohen Atmosphärenschichten, wo sie aber absorbiert wird.

Ein Regenbogen entsteht, wenn Regentröpfchen oder Eiskristalle das Licht der Sonne brechen. Da dieser Effekt für unterschiedliche Farben (physikalisch: Wellenlängen bzw. Frequenzen) des Lichts verschieden stark wirkt, fächert sich das Licht nach Durchgang durch die Tropfen in charakteristischer Weise in seine spektralen Bestandteile auf.

Wer mit Headset telefoniert, hat nicht nur beide Hände zum Fahren frei, sondern reduziert auch die Strahlenbelastung aufgrund der Abstandsregel.

Elektrosmog

Das Wort „Smog“ entstand aus den englischen Begriffen „smoke“ (Rauch) und „fog“ (Nebel) und steht für eine gefährliche Form der Luftverschmutzung. Für ähnlich gefährlich halten Experten elektromagnetische Streufelder, die von Überlandleitungen, Mobilfunk und sog. Wireless-Geräten ausgehen – den „Elektrosmog“.

Biologische Wirkungen elektromagnetischer Wellen

Dass hochfrequente, hochenergetische elektromagnetische Wellen das Erbgut schädigen und Krebs auslösen können, ist allgemein anerkannt. Doch wie wirken die relativ energiearmen Mikrowellen oder noch **schwächere Wechselfelder** auf biologische Gewebe? Der wichtigste Mechanismus funktioniert genauso wie ein Mikrowellenherd: Die Wechselfelder einer Mikrowelle können elektrisch geladene Moleküle oder Molekülteile in resonante Schwingungen versetzen. Dies gilt vor allem für Wassermoleküle, die nicht nur Hauptbestandteil vieler Nahrungsmittel, sondern auch des menschlichen Körpers sind. **Handys der ersten Generation** strahlten beim Senden oder bei der Stationssuche so stark, dass sie Ohren und Hirngewebe spürbar erwärmten. Neuere Geräte müssen daher strenge **Strahlenschutzgrenzwerte** einhalten. Solche Grenzwerte gibt es auch für Wohnungen und Arbeitsplätze in der Nähe von Überlandleitungen oder Sendeanlagen. Ob es noch andere als thermische Wirkungen niederfrequenter Wechselfelder gibt, wird kontrovers diskutiert.

Wie kann man sich schützen?

Grundsätzlich gilt die **Abstandsregel:** Die Intensität einer punktförmigen Licht- oder sonstigen Strahlungsquelle nimmt mit dem Quadrat des Abstands ab (das sog. $1/r^2$-Gesetz). Ein Mann, der sein Handy in der Gesäß- statt in der vorderen Hosentasche trägt, reduziert die Strahlungsintensität auf die Hoden erheblich. Die Regel gilt auch für die Umgebung von Mobilfunkmasten – allerdings ist aufgrund ihrer besonderen Abstrahlcharakteristik die Intensität direkt unterhalb eines Mastes niedriger als in dessen unmittelbarer Nähe. Für Häuser sind verschiedene „Abschirmtapeten“ oder sonstige Elektrosmogbarrieren auf dem Markt. Hier sollte man sich bei unabhängigen Experten informieren, ob es sich um sinnvolle Maßnahmen handelt. Beim Kauf von Handys, schnurlosen Telefonen, Notebooks, WLAN-Routern oder Mikrowellen- und Induktionsherden sollte man darauf achten, dass die gesetzlichen Grenzwerte noch unterschritten werden.

Wärmelehre

Die physikalische Größe „Temperatur" kann man über Sinneszellen in der Haut direkt wahrnehmen. Extreme Werte – kalt wie heiß – lösen unmittelbar Schmerz aus. Schwieriger ist es zu verstehen, welche Physik hinter dem steckt, was wir als „warm" oder „kalt" empfinden. Erst die moderne Physik konnte hier die wichtigsten Fragen klären.

Wärme und Temperatur

Die Wärme ist eine seltsame Größe. Fügt man zwei gleiche Körper zusammen, so entspricht die gemeinsame Masse der Summe der Massen der beiden Bestandteile. Ihre gemeinsame Temperatur ist dagegen der Mittelwert der Einzeltemperaturen. Um dies zu erklären, muss man auf die **atomare Struktur der Materie** zurückgreifen.

Thermometer mit Celsius- (innen) und Fahrenheit-Skala (außen); die von dem deutschen Physiker Daniel Gabriel Fahrenheit (1686–1736) eingeführte Skala wird in den USA und anderen englischsprachigen Ländern verwendet.

Was ist Wärme?

Alle Stoffe bestehen aus einer Unzahl von Molekülen bzw. Atomen. Diese winzigen Teilchen vollführen beständig kleine zufällige Bewegungen, unabhängig davon, ob die aus ihnen bestehenden Körper sich im Ganzen irgendwohin bewegen oder nicht. Die **Temperatur** eines Körpers ist nichts anderes als ein Maß für die mittlere Bewegungsenergie dieser molekularen Zufallsbewegungen. Andere Namen für diese Energieform sind **Wärmeenergie,** thermische Energie oder innere Energie.

Der Begriff „Wärme" dagegen bezeichnet in der Physik etwas anderes. Hierunter versteht man Wärmeenergie, die von einem System in ein anderes transportiert wird. Wer barfuß über Fliesen läuft, empfindet sie als kalt, weil sie den Füßen relativ viel Wärme entziehen. Einem Teppich dagegen fließt nur wenig Wärme aus den Fußsohlen zu, dementsprechend „warm" fühlt er sich an – auch wenn er genau genommen dieselbe Temperatur hat wie die Fliesen.

Thermometer

Ein Thermometer ist ein Messgerät, das die Temperatur eines Körpers – auch Luft ist ein Körper – anzeigt. Dazu nutzt es aus, dass sich viele physikalische Größen mit der Temperatur ändern. Demzufolge gibt es viele verschiedene Arten von Thermometern. Am gebräuchlichsten sind **Flüssigkeitsthermometer.** Sie beru-

Temperaturempfindung

Der Mensch nimmt mit seinen Sinneszellen vor allem Temperaturunterschiede, weniger absolute Wärme oder Kälte wahr. Dies lässt sich mit einem kleinen Versuch demonstrieren: Dazu füllt man in drei Gefäße eiskaltes, lauwarmes und heißes Wasser (Vorsicht, nicht zu heiß bzw. kalt!). Nun hält man je eine Hand in die beiden äußeren Behälter, also den mit eisiger und den mit heißer Flüssigkeit. Anschließend taucht man beide Hände in die mittlere Schüssel. Dort sind natürlich beide Hände derselben Temperatur ausgesetzt. Dennoch fühlt die Hand, die vorher im Eiswasser steckte, eine warme, die andere hingegen eine kalte Flüssigkeit.

Aggregatzustände

Form	Beispiele	Temperaturbereich
Bose-Einstein-Kondensat	exotisches Quantenphänomen, bei dem alle Teilchen einer Probe die kleinstmögliche Wärmeenergie besitzen	Millionstel Grad (oder noch weniger) über dem absoluten Temperaturnullpunkt
Feststoff	Eis, Stein, fast alle Metalle bei Zimmertemperatur	Kohlenstoffdioxid gefriert bei –78 °C, Diamant und das Metall Wolfram schmelzen bei etwa 3500 °C
Flüssigkeit	Wasser, Quecksilber, Öl, Alkohol	Helium wird bei etwa 4 Kelvin flüssig, Wolfram verdampft bei etwa 5500 °C, Wolframcarbid sogar erst bei 6000 °C
(neutrales) Gas	Wasserdampf, Luft, Kohlenstoffdioxid, äußere Schichten der Planeten Jupiter und Saturn	Stoffe oberhalb ihres jeweiligen Siedepunkts, gehen ab etwa 1000–1500 °C in Plasma über
Plasma	Energiesparlampe, Plasmabildschirm, Blitze, Polarlichter, äußere Schichten der Sonne	bei elektrischer oder anderer nichtthermischer Anregung auch bei Zimmertemperatur möglich, thermische Anregung ab 1000–1500 °C

hen auf der Wärmeausdehnung einer Messflüssigkeit in einem dünnen Glasröhrchen, die Temperatur wird direkt auf einer Skala an dem Röhrchen abgelesen. Früher wurde oft Quecksilber verwendet; da dieses giftig ist, wird heute z. B. Alkohol (Ethanol) benutzt. Dieser fängt allerdings ab 60–70 °C an zu sieden, kann also nur unterhalb dieser Grenze verwendet werden. **Digitalthermometer** arbeiten dagegen meist mit dem sog. thermoelektrischen Effekt. Er bewirkt, dass zwischen zwei bestimmten Metallen unterschiedlicher Temperatur eine messbare elektrische Spannung entsteht.

Um eine Temperatur zu messen, braucht man neben dem Thermometer aber noch eine **Temperaturskala.** Am bekanntesten ist die Celsius-Skala, die von dem schwedischen Physiker **Anders Celsius** (1701–1744) eingeführt wurde. Ihr Nullpunkt liegt beim Gefrierpunkt von Wasser, 100 Grad Celsius (°C) entsprechen der Siedetemperatur des Wassers. In den USA ist dagegen die 1714 eingeführte **Fahrenheit-Skala** üblich. Ihr Nullpunkt liegt bei –17,8 °C (damals die tiefste künstlich erzeugbare Temperatur), 0 °C ist bei 32 °F und 100 °F entsprechen etwa der Körpertemperatur eines gesunden Menschen. Die „offizielle“ physikalische Temperatureinheit ist das **Kelvin** (ohne „Grad“!). Die Kelvin-Skala entspricht der Celsius-Skala mit einem verschobenen Nullpunkt. Der Wert 0 K = –273,16 °C markiert den absoluten Temperaturnullpunkt, bei dem keine zufällige Teilchenbewegung mehr stattfindet.

Aggregatzustand

Jeder „normale“ Stoff – Wasser, Öl, Blei, Luft usw. – wechselt mit steigender Temperatur vom festen über den flüssigen in den gasförmigen Zustand. Ändert ein Stoff seinen sog. Aggregatzustand, so spricht man von einem **Phasenübergang.** Er findet jeweils bei einer bestimmten, vom Stoff abhängigen Temperatur statt. Zum Schmelzen und Sieden muss Wärme zugeführt werden; bei dem entgegengesetzten Phasenübergang (also beim Erstarren bzw. Kondensieren) wird die zuvor zugeführte Wärme wieder frei.

Neben diesen drei aus dem Alltag bekannten Aggregatzuständen kennt die Physik auch weitere Zustände wie die **Bose-Einstein-Kondensate** und die **Plasmen.** In einem Plasma sind die Atome von den normalerweise in ihnen enthaltenen Elektronen teilweise oder ganz getrennt, deswegen weisen Plasmen freie elektrische Ladungen auf.

Von 0 °C an abwärts ändert Wasser seinen Aggregatzustand. Es nimmt als Eis eine feste Form an, hier Eiskristalle an einem Strauch.

Wärmekraftmaschinen

Zu verstehen, was es mit der Energieform „Wärmeenergie“ physikalisch gesehen auf sich hat, ist eines. Etwas anderes ist die Anwendung der Wärmelehre zur Konstruktion von Maschinen, ohne die unsere heutige Zivilisation kaum vorstellbar wäre. Aggregate, die Wärmeenergie in gerichtete Bewegung von Fahrzeugen, Motorsägen usw. umwandeln, zeugen vom Erfindungsreichtum der Physiker und Ingenieure. Doch eines werden auch sie nie konstruieren können: ein Perpetuum mobile, das ohne Energiezufuhr Arbeit leistet.

Der Wirkungsgrad

Bis zur Erfindung der **Dampfmaschine** im 18. Jh. waren Wasser- und Windmühlen sowie Zug- oder Lasttiere die einzige Hilfe bei der Bewältigung schwerer mechanischer Arbeiten durch den Menschen. Die Dampfmaschine nutzte die Wärmeausdehnung von erhitztem Dampf, um Kolben in Bewegung zu setzen. Damit konnte man die Wärmeenergie einer Feuerstelle zum Antrieb von Pumpen, Pressen, Lokomotiven und ganzen Fabriken nutzen. Über die Effizienz einer solchen Dampfmaschine oder allgemeiner einer Wärmekraftmaschine entscheidet ihr **Wirkungsgrad.** Er berechnet sich aus dem Verhältnis von geleisteter Arbeit, d. h. gewonnener mechanischer Energie, zu der dafür eingesetzten Wärmeenergie. Es lässt sich zeigen, dass der Wirkungsgrad einer Wärmekraftmaschine niemals größer sein kann als bei einer idealisierten, reibungsfrei laufenden Carnot-Maschine (nach Sadi Carnot, 1796–1832). Ihr Wirkungsgrad berechnet sich aus der Temperaturdifferenz zwischen heißestem und kältestem Maschinenteil, geteilt durch die Maximaltemperaturwerte. Beim Automotor läge er bei $(2000\,K - 300\,K) : 2000\,K \approx 85\,\%$. Wegen Reibungs-, Abgas- und anderen Verlusten liegt der Wert bei realen Maschinen deutlich niedriger.

Die stärksten Dampflokomotiven leisteten über 5000 PS. Sie wurden u. a. aufgrund ihres geringen Wirkungsgrades Mitte des 20. Jh. von Diesel- und Elektrolokomotiven verdrängt (Foto um 1900).

Das unmögliche Perpetuum mobile

Was würde es bedeuten, wenn der Wirkungsgrad einer Maschine bei eins oder darüber läge? Sie würde beständig mindestens so viel mechanische Arbeit liefern, wie zu ihrem Antrieb nötig ist, könnte sich also in alle Ewigkeit selbst antreiben. Solch ein Perpetuum mobile (lateinisch, „immer Bewegliches"), einen energetischen „Goldesel", zu erfinden, war jahrhundertelang das Ziel unzähliger Tüftler. Die Arbeiten von Sadi Carnot und anderen Physikern haben bewiesen, dass so etwas unmöglich ist – allein schon deshalb, weil es dem Energieerhaltungssatz (→S. 164) widersprechen würde.

Otto- und Dieselmotor

Die Dampfmaschine war ein großer Fortschritt. Mit ihr konnten Lokomotiven, die mit eisernen Rädern reibungsarm auf Eisenschienen liefen, ganze Züge bewegen. Für den Antrieb von Straßenfahrzeugen aber war der Wirkungsgrad zu niedrig, die Befeuerung zu mühsam, die Konstruktion zu schwer. Daher verbreiteten sich selbst fahrende Straßenfahrzeuge – dies ist die freie Übersetzung des Kunstworts „Automobil" – erst mit der Erfindung des **Verbrennungsmotors.** Er hat sich in zwei Varianten durchgesetzt, als Diesel- und vor allem als Ottomotor. Bei beiden wird – wie bei der Dampfmaschine – ein Kolben von heißen, sich **ausdehnenden Gasen** angetrieben. Der wichtigste Unterschied ist, dass hier das Gas sich explosionsartig ausdehnt und direkt von der Brennkammer (dem Zylinder) aus auf den Kolben wirkt. Zusammen mit dem hohen Brennwert von flüssigen fossilen Treibstoffen (also Benzin und Diesel) führt dies zu einer effektiveren Umsetzung der Verbrennungs- bzw. Explosionswärme in Kolbenbewegung.

Im Einzelnen gliedert sich die Arbeitsweise eines Ottomotors in **vier Arbeitstakte** (Zweitaktmotoren werden kaum noch eingesetzt). Im ersten Schritt wird ein Gemisch aus Luft und zerstäubtem Benzin in den Zylinder gesaugt. Im zweiten Takt wird das Gemisch im Zylinder komprimiert und dann mit einem Funken gezündet. Im dritten Takt verbrennt das Gemisch explosionsartig und treibt den Kolben an, leistet also mechanische Arbeit. Diese wird über die Pleuelstange auf die Kurbelwelle übertragen und auf die Straße gebracht. Im vierten Takt treibt der sich zurückbewegende Kolben die Abgase aus dem Zylinder.

Beim Dieselmotor ist es ähnlich, doch wird statt eines Treibstoff-Luft-Gemischs Luft angesaugt, stark komprimiert und dadurch erhitzt. Der Treibstoff wird direkt in den Zylinder eingespritzt und entzündet sich dort von selbst („Selbstzünder"). Wegen der stärkeren Kompression ist auch die anschließende Expansion etwas stärker, daher hat der Dieselmotor einen etwas höheren Wirkungsgrad.

Kraft-Wärme-Kopplung

Eine Wärmekraftmaschine kann die eingesetzte Wärme nie vollständig in mechanische Arbeit umwandeln. In der Realität verfehlt der Wirkungsgrad etwa eines Automotors aber auch die theoretische Carnot-Obergrenze von 85% bei weitem: Ottomotoren erreichen etwa 33%, Dieselmotoren um die 40%. Das gilt auch für Gas- und Kohlekraftwerke, die ebenfalls nur 30–50% der eingesetzten Wärmeenergie in elektrische Energie umwandeln. Man kann der Physik aber ein Schnippchen schlagen. Dazu muss man die **Abwärme,** die sich nicht mehr in mechanische Arbeit umwandeln lässt, anderweitig nutzen: entweder zu Heizzwecken, indem sie über ein Fernwärmenetz in nicht zu weit entfernte Wohn- und Geschäftshäuser geleitet wird, oder als **Prozesswärme** für die Industrie. In beiden Fällen wird real Brennstoff eingespart, denn geheizt werden müsste ja auf jeden Fall. Der **Gesamtnutzungsgrad** einer modernen Kraft-Wärme-Kopplungsanlage, also der Anteil an der mechanisch oder anderweitig genutzten Wärmeenergie am thermischen Energieaufwand, kann heute bis zu 90% erreichen.

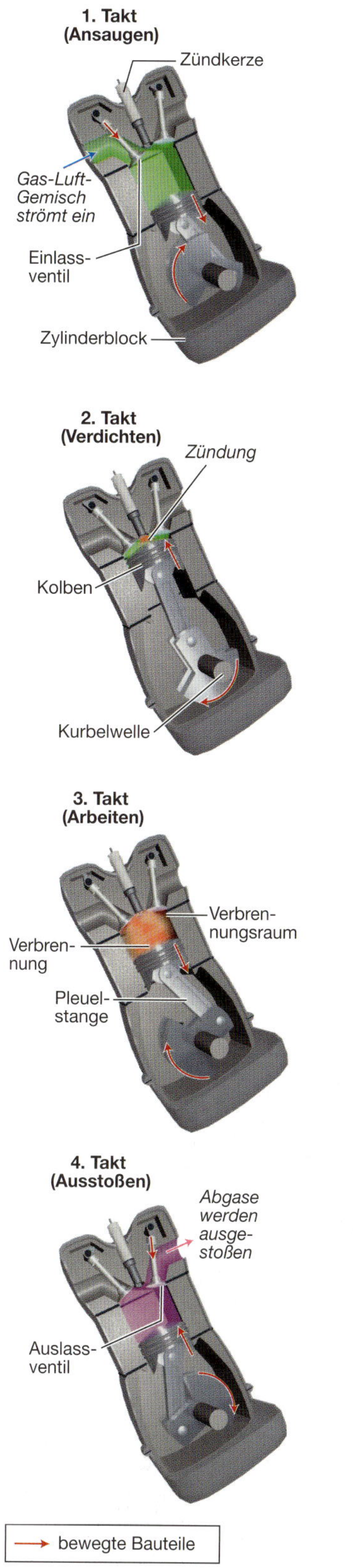

Während der vier Takte eines Arbeitszyklus wandert der Kolben eines Ottomotors je zweimal zwischen oberem und unterem Totpunkt hin und her.

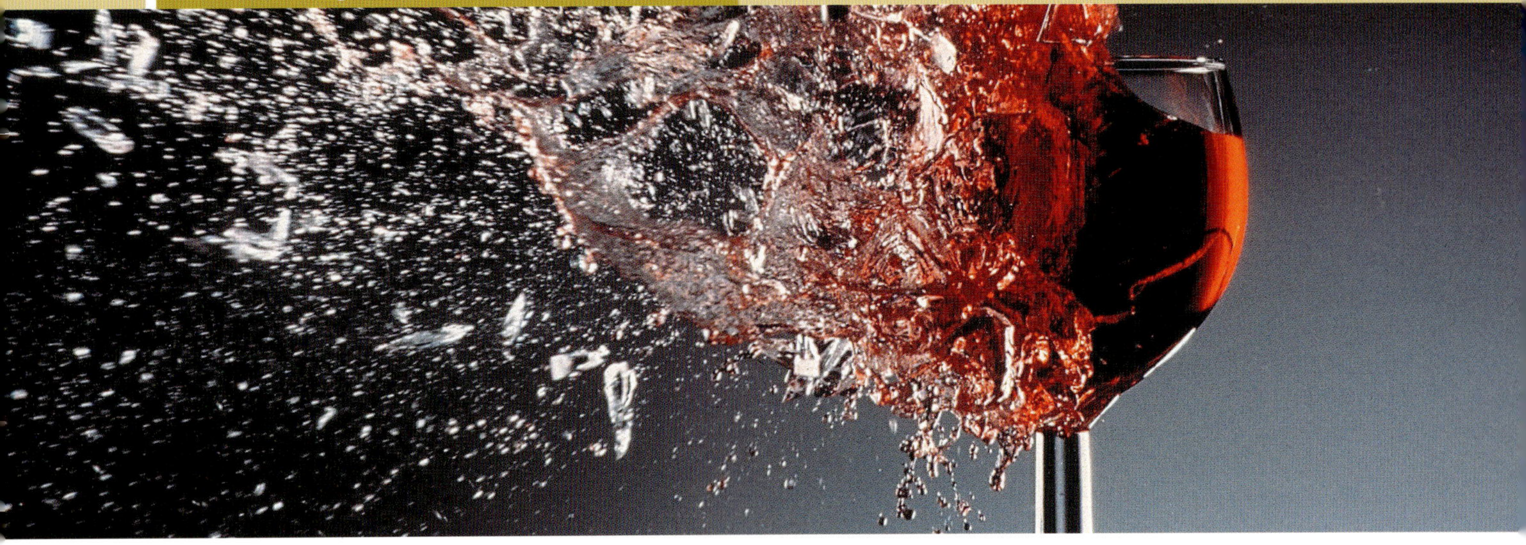

Wenn ein Rotweinglas zerspringt und der Inhalt sich im Raum verteilt, nimmt die physikalische Unordnung zu – ein „natürlicher", weil sehr viel wahrscheinlicherer Prozess als die Umkehrung: Scherben und Rotwein müssten mit viel Aufwand und Energie wieder in die ursprüngliche Ordnung gebracht werden.

Ordnung und Chaos

Wer kennt das nicht: Nichts räumt sich von selbst auf. Was sich selbst überlassen ist, scheint mit der Zeit in immer größerer Unordnung unterzugehen. Dies verdeutlicht auch ein elementares Gesetz der Physik: In keinem abgeschlossenen physikalischen System nimmt die Unordnung mit der Zeit ab.

Der zweite Hauptsatz der Wärmelehre

Die Wärmelehre kennt zwei Hauptsätze. Der erste Hauptsatz ist letztlich ein Spezialfall des Energiesatzes und besagt, dass eine Maschine nicht mehr Arbeit leisten kann, als an Wärme- oder anderer Energie in sie hineingesteckt wird. Der **zweite Hauptsatz** ist schwieriger zu fassen, z. B. „Wärme fließt nicht von selbst von einem kälteren auf einen heißeren Körper", „Wärme lässt sich nicht vollständig in Arbeit umwandeln", „Es gibt kein Perpetuum mobile", „Mischungsvorgänge lassen sich nicht vollständig umkehren". Warum aber gilt dieser Satz? Für die Spielsachen im Kinderzimmer, die Gegenstände auf einem Schreibtisch wie auch für die Atome und Moleküle eines physikalischen Systems gibt es viele, ja oft unvorstellbar viele mögliche Anordnungen. Nur sehr wenige davon würden wir als „ordentlich" bezeichnen, etwa „jedes Spiel in seiner Kiste", „alle Notizen nach Thema und Datum sortiert" oder „alle Kaffeemoleküle links in der Tasse, jedes Milchmolekül rechts". Der Zustand „jedes Spiel, jede Notiz, jedes Molekül kann irgendwo sein" kommt dagegen in unzähligen Varianten vor und ist nach den Regeln der Statistik viel wahrscheinlicher. Es gibt die Chance, dass sich die Moleküle im Cappuccino von selbst in die beschriebene Konfiguration begeben. Doch sie ist milliardenfach geringer als die Wahrscheinlichkeit, dass der Cappuccino gut durchmischt bleibt.

Selbstorganisation

Als Ende des 19. Jh. diese Zusammenhänge klargeworden waren, befürchtete mancher den nahenden Wärmetod des Universums, das unaufhaltsam einem Zustand **maximaler Gleichverteilung** und Unordnung mit einheitlicher Temperatur zustrebte. Abgesehen davon, dass dies nur über unvorstellbare Zeiträume hinweg möglich wäre, übersieht dieses Modell eine wichtige Voraussetzung. Die Unordnung nimmt nur in geschlossenen Systemen ohne Energiezufuhr zu. Bestes Gegenbeispiel ist die Erde: Unter der steten Energiezufuhr der Sonne ist in den letzten 5 Mrd. Jahren mit der Evolution des Lebens bis hin zum menschlichen Gehirn, den hoch entwickelten Ameisenstaaten und den vielfältigen Symbiosen der Mikroorganismen ein immer komplexeres, „geordneteres" System entstanden. Diesen Vorgang nennt man in der Physik „Selbstorganisation".

Tiefe Temperaturen

Anders als die elektrische Ladung oder die Beschleunigung kann die in Kelvin gemessene Temperatur niemals negative Werte annehmen. Dies liegt daran, dass die ungerichtete Bewegungsenergie der Moleküle und Atome zwar sehr klein werden kann – aber „weniger als gar nicht" können sie sich nicht bewegen. Das Fachgebiet der Tieftemperaturphysik beschäftigt sich mit den technischen Möglichkeiten, dem absoluten Temperaturnullpunkt nahe zu kommen, sowie den dabei auftretenden physikalischen Effekten.

Auf dem Weg zum absoluten Nullpunkt

Nahrungsmittel frisch zu halten oder im Sommer Speiseeis herzustellen, war früher ausgesprochen aufwendig. Aus dem Gebirge wurden dazu mit Stroh isolierte Eisbrocken ins Flachland gebracht oder es wurden im Winter große Eiskeller befüllt. Erst seit dem 19. Jh. gibt es nach den Prinzipien der Wärmelehre konstruierte Kühlschränke. Ein Meilenstein dieser Technologie war das nach dem Ingenieur Carl von Linde (1842–1934) benannte Verfahren. Dieses erlaubte erstmals, Luft zu verflüssigen (die beiden Hauptkomponenten Stickstoff und Sauerstoff sieden bei –196 °C ≈ 77 K bzw. –183 °C ≈ 90 K).

Als Begründer der **Tieftemperaturphysik** aber gilt der Niederländer Heike Kamerlingh Onnes (1853–1926). Er stellte 1908 als Erster flüssiges Helium her, indem er es auf nur 4 K herunterkühlte. Dabei entdeckten er und andere Wissenschaftler mehrere verblüffende Effekte, die nur durch die Quantentheorie erklärt werden können. Bei extrem niedrigen Temperaturen verlieren nämlich viele Metalle jeglichen elektrischen Widerstand, sie werden zu perfekten elektrischen Leitern **(Supraleitung).** Das nichtleitende Helium dagegen wird „supraflüssig", d. h. es fließt ohne innere Reibung wie ein perfektes Schmiermittel. Und verdünnte Gase verwandeln sich in sog. Bose-Einstein-Kondensate, einen exotischen Quantenaggregatzustand.

Kälter als das All

Heutige Labore erreichen Temperaturen im Bereich von Nanokelvin, also nur ein Milliardstel Grad über dem absoluten Nullpunkt. Dies ist insofern bemerkenswert, als die Temperatur des Weltalls mit 2,7 K deutlich darüber liegt. Man kann also sagen, dass der kälteste Punkt des Universums in einem Labor auf der Erde liegt, wenn es nicht irgendwo noch bessere außerirdische Tieftemperaturphysiker gibt.

Dieser Kühlschrank von 1900 kühlt nicht mit Hilfe eines Motors, sondern mit Eisblöcken, mit denen das Fach oben rechts befüllt wird.

Wie kühlt ein Kühlschrank?

Eine alternative Formulierung des zweiten Hauptsatzes der Wärmelehre besagt, dass Wärme von selbst immer von warm nach kalt fließt; für den umgekehrten Vorgang muss Energie aufgewendet werden. Dies leistet ein Kühlschrank, indem er ein **Kühlmittel** zunächst unter Energieverbrauch komprimiert. Dabei erhitzt es sich und gibt diese Wärme sogleich an der Rückwand des Geräts an die Umgebungsluft ab. Lässt man das Kühlmittel sich dann in den Kühlrippen ausdehnen („entspannen"), nimmt seine Temperatur ab. So kann es dem Innenraum Wärme entziehen. Im **Kompressor** schließt sich der Kreis, wenn das Kühlmittel wieder komprimiert und dadurch erwärmt wird.

Wärmeleitung und Wärmedämmung

Ein Glasbläser kann ein Ende eines Glasstabs zur Weißglut erhitzen und dennoch das andere Ende in den Mund nehmen. Ein Schmied hingegen benötigt Zangen und dicke Handschuhe, um mit seinen eisernen Werkstücken hantieren zu können. Offenbar wird Wärme von manchen Materialien sehr schlecht, von anderen sehr gut transportiert. Dies nutzen moderne „Häuslebauer", indem sie Neubauten mit einer Außendämmung versehen, die Heizkosten sparen hilft.

Wärmetransport

Physikalisch gesehen ist Wärme die mittlere ungerichtete Bewegungsenergie der kleinsten Bausteine eines Materials. So lässt sich der Wärmetransport in Festkörpern erklären: Wenn zwei unterschiedlich warme Körper sich berühren, stoßen die „bewegteren" Moleküle des wärmeren die „trägen" des kälteren Materials an und lassen sie so schneller werden. Dabei verlieren sie selber etwas Bewegungsenergie. Dies geschieht so lange, bis beide Körper dieselbe Durchschnittstemperatur haben. Die Wärme fließt also von warm nach kalt, bis alle Temperaturunterschiede ausgeglichen sind.

Konvektion und Wärmestrahlung

Es gibt noch zwei weitere wichtige Wärmetransportmechanismen. Zum einen die Konvektion, die in Gasen und Flüssigkeiten auftritt und durch heiße Strömungen Wärme oft schneller transportiert, als dies durch Stöße zwischen Molekülen möglich wäre. Dieser Prozess dominiert etwa im zähflüssigen Erdinneren und spielt auch im Wettergeschehen eine wichtige Rolle. Eine weitere Möglichkeit für den Wärmetransport ist die Wärmestrahlung. Alle Körper senden unablässig elektromagnetische Wellen aus, deren Wellenlänge mit steigender Temperatur abnimmt (die Frequenz steigt entsprechend). Bei der Sonnen-

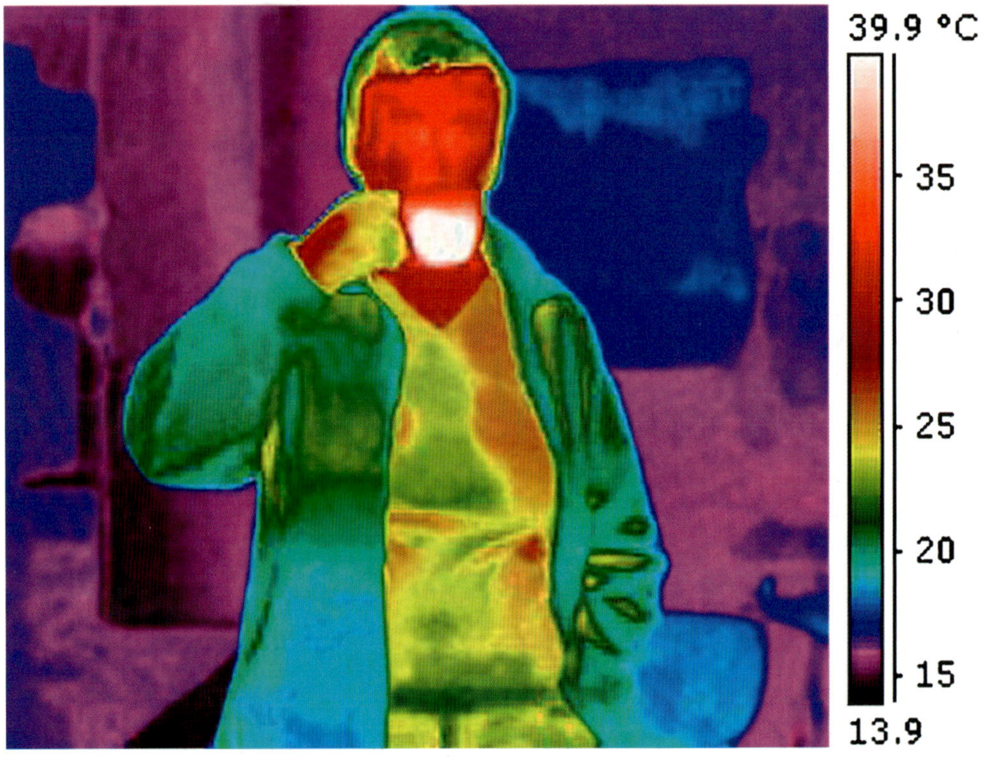

Mit der Thermographie wird Oberflächenwärme sichtbar gemacht. Infrarotkameras erfassen die Wärmestrahlung und stellen sie in Farbabstufungen dar; hier das Thermogramm eines Mannes, der eine Tasse heißen Kaffee trinkt.

oberfläche liegt diese Wellenlänge ungefähr im gelben Bereich des sichtbaren Lichts, bei Körpertemperatur handelt es sich um Infrarotstrahlung. Ein Körper kann aber Wärmestrahlung nicht nur aussenden, sondern auch absorbieren und dadurch Wärmeenergie gewinnen. Auf diese Weise heizt die Sonne durch ihre Strahlung die Erde und macht so das Leben auf unserem Planeten möglich.

Gute Leiter, schlechte Leiter

Welche Materialien sind gute Wärmeleiter, welche eignen sich als Dämmstoffe? Flüssigkeiten sind meist gute Wärmeleiter, weil sie durch Konvektionsströmungen Wärme transportieren können. Auch **Metalle** und überhaupt fast alle elektrischen Leiter sind auch gute Wärmeleiter. Die frei beweglichen Elektronen (oder andere Ladungsträger) stoßen leicht und oft aneinander und können so Temperaturunterschiede schnell ausgleichen. Umgekehrt sind **elektrische Isolatoren** wie Glas oder Porzellan schlechte Wärmeleiter, freie Elektronen gibt es in ihnen nicht. **Gase** sind ebenfalls schlechte Wärmeleiter. Aufgrund ihrer geringen Dichte stoßen in ihnen Elektronen viel seltener zusammen und Konvektionsströmungen können weniger Wärme mit sich führen. Dies machen sich Eisbären, Enten und Dämmstoffhersteller zunutze: Möglichst viele einzelne in Fell, Federkleid oder Dämmmaterial eingelagerte Luftbläschen verringern deren Wärmeleitfähigkeit erheblich. Der beste Isolator wäre ein Vakuum, ein luftleerer Raum. Hier kann Wärme nur durch Strahlung übertragen werden. Bei einer Verspiegelung ist auch dies nicht mehr möglich. Nach diesem Prinzip arbeiten Isolierkannen und sog. Dewar-Behälter, in denen verflüssigte Luft aufbewahrt wird.

Häuser ohne Heizung

In Altbauten entweicht ein großer Teil der Heizungswärme durch Wände, Dach und Fenster in die Außenluft. Deshalb wird die Wärmedämmung von Häusern öffentlich gefördert, also die Senkung der Wärmeleitfähigkeit der Gebäudehülle. Konsequent zu Ende gedacht führt dies zur Idee eines **Passivhauses:** ein Haus, das so gut gedämmt ist, dass auf eine Heizung im klassischen Sinn verzichtet werden kann. Die Abwärme von Personen und Geräten sowie die Aufheizung durch das Sonnenlicht genügen fast ganzjährig, um eine Raumtemperatur von rd. 20 °C aufrechtzuerhalten. Nur für sehr kalte Wintertage ist eine Zusatzheizleistung nötig. Diese ist aber deutlich niedriger als der Wärmebedarf für die Warmwasserbereitung, der unabhängig von der Art der Gebäudehülle besteht. In einem Passivhaus ist ein besonderes Lüftungssystem erforderlich, da sonst kein Luftaustausch und keine Feuchteabfuhr mehr möglich wären. Diese sog. **aktive Lüftung** besitzt ein Modul zur Wärmerückgewinnung, bei welchem die Zuluft von der Abluft vorgewärmt wird. Filter sorgen zudem für eine gute Luftqualität; auch die Luftfeuchtigkeit wird gezielt im optimalen Bereich gehalten.

Heizwärmebedarf

Der Heizwärmebedarf eines Hauses wird in Kilowatt pro Quadratmeter Wohnfläche und Jahr, kurz kW/($m^2 \cdot a$), angegeben. Ein Passivhaus mit 100 m^2 darf demnach im Jahr nur maximal 1500 kW Heizenergie (das entspricht 150 l Heizöl) und 12 000 kW Primärenergie verbrauchen. Die KfW-Bank, eine bundeseigene Bank, die für die Bundesregierung Fördermittel verwaltet, hat verschiedene Standards für die Gebäudedämmung definiert.

Standard	Heizwärmebedarf
Niedrigenergiehaus nach Energieeinsparverordnung (EnEV), seit 2002 für Neubauten vorgeschrieben	Maximal 70 kW/($m^2 \cdot a$)
KfW-60-Standard	Maximal 60 kW/($m^2 \cdot a$)
KfW-40-Standard	Maximal 40 kW/($m^2 \cdot a$)
Passivhaus-Standard	Maximal 15 kW/($m^2 \cdot a$), zusammen mit Warmwasser und Stromverbrauch maximal 120 kW/($m^2 \cdot a$)
Nullenergiehaus	Im Jahresdurchschnitt wird keine externe Energie benötigt.
Plusenergiehaus	Im Jahresdurchschnitt wird netto Nutzenergie erzeugt.

Neben der Lüftungsanlage mit Wärmerückgewinnung ist die Außendämmung, die hier gerade montiert wird, das wichtigste Element eines Passivhauses.

Relativität und Quanten

Das 20. Jh. hat gezeigt, dass die klassische Physik die Natur nur unvollständig beschreibt. Die moderne Physik ruht stattdessen auf den zwei Säulen Relativitätstheorie und Quantenphysik. Die Erfolge dieser Theorien sind in ihren Anwendungsbereichen überwältigend. Nur: Miteinander vereinbar sind sie leider nicht.

Alles ist relativ

Im Grunde genommen gibt es zwei Relativitätstheorien. Die 1905 veröffentlichte **spezielle Relativitätstheorie** behandelt Körper und Systeme, die sich mit (sehr) großer, aber konstanter Geschwindigkeit bewegen. Die elf Jahre jüngere **allgemeine Relativitätstheorie** dagegen erklärt, wie die geometrische Struktur von Raum und Zeit und die Schwerkraft zusammenhängen. Quasi nebenher verallgemeinert sie dabei die Ergebnisse der speziellen Relativitätstheorie für beschleunigte Systeme. Beide Gedankengebäude wurden von dem Physiker **Albert Einstein** zusammen mit anderen Theoretikern und Mathematikern errichtet. Sie sind experimentell mit höchster Präzision bestätigt. Nur in der Welt der Elementarteilchen stößt ihre Anwendbarkeit an Grenzen.

Albert Einstein

Auch über 50 Jahre nach seinem Tod ist Albert Einstein (1879–1955) der bekannteste Physiker der Welt. Dies liegt natürlich an seinen bahnbrechenden Erkenntnissen, die das Weltbild der Physik von Grund auf verändert haben. Ebenso dürften dazu aber sein Lebensweg, sein unkonventionelles Auftreten und sein Engagement für Frieden und Menschenrechte beigetragen haben.

Nach einem nicht sehr guten Abitur studierte er Physik und arbeitete danach zunächst als Patentanwalt. Im Jahr 1905 gewann er schlagartig die Anerkennung der Fachwelt, als er die spezielle Relativitätstheorie aufstellte, die die Brown'sche Bewegung erklärte (und damit das molekulare Fundament der Wärmelehre experimentell bestätigte) und die Teilcheneigenschaften des Lichts aus dem Fotoeffekt ableitete. Als 1919 dann die drei Jahre zuvor veröffentliche allgemeine Relativitätstheorie durch Beobachtung einer Sonnenfinsternis glänzend bestätigt wurde, war Einstein ein Weltstar. Er nutzte seinen Ruhm, um sich für Frieden und Menschenrechte einzusetzen. Von einer Vortragsreise kehrte er nicht mehr in das mittlerweile nationalsozialistische Deutschland zurück und lebte und arbeitete bis an sein Lebensende in Princeton (USA).

Das ultimative Tempolimit

Ausgangspunkt aller Überlegungen zum Relativitätsprinzip war ein fehlgeschlagener Versuch. Die US-amerikanischen Physiker Albert Abraham Michelson und Edward Morley wollten zeigen, dass Licht sich unterschiedlich schnell ausbreitet, wenn es mit der Erddrehung oder senkrecht dazu läuft. Sie verwendeten dazu ein sog. Interferometer (optisches Gerät zur Längenmessung), doch trotz sorgfältigster Durchführung brachte der Versuch kein Resultat. Albert Einstein zog hieraus den richtigen Schluss: Licht breitet sich immer mit derselben Geschwindigkeit aus, egal ob man ihm entgegen- oder hinterhereilt oder sich senkrecht zur Ausbreitungsrichtung bewegt. Aufbauend auf Erkenntnisse aus der Theorie des Elektromagnetismus konnte er darüber hinaus zeigen, dass die **Lichtgeschwindigkeit** c eine absolute mathematische Obergrenze für die Geschwindigkeit darstellt. Dafür vergeht in einem schnell bewegten Bezugssystem die Zeit langsamer **(Zeitdilatation)**, Strecken werden verkürzt gemessen **(Längenkontraktion)** und die Masse einer sehr

Albert Einstein 1948 in seinem Haus in Princeton im Gespräch mit der französischen Kernphysikerin Irène Joliot-Curie (1897–1956)

schnellen Rakete wächst bei Annäherung an die Lichtgeschwindigkeit über alle Grenzen.

Welche Zeit ist die richtige?

Einsteins Folgerungen sind schwer zu verdauen. Bedeuten sie etwa, dass man kürzer wird und gleichzeitig zunimmt, je schneller man joggt? Nein, denn man muss den Gedanken der Relativität wortwörtlich nehmen: Einen Jogger, der sich mit halber Lichtgeschwindigkeit an uns vorbeibewegt, nehmen wir tatsächlich als gestaucht wahr und messen auch eine größere Masse, als wenn er sich in Ruhe befände. Doch das Gleiche gilt auch für den Jogger: Er selbst hält sich für ruhend und uns für bewegt; für ihn sind daher bei *uns* die Strecken verkürzt, die Zeit gedehnt und die Masse vergrößert. Wer hat Recht? Beide! Wie groß eine Strecke, eine Zeitspanne oder eine Masse ist, ist relativ, d.h., es hängt vom jeweiligen Bewegungszustand ab, welche Werte gemessen werden.

Die Geometrie der Schwerkraft

Auch die Aussagen der allgemeinen Relativitätstheorie sind nicht leicht zu verstehen. Jedenfalls lässt sich so viel sagen, dass die Schwerkraft oder Massenanziehung in Wirklichkeit eine **Eigenschaft von Raum und Zeit** ist. Jede Masse „verbiegt" gewissermaßen Raum und Zeit, und zwar genau so, dass sie andere Massen auf sich zu beschleunigt. Eine beobachtbare Konsequenz dieses Ansatzes: Auch Lichtstrahlen werden von großen Massen abgelenkt, obwohl das Licht selbst gar keine Masse besitzt. Es folgt nur seinem Weg durch die verzerrte Raumzeit. Dies sieht man bei einer Sonnenfinsternis, wenn das Licht entfernter Sterne in der Nähe der Sonne um genau den Betrag verschoben scheint, den Einsteins Theorie vorhersagt. Große Materieansammlungen können sogar als regelrechte **Gravitationslinsen** wirken und das Licht weit entfernter Galaxien bündeln und verstärken.

$E=mc^2$

Die berühmteste Formel der Welt, $E=mc^2$, hängt eng mit der relativistischen Massenzunahme zusammen. Einstein konnte herleiten, dass die Masse eine Form von Energie ist; der Umrechnungsfaktor ist das Quadrat der Lichtgeschwindigkeit c. Bewegungsenergie kann daher in Masse umgewandelt werden, ebenso kann man Energie gewinnen, wenn Elementarteilchen sich gegenseitig vernichten.

Max Planck (1858–1947) um 1919 in seinem Büro; der deutsche Physiker gilt als Begründer der Quantenphysik.

Grundlagen der Quantenphysik

Das – neben der Relativitätstheorie – zweite Standbein der modernen Physik ist die **Quantentheorie.** Sie beschreibt alle bisher durchgeführten Experimente in der Welt der Moleküle, Atome und Elementarteilchen mit höchster Präzision. Ihre wichtigste Aussage ist die Erkenntnis, dass viele physikalische Größen im Mikrokosmos nur ganz bestimmte Werte (also ein bestimmtes „Quantum") annehmen können. Doch auch wenn der Aufbau der Atome und Elemente und die zwischen ihnen wirkenden Kräfte heute als verstanden gelten, ein Phänomen entzieht sich bisher der Quantisierung: die Schwerkraft.

Ein Quantensprung der Wissenschaft

Als Geburtsstunde der Quantenphysik gilt das Jahr 1900: Damals erkannte der Physiker Max Planck, dass er die Wärmestrahlung idealisierter Körper nur dann korrekt beschreiben konnte, wenn er deren Strahlungsenergie „quantisierte". Darunter ist zu verstehen, dass diese elektromagnetische Strahlung aus einzelnen Energiepaketen, eben „Quanten" besteht; ihre Energie ergibt sich als das Produkt aus ihrer Frequenz und einer Naturkonstanten h, dem **Planck'schen Wirkungsquantum.** Bis Mitte der 1920er Jahre bauten Physiker wie Werner Heisenberg, Erwin Schrödinger, Niels Bohr, Paul Dirac und andere hierauf die Theorie der Quantenmechanik auf. Neben der Quantisierung weiterer Größen wie Impuls, Drehimpuls oder Magnetfeld unterscheidet sich die **Quantenmechanik** vor allem von allen bisherigen Theorien, weil in ihr die Bewegung eines Teilchens nicht mehr vollständig bestimmt und vorhersagbar ist. Stattdessen gibt die Theorie Wahrscheinlichkeiten dafür an, dass etwa ein Elektron sich in einem bestimmten „Quantenzustand" befindet oder in einen anderen Zustand „springt" (daher der Begriff „Quantensprung").

Wellen und Teilchen

Mit der Quantenmechanik und ihren Schwestern, der Quantenelektrodynamik und der Quantenchromodynamik (Quantentheorie der Farbkräfte), wurde der alte Streit über die Natur des Lichts – Welle oder Teilchen – auf überraschende Weise gelöst. Das Licht besitzt sowohl Eigenschaften von Wellen als auch von Teilchen. Und nicht nur das: Auch Partikel wie Elektronen oder Quarks, aus denen letztlich die Atomkerne aufgebaut sind, haben Teilchen- wie auch Welleneigenschaften. Auf den Punkt gebracht kann man dies auch so formulieren: Die Wahrscheinlichkeit, ein Elektron oder ein elektromagnetisches Strahlungsquant (Photon) an einer Stelle zu finden, pflanzt sich wellenförmig fort. Oder kürzer: Teilchen sind „in Paketen konzentrierte Wahrscheinlichkeitswellen". Daher können Elektronen oder sogar ganze Atome und Moleküle **Interferenzerscheinungen** zeigen. Dies wurde, wie alle anderen Vorhersagen der Quantentheorie, in Experimenten bestätigt.

Die Quantenmechanik fasst ein Elektron, das an einen positiv geladenen Atomkern gebunden ist, als eine „stehende" Wahrscheinlichkeitswelle auf, deren Umfang gerade einem ganzzahligen Vielfachen der Wellenlänge λ entspricht.

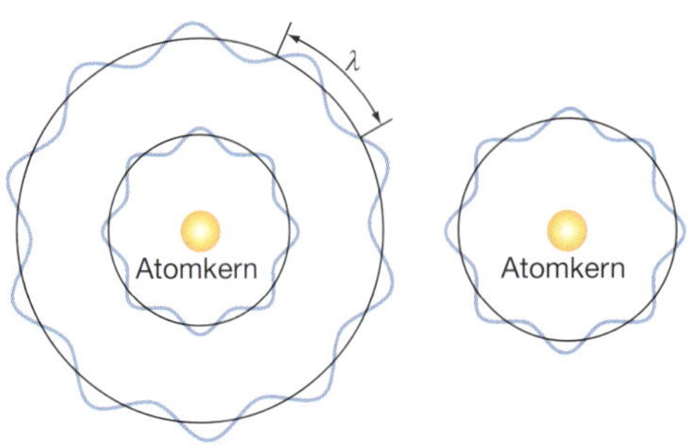

Erfolge und Grenzen der Quantentheorie

Im Lauf des 20. Jh. wurde parallel zur Entwicklung und Vervollkommnung der Quantenphysik der Aufbau der Materie weitgehend geklärt. Das eigentlich unteilbare Atom erwies sich als teilbar, es stellte sich heraus, dass es einen sehr schweren Kern hat, der von einer Wolke aus leichten Elektronen umgeben ist. Doch auch der **Atomkern** lässt sich weiter zerlegen in die elektrisch positiv geladenen **Protonen** und die elektrisch neutralen **Neutronen.** Die Physiker fanden aber immer neue „Elementarteilchen" in verwirrender Vielfalt: Manche dieser Teilchen unterlagen einer neu gefundenen fundamentalen Quantenkraft, der starken Wechselwirkung, man nannte sie daher Hadronen (von griechisch hadros, „stark"). Es gab Teilchen, die nur eine andere Quantenkraft, die schwache Wechselwirkung, spürten und die darum Leptonen heißen (von griechisch leptos, „schwach"). Und zu alledem gab es auch noch zu jedem von ihnen ein sog. Antiteilchen mit exakt den gleichen Eigenschaften, allerdings entgegengesetzter Ladung – spöttisch war vom „Teilchenzoo" die Rede. Erst in den 1960er Jahren wurde das sog. Quarkmodell vorgeschlagen. Demnach sollten sich alle Elementarteilchen, auch das Proton und das Neutron, aus noch kleineren Bausteinen zusammensetzen, den **Quarks.** Zwischen den Quarks wirkt eine neue Wechselwirkung, die **Farbkraft.** Auch sie ist natürlich quantisiert, die zugehörigen Quanten heißen **Gluonen.** Auch die **Photonen** sind nicht nur Strahlungsquanten, sondern gleichzeitig die quantisierten Vermittler der elektromagnetischen Kraft. Mittlerweile ist das Quarkmodell und damit die Quantentheorie experimentell glänzend bestätigt.

Nach wie vor gibt es jedoch keine Quantentheorie der Schwerkraft. Dies fällt in der Welt der subatomaren Partikel im wahrsten Sinn des Wortes nicht ins Gewicht, denn die Massenanziehung zwischen zwei Atomen ist ungefähr eine Billion Billion Billionen (10^{36}) Mal schwächer als ihre elektrische Anziehung oder Abstoßung. Für die Physik als Ganzes ist es aber ein sehr unbefriedigender Zustand, dass einerseits die Quantenphysik die Schwerkraft und damit die Effekte der Relativitätstheorie nicht beschreiben kann und dass andererseits die Relativitätstheorie im Bereich subatomarer Abstände nicht anwendbar ist.

Chemische Elemente im Licht der Quantentheorie

Mit dem quantenmechanischen Atommodell lassen sich zwanglos die **Eigenschaften der chemischen Elemente** erklären. Da elektrische Ladung, Ort und Bewegung eines Elektrons im Atom gequantelt sind, kann ein bestimmter Atomkern mit einer elektrischen Ladung von z. B. +79 Elementarladungen (also Gold) genau 79 Elektronen aufnehmen, die alle jeweils eigene Quantenzustände einnehmen müssen. Man kann errechnen, dass sich diese Zustände zu bestimmten „Schalen" und „Unterschalen" zusammenfassen lassen. Chemische Elemente, bei denen die Elektronen in einer ähnlichen Schalenstruktur angeordnet sind, zeigen verwandte chemische Eigenschaften und werden von den Chemikern zu Gruppen zusammengefasst, etwa die Edelmetalle, Edelgase oder die Kohlenstoff-Silicium-Gruppe.

Elementarteilchen

Die Quantenphysik befasst sich mit zuvor unbekannten Elementarteilchen und ihren Eigenschaften.
Zu jedem Teilchen existiert noch ein Antiteilchen mit entgegengesetzter elektrischer Ladung.
Unter dem „Spin" eines Teilchens stellt man sich am besten eine – natürlich gequantelte – Eigenrotation vor.
Die Quantengröße „Farbladung" hat mit tatsächlicher Farbe nichts zu tun, sie beschreibt die komplizierte Wechselwirkung von Quarks und Gluonen.
Für die Masse verwendet man in der Atomphysik üblicherweise die Energieeinheit „eV" (Elektronenvolt), es ist 1 eV = $1{,}602 \cdot 10^{-19}$ Joule.

Mit riesigen Apparaturen erforschen die Physiker die winzigsten Strukturen: Ein 200 t schwerer, 24 m langer und 10 m breiter Vakuumtank wird auf dem Weg zum Forschungszentrum Karlsruhe 2006 durch eine Ortschaft manövriert. Er ist für das Tritium-Neutrino-Experiment (KATRIN) bestimmt, mit dem die Masse der Neutrinos (Elementarteilchen) definiert werden soll.

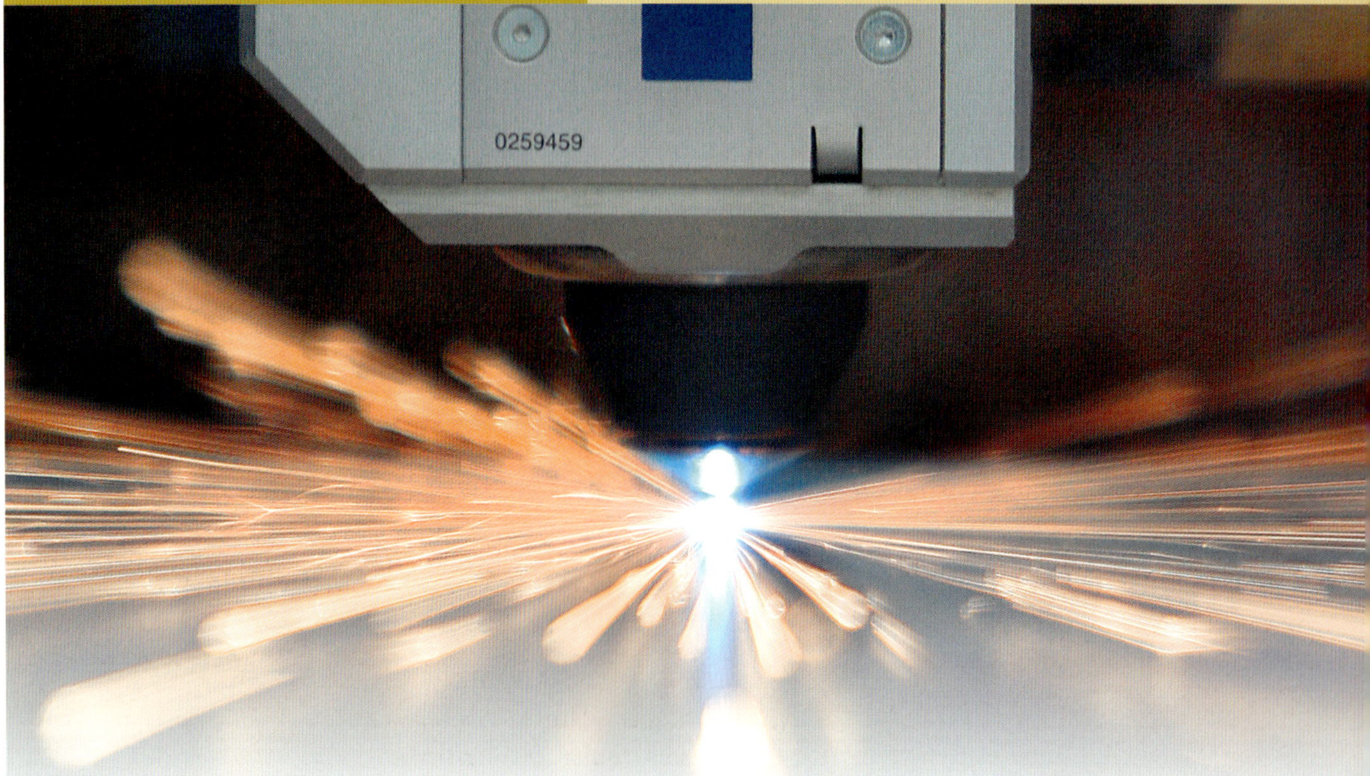

Laser – das gebündelte Licht

In der Industrie nutzt man Laser beispielsweise zum Schweißen und Schneiden. Industrieroboter setzen millimetergenau eine Vielzahl von Schweißpunkten und lösen auch kompliziert geformte Werkstücke aus dem Rohling.

Laser werden in der Messtechnik, in der Medizin und im einfachen Alltag eingesetzt, z. B. als Barcode-Scanner.

Am Anfang stand (wieder einmal) Albert Einstein. Er sagte bereits 1916 aufgrund theoretischer Überlegungen voraus, dass es bei der Abstrahlung von Licht durch Atome in bestimmten Fällen zu einem lawinenartigen Verstärkungseffekt kommen kann. Erst 1954 konnte der Effekt experimentell nachgewiesen werden, zunächst mit Mikrowellen, 1960 dann mit Licht. Was in frühen James-Bond-Filmen noch als Wunderwaffe von übermorgen präsentiert wurde, ist heute in Alltagsgeräten wie DVD-Spielern und Barcode-Scannern zu finden. Aber auch in der Forschung spielen Laser nach wie vor eine wichtige Rolle.

Das Laserprinzip

Der Begriff „Laser“ ist eigentlich eine (englische) Abkürzung, er steht für „light amplification by stimulated emission“, deutsch „Lichtverstärkung durch stimulierte Emission“. Um sich die stimulierte Emission klarzumachen, muss man sich zunächst die **Quantennatur von Atomen und elektromagnetischen Wellen** in Erinnerung rufen. Trifft ein Strahlungsquant (Photon) auf ein Atom, so kann es genau dann von diesem aufgenommen (absorbiert) werden, wenn seine Energie (und damit seine Frequenz) der Energiedifferenz zwischen zwei erlaubten Quantenzuständen des Atoms entspricht. Umgekehrt gibt ein Atom, wenn es von einem höheren in einen niedrigeren Quantenzustand wechselt, ein Photon ab, dessen Energie der Energiedifferenz dieser beiden Zustände entspricht. Dieser Vorgang heißt **Emission.** Sie ist spontan möglich, kann aber auch durch ein eintreffendes Photon gleicher Energie bzw. Frequenz angestoßen, also stimuliert werden. Zu einer stimulierten Emission kommt es immer dann, wenn sich im höheren Energiezustand überdurchschnittlich viele Atome befinden („Besetzungsinversion“). In diesem Fall stimuliert ein Startphoton die Emission eines identischen zweiten, beide geben dann zwei weitere Photonen ab, die auch wieder Photonen freisetzen usw., bis eine **Lawine von Photonen** mit identischer Frequenz und Richtung entstanden ist. Dazu muss man allerdings durch Spiegel verhindern, dass die Photonen das sog. Lasermedium vorzeitig verlassen.

Ein Laser enthält also ein Medium, in dem eine Besetzungsinversion erzeugt werden kann, Spiegel, um die entstehende Photonenlawine im Medium zu halten, und einen Mechanismus, der Photonen als ultrascharf gebündelten Laserstrahl aus der Apparatur ausleitet oder, fachsprachlich, „auskoppelt".

Fokus auf dem Mond

Laserlicht ist so scharf gebündelt bzw. fokussiert, dass man mit einem Laserstrahl Spiegel auf dem Mond anpeilen kann, die von den Apollo-Astronauten dort aufgestellt wurden. Aus der Laufzeit des Lasersignals lässt sich die Entfernung zum Mond zentimetergenau ermitteln. Vor diesem Hintergrund sind **Laserpointer,** die bei Präsentationen im Hörsaal den Zeigestock fast vollständig verdrängt haben, eine grobe Unterforderung der optischen Fähigkeiten eines Lasers.

In der Astronomie setzt man **Laser bei Großteleskopen** ein. Dort schickt man einen Laserstrahl in die Atmosphäre, um mit Hilfe der Reflexion an hohen Luftschichten einen „künstlichen Stern" zu erzeugen. Dessen Licht wird analysiert, um die allgegenwärtige Luftunruhe durch Luftströmungen zu bestimmen. Ein Computer subtrahiert dann deren Einfluss von den Aufnahmen des Sternenhimmels. Dadurch erhalten die Astronomen Aufnahmen von höchster Schärfe und Klarheit, wie sie sonst nur mit einem Weltraumteleskop möglich wären. Auch Umwelt- und Atmosphärenforscher durchleuchten die **irdische Lufthülle** mit Laserstrahlen. Sie interessieren sich allerdings für die Eigenschaften von Luftmolekülen und atmosphärischen Spuren- und Schadstoffen. Diese absorbieren das Laserlicht, wann immer seine Frequenz einem Übergang zwischen zwei erlaubten Quantenzuständen entspricht. Auf diese Weise enthält der wieder aufgefangene Laserstrahl Informationen über Art und Menge von Luftschadstoffen, die in Konzentrationsprofile umgerechnet werden können.

Laser in der Medizin

„Ich lasse mir nächste Woche die Augen lasern." Das hätte in den 1960er Jahren Unverständnis oder Entsetzen hervorgerufen. Heute weiß man, dass Mediziner den Laser nicht etwa zur Zerstörung, sondern als besonders schonendes Skalpell einsetzen. Indem man Laserstrahlung auf das Körpergewebe richtet, deponiert man dort in kürzester Zeit so viel Energie, dass das Gewebe augenblicklich verdampft. Schnittstellen werden dabei automatisch versiegelt, sodass Blutungen vermieden werden. Auch bei Zahnbehandlungen werden seit kurzem Laser verwendet – ohne die im wahrsten Sinne des Wortes nervtötenden Druckwellen eines Bohrers.

Optische Speicher

Laser bilden auch das Herzstück von CD- und DVD-Playern bzw. -Laufwerken. Die silbrigen Scheiben sind von einer ultradünnen, **kilometerlangen Spiralfurche** durchzogen, die winzige Vertiefungen in der Größenordnung der Laserwellenlänge aufweist. Diese bewirken durch Interferenz (Überlagerung von Wellen) eine Abschwächung oder Verstärkung des Laserlichts, die von der Elektronik als 0 oder 1, den Buchstaben des digitalen „Alphabets" erkannt werden. Jede neue Generation optischer Speicher benötigt Laser mit höherer Frequenz bzw. kürzerer Wellenlänge, um noch kleinere Strukturen auf den 12-cm-Rohlingen abzutasten: Strahlten die CD-Laser noch bei 780 nm (rot–infrarot), arbeiten DVD-Laser bei 650 nm (rotorange) und **Blue-Ray-Laser** bei 405 nm (blau) Wellenlänge.

Auch in der Kunst oder für Beleuchtungseffekte bei Konzerten und wie hier in einer Diskothek finden Laser Verwendung.

Kernspaltung und Kernfusion

Bei einer Kernexplosion wird Masse in riesige Energiemengen umgewandelt.

Als Albert Einstein 1905 in seiner speziellen Relativitätstheorie die Gleichung $E=mc^2$ (→S. 191) niederschrieb, ahnte er nicht, dass kein halbes Jahrhundert später die Menschheit von der Gewalt der Atom- und der Wasserstoffbombe bedroht sein würde. Im Winter 1938 beobachteten Otto Hahn und Fritz Straßmann erstmals eine Kernspaltung. Die entscheidenden Schlüsse daraus zog ihre Kollegin Lise Meitner. Bereits 1945 detonierte die erste Atombombe und setzte bei der **Umwandlung von Materie in Energie** riesige Energiemengen frei. Außer für militärische Zwecke versucht man Kernspaltung und -fusion auch für die zivile Stromerzeugung zu nutzen, doch auch hier sind die Risiken groß.

Der Massendefekt

Dass Energie und Materie prinzipiell ineinander umgewandelt werden können, schien zunächst ein interessanter, aber folgenloser Nebenaspekt der Relativitätstheorie zu sein. Dies änderte sich, als die Physiker in den 1930er Jahren die Massen von Atomkernen messen und zugleich berechnen konnten, welche **Bindungsenergien der Kernbausteine** Proton und Neutron in einem Atomkern wirken. Es zeigte sich, dass die Masse eines Atomkerns immer etwas kleiner ist als die Summe der Massen aller seiner Protonen und Neutronen. Die Differenz, der sog. Massendefekt, entsprach im Rahmen der Messgenauigkeit genau dem Betrag der Bindungsenergie des Kerns, geteilt durch das Quadrat der Lichtgeschwindigkeit. Dies bedeutet, dass die **Masse eines Atomkerns** sich aus zwei Komponenten zusammensetzt: der Masse seiner Bestandteile und der (negativ zu rechnenden) Bindungsenergie, die sie zusammenhält.

Bindungsenergie im Atomkern

Die Bindungsenergie hat nicht in allen Atomkernen die gleiche Stärke. Dies sieht man allein daran, dass es instabile bzw. radioaktive Kerne gibt, die so schwach gebunden sind, dass sie von selbst in andere, stabile Kerne zerfallen. Doch auch unter den stabilen Kernen gibt es Unterschiede. Der Grund hierfür ist das **Widerstreiten zweier Effekte.** Einerseits ziehen sich alle Protonen und Neutronen aufgrund der Farbkraft (→S. 193) an, allerdings wirkt diese nur

Radioaktivität

Die Radioaktivität wurde Ende des 19. Jh. entdeckt, noch vor Max Plancks Quantenhypothese und Einsteins Relativitätstheorie. Neu isolierte chemische Elemente wie Polonium und Radium oder auch das schon länger bekannte Uran sandten geheimnisvolle Strahlen aus, die Ähnlichkeiten mit der ebenfalls gerade entdeckten Röntgenstrahlung aufwiesen. Es gibt im Wesentlichen drei Arten von radioaktiver Strahlung: **Alphastrahlung,** die aus den sehr stabilen Kernen des Edelgases Helium besteht, **Betastrahlung** – hochenergetische Elektronen – und **Gammastrahlung,** d. h. elektromagnetische Wellen bzw. Photonen mit Energien, die noch über der Röntgenstrahlung liegen. Wegen ihres hohen Energiegehalts können alle drei Strahlungsarten Krebs auslösen und das Erbgut schädigen. Hohe Strahlungsdosen führen zur Strahlenkrankheit und können unmittelbar tödlich sein.

auf Entfernungen, die nicht viel größer als ein Protonen- oder Neutronendurchmesser sind (Neutron und Proton sind beide fast gleich schwer und groß). Zugleich stoßen sich die gleichnamig geladenen Protonen elektrisch ab, weswegen sehr große Kerne nicht mehr stabil sein können. Kleine Kerne wiederum besitzen nur so wenig Protonen und Neutronen, dass auch die Farbkraft nicht ihre ganze Wirkung entfalten kann. Das Maximum der Bindungsenergie (bezogen auf einen einzelnen Kernbaustein) liegt bei 26 Protonen und 30 Neutronen im **Eisenkern**.

Energiegewinn durch Spaltung und Fusion

Dieser Befund hat eine wichtige Konsequenz. Man gewinnt Energie, wenn man Kerne, die leichter als Eisen sind, verschmilzt, und ebenso, wenn man Kerne, die schwerer sind, spaltet. In beiden Fällen ist die nötige Gesamtenergie zur Bindung der Protonen und Neutronen an den neuen Kern geringer als vorher. Die Energiedifferenz wird freigesetzt. Im Prinzip durchführbar sind beide Prozesse. Die Kernspaltung gelingt am ehesten bei den sehr schweren Metallen **Uran und Plutonium,** die Fusion mit den leichtesten Elementen Wasserstoff, Helium oder Lithium. Historisch gesehen gelang zuerst 1945 die **Zündung einer Kernspaltungsbombe** („Atombombe"), 1952 explodierte die erste **Fusionsbombe** („Wasserstoff-" oder „H-Bombe"). 1954/55 gingen die ersten zivilen Kernspaltungsreaktoren („Kernkraftwerke") in Betrieb. **Fusionskraftwerke** sind hingegen auch nach 50 Jahren Entwicklungszeit noch nicht über das Forschungsstadium hinausgelangt. Ab Mitte 2009 soll im südfranzösischen Cadarache in globaler Trägerschaft ein Fusionsreaktor errichtet werden, der zumindest kurzzeitig mehr Energie liefert, als zum Starten der Fusion aufgewandt werden muss.

Tschernobyl und die Folgen

Bereits unmittelbar nach dem Abwurf der Atombomben 1945 über Hiroshima und Nagasaki, dem Hunderttausende zum Opfer fielen, regte sich weltweit Protest gegen diese neuartigen Waffen. Dieser Protest verstärkte sich noch, als die Kernwaffenmächte im anschließenden Kalten Krieg immer mehr und immer stärkere Sprengköpfe produzieren ließen, deren Vernichtungskraft die gesamte Erde hätte auf Dauer unbewohnbar machen können. Die **friedliche Nutzung der Kernenergie** galt dagegen lange Zeit als Lösung des Energieproblems. Sicherheitsaspekte und die ungelöste Frage nach den radioaktiven Abfällen, vor allem aber der verheerende Unfall im ukrainischen Tschernobyl am 26. April 1986 setzten dieser Euphorie ein Ende. Seitdem streiten Befürworter und Gegner der zivilen Kerntechnik um Ausstieg oder Wiedereinstieg in diese Technologie. Die Zahl neu errichteter Kernkraftwerke ging zurück, viele Länder investieren in sog. alternative Energiequellen wie Solarenergie, Wind- und Wasserkraft oder die Nutzung von Biomasse.

Symbol enttäuschter Fortschrittsgläubigkeit: der zerstörte Reaktorblock II des Kernkraftwerks Tschernobyl nach der Explosion am 26. April 1986

Natur und Kosmos

Eine Fachrichtung der Physik beschäftigt sich mit dem „großen Ganzen“: Die Kosmologie ist die Lehre von Ursprung, Zusammensetzung und Zukunft des Weltalls. Obwohl sie aus der beobachtenden Astronomie hervorgegangen ist und wie diese jahrtausendelang mit Hilfe unterschiedlicher technischer Mittel praktiziert wurde, ist die Kosmologie heute fest im Gebäude der Theoretischen Physik verankert.

Das Weltbild der Physik

Nach einer alten indischen Legende wird die Erde von vier Elefanten getragen, die ihrerseits auf einer gigantischen Schildkröte stehen. Im Mittelalter sah man die Erde als Mittelpunkt der Welt, umgeben von ineinandergeschachtelten Sphären, von denen die äußerste und höchste das „himmlische Paradies“ sein sollte. Auch die moderne Physik hat relativ klare Vorstellungen von der Natur des Kosmos, allerdings weichen sie doch stark von den Ideen unserer Vorfahren ab.

Wie alles begann: der Urknall

In den 1920er Jahren wurde entdeckt, dass sich im Hinblick auf große Maßstäbe alle Galaxien voneinander entfernen. Die logische Erklärung: Das Weltall als Ganzes dehnt sich aus. Dies wiederum bedeutet, dass in ferner Vergangenheit alle Materie im All viel dichter beieinander gewesen sein muss. Zu Ende gedacht muss also die Welt, wie wir sie kennen, einmal in einem unvorstellbar heißen, dichten und kleinen Feuerball entstanden sein – dem **Urknall**. Aus verschiedensten Beobachtungen und Berechnungen lässt sich folgern, dass dieser Moment etwa 13,7 Mrd. Jahre zurückliegt. Aus den Gesetzen der Elementarteilchen wie auch der allgemeinen Relativitätstheorie lässt sich die Zeit seitdem im sog. Standardmodell der Kosmologie rekonstruieren.

Eine ganz kurze Geschichte der Zeit

Der erste Moment nach dem Urknall, über den physikalische Aussagen getroffen werden können, ist die Zeit 10^{-43} bis 10^{-35} Sekunden nach der Zeit „null“. Das Universum war ein sehr heißer **„Energiebrei“** von winzigster Ausdehnung. Anschließend kam es zu einer sprunghaften Vergrößerung, bis 10^{-30} Sekunden nach null dehnte sich das All um das 10^{30}- bis 10^{50}-Fache auf immerhin ca. 1 m Durchmesser aus. Bei diesem als **kosmische Inflation** bekannten Ereignis erhielt der Kosmos seine heutige weitgehend homogene Struktur, ähnlich einem knittrigen Luftballon, der aufgeblasen wird. Es folgten rasch Phasen der Abkühlung, die Elementarteilchen wie Quarks, Elektronen, später Kernbausteine und schließlich ganze Atomkerne entstehen ließen.

In gewisser Weise entstanden diese Partikel wie Eiskristalle in gefrierendem Wasser. 300 000 Jahre nach dem Urknall betrug die kosmische Mitteltemperatur „nur“ noch 3000 Kelvin, sodass Atomkerne und Elektronen sich zu neutralen

Das Ende der Welt

Wie geht es weiter? Wird sich das Universum eines Tages wieder zusammenziehen und in einem „Big Crunch“ implodieren? Die heutigen Beobachtungsdaten lassen dies unwahrscheinlich erscheinen. Wahrscheinlich wird die kosmische Expansion für immer – und dazu sogar beschleunigt – weitergehen, bis in 10^{100} Jahren selbst zwischen benachbarten Elementarteilchen wahrhaft astronomische Distanzen liegen werden. Weit vorher aber wird die Sonne erloschen sein, das Leben auf der Erde hat „nur noch“ eine Zeit von bis zu 5 Mrd. Jahren vor sich.

Am nächtlichen Himmel ist die Milchstraße als unregelmäßiges, schwach leuchtendes Band zu erkennen.

Atomen zusammenfanden. Dies hatte große Folgen: Das All wurde mit einem Mal „durchsichtig", denn Photonen, also Lichtquanten, werden von geladenen Partikeln aufgehalten, neutrale Atome dagegen behindern sie nicht. Wann die ersten Sterne entstanden, ist nicht ganz geklärt, nach wenigen Hundert Millionen Jahren war aber die erste Sterngeneration bereits wieder vergangen. Auch die **Milchstraße** war vor 13 Mrd. Jahren schon da, wenn auch noch nicht in der heutigen Form. Sonne, Erde, Mond und die übrigen Körper des Sonnensystems bildeten sich vor etwa 5 Mrd. Jahren, die ältesten Gesteine auf der Erde sind über 4 Mrd. Jahre alt. Die Entstehung des Lebens von den ersten Zellen bis zur heutigen Fülle der Arten und uns Menschen dauerte den größten Teil der Erdgeschichte (→S. 19).

Die ganz großen Strukturen

Dass der Mond um die Erde kreist und beide zusammen mit den übrigen Planeten um die Sonne, ist bekannt. Auch dass die Milchstraße aus Milliarden von Sternen besteht, die zusammen mit unserer Sonne eine spiralförmige, Galaxie genannte Sternansammlung bilden, dürften viele wissen. Aber wie sieht das Weltall in wirklich großen Maßstäben aus? Es geht dabei um Distanzen von Millionen und Milliarden von Lichtjahren, wobei ein Lichtjahr (9461 Mrd. km) die Entfernung bezeichnet, die das Licht in einem Jahr zurücklegt. **Galaxien** wie die Milchstraße treten meist nicht alleine auf, sondern in Gruppen. Zur sog. **Lokalen Gruppe** gehören außer unserer 100 000 Lichtjahre durchmessenden Milchstraße der Andromeda-Nebel in 2 Mio. Lichtjahren Entfernung sowie einige kleinere Sternsysteme. Es gibt aber auch größere Galaxienhaufen mit über 1000 Galaxien, die wie die Planeten im Sonnensystem um ein gemeinsames Zentrum kreisen. Galaxienhaufen wiederum gruppieren sich zu **Superhaufen,** den größten zusammenhängenden Strukturen im All. Diese sind aber immer noch nicht die größten Gebilde des Kosmos. Galaxienhaufen und riesige Gaswolken finden sich nämlich bevorzugt in fädigen oder flächigen Strukturen, sog. Filamenten. Dazwischen sind gigantische leere Bereiche, die Voids, mit Durchmessern von bis zu mehreren Hundertmillionen Lichtjahren.

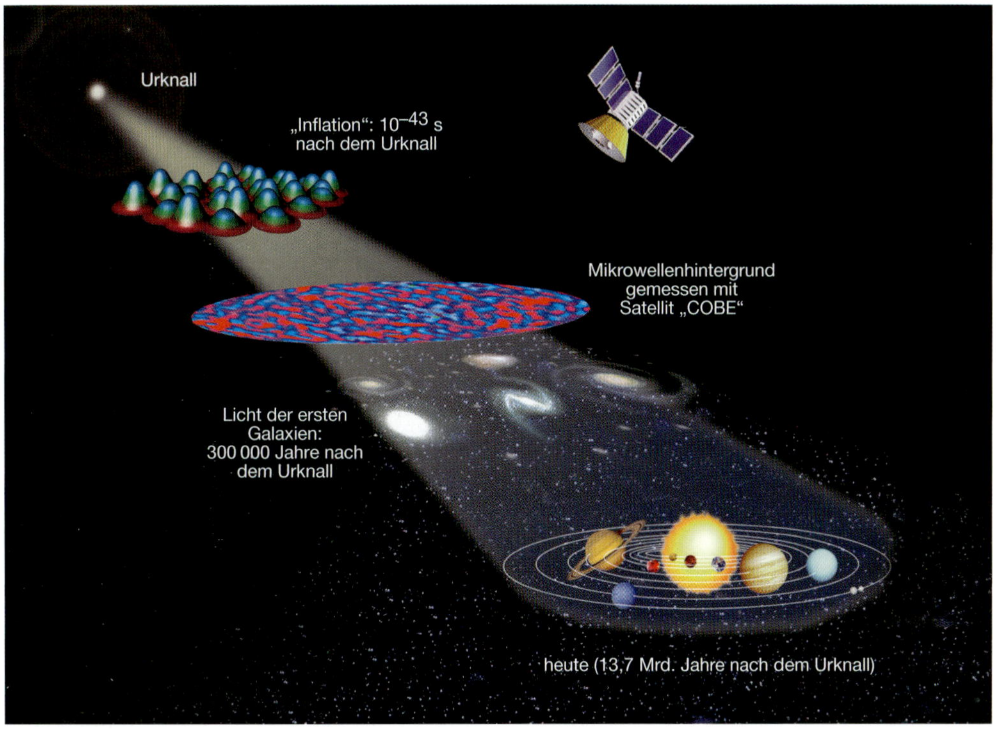

Die Geschichte des Weltalls mit extrem verzerrter Zeitachse: Die angedeuteten Kreise stehen zunächst für Sekundenbruchteile, dann Minuten, Jahrtausende und schließlich Jahrmilliarden.

Sonne, Mond und Planeten

Die Erde zieht nicht allein ihre Bahn um die Sonne. Planeten mit ihren Monden, Kometen und Planetoiden nehmen an dem Reigen teil, dessen Bewegungsgesetze einst Johannes Kepler entschlüsselte. Aber so wichtig die Sonne und ihre Begleiter für uns als kosmische Heimat sind, etwas Besonderes sind sie astronomisch gesehen nicht: Es gibt unzählige Sterne und eine wachsende Zahl von ihnen werden als Zentren eines Planetensystems erkannt.

Das Sonnensystem

Im Zentrum des Sonnensystems steht der Stern „Sonne“. Alle übrigen Körper bewegen sich um ihn herum, mit wenigen Ausnahmen in der gleichen Richtung. Die Bahnebenen der Planeten, Monde usw. fallen ebenfalls in etwa zusammen. Der Grund hierfür ist einfach: Sonne und Planeten sind zusammen aus einer abgeflachten, rotierenden Gaswolke entstanden. Nur durch Kollisionen können einzelne Himmelsobjekte aus ihrer ursprünglichen Lage herauskatapultiert worden sein.

Die Planetenbahnen um die Sonne sind keine Kreise, sondern Ellipsen, wie bereits Johannes Kepler (1571–1630) in seinem **ersten Kepler'schen Gesetz** feststellte. Ellipsen haben zwei Brennpunkte, in einem sitzt die Sonne. Daher variiert der Abstand zwischen Erde und Sonne im Laufe eines Jahres, Anfang Januar ist er mit 147,1 Mio. km am geringsten **(Perihel)**, Anfang Juli mit 152,1 Mio. km am größten **(Aphel**, sprich „Ap-hel“).

Erde und Mond, eine besondere Beziehung

Die Erde selbst ist an sich ein durchschnittlicher Gesteinsplanet, wie er vermutlich auch bei unzähligen anderen Sternen anzutreffen ist. Ungewöhnlich ist die Größe des Erdmonds, der etwa ein Viertel des Erddurchmessers erreicht. Nur der Pluto und sein Mond Charon haben ein ähnliches Größenverhältnis, man nennt sie auch Doppel(zwerg)planeten.

Der Mond übt aufgrund seiner Masse großen Einfluss auf die Erde aus. Am bekanntesten sind die **Gezeiten**, also Ebbe und Flut. Da auf der mondzuge-

Die fast unerschöpfliche Energiequelle

Im Zentrum der Sonne sind Druck und Temperatur mit über 10 Mio. Kelvin so hoch, dass die Atomkerne ihre elektrische Abstoßung überwinden und fusionieren können. Die dabei freigesetzte Bindungsenergie dringt nach außen bis zur Sonnenoberfläche, wo sie u. a. als intensive elektromagnetische Strahlung in praktisch allen Spektralbereichen an das Weltall abgegeben wird. Die Sonne strahlt auf diese Weise bereits seit 5 Mrd. Jahren und hat noch genügend nuklearen Brennstoff für weitere 5 Mrd. Jahre.

Eine eher ungewöhnliche Perspektive: die Erde, vom Mond aus gesehen

Körper im Sonnensystem

Name	Eigenschaften	Beispiele
Stern	Kugel aus Gas/Plasma, gewinnt Energie durch Kernfusion	Sonne
Gasplaneten	Große Planeten, überwiegend aus Gas mit kleinem Gesteinskern, vielen Monden und mehr oder weniger großem Ringsystem	Jupiter, Saturn, Uranus, Neptun
Gesteinsplaneten	Kleinere Planeten, überwiegend aus Gestein, mit aktuell oder früher geschmolzenem metallischem Kern und bis zu zwei Monden	Merkur, Venus, Erde, Mars
Zwergplaneten	Kleine, annähernd kugelförmige Körper, die größer als Planetoiden, aber kleiner als die Planeten sind; Umlaufbahn meist entweder zwischen Mars und Jupiter oder jenseits von Neptun	Ceres, Pluto, Eris
Planetoiden	Kleine Himmelskörper mit höchstens einigen Hundert Kilometern Durchmesser, Umlaufbahn meist entweder zwischen Mars und Jupiter oder jenseits von Neptun. Bisher sind rd. 10 000 Planetoiden mit gesicherten Bahnen bekannt.	mehrere 100 000 Objekte
Kometen	Aus Eis, gefrorenen Gasen und Gestein bestehende Objekte („schmutzige Schneebälle") im äußeren Sonnensystem, die bei Annäherung an die Sonne einen im Sonnenlicht leuchtenden Schweif aus auftauenden Gasen bilden	Halley'scher Komet, Komet Hale-Bopp
Meteoroide	Durch das Planetensystem ziehende Gesteinsbrocken, die beim Eintritt in die Erdatmosphäre eine Meteor genannte Leuchterscheinung hervorrufen.	„Sternschnuppen"

wandten Seite der Erde die Gravitationskraft des Mondes stärker und auf der anderen Seite schwächer als im Durchschnitt ist, türmt sich das Wasser der Ozeane dort jeweils zu **Flutbergen** auf, die um die Erde wandern und die Gezeiten hervorrufen. Zudem stabilisiert der Mond die Erdbahn. Er verhindert so extreme Klimaschwankungen, die zu Massenaussterben oder gar zum Erlöschen des Lebens führen könnten.

Zwergplaneten, Planetoiden, Kometen, Meteore

Die Zahl der bekannten **Planeten** hat sich im Lauf der Geschichte verändert. Im Altertum kannte man Merkur, Venus, Mars, Jupiter und Saturn. Der im Prinzip noch mit bloßem Auge erkennbare Uranus (1781) und der Neptun (1846) wurden mit dem Fernrohr entdeckt. 1930 schließlich fand man einen Himmelskörper außerhalb der Neptunbahn, der als Pluto zum neunten Planet wurde. Schon im 19. Jh. wurden zwischen Mars und Jupiter **Planetoiden** entdeckt, die zunächst auch als Planeten galten, dann aber wegen zu geringer Größe herabgestuft wurden. So erging es im Jahr 2006 auch dem Pluto. Es gibt nämlich außerhalb der Neptunbahn einen Planetoidengürtel, den **Kuiper-Gürtel** (sprich „Keuper-"), zu dem Pluto gehört. Daher erfand ein internationaler Astronomenkongress die neue Kategorie „**Zwergplanet**" für die größten Planetoiden sowie für Pluto und Objekte ähnlicher Größe.

Kometen, die z. T. mit bloßem Auge zu sehen sind, sind dennoch sehr kleine Körper. Sie enthalten zahlreiche gefrorene Gase, die bei Annäherung an die Sonne freigesetzt werden und den **Kometenschweif** bilden. Die meisten Kometen befinden sich weit außerhalb des Kuiper-Gürtels in der sog. Oort'schen Wolke am Rand des Sonnensystems. **Meteore** sind keine Himmelskörper, sondern Leuchterscheinungen, die entstehen, wenn ein Gesteinsbrocken aus dem All (ein Meteoroid) in die Erdatmosphäre eintritt. Fällt ein Teil des Körpers bis auf die Erde, wird er Meteorit genannt.

Nicht nur die Erde hat eine Atmosphäre – auch andere Planeten unseres Sonnensystems sind von einer Gashülle umgeben: im Bild die Wolkenströme des Jupiter.

Die mit dem Hubble-Weltraumteleskop erstellte Aufnahme aus dem August 1990 zeigt den Überrest einer Supernova, die im Februar 1987 am südlichen Sternenhimmel erstmals beobachtet wurde. Der Stern explodierte relativ erdnah – „nur“ etwa 170 000 Lichtjahre von der Erde entfernt.

Supernovae und Schwarze Löcher

Sterne scheinen unveränderlich, tatsächlich können sie über Jahrmilliarden von der Fusionsenergie ihres nuklearen Brennstoffvorrats zehren. Doch sie leben nicht ewig. Ein Stern wird geboren und wird eines Tages zugrunde gehen. Je größer er ist, desto schneller kommt sein Ende und desto spektakulärer wird es sein. Die größten Sterne hinterlassen ein Schwarzes Loch, ein alles verschlingendes „Monsterobjekt“, aus dem nicht einmal Licht entkommen kann.

Eine Sternengeburt

Der Beginn eines Sternenlebens ist im Prinzip immer der gleiche: Eine langsam rotierende kosmische Wolke aus Gas und Staub gerät durch eine Störung aus dem Gleichgewicht, kollabiert und wird zu einer Scheibe mit einer Massenansammlung in der Mitte. Wenn diese eine gewisse Dichte überschritten hat, zündet die **Kernfusion** – und ein neuer Stern leuchtet auf. Das verbliebene Material der Scheibe klumpt in der Folge zu Gesteins- und/oder Gasplaneten zusammen. Auch Zwillings- und Mehrlingsgeburten sind möglich. Wenn die ursprüngliche Wolke zwei oder mehr Verdichtungen enthält, entstehen Doppel- oder Dreifachsterne oder gar kleine Sternhaufen.

Starker Abgang

Am Beginn seines Lebens „verbrennt“ ein Stern das leichteste Element Wasserstoff zu Helium. Später kann er auch Helium zu Kohlenstoff fusionieren, dann Sauerstoff, Silicium und schwerere Elemente erzeugen bis hin zu Eisen. Aber nur schwere Sterne erreichen die erforderliche Dichte im Zentrum. Andere Sterne verlieren, wenn ihr nuklearer Brennstoff verbraucht ist, ihre äußeren Gasschichten und glühen dann langsam und unauffällig als **Weißer Zwerg** aus. Gelangt ein Stern dagegen bis zur Produktion von Eisen, wird es dramatisch. Da die Fusion schwererer Elemente als Eisen keine Energie liefert, sondern erfordert, kommt die Energieproduktion zum Erliegen. Daraufhin fällt der Stern erst in sich zusammen und vergeht Sekundenbruchteile später in einer gigantischen, **Supernova** genannten Explosion. Er strahlt dann für einige Wochen heller als die Milliarden anderen Sterne seiner Galaxie. Zurück bleibt entweder ein ultradichter Neutronenstern mit der Masse der Sonne, aber einem Radius von nur 20 km, oder aber ein **Schwarzes Loch.** Dies ist ein Objekt, das so dicht und kompakt ist, dass seiner Massenanziehung nicht einmal mehr Licht entkommen kann. Es ist aber dennoch nicht unbedingt unsichtbar. Denn wenn Materie in ein Schwarzes Loch fällt, wird sie so extrem beschleunigt, dass sie riesige Mengen an Strahlung – gleichsam als Abschiedsgruß – abgibt. Die auf diese Weise von hypermassiven Schwarzen Löchern im Zentrum großer Galaxien ausgesendete Strahlung ist noch über 10 Mrd. Lichtjahre Entfernung zu sehen.

Dunkle Materie, Dunkle Energie

Es kommt immer wieder vor, dass in der Wissenschaft ein Problem weitgehend gelöst scheint – und sich dies kurze Zeit später als Irrtum herausstellt. Etwa bei der Frage nach der Zusammensetzung des Universums: Alle bekannten Elementarteilchen – Protonen, Neutronen sowie die aus ihnen bestehenden Atomkerne, Elektronen, Neutrinos und Photonen – machen nur einen Bruchteil der Masse des Universums aus.

Dunkle Masse und Energie

Nach den Gesetzen der Himmelsmechanik kann man aus Umlaufzeit und Bahnradius eines Himmelskörpers seine Masse ableiten. Dies gilt nicht nur für Planeten und Monde, sondern auch für die Bewegung der Sterne in einer Galaxie und die der Galaxien eines Galaxienhaufens. Doch seit man mit modernen Großteleskopen entfernte Sternsysteme untersuchen kann, erhält man ein verwirrendes Resultat: Sterne bzw. Galaxien bewegen sich schneller als gedacht. Genauer gesagt: Leitet man aus den Bahndaten die Gesamtmasse von Galaxien oder Galaxienhaufen ab, erhält man einen viel größeren Wert als bei der Bestimmung der Masse aus den beobachteten Massen von Sternen, Gas- und Staubwolken. Man geht heute davon aus, dass die Differenz von einer noch unbekannten Materieform herrührt, der **Dunklen Materie.** Ihre Masse im Kosmos ist etwa sechsmal größer als die der gewöhnlichen Materie. Dunkle Materie tritt mit anderer Materie nur über die Schwerkraft in Wechselwirkung. Sie hält nicht nur Galaxien und Galaxienhaufen zusammen, ihre Existenz wird von bestimmten Theorien der Teilchenphysik sogar gefordert. Vielversprechende Ansätze zur Vereinheitlichung von Quantenphysik und Relativitätstheorie sagen nämlich voraus, dass es bisher unentdeckte stabile Teilchen geben soll, die genau die Eigenschaften der Dunklen Materie besitzen.

Astronomische Beobachtungen haben gezeigt, dass die Expansion des Universums sich in den letzten Jahrmilliarden beschleunigt hat. Diese Expansion kann nicht allein unter dem Einfluss der Schwerkraft von herkömmlicher und Dunkler Materie ablaufen – dann müsste sie nämlich langsamer werden. Stattdessen muss eine überall gleichmäßig wirkende Kraft Raum und Zeit wie ein negativer Druck zusätzlich auseinandertreiben. Sie wird **Dunkle Energie** genannt. Interpretiert man sie nach der berühmten Gleichung $E=mc^2$ als Masse, dann stellt man fest, dass sie fast dreimal so viel zur Gesamtmasse bzw. -energie des Universums beiträgt wie herkömmliche und Dunkle Materie zusammen.

Aus vielen astronomischen Aufnahmen wurde die Verteilung Dunkler Materie um einen Galaxienhaufen errechnet und bildlich dargestellt. Die ringförmige Struktur geht auf eine frühere Kollision zwischen zwei Galaxienhaufen zurück.

Fragen für die Riesen von morgen

Isaac Newton soll einmal gesagt haben, dass er nur deshalb weiter geblickt habe als seine Zeitgenossen, weil er auf den Schultern von Riesen gestanden habe. Dieses bereits im Mittelalter bekannte Bild müsste man eigentlich zu einer großen „Gigantenpyramide" erweitern. Denn Newton selbst war ein Riese, auf dessen Schultern der Riese Einstein stand, der seinerseits die Grundlage für ein Vielzahl von Erkenntnissen des 20. Jh. schuf. Was sind die Fragen des 21. Jh.? Was werden die Riesen von morgen erforschen?

Breite Schultern

Am Fuß der Pyramide aus physikalischen Forschern und Genies aller Zeiten stehen die Naturforscher des antiken Griechenland sowie indische, persische und arabische Gelehrte von der Spätantike bis ins Hochmittelalter. Zu Beginn der Neuzeit leistete West- und Mitteleuropa mit Kopernikus, Kepler, Galilei und schließlich Newton seinen Beitrag. Seitdem kamen mit Optik und Wärmelehre, Elektrizität und Magnetismus, Strömungsmechanik und dann der modernen Physik (Relativitäts- und Quantentheorie) immer wieder **neue Gebiete** hinzu oder wurde gesichertes Wissen als Spezialfall allgemeinerer Phänomene erkannt. Dennoch bilden die breiten Schultern von Aristoteles, Newton, Einstein und allen anderen die Grundlage für jeden Erkenntnisgewinn auch künftiger Generationen.

GUT und TOE

Obwohl die Physik heute viele, sehr unterschiedliche Fachgebiete kennt, ist die Theorie der elementarsten Partikel und der fundamentalen Naturkräfte so etwas wie die **Königsdisziplin.** Nach der Ordnung, welche die Quarks im Teilchenzoo geschaffen haben, nach Beschreibung von Elektromagnetismus, schwacher Fundamentalkraft und Farbkraft als Quantentheorien ist die Hoffnung groß, bald eine GUT oder gar eine TOE aufstellen zu können. Was ist darunter zu verstehen? Die Abkürzung GUT steht für „grand unified theory", deutsch „große vereinheitlichte Theorie". Sie soll die drei oben genannten Kräfte als Spezialfälle **einer einzigen Grundkraft** darstellen. Sie würde auch die Zeit beschreiben, in der Sekundenbruchteile nach dem Urknall Quarks und Elektronen noch nicht „auskondensiert" waren und alle Kräfte die gleiche Stärke und Reichweite hatten. Die drei Buchstaben TOE wiederum stehen für „theory of everything", „Theorie über alles". Darunter fällt die

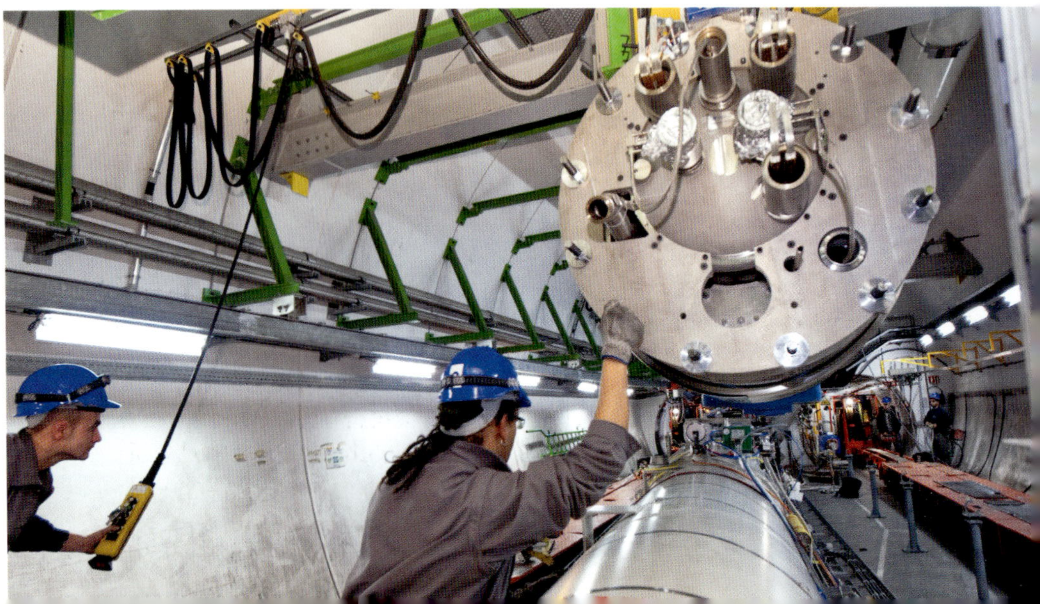

Der Teilchenbeschleuniger LHC (Large Hadron Collider) am Europäischen Kernforschungszentrum (CERN) in Genf soll Teilchen entdecken, welche die Dunkle Materie erklären und die Vereinheitlichung von Gravitationslehre und Quantenphysik ermöglichen.

Vereinigung der drei Quantenkräfte mit der relativistischen Gravitation. Die TOE ist der **„Heilige Gral"** der Teilchen-, wenn nicht der gesamten Physik. Ihre erfolgreiche Formulierung würde nicht nur mindestens einen Nobelpreis einbringen, sondern ganz sicher auch den Status eines „Riesen des 21. Jahrhunderts".

Neue Betätigungsfelder

Der **Teilchenbeschleuniger** LHC in Genf, mit dessen Hilfe nach Hinweisen für TOE und auch nach den Bausteinen der Dunklen Materie geforscht wird, ist eine Fabrik des Wissens, die weltweit Tausende Physiker beschäftigt. Doch die Physik bietet auch noch ganz andere Aktivitätsfelder und Perspektiven. Gerade in den letzten Jahren sind **neue Gebiete** wie Soziophysik, Umweltphysik, medizinische und Biophysik zur Blüte gelangt. So untersucht die **Soziophysik** die Dynamik von Aktienkursen, Verkehrsstaus oder großen Menschenmengen – ein Physiker konstruierte beispielsweise die Wege zwischen den Pilgerstätten in Mekka derart um, dass seitdem keine Massenpanik mehr aufgetreten ist. Die **Umweltphysik** widmet sich in letzter Zeit verstärkt den vielen Facetten des Klimawandels, aber auch Transportprozessen in der Atmosphäre, im Boden und in Gewässern. Die **medizinische Physik** erstreckt sich nicht nur auf Bau und Betrieb von Kernspintomografen, sondern wirkt bei verschiedensten Diagnose- und Therapieformen mit; auch an der Entwicklung von künstlichen Gliedmaßen oder Neurochips sind Physiker beteiligt.

Grenzen des Wissens

Bei aller Vorfreude auf die Ergebnisse der Riesen von morgen und übermorgen sollte man nicht übersehen, dass es grundsätzliche **Grenzen des Wissens** gibt. Wir werden niemals herausfinden können, was in einem Schwarzen Loch vor sich geht oder was vor dem Urknall war. Die Endlichkeit der Lichtgeschwindigkeit führt dazu, dass wir keinen Ort untersuchen können, der weiter als 13,7 Mrd. Lichtjahre entfernt ist. Zeitreisen wie in der Science-Fiction-Literatur verbietet die allgemeine Relativitätstheorie. Auch wesentlich näher liegende Grenzen des Wissens gibt es: Chaotische Prozesse wie beispielsweise das Wettergeschehen werden niemals auf lange Sicht vorauszuberechnen sein, da kleinste Änderungen unvorhersehbar große Folgen haben können. Und schließlich sind dem menschlichen Erkennen auch Grenzen von grundsätzlichem Charakter gesetzt. Zu jedem gefundenen Naturgesetz lässt sich fragen: Warum ist dies so und nicht anders? Jede Antwort wirft wieder mindestens eine neue, noch schwierigere Frage auf. Und philosophische Probleme wie **„Warum gibt es überhaupt etwas und nicht nichts?"** werden zumindest mit physikalischen Methoden wohl niemals beantwortet werden können.

Ungeklärte Fragen

Fachgebiet	Frage
Theoretische Physik	Wie sieht eine vereinheitlichte Theorie der vier Fundamentalkräfte inklusive Schwerkraft aus?
Teilchenphysik	Gibt es noch neuartige, unentdeckte Elementarteilchen oder sind bereits alle gefunden worden?
Kosmologie	Woraus bestehen Dunkle Materie und Dunkle Energie?
Umweltphysik, Klimatologie	Wie schnell wird die Klimaerwärmung ablaufen und welche Auswirkungen wird sie haben?
Festkörperphysik	Gibt es verlustfreie elektrische Supraleitung bei Raumtemperatur?
Energietechnik	Wie lässt sich Nutzenergie preiswert ohne Treibhausgasemissionen und die Produktion radioaktiver Abfälle bereitstellen?
Kernphysik, Chemie	Gibt es superschwere, stabile chemische Elemente und kann man sie künstlich erzeugen?
Festkörperphysik, Informatik	Werden Computer auch künftig ihre Leistungsfähigkeit alle ein bis zwei Jahre verdoppeln?
Quantenphysik, Atomphysik, Informatik	Wird man Quantencomputer konstruieren können, deren Schaltelemente zahlreiche Zustände gleichzeitig einnehmen?
Biophysik	Wird es künftig Schnittstellen zwischen Computer und Nervensystem geben?

Rund um die Welt
Das Wunder des Lebens
Von Elementen und Molekülen
Den Naturgesetzen auf der Spur
Die Welt der Zahlen
Die Geschichte der Menschheit
Die Macht der Sprache
Der kreative Mensch
Regieren und Handel treiben
Auf der Suche nach dem Sinn

Die Welt der Zahlen

Die Mathematik begleitet die menschliche Zivilisation seit der Zeit des alten Babylon und der ägyptischen Pharaonen. Vom Zählen der Steuergelder über die Vermessung von Ländereien bis zur Hochrechnung am Wahlabend oder den Berechnungen der Bauingenieure: Überall ist Mathematik am Werk. Doch Mathematik ist mehr: Die Klarheit mathematischer Beweise kann von beeindruckender Schönheit sein und die Mathematik ist für manchen nicht nur Wissenschaft, sondern auch Kunst.

Mathematik hat nichts mit sturem Rechnen zu tun, sondern verlangt oft einen kreativen Kopf.

Was ist Mathematik?

Schon vor über 5000 Jahren beschäftigten sich Gelehrte mit Mathematik: Sie dachten über geometrische Zusammenhänge in Verbindung mit der Landvermessung nach und bemühten sich, die Verwaltung der königlichen Finanzen übersichtlicher und effektiver zu gestalten. Ausgangspunkt waren ganz praktische Probleme wie Zählen, Messen und Vergleichen. Bei den alten Griechen trat die Beschäftigung mit abstrakten, allgemeingültigen Beweisen in den Vordergrund – die Mathematik als Wissenschaft war geboren.

Das Wort Mathematik kommt aus dem Griechischen und bedeutet so viel wie „Gelerntes". Damit ist wohl schon eine große Hürde benannt, die sich vor der Beschäftigung mit mathematischen Zusammenhängen auftut: Man muss einiges lernen, sich auch an ungewöhnliche Begriffe gewöhnen, bevor man Ergebnisse und neue Erkenntnisse erhält. Doch die Mühe lohnt sich, weil die Beschäftigung mit Zahlen, Figuren, Wahrscheinlichkeiten und Beweisen das Denken bereichern und den Horizont erweitern kann. Mathematik ist weit mehr als Zahlen und Rechnen. Zur Mathematik gehört auch die Logik, es gibt ein Fachgebiet „Spieltheorie" und selbst vor Börsenmaklern oder Löwen und ihren Beutetieren machen die Mathematiker nicht halt. Die Mathematik will immer möglichst grundlegende Aussagen über möglichst viele Dinge finden. Sie müssen sich nur als „Elemente" von „Mengen" auffassen lassen, die über gewisse gleiche Eigenschaften verfügen.

Alltag, Wissenschaft und Technik

Außer der eigenen Muttersprache gibt es wohl kein Schulfach mit so vielfältigen Anwendungsgebieten wie die Mathematik. Zahlen dominieren die Finanzwirtschaft ebenso wie die Arbeit der statistischen Bundesämter und bei Wahlen entscheiden Zehntel-„Prozentpunkte" über das politische Geschick von Staaten. Messungen und Messwerte sind das A und O der meisten Naturwissenschaften, Badezimmerwaage, Tacho und Zollstock liefern uns wertvolle Erkenntnisse über uns und für unser tägliches Leben. Zahlreiche Vorhersagen beruhen auf mathematischen Modellen, mit denen man aus bekannten Daten künftige Entwicklungen berechnen kann. Dies tun etwa der Kundenberater einer Bank, der Kämmerer einer Stadt oder auch die „Wirtschaftsweisen", welche die Bundesregierung in der Wirtschaftspolitik beraten. Aber auch die Wettervorhersage stützt sich auf die Mathematik.

Mathematische Vokabeln

Name	Alltagsbedeutung (u. a.)	Mathematische Bedeutung
Bruch	Steinbruch, Knochenbruch, Einbruch	Zähler geteilt durch Nenner
Zylinder	Hut, Teil eines Motors	geometrischer Körper mit runder Boden- und Deckfläche
Raum	Zimmer	mit einer dreidimensionalen Struktur versehene Menge
Körper	menschlicher Körper	Teilmenge eines Raumes
Menge	„ziemlich viel"	Ansammlung von Elementen ohne Berücksichtigung der Reihenfolge
Element	chemischer Grundbestandteil, Naturgewalt	Objekt einer Menge
Schranke	Wegsperre	Zahl, die größer (oder kleiner) als alle Zahlen einer Menge ist

Eine ganz kurze Geschichte der Mathematik

Die antiken Kulturen hinterließen uns die Sätze von Pythagoras und Thales, aber auch die Pyramiden, deren Höhe erst vom Eiffelturm übertroffen wurde. Im Mittelalter waren es die Araber, die das antike Wissen mit den Erkenntnissen indischer Gelehrter und eigenen Ergebnissen verbanden. Ihnen verdanken wir Begriffe wie „Algorithmus" oder Algebra und natürlich die „arabischen Ziffern". Im Barock waren es u. a. die Universalgelehrten Isaac Newton und Gottfried Wilhelm Leibniz, welche Mathematik und Physik zur Grundlage der modernen Naturwissenschaft machten. Carl Friedrich Gauß, der „Fürst der Mathematik", legte im 19. Jh. die Grundlagen der modernen Mathematik. Diese wurde seit der zweiten Hälfte des letzten Jahrhunderts durch die Entwicklung der Informationstechnologie mit gänzlich neuen Fragestellungen und Aufgaben konfrontiert.

Teilgebiete

Einige mathematische Fachgebiete sind bereits aus dem Schulunterricht bekannt: die Geometrie, die Analysis, die das Verhalten von Funktionen untersucht, die Wahrscheinlichkeitstheorie und die Algebra, d. h. die Lehre von den Rechenoperationen, die sich in verschiedenen Zahlbereichen und Mengen durchführen lassen. Ein nur scheinbar einfaches Gebiet ist die Zahlentheorie, welche die Beziehungen zwischen den ganzen Zahlen zum Thema hat. Einige zahlentheoretische Probleme sind so schwierig, dass für ihre Lösung ein Preisgeld von 1 Mio. US-Dollar ausgesetzt wurde und andere erst nach Hunderten von Jahren gelöst werden konnten! Bereits im Altertum beschäftigten sich sowohl Philosophen als auch Mathematiker mit der Logik. Neuere Fachgebiete sind etwa Gruppentheorie, Spieltheorie, Mengenlehre und die Numerik, die Wissenschaft vom Rechnen mit dem Computer.

Die Sprache der Mathematik

In der Mathematik benutzt man durchaus Worte aus der Alltagssprache wie „größer", „weniger" oder eben „Menge". Doch anders als im Alltag hat jedes Wort in der Mathematik nur genau eine festgelegte Bedeutung und die weicht häufig vom bekannten Gebrauch ab. So ist „eine Menge Geld" immer relativ viel, in der Mathematik dagegen bildet schon ein Cent eine Menge, gar kein Geld ist eine „leere Menge" – es gibt sogar verschiedene Arten von unendlich großen Mengen. Neben den Begriffen spielen die mathematischen Symbole eine entscheidende Rolle in dieser Sprache. Ausdrücke wie „+" und „–" und natürlich die Zahlzeichen kennt jedes Kind, doch was ist mit „{}", „≈" oder „!"? Diese und viele andere Zeichen werden wir in diesem Kapitel kennenlernen und sehen, was sich mit ihnen alles ausdrücken lässt.

schnell gefunden:

Zahlensysteme

Zahlen sind so allgegenwärtig, dass für uns ein Leben ohne Zahlen kaum vorstellbar wäre. Dies war im Mittelalter noch anders: Damals galt, wer auch nur die vier Grundrechenarten beherrschte, bereits als Gelehrter und konnte ein sicheres Auskommen z. B. in einem Handelskontor finden. Im Folgenden lernen wir alte und neue Zahlensysteme mit ihren Vor- und Nachteilen sowie ihren Einsatzgebieten kennen.

Historische Zahlensysteme

Unser Zahlensystem baut auf den Ziffern 1 bis 9 sowie der Null auf. Nach der „9" folgt die „10" und alle weiteren Zahlen sind aus den genannten zehn Ziffern aufgebaut. Dieses sog. **Zehnersystem (Dezimalsystem)** ist nicht das einzige und auch nicht das älteste Zahlensystem der Menschheitsgeschichte.

So rechneten die babylonischen Gelehrten vor etwa 4000 Jahren mit einem 60er-System.

Bereits in der Altsteinzeit nutzten die Menschen eingekerbte Knochen oder Hölzer als Zählhilfen.

Dem „Sexagesimalsystem" verdanken wir auch heute noch die Einteilung der Stunde in 60 Minuten und 60 · 60 Sekunden. Die Gallier zählten (und dachten) in einem 20er-System. Noch heute heißt „95" auf Französisch „quatre-vingt quinze" („4-mal 20 und 15").

Die Römer nutzten Buchstaben: Die „1" war ein großes „I", die „2" wurde „II" geschrieben, die 5 als „V" und die 10 als „X". Auch für 50, 100, 500 und 1000 gab es eigene Buchstabenzeichen (L, C, D und M). Hintereinanderstehende Zeichen werden addiert („VII" ist 5 + 2 = 7), steht jedoch ein kleines Zahlzeichen vor einem größeren, wird es von diesem abgezogen: „IX" heißt „eins vor zehn", also 9, „MCMLXVI" steht für „1000 + (1000 – 100) + 50 + 10 + 5 + 1 = 1966".

Die Erfindung der Null

Die Römer mussten für jede Größenordnung ein eigenes Zeichen festlegen, „X" für 10, „C" für 100, „M" für 1000 usw. – für unendlich große Zahlen hätten sie unendlich viele Buchstaben benötigt. Das umgeht man mit einem Stellenwertsystem wie dem Dezimalsystem. Darin braucht man aber ein Zeichen für „nichts" (lateinisch „nullus"). Indische Mathematiker erfanden dieses Zeichen um das Jahr 500 n. Chr. Damit konnten sie z. B. die 30 – so wie wir es tun – als „3-mal 10 und keinmal 1" oder die 402 als „4-mal 100 und keinmal 10 und 2-mal 1" schreiben. So ließen sich mit nur zehn Zeichen unendlich viele Zahlen darstellen. Aber Zahlen wie „5" und „5000" unterschieden sich nur durch „nichts" – im europäischen Mittelalter erregte die Null Misstrauen als „arabisches Hexenwerk".

Natürliche und ganze Zahlen

Zahlen kommt von „zählen“ – kleine Kinder zählen und rechnen mit den Fingern. Da es wenig Natürlicheres in der Mathematik gibt, als „eins, zwei, drei“ abzuzählen, nennt man alle Zahlen, die man durch diese Art des Zählens erhalten kann, die **natürlichen Zahlen.** Natürlich gibt es auch eine exakte Definition für die Menge N der natürlichen Zahlen: Es sind alle Zahlen, die man durch wiederholtes Addieren des Wertes „1“ erhält; der Startwert ist entweder die Eins oder – so heute in der Schulmathematik üblich – die Null. Die natürlichen Zahlen haben eine Reihenfolge, die Differenz zweier aufeinanderfolgender Zahlen ist immer genau 1. Eine größte natürliche Zahl gibt es nicht, da man zu jeder beliebigen Zahl immer noch 1 addieren kann.

Runden

Bei großen Zahlen ist es oft unsinnig oder sogar ganz unmöglich, ihren exakten Wert anzugeben. So ist die Anzahl der Menschen in Deutschland durch Geburten, Todesfälle sowie Ein- und Ausreisen in beständigem Wechsel. Ihren exakten Wert zu einem bestimmten Zeitpunkt kennt keiner auf eine Person genau. Eine ungefähre Angabe ist dagegen leicht zu treffen: Mit der Zahl „80 Mio.“ liegt man meist schon ganz gut, denn das Statistische Bundesamt teilte im Oktober 2008 mit, in Deutschland lebten „rd. 82 Mio. Menschen“. Für das Runden von Zahlen gelten die folgenden Regeln:

Ist die letzte Ziffer der Zahl, die gerundet wird, kleiner oder gleich 4, dann bleibt die Stelle links daneben unverändert, z. B. 1,23 ≈ 1,2 **(Abrunden).**

Ist diese Ziffer eine 5 oder größer, dann wird die Stelle links daneben um den Wert 1 erhöht, z. B. 1,27 ≈ 1,3 **(Aufrunden).**

Ist eine Zahl bereits gerundet (etwa 11,249 ≈ 11,25), dann muss man für eine weitere Rundung auf den ursprünglichen Wert zurückgreifen, um keinen Fehler zu machen – im Beispiel käme man auf 11,3, was vom Ursprungswert weiter entfernt ist als 11,2.

Gibt es unnatürliche Zahlen?

Unter dem Begriff „unnatürlich“ stellen sich die Menschen meist nichts Angenehmes vor. Auf jeden Fall gibt es aber Zahlen, die nicht natürlich sind – viel mehr als natürliche. Wir beginnen bei der Menge Z der ganzen Zahlen. Man kommt von den natürlichen Zahlen zu den ganzen Zahlen, indem man etwa auf einem Konto nicht nur Guthaben, sondern auch Außenstände erlaubt. Mathematisch ausgedrückt: Die ganzen Zahlen sind die natürlichen Zahlen, erweitert um die Menge aller Zahlen, die durch wiederholtes Abziehen der Zahl 1 von irgendeiner natürlichen Zahl entstehen. Unterhalb der Zahl 0 wird so der (unendlich große) Bereich der **negativen Zahlen** erschlossen.

Der Betrag

Natürliche (also positive ganze) und negative Zahlen unterscheiden sich durch ihr Vorzeichen: „–“ bei den negativen Zahlen, „+“ (oder keines) bei den positiven. Möchte man das Vorzeichen außer Acht lassen, spricht man vom Betrag einer Zahl und schreibt:
|3| = |+3| = 3, |–3| = 3.

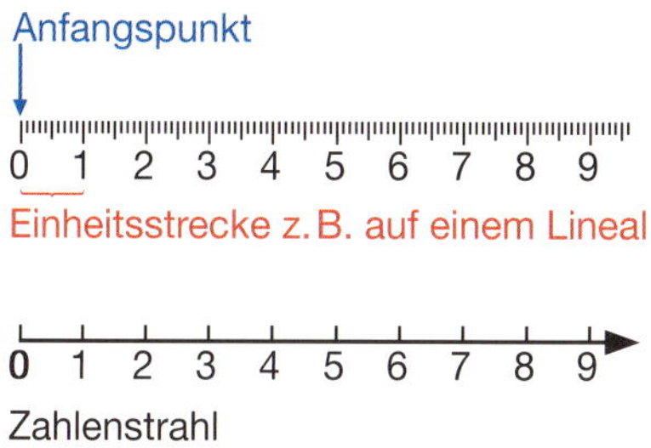

Man kann die natürlichen Zahlen grafisch auch als „Strahl“ mit Anfangspunkt 0 und „offenem Ende“ darstellen.

Grundschüler machen sich intuitiv mit dem Zehnersystem vertraut – sie nehmen einfach ihre Finger zum Zählen.

Eine Welt aus 0 und 1

Von den vielen Gelehrten, die im Laufe der Geschichte zur Entwicklung der Mathematik beitrugen, wurde wohl nur einem die Ehre zuteil, dass ein Keks nach ihm benannt wurde: Gottfried Wilhelm Leibniz (1646–1716). Er war einer der beiden Begründer der Differenzial- und Integralrechnung. Eine andere seiner Erfindungen jedoch hat in den letzten Jahrzehnten die Welt verändert wie kaum eine andere aus dem Reich der Mathematik: das Dualsystem.

Extrem einfach

Im alten Babylon rechnete man mit einem 60er-System, in Gallien im 20er-System; wir sind es gewohnt, Zahlen mit zehn verschiedenen Ziffern darzustellen. Leibniz ging den Weg der Vereinfachung weiter bis zum Extrem: Er führte ein System mit nur zwei Ziffern ein, 0 und 1, das sog. Dualsystem (lateinisch „dualis", zweifach) oder Binärsystem (lateinisch „binarius", zwei enthaltend). Schon die Zwei ist in diesem System eine mehrstellige Zahl, nämlich die „10" (einmal 2 und keinmal 1), die Drei schreibt man „11" (einmal 2 und einmal 1), die Vier „100" (einmal 4 und keinmal 2 und keinmal 1) usw. Dadurch haben die Zahlen zwar mehr Stellen als im Zehnersystem, doch dafür vereinfacht sich das Rechnen enorm. Das „kleine Einmaleins" z. B. reduziert sich auf „$0 \cdot 0 = 0$", „$0 \cdot 1 = 1$", „$1 \cdot 0 = 0$" und „$1 \cdot 1 = 1$". Noch wichtiger ist aber Folgendes: Zwei Ziffern lassen sich auf sehr einfache Weise in einer Rechenmaschine darstellen, etwa indem in einer Leitung Strom fließt („1") oder nicht („0") oder der Nordpol eines winzigen Magneten nach oben („1") oder unten („0") zeigt. Genau dies geschieht sowohl in Computern als auch in Taschenrechnern.

So rechnet ein Computer

Um mit einem Computer Zahlen nicht nur – im Dualsystem – darzustellen, sondern auch mit ihnen zu rechnen, muss man lediglich die oben angeführten Rechenregeln in sog. Schaltkreise umsetzen. Will man etwa zwei einstellige Dualzahlen addieren, werden zwei Eingangsleitungen so mit Schaltern verbunden, dass am Ausgang das Rechenergebnis als „Strom an = 1" oder „Strom aus = 0" erscheint. Alle auch noch so komplizierten Rechenoperationen können durch eine ausreichende Menge solcher einfacher Schaltkreise an dual dargestellten Zahlen im Computer durchgeführt werden.

Die CD als Speichermedium wurde von der DVD abgelöst, die ihrerseits bereits von der Blue-Ray-Disc (Fassungsvermögen: bis 50 Gigabyte) vom Markt verdrängt wird.

Binäre Scheiben

Schon lange dienen Computer nicht mehr nur zum Berechnen von komplizierten mathematischen Problemen. Neben dem Speichern und Bearbeiten von Texten sind **Multimediaanwendungen** immer wichtiger geworden. Standardspeichermedien sind CD (Compact Disc) und DVD (Digital Versatile Disc). Auch auf diesen silbernen Scheiben, die aus Kunststoff bestehen und mit einer Trägerschicht versehen sind, werden Audio- und Videodaten im Dualsystem abgelegt – als Vertiefungen in einer mikroskopisch schmalen und flachen, aber **kilometerlangen Spirale**, die sich von innen nach außen über die Scheibe zieht. Diese winzigen Strukturen werfen das Licht eines Lasers jeweils unterschiedlich zurück, sodass ein Empfänger beim Abspielen ein Hell-Dunkel-Muster registriert, das als Abfolge von Nullen und Einsen ausgewertet wird.

Brüche und rationale Zahlen

Können Zahlen rational, also vernünftig sein? Natürlich nicht – doch „ratio" hieß bei den Römern nicht nur „Vernunft", sondern auch „Verhältnis". Und ein **Verhältnis** drücken die rationalen Zahlen oder Brüche tatsächlich aus: So nimmt man für einen Blätterteig 7 Teile Fett auf 10 Teile Mehl (z. B. 350 g Butter und 500 g Mehl). Dann verhalten sich die Massen von Fett und Mehl folgendermaßen:

$$7 : 10 = \frac{7}{10} = 350/500$$

Zähler und Nenner

Ein Bruch ist ein Paar aus zwei ganzen Zahlen – dem **Zähler** über dem Bruchstrich und dem **Nenner** darunter. Zuerst betrachten wir die einfachsten Brüche, die **Stammbrüche.** Bei diesen ist der Zähler gerade 1, also:

$$\frac{1}{2}, \frac{1}{3}, \frac{1}{4}, \frac{1}{5}, \frac{1}{6}, \frac{1}{7}, \ldots, -\frac{1}{2}, -\frac{1}{3}, -\frac{1}{4}, \ldots$$

Vertauscht man bei einem beliebigen Bruch Zähler und Nenner, so erhält man dessen **Kehrwert.** Die Stammbrüche sind also einfach die Kehrwerte der ganzen Zahlen. Ein Stammbruch mit Nenner N gibt an, wie groß die Bruchstücke sind, wenn ich etwas (z. B. eine Torte) in N gleich große Stücke teile. Schneide ich vier Teile, erhalte ich Viertel, schneide ich zwölf Stücke, so bekomme ich Zwölftel. Bei einem beliebigen Bruch gibt der Zähler an, wie viele dieser „Stammbruchstücke" ich in Händen halte.

Ein Bruch kann im Prinzip auch größer als 1 sein,

z. B. $\frac{5}{2}$ oder $2\frac{1}{2}$

Deswegen spricht man hier auch von **gemischten Zahlen.** Brüche kleiner als 1 heißen auch **echte Brüche.** Übrigens lassen sich alle ganzen Zahlen als Bruch mit dem Nenner 1 schreiben, mit anderen Worten: Die ganzen Zahlen und damit auch die natürlichen Zahlen sind eine Teilmenge der rationalen Zahlen. Die Menge aller rationalen Zahlen (echte Brüche, gemischte Zahlen und ganze Zahlen) wird mit dem Buchstaben $\mathbb{Q}$ (= Mengenzeichen) abgekürzt.

Erweitern und Kürzen

Anders als bei den ganzen Zahlen ist die Schreibweise für Bruchzahlen nicht eindeutig. Wenn jeder Hamburger und jeder Berliner noch Besuch von einem auswärtigen Freund bekommt, sind in Berlin immer noch doppelt so viele Menschen wie in Hamburg, das Verhältnis der Zahlen bleibt also gleich. Mathematisch

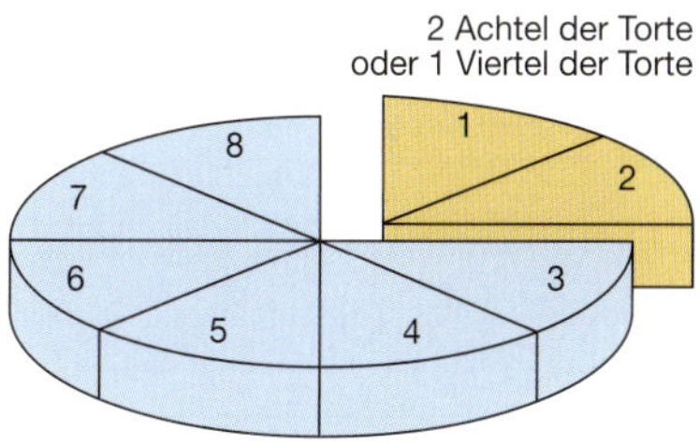

Tortengrafiken eignen sich gut zur Veranschaulichung von Brüchen: Zwei Achtel sind das Doppelte des Stammbruchs $\frac{1}{8}$, sie sind gleich groß wie ein Viertel.

Stammbruchdarstellung

Bereits die alten Ägypter rechneten mit Brüchen. Allerdings besaßen sie nur Zeichen für Stammbrüche. Sie stellten daher alle gebrochenen Zahlen als Summe von Stammbrüchen dar.

z. B. $\frac{3}{7} = \frac{1}{4} + \frac{1}{7} + \frac{1}{28}$

gesprochen: Multipliziere ich Zähler und Nenner mit der gleichen Zahl, bleibt der Wert des Bruches gleich. Dieser Vorgang heißt **Erweitern**. Werden Zähler und Nenner durch die gleiche Zahl geteilt – sofern das möglich ist – spricht man vom **Kürzen**.

Größenvergleich und Dezimalzahlen

Ob eine natürliche Zahl größer ist als eine andere, lässt sich ohne Nachdenken sofort entscheiden. Auch bei negativen ganzen Zahlen ist dies nicht schwierig, sofern man bedenkt, dass hier ein größerer Betrag eine kleinere Zahl bedeutet. Anders ist dies bei den Brüchen: Können Sie auf Anhieb sagen, ob

$\frac{5}{36}$ größer als $\frac{7}{48}$ ist?

($\frac{5}{36} = \frac{20}{144}$, aber $\frac{7}{48} = \frac{21}{144}$)

Für einen Größenvergleich muss man also Brüche erst durch Erweitern auf den sprichwörtlichen gleichen Nenner bringen, sie „gleichnamig" machen. Es gilt immer: Bei gleichem Nenner ist derjenige Bruch mit größerem Zähler größer, bei gleichem Zähler aber der mit dem kleineren Nenner:

$\frac{5}{6} > \frac{4}{6}; \ \frac{5}{6} > \frac{5}{7}$

In Wissenschaft und Technik, aber auch bei Wahlergebnissen oder Preisangaben im Supermarkt werden nur selten Brüche geschrieben. Stattdessen schreibt man „Kommazahlen", die mathematisch **Dezimalzahlen** genannt werden. Im Prinzip ist dies nur eine andere Schreibweise für Bruchzahlen.

Zahlen auf der Zahlengeraden

Unterteilt man den Bereich zwischen zwei aufeinanderfolgenden Zahlen auf der Zahlengeraden in zehn gleich große Teile, lässt sich eine zusätzliche Dezimalstelle hinter dem Komma darstellen.

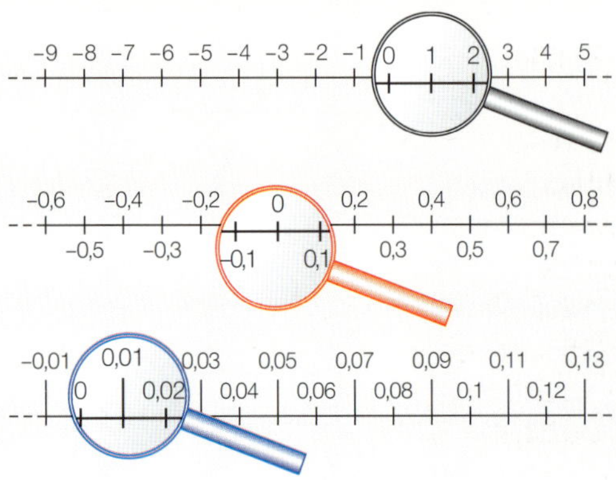

Der Ausdruck „0,65" bedeutet, in Brüchen geschrieben, nämlich nichts anderes als

$\frac{65}{100} = \frac{13}{20}$, „3,5" entsprechend

$3\frac{5}{10} = 3\frac{1}{2}$

So einfach ist es allerdings nicht immer: Wenn der (gekürzte) Nenner eines Bruchs kein Teiler oder Vielfaches von 10 ist, dann erhält man eine periodische Dezimalzahl, etwa bei

$\frac{1}{3} = 0{,}333333... = 0{,}\overline{3}$ oder

$\frac{9}{7} = 1{,}285714285714... = 1{,}\overline{285714}$

Der waagerechte Strich über den Nachkommastellen bedeutet, dass sich diese Zahlenfolge bis ins Unendliche wiederholt. Gelesen wird der Ausdruck etwa „0 Komma Periode 3". Zwar gibt es zu jedem Bruch eine Dezimalzahl, aber nicht jede Dezimalzahl kann als Bruch geschrieben werden.

Was ist 3 mal 0,333333...?

Das ist eine einfache Frage, könnte man meinen. Drei mal drei ist neun, das haben wir alle bereit in der Grundschule gelernt.

Also gilt hier:
$3 \cdot 0{,}3 = 0{,}9$,
$3 \cdot 0{,}33 = 0{,}99$,
$3 \cdot 0{,}333 = 0{,}999$ usw. und
$3 \cdot 0{,}\overline{3} = 0{,}\overline{9}$.

Doch andererseits ist $3 \cdot \frac{1}{3} = 1$

und drei Drittel geben, wie man am Beispiel der zerschnittenen Torte erkennen kann, unbestreitbar ein Ganzes. Damit haben wir aber zugleich gezeigt, dass $0{,}\overline{9} = 1$ ist! Dies ist unser erster Kontakt mit den seltsamen Eigenschaften des Unendlichen – denn diese Gleichung gilt nur, wenn auf der linken Seite wirklich unendlich viele Neunen stehen.

Reelle Zahlen

Die rationalen Zahlen sind eine große Zahlenmenge: Es gibt nicht nur unendlich viele von ihnen, sondern zwischen zwei beliebigen rationalen Zahlen liegen immer noch unendlich viele weitere! Und doch ist da – wie schon die Mathematiker im antiken Griechenland wussten – noch Platz für Zahlen, die nicht rational sind.

Zahlenmengen und Zahlengerade

Erst die Menge ℝ deckt alle Punkte auf einer Geraden ab, zwischen natürlichen, ganzen und rationalen Zahlen gibt es jeweils noch „Lücken". (Die Bezeichnung N_0 wird manchmal verwendet, um deutlich zu machen, dass auch die Null gemeint ist.)

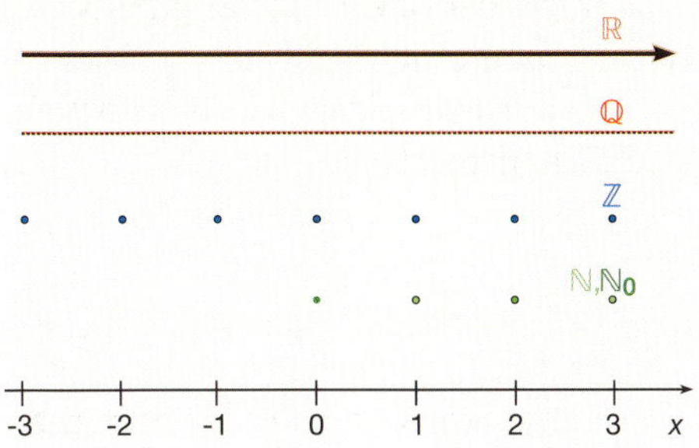

Die Entdeckung der Irrationalität von $\sqrt{2}$ stürzte die zahlengläubige Schule des Pythagoras in eine tiefe Krise (Pythagoras mit Schülern, Stich 1833).

Lücken im Rationalen

Beim Rechnen mit den natürlichen und den ganzen Zahlen stößt man relativ bald an Grenzen: Schon die Aufgabe 3 – 5 = ? lässt sich mit natürlichen Zahlen nicht lösen, man braucht die ganzen Zahlen; genauso kann man 3 : 5 = ? mit ganzen Zahlen nicht berechnen, man braucht neue, sog. rationale Zahlen, die sich als Verhältnis („Ratio") aus zwei ganzen Zahlen ausdrücken lassen. Die Mathematiker sprechen dann von einer **Zahlenbereichserweiterung,** zunächst von ℕ auf ℤ und dann auf ℚ. Man kann rationale Zahlen entweder als Bruchzahl ausdrücken:

$\frac{1}{3}, -\frac{12}{7}, 3\frac{1}{2}, \frac{136}{1966}$ usw.

oder als Dezimalzahl schreiben:

$\frac{1}{3} = 0,\overline{3}, -\frac{12}{7} = -1,\overline{714285},$

$3\frac{1}{2} = 3,500\,000\ldots, \frac{131}{1000} = 0,131\,000\ldots$

Zu jeder Bruchzahl gehört entweder eine periodische oder eine abbrechende Dezimalzahl. Doch ist umgekehrt jede Dezimalzahl auch eine Bruchzahl? Nein, wie das Beispiel 0,123 456 789 101 112 131 415 … zeigt. Diese Zahl entsteht, wenn alle natürlichen Zahlen der Reihe nach als Nachkommastellen auftauchen.

Da es keine letzte natürliche Zahl gibt, bricht diese Dezimalzahl niemals ab, aber periodisch ist sie offenbar auch nicht. Also kann sie keine rationale Zahl sein! Dies ist das erste Beispiel für eine **irrationale Zahl** und ein klares Zeichen dafür, dass es Lücken in den rationalen Zahlen gibt.

Ein Mord aus Verzweiflung

Historisch wurden die irrationalen Zahlen auf andere Weise entdeckt, nämlich beim Versuch, das Verhältnis von Seite und Diagonale eines Quadrats zu bestimmen. Heute wissen wir, dass sich bei einer Seitenlänge von 1 die Wurzel aus 2 ($\sqrt{2}$) ergibt. Diese Zahl ist irrational, wie Hippasos, ein Schüler von Pythagoras (etwa 570–510 v. Chr.), bewies. Für die philosophische Schule der Pythagoräer war dies eine Katastrophe, denn in ihrem quasireligiösen Weltbild sollte es nur rationale Verhältnisse geben. Sie schlossen Hippasos aus der Gemeinschaft aus und sollen ihn sogar ermordet haben. An der Wahrheit seiner Erkenntnis und der Existenz der irrationalen Zahlen änderte dies natürlich nichts.

Eigenschaften der reellen Zahlen

Vereinigt man die Menge $\mathbb{Q}$ mit der Menge der irrationalen Zahlen (für sie gibt es kein eigenes Symbol), so erhält man die Menge $\mathbb{R}$ der **reellen Zahlen**. Offenkundig kann man in $\mathbb{R}$ (wie in $\mathbb{Q}$) alle Grundrechenarten ausführen, doch zusätzlich lässt sich in $\mathbb{R}$ auch die Wurzel jeder positiven Zahl berechnen. Zahlen wie π – das Verhältnis von Kreisumfang und Durchmesser – oder die Euler'sche Zahl e, die bei natürlichen Wachstumsvorgängen, Exponentialfunktionen und Logarithmen eine entscheidende Rolle spielt, sind irrational, ebenso alle nicht abbrechenden und nicht periodischen Dezimalzahlen.

Es lässt sich darüber hinaus zeigen, dass die reellen Zahlen „vollständig" sind: Zwischen zwei beliebige reelle Zahlen passen zwar unendlich viele weitere reelle Zahlen, doch gibt es zwischen ihnen keine einzige Zahl, die nicht reell wäre. Daher kann man die Menge $\mathbb{R}$ als **Zahlengerade** darstellen. Jede vorstellbare Länge wie die Diagonale durch ein Quadrat ist eine reelle Zahl.

Unendlicher als unendlich?

Die natürlichen Zahlen können zum **Zählen** benutzt werden. Da es immer noch eine größere Zahl gibt, gleichgültig, wie weit man schon gezählt hat, könnte man im Prinzip unendlich lange weiterzählen. Es gibt also unendlich viele natürliche Zahlen. Preisfrage: Wie viele ganze Zahlen gibt es? Scheinbar gibt es doppelt so viele wie natürliche Zahlen, doch überraschenderweise lassen sich die ganzen Zahlen mithilfe der natürlichen abzählen, z. B. nach dem Muster 0, 1, –1, 2, –2, 3, –3, ... Da so jeder ganzen Zahl genau eine natürliche Zahl zugeordnet wird (und umgekehrt), müssen beide Mengen „gleich groß" sein. Mathematiker nennen solche abzählbaren unendlichen Mengen „gleich mächtig". Auch die rationalen Zahlen sind abzählbar und damit gleich mächtig wie die natürlichen, ebenso die geraden und die ungeraden Zahlen. Für alle diese Mengen gibt es eindeutige **Abzählmethoden.** Die Menge $\mathbb{R}$ ist jedoch nicht abzählbar. Wenn es nämlich eine **Liste** (→ unten) aller reellen Zahlen gäbe, könnten wir bei jeder von ihnen **genau eine Nachkommastelle ändern** (fette Ziffern) und die so erhaltene reelle Dezimalzahl unterscheidet sich von allen Zahlen der Liste. Dies ist im Widerspruch zur Annahme, dass die Liste alle reellen Zahlen enthält:

1. 0,**0**0000000...
2. 0,1**0**10101...
3. 0,22**2**22222...
4. 0,345**3**453...
5. 0,9898**9**89...
6. 0,14287**4**3...
7. 0,000760**0**...

Nicht in der Liste ist:

0,1134051...

Komplexe Zahlen

Sind die Mathematiker mit den mathematisch vollständigen und lückenlosen reellen Zahlen zufrieden? Nein, denn mit ihnen lassen sich **Wurzeln** nur aus positiven Zahlen ziehen; schon der Ausdruck $\sqrt{-1}$ ist in $\mathbb{R}$ nicht zu berechnen. Daher braucht man eine neue Zahlenbereichserweiterung zur Menge $\mathbb{C}$ der **komplexen Zahlen**. Da die Zahlengerade bereits vollständig von $\mathbb{R}$ abgedeckt wird, weicht man in die **Zahlenebene** aus und misst den Abstand von der Zahlengeraden mit der imaginären Einheit $i = \sqrt{-1}$. Vielfache von i heißen **imaginäre Zahlen**, ein Paar aus einer imaginären und einer reellen Zahl wird komplexe Zahl genannt. Mit komplexen Zahlen lassen sich eine ganze Reihe von mathematischen und physikalischen Problemen auf elegante Weise lösen.

Mengenlehre

Die Beschäftigung mit Mengen ist in der Mathematik eine vergleichsweise junge, aber sehr fruchtbare Disziplin. Die Begeisterung der Mathematiker ging in den 1970er Jahren so weit, dass Grundschüler sich mit der Mengenlehre beschäftigten, noch bevor sie richtig rechnen konnten.

Was ist eine Menge?

Wie immer ist die Mathematik auch beim Mengenbegriff um maximale Allgemeinheit und Eindeutigkeit bemüht. Demnach ist eine **Menge** definiert als eine Zusammenfassung von verschiedenen Objekten zu einer Einheit. Folgende Beispiele sind demnach Mengen: „Alle Dinge in diesem Karton", „alle Einwohner Deutschlands" oder auch „alle geraden Zahlen". Die einzelnen, so zusammengestellten Objekte sind die **Elemente** der Menge. Die Zugehörigkeit eines Elements x zu einer Menge $\mathbb{M}$ wird mit dem Element-Symbol angegeben: „$x \in \mathbb{M}$"; gehört x nicht zu $\mathbb{M}$, schreibt man „$x \notin \mathbb{M}$".

Mengen lassen sich auf zwei Arten beschreiben: Entweder führt man alle Elemente zwischen geschweiften Klammern explizit auf: $\mathbb{M} = \{13, 6, 1966\}$, oder aber man gibt eine Vorschrift an, aus der hervorgeht, was dazugehört und was nicht: $\mathbb{K} = \{n|n < 5 \text{ und } n \in \mathbb{N}\}$, gelesen „Menge aller n, für die gilt: n ist kleiner (als) 5 und Element (von) $\mathbb{N}$". Eine Variante der ersten Möglichkeit ist die grafische Darstellung in einem Diagramm (nach dem Erfinder Venn-Diagramm genannt).

Eine besondere Menge ist die leere Menge („{ }" oder „Ø"). Sie spielt bei Mengen eine ähnliche Rolle wie die Null bei den Zahlen.

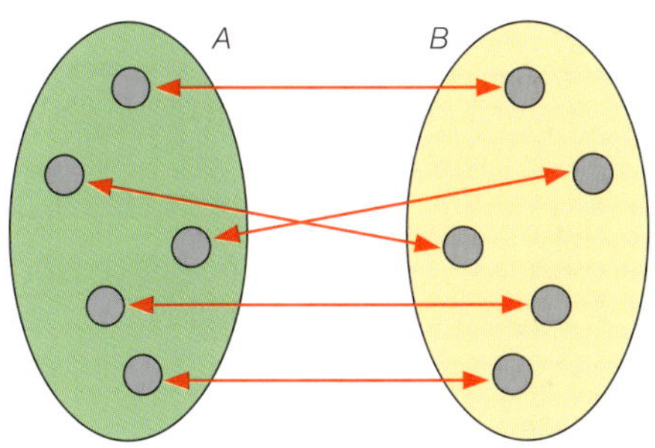

Die Mengen $\mathbb{A}$ und $\mathbb{B}$ sind genau dann gleich mächtig, wenn jedem Element von $\mathbb{A}$ genau eines von $\mathbb{B}$ zugeordnet werden kann (und umgekehrt). Dies gilt auch für unendlich große Mengen.

Beziehungen zwischen Mengen

Von großer Bedeutung ist die Anzahl der Elemente in einer Menge. Mathematiker sprechen hier allerdings lieber von der **Mächtigkeit** einer Menge. Vor allem beim Vergleich von unendlich großen Mengen ergeben sich oft auf den ersten Blick paradox erscheinende Aussagen. So sind die Mengen der geraden, der natürlichen und der Bruchzahlen alle gleich mächtig, die der reellen Zahlen dagegen mächtiger als die genannten Mengen, obwohl jede von ihnen unendlich viele Elemente enthält.

Ein Element kann Teil mehrerer Mengen sein; so ist beispielsweise die Zahl 6 nicht nur Element der Menge $\mathbb{M}$, sondern gehört auch zu den Mengen der natürlichen und der geraden Zahlen. Sind alle Elemente einer Menge $\mathbb{A}$ auch Elemente einer anderen Menge $\mathbb{B}$, dann ist $\mathbb{A}$ eine **Teilmenge** von $\mathbb{B}$, man schreibt:

$\mathbb{A} \subset \mathbb{B}$ (wenn $\mathbb{A} \neq \mathbb{B}$, „$\mathbb{A}$ ist echte Teilmenge von $\mathbb{B}$") und

$\mathbb{A} \subseteq \mathbb{B}$ (wenn $\mathbb{A}$ auch gleich $\mathbb{B}$ sein kann, „$\mathbb{A}$ ist unechte Teilmenge von $\mathbb{B}$").

Die Menge aller Elemente, die sowohl in $\mathbb{A}$ als auch in $\mathbb{B}$ vorkommen, ist die **Schnittmenge** von $\mathbb{A}$ und $\mathbb{B}$, in Symbolen geschrieben: „$\mathbb{A} \cap \mathbb{B}$". Der Ausdruck „$\mathbb{A} \cup \mathbb{B}$" wiederum bezeichnet die **Vereinigungsmenge** von $\mathbb{A}$ und $\mathbb{B}$, das sind alle Elemente, die in mindestens einer der beiden Mengen vorkommen. Die **Differenzmenge** $\mathbb{B} \setminus \mathbb{A}$ schließlich enthält alle Elemente, die in $\mathbb{B}$, aber nicht in $\mathbb{A}$ vorkommen (siehe Grafik).

Beziehung zwischen Mengen

Verknüpfungen von Mengen im Venn-Diagramm (ohne explizite Angabe der Elemente)

Vereinigungsmenge

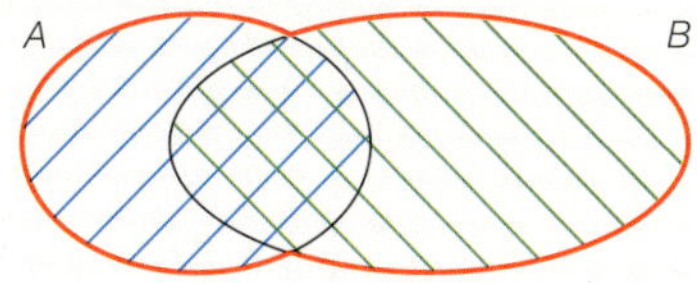

$A \cup B = B \cup A$

Schnittmenge

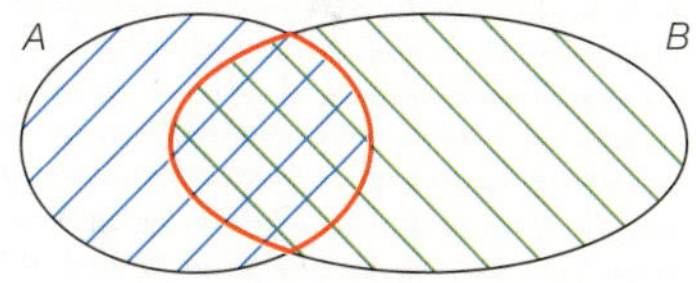

$A \cap B = B \cap A$

Differenzmenge

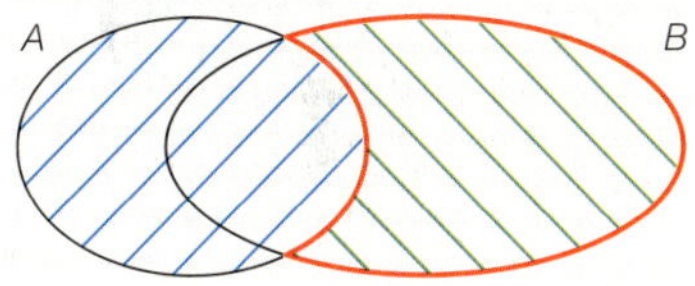

$B \setminus A$

Elementares Rechnen

Zahlen sind das Fundament aller Mathematik. Doch ein Fundament allein reicht nicht: Erst wenn man die Zahlen verknüpft, wenn also gerechnet wird, erwacht die Mathematik zum Leben. Rechnen ist beileibe nicht nur etwas für die Grundschule. Rechnen muss jeder, ob im Beruf oder beim Einkaufen.

Die Lehrbücher von Adam Ries (1492–1559) – die Schreibweise „Riese" ist falsch – waren so einflussreich, dass beim Abschluss einer Rechnung der Satz „Das macht nach Adam Riese: ..." zum Sprichwort wurde.

Addition und Subtraktion

Die wohl einfachste Rechnung mit zwei Zahlen ist die Addition, also das „Zusammenzählen". Das mathematische Symbol der Addition ist das Pluszeichen: „+". Will man die Addition zweier Zahlen (der **Summanden**) rückgängig machen, muss man vom Ergebnis, der **Summe,** eine von ihnen wieder abziehen.

Hinzuzählen und umgekehrt

Ein umgangssprachlicher Ausdruck für die Addition ist „Hinzuzählen". So wie man von einer natürlichen Zahl durch Weiterzählen um 1 zur nächsten kommt, so werden z. B. bei der Addition 3 + 5 zur 3 genau fünf Einsen hinzugezählt. In der Praxis macht man sich beim **schriftlichen Addieren** zunutze, dass im Dezimalsystem die einzelnen Stellen einer mehrstelligen Zahl (Einer, Zehner, Hunderter sowie entsprechend die Nachkommastellen) separat addiert werden können. Man muss nur stets von rechts nach links vorgehen und dabei auf die sog. Überträge achten: Wenn eine Summe mehr als 9 ergibt, wird nur die Einerstelle des Ergebnisses notiert und der linke Nachbar um den Übertrag vergrößert. Ein Beispiel:

$$\begin{array}{r} 2940 \\ \underline{+7628} \\ 10568 \end{array}$$

Bei dieser Rechnung ergibt die Addition der 100er-Stellen 15, also wird unten 5 notiert und der Übertrag 1 zum Ergebnis der 1000er-Stelle (2 + 7 = 9) addiert, was 10 ergibt. Dies ist ebenfalls größer als 9, also erhält die 1000er-Stelle eine 0 und die 10 000er-Stelle eine 1, da diese bei beiden Summanden 0 ist.

Die Subtraktion ist die Umkehrung der Addition; das Ergebnis heißt **Differenz**. Wenn 6 + 7 = 13 ist, so gilt 13 – 7 = 6 und 13 – 6 = 7. Ist bei einer Subtraktion die zweite Zahl größer als die erste, so ist die Differenz eine negative Zahl. Wird eine Zahl von sich selbst abgezogen, ist das Ergebnis 0, d. h.: 13 – 13 = 0. Weil die Addition die Umkehrung der Subtraktion ist, können wir auch schreiben 13 + 0 = 13 und ebenso 13 – 0 = 13. In der Sprache der Mathematik wird daher die Null als das **neutrale Element** bezüglich Addition und Subtraktion bezeichnet.

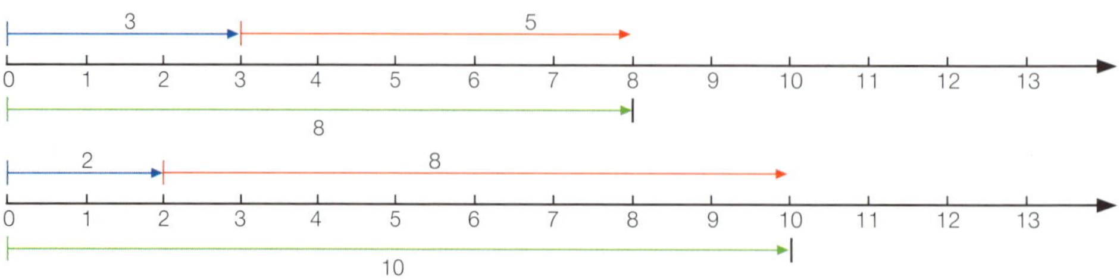

Auf dem Zahlenstrahl ist eine Addition (hier 3 + 5 und 2 + 8) das Hintereinanderlegen von zwei Zahlenpfeilen. Das Ergebnis, die Summe, lässt sich anschließend an der grünen Pfeilspitze ablesen.

Multiplikation, Division, Potenzen

Wie viel Geld sind fünf Zwei-Euro-Stücke? Kleine Kinder würden rechnen 2 + 2 + 2 + 2 + 2 = 10. Dies stimmt zwar, ist aber umständlicher, als zu sagen „ich addiere 5-mal die Zahl 2 und erhalte 10“, kurz „5 · 2 = 10“ oder „2 multipliziert mit 5 ergibt 10“. Aufgaben dieser Art stellen sich so häufig, dass die Multiplikation und ihre Umkehrung, die Division, wie Addition und Subtraktion zu den vier Grundrechenarten zählen.

Produkte in der Mathematik

Sprachen wir bei der Addition von Summanden, die eine Summe ergeben, so heißt es beim Malnehmen, dass **Faktoren** miteinander multipliziert werden; das Ergebnis ist das **Produkt** der Faktoren. Bei Produkten spielt die Zahl 0 eine andere Rolle als bei Addition und Subtraktion: Immer, wenn in einem Produkt mindestens einer der Faktoren 0 ist (man sagt auch „verschwindet“), ist das ganze Produkt 0. Die Null ist hier also kein neutrales Element, sondern macht sozusagen jede Multiplikation „zunichte“. Multipliziert man dagegen irgendeine Zahl oder einen Ausdruck mit 1, so bleibt die Zahl bzw. der Ausdruck unverändert. Bei der Multiplikation ist also die 1 das **neutrale Element.**

Ebenfalls eine besondere Rolle spielt die Zahl –1 als Faktor in einem Produkt. Sie lässt nämlich den Betrag des Produkts gleich, ändert jedoch das Vorzeichen:
$-1 \cdot (+5) = -5$ oder
$+5 \cdot (-1) = -5$
$-7 \cdot (-1) = +7$ oder
$-1 \cdot (-7) = +7$.
Hier wird oft der Merksatz **„Minus mal Minus gibt Plus“** angeführt. Eine Folgerung hieraus ist, dass ein Produkt immer dann positiv ist, wenn es eine gerade Anzahl von negativen Faktoren (beide Faktoren haben dasselbe Vorzeichen) enthält, und negativ, wenn deren Anzahl ungerade (beide Faktoren haben unterschiedliche Vorzeichen) ist.

Die Division

Bruchzahlen bieten einen sehr bequemen Weg, eine Division „auszurechnen“:

$$7 : 9 = \frac{7}{9}$$

Das Schöne daran ist, dass solch ein Ergebnis immer exakt stimmt, während die Angabe einer Dezimalzahl oft Rundungsfehler enthält. In jedem Fall ist das Ergebnis einer Division von ganzen Zahlen im Allgemeinen keine ganze Zahl. Man verlässt also bei der Division die Menge $\mathbb{Z}$ der ganzen Zahlen. Will man das nicht, muss man sich mit der **Division mit Rest** behelfen. In diesem Fall schreibt man „5 : 3 = 1, Rest 2“.

Eine weitere Besonderheit der Division folgt aus dem Verhalten der Null bei der Multiplikation. Wenn das Produkt jeder

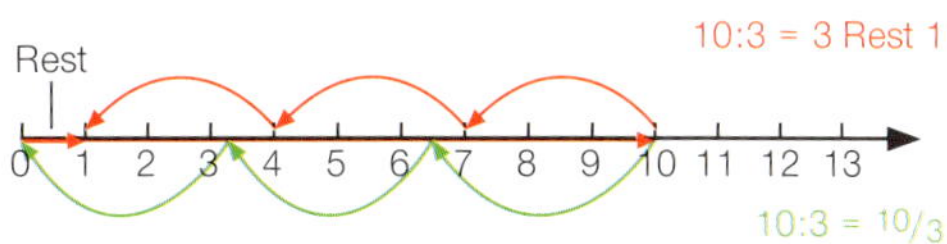

Wenn die Division nicht aufgeht, gibt es zwei Möglichkeiten: Entweder wird der Rest explizit angegeben (rot) oder man drückt das Ergebnis als Bruchzahl – und damit ohne Rest – aus (grün).

(K)eine schwierige Aufgabe

Nach einer bekannten Anekdote sollte **Carl Friedrich Gauß**, der spätere „Fürst der Mathematik“, als Schüler die Zahlen von 1 bis 100 zusammenzählen – damit sein Lehrer ein Nickerchen halten konnte. Doch der junge Gauß nannte umgehend das korrekte Ergebnis 5050. Wie hatte er das geschafft? Mit drei Rechengesetzen! Er gruppierte die Summanden um zu (1 + 100) + (2 + 99) + (3 + 98) + ... Jeder dieser Klammerausdrücke ergibt 101, und es muss 100 : 2 = 50 von ihnen geben. Darum ist die Summe der Zahlen von 1 bis 100 gleich 50 · 101 = 5050.

An Carl Friedrich Gauß (1777 bis 1855), einen der größten Mathematiker aller Zeiten, erinnerte der 10-DM-Schein, der bis zur Einführung des Euro 2002 gültig war.

beliebigen Zahl mit 0 immer 0 ergibt, ist die Umkehrung der Rechnung nicht eindeutig. Es ist also sinnlos, durch 0 zu teilen. Auch der Ausdruck „0 : 0“ ist nicht definiert und darf nicht verwendet werden. Durch 1 darf man dagegen immer teilen, denn auch bei der Division bildet die Zahl 1 das neutrale Element.

Wichtige Gesetze

Für die Grundrechenarten gelten drei fundamentale Gesetze:

Kommutativgesetz (Vertauschbarkeit): Bei Addition und Multiplikation kommt es auf die Reihenfolge der Summanden bzw. Faktoren nicht an. Sie können beliebig vertauscht werden, ohne dass sich am Ergebnis etwas ändert:

$6 + 7 = 7 + 6 = 13$, $6 \cdot 7 = 7 \cdot 6 = 42$.

Bei Subtraktion und Division gilt dieses Gesetz hingegen nicht.

Assoziativgesetz (Gruppierung): Bei Addition und Multiplikation können an beliebiger Stelle Klammern gesetzt werden, um Teilsummen bzw. -produkte zu berechnen: $3 + (4 + 5) = (3 + 4) + 5 = 12$ bzw. $3 \cdot (4 \cdot 5) = (3 \cdot 4) \cdot 5 = 60$.

Distributivgesetz (Verteilung): Werden Punkt- und Strichrechnungen kombiniert, dann löst man die Klammern folgendermaßen auf: $5 \cdot (4 \pm 3) = 5 \cdot 4 \pm 5 \cdot 3$ (ebenso für Divisionen). Wird die Gleichung von rechts nach links angewandt, spricht man vom Ausklammern. Außerdem gilt **Punkt- vor Strichrechnung:** Multiplikation und Division („Punktrechnung“) werden vor Addition und Subtraktion („Strichrechnung“) ausgeführt, sofern keine Klammern gesetzt sind. Potenzen wiederum werden noch vor den Punktrechnungen ausgewertet.

Potenzen

Multiplikation kürzt mehrfache Additionen ab. Gibt es so etwas auch für mehrfache Multiplikationen? Ja, man nennt dies dann eine **Potenz.** Beispielsweise wird statt „$3 \cdot 3 \cdot 3 \cdot 3$“ kurz „$3^4$“ geschrieben, gelesen als „drei hoch vier“. Dabei darf man die „Hochzahl“ (den **Exponenten**) und die Grundzahl **(Basis)** aber nicht vertauschen: $3^4 = 81$ ist etwas anderes als $4^3 = 64$. Allgemein ist $n^m \neq m^n$. Auch bei der Umkehroperation verhalten sich Potenzen anders als Produkte. Sowohl Wurzeln als auch Logarithmen spielen hier eine Rolle, sie werden später vorgestellt.

Teilbarkeitsregeln

Eine Zahl ist durch …	teilbar, wenn …	Beispiele
2	sie auf eine gerade Ziffer endet.	189 4**58** : 2 = 94 729
3	ihre Quersumme (die Summe aller Ziffern) durch 3 teilbar ist.	**942** : 3 = 314 (Quersumme 9 +4 + 2 = 15)
4	die Zahl, die aus ihren letzten beiden Ziffern gebildet wird, durch 4 teilbar ist (oder wenn die Hälfte von ihr gerade ist).	189 4**28** : 4 = 47 357
5	sie auf 0 oder 5 endet.	192 460 347 19**5** : 5 = 38 492 069 439
6	sie gerade und ihre Quersumme (die Summe aller Ziffern) durch 3 teilbar ist.	94**2** : 6 = 157 (Quersumme 15)
7	(keine einfache Teilbarkeitsregel)	
8	die Zahl, die aus ihren letzten drei Ziffern gebildet wird, durch 8 teilbar ist (oder wenn ein Viertel von ihr gerade ist).	189 **400** : 8 = 23 675
9	ihre Quersumme (die Summe aller Ziffern) durch 9 teilbar ist	**945** : 9 = 105 (Quersumme 9 +4 +5 = 18)

Primzahlen: ein besonderes Problem

Das Rechnen mit den vier Grundrechenarten ist Stoff der ersten Grundschulklassen. Doch auch ernsthafte Mathematiker befassen sich damit, denn die sog. **Zahlentheorie** bietet einige der schwierigsten ungelösten Probleme der ganzen Mathematik. Ein Paradebeispiel ist die Untersuchung der Primzahlen.

Sieb des Eratosthenes

Ein einfaches Verfahren, eine größere Anzahl von nicht zu großen Primzahlen zu finden, stammt von dem griechischen Gelehrten **Eratosthenes von Kyrene** (ca. 275–195 v. Chr.). Dazu notiert man die Zahlen, etwa von 2 bis 100, in einer Liste. Dann markiert man zunächst die 2 als Primzahl und streicht alle Vielfachen von 2. Die nächste nicht gestrichene Zahl ist die 3, man markiert sie als Primzahl und streicht die Vielfachen von 3 aus der Liste. Die nächste stehengebliebene Zahl ist die Primzahl 5, auch ihre Vielfachen werden gestrichen. Wenn man schließlich eine Zahl erreicht, deren sämtliche Vielfache bereits aus der Liste gestrichen sind, ist diese „ausgesiebt“ und alle vorhandenen Primzahlen sind markiert.

	2	3	~~4~~	5	~~6~~	7	~~8~~	~~9~~	~~10~~
11	~~12~~	13	~~14~~	~~15~~	~~16~~	17	~~18~~	19	~~20~~
~~21~~	~~22~~	23	~~24~~	~~25~~	~~26~~	~~27~~	~~28~~	29	~~30~~
31	~~32~~	~~33~~	~~34~~	~~35~~	~~36~~	37	~~38~~	~~39~~	~~40~~
41	~~42~~	43	~~44~~	~~45~~	~~46~~	47	~~48~~	~~49~~	~~50~~
~~51~~	~~52~~	53	~~54~~	~~55~~	~~56~~	~~57~~	~~58~~	59	~~60~~
61	~~62~~	~~63~~	~~64~~	~~65~~	~~66~~	67	~~68~~	~~69~~	~~70~~
71	~~72~~	73	~~74~~	~~75~~	~~76~~	~~77~~	~~78~~	79	~~80~~
~~81~~	~~82~~	83	~~84~~	~~85~~	~~86~~	~~87~~	~~88~~	89	~~90~~
~~91~~	~~92~~	~~93~~	~~94~~	~~95~~	~~96~~	97	~~98~~	~~99~~	~~100~~

Primzahlen sind unregelmäßig verteilt. Das Sieb des Eratosthenes ist ein Hilfsmittel, mit dem man sie aus den Zahlen filtern kann.

Primzahl oder nicht?

Eine Primzahl lässt sich ohne Rest nur durch 1 und durch sich selbst teilen. Leider ist es gar nicht so einfach zu sagen, ob eine Zahl eine Primzahl ist oder nicht. Zwar kann man bei nicht zu großen Zahlen alle potenziellen Teiler ausprobieren (z. B. mit den Teilbarkeitsregeln, → S. 220). Doch schon für Zahlen über 1000 ist dies im Kopf mühsam und bei wirklich großen Zahlen müssen auch die besten Computer kapitulieren. Lediglich in wenigen Sonderfällen kann man Vermutungen anstellen. So gibt es für die **Mersenne'schen Zahlen** – das sind Potenzen von 2, von denen 1 abgezogen wird, z. B. $2^3 - 1 = 7$ oder $2^5 - 1 = 31$ oder $2^{31} - 1 = 2\,147\,483\,647$ – eine Prüfmethode. Damit wurde Ende 2008 die größte bislang bekannte Primzahl gefunden: $2^{43\,112\,609} - 1$, eine Zahl mit knapp 13 Millionen Stellen.

Warum ist es so wichtig zu wissen, ob eine Zahl eine Primzahl ist? Zum einen ist es der Erkenntnisdrang der Mathematiker. Zum anderen beruht eine gängige Verschlüsselungsmethode in der Datenverarbeitung auf der Multiplikation möglichst großer Primzahlen. Je schwieriger es ist, ein solches Produkt zu „knacken“, umso sicherer sind unsere Daten.

Gelöst und ungelöst

Gibt es eine größte Primzahl? Nein, man kann aus zwei Primzahlen immer noch mindestens eine weitere konstruieren. Euklid bewies vor 2300 Jahren, dass es unendlich viele Primzahlen gibt, und 2003 wurde bewiesen, dass es auch unendlich viele **Primzahlzwillinge** gibt, das sind Primzahlpaare mit der Differenz 2 (z. B. 3 und 5 oder 11 und 13). Seit dem 18. Jh. unbewiesen ist die Vermutung des Mathematikers Christian Goldbach, dass man jede gerade natürliche Zahl als Summe von zwei Primzahlen schreiben kann (z. B. 8 = 3 + 5).

Büste des griechischen Gelehrten Eratosthenes von Kyrene (um 275–195 v. Chr.)

Prozent- und Zinsrechnung

Um die Kunden zu beeindrucken, bewirbt der Einzelhandel kräftige Rabatte meist mit Prozentzahlen.

Brüche lassen sich am besten vergleichen, wenn man sie gleichnamig macht, also auf den gemeinsamen Nenner bringt. Es hat sich eingebürgert, für solche Vergleiche den Nenner „100" zu wählen. „Von hundert" heißt auf Lateinisch „pro cent(um)" – es geht hier also um Prozentrechnung.

Prozent, Promille & Co.

Prozentangaben verwendet man, um Anteile an einem Ganzen anzugeben und miteinander zu vergleichen. „Ein Prozent" entspricht einem Hundertstel. Man schreibt dafür „1 %". Das Zeichen „%" war ursprünglich eine Zusammenschreibung der Buchstaben „cto" (für italienisch „cento", 100). Die Hälfte entspricht also 50 %, ein Viertel 25 % usw.

Für noch kleinere Anteile gibt es weitere Bezeichnungen: So wird der Alkoholgehalt im Blut in „Promille" (Abkürzung: ‰) angegeben. Dies kommt vom lateinischen Wort „mille" für 1000. Ein Promille ist demnach ein Zehntelprozent: 1 ‰ = 0,1 %. Ein Blutalkoholwert von 5 ‰ kann schon lebensbedrohlich sein, 1 % wäre sicher tödlich. Die Konzentration des Treibhausgases Kohlenstoffdioxid (CO_2) in der Atmosphäre wird sogar in „ppm" angegeben. Dies steht für englisch „parts per million", „Teile in einer Million". 1000 ppm sind 1 ‰. Bis vor 200 Jahren lag der CO_2-Gehalt der Atmosphäre bei 280 ppm, vor 30 Jahren bei 330 ppm und heute bei etwa 380 ppm.

Grundaufgaben der Prozentrechnung

In der Prozentrechnung müssen folgende Größen beachtet werden: Das Ganze (z. B. die abgegebenen Stimmen bei einer Wahl) nennt man **Grundwert** *G*, den betrachteten Anteil **Prozentwert** *W* (die Anzahl der Stimmen von Partei XYZ). Die Zahl, die den (Stimmen-)Anteil bezogen auf 100 angibt, ist der **Prozentsatz** *p*. Es gilt die Beziehung:

$$W = G \cdot \frac{p}{100} \quad \text{sowie} \quad \frac{p}{100} = p\,\%$$

Entscheidend ist, Grundwert *G*, Prozentwert *W* und Prozentsatz *p* richtig zu kombinieren. Sind zwei der drei Größen bekannt, lässt sich die dritte aus ihnen berechnen. Je nachdem, welche Größe fehlt, gibt es drei Grundaufgaben der Prozentrechnung: *G* und *p* sind bekannt, wie groß ist *W*? – 44 % der Schüler einer Klasse mit 25 Kindern haben eine 1 oder eine 2 geschrieben. Wie viele sind das? W = 25 Schüler · 44/100 = 11 Schüler. *G* und *W* sind bekannt, wie groß ist *p*? – Von 240 Schrauben waren 53 fehlerhaft, wie viel Prozent beträgt der Ausschuss?

$p\,\% = W/G$ bzw. $p = 100 \cdot W/G$, also $p = 5300/240 = 22{,}1$.
W und p sind bekannt, wie groß ist G? – Eine Händlerin verdient 8 % bei jedem Verkauf. Wie groß muss der Umsatz sein, damit sie insgesamt 650 Euro bekommt?
$G = W/p\,\%$ bzw. $G = 100 \cdot W/p$, also $G = 65\,000$ Euro/8 = 8125 Euro.

Tücken der Prozentrechnung

Eine prozentuale Änderung kann man sprachlich auf zwei Arten ausdrücken, die fast gleich klingen, aber etwas ganz anderes bedeuten. Betrachten wir beispielsweise eine Rechnung über 80 Euro. Wenn sich diese auf 150 % erhöht, dann liegt der Betrag danach bei 150 % von 80 Euro, also bei 120 Euro. Steigt die Rechnung dagegen um 150 %, dann liegen wir hinterher bei 80 Euro + 120 Euro = 200 Euro.

Eine weitere Tücke der Prozentrechnung liegt in der Wahl des richtigen Bezugswerts. Wächst beispielsweise das Taschengeld im Sparschwein von 80 auf 120 Euro, dann ist die prozentuale Zunahme 50 % – denn es kommt die Hälfte von 80 Euro hinzu. Gebe ich dann aber diese 40 Euro wieder aus, hat die Summe von 120 Euro „nur" um 33,3 % abgenommen, denn 40 Euro sind ein Drittel von 120 Euro. Das heißt: Gewinne ich erst 50 % und gebe dann 33,3 % ab, lande ich doch wieder beim Ausgangswert! Ebenso bedeutet ein Kurssprung um mehrere 100 % bei einer Aktie, die nur wenige Cent wert ist, in absoluten Zahlen einen viel niedrigeren Gewinn als ein zweiprozentiger Anstieg der Aktie eines Weltkonzerns, deren Kurs bei 300 Euro liegt.

Mit Zins und Zinseszins

Als Zinsen bezeichnet man heute meist ein Entgelt für zeitweilig überlassenes Geld. Die Höhe der Zinsen Z richtet sich nach der Höhe des ver- oder entliehenen **Kapitals** K, der Zeit t, für die das Geld überlassen wird, und dem **Zinssatz,** der meist als Prozentwert p angegeben wird. Die Zinsrechnung ist also ein Spezialfall der Prozentrechnung. Der grundlegende Zusammenhang zwischen diesen Größen ist die **„einfache Zinsformel":** $Z = K \cdot t \cdot p/100$. Zinsangaben beziehen sich meist auf ein Jahr – bei einem Kredit zu 5 % werden pro Jahr 5 % der Kreditsumme an Zinsen gezahlt. Bei einer kurzfristigen Finanzierung (z. B. für drei Monate) wird nur ein Viertel von 5 %, also 1,25 %, an Zinsen fällig. So berechnet eine Bank nach x Tagen Zinsen von

$$Z = K \cdot \frac{x}{360} \cdot \frac{p}{100}$$

(Für eine Bank hat ein Jahr 360 Tage, ein Monat immer 30 Tage.)

Zinseszins

Über die einfache Prozentrechnung hinaus geht der Rechenaufwand, wenn bei einem Guthaben die erzielten Zinsen nicht ausgezahlt, sondern mitverzinst werden. Ohne diesen Zinseszins würden bei 7 % Zinsen zu einem Kapital von 1000 Euro jedes Jahr 70 Euro dazukommen. Mit Zinseszins kommen im zweiten Jahr 7 % von 1070 Euro (74,90 Euro) hinzu, im dritten Jahr 7 % von 1144,90 Euro (80,14 Euro) usw. Nach der sog. allgemeinen **Zinsformel** wächst mit dem Aufzinsungsfaktor q = 1 + p/100 das Kapital K_0 nach n Jahren auf den Wert $K_n = K_0 \cdot q^n$.

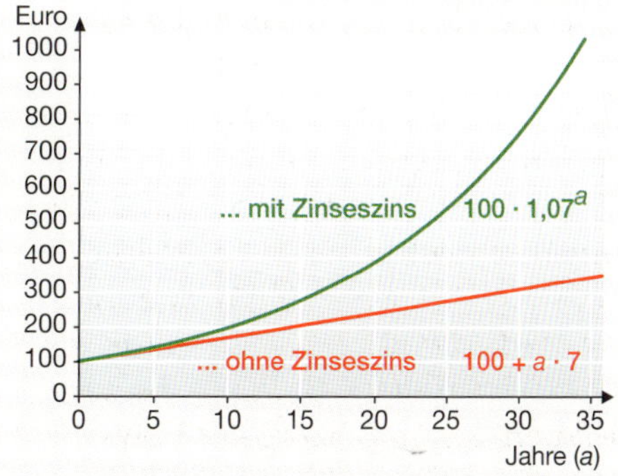

Ein Kapital wächst wesentlich stärker, wenn man Zinseszinsen mitberücksichtigt.

Dreisatz

Benzinverbrauch

Will man den Kraftstoffverbrauch seines Autos (Liter pro 100 km) ausrechnen, hilft ein Blick auf den Kilometerzähler. Nehmen wir an, Sie haben eine Strecke von 550 km zurückgelegt und dabei ist die Tankanzeige von „voll" auf „halb" gesunken. Laut Betriebsanleitung fasst der Tank 77 Liter. Dann ergibt sich folgende Rechnung; die Variable x bezeichnet den Verbrauch in Litern pro 100 km:

$$\frac{38{,}5\text{ Liter}}{550\text{ km}} = x\frac{\text{Liter}}{100\text{ km}}$$

$$x = \frac{38{,}5\text{ Liter}}{550\text{ km}} \cdot \frac{100\text{ km}}{\text{Liter}} = \frac{3850}{550} = 7$$

Wenn 2 kg Pflaumen 5 Euro kosten, wie viel kosten dann 5 kg? Wenn drei Maurer eine Wand in einer Stunde hochziehen, wie lange dauert es, wenn sich sechs Maurer an die Arbeit machen? Solche und ähnliche Aufgaben tauchen nicht nur im Mathematikunterricht, sondern auch im Alltag immer wieder auf. Das gängige Lösungsverfahren ist die Schlussrechnung, oft auch als Dreisatz bezeichnet, bei der man in „drei Schritten" von der Frage über den Zwischenschritt Kilopreis bzw. Stundensoll usw. auf die Antwort „schließt".

Mit Pflaumen rechnen

Betrachten wir die Frage nach dem Pflaumenpreis genauer: Offenbar ist das Verhältnis aus Preis (in Euro) und Menge (in kg) gleich, egal wie viel gekauft wird. Das lässt sich so ausdrücken:

$$\frac{5\text{ Euro}}{2\text{ kg}} = \frac{2{,}5\text{ Euro}}{1\text{ kg}} = 2{,}5\frac{\text{Euro}}{\text{kg}}$$

Dieser sog. Kilopreis ist der entscheidende zweite Schritt im Dreisatz. Nun ist es leicht, den zunächst unbekannten Preis für 5 kg Pflaumen auszurechnen, den wir mit der Variablen „x" bezeichnen:

$$\frac{x\text{ Euro}}{5\text{ kg}} = \frac{2{,}5\text{ Euro}}{1\text{ kg}}$$

Diese Gleichung lässt sich nämlich umformen, indem beide Seiten mit „5 kg" multipliziert werden. (Man beachte, dass die Einheit „kg" sich dabei herauskürzt.) Das Ergebnis ist der Ausdruck

$$\begin{aligned} x\text{ Euro} &= 2{,}5\frac{\text{Euro}}{\text{kg}} \cdot 5\text{kg} \\ &= 12{,}5\text{ Euro.} \end{aligned}$$

5 kg Pflaumen kosten also 12,50 Euro.

Indirekter Dreisatz

Neben dem direkten Dreisatz gibt es noch einen zweiten, verwandten Aufgabentypus: den **indirekten Dreisatz.** Hier sind nicht zwei Verhältnisse gleich (wie oben die Preise für 2 kg Pflaumen oder 5 kg Pflaumen), sondern das **Produkt** zweier Größen. Der indirekte Dreisatz wird auch umgekehrter Dreisatz genannt.

Ein gutes Beispiel für diese Art der Rechnung liefern die Maurer aus der Einleitung: Je mehr Maurer arbeiten, desto schneller geht die Arbeit vonstatten. Mathematisch ausgedrückt: Das Produkt aus Arbeitszeit und Zahl der Maurer ist immer gleich. Wir können damit folgendermaßen rechnen:

3 Maurer · 1 Stunde = 6 Maurer · x Stunden, also

$$x = \frac{3\text{ Maurer}}{6\text{ Maurer}} \cdot 1\text{ Stunde} = \frac{1}{2}\text{ Stunde}$$

Achtung: Nicht alles, was auf den ersten Blick wie ein Dreisatz aussieht, ist auch einer! Oder wie würden Sie folgende Aufgabe lösen: Wenn zwei Sänger ein Lied in drei Minuten singen, wie lange brauchen dann fünf Sänger?

Erhalten diese Maurer Verstärkung von drei weiteren Kollegen, schaffen sie ihre Arbeit in der Hälfte der Zeit.

Das Lösen von Sachaufgaben

Nicht jeder Schüler liebt die sog. **Textaufgaben,** bei denen die Hauptschwierigkeit meist darin besteht, herauszufinden, was überhaupt zu berechnen ist. Andererseits stellen sich in Beruf und Alltag mathematische Probleme selten so bequem, dass man nur noch Zahlen in seinen Taschenrechner eintippen muss. Zum Glück gibt es Rezepte, mit denen sich solche Aufgaben erfolgreich „knacken" lassen.

Bevor die Zimmerwände einen neuen Anstrich bekommen, muss die für die Fläche benötigte Farbmenge ermittelt werden.

Arithmetische Verfahren

Bei den leichtesten Textaufgaben ist eigentlich nur eine Rechenaufgabe ein wenig „eingekleidet". Hat man die zu lösende Gleichung gefunden, ist das Rechnen meist schnell erledigt. Ein Beispiel: Zu welcher natürlichen Zahl muss ich 3 addieren, um 15 zu erhalten? Zur Lösung schreiben wir die gesuchte Zahl als **Variable** „x" ($x \in \mathbb{N}$). Zu x soll 3 addiert werden und das Ergebnis soll 15 sein: $x + 3 = 15$. Auflösen nach x ergibt dann $x = 15 - 3 = 12$.

Diese Gleichung lässt sich mit sog. **Äquivalenzumformungen** in eine nützlichere Gestalt bringen. Dazu wird auf beiden Seiten 3 subtrahiert, die Lösung der Gleichung bleibt dabei die gleiche. Man nennt diesen Schritt auch „Auflösen nach x".

Ein anderes Beispiel: Verringert man das Fünffache einer Zahl um 6, so erhält man 12. Die zugehörige **Zahlenwertgleichung** lautet: $5x - 6 = 12$. Da wir über x keine weitere Auskunft haben, nehmen wir $x \in \mathbb{R}$ an. Lösen wir die Gleichung wie oben nach x auf, ergibt sich $5x = 18$ und daraus $x = 3{,}6$.

Etwas schwieriger als die obigen Fälle sind **Größengleichungen.** Hier treten zu den Zahlen noch Einheiten hinzu, es geht also um Beziehungen zwischen Längen- und Zeitangaben, Geschwindigkeiten, Geldbeträgen usw. Man geht im Prinzip wie bei Zahlenwertgleichungen vor, man muss nur aufpassen, dass man immer sorgfältig die Einheiten notiert und bei der Rechnung mitführt. Am Ende ist es dann eine wichtige Probe für das ermittelte Ergebnis, ob etwa eine gesuchte Zeit auch in der Einheit „Sekunde" oder „Stunde" (aber nicht z. B. in „Kilogramm") errechnet wurde. Solche Probleme lassen sich im Allgemeinen über **vier Schritte** lösen:

Erstens muss klar sein, worum es eigentlich geht. Welche Voraussetzungen sind gegeben, welche Zahlen und Größen sind bekannt, welche werden gesucht? Dies wird alles notiert, für die unbekannten Größen definiert man Variablen. Manchmal hilft in diesen Fällen auch eine Skizze.

Im **zweiten Schritt** schreibt man die beschriebenen Zusammenhänge zwischen den Größen als Gleichungen **(„Ansatz")** auf.

Im **dritten Schritt** wird die Gleichung gelöst, sodass für alle gesuchten Größen Zahlenwerte (und die passende Einheit) gefunden werden.

Als **vierter und letzter Schritt** folgt die **Probe.** Dazu setzt man die Lösung in die Ausgangsaufgabe ein, um etwaige Rechenfehler aufzudecken. Im zweiten Beispiel oben, der Gleichung $5x - 6 = 12$, würde man als Probe $5 \cdot 3{,}6 - 6$ rechnen und dann feststellen, dass das Ergebnis tatsächlich 12 ist.

Wie viel Farbe?

Sie stehen im Baumarkt – wie viel Farbe müssen Sie für 12,5 m² Wand kaufen, wenn pro Quadratmeter 2 Liter gebraucht werden?

Gegeben sind Wandgröße (12,5 m²), Ergiebigkeit (2 Liter/m²), gesucht ist die Farbmenge in Litern, x.

$$x = \text{Wandgröße} \cdot \text{Ergiebigkeit}$$

$$x = 12{,}5\,\text{m}^2 \cdot 2\,\frac{\text{Liter}}{\text{m}^2} = 25\,\text{Liter}$$

$$\text{Probe: } \frac{25\,\text{Liter}}{12{,}5\,\text{m}^2} = 2\,\frac{\text{Liter}}{\text{m}^2}$$

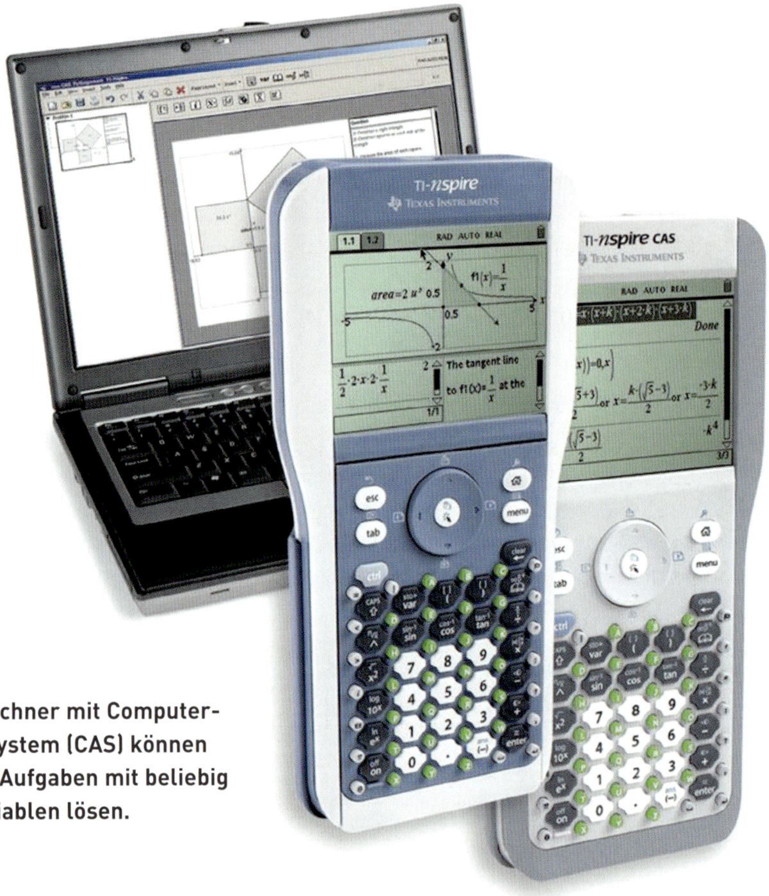

Taschenrechner mit Computer-Algebra-System (CAS) können komplexe Aufgaben mit beliebig vielen Variablen lösen.

Taschenrechner

Von alters her haben sich die Menschen Hilfsmittel beim Rechnen gewünscht. Bereits in der Antike kannte man den Abakus, der heute noch in Asien und Russland Anwendung findet. Schon im 17. Jh. wurden mechanische Rechenmaschinen erfunden, ebenfalls aus der frühen Neuzeit stammt der Rechenschieber. Doch gegen den Taschenrechner kommen sie alle nicht an – blitzschnell berechnet er die kompliziertesten Ausdrücke. Manche Exemplare lassen sich sogar programmieren und stellen die Ergebnisse dann grafisch dar.

Bedienung

Anders als ein Computer, der über eine komplette Schreibmaschinentastatur mit zusätzlichen Funktionstasten gesteuert wird, hat ein Taschenrechner zunächst nur 15 Standardtasten: zehn für die Ziffern 0 bis 9, vier für die Grundrechenarten und eine „Enter“- oder „=“-Taste, mit der man die Eingabe abschließt und das Ergebnis anzeigt. Eine weitere Taste, meist „C“ und „CE“ beschriftet, dient zum Löschen von falschen Eingaben. Dazu kommen bei teureren Modellen Funktionstasten, mathematische Konstanten, Speicher u. a. Sonderfunktionen. „Wissenschaftliche Taschenrechner“ sind auf die Anforderungen von Naturwissenschaftlern und Ingenieuren spezialisiert und weisen z. B. Tasten für statistische Analysefunktionen oder Funktionen der höheren Mathematik auf.

Runden und Überschlagen

Obwohl ein Taschenrechner im Prinzip stets richtig rechnet, kann man trotzdem zu falschen Ergebnissen kommen, wenn man alles ungeprüft übernimmt. Was für Fehler können hier auftreten und wie kann man sie vermeiden?

Ein häufig auftretendes Problem ist der sog. **Rundungsfehler.** Jeder Rechner kann nur eine bestimmte Zahl von Nachkommastellen verarbeiten. Bei älteren Taschenrechnern waren dies meist acht Stellen, heute sind es 16 oder sogar 32. Sobald aber periodische oder andere nicht abbrechende Dezimalbrüche ins Spiel kommen, muss der Rechner runden. Und bei jedem Rechenschritt kann der Fehler größer werden. Darum muss man immer im Auge behalten, wie viele Stellen verlässlich sind, und darf nie mehr Stellen als Zwischen- oder Endergebnis notieren, als die Eingangsdaten besitzen.

Natürlich können auch einfache Tippfehler des Bedienenden zu falschen Endergebnissen führen, die nicht auf Rundungsfehler zurückzuführen sind. In diesem Fall hilft es, mit einer groben **Überschlagsrechnung** zu prüfen, ob das Resultat des Taschenrechners zumindest plausibel erscheint. Auch kann man alle Eingaben auf volle Hunderter oder Tausender runden und die wichtigsten Rechenschritte noch einmal im Kopf nachvollziehen.

Große Zahlen

Sehr große Zahlen werden im Taschenrechner meist in der **Exponentialdarstellung** angegeben. Dazu schreibt man sie als Produkt einer Zehnerpotenz (Hundert, Million, Trilliarde, ...) und einer einstelligen Zahl, die höchstens so viele Nachkommastellen hat, wie die Zahl sicher bekannte Stellen besitzt: 169 296 330 = 1,693 · 10^8 = 1,693 E08.

Mathematische Logik und Beweise

Was ist wahr, was ist falsch? Und welchen Wahrheitsgehalt haben miteinander verknüpfte Aussagen? Solche Fragen haben schon die alten Griechen bewegt. Der Universalgelehrte Gottfried Wilhelm Leibniz leistete wichtige Beiträge dazu. Schließlich entdeckte die Mathematik des 20. Jh., dass man mit Aussagen „rechnen" kann wie mit Zahlen, und schuf die **mathematische Logik.** Eng verbunden mit der Logik sind die Beweisverfahren: die Begründung mathematischer Sätze mithilfe von logischen Schlüssen und Äquivalenzumformungen.

Aussagen, Schaltkreise und Wahrheitstafeln

Aussagen wie „Heute scheint die Sonne", „Der Himmel ist grün" oder 1 + 1 = 2 können für die mathematische Logik genau einen von zwei möglichen Werten haben: „wahr" oder „falsch". Aussagen werden durch „und", „oder" (für die Mathematik bedeutet „oder" nicht „entweder, oder", sondern „das eine, das andere oder beides") oder „daraus folgt" verknüpft – und so ihr Wahrheitswert ermittelt. So ist eine „und"-Verknüpfung genau dann wahr, wenn beide verknüpften Aussagen wahr sind. Dabei sind die logischen Verknüpfungen von Aussagen mit dem Rechnen im Dualsystem (→ S. 212) verbunden: Die Wahrheitswerte entsprechen dort den Ziffern 0 und 1. Die „und"-Verknüpfung zwischen Aussagen wird zur Multiplikation zweier Dualzahlen (das Produkt $X \cdot Y = 1$ ist nur dann 1, also richtig, wenn X und Y 1 und nicht 0 sind). Darum sind Computer, die ja im Dualsystem arbeiten, genauso gut für logische Operationen wie für Rechnungen geeignet.

Beweise, Beweise

Die Mathematik will alle ihre Sätze und Aussagen auf möglichst wenige, unmittelbar einleuchtende Grundlagen zurückführen, sog. **Axiome.** Ein solches Axiom ist z. B., dass jede natürliche Zahl einen Nachfolger hat. Mathematische Forschung ist zum großen Teil die Suche nach neuen oder die Überprüfung von älteren Beweisen.

Auch in der Schule werden Beweise geübt, etwa für den Satz des Thales oder die Irrationalität von $\sqrt{2}$. Der vermutlich berühmteste Satz der Mathematik – und wohl auch der mit den meisten Beweisen – ist der Satz des Pythagoras für ein rechtwinkliges Dreieck: $a^2 + b^2 = c^2$.

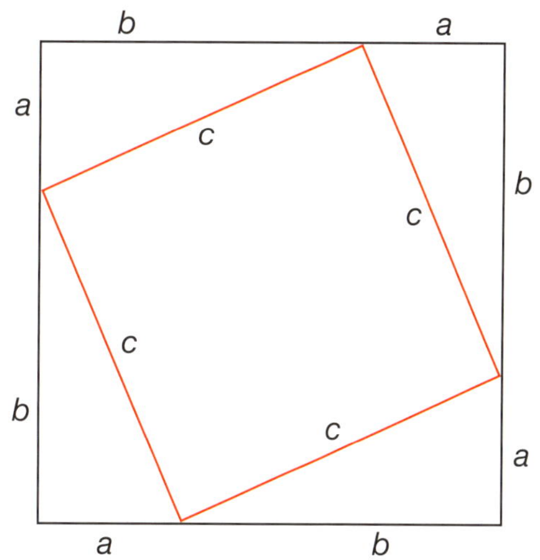

Der Satz des Pythagoras, $a^2 + b^2 = c^2$, lässt sich auf zahlreiche Arten beweisen. Hier wird eine binomische Formel genutzt.

Um zu zeigen, wie bei mathematischen Beweisen vorgegangen wird, sei hier die Grundidee eines der vielen Beweise für den Pythagoras-Satz aufgeführt:
In der Grafik ist die Fläche des großen Quadrats $(a + b) \cdot (a + b) = (a + b)^2$. Jedes Dreieck hat die Fläche $(a \cdot b)/2$ und das rote Quadrat in der Mitte die Fläche c^2.
Es ist also
$(a + b)^2 = 4 \cdot (a \cdot b)/2 + c^2 = 2ab + c^2$.
Wenn wir die linke Seite „ausmultiplizieren", erhalten wir
$(a + b)^2 = a^2 + 2ab + b^2$, daher gilt
$a^2 + 2ab + b^2 = 2ab + c^2$, dies ist gleichbedeutend mit $a^2 + b^2 = c^2$.

Binomische Formeln

Die Gleichung $(a + b)^2 = a^2 + 2ab + b^2$ heißt „erste binomische Formel". Zusammen mit der zweiten $(a - b)^2 = a^2 - 2ab + b^2$ und der dritten $(a + b) \cdot (a - b) = a^2 - b^2$ binomischen Formel bildet sie eine der wichtigsten und am häufigsten benötigten Merkregeln der Mathematik.

Gleichungen und Funktionen

Die Mathematik hat eine Reihe von Methoden entwickelt, alltägliche Sachverhalte auszudrücken, etwa: Was ist billiger, wer ist größer? Mathematiker drücken solche Überlegungen in Form von Gleichungen und Ungleichungen aus. Mit Funktionen können sie Zuordnungen und Abhängigkeiten beschreiben.

Gleichungen und Ungleichungen

Viele mathematische Probleme lassen sich in zwei Schritten angehen: Zuerst stellt man eine Gleichung oder Ungleichung auf, d. h., man gibt eine mathematische Formulierung der Aufgabe an. Anschließend löst man die (Un-)Gleichung auf und erhält das gewünschte Ergebnis. Dabei gibt es eine ganze Reihe von Verfahren und hilfreichen Tricks, die den Umgang mit Gleichungen, Termen und Lösungsmengen vereinfachen.

Äquivalenzumformungen

Gleichungen und Ungleichungen können Zahlen und Variablen (x oder y) miteinander verbinden. Oft sieht der Zusammenhang unübersichtlich aus. Es gibt jedoch Operationen, die man mit einer Gleichung oder Ungleichung anstellen darf, ohne dass sich am Wahrheitsgehalt etwas ändert. Wenn z. B. 3 größer als 2 ist (was es ist), dann ist das Doppelte von 3, also 6, auch größer als das Doppelte von 2, nämlich 4. Und wenn $x - 17 = y - 17$ ist, dann ist auch $x = y$. Die letzten beiden Gedanken lassen sich auch „von hinten" lesen: Wenn 6 größer als 4 ist, dann ist auch die Hälfte von 6 größer als die Hälfte von 4 und aus $x = y$ folgt logisch, dass $x - 17 = y - 17$ ist.

Dass diese Wenn-Dann-Folgerung in beiden Richtungen korrekt ist, spiegelt sich in dem mathematischen Symbol wider, dem Doppelpfeil („$\Leftrightarrow$"). Er steht für die **Äquivalenz** (Gleichwertigkeit) von zwei Aussagen, beispielsweise von Gleichungen und Ungleichungen. Die erlaubten Umformungen heißen darum Äquivalenzumformungen. Beim schriftlichen Rechnen verbindet man die einzelnen Rechenschritte mit Äquivalenzpfeilen und schreibt die jeweilige Äquivalenzumformung rechts neben die Gleichung hinter einen senkrechten Strich:

$$\begin{aligned} & 12x - 3x = 18 && \mid :3 \\ \Leftrightarrow\quad & 4x - x = 6 && \mid \text{Ausklammern} \\ \Leftrightarrow\quad & (4-1)x = 6 && \\ \Leftrightarrow\quad & 3x = 6 && \mid :3 \\ \Leftrightarrow\quad & x = 2 && \end{aligned}$$

Wie das Beispiel zeigt, lässt sich den geeigneten äquivalenten Umformungen die Lösungsmenge, in diesem Fall $L = \{2\}$, direkt ablesen.

Die vier erlaubten Äquivalenzumformungen bei Verhältnissen und Brüchen sind leicht zu merken.

beide Innenglieder vertauschen	a : b = c : d	⟹	a : c = b : d
beide Außenglieder vertauschen	a : b = c : d	⟹	d : b = c : a
Innen- gegen Außenglieder tauschen	a : b = c : d	⟹	b : a = d : c
beide Seiten vertauschen	a : b = c : d	⟹	c : d = a : b

Rechnen mit Buchstaben – Variablen

Ein sehr wirkungsvolles Werkzeug der Mathematik ist das „Rechnen mit Buchstaben". Soll etwa eine Aussage für jede beliebige oder eine (bisher) unbekannte Zahl gelten, schreibt man für sie „x" oder einen anderen Buchstaben. Solche **Unbekannten** oder **Variablen** begegnen einem überall in der Mathematik.

Wichtig zu wissen!

Bei Umformungen von Gleichungen sollte man speziell die folgenden Punkte beachten:

- Die **Multiplikation** ist nur dann eine Äquivalenzumformung, wenn nicht mit 0 multipliziert wird (die Division durch 0 ist von vornherein nicht möglich).
- Wird eine Ungleichung auf beiden Seiten mit derselben Zahl multipliziert (oder wird auf beiden Seiten durch die gleiche Zahl geteilt), so kehrt sich die **Richtung des Vergleichsoperators** („>" bzw. „<") um, wenn die Zahl negativ ist.
- Sind zwei Brüche gleich, so sind dies auch ihre Kehrwerte; die **Kehrwertbildung** ist also ebenfalls eine Äquivalenzoperation.
- Wenn nicht ausschließlich natürliche Zahlen im Spiel sind, ist das **Quadrieren** keine Äquivalenzumformung: Die Gleichung $2x = 4$ hat die Lösungsmenge $L = \{2\}$, die Gleichung $4x^2 = 16$ dagegen die Lösungsmenge $L = \{-2; 2\}$.

Im letzten Fall gibt es aber eine Möglichkeit, dennoch mit logisch einwandfreier Notation im Rahmen einer Äquivalenzumformung zum Ziel zu gelangen, indem man den Rechengang für eine Fallunterscheidung aufspaltet. Dafür wird das mathematische Zeichen für „oder" verwendet („∨"). Die Umformung der Gleichung $4x^2 = 16$ sieht dann folgendermaßen aus:

$$4x^2 = 16 \quad | \text{ Wurzelziehen, Fallunterscheidung}$$
$$\Leftrightarrow 2x = 4 \quad | :2 \quad \vee \quad -2x = 4 \quad | :-2$$
$$\Leftrightarrow x = 2 \quad \vee \quad x = -2$$

Die Lösungsmenge

Nicht jede Gleichung mit einer Unbekannten hat genau eine Lösung. Manche kann man überhaupt nicht erfüllen, andere haben zwei, drei oder sogar unendlich viele Lösungen. Darum gibt man mathematisch korrekt immer eine Lösungsmenge L an. So hat z. B. die Gleichung $x^2 - 1 = 0$ die Lösungsmenge $L = \{-1; 1\}$.

Das Lösen von Gleichungen und Ungleichungen gehört zum Stoff der Mittelstufe in den Schulen.

Relationen und Funktionen

In der englichen Sprache werden Beziehungen zwischen Menschen genauso wie zwischen mathematischen Objekten als *relation* bezeichnet. Auf Deutsch ist das Wort „Relation“ der Mathematik (und anderen wissenschaftlichen Disziplinen) vorbehalten.

Eindeutige Zuordnungen

Wie so oft, bietet auch bei den Relationen die **Mengenlehre** den besten Einstieg. Eine Relation ist demnach eine Vorschrift, die Elementen einer Menge Elemente aus einer anderen Menge zuordnet: Schülern ihr Lieblingsessen, Sportlerinnen ihre Trainingsergebnisse, Büchern die Seitenzahl.

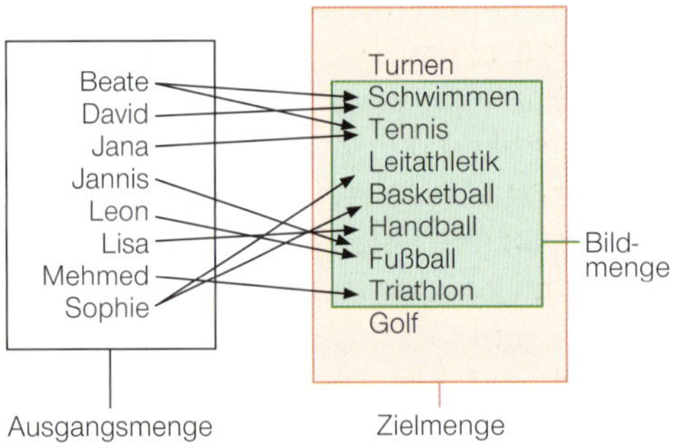

Relationen lassen sich mit Pfeildiagrammen veranschaulichen. Diese hier ist keine Funktion, denn Beate beispielsweise schwimmt und spielt Tennis, wird also nicht eindeutig auf die Menge der Sportarten abgebildet.

Die erste Menge ist die Ausgangs- oder **Definitionsmenge** (Schüler, Sportlerinnen, Bücher), die zweite die Ziel- oder **Wertemenge** (Gerichte, Messwerte, natürliche Zahlen). Interessant sind für die Mathematik die eindeutigen Zuordnungen, bei denen jedem Element der Definitionsmenge genau eines aus der Zielmenge zugeordnet wird. Eine solche Relation heißt **Funktion** oder **Abbildung.**

Funktionsgleichungen und Graphen

Besteht eine Relation zwischen Zahlenmengen, so lässt sie sich oft in Form einer Gleichung beschreiben. Wird etwa jeder natürlichen Zahl n unter 100 genau das Doppelte ihres Wertes zugewiesen, dann bezeichnet man das Ergebnis mit m und drückt den Zusammenhang durch die Gleichung $2n = m$ aus. Diese Zuordnung ist offensichtlich eindeutig, also eine Funktion. Man schreibt daher auch $m = f(n) = 2n$, gesprochen „m ist gleich f von n gleich $2n$ “. Andere Beispiele für Funktionsgleichungen sind:

$$y = f(x) = 3 \cdot 3 - 17 \text{ oder}$$
$$y = f(x) = -1 : x \text{ oder}$$
$$y = f(x) = \sin x$$

Im letzten Beispiel wird eine spezielle Funktion, die sog. Sinusfunktion, mit einem eigenen Funktionszeichen („sin“) dargestellt. Andere wichtige Funktionszeichen sind „exp“ für die Exponentialfunktion oder „lg“ bzw. „log“ für den Logarithmus (→ S. 232).

Eine beliebte Art, Funktionen zu beschreiben, ist die Darstellung in einem **Koordinatensystem** oder „Achsenkreuz“. Man erhält dann in der Regel eine Linie von miteinander verbundenen Punkten. Jeder Punkt entspricht dabei einem Wertepaar $(x;y)$ bzw. $(x;f(x))$. Diese Linie ist der **Graph der Funktion.**

Sicherheitsabstand

In der Fahrschule lernt man für den Mindestabstand zum vorausfahrenden Fahrzeug die Faustformel „halber Tacho in Metern“. Damit ist Folgendes gemeint: Die Geschwindigkeit wird vom Tachometer („Tacho“) in der Einheit „Kilometer pro Stunde“, kurz km/h, angezeigt. Den der jeweiligen Geschwindigkeit angemessenen Sicherheitsabstand erhält man, indem man den am Tacho angezeigten Wert – z. B. 100 km/h – durch 2 teilt und mit der Einheit Meter versieht. Bei 100 km/h beträgt der Sicherheitsabstand demnach 50 m. Diese Zuordnung ist ein typisches Beispiel für eine Funktion. Bezeichnet man die Geschwindigkeit mit dem Buchstaben v und den zugehörigen Sicherheitsabstand mit einem d, dann gilt die Funktionsgleichung:
$d = \frac{v}{2}$

Elementare Funktionen

Eine ähnliche Rolle wie die natürlichen Zahlen im Reich der Zahlen spielen in der Welt der mathematischen Abbildungen die elementaren Funktionen. Mit ihnen lassen sich bereits sehr viele Phänomene aus Alltag und Natur behandeln.

Proportionale Zuordnungen

Die einfachste Funktion ist die „triviale" Funktion $f(x) = x$. Sie ordnet jede Zahl sich selbst zu. Auch $f(x) = 0$ oder allgemeiner $f(x) = C$ sind recht uninteressant. Hier wird alles auf denselben konstanten Wert 0 bzw. C abgebildet. Beide Beispiele sind aber Spezialfälle der sog. **proportionalen Zuordnung,** die schon einen gewissen Reiz hat. Die allgemeine Gleichung lautet $f(x) = m \cdot x$. Ihren Namen trägt sie, weil x-Wert und Funktionswert einander immer proportional (verhältnisgleich) sind. Lässt man nun noch ein sog. absolutes Glied b zu, erhält man die allgemeine Form einer linearen Funktion:

$$f(x) = m \cdot x + b$$

Der **Graph einer linearen Funktion** ist eine Linie oder, mathematisch gesagt, eine **Gerade.** Für $b=0$ verläuft sie durch den Ursprung. m ist die Steigung; ein negatives m bedeutet eine „fallende" Gerade. Als Gerade mit der (positiven) Steigung m kann man z. B. die prozentuale Besteuerung des Einkommens darstellen, die mit steigendem Einkommen wächst.

Weitere Funktionen

Welche Funktionen als „elementar" bezeichnet werden, ist nicht allgemeingültig festgelegt. Auf jeden Fall zählen aber alle Funktionen dazu, die durch Anwendung der Grundrechenarten sowie Potenzieren aus **linearen Funktionen** entstehen. Ein Beispiel hierfür ist $f(x) = a \cdot x^3 + b : x^2$. Andere, meist als elementar angesehene Funktionen kennt man vom Taschenrechner: Logarithmus, Wurzel, Sinus und Cosinus. Häufig verwendet wird auch die Betragsfunktion $f(x) = |x|$, die jeder Zahl ihren Betrag (→ S. 211) zuweist, oder die Signum-Funktion (Vorzeichenfunktion), die für negative Zahlen –1, für positive +1 ist und für 0 den Wert 0 ergibt. Eindeutig nicht elementar ist dagegen z. B. die Funktion, die immer dann 1 ist, wenn x eine rationale Zahl ist, und 0, wenn x irrational ist.

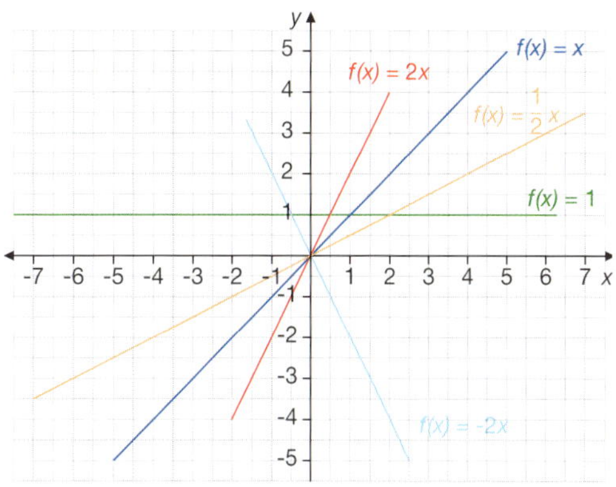

Beispiele für lineare Funktionen

Aus Linien und Kurven in Konstruktionszeichnungen werden Bauwerke. Hinter der Arbeit von Architekten und Bauingenieuren stehen mathematische Formeln, Figuren und Funktionen.

Antiproportional?

Im Zusammenhang mit linearen Gleichungen und proportionalen Zuordnungen werden manchmal auch antiproportionale Funktionen erwähnt. Sie haben die Form

$$f(x) = \frac{m}{x} + b.$$

Ihr Graph ist eine gekrümmte Kurve, eine sog. **Hyperbel.** Für $x=0$ sind sie nicht definiert.

Exponentialfunktion und Logarithmus

Die vier Grundrechenarten stehen in einer sehr übersichtlichen Beziehung zueinander: Die Subtraktion ist die Umkehrung der Addition, die Addition die Umkehrung der Subtraktion. Genauso verhalten sich Multiplikation und Division. Anders ist es hingegen bei den **Potenzen** – man kann sie als Potenz-, aber auch als Exponentialfunktion auffassen. Im ersten Fall sind **Wurzelfunktionen,** im zweiten **Logarithmen** die umgekehrte Rechenoperation.

Basis und Exponent

Bisher haben wir Potenzen in der Form „x^n" geschrieben (➔ S. 220), also die **Basis** als Unbekannte und den **Exponenten** als gegeben aufgefasst. Schreibt man dagegen „a^x", dann ist der Exponent die Variable und die Basis eine vorgegebene Konstante. Eine Funktion der allgemeinen Form $f(x) = k \cdot a^x + c$, z. B. $f(x) = 3 \cdot 2^x + 5$ nennt man **Exponentialfunktion.** Sie steigt mit wachsendem x stark an – die von ihr beschriebenen sog. exponentiellen Wachstumsprozesse stehen für explosionsartige Vermehrung.

Einige Basen treten besonders häufig auf: 2, 10 und e. So liefert die Funktion $f(x) = 10^x$ für ganzzahlige x die Zehnerpotenzen 10, 100, 1000 usw., d. h., x gibt an, wie viele **Dezimalstellen** eine Zahl besitzt. Dieselbe Aufgabe hat die Basis 2 für das in der Informatik weit verbreitete Dualsystem (➔ S. 212). Die dritte genannte Basis ist die **Euler'sche Konstante,** abgekürzt als „e". Sie ist für die Mathematik ähnlich wichtig wie die Kreiszahl ϖ. Warum dies so ist, wird allerdings erst bei der Diskussion der höheren Mathematik klar.

Exponentieller Reis

Einer Legende zufolge bat einmal ein Gelehrter seinen König als Lohn für die Erfindung des Schachspiels um ein paar Reiskörner. Und zwar sollten auf das erste Feld ein Korn, auf das zweite 2, dann 4, 8 usw. Körner gelegt werden. Der – zu seinem Unglück mathematisch nicht sehr bewanderte – König willigte ein. Er ahnte nicht, dass allein auf das letzte, 64. Feld über 18 Trillionen Körner kommen würden – das entspricht der Weltgetreideernte von 400 Jahren.

Durch stetes Verdoppeln wächst die Reismenge auf dem Schachbrett rasant an. Andere, in der Wirklichkeit dramatischere Beispiele für exponentielles Wachstum sind die Kettenreaktionen bei Kernwaffenexplosionen oder eine Heuschreckenplage.

Natürliche und andere Logarithmen

Die **Logarithmusfunktion** gibt Antwort auf die Frage „mit welchem Exponenten ergibt eine Potenz mit bekannter Basis einen bestimmten Wert?". Wählen wir die Basis 10, führt das, wie oben angedeutet, zur Anzahl der Stellen einer gegebenen Dezimalzahl. Man schreibt beispielsweise $\log_{10} x = 7$ und liest „der Logarithmus zur Basis 10 von x ist 7". Hier kann man x leicht nennen, es ist 10 Millionen.

Logarithmen jedoch sind auch für nichtnatürliche Zahlen definiert, berechnen kann man sie dann meist nur mit Hilfe des Taschenrechners. Alle Logarithmen zur gleiche Basis bilden ein System. Bevorzugte bzw. verbreitete Basen sind der 10er-Logarithmus (**dekadischer Logarithmus,** Schreibweise „log"), der **2er-Logarithmus** („lb") und der Logarithmus zur Basis e (**natürlicher Logarithmus,** „ln"). Hier gilt die Gleichung $\log 10 = \mathrm{lb}\ 2 = \ln e = 1$.

Differenzial- und Integralrechnung

Der Wagen beschleunigt von 0 auf 100 in 7,9 Sekunden. – Die Schulden haben letztes Jahr viel langsamer zugenommen. – Je mehr Mäuse im Haus sind, desto schneller kommen noch mehr hinzu. Alle drei Aussagen beziehen sich auf die Veränderung von Größen. Seit Leibniz und Newton lassen sich solche Aussagen exakt behandeln. Das Gebiet der Differenzial- und Integralrechnung, auch **Analysis** genannt, ist seitdem eine der am häufigsten angewendeten mathematischen Disziplinen.

Die Kunst der Ableitung

Ein Beispiel aus der Physik illustriert das Vorgehen in Differenzial- und Integralrechnung: Eine Schülerin steigt aufs Fahrrad und fährt 1 km. Dafür braucht sie 6 Minuten, während derer sie konstant beschleunigt. Die Funktion $x(t) = v \cdot t$ gibt dann die **Strecke** nach t Minuten an. Der Ausdruck „v", die **Geschwindigkeit,** ist die **Ableitung** von $x(t)$ nach der Zeit, man schreibt $v(t) = x'(t)$. $x'(t)$ (auch als dx/dt, sprich „dx nach dt", bezeichnet) gibt an, wie schnell sich $x(t)$ mit der Zeit ändert. Auch für die Änderung der Geschwindigkeit gibt es einen Ausdruck. Hierfür muss man die Ableitung von $x'(t)$ bilden. Diese ist gleichzeitig die **zweite Ableitung** der Strecke nach der Zeit, man nennt sie die **Beschleunigung** $a(t) = v'(t) = x''(t)$ (auch d^2x/dt^2, sprich „d zwei x nach dt Quadrat"). Im obigen Beispiel, bei konstanter Beschleunigung, ist

$$a(t) = konstant,\ v(t) = a \cdot t,\ x(t) = \frac{a}{2} \cdot t^2$$

Setzt man den Wert $x(6 \text{ min}) = 1$ km ein, so erhält man zunächst $a = 2 \cdot 1 \text{ km}/(0{,}1 \text{ h})^2 = 200 \text{ km/h}^2$ und daraus für die Endgeschwindigkeit $v(6 \text{ min}) = 200 \text{ km/h}^2 \cdot 0{,}1 \text{ h} = 20 \text{ km/h}$.

Die Analysis funktioniert (meist) auch in der anderen Richtung: Von der Beschleunigung kommt man zurück zur Geschwindigkeit, indem man eine sog. Stammfunktion bestimmt. Diesen Vorgang nennt man **Integration.** $x'(t)$ ist also eine **Stammfunktion** von $x''(t)$, und $x(t)$ eine von $x'(t)$. Man schreibt dies so:

$$x(t) = \int x'(t)dx \text{ und } x'(t) = \int x''(t)dx$$

Ableitung und Integral haben vielfältigste Anwendungen. Ableitungen finden sich angefangen beim Auf und Ab der Staatsfinanzen über schwankende Populationen in der Biologie bis zur Zerfallsrate radioaktiver Stoffe. Integrale braucht man u. a. zur Ermittlung des Energieverbrauchs bei gegebener Leistung.

Der Prioritätenstreit

Eine der erbittertsten Gelehrtenkontroversen der frühen Neuzeit bezog sich nicht auf ein wissenschaftliches Problem, sondern die Frage, wer als Erster die Idee zur Entwicklung von Ableitung und Integral hatte: der Engländer Isaac Newton (1643–1727) oder der Deutsche Gottfried Wilhelm Leibniz (1646–1716). Beide waren unabhängig voneinander auf dieselbe Idee gekommen. Es kam sogar zu einem Plagiatsprozess vor der Londoner Royal Society, die Leibniz fälschlicherweise des Ideendiebstahls für schuldig befand. Heute wird der Ruhm beiden zugeteilt, allerdings hat sich Leibniz' Schreibweise durchgesetzt.

Der kolorierte Holzstich aus dem 19. Jh. zeigt Gottfried Wilhelm Leibniz am Hof der preußischen Königin Sophie Charlotte, die sich stark um die Förderung von Wissenschaft und Kunst bemühte.

Geometrie

Die Geometrie ist einer der ältesten Zweige der Mathematik. Schon die altägyptischen Pharaonen wollten wissen, wie groß ihre Ländereien waren – der Begriff „Geometrie“ stammt vom griechischen Wort für Landvermessung ab. Die Griechen erhoben die Geometrie zur abstrakten Wissenschaft. Die von Pythagoras, Thales und Euklid geschaffenen Grundlagen sind bis heute gültig.

Euklids Geometrie

Nur wenige Menschen wissen, dass nach der Bibel das mit am meisten verbreitete und am häufigsten übersetzte Buch ein mathematisches Lehrbuch ist: die „Elemente“ des griechischen Gelehrten Euklid. In 13 Büchern behandelte er ebene Geometrie, die Ähnlichkeit von Figuren, räumliche Körper sowie arithmetische und andere Probleme. Sein besonderes Verdienst ist die Entwicklung von **Axiomen** – offensichtliche Grundtatsachen, aus denen er alle anderen mathematischen Aussagen und Sätze ableitete.

Euklid: Die Mathematik als Wissenschaft

Euklid (um 365 v. Chr. bis um 300 v. Chr.) wird mit Recht als Vater der Mathematik bezeichnet. Nicht, weil er alle in seinen Büchern aufgeführten Sätze selbst hergeleitet hätte, sondern weil er als Erster eine umfassende Gesamtschau schuf und mit der axiomatischen Begründung die Mathematik zu der abstrakten Wissenschaft machte, die sie seitdem ist. Seine Verdienste beschränken sich nicht auf die Geometrie. Zweifelsfrei von ihm stammt der Kathetensatz (eine Verallgemeinerung des Satzes von Pythagoras) und er bewies als Erster, dass es unendlich viele Primzahlen (→ S. 221) gibt. Beide Aussagen sind als „Satz von Euklid“ bekannt.

Euklid am Schreibpult (Marmorrelief am Dom von Florenz, 14. Jh.)

Elemente der Geometrie

In seinen Ausführungen zur Geometrie behandelte Euklid grundlegende Objekte wie Punkt, Strecke, Gerade, Winkel, Dreieck, Viereck und Kreis. Euklid formulierte insgesamt 18 Axiome, aus denen sich die gesamte damals bekannte Mathematik herleiten ließ. Hierzu zählen u. a. die Aussagen:

- Durch zwei Punkte läuft genau eine Gerade.
- Die Punkte auf einer Geraden sind angeordnet, es lässt sich für jeden Punkt sagen, ob er vor oder hinter einem gegebenen anderen Punkt liegt.
- Zu einer Geraden g und einem Punkt P, der nicht auf ihr liegt, gibt es genau eine parallele Gerade h durch P – auch etwas poetisch formuliert als „Parallelen schneiden sich im Unendlichen“.

Das dritte, sog. **Parallelenaxiom** erwies sich später als Sonderfall, denn die gesamte übrige Mathematik funktioniert auch, wenn es keine oder unendlich viele Parallelen durch einen gegeben Bezugspunkt gibt. So gibt es auf der Erdoberfläche keine Parallelen – alle Längenkreise schneiden sich an den Polen. Die Entdeckung von „nichteuklidischen“ Geometrien war im 19. Jh. ein wichtiger Anstoß für die moderne Mathematik.

Dreieck und Viereck

Drei- und Viereck sind elementar und allgegenwärtig wie der Kreis, aber weitaus leichter rechnerisch zu erfassen. Schon die alten Griechen bewiesen viele Sätze für Dreieck und Viereck. In der Kunst, diese allein mit Zirkel und Lineal zu konstruieren, entwickelten sie wahre Meisterschaft.

Spitz oder stumpf?

Ein Dreieck hat, wie der Name sagt, drei Ecken, die man gewöhnlich mit den Großbuchstaben A, B, C bezeichnet (gegen den Uhrzeigersinn!). Die drei Seiten heißen a, b, c, wobei Seite a der Ecke A gegenüberliegt. Der an einer Ecke liegende **Winkel** – also bei Ecke A das von den Seiten b und c begrenzte Winkelfeld –, erhält als Symbol den griechischen Buchstaben α („alpha"), der Winkel bei B β („beta"), der bei C γ („gamma"). Ein grundlegender Satz über Dreiecke besagt, dass die Summe aller Winkel im Dreieck immer genau 180° beträgt.

Je nach (relativer) Größe der Winkel und Seiten eines Dreiecks lassen sich unterschiedliche Dreiecksarten unterscheiden. Ist z. B. ein Winkel genau gleich 90°, also ein rechter Winkel, heißt das Dreieck **rechtwinkliges Dreieck.**

Der rechte Winkel heißt üblicherweise γ, die ihm gegenüberliegende Seite c ist die Hypotenuse, a und b sind die Katheten. Sind alle Winkel im Dreieck kleiner als 90°, dann ist es **spitzwinklig,** ist ein Winkel größer, dann heißt es **stumpfwinklig** (Winkel über 90° nennt man stumpfe Winkel). Sind alle Seiten eines Dreiecks gleich lang, hat man ein **gleichseitiges Dreieck,** sind genau zwei Seiten gleich, nennt man sie Schenkel und das Dreieck **gleichschenklig.**

Beim Dreieck lassen sich auch verschiedene Linien – vor allem mit Hilfe des Zirkels – konstruieren: Die **Mittelsenkrechte** und die **Winkelhalbierende** beschreiben jeweils bestimmte Symmetrieachsen (siehe Grafik).

Pythagoras und Co.

Bereits in der griechischen Antike waren zahlreiche Sätze über das Dreieck bekannt. Der berühmteste ist sicher der Satz des **Pythagoras,** nach dem im rechtwinkligen Dreieck $a^2+b^2=c^2$ gilt. Weitere Sätze sind der Kosinus- und der **Kathetensatz,** beide eng mit dem Satz des Pythagoras verwandt, der Satz des Thales („Jeder Winkel im Halbkreis ist ein rechter"), der Höhensatz und die Ähnlichkeits- bzw. Kongruenzsätze.

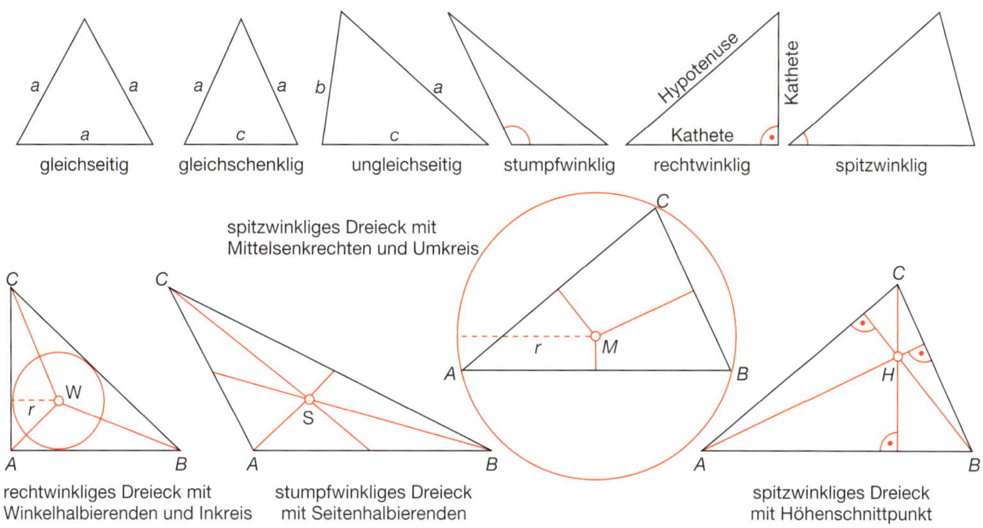

Dreiecke und die sog. besonderen Linien im und am Dreieck: Seitenhalbierende, Winkelhalbierende, Mittelsenkrechte (eine auf der Mitte einer Seite senkrecht stehende Linie) und Höhe (Linie, die senkrecht auf einer Seite steht und durch die gegenüberliegende Ecke geht). Der Schnittpunkt der Mittelsenkrechten ist Mittelpunkt des Umkreises, derjenige der Winkelhalbierenden des Inkreises.

Das Haus der Vierecke

Vierecke bieten einerseits mehr Vielfalt als Dreiecke, sind aber dennoch in manchen Aspekten leichter zu behandeln. Auch für sie ist die Winkelsumme immer gleich, nämlich 360°, also ein Vollwinkel. Wie beim Dreieck werden die Ecken entgegen dem Uhrzeigersinn mit Großbuchstaben benannt (A, B, C, D). Allerdings liegt hier die Seite a der Ecke A nicht gegenüber, sondern grenzt rechts an sie an. Für die vierten Winkel verwendet man als Symbol das griechische δ („delta"). Als zusätzliche wichtige Linien treten die Diagonalen e und f hinzu, die die gegenüberliegenden Ecken verbinden.

Zur Unterscheidung der verschiedenen Viereckarten hat sich das sog. **Haus der Vierecke** (siehe Grafik) eingebürgert: Hier werden Vierecke nach ihren Winkel- und Seitenbeziehungen eingeteilt. Spezialfälle gehören immer auch zur übergeordneten Kategorie, d.h., ein Quadrat ist auch ein Rechteck und eine Raute, ein Rechteck ebenso ein Parallelogramm

Eine andere Systematisierung untersucht Um- und Inkreis von Vierecken. Während nämlich jedes Dreieck sowohl Umkreis als auch Inkreis besitzt, ist dies beim Viereck nicht immer der Fall. Lässt sich bei einem Viereck ein Umkreis zeichnen, also ein Kreis, der alle vier Ecken berührt, dann nennt man es auch **Sehnenviereck.** Hierzu zählen gleichschenkliges Trapez, Quadrat und Rechteck. Ein Parallelogramm ist dagegen im Allgemeinen kein Sehnenviereck. Vierecke mit Inkreis – also einem Kreis, der alle Seiten in jeweils genau einem Punkt berührt – heißen **Tangentenvierecke.** Dies trifft auf Rauten und Quadrate zu, auf allgemeine Trapeze, Parallelogramme und Rechtecke hingegen nicht.

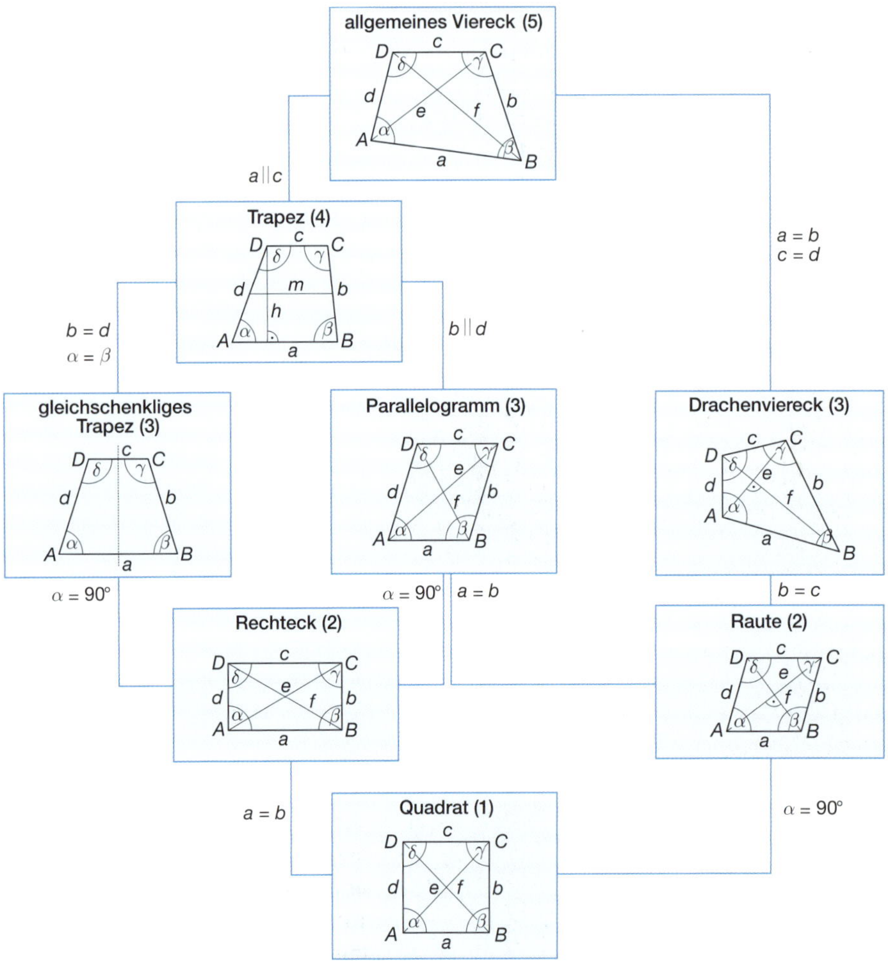

Das Haus der Vierecke zeigt, wie Winkel- und Seitengrößen Vierecke verändern: Wenn ein Parallelogramm z. B. rechtwinklig (Winkel = 90°) wird, entsteht ein Rechteck. Sind dessen Seiten gleich lang, wird daraus ein Quadrat.

Rechter Winkel ohne Rechnen

Wohl auch schon Bauern im alten Ägypten benutzten einen Trick, um ohne zu rechnen rechte Winkel konstruieren zu können. Die Idee fußt auf dem pythagoreischen Tripel 3, 4, 5. Ein **pythagoreisches Tripel** sind allgemein drei ganze Zahlen a, b, c, welche die Gleichung des Pythagorassatzes erfüllen, für die also $a^2+b^2=c^2$ gilt. Man rechnet leicht nach, dass dies für 3, 4 und 5 der Fall ist. Daraus folgt, dass ein Dreieck mit den Seiten 30 cm, 40 cm und 50 cm automatisch rechtwinklig ist. Auf Baustellen wird es bis heute schnell aus überzähligen Latten gezimmert und ist dort als **Maurerdreieck** bekannt. Gärtner benutzen die schon den alten Babyloniern bekannte **Gärtnerkonstruktion:** In eine Schnur werden 12 Knoten in regelmäßigen Abständen geknüpft. Dann verbindet man die Enden der Schnur miteinander und legt sie so um drei Pflöcke, dass an jedem Pflock ein Knoten liegt. Wenn zwischen den Pflöcken zwei, drei und vier Knoten sind, verhalten sich die Seitenlängen wie 3 : 4 : 5 und das von den Pflöcken gebildete Dreieck ist rechtwinklig.

Symmetrie

Das griechische Wort „symmetria" bedeutet „Ebenmaß" und bezog sich ursprünglich nur auf die Beziehung zwischen ebenen Figuren. Später wurde es auch auf einzelne Objekte und räumliche Körper übertragen. In der Natur, in Physik und Biologie spielen Symmetrien aus praktischen Gründen, in Kunst und Musik für das Schönheitsempfinden eine herausragende Rolle. Die Mathematik hat zu ihrer Untersuchung ein umfangreiches Instrumentarium geschaffen.

Die Achse des Schönen

In der Geometrie heißen zwei Figuren zueinander **achsensymmetrisch** oder **spiegelsymmetrisch,** wenn es eine Gerade gibt, von der aus jeder Punkt der einen Figur gleich weit entfernt ist wie der entsprechende Punkt der anderen Figur. Die Gerade ist die Symmetrieachse, man kann sie sich auch als eine von der Seite betrachtete Spiegelfläche denken – dann wäre die eine Figur ein Objekt und die andere ihr Spiegelbild. Auch eine einzelne Figur kann eine Achsensymmetrie aufweisen, nämlich dann, wenn die Spiegelachse sie in zwei zueinander symmetrische Hälften zerlegt. Dies gilt für Quadrate, Kreise oder gleichschenklige Dreiecke, in guter Näherung aber auch für jedes Gesicht, wenn die Symmetrieachse als Verlängerung der Linie Nase–Kinn gewählt wird.

Dreh- und Punktsymmetrie

Neben der Spiegelung an einer Achse kann auch eine **Drehung** eine Figur in sich selbst überführen. Bestes Beispiel ist ein Kreis, der bei jeder beliebigen Drehung um seinen Mittelpunkt unverändert bleibt. Ein Quadrat ist symmetrisch bezüglich Drehungen um 90°, 180° und 270°. Eine Drehung um 180° entspricht für jede geometrische Figur in der Ebene einer **Punktspiegelung.** Sie ließe sich auch durch eine doppelte Achsenspiegelung darstellen.

Natürlich lassen sich symmetrische Drehungen und Spiegelungen auch kombinieren. Aus ihrer Untersuchung ist mit der **Gruppentheorie** eine ganze Fachdisziplin der Mathematik entstanden, die auch in der Physik eine große Rolle spielt.

Lechts und rinks

Warum vertauscht ein Spiegel rechts und links, aber nicht oben und unten? Die überraschende Antwort: Weil er nicht rechts und links, sondern vorne und hinten vertauscht! Stellen wir uns ein Gesicht vor einem Spiegel vor. Trägt das rechte Ohr einen Ring, so ist dieser im Spiegelbild ebenfalls rechts. Die Nase hingegen, die vorher vom Betrachter weg zum Spiegel wies, zeigt jetzt in die entgegengesetzte Richtung, nämlich auf den Betrachter zu. Die Verwirrung mit rechts und links entsteht erst daraus, dass wir uns unbewusst in die Lage des Spiegelbildes versetzen, d. h., wir drehen uns „im Geiste" um 180° um uns selbst. Dann müssten links und rechts ebenfalls vertauscht sein. Mit anderen Worten: Im Spiegelbild sind links und rechts nur gegenüber unseren Erwartungen vertauscht.

Symmetrie wird in der Architektur als Gestaltungselement verwendet, hier die gläserne Eingangspyramide von Ieoh Ming Pei im Innenhof des Pariser Louvre.

Wie lege ich ein Kreisbeet an?

Es ist leicht, einen Kreis zu zeichnen, z. B. um ein kreisförmiges Beet anzulegen. Man muss lediglich einen Pflock in den Mittelpunkt schlagen und diesen so mit einem zweiten Holz verbinden, dass sich die Befestigungsschlaufe um den Pflock drehen kann. Dann funktioniert das bewegliche Holz am anderen Ende als Zirkel, der einen perfekten Kreis um den Pflock in die Erde malt. Würde die Schlaufe sich nicht drehen, würde sich die Schnur ein Stück aufwickeln, und man erhielte statt einer Kreislinie eine Spirale.

Kreisförmig angelegte Blumenbeete sind ein schönes Beispiel für ganz einfache Anwendungen der Geometrie.

Der Kreis

Ein Kreis ist einerseits die einfachste denkbare Figur: Er ist schon durch die Lage seines Mittelpunkts und die Länge seines Radius vollständig bestimmt. Vermutlich gilt er deshalb auch als Sinnbild des Vollkommenen. Mathematisch dagegen ist er durchaus anspruchsvoll, nicht nur, aber auch wegen der geheimnisvollen Kreiszahl π (=Pi).

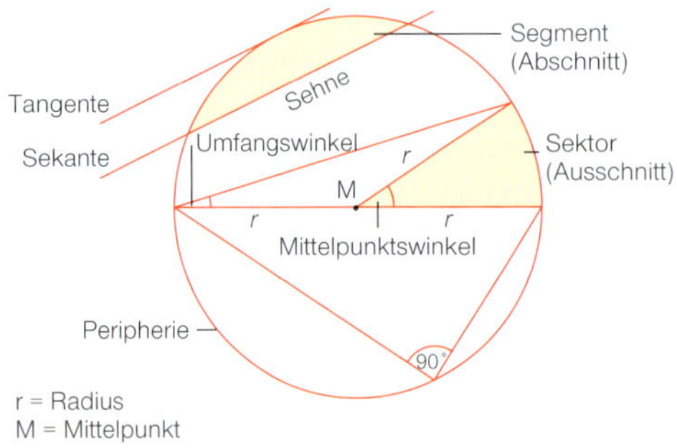

Kreis und Gerade

Geraden und Winkel, Umfang und Flächeninhalt

Eine **Kreislinie** ist definiert als die Menge aller Punkte, die von einem Bezugspunkt M, dem Mittelpunkt, den gleichen Abstand r haben. Ein Kreis ist die von der Kreislinie umschlossene Fläche. Die Begriffe „Kreislinie“ und „Kreis“ werden oft synonym gebraucht. Verbindet man zwei Punkte der Kreislinie per Strahlen mit dem Mittelpunkt, so heißt das entstehende „Tortenstück“ **Sektor** und der zugehörige Abschnitt der Kreislinie **Bogen.** Der Winkel zwischen den beiden Strahlen ist der Mittelpunktswinkel. Eine Gerade, die die Kreislinie in zwei Punkten schneidet (aber nicht durch den Mittelpunkt läuft), ist eine **Sekante,** der Teil im Kreis ist eine **Sehne.** Berührt sie den Kreis in genau einem Punkt, heißt sie **Tangente.** Die Fläche eines Kreises zu bestimmen, ist schwieriger als bei Quadrat und Rechteck. Die **„Quadratur des Kreises“** – also die Aufgabe, mit Zirkel und Lineal ein Quadrat zu konstruieren, das die gleiche Fläche wie ein vorgegebener Kreis hat – ist zum Sinnbild eines unlösbaren mathematischen Problems geworden. Mit Hilfe der irrationalen **Kreiszahl** $\pi \approx 3{,}141\,592\ldots$ lassen sich aber Fläche A und Umfang U aus **Radius** r bzw. Durchmesser $d = 2r$ berechnen:

$$A = \pi r^2 = \pi \frac{d^2}{4}$$

$$U = 2\pi r = \pi d$$

Will man nicht auf die Zahl π zurückgreifen, bieten sich verschiedene Näherungsverfahren an. So lassen sich die Flächen von Quadrat, regelmäßigem Fünfeck, Sechseck usw. recht einfach berechnen, da sich ein regelmäßiges n-Eck immer in gleichseitige Dreiecke zerlegen lässt. Der Trick liegt darin, ein n-Eck zu wählen, das den gesuchten Kreis gerade umschließt, und eines, das ihm von außen anliegt. Wächst n immer weiter, werden die n-Ecke immer „kreisförmiger“ und ihre Flächen nähern sich beliebig dicht an die Kreisfläche an.

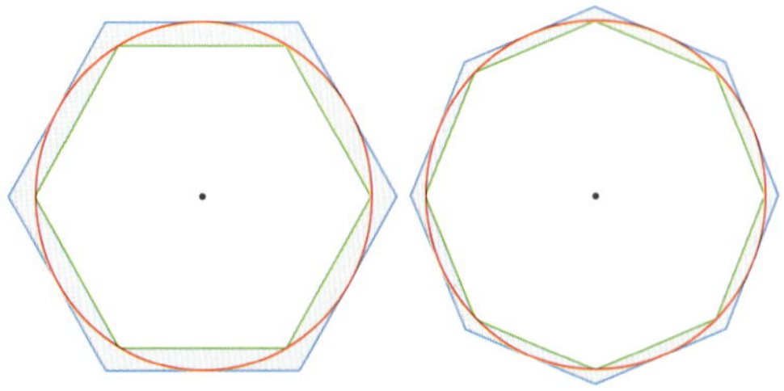

Die Flächen von äußerem und innerem *n*-Eck nähern sich immer mehr der Fläche des Kreises an.

Trigonometrie

Der Begriff „Trigonometrie“ stand in der Antike für die Vermessung von Dreiecken oder, sehr viel wichtiger, die Vermessung beliebiger Strecken und Winkel mit Hilfe von (rechtwinkligen) Dreiecken. Die dafür eingeführten mathematischen Funktionen Sinus, Cosinus und Tangens haben jedoch längst ein Eigenleben entwickelt und zählen zu den am häufigsten verwendeten Funktionen in der ganzen Mathematik.

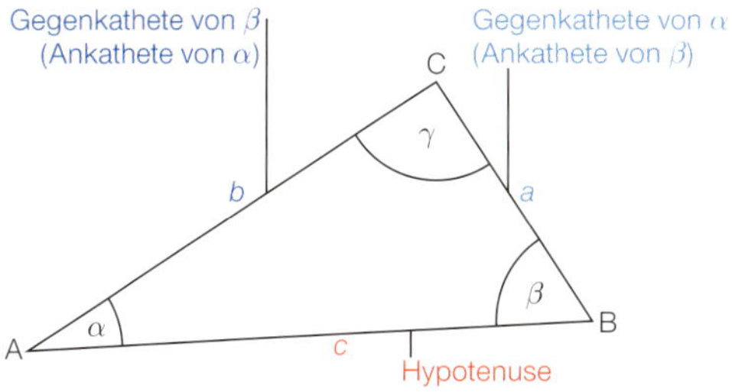

Der Sinus des Winkels α ist das Verhältnis aus Gegenkathete *a* und Hypotenuse *c*. Da die Gegenkathete von α gleichzeitig die Ankathete von β ist, ist sin α = cos β = cos (90°–α).

Sinus, Cosinus und Tangens

Am rechtwinkligen Dreieck ist nicht nur ein Winkel bereits bekannt, es gelten auch besondere Beziehungen wie der Satz des Pythagoras. Dies erlaubt es, zwischen Winkeln und Seiten direkt umzurechnen, und zwar mit Hilfe der Funktionen Sinus (sin), Cosinus (cos) und Tangens (tan), deren Werte mit jedem Taschenrechner bestimmt werden können. Sie sind folgendermaßen definiert:

$$\sin\alpha = \frac{\text{Gegenkathete}}{\text{Hypotenuse}} = \frac{a}{c}$$

$$\cos\alpha = \frac{\text{Ankathete}}{\text{Hypotenuse}} = \frac{b}{c}$$

$$\tan\alpha = \frac{\text{Gegenkathete}}{\text{Ankathete}} = \frac{a}{b} = \frac{\sin\alpha}{\cos\alpha}$$

Es gibt eine ganze Reihe von wichtigen Sätzen für diese **Winkelfunktionen.**

Hierzu zählt die Beziehung $\sin^2\alpha + \cos^2\alpha = 1$ für rechtwinklige Dreiecke und der **Kosinussatz** $a^2 = b^2 + c^2 - 2bc\cdot\cos\alpha$, eine Art Verallgemeinerung des Pythagoras-Satzes für Dreiecke.

Es gibt noch drei weitere Winkelfunktionen, die aber deutlich seltener benötigt werden: Der Kotangens cot ist der Kehrwert des Tangens: $\cot\alpha = 1/\tan\alpha$. Sekans (sec) und Kosekans (cosec) sind die Kehrwerte von Sinus und Kosinus: $\sec\alpha = 1/\sin\alpha$ und $\operatorname{cosec}\alpha = 1/\cos\alpha$.

Funktionen

Man kann die Winkelfunktionen leicht auch für Werte definieren, die über 90° liegen oder negativ sind, auch wenn dann kein rechtwinkliges Dreieck mehr vorliegt. Die verallgemeinerten Funktionen sin *x*, cos *x* und tan *x* können für alle reellen *x* berechnet werden, lediglich der Tangens von 90°, 270° etc. ist nicht definiert, weil der Cosinus für diese Winkel 0 ist (man würde also durch 0 teilen, das geht nicht). Die Anwendung dieser Funktionen geht weit über die Geometrie hinaus. So tritt die Sinusfunktion z. B. auch bei Kreisbewegungen, Wellen und Schwingungen auf, da die Sinuskurve eine Art „abgerollter Kreis“ ist.

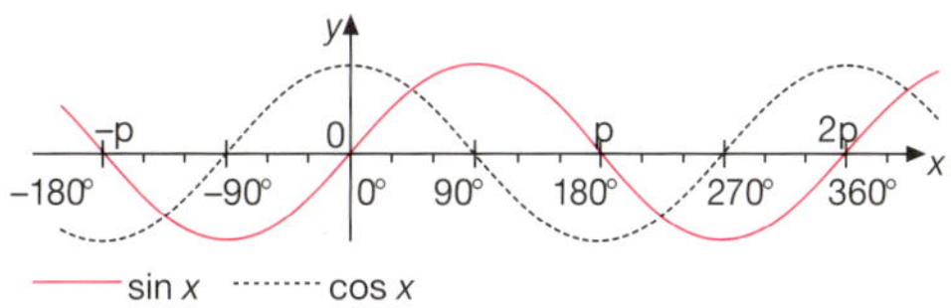

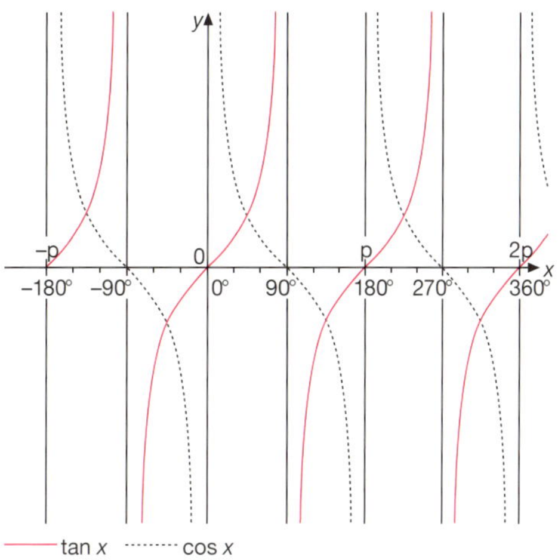

Die Winkelfunktionen Sinus, Cosinus, Tangens und Kotangens für beliebige *x*-Werte im Koordinatensystem. Außer der üblichen Angabe des Winkels in Grad ist auch das Bogenmaß angegeben, in dem ein Vollwinkel den Wert 2π hat, 90° entsprechen dem Bogenmaß π/2.

Projektionen und räumliche Geometrie

Konservendosen sind – mathematisch gesehen – Zylinder.

Figuren in der Ebene besitzen nur zwei Dimensionen: Länge und Breite. Die Welt um uns kennt aber noch eine dritte Dimension, die Höhe. Geometrische Objekte, die sich in alle drei Richtungen erstrecken, nennt man **Körper.** Ihre Eigenschaften sind Gegenstand der räumlichen Geometrie, die sich u. a. damit beschäftigt, wie man räumlich ausgedehnte Gegenstände durch Projektion auf einer Ebene (z. B. Papier, Tafel, Bildschirm) darstellen kann.

Oberfläche und Volumen einfacher Körper

Körper	Oberfläche	Volumen
Würfel, Grundseite a	$6a^2$	a^3
Quader, Seiten a, b, c	$2 \cdot (ab + bc + ac)$	$a \cdot b \cdot c$
gerades Prisma mit gleichseitigem Dreieck als Grundfläche, Grundseite a, Höhe h	$\frac{a^2\sqrt{3}}{2} + 3ah$	$\frac{a^2\sqrt{3}}{4} \cdot h$
regelmäßige Pyramide mit dreieckiger Grundfläche (Tetraeder), Grundseite a	$a^2\sqrt{3}$	$\frac{a^3}{6\sqrt{2}}$
gerade Pyramide mit quadratischer Grundfläche, Grundseite a, Höhe h	$a\sqrt{4h^2 + a^2}$	$\frac{a^2 h}{3}$
gerader Kreiskegel, Radius r, Höhe h	$\tau r^2 + \pi r\sqrt{h^2 + r^2} = \pi r\left(r + \sqrt{h^2 + r^2}\right)$	$\frac{\pi r^2 h}{3}$
Kreiszylinder, Radius r, Höhe h	$2\pi r(r + h)$	$\pi r^2 h$
Kugel, Radius r	$4\pi r^2$	$\frac{4\pi r^3}{3}$

Körper: Figuren in 3D

Es gibt ein sehr einfaches Verfahren, Körper zu „erzeugen“: Man nimmt eine beliebige ebene Figur, etwa ein Dreieck oder ein Quadrat, und fügt an jeder Ecke eine Linie gleicher Länge an, die senkrecht nach oben läuft. Auf diese Weise entsteht ein **Prisma.** Ist die Grundfläche ein Quadrat oder Rechteck, nennt man solch ein Prisma einen **Würfel** bzw. **Quader.** Ist die Grundfigur ein Kreis oder eine Ellipse, spricht man von einem **Zylinder.** Der Rauminhalt eines Körpers, sein **Volumen,** lässt sich bei Prisma und Zylinder sehr leicht berechnen: Man muss einfach die Grundfläche mit der Höhe multiplizieren. Ebenfalls elementar, wenn auch nicht mehr ganz so einfach, ist das Volumen von **Pyramide** und **Kegel** zu bestimmen. Bei diesen Körpern, die man auch spitze Körper nennt, werden die Eckpunkte eines n-Ecks bzw. die Randlinie eines Kreises mit einem einzigen Punkt oberhalb davon verbunden. Für Pyramiden mit quadratischer Grundfläche wie für Kreiskegel ist das Volumen gerade ein Drittel des Produkts aus Grundfläche und Höhe. Schon bei einer **Kugel** aber ist die Ermittlung von Volumen und auch die ihrer Oberfläche mit Aufwand verbunden. Bei beliebig geformten Körpern muss man auf Mittel der Integralrechnung zurückgreifen oder aber in einem Lexikon oder Tabellenwerk nachschlagen.

Platonische Körper

In der ebenen Geometrie gibt es neben dem Kreis eine Reihe von Figuren, die sich durch besondere Symmetrie und Regelmäßigkeit auszeichnen: die regelmäßigen n-Ecke (gleichseitiges Dreieck, Quadrat usw.). In drei Dimensionen gibt es nur fünf Objekte, die es mit den n-Ecken aufnehmen können: die nach dem griechischen Philosophen Platon benannten platonischen Körper. Alle ihre **Begrenzungsflächen** sind regelmäßige n-Ecke: bei Tetra-, Okta- und Ikosaeder gleichseitige Dreiecke, beim Würfel Quadrate und beim Dodekaeder Fünfecke. Außerdem stoßen an jeder Ecke gleich viele Kanten zusammen, und zwar drei bei Tetraeder, Würfel und Dodekaeder, vier beim Oktaeder und fünf beim Ikosaeder.

Die fünf platonischen Körper spielten nicht nur in der antiken Mathematik, sondern auch in **Philosophie, Magie und Alchemie** eine wichtige Rolle. So wurden jedem von ihnen ein Element, ein Planet und eine Himmelssphäre zugeschrieben; ihre Ebenmäßigkeit galt als Zeichen der göttlichen Vollkommenheit.

Perspektiven

Fotografiert man ein Haus aus unterschiedlichen Blickwinkeln, so scheint jedes Bild ein anderes Objekt zu zeigen – mal sind die Fenster quadratisch, mal gestreckt, mal sehen sie größer, mal kleiner aus. Natürlich bleibt das Haus immer derselbe räumliche Körper, egal, wer es von wo aus betrachtet. Was sich ändert, ist die **Projektion** des Körpers auf Bildebene, Netzhaut oder die Ebene des Fotopapiers. In der Mathematik sind Projektionen exakt definiert als Abbildungen, die jedem Punkt eines Körpers eindeutig einen Punkt in einer Ebene zuordnen. Ist die Art der Projektion bekannt, so lassen sich aus dem projizierten Bild Abstände und Winkel im ursprünglich dreidimensionalen Gebilde zurückrechnen.

Einfache Projektionsmethoden kommen in der **Architektur** zum Einsatz: Grundriss, Aufriss und Seitenriss zeigen dem Handwerker genau, was auf der Baustelle wohin montiert werden soll. Anschauliche oder gar künstlerisch ansprechende Werke entstehen so allerdings nicht. Besser gelingt dies mit **perspektivischen Abbildungen,** etwa der Kavaliersperspektive oder dem Fluchtpunktverfahren. In der Renaissance haben die Maler diese Techniken bis zur Perfektion weiterentwickelt und verfeinert, sodass Künstler täuschend „echt" dreidimensional erscheinende Werke schaffen konnten.

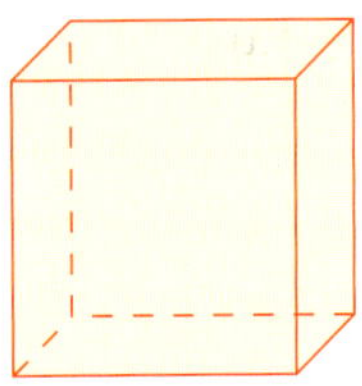
Hexaeder (Würfel)

Die fünf platonischen Körper: Tetraeder (Dreieckspyramide), Würfel (Hexaeder), Oktaeder, Dodekaeder und Ikosaeder

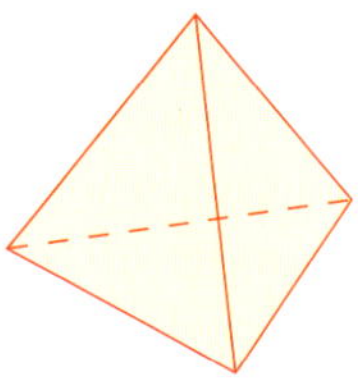
Tetraeder

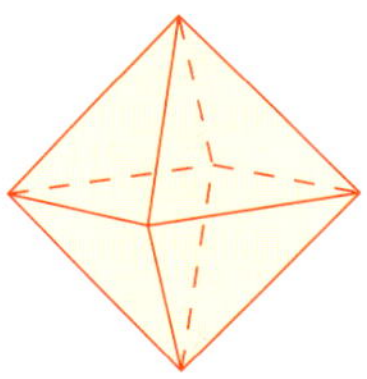
Oktaeder

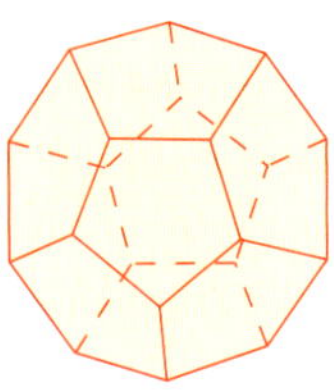
Dodekaeder

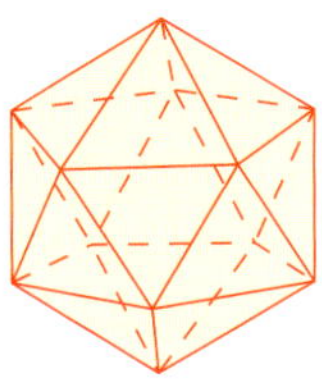
Ikosaeder

Das Kartenbild der Erdoberfläche

Wer einmal probiert hat, eine Orangenschale flach zu pressen, kennt das Problem: Die gekrümmte Oberfläche einer Kugel lässt sich nicht ohne Risse oder Löcher in der Ebene abwickeln. Darum ist die einzige Möglichkeit, die Länder der Erde längen-, winkel- und flächentreu darzustellen, ein Globus mit ebenfalls kugelartig gekrümmter Oberfläche. Braucht man dennoch eine ebene Landkarte, muss man Kompromisse eingehen. Jede Projektion der Erdoberfläche (oder eines Teils von ihr) in eine Kartenebene ist entweder flächen- oder winkeltreu, niemals jedoch beides – und längentreu ist eine solche Projektion nie.

Es gibt im Wesentlichen drei mathematische Formen von Kartenprojektion: Bei der winkeltreuen **Azimutalprojektion** berührt die Kartenebene die Erdoberfläche in einem Punkt, etwa dem Nordpol. Je weiter entfernt ein Land von diesem ist, desto stärker ist es verzerrt. Der Südpol läge im Unendlichen. Diese Art der

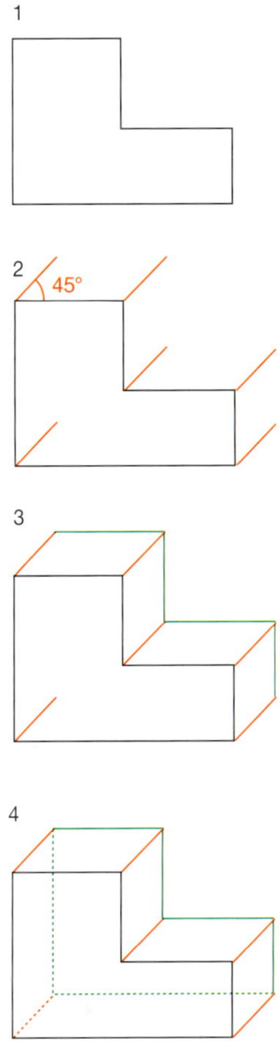

Bei der sog. Kavaliersperspektive werden Tiefenlinien, d. h. Kanten, die „nach hinten" gehen, unter einem Winkel von 45° zu den Breitenlinien bzw. Vorderkanten abgetragen und um die Hälfte gekürzt. Verdeckte, nichtsichtbare Linien werden gestrichelt gezeichnet.

Projektion wird daher vor allem für die Polargebiete benutzt.

Die **Zylinderprojektion (Mercator-Projektion)** legte die Kartenebene um den Äquator (oder einen anderen Großkreis). Diese Form der Projektion ist winkeltreu und erleichtert die Seefahrt, allerdings sind die Flächen nur in Äquatornähe maßstabsgerecht. Im Zeitalter des Kolonialismus war diese Projektion beliebt, da sie (das weit vom Äquator entfernte) Europa auf den Karten größer und damit bedeutender aussehen lässt als das in Wirklichkeit wesentlich größere Afrika.

Eine **Kegelprojektion** schließlich denkt sich die Kartenebene als Kegelmantel, der die Erde an einem Berührkreis, z. B. dem 50. Breitengrad, tangiert. Auch diese Projektion ist am besten in der Nähe des Berührkreises. Daher eignet sich die Kegelprojektion besonders gut für Karten mittlerer Breiten mit großer Ost-West-Ausdehnung.

Naturgemäß sind perspektivische Darstellungen beim Malen und Zeichnen ständig präsent. Mit Ausnahme abstrakter oder bewusst nichtperspektivischer Werke geht es ja meist darum, die dreidimensionale Welt auf einem zweidimensionalen Blatt (oder einer Leinwand) wiederzugeben. So hat sich die Lehre von den Projektionen seit der Renaissance im Wechselspiel von Mathematik und Kunst entwickelt. Es gab zwar auch schon in der Antike perspektivische Gemälde, etwa in Pompeji, doch standen bis ins Mittelalter häufig andere Bildinhalte im Vordergrund: Nach den Regeln der sog. **Bedeutungsperspektive** wurde die wichtigste Figur, etwa Jesus, Maria oder ein König, am größten, Nebenfiguren wurden hingegen im Raum kleiner dargestellt. Die (Wieder-)Entdeckung der **Zentralperspektive** schuf dann für Jahrhunderte die Grundlage für die realistische künstlerische Wiedergabe räumlicher Bildinhalte. Dabei wurde auch mit „unmöglichen“ Blicken, paradoxen Scheinperspektiven u. a. experimentiert, etwa in den Holzschnitten des Niederländers M. C. Escher (1898–1972).

Projektionen

Projektionen sind Schattenwürfe von räumlichen Körpern in die Ebene. Sie werden je nach Position von (gedachter) Lichtquelle, Körper und Bildebene unterschieden. Bei der **Zentralprojektion** ist die Lichtquelle nahe beim Körper, die Projektionsstrahlen treffen sich in einem Punkt, dem Fluchtpunkt. Bei der **Parallelprojektion** ist die Lichtquelle unendlich weit entfernt, die Projektionsstrahlen sind parallel. Und bei der **schrägen Parallelprojektion** sind die Projektionsstrahlen nicht parallel zu einer Körperkante; sie erzeugt besonders realistisch wirkende Bilder.

Die wichtigsten kartografischen Projektionen – sie eignen sich jeweils am besten für diejenigen Gebiete, an denen sich gedachte Kartenebene und Erdoberfläche berühren.

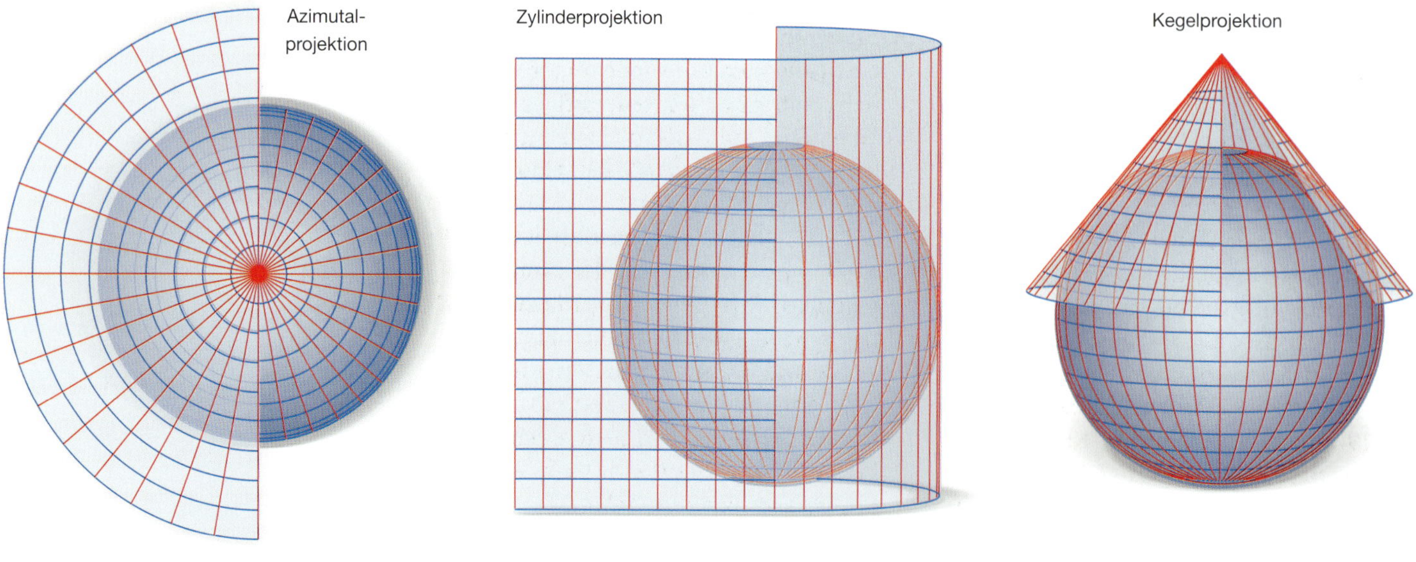

Ein Ausschnitt aus der fraktalen Mandelbrot-Menge, besser bekannt als „Apfelmännchen"-Grafik

Fraktale

Mathematiker neigen dazu, aus sehr einfachen Sachen neue, kompliziertere zu machen. So kennt die elementare Geometrie eindimensionale Linien, zweidimensionale Flächen und dreidimensionale Körper. Doch was soll ein Objekt mit einer Dimension „eineinviertel" sein? Und was hat dies mit Großbritannien und den „Apfelmännchen" zu tun?

Gebrochene Dimensionen

Wie lang ist die Küste von Großbritannien? Im Prinzip kann man den Wert nachschlagen, aber es gibt sehr verschiedene Werte, je nachdem ob er anhand einer Karte mit großem oder kleinem Maßstab bestimmt wurde. Bei einer Weltkarte sind nur große Veränderungen berücksichtigt, bei einer Wanderkarte hingegen auch kleinste Unregelmäßigkeiten, sodass der Wert für die Küstenlinie größer wird. Die auf dem Globus bestimmte Linie „verschluckt" sozusagen die kleinen Unregelmäßigkeiten; eine so gewissermaßen gefaltete Linie ist keine echte Linie mehr, sondern verhält sich fast wie eine Fläche. Sie ist nicht mehr eindimensional, aber auch noch nicht zweidimensional. Ihre Dimension liegt dazwischen, ist also eine **gebrochene Zahl.** Man nennt sie daher ein **Fraktal** (von lateinisch fractum, „gebrochen"). Der Mathematiker Benoît Mandelbrot (*1924) errechnete für die Küstenlinie eine Dimension von ca. 1,25. Es gibt viele solcher Fraktale in der Natur – etwa ein Farnwedel mit seinen vielen Blättern, die Oberfläche von Gebirgen oder die Gestalt der Wolken.

Ein gemeinsames Zeichen der Fraktale ist ihre **Selbstähnlichkeit:** Vergrößert man ein Detail – etwa einen Seitentrieb des Farnwedels –, so ähnelt es dem Gesamtgebilde, d. h. dem gesamten Farnblatt. Dieses Verhalten nutzen Hollywoods Computergrafiker, indem sie aus einem kleinen Zweig mit wenig Rechenaufwand ganze Wälder aus fraktalen, selbstähnlichen Bäumen generieren, die täuschend „echt" aussehen.

Apfelmännchen und Co.

Fraktale wären wohl nur eine mathematische Skurrilität geblieben, hätte es nicht das „Apfelmännchen" gegeben. Dieser Name steht für den Funktionsgraphen einer (zwischen komplexen Zahlen definierten) Funktion, der alle Merkmale eines Fraktals aufweist. Insgesamt sieht er aus wie ein auf der Seite liegender, mit Gewürznelken gespickter Apfel, wobei jede Gewürznelke wieder einer verkleinerten Version der Gesamtfigur mit noch kleineren, ebenfalls apfelmännchenförmigen Auswüchsen ähnelt. Computergenerierte Bilder dieser und verwandter Funktionen lösten Ende der 1980er Jahre einen wahren Boom in der Computergrafik aus. Mathematiker, Künstler und Laien waren gleichermaßen fasziniert, Bildbände waren in jeder Buchhandlung zu haben. Selbst Philosophen waren angetan von der komplexen, lebensnahen Vielfalt, die aus einer sehr einfachen Rechenvorschrift erwächst.

Statistik und Stochastik

Beim Lotto „6 aus 49" beträgt die Chance auf einen Hauptgewinn nur etwa 1 zu 14 Mio. Der Zweig der Mathematik, der sich solchen Fragen widmet, ist die Wahrscheinlichkeitsrechnung, die eng verwandt ist mit der Statistik. Die Verbindung zum Glücksspiel war schon immer eng.

Beschreibende und beurteilende Statistik

Seit einigen Jahren wird im Schulunterricht großer Wert darauf gelegt, die Schüler und Schülerinnen bereits früh mit statistischen Fragen und Methoden vertraut zu machen. Der Grund liegt in der großen Bedeutung, die statistische Untersuchungen – und nicht selten auch Manipulationen – in unserer Gesellschaft bekommen haben. Die Erhebung, Darstellung und Interpretation von Daten ist eine wichtige Grundlage für fast alle Entscheidungsprozesse in Politik und Wirtschaft geworden.

Stichproben und Merkmale

Statistische Daten können auf vielfältige Weise zusammengetragen werden: durch Meinungsumfragen am Telefon oder auf der Straße, durch – oft automatisierte – Messprozesse in Industrie und Forschung oder auch durch die Auswertung von Archiven, Kirchenbüchern und anderen historischen Quellen. Fast immer handelt es sich bei einer statistischen Erhebung um eine **Stichprobe.** Dies bedeutet, dass nicht die gesamte Bevölkerung befragt und nicht jeder Artikel, welcher die Fabrik verlässt, untersucht wird. Stattdessen betrachtet man nur eine möglichst **repräsentative Auswahl** und schließt aus den so gewonnenen Erkenntnissen auf die **Grundgesamtheit.** Hierfür gibt es gängige mathematische Verfahren – aber auch viele Tricks, um etwa Wahlprognosen den vom Auftraggeber gewünschten Dreh zu geben.

Darstellung

Würde man nach einer Telefonumfrage lediglich die gewählten Telefonnummern und die erhaltenen Aussagen in einer Liste protokollieren, wäre wenig Information gewonnen. Erste Aufgabe der Statistik ist es daher immer, die Daten zu ordnen, nach bestimmten Merkmalen zu sortieren und sie dann möglichst instruktiv darzustellen. Auch eine intelligente Speicherung für nachträgliche Analysen ist sehr wichtig.

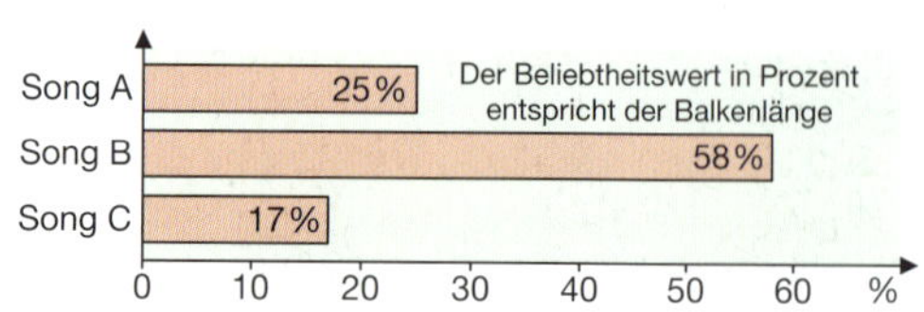

Streifen- bzw. Balkendiagramme veranschaulichen gut die Größenverhältnisse zwischen den in einer Umfrage statistisch ermittelten Daten.

Mittelwert, Median, Modalwert

Statistische Daten lassen sich mit sog. **Lagemaßen** charakterisieren. Das bekannteste ist der **Mittelwert:** die Summe aller erhaltenen Zahlen, geteilt durch die Anzahl der Werte. Der **Median** ist der Wert, der in der Mitte steht, wenn alle Daten der Größe nach sortiert werden. Der **Modalwert** schließlich ist der am häufigsten auftretende Wert.
Ein weiteres wichtiges Maß ist die statistische Schwankung oder **Standardabweichung.** Darunter versteht man die mittlere Abweichung aller Daten vom Mittelwert. Ist die Standardabweichung groß, dann hat man eine „breite“ oder „stark streuende“ Verteilung der Werte. Bei kleiner Standardabweichung liegen fast alle Datenpunkte in der Nähe des Mittelwertes.

Eine einfache Form der Darstellung statistischer Daten ist eine Tabelle, die auflistet, wie oft welches Ergebnis gefunden wurde. Übersichtlicher ist aber in der Regel eine Grafik. Hier bieten Statistiksoftware oder aber auch schon ein Tabellenkalkulationsprogramm eine Fülle von vorgegebenen verwendbaren Diagrammtypen. Diese stellen beispielsweise die Häufigkeit der Werte als unterschiedlich lange Balken oder Säulen, als Kreissegment („Tortenstück“) oder auch als einfacher Punkt in einem x-y-Koordinatensystem dar.

Augenzahl	Relative Häufigkeit	Mittelpunktswinkel
1	27,5 %	99°
2	15,0 %	54°
3	10,0 %	36°
4	25,0 %	90°
5	7,5 %	27°
6	15,0 %	54°

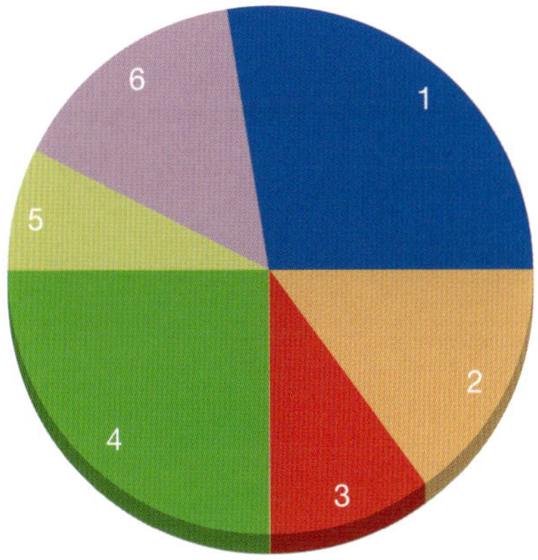

Die Ergebnisse eines Würfelversuchs, dargestellt als Tabelle (links) und als Tortendiagramm (rechts)

Statistische Tests

Statistiker wenden oft mathematische Testverfahren an, die angeben, wie wahrscheinlich es ist, dass eine bestimmte Annahme **(Hypothese)** über die untersuchte Grundgesamtheit angesichts der ermittelten Daten zutrifft. Eine typische Frage ist z. B., wie wirksam ein Medikament ist, das einer bestimmten Zahl von Patienten mit der gleichen Krankheit verabreicht wurde. Man kann die Hypothese aufstellen, dass die bei einigen Patienten beobachtete Besserung durch das Medikament hervorgerufen wurde, und sie gegen die Gegenannahme testen, dass unbekannte andere Einflüsse hierfür verantwortlich waren. Ein anderer wichtiger Aspekt statistischer Tests ist die **Aussagefähigkeit** einer Umfrage, ihre **Signifikanz:** Wurden genug Personen befragt? War deren Auswahl repräsentativ und wie sicher sind die Daten?

Nur wenige Kombinationen (z. B. viermal die Zitrone) bringen einen Gewinn, die allermeisten Möglichkeiten sind „Nieten“, alle Kombinationen sind aber bei jedem Lauf gleich wahrscheinlich.

Es ist nicht egal, welche Zahlen ein Lottospieler tippt. Die Gewinnsumme (genau die Hälfte der eingezahlten Einsätze) wird nämlich immer unter allen geteilt, die richtig getippt haben. Und da Geburtsdaten als Glücksbringer gelten und deshalb häufiger angekreuzt werden, muss man bei Zahlen bis 12 bzw. bis 31, die als Monats- oder Tageszahl vorkommen können, seinen Gewinn mit mehr Leuten teilen als bei Tipps von 32 bis 49.

Kombinatorik

Die Wahrscheinlichkeit, mit der man bei einem Glücksspiel mehr gewinnt als einsetzt, lässt sich oft nur schwer ermitteln – das ist vermutlich der Grund dafür, dass so viele Menschen Lotto spielen oder ins Casino gehen. In bestimmten Fällen ist die Aufgabe jedoch recht gut lösbar. Sie läuft darauf hinaus, vorteilhafte Kombinationen der Ausgänge abzuzählen.

Urnenmodelle

Viele Aufgaben der Wahrscheinlichkeitsrechnung lassen sich auf sog. Urnenmodelle zurückführen. Beispielsweise werden bei der **Lottoziehung** aus einer „Urne" mit nummerierten Kugeln, dem Ziehungsgerät, nacheinander sechs Kugeln ohne Zurücklegen entnommen.

Ein einfaches Problem ist eine Urne mit zwei roten und zwei blauen Kugeln, aus der einmal gezogen wird. Offenbar ist hier die Wahrscheinlichkeit, eine rote Kugel zu ziehen, genau 1/2 bzw. 50%. Wird zweimal gezogen, kommt es wieder darauf an, ob die erste Kugel zurückgelegt wird. Ist dies der Fall, gibt es vier gleich wahrscheinliche Ausgänge. Die Farbkombinationen der gezogenen Kugeln können sein: rot–rot, rot–blau, blau–rot und blau–blau; die Chance, zweimal „rot" zu erhalten, ist 1/4 bzw. 25%. Wird dagegen die erste gezogene Kugel nicht zurückgelegt, sind die Ausgänge nicht mehr gleich wahrscheinlich.

Permutationen

Eine weitere grundsätzliche Frage betrifft die **Reihenfolge der Ergebnisse.** Wird etwa darauf gewettet, dass eine rote und eine blaue Kugel (mit Zurücklegen) gezogen werden, ist die Gewinnchance 50%, wenn die Reihenfolge egal ist, und 25%, wenn die rote zuerst kommen muss. Spielt die Reihenfolge keine Rolle, dann muss man alle denkbaren **Vertauschungen** oder Permutationen ermitteln, um die günstigen Fälle bei einem Glücksspiel oder allgemein einem Zufallsexperiment zu bestimmen. Hierzu wurde die **Fakultät-Funktion** $n!$ definiert. Sie gibt die Zahl der Permutationen von n vertauschbaren Objekten an und ist das Produkt aller natürlichen Zahlen bis zur Zahl n. Ein Beispiel: $5! = 1 \cdot 2 \cdot 3 \cdot 4 \cdot 5 = 120$. Es gibt also 120 mögliche Anordnungen von fünf Kugeln (oder Kindern oder Spielkarten).

6 aus 49

Beim Fernsehlotto „6 aus 49" sind alle Zahlen gleich wahrscheinlich. Für die Chance auf einen Sechser im Lotto gibt es eine Formel, in der die Fakultät-Funktion vorkommt. Die Formel gibt an, wie viele verschiedene Möglichkeiten es gibt, sechs Kugeln aus 49 auszuwählen, wobei keine doppelt sein darf und die Reihenfolge egal ist:

$$\frac{49!}{6! \cdot (49-6)!} = 13\,983\,816$$

Der Kehrwert dieser Zahl ist die Wahrscheinlichkeit dafür, genau eine dieser möglichen Ergebnisse einer Lottoziehung zu tippen.

Zufallsexperimente

Für die **Stochastik,** wie die Gebiete Wahrscheinlichkeitsrechnung und Statistik auch zusammengefasst bezeichnet werden, ist der Begriff des Zufallsversuchs von zentraler Bedeutung. Eine mathematisch exakte Definition wäre begrifflich anspruchsvoll und sehr abstrakt. Hier genügt es zu wissen, dass nicht nur Münzwurf, Lottoziehung und Würfeln darunterfallen, sondern auch die Ergebnisse von Meinungsumfragen und wissenschaftlichen Experimenten sowie die Entwicklung von Wetter und Aktienkursen.

Alles Zufall?

Ein Zufallsexperiment ist einfach ausgedrückt alles, was in irgendeiner Weise vom Zufall mitbeeinflusst wird. Ein solches Experiment hat verschiedene unterscheidbare Ergebnisse, von denen manche als „günstig" gelten (Wette gewonnen), andere als ungünstig (Wette verloren). Unwichtig ist dagegen, ob der „Zufall" nur ungenügendes Wissen widerspiegelt oder ob er auf einer göttlichen, magischen oder naturgesetzlichen Ursache beruht. Die Mathematik liefert ein solides Werkzeug zur Beschreibung und Analyse solcher Prozesse, das unabhängig davon angewendet werden kann, wodurch das Ergebnis verursacht wird und was Zufall eigentlich ist.

Laplace- und Bernoulli-Experimente

Die Stochastik kennt zwei – nach berühmten Mathematikern benannte – besondere Formen von Zufallsexperimenten. Bei einem Laplace-Experiment sind alle Ergebnisse gleich wahrscheinlich, z. B. beim Wurf eines fairen Würfels (alle Zahlen haben die Wahrscheinlichkeit 1/6). Ein Bernoulli-Experiment hat genau zwei Ausgänge: Kopf oder Zahl, Gewinn oder Niete, Mädchen oder Junge.

Das Galton'sche Brett

Ein gutes Beispiel für einen Zufallsversuch ist das sog. Galton'sche Brett. Dort ist eine Art Trichter über einem **Muster aus Nägeln** angebracht, unter denen sich nebeneinander eine Anzahl von Fächern befindet. Lässt man kleine Kugeln aus dem Trichter und durch die Nägel nach unten rollen, werden sie sich zufällig auf die Fächer verteilen, wobei in die mittleren Fächer mehr Kugeln fallen als in die äußeren (Normalverteilung →S. 248). Ein Ergebnis dieses Experiments ist damit, dass eine Kugel in ein bestimmtes Fach fällt. Ein günstiges Ereignis könnte sein, dass sie links von der Mitte ankommt. Wendet man die Mittel der Statistik auf eine Stichprobe an (z. B. 100 Kugeln), so lassen sich Mittelwert, Median oder Standardabweichung bestimmen.

Galton'sches Brett

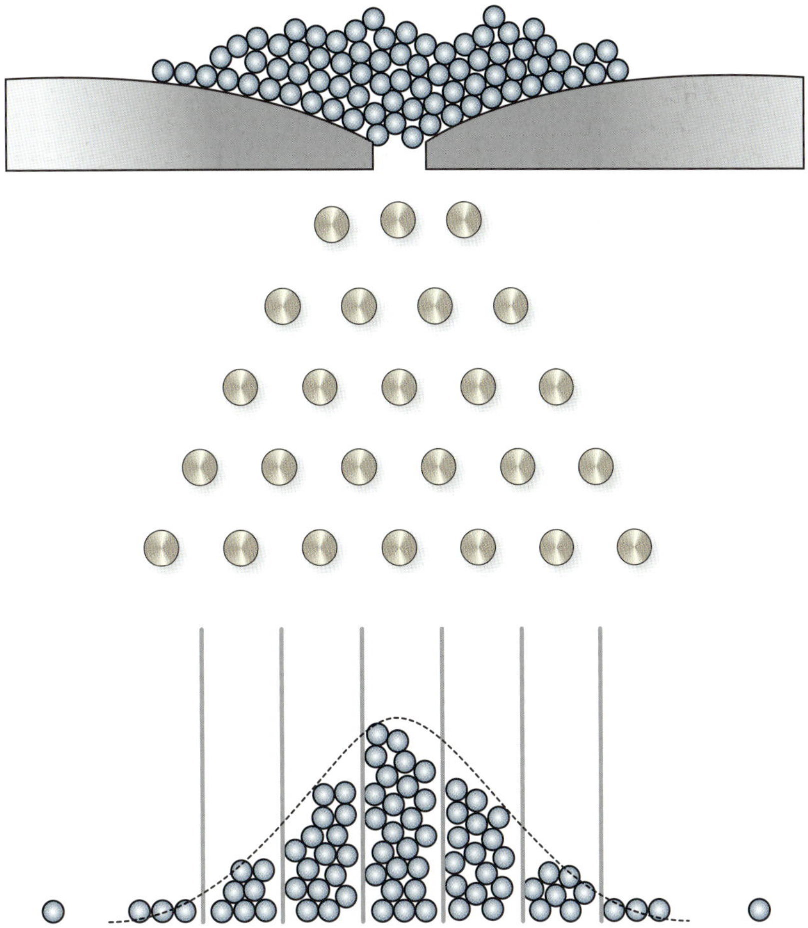

Wahrscheinlichkeit

Neben dem Zufall ist die Wahrscheinlichkeit der zweite zentrale Begriff der Wahrscheinlichkeitsrechnung. Man kann sie auf verschiedene Weisen definieren, meist kommt man aber mit einer intuitiven Vorstellung recht weit. Allerdings gibt es auch einige scheinbare Paradoxien, die auf einem unsauber oder unkritisch verwendeten Wahrscheinlichkeitsbegriff beruhen.

Das Gesetz der großen Zahl

Wiederholt man ein Zufallsexperiment, kann man die Häufigkeit der Ergebnisse durch die Gesamtzahl der Wiederholungen teilen. Diese **relative Häufigkeit** ist die Grundlage für das **Gesetz der großen Zahl:** Bei genügend häufiger Wiederholung streben die relativen Häufigkeiten der einzelnen Ergebnisse jeweils einem festen Wert zu, den man Wahrscheinlichkeit nennt. Praktisch bedeutet dies etwa, dass sich an einem gegebenen Galton'schen Brett immer dasselbe Muster einstellt, wenn man nur hinreichend viele Kugeln hindurchlaufen lässt. Das Gesetz erlaubt es auch, aus repräsentativen Stichproben auf eine Gesamtheit zu schließen. Denn „hinreichend viele“ Wiederholungen des Experiments „Befragung eines potenziellen Wählers“ sind bereits einige Zehntausend; dehnt man die Befragung weiter aus, ändert sich an den durchschnittlichen Ergebnissen praktisch nichts mehr.

Eine weitere Anwendung findet sich in der Wissenschaft: Dort stören oft zufällige **Messfehler** die Interpretation eines Experiments. Wird die Messung aber genügend oft wiederholt, mitteln sich die Messfehler heraus und der Mittelwert aller **Wiederholungen** liegt schließlich beliebig nahe an dem gesuchten wahren Wert.

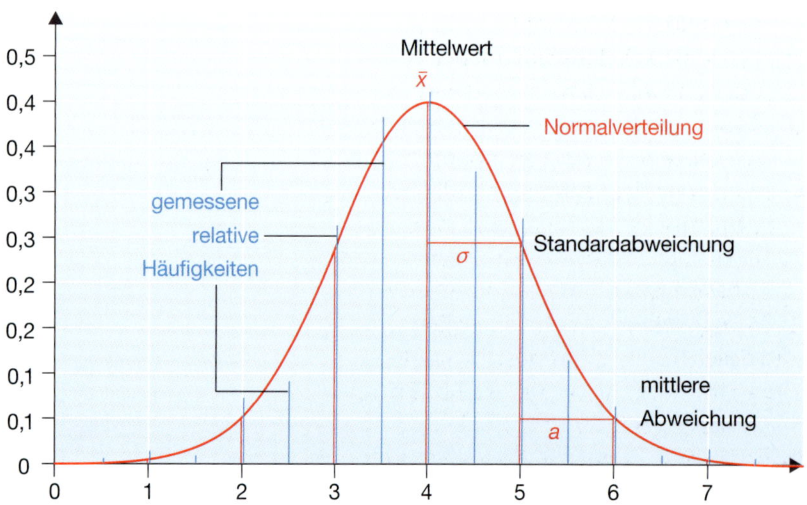

Die Ergebnisse einer statistischen Stichprobe werden durch die Normalverteilung angenähert.

Wahrscheinlichkeiten

Eine Grundregel für die Bestimmung von Wahrscheinlichkeiten wurde bereits angesprochen: „Teile die Anzahl günstiger Fälle durch die Anzahl aller Versuchsausgänge.“ So ist die Wahrscheinlichkeit, eine Sechs zu würfeln, gleich 1/6. Gibt es dagegen nur zwei Ausgänge, die sich gegenseitig ausschließen, dann ist die Summe ihrer Wahrscheinlichkeiten 1. Daher beträgt die Wahrscheinlichkeit, *keine* Sechs zu würfeln, 1 – 1/6 = 5/6. Und zum anderen multiplizieren sich die Wahrscheinlichkeiten zweier unabhängiger Zufallsversuche. Demnach beträgt die Wahrscheinlichkeit, zweimal hintereinander eine Sechs zu würfeln, $(1/6)^2 = 1/36$. Bei zwei Würfen keine Sechs erhält man dementsprechend mit der Wahrscheinlichkeit $(5/6)^2 = 25/36 \approx 69\,\%$.

Die Normalverteilung

Ergebnisse von Zufallsexperimenten werden in der Normalverteilung dargestellt:

$$f(x) = \frac{1}{\sigma\sqrt{2\pi}}\,e^{-x^2/2}$$

Dabei entspricht σ der **Standardabweichung.** Wegen seiner Form heißt ihr Graph auch **Glockenkurve.** Sein Maximum entspricht dem Mittelwert, die Breite der „Glocke“ wird durch σ bestimmt.

Ähnlich wie bei Poker kann man mit einem sehr guten Gedächtnis und mathematischem „Instinkt" bei Black Jack eine Wahrscheinlichkeit für die nächsten Karten berechnen.

Glücksspiele

Es gibt nur wenige Spiele, bei denen der Zufall überhaupt keine Rolle spielt – hierzu gehören Brettspiele wie Schach oder Go. Bei den meisten anderen Spielen, etwa „Mensch ärgere dich nicht", Skat oder „Die Siedler von Catan" braucht man mehr oder weniger viel Glück, um zu gewinnen. Klassisches Themenfeld der Stochastik sind hingegen die reinen Glücksspiele wie Roulette, Black Jack oder Lotto. Und da es häufig auch um recht viel Geld geht, war der Anreiz, mit mathematischen Mitteln seine Einsätze zu optimieren, schon immer groß.

Die Bank gewinnt immer

Blaise Pascal, französischer Mathematiker, Philosoph und einer der Begründer der Wahrscheinlichkeitstheorie, soll das **Roulette-Spiel** erfunden haben, um Zufallsexperimente gezielt durchführen zu können. Der Spielleiter lässt eine Kugel in eine Mulde rollen, wo sie von verschiedenen kleinen Hindernissen zufällig in eines von 37 Zielfeldern in einer rotierenden Scheibe gelenkt wird. Die Mitspieler haben zuvor auf bestimmte Zufallsereignisse gesetzt: „gerade Zahl", „Zahl über 18", „rote Zahl", „eine von 6, 4 oder 2 Zahlen", man kann auch alles auf eine Zahl setzen. Nur auf eine Zahl, die „0", kann nicht gesetzt werden, sie ist auch weder rot noch schwarz bzw. gerade oder ungerade. Und darin liegt der Gewinn des Casinos: Man erhält für eine richtig gesetzte Einzelzahl das 36-Fache des Einsatzes, die Zahl hat aber nur eine Wahrscheinlichkeit von 1/37. Entsprechendes gilt für alle anderen Einsätze. Aus diesem Grund gewinnt die Bank – langfristig – immer. Es sind zwar natürlich Menschen mit mehr Geld aus dem Casino hinaus- als hineingegangen. Doch es sind immer mehr, die Geld verlieren; und wer ausreichend lange spielt, verliert sicher.

Pokerstrategien

In den letzten Jahren hat sich Poker gerade bei jungen Leuten zu einem der beliebtesten Kartenspiele entwickelt. Auch im Internet oder sogar im Sportfernsehen kann man pokern bzw. den Stars beim Spielen zuschauen. Kann die Mathematik dabei helfen, bei diesem Kartenspiel um Chips und/oder Geld gut abzuschneiden? Man sollte auf jeden Fall die **Wahrscheinlichkeiten** der verschiedenen Kartenkombinationen wie „Drilling", „Full House" oder „Straight Flush" kennen. Es lässt sich dann ausrechnen (oder bei entsprechender Erfahrung intuitiv abschätzen), wie groß die Gewinn- und Verlusterwartungen bei einer bestimmten Entscheidung sind. Allerdings reichen Wahrscheinlichkeits- und Spieltheorie nicht aus: Psychologisches Geschick und ein guter Bluff sind mindestens genauso wichtig. Dies gilt insbesondere, wenn die Mitspieler sich im selben Raum befinden.

Die beste Roulette-Strategie

Es gibt eine Möglichkeit, bei Wetten wie „Rot" oder „Schwarz" beim Roulette (ohne Null!) auf lange Sicht die Verluste gering zu halten. Voraussetzung dafür ist allerdings, dass man über quasi unbegrenzte Mittel verfügt. Hierzu wird einfach ein Starteinsatz von z. B. 10 Euro auf „Rot" gesetzt und so lange verdoppelt, bis „Rot" fällt. Dann steigt man aus. Da bei jedem Spiel die Gewinnwahrscheinlichkeit 50 % beträgt, bewirkt die Verdopplung des Einsatzes, dass der zu erwartende Gewinn insgesamt immer genau 10 Euro, also den Starteinsatz, beträgt. – Wie viel Geld muss man haben, um auf diese Weise eine Serie von zehnmal „Schwarz" zu überstehen? 2^{10} ist 1024, also muss man im elften Spiel 1024 mal 10 Euro (= 10 240 Euro) setzen. Das Risiko, dass es so weit kommt, beträgt entsprechend 1/1024, das sind 0,098 %.

Die Geschichte der Menschheit

Bereits seit Jahrtausenden beschäftigen sich Menschen mit der eigenen Vergangenheit, ihrer Geschichte. Als Stammes- oder Stadtgeschichte diente sie menschlichen Gemeinwesen zur Schaffung ihrer Identität. Schon in der Antike liegen die Anfänge der Geschichtswissenschaft, die sich durch gründliche Analyse aller verfügbaren Quellen um ein ausgewogenes Urteil bemühte. Heute lassen Archäologen mit modernsten naturwissenschaftlichen Methoden aus Ruinen, Scherben und versteinerten Mageninhalten untergegangene Kulturen wiedererstehen.

Altsteinzeitliche Höhlenmalerei in der Nähe von El Cogul, Spanien

Was ist Geschichte?

Als Geschichte kann die Gesamtheit dessen bezeichnet werden, was geschehen ist; diese Definition schließt die Geschichte des Universums, die Erdgeschichte und die Geschichte des Lebens mit ein. Meistens wird der Begriff jedoch enger aufgefasst und ausschließlich auf die Geschichte der Menschheit bezogen.

Zur Erforschung der Geschichte bedient sich die Geschichtswissenschaft verschiedener Quellen. Das können Gegenstände (z. B. archäologische Befunde oder bildliche Darstellungen) oder Tatsachen (z. B. überlieferte Gebräuche) sein; von zentraler Bedeutung für die meisten Epochen sind schriftliche Quellen.

Ur- und Frühgeschichte

Die Bedeutung schriftlicher Quellen für die Erforschung der Vergangenheit schlägt sich auch darin nieder, dass als eigentliche Geschichte häufig erst die Phase der Schriftlichkeit betrachtet wird: Die menschlichen Epochen, aus denen keinerlei schriftliche Zeugnisse vorliegen, weil die Schrift noch nicht erfunden war, werden als Urgeschichte oder Prähistorie (Vorgeschichte) bezeichnet. Die Zeit, aus der vereinzelt Schriftzeugnisse erhalten sind, die aber dennoch vorwiegend durch archäologische Befunde entschlüsselt werden muss, heißt Frühgeschichte. Die Periodisierung dieser Zeitalter, über deren politische Entwicklungen und weltanschaulich-religiöse Vorstellungen kaum gesichertes Wissen vorliegt, erfolgt vor allem über ihre bedeutendsten Arbeitsmaterialien, daher spricht man von Steinzeit, Bronzezeit und Eisenzeit.

Die 1999 bei Nebra (Sachsen-Anhalt) gefundene 3600 Jahre alte „Himmelsscheibe"

Antike und Mittelalter

Die Epochenbegriffe Antike und Mittelalter beziehen sich nicht auf die gesamte Menschheit, sondern vor allem auf die Vorstufen unserer europäisch-westlichen Kultur; die Geschichte Chinas oder Amerikas ist mit ihnen beispielsweise nicht sinnvoll zu klassifizieren.

Die Antike umfasst etwa die Zeit von 1100 v. Chr. bis 500 n. Chr., in der sich im Mittelmeergebiet ein relativ einheitlicher Kulturraum entwickelte, der auch auf die benachbarten Regionen (Schwarzmeerküste, Mesopotamien, Persien) ausstrahlte. Angriffe über Land (indogermanische Wanderungen) und Meer (Seevölkersturm) hatten um 1200 v. Chr. die alten Hochkulturen (außer Ägypten) zerstört; in dieses Vakuum stießen in den folgenden Jahrhunderten die

Wie Geschichte einteilen?

Die Geschichte wird in verschiedene **Zeitalter** (Ären, Singular: Ära) untergliedert. Diese Einteilung ist nicht unumstritten, denn sie setzt immer schon eine Interpretation der Geschichte und damit das Anlegen **subjektiver Maßstäbe** voraus. Zudem kann man zu unterschiedlichen Epocheneinteilungen kommen, je nachdem, ob man sein Hauptaugenmerk beispielsweise auf die politische Geschichte, die Wirtschaftsgeschichte oder die Religionsgeschichte legt bzw. welche Weltregion (z. B. Europa oder den Mittelmeerraum) man vorwiegend betrachtet.
Die Periodisierung der Geschichte erleichtert einerseits den Zugang zu ihr, weil sie die Gemeinsamkeiten vergangener Zeitalter (z. B. des Mittelalters) betont. Das kann jedoch dazu führen, dass Entwicklungen und Unterschiede innerhalb einer Ära ausgeblendet werden, das Trennende zu vorangegangenen oder nachfolgenden Zeiten dagegen überbetont wird. Dies zeigt sich u. a. daran, dass der Begriff **Epoche** (griechisch: „Haltepunkt"), der eigentlich den Einschnitt zwischen zwei Zeitaltern bezeichnet, heute weitgehend als Synonym für Zeitalter oder Ära gebraucht wird. Dem liegt die Vorstellung zugrunde, dass **ein einzelnes Ereignis** ein neues Zeitalter der Menschheit einläutet – während solche Ereignisse, z. B. das Ende des Römischen Reiches oder die Entdeckung Amerikas, oft nur ein spektakuläres Ausrufezeichen hinter eine längere Übergangsphase setzen, die von ökonomischen, sozialen, religiösen und geistesgeschichtlichen Veränderungen geprägt ist.

phönizische und die griechische Kolonisation vor. Die griechische Kultur verbreitete sich ab dem 4. Jh. v. Chr. durch den Hellenismus bis an den Indus. Ab dem 3. Jh. v. Chr. brachte Rom schließlich den gesamten Mittelmeerraum unter seine Herrschaft und schuf einen einheitlichen Herrschafts-, Kultur- und Wirtschaftsraum, der zuletzt auch Gebiete nördlich der Alpen umfasste.

Mit dem Untergang des Römischen Reichs im Westen begann um 500 n. Chr. der Zerfall dieser Einheit, der durch das Vordringen des Islams bis nach Westeuropa im 7. Jh. besiegelt wurde. Der Schwerpunkt der christlichen Welt verlagerte sich nördlich der Alpen an die einstige Peripherie. Europa wuchs zu einem religiös homogenen Raum zusammen, der während des gesamten Mittelalters nach außen weitgehend abgeschlossen blieb.

Neuzeit

Das Ende des Mittelalters wird um das Jahr 1500 angesiedelt. Die Entdeckung Amerikas und des Seewegs nach Indien beendeten die relative Isolation Europas. Kolonialismus und weltweiter Handel verbreiteten europäische Kultur, Religion und Sprachen über den ganzen Erdball, beeinflussten umgekehrt aber auch Europa. Der politische und wirtschaftliche Schwerpunkt verschob sich vom Zentrum des Kontinents zu Seefahrerstaaten wie Spanien, Portugal, England (ab 1707: Großbritannien), Frankreich und den Niederlanden. Die beinahe zeitgleich aufkommende Reformation zerstörte auch die religiöse Einigkeit auf dem Kontinent.

Die geistesgeschichtliche Epoche der Aufklärung im 18. Jh. und die wirtschaftlichen und gesellschaftlichen Entwicklungen im Zuge der industriellen Revolution im 19. Jh. setzten die auf Abstammung und Grundbesitz gegründete Adelsherrschaft und mit ihr das Königtum als nicht mehr zeitgemäß unter Druck. Der Erste Weltkrieg brachte schließlich das Ende der meisten Monarchien; zugleich kündigte sich mit dem Kriegseintritt der USA und der russischen Oktoberrevolution der Niedergang der west- und mitteleuropäischen Großmächte an. Aus diesem Grund wird 1917 als Epochenjahr bezeichnet, das die Neuzeit in Neuere und Neueste Geschichte unterteilt.

schnell gefunden:

Vor- und Frühgeschichte

Die Vorgeschichte (Prähistorie) umfasst den Zeitraum der menschlichen Geschichte, über den keine schriftlichen Zeugnisse vorliegen. Sie wird meist in Ur- und Frühgeschichte eingeteilt, wobei mit Frühgeschichte die Übergangsphase zur schriftlich überlieferten Geschichte gemeint ist. Das Wissen über den prähistorischen Menschen beruht auf archäologischen Funden.

Wie alles begann

Vor 2,5 bis 1,8 Mio. Jahren lebte der **Homo rudolfensis;** ebenfalls aus Ostafrika kam vor 2,1 bis 1,5 Mio. Jahren der **Homo habilis** („geschickter Mensch"). Beide Frühmenschenformen wurden bis zu 1,55 m groß und stellten einfache Steinwerkzeuge her, ihr Gehirnvolumen erreichte mit bis zu 800 cm^3 gut die Hälfte des Hirnvolumens heutiger Menschen (um 1400 cm^3).

Steinschaber wurden in der Altsteinzeit vermutlich in erster Linie zur Bearbeitung von Fellen und Tierhäuten verwendet.

Bild oben: Figur aus Çatal Hüyük (Anatolien), einer der ältesten Siedlungen der Menschheit

Vor etwa 2 Mio. Jahren tauchte – wieder in Afrika – der **Homo erectus** („aufrechter Mensch") auf, der bis zu 1,65 m groß wurde und ein Gehirnvolumen von bis zu 1250 cm^3 besaß. Er benutzte zahlreiche verschiedene Steinwerkzeuge, beherrschte das Feuer und entwickelte neue Jagdtechniken, die ihm halfen, auch in kühleren und regenreicheren Regionen zu überleben. Spätestens vor 400 000 Jahren bevölkerte er weite Teile Süd- und Südostasiens sowie Süd- und Mitteleuropa und Eurasien; Homo erectus starb vor ca. 40 000 Jahren aus.

Homo sapiens

Aus dem Homo erectus entwickelte sich vor 300 000 Jahren in Europa und im Nahen Osten der **Neandertaler,** eine Früh- bzw. Nebenform des Homo sapiens („vernunftbegabter Mensch"). Der Neandertaler besaß ein ausgeprägtes Sozialverhalten und bestattete bereits seine Toten. Seine Werkzeuge fertigte er vorwiegend aus Stein und Holz, seltener aus Tierknochen und Geweih. Der Neandertaler ist nicht, wie man lange annahm, unser direkter Vorfahr; seine letzten Zeugnisse sind 27 000 Jahre alt. Die genauen Gründe dafür, warum die Neandertaler ausgestorben sind, sind bisher unbekannt.

Der heutige Mensch **(Homo sapiens sapiens)** entwickelte sich vor ca. 120 000 Jahren in Afrika. Die ältesten Funde direkter Vorfahren des modernen Menschen stammen aus Äthiopien. Er breitete sich vor 60 000 bis 50 000 Jahren in Europa und Asien aus. Als Erster erreichte er Australien (vor 40 000 Jahren) und Amerika (vor 15 000 Jahren).

Die Steinzeit

Werkzeuge und Waffen wurden während der frühen Phase der Menschheitsgeschichte vor allem aus Stein hergestellt, weswegen diese Zeit als Steinzeit bezeichnet wird, unterteilt in **Altsteinzeit** (Paläolithikum), Mittelsteinzeit (Mesolithikum) und Jungsteinzeit (Neolithikum). Mittel- und Jungsteinzeit begannen – auch klimatisch bedingt – nicht überall gleichzeitig. Die Altsteinzeit jedenfalls endete mit der letzten Kaltzeit, in Mitteleuropa war das etwa vor 10 000 Jahren (um 8000 v. Chr.).

In der **Mittelsteinzeit** begannen die Menschen (teilweise) sesshaft zu werden. Mit Abschmelzen des Gletschereises am Ende der Kaltzeit (Eiszeit) veränderten sich Klima und Landschaften, der Meeresspiegel stieg an und es entstanden wieder weite Waldlandschaften. Erste Behausungen aus Schilf und Holz sind nachgewiesen, der Einbaum diente als erstes Wasserfahrzeug.

Mit Ackerbau und Viehzucht setzte die **Jungsteinzeit** ein. In Mitteleuropa liegt der Beginn der Jungsteinzeit um 5500 v. Chr., im Nahen Osten und möglicherweise auch in China begannen die Menschen bereits um 9000 v. Chr. mit Ackerbau und Viehzucht. Der Übergang von einer aneignenden (jagen und sammeln) zur produzierenden Wirtschafts- und Lebensweise schuf die Grundlage für eine dauerhafte Sesshaftigkeit – eine Entwicklung von großer Tragweite, die als **Neolithische Revolution** bezeichnet wird. Mit der Sesshaftigkeit war der Boden für weitere Entwicklungen bereitet: Ertragreichere Getreidearten wurden gezüchtet, Ackergeräte wie der Pflug erfunden, Schafe und Ziegen, später auch Rinder und Schweine domestiziert. Neue Handwerks- und Kulturtechniken wie die Herstellung von Keramik oder die Bewässerung von Feldern machten Arbeitsteilung und die berufliche Spezialisierung notwendig. Weitreichende Handelsbeziehungen förderten den Ideenaustausch und damit den technischen und kulturellen Fortschritt.

Bronze- und Eisenzeit

Ein weiterer epochaler Schritt war die Gewinnung und Verarbeitung von Metallen. Werkzeuge und Waffen aus Metall waren solchen aus Stein oder Holz weit überlegen. Bereits um 6000 v. Chr. wurde in **Çatal Hüyük** (heute Türkei) Kupfer verarbeitet. Bedeutender wurde die Legierung dieses Metalls mit Zink: Die sehr harte, verschleißfeste und korrosionsbeständige Bronze wurde im Vorderen Orient seit etwa 2500 v. Chr., in Europa etwa seit 2000 v. Chr. benutzt. Sie gab der Bronzezeit ihren Namen. Die Menschen dieser Epoche betrieben Fernhandel und benutzten dazu Pferdewagen und hochseetaugliche Schiffe. Frühe Zentren dieser Zeit nördlich der Alpen waren die Erzbergbauregionen vom Osten Niedersachsens bis Niederösterreich **(Aunjetitzer Kultur)** und im Südwesten Englands **(Wessexkultur).** Die Bronzezeit endete mit der Verwendung des leichter verfügbaren Eisens.

Die Eisenzeit begann in Griechenland um 1200 v. Chr., im übrigen Europa um 700 v. Chr., wo sie weitgehend deckungsgleich mit der Blütezeit der Kelten ist. Sie endete mit der Expanision des Römischen Reiches nördlicher Alpen vor etwa 2000 Jahren.

Das Eiszeitalter

Die Entwicklung des Menschen fällt in die Periode des Eiszeitalters **(Pleistozän),** das vor etwa 2,5 Mio. Jahren begann. Es war geprägt von wechselnden Kalt- und Warmzeiten, die nicht nur geologische Veränderungen, sondern auch einen rapiden Wandel der Lebensbedingungen der Menschen sowie dramatische Änderungen für Fauna und Flora bewirkten. In den letzten etwa 900 000 Jahren gab es vier Kaltzeiten, die letzte endete vor ca. 10 000 Jahren. Mit dem Einsetzen der Erwärmung vor ca. 11 700 Jahren begann die geologische Epoche, in der wir leben: das **Holozän**.

Der moderne Mensch

Vor 120 000 Jahren
Mit dem Homo sapiens sapiens taucht in Afrika der moderne Mensch auf.

Vor 90 000 bis 30 000 Jahren
Klassische Zeit des Neandertalers

Vor 27 000 Jahren
Nach dem Homo erectus stirbt auch der Neandertaler aus.

Vor 20 000 Jahren
Der Wolf wird zum Jagdgefährten des Menschen und wird domestiziert.

Vor 11 000 Jahren
Anfänge von Ackerbau und Viehzucht im Nahen Osten (Neolithische Revolution)

Vor 6500 Jahren
Erste Verwendung von Bronze in Thailand; der Pflug gelangt von Mesopotamien nach Europa.

Vor 5000 Jahren
In Mesopotamien wird das Wagenrad erfunden.

Vor 5000 Jahren
Keilschrift der Sumerer; Anfänge der Mathematik

Vor 4000–3500 Jahren
Erste Verwendung von Eisen durch die Hethiter

Die frühen Hochkulturen

Als Hochkulturen werden historische Gesellschaften bezeichnet, die eine komplexe hierarchische Sozialstruktur und einen hohen allgemeinen Entwicklungsstand aufwiesen. Ihre Angehörigen lebten meist in einer städtischen Umgebung. Es gab spezialisierte Berufsgruppen, ein Tribut- oder Steuersystem und eine Schrift. Menschen aus verschiedenen Völkern kamen dort zusammen. Sie brachten neue Ideen und Fertigkeiten mit und bereicherten die Kunst und das kulturelle Leben.

Das alte Ägypten

Bereits in vorgeschichtlicher Zeit ließen sich in dem ca. 1000 km langen und 10–20 km breiten Flusstal Ägyptens, das durch die jährlichen Fluten des Nil fruchtbar wurde, Menschen nieder. Bereits gegen Ende des 4. Jahrtausends v. Chr. gab es ein gut ausgebautes Be- und Entwässerungssystem; der Verwaltung diente die Hieroglyphenschrift. Um 3000 v. Chr. gelang erstmals der Zusammenschluss von Unterägypten (am Nildelta) und Oberägypten (am Oberlauf des Flusses) zu einem einzigen Reich. Die ägyptischen Könige, **Pharaonen** genannt, wurden bereits von der antiken Geschichtsschreibung in 30 Dynastien zusammengefasst, ferner wurden Phasen der politischen und kulturellen Blüte von sog. Zwischenzeiten, geprägt von Zerfall und Niedergang, unterschieden. Diese Einteilung gilt in der Forschung bis heute, die genaue Datierung ist allerdings noch immer umstritten. Das Alte Reich umfasst die 3.–6. Dynastie (etwa 2727–2216 v. Chr.), das Mittlere Reich die 11. und 12. Dynastie (etwa 2046–1794 v. Chr.), das Neue Reich die 18.–20. Dynastie (etwa 1550 bis 1069 v. Chr.). Aufgrund seiner geografischen Situation – ein schmaler fruchtbarer Landstreifen inmitten der Wüste, der von außen schwer dauerhaft zu beherrschen war – überstand das Land die Phasen, in denen lokale Machtkämpfe und Eingriffe äußerer Mächte die Reichseinheit zerstörten. Nach der Eroberung Ägyptens durch Alexander den Großen 332 v. Chr. begann die Herrschaft der **Ptolemäer,** die mit dem Tod der letzten Königin Kleopatra VII. nach der römischen Eroberung endete.

Bedeutende Bauten

Das Alte Reich brachte eine immer aufwendigere Grabarchitektur hervor; mit den **Pyramiden** von Gizeh schufen die Könige Cheops, Chephren und Mykerinos aus der 4. Dynastie nicht nur eindrucksvolle Denkmäler, sondern auch das einzige heute noch erhaltene Weltwunder der Antike. Während des Mittleren Reichs war zumeist **Theben** politisches und religiöses Zentrum. Als Höhepunkt der ägyp-

Die 20 m hohe und fast 74 m lange Sphinx stellt einen liegenden Löwen mit Menschenkopf dar; im Hintergund die Pyramide des Cheops.

tischen Geschichte wird das Neue Reich betrachtet. Herausragender Herrscher dieser Epoche, zugleich größter Bauherr der gesamten ägyptischen Geschichte (u. a. **Luxor,** der Tempel von **Abu Simbel** und das Ramesseum in Theben), war Ramses II. (der Große) aus der 19. Dynastie.

Mesopotamien

Die Fruchtbarkeit Mesopotamiens, dem „Land zwischen den Strömen" Euphrat und Tigris im heutigen Irak und Osten Syriens, begünstigte schon früh die Ausprägung von Ackerbaukulturen.

Die Zeichen der sumerischen Keilschrift wurden mit stumpfen Schreibgriffeln in Tafeln aus weichem Ton gedrückt, die anschließend gehärtet wurden.

Seit etwa 6000 v. Chr. sind hier größere Ansiedlungen nachgewiesen, seit dem 4. Jahrtausend gibt es Städte. Im Unterschied zu Ägypten wurde jedoch keine dauerhafte politische Einigung erreicht, nicht zuletzt weil immer wieder neue Völker ins Zweistromland eindrangen und die dortigen Machtzentren bedrohten oder vernichteten. Die erste Hochkultur entstand im Süden Mesopotamiens, wo sich ab etwa 3250 v. Chr. die **Sumerer,** ein Mischvolk, bildeten. Sie entwickelten die sumerische Keilschrift, die 2000 Jahre lang die wichtigste Schrift Vorderasiens war.

Ältestes Zentrum Sumers war Uruk (biblisch Erech, heute Warka im Irak), wo ab etwa 3500 v. Chr. Keramik hergestellt wurde. Uruk lag jedoch im 3. Jahrtausend mit anderen **Stadtstaaten** wie Kisch, Ur, Adab, Lagasch und Ummaum in einem beständigen Machtkampf, der die Städte bis ca. 2300 v. Chr. so geschwächt hatte, dass das gesamte sumerische Gebiet durch Sargon I. erobert wurde, der im Norden mit **Akkad** eine neue Hauptstadt gründete. Im 18. Jh. v. Chr. beendete Hammurapi von Babylon die akkadisch-sumerische Unabhängigkeit.

Assyrien und Babylonien

Seit etwa 1800 v. Chr. prägten zwei Reiche Mesopotamien politisch und kulturell: Assyrien im Norden und Babylonien im Süden. Hauptstädte waren **Assur** am mittleren Tigris (später Ninive) und **Babylon** am unteren Euphrat. In Nippur und Ninive entstanden Sammlungen von keilschriftbeschriebenen Tontafeln – die ersten Bibliotheken. Der Kodex Hammurapi ist das erste vollständig überlieferte Gesetzesbuch von welthistorischer Bedeutung.

Hammurapis Gesetz

Der Kodex Hammurapi ist die bedeutendste Rechtssammlung des alten Orients und das älteste vollständig erhaltene Gesetzeswerk. Die 44 in einen mehr als 2 m hohen Dioritblock eingemeißelten Spalten enthalten u. a. Vorschriften zu Gerichtsverfahren sowie zum Straf-, Eigentums- und Familienrecht. Auch Regelungen für Spareinlagen und Schulden sowie Tarife für Dienstleistungen zahlreicher Berufe sind in dem Gesetzeswerk enthalten.

Aufbau der Cheops-Pyramide

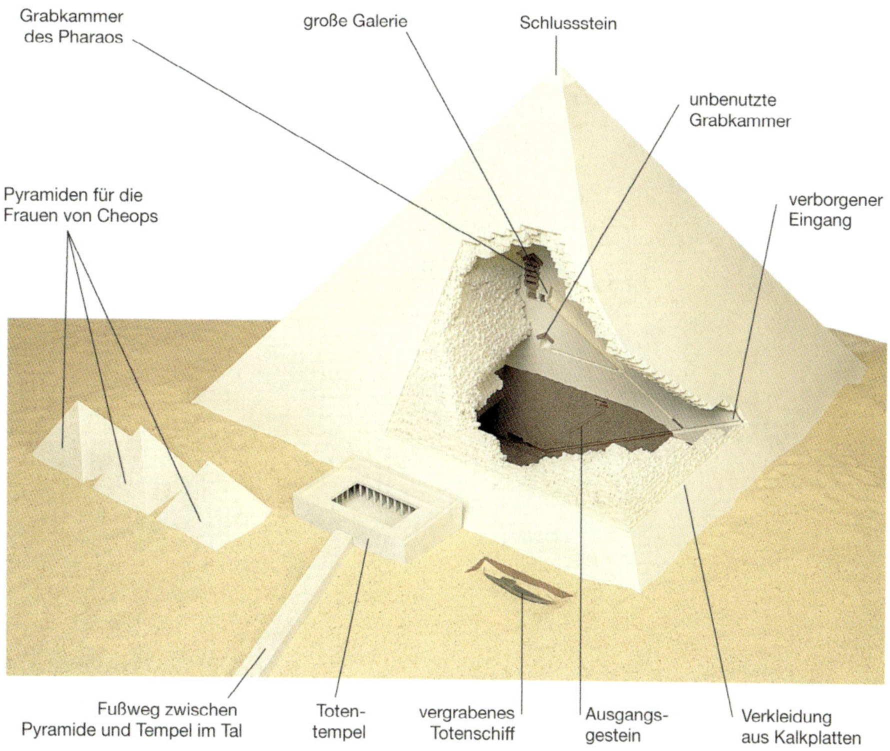

Eine Armee aus Terracotta-Kriegern sollte den chinesischen Kaiser Qin Shihuangdi nach seinem Tod bewachen. Die riesige Grabanlage bei Xi'an wurde 1974 entdeckt.

Auch in Kunst und Architektur vollbrachten beide Reiche große Leistungen, etwa durch den Bau prachtvoller Paläste. Nebukadnezar II. von Babylon (605–562 v. Chr.) schuf mit den **Hängenden Gärten,** einer terrassenförmigen Gartenanlage auf den Dächern des königlichen Palastes, eines der sieben Weltwunder der Antike. Außerdem vollendete er den Stufentempel (Zikkurat) von Etemenanki, durch die Bibel als **Turm zu Babel** überliefert.

Unter Hammurapi (1728–1686 v. Chr.) und seinem Sohn Samsuiluna stieg Babylon zum Höhepunkt seiner Macht auf. Das Assyrische Reich erreichte in der Mitte des 7. Jh. v. Chr. nach der Eroberung Ägyptens seine größte Ausdehnung. Ende des 6. Jh. v. Chr. wurde Assyrien von Medern und Babyloniern erobert; Babylonien fiel 539 in die Hände der Perser.

Die Induskultur

Die im Industal und im Punjab (heute Pakistan) entstandene Indus- oder Harappa-Kultur bestand von etwa 2500 bis 1700 v. Chr. Sie reichte bis nach Afghanistan und an das Arabische Meer. Die von Königen (Rajas) beherrschten Städte wie **Mohenjo-Daro** und das auf künstlichen Hügeln erbaute **Harappa** waren planmäßig (schachbrettförmig) angelegt, es gab mehrstöckige Häuser aus genormten Lehmziegeln und leistungsfähige Abwasserkanäle. Eine Hieroglyphenschrift mit etwa 500 Zeichen und ein einheitliches Maß- und Gewichtssystem lassen auf eine zentrale Verwaltung schließen.

Das alte China

Um 2000 v. Chr. hatte die **Longshan-Kultur** ihre Blütezeit. Sie entwickelte beachtliche handwerkliche Fähigkeiten, etwa in der Töpferei, und schuf die Grundlagen der chinesischen Schrift. Die erste historisch fassbare Dynastie ist die der Shang. Sie herrschte etwa seit dem 16. Jh. über ein Gebiet, das die nordöstlichen Provinzen Henan, Hubei, Shandong und einen Teil von Anhui umfasste. Unter den Zhou (seit etwa 1050 v. Chr.) breitete sich die chinesische Kultur über fast den gesamten Norden und im Tal des Chang Jiang (Jangtsekiang) aus. Mit dem allmählichen Schwinden ihrer Macht zerfiel das Reich in verschiedene Fürstentümer.

Nach dem Untergang der Zhou-Dynastie (256 v. Chr.) unterwarfen die Herrscher des im Nordwesten Chinas gelegenen Staates Qin die übrigen Staaten. Erster Kaiser des nach Qin benannten „China" wurde 221 v. Chr. Qin Shihuangdi. Zur Abwehr der Nomadenvölker im Norden begann er mit dem Bau der **Großen Mauer,** die in nur 17 Jahren eine Länge von 1900 km erreichte. 206 v. Chr. eroberte Liu Bang die Macht und begründete die Han-Dynastie, die mit einer kurzen Unterbrechung (9–23 n. Chr.) über 400 Jahre regierte. Im 2. Jh. v. Chr. entwickelte sich die auf **Konfuzius** (Kong Fuzi, 551–479 v. Chr.) und seine Schüler zurückgehende religiös-politische Lehre (Konfuzianismus) zur Staatsdoktrin. Sie prägte die chinesische Kultur und Gesellschaft nachhaltig. Seit etwa 100 v. Chr. verband ein dichtes Karawanenstraßensystem **(Seidenstraße)** China mit dem Mittelmeer, dem Schwarzen Meer, mit Indien und dem Norden. Das chinesische Kaiserreich bestand über 2000 Jahre und endete erst in der Revolution 1911/12 mit der Absetzung des fünfjährigen Kaisers Pu Yi.

Die La-Venta-Kultur

Die erste Hochkultur auf amerikanischem Boden war die von ca. 1200 bis 800 v. Chr. von den **Olmeken** getragene La-Venta-Kultur (benannt nach der Stadt La Venta) an der südlichen Golfküste Mexikos. Die Olmeken unterhielten Handelsbeziehungen bis nach Westmexiko, Guatemala und nach Costa Rica. Sie entwickelten einen Kalender und eine Hieroglyphenschrift. Beispiele ihrer Kunst sind die 3–4 m hohen, bis zu 30 t schweren Menschenköpfe aus Stein.

Keltischen Ursprungs ist der aus Jütland stammende Silberkessel von Gildestrup (1. Jh. v. Chr.). Das Kultgefäß ist mit Darstellungen von Göttern, Tieren, Kriegern und Opferszenen geschmückt.

Die Indogermanen

Als Indogermanen oder Indoeuropäer werden Völker bezeichnet, die eine indogermanische Sprache sprechen. Grundlage dieser Einteilung ist die enge Verwandtschaft zahlreicher Sprachen Indiens mit beinahe allen europäischen Sprachen. Ab etwa 2000 v. Chr. drangen indogermanische Völker immer wieder in fremde Regionen vor, zunächst in den östlichen Mittelmeerraum, dann nach Indien sowie nach Süd- und Westeuropa.

Wanderungen

Die Ausbreitung indogermanischer Kulturelemente war ein langer Prozess und geschah sowohl durch Handels- und Kulturkontakte als auch durch Eroberungszüge.

Im Verlauf der ersten indogermanischen Wanderung um 2000 v. Chr. siedelten sich die **Hethiter** im heutigen Anatolien (Türkei) und im Norden Syriens an; sie stiegen im 14. und 13. Jh. v. Chr. neben Ägypten und Babylon zur Großmacht auf. Die folgenden indogermanischen Wanderungen führten die **Achäer** ab etwa 1900 v. Chr. nach Griechenland, wo sie die mykenische Kultur begründeten. Die **Arier** aus dem indoiranischen Sprachzweig wanderten ab 1500 v. Chr. in den Punjab und später auch in andere Teile Indiens ein.

Um 1250 v. Chr. begann die ägäische Wanderung, als die Illyrer sich im nordwestlichen Balkan niederließen und sich von dort in den folgenden Jahrzehnten bis nach Italien und Nordgriechenland ausbreiteten. Durch ihre Eroberungszüge brachten sie zwei weitere indogermanische Völker in Bewegung: Die **Thraker** brachen nach Kleinasien auf und waren an der Vernichtung des Hethiterreichs (um 1200 v. Chr.) beteiligt, die **Dorer** drangen in der Folgezeit in weite Teile Griechenlands vor.

Die beiden letzten großen indogermanischen Wanderungen unternahmen die **Kelten** und die **Germanen**: Der keltische Kulturraum, der um 1200 v. Chr. das heutige Frankreich und den Westen Deutschlands umfasste, erstreckte sich um 400 v. Chr. bis auf die gesamte Iberische Halbinsel. Kelten hatten im 4. Jh. v. Chr. von Norditalien aus sogar Rom angegriffen. Die germanische **Völkerwanderung** vom 2. bis 6. Jh. n. Chr. führte u. a. zum Untergang des (West-)Römischen Reiches.

Latènekultur

Die keltische Latènekultur hatte im 5. Jh. v. Chr. ihre Blütezeit. Sie brachte eine besonders kunstvolle Metallbearbeitung hervor. Die Kelten trieben ausgiebig Handel: Ihre mit spiral- oder s-förmigen Ornamenten und Tiermotiven verzierten Waffen, Werkzeuge und Schmuckstücke fanden sich überall in West- und Mitteleuropa. Sie konnten Schmuck und Bronzegefäße emaillieren, kannten die Töpferscheibe und ließen sich bei ihren Arbeiten auch von den Kulturen ihrer Handelspartner beeinflussen. Die meisten Funde dieser Zeit sind Opfergaben oder Grabbeigaben – meist Waffen und Rüstungsgegenstände, in Frauengräbern Haushaltsgegenstände. In der Latènezeit gingen die Kelten zur städtischen Lebensweise über. Ihre durch Ringwälle befestigten Siedlungen, lateinisch „Oppida", überzogen vom 3. bis zum 1. Jh. v. Chr. weite Teile Europas.

Die Antike

Das antike Griechenland (Hellas) wird als Wiege der europäisch-abendländischen Kultur angesehen. Infolge des engen Kontakts und der Auseinandersetzung mit den Hochkulturen des Orients und Ägyptens erlebten Wissenschaft, Philosophie und Kunst eine Blütezeit und die Demokratie ihre ersten Anfänge.

Die griechische Frühzeit

Bereits etwa 4000 v. Chr. bestanden enge Verbindungen zwischen dem griechischen Festland, der Inselwelt der Ägäis und Kleinasien. Sie begünstigten die Entstehung einer relativ einheitlichen Kultur. Erste bedeutende griechische Zivilisation war die **minoische Kultur**, die sich in der ersten Hälfte des 3. Jahrtausends v. Chr. auf Kreta entwickelte. Die Insel stieg zu einem wichtigen Handelsplatz auf; in Knossos, Phaistos und Mallia wurden großartige Palastanlagen errichtet, die als königlicher Wohnsitz, aber auch als Speicherraum und Verwaltungszentrum dienten. Die mächtigste Stadt, Knossos, hatte Mitte des 16. Jh. v. Chr. vermutlich mehr als 50 000 Einwohner. Ihre bis zu fünfstöckig gebaute Palastanlage erstreckte sich über mehr als 2 ha. Die königlichen Wohnräume, die mit prunkvollen Wandmalereien, darunter dem berühmten „Stierspringerfresko“, geschmückt waren, wurden mit warmem Wasser geheizt, im Baderaum des Königs standen Badewanne und Wasserklosett.

Im 16. Jh. v. Chr. entwickelte sich auf dem griechischen Festland die **mykenische Kultur.** Von dem um 1400 eroberten Kreta übernahm das auf der nördlichen Peloponnes gelegene Mykene die

Das Apollon-Heiligtum von Delphi (oben) ist bei uns vor allem wegen des Orakels bekannt, aber auch Sportwettkämpfe wie in Olympia wurden dort ausgetragen.

Der Stier spielte in der minoischen Religion eine wichtige Rolle und mutige Minoer ließen sich von den Tieren über deren Rücken schleudern, so wie im berühmten „Stierspringerfresko“ aus Knossos (um 1600 bis 1400 v. Chr.) dargestellt.

Position als herrschende Seemacht des östlichen Mittelmeers, die erste Hochkultur auf europäischem Festland. Im 12. Jh. wurde der Druck durch die Konkurrenz Trojas und der aus Norden einfallenden Dorier immer stärker, sodass Mykene schließlich trotz der gewaltigen Stadtmauern – Haupteingang war das berühmte Löwentor – zerstört wurde.

Griechische Kolonisation

Eine deutliche Ausdehnung weit über den ursprünglich griechischen Bereich hinaus erfuhr die griechische Kultur im Zeitalter der großen **Kolonisation,** etwa von 750 bis 550 v. Chr. In einem Gebiet, das vom Schwarzen Meer bis zur nordspanischen Mittelmeerküste und nach Nordafrika reichte, gründeten griechische Städte Kolonien, sog. Tochterstädte. In Süditalien und auf Sizilien entstanden so viele Städte, dass die Region später „Magna Graecia" (lateinisch für Großgriechenland) genannt wurde.

Eine **Tochterstadt (Apoika)** war politisch unabhängig, blieb jedoch oft über Jahrhunderte hinweg der **Mutterstadt (Metropolis)** verbunden. Mit der Kolonisation entstand ein Gemeinschaftsgefühl, das Städte und Regionen griechischer Kultur auch politisch aneinanderband. Verstärkt wurde diese Bindung durch gemeinsame Kultstätten wie dem **Orakel von Delphi** und durch die **Panhellenischen Spiele,** deren wichtigste die **Olympischen Spiele** waren (ab 776 v. Chr.).

Die griechische Staatenwelt

In der Zeit etwa vom 12. bis zum 8. Jh. v. Chr. war das antike Griechenland eine Ansammlung von **Stadtstaaten,** weil die bergige Landschaft Griechenlands eine Beherrschung größerer Flächenstaaten erschwerte. Städte wie Athen, Sparta oder Theben wurden daher – gestützt auf ihr jeweiliges Umland – dauerhaft als Stadtstaaten zu eigenständigen politischen Machtzentren. Zunächst herrschte das **Königtum** vor, das aber vielerorts durch eine Herrschaft des Adels **(Aristokratie)** abgelöst wurde. Gelangte infolge sozialer Spannungen ein einzelner Adeliger an die Macht, wurde dies als **Tyrannis** bezeichnet. Bedeutende Tyrannen waren Kypselos, Periander und Psammettich in Korinth (657–583 v. Chr.), Kleisthenes von Sikyon (um 600–570 v. Chr.) sowie Peisistratos und seine Söhne in Athen (560–510 v. Chr.).

Eine Sonderentwicklung nahm **Sparta,** das im 8. und 7. Jh. v. Chr. zur Vormacht auf der Halbinsel Peloponnes aufgestiegen war. Die spartanische Gesellschaft war von soldatischer Disziplin durchdrungen, der männliche Nachwuchs der kleinen Führungsschicht der Spartiaten wurde früh gedrillt.

Höchste Ehre – die Siegesgöttin Nike krönt einen Athleten der Olympischen Spiele mit dem Siegeskranz (antike Darstellung).

Griechische Götter

Griechischer Name (röm. Entsprechung)	Bedeutung
Zeus (Jupiter)	Gott des Himmels und „Göttervater"
Hades (Pluto)	Gott des Totenreichs und Herrscher der Unterwelt
Poseidon (Neptun)	Gott des Meeres
Artemis (Diana)	Göttin der Jagd, der wilden Tiere, der Geburt und des Mondes
Ares (Mars)	Gott des Krieges
Apollon (Apollo)	Gott der Weissagung, der Musik und Dichtung; ehemals Sonnengott
Aphrodite (Venus)	Göttin der Liebe und der Schönheit
Athene (Minerva)	Göttin der Weisheit und des Krieges, Schutzgöttin Athens
Hera (Juno)	Gattin des Zeus, Beschützerin der Ehe und verheirateter Frauen
Hermes (Merkur)	Götterbote, Schutzpatron der Wanderer, Kaufleute, Wissenschaft und Erfindung
Hestia (Vesta)	Göttin des Herdes und des heiligen Feuers der Opferaltäre
Hephaistos (Vulcanus)	Gott des Feuers, der Schmiede und der Handwerker
Demeter (Ceres)	Erdgöttin, Göttin der Fruchtbarkeit und des Wachstums, des Getreides („Zerealien") und der Ernte
Dionysos (Bacchus)	Gott des Weines, der Baumzucht und der Ekstase
Eros (Amor, Cupido)	Liebesgott, Verkörperung der Schöpferkraft
Kronos (Saturn)	Vater des Zeus, der ihn entmachtete

Bei Marathon besiegte Athen die Perser (Steinrelief). Ein Bote soll die Siegesnachricht in das 40 km entfernte Athen gebracht haben.

Athen im 5. Jahrhundert v. Chr.

Im 5. Jh. v. Chr. erlebte **Athen** neben einem politischen und wirtschaftlichen Aufstieg auch eine beispiellose kulturelle Hochphase (→S. 326). Die erste bekannte **Demokratie** entwickelte sich im Zeitalter des Perikles (461–430 v. Chr.), einem der wichtigsten Politiker Athens.

Aufstieg und Abstieg

Durch Seehandel reich geworden, war Athen zu einer Führungsmacht in Griechenland aufgestiegen. Aus der ungleichen Verteilung des Reichtums ergaben sich jedoch soziale Verwerfungen, die zu Reformen führten: 594 v. Chr. begrenzte **Solon** die Macht der reichen Adelsfamilien und gab mehr Athenern die Möglichkeit zur Teilnahme am politischen Leben. **Kleisthenes**' Reformen um 508 v. Chr. verringerten u. a. die Abhängigkeit der Landbevölkerung von lokalen Adeligen. **Perikles** führte im 5. Jh. Aufwandsentschädigungen („Diäten") für die Wahrnehmung öffentlicher Ämter ein, wodurch diese auch von weniger Vermögenden bekleidet werden konnten.

Anfang des 5. Jh. bewährte sich Athen in den **Perserkriegen** (500/490–448 v. Chr.) als Führungsmacht. Der Konflikt mit Sparta um die Vorherrschaft in Griechenland brach im **Peloponnesischen Krieg** (431–404) aus. Ein 421 geschlossener Friedensvertrag **(Nikiasfrieden)** hielt nur wenige Jahre, weil die athenische Volksversammlung 415 ein militärisches Vorgehen auf Sizilien beschloss, das 413 mit einer vernichtenden Niederlage endete. Athen erkämpfte jedoch 411 und 410 drei Seesiege, die Sparta zu einem Friedensangebot bewogen; Athen aber lehnte diese in Verkennung der Situation ab. Der Krieg endete 404 mit der totalen Niederlage und Entmachtung Athens.

Athene war die Namenspatronin und Schutzgöttin Athens – hier als Marmorstatue dargestellt.

Was ist ein Demagoge?

Der Begriff Demagoge („Volksführer") wurde zunächst allgemein für einen guten Redner gebraucht, der die Volksversammlung bei politischen Entscheidungen leitete. Bereits der zeitgenössische Historiker Thukydides bezeichnete damit jedoch die Aufwiegler, die die athenische Volksversammlung im Peloponnesischen Krieg aufpeitschten und damit in den Krieg und schließlich in die Katastrophe trieben. Bis heute ist Demagogie als „Volksverführung", Propaganda und Ideologisierung der Massen eindeutig negativ belegt.

Alexander der Große und der Hellenismus

Die griechischen Stadtstaaten verloren im 4. Jh. v. Chr. an politischer und militärischer Macht. 338 v. Chr. gewann das im Nordosten Griechenlands gelegene Makedonien unter König Philipp II. die Vorherrschaft (Hegemonie) über das griechische Festland. Nach Philipps Ermordung (336) sicherte sich sein Sohn Alexander III. (später „der Große") die Thronfolge und brach zu einem der größten Feldzüge der Geschichte auf.

Ein Weltreich wird erobert

334 v. Chr. begann **Alexander** als oberster Feldherr eines Heeres aus 35 000 Makedoniern und Griechen einen als Rachefeldzug – für die rund 150 Jahre zurückliegenden Perserkriege – deklarierten Krieg gegen Persien. Nach der Eroberung Kleinasiens besiegte er im November 333 bei **Issos** das zahlenmäßig überlegene persische Heer. Er eroberte Syrien, gewann Ägypten, wo er sich zum Pharao krönen ließ, und Mesopotamien. Nach einem weiteren Sieg 331 bei **Gaugamela** wurde er zum „König von Asien" ausgerufen und nahm 330 auch den persischen Königstitel an. Bis nach Indien stieß Alexander vor, wo ihn eine Meuterei seiner Soldaten (326) zur Umkehr zwang. Zur Einigung seines Reiches fasste Alexander den Plan, die griechisch-makedonische und persische Kultur miteinander zu verschmelzen. So ließ er junge Perser in griechischer Sprache und Kultur unterrichten. Mehr als 80 Stadtgründungen, von denen viele den Namen „Alexandria" trugen, sollten die eroberten Gebiete sichern und zusammenhalten.

Gegen eine Übermacht besiegte Alexander bei Issos den Perserkönig Dareios und dessen Heer (berühmtes Mosaik, Neapel).

Das Streitross Bukephalos soll Alexander den Großen in alle Schlachten begleitet haben (antike Bronzeskulptur).

Griechisches Vorbild

Als Alexander im Jahr 323 v. Chr. an Fieber starb, hinterließ er ein Weltreich. Aus den Machtkämpfen unter seinen Nachfolgern, den **Diadochen,** gingen verschiedene Staaten hervor, u. a. das Königreich **Makedonien**, das **Seleukidenreich** und das Reich der **Ptolemäer** mit dem Kernland Ägypten. Die Neuordnung eines großen Teils der bekannten Welt geschah im Zeichen des **Hellenismus** (von „Hellas" = Griechenland): Das ehemalige Alexanderreich war ein zusammenhängender Handels- und Kulturraum mit einheitlicher Währung und gemeinsamer Verkehrssprache, der Koine (einer Form des Griechischen). Kunst und Geistesleben erblühten, die Wissenschaften machten große Fortschritte. Mittelpunkt war **Alexandria** in Ägypten; seine Bibliothek, deren Bestand auf 500 000 bis 700 000 Schriftrollen geschätzt wird, war die größte der Welt. Die Epoche des Hellenismus endete mit der Eroberung der Nachfolgereiche Alexanders im 2. und 1. Jh. v. Chr. durch Rom.

Caesar, dessen Machtfülle auf zunehmenden Widerstand stieß, wird von seinen Gegnern im Senat niedergestochen; Ölgemälde von Karl Theodor Piloty.

Rom: Aufstieg zum Weltreich

Rom wurde im 6. Jh. v. Chr. von etruskischen Königen beherrscht. Mit deren Vertreibung um 500 v. Chr. begann die Zeit der Republik (lateinisch **res publica**): Die Stadt (lateinisch „urbs") wurde von jeweils für ein Jahr gewählten Beamten (Magistrate) regiert, an deren Spitze zwei Konsuln standen.

Zur zentralen politischen Einrichtung der Republik wurde der **Senat,** ein beratendes Gremium aus 300 patrizischen (adligen) Familienoberhäuptern. Die Masse des Volkes, die **Plebejer** (von plebs, „Volk"), war zwar frei, aber rechtlos. Bereits im 5. Jahrhundert v. Chr. setzten die Plebejer jedoch wichtige Veränderungen durch: 445 erlaubte ein Gesetz die Heirat zwischen **Patriziern** und Plebejern, das sog. Zwölftafelgesetz (um 450 v. Chr.) schuf Rechtssicherheit auch für die Plebs. Schließlich erhielt die Plebs mit den Volkstribunen starke Interessenvertreter, die auch Entscheidungen des Senats und Amtshandlungen der Magistrate verhindern konnten.

Gaius Julius Caesar

Römischer Feldherr, Staatsmann und Schriftsteller (100–44 v. Chr.)

Der Neffe des Marius gewann durch aufwendige Gladiatorenspiele, finanziert von Marcus Licinius Crassus, große Popularität. Durch ein Bündnis mit Crassus und dem erfolgreichen Heerführer Gnaeus Pompeius gelangte er 59 v. Chr. ins Konsulat. Als Prokonsul eroberte er Gallien (58–51), worüber er in seinem autobiografischen Werk „Commentarii de bello Gallico" (Der Gallische Krieg) selbst berichtet. Der erfolgreiche Kriegszug verschaffte ihm eine breite Machtbasis in Rom, die er nutzte, um sich den Staat zu unterwerfen. Aus einem Kampf gegen seinen einstigen Verbündeten Pompeius als Sieger hervorgegangen, erhielt Caesar umfangreiche Vollmachten zur Neuordnung des Staates und der Provinzen. Er wurde am 15. März 44 v. Chr., an den Iden des März, von republikanisch gesinnten Senatoren erdolcht.

Rom beherrscht das Mittelmeer

In den folgenden Jahrhunderten errang Rom die Herrschaft über Italien: Nach einem Sieg über die etruskische Stadt Veji (396 v. Chr.) war es stärkste Macht in Mittelitalien. In Kämpfen mit Samniten, Etruskern, Kelten und anderen Stämmen drangen die Römer bis 282 v. Chr. auch in den Norden Italiens vor und bezwangen danach die griechischen Kolonien in Süditalien. Die Vorherrschaft über das westliche Mittelmeer errang Rom im Kampf gegen die phönizische (daher auch „Punier") Stadt **Karthago** im heutigen Tunesien. Im **1. Punischen Krieg** (264–241 v. Chr.) brachte die römische Kriegsflotte bei den Ägadischen Inseln den entscheidenden Sieg. Im **2. Punischen Krieg** (218–201 v. Chr.) schlug der karthagische Feldherr **Hannibal** beim Trasimenischen See (217) und bei Cannae (216) das römische Heer vernichtend, bedrohte Rom selbst („Hannibal ante portas"), konnte es aber auf italienischem Boden nicht entscheidend schwächen. In Nordafrika wurde Hannibal 202 schließlich besiegt. Nach weiteren Kriegen gegen Makedonien und das Seleukidenreich gab es auch im östlichen Mittelmeer keine Macht mehr, die Rom gefährden konnte. Bis 30 v. Chr. fielen die hellenistischen Staaten nach und nach an Rom.

Die Republik zerfällt

Kriege und Eroberungen veränderten die Gesellschaft. Kostbares Beutegut machte die Reichen noch reicher, auf ihren Landgütern ließen sie nun Sklaven arbeiten. Viele freie römische Bauern verloren ihre Existenzgrundlage, weil ihre Höfe im Krieg verödet waren. Mehrere Landreformen (ab 133 v. Chr.) scheiterten. Damit begann eine 100-jährige Phase der **Bürgerkriege.** Der Gegensatz zwischen den **Optimaten,** die die Interessen des Senatorenstandes vertraten, und den **Popularen** (von populus, „Staatsvolk") spitzte sich zu. Verfassungsbrüche wurden zur Regel, skrupellose Politiker nutzten ihre Ämter zur Bereicherung und zur Schaffung einer großen Anhängerschaft. Zwischen 49 und 45 v. Chr. setzte sich **Gaius Iulius Caesar** als Alleinherrscher durch, in einer Verschwörung wurde er jedoch ermordet. Aus den folgenden Machtkämpfen ging sein Adoptivsohn Octavian als Sieger hervor. Formal respektierte er die alten Institutionen, woraufhin er vom Senat den Ehrennamen Augustus, der Erhabene, erhielt, herrschte aber unumschränkt. Mit ihm begann die römische Kaiserzeit.

Das Forum Romanum mit seinen Tempeln, Markt- und Gerichtshallen sowie der Kurie, dem Sitz des Senats, war das politische und wirtschaftliche Zentrum Roms.

Geschichte Roms

21. April 753 v. Chr.
Legendäre Stadtgründung durch Romulus und Remus

Um 500 v. Chr.
Sturz des letzten Königs, Beginn der Republik

272 v. Chr.
Unterwerfung der griechischen Städte Süditaliens

264–241 v. Chr.
1. Punischer Krieg: Rom gewinnt Sizilien als erste Provinz.

218–201 v. Chr.
2. Punischer Krieg: Rom wird Vormacht im westlichen Mittelmeer.

190 v. Chr.
Rom besiegt den Seleukidenkönig Antiochos III.; Hegemonie im hellenistischen Osten.

27 v. Chr.–14 n. Chr.
Regierungszeit des Augustus, erster römischer Kaiser

2. Jh. n. Chr.
Blütezeit und größte territoriale Ausdehnung des Kaiserreichs

Mitte 3. Jh.
Erste Germaneneinfälle auf das Gebiet des Imperium Romanum

286/293
Reichsteilung und Tetrarchie (Vierkaiserherrschaft); Rom verliert den Status als Hauptstadt.

Ab 375
Die nach Europa vordringenden Hunnen lösen eine neue Welle der germanischen Völkerwanderung aus.

391
Das Christentum wird römische Staatsreligion.

476
Romulus Augustulus, letzter weströmischer Kaiser, dankt ab.

Das Römische Kaiserreich

Nach dem Sieg über Antonius hatte Octavian alle Macht in seinen Händen. Aus Furcht vor einer Opposition republikanischer Kräfte strebte er jedoch nicht die Königswürde an, sondern gab im Januar 27 v. Chr. seine Vollmachten aus der Bürgerkriegszeit dem Staat zurück. Der Senat verlieh ihm daraufhin den Ehrennamen **Augustus** („der Erhabene") und übertrug ihm den Oberbefehl über das Heer und die Führung der Außenpolitik. Augustus regierte als „Erster (lateinisch princeps) unter Gleichen"; die Regierungsform erhielt daher den Namen **Prinzipat.**

Die Blütezeit Roms

Vordringlichste Aufgabe für Augustus war nach einem Jahrhundert der Bürgerkriege die Wiederherstellung des inneren und äußeren Friedens. Die Masse der Armen musste mit Getreide versorgt werden, zu ihrer Unterhaltung wurden immer spektakulärere Feste mit Gladiatoren- und Tierkämpfen organisiert („Brot und Spiele"). Eroberungskriege wurden nur noch geführt, um leichter zu verteidigende Grenzen (z. B. Flüsse) zu erreichen.

Für das römische Weltreich bedeutete die Herrschaft des Augustus eine Periode des Friedens **(Pax Augusta),** die durch Wohlstand, Stabilität und eine kulturelle Blüte gekennzeichnet war. Nach dem Tod des Augustus (14 n. Chr.) „erbte" sein aus dem Geschlecht der Claudier stammender Stief- und Adoptivsohn Tiberius dessen Machtstellung. Der **Beiname Caesar,** den Caesars Stiefsohn Augustus und dessen Nachfolger trugen, entwickelte sich zum Herrschernamen, auf den auch die späteren Titel „Kaiser" und „Zar" zurückgehen.

Mit dem Tod des Nero 68 n. Chr. endete die iulisch-claudische Dynastie; aus dem folgenden Machtkampf im sog. Vierkaiserjahr ging **Vespasian** als Sieger hervor. Hier zeigte sich, dass der Senat seine Rolle als Garant des römischen Staates eingebüßt hatte. Wenn ein Kaiser keinen Nachfolger hatte, entschieden nun meist Soldaten oder Prätorianer (kaiserliche Leibwächter) über den neuen Herrscher. Trotzdem erlebte das Römische Reich im 2. Jh. – zur Zeit der „fünf guten Kaiser" Nerva, Trajan, Hadrian, Antoninus Pius und Marc Aurel – seine größte Blüte. **Trajan,** der u. a. durch den Ausbau des römischen Straßennetzes und durch weitreichende sozialpolitische Maßnahmen (z. B. die Versorgung armer Kinder) gleichermaßen vorausschauend und populär regierte, eroberte Dakien, Armenien und Mesopotamien und rückte bis zum Persischen Golf vor. Zum Zeitpunkt seines Todes hatte das Römische Reich seine größte Ausdehnung erreicht. Sein Nachfolger **Hadrian** beendete die Expansionspolitik zugunsten der Grenzsicherung (z. B. Hadrianswall in England).

Reichsteilungen und Untergang Westroms

Von 193 bis 235 regierte die Dynastie der **Severer,** die trotz z. T. blutiger Machtkämpfe dem Reich noch eine relative Stabilität erhalten konnte: Anschließend übernahmen die meist von ihren Heeren ausgerufenen **Soldatenkaiser** das Kommando: Von 235 bis 284 lösten mehrere Dutzend Kaiser und Gegenkaiser einander in rascher Folge ab und schwächten so das Reich in einer Zeit, als es sich gegen Germaneneinfälle und die persische Dynastie der Sassaniden behaupten musste.

Erst **Diocletian** konsolidierte das Reich wieder. Er stellte das Kaisertum auf eine neue Stufe und machte aus dem Prinzipat das **Dominat** (lateinisch „dominus", Herr): Der Kaiser war nun ein über den Gesetzen stehender Herr. Diocletian begründete das System der **Tetrarchie,** in dem vier Kaiser jeweils über einen Teil des Reiches (mit eigener Hauptstadt) regierten.

Römische Kaiser

Iulisch-claudische Dynastie (27 v. Chr.–68 n. Chr.)
Augustus (27 v. Chr.–14 n. Chr.), Tiberius (14–37), Caligula (37–41), Claudius (41–54), Nero (54–68)

Vierkaiserjahr (68/69)

Flavische Dynastie (69–96)
Vespasian (69–79), Titus (79–81), Domitian (81–96)

Adoptivkaiser (96–192)
Nerva (96–98), Trajan (98–117), Hadrian (117–138), Antoninus Pius (138–161), Marc Aurel (161–180)

Fünfkaiserjahr (193)

Severische Dynastie (193–235)
(unterbrochen durch Macrinus, 217/218) Septimius Severus (193–211), Caracalla (211–217), Severus Alexander (222–235)

Soldatenkaiser (235–284)

Diocletian (284–305)
(ab 293 Tetrarchie)

Von Konstantin zur Reichsteilung (306–395)
Konstantin (306–337, ab 324 Alleinherrscher), Theodosius (seit 379 Oströmisches Reich, 394/95 Gesamtreich)

Doch schon Kaiser **Konstantin (der Große)** erkämpfte sich erneut die Alleinherrschaft (seit 324), die er durch eine Wende in der Religionspolitik sicherte: Er förderte das Christentum, das bis dahin immer wieder blutig verfolgt worden war, bekannte sich selbst zu der neuen Religion und band dadurch einen erheblichen Teil der Bevölkerung vor allem des östlichen Reichteils an das Imperium und mehr noch an seine Person. Als Gegenpol zum „heidnischen" Rom gab er dem Reich 330 mit der Einweihung von Konstantinopel, das bis dahin Byzanz hieß (heute Istanbul) und in sechsjähriger Arbeit ausgebaut worden war, eine neue „christliche Hauptstadt".

In der Folge gewann das Christentum im Römischen Reich binnen weniger Jahrzehnte an Einfluss **(konstantinische Wende)**. Theodosius I. machte das Christentum 391 zur Staatsreligion und verbot alle heidnischen Kulte, u.a. die Olympischen Spiele (393).

Nachdem das Reich mehrmals in West und Ost geteilt und wieder vereint worden war, blieb die Aufteilung nach Theodosius' Tod 395 endgültig. Rom und Konstantinopel wurden Hauptstädte des west- bzw. oströmischen Reichsteils. Im Jahr 476 wurde der letzte weströmische Kaiser Romulus Augustulus von Odoaker, einem germanischen Heerführer in römischen Diensten, abgesetzt. Das Oströmische Reich – nach dem früheren Namen Konstantinopels auch **Byzantinisches Reich** genannt – bestand fast 1000 Jahre lang weiter bis zur Eroberung Konstantinopels durch die muslimischen Osmanen (1453).

Die Schlacht im Teutoburger Wald

Um die Grenzen des Römischen Reichs leichter verteidigen zu können, wollte Augustus Germanien bis zur Elbe erobern. Als dieses Ziel fast erreicht war, musste die Provinz Germania nach einer vernichtenden Niederlage des Feldherrn **Varus** (9 n.Chr.) wieder aufgegeben werden. Der Heerführer der Germanen, Arminius (auch „Hermann der Cherusker"), wurde später zum Befreier Germaniens verklärt. Als Ort der Schlacht sah man lange den Teutoburger Wald an, wo im 19.Jh. das Hermannsdenkmal errichtet wurde. Auch andere Gebiete wurden als Schauplatz der Kämpfe diskutiert, aufgrund umfangreicher Funde scheint aber mit **Kalkriese im Osnabrücker Land** endgültig der Schlachtenort gefunden.

Rom im 3. und 4. Jahrhundert

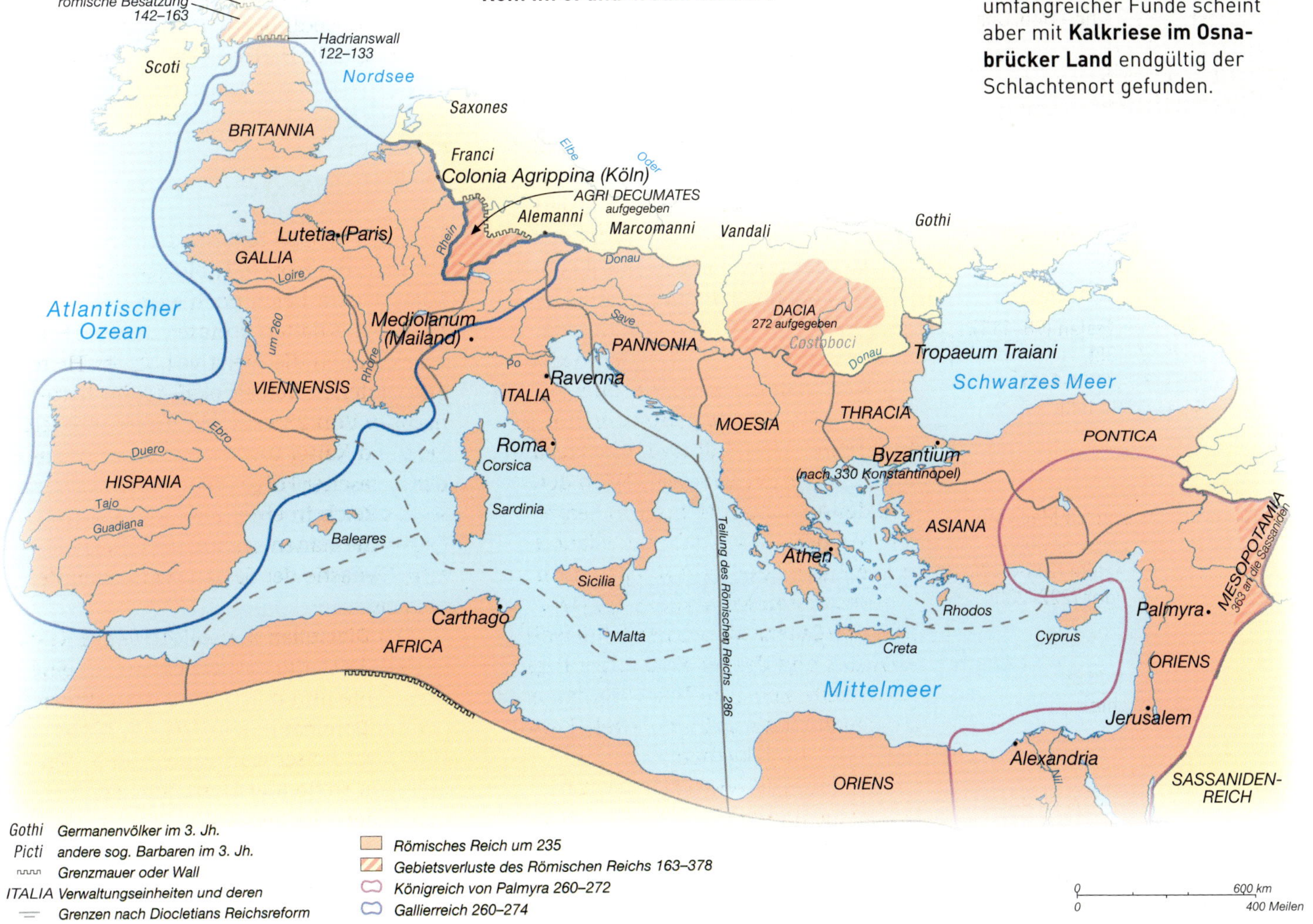

Von der Antike zum Mittelalter

Die letzte große indogermanische Wanderung war die germanische Völkerwanderung (2.–6. Jh.). Ganze Stammesverbände gaben ihre Siedlungsgebiete in Nord-, Ost- und Mitteleuropa auf, zogen nach Süd- und Westeuropa in den Bereich des Imperium Romanum und errichteten hier mehrere neue Germanenreiche.

Völkerwanderung und Germanenreiche

Die erste größere Wanderungsbewegung lösten um die Mitte des 2. Jh. die ursprünglich aus Südschweden stammenden **Goten** aus, die von ihrer Heimat am Unterlauf der Weichsel an das Schwarze Meer zogen. Um die Mitte des 3. Jh. fielen vermehrt germanische Stämme in römisches Gebiet ein: die **Franken** in Gallien, die **Alemannen** in Norditalien und die **Goten** in Makedonien und Kappadokien. Einige Stämme wurden als Bündnispartner (foederati) im römischen Grenzgebiet angesiedelt und dienten so dem Schutz des Reiches. Auch als Landpächter (coloni) waren Angehörige germanischer Stämme gern gesehen.

Germanische Reiche

Stamm	Gründung
Alemannen	Ließen sich 411 im Westen der Iberischen Halbinsel nieder; ihr Reich wurde 585 von den Westgoten unterworfen.
Angeln, Sachsen, Jüten	Brachten seit dem 5. Jh. große Teile Britanniens unter ihre Herrschaft (England = Land der Angeln).
Franken	Beherrschten seit Ende des 5. Jh. weite Teile Europas nördlich der Alpen und errichteten das einzige dauerhafte Germanenreich.
Ostgoten	Errichteten 493 ein Reich in Italien, das 552 von Byzanz zerstört wurde.
Westgoten	Begründeten 416 ein Reich in Südfrankreich, das bald auch große Teile Spaniens umfasste. Nach der Niederlage gegen die Franken (507) auf Spanien beschränkt, wurde das Reich 711 von den muslimischen Mauren erobert.
Wandalen	Gründeten 439 ein Königreich in Nordafrika, das 534 von Byzanz zerschlagen wurde.

Der Untergang Roms

Die zweite Phase der Völkerwanderung, die schließlich den Untergang Westroms herbeiführte, wurde von einem nichtgermanischen Volk eröffnet. Die aus Zentralasien stammenden **Hunnen** zerstörten 375 die Reiche der Ost- und Westgoten und lösten auf ihrem Zug nach Westeuropa große Fluchtbewegungen unter den germanischen Stämmen aus. Um Schutz vor den Hunnen zu finden, wurden die **Westgoten** Bundesgenossen Ostroms und siedelten südlich der Donau. Nach dem Tod des Theodosius (395) erhoben sie sich jedoch wieder gegen die römische Herrschaft und plünderten 410 Rom. Ab 416 errichteten sie in Aquitanien (Südwestfrankreich) ein Westgotenreich, dessen spanischer Teil bis 711 bestand.

Einen Angriff der Hunnen unter **Attila** auf Nordgallien wehrte ein weströmisches Heer auf den Katalaunischen Feldern 451 noch ab. Attila wich daraufhin nach Italien aus und nur durch seinen überraschenden Rückzug entging Rom noch einmal der Eroberung (452).

Nach Attilas Tod 453 zerfiel das Hunnenreich. Italien kam jedoch nicht zur Ruhe. Bereits 455 wurde Rom von den **Wandalen** eingenommen. Die Wandalen waren zu Beginn des 5.Jh. über Gallien und Spanien bis nach Nordafrika vorgedrungen. Nach einem Sieg über Westrom und der Eroberung Karthagos (439) gründeten sie dort ein eigenes Reich. Die zeitweilige Beherrschung des westlichen Mittelmeeres nutzten sie zu Beutezügen an der Küste Italiens.

Die Macht der weströmischen Kaiser erreichte einen Tiefpunkt und die Führung Westroms lag faktisch schon seit längerer Zeit bei den Feldherren. 476 setzte der germanische Heermeister Odoaker schließlich den letzten römischen Kaiser Romulus Augustulus ab und erklärte sich selbst zum König. Diese Tat zog den Schlussstrich unter das Römische Reich (im Westen). 493 besiegten die Ostgoten unter König Theoderich („dem Großen") Odoaker und begründeten das Ostgotenreich in Italien, das jedoch nur etwa 60 Jahre Bestand hatte.

Ein Kampf um Rom

Der 1876 erschienene historische Roman „Ein Kampf um Rom" des Rechtswissenschaftlers und Historikers Felix Dahn (1834–1912) spielt in der Zeit des Niedergangs des Ostgotenreiches, vom Tod Theoderichs des Großen (526) bis zum Tod des letzten Gotenkönigs Teja (552). Dahns lebendige und detailreiche (wenn auch durch freie Erfindungen ergänzte) Darstellung der Auseinandersetzung zwischen Goten, Byzantinern und Römern erfreute sich bis weit ins 20. Jh. großer Beliebtheit. Kritik entzündete sich an der Verwendung nationaler Stereotype und einer einseitig auf (Herrscher-)Personen konzentrierten Geschichtsschreibung.

Gotenkönig Witigis reitet an der Spitze seiner Truppen in den Krieg gegen die Byzantiner (Filmszene aus „Ein Kampf um Rom", 1968).

Links oben: Bischof Remigius von Reims tauft den Frankenkönig Chlodwig I. (Altartafel des Meisters von Saint-Gilles; um 1500; Washington, National Gallery).

Das Merowingerreich

Der germanische Stamm der Franken, im 3.Jh. erstmals am mittleren und unteren Rhein nachgewiesen, war ein Verband mehrerer Kleinstämme. Aus ihrem Herrschaftsbereich, der rechtsrheinische Gebiete in den heutigen Niederlanden und in Nordwestdeutschland umfasste, drangen die **Franken** immer wieder ins römische Gallien vor. 358 wurde der fränkische Stamm der **Salier** besiegt, in Toxandrien (Nordbrabant) angesiedelt und als Föderaten den Römern zum Heeresdienst verpflichtet.

In der Folgezeit dehnten die salischen Franken ihr Siedlungsgebiet in Nordgallien stetig aus. Regiert wurden sie von Fürsten aus dem Geschlecht der Merowinger, benannt nach dem um 450 herrschenden Merowech. Dessen Enkel **Chlodwig I.** eroberte ein Gebiet, welches das heutige Belgien, einen Großteil Frankreichs und Regionen im Westen und Süden Deutschlands umfasste. Zu seiner Hauptstadt machte er Paris. 508 wurde Chlodwig von Byzanz als König anerkannt.

Ein entscheidender und für die Zukunft des Frankenreiches bedeutender Schritt, der auch als Epochenabgrenzung zwischen Altertum und beginnendem Mittelalter diente, war die **Taufe Chlodwigs** 498 durch Bischof Remigius in Reims. Die Annahme des katholischen Bekenntnisses durch Chlodwig ermöglichte die Integration von fränkischer und gallorömischer Bevölkerung.

Nach Chlodwigs Tod teilten seine Söhne das Reich unter sich auf. Die vier entstehenden Territorien mit den Zentren Reims, Orléans, Paris und Soissons waren nicht selbstständig, sondern nur Verwaltungseinheiten eines gemeinsamen Reiches, das durch die Eroberung Thüringens sowie weiterer alemannischer und baierischer Gebiete und die Eingliederung des Burgunderreiches weiter expandierte. Nach dem Tod des letzten Chlodwig-Sohnes **Chlothar I.** (561) wurde das Reich erneut geteilt. Neustrien, Austrien und Burgund entwickelten sich zu dauerhaften politischen Größen. Zwar beherrschte in den 630er Jahren Dagobert I. noch einmal das gesamte Reich, die Macht der Merowingerkönige schwand jedoch oder war von mächtigen Adelsfamilien der Teilreiche abhängig.

Karl IV., der 1349 in Aachen zum König gekrönt wurde, stiftete dem Aachener Dom dieses kostbare Büstenreliquiar Karls des Großen.

Die Blütezeit des Frankenreichs

Mit dem Bedeutungsverlust des merowingischen Königtums ging der Aufstieg der **Hausmeier** (von lateinisch „maior domus“) einher, der Vorsteher des königlichen Haushalts. Sie führten in den Reichsteilen das Heer und faktisch die Regierungsgeschäfte. Nach seinem Sieg bei Tertry (687) über Neustrien und Burgund gewann der karolingische Hausmeier von Austrien, Pippin II. (um 635–714), die Herrschaft über das Gesamtreich. Damit war ein wichtiger Schritt zur Wiedervereinigung des fränkischen Reichsgebiets vollzogen. Nach der Krone griff Pippin aber noch nicht.

Der Aufstieg der Karolinger

Pippins Sohn Karl Martell („der Hammer“, um 688–741) legte den Grundstein für den Aufstieg der Karolinger, die nach ihrem berühmtesten Vertreter, Karl dem Großen, benannt sind. Karl Martell einigte in mehreren Kriegen das von Absatzbewegungen einiger Volksstämme geschwächte Reich. Auch besiegte er 732 in der Schlacht von Tours und Poitiers die Mauren und vertrieb sie 739 aus dem Rhônetal. Die Merowinger waren zu diesem Zeitpunkt noch als Könige anerkannt, besaßen aber keinerlei Macht mehr. 751 setzte Karl Martells Sohn **Pippin III.** (der Jüngere, um 715–768) den letzten aus ihrer Reihe, Childerich III., ab und wurde selbst König. Dabei kam Pippin zugute, dass die römische Kirche sich durch die Langobarden bedroht sah und auf das Frankenreich als Bündnispartner angewiesen war. Papst Stephan II. bat 754 Pippin um Schutz und salbte ihn und seine Söhne zu Königen. Pippin dankte es mit zwei Feldzügen gegen die Langobarden (754 und 756); die eroberten Gebiete um Ravenna und Rom übergab er dem Papst. Diese **Pippinische Schenkung,** die 962 von Kaiser Otto I. bestätigt wurde, legte den Grundstein für den Kirchenstaat, der die Päpste bis ins 19. Jh. auch zu weltlichen Herrschern machte.

Karl der Große

Pippins Sohn Karl der Große (747–814) eroberte 774 Pavia und verleibte das Reich der Langobarden dem Frankenreich ein. Auch bestätigte er dem Papst die Pippinische Schenkung (774, 781). Mit großer Härte und zahlreichen Feldzügen betrieb Karl von 772 bis 804 im Norden, der Mitte und im Osten des heutigen Deutschland die Unterwerfung und **Christianisierung** der Sachsen. Münster, Osnabrück, Paderborn, Bremen, Minden und Verden wurden Mittelpunkte neu gegründeter Bistümer. 789–812 machte er die slawischen Wilzen, Sorben und Tschechen tributpflichtig. Karl war nun unangefochtener Herrscher eines Reiches, das große Teile West- und Mitteleuropas umfasste. Als Schutzherr Roms nahm er eine Aufgabe wahr, die

Unter Karl dem Großen verbreiteten sich die an antiken Vorbildern orientierten karolingischen Minuskeln (Kleinbuchstaben) als einheitliche Verwaltungs- und Buchschrift in großen Teilen Europas.

traditionell dem byzantinischen Kaiser zustand, der sie aber nicht mehr erfüllen konnte. Daher krönte Papst Leo III. am Weihnachtstag des Jahres 800 Karl zum Römischen Kaiser. Diese **Kaiserkrönung** vollendete den Aufstieg der Karolinger vom regionalen Adelsgeschlecht zu den politischen Oberhäuptern der Christenheit. Sie begründete aber auch die Abhängigkeit der fränkischen (und später deutschen) Herrscher vom Papst.

Unter Karl dem Großen wurde eine Rückbesinnung auf spätantike Kunst, Architektur und Literatur sowie die „Reinigung“ der lateinische Sprache eingeleitet, die großen Einfluss auf die Kultur des Mittelalters hatte **(karolingische Renaissance)**. Gelehrte aus ganz Europa kamen an Karls Hof; die im ganzen Reich entstehenden Hof-, Dom- und Klosterschulen öffneten das bis dahin am asketischen Eremitendasein orientierte Mönchtum den Wissenschaften und führten die literarische Überlieferung der Antike fort.

Neue Reichsteilung

Nach Karls Tod (814) erbte sein Sohn Ludwig I. (der Fromme, bis 840) das Reich. Nach Ludwigs Tod wurde das Reich unter seinen drei noch lebenden Söhnen aufgeteilt, die 843 im Vertrag von Verdun eine Dreiteilung des Frankenreiches vereinbarten: Ludwig II. (der Deutsche) erhielt das Ostfränkische Reich (in etwa das Gebiet der Bundesrepublik vor 1990), Karl II. das Westfränkische Reich (in etwa der heutige Westen Frankreichs und Belgiens), Lothar I. ein Mittelreich von Friesland bis Mittelitalien, dessen nördlicher Teil bald an das Ostfränkische Reich fiel. Nach einer kurzen Phase der Reichseinheit unter Karl III. (dem Dicken, Kaiser 881–887) gingen **West- und Ostfrankenreich** getrennte Wege und wurden zum Ursprung des späteren Frankreich bzw. Deutschland. Die Karolingerherrscher konnten sich gegen die erstarkenden Adelsfamilien nicht lange behaupten; ihre Dynastie endete im Osten 911, im Westen 987.

Der Aufstieg des Islams

Gleichzeitig mit den Karolingern stieg an der Ost- und Südgrenze des Byzantinischen Reiches eine neue Weltmacht auf. Das **islamische Kalifat** – benannt nach den Kalifen, den Nachfolgern des 632 gestorbenen Propheten Mohammed – eroberte binnen weniger Jahrzehnte von der Arabischen Halbinsel aus ein Gebiet, das bis ins heutige Pakistan reichte und im Westen Nordafrika und die Iberische Halbinsel umfasste. 717/18 stoppten die Byzantiner vor Konstantinopel die Expansion, 732 die Franken bei Tours und Poitiers. Danach änderten sich die Grenzen zwischen christlicher und islamischer Welt bis ins 15. Jh. hinein nur noch wenig. Die Einheit des Mittelmeerraums – kulturell, wirtschaftlich und während des Römischen Reichs auch politisch – war zerbrochen. Die politischen Zentren lagen nun nördlich der Alpen und im Vorderen Orient.

Wikingerhelm aus dem 10. Jh., Grabfund aus Gjermundbu in Norwegen (Oslo, Museum für Nordische Altertümer der Universität)

Die Wikinger

Unter der Bezeichnung Wikinger (gleichbedeutend mit Normannen) werden alle Skandinavier zusammengefasst, die vom 8. bis 11. Jh. als Seefahrer an den europäischen Küsten sowie bis nach Grönland (Erik der Rote, 986) und Nordamerika (Leif Eriksson, um 1000) vordrangen. Mit ihren wendigen Drachenbooten verbreiteten sie als Seeräuber Angst und Schrecken, als Kaufleute errichteten sie ein europaweites Handelsnetz. Im 9. Jh. überfielen norwegische Wikinger auch viele Städte des Karolingerreiches, schwedische Wikinger (Waräger) stießen ins Landesinnere Osteuropas vor und waren vermutlich an der Gründung des Großfürstentums Kiew beteiligt. Dänische Wikinger begründeten das Herzogtum **Normandie** (911); von dort aus eroberten sie 1066 England, nachdem sie bei Hastings die Angelsachsen besiegt hatten.

Das Mittelalter

Das Europa des Mittelalters war lange ein religiös und kulturell einheitlicher und nach außen abgeschlossener Raum. Der Konflikt zwischen Kaiser und Papst bzw. weltlicher und geistlicher Macht sowie zwischen den großen Adelsfamilien bestimmte die Politik. Klöster und Herrscherhöfe (Bild: Castel del Monte in Süditalien, um 1240–1250) prägten Bildung und Kultur. Im Spätmittelalter stellten die Städte das Feudalsystem zunehmend infrage.

Das Römisch-deutsche Reich

Als Beginn der „deutschen Geschichte" gilt die Wahl des fränkischen Herzogs Konrad nach dem Aussterben der ostfränkischen Karolinger (911) zum neuen König. Ihm folgte 918 der sächsische Herzog Heinrich, der die Herrscherdynastie der **Ottonen** begründete. Sein Sohn Otto I. (der Große, 912–973) festigte seine Herrschaft mit militärischen Siegen und durch die Einbeziehung der Bischöfe in die Reichsverwaltung. Während seines zweiten Italienfeldzugs (961–965) wurde er 962 in Rom von Johannes XII. zum Kaiser gekrönt, bestätigte im Gegenzug dem Papst die Pippinische Schenkung (→S. 270) und bekräftigte so die enge Bindung des Kaisertums an Rom. Das von Otto regierte Reich wurde denn fortan auch Imperium Romanum („Römisches Reich") genannt und sah sich in der Tradition des vorangegangen Römischen Reiches. 1157 erweiterte Kaiser Friedrich I. Barbarossa den Namen auf „Heiliges Römisches Reich", 1484 kam der Zusatz „Deutscher Nation" hinzu.

Die Politik einer Erneuerung des Römischen Reiches verfolgte insbesondere Ottos Enkel Otto III. (Reg. 983–1002), der auf römische und karolingische Traditionen zurückgriff und durch christliche Mission und die Gründung neuer Bistümer im Osten die slawischen Nachbarn enger an das Reich binden wollte. Mit dem Tod seines Vetters Heinrich II. 1024 endete die Herrschaft der Ottonen.

Salier und Staufer

Nachfolger des kinderlosen Heinrich II. war Konrad II. aus der fränkischen Familie der Salier, der 1027 auch den Kaisertitel erlangte. Den Höhepunkt ihrer Macht erreichten die Salier unter Konrads Sohn Heinrich III., der 1041 Böhmen und 1044 kurzzeitig auch Ungarn unter die Lehnshoheit des Reiches brachte. Die zunehmende Konkurrenz zum Papsttum zeigte sich unter dessen Sohn Heinrich IV.: Gregor VII., Papst 1073–1085, wandte sich gegen die Einsetzung (Investitur) der Bischöfe durch weltliche Herrscher; der König war jedoch auf die Loyalität seiner Bischöfe, die im Reich auch weltliche Aufgaben erfüllten, angewiesen. Im sich verschärfenden **Investiturstreit** belegte der Papst Heinrich IV. mit dem Kirchenbann, den er erst nach dessen Unterwerfung in **Canossa** („Gang nach Canossa",

Die Eidgenossenschaft

Gegen die Machtausdehnung der Habsburger schlossen sich im August 1291 – kurz nach dem Tod Kaiser Rudolfs I. – die drei „Urkantone" Uri, Schwyz und Unterwalden zu einem **„Ewigen Bund"** zusammen. Die Eidgenossenschaft, der bis 1352 fünf weitere Orte beitraten, errang im 14. und 15. Jh. wichtige militärische Siege gegen die Habsburger und schied 1499 mit dem Frieden von Basel faktisch aus dem Reichsverband aus. Die rechtliche Loslösung der heutigen Schweiz aus dem Reich erfolgte erst nach dem Dreißigjährigen Krieg im Westfälischen Frieden 1648.

Konradin, der letzte legitime Staufer, mit Friedrich von Baden auf der Falkenjagd (Miniatur, Heidelberger Liederhandschrift)

1077) löste. Die Auseinandersetzungen wurden erst unter Heinrich V., dem Sohn Heinrichs IV., mit dem **Wormser Konkordat** (1122) wieder beigelegt.

Der Konflikt zwischen Kaiser und Papst im 12. und 13. Jh. brach zur Zeit der Staufer noch offener aus. Als **Friedrich I. Barbarossa** (1122–1190) ab 1158 zunächst erfolgreich gegen die nach Autonomie strebenden Städte Norditaliens kämpfte, erhielten diese Unterstützung von Papst Alexander III.; nach Barbarossas Niederlage gegen den Lombardischen Städtebund 1176 bei Legnano und dem anschließenden Friedensvertrag (1183) war der Kaiser nur noch formaler Lehnsherr, besaß aber keine reale Macht mehr über die lombardischen Städte. Schärfer noch war die Auseinandersetzung unter Barbarossas Enkel **Friedrich II.** (1194–1250): Als Herrscher über Gebiete nördlich (Heiliges Römisches Reich) und südlich (Königreich Sizilien) des Kirchenstaates wurde der Kaiser von den Päpsten als Bedrohung angesehen. Friedrich wurde mit dem Kirchenbann belegt (1227) und sogar exkommuniziert (1245). Als sich trotzdem Erfolg im Kampf gegen das Papsttum abzeichnete, starb Friedrich unerwartet. Mit dem Tod seines Sohnes Konrad IV. war 1254 die Herrschaft der Staufer zu Ende.

Staufer gegen Welfen

Das fränkische Adelsgeschlecht der Welfen wurde im Hochmittelalter zur rivalisierenden zweiten Macht im Reich. Als der Staufer Konrad III. sich 1137 die Nachfolge Lothars III. von Supplinburg sicherte, löste dies einen langen Streit mit den Welfen aus, angeführt von Heinrich dem Stolzen, Herzog von Bayern und Sachsen. Der Stauferkaiser Friedrich I. Barbarossa, der mütterlicherseits von den Welfen abstammte, fand zwischenzeitlich einen Ausgleich mit Heinrichs Sohn, Heinrich dem Löwen. 1176 kam es jedoch zum offenen Konflikt, in dessen Verlauf Heinrich seine Herzogtümer verlor und ins Exil ging. Sein Sohn Otto IV. wurde 1198 in Konkurrenz zum Staufer Philipp von Schwaben zum König gewählt, aber erst nach dessen Ermordung 1208 als regulärer König anerkannt und 1209 zum Kaiser ernannt. Seine Niederlage im Machtkampf mit Friedrich II. 1214 bedeutete den Niedergang der reichspolitischen Bedeutung der Welfen.

Feudalismus

Herrschendes Gesellschaftssystem im Mittelalter war der Feudalismus. Seine Basis war das **Lehnswesen,** bei dem ein Lehnsherr (z. B. der König) einem Lehnsmann einen Teil seines Herrschaftsgebiets, das Lehen (lateinisch feudum), lieh. Dieser wurde so zum **Vasallen,** der seinem Lehnsherrn Treue schuldete; er konnte wiederum einen Teil seines Gebiets an eigene Vasallen verleihen. In Städten, wo die Landwirtschaft nicht mehr der zentrale Wirtschaftsfaktor war, stellten die Bürger die auf Grundbesitz gegründete Macht des Adels infrage, auf dem Land bestand sie bis in die Neuzeit.

Bedeutende Herrscherhäuser

Merowinger
vor 500–751

Karolinger
751–911

Ottonen
919–1024

Salier
1024–1125

Supplinburger (Lothar III.)
1125–1137

Staufer
1138–1254 (unterbrochen 1208–1212)

Welfen (Otto IV.)
1198–1218

Interregnum
1254–1273

Habsburger
1273–1308, 1438–1806 (unterbrochen 1292–1298, 1742–1745)

Luxemburger u. Wittelsbacher
1308–1437, 1742–1745

Die Macht der römischen Kirche

Der bis in die frühchristliche Zeit zurückreichende Anspruch der römischen Kirche, die Christenheit zu führen, belastete die Beziehung zu den Kaisern, weil die Päpste die Oberherrschaft auch über die Reichskirche anstrebten. Der Investiturstreit (➔ S. 272) leitete eine mehr als zwei Jahrhunderte währende Phase ein, in der das Papsttum seinen größten Einfluss entfaltete. Den Höhepunkt päpstlicher Macht markierte das Pontifikat Innozenz' III. (1198–1216): Innozenz griff in innere Angelegenheiten Deutschlands und Frankreichs ein, Sizilien, England und Portugal wurden päpstliche Lehen. Bis 1250 schwächte das Papsttum dauerhaft die Macht des römisch-deutschen Kaisers, doch ab Anfang des 14. Jh. verlor wiederum das Papsttum an Einfluss, das unter dem (französischen) Papst Klemens V. mit der Übersiedlung nach Avignon (1309–1377) in die Abhängigkeit Frankreichs geriet (avignonesisches Exil).

Die Buchillustration aus dem 14. Jh. zeigt Szenen des 1. Kreuzzugs (1096–1099). Nach dem Aufruf Papst Urbans II. bricht das Kreuzfahrerheer auf und erobert drei Jahre später Jerusalem.

Kreuzzüge und Slawenmission

Auf dem Höhepunkt päpstlicher und kirchlicher Macht rief Papst Urban II. 1095 zu den Kreuzzügen auf. Zwischen 1096 und 1270 zogen in sieben großen und vielen kleineren Kreuzzügen adelige Kreuzritter, aber auch einfache Menschen in den Nahen Osten – vorgeblich, um das „Heilige Land" von den Muslimen zu befreien. War der 1. Kreuzzug mit der **Eroberung Jerusalems** (1099) und der Gründung mehrerer Kreuzfahrerstaaten noch ein militärischer Erfolg, so erwiesen sich die späteren zumeist als Fehlschläge. 1291 fiel mit Akko auch die letzte Kreuzfahrerbastion wieder an die Muslime.

Im Rahmen des 2. Kreuzzugs fand der sog. **Wendenkreuzzug** (1147) statt, in dem Sachsen, Dänen und Polen gegen „heidnische" Slawen kämpften. Der Wendenkreuzzug gab der späteren Slawenmission Auftrieb.

Klöster und Orden

Bedeutung über die Religionsausübung hinaus besaßen die Klöster. Seit der Karolingerzeit waren sie Zentren von Bildung und Wissenschaft. Die **Ottonische Renaissance** – eine Übernahme antiker, frühchristlicher, byzantinischer und karolingischer Elemente in Kunst und Architektur – ging wesentlich von den Klöstern aus. Das Benediktinerkloster von Cluny (Burgund) leitete mit der **cluniazensischen Reform** die geistige Erneuerung des Mönchtums ein; seine Äbte hatten im 10.–12. Jh. große politische Macht. Der Reformorden der **Zisterzienser** war an der Erschließung landwirtschaftlicher Flächen (Landesausbau) in ganz Europa sowie an der Slawenmission beteiligt.

Die Stadt im Mittelalter

Im frühen Mittelalter hatten vor allem die Städte in Oberitalien (Lombardei) bereits eine ausgebildete Stadtkultur und gewannen auch politische Eigenständigkeit, während die Gebiete nördlich der Alpen weit hinter der Entwicklung zurückblieben. Genua war bereits 962 faktisch unabhängig, regiert von Kaufleuten und Handwerkern, die als ihre Vertretung Konsuln wählten. Auch Städte wie Florenz, Venedig, Pisa und Mailand begannen früh zu expandieren und dehnten ihren Einfluss auch auf das Umland aus. Der Sieg des Lombardischen Bundes über Kaiser Friedrich I. Barbarossa (1176) sicherte die dauerhafte Unabhängigkeit der **italienischen Städte** und beförderte auch den wirtschaftlichen Aufschwung. Mehrere von ihnen hatten im Mittelalter deutlich über 100 000 Einwohner – in der größten deutschen Stadt, Köln, lebten um 1200 etwa 35 000 Menschen. Mächtige Familien wie die **Visconti** in Mailand (1278) und die **Medici** in Florenz (seit 1434) dominierten die Politik. Im Lauf der Zeit gewannen die Städte auch als Standorte der Zünfte an Bedeutung, die das Leben der – bürgerlichen – Handwerker regelten.

In der Stadt Nördlingen (Landkreis Donau-Ries) ist die Stadtmauer von 1327 mit Toren, Türmen, Bastionen und einem Wehrgang vollständig erhalten.

Handel und Messewesen

In der Stadt war ein vielfältiges Spektrum von Berufen vertreten. Ihr Lebensnerv war der Markt, auf dem Güter aller Art umgesetzt wurden, sowohl aus lokaler Produktion als auch aus dem Fernhandel. Zahlreiche Städte, in Deutschland z. B. Frankfurt am Main (für 1160 erstmals belegt), wurden zu Messestandorten. Die Messen waren im Unterschied zu regelmäßig abgehaltenen Märkten (Wochenmärkten) Verkaufsveranstaltungen, die meist einmal im Jahr stattfanden und zu Anziehungspunkten für Händler aus vielen Ländern wurden.

Die Handelsbeziehungen der italienischen Städte reichten bis nach Byzanz und – verstärkt noch durch die Kreuzzüge – ins östliche Mittelmeer. Zur beherrschenden Handelsmacht im Nord- und Ostseeraum und den Gebieten der deutschen Ostkolonisation stieg die **Hanse** auf. Entstanden aus einer Interessenvertretung reisender Kaufleute und 1356 in ein Städtebündnis umgewandelt, umfasste sie in ihrer Blütezeit bis zu 200 Städte und unterhielt Handelsverbindungen nach Italien und in den Orient. Der große Kreditbedarf an Handels- und Messestandorten sowie das hohe Verlustrisiko insbesondere im Überseehandel ließen erste Banken und Versicherungen aufkommen.

Die Fugger

Die schwäbische Kaufmannsfamilie der Fugger unterhielt seit 1367 in Augsburg ein Handelshaus, das bald auch Fernhandel und Geldgeschäfte betrieb. Unter Jakob Fugger, dem Reichen (1459–1525), erwarb es das europäische Kupfermonopol und stand als Kreditgeber mit Rom und den Habsburgern in Verbindung. 1516 stiftete Jakob die **Fuggerei,** eine bis heute bestehende Wohnsiedlung für Bedürftige. Unter seinem Neffen Anton Fugger (1493–1560) expandierte das Unternehmen in die spanischen Gebiete Amerikas, verlor aber in der zweiten Hälfte des 16. Jh. an Bedeutung.

Die Krisen des Mittelalters

Das Europa des ausgehenden Mittelalters stand im Zeichen von Krisen und Umwälzungen. Das Reich, das nach dem Ende der Staufer ein Interregnum (lateinisch „Zwischenherrschaft") ohne einen anerkannten Herrscher erlebte, fand auch nach der Wahl Rudolf von Habsburgs (1273) zum römisch-deutschen König nicht mehr zu alter Größe zurück. Das Byzantinische Reich, 1204 von Kreuzfahrern erobert, erreichte nach dem Rückgewinn Konstantinopels 1261 nicht mehr die frühere Bedeutung und endete 1453 mit der Eroberung Konstantinopels durch die Osmanen.

England und Frankreich schwächten sich gegenseitig durch eine Reihe von Kriegen, die zusammenfassend als der **Hundertjährige Krieg** bezeichnet werden. In drei Kriegsphasen (1337–1360, 1369–1381 und 1415–1453) eroberte England große Gebiete Frankreichs, wurde aber zurückgedrängt und behielt nur Calais (bis 1558) und die Kanalinseln.

Kirche und Papsttum

Die Päpste gerieten in französische Abhängigkeit und residierten 1309–1377 in Avignon („babylonische Gefangenschaft der Kirche"). Als kurz darauf mit Urban VI. (1378) und Klemens VII. (1379), der erneut nach Avignon ging, zwei Päpste gewählt wurden, begann das **Große Abendländische Schisma:** Bis 1417 waren die europäischen Staaten gespalten in Anhänger Roms, wo Urban und seine Nachfolger residierten, und Avignons.

Die Folge dieses Machtspiels war ein rasanter Verfall der Autorität des Papsttums. Durch Korruption, ausschweifende Hofhaltung und z. T. auch militärische Durchsetzung eigener Interessen büßten die Päpste vor allem ihr moralisches Ansehen weitgehend ein. Mystische und radikale Bewegungen früherer Jahrhunderte hatte die Kirche an sich gebunden (z. B. Zisterzienser- und Bettelorden) oder erfolgreich bekämpft (Inquisition). Neuen Bewegungen wie den zur Zeit der Pest aufgekommenen **Flagellanten** (auch Geißler), die mit öffentlichen Bußübungen und Selbstgeißelung auftraten und vielerorts die Bevölkerung gegen die Juden aufhetzten, stand die Kirche nun machtlos gegenüber.

Mit einer Maske, deren Schnabel mit Essigtüchern ausgestopft war, versuchten sich die Ärzte vor der Pest zu schützen.

Pest und Bevölkerungsrückgang

Mitte des 14. Jh. wurden große Teile der Welt von einer Epidemie heimgesucht, die 1338 in der Mongolei ausgebrochen war. In Europa, wo die **Große Pest** 1347 bis 1352 wütete, starben daran über 25 Mio. Menschen, etwa ein Drittel der Bevölkerung. In der Folge kam es vielerorts auch zu politischen oder sozialen Umwälzungen. Judenverfolgungen setzten ein – Juden wurde vorgeworfen, die Pest verursacht zu haben. Viele während des Landesausbaus gewonnene Siedlungspunkte wurden wieder aufgegeben, die Ostkolonisation kam zum Erliegen. Zugleich machte der Arbeitskräftemangel vielen den Weg frei in bis dahin unzugängliche Handwerksberufe der Zünfte.

Jeanne d'Arc

Die 1412 in Domrémy geborene französische Nationalheldin überzeugte 1429 den späteren König Karl VII. von ihrer göttlichen Mission, befreite als Anführerin der französischen Truppen die von den Engländern belagerte Stadt Orléans (daher auch „Jungfrau von Orléans") und ermöglichte so Karls Königskrönung im selben Jahr. 1430 wurde sie gefangen und von den Engländern an ein geistliches Gericht überstellt. Am 30. Mai 1431 in Rouen als „rückfällige Ketzerin" auf dem Scheiterhaufen verbrannt, wurde sie später rehabilitiert und 1920 heiliggesprochen.

Humanismus und Renaissance

Hatte die mittelalterliche Philosophie den christlichen Glauben zum Hauptgegenstand ihres Denkens gemacht, so stellten die Humanisten (von lateinisch humanus, „menschlich"), angeregt durch die Beschäftigung mit der Antike, den Menschen in den Mittelpunkt. Jeder Mensch sollte sich frei von kirchlichen Vorgaben entfalten, umfassend bilden und das diesseitige Leben genießen können. Im 14. Jh. von Norditalien ausgehend, verbreitete sich der Humanismus bis ins 16. Jh. in ganz Europa. Die geistigen Strömungen dieser Zeit werden auch unter dem Begriff Renaissance – französisch für **Wiedergeburt** (der Antike) – zusammengefasst.

Wissenschaftliche Erfolge

Das Ideal des Humanismus war der umfassend gebildete „Homo universalis", etwa **Leonardo da Vinci** (1452–1519), der Maler, Bildhauer und Architekt, aber auch Forscher und Erfinder war. Auch die Hinwendung zu Technik und Wissenschaft brachte bedeutende Neuerungen hervor. Wichtige Leistungen dieser Zeit waren u. a. die kritische Ausgabe des Neuen Testaments im griechischen Urtext (1516) durch **Erasmus von Rotterdam** (1466/69 bis 1536), die Begründung der hebräischen Studien durch Johannes Reuchlin (1455–1522) und die Anfänge einer wissenschaftlich betriebenen Medizin durch Paracelsus (1493/94–1541). Der Domherr Nikolaus Kopernikus (1473–1543) erschütterte mit der Erkenntnis, dass die Sonne den Mittelpunkt des Planetensystems bildet, das mittelalterliche Weltbild von der Erde als Mittelpunkt des Universums **(Kopernikanische Wende)**. Johannes Gutenberg (um 1400–1468) bereitete mit der Erfindung des **Buchdrucks** mit beweglichen Lettern der weiten Verbreitung antiker und humanistischer Schriften den Weg.

Kunst der Renaissance

Auch die Künstler orientierten sich an antiken Vorbildern. Sie schufen Bauten mit symmetrisch angeordneten Fenstern, Türen, Säulen und Kuppeln. Berühmte Kirchen aus dieser Zeit sind beispielsweise der 1420 begonnene Dom von Florenz und der ab 1506 gebaute **Petersdom** in Rom. Die Malerei und Plastik zeichnete sich durch genaue Naturbeobachtung und die neu entdeckten Gesetze der Perspektive aus. Die Aufmerksamkeit galt dem Menschen und der Darstellung menschlicher Schönheit. Ihre Vollendung fand die Renaissancekunst in den Werken von **Michelangelo** (1475–1564), Raffael (1483 bis 1520) und Leonardo da Vinci, dessen berühmtestes Gemälde die „Mona Lisa" (1503–1506) ist. In Deutschland waren die bekanntesten Künstler dieser Epoche Albrecht Dürer (1471–1528) und Hans Holbein d. J. (1497/98–1543).

Die mächtige Kuppel der Peterskirche in Rom mit über 42 m Durchmesser entstand nach einem Entwurf von Michelangelo, der ab 1546 Bauleiter der Kirche war.

Von der Reformation zur Aufklärung

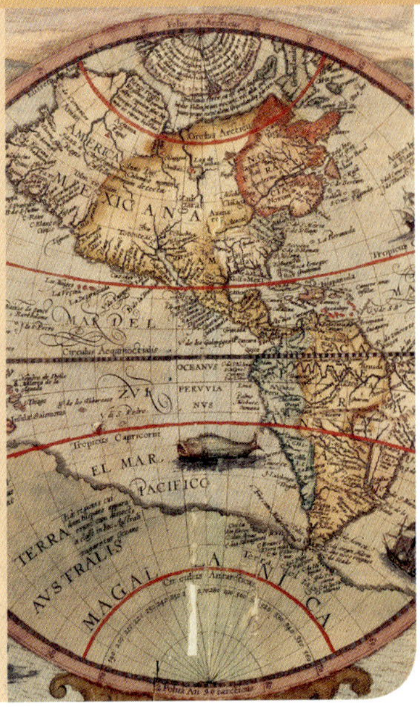

Die Umwälzungen des 15. und frühen 16. Jh. erschütterten die mittelalterliche Ordnung grundlegend. Europa fand dank der Entdeckung Amerikas und des Seewegs nach Indien neue Handelspartner. Die Kirche verlor ihre Monopolstellung und Portugal, Spanien, die Niederlande und England wurden zu Großmächten.

Entdeckung Amerikas und früher Kolonialismus

Das Bild oben zeigt eine Landkarte des neu entdeckten Kontinents Amerika aus dem 16. Jh.

Nach der Eroberung Konstantinopels (1453) durch die Türken (Osmanen) war den kontinentaleuropäischen Handelshäusern der freie Zugang zu Gewürzen, aber auch zu Luxusgütern wie Elfenbein, Edelhölzern und Duftstoffen aus Asien verwehrt, weil nun der Landweg zu den begehrten Gütern durch osmanisches Gebiet führte. Eines der wichtigsten Ziele der Entdeckungsfahrten im 15. Jh. war es deshalb, einen Seeweg nach Indien zu finden.

Expansion in Übersee

Förderer der europäischen Seefahrt waren vor allem die auf diesem Gebiet konkurrierenden Königreiche Portugal und Spanien. 1487 umschiffte der portugiesische Seefahrer Bartolomëu Diaz die Südspitze Afrikas, elf Jahre später fand sein Landsmann Vasco da Gama den langgesuchten **Seeweg nach Indien.** Die wichtigste Entdeckung hatte zu diesem Zeitpunkt jedoch bereits Christoph Kolumbus (1451–1506) im Auftrag der spanischen Krone gemacht: Bei dem Versuch, Indien auf einer Fahrt nach Westen zu erreichen, entdeckte er 1492 **Amerika.**

Die Route nach Indien („Ostindien“) und die Ostspitze Südamerikas (im heutigen Brasilien) wurden zur portugiesischen, die übrige Neue Welt („Westindien“) zur spanischen Einflusszone (Vertrag von Tordesillas, 1494). Binnen weniger Jahrzehnte gelang es den Spaniern, die Reiche der Azteken und Inka zu erobern und dadurch **Süd- und Mittelamerika** weitgehend in ihren Besitz zu bringen (→S. 28) Der Konquistador („Eroberer“) Hernán Cortés führte von Kuba aus 1519 eine Expedition nach Mexiko. 1521 gelang ihm die Eroberung der Azteken-Hauptstadt Tenochtitlán (heute Mexiko-Stadt), mit rd. 100 000 Einwohnern damals eine der größten Städte der Welt. Francisco Pizarro nahm 1531–1533 das Inkareich in Peru ein, Pedro de Valdivia eroberte 1540 Chile.

Doch auch andere Seefahrernationen waren nicht untätig: 1498 nahmen Giovanni und Sebastiano Caboto die nordamerikanische Ostküste zwischen dem Sankt-Lorenz-Strom und der Hudson-Mündung für England in Besitz.

Kolonialreiche

Auf die Entdeckung der „Neuen Welt“ folgte unmittelbar ihre Inbesitznahme und wirtschaftliche Ausbeutung: In Lateinamerika entstanden große spanische Kolonialreiche; wichtigste Exportgüter waren neben Gold und Silber Mais, Kakao, Tabak, Vanille, Erdnüsse, Tomaten und die Kartoffel.

Dass Portugiesen und Spanier die Welt unter sich aufteilten, wollten vor allem England, Frankreich und die Niederlande nicht hinnehmen und gründeten daher im 16. und 17. Jh. große Handelskompanien (→ S. 406). Die Niederländer schufen ein Kolonialreich in **Südostasien;** das 1621 gegründete Batavia (heute Jakarta) wurde zur Drehscheibe ihres Orientgeschäfts. England und Frankreich kolonisierten **Nordamerika.** So gründete England 1587 die Kolonie Virginia. Im 17. Jh. dehnte sich der englische Einflussbereich von der nordamerikanischen Ostküste nach Westen aus.

Mission und Sklaven

Die Spanier kamen als Herren und Ausbeuter nach Amerika und gingen mit größter Härte gegen die ansässige Bevölkerung vor. Cortés nahm 1519 den sich ihm widersetzenden Aztekenherrscher Motecuzoma II. (1467–1520) gefangen, der im Folgejahr bei einem Aufstand seines Volkes ums Leben kam. Pizarro ließ den Inkafürsten Atahualpa (nach 1500 bis 1533) hinrichten. Die Ureinwohner wurden mit Gewalt unterworfen, dem spanischen Recht unterstellt und mit hohen Steuern belegt. Siedler in den Kolonien erhielten im Auftrag der spanischen Krone Ländereien zugewiesen und die Erlaubnis, sich zu deren Bewirtschaftung der Ureinwohner zu bedienen (System der Encomiendas).

Mit den Eroberern kamen auch **Missionare,** die den Ureinwohnern den christlichen Glauben aufzwangen, aber auch gegen die gewaltsamen Methoden der Eroberer protestierten. Der Dominikanerpater Bartolomé de Las Casas (1474 bis 1566) setzte 1542 beim spanischen König Karl I. (im Heiligen Römischen Reich Kaiser Karl V.) „Neue Gesetze" (Leyes Nuevas) zum Schutz der indianischen Bevölkerung durch, die ihre Versklavung untersagten. In der Folge setzte der **Sklavenhandel** mit Afrika ein: In Afrika wurden europäische Güter gegen Sklaven eingetauscht, die zur Plantagenarbeit nach Amerika gebracht wurden. Mit den Erzeugnissen der Plantagen (Zuckerrohr, Mais, Baumwolle) kehrten die Schiffe nach Europa zurück.

Indianische Hochkulturen

Die Entfaltung der indianischen Hochkulturen setzte etwa in der zweiten Hälfte des 2. Jahrtausends v. Chr. mit der Kultur der **Olmeken** (→ S. 258) ein. Das bedeutendste südamerikanische Volk zur Zeit der spanischen Konquistadoren waren die **Inka,** deren Reich sich vom heutigen Ecuador bis nach Chile und Argentinien erstreckte.
Die wichtigsten mittelamerikanischen Kulturen waren die Maya und die Azteken. Beide Völker hatten eigene Kalendersysteme. Die **Azteken** z. B. kannten einen Kalender, in dem sie ein priesterliches Jahr von 260 Tagen einem Sonnenjahr von 360 Tagen mit fünf Schalttagen gegenüberstellten. Ihre Schrift war eine Mischung aus Bilderschrift und abstrakten Zeichen. Zu ihren baulichen Leistungen zählten Stufenpyramiden mit rechteckigem Grundriss.

Christoph Kolumbus betritt am 12. Oktober 1492 amerikanischen Boden (Historiengemälde von John Vanderlyn, 1847).

Die 95 Thesen

Am 31. Oktober 1517, dem Reformationstag, formulierte Luther in einem Brief an den Erzbischof von Mainz und Magdeburg 95 Thesen gegen den von der Kirche betriebenen Handel mit Ablassbriefen. Eher bezweifelt wird heute die Überlieferung, er habe seine Thesen auch an die Tür der Schlosskirche zu Wittenberg genagelt („Thesenanschlag"). Gegen die kirchliche Lehre, der Mensch könne mit Sakramenten und guten Werken zum eigenen Heil beitragen, vertrat Luther die Ansicht, dass der Mensch allein im Glauben an die in Christus geoffenbarte Gnade Gottes gerecht werden könne.

Die Reformation

Abnehmende moralische Autorität der Kirche führte im 16. Jh. zum Erstarken reformatorischer Bewegungen. Ziel dieser oft in Verbindung mit sozialen Protestbewegungen auftretenden Kräfte war es, die Kirche zu reformieren, also umzugestalten. Das Ergebnis war jedoch eine Spaltung der Christenheit in Anhänger der päpstlichen (katholischen) Kirche und solche der neu entstehenden evangelischen bzw. protestantischen Glaubensgemeinschaften.

Luther

Wichtigste Figur der deutschen Reformation war der Theologe und Augustinermönch Martin Luther (1483–1546). Eine theologische Meinungsverschiedenheit um die sog. Rechtfertigungslehre der Kirche spitzte sich mit dem Auftreten des Ablasspredigers Johannes Tetzel (um 1465–1519) zu. Mit Sprüchen wie „Wenn das Geld im Kasten klingt, die Seele in den Himmel springt" soll Tetzel bei der Bevölkerung Geld für den Bau des Petersdoms eingesammelt haben. Theologische Grundlage war die Lehre vom Ablass: Danach konnten dem Gläubigen die zeitlichen Sündenstrafen („Fegefeuer") erlassen werden, wenn er die von der Kirche formulierten Voraussetzungen erfüllte. Die Ablassbriefe verführten jedoch viele Menschen nur dazu, ihre Seelen – und sogar diejenigen Verstorbener – vermeintlich aus dem „Fegefeuer" herauszukaufen, ohne ihren Lebenswandel tatsächlich zu bereuen. 1517 formulierte Luther gegen diese Ablasslehre 95 Thesen, die schnell Verbreitung und begeisterte Aufnahme fanden.

Papst Leo X. versuchte, Luther 1518 zum Widerruf zu bewegen, 1521 verhängte der Wormser Reichstag die Reichsacht über ihn. Unter dem Schutz des Kurfürsten Friedrich III. (des Weisen) von Sachsen fand Luther Zuflucht auf der Wartburg, wo er die Bibel ins Deutsche übersetzte, um dem Volk einen unmittelbaren Zugang zur Heiligen Schrift zu verschaffen.

Zahlreiche Reichsstände, darunter Fürsten und Freie Reichsstädte, bekannten sich zur neuen Konfession, während Kaiser Karl V. für die kirchliche Einheit als katholisches Land focht. Nach seinem militärischen Sieg im **Schmalkaldischen Krieg** (1546/47) wollte er die Glaubens-

Martin Luther (Filmszene mit Joseph Fiennes, Mitte) auf dem Reichstag zu Worms, der 1521 die Reichsacht über den Reformator verhängte

einheit wiederherstellen, scheiterte jedoch 1552 an einer Rebellion der Fürsten. Der 1555 geschlossene **Augsburger Religionsfriede** sah u.a. die rechtliche Gleichstellung von Lutheranern und Katholiken und die Freiheit der Glaubenswahl für Fürsten vor; Untertanen mussten die Konfession des Landesherren annehmen oder auswandern.

Der Bauernkrieg

Luthers Lehre von der Gleichheit der Christen vor Gott verstanden viele Bauern auch als Kampfaufruf für soziale Gerechtigkeit und Menschenwürde. 1525 begannen sie einen Aufstand, der sich von Schwaben über das Elsass, Franken und Thüringen bis zum Harz ausdehnte; der Prediger **Thomas Müntzer** (um 1490 bis 1525) lieferte dafür die theologische Rechtfertigung. Die von Luther missbilligten Aufstände wurden von den Fürsten blutig niedergeschlagen.

Zwingli und Calvin

Die Reformation fand im gesamten nord- und westeuropäischen Christentum Widerhall. Besonders einflussreich waren in Zürich Huldrych (Ulrich) Zwingli (1484–1531) sowie in Genf Jean (Johannes) Calvin (1509–1564). Zwingli, seit 1518 Pfarrer in Zürich, forderte eine strikte Lebensführung nach den Geboten Gottes. Er schaffte die alte Messliturgie und den Zölibat ab und verbannte jeglichen Bilderschmuck (auch Kruzifixe) aus den Kirchen. Im Gegensatz zu Luther überließ er die Gestaltung des privaten und öffentlichen Lebens nicht der Staatsobrigkeit.

Calvin, französischer Exilant in der Schweiz, errichtete ab 1541 in Genf eine Kirchenrepublik in Form einer straff organisierten „echten Gemeinde Gottes“, die auf vier Ämtern (Prediger, Lehrer, Ältester, Diakon) sowie strenger „Kirchenzucht“ durch ein Konsistorium beruhte. Von Luther unterschied er sich wesentlich durch die sog. Prädestinationslehre, nach der Gott von Anfang an jeden zur Gnade oder zur Verdammnis vorherbestimmt hat.

In Deutschland wurden die Anhänger des Calvinismus ab 1580 als **Reformierte** bezeichnet. In Holland bildete sich ab 1604 unter dem Leidener Professor Jakob Arminius (1560–1609) die calvinistische Sonderkirche der Arminianer oder **Remonstranten.** Arminius lehnte die Prädestinationslehre ab. Seinen bekanntesten Anhänger fand er in dem Theologen und Rechtsgelehrten Hugo Grotius (1583–1645), der als Begründer des modernen Völkerrechts gilt. In England knüpften ab ca. 1570 die **Puritaner** (Nonkonformisten, englisch „Dissenters“) an den Calvinismus an. Stark beeinflusste die Lehre Calvins auch die französischen Protestanten, die nach dem französischen Wort für Eidgenossen **Hugenotten** genannt wurden.

Der Schweizer Theologe und Reformator Huldrych (Ulrich) Zwingli (1484–1531)

Anglikanische Kirche

Die anglikanische Kirche in England entstand nicht durch eine Reformationsbewegung. König Heinrich VIII. (Reg. 1509–1547) leitete 1527 die Trennung von der römisch-katholischen Kirche ein, um sich von seiner Frau Katharina von Aragón, mit der er eine Tochter, aber keinen Sohn hatte, scheiden lassen und erneut heiraten zu können. Der Papst hatte sich geweigert, der Scheidung zuzustimmen. 1533 wurde die Bindung der englischen Kirche an Rom juristisch aufgehoben („Act of Appeals“) und der König 1534 durch die Suprematsakte zum Kirchenoberhaupt erklärt.

Die Täuferbewegung

Auch die Bewegung der Täufer („Wiedertäufer“) nahm 1525 in der Schweiz ihren Anfang. Ihr namengebendes Merkmal war die **Erwachsenentaufe;** Übergetretene wurden erneut getauft. Überzeugt von der eigenen prophetischen Erleuchtung, entwickelten sie endzeitliche Visionen, die sie mit Gewalt umzusetzen bereit waren. Die Täuferbewegung wurde in der Schweiz verboten und gelangte ab 1530 nach Ostfriesland und Holland. Auch in den Niederlanden verfolgt, errichtete die Gruppe 1534 im westfälischen Münster das „Königreich Zion“. Ihre Herrschaft wurde nach 16 Monaten gestürzt.

Der Dreißigjährige Krieg

Unabhängigkeit der Schweiz

Für die Schweiz bedeutete der Westfälische Frieden von 1648 das endgültige Ausscheiden aus dem Heiligen Römischen Reich Deutscher Nation. Faktisch hatte die 1291 gegen die Habsburger begründete Eidgenossenschaft (→S. 273) den Reichsverband bereits 1499 verlassen. Im Dreißigjährigen Krieg selbst hatte sie weitgehend Neutralität gewahrt und war – mit Ausnahme des stark in Mitleidenschaft gezogenen Graubünden – kaum von Kriegshandlungen betroffen. Bedeutsam war das Defensionale von Wil, ein 1647 über die Konfessionsgrenzen hinweg geschlossenes Verteidigungsbündnis, in dem die Eidgenossen sich zu „bewaffneter Neutralität" bekannten.

Der Dreißigjährige Krieg, der 1618 bis 1648 auf deutschem Boden tobte, kostete nicht nur unzählige Soldaten das Leben, sondern brachte auch großes Leid für die Bevölkerung mit sich. Die durch Deutschland ziehenden Söldnertruppen wüteten mit enormer Brutalität. Noch mehr Opfer forderten die vom Krieg verursachten Hungersnöte und Seuchen; allein bei zwei großen Pestwellen (1624 bis 1626 und 1634–1636) starb mancherorts mehr als die Hälfte der Einwohner.

Kriegsursachen

Nach der Reformation kam es in Europa zum Konflikt zwischen Katholizismus und Protestantismus. In Deutschland trugen Sicherheits- und Militärbündnisse wie die protestantische Union (1608) und die katholische Liga (1609) zur Verhärtung der Fronten bei. Auslöser des Dreißigjährigen Krieges waren 1618 der **Prager Fenstersturz,** bei dem zwei kaiserliche Statthalter von böhmischen Protestanten aus einem Fenster geworfen wurden, sowie die Erhebung des protestantischen Kurfürsten Friedrich V. von der Pfalz anstelle des katholischen Kaisers Ferdinand II. (Reg. 1619–1637) zum böhmischen König 1619.

Kriegsverlauf

Der Dreißigjährige Krieg gliedert sich in vier Phasen. Während der ersten, dem **Böhmisch-Pfälzischen Krieg** (1618–1623), besiegte Ferdinand II. das böhmische Heer. Böhmen und weite Teile Westdeutschlands wurden gewaltsam rekatholisiert. Vom Erfolg der Katholiken beunruhigt, trat Dänemark in den Krieg ein. Der **Dänisch-Niedersächsische Krieg** (1625–1629) endete nach mehreren kaiserlichen Siegen mit einem Kompromissfrieden. Inzwischen ging es um Machtinteressen: Das lutherische Schweden griff, unterstützt von Frankreich, in den Krieg ein. Im **Schwedischen Krieg** (1830–1835) wurden die Schweden nach anfänglichen Erfolgen 1634 aus Süddeutschland vertrieben; mit ihnen verbündete deutsche Fürsten schlossen mit dem Kaiser 1635 einen Frieden. Nun griff Frankreich selbst in den Krieg ein. Der **Französisch-Schwedische Krieg** (1635–1648) endete – nach fünfjährigen Verhandlungen in Münster und Osnabrück – mit dem **Westfälischen Frieden.** Dieser brachte territoriale Gewinne für Frankreich und Schweden, eine Stärkung der Landesfürsten gegenüber dem Kaiser und die Unabhängigkeit vom Reich für die Niederlande und die Schweiz.

Der Prager Fenstersturz vom 23. Mai 1618 löste den Dreißigjährigen Krieg aus: Die beiden von böhmischen Protestanten aus Fenstern der Prager Burg geworfenen kaiserlichen Statthalter überlebten den Sturz aus 17 m Höhe. Vermutlich bremste eine Dachschräge ihren Sturz.

Das Zeitalter des Absolutismus

Die Zeit vom 16. Jh. bis zur Französischen Revolution stand im Zeichen des Absolutismus. Die Gewalt im Staat lag weitgehend beim Monarchen, er regierte absolut, also von den Gesetzen „losgelöst". Die Macht regionaler Herrscherhäuser und ständischer Institutionen wurde zurückgedrängt, eine Verstaatlichung und zentrale Lenkung wichtiger Lebensbereiche schlug sich beispielsweise in der Einrichtung stehender Heere und einer merkantilistischen Wirtschaftspolitik (→ S. 407) nieder. Das Zeitalter des Absolutismus fällt mit der Kulturepoche des Barock (→ S. 359) zusammen.

Der Spiegelsaal des Schlosses von Versailles; der Hof König Ludwigs XIV. war nicht nur das Macht-, sondern auch das Prachtzentrum Frankreichs.

Ludwig XIV., der „Sonnenkönig"

Inbegriff des Absolutismus und als solcher Vorbild für die europäischen Monarchen seiner Zeit war der französische König Ludwig XIV. (persönliche Regentschaft 1661–1715). Er errichtete eine im Verständnis der Zeit „perfekte Monarchie", in der Staat und Gesellschaft zentralistisch auf seine Person hin ausgerichtet waren („Sonnenkönig"). Sein Hof in **Versailles** symbolisierte mit seiner Haus- und Gartenarchitektur den Triumph über die Natur. Am Ende der Regierung Ludwigs XIV. aber hatten diese Prachtentfaltung und der Unterhalt des großen Heeres die Staatsfinanzen zerrüttet.

Der englische Sonderweg

England entwickelte sich im 17. Jh. von einer absolutistischen zu einer parlamentarischen Monarchie. König Karl I. (Reg. 1625–1649) versuchte vergeblich, unter Ausschaltung des Parlaments absolutistisch zu regieren (1629). Nachdem die königliche Armee im Bürgerkrieg (Puritanische Revolution, ab 1642) gegen die Truppen des mit den Schotten verbündeten Parlaments unter Führung des puritanischen Landadligen **Oliver Cromwell** (1599–1658) besiegt worden war, wurde Karl I. 1649 hingerichtet. Cromwell begründete eine elfjährige Militärdiktatur. Nach seinem Tod berief das Parlament die Stuarts wieder auf den Thron und kehrte zur Monarchie zurück. Die zweite Revolution, die **Glorious Revolution,** führte 1688 dazu, dass König Jakob II. (Reg. 1685–1688) abgesetzt wurde. Der neue Monarch, Wilhelm III. von Oranien (Reg. 1689–1702), musste in der „Declaration of Rights" die Rechte des Parlaments anerkennen.

Das Menschenbild

Dem Konzept des absolutistischen Staates lag ein pessimistisches Menschenbild zugrunde. Um den aggressiven Menschen zu zähmen, bedürfe es eines starken **autoritären Staates,** dem sich der Einzelne zu unterwerfen habe. Das theoretische Fundament des Absolutismus lieferte Jean Bodin (1530–1596). Er forderte an der Spitze des Staates einen „Souverän" mit „ausschließlicher, unteilbarer, von den Gesetzen, nicht aber vom Recht gelöster Machtvollkommenheit". Auch Thomas Hobbes (1588–1679) forderte einen Staat mit absolutem Herrscher, um den „Kampf aller gegen alle" zu überwinden.

Dagegen hatte die Aufklärung ein positives Menschenbild. Sie sah die Menschen eher als gesellige und soziale Wesen, die untereinander schnell einig werden und daher nur ein Mindestmaß an staatlichem Regulativ benötigen. Daher hinterfragten ihre Anhänger seit dem späten 17. Jh. religiöse und weltliche Autoritäten und traten für Freiheit, Gleichheit und religiöse Toleranz ein. John Locke (1632–1704) etwa gelangte zum Ideal des **humanen Verfassungsstaates,** der auf wechselseitiger Rücksicht aller beruhte. Wie Charles de Montesquieu (1689–1755) forderte er die Gewaltenteilung im Staat als Voraussetzung für politische Freiheit.

Seit den 1760er Jahren wurde in der französischen Staatslehre statt der absoluten Monarchie der **aufgeklärte Absolutismus** favorisiert, in dem der Monarch nach den Grundsätzen der Gerechtigkeit, der Aufklärung und des Gemeinwohls regiert und die wirtschaftliche Freiheit der Bürger anerkennt. Als aufgeklärte Monarchen galten Friedrich II. (der Große) von Preußen (Reg. 1740–1786) und in Österreich Kaiser Joseph II. (Reg. 1765–1790). Friedrich II. förderte Kunst und Wissenschaft und lud französische Aufklärer nach Preußen ein.

Preußen und Österreich

Im 18. Jh. entwickelte sich der sog. Deutsche Dualismus: der Gegensatz zwischen Preußen und Österreich. Das Haus Habsburg verlor im **Spanischen Erbfolgekrieg** (1701–1714) die spanische Krone an die französischen Bourbonen; sein Einfluss in Deutschland endete an den katholischen Konfessionsgrenzen. Der **Siebenjährige Krieg** (1756–1763), in den alle europäischen Großmächte verwickelt waren, wurde vom Konflikt beider Mächte ausgelöst. Preußen kämpfte gegen Österreich, Frankreich, Schweden, Sachsen und Russland, unterstützt nur von Großbritannien, das in Übersee schon seit 1754 gegen Frankreich kämpfte. Preußen ging nach dem Friedensschluss mit Russland und Schweden (Mai 1762) als Sieger hervor und gewann Schlesien. Die Briten entrissen den Franzosen die Kolonien in Nordamerika und sicherten sich die Vorherrschaft in Indien.

König Friedrich II. von Preußen (Mitte) kämpfte im Siebenjährigen Krieg als Feldherr in der Schlacht bei Zorndorf 1758 gegen die Russen (Gemälde von Emil Hünten, 1858).

Feldherr Friedrich II.

Im Siebenjährigen Krieg stand Friedrich II. (der Große) am Rande der Kapitulation und möglicherweise konnte sich Preußen nur durch einen Zufall gegen die Übermacht behaupten: Der Tod der Zarin Elisabeth Petrowna brachte den friedensbereiten Peter II. auf den russischen Thron. Insgesamt war die militärische Bilanz des preußischen Königs für sein Land jedoch sehr erfolgreich: In zwei Kriegen eroberte er Schlesien von Österreich (1740–1742, 1744/45); im Siebenjährigen Krieg (auch 3. Schlesischer Krieg genannt) wurde dieser Besitz bestätigt. Preußen war damit unter der Herrschaft seines „ersten Dieners des Staates", wie Friedrich sich nannte, nach Frankreich, Österreich, Großbritannien und Russland als fünfte europäische Großmacht etabliert.

Die Boston Tea Party 1773: Als Indianer verkleidete Bostoner Bürger werfen Teekisten von Schiffen der Britischen Ostindienkompanie ins Hafenbecken – ein Protest gegen britische Steuern in der nordamerikanischen Kolonie.

Die amerikanische Unabhängigkeit

Die Gedanken der Aufklärung wirkten auch außerhalb Europas und hatten wesentlichen Einfluss auf die amerikanische Unabhängigkeitsbewegung. Mit dem Sieg im Unabhängigkeitskrieg erreichten die 13 britischen Kolonien 1783 ihre Loslösung vom Mutterland und die Gründung der Vereinigten Staaten von Amerika. Großbritannien blieb dennoch führende Kolonialmacht und schuf sich im 19. Jh. ein Kolonialreich in Asien und Afrika.

Geschichte der Kolonien

Mit der Gründung von Jamestown (Virginia) im Jahr 1607 hatte die Geschichte der Kolonien englischer Auswanderer an der Atlantikküste von Nordamerika begonnen. Bis 1700 gab es rd. 350000 Neusiedler, die vor allem aus religiösen Gründen aus ihrer Heimat geflohen waren. Die Erschließung, Eroberung und Besiedlung des neuen Kontinents Richtung Westen ließ Einwanderer aus unterschiedlichen europäischen Staaten zu einer neuen Nation zusammenwachsen.

Bestrebungen des britischen Mutterlandes, die anfangs garantierte Selbstverwaltung der Kolonien aufzuheben, führten zu Konflikten. Diese verschärften sich, als das britische Parlament immer neue Steuern und Abgaben einführte. Unruhen und ein Boykott englischer Waren folgten. Schließlich nahmen die Briten alle Zölle bis auf den aus symbolischen Gründen erhobenen Teezoll zurück. Zum offenen Aufruhr kam es nach der **Boston Tea Party,** bei der am 16. Dezember 1773 als Indianer verkleidete Kolonisten eine Schiffsladung ostindischen Tees im Meer versenkten.

Der eigentliche **Unabhängigkeitskrieg** brach im April 1775 mit dem Überfall kolonialer Milizen auf königliche Truppen bei Lexington (Massachusetts) aus. George Washington (1732–1799) hatte als Oberbefehlshaber auch gegen eine starke Opposition loyaler Anhänger der britischen Krone in den Kolonien zu kämpfen. Nach der Vertreibung der Briten von amerikanischem Boden erklärten die Kolonien 1776 ihre Unabhängigkeit.

Frankreich erkannte 1778 als erstes Land die amerikanische Unabhängigkeit an und unterstützte ab 1780 deren Durchsetzung mit Material, Truppen und Schiffen. Doch erst mit dem **Frieden von Paris** von 1783 zwischen Großbritannien und den USA war das Mutterland gezwungen, die Loslösung seiner Kolonien zu akzeptieren. Nur Kanada blieb britisch.

Die Unabhängigkeitserklärung

Am 4. Juli 1776 verkündeten Vertreter von zwölf britischen Kolonien auf dem amerikanischen Festland in Philadelphia ihre Unabhängigkeit – die Delegierten von New York unterzeichneten die Erklärung nachträglich am 2. August.
In dem wesentlich von **Thomas Jefferson** (1743–1826) geprägten Dokument stellten sie, ausgehend von den Menschenrechten, einen Katalog von Rechtsvergehen auf, durch welche die britische Regierung ihren Herrschaftsanspruch auf die Kolonien verwirkt habe. Alleinige Quelle rechtmäßiger Regierungsgewalt sei das Volk als Souverän.

Von 1789 bis 1914

Die Gedanken der Aufklärung und die Ideen der amerikanischen Unabhängigkeitsbewegung führten dazu, dass beginnend mit der Französischen Revolution 1789 auch in Europa die Autorität politischer und religiöser Führung hinterfragt wurde. Im 19. Jh. bewirkten Industrialisierung und Arbeiterbewegung große gesellschaftliche Umwälzungen. Der Erste Weltkrieg besiegelte schließlich das Ende der alten Ordnung in Europa.

Bild oben: Die als Frau dargestellte „Freiheit" hält die Trikolore in der rechten Hand (Ausschnitt aus dem Gemälde „Die Freiheit führt das Volk an" von Eugène Delacroix).

Französische Revolution und Revolutionskriege

Die Französische Revolution zerstörte in Frankreich die über Jahrhunderte gewachsene Monarchie und deren politische und soziale Grundlagen. Sie verhalf liberalen Ideen, vor allem den in Amerika bereits durchgesetzten Menschen- und Bürgerrechten, auch auf dem europäischen Kontinent zum Durchbruch – mündete allerdings nach wenigen Jahren in eine Schreckensherrschaft.

Vorgeschichte

Die hohen Aufwendungen des absolutistischen Frankreich für Heer, Beamtenapparat, die Privilegien von Geistlichkeit (erster Stand) und Adel (zweiter Stand) sowie die Hofhaltung trieben den Staat in den Ruin. Der **dritte Stand,** zu dem neben der Landbevölkerung auch das städtische Bürgertum gehörte und der etwa 98 % der Bevölkerung stellte, litt unter ungeheuren Preissteigerungen und Steuerlasten. Verschärft wurde die Situation durch eine katastrophale Missernte 1788 und den darauf folgenden strengen Winter. Hohe Preise für Getreide und Brot und die **Angst vor einer Hungersnot** – nicht die Forderung nach Freiheit und Toleranz – waren die Auslöser für erste regionale Aufstände.

Die Revolution

Die Französische Revolution hatte 1789 mehrere Ausgangspunkte: Eine von Graf Mirabeau (1749–1791) geführte Nationalversammlung gelobte, Frankreich eine Verfassung zu geben (Ballhausschwur am 20. Juni), städtische Unterschichten stürmten am 14. Juli das alte Stadtgefängnis **(Sturm auf die Bastille)** und es kam zum größten Bauernaufstand der französischen Geschichte. Daraufhin wurden demokratische Gemeinde- und Stadtvertretungen eingerichtet. Die Nationalversammlung schaffte die Feudalrechte ab und verabschiedete eine Erklärung der **Menschen- und Bürgerrechte.** Kirchengüter wurden verstaatlicht, die Wirtschaft und das Steuersystem reformiert.

Mit der Verfassung von 1791 wurde Frankreich konstitutionelle Monarchie, doch schon 1792 rief der Nationalkonvent die **Republik** aus. König Ludwig XVI. (Reg. 1774–1792) wurde am 21. Januar 1793 guillotiniert; den Prozess gegen ihn hatte die radikale Partei der Jakobiner durchgesetzt, die zunehmend die Führung der Revolution übernahm. Unter Maximilien de Robespierre (1758 bis 1794) errichtete sie 1793/94 eine **Schreckensherrschaft,** die allein vom 10. Juni bis zum 27. Juli 1794 mehr als 1300 Personen guillotinierte, darunter die Wortführer der Jakobiner; auch Robespierre war unter den Hingerichteten.

Napoleon Bonaparte

Bereits 1792 hatte Frankreich mit einer Kriegserklärung an Österreich, dem sich u.a. Preußen, Großbritannien und Spanien anschlossen, einen Krieg gegen das monarchistische Europa begonnen (Erster Koalitionskrieg 1792–1795). Frankreich eroberte die Niederlande, wo ab 1795 die Batavische Republik, ein **erster Vasallenstaat,** entstand, sowie das linke Rheinufer. 1796 befehligte Napoleon Bonaparte (1769–1821) die Italienarmee; sein Feldzug (1796/97) führte zur Gründung von **Tochterrepubliken,** u.a. der Helvetischen Republik (Schweiz) und der Römischen Republik (Kirchenstaat). Seine steigende Popularität nutzte er 1799 zu einem **Staatsstreich.**

Napoleon krönte sich 1804 zum Kaiser und schuf die Grundlagen für einen bürgerlichen Staat mit zentralistischem Verwaltungssystem. Die Grundsätze von **Freiheit und Gleichheit** wurden 1804 in einem bürgerlichen Gesetzbuch festgeschrieben, dem Code civil oder **Code Napoléon,** der auch in den Tochterrepubliken galt. Die politische Mitbestimmung schränkte Napoleon ein, die Gewaltenteilung war z.T. aufgehoben.

Gegen Napoleon führten die europäischen Mächte in verschiedenen Bündnissen (Koalitionen) bis 1815 mehrere Kriege. 1806 begann er einen **Wirtschaftskrieg gegen Großbritannien** (Kontinentalsperre für britische Waren). Ein Großteil der deutschen Staaten schloss sich mit der Gründung des Rheinbunds (12.Juli 1806), der das Ende des Heiligen Römischen Reichs bedeutete, Frankreich an.

Nachdem es u. a. wegen der Kontinentalsperre zum Bruch mit Zar Alexander I. gekommen war, marschierte Napoleon 1812 mit rd. 600000 Soldaten in Russland ein, wo seine Armee fast vollständig vernichtet wurde. Ausgehend von Preußen begannen die **Befreiungskriege;** Österreich, Schweden und Großbritannien traten der neuen Koalition bei. Gemeinsam besiegten sie Napoleon in der **Völkerschlacht bei Leipzig** (Oktober 1813). Der Kaiser wurde auf die Insel Elba verbannt. Nach seiner Rückkehr 1815 wurde er bei **Waterloo** (Belle Alliance) endgültig besiegt.

Der Wiener Kongress

Europa wurde zwischen Oktober 1814 und Juni 1815 auf einem großen Friedenskongress in Wien vor allem nach den Vorstellungen des österreichischen Staatskanzlers **Clemens Fürst Metternich** (1773–1859) neu geordnet. Der Kongress bemühte sich weitgehend um eine **Restauration** (Wiederherstellung) der politischen Zustände vor der Französischen Revolution und setzte den Bourbonen Ludwig XVIII., den Bruder Ludwigs XVI., als französischen König ein. Hauptgewinner hinsichtlich der territorialen Veränderungen waren Großbritannien, das seine Vorherrschaft zur See stärkte, und das russische Zarenreich, das zur stärksten Kontinentalmacht wurde.

Napoleon Bonaparte krönte sich 1804 in Gegenwart des Papstes Pius VII. (Mitte) selbst zum Kaiser und seine Frau Joséphine zur Kaiserin (Ausschnitt aus dem Gemäldes von Jacques-Louis David).

Die Eisenbahn

Als Transportmittel für Personen und Güter hatte die Eisenbahn im 19. Jh. maßgeblichen Anteil an der wirtschaftlichen Entwicklung und der Erschließung neuer Länder. 1814 entwickelte der englische Ingenieur **George Stephenson** ein mit Dampfkraft betriebenes Schienenfahrzeug. Am 27. September 1825 wurde mit Stockton-Darlington die **erste Eisenbahnstrecke der Welt** eingeweiht, die erste deutsche Strecke war Nürnberg-Fürth (1835). In den USA diente die Eisenbahn seit den 1860er Jahren der Erschließung des Westens. Erst der Siegeszug des Automobils im 20. Jh. beendete die große Zeit der Eisenbahn.

Industrielle Revolution und Arbeiterbewegung

Ausgehend von England revolutionierten seit dem späten 18. Jh. Erfindungen wie die Dampfmaschine, der mechanische Webstuhl, Dampfschiff und Dampflokomotive sowie Verfahren zur Stahlgewinnung Industrie, Gesellschaft und tägliches Leben. Die Industrie verdrängte die Landwirtschaft als wichtigsten Wirtschaftssektor, was die auf Abstammung und Landbesitz gründende Ständegesellschaft unterminierte. In den schnell wachsenden Städten formierte sich die Arbeiterschaft, um für bessere Arbeits- und Lebensbedingungen und mehr Rechte zu kämpfen.

Die industrielle Revolution

Grundlage für die Entwicklung industrieller Produktionsweisen in Fabriken waren neben Rohstoffvorkommen (vor allem Kohle und Eisenerz) drei Hauptvoraussetzungen: die Erfindung und Entwicklung von Maschinen, das Kapital und die Verfügbarkeit von Arbeitskräften. England brachte in allen Punkten günstige Voraussetzungen mit: Bei der Zahl der **Erfindungen** lag es deutlich vor anderen Ländern, weil Erfinder nicht durch Standesgrenzen oder Zunftgebote beschränkt, sondern durch liberale Eigentumsgesetzgebung und ein effektives Patentrecht unterstützt wurden. Dank des umfangreichen Kolonialhandels konnte darüber hinaus auf ein großes **Kapitalvermögen** zurückgegriffen werden. Schließlich standen durch die Entstehung größerer und effizienter bewirtschafteter Nutzflächen zahlreiche ehemalige Landarbeiter als **Industriearbeiter** zur Verfügung.

Vorreiter der Industrialisierung in Deutschland wurde im 19. Jh. Preußen. Preußische Unternehmer eigneten sich durch Import englischer Maschinen oder durch Übernahme englischer Innovationen neue Techniken an, Ingenieure wurden an staatlichen technischen Schulen herangebildet. Weitere Voraussetzungen wurden 1807–1814 durch eine Agrarreform nach englischem Vorbild und die Einführung der Gewerbefreiheit geschaffen. Ein einheitlicher deutscher Binnenmarkt entstand jedoch erst 1834 mit Gründung des **Deutschen Zollvereins.** War in Großbritannien die Textilbranche der Pioniersektor der Industrialisierung, so kam diese Rolle in Deutschland der **Schwerindustrie,** dem Eisenbahnbau und dem Maschinenbau zu. Ende des 19. Jh. übernahmen Elektrotechnik und Chemie Führungsrollen.

Kinderarbeit gehörte im 19. Jh. zum Alltag; Studioaufnahme eines Kehrjungen aus den 1860er Jahren

Soziale Reformen

Die Industrialisierung und das Bevölkerungswachstum führten zur **Landflucht,** denn die ländlichen Regionen boten nur wenigen Menschen ausreichenden Broterwerb. Doch auch in den Städten kam es zu einem Überangebot an Arbeitskräften. Die Industriearbeiter besaßen zunächst kein Versammlungs- und Wahlrecht. Arbeitszeit und Lohn regelte allein der Unternehmer. 16-stündige Arbeitstage, Nachtarbeit und Hungerlöhne waren zu Beginn der Industrialisierung die Norm. Frauen und Kinder wurden als billige Arbeitskräfte eingesetzt.

In England wurde den Arbeitern ab 1824 erstmals das Recht auf Koalitionsfreiheit und Streik gewährt. Seither setzten Organisationen wie die Gewerkschaften soziale Reformen durch. Das **englische Fabrikgesetz** von 1833 legte die Arbeitszeit von 10 bis 13 Jahre alten Kindern auf acht, für Jugendliche auf zwölf Stunden fest, Nachtarbeit wurde für beide verboten. 1850 wurde der durch Fabrikinspektoren überwachte Zehnstundentag verfügt.

Für Preußen galt ab 1839 eine Verordnung mit folgenden Punkten: **Verbot der Kinderarbeit** vor dem 9. Lebensjahr, Verpflichtung zu dreijährigem Schulbesuch vor dem Eintritt in eine Fabrik, Beschränkung der Arbeitszeit für Jugendliche auf zehn Stunden am Tag mit zweistündiger Mittagspause, Verbot der Sonn- und Feiertags- sowie der Nachtarbeit für Minderjährige. Das Mindestalter für Fabrikarbeit wurde 1853 auf zwölf Jahre hinaufgesetzt.

In den 1880er Jahren wurden in Deutschland unter Reichskanzler **Otto von Bismarck** (1815–1898) Kranken-, Unfall- und Rentenversicherung eingeführt. Mit Hilfe dieser **Sozialversicherung** wurden zunächst Arbeiter, im Verlauf des 20. Jh. dann immer größere Teile der Bevölkerung gegen die wichtigsten Lebensrisiken abgesichert. Zugleich wurde die Sozialdemokratie mit dem **Sozialistengesetz** (1878–1890) vom preußischen Staat bekämpft.

Die Arbeiterbewegung

Gegen die soziale Lage und die Arbeitsbedingungen der Arbeiterschaft regte sich Widerstand, der sich auch gewaltsam äußern konnte – beispielsweise in der Revolte schlesischer Weber im Juni 1844, die von preußischen Truppen blutig niedergeschlagen wurde. Die Arbeiter begannen, sich politisch zu organisieren. Zu den ersten Interessenvereinen der Arbeiterbewegung gehörte 1837 der Bund der Gerechten, ein Zusammenschluss wandernder Handwerksgesellen, aus dem 1847 der Bund der Kommunisten entstand. 1846 bildete sich der Deutsche Gesellenverein, eine katholische Arbeitervereinigung; es folgte 1848 die Deutsche Arbeiterverbrüderung.

Die Entstehung der Arbeitervereine führte bald zur politischen Parteienbildung. 1863 gründete sich der **Allgemeine Deutsche Arbeiterverein (ADAV),** mit dem sich die Arbeiter nun auch für allgemeinpolitische Belange wie das allgemeine, gleiche und direkte Wahlrecht einsetzten. 1869 erfolgte unter dessen Führung die Gründung der **Sozialdemokratischen Arbeiterpartei (SDAP),** die sich auf die Theorien von Karl Marx und Friedrich Engels berief; deren Ziel war der Zusammenschluss der Proletarier und die Übernahme der Macht über Staat und Produktionsmittel mit revolutionären Mitteln. 1875 schlossen sich ADAV und SDAP zur SAP zusammen, die sich 1890 in SPD umbenannte.

Um 1900 entstand diese Aufnahme von führenden Mitgliedern der zur Massenbewegung aufgestiegenen Sozialdemokratischen Partei Deutschlands (SPD); in der hinteren Reihe (3. von links) Wilhelm Liebknecht, in der vorderen Reihe (3. von links) August Bebel.

Deutschland im 19. Jahrhundert

Schwarz-Rot-Gold

Die Farben Schwarz-Rot-Gold standen beim Hambacher Fest, an dem 30 000 Liberale und Demokraten teilnahmen (1832), für die Forderungen nach Freiheit und deutscher Einheit und waren auch die Farben der Märzrevolution 1848. In der Weimarer Republik wurde Schwarz-Rot-Gold zur Nationalflagge. Von den Nationalsozialisten durch die Hakenkreuzflagge ersetzt, wurde Schwarz-Rot-Gold 1949 Flagge der Bundesrepublik und der DDR – Letztere hatte ab 1959 zusätzlich Hammer, Zirkel und Ährenkranz.

Nach dem Zusammenbruch des Heiligen Römischen Reichs Deutscher Nation 1806 wurden die Hoffnungen auf Einheit und Freiheit im Wiener Kongress von Österreich und Preußen unterdrückt und auch die Revolution 1848/49 scheiterte. Das 1870/71 gegründete Deutsche Reich löste die Forderung nach Einheit, aber nicht die nach Freiheit und Demokratie ein: In seiner Verfassung waren keine Grundrechte verankert, das Parlament besaß wenig Vollmachten.

Vom Deutschen Bund zur Revolution 1848

Deutschland blieb nach dem Wiener Kongress ein Bund souveräner Einzelstaaten (Deutscher Bund). Freie politische Äußerung wurde mit den **Karlsbader Beschlüssen** (1819) unterdrückt. Der Widerstand dagegen nahm nach der französischen Julirevolution 1830 zu; die Zeit bis 1848 wird auch **Vormärz** genannt.

1848 fand die französische Februarrevolution europaweit Nachahmer. Im März mussten sich die Regierungen vieler deutscher Staaten der Revolution beugen. Eine gewählte Nationalversammlung, die im Mai in der **Frankfurter Paulskirche** zusammentrat, stritt aber so lange über Detailfragen, bis Preußen und Österreich ihre Macht konsolidiert hatten: Reichsgründung und Reichsverfassung scheiterten.

Wilhelm I. wird am 18. Januar 1871 im Spiegelsaal von Versailles zum deutschen Kaiser ausgerufen.

Das deutsche Kaiserreich

Preußen arbeitete nun auf eine Reichsgründung „von oben" und ohne Österreich (kleindeutsche Lösung) hin. Nach einem Sieg über Österreich 1866 vereinte es im Norddeutschen Bund die deutschen Staaten nördlich des Mains unter seiner Führung. Nach dem gewonnenen Krieg gegen Frankreich (1870/71) entstand aus diesem Bund unter Einschluss der süddeutschen Staaten – aber ohne Österreich – das Deutsche Reich. Die **Reichsgründung** störte das Kräfteverhältnis in Europa empfindlich. Reichskanzler **Otto von Bismarck** (1815–1898) gelang es, durch ein umfangreiches Bündnissystem die Spannungen zwischen den Großmächten auszubalancieren. Nach seiner Entlassung durch **Kaiser Wilhelm II.** (Reg. 1888–1918) stand das Reich jedoch schnell aufgrund offensiver Rüstungspolitik und diplomatischer Fehltritte Wilhelms einem Bündnis von Großbritannien, Frankreich und Russland gegenüber.

Innenpolitisch bekämpfte Bismarck erfolglos die „Feinde der bestehenden Staats- und Gesellschaftsordnung": Der (politische) Katholizismus ging aus dem sog. **Kulturkampf** (1871–1887) ebenso gestärkt hervor wie die Sozialdemokratie aus der Zeit des gegen sie gerichteten **Sozialistengesetzes** (1878–1890).

Imperialismus und Kolonialismus

Zu den Kolonien des deutschen Kaiserreichs gehörte ab 1885 unter dem Namen Kaiser-Wilhelms-Land auch der Nordosten Neuguineas; Expedition Dammköhler vor dem Abmarsch in das Landesinnere.

Im 19. Jh. verfolgten fast alle europäischen Staaten sowie Japan und die USA eine imperialistische, d. h. auf Beherrschung anderer Völker ausgerichtete Politik. Der Wettlauf um die knapper werdenden potenziellen Kolonien und Einflussgebiete, vor allem in Afrika und Ostasien, brachte in der Hochphase des Imperialismus (1880–1914) die Welt mehrfach an den Rand eines Krieges.

Der Wettlauf um Kolonien

Die imperialistische Kolonialpolitik des späten 19. Jh. machte sich die Aktivitäten von **Mission und Handel** zunutze. Allerdings ging es den Großmächten vor allem um wirtschaftliche Interessen (Rohstoffe, Absatzmärkte) und politische Macht. Die Industrialisierung und die wachsende Bevölkerung waren dabei die maßgeblichen wirtschaftlichen Beweggründe. Die Kolonien sollten als **Rohstofflieferant und Absatzmarkt**, teilweise auch als Ort für dauerhafte Siedlung dienen.

In den Mittelpunkt der Begehrlichkeiten geriet Afrika, das die Europäer lange Zeit nur als Lieferant billiger Arbeitskräfte interessiert hatte. Größere Kolonien gab es daher nur im Süden, z. B. die britische Kapkolonie, und im Norden, z. B. Tunesien und Algerien (unter französischer Kontrolle). Als die Franzosen Tunesien (1881) und die Briten Ägypten (1882) besetzten, begann ein **„Wettlauf um Afrika“:** Binnen weniger Jahre wurde der Kontinent zwischen den europäischen Mächten aufgeteilt.

China geriet im 19. Jh. in halbkoloniale Abhängigkeit. Im Süden wurde es von Briten, im Norden von Russen bedrängt. Auch Japaner und Franzosen waren vor Ort. Deutschlands Präsenz beschränkte sich auf Kiautschou (Jiaozhou) mit dem Hafen Tsingtau (Qingdao).

Das britische Empire

Gestützt auf die größte Kriegs- und Handelsflotte der Welt, besaß Großbritannien schon vor dem 19. Jh. ein ausgedehntes Kolonialreich. Der Übergang zur imperialistischen Politik erfolgte 1877 mit der **Erhebung Indiens zum Kaiserreich** unter britischer Krone. Zur Sicherung des Seewegs nach Indien engagierte sich Großbritannien im Mittelmeer und in Nordafrika. 1875 geriet der Suezkanal in britische Hand, 1882 sicherten sich die Briten die Herrschaft über Ägypten und verbanden in der Folgezeit durch weitere Eroberungen ihre Kolonien im Norden und Süden („vom Kap bis nach Kairo“).

Wichtigster Rivale Großbritanniens war **Frankreich,** das sich vor allem weite Teile Nord- und Zentralafrikas sowie in Asien das Mekongdelta und Laos sicherte. **Deutschland** erwarb erst in den 1880er Jahren erste Gebiete vor allem in Afrika. Das Bestreben nach imperialistischer Ausdehnung (einem „Platz an der Sonne“) unter Wilhelm II. zu einer Zeit, da die Welt bereits weitgehend unter den Kolonialmächten aufgeteilt war, führte zur internationalen Isolation des Reiches.

Deutsche Kolonien

Togo 1884
Kamerun 1884, erweitert 1911
Deutsch-Ostafrika 1885
Kaiser-Wilhelms-Land (Deutsch-Neuguinea) 1885
Bismarck-Archipel 1885
Marshallinseln 1885
Nauru 1888
Kiautschou (mit Tsingtau), von China gepachtet 1898
Marianen 1899
Karolinen 1899
Palau-Inseln 1899
Samoa-Inseln (Teile: Deutsch-Samoa) 1899

Der Erste Weltkrieg

Erster Weltkrieg

28. Juni 1914
Ermordung des österreichisch-ungarischen Thronfolgers in Sarajevo

28. Juli 1914
Kriegserklärung Österreich-Ungarns an Serbien

30. Juli 1914
Generalmobilmachung in Russland

1./3. August 1914
Kriegserklärung Deutschlands an Russland und Frankreich

4. August 1914
Deutsche Invasion in Belgien; Eintritt Großbritanniens in den Krieg aufseiten Frankreichs und Russlands („Entente")

September 1914
Nach der Marneschlacht Übergang zum Stellungskrieg im Westen

23. Mai 1915
Eintritt Italiens in den Krieg aufseiten der Entente

1916
Deutsche Offensive zur Einnahme Verduns scheitert; unentschiedene Seeschlacht am Skagerrak zwischen Briten und Deutschen.

6. April 1917
Die USA erklären Deutschland den Krieg wegen dessen uneingeschränkten U-Boot-Kriegs.

7. November 1917
(nach dem julianischen Kalender 25. Oktober) Oktoberrevolution in Russland, Machtübernahme der Bolschewiki

3. März 1918
Deutsch-russischer Friedensvertrag von Brest-Litowsk; Kriegsende an der Ostfront

9. November 1918
Novemberrevolution in Deutschland, Sturz der Monarchie

11. November 1918
Waffenstillstandsabkommen für den Krieg an der Westfront

28. Juni 1919
Deutschland unterzeichnet Friedensvertrag von Versailles.

Der Erste Weltkrieg (1914–1918) erschütterte Europa in seinen Grundfesten: Die Vielvölkerstaaten Österreich und Osmanisches Reich zerfielen, die Monarchien brachen zusammen oder verloren an Bedeutung, in Russland übernahmen 1917 Kommunisten die Macht. Die enorme Anzahl der Todesopfer und eine den Feind entmenschende Kriegspropaganda hinterließen tiefe politische und gesellschaftliche Wunden.

Der Weg in den Krieg

In der Zeit vor dem Ersten Weltkrieg schwelten in Europa mehrere große Konflikte. In Ostmitteleuropa hatte sich seit den 1830er Jahren die Bewegung des **Panslawismus** für den Zusammenschluss und die nationale Selbstbestimmung der Slawen eingesetzt, um deren Führungsrolle sich Russland bemühte. Um einen slawischen Staatenbund herzustellen, bedurfte es aber einer Lösung der Süd- und Westslawen aus der osmanischen und österreichischen Herrschaft. Bereits 1912/13 führten die Balkanstaaten zwei **Kriege gegen die Osmanen,** die Serbien erstarken und aus Sicht Österreichs zu einer Bedrohung werden ließen.

Das „Attentat von Sarajevo" auf Erzherzog Franz Ferdinand von Österreich am 28. Juni 1914 (zeitgenössische Darstellung)

Der Konflikt **Deutschlands mit Frankreich** kreiste vor allem um die Gebiete Elsass und Lothringen, die nach dem Krieg 1870/71 an das Deutsche Reich gefallen waren. Nachdem Wilhelm II. den von Bismarck geschlossenen Rückversicherungsvertrag mit Russland, ein Geheimvertrag zur Bewahrung der Neutralität im Kriegsfall, nicht verlängert hatte, kam es ab 1892 zu einem gegen Deutschland gerichteten Bündnis zwischen Frankreich und Russland. Der **deutsche Rüstungswettlauf mit Großbritannien** vor allem durch eine Aufrüstung der Kriegsflotte („Flottenpolitik") und der Abbruch der Bündnisverhandlungen 1901 brachte die Briten dazu, Bündnisse mit Japan (1902), Frankreich (1904) sowie einen Dreibund mit Frankreich und Russland (1907) zu schließen. Die späteren Kriegsbündnisse – die der Mittelmächte Deutschland und Österreich-Ungarn sowie der Alliierten Großbritannien, Frankreich, Russland – waren so bereits Jahre vor dem Krieg geschlossen.

Kriegsverlauf

Anlass für den Ausbruch des Ersten Weltkrieges war die Ermordung des habsburgischen Thronfolgers Franz Ferdinand und seiner Gemahlin durch einen serbischen Nationalisten am 28. Juni 1914 in Sarajevo (Bosnien). Österreich erklärte Serbien am 28. Juli den Krieg. Russland griff aufseiten Serbiens ein, Deutschland erklärte Russland und Frankreich den Krieg und griff unter Verletzung der Neutralität Belgiens Frankreich an, woraufhin am 4. August auch Großbritannien in den Krieg eintrat.

Der Angriff der deutschen Truppen an der Westfront wurde im September

1914 in der **Marneschlacht** gestoppt. Danach entwickelte sich ein vierjähriger, für beide Seiten verlustreicher Stellungskrieg – allein der Kampf um die französische Stadt **Verdun** von Februar bis Dezember 1916 kostete fast eine Million deutsche, französische und britische Soldaten das Leben. Im Osten herrschte ab September 1915 auf einer Linie von der Ostsee bis zur rumänischen Grenze ebenfalls ein Stellungskrieg. Im Seekrieg legte Großbritannien mit einer (völkerrechtswidrigen) **Seeblockade** die deutsche Flotte lahm, Deutschland antwortete mit einem (ebenso völkerrechtswidrigen) „uneingeschränkten U-Boot-Krieg“: der unangekündigten Versenkung von Handelsschiffen.

Das Jahr 1917 brachte nicht nur die Vorentscheidung des Krieges, sondern war ein epochaler Einschnitt in der Weltgeschichte: In Russland kam nach zwei Revolutionen eine kommunistische Regierung an die Macht, die zu einem Frieden mit den Mittelmächten bereit war. Der **Friede von Brest-Litowsk** am 3. März 1918 brachte dem Deutschen Reich große territoriale Gewinne und setzte etwa eine Million Soldaten für die Verlegung an die Westfront frei.

Der April 1917 brachte aber auch den **Kriegseintritt der USA,** die das Kräfteverhältnis zugunsten der Alliierten verschoben – und durch ihr Eingreifen das Ende der europäischen Vorherrschaft über den Globus einläuteten. Ein alliierter Durchbruch im August 1918 bei Amiens kündigte die Niederlage Deutschlands an, die im **Waffenstillstandsabkommen von Compiègne** (11. 11. 1918) besiegelt wurde.

Die Friedensverträge

In den Friedensverträgen (Pariser Vorortverträge), unterzeichnet 1919/20 in Versailles (Deutschland), St. Germain (Österreich), Neuilly-sur-Seine (Bulgarien), Trianon (Ungarn) und Sèvres (Osmanisches Reich), diktierten die Siegermächte den Kriegsgegnern harte Bedingungen. Deutschland musste im **Versailler Vertrag** die Kriegsschuld auf sich nehmen, verlor ein Siebtel seines Territoriums und alle Kolonien. Das linke Rheinufer wurde (für 15 Jahre) besetzt, Heer und Marine mussten reduziert und 90% der Handelsflotte abgetreten werden. Zudem waren Entschädigungen (Reparationen) zu zahlen. Österreich wurde zur Bundesrepublik erklärt und musste die Souveränität von Ungarn, Jugoslawien (Name ab 1929), Polen und der Tschechoslowakei anerkennen. Ein Anschluss ans Deutsche Reich wurde untersagt. Große Gebiete verloren auch Ungarn, Bulgarien und das Osmanische Reich, aus dem 1923 die türkische Republik hervorging.

Der zermürbende Stellungskrieg im Ersten Weltkrieg, vor allem in der Schlacht von Verdun 1916, im Bild eine deutsche Maschinengewehrstellung, führte zu verheerenden Verlusten.

Eskalation und Propaganda

Im Ersten Weltkrieg wurde das Völkerrecht weitgehend missachtet. Der deutsche Einmarsch in das neutrale Belgien war ebenso völkerrechtswidrig wie die britische Seeblockade gegen das Deutsche Reich und der uneingeschränkte U-Boot-Krieg Deutschlands. Auch attackierten die Kriegsparteien zivile Einrichtungen (wie industrielle Anlagen) und die Zivilbevölkerung. Darüber hinaus manipulierten alle beteiligten Länder die Stimmung der Massen durch Kriegsideologie und -propaganda. Dem jeweiligen Feind wurden Gräueltaten angedichtet, Kriegsgegner wurden nicht mehr als Menschen, sondern z. B. als Insekten dargestellt.

Zwischenkriegszeit und Zweiter Weltkrieg

Die Zeit zwischen den Weltkriegen war insbesondere nach 1929 von der Weltwirtschaftskrise geprägt. Zunehmende innenpolitische Spannungen bereiteten in Deutschland den Boden für den Aufstieg der Nationalsozialisten unter Adolf Hitler. Mit dem Überfall auf Polen entfesselte Hitler den Zweiten Weltkrieg.

Die Welt nach 1917

Der Erste Weltkrieg hatte insbesondere Europa nachhaltig verändert. In Russland übernahmen die Bolschewiki, eine radikale Fraktion der Sozialdemokratischen Arbeiterpartei Russlands unter Wladimir Iljitsch Lenin (1870–1924, siehe Bild oben), im November 1917 die Macht und riefen die Russische Sowjetrepublik aus. Sie errichteten eine Einparteiendiktatur, andere politische Kräfte sowie gemäßigte Revolutionäre beseitigten sie. 1922 wurde mit anderen, von Russland abhängigen Staaten die **Union der Sozialistischen Sowjetrepubliken (UdSSR)** gegründet, formal ein Staatenbund, in der jedoch die Russische Sowjetrepublik die beherrschende Kraft war.

Die in den Friedensverträgen geschaffene europäische Staatenlandschaft orientierte sich am **Prinzip der Selbstbestimmung der Völker.** Vor allem die neuen Staaten Ostmitteleuropas, der Sicherheitsgürtel zum bolschewistischen Russland, mussten sich der Besitzansprüche ihrer vormaligen Besatzer erwehren. Dies führte aufgrund der oft gemischten Bevölkerung zu Konflikten und nationalistischen Bewegungen. In fast allen neu entstandenen Staaten Ostmittel- und Südosteuropas etablierte sich ein starker **Nationalismus.** Expansionspolitik, etwa Polens im polnisch-russischen Krieg 1920/21, und die **Vertreibung nationaler Minderheiten** waren die Folge.

Internationale Verflechtungen

Auf Vorschlag des US-amerikanischen Präsidenten Woodrow Wilson – aber später ohne Beteiligung der USA – wurde 1919 der **Völkerbund** gegründet, der der Schlichtung von Konflikten, der internationalen Abrüstung und der Wahrung des Weltfriedens dienen sollte. Deutschland (bis 1926) und Sowjetrussland blieben zunächst ausgeschlossen. Der Völkerbund schlichtete erfolgreich kleinere Interessenkonflikte, versagte jedoch, sobald Großmächte als Aggressoren auftraten. Einen effektiven Wirtschaftsboykott oder militärische Sanktionen vermochte er nicht durchzusetzen.

Eine weltweite Krise verursachte die vom New Yorker Börsenkrach ausgehende **Große Depression.** Nach dem Ersten Weltkrieg waren die USA die stärkste Wirtschaftsmacht der Welt, der das geschwächte Europa rd. 10 Mrd. US-Dollar schuldete. Die Wirtschaftskrise nahm weltweites Ausmaß an, weil amerikanische Banken **Auslandskredite** kündigten und der Welthandel durch rigorose **Schutzzölle** behindert wurde. Von 1929 bis zum Tiefpunkt der Rezession 1932 fielen die weltweite Industrieproduktion um 62 % und das Welthandelsvolumen um 25 %, Millionen Menschen waren arbeitslos.

Die Weimarer Republik

Als Weimarer Republik wird das Deutsche Reich in der Zeit nach 1918 bezeichnet. Die erste gesamtstaatliche Republik auf deutschem Boden war mit einer starken antidemokratischen Gegnerschaft von rechts und links konfrontiert. Sie endete 1933 mit der „Machtergreifung" der Nationalsozialisten unter Adolf Hitler.

Die Anfänge

Die sog. Novemberrevolution, ausgelöst von meuternden Matrosen der Hochseeflotte, zwang am 9. November 1918 Kaiser Wilhelm II. zur Abdankung. Philipp Scheidemann rief die Republik aus, der SPD-Vorsitzende **Friedrich Ebert** (SPD) wurde Reichspräsident. Die am 11. August 1919 von der in Weimar tagenden Nationalversammlung beschlossene Verfassung machte Deutschland zu einer repräsentativen Demokratie.

Die Wut über den als ungerecht empfundenen Versailler Vertrag gab jedoch schnell nationalistischen und monarchistischen Kräften Auftrieb. Ab Juni 1920 besaß die „Weimarer Koalition" aus SPD, Zentrum und linksliberaler DDP keine Mehrheit mehr. Fortan kam es zu **häufigen Regierungswechseln** und schwachen Koalitionsregierungen, auch unter Beteiligung antidemokratischer Parteien. Mehrere **Putschversuche,** politische Morde, z. B. 1922 an Außenminister Walter Rathenau, und die Hyperinflation 1923 erschütterten das Land.

Konsolidierung und Niedergang

Ab August 1923 prägte **Gustav Stresemann** (1878–1929) – zunächst als Reichskanzler, danach als Außenminister – die Politik. Seine Regierung ließ mehrere Aufstände niederschlagen und führte eine Währungsreform durch. Das Produktionsvolumen stieg kreditfinanziert bis 1929 um 50 %. Auch außenpolitisch kehrte Deutschland auf die **europäische Bühne** zurück, vor allem durch die Locarno-Verträge (1925), u. a. mit einem deutsch-französisch-belgischen Sicherheitspakt, und durch die Aufnahme in den Völkerbund (1926).

Die mit dem **„Schwarzen Freitag"** im Oktober 1929 einsetzende Weltwirtschaftskrise traf Deutschland aufgrund der Abhängigkeit von amerikanischen Krediten besonders hart. Die Arbeitslosigkeit stieg von 1,9 Mio. 1929 auf im Jahresdurchschnitt 5,6 Mio. 1932. Parallel dazu stieg der Stimmenanteil der Nationalsozialistischen Deutschen Arbeiterpartei **(NSDAP)** bei Reichstagswahlen von 2,6 % (1928) auf 37,3 % (1932). Seit 1930 wurde ohne parlamentarische Mehrheit durch **Notverordnungen** – unter der Fiktion eines dauernden Ausnahmezustandes – regiert. Die Berufung Adolf Hitlers zum Reichskanzler (30. 1. 1933) war das Ende der Weimarer Republik.

Hyperinflation

Die Hyperinflation 1923 brachte nicht nur viele Menschen um ihre Ersparnisse, sie hatte massive Auswirkungen auf das tägliche Leben. Für 1 kg Brot, das 1919 noch 80 Pfennig gekostet hatte, musste man 1923 im Januar 250 Mark, im Dezember fast 400 Mrd. Mark bezahlen. Notenpressen druckten Tag und Nacht Geldscheine, die Reichsbahn setzte täglich Züge zu deren Auslieferung ein. Viele Betriebe unterbrachen nach der Lohnauszahlung die Arbeit, damit die Arbeitnehmer vor der nächsten Geldentwertung noch etwas einkaufen konnten. Von einer Hyperinflation spricht man, wenn die Inflationsrate bei 50 % im Monat – **13 000 % im Jahr** – beträgt. Messbar war dies damals an den Preisen für Lebensmittel und am Dollarkurs: 1 US-Dollar kostete im November 1923 4,2 Billionen Reichsmark.

Menschenschlange vor dem Arbeitsamt in Hannover Anfang der 1930er Jahre; nach dem Börsencrash im Oktober 1929 in New York erfasste die Weltwirtschaftskrise auch das Deutsche Reich.

Nach seiner Rede zum „Tag der nationalen Arbeit" verlässt Adolf Hitler am 1. Mai 1934 unter dem Jubel der Bevölkerung den Lustgarten in Berlin.

Der Nationalsozialismus

Die Nationalsozialistische Deutsche Arbeiterpartei (NSDAP) unter Adolf Hitler (1889–1945) regierte 1933–1945 in Deutschland. Ihre Diktatur führte 1939 zum Zweiten Weltkrieg und gipfelte im systematischen Massenmord an den europäischen Juden, politischen Gegnern und als „minderwertig" angesehenen Menschen.

Ideologie und Aufstieg der NSDAP

Die Ideologie der NSDAP stammte vor allem aus der Programmschrift **„Mein Kampf"**, die Hitler nach einem gescheiterten Putschversuch (1923) in der Haft verfasste. Darin bezeichnete er den „Lebenskampf der Völker" als das Grundgesetz der Geschichte. Das deutsche Volk müsse sich ausreichend „Lebensraum" sichern (durch Eroberungskriege) und „Vermischung" (Zeugung gemeinsamer Nachkommen) mit anderen „Rassen" vermeiden. Als Inbegriff alles Negativen bezeichnete er die Juden, die er als Rasse, nicht als Religionsgemeinschaft ansah.

Hitler baute die NSDAP zu einer straff organisierten und auf seine Person ausgerichteten Partei auf. So übernahm er den **„Führerkult"** von den italienischen Faschisten, einer nationalistischen und populistischen Bewegung, die unter dem „Duce" (Führer) Benito Mussolini seit 1922 Italien regierte; der Nationalsozialismus wird daher oft – ungenau – als Faschismus bezeichnet. Mit der **SA (Sturmabteilung)** besaß die Partei einen Kampfverband, der in der Endphase der Weimarer Republik politische Gegner durch Mord und Terror bekämpfte. Zu dieser Zeit war die einstige Splitterpartei bis 1932 im Zuge der Weltwirtschaftskrise zur mit Abstand stärksten Kraft im Reichstag aufgestiegen.

Das NS-Regime sprach besonders Jugendliche an (Plakat von 1943).

„Machtergreifung" und Ausbau der Macht

Die Ernennung Hitlers zum Reichskanzler am 30. Januar 1933 ermöglichte es den Nationalsozialisten, sich innerhalb weniger Monate des Staates zu bemächtigen. Unter Berufung auf die Legalität, aber mit Hilfe von Gewalt, Propaganda und Terror schufen sie eine zentralistische **Einparteiendiktatur.** Hitler ließ umgehend Neuwahlen ausschreiben, erließ eine gegen die oppositionelle Presse und die Versammlungsfreiheit gerichtete Notverordnung und hob nach dem Reichstagsbrand im Februar 1933 praktisch alle Grundrechte auf. Der neu gewählte Reichstag übertrug der Regierung die gesetzgebende Gewalt **(Ermächtigungsgesetz).** Die gewählten Regierungschefs der Länder wurden entmachtet, ganze Rechtsbereiche der regulären Justiz entzogen und Sondergerichten unterworfen, die Gewerkschaften zerschlagen. Nach **Verboten und Selbstauflösungen** aller übrigen Parteien gab es ab Mitte Juli nur noch die NSDAP.

Der Staat Hitlers

Hinter der Fassade des scheinbar straff organisierten Führerstaates herrschten keineswegs stabile Machtverhältnisse. Einzelne Machtträger – Personen wie Organisationen – befanden sich in einem ständigen Konkurrenzkampf um Zuständigkeiten. Dies festigte Hitlers Macht, denn der **„Wille des Führers"** war die einzige feste Bezugsgröße in den Machtkämpfen der Instanzen.

Eine besonders berüchtigte Rolle spielte die aus der SA hervorgegangene **SS (Schutzstaffel).** Heinrich Himmler baute sie zu einem allumfassenden Kontroll- und Machtapparat mit zahlreichen Institutionen und Teilorganisationen aus. Dabei wurden Partei- und Staatsaufgaben verschmolzen, indem die gesamte staatliche Polizei mit der SS zusammengeführt wurde (1939). Während des Krieges war die SS für den Massenmord an den Juden zuständig und stellte mit der Waffen-SS eine Armee neben der Reichswehr.

Zur **„Gleichschaltung"** der öffentlichen Meinung lenkte Propagandaminister **Joseph Goebbels** gezielt die Meinungsbildung und das kulturelle Leben in Deutschland. Durch die Anwendung neuester massenpsychologischer Erkenntnisse und der Entwicklungen auf dem Mediensektor (Radio, Kino) gelang es ihm, beinahe das ganze Volk in den Bann der nationalsozialistischen Agitation zu schlagen.

Widerstand gegen Hitler

Jeder Widerstand gegen das NS-Regime wurde brutal unterdrückt und eine breite Auflehnung hat es nie gegeben. Gleichwohl widersetzten sich in vielen gesellschaftlichen Gruppen (z. B. Kommunisten, Christen, Militärs) Menschen oder arbeiteten im Untergrund auf den Sturz Hitlers hin. Bekannteste Beispiele sind die gescheiterten Attentate von Georg Elser (1939) und Claus Graf Schenk von Stauffenberg (1944), die Flugblätter der „Weißen Rose" in München 1942/43 und die Predigten des Münsteraner Bischofs Clemens August von Galen 1941. Wichtige Widerstandsgruppen, in denen verschiedene politische und gesellschaftliche Richtungen zusammenarbeiteten, waren der Goerdeler-Kreis und der Kreisauer Kreis. Daneben riskierten es immer wieder Einzelne, Juden oder politisch Verfolgte zu verstecken und vor dem Zugriff des Regimes zu schützen.

Rassenpolitik und Massenmord

Die rassistische Politik des Nationalsozialismus richtete sich gegen alle Menschen „nichtarischer" Herkunft (abgeleitet von den indogermanischen Ariern), insbesondere aber gegen die als Rasse angesehenen Juden. Schon im April 1933 wurde zu einem Boykott jüdischer Geschäfte aufgerufen. Die **„Nürnberger Gesetze"** von 1935 verboten Heirat und außerehelichen Geschlechtsverkehr zwischen Juden und Nichtjuden und erklärte Juden zu Staatsangehörigen minderen Rechts, womit u. a. alle noch verbliebenen jüdischen Beamten aus dem Dienst ausscheiden mussten.

Die **Pogromnacht** (9./10. November 1938, „Reichkristallnacht"), in der zahlreiche Synagogen und jüdische Geschäfte zerstört wurden, war der Auftakt zur systematischen Verfolgung der Juden. In Deutschland und den im Zweiten Weltkrieg eroberten Ländern wurden Juden aus dem öffentlichen Leben ausgeschlossen und in Ghettos gezwungen, mit dem Beginn des Russlandfeldzugs systematisch bei Massenerschießungen oder in **Konzentrationslagern** getötet. Insgesamt starben rd. 6 Mio. Juden sowie Hunderttausende Angehörige anderer religiöser, ethnischer oder weltanschaulicher Gruppen. Weit über 100 000 Menschen wurden Opfer der als „Euthanasie" (Sterbehilfe) verharmlosten Tötung körperlich oder geistig Behinderter.

Die Geschwister Hans und Sophie Scholl sowie ihr Freund Christoph Probst (rechts) gehörten der Widerstandsgruppe „Weiße Rose" an. Sie wurden 1944 verhaftet und hingerichtet.

Zweiter Weltkrieg und Holocaust

Im Zweiten Weltkrieg (1939–1945) starben etwa 57 Mio. Menschen, fast alle Länder der Erde waren in ihn verwickelt. Im Schatten des Krieges verübte das Deutsche Reich millionenfachen Mord, vor allem an den europäischen Juden. Für die „Achsenmächte", insbesondere Deutschland und Japan, endete der Krieg mit einer völligen Niederlage.

In Deutschland gewann Hitler ab 1920 eine große Anhängerschaft, indem er geschickt gegen den Versailler Vertrag agitierte. Für ihn war dies jedoch nur ein Schritt auf dem Weg, seine Rassen- und Lebensraumideologie umzusetzen: den Kampf um „Lebensraum" für die „nordisch-arische Rasse" im Osten (Russland).

Blick vom Rathausturm auf das bei alliierten Luftangriffen 1945 zerstörte Dresden

NS-Außenpolitik bis 1939

Hitler profitierte von der britischen und französischen **Appeasementpolitik:** Durch Zugeständnisse, die besonders in Großbritannien von Pazifismus und einem gewissen Verständnis für die deutschen Forderungen getragen waren, sollte Hitler „beschwichtigt" werden. So ließ man ihn gewähren, als er 1935 den Versailler Vertrag brach und die allgemeinen Wehrpflicht wieder einführte sowie den Aufbau einer Luftwaffe an- und die Truppenbeschränkungen aufkündigte; 1936 ließ er Truppenverbände in das entmilitarisierte Rheinland einrücken. Im gleichen Jahr schmiedete er mit dem faschistischen Italien unter Mussolini die „Achse Rom–Berlin" und schloss ein Bündnis mit Japan. Am 12. März 1938 vollzog Hitler den vom Versailler Vertrag untersagten **„Anschluss" Österreichs** und proklamierte das „Großdeutsche Reich". Am 1. Oktober marschierte die Wehrmacht – unter Zustimmung Großbritanniens und Frankreichs **(Münchner Abkommen)** – in das Sudetenland (Tschechoslowakei) ein.

Das Scheitern der Appeasementpolitik trat nur wenige Monate später zutage: Hitler besetzte im März 1939 die übrigen Teile der Tschechoslowakei. Im August schloss er einen Nichtangriffspakt mit dem sowjetischen Diktator Josef Stalin (1878–1953), den **sog. Hitler-Stalin-Pakt,** in dessen geheimem Zusatzprotokoll Deutschland und die Sowjetunion ihre Interessensphären in Ostmittel- und Südosteuropa absteckten und eine Teilung Polens vereinbarten.

Die ersten Kriegsjahre

Am 1. September befahl Hitler ohne vorherige Kriegserklärung den Angriff auf Polen. Großbritannien und Frankreich, die Polen ihre Unterstützung zugesichert hatten, erklärten am 3. September Deutschland den Krieg, blieben aber untätig. Nachdem Polen in wenigen Wochen erobert war, besetzte das Deutsche Reich im Frühjahr 1940 auch Dänemark und eroberte Norwegen. Am 10. Mai 1940 begann der Krieg im Westen: Nach völkerrechtswidriger Besetzung der Benelux-Staaten besiegte die Wehrmacht in wenigen Wochen **Frankreich,** dessen Norden besetzt wurde, während im südlichen Teil ein von Deutschland abhängiges Regime (Vichy-Regime) entstand. Das Deutsche Reich beherrschte nun – zusammen mit seinen Verbündeten Italien und Spanien – große Teile des europäischen Kontinents. Es befand sich weiterhin im Krieg mit Großbritannien, das von den USA materiell unterstützt wurde; der seit Mai 1940 regierende Appeasement-Gegner **Winston Churchill** (1874–1965) schlug ein Friedensangebot Hitlers aus.

Am 22. Juni 1941 begann der deutsche **Überfall auf die Sowjetunion.** Nach anfänglichen Erfolgen stockte der Vormarsch jedoch kurz vor Moskau und die für den russischen Winter nicht ausgerüstete deutsche Wehrmacht sah sich der im Dezember 1941 beginnenden sowjetischen Gegenoffensive ausgesetzt. Im gleichen Monat traten die **USA in den Krieg ein.**

Überlebende des Holocaust nach der Befreiung des KZ Buchenwald durch amerikanische Soldaten im April 1945

Kriegsverbrechen und Holocaust

Neben den Kriegshandlungen forderte auch die deutsche Herrschaft über die eroberten Länder unzählige Opfer. Die Reichtümer der Länder wurden ausgebeutet, Menschen zwangsumgesiedelt, die jüdische Bevölkerung sofort getötet oder abgesondert und in Vernichtungslager deportiert. Bei Widerstand nahm der Terror z. T. schlimme Formen an – so etwa in Polen, wo große Teile der Führungsschichten getötet wurden. Die unzureichende Versorgung von Kriegsgefangenen wurde als bewusstes Mittel zu deren massenhafter Tötung eingesetzt.

Über die Hälfte der europäischen Juden fiel dem auch Holocaust genannten Völkermord (hebräisch Shoah) zum Opfer. SS- und Polizeieinheiten führten in allen eroberten Gebieten die **Judenverfolgung** fort. Im Herbst 1941 begann die Deportation der Juden aus Deutschland nach Polen, wo Ghettos und Konzentrationslager errichtet wurden.

Die sog. **Wannsee-Konferenz** am 20. Januar 1942 legte Maßnahmen zur „Endlösung der Judenfrage" fest. In den Vernichtungslagern, in denen die Menschen hauptsächlich durch Kohlenmonoxid, das Blausäurepräparat Zyklon B oder Massenerschießungen getötet wurden, fielen auch unzählige nichtjüdische Menschen dem nationalsozialistischen Rassenwahn zum Opfer, unter ihnen bis zu einer halben Million Sinti und Roma und in Kriegsgefangenschaft geratene Polen und Russen.

Die letzten Kriegsjahre

Die Wende des Krieges brachte die deutsche Niederlage in der **Schlacht um Stalingrad** (Februar 1943). Durch das Vordringen der Roten Armee fielen verbündete Staaten in Osteuropa weg, mit dem Sturz Mussolinis (1943) auch Italien. Nach der Landung der Alliierten in der Normandie (Juni 1944) geriet das Deutsche Reich auch im Westen in die Defensive; als die Alliierten den Rhein überschritten (März 1945), **brach die Westfront zusammen.** Nach der Besetzung Berlins durch die Rote Armee beging Hitler Selbstmord. Am 8. Mai 1945 trat die **bedingungslose Kapitulation** Deutschlands in Kraft. Japan, das während des Krieges große Teile Südostasiens und des Pazifikraums beherrscht hatte, kapitulierte erst im August, nachdem **Hiroshima und Nagasaki** von amerikanischen Atombomben zerstört worden waren.

Kapitulation ohne Frieden

Hitlers Nachfolger Karl Dönitz unterzeichnete am 7. Mai 1945 die bedingungslose Kapitulation, die am folgenden Tag in Kraft trat. Im Juni 1945 übernahmen die Alliierten USA, UdSSR, Großbritannien und Frankreich formell die Regierungsgewalt. Die volle Souveränität erhielt erst das vereinte Deutschland im Zwei-plus-Vier-Vertrag (in Kraft getreten am 15. März 1991). Mit dem Abzug der letzten alliierten Truppen im September 1994 endete formal die Nachkriegszeit. Ein Friedensvertrag wurde jedoch nie geschlossen.

Die Welt nach 1945

Nach dem Zweiten Weltkrieg hatte Europa seine Stellung als mächtigster Kontinent verloren. Die meisten Kolonien wurden unabhängig; ihr Aufschließen zu den Ländern der nördlichen Hemisphäre gelang jedoch nicht. Als neue „Supermächte" standen sich USA und Sowjetunion im Kalten Krieg gegenüber.

Mohandas Karamchand Gandhi, genannt Mahatma (1869–1948)

Das Ende der Kolonien – Nord gegen Süd

Die wirtschaftlich geschwächten Kolonialmächte, vor allem Großbritannien und Frankreich, konnten nach 1945 die Probleme in ihren Kolonien nicht mehr lösen. **Unabhängigkeitsbewegungen,** die es schon zuvor gegeben hatte, erstarkten und setzten, auch mit Gewalt, die Unabhängigkeit durch. Die Kolonialstaaten wurden jedoch nicht selten unvorbereitet in die Freiheit entlassen. Viele von ihnen sind daher bis heute von Armut, Krieg oder Bürgerkrieg betroffen.

Als erster Staat nach dem Krieg erlangte Syrien 1946 seine Unabhängigkeit von Frankreich. 1947 entließ Großbritannien Indien und das von Indien abgespaltene Pakistan in die Unabhängigkeit. Als erste afrikanische Staaten folgten 1956 und 1957 der Sudan und Ghana; im **„afrikanischen Jahr"** 1960 wurden allein 14 afrikanische Staaten von Frankreich unabhängig. Die oft willkürlichen Grenzziehungen, eine unzureichende Verwaltungstruktur und die aus der Ausbeutung der Rohstoffe durch die Kolonialmächte entstandene Armut der Bevölkerung bargen jedoch ein enormes **Konfliktpotenzial.** Von den rd. 200 Kriegen, die es auf der Welt von 1945 bis zum Ende des 20. Jh. gab, fanden mehr als die Hälfte in Asien und Afrika statt – davon die meisten erst nach der **Entkolonialisierung.**

Nord-Süd-Konflikt

Als Nord-Süd-Konflikt wird das Entwicklungs- und Verteilungsgefälle zwischen den meist nördlich gelegenen Industriestaaten und den zum Großteil im südlichen Teil der Welt befindlichen Entwicklungsländern bezeichnet. 1974 verabschiedete die UNO-Vollversammlung die **Neue Weltwirtschaftsordnung,** die den Entwicklungsländern eine bessere Integration in die internationalen Wirtschaftsorganisationen und die Ansprüche auf ihre eigenen Rohstoffe garantieren sollte. Doch bis heute sind die Forderungen der Entwicklungsländer zum großen Teil nicht durchgesetzt.

Gandhi und der passive Widerstand

Der 1869 geborene Mohandas Karamchand Gandhi, genannt Mahatma (Sanskrit, „große Seele"), führte die indische Unabhängigkeitsbewegung an. Er entwickelte das Prinzip der Satyagraha (Sanskrit: „Ergreifen der Wahrheit"), das gewaltlosen Widerstand und **zivilen Ungehorsam** beinhaltet. Gandhi rief zum Boykott britischer Waren auf; Tausende Menschen folgten ihm 1930 auf seinem sog. Salzmarsch, mit dem er gegen das britische Salzmonopol demonstrierte. Er selbst kam immer wieder ins Gefängnis. Kurz nach Erlangung der Unabhängigkeit Indiens wurde Gandhi, der sich für ein **friedliches Zusammenleben von Hindus und Muslimen** einsetzte, 1948 von einem fanatischen Hindu erschossen.

Der Kalte Krieg

Nach dem Zweiten Weltkrieg prägten zwei gegensätzliche Lager die neue Weltordnung – das der Sowjetunion, der sog. Ostblock, und das des Westens unter der Führung der USA. Ideologisch betrachtet, standen sich kommunistische und kapitalistische Welt gegenüber. Bis 1990 bestimmte der Ost-West-Konflikt die Weltpolitik.

Ost-West-Konflikt

Noch während des Zweiten Weltkrieges bzw. unmittelbar nach seiner Beendigung hatten die Alliierten in den Konferenzen von Teheran (Ende 1943), Jalta (Februar 1945) und Potsdam (Sommer 1945) die europäische Nachkriegsordnung vorbereitet. Deutschland und Österreich wurden jeweils in vier Besatzungszonen aufgeteilt. Als Nachfolgeorganisation des gescheiterten Völkerbundes wurden 1945 die **Vereinten Nationen** (United Nations Organization, UNO) gegründet, denen heute fast 200 Staaten angehören. Sie dienen u. a. der Erhaltung des Weltfriedens, der Förderung der internationalen Zusammenarbeit und der Durchsetzung der Menschenrechte. Großbritannien und Frankreich hatten ihre Rolle als Großmächte eingebüßt, dagegen waren die **USA zur Weltmacht** aufgestiegen. Neben ihrer Wirtschaftskraft – 1945 stellten die USA weltweit drei Fünftel aller Industriegüter her – beruhte diese Position auch auf ihrem Status als Atommacht, den sie allerdings ab 1949 mit der Sowjetunion teilen mussten.

Bereits im Mai 1945 warnte der britische Premierminister Winston Churchill vor dem **„Eisernen Vorhang“**, mit dem die UdSSR ihren Machtbereich – die östliche Hälfte Europas – vom Westen abschotte. In der Folgezeit entwickelten sich die einstigen Kriegsverbündeten zu erbitterten Konkurrenten um die weltweite Vormachtstellung. Angesichts gegenseitiger atomarer Bedrohung konnte dieser Konflikt nicht militärisch ausgetragen werden und wird daher als **Kalter Krieg** bezeichnet. Beide Seiten mobilisierten alle zur Verfügung stehenden politischen, wirtschaftlichen und propagandistischen Mittel, um sich einen Vorteil zu verschaffen. Die Bildung zweier Machtblöcke manifestierte sich mit der Gründung der **Militärbündnisse** NATO (1949) und Warschauer Pakt (1955).

Der bedeutendste Stellvertreterkrieg des Kalten Krieges war der Vietnamkrieg, in dem Millionen Menschen starben; südvietnamesische und US-amerikanische Soldaten 1965 in Südvietnam mit zwei Gefangenen, die der Mitgliedschaft bei den Vietcong verdächtigt wurden.

Stellvertreterkriege

Eine direkte militärische Konfrontation vermieden beide Machtblöcke. Doch griffen sie – u. a. durch wirtschaftliche Unterstützung und Waffenlieferungen, manchmal auch mit eigenem Militär – in zahlreiche Kriege und Bürgerkriege insbesondere im nachkolonialen Afrika und Asien ein. Je nach ideologischer Ausrichtung der Regierungen bzw. der Rebellen unterstützten die USA oder die UdSSR die eine bzw. die andere Seite und führten „Stellvertreterkriege“, um ihren Einflussbereich zu vergrößern.

Zur ersten militärischen Eskalation zwischen den Machtblöcken kam es im **Koreakrieg** (1950–1953). Der kommunistische Norden, von der UdSSR und vor allem von der 1949 gegründeten Volksrepublik China unterstützt, hatte den Süden des Landes angegriffen, daraufhin griffen die USA unter Führung der UNO

Bild linke Seite oben: Berlin, 15. August 1961: Der Volksarmist Conrad Schumann ergreift in letzter Minute die Möglichkeit zur Flucht in den Westsektor (Bernauer-/Ecke Ruppiner Straße).

militärisch in den Konflikt ein, der 1953 mit einem Waffenstillstand endete. In Europa reagierte der Westen 1955 mit der Wiederbewaffnung der Bundesrepublik und ihrem NATO-Beitritt.

Mit etwa 3 Mio. Toten deutlich verheerender war der **Vietnamkrieg,** der als französischer Kolonialkrieg begann. 1964 traten die USA in den Krieg mit dem seit 1954 kommunistischen Nordvietnam ein, das sie trotz militärischer Überlegenheit nicht besiegen konnten. Auf außenpolitischen Druck hin und aufgrund der massiven Proteste in der US-amerikanischen Bevölkerung zogen sich die USA 1973 aus Vietnam zurück.

Als die sowjetischen Truppen 1979 in **Afghanistan** einmarschierten, um dessen kommunistisches Regime zu stützen, versorgten die USA die gegen die Regierung kämpfenden Mudschaheddin mit Waffen. In Afrika unterstützten die UdSSR und ihre Verbündeten die sozialistischen Länder **Angola** und **Mosambik,** die USA unterstützten die gegen diese Regime gerichteten Rebellenbewegungen sowie die Nachbarn Südafrika und Zaire (heute Demokratische Republik Kongo).

Koexistenz und Abrüstung

Eine erste Phase der Annäherung zwischen den verfeindeten Blöcken setzte nach dem Tod des sowjetischen Diktators Josef Stalin (1953) ein. Parteichef Nikita Chruschtschow brach mit der rücksichtslosen Politik seines Vorgängers und leitete im Innern eine Phase der Liberalisierung („Tauwetterperiode") ein. Gegenüber dem Westen formulierte er 1956 den Anspruch der **„friedlichen Koexistenz"** der beiden Machtblöcke.

Der Bau der **Berliner Mauer** im August 1961 verschärfte allerdings zunächst den Konflikt, der im Oktober 1962 im Streit um die Stationierung sowjetischer Atomraketen auf Kuba in einen Atomkrieg zu eskalieren drohte. Die **Kubakrise** markierte den Beginn der Entspannung zwischen den beiden Supermächten, die das Risiko einer Vernichtung der Welt mit atomaren Waffen zu vermindern suchten. Ab 1972 schlossen USA und Sowjetunion **Rüstungskontrollverträge** ab. Die Konferenz für Sicherheit und Zusammenarbeit in Europa **(KSZE),** an der neben den europäischen Staaten die USA und die Sowjetunion teilnahmen, sollte die Entspannung weiter fördern und zwischen West und Ost vertrauensbildende Maßnahmen schaffen.

Die ersten von insgesamt 600 DDR-Bürgern, die über den ungarischen Grenzort Sopron geflohen sind, treffen am 20. August 1989 im Aufnahmelager in Gießen ein.

Zusammenbruch des Ostblocks

US-Präsident **Ronald Reagan** forderte ab Anfang der 1980er Jahre die Errichtung eines weltraumgestützten Raketenabwehrsystems (Strategic Defense Initiative, SDI). Als 1985 **Michail Gorbatschow** Generalsekretär der Kommunistischen Partei (KPdSU) wurde, leitete er mit den Schlagworten **Glasnost** (Offenheit) und **Perestroika** (Umbau) gesellschaftliche und wirtschaftliche Reformen ein. In vielen Satellitenstaaten führte diese Politik zu einer **Demokratisierung:** 1989 schaffte Polen weitgehend die sozialistische Planwirtschaft ab, in Ungarn wurde die Einführung eines Mehrparteiensystems vereinbart, in der DDR fiel nach einer Massenflucht in den Westen die Berliner Mauer. Nach einem erfolglosen Putsch der Altkommunisten gegen Gorbatschow im August 1991 zerfiel die Sowjetunion; der Kalte Krieg war Geschichte.

Die deutsche Frage

Mit dem Ende des Heiligen Römischen Reichs Deutscher Nation war 1806 die Frage aufgeworfen, ob und mit welchen Grenzen ein deutscher Nationalstaat entstehen solle. Nach dem Untergang des 1871 gegründeten Deutschen Reichs im Zweiten Weltkrieg entstanden 1949 zwei deutsche Staaten; deren Vereinigung 1990 gilt als Ende der sog. deutschen Frage.

Besatzungszeit

Nach Kriegsende wurden Deutschland und Österreich jeweils in eine US-amerikanische, sowjetische, britische und französische **Besatzungszone** aufgeteilt. In Deutschland ging 1949 aus den drei westlichen Zonen die Bundesrepublik Deutschland, aus der sowjetischen die Deutsche Demokratische Republik (DDR) hervor. Beide Staaten banden sich politisch, wirtschaftlich und militärisch eng an die von den USA bzw. der UdSSR beherrschten Blöcke an.

In **Österreich** endete die Besatzungszeit 1955 mit dem Staatsvertrag. Die im 19. Jh. diskutierte „großdeutsche Lösung" war damit zu den Akten gelegt: Österreich, 1871 bei der Reichsgründung ausgeschlossen („kleindeutsche Lösung"), 1938 durch den Einmarsch Hitlers in das Reich eingegliedert („Anschluss"), blieb endgültig ein eigenständiger Staat.

Zweistaatlichkeit

Während die DDR ab 1955 von der Existenz zweier deutscher Staaten ausging („Zwei-Staaten-Theorie"), erhob die Bundesrepublik einen Alleinvertretungsanspruch für Gesamtdeutschland. So galt von 1955 bis Ende der 1960er Jahre die **Hallstein-Doktrin,** nach der die Bundesrepublik keine diplomatischen Beziehungen mit Staaten unterhielt, die ihrerseits in diplomatischer Beziehung zur DDR standen (Ausnahme: UdSSR).

Bundeskanzler Helmut Kohl und Frau Hannelore am 3. Oktober 1990 in Berlin bei der zentralen Feier zur deutschen Vereinigung

Im Rahmen der von Willy Brandt eingeleiteten neuen Ostpolitik erkannte die Bundesrepublik die Existenz zweier deutscher Staaten an. Der **Grundlagenvertrag** (1972) normalisierte ihre Beziehungen, es wurden „ständige Vertretungen" in Bonn bzw. Ost-Berlin eingerichtet.

Nach dem **Fall der Berliner Mauer** am 9. November 1989 war das Ende der DDR besiegelt. Mit dem Beitritt der DDR zur Bundesrepublik am 3. Oktober 1990 entstand ein vereintes Deutschland, das erstmals nach dem Krieg volle Souveränität und Bündnisfreiheit besaß.

Der Weg zur Einheit

Der zwischen den beiden deutschen Staaten und den vier Besatzungsmächten geschlossene **Zwei-plus-Vier-Vertrag** vom 12. September 1990 machte den Weg zur deutschen Einheit frei. Zuvor waren aber Hürden zu überwinden: Die USA verlangten, dass das vereinte Deutschland frei über seine Mitgliedschaft in NATO und Europäischer Gemeinschaft entscheiden dürfe. Die Vorbehalte der UdSSR dagegen konnten erst im Sommer 1990 in Gesprächen zwischen Michail Gorbatschow und Bundeskanzler Helmut Kohl sowie Außenminister Hans-Dietrich Genscher beigelegt werden.

Die deutsche Frage 1806–1990

1806
Das Heilige Römische Reich Deutscher Nation wird aufgelöst. Der Rheinbund, ein Zusammenschluss deutscher Fürstentümer unter dem Einfluss Napoleons, entsteht.

1815
Der Deutsche Bund aus Fürstentümern und freien Städten unter der Führung Österreichs und Preußens wird gegründet.

1871
Das Deutsche Reich wird unter Ausschluss Österreichs als konstitutionelle Monarchie gegründet. Erstmals gibt es ein nationales Parlament, den Reichstag.

1919
Der Versailler Vertrag verbietet die Eingliederung Österreichs in das Deutsche Reich.

1938
Auf Druck der Nationalsozialisten wird der „Anschluss Österreichs" an Deutschland vollzogen.

1949
Mit der Bundesrepublik Deutschland und der DDR entstehen zwei Staaten auf deutschem Boden.

1955
Österreich entsteht wieder als souveräne und neutrale Republik.

1990
Der Beitritt der ostdeutschen Länder zum Geltungsbereich des Grundgesetzes besiegelt die deutsche Vereinigung.

Die Welt nach 1990

Mit dem Ende des Kalten Krieges war die Welt nicht friedlicher geworden: Probleme beim Übergang der ehemals kommunistischen Staaten zur Marktwirtschaft gaben radikalen politischen Strömungen Nahrung. Viele ethnische oder religiöse Konflikte, die zuvor im Rahmen des Ost-West-Konflikts ausgetragen worden waren, wurden unter neuen Vorzeichen weitergeführt.

Der 11. September

Am 11. September 2001 entführten insgesamt 19 Selbstmordattentäter vier amerikanische Passagierflugzeuge und lenkten zwei davon in beide Türme des World Trade Centers (WTC) in New York sowie eines in das Pentagon (Verteidigungsministerium) in Washington; das vierte Flugzeug stürzte ab. Insgesamt starben etwa 3000 Menschen, das WTC wurde völlig zerstört. Der „11. September" führte den Menschen die Verwundbarkeit der offenen Gesellschaften des Westens vor Augen, die sich später u. a. auch bei den blutigen U-Bahn-Anschlägen in Madrid (11. März 2004) und London (7. Juli 2005) zeigte.

Osteuropa

Der politische und wirtschaftliche Wandel führte in zahlreichen ostmittel- und osteuropäischen Staaten zu erheblichen Problemen. Nach der Umgestaltung der Wirtschaftsordnung kam es zu massiven Preissteigerungen und Arbeitslosigkeit. Schattenwirtschaft und organisierte Kriminalität nahmen zu, altkommunistische und nationalistische Parteien erhielten Aufwind. Eine Stabilisierung der **jungen Demokratien** erhofften die westeuropäischen Staaten durch deren Einbindung in NATO und EU. 1999 traten Polen, Tschechien und Ungarn als erste postkommunistische Staaten der NATO bei. 2004 wurden erstmals acht ostmitteleuropäische Staaten EU-Mitglieder, Slowenien (2007) und die Slowakei (2009) traten später auch der Eurozone bei.

Krieg auf dem Balkan

Nicht überall verlief der Übergang von Sozialismus zu Demokratie und Marktwirtschaft friedlich. Im Vielvölkerstaat Jugoslawien führten wirtschaftliche, politische und ethnische Interessenkonflikte 1991/92 zur Loslösung der Teilrepubliken Kroatien, Slowenien, Bosnien-Herzegowina und Mazedonien. Die Unabhängigkeit Kroatiens und Sloweniens versuchte Rest-Jugoslawien, besonders Serbien, zu verhindern. Es kam auf allen Seiten zu Vertreibungen und Morden („ethnische Säuberungen"). Der 1992 begonnene **Krieg in Bosnien** wurde erst 1995 nach Eingreifen der UNO beendet. 1997/98 kam es erneut zum Krieg; 1999 griff die NATO militärisch ein und besetzte das **Kosovo,** das wie Bosnien-Herzegowina unter UNO-Aufsicht gestellt wurde.

Neue Aufgaben für UNO und NATO

Ging es im Ost-West-Konflikt in der Regel um zwischenstaatliche Konflikte, so rückten nun innerstaatliche Auseinandersetzungen wie Bürger- und Guerillakriege oder die Verfolgung von Minderheiten in den Blickpunkt. Die NATO, bislang ein Verteidigungsbündnis, definierte sich nach Auflösung des Warschauer Pakts (1991) bevorzugt als **Ordnungsmacht,** die – im Auftrag der UNO – auch außerhalb des Territoriums ihrer Mitgliedstaaten („out of area") friedenstiftende Maßnahmen übernimmt.

Für die UNO ergab sich ebenfalls eine gänzlich veränderte Situation. Die Zahl der UN-Missionen, bei denen zivile Beobachter oder Friedenstruppen (Blauhelm-Soldaten) in ein Krisengebiet entsandt werden, stieg nach 1990 sprunghaft an. Das Vorgehen der UNO war nicht immer von Erfolg gekrönt: Im **somalischen Bürgerkrieg** scheiterte eine 1992 gestartete UNO-Mission, weil die Truppen als Besatzungsmacht wahrgenommen und von der Bevölkerung abgelehnt wurden. In **Ruanda** ermordeten 1994 radikale Hutu binnen weniger Monate 800 000 bis 1 Mio. Menschen – gemäßigte Hutu, vor allem aber Mitglieder der Tutsi-Minderheit. Die Weltgemeinschaft verhinderte diesen lange zuvor u. a. durch Hasspropaganda angekündigten Massenmord nicht. Erfolgreich war die UNO bei der Beilegung des **Ost-Timor-Konflikts:** Der Bürgerkrieg um die 1975 von Indonesien annektierte Inselhälfte wurde 1999 mit einem Waffenstillstandsabkommen beigelegt, Ost-Timor wurde 2002 ein souveräner Staat.

Bei der juristischen Verfolgung völkerrechtlicher Verbrechen machte die UNO Fortschritte: 2002 trat der Gründungsvertrag über den **Internationalen Strafgerichtshof** in Den Haag in Kraft, in dem die zu ahndenden Straftaten festgelegt wurden. Vor dem Gericht müssen sich Einzelpersonen wegen Verbrechen gegen die Menschlichkeit (z. B. vorsätzliche Tötung, Versklavung, Vertreibung), Völkermord, Kriegsverbrechen oder „Aggression" verantworten.

Nahostkonflikt und internationaler Terrorismus

Ein bleibender Unruheherd ist trotz jahrzehntelanger internationaler Friedensbemühungen der Konflikt zwischen Israel und den in Palästina lebenden Arabern (Palästinensern). Insbesondere seit Beginn der **Intifada** (arabisch, „sich erheben", „abschütteln") kam es gehäuft zu Terroranschlägen und Selbstmordattentaten, die sich auch gegen die israelische Zivilbevölkerung richteten; Israel schlägt in der Regel militärisch zurück. Hauptstreitpunkt bleibt die Gründung eines Palästinenserstaats.

Ab den 1990er Jahren suchte sich der radikale islamistische Terrorismus zunehmend internationale Ziele. 1998 fanden nahezu gleichzeitig Autobomben-Anschläge auf die US-Botschaften in Daressalam und Nairobi statt, als deren Urheber das Terrornetz **Al Qaida** gilt. Nach den Anschlägen vom 11. September 2001 in New York und Washington rief US-Präsident George W. Bush (Reg. 2001 bis 2009) den „Krieg gegen den Terrorismus" aus. Die USA und ihre Verbündeten stürzten 2001 das afghanische **Taliban-Regime,** dem vorgeworfen wurde, Terroristen Zuflucht zu bieten. 2003 beendeten die USA mit militärischen Mitteln die Herrschaft von Diktator Saddam Hussein im Irak. Die Terroristen reagierten mit zahlreichen Anschlägen in den betroffenen Ländern und setzten mit Drohungen und Sprengstoffattentaten gegen die Zivilbevölkerung die westliche Welt unter Druck.

Im Osten Kongos fliehen im November 2008 Zehntausende Menschen vor Kämpfen.

Nahostkonflikt

Ende des 19. Jh.
Erste Auswanderungen von Juden nach Palästina

Erster Weltkrieg
Großbritannien sagt sowohl Arabern als auch Juden einen Anspruch auf Palästina zu.

1937
Erster britischer Teilungsplan, wird von Arabern abgelehnt

Zweiter Weltkrieg
Die Verfolgung und Vernichtung der Juden in Europa verstärken die Zuwanderung von Juden nach Palästina und lassen den Wunsch nach einem eigenen Staat entstehen.

1948/49
Gründung des Staates Israel (14. 5. 1948) und 1. Israelisch-Arabischer Krieg: Israel gewinnt große Teile Palästinas.

1967
Sechstagekrieg: Israel gewinnt u. a. den Gaza-Streifen, das Westjordanland und Ost-Jerusalem.

1972
Geiselnahme und Ermordung israelischer Olympiateilnehmer durch palästinensische Terroristen während der Olympischen Sommerspiele in München

1973
Jom-Kippur-Krieg

1987–1993
Palästinensischer Aufstand (1. Intifada)

2000
Trotz großer Zugeständnisse Israels scheitert der „Oslo-Friedensprozess"; Beginn der 2. Intifada (bis 2005).

2008/09
Militärische Konfrontation zwischen radikalislamischer Hamas und Israel im Gaza-Streifen

Rund um die Welt

Das Wunder des Lebens

Von Elementen und Molekülen

Den Naturgesetzen auf der Spur

Die Welt der Zahlen

Die Geschichte der Menschheit

Die Macht der Sprache

Der kreative Mensch

Regieren und Handel treiben

Auf der Suche nach dem Sinn

Die Macht der Sprache

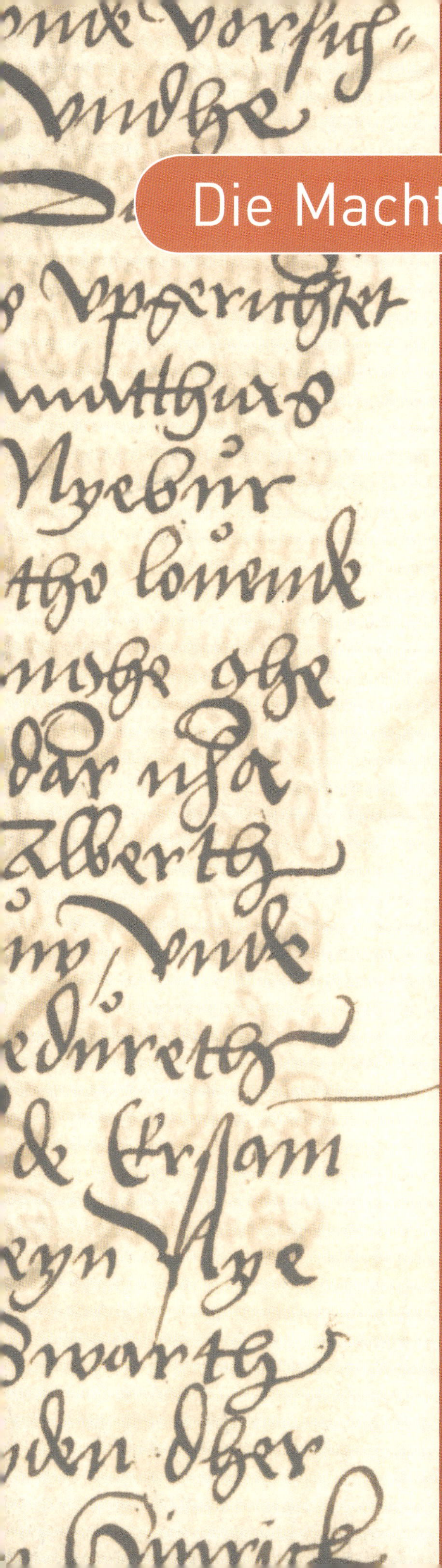

Die Fähigkeit zu sprechen und Sprache zu verstehen, verschafft uns eine einzigartige Position unter allen Lebewesen. Mit der Möglichkeit, sprachlich zu kommunizieren, konnte sich im Laufe der Geschichte erst das komplexe soziale Miteinander der Menschen entwickeln. Sprache ist gleichzeitig das wichtigste Instrument des Denkens. Sie dient in ihrer schriftlichen Form auch der Dokumentation von Wissen und als Ausdrucksmedium der Dichtung.

Ausschnitt aus einem Hamburger Memorialbuch der Englandfahrer (Seite mit der Vorrede, Hamburg 1541, Staatsarchiv Hamburg)

Sprache, Schrift und Literatur

Welche Macht und Bedeutung der Sprache zukommt, hat der irische Dichter George Bernard Shaw in seiner Komödie „Pygmalion" (1912) meisterhaft beschrieben: Professor Higgins gelingt es, dem Blumenmädchen Eliza Doolittle in mühevoller Arbeit ein so geschliffenes Englisch beizubringen, dass sie auf dem Ball des Botschafters schließlich sogar als Herzogin überzeugt.

Als Ansporn gibt Higgins seiner Schülerin folgende Worte mit auf den Weg: „... bedenke, womit du es zu tun hast: mit der Majestät und Großartigkeit der Sprache. Die größte Gabe, die Gott uns gegeben hat. Ohne sie würden wir das Herz unseres Nächsten nicht erreichen. Wir würden keine gemeinsame Welt bewohnen. Wir wären eingeschlossen in unser armseliges Selbst und würden als einsame Tiere eine öde Welt durchstreifen."

Sprache in all ihrer Vielfalt ist kein starres System, sondern in ihrem Wesen ein geschichtliches Phänomen, das ständigem Wandel unterworfen ist. Nach ihrem historischen Ursprung lassen sich die Sprachen der Welt nach Ähnlichkeiten sortiert verschiedenen Sprachfamilien zuordnen. Das Deutsche hat von seinen indoeuropäischen Wurzeln bis zur Gegenwartssprache in den vergangenen Jahrhunderten zahlreiche Entwicklungsstufen durchlaufen und brachte erst im 19. Jh. eine allgemeingültige Hochsprache hervor. Als Mittel der Verständigung ist Sprache auf Einheitlichkeit und Eindeutigkeit angewiesen. Von der lautlichen Struktur über die Formenbildung bis hin zum Satzbau sind ihre Regeln in der Grammatik zusammengefasst. Die Rechtschreibregeln wurden erst vor wenigen Jahren neuen Bedürfnissen angepasst.

Geschriebenes – festgehalten für die Ewigkeit?

Es gibt prinzipiell zwei Arten, sprachlich zu kommunizieren: entweder durch die gesprochene oder die geschriebene Sprache. Dabei gilt die gesprochene Sprache als die primäre und wichtigere. Sie entstand historisch gesehen vor der Schrift. Während

Der Buchdruck und seine Folgen

Die Geschichte des gedruckten Buches setzte mit Johannes Gutenberg ein, der um 1450 den Buchdruck mit beweglichen Lettern, also beliebig kombinierbaren Metallbuchstaben, erfand. Diese neue Technik machte es möglich, identische Fassungen eines Textes in theoretisch unbegrenzter Zahl zu vervielfältigen.

Auch vor Gutenberg war bereits gedruckt worden, allerdings in einem sehr aufwendigen Verfahren, bei dem für jede einzelne Seite ein eigener Holzschnitt angefertigt werden musste. Gutenbergs erste mit den neuen Lettern hergestellten Werke waren ein Kalender und die nach ihm benannte Gutenberg-Bibel. Seine Erfindung leitete eine neue Epoche der Kommunikation ein. Texte konnten nun rasch erstellt und von allen interessierten Lesern erworben werden. Die neue Drucktechnik trug wesentlich mit dazu bei, das humanistische Gedankengut und die Vorstellungen der Reformatoren zu verbreiten. Bereits um 1500 gab es in Europa mehr als 250 Druckereien, die Werke mit Auflagen von bis zu 1000 Stück druckten.

der Beginn der Sprache rd. 300000 bis 40000 Jahre zurückliegt und auf die Zeit der Neandertaler datiert wird, wurden die ältesten Schriftsysteme (zuerst Bilderschriften) erst vor etwa 5000 Jahren entwickelt. Die immer komplexer werdenden Gesellschaftsstrukturen in den Hochkulturen des Altertums weckten in den Menschen das Bedürfnis, das rasch verklungene Wort dauerhaft festzuhalten und aufzubewahren. Die Erfindung der Schrift machte es erstmalig möglich, Inhalte zu speichern und zu verbreiten. Über die täglichen Bedürfnisse (z. B. Buchführung) hinaus konnten nun auch abstrakte Vorstellungen und komplexe Inhalte dargestellt werden. So wurde die Schriftsprache, mehr als die gesprochene Sprache, zu einer der wichtigsten Grundlagen der menschlichen Kultur und Wissenschaft.

Der Rokokosaal ist das Herzstück der Herzogin-Anna-Amalia-Bibliothek in Weimar, die kulturgeschichtlich wertvolle Buchbestände (120 000 Werke) beherbergt.

Literatur – Spiegel der Gesellschaft

Geschriebenes aus der Feder von Dichtern ist ebenfalls für eine Art von Kommunikation geschaffen, nämlich die zwischen Autor und Leser. Die Literatur, im wörtlichen Sinn das Schrifttum, behandelt alles, was in einer Gesellschaft, einer Kultur, einer Epoche oder auch für die Person des Dichters oder Schriftstellers allein wichtig ist, und sie tut dies in einem fiktionalen, einem ästhetisch ansprechenden Gewand.

Die Anfänge der Literatur liegen wohl in dem uralten Bedürfnis der Menschen, Hoffnungen und Ängste, denkwürdige Begebenheiten und herausragende Erfahrungen sprachlich festzuhalten und diesen Äußerungen eine besondere Form zu geben, sie also durch einen bestimmten Rhythmus oder eine ausgewählte Sprache zu stilisieren. Was zunächst für Zaubersprüche und Götteranrufungen galt, erfuhr im Laufe der Jahrhunderte eine immer reichere Entfaltung. Auf die ersten Heldenepen folgten große Theaterstücke voller Tragik und Schuld und auf diese wiederum der Roman mit seinen facettenreichen Ausprägungen vom Liebesroman über den historischen Roman bis zum Kriminalroman. In jüngster Zeit greifen erzählende Texte oft filmische Elemente auf und reagieren damit auf die Tatsache, dass wir mehr und mehr von bewegten Bildern beeinflusst sind.

Die Wirkung literarischer Texte hängt damit zusammen, dass sie eine eigene, eine erfundene Welt schaffen und dass diese Welt von der Wirklichkeit, in der die Texte entstanden, inspiriert ist. Zwar verändert Literatur die Welt nicht, doch kann sie die Wirklichkeit in einem neuen Licht erscheinen lassen und Denkanstöße oder Orientierungspunkte vermitteln. Selbst wenn sie bereits vor mehr als 2000 Jahren geschrieben wurden, haben viele dichterische Werke nichts von ihrer Wirkung verloren, weil sie Grundlegendes über Mensch und Gesellschaft aussagen, aber auch, weil sie vielschichtig und mehrdeutig sind und deshalb immer wieder mit neuen Augen betrachtet werden können.

schnell gefunden:

Sprache

Schrift

Literatur

Sprache

Sprache ist das wichtigste Ausdrucksmittel des Menschen. Dabei ist die Sprache kein starres System, sondern in ihrem Wesen ein geschichtliches Phänomen, das ständigem Wandel unterworfen ist. Stilsicherheit und rhetorisches Geschick im Umgang mit Sprache kann erlernt werden.

Wie funktioniert Sprache?

Der Mensch verfügt über die Fähigkeit, Sprache zu erlernen und sie anzuwenden. Mit ihrer Hilfe verständigt er sich mit anderen und kann Gedanken, Gefühle und Wünsche mitteilen. Die Frage, wie Sprache funktioniert, erscheint auf den ersten Blick nicht weiter bedenkenswert. Denn Sprache ist ein Medium, das uns von Kindheit an vertraut ist und das wir später bewusst und unbewusst weiterentwickeln. Ein wesentliches Grundprinzip der Sprache lernt jeder kennen, der schon einmal versucht hat, sich im Ausland zu verständigen. Hier lässt sich die Beobachtung machen, dass zwischen Bezeichnung und Inhalt keine notwendige Beziehung besteht: In Deutschland sagt man „Kinder", in England „children", in Frankreich „enfants". Ferdinand de Saussure hat dieses Phänomen erklärt, indem er Sprache als ein System von künstlichen Zeichen deutete: Das **sprachliche Zeichen** (z. B. ein Wort) ist nach Saussure die Verbindung der Lautgestalt mit einer Vorstellung seiner Bedeutung. Die Zuordnung des Lautbildes zu seinem Inhalt ist dabei nicht naturgegeben, sondern hängt von der jeweiligen Sprachgemeinschaft ab. Dieselbe Wirklichkeit kann also unterschiedlich bezeichnet werden. Deshalb muss man Sprachen erlernen.

Von großer Bedeutung für das Funktionieren von Kommunikation durch Sprache sind der Wortschatz, die Grammatik und die Aussprache. Der **Wortschatz** bezeichnet ganz allgemein den Gesamtbestand der in einer Sprache vorhandenen Wörter. Er befindet sich in ständiger Entwicklung, da neue gesellschaftliche Gegebenheiten ständig zu neuen Wortbildungen führen. Der gesamte deutsche Wortschatz wird auf 300000–500000 Wörter geschätzt. Der allgemein geläufige (aktive) Wortschatz eines Erwachsenen umfasst rd. 8000 bis 10000 Wörter.

Die **Grammatik** regelt, wie aus den Wörtern Sätze entstehen. Sie belehrt über den richtigen Gebrauch der Wörter, z. B. die Wortstellung im Satz (Syntax) und die Flexion (Beugung der Verben). Sie ist das Regelsystem, das sämtlichen Äußerungen und dem Verstehen dieser Äußerungen zugrunde liegt. Für das wechselseitige Verstehen der gesprochenen Sprache ist schließlich auch die **Aussprache** von Bedeutung, also die richtige Artikulation der jeweiligen Sprachlaute sowie die richtige Satzbetonung.

Vom Ursprung der Sprache

Bis heute konnte nicht geklärt werden, wie und warum der Mensch die Fähigkeit erlangte, über situationsgebundene Laute hinaus (mit denen Tiere kommunizieren) Dinge aus der Erfahrungswelt beliebig zu benennen und sich so über Inhalte zu verständigen, auch wenn man sie nicht sehen oder auf sie deuten kann. Wissen-

Mimik und Gestik

Kommunikation funktioniert nicht nur über die gesprochenen Inhalte (verbale Kommunikation). Auch die Körpersprache, wie etwa Mimik, Gestik, Blickkontakt und Körperhaltung, tragen zum gegenseitigen Verstehen bei (nonverbale Kommunikation). Insgesamt haben solche nonverbalen Äußerungen eine große Bedeutung, denn sie fließen häufig unbewusst und automatisiert in das Verstehen einer mündlichen Äußerung mit ein. Stehen verbale und nonverbale Aussage in einem Missverhältnis, wird meistens der nonverbale Aspekt als der entscheidende angesehen. Sagt z. B. jemand mit niedergeschlagener Miene, er freue sich, wird man eher dem Gesichtsausdruck Glauben schenken.

schaftler entwickelten über Generationen verschiedene Theorien zum Ursprung der Sprache. Biologen gehen davon aus, dass die Sprachfähigkeit des Menschen mit der Entwicklung des sog. **Broca-Zentrums** (Steuerung des Sprachzentrums) in der linken Gehirnhälfte zusammenhängt und die Sprache zum ersten Mal zur Zeit der Neandertaler (vor 300 000–40 000 Jahren) entstand (→ S. 73).

Es wurden auch ganz konkrete Vorstellungen über die ersten Laute des Menschen entwickelt: Für manche Forscher ist die Nachahmung von in der Natur vorkommenden Geräuschen und Lauten, z. B. „Wau-wau“, Auslöser für die Sprachentwicklung **(Nachahmungstheorie).** Eine andere Theorie geht davon aus, dass sich die Sprache durch zufällig ausgestoßene Laute, z. B. Staunen oder Schmerz, entwickelte, die dann von den Mitgliedern einer Horde übernommen wurde **(Naturlauttheorie).** Aus marxistischer Sicht entstand Sprache durch Zurufe und rhythmische Laute bei der gemeinsamen Arbeit **(synergastische Theorie).** Heute geht die Mehrzahl der Wissenschaftler davon aus, dass die menschliche Sprachfähigkeit angeboren ist, ähnlich einem Instinkt. Nur wenn die Grundprinzipien von Sprache schon von Geburt an mitgeliefert werden, lassen sich – nach Meinung der Forscher – Tempo und Perfektion des kindlichen Spracherwerbs erklären.

Die Sprachen der Welt

Sprachforscher haben Wortschatz, Lautinventar und grammatische Eigenheiten vieler Sprachen untersucht, um ihre historische Entwicklung zu klären. Danach lassen sich fast alle heutigen Sprachen nach Ähnlichkeiten sortiert einer bestimmten **Sprachfamilie** zuordnen. Nur wenige sog. isolierte Sprachen weisen keine erkennbare Verwandtschaft mit anderen Sprachen auf.

Die meisten Sprachen Europas gehören zur indoeuropäischen Sprachfamilie, zu der auch viele asiatische Sprachen zählen. **Indoeuropäisch** bildet mit rd. 140 Sprachen und 2 Mrd. Sprechern die größte der insgesamt etwa 100 Sprachfamilien und wird in verschiedene Unterfamilien geteilt, wobei in Europa die größten Sprachfamilien die germanische, die italische (romanische) und die slawische sind. In Europa finden sich aber auch Sprachen aus anderen Sprachfamilien: Finnisch, Estnisch und Ungarisch gehören der uralischen Sprachfamilie an. Türkisch zählt dagegen zum Altaischen. Daneben sind Afroasiatisch, Drawidisch, Kaukasisch und Austronesisch weitere Beispiele wichtiger Sprachfamilien.

Ihre Sprachfähigkeit können Kinder durch Übung und Nachahmung in der täglichen Umgebung sehr schnell verbessern.

Sprache im Wandel

Man zählt heute weltweit etwas mehr als 6000 verschiedene Sprachen und Hauptdialekte, die sich höchst unterschiedlich auf die Kontinente verteilen. In Europa leben 12 % der Weltbevölkerung, sie sprechen aber nur 3 % aller Sprachen (insgesamt 225). In Afrika mit 13 % aller Menschen werden hingegen 2011 verschiedene Sprachen gesprochen. Allein in der Demokratischen Republik Kongo sind 200 Sprachen in Gebrauch, Südafrika kennt wegen der Sprachenvielfalt im Land elf Amtssprachen. Der sprachenreichste Kontinent ist Asien: Hier leben 60 % der Weltbevölkerung und sie sprechen rd. ein Drittel aller Sprachen (insgesamt 2165). Etwa die Hälfte aller heutigen Sprachen wird vermutlich aussterben.

Wort des Jahres – Unwort des Jahres

Seit 1977 veröffentlicht die Gesellschaft für deutsche Sprache in Wiesbaden alljährlich eine Liste mit den zehn charakteristischen Wörtern des Jahres. Eine inhaltliche oder wertende Auseinandersetzung ist dabei ausdrücklich nicht beabsichtigt. Wörter des Jahres waren z. B. Abwrackprämie (2009), Finanzkrise (2008), Klimakatastrophe (2007), Fanmeile (2006), Bundeskanzlerin (2005) und Hartz IV (2004).

Seit 1991 wählt die „Sprachkritische Aktion Unwort des Jahres“ den deutlichsten sprachlichen Missgriff aus. Eine Jury von Sprachwissenschaftlern und Journalisten entscheidet aufgrund von Einsendungen aus der Bevölkerung. Unwörter des Jahres waren z. B. betriebsratsverseucht (2009), notleidende Banken (2008), Herdprämie (2007), freiwillige Ausreise (2006) und Entlassungsproduktivität (2005).

Die Minderheitensprache Sorbisch wird nur noch in der Lausitz und den angrenzenden polnischen Regionen von ca. 40 000 Menschen gesprochen (Bild: sorbischer Trachtenumzug in Cottbus).

Bedrohte Sprachen

Stirbt eine Sprachengemeinschaft aus, geht auch die Sprache unter. Das ist aber gegenwärtig nicht der Hauptgrund für das Sprachensterben. Viel häufiger ist zu beobachten, dass eine Sprachengemeinschaft einfach aufhört, ihre **Muttersprache** für öffentliche Zwecke zu benutzen. Die Ursache dafür ist meistens die wirtschaftliche und kulturelle Vormachtstellung prestigeträchtigerer Sprachen. Das Sprachensterben bedeutet tatsächlich eine kulturelle Verarmung der Menschheit. Denn mit einer Sprache geht oft auch das Wissen über eine Kultur unwiederbringlich verloren.

Die Palette der betroffenen Sprachen, die alle in den nächsten Jahrzehnten auszusterben drohen, umfasst u. a. süd- und nordamerikanische Indianersprachen, austronesische Sprachen in Südostasien, Buschmannsprachen im südlichen Afrika sowie Turksprachen in Sibirien und China. Einen besonders hohen Prozentsatz an bedrohten Sprachen gibt es in Australien. Mehr als 200 Zwergsprachen der Ureinwohner (Aborigines) werden nur noch von wenigen älteren Menschen gesprochen oder in Ritualen verwendet.

Auch in Europa gibt es **Minderheitensprachen,** die seit 1998 unter besonderem Schutz stehen. Die meisten von ihnen verfügen über eine reiche kulturelle, literarische und volkstümliche Tradition. Dazu zählen z. B. das Baskische in Frankreich und Spanien, das Rätoromanische in der Schweiz und das Friesische in Deutschland und den Niederlanden. Die Sprache der **Sorben,** eine slawische Minderheit in der Lausitz, wird seit 1998 von der Sorbischen Nationalstiftung,

Bei SMS-Nachrichten kommt es darauf an, möglichst wenige Buchstaben einzutippen.

einem gemeinnützigen Instrument des Bundes und der beiden Länder Brandenburg und Sachsen, geschützt.

Sprache – ein Kind ihrer Zeit

Lebende Sprachen sind ständigem Wandel unterworfen, was sehr gut am Wortschatz zu beobachten ist: Wörter veralten und werden nicht mehr benutzt, dafür werden neue aus Fremd- oder Fachsprachen entlehnt oder aus dem vorhandenen **Wortschatz** gebildet. Die auffälligste Erscheinung der sprachlichen Veränderungen ist gegenwärtig die ungeheuer große Anzahl an **Wortneubildungen.** Neue Wörter entstehen vor allem in den Bereichen Technik, Wirtschaft und Politik (MP3-Player, Synergieeffekt, Altersteilzeit). Besonders auffällig sind die zahlreichen **Entlehnungen** aus dem Englischen. Diese Anglizismen stammen sehr häufig aus den Bereichen Wirtschaft (z. B. Joint Venture), Computersprache (z. B. Download, Server), Medien (z. B. Reality-TV, Daily Soap) und Freizeittrends (z. B. Free Climbing).

Eine weitere Erscheinung bei den neuen Wörtern sind sog. **Abkürzungswörter,** wobei aus Kurzformen oder Buchstabenfolgen (z. B. Azubi, Demo, UNO) selbstständige Wörter werden. Typisch sind auch **Mode- und Trendwörter,** die sich meist nur kurz im Sprachgebrauch halten. Als besonders produktiv erweist sich hier die **Jugendsprache** mit ihrem gruppentypischen Wortschatz (z. B. etwas schnallen, cool, chillen).

Dem modernen Sprachstil liegt das Streben nach sprachlicher Ökonomie zugrunde. Funktionalität und schnelle Information sind entscheidend. Für den **Satzbau** bedeutet das: Die Sätze werden kürzer, mehrteilige Satzgefüge verlieren an Bedeutung. Um Nebensätze zu vermeiden, werden verstärkt Partizipien und Substantivgruppen in den Hauptsatz integriert (Nominalstil). Die typisch deutsche Satzklammer, die den Satzbau oft unübersichtlich macht, wird immer häufiger aufgelöst („Ich werde dir das Buch bald zurückgeben, das du mir geliehen hast." tritt an die Stelle von: „Ich werde dir das Buch, das du mir geliehen hast, bald zurückgeben."). In den vorherrschenden Hauptsätzen werden vor allem das Präsens und einfache Vergangenheitsformen verwendet. Der Gebrauch des Konjunktivs geht zurück; an seine Stelle treten oft Verbindungen mit „würde".

Schwyzerdütsch – Standarddeutsch

Dialekte sind regionale Varietäten der Sprache. Sie haben gegenüber der Standardsprache eine eher geringe Reichweite und werden nur von einer begrenzten Zahl von Sprechern verstanden. Viele Dialekte weichen in Aussprache und Wortschatz erheblich von der Hochsprache ab.
In der deutschsprachigen Schweiz ist das Schwyzerdütsch selbstverständliche Umgangssprache, das Standarddeutsch bleibt auf die Schriftsprache und offizielle Bereiche beschränkt:

Aaleggi (Kleidung)
Anke (Butter)
Chabis (Unsinn)
Chacheli (Tasse)
Feischter (Fenster)
Gumel (Kartoffel)
Hung (Honig)
huuse (sparen)
laffe (trinken)
lüage (schauen, sehen)
Maitli (Mädchen)
öpper (jemand)
poschte (einkaufen)
Ruebli (Möhre)
Salaathäuptli (Kopfsalat)
schäbig (knauserig, kleinmütig)
Schmatz (Kuss)
Ziit (Uhr)

Sprache und ihre Wirkung

Rhetorische Stilmittel in der Werbung

Alliteration: Die Wiederholung von Anlauten dient der leichteren Einprägung („Die Marke, die Mode macht").

Anapher: Gleiche Satzanfänge haben oft die Form eines Imperativs („Come to where the flavor is – come to Marlboro country").

Ellipse: Diese Figur der Auslassung dient der Verknappung von Texten. Da die Werbung prägnante und einprägsame Aussagen anstrebt, gehört die Ellipse zu den wichtigsten Stilmitteln. Gedankenstriche oder Doppelpunkt ersetzen beispielsweise das Verb, wie in „Klein, stark, schwarz – presso presso". Hier wird außerdem auf die Konjunktion „und" verzichtet (Asyndeton).

Inversion: Die Umstellung der klassischen Satzstellung dient der Betonung und Zuspitzung der Aussage („Unsagbar bequem – WK Möbel").

Personifizierung: Starke emotionale Signale gehen von der Personifizierung eines Produkts aus („Wer kocht? – Der Neff!").

Rhythmisierung: Besonders einprägsam sind rhythmische Werbesprüche, gelegentlich auch mit Reim („Willst du viel, spül mit Pril.").

Wiederholung: Bei Markennamen ist die wörtliche Wiederholung ein sehr beliebtes Stilmittel. Ansonsten dominiert die Wiederholung durch Variation („Der Gala Genießerduft verspricht den unvergleichlichen Genuss. Genuss kommt von Gala.").

Wortspiele: Gefällig und anregend wirken Wortspiele („einzig, nicht artig").

Der sichere und richtige Umgang mit Sprache ist eine wesentliche Voraussetzung für Erfolg in vielen Lebensbereichen. Sowohl im Beruf als auch im privaten Bereich, adäquat gewählte Worte gereichen dem Redner bzw. Verfasser zur Ehre und lassen sein Ansehen steigen. Gute Redner machen sich den Umstand zunutze, dass von Sprache eine große suggestive Kraft ausgeht, wenn man Stilmittel angemessen einzusetzen weiß.

Die Kunst des guten Redens

Reden im Sinne der Rhetorik, der Lehre von der guten Rede, bedeutet überzeugen, überreden. Diese Art des Sprechens zielt also auf eine praktische Wirkung ab. Dem Redner stehen zahlreiche sprachliche Mittel – rhetorische Figuren – zur Verfügung, um sein Anliegen möglichst wirkungsvoll vorzubringen. Seit der Antike ist die **Rhetorik** Gegenstand wissenschaftlicher Forschung und Beschreibung. Nach dieser Tradition unterscheidet man drei Arten der Rede: Während die **beratende Rede** und die **Gerichtsrede** die Absicht verfolgen, den Zuhörer von der eigenen Sicht der Dinge oder von den eigenen Zielen zu überzeugen, gehört die dritte Art, die **Lobrede,** in den Bereich der „festlichen Rede", die in erster Linie darauf abzielt, eine Person und ihre Leistungen zu würdigen (z. B. Geburtstags- oder Trauerrede). Heute sind darüber hinaus **Informationsreden** wie Vorträge und Referate, bei denen die Erörterung eines klar definierten Themas im Mittelpunkt steht, von Bedeutung.

Bei der Ausarbeitung einer Rede steht am Anfang eine Sammlung von Argumenten für die vom Redner beabsichtigte Aussage. Anschließend ordnet er seine Gedanken in eine nachvollziehbare Reihenfolge. Eine Standardgliederung umfasst Einleitung, Hauptteil und Schluss. Auf diese gedankliche Gliederung folgt die sprachliche Ausarbeitung mit Hilfe der rhetorischen Figuren. Ist das erreicht, prägt sich der Redner den Text ein, sodass er ihn frei rezitieren kann. Beim eigentlichen Vortrag sind Körpersprache, Gebärden, Mimik und Gestik (→ S. 310) sowie Stimmlage und Stimmführung von großer Bedeutung für die Wirkung der Rede.

Mittel einer wirkungsvollen Rede

Während die reine Informationsrede sich zumeist auf die nüchterne Darstellung von Fakten beschränkt, beziehen alle anderen Formen der Rede ihre Wirkung vor allem aus dem Gebrauch **rhetorischer Figuren.** Dieser „Redeschmuck" dient der Veranschaulichung des Gesagten. Rhetorische Figuren weichen von der grammatischen Normalsprache ab und unterstützen so die Wirkung der Rede, die nicht nur belehren, sondern auch Spannung erzeugen und unterhalten sollte. Sie sind also kein Selbstzweck, sondern verstärken die vom Redner beabsichtigte Aussage. Es werden drei Arten von Stilfiguren unterschieden:

1. **Figuren des Wortersatzes** (Tropen), also Wendungen, die in übertragenem Sinne zu verstehen sind und einzelne Wörter betreffen. Bei den Tropen wird das eigentliche Wort entweder durch ein anderes ersetzt oder nicht in seinem ursprünglichen Sinn benutzt, wodurch es eine neue Bedeutung erhält. Der Zuhörer muss sich verstärkt auf das Gesagte konzentrieren und das eigentlich Gemeinte aus dem Sinnzusammenhang erschließen. Eine Stilfigur der Tropen ist z. B. die umschreibende Metapher („Zahn der Zeit").

2. **Wort- und Satzfiguren,** die bei einzelnen Wörtern oder bei der Setzung von Wörtern und Wortfolgen vom üblichen Sprachgebrauch abweichen. Wortfiguren machen eine Rede lebendig, indem sie Gefühle und Affekte vermitteln. Besonders wichtig ist hier z. B. die Wiederholung von Wörtern oder Satzstrukturen.

Allein die einfache Wiederholung eines Wortes (Geminatio) verleiht einer Aussage besonderes Gewicht. Begriffshäufungen geben einer Textpassage Nachdruck und können etwa als steigernde Reihung auf eine Klimax, also einen Höhepunkt, zusteuern, die zugleich eine gewisse Dramatisierung mit sich bringt („Das Wasser rauscht', das Wasser schwoll", Goethe).

3. **Gedankenfiguren,** die eine Aussage verändern und den Gang der Gedankendarlegung bestimmen. Dazu zählt z. B. die Apostrophe („Verehrtes Publikum, los, such dir selbst den Schluss! Es muss ein guter da sein, muss, muss, muss!", Brecht).

Werbung: schmeicheln, informieren, appellieren

Auch wenn dem Bild in der Werbung eine große Bedeutung zukommt, hat das Wort dennoch eine stärkere Gedächtniswirkung. Fast alles ist erlaubt, um das Werbeziel, die Absatzsteigerung eines Produkts, zu erreichen. Die Werbung bedient sich dabei unterschiedlicher Strategien der Publikumsansprache. Während etwa die Verkaufswerbung massiv und aggressiv auftritt, ist die Imagewerbung subtil und einschmeichelnd. Bei der Einführung eines Produkts muss eher argumentiert und beschrieben werden. Dagegen kommt Repräsentationswerbung oftmals mit einem Slogan oder bloßer Namensnennung aus. Nach dem in den USA entwickelten **AIDA-Modell** funktioniert Werbung in vier Phasen: attention (Aufmerksamkeit), interest (Interesse), desire (Verlangen), action (Handlung), d. h., Werbung soll Aufmerksamkeit und Interesse erzeugen, Wünsche wecken und schließlich zum Kauf animieren.

Der Aufbau eines vollständigen Werbetextes weist Parallelen zum Text einer Rede auf. In der Regel besteht der **Werbetext** aus drei Teilen. Die Einleitung (Zuruf oder Aufhänger) soll den Kunden anlocken und seine Aufmerksamkeit fesseln. Im Hauptteil wird über das Produkt informiert, sei es auf sachliche Weise oder mit Hilfe allgemeiner Anpreisungen. Der Schluss fasst das Dargestellte noch einmal zusammen, appelliert an den Käufer und wiederholt zur besseren Einprägung den Produktnamen.

Dieser Werbeslogan erregte Aufmerksamkeit durch zwei einfache, sehr lautähnliche Wörter, deren widersprüchliche emotionale Besetzung (Geiz = negativ, geil = positiv) aufgelöst wird.

Schrift

Schreiben gehört zu den wichtigsten kulturellen Errungenschaften des Menschen. In einem jahrtausendelangen Prozess wurde die geschriebene Sprache von ersten Bilderschriften bis zur heutigen Alphabetschrift weiterentwickelt. Die Regeln werden mit Hilfe von Grammatik und Rechtschreibung festgehalten.

Vom Bild zum Buchdruck

Bild oben: Ägyptische Hieroglyphenschrift, ca. 1550–1200 v. Chr.

Bild unten: Im Mittelalter wurden Bücher in klösterlichen Schreibstuben handschriftlich kopiert (Miniatur aus dem 13. Jh.).

Schon bevor es ausgereifte Schriftsysteme gab, benutzten die Menschen schriftliche Zeichen zur Verständigung. Sie entwickelten einen Bestand an kleinen Zeichnungen, sog. Piktogrammen, um bestimmte Inhalte eindeutig mitteilen zu können. Für das Wort „Sonne" stand dann z. B. das Bild einer Sonne. Diese einfachen Bildzeichen waren Ausgangspunkt für die nächste Entwicklungsstufe, in der die Bildzeichen zu Ideen- oder Begriffszeichen wurden, sog. Ideogrammen. Sie sind bereits abstrahierte Zeichen, die nicht mehr eindeutig erkennbar sind, sondern erlernt werden müssen; ein Bild entspricht dabei einem Wort. Mit ihnen erreichte die **Bilderschrift** ihre höchste und letzte Stufe. Alle Schriften sind aus solchen Bilderschriften hervorgegangen.

Frühe Schriftsysteme

Zu den gut erforschten frühen Schriftsystemen gehört die **Keilschrift.** Das sumerische Schriftsystem aus Mesopotamien (ab Ende des 4. Jahrtausends v. Chr. bis ca. 100 v. Chr.) wird so genannt, weil dabei keilförmige Zeichen in Tontafeln

geritzt wurden. Es bestand ursprünglich aus bildhaften Zeichen, dann aus stark vereinfachten Wortzeichen und machte im Lauf der Zeit eine Phonetisierung durch, d. h., die Schreibung orientierte sich zunehmend an der Lautung von Wörtern. Am Ende der Entwicklung gaben die Keilschriftzeichen nur noch den Laut der Silbe wieder (Silbenschrift), sodass sie als erste Schrift auch für andere Sprachen verwandt werden konnte, z. B. für das Persische.

Eine ähnliche Entwicklung durchlief auch die ägyptische **Hieroglyphenschrift,** die seit 3000 v. Chr. bis ins 2. Jh. n. Chr. in Gebrauch war. Zunächst gab es Wortzeichen (Ideogramme), die später eine Phonetisierung erfuhren, d. h., die Zeichen wurden auch für Worte ähnlicher Lautung benutzt und hatten dann keinen Bezug mehr zu dem Wort, das sie darstellten.

Ausbreitung des Alphabets

Der letzte Schritt in der Entwicklung zur heutigen modernen Schrift vollzog sich mit der Entstehung der **Buchstabenschrift,** wobei jedes Zeichen für einen Grundlaut steht. Eine Schlüsselrolle kommt dabei dem 22 Zeichen umfassenden **Alphabet der Phönizier** zu (um 1200 v. Chr.). Es stellte ausschließlich Konsonanten dar, sodass der Leser die Vokale ergänzen musste, und die Schreibrichtung verlief von rechts nach links – beides trifft auf die moderne hebräische und arabische Schrift heute noch zu.

Die Griechen übernahmen die altphönizische Schrift im 9. Jh. v. Chr., führten Zeichen für Vokale ein und änderten die Schreibrichtung von links nach rechts. Dieses griechische Alphabet diente als Grundlage für die Herausbildung der **lateinischen Schrift** im 7. Jh. v. Chr., die sich mit der Expansion des Römischen Reiches in alle Himmelsrichtungen verbreitete. Sie wurde so die Grundlage für die meisten der heutigen europäischen Schriften. Eine Ausnahme bilden einige slawische Länder (Ukraine, Weißrussland, Russland, Serbien, Mazedonien, Bulgarien), die nach dem im 10. Jh. ebenfalls aus der griechischen Schrift entstandenen **kyrillischen Alphabet** schreiben.

Entwicklung der deutschen Schriftsprache

Die Geschichte der deutschen Schriftsprache wird in vier Perioden eingeteilt: das Althochdeutsche (um 750–1050), das Mittelhochdeutsche (um 1050–1350), das Frühneuhochdeutsche (um 1350 bis 1650) und das Neuhochdeutsche (seit 1650). Von einer Spracheinheit konnte jedoch über Jahrhunderte hinweg keine Rede sein. Vielmehr zerfiel die deutsche **Volkssprache** in zahlreiche Dialekte. Latein war als Bildungssprache zunächst die einzige geschriebene Sprache der Verwaltung und der Kirche. Gefördert von Karl dem Großen, entstanden in althochdeutscher Zeit erste volkssprachliche Übersetzungen kirchlicher Texte.

Erst in mittelhochdeutscher Zeit gab es mit dem Erstarken des Bürgertums erste Ansätze zur Ausbildung einer deutschen **Standardsprache,** die sich zunehmend neben dem Lateinischen als Schriftsprache behauptete. In der höfischen Dichtung (Minnelieder, Spruchdichtungen) gab es erstmals das Bestreben, eine überregional gültige verständliche Hochsprache zu finden. Eine Ausweitung der deutschen Schriftsprache auf Verwaltung und Recht fand erst in frühneuhochdeutscher Zeit statt, als in den wirtschaftlich aufblühenden Städten das Bürgertum erstarkte.

Mit der Entstehung überregionaler sog. Kanzleisprachen begann die **Vereinheitlichung der deutschen Sprache,** die durch die Erfindung des Buchdrucks (um 1440) noch gefördert wurde. Die von Martin Luther für die Bibelübersetzung ins Deutsche genutzte **Schreibsprache,** die sich an der kurfürstlich-meißnischen Kanzleisprache orientierte, verbreitete sich im gesamten deutschen Sprachraum. Um 1800 war die Standardform des Deutschen weitgehend akzeptiert. Doch gab es erst 100 Jahre später eine einheitliche Rechtschreibung.

Die Heilige Schrift

Die Bibel ist nicht nur das am häufigsten in Handschriften und Drucken verbreitete Buch der Welt, sondern auch eine entscheidende Wurzel der abendländischen Kultur. Das Alte Testament wurde ursprünglich zum größten Teil in hebräischer Sprache, das Neue Testament in griechischer Sprache verfasst. Die im Jahr 405 vollendete lateinische Bibelübersetzung durch Hieronymus wird Vulgata (vollständiger Name: Biblia Sacra iuxte vulgatam versionem) genannt und ist seit dem Konzil von Trient (1546) die offizielle Bibelversion der katholischen Kirche. Berühmtheit erlangte die lateinische Bibel auch als erstes gedrucktes Buch der Welt. Johannes Gutenberg stellte damit 1452–1455 in Mainz den von ihm erfundenen **Buchdruck** mit beweglichen Metalllettern vor. Martin Luther ließ 1522 in Wittenberg seine deutsche Übersetzung des Neuen Testaments drucken, die vollständige Bibel folgte 1534.

Die neue Rechtschreibung führte für eine Reihe von Wörtern neue Schreibweisen ein. Sie wird seit 1998 an den Schulen gelehrt.

Deutsche Rechtschreibung

Die deutsche Rechtschreibung ist in einem amtlichen Regelwerk festgeschrieben, das von Deutschland, Österreich, Schweiz, Belgien, Liechtenstein und Bozen-Südtirol (Amtssprache ist Deutsch) anerkannt ist. Sie basiert auf Festlegungen von Konrad Duden, die 1901 für den deutschen Sprachraum beschlossen wurden. Mit der 2006 endgültig in Kraft getretenen Reform wurde die Rechtschreibung maßvoll überarbeitet. Seither ist nicht mehr „der Duden", sondern der zwischenstaatliche Rat für deutsche Rechtschreibung für die Klärung von Zweifelsfällen zuständig.

Die Entwicklung der Rechtschreibung

Schon im 17. Jh. gab es Bestrebungen, die Schriftsprache zu normieren und festzulegen, was richtig und was falsch ist. Bis dahin schrieb man so, wie man sprach, sodass sich unterschiedliche regionale Schreibweisen ergaben. Die Rechtschreibung wurde in wesentlichen Zügen durch die Arbeit von Grammatikern wie Justus Georg Schottel, Johann Christoph Gottsched und Johann Christoph Adelung geformt, der die Regel „Schreibe, wie du sprichst" aufstellte. Ein Meilenstein auf dem Weg zu einer einheitlichen Schriftsprache war das **„Deutsche Wörterbuch"**, an dem die Brüder **Jacob und Wilhelm Grimm** ab 1850 arbeiteten. Bis zu jener Zeit hatten sich die Rechtschreibkonventionen in Deutschland, das politisch in viele Einzelstaaten zergliedert war, ohne behördliche Regelungen ausgebildet. Erst die Reichsgründung im Jahr 1871 gab den entscheidenden Impuls in diese Richtung. Mit dem „Orthographischen Wörterbuch" (1880) legte **Konrad Duden** die Basis für eine allgemeingültige Rechtschreibung, die 1901 für verbindlich erklärt wurde und bis zu ihrer Reform in den Jahren 1996 bis 2006 beinahe unverändert gültig blieb.

Grundregeln

Die wichtigsten Regeln der Rechtschreibung betreffen die Laut-Buchstaben-Zuordnung, die Groß- und Kleinschreibung sowie die Getrennt- und Zusammenschreibung. Grundsätzlich orientiert sich die deutsche Rechtschreibung am **Lautprinzip** („Schreibe, wie du sprichst!"). So entspricht z. B. dem „n" immer ein bestimmter Nasenlaut, dem Buchstaben „o" immer ein mit gerundeten Lippen gesprochener Vokal. Jedoch gibt es mehr Laute als Buchstaben, sodass die Zuordnung von Laut und Buchstabe nicht immer einheitlich ist (z. B. <u>Sch</u>laf – <u>S</u>tab, Ef<u>eu</u> – M<u>äu</u>se).

Die **Großschreibung,** die Schreibung mit großem Anfangsbuchstaben, folgt im Wesentlichen zwei Grundprinzipien: Alle Wörter am **Satzanfang** werden großgeschrieben. Auch nach einem Doppelpunkt wird großgeschrieben, wenn ein vollständiger Satz folgt. Bei Großschreibung im Satzinnern gilt: **Substantive** werden großgeschrieben, alle übrigen Wortarten klein. Dies betrifft auch Wörter anderer Wortarten, die wie Substantive verwendet werden (Substantivierungen), z. B. substantivierte Verben (das Klopfen, lautes Rufen), Adjektive (das Gute) oder Pronomen (ein gewisser Jemand). Man erkennt diese **Substantivierungen** meistens an ihren Begleitern, beispielsweise an vorangestellten Artikeln (der, die, das) oder Pronomen (dieser, mein).

Getrennt oder zusammen?

Die Getrennt- und Zusammenschreibung wurde im Rahmen der jüngsten Rechtschreibreform zum ersten Mal amtlich geregelt. Die **Getrenntschreibung** von Wörtern ist der Normalfall, es handelt sich dabei um Bestandteile von Wortgruppen (Angst haben, aufeinander hören). **Zusammenschreibungen** sind die Ausnahme, bei ihnen handelt es sich um die Bestandteile von Zusammensetzungen (zusammenschreiben, bauchtanzen). Je nach den Wortarten sind hier spezielle Regeln zu beachten: **Verbindungen aus Substantiv und Verb** schreibt man z. B. in der Regel getrennt (Angst haben, Rad fahren). Die Ausnahme bilden Zusammensetzungen mit sog. verblassten Substantiven; sie werden zusammengeschrieben (eislaufen, leidtun). **Verbindungen aus zwei Verben** schreibt man ebenfalls meist getrennt (lesen lernen, baden gehen); nur Verbindungen mit bleiben oder lassen dürfen bei übertragener Bedeutung auch zusammengeschrieben werden (sitzen bleiben/sitzenbleiben = nicht versetzt werden). Eine Wahlfreiheit dieser Art besteht auch in anderen Fällen (nicht öffentlich/nichtöffentlich, weit reichend/weitreichend).

Vielseitige Helfer

Satzzeichen helfen, einen Text übersichtlich zu gestalten. Sätze werden durch Satzzeichen abgeschlossen, je nach Satzart durch Punkt, Fragezeichen oder Ausrufezeichen. Mithilfe von Kommas können Sätze in Sinnabschnitte gegliedert und in ihrer grammatischen Struktur verständlich gemacht werden. Satzzeichen geben darüber hinaus Hinweise für die Betonung des Satzes: So ist das Komma auch ein Pausenzeichen und das Fragezeichen signalisiert, dass die Stimme am Satzende zu heben ist.

Schließlich kann man durch **Zeichensetzung** kenntlich machen, wie man etwas verstanden wissen will: Nach einem Doppelpunkt folgt eine Schlussfolgerung, in Gedankenstrichen steht ein Einschub, Anführungszeichen kennzeichnen die wörtliche Rede. Den Aufforderungs- bzw. Fragecharakter eines Satzes kann man durch das Ausrufe- oder Fragezeichen am Satzende markieren.

Kommaregeln

Das bei weitem am häufigsten verwendete Satzzeichen ist das **Komma,** das eine wichtige Rolle einnimmt, um Wortgruppen und Teilsätze zu gliedern. Wichtig sind die folgenden Kommaregeln:

1. Das Komma steht zwischen Hauptsätzen, die zu einem Ganzsatz verbunden sind (Er wollte helfen, sie ließ es aber nicht zu). Sind die Hauptsätze durch „und" oder „oder" verbunden, so kann das Komma auch weggelassen werden.
2. Das Komma steht zwischen Haupt- und Nebensatz. Es steht vor dem Nebensatz (Ich freue mich, wenn du kommst) oder am Ende des Nebensatzes, wenn dieser das Satzgefüge einleitet (Wenn du gehst, schließ bitte die Tür). Ist der Nebensatz eingeschoben, setzt man ein Komma davor und danach (Das Buch, das ich lese, liegt auf dem Tisch).
3. Das Komma steht im komplexen Satzgefüge zwischen Nebensätzen, wenn sie nicht durch „und" oder „oder" verbunden sind (Es kommt oft vor, dass sie spät nach Hause kommt und dass sie dann keinen Hunger mehr hat, obwohl sie noch nichts gegegessen hat).
4. Das Komma steht bei Aufzählungen. Man setzt es zwischen aneinandergereihte, gleichartige Wörter oder Wortgruppen, wenn sie nicht durch „und" oder „oder" verbunden sind (Sie mag grüne, rote und blaue Blumen).

Das Komma steht außerdem bei Zusätzen und Einschüben (Michael, mein bester Freund, liebt Nudeln), bei Anreden und Ausrufen (Ach, wie schade!) und zwischen der wörtlichen Rede und dem Begleitsatz („Hallo", rief er).

s, ss oder ß

Die Schreibung der s-Laute sorgt immer wieder für Verwirrung. Es gibt im Deutschen zweierlei s-Laute: das stimmhafte (säuseln) und das stimmlose (Gras). Das stimmhafte s wird immer mit einfachem s geschrieben. Bei dem stimmlos gesprochenen s-Laut unterscheidet man drei Schreibweisen: s, ss oder ß. Die meisten stimmlos gesprochenen, mit einfachem s geschriebenen s-Laute kann man durch Ableitung erklären, bei der das stimmhafte s wieder hervortritt (Eis – Eises, er las – lesen). Wenn man bei einem stimmlos gesprochenen s die Schreibung mit einfachem s nicht ableiten kann, wird ss oder ß geschrieben. **Nach langem Vokal oder Doppelvokal steht dabei immer ß** (Maße, Fleiß), nach kurzem Vokal folgt ss (Masse, Prozess). In der Schweiz wird kein ß geschrieben, stattdessen steht dort immer ein „ss".

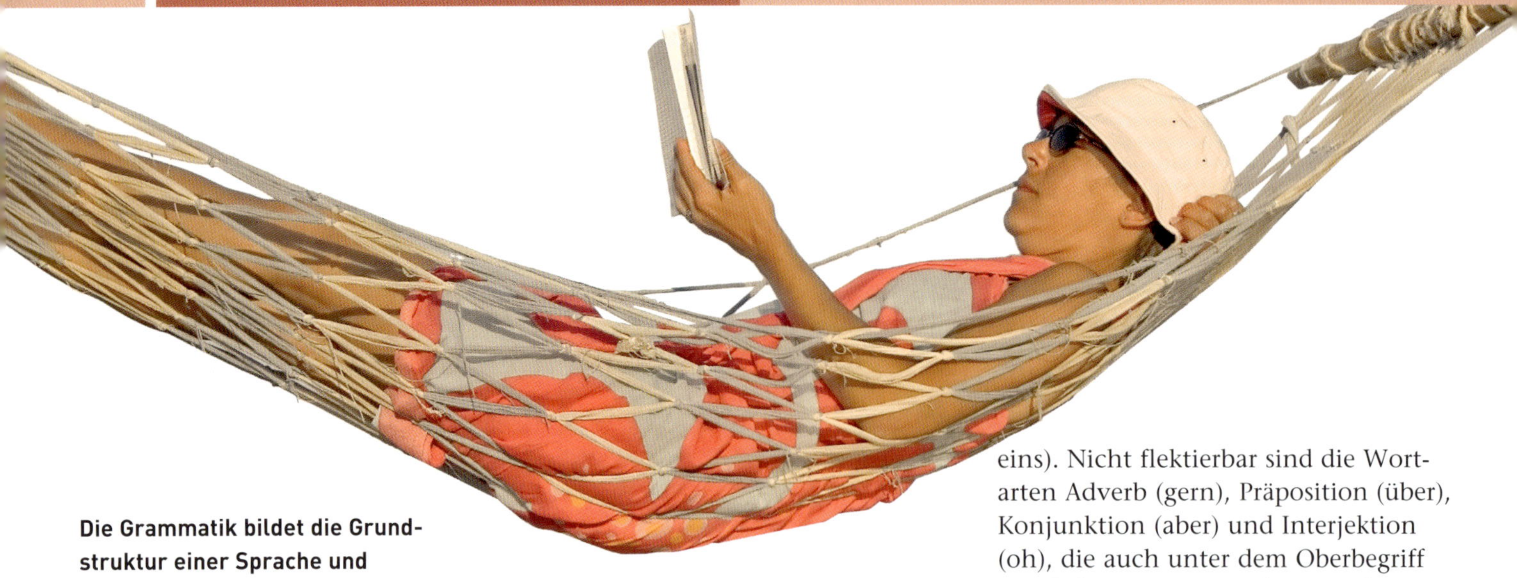

Die Grammatik bildet die Grundstruktur einer Sprache und erleichtert die Orientierung beim Lesen. In der Muttersprache erfolgt der Grammatikerwerb schon im Kleinkindalter.

Grammatik

Die Grammatik beschäftigt sich mit den Gesetzmäßigkeiten der sprachlichen Formen und ihrer Verwendung im Satzzusammenhang. Die meisten Regeln wendet man automatisch richtig an. Eine wirklich sichere Beherrschung der Sprache ist aber ohne Einsicht in ihr Regelsystem nicht möglich. Die zwei grundlegenden Einheiten sind **Wörter und Sätze.** Die große Zahl der Wortformen und der Wörter lässt sich in wenige Wortarten gliedern. Wörter sind wiederum eingebunden in Sätze, deren Baupläne ihrerseits nach einen System von Regeln funktionieren. Basis dafür ist die Kenntnis der grammatischen Grundtypen (Satzarten) und der einzelnen Bestandteile des Satzes (Satzglieder).

Wortarten und Wortformen

Wörter sind die Grundbausteine der Sprache. Sie bilden im Satz selbstständige Einheiten und nehmen unterschiedliche Funktionen wahr, die durch Anordnung und Form erkennbar sind. Ein wesentliches Unterscheidungskriterium ist die **Flexion** (Beugung). Einige Wortarten können gebeugt werden (flektierbar), andere behalten ihre Form immer unverändert (unflektierbar) bei. Zu den flektierbaren Wortarten gehören die Grundwortarten Verb (gehen), Substantiv (Buch), Adjektiv (schön), außerdem Artikel (der, die, das), Pronomen (er, dein, dieses) und Numerale (Zahlwörter, z. B. eins). Nicht flektierbar sind die Wortarten Adverb (gern), Präposition (über), Konjunktion (aber) und Interjektion (oh), die auch unter dem Oberbegriff Partikeln zusammengefasst werden.

Das **Verb** (auch Tätigkeitswort oder Zeitwort) ist unentbehrlich für die Satzbildung. Vollständige Sätze enthalten immer ein Verb. Je nachdem, ob Vorgänge, Zustände oder Handlungen bezeichnet werden, unterscheidet man zwischen Tätigkeitsverben (tun, laufen), Zustandsverben (sein, stehen) und Vorgangsverben (passieren, brennen, welken). Als flektierbare Wortart ist die Form des Verbs im Satz veränderlich. Die Flexion beim Verb nennt man **Konjugation.** Sie erfolgt in den fünf Kategorien Person, Numerus (Zahl), Tempus (Zeit), Modus (Aussageweise) und Genus Verbi (Handlungsform). Eine **wichtige Funktion des Verbs** ist die zeitliche Einordnung eines Geschehens. Im Deutschen stehen dem Sprecher sechs grammatische Tempusformen zur Verfügung, um die Zeitenfolge und die Zeitzusammenhänge unmissverständlich auszudrücken: Präsens (Gegenwart), Präteritum (Vergangenheit), Perfekt (unvollendete Gegenwart), Plusquamperfekt (vollendete Vergangenheit), Futur I (Zukunft), Futur II (vollendete Zukunft).

Das **Substantiv** (auch Nomen oder Hauptwort) ist neben dem Verb die wichtigste Wortart. Es kann Gegenstände und Lebewesen (Konkretes) bezeichnen, aber auch Nichtgegenständliches (Abstraktes) wie Eigenschaften und Vorgänge. Im Unterschied zu den anderen Wortarten werden Substantive im Deutschen mit großen Anfangsbuchstaben geschrieben. Außerdem sind sie häufig von einem Artikel begleitet. Die Flexion des Substantivs wird **Deklination** genannt.

Man unterscheidet dabei die drei Kategorien Genus (Geschlecht), Numerus (Anzahl) und Kasus (Fall).

Das **Adjektiv** oder Eigenschaftswort dient dazu, etwas oder jemanden näher zu beschreiben. Es kann im Satz als Attribut (Beifügung) eines Substantivs dienen (das fröhliche Kind), aber auch als Adverbialbestimmung ein Verb näher charakterisieren (Das Kind singt fröhlich). Steht das Adjektiv als Attribut, wird es in Genus, Numerus und Kasus nach dem dazugehörigen Substantiv dekliniert (das fröhliche Kind, die fröhlich<u>en</u> Kind<u>er</u>). Eine besondere Form der Deklination beim Adjektiv ist die **Steigerung** (Komparation). Man unterscheidet dabei drei Stufen (hoch, höher, am höchsten).

Satzglieder

Sätze werden nach bestimmten Ordnungsmustern aus Wörtern gebildet. Die Satzlehre (Syntax) untersucht die grammatischen Beziehungen der Wörter im Satz und die Regeln des Satzbaus. Jeder Satz ist aus kleineren Einheiten, den Satzgliedern, aufgebaut, die aus einem oder mehreren Wörtern bestehen. Man unterscheidet vier Satzglieder: 1. **Subjekt** (<u>Die Frau</u> liest); 2. **Prädikat** (Er <u>isst</u>); 3. **Objekt** (Sie sucht <u>den Schlüssel</u>); 4. **Adverbial** (Sie ziehen <u>nach Berlin</u>).

Während einfache Sätze nach grammatischen Formtypen (Satzarten) genauer unterschieden werden, untersucht man bei komplexen Sätzen die Art der Fügung näher (Satzverbindung, Satzgefüge). Aufgebaut sind komplexe Sätze aus Haupt- und Nebensätzen. Hauptsätze können als grammatisch vollständige Sätze auch selbstständig stehen. Nebensätze sind hingegen immer einem Hauptsatz zu- und untergeordnet.

Satzarten

Einfache Sätze lassen sich vier verschiedenen Satzarten zuordnen: 1. der **Aussagesatz,** mit dem man etwas mitteilen kann; 2. der **Aufforderungssatz,** mit dem man etwas befehlen oder fordern kann; 3. der **Fragesatz,** mit dem man etwas erfragen oder erbitten kann; 4. der **Ausrufesatz,** mit dem man Gefühle zum Ausdruck bringen kann. Jeder einfache Satz besteht mindestens aus einem Subjekt und einem konjugierten Verb. Weitere Satzglieder können hinzukommen. Die Sätze werden nach immer wiederkehrenden Mustern aufgebaut. Typische Grundmuster sind z. B. Subjekt/Prädikat/Objekt (<u>Er sucht das Buch</u>) und Subjekt/Prädikat/Dativobjekt/Akkusativobjekt (<u>Er gibt seiner Schwester das Buch</u>).

Satzverbindungen

Einfache Sätze und Teilsätze können zu komplexen Sätzen verbunden werden. Man unterscheidet die Satzverbindung (Parataxe) und das Satzgefüge (Hypotaxe). Von einer Satzverbindung spricht man, wenn die Teilsätze ihre formale Selbstständigkeit behalten und gleichberechtigt nebengeordnet werden. Meist können sie sogar ohne größere Veränderungen für sich allein stehen (Sie nahm die Zigarette, aber sie zündete sie nicht an). Ein Satzgefüge besteht aus einem **Hauptsatz** und einem oder mehreren Nebensätzen. Der **Nebensatz** ist dem Hauptsatz angegliedert und ihm gleichzeitig untergeordnet.

Die Satzglieder und ihre Ermittlung

Satzglied	Hilfsfrage	Beispiel
Subjekt (Satzgegenstand; Nominativ, 1. Fall)	Wer? Was?	**Der Lehrer** lacht.
Prädikat (Satzaussage)	Was geschieht?	Er **wartet** auf den Bus.
Akkusativ**objekt** (4. Fall)	Wen? Was?	Ich suche **den Schlüssel.**
Dativ**objekt** (3. Fall)	Wem?	Er gibt es **seinem Bruder.**
Genitiv**objekt** (2. Fall)	Wessen?	Sie bedarf **seiner Hilfe.**
Präpositionales Objekt	Auf wen? Worauf?	Er wartet **auf einen Anruf.**
Adverbial (Umstandsbestimmung)	Wann? Wo? Wie? Warum?	Sie wartet **vor der Tür.** Er kommt **morgen.**
Attribut (Beifügung, als Satzgliedteil)	Was für ein?	Der **große** Hund bellt. Der Hund **der Nachbarin** bellt. Der Hund, **der groß ist,** bellt.

Nur private Briefe schreibt man heutzutage noch mit der Hand. Geschäftsbriefe werden lesefreundlich und übersichtlich am PC gestaltet.

Grundformen des Schreibens

Schreiben ist eine Möglichkeit, mit anderen zu kommunizieren. Der Schreibende muss sich seiner Absicht (Intention) bewusst sein, um die angemessene Form des Schreibens und die passende Sprache wählen zu können. **Sachtexte** werden in der Absicht geschrieben, dem Leser eine zusammenfassende und schnelle Information zu geben. Im Allgemeinen ergibt sich die Art des Textes aus dem Schreibanlass. Im täglichen Leben zählen z. B. Akten-, Gesprächs- und Telefonnotizen, Geschäftsberichte und Pressemitteilungen zu den häufig auftretenden Schreibformen. Die Auswahl der Information sowie insbesondere die Vollständigkeit der Informationen ist von besonderer Bedeutung.

Die sieben W für gute Information

1. **Wer** war beteiligt?	Personen
2. **Was** ist passiert?	Geschehen
3. **Wo** hat es stattgefunden?	Ort
4. **Wann** hat es stattgefunden?	Datum, Zeit
5. **Wie** ist es abgelaufen?	Ablauf
6. **Warum** ist es passiert?	Vorgeschichte
7. **Welche** Folgen hat es?	Folgen

Die Kunst des Briefeschreibens

Zu den häufigsten Schreibformen zählt der Brief als schriftliche Nachricht an einen abwesenden Adressaten. Während ein privater Brief ganz formlos sein kann, wird bei einem **Geschäftsbrief** vom Verfasser die Einhaltung bestimmter Formalien erwartet. So müssen z. B. Absenderadresse, Betreff und Datum vorhanden sein. Der Sprachstil sollte einfach, verständlich und sachlich sein. Floskeln, umständliche Formulierungen und veraltete Redewendungen sind in modernen Briefen nicht erwünscht. Sinnvolle Absätze verbessern den optischen Eindruck des Briefes und erleichtern das Lesen. Als Faustregel für die Gliederung von Brieftexten gilt: Ein Satz für jeden Gedanken, ein Abschnitt für jedes Thema. Die Gesamtlänge eines geschäftlichen Briefes sollte eine Seite nicht überschreiten.

Eine besondere Form des Briefes ist die schriftliche **Bewerbung.** Sie ist in der Praxis in ihrer äußeren Form stark standardisiert und besteht aus dem Anschreiben, dem Lebenslauf mit Foto sowie Kopien von Schul- und Arbeitszeugnissen. Das Anschreiben sollte Antwort auf die folgenden drei Fragen geben: 1. Weshalb bewirbt sich der Schreibende gerade auf diese Stelle? 2. Weshalb möchte er gerade in diesem Unternehmen arbeiten? 3. Welche beruflichen Fähigkeiten und Kenntnisse bringt er dafür mit? Der Lebenslauf gibt darüber hinaus einen chronologischen Überblick über den Werdegang des Bewerbers.

Informieren, berichten, beschreiben

Die Textsorten Protokoll, Bericht und Beschreibung zählen zu den berichtenden Sachtexten, deren wichtigste Funktion die sachliche und genaue Wiedergabe von Inhalten ist. Der **Bericht** ist eine knappe, zusammenhängende Darstellung mit den wesentlichen Einzelheiten eines Handlungsablaufs oder Ereignisses. Er gibt im Präteritum (Vergangenheit) Auskunft über Zeit, Ort, beteiligte Personen und den zeitlichen Verlauf. Als Grundform der Informationsübermittlung hat der Bericht Bedeutung im Journalismus. Weitere Beispiele sind u. a. der Geschäftsbericht eines Unternehmens oder der Unfallbericht für die Versicherung.

Das **Protokoll** liefert eine schriftliche Zusammenfassung der wesentlichen Inhalte von Versammlungen, Besprechungen, Vernehmungen und ähnlichen Zusammenkünften. Gegenüber dem Bericht zeichnet sich diese Textsorte durch eine weitgehend festgelegte äußere Form aus: Thema, Ort, Datum und Teilnehmer werden im Kopf des Protokolls vermerkt. Der Hauptteil beschreibt in knapper Form die wichtigsten Inhalte. Mit Hilfe des Protokolls können diejenigen, die z. B. an einer Sitzung nicht teilgenommen haben, nachträglich über die Inhalte und Beschlüsse informiert werden. Den Teilnehmern selbst dient es als Gedächtnisstütze.

Die **Beschreibung** will dem Leser eine möglichst klare und korrekte Vorstellung von dem Beschriebenen geben. Im Unterschied zum Bericht informiert die Beschreibung lediglich über ein Thema, enthält aber keinen Handlungsablauf, also keine Geschichte. Gegenstand einer Beschreibung kann sowohl eine Sache, eine Person, ein Bild oder auch ein Vorgang sein – alles, was für einen gewissen Zeitraum einen Zustand bezeichnet oder jederzeit auf dieselbe Weise wiederholbar ist (z. B. Gebrauchsanweisung). Die Beschreibung basiert auf genauer Beobachtung und ist klar aufgebaut, anschaulich und sachlich. Dazu zählen z. B. Inhaltsangaben oder polizeiliche Personenbeschreibungen.

Journalistische Textarten

Die informierenden journalistischen Textarten wie Nachricht und Bericht werden von der **Reportage** ergänzt, die zwar faktenorientiert ist, aber aus Sicht des Verfassers von Vorgängen berichtet. Im Mittelpunkt stehen Ereignisse, Handlungen und Begebenheiten, die vom Reporter „vor Ort" in ihrem szenischen Zusammenhang beschrieben werden. Die Reportage will den Leser nicht nur informieren, sondern möglichst unmittelbar an den geschilderten Ereignissen teilnehmen lassen. In Fernsehen und Hörfunk ergänzen Originaltöne und Bilder den Wortbericht. Die Livereportage, z. B. in der Sportberichterstattung, berichtet direkt vom Ort des Geschehens.

Zu den meinungsäußernden journalistischen Textsorten gehören der Kommentar und die Glosse. Im **Kommentar** nimmt der Verfasser wertend Stellung, in der Glosse tut er dies gedanklich besonders pointiert und verwendet dabei Ironie und Satire als Stilmittel.

Ein Gesicht kann allein sprachlich nur sehr grob beschrieben werden. Für Fahndungen sind daher Phantombilder sehr wichtig. Der Zeichner muss dabei aus den „dürren Worten" Schritt für Schritt ein Gesicht entstehen lassen.

Zu den anspruchvollsten nichtliterarischen Textsorten zählt der **Essay.** Darunter versteht man ein kurzes, aus einer kritischen Grundhaltung heraus verfasstes Prosastück zu einem beliebigen Thema aus dem gesellschaftlichen oder kulturellen Bereich. Anders als die Reportage folgt der Essay keinem logischen Aufbau, sondern versucht meistens, einen Sachverhalt möglichst locker und ohne strenge Systematik zu behandeln. Von Bedeutung ist dabei weniger das Ergebnis der Betrachtung, sondern die Wirkung, die sie beim Leser erzielt. Dieser soll Denkanstöße erhalten und sich eine eigene Meinung bilden.

Literatur

Zwar hat jeder Leser eine Vorstellung davon, was unter einem literarischen Text zu verstehen ist, doch eine Definition von Literatur lässt sich nicht aufstellen. Jede Kultur, jede Epoche gibt eine andere Antwort auf die Frage nach ihrem Wesen.

Literaturgattungen

Die Herkunft des Begriffes Literatur, das lateinische Wort „litteratura" (Buchstabenschrift), legt eine Gleichsetzung mit allem schriftlich Aufgezeichneten nahe. Diesem sehr weiten Literaturbegriff steht ein enger gegenüber: die Beschränkung auf die großen Werke der Dichtung, die sog. hohe Literatur. Es werden drei Grundformen unterschieden: **Epik**, **Dramatik** und **Lyrik**. Diese Einteilung bezieht sich auf die Art und Weise, wie sich ein Text seinen Lesern bzw. Zuhörern präsentiert. Wird ein erfundenes Geschehen von einem Erzähler vermittelt, so handelt es sich um einen epischen Text, z. B. um ein Märchen, eine Kurzgeschichte oder einen Roman. Drückt ein „Ich" in subjektiver, „singbarer" Form, z. B. als Gedicht, seine Empfindungen aus, geht es um Lyrik (z. B. Ode, Sonett, Lied). Bei einem Drama (z. B. Tragödie, Komödie, Tragikomödie) wird ein für die Bühne geschriebener Text von handelnden Personen in Spiel und Rede zur Darstellung gebracht.

Texte für alle Lebensbereiche

Ein wichtiges Unterscheidungskriterium zwischen **Sachtexten** und belletristischen, schöngeistigen Texten ist die Fiktionalität, also erfundene Handlung. Im Gegensatz zu literarischen (fiktionalen) Texten, die Produkte künstlerischer Fantasie sind, werden (nichtfiktionale) Sachtexte als Medium der Information, Bildung und Orientierung verstanden. Ihre Inhalte sind an der Wirklichkeit überprüfbar, sach- und zweckbezogen.

Zur näheren Bestimmung von Sachtexten hat sich eine Aufgliederung nach der vorherrschenden Funktion durchgesetzt: 1. Berichtende Texte vermitteln Informationen über ein Thema sachlich und ohne Wertung (z. B. Protokolle, Inhaltsangaben). 2. Erklärende Texte wollen die Zusammenhänge eines Sachverhaltes durchschaubar machen (z. B. Kommentar, Essay). 3. Appellierende Texte wollen den Leser beeinflussen oder für etwas werben (z. B. Werbung, Flugblatt). 4. Regulierende Texte schreiben einen Sachverhalt verbindlich fest (z. B. Gesetzestext, Verträge). 5. Persönliche Texte geben subjektive Eindrücke und Überzeugungen wieder (z. B. persönlicher Brief, Tagebuch).

Lesestoff für die „breite Masse"

Der Begriff **Unterhaltungsliteratur** bezeichnet literarische Texte, die auf das Unterhaltungsbedürfnis der Leser ausgerichtet sind und bestimmten, sich mehr oder weniger von der gehobenen Literatur unterscheidenden Darstellungskonventionen folgen. Die Grenzen sind hier allerdings fließend.

Unterhaltungsliteratur ist in allen Gattungen zu finden: Für das Drama sind beispielsweise Rührstück, Posse und Schwank zu nennen, im Bereich der Lyrik haben Limerick und Schlager diese Rolle inne. Am wirkungsmächtigsten erwies sich jedoch der Roman. So war der Liebes- und Familienroman ebenso wie der Abenteuer- und Reiseroman bereits im 18. Jh. sehr beliebt. Um die Wende zum 19. Jh. folgten die Schauerromane – einer der bekanntesten von ihnen ist Mary Shelleys Roman „Frankenstein“ aus dem Jahr 1818 –, welche die **fantastische Literatur** mit ihren Horror- und Vampirgeschichten nach sich zogen. Zum weltweit populärsten Zweig der Unterhaltungsliteratur entwickelte sich der **Kriminalroman,** zu dessen berühmtesten frühen und anhaltend beliebten Beispielen Arthur Conan Doyles Geschichten um den genialen Detektiv Sherlock Holmes gehören.

Weil sie ein möglichst breites Publikum ansprechen möchte, ist die Unterhaltungsliteratur auf leichte Verständlichkeit angewiesen. Sie setzt auf Handlung, nicht auf Reflexion und baut immer wieder neue Spannungsbögen auf. Die Sprache orientiert sich am Alltagsgebrauch, die Figuren sind oftmals typisiert oder werden in Gruppen eingeteilt, die jeweils entgegengesetzte Werte und Meinungen vertreten. Auch gibt es stets Figuren, in denen der Leser sich wiedererkennen kann. Zu den erfolgreichsten Beispielen für dieses Grundmuster gehören z. B. die Romane von Heinz Günther Konsalik („Liebesnächte in der Taiga“, 1966), Johannes Mario Simmel („Es muss nicht immer Kaviar sein“, 1960), Hera Lind („Das Superweib“, 1994) und Charlotte Link („Die Rosenzüchterin“, 2000).

Der Limerick – Unterhaltung in Gedichtform

Der Limerick, ein kurzes Scherzgedicht in fünf Zeilen, erzählt eine Geschichte, die meist in einer Pointe endet. Er funktioniert nach dem Reimschema aabba:

Ein Wahlkämpfer glaubte in Hirzermain,
dass Reden mit Witzen zu würzen sei'n.
Aber da niemand lachte,
brachten die, die er machte,
in die Rede nur Längen statt Kürzen rein.
(Dieter Höss)

Jährlich im Oktober lockt die Frankfurter Buchmesse mit ihren 7300 Ausstellern, die über 400 000 Buchtitel präsentieren, etwa 300 000 Besucher an.

Die griechische Lyrikerin Sappho (um 600 v. Chr.) war die bedeutendste Dichterin der Antike; hier ist sie auf einem römischen Wandgemälde aus Pompeji dargestellt.

Griechische und römische Antike

Die griechische Antike gilt als Wiege der abendländischen Kultur. Platon und Aristoteles legten die Fundamente der Philosophie; griechische Literatur und Kunst wurden zu Inbegriffen klassisch idealer Kunstwerke. Die Literatur des antiken Römischen Reiches entwickelte sich durch die Adaption griechischer Kultur. Die Werke der großen römischen Dichter wie Vergil, Ovid oder Horaz hatten mit ihren Stoffen und Formen nachhaltige Wirkung auf die europäische Literatur bis in die Neuzeit.

König Ödipus

Sophokles' Werk „König Ödipus" (vor 425 v. Chr.) ist einer der bedeutendsten Klassiker der Tragödienliteratur. Es zeigt den tiefen Fall eines Menschen, der – wenn auch unwissend – große Schuld auf sich geladen hat. In einem Streit tötet Ödipus den ihm unbekannten Vater, König Laios von Theben, und heiratet dann seine Mutter Iokaste. Als er erkennt, was er getan hat, blendet er sich selbst. Die Enthüllungstragödie führt Ödipus vom Schein zur Wahrheit, von der Selbsttäuschung zur Selbstfindung. Er muss leidvoll erkennen, dass es vermessen war zu glauben, seiner Macht seien keine Grenzen gesetzt.

Griechische Lyrik

Vorreiter des europäischen Epos waren Homers Heldenepen „Illias“ über den Trojanischen Krieg und die ihm zugeschriebene „Odyssee“ über die Irrfahrten des Odysseus aus dem 8. Jh. v. Chr. Auch die Geschichte der Lyrik begann in Griechenland. Dort entwickelte sich das Gedicht aus dem gesungenen, von einer Lyra (Leier) begleiteten Lied. Als größte Lyrikerin der Antike gilt **Sappho,** die Liebesgedichte, Hochzeitslieder und Götterhymnen verfasste. Sie lebte um 600 v. Chr. auf der Insel Lesbos, wo sie eine Gemeinschaft ins Leben rief, in der die Töchter höherer Kreise auf ihr künftiges Leben vorbereitet wurden. Ihr Zeitgenosse, der Dichter Alkaios, griff politische Motive auf, Anakreon schrieb kunstvoll stilisierte, tändelnde Verse. Als Meister des erhabenen Stils gilt Pindar, dessen Oden sowohl religiöse als auch politisch-öffentliche Funktionen erfüllten.

Die Wurzeln des griechischen Theaters

Das griechische Theater, das dem Theater überall auf der Welt maßgebliche Impulse geben sollte, entwickelte sich aus den kultischen Liedern und Tänzen zu Ehren des Gottes Dionysos. Die aus dem Chorgesang hervorgegangene Tragödie, die im 5. Jh. v. Chr. ihre Blütezeit hatte, griff meist mythologische Stoffe auf (➔ S. 366). Sie behandelte nicht nur Grundfragen des Seins, sondern setzte sich auch mit der Politik und Gesellschaft ihrer Zeit auseinander. Die ersten vollständig überlieferten Tragödien, bis heute gültige Höhepunkte dramatischen Schaffens, stammen von **Äschylus** („Die Perser“, „Orestie“), Sophokles („Antigone“, „König Ödipus“) und Euripides („Elektra“, „Medea“). Die frühen griechischen Komödien aus dem 5. Jh. v. Chr. waren derb-komisch, anzüglich und politisch. Als ihr bedeutendster Vertreter gilt **Aristophanes** („Lysistrata“, „Die Vögel“), der die Bühne nutzte, um seinen Zeitgenossen einen Spiegel vorzuhalten.

Die Entwicklung der römischen Literatur

Die frühesten Zeugnisse römischer Literatur stammen aus dem 3. Jh. v. Chr., als die ersten, von Livius Andronicus übersetzten griechischen Dramen aufgeführt wurden. Von den Griechen übernahmen die Römer Stoffe, Gattungen und Stilmittel, die sie dann mehr und mehr ihrer eigenen Wirklichkeit anpassten. Literatur sollte nach römischem Verständnis auf den Staat und die Gesellschaft bezogen sein und zählte zur **Rhetorik.** Zu den großen Leistungen römischer Prosa gehören deshalb auch die Geschichtsschreibung und die öffentliche Rede sowie die wissenschaftlichen Schriften zum römischen Staats- und Zivilrecht. Die **Geschichtsschreibung** trat in Form von Annalen, Monografien und Kriegsjournalen auf und verzahnte Historie mit aktueller Politik. Als bedeutendster Historiker der Kaiserzeit gilt Publius Cornelius Tacitus, der vor allem durch seine um 98 v. Chr. geschriebene Abhandlung über die Germanen berühmt wurde.

Unter den Rhetorikern ragte Marcus Tullius Cicero sowohl als Redner wie als Theoretiker („Über den Redner", 55 v. Chr.) hervor. Als Begründer der Satire gilt Gaius Lucillius, ein Dichter der **Vorklassik** (ca. 240–100 v. Chr.), dessen „Saturae" allerdings nur fragmentarisch überliefert sind. Aus der Zeit der Vorklassik blieben allein die Komödien von Titus Maccius Plautus und Publius Terentius Afer erhalten. Plautus („Amphitryon") und Terenz formten nicht nur die römische Komödie nach griechischen Vorbildern, ihre Werke markieren auch die Blütezeit des **römischen Lustspiels** bzw. des Theaters.

Horaz, Vergil und Ovid

Rom, seine Macht und seine Sitten waren in den literarischen Werken der **Klassik** (um 100 v. Chr.–14 n. Chr.) ein großes Thema. Jedoch hatten die Bürgerkriege dazu geführt, dass im dichterischen Schaffen neben dem Thema Staat auch ganz persönliche Überzeugungen und private Erlebnisse einen breiten Raum erhielten. Die Hauptgattungen waren das Epos und die Lyrik. Mit seinen „Oden" bzw. „Carmina" (23/13 v. Chr.) lieferte Quintus Horatius Flaccus (Horaz) ein Kaleidoskop politischen und privaten Lebens im Rom seiner Zeit. Er schrieb zudem Satiren und verfasste mit der Abhandlung „Über die Dichtkunst" (14 v. Chr.) eine Poetik, die jahrhundertelang nachwirkte.

Als Meister der Sprachkunst und Menschenkenntnis gelten Publius Vergilius Maro (Vergil) und Publius Ovidius Naso (Ovid). Mit seinem Epos **„Aeneis"** (29–19 v. Chr.) verfasste Vergil die Gründungssage des römischen Volkes: In zwölf Büchern schildert er das Schicksal von Aeneas und der mit ihm ziehenden Trojaner nach der Eroberung ihrer Stadt durch die Griechen.

Die Verknüpfung von griechischen Mythen und römischer Wirklichkeit prägt das Werk von Ovid. Erste Erfolge errang er mit seinen „Liebesliedern" („Amores", ab 23 v. Chr.) und seiner „Liebeskunst" („Ars amatoria", 1 v. Chr. bis 1 n. Chr.). Ovids bedeutendstes Werk, seine **„Metamorphosen"** (1–8 n. Chr.), stellt ungefähr 250 Sagen und Mythen zusammen, in denen sich Menschen in Götter, Tiere und Pflanzen oder umgekehrt verwandeln.

Die italienische Buchmalerei (um 1498) zeigt Szenen aus Vergils Epos „Aeneis": Auf der Flucht aus der brennenden Stadt Troja (im Hintergrund) landet Aeneas nach einer langen Irrfahrt an der Küste Karthagos. Dort heißt ihn Königin Dido willkommen (rechts).

Literatur des Mittelalters

Das europäische Mittelalter, das etwa von der Völkerwanderung (4.–6. Jh.) bis zur Reformation (Anfang 16. Jh.) reicht, war stark vom Christentum und einem mehr oder weniger gleichberechtigten Nebeneinander geistlicher und weltlicher Macht (Papst- und Kaisertum) geprägt. Kulturelle Zentren des Mittelalters waren zunächst die Klöster und Stifte, aber auch die Kaiser- und Fürstenhöfe sowie in Ansätzen die Städte. Die Sprache der Literatur war zunächst – wie für die Wissenschaft – das Lateinische, die Sprache der Gebildeten in ganz Europa. Erst allmählich führte die Entwicklung von lateinischen zu volkssprachlichen sowie von geistlichen Schriften zu weltlichen, individuell ausgeprägten Werken. Heldenepen und Minnesang waren beliebte literarische Formen. Das Drama des Mittelalters war in ganz Europa vor allem geistliches Drama (→ S. 367).

Das Nibelungenlied ist in unterschiedlichen Schriften überliefert. Die Hundeshagen'sche Handschrift aus dem 15. Jh. ist davon als einzige mit farbigen Illustrationen ausgestattet (Bild: „Wie Kriemhild zu König Etzel geführt wird").

Die höfische Kultur entsteht

Karl der Große (Reg. 768–814) schuf mit seinen Bemühungen, die christliche Religion, die Kultur der Antike und germanische Traditionen miteinander zu verbinden, die Grundlage für die Entwicklung der westeuropäischen Kultur. Bildung und Kultur lagen in den Händen der Geistlichen, die oft als Einzige des Lesens und Schreibens kundig waren und die auch die berühmt gewordenen Handschriften mittelalterlicher Dichtungen in ihren Klöstern erstellten. Diese Literatur war zunächst stark religiös bestimmt. So schildert das lateinisch geschriebene Epos „Heliand" (um 830) das Leben Christi, nutzt dazu aber Begriffe und Bilder aus der heimischen germanischen Tradition.

Die germanische Gedankenwelt bestimmte auch die **Heldenepik** des Mittelalters, die auf jahrhundertelang mündlich überlieferte Heldensagen aus der Zeit der Völkerwanderung zurückgeht. Herausragende Beispiele sind das bereits in althochdeutscher Sprache abgefasste „Hildebrandslied" (um 820), die altisländische „Edda" (11. und 13. Jh.) und das „Nibelungenlied" (um 1200).

Zur Zeit der staufischen Kaiser, insbesondere Friedrichs I. Barbarossas (Reg. 1152–1190), übernahmen die Fürstenhöfe die Rolle kultureller Zentren. Es bildete sich eine ritterliche bzw. **höfische Kultur** heraus, die mehr am Diesseits orientiert war. Der erste, noch auf Latein geschriebene und in Versen verfasste Roman seit der Antike, „Ruodlieb" (um 1050), stellte bereits eine solche christlich-ritterliche Kultur vor. Die nun entstehende volkssprachige weltliche Literatur spiegelte weniger die Alltagsrealität, sondern strich vielmehr die Ideale der ritterlichen Gesellschaft heraus. Sie war vor allem auch ein Mittel der Erziehung. Als zentrale Tugend galt die mâze, das Maßhalten-Können. Weitere wichtige Tugenden waren Ehre, Tapferkeit, Treue und Mitleid.

König Artus und die Ritter seiner Tafelrunde: Stoff für den Fantasy-Film „Excalibur" (1981)

Der edle Ritter als Ideal

Die Entwicklung ritterlicher Lebensformen und höfischer Dichtung nahm im heutigen Frankreich ihren Ausgang. Chrétien de Troyes schuf in der zweiten Hälfte des 12. Jh. mit seinen in Altfranzösisch geschriebenen **Versepen** vielfach nachgeahmte Muster höfischer Dichtung, die den Weg zur Erfüllung ritterlicher Lebensideale schildern. Ihre Stoffe entstammen den Sagen um den britannischen König Artus und die Ritter seiner Tafelrunde (u. a. Erec, Iwein, Lanzelot, Parzival, Tristan). Mit diesem Motiv begründete Chrétien de Troyes eine Tradition, die bis zu modernen Fantasy-Romanen reicht. In „Erec und Enide" (um 1170), „Lancelot" (um 1177) oder „Yvain" (um 1177–1181) beschrieb er die mannigfachen Abenteuer seiner ritterlichen Helden.

Den ersten Beitrag zur deutschsprachigen **Artus-Epik** schuf Hartmann von Aue mit seinem „Erec" (zwischen 1179 und 1185). Wie in seinem „Iwein" (um 1200) geht es darum, Gattenliebe und ritterliche Pflichten in Einklang zu bringen. Auch Wolfram von Eschenbach nutzte französische Quellen für seinen „Parzival" (1200–1210), in dem er eine weltliche Ritterhandlung mit der religiösen Geschichte um den Gral, einen mit wunderbaren Kräften ausgestatteten Gegenstand, verwob.

Tragische Züge trägt das unvollendet gebliebene Epos „Tristan und Isolt" (um 1210) von Gottfried von Straßburg. Das Werk verteidigt die Liebenden, die, von ihrer Leidenschaft überwältigt, gegen alle Konventionen verstoßen.

Als Meisterwerke mittelalterlicher Dichtung gelten Dante Alighieris Epos **„Die göttliche Komödie"** (1307–1321) sowie die „Canterbury Tales" (ab 1387) des Engländers Geoffrey Chaucer, eine Sammlung von Geschichten, die Pilger auf dem Weg nach Canterbury erzählen.

Der Minnesang

Wie das Ritterepos war der Minnesang an die höfische Kultur gebunden. Minne bezeichnet das liebende Gedenken: In der sog. hohen Minne geht es um die Verehrung einer unerreichbaren Dame. Die deutschen Minnesänger griffen Einflüsse der Troubadour-Lyrik aus der Provence auf. Die Wende zur personalen Liebesdichtung vollzog sich bei **Walther von der Vogelweide.** Er rückte vom idealisierten Frauenbild der hohen Minne ab und pries in den sog. Mädchenliedern die sinnliche Liebe mit einer nichtadeligen Frau (niedere Minne). Traditionen des Minnesangs lebten im **Meistersang** fort, der von Zunfthandwerkern gepflegt wurde. Der berühmteste Meistersinger war Hans Sachs aus Nürnberg.

Literaturepochen

Althochdeutsche Dichtung (um 750–1050)
Mittelhochdeutsche Dichtung (um 1050–1350)
Renaissance, Humanismus und Reformation (um 1350–1600)
Barock (um 1600-1720)
Aufklärung (um 1700–1789)
Sturm und Drang (um 1770–1789)
Weimarer Klassik (um 1786–1805)
Romantik (um 1795–1830)
Junges Deutschland, Biedermeier (um 1815–1849)
Realismus (um 1848–1890)
Naturalismus (um 1890–1900)
Literatur der Jahrhundertwende (1880–1918)
Expressionismus (um 1910–1920)
Literatur der Weimarer Republik und des Nationalsozialismus, Exilliteratur (1919–1945)
Literatur der Nachkriegszeit (1945–1949)
DDR-Literatur (1949–1989)
Literatur der 1950er und frühen 1960er Jahre, Politisierung der Literatur (1960er und 1970er Jahre)
Neue Subjektivität (ab 1970er Jahre)
Gegenwartsliteratur (ab 1990)

Wissenschaften erlebten in der Renaissance einen großen Aufschwung. Galileo Galilei (rechts) revolutionierte die Astronomie, indem er das kopernikanische Weltsystem weiterentwickelte.

Renaissance und Humanismus

Renaissance und Humanismus legten die Fundamente für modernes Denken und Forschen; es entstand ein Kunst- und Menschheitsideal, das bis heute nachwirkt. Das Individuum, seine Würde und seine Fähigkeit zum autonomen Handeln, aber auch die Verunsicherungen, die sich aus der Auflösung vertrauter Werte und Bindungen ergaben, rückten in den Mittelpunkt von Philosophie und Dichtung. Die das Mittelalter durchziehende Einheit von Glauben und Wissen löste sich allmählich auf.

Geistige, politische und religiöse Erneuerung

Die Begriffe Renaissance (französisch „Wiedergeburt") und Humanismus bezeichnen eine Erneuerungsbewegung, die, ausgehend von Italien, vom 14. bis 16. Jh. ganz Europa erfasste, vor allem Frankreich, Deutschland, Portugal sowie England, wo das Elisabethanische Theater mit seinem Hauptvertreter William Shakespeare Maßstäbe setzte (→S. 367). Mit der Schwächung von Papst und Kaisertum sowie dem Aufstieg von Territorialfürsten und freien Städten bzw. Stadtrepubliken löste sich das feudale Ordnungssystem allmählich auf. Auch die **Kopernikanische Wende** erschütterte das mittelalterliche Weltbild: Nikolaus Kopernikus legte in seinem 1543 veröffentlichten „De Revolutionibus Orbium Coelestium" (Von den Drehungen der Himmelskreise) dar, dass nicht die Erde Mittelpunkt des Planetensystems ist, sondern die Sonne. Die Menschen sahen sich auf sich selbst verwiesen, sie lösten sich sowohl von den geltenden christlich-dogmatischen Vorstellungen als auch aus der als gottgewollt angesehenen Ordnung. Sie begriffen sich als Individuen und entwickelten ein am irdischen Diesseits orientiertes Lebensgefühl.

Zum Vorbild und Maßstab wurden Kunst, Literatur und Wissenschaft der Antike. Sie lieferten die Grundlage für das neue Ideal der gebildeten, autonomen Persönlichkeit, die nach Selbstentfaltung strebte. Die Wissenschaft begann, sich aus kirchlicher Vormundschaft zu befreien, und setzte zunehmend auf Vernunft und kritisches Überprüfen.

Die spätmittelalterliche Moralsatire „Das Narrenschiff" (Titelseite, 1494) gehört zu den volkstümlichen Narrengeschichten, die typische menschliche Schwächen unterhaltsam karikieren.

Italien: Wiege des neuen Denkens

Im 14. Jh. begann mit dem Humanisten und Dichter Francesco Petrarca („Canzonieri") die Moderne. Als einer der Ersten setzte er sich für eine weltlich ausgerichtete Bildung ein und schrieb Dichtungen, die sich durch eine subjektive Sichtweise auszeichnen. In seiner 1349–1353 entstandenen Novellensammlung **„Das Dekameron"** (Il Decamerone) erhob Giovanni Boccaccio die Novelle zur Kunstform. Eines der zentralen Themen dieser 100 sowohl ernsten wie humorvollen und frivolen Geschichten ist die Liebe. Hier grenzte sich Boccaccio mit der Legitimierung der sinnlichen Liebe eindeutig von mittelalterlichen Vorstellungen ab. Torquato Tassos Hauptwerk, das christliche Epos „Das befreite Jerusalem" (1580), schildert in 20 Gesängen den ersten Kreuzzug (1096–1099).

Deutschland: Zeitalter der Reformation

In den deutschsprachigen Ländern blieb der Humanismus mehr als in Italien auf einen kleinen Kreis von Intellektuellen begrenzt. Eine größere Dynamik sollte die Reformation entfalten. **Martin Luther** wandte sich gegen die Verweltlichung der römischen Kurie und vertrat die Überzeugung, der Einzelne sei nicht auf die Vermittlung eines Geistlichen angewiesen, um der Gnade Gottes teilhaftig zu werden. Seine **Bibelübersetzung** (1534) ins Deutsche erfüllte nicht nur den Zweck, die Heilige Schrift auch den Laien zugänglich zu machen, sie trug auch viel zur Entwicklung einer lebendigen deutschen Schriftsprache bei. Unterstützt wurde dies durch die Erfindung des Buchdrucks, der eine schnelle Vervielfältigung aller Texte ermöglichte.

Unter den literarischen frühneuhochdeutschen Werken ragt „Der Ackermann aus Böhmen" (um 1400) von Johannes von Tepl hervor. Dieses Streitgespräch zwischen einem Bauern und dem Tod markiert die Wende von mittelalterlichem zu neuzeitlichem Denken. Die Spannung zwischen christlicher und humanistischer Weltsicht prägt auch die Moralsatire „Das Narrenschiff" (1494) von Sebastian Brant, die den Anstoß für eine umfangreiche **Narrenliteratur** gab.

Dem Unterhaltungsbedürfnis breiter Leserschichten kamen die **Volksbücher** des 15. und 16. Jh. entgegen. Sie fußen auf älteren Schwank- und Fabelsammlungen, Anekdoten über historische Personen sowie Epen. Das von Hermann Bote zusammengestellte Schwankbuch **„Till Eulenspiegel"** (1510/11) kreist um den bauernschlauen Schalk, der anderen einen Spiegel vorhält. Ähnlich erfolgreich wurde die „Historia von D. Johann Fausten" (1587), die Geschichte eines historisch verbürgten Magiers, der sich mit dem Teufel eingelassen haben soll. Aus ihm entstand eine weit verzweigte Faust-Literatur, u. a. Goethes berühmte dramatische Bearbeitung (→S. 369).

Frankreich: Gelehrsamkeit und Fabulierkunst

Mit ihren bekenntnishaften Zügen und den schlaglichtartigen Formulierungen haben die lyrischen Werke von François Villon viele Dichter der Moderne stark beeinflusst. Sein berühmtes Werk „Das große und das kleine Testament", eine Sammlung von Gedichten, Balladen und Episteln (um 1461 vollendet), verbindet den Jargon der Gosse mit humanistischer Gelehrsamkeit. Eine fantastisch-satirische Erzählweise sowie eine Wendung gegen jeden Dogmatismus zeichnen die Werke von **François Rabelais** aus. Sein fünfbändiger Roman „Gargantua und Pantagruel" (1532–1564) schildert die Abenteuer zweier Riesenkönige und ist gespickt mit satirischen Seitenhieben auf verschiedene Stände und Berufe.

Mit seinem Hauptwerk, den „Essays" (1580/88), begründete Michel de Montaigne die gleichnamige literarische Gattung. Seine **Essays** umfassen ein breites Themenspektrum, das von Politik über Literatur und Philosophie bis zu Erziehungsfragen und Religion reicht.

Portugals goldenes Zeitalter

Die Entdeckungsfahrten portugiesischer Seefahrer und die überseeischen Eroberungen machten Portugal im 15. und 16. Jh. zu einer der führenden Handelsmächte der Welt. Die Aufbruchstimmung spiegelte sich auch in der Dichtung wider, sodass diese Epoche als goldenes Zeitalter der portugiesischen Literatur gilt. Zum bis heute gerühmten Nationaldichter wurde **Luís Vaz de Camões** mit seinem Epos „Die Lusiaden" (1572). In zehn Gesängen preist Camões die Entdeckungsfahrt von Vasco da Gama, der 1498 als erster Europäer den Seeweg nach Indien fand. Der bedeutendste Dichter neben Camões war Gil Vicente, der als Begründer des portugiesischen Dramas gilt. Seine z. T. verlorengegangenen Moralitäten, Farcen und Komödien verbinden Volkstümlichkeit mit humanistischem Denken.

Barock: Zwischen Lebenslust und Todessehnsucht

Die Epoche des Barock (um 1600 bis 1720) ist geprägt von einer Vielfalt an Strömungen und Werken, von außerordentlicher Polarität und innerer Spannung. Das Lebensgefühl zeigte sich gespalten zwischen Universalismus und Nationalismus, bürgerlichem Bewusstsein und höfischem Prunk, zwischen düsterer Skepsis und barocker Lebenslust.

Höfischer Prunk trotz Krieg und Leid

Einerseits sorgte die Gegenreformation in Europa für unruhige Zeiten und kriegerische Auseinandersetzungen prägten das Leben: In den deutschen Ländern z. B. wütete der Dreißigjährige Krieg. Andererseits errichteten die europäischen Regenten, allen voran Ludwig XIV. in Frankreich, als Ausdruck ihrer absolutistischen Macht prunkvolle Höfe und förderten die schönen Künste. Während Kriegsgräuel und Verfolgungen für unendliches Leid sorgten, brachte die Literatur besonders in Frankreich und Spanien Großartiges hervor.

Das Menschenbild der Schriftsteller war geprägt von Pessimismus, Skepsis und Weltangst. Demgegenüber stand die von der Kirche bekämpfte Weltlust. Im Bewusstsein der Vergänglichkeit schwankte das Lebensgefühl zwischen Lebensgier und Todessehnsucht. Für viele Dichter war die Kunst Zufluchtsort vor einer als unbeherrschbar und nicht veränderbar empfundenen Wirklichkeit. Mächtiges **Pathos** und eine Vorliebe für Rhetorik prägten die Werke. Antike Kunstformen und Bilder waren beliebt, das Überladene, Manierierte, Allegorische typische Stilelemente.

Der französische Dichter Molière wirkte häufig in seinen eigenen Stücken als Schauspieler mit; hier ist er (sitzend) in der Hauptrolle seiner Komödie „Der eingebildete Kranke“ (1673) auf der Bühne dargestellt.

Blütezeit in Spanien

Im „Siglo de Oro“, dem **goldenen Zeitalter** der spanischen Literatur, kamen Autoren aus den unterschiedlichsten Schichten zu Wort. Dazu gehört auch Miguel de Cervantes Saavedra, der mit **„Don Quijote“** (1605–1615) das zweifellos bekannteste Werk der spanischen Literatur verfasste. Angelegt als Satire auf die Ritterromane, schildert der Roman die tragikomischen Abenteuer eines armen Adeligen, dessen überholte Ritterideale an den Realitäten der spanischen Gesellschaft am Ende des 16. Jh. scheitern. Mit „Don Quijote“, das erstmals in der neuzeitlichen Literatur die persönliche Tragik eines Menschen beschreibt, der in einer Traumwelt lebt und die Wirklichkeit verkennt, wurde Cervantes zum Schöpfer des modernen Romans. Das abenteuerlich-leidvolle Leben eines Mannes aus der Unterschicht schildert der anonyme Verfasser des „Lazarillo von Tormes“ (1554). Dieses realistisch-satirische Werk, das als **erster Schelmenroman** in die Literaturgeschichte einging, fand mit „Guzmán de Alfarache“ von Mateo Alemán und mit dem „Abenteuerlichen Buscón“ von Francisco Gómez de Quevedo y Villegas bald Nachfolger.

Neben der Romankunst spielte auch das Drama eine bedeutende Rolle. Lope de Vega Carpio schrieb eine Vielzahl von **Mantel- und Degenstücken** (u. a. „Der Ritter vom Mirakel“, 1621), Komödien (u. a. „Die kluge Närrin“, 1617) oder die für Spanien typischen **Fronleichnamsspiele.** Als Schöpfer des leidenschaftlichen Liebhabers, des Don Juan, gilt Tirso de Molina („Der Verführer von Sevilla und der steinerne Gast“, 1630). Seine Verwicklungskomödie „Don Gil von den grünen Hosen“ (1635) gehört aufgrund der lebendigen Rollen und der überraschenden Wendungen bis heute zum Repertoire zahlreicher Theater. Zu den Sternen am spanischen Theaterhimmel zählte auch Pedro Calderón de la Barca. Im Mittelpunkt seiner religiös geprägten Werke steht oftmals die für Spanien typische **Frage der Ehre.** Jahrzehntelang galt er als der unbestrittene Meister der Fronleichnamsspiele.

Dreigestirn Corneille – Racine – Molière

Auch in Frankreich war die Barockliteratur eng mit dem Theater verbunden; hier dominierte die strenge Form. Als Schöpfer der „tragédie classique“, der französischen **klassischen Tragödie,** gilt Pierre Corneille. Seine streng nach den aristotelischen Regeln der Einheit von Ort, Zeit und Handlung gebauten Werke („Cid“, 1637; „Horatius“, 1640) sollten den Menschen zum Staatsbürger erziehen. Jean Racine („Phädra“, 1677) legte in seinen Stücken, die oftmals Frauenschicksale in den Mittelpunkt stellen, Wert auf psychologische Differenzierung. Über die Landesgrenzen hinaus wirkte der Dritte im Bunde, **Molière** („Tartuffe“, 1664). Mit seinen Possen, kritischen Zeitstücken und turbulenten **Charakterkomödien** wurde er zum großen Vorbild der Komödiendichter der nachfolgenden Jahrhunderte.

Tirso de Molinas barocke Verwicklungskomödie „Don Gil von den grünen Hosen“ von 1635 besticht auch heute noch durch ihren temporeichen Witz; im Bild die Szene einer Aufführung des KULTURmobils des Bezirks Niederbayern unter der Regie von Johannes Schmid (2003).

Von Schäfern und Schelmen

In Deutschland bildete sich mit dem Barock eine Tendenz zur intensiven Sprachpflege heraus. In der ersten Hälfte des 16. Jh. entstanden zahlreiche **Sprachgesellschaften** (u. a. „Fruchtbringende Gesellschaft“ oder „Palmorden“), welche die Muttersprache pflegten und sie von fremden Einflüssen reinigen wollten. Große Verdienste erwarb sich Martin Opitz, der im „Buch von der deutschen Poeterey“ (1624) die grundlegenden Regeln der Dichtung zusammenfasste.

Andreas Gryphius tat sich mit pathetischen **Barocktragödien** („Großmütiger Rechtsgelehrter oder Sterbender Aemilius Paulus Papinianus“, 1659) und heiteren Lustspielen („Horribilicribrifax“, 1663) hervor. Herausragend war er aber als Autor sprachgewaltiger Gedichte (u. a. „Teutsche Reimgedichte“, 1650).

Besonderer Beliebtheit erfreute sich der **Schäferroman** (u. a. Martin Opitz: „Schäferei von der Nymphen Hercinia“, 1630), der Zuflucht vor der brutalen Wirklichkeit in einer idealisierten naturnahen Schäfer- und Hirtenwelt bot. Hans Jacob Christoffel von Grimmelshausen beschrieb in seinem **„Simplicissimus“** (1669) die aus den Fugen geratene Zeit des Dreißigjährigen Krieges. Ein erbarmungslos vom Schicksal Umhergetriebener steht im Mittelpunkt dieses bedeutenden satirischen Schelmenromans.

Die gebildete Gesellschaft traf sich im 18. Jh. in literarischen Salons, wo in meist privatem Rahmen Diskussionen, musikalische Darbietungen oder Lesungen organisiert wurden (Gemälde von Emil Doerstling, 1892/93).

Aufklärung: Literatur der Vernunft

Sapere aude! Habe Mut, dich deines Verstandes zu bedienen! – Mit diesen Worten formulierte **Immanuel Kant** 1784 in seiner Abhandlung „Was ist Aufklärung" den Kerngedanken der Epoche. Um ein aufgeklärtes Individuum zu werden, müsse sich der Mensch aus seiner selbstverschuldeten Unmündigkeit befreien, indem er lernt, eigenständig zu denken. Vernunftgeleitetes Denken und Handeln sollten jeden Lebensbereich bestimmen. Die allseitige, selbstständige Entwicklung des menschlichen Geistes war oberstes Ziel der Aufklärung.

Der neue Mensch

Eigenständig zu denken, bedeutete, kritisch zu denken. Nahezu alle Bereiche des Lebens wurden schonungsloser Kritik unterworfen, auch die Autorität von Kirche und Religion und sogar Staats- und Gesellschaftsordnung wurden infrage gestellt. Nicht mehr im Jenseits erwarteten den Menschen seine eigentlichen Aufgaben, sondern im Diesseits. Weltlich-philosophisches Denken ersetzte zunehmend theologisch-religiös geprägte Ansichten.

Der Glaube an die Vernunft verband sich mit der Idee des Fortschritts, mit der Überzeugung, dass sich das Schicksal des Menschen zum Besseren wendet. So war das Denken vieler Philosophen und Literaten von großem Optimismus geprägt. Mit den **bürgerlichen Salons** gründeten sich neue literarische Foren. Als neue Verbreitungsform für Literatur und Kritik entstanden, von England ausgehend, Zeitschriften („The Spectator", „The Tatler"). Da Literatur als Mittel der Bildung betrachtet wurde und der Belehrung des Menschen dienen sollte, pflegte man insbesondere die Gattungen, die diesem Lehrauftrag entgegenkamen: Gedankenlyrik, Fabel, Epigramm und Lehrdichtung erlebten eine Blütezeit.

Abenteuerromane und philosophische Literatur

Neben Frankreich gehörte England zu den Ländern, in denen sich aufklärerisches Gedankengut früher und konsequenter ausbreitete als in anderen europäischen Regionen. Die Epoche brachte hier eine große Zahl von Schriftstellern hervor, viele Werke gelten heute als

Klassiker der Weltliteratur. In England war der Roman die wichtigste und – für Europa – einflussreichste Gattung, darunter Daniel Defoes „Robinson Crusoe" (1719/20), Jonathan Swifts „Gullivers Reisen" (1726) und Henry Fieldings „Tom Jones" (1749).

In Frankreich wurde in allen literarischen Gattungen experimentiert. Eine herausragende Stellung nahm **Voltaire** ein, den seine Landsleute als Vorreiter der Freiheit und Kämpfer für Gedankenfreiheit sowie Toleranz verehrten. Neben philosophischen und essayistischen Veröffentlichungen besteht sein umfangreiches Werk aus Versepen, Dramen und Romanen („Candide oder Der Optimismus", 1759). Am stärksten philosophisch ausgerichtet war das Werk des dritten großen Aufklärers, **Jean-Jacques Rousseau**. Beseelt von der Überzeugung der Reformbedürftigkeit der Gesellschaft, übte er Kritik an den bestehenden Verhältnissen. Sein gesellschaftskritisches Hauptwerk „Der Gesellschaftsvertrag" (1762) bildete die theoretische Grundlage der Französischen Revolution, sein Erziehungsroman „Émile oder Über die Erziehung" (1762) die Basis für eine neuzeitlich-aufgeklärte Pädagogik.

Lessing erweckt die deutsche Literatur

Die deutsche Literatur fand erst spät Anschluss an die europäischen Nachbarländer. Kleinstaaterei, das Fehlen eines geistigen Zentrums und einer kritischen Leserschaft waren Gründe dafür. Dem deutschen Drama verschrieb sich ein Schriftsteller, der als Theoretiker und als Dichter zu den herausragenden Vertretern deutscher Literatur zählt: **Gotthold Ephraim Lessing**. Mit seiner „Hamburgischen Dramaturgie" (1767/68) lieferte er eine Dramentheorie, die u. a. die Abhängigkeit des deutschen vom französischen Theater durchbrechen sollte. Zu seinen Werken gehören das bürgerliche Trauerspiel „Emilia Galotti" (1772) und das dramatische Gedicht „Nathan der Weise" (1779), ein Plädoyer für religiöse Toleranz und Gleichberechtigung.

Gullivers Reisen – eine unverblümte Satire

Jonathan Swifts Roman „Gullivers Reisen" (1726) ist an ein bürgerliches Publikum gerichtet, der Vernunft und dem Fortschritt verpflichtet und mit dem Ziel verfasst, aufklärend und erzieherisch auf seine Zeitgenossen zu wirken. Er erzählt von den z. T. fantastischen Abenteuern des Lemuel Gulliver auf seinen Seefahrten von England aus zu unentdeckten Inseln und liefert dabei eine Satire auf die gesellschaftlichen und politischen Verhältnisse jener Epoche.

In seinem Reiseroman übte Swift in komischer Form Kritik an den Übeln der Zeit, an Krieg, sozialen Missständen und an der Beschränktheit des Menschen. In zahlreiche Sprachen übersetzt, wurde das Werk schon bald nach seinem Erscheinen ein Welterfolg.

„Gullivers Reisen" wurde mehrfach verfilmt; hier wird Gulliver im Land „Lilliput" gefangen genommen.

Hauptvertreter der Aufklärung

Daniel Defoe (1660–1731)
Robinson Crusoe (1719/20), Moll Flanders (1722)

Jonathan Swift (1667–1745)
Gullivers Reisen (1726)

Voltaire (1694–1778)
Zadig oder Das Schicksal (1747), Candide oder Der Optimismus (1759)

Johann Christoph Gottsched (1700–1766)
Versuch einer Critischen Dichtkunst vor die Deutschen (1730), Der sterbende Cato (1732)

Henry Fielding (1707–1754)
Tom Jones (1749)

Jean-Jacques Rousseau (1712–1778)
Julie oder Die neue Heloise (1761), Émile oder Über die Erziehung (1762), Der Gesellschaftsvertrag (1762)

Laurence Sterne (1713–1768)
Tristram Shandy (1759–1767)

Denis Diderot (1713–1784)
Enzyklopädie (1751–1772), Der natürliche Sohn (1757), Der Hausvater (1758)

Friedrich Gottlieb Klopstock (1724–1803)
Der Messias (1748–1773), Die Frühlingsfeier (1771)

Gotthold Ephraim Lessing (1729–1781)
Miss Sarah Sampson (1755), Minna von Barnhelm (1767), Hamburgische Dramaturgie (1767/68), Emilia Galotti (1772), Nathan der Weise (1779)

Christoph Martin Wieland (1733–1813)
Geschichte des Agathon (1766/67), Oberon (1780), Die Abderiten (1774–1780)

Sturm und Drang: Gefühl statt Vernunft

Eine Gegenbewegung zur verstandesbetonten Aufklärung breitete sich in der zweiten Hälfte des 18. Jh., in den beiden Jahrzehnten vor der Französischen Revolution, in Deutschland aus: Die jungen Dichter lehnten sich gegen das Diktat der Vernunft auf, brachen eine Lanze für Gefühl, Fantasie und Leidenschaft und rückten das eigene Ich in den Mittelpunkt der Betrachtungen. Als Künstlerideal galt nicht mehr der gelehrte Dichter, sondern das allein sich selbst verpflichtete Genie. In ihm äußerte sich nach der Vorstellung der Sturm-und-Drang-Autoren die schöpferische Kraft der Natur. Neben der ästhetischen hatte die junge Protestbewegung auch eine sozialreformerische Komponente. Dichter wie **Friedrich von Schiller** griffen mit ihren Stücken offen die feudale Gesellschaftsordnung an, unter deren Willkür und Repressalien sie auch selbst zu leiden hatten.

Amalia (kniend) steht zu ihrem Verlobten Karl Moor, obwohl er sich an die Spitze einer Räuberbande gestellt hat – Szene aus Schillers „Die Räuber" (Salzburger Festspiele 2008).

Die Freiheit des Individuums

Ein Drama von Friedrich Maximilian Klinger gab der rebellischen Literaturepoche ihren Namen: „Sturm und Drang". Sie umfasst literaturgeschichtlich nur eine kurze Phase zwischen Aufklärung und Weimarer Klassik. Im Allgemeinen wird der Beginn der literarischen Bewegung datiert durch das Erscheinen von Johann Gottfried Herders Fragmenten „Über die neuere deutsche Literatur" (1767); sie endet mit der Hinwendung **Johann Wolfgang von Goethes** und Schillers zum ästhetischen Ideal der Klassik um 1785. Die jungen Dichter – sie waren meist zwischen 20 und 30 Jahre alt – richteten sich gegen die Aufklärung. Gefühl und Trieb wurden der vorherrschenden, als kalt und unmenschlich empfundenen Rationalität entgegengesetzt. Man vergötterte die Natur, den Naturmenschen; das Volkslied und die Volkskunst gewannen an Bedeutung. Die kulturpessimistischen Gedanken des französischen Zivilisationskritikers Jean-Jacques Rousseau und Herders „Abhandlung über den Ursprung der Sprache" (1772) aufgreifend, lehnten sie den

Goethes „Werther" – ein Kultroman

Wie kaum ein anderes Werk spiegelt Goethes Briefroman „Die Leiden des jungen Werthers" die emotionale Kompromisslosigkeit des Sturm und Drang wider. Schwärmerisch und hochsensibel beschreibt Werther darin seine **Naturbegeisterung** und seine **aussichtslose Liebe** zu Lotte. Die radikale, leidenschaftliche Subjektivität schien das Lebensgefühl des jungen bürgerlichen Intellektuellen, der in der starken Hierarchie der ständisch gegliederten Gesellschaft keine Möglichkeit zur Selbstentfaltung fand, auf den Punkt zu bringen und zog eine ganze Generation von Lesern in ihren Bann. Es brach ein regelrechtes **„Werther-Fieber"** aus, das sich u. a. in einer entsprechenden Mode und sogar in „stilechten" Selbstmorden äußerte.
Der Roman besteht größtenteils aus Briefen Werthers an seinen Freund Wilhelm. Werther, ein etwa 20-jähriger bürgerlicher Intellektueller, schwärmt für das einfache Leben in der Natur. Als er Lotte kennen- und lieben lernt, ist sein Glück zunächst vollkommen. Doch Lotte ist verlobt. Nach der Rückkehr ihres Bräutigams nimmt Werther eine Stelle in einer anderen Stadt an. Dort muss er aber Kränkungen von adeligen Kollegen hinnehmen. Verletzt kehrt er zu Lotte zurück, die inzwischen geheiratet hat. Werther muss erkennen, dass seine **Seelenverwandtschaft zu Lotte** an den gesellschaftlichen Grenzen scheitert, und gerät in tiefe Verzweiflung. Er leiht sich zwei Pistolen, schreibt einen Abschiedsbrief und erschießt sich. Das Material für seinen Roman bezog Goethe aus seiner unerfüllten Liebe zu Charlotte Buff, die er 1772 kennengelernt hatte, und dem **Selbstmord** seines ebenfalls unglücklich verliebten Freundes Karl Wilhelm Jerusalem.

Fortschrittsglauben der vorangegangenen Epoche ab. Die **Freiheit des Individuums** war eine ihrer zentralen Forderungen – ein neues Selbstbewusstsein ließ sie mit althergebrachten Traditionen brechen.

Edle Verbrecher auf der Bühne

Die Literatur der Zeit unterschied sich grundlegend von der vorherigen Epoche. Im Gegensatz zur nüchternen Lyrik der Aufklärung drückte sich in den Gedichten von Jakob Michael Reinhold Lenz, Friedrich („Maler") Müller und Goethe („Prometheus", 1774) das reine Gefühl aus; das **subjektive Empfinden** stand im Mittelpunkt. Wichtigste Gattung der Epoche war jedoch das Drama. Statt nach den klassisch-strengen Regeln gebaut und an den drei auf die aristotelische Dramentheorie zurückgehenden Einheiten von Ort, Zeit und Handlung orientiert, bot es im Sturm und Drang eine lockere Abfolge von Szenen. In seinem Trauerspiel „Das leidende Weib" (1775) griff Klinger das für die Epoche typische Thema des Ehebruchs auf, seine Tragödie „Die Zwillinge" (1776), die die Geschehnisse um zwei rivalisierende Brüder schildert, ist ebenso gefühlsbeladen. Ungezähmte Leidenschaft, die schließlich bis zum Betrug und Mord führt, ist das Thema in Müllers mittelalterlichem Ritterdrama „Golo und Genovefa" (1776).

Gegen das Moralisierende der Aufklärungskomödie gerichtet waren die Komödien von Lenz (u. a. „Der Hofmeister", 1774; „Die Soldaten", 1776), die auch heute noch zum Repertoire vieler Bühnen gehören.

Mit ihren Frühwerken, die eine ganze Generation beeinflussten, gehörten auch Goethe und Schiller zu den Dichtern dieser Literaturbewegung. Die Helden in Goethes „Götz von Berlichingen" (1773) und in Schillers Erstlingswerk **„Die Räuber"** (1781) sind gleichermaßen für den Sturm und Drang typische Vertreter des „edlen Verbrechers", der mit glühendem Verlangen sein Naturrecht auf Freiheit im Denken und Handeln durchzusetzen versucht. Von revolutionärem Pathos erfüllt ist auch Schillers Drama **„Kabale und Liebe"** (1784). Goethes Briefroman „Die Leiden des jungen Werthers" (1774) wurde zu einem europäischen Bestseller, der das Gefühlsleben seiner Leser ansprach.

Bei allem leidenschaftlichen Engagement befinden sich Götz und die anderen aufbegehrenden Sturm-und-Drang-Helden in der gleichen schwankenden Unentschiedenheit wie Deutschlands bürgerliche Intellektuelle: Sie protestieren gegen die herrschende Ordnung, schrecken aber letztlich vor einem revolutionären Umsturz zurück. Die Umsetzung der hochfliegenden Gedanken in die politische Praxis blieb am Ende der Epoche Frankreich vorbehalten.

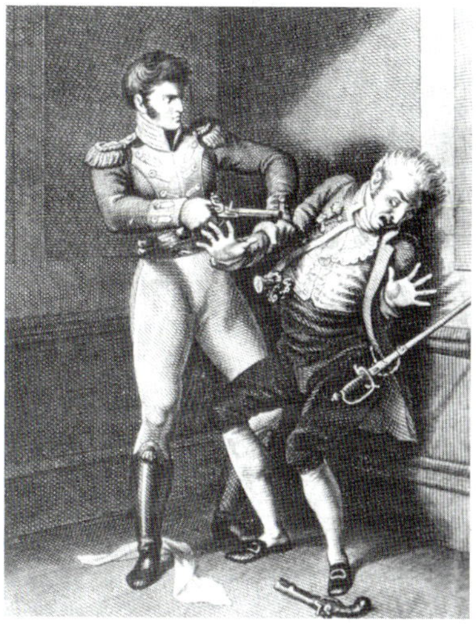

„Wie weit kamst du mit ihr? Ich drücke ab, oder bekenne." – Illustration einer Szene aus „Kabale und Liebe" von Friedrich von Schiller (Kupferstich, um 1815)

Weimarer Klassik: Kunst in voller Blüte

Das Ringen um die Aneignung antiker Bildungswerte fand seinen Höhepunkt in der Weimarer Klassik. Unter Einbeziehung von Verstand und Gefühl, von Geist und Natur strebte man nach harmonischer Vollendung der Kunst. Den Gefühlsüberschwang des Sturm und Drang bändigend, waren die Dichter bemüht, eine Symbolsprache zu entwickeln und im Besonderen das Allgemeine, das Typische zu entdecken. Die von Weimar ausgehende bedeutende deutsche Kulturepoche umfasst nur einen kurzen Zeitraum: Sie reicht von Goethes Italienreise 1786–1788 bis zum Tod Schillers 1805 und ist im Wesentlichen auf das Wirken dieser beiden Schriftsteller beschränkt.

Vollendete Form und reine Menschlichkeit

Bei ihrer Suche nach Vorbildern setzten sich die deutschen Dichter und Denker insbesondere mit der **griechischen Antike** auseinander. Sie verehrten Platon und seine Ideenlehre, die Dramen von Sophokles und Euripides sowie die Tempelbauten und Plastiken der frühen Zeit. Die Vollendung und Geschlossenheit in der Kunstform wurde zum höchsten Ziel der Klassiker. Sie strebten danach, das Wesentliche und Ursprüngliche in den Erscheinungsformen von Mensch und Welt darzustellen, die Welt im Symbol zu erfassen. Wie bereits im Sturm und Drang stand auch jetzt die Entfaltung des Einzelnen im Vordergrund. Dabei betonten sie jedoch die Notwendigkeit einer gesellschaftlichen Ordnung. Kraft seiner vernunftgeleiteten Einsicht sollte sich der Mensch freiwillig in die Gemeinschaft einfügen.

Beeinflusst von der Vernunftphilosophie Immanuel Kants, entwickelten die Klassiker ihren Humanitätsbegriff: Indem das Individuum im Konfliktfall bereit ist, sich selbst zu überwinden, beweist es seine reine Menschlichkeit. Das wahre Wesen des Menschen entfalte sich erst dann, wenn das Gemeinwesen von Menschlichkeit geprägt sei. Wie zur Zeit der Aufklärung kamen Dichtung und Kunst eine erzieherische und damit eine gesellschaftspolitisch bedeutende Aufgabe zu: Die humanisierende Wirkung der klassischen Erziehung sollte z. B. eine blutige Revolution wie in Frankreich überflüssig machen.

Örtliches Zentrum war die Residenzstadt Weimar durch den dort von Herzogin Anna Amalia gegründeten **„Weimarer Musenhof"**, zu dem – neben Goethe und Schiller – u. a. Christoph Martin Wieland, Johann Gottfried Herder und zeitweilig auch Wilhelm von Humboldt zählten. In Zeitschriften und Almanachen setzten die großen Gelehrten ihre in den Lese- und Gesprächszirkeln geführten Auseinandersetzungen fort: Schiller gab z. B. das Magazin „Die Horen" und den „Musen-Almanach" heraus, Goethe gründete u. a. die Kunstzeitschrift „Propyläen".

Bühnenkunst erzieht den Menschen

Das Streben der Klassiker nach einer Humanisierung des Menschen machte nicht an den Landesgrenzen halt. Goethe stellte dem Begriff der **Nationalliteratur** den der Weltliteratur entgegen – frei von sozialen, politischen und nationalen Bindungen sollten Kunst und Erziehung die Menschheit zum Ideal führen. Die wichtigste literarische Gattung war das Drama. Auf der Bühne wurden nach Ansicht Goethes und Schillers die zentralen Fragen der Menschheit, etwa nach moralisch richtigem Verhalten, nach dem Verhältnis von innerer Freiheit und äußerer Begrenztheit sowie Fragen der Menschenwürde, am eindringlichsten

Friedrich von Schiller

1759
Geburt in Marbach am Neckar

Ab 1774
Jura- und Medizinstudium

1780
Regimentsarzt in Stuttgart

1782
Arrest und Schreibverbot wegen unerlaubter Reise nach Mannheim zur Premiere seines Dramas „Die Räuber", Flucht nach Thüringen

1783/84
Theaterdichter am Nationaltheater Mannheim

1788
Bekanntschaft mit Goethe

1790
Heirat mit Charlotte von Lengefeld

1791
Erste schwere Lungenentzündung; der Herzog von Augustenburg gewährt Schiller eine Pension.

1794
Beginn des Briefwechsels mit Goethe

1799
Umzug nach Weimar

1802
Verleihung des Adelstitels

1805
Schiller stirbt in Weimar.

behandelt. Die Grundpfeiler antiken Theaterschaffens, die Einhaltung der drei Einheiten Zeit, Ort und Handlung – im Sturm und Drang verpönt – gewannen nun wieder an Bedeutung. In der stilisierten, rhythmisch gebundenen Sprache strebten die Dichter nach Reinheit und Schönheit.

Goethe und Schiller – Fixsterne der Klassik

Aus der Freundschaft und der gemeinsamen Arbeit Johann Wolfgang von Goethes und Friedrich von Schillers (z. B. „Balladen", 1797) entstanden zahlreiche Werke von Weltrang. Das Zusammentreffen der beiden Genies hatte entscheidenden Einfluss auf die Entwicklung der deutschen Literatur in der Übergangszeit vom 18. zum 19. Jh.

Während Goethe als der **Epiker** der Klassik gilt (u. a. „Wilhelm Meisters Lehrjahre", 1796), war Schiller der herausragende **Dramatiker.** Bei ihm verbanden sich Geist, Fantasie, ein ausgeprägter Sinn für Tragik und Bühnenwirksamkeit mit dem Willen zur Erziehung des Publikums. Das Theater war für Schiller eine „moralische Anstalt". In seinen bedeutenden klassischen Dramen (u. a. „Wallenstein", 1798/99; „Maria Stuart", 1800; „Wilhelm Tell", 1804) bot er „die großen Gegenstände der Menschheit" dar, lehrte das Publikum sein freiheitlich geprägtes **Humanitätsideal,** das den Unterschied von Gefühl und Verstand aufhebt und das Schicksal des Einzelnen mit dem des Gemeinwesens verschmelzen lässt.

Schillers beschwerliches Leben war von Rastlosigkeit, finanzieller Not und mangelnder Anerkennung als Künstler geprägt. Ganz anders das Leben Goethes: Der Sohn einer wohlhabenden Frankfurter Patrizierfamilie erhielt eine umfassende musisch-sprachliche Ausbildung. 1776 an den herzoglichen Hof nach Weimar berufen, genoss er dort materiellen Wohlstand und weitreichende Freiheiten. Goethe gilt als der universellste unter den deutschen Schriftstellern. Durch seine Hauptwerke, aber auch durch seine Briefe, Tagebücher, Aufzeichnungen und Gespräche hat er die klassische Epoche so sehr geprägt, dass man auch von der **„Goethezeit"** spricht.

Johann Wolfgang von Goethe

1749
Geburt in Frankfurt am Main

Ab 1765
Studium in Leipzig (Jura, Philosophie, Literatur, Medizin)

1771
Rückkehr nach Frankfurt, Zulassung als Rechtsanwalt

1776
Im weimarischen Staatsdienst (Berg- und Wegebau, Kriegskommission, Finanzen)

1779
„Geniereise" mit Herzog Karl August in die Schweiz

1782
Verleihung des Adelstitels

1786–1788, 1790
Italienreisen

1791
Leiter des Weimarer Hoftheaters

1794
Beginn der Freundschaft mit Schiller

1806
Heirat mit Christiane Vulpius

1832
Goethe stirbt in Weimar.

Goethe (1787 auf einem Gemälde von Johann Heinrich Tischbein) war nicht nur Dichter, sondern auch Naturwissenschaftler, wie seine „Farbenlehre" zeigt. Dem Weimarer Herzog diente er in verschiedenen Regierungsämtern.

Der Titel des 1808 veröffentlichten zweiten Bandes der Liedersammlung „Des Knaben Wunderhorn" von Clemens Brentano zeigt ein Trinkhorn und das Heidelberger Schloss im Hintergrund.

Romantik: Sehnsucht nach absoluter Freiheit

Schrankenloser Individualismus und vollständige Freiheit– das waren die zentralen Forderungen der Literaturepoche, die in Abkehr vom Rationalismus der Aufklärung und von der Formstrenge der Klassik die Kräfte des Gefühls und der Fantasie verherrlichte. Ihre Anfänge nahm die Romantik in Deutschland, wo sich um 1795 eine äußerst heterogene Schar junger Intellektueller der neuen Strömung anschloss. Für die neue Richtung prägten Friedrich von Schlegel und Novalis den Begriff „Romantik", der zunächst „abenteuerlich, fantastisch, romanhaft" bedeutete, später aber umgewertet wurde zu „überspannt, schwärmerisch, unwirklich".

Literatur entdeckt Traumwelten

Unruhige politische Zeiten– Französische Revolution und Eroberungskriege, französische Fremdherrschaft und Befreiungskriege– trieben der neuen Bewegung die Anhänger in die Arme. Sie litten unter der „Entpoetisierung und Profanisierung" des Lebens und suchten Zuflucht im Gefühl, in der Fantasie – das Unbewusste, die Welt des Traums, das Volkstümliche hielten Einzug in die Literatur. In Opposition zu den Klassikern strebten die Romantiker danach, sich von den Formgesetzen zu befreien, ihr ausgeprägter Individualismus und Subjektivismus machte manches Werk der Zeit schwer zugänglich.

Besonderer Beliebtheit erfreute sich das **Fragment.** Was zuvor nur ein unvollendetes Werk war, wurde hier zum Sammelbecken programmatischer Gedanken. Stets unvollendet blieb der Roman, in dessen Mittelpunkt das Romantisch-Sentimentale stand. Das Märchen wurde wiederentdeckt und die **Novelle** erlebte aufgrund ihrer scheinbaren Formlosigkeit eine Blütezeit. Während das formstrenge Drama fast in Vergessenheit geriet, gewann die **Lyrik,** die besonders von der Wiederentdeckung des Volksliedes profitierte, an Bedeutung.

Jena – Heidelberg – Berlin

Im Universitätsstädtchen Jena bildete sich um 1795 ein fester Kreis von Gleichgesinnten, der auch als **Frühromantik** oder Jenaer Romantik bekannt wurde. Neben dem geistigen Vater Schlegel gehörten der Philosoph Johann Gottlieb Fichte, der Religionsphilosoph Friedrich Schleiermacher und der Naturphilosoph Friedrich Wilhelm Joseph Schelling der Geistesgemeinschaft an. Herausragender Dichter der frühen romantischen Epoche war Friedrich von Hardenberg alias **Novalis,** der u.a. in seinen Gedichten (z.B. „Hymnen an die Nacht", 1797) die Todesverherrlichung der Frühromantiker zum Ausdruck brachte. Sein Roman „Heinrich von Ofterdingen" (1802) beschreibt die Suche des Mittelalterdichters nach der **blauen Blume,** die zum Symbol der Romantik überhaupt wurde. Als überaus produktiv und vielseitig erwies sich Ludwig Tieck. Er tat sich mit Romanen, Märchen und ironisch-satirischen Literaturkomödien wie „Der gestiefelte Kater" (1797) hervor.

Anders als die Frühromantiker bildeten die Hoch- oder Spätromantiker ab 1805 in Heidelberg und ab 1810 in Berlin einen nur losen Verbund. Als bedeutendster Dichter trat Clemens Brentano hervor, dessen Gedichte sich am einfachen **Volkslied** und am Märchen orientierten. Die Sammlung alter Volkslieder, die Brentano gemeinsam mit seinem Freund Achim von Arnim unter dem Titel „Des Knaben Wunderhorn" (1806 bis 1808) herausgab, gilt als bedeutendstes Werk der **Heidelberger Romantik.** Romantische Sehnsucht und Naturverbundenheit prägten die Gedichte **Joseph**

von Eichendorffs. Mit seiner Erzählung „Aus dem Leben eines Taugenichts" (1826) schuf er eine eigene romantische Gattungsform, den Taugenichtsroman.

Die Romantik in England und Frankreich

Von Deutschland ausgehend, griff die romantische Bewegung auf andere europäische Länder über. Die deutlichsten Spuren hinterließ sie in England, wo vor allem die Lyriker Meisterwerke hervorbrachten. Als „das größte Talent des Jahrhunderts" bezeichnete Goethe den englischen Dichter **Lord George Byron,** der aggressiv-subjektive Gedichte verfasste und in Werken wie dem epischen Gedicht „Ritter Harolds Pilgerfahrt" (1812–1818) von romantischem Weltschmerz geprägte antibürgerliche Helden schuf. In ihrer sprachlichen und formalen Schönheit gehören vor allem die **Odendichtungen** von John Keats („An eine Nachtigall") zu den vollendetsten Leistungen der Romantik. Auf dem Gebiet des Romans tat sich Walter Scott hervor, der mit Werken wie „Waverley oder Es ist sechzig Jahre her" (1814) und „Ivanhoe" (1820) das Genre des **Historienromans** begründete. Als ein Schriftsteller des Übergangs von der Romantik zum Realismus gilt der Franzose Victor Hugo („Der Glöckner von Notre-Dame", 1831; „Die Elenden", 1862).

Hochkonjunktur für Märchen

Durch die romantische Neigung zum Fantastischen und Volkstümlichen gewann eine literarische Gattung an Popularität, die reale und übernatürliche Elemente vereint: das Märchen. Die „Kinder- und Hausmärchen" (1812–1815) der **Brüder Grimm** entwickelten sich schon im 19. Jh. zum Bestseller. Sie enthielten neben rd. 60 Märchen alle Typen der Volkserzählung von der Scherz-, Lügen- und Gruselgeschichte bis zur Legende, Sage und Tiererzählung. Als Quellen dienten Jacob und Wilhelm Grimm mündliche und schriftliche Überlieferungen aus ihrer hessischen Heimat, darüber hinaus stützten sie sich insbesondere auf die Bäuerin und Märchenerzählerin Dorothea Viehmann. Bei der Niederschrift gaben die Brüder den Texten sprachlichen Schliff, malten sie aus und entwickelten so den charakteristischen Grimm'schen Erzählton. Neben den Brüdern Grimm machten sich u. a. Hans Christian Andersen, Ludwig Bechstein und Wilhelm Hauff einen Namen als Märchenautoren.

„Rotkäppchen" erschien 1812 im ersten Band der Grimm'schen „Kinder- und Hausmärchen" (Postkarte, um 1910); es gehört zu den bekanntesten deutschen Märchen.

Realismus: Bestandsaufnahme der Wirklichkeit

Theodor Storm (1817–1888) lieferte mit seinen Gedichten und Novellen einen bedeutenden Beitrag zur Literatur des Realismus.

Ab den späten 1820er Jahren strebte das Bürgertum nach umfassenden politischen Veränderungen. Sein mit den Revolutionen von 1848 in Frankreich und Deutschland letztlich gescheitertes Aufbegehren gegen die staatliche Unterdrückung markierte in der Literatur eine neue Epoche: Das Zeitalter der Romantik mit seinen gefühlsbetonten Schilderungen und die letzten Ausläufer des Idealismus in Deutschland wichen einer **nüchternen Bestandsaufnahme** der gesellschaftlichen Situation: dem Realismus. Da das Bürgertum im Mittelpunkt dieser Literaturepoche stand, spricht man vor allem in Deutschland auch vom **bürgerlichen Realismus.**

Literatur als nüchterne Analyse

Die gescheiterte Revolution von 1848 löste bei zahlreichen Schriftstellern Resignation und Ernüchterung aus. Zudem führten einschneidende Veränderungen der Lebenswelt durch die Fortschritte in Naturwissenschaft, Technik und Verkehr sowie bei der Industrialisierung zu einer Neuorientierung der Literatur. Unter Ausschaltung ihrer persönlichen Gefühle analysierten die Dichter die gesellschaftliche Situation und machten es sich zur Aufgabe, die Stellung des Individuums in einer entfremdeten und kaum noch beeinflussbaren Umwelt zu beschreiben.

Das literarische Mittel zur Schilderung dieser neuen Lebenswelt war der Roman, nur in Deutschland etablierte sich die **Novelle**; diese Erzählform enthält nur das, was zum Verständnis der Handlung unbedingt notwendig ist. Der Alltag und die Arbeitswelt des Menschen sowie seine charakterliche und geistige Entwicklung standen im Mittelpunkt der Werke. Fundamentale Kritik an den bestehenden gesellschaftlichen Verhältnissen blieb im sog. **poetischen Realismus** eher die Ausnahme, jedoch verstärkten sich mit der Zunahme gesellschaftlicher Missstände gegen Ende des 19. Jh. die pessimistischen Töne bei den Wirklichkeitsschilderungen.

Frankreich und England als Vorreiter

Der literarische Realismus ging in den 1830er Jahren insbesondere von Frankreich und England aus. Die Julirevolution 1830 in Frankreich markierte in der französischen Literatur das Ende der Romantik und die Hinwendung zum

Russischer Realismus – literarische Blüte

Die Epoche des Realismus brachte in Russland bedeutende Werke hervor, die großen Einfluss auf die Literatur in Europa und in den USA nahmen.

Wegbereitend war das Werk Nikolaj W. Gogols, der in seinen satirisch-fantastischen Schriften („Der Revisor", 1836; „Die toten Seelen", 1842) das beschränkte und zurückgebliebene russische Feudalsystem thematisierte. Er beeinflusste Autoren wie Iwan S. Turgenjew („Väter und Söhne", 1862), Iwan A. Gontscharow („Oblomow", 1859) und nicht zuletzt die Ikonen der russischen Literatur Fjodor M. Dostojewskij und Lew (Leo) N. Tolstoj. In seinen großen Romanen (u. a. „Schuld und Sühne", 1866; „Der Idiot", 1868/69; „Die Brüder Karamasow", 1879/80) beschrieb Dostojewskij die Abgründe der menschlichen Natur und verband dabei psychologische Präzision mit spannender Handlungsführung. Mit seinem gewaltigen Epos „Krieg und Frieden" (1868/69) etablierte sich Tolstoj als russischer Nationaldichter.

Die Illustration in der Erstausgabe von Charles Dickens' „Oliver Twist" (1838) zeigt, wie der Titelheld in der „Kunst" des Taschendiebstahls unterwiesen wird.

Realismus. Nach dem Vorbild der Naturwissenschaften strebte etwa **Honoré de Balzac** danach, in einzelnen Studien das ganze System der gesellschaftlichen Gruppen zu beschreiben, wie er 1842 in „Avant-propos à la Comédie humaine", einer nachträglichen Einführung zu seinem Hauptwerk, dem Romanzyklus „La Comédie humaine" („Die menschliche Komödie", 1829–1854), ausführte. Die Tendenz zur Sachlichkeit, eine offenkundige Kritik an den bestehenden Verhältnissen und eine Hinwendung zur Psychologie prägten auch das Werk Stendhals („Rot und Schwarz", 1830). **Gustave Flaubert** beschrieb in seinen stilistisch ausgefeilten Romanen eine desillusionierte bürgerliche Welt. Nach dem Erscheinen seines bekanntesten Werks „Madame Bovary" 1857, in dem die Protagonistin Ehebruch begeht, wurde er wegen Verletzung der öffentlichen Moral angeklagt, jedoch später freigesprochen.

Die in England deutlich zutage tretenden Folgen der industriellen Revolution begünstigten in den 1830er und 1840er Jahren den Aufstieg von Schriftstellern, die in ihren Werken die sozialen Folgen und menschlichen Schicksale der Zeit aufgriffen. Zu den wichtigsten Vertretern zählte **Charles Dickens,** der mit seinen Romanen („Oliver Twist", 1838; „Bleak House", 1852/53) den Materialismus und die Moralheuchelei der viktorianischen Gesellschaft anprangerte. Noch ironischer und aggressiver ging William Makepeace Thackeray mit den Zuständen der Zeit ins Gericht. Sein Meisterwerk „Jahrmarkt der Eitelkeiten" (1847) versteht sich als scharfe Satire auf menschliche Eigenliebe.

Deutschland: Blütezeit der Novelle

Im Gegensatz zu anderen europäischen Ländern hatte die deutschsprachige Literatur im 19. Jh. nur wenige Romanautoren von Weltrang aufzuweisen. Ihr Schwerpunkt lag auf der Erzählung und der Novelle. Zu den populärsten Vertretern zählte **Theodor Storm,** der allein 58 Novellen schrieb, darunter die Gespenstersage „Der Schimmelreiter" (1888). Neben Conrad Ferdinand Meyer, der sich ganz der historischen Dichtung widmete, tat sich in der Schweiz Gottfried Keller hervor. Meisterhaft porträtierte er u. a. in dem Novellen-Sammelband „Die Leute von Seldwyla" (1856, Umarbeitung 1874) die Charakterschwächen und Eigenheiten seiner Landsleute.

Zu den wichtigsten deutschen Romanautoren der Zeit gehörte Gustav Freytag, dessen Werk „Soll und Haben" (1855) ein facettenreiches Bild des sozialen, kulturellen und politischen Lebens seiner Zeit liefert. Ein kritisches Licht auf die bestehenden Verhältnisse warf auch **Theodor Fontane** in seinen großen Gesellschaftsromanen. Sein wohl berühmtestes Werk „Effi Briest" (1895) um eine schuldig-unschuldige Ehebrecherin ist eine Anklage gegen die gesellschaftlichen Konventionen seiner Zeit. Ebenfalls bedeutend ist das Werk Wilhelm Raabes (z. B. „Das Haus in der Sperlingsgasse", 1856), das u. a. die Folgen der Industrialisierung zum Thema hat.

Gottfried Kellers Novelle „Die drei gerechten Kammmacher" erschien in der Novellensammlung „Die Leute von Seldwyla" (Illustration in einer Ausgabe von 1925).

Gerhart Hauptmanns „Die Weber" (1892) schildert das Schicksal schlesischer Weber vor dem Hintergrund der Weberaufstände in den 1840er Jahren (Szene aus einer Verfilmung von 1927).

Naturalismus und Symbolismus

Das ausgehende 19. Jh. wurde von vielen als Epoche der Dekadenz und des Niedergangs der Kultur empfunden. In der Literatur bildeten sich zwei gegensätzliche Hauptströmungen heraus: Der technik- und wissenschaftstreue Naturalismus strebte danach, die Wirklichkeit fotografisch genau abzubilden und den Menschen in Abhängigkeit von Milieu und Erbanlagen darzustellen. Im Gegensatz dazu forderte der Symbolismus eine geistige Erneuerung der Kultur durch Mystik, Metaphysik und Mythos.

Schreiben als Spiegel der Wirklichkeit

In allen europäischen Ländern zeigten sich um die Jahrhundertwende die krassen Auswirkungen der fortschreitenden Industrialisierung, die zur Verelendung breiter Bevölkerungsschichten führte. Menschenunwürdige Wohnverhältnisse, Kinderarbeit und soziale Not waren der Preis des technischen Fortschritts, während sich die privilegierten Schichten eines glanzvollen Lebens erfreuten. Künstler und Intellektuelle wandten sich den Kehrseiten der Zeit zu. Viele von ihnen griffen die Thesen von **Karl Marx** auf, dessen sozialistische Gesellschaftslehre sich der unterdrückten Massen annahm und danach strebte, sie zum Kampf gegen die Unterdrücker zu mobilisieren. Zu den einflussreichsten Denkern der Zeit zählte **Charles Darwin,** dessen Evolutionstheorie den Glauben an die Lehren der abendländischen Religion ins Wanken brachte.

In seiner Schrift „Der Experimentalroman" hatte **Émile Zola**, der Hauptvertreter des französischen Naturalismus, bereits 1879 gefordert, die Literatur als ein wissenschaftliches Experiment zu betrachten. Einer soziologischen Milieustudie gleich sollten die Schriftsteller die Prägung des Menschen durch seine Umgebung untersuchen und ohne poetische Verklärung die Wirklichkeit genau wiedergeben. Dabei blieben auch die dunklen Seiten wie Alkoholismus,

Prostitution, Hässliches und Perverses nicht ausgespart. Zolas Hauptwerk ist die 20-bändige Romanfolge „Die Rougon-Macquart. Geschichte einer Familie unter dem 2. Kaiserreich“ (1871–1893, darin u. a. „Der Bauch von Paris, „Der Totschläger“, „Nana“, „Germinal“).

Der Norweger **Henrik Ibsen** zählte zu den wichtigsten Wegbereitern des Naturalismus in Deutschland und Skandinavien. Im Mittelpunkt seiner **Gesellschaftsdramen** („Die Stützen der Gesellschaft“, 1878; „Nora oder Ein Puppenheim“, 1879) stehen gewöhnliche Alltagsmenschen, deren kleine Verfehlungen aus der Vergangenheit weitreichende Folgen haben. Bereits über den Naturalismus hinaus verwies der Schwede **August Strindberg,** der durch die Verbindung naturalistischer, psychoanalytischer und symbolistischer Elemente in seinen Dramen („Der Vater“, 1887; „Fräulein Julie“, 1888) zu einer neuen Sichtweise gelangte. In Deutschland verwirklichten Arno Holz und Johannes Schlaf einen konsequenten Naturalismus, der als übersteigerter Realismus dem Zuschauer jedes Details eines Vorgangs haargenau vor Augen führte **(Sekundenstil).**

Symbolismus: Magie der Sprache

Gegen die Wissenschaftsgläubigkeit der Naturalisten und ihre materialistische Weltsicht richtete sich eine neue Strömung, die sich in Frankreich entwickelte: der Symbolismus. Seine Vertreter wandten sich gegen die Bindung der Kunst an die Gesellschaft und gegen ihre Zweckgerichtetheit. Man strebte nach reiner Poesie, Kunst wurde zum Selbstzweck.

Zu den Ersten, die zu einem neuen poetischen Ansatz fanden und hinter dem vordergründig Schönen auch das Hässliche, Abgründige anklingen ließen, zählte der Franzose **Charles Baudelaire.** In seiner Gedichtsammlung „Blumen des Bösen“ (ab 1857) verlieh er den dunklen Seiten des Lebens ebenso erschreckende wie faszinierende Züge. Arthur Rimbaud wollte in der Dichtung die geheimnisvollen Zusammenhänge zwischen den Dingen erahnen. Sich am Unbekannten zu berauschen und dabei die **ganze Gefühlsskala** vom Glück bis zur Verzagtheit zu zeigen, war auch die Absicht von Paul Verlaine und Stéphane Mallarmé.

Als ein Hauptvertreter im englischsprachigen Raum ist **Oscar Wilde** zu nennen: In seinem berühmten Roman „Das Bildnis des Dorian Gray“ (1890) beschrieb er anhand der Figur eines attraktiven Jünglings die Geschichte eines unaufhaltsamen Niedergangs.

Als feinnerviger Ästhet profilierte sich im deutschsprachigen Raum der junge **Hugo von Hofmannsthal,** der in seinem Frühwerk Themen wie Liebe, Tod und Vergänglichkeit aufgriff. Neben formvollendeten Gedichten schrieb er auch bedeutende Dramen („Der Tor und der Tod“, 1894). In unverwechselbarem Stil verfasste **Stefan George** seine streng komponierten Gedichte („Das Jahr der Seele“, 1897). Die schmerzlich empfundene Kluft zwischen humanistischen Idealen und dem fortschreitenden Werteverlust der bürgerlichen Gesellschaft prägte das Werk von **Rainer Maria Rilke,** einem der bedeutendsten Lyriker der Moderne.

Werbeplakat für eine Aufführung des Stückes „Germinal“ nach dem Roman von Émile Zola (um 1885)

„Die Weber“

Der schlesische Schriftsteller und spätere Literaturnobelpreisträger (1912) **Gerhart Hauptmann** gehört zu den bedeutendsten Vertretern des deutschen Naturalismus. Sein 1892 erschienenes Drama „Die Weber“ schildert aus der Sicht der Betroffenen den blutig niedergeschlagenen Weberaufstand 1844 in Schlesien. Als das Stück 1893 in Berlin uraufgeführt werden sollte, wurde es von den Behörden zunächst als „umstürzlerisch“ verboten. Zu groß war die Sprengkraft des Themas: die Ausbeutung der Weber und ihre **elenden Lebensbedingungen.** Der Held des Dramas ist nicht ein Einzelner, sondern die Masse, die gemeinsam handelt und ein gemeinsames Ziel verfolgt, nämlich das Aufbegehren gegen ihre Unterdrückung.

Deutschsprachige Literatur nach 1945

Die Verbrechen des Hitler-Regimes und die Folgen des verlorenen Krieges waren eine schwere Hypothek für die Kulturschaffenden der Nachkriegszeit. Schriftsteller wie Heinrich Böll und Günter Grass widersetzten sich mit ihrem Werk der Verdrängung der Vergangenheit und stellten unbequeme Fragen nach Schuld und Verantwortung. Nachdem die deutsche Literatur lange von der internationalen Entwicklung abgeschnitten gewesen war, gelang ihr erst wieder um 1960 der Anschluss an die Weltliteratur. Anfang der 1970er Jahre wandte sich die deutschsprachige Literatur einer neuen Subjektivität zu und entwickelte bis heute eine Vielfalt von Motiven und Schreibweisen.

Aufräumarbeiten in Berlin nach Kriegsende: Die unmittelbare Nachkriegsrealität schlug sich in der sog. Trümmerliteratur nieder.

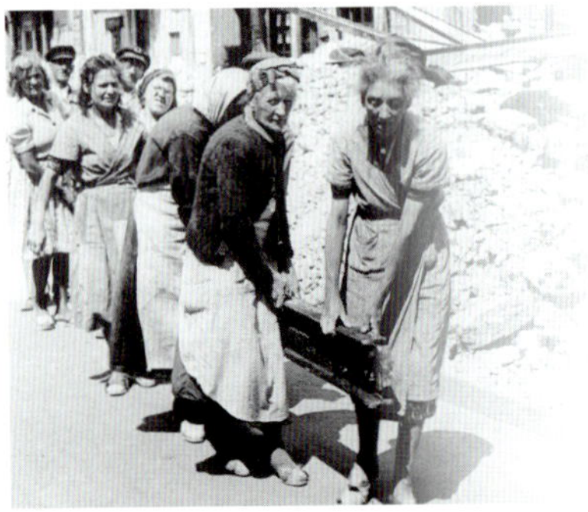

Die Stunde Null

Die rigide Zensur- und Verbotspolitik der Nationalsozialisten hatte der Bevölkerung nicht nur die als „entartet" diffamierte Literatur, sondern auch bedeutende Werke der Weltliteratur vorenthalten. Erst nach 1945 konnten z.B. die Arbeiten von James Joyce, Marcel Proust, André Gide und Ernest Hemingway ihre Wirkung entfalten. Zahlreiche Autoren aus der Weimarer Republik wurden erst jetzt publiziert, u.a. Thomas Mann, Bertolt Brecht, Hermann Hesse und Gottfried Benn. Daneben fanden die französischen Existenzialisten wie Jean-Paul Sartre und Albert Camus sowie das absurde Theater (Samuel Beckett, Eugène Ionesco) starke Beachtung.

Für deutsche Autoren war es schwierig, Fuß zu fassen. Verunsichert von der Vereinnahmung der Sprache durch die nationalsozialistische Ideologie, forderten junge deutsche Literaten einen „Kahlschlag", also die Reinigung der deutschen Sprache. Die **Kahlschlagliteratur** war antifaschistisch und antimilitaristisch ausgerichtet. Hierzu zählte auch die sog. Trümmerliteratur, die mit Wolfgang Borcherts Kriegsheimkehrerdrama „Draußen vor der Tür" (1947) einen Höhepunkt fand. Auch Lyriker wie **Paul Celan** („Todesfuge", 1945), Nelly Sachs, Rose Ausländer und Ingeborg Bachmann versuchten, sich der schockierenden Vergangenheit zu stellen, und waren bemüht, dem unermesslichen Leiden und dem eigentlich Unsagbaren mit ihren Gedichten eine Stimme zu geben.

Grass und Böll als Wegweiser

Die 1947 von Hans Werner Richter gegründete **Gruppe 47** verfolgte das Ziel, die junge Literatur durch gegenseitige Kritik zu fördern. Die in der Künstlervereinigung zusammengeschlossenen Autoren wie Böll und Grass übten durch ihr kritisches politisches Engagement nachhaltigen Einfluss auf die öffentliche Meinung aus. Die Verdrängung der totalitären Vergangenheit und ihre zerstörerischen Auswirkungen auf die Gegenwart sind zentrale Themen im Werk von **Heinrich Böll,** der sich mit Erzählungen und Romanen wie „Wo warst du, Adam?" (1951) oder „Billard um halb zehn" (1959) als bedeutender sozialkritischer und moralischer Autor profilierte. Weltliterarischen Rang unter den Schrift-

DDR-Literatur: im Dienst der Politik

Bereits mit der Gründung der DDR setzte sich 1949 eine rigide, staatlich gelenkte Kulturpolitik durch. In den Prozess der gesellschaftlichen Umgestaltung war auch die Literatur einbezogen. Gefördert wurden Werke, die dem Programm des sozialistischen Realismus entsprachen und eine volkstümlich-verständliche Sprache mit einer lehrhaften Absicht verbanden.

Autoren, die in ihrer kritischen Darstellung den gesteckten Rahmen überschritten, erfuhren Reglementierungen und Zensur, wenn nicht gar Haft oder Ausbürgerung. Prominentes Beispiel ist der Liedermacher Wolf Biermann, der 1976 ausgebürgert wurde. Viele namhafte Schriftsteller (u.a. Erich Loest, Sarah Kirsch, Jurek Becker) verließen die DDR. Zu den herausragenden Vertretern der DDR-Literatur gehörten Heiner Müller („Die Schlacht", 1951), Christa Wolf („Der geteilte Himmel", 1963), Jurek Becker („Jakob der Lügner", 1969), Stefan Heym („Der König David Bericht", 1972) und Ulrich Plenzdorf („Die neuen Leiden des jungen W.", 1973).

stellern der zweiten Hälfte des 20. Jh. nimmt **Günter Grass** ein, dessen politisch engagiertes Werk (u. a. „Die Blechtrommel“, 1959) das Spannungsverhältnis von nicht verarbeiteter Vergangenheit und Gegenwart aufgreift und der Analyse der deutschen Geschichte verpflichtet ist. 1999 wurde er mit dem Literaturnobelpreis ausgezeichnet.

Mit Autoren wie Arno Schmidt, Peter Weiss und Uwe Johnson, die mit neuen Erzählweisen experimentierten, fand die deutsche Literatur in den 1960er Jahren wieder Anschluss an die Weltliteratur.

An den westdeutschen Theatern erzielten die Schweizer **Max Frisch** („Biedermann und die Brandstifter“, 1958; „Andorra“, 1961) und **Friedrich Dürrenmatt** („Der Besuch der alten Dame“, 1956; „Die Physiker“, 1962) mit ihren zeitkritischen Dramen große Erfolge. Beide sind von Bertolt Brecht beeinflusst, dessen Stücke, Theatertheorien und Modellinszenierungen Maßstäbe setzten, auch wenn sie nach seiner Übersiedlung nach Ost-Berlin 1949 im Westen ein gutes Jahrzehnt nicht gespielt wurden.

Auf der Suche nach neuen Ansätzen

Im Zuge der gesellschaftlichen Politisierung wurde ab den 1960er Jahren auch von den Literaten ein stärkeres Engagement erwartet. Diese Forderung fand ihren Niederschlag nicht nur in der Prosa, sondern auch in der Lyrik, z. B. in Erich Frieds „und Vietnam und“ (1966) sowie im Drama, insbesondere im **dokumentarischen Theater** Rolf Hochhuths („Der Stellvertreter“, 1963), Heinar Kipphardts („In Sachen Robert J. Oppenheimer“, 1964) und Peter Weiss‘ („Die Ermittlung“, 1965).

Mit den Auswüchsen der Arbeitswelt und ihren Unterdrückungsmechanismen befasste sich die **Reportageliteratur.** Zu ihren bekanntesten Vertretern zählt der Journalist und Schriftsteller **Günter Wallraff,** der sich beispielsweise in Betriebe einschlich, Missstände aufdeckte und mit seinen Berichten aus der Arbeitswelt („Industriereportagen“, 1970; „Ganz unten“, 1985) ein Millionenpublikum erreichte.

Volker Schlöndorff verfilmte 1978/79 den deutschen Nachkriegsroman „Die Blechtrommel“ von Günter Grass. David Bennent spielte den kleinwüchsigen Blechtrommler Oskar Matzerath.

Der subjektive Blick

Mit Beginn der 1970er Jahre stellte die Literatur den Einzelnen mit seinen persönlichen Bedürfnissen in den Vordergrund. Erzählt wurden zumeist private Geschichten, die aber auch Rückschlüsse auf das politisch-gesellschaftliche Umfeld zuließen. Bevorzugte Gattungen waren der **Roman und die autobiografische Aufzeichnung.** Mit seinem Roman „Der kurze Brief zum langen Abschied“ (1972) wurde Peter Handke zu einem der wichtigsten Vertreter der neuen Subjektivität oder Innerlichkeit. Bernward Vespers Roman-Essay „Die Reise“ (1977) entstand als Abrechnung mit Erfahrungen in der Studentenbewegung und der eigenen Drogensucht sowie vor allem mit dem Vater. Unter den Autobiografen ragen insbesondere Elias Canetti („Die Fackel im Ohr“, 1980) und Hubert Fichte („Versuch über die Pubertät“, 1974) hervor, die vergangene oder fremde Welten erschlossen, während Thomas Bernhard gegen erdrückende Lebensverhältnisse und Krankheit anschrieb.

Im Zuge der Frauenbewegung entstand auch eine **neue Frauenliteratur,** die sich gegen die Diskriminierung von Frauen wandte und die Entwicklung und Behauptung einer weiblichen Identität in den Mittelpunkt stellte. Autorinnen waren u. a. Verena Stefan („Häutungen“, 1975), Irmtraud Morgner („Leben und Abenteuer der Trobadora Beatriz“, 1974) und Karin Stuck („Klassenliebe“, 1973). Elfriede Jelinek („Die Klavierspielerin“, 1983; „Lust“, 1989) warf einen kühl sezierenden und satirischen Blick auf patriarchale Gesellschaftsstrukturen.

Mit dem Deutschen Buchpreis wird jedes Jahr der beste Roman in deutscher Sprache ausgezeichnet. 2008 erhielt Uwe Tellkamp für „Der Turm“, ein monumentales Panorama der untergehenden DDR, den Preis.

Umbruch und Postmoderne

Die **Vereinigung der beiden deutschen Staaten** 1990 und das Ende des Ost-West-Konflikts markierten eine weltpolitische Zäsur. Mittel der literarischen Selbstvergewisserung in dieser Umbruchszeit war vor allem der Roman. Mit der totalen Überwachungspraxis durch den Staatssicherheitsdienst setzten sich u. a. Christa Wolf („Was bleibt“, 1990) und Wolfgang Hilbig („Ich“, 1993) auseinander. Den Konflikten, die zum Zusammenbruch der DDR führten, widmete sich Erich Loest in „Nikolaikirche“ (1995). Während Thomas Brussig in „Helden wie wir“ (1995) die **DDR satirisch** beleuchtet, spürt Ingo Schulze in seinen Alltagsgeschichten „Simple Stories“ (1998) der Identitätskrise der Nachwendezeit nach.

In den 1990er Jahren setzten sich u. a. **Bernhard Schlink** („Der Vorleser“, 1995) und **Marcel Beyer** („Flughunde“, 1995) erneut mit der NS-Zeit auseinander. Als Vertreter einer **neuen Migrantenliteratur** gelten der türkischstämmige Feridun Zaimoglu („Kanak Sprak“, 1995) sowie der Deutsch-Russe Wladimir Kaminer („Russendisko“, 2000).

Daneben vollzog die postmoderne Literatur ab den 1980er Jahren auch eine **Hinwendung zum Unbewussten.** Neben dem fortschrittsskeptischen Spätwerk von Böll und Grass sind hier Werke von Alexander Kluge, Herbert Achternbusch, Wolfgang Hildesheimer, Martin Walser und Christoph Ransmayr zu nennen. In der Gegenwart geben Autoren wie Daniel Kehlmann, Judith Hermann, Benjamin Lebert, Antje Rávic Strubel und Julia Franck darüber hinaus Einblicke in die Befindlichkeiten der seit den 1970er Jahren geborenen Schriftsteller.

Schweizer Literatur

Anders als ihre Kollegen in Deutschland konnten die deutschsprachigen Schriftsteller in der Schweiz nach 1945 an eigene Traditionen und an die internationale Literatur anknüpfen. Vor allem **Friedrich Dürrenmatt** und **Max Frisch** („Stiller", 1954) gaben der Nachkriegsliteratur mit ihren Dramen und Prosawerken wichtige Impulse. An deren Seite traten ab Mitte der 1960er Jahre Autoren wie **Peter Bichsel,** der mit seinem Erzählband „Eigentlich möchte Frau Blum den Milchmann kennenlernen" (1964) große Erfolge feierte und **Kurt Marti** („Dorfgeschichten", 1960), der mit neuen Formen einer theologischen Lyrik und moderner Mundartdichtung experimentierte.

Auch in der Schweiz vollzog sich in den 1970er Jahren eine Hinwendung zur Subjektivität. Autoren wie **Adolf Muschg** („Albissers Grund", 1974), Urs Widmer („Die Forschungsreise", 1974) und **Urs Jaeggi** („Brandeis", 1978) präsentierten in ihren Romanen literarische Sinn- und Identitätssuche. Wichtige Beiträge zur zeitgenössischen Literatur lieferten auch **Thomas Hürlimann** („Die Tessinerin", 1984) und **Franz Böni** („Die Residenz", 1988) mit seinen düster-fantastischen Werken. Lukas Bärfuss („Hundert Tage", 2008), Urs Allemann („Babyficker", 1991), Rolf Lappert („Nach Hause schwimmen", 2008) und Ruth Schweikert („Ohio", 2005) stehen mit ihren Dramen, Gedichten und Romanen für die **allerjüngste Schriftstellergeneration,** die weit über die Grenzen der Schweiz hinaus Beachtung findet.

Kinder- und Jugendliteratur

Erst ab Mitte des 18. Jh. wurden Kinder als eigenständige Leserschaft entdeckt. Stand zunächst der erzieherische Aspekt im Vordergrund, entwickelte sich bald auch Unterhaltungsliteratur. So wurden eigentlich für Erwachsene gedachte **Abenteuerromane** wie Daniel Defoes „Robinson Crusoe" (1719/20) oder Jonathan Swifts „Gullivers Reisen" (1726) für Kinder umgearbeitet. Weltweit erfolgreich waren Heinrich Hoffmanns z. T. drastische Bildergeschichten „Der Struwwelpeter" (1845). Später standen die Werke von Karl May („Winnetou", 1893–1910) hoch im Kurs. Parallel dazu entwickelte sich eine spezielle **Mädchenliteratur** (Emmy von Rhodes „Trotzkopf", Else Urys „Nesthäkchen", Johanna Spyris „Heidi"). Mit den Werken Erich Kästners („Emil und die Detektive", 1928) hielt in der ersten Hälfte des 20. Jh. erstmals der Realismus Einzug, der mit Astrid Lindgrens „Pippi Langstrumpf" sogar einen revolutionären Ton erhielt. Michael Endes Märchenromane „Momo" (1973) und „Die unendliche Geschichte" (1979) erreichten in Deutschland Kultstatus. Im Zeitalter der elektronischen Medien entfachten Joanne K. Rowlings **Fantasy-Romane** um **Harry Potter** (1998–2007) und die Romane von Cornelia Funke („Tintenherz", 2003) ein neues Lesefieber.

Fans reißen sich um den siebten Harry-Potter-Band „Harry Potter und die Heiligtümer des Todes"; die Romanreihe der Engländerin Joanne K. Rowling begeistert nicht nur Jugendliche, sondern auch viele Erwachsene.

Der moderne Roman

Die geistigen und politischen Krisen zu Beginn des 20. Jh. hatten in Europa einen Kulturpessimismus zur Folge, der eine Krise des Romans mit sich brachte. Althergebrachte Formen begannen sich aufzulösen, der Roman selbst und seine Gestaltungsprobleme rückten ins Blickfeld. In der Not stellte die Gattung aber auch ihre nahezu unbegrenzte Erneuerungsfähigkeit unter Beweis, indem sie immer wieder neue Impulse aufgriff.

Neue Entwicklungen

Die Erfahrungen gesellschaftlicher Umwälzung erschütterten den Glauben, das Individuum und die Gesellschaft mit den Mitteln des realistischen Romans erfassen zu können. Die Erfahrung von Sprach- und Realitätsverfall löste die traditionelle Romanform zunehmend auf: Es gab weder einen Erzähler im herkömmlichen Sinn noch eine kontinuierliche Handlung. Franz Kafka und Samuel Beckett versuchten beispielsweise mit dem sog. simultanen Roman oder **Bewusstseinsroman,** die Vielschichtigkeit der Wirklichkeit einzufangen, indem sie collageartig Elemente aus Bewusstsein und Unterbewusstsein einblendeten. Zu diesen bildhaft-assoziativen Erzähltechniken gehören auch der **innere Monolog** und die Methode des **Stream of Consciousness,** des Bewusstseinsstroms (u. a. James Joyce, Virginia Woolf). In Romanen, welche die neuen Techniken anwendeten, ist z. T. die Großstadt Handlungsort und Akteur zugleich, so bei James Joyce („Ulysses", 1922) und Alfred Döblin („Berlin Alexanderplatz", 1929).

Abgesang auf den American Way of Life

Der moderne Mensch sowie soziale und gesellschaftliche Missstände waren Hauptthemen des **amerikanischen Romans** im 20. Jh. Mit seiner Mosaiktechnik, bei der in rascher Folge Miniszenen aneinandergereiht werden, gab John Dos Passos der europäischen Literatur nachhaltige Anstöße („Manhattan Transfer", 1925). Neben Thomas Wolfe und William Faulkner gehörte Ernest Hemingway zu den bedeutendsten Erzählern. Mit nüchtern-knappem und zugleich poetisch-klarem Stil stellte er menschliche Schwächen und Stärken dar. Während in Hemingways Werk eher Einzelgänger im Mittelpunkt stehen, entlarvt John Steinbeck in seinem Generationenroman „Jenseits von Eden" (1952) die Vorstellung von einem positiven Fortgang der Geschichte als Illusion.

In den Werken jüngerer Autoren wie Norman Mailer und Kurt Vonnegut gewannen Themen wie Kriegserfahrung und Probleme der modernen Massenge-

Große Romanciers des 20. Jh.

Joseph Conrad (1857–1924) Lord Jim (1900), Nostromo (1904)
Maxim Gorkij (1868–1936) Die Mutter (1907)
Marcel Proust (1871–1922) Auf der Suche nach der verlorenen Zeit (1913–1927)
Heinrich Mann (1871–1950) Der Untertan (1918)
Thomas Mann (1875–1955) Die Buddenbrooks (1901), Der Zauberberg (1924)
Hermann Hesse (1877–1962) Der Steppenwolf (1927)
Robert Musil (1880–1942) Der Mann ohne Eigenschaften (1930–1943)
Franz Kafka (1883–1924) Der Prozess (1925), Das Schloss (1926)
D. H. Lawrence (1885–1930) Lady Chatterley und ihr Liebhaber (1928)
Virginia Woolf (1892–1941) Mrs. Dalloway (1925)
Vladimir Nabokov (1899–1977) Lolita (1955)
Ernest Hemingway (1899–1961) Fiesta (1926), Wem die Stunde schlägt (1940)
John Steinbeck (1902–1968) Früchte des Zorns (1939), Jenseits von Eden (1952)
George Orwell (1903–1950) 1984 (1949)
Max Frisch (1911–1991) Stiller (1954), Homo Faber (1957)
Albert Camus (1913–1960) Der Fremde (1942)
Heinrich Böll (1917–1985) Haus ohne Hüter (1954), Ansichten eines Clowns (1963)
Günter Grass (* 1927) Die Blechtrommel (1959), Die Rättin (1986)
Gabriel García Márquez (* 1927) Hundert Jahre Einsamkeit (1967)
Umberto Eco (* 1932) Der Name der Rose (1980)
Orhan Pamuk (* 1952) Rot ist mein Name (1998)

Die Künstlerfamilie Mann

Kaum eine Familie prägte die deutsche Literaturszene im 20. Jh. so sehr wie die Familie Mann. Thomas Mann gilt als einer der herausragenden deutschsprachigen Erzähler des 20. Jh.; 1929 erhielt er mit dem Nobelpreis für Literatur internationale Anerkennung. Sein älterer Bruder Heinrich war ein bedeutender politischer Schriftsteller. Beide setzten sich mit allen bedeutsamen geistigen und politischen Strömungen ihrer Zeit auseinander. Im Schatten des **Übervaters Thomas Mann** eine eigene Existenz aufzubauen, war für seine Kinder nicht leicht. Thomas Manns ältester Sohn Klaus (1906–1949), Autor von „Mephisto" (1936), beging Selbstmord. Seine Schwester Erika (1905–1969) wurde 1932 mit der Gründung des politischen Kabaretts „Die Pfeffermühle" bekannt und war eine enge Mitarbeiterin ihres Vaters. Erst nach dem Tod des Vaters und des Bruders Klaus trat der Historiker Golo Mann (1909–1994) als Schriftsteller hervor („Deutsche Geschichte im 19. und 20. Jh.", 1958, „Wallenstein", 1971).

„Berlin Alexanderplatz“ von Alfred Döblin aus dem Jahr 1929 ist einer der bekanntesten deutschen Großstadtromane. Erzählt wird die Geschichte von Franz Biberkopf, der nach einer Haftstrafe ein ehrliches Leben beginnen will, im Berliner Kriminellen- und Kneipenmilieu jedoch immer wieder scheitert (Szene der Verfilmung von Rainer Werner Fassbinder, 1980; rechts Günter Lamprecht in der Hauptrolle).

sellschaft an Bedeutung. Ein satirisches Bild der Lieblosigkeit und seelischen Einsamkeit lieferte John Updike in Romanen wie „Hasenherz“ (1960) und „Ehepaare“ (1968). Massive Gesellschaftskritik übten auch afroamerikanische Autoren (u.a. James Baldwin, Ralph Ellison, Toni Morrisson) sowie jüdische Erzähler wie Saul Bellow, Bernard Malamud und Philip Roth.

Neue Ansätze in Europa

In den ersten Jahrzehnten des 20. Jh. lieferte vor allem Marcel Proust mit komplexen Zyklenromanen ein vielschichtiges Gesellschaftsporträt. Zu den einflussreichsten Autoren zählte André Gide („Die Falschmünzer“, 1925), der mit Experimentierlust und psychologischem Scharfblick neue Erzähltechniken entwickelte.

Der Traum, das Unbewusste, die Imagination waren die Felder des **Surrealismus.** In Frankreich gehörten u.a. André Breton, Louis Aragon und Paul Eluard dieser von der Psychoanalyse beeinflussten Richtung an. Der von Jean-Paul Sartre philosophisch begründete **Existenzialismus** verkündete, angelehnt an die Theorie des Marxismus, die absolute Selbstverantwortung und die Steigerung des Individualismus ins Transzendente. Albert Camus' Roman „Der Fremde“ (1942) ist z. B. geprägt von der Philosophie des Absurden, die von der Sinnlosigkeit der menschlichen Existenz ausgeht.

Die Dinge des täglichen Lebens und ihre exakte Beschreibung, aber auch der Schreibprozess selbst waren Gegenstand des **Nouveau Roman,** der nach 1950 in Frankreich seine Blütezeit erlebte. Die objektive, kühl-sachliche Darstellung der Oberflächenwelt sollte deren Bedeutungsleere bewusst machen. Zu den wichtigsten Vertretern zählt Alain Robbe-Grillet („Die Jalousie oder Die Eifersucht“, 1957).

Lateinamerikanische Literatur

Zu den ersten Werken, die den europäischen Leser mit den südamerikanischen Verhältnissen vertraut machten, gehörte der Roman „Doña Bárbara“ (1929) des Venezolaners Rómulo Gallego. Die literarische Strömung des **Modernismo** (u.a. Rubén Darío), der die lateinamerikanische Literatur in der ersten Hälfte des 20. Jh. prägte, brachte raffiniert verfeinerte Erzähltechniken hervor. Der Modernismo mündete Mitte der 1950er Jahre in den **magischen Realismus,** der reale mit fantastischen bzw. mystischen Elementen mischt. Zu den Hauptvertretern zählen der Argentinier Julio Cortázar („Album für Manuel“, 1973) und der Kolumbianer **Gabriel García Márquez** („Hundert Jahre Einsamkeit“, 1967, „Der Herbst des Patriarchen“, 1975). In Peru gehört Mario Vargas Llosa („Das Lob der Stiefmutter“, 1988) zu den bedeutendsten Autoren.

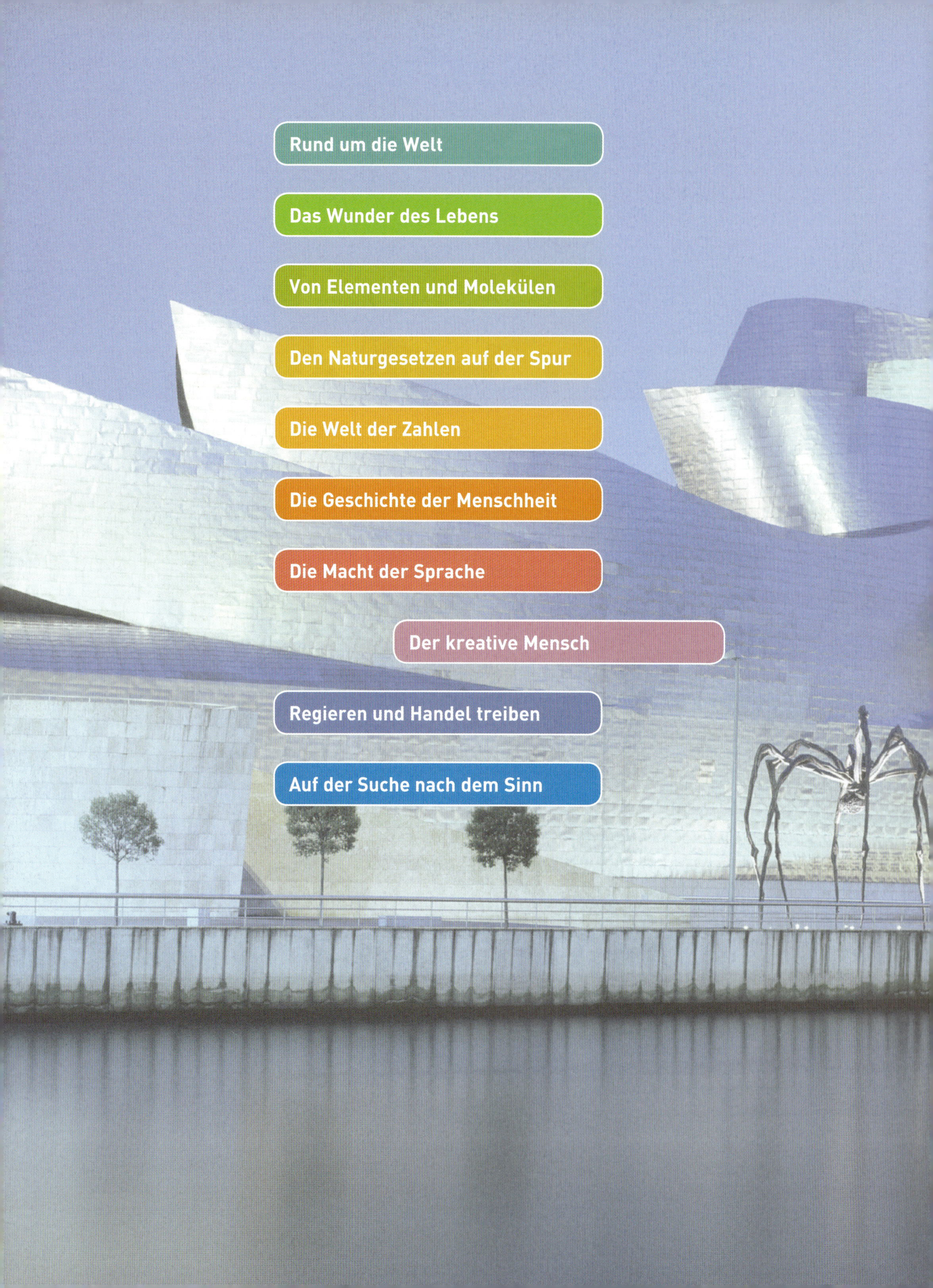

Rund um die Welt

Das Wunder des Lebens

Von Elementen und Molekülen

Den Naturgesetzen auf der Spur

Die Welt der Zahlen

Die Geschichte der Menschheit

Die Macht der Sprache

Der kreative Mensch

Regieren und Handel treiben

Auf der Suche nach dem Sinn

Der kreative Mensch

Sprechen, singen, tanzen, malen, bildhauern, schreiben – der Mensch hat viele Ausdrucksmöglichkeiten für seine Kreativität. Und seit es Menschen gibt, prägen sie ihre Lebenswelt durch Sprache, Handwerk und künstlerisches Schaffen. Beim Gang durch die Kunst- und Kulturgeschichte begegnen uns viele große Namen – seien es Maler, Komponisten, Regisseure, Schauspieler oder Tänzer – und eine Fülle von herausragenden Werken, deren Wirkung weit über ihre jeweilige Entstehungszeit hinausreicht.

Fassade des Guggenheim-Museums in Bilbao, Spanien

Kunst und Kultur

„Sie erwarten von mir, dass ich Ihnen sage, dass ich Ihnen definiere: Was ist Kunst? Wenn ich es wüsste, würde ich es für mich behalten." So beantwortete Pablo Picasso, einer der größten Künstler des 20. Jh., die Frage nach dem Wesen der Kunst. Die Vorstellung von einem allgemeingültigen Kunstbegriff, der für alle Zeiten und alle Werke gilt, ist heute überholt, denn jede Epoche hat ihr eigenes Verständnis von Kunst und Kultur.

Skulptur „Woman in a hat" von Pablo Picasso, 1963

In neuerer Zeit, in der es sich Künstler immer mehr zur Aufgabe machen, die vorherrschende Sicht auf die Welt infrage zu stellen, um beim Publikum neue Denkprozesse anzustoßen, ist Kunst die Bezeichnung für all das, was der Mensch – im Gegensatz zu den Dingen der Natur – selbst hervorgebracht hat, ohne dass ihm eine spezielle (z. B. technische) Funktion zukommt.

Kunst wird heute den Bereichen Literatur, Musik, bildende Kunst und darstellende Kunst zugeordnet. Ob Roman, Sinfonie, Gemälde oder Fotografie – die einzelnen Kunstwerke nutzen unterschiedliche Medien, um sich auszudrücken. Eine Orientierung in der stilistischen Vielfalt wird ermöglicht, indem sie entsprechend ihren Erscheinungsformen in Gattungen, Epochen und Stile eingeteilt werden.

Die rein visuell wirkende bildende Kunst gliedert sich in die Hauptgattungen Malerei, Plastik, Architektur und angewandte Kunst. Die zwei- oder dreidimensionalen Werke spiegeln die Vergangenheit und Gegenwart in „realen" Bildern wider. Sie halten uns Menschen einen Spiegel vor und geben Impulse für einen anderen Blick auf die Wirklichkeit.

Klang und Bewegung – Urformen der Kunst

Musik und Tanz, die ältesten menschlichen Ausdrucksformen, sind abstrakte Künste, die ohne Sprache auskommen und sich nur unvollkommen mit Worten fixieren lassen. Die enge Verbindung von beiden kommt im Ursprung des Wortes „Musik" deutlich zum Ausdruck: „musiké" war für die alten Griechen die von den neun Musen an die Menschen verliehene Kunst und stand für die Einheit von Ton, Wort und Bewegung. Musik und Tanz haben sich im Lauf der Jahrhunderte dem Gang der Zeit angepasst und immer neue Formen hervorgebracht. So gibt es heute eine Vielzahl von nebeneinander existierenden Musikstilen und aus den ersten Tänzen zu Ehren der Götter entstand über zahlreiche Zwischenstationen das moderne Tanztheater. In den

Berühmte Kunstmuseen

Basel: Kunstmuseum
Berlin: Gemäldegalerie am Kulturforum
Budapest: Museum der Bildenden Künste
Chicago: Art Institute of Chicago
Florenz: Uffizien
Frankfurt am Main: Städelsches Kunstinstitut
Köln: Wallraf-Richartz-Museum
London: Tate Gallery of Modern Art
Los Angeles: J. Paul Getty Center
Madrid: Museo del Prado
München: Alte Pinakothek
New York: Metropolitan Museum of Art
Paris: Louvre, Musée d'Orsay
St. Petersburg: Eremitage
Vatikanstadt: Vatikanische Museen
Washington: National Gallery of Art
Wien: Kunsthistorisches Museum

kultischen Tänzen und Gesängen liegen auch die Wurzeln des Theaters, das mit seinen großen Werken von der Antike bis zur Gegenwart immer wieder auslotet, wozu der Mensch im Guten wie im Bösen fähig ist.

Fotografie, Fernsehen und Film – neue Bilderwelten

Als scheinbar authentisches Abbild der Wirklichkeit existiert die Fotografie seit nunmehr rund 150 Jahren. Heute durchdringt das Medium nahezu jeden Lebensbereich, wir sind permanent umgeben von einer Flut von Bildern. Zunächst galt die Fotografie nicht als Kunst. Erst allmählich erkannte man die vielfältigen Ausdrucksmöglichkeiten des neuen Mediums. Heute genießen künstlerische und dokumentarische Fotografie als Kulturgut weltweite Anerkennung.

Seit die Bilder laufen lernten, sind die Menschen von den bewegten Bilderwelten fasziniert. Filme reflektieren die eigene Zeit, ihre Hoffnungen und Ängste, ihre Krisen und Entwicklungen und wirken wiederum auf diese zurück. Sie geben Orientierungsmuster und schaffen Moden, sie liefern Projektionsflächen für geheime Sehnsüchte und Träume. Mit der Verbreitung des Fernsehens geriet das Kino zunächst in eine Krise, doch das „Pantoffelkino" konnte ihm langfristig nichts anhaben. Heute sind Kino und Fernsehen die einflussreichsten Medien der Alltagskultur.

Städtebau im Mittelalter

In die Epoche der Gotik (12.–15. Jh.) fällt die Entstehung der ersten größeren städtischen Ansiedlungen, die sich neben den Klöstern sowie den Herrscher- und Fürstenhöfen fortan zu blühenden kulturellen und wirtschaftlichen Zentren entwickelten.

Insbesondere der Kathedralenbau in den Städten zog viele Handwerker an. Zudem nutzten zahlreiche leibeigene Bauern die Möglichkeit, dort das Bürgerrecht zu erwerben und sich mit der Ausübung eines Handwerks eine neue Existenz aufzubauen. Das die Städte regierende Bürgertum reagierte mit der planmäßigen Anlage von Straßenzügen und dem Bau neuer Häuser. Es entfaltete sich eine reiche bürgerliche Baukunst: Neben Stadtmauern mit ihren Toren und Türmen entstanden Burgen, Wohn- und Zunfthäuser, Verkaufshallen, Hospitäler, Brücken und besonders repräsentative Rathäuser. In vielen Regionen verdrängten Stein und Backstein nach und nach das bis dahin als Baumaterial bevorzugte Holz.

Der klassische Balletttanz des 19. Jh. findet bis heute sein Publikum (Bild: „Schwanensee").

schnell gefunden:

Bildende Kunst und Architektur

Kunst in Form von Malerei, Plastik, Architektur und angewandter Kunst drückt sich visuell aus (Bild: „Nana Bleue Debout“ von Niki de Saint Phalle, 1995). War der Begriff Kunst lange eng mit der Vorstellung von handwerklichem Können verbunden, so wandelte sich diese Definition ab dem 20. Jh.

Altertum

Bereits die frühen Hochkulturen am Indus, auf Kreta, in Ägypten und in Mesopotamien brachten Meisterleistungen der Baukunst hervor. Die griechische Antike strebte in ihren Bauten, Plastiken und Keramiken danach, das Ideal der absoluten Schönheit zu verwirklichen. Von diesen Wurzeln ausgehend, bemühten sich die Künstler der römischen Antike, die griechischen Vorbilder zu perfektionieren, und erhoben die Kunst zum staatstragenden Faktor.

Mit dem Tempelbau setzte die Suche der Griechen nach Lösungen für eine gleichermaßen ästhetisch ansprechende wie konstruktiv angemessene Gestaltung der Säulen mit ihrem darüberliegenden Gebälk und Dach ein. Drei Grundformen blieben für die gesamte griechische Antike bestimmend: die dorische, die ionische und die korinthische Ordnung.

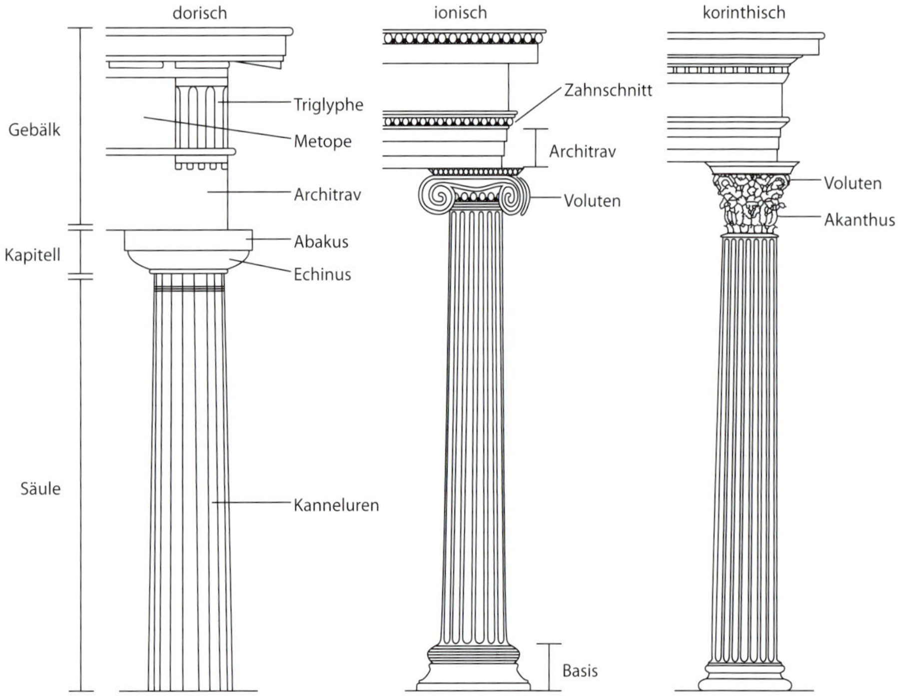

Frühe Hochkulturen

Ausgehend von der Vorstellung, die Herrschenden handelten auf Erden als Stellvertreter der obersten Götter, stand die Kunst im Altertum (4.–1. Jahrtausend v. Chr.) ganz **im Dienst der Könige** und **Fürsten.** Sowohl im zentralistisch organisierten Ägypten mit einem Pharao an der Spitze als auch in dem aus Stadtstaaten wie Uruk, Ur und Mari mit einem regierenden Fürsten bestehenden Mesopotamien war die Baukunst auf den **Tempel- und Grabbau** ausgerichtet. Nebeneinandergesetzt oder terrassenförmig angelegt und mit Säulenhöfen, Pfeilerhallen und Rampen ausgestattet, vermitteln die Tempel- und Grabanlagen den Eindruck von Ruhe und Gleichgewicht (Totentempel der Hatschepsut, um 1480 v. Chr., Felsentempel Abu Simbel, um 1260 v. Chr.). Paläste, Tempel und Grabanlagen waren reich mit Wandmalereien, Reliefs, vollplastischen Bildwerken und Kleinkunst ausgestattet. Die thematische Bandbreite reichte von Schilderungen aus den Bereichen Landwirtschaft, Handwerk, Krieg und Jagd über mythologische Motive und kultische Szenen bis hin zu politischen Ereignissen.

Griechische Antike

Die Epoche der griechischen Antike erstreckt sich vom 11. bis zum 1. Jh. v. Chr. und umfasst die im griechischen

Kernland sowie die in den Kolonien in Unteritalien, Sizilien und an einzelnen Plätzen am Mittel- und Schwarzen Meer entstandene Kunst. Neben dem Tempelbau (**Akropolis** in Athen) erlangten vor allem plastische Bildwerke aus Marmor, Kalkstein, Holz, Bronze und Ton bereits in der Antike besondere Berühmtheit. Dabei konzentrierten sich die Künstler von Beginn an auf die Darstellung des Menschen. Der menschliche Körper wurde nun schrittweise als organische Einheit aufgefasst und als Gesamtheit abgebildet. Man gelangte zu einer Darstellungsform, die den Körper in all seinen anatomischen Details korrekt wiedergab (Marmorgruppe **Laokoon,** 1. Jh. v. Chr.). Die Einführung des Kontraposts – die Unterscheidung von Stand- und Spielbein, der Ausgleich der tragenden und lastenden, der ruhenden und treibenden Kräfte einer Figur – machte schließlich die lebendige Darstellung nahezu aller Stand- und Bewegungsmotive möglich.

Die griechische **Vasenmalerei** zeigt ein reiches Repertoire an Ornamenten und Bildern aus der griechischen Lebenswelt und der Mythologie. Von der Spätarchaik bis zum Ende der Klassik hatten die Athener die führende Stellung in der **Keramikproduktion** inne. Anfangs führten sie die Malerei wie zuvor die Korinther in Schwarz auf hellem Tongrund aus (schwarzfigurige Technik), um dann um 530 v. Chr. die rotfigurige Technik zu entwickeln. Nun wurde das gesamte Gefäß mit dem glänzend schwarzen Malschlicker überzogen, Figuren und Ornamente blieben ausgespart. Mit Beginn des Hellenismus traten an die Stelle des rotfigurigen Stils mit seiner Vorliebe für szenische Darstellungen neue Dekorationsweisen wie der **Reliefdekor.** Außerdem wurden Verfahren zur mechanischen Vervielfältigung der Gefäße entwickelt.

Römische Antike

Die römische Kunst entstand aus der allmählichen Verschmelzung griechischer und italischer, insbesondere etruskischer

Römische Porträts wie diese Darstellung eines Ehepaares, die um 60 n. Chr. in Pompeji entstand, zeigen Personen mit sehr individuellen Gesichtszügen.

Elemente. Das für die römische Antike (1000 v. Chr. bis frühes 4. Jh. n. Chr.) charakteristischste Merkmal, die Kunst zu politischen Zwecken und zur staatlichen Selbstdarstellung zu nutzen, kristallisierte sich jedoch erst mit der Machtausdehnung Roms ab dem späten 3. Jh. v. Chr. heraus.

Wie in der griechischen, so findet man auch in der römischen Antike gewachsene und geplante Städte mit Tempeln, Hallenbauten, Theatern, Amphitheatern, Wettkampf- und Übungsstätten, Badeanlagen (Thermen) und schließlich Wohn- und Geschäftshäusern. Seit dem 4. Jh. v. Chr. wandten die Römer das Prinzip des rechtwinkligen Städtebaus konsequent an. Das **Forum** lag üblicherweise am Schnittpunkt der Hauptstraßen, der Haupttempel in der Achse des zentralen Platzes. Als neuartigen Bautyp führten die Römer im frühen 2. Jh. v. Chr. die **Basilika** ein, einen drei- bis fünfschiffigen Hallenbau, der z. B. als Markthalle genutzt wurde.

Einen zentralen Gegenstand der römischen Kunst bilden die **Porträts.** Statt wie ihre griechischen Vorgänger das Hauptaugenmerk auf die Wiedergabe eines bestimmten Menschentyps zu legen, präsentieren die römischen Bildnisse bestimmte Personen mit individuellen Gesichtszügen. Eine besondere Rolle innerhalb der Gattung nahmen ab der Zeit des Augustus die offiziellen Kaiserporträts ein.

Die Pyramiden

Zu den in technischer Hinsicht herausragenden Leistungen ägyptischer Baukunst gehören die Pyramiden. Als bevorzugter Grabtyp der Pharaonen zeigen sie die Größe und Macht des sich auf göttlichem Königtum gründenden Staates. Waren die ersten Pyramiden noch stufenförmig angelegt, z. B. die Pyramide des Königs Djoser in Sakkara, bildete sich um 2500 v. Chr. die klassische Form mit quadratischer Grundfläche und dreieckigen, mit einem Neigungswinkel von 52 Grad spitz zulaufenden Seiten heraus. Im Innern befand sich die Grabkammer für den Pharao. Zu den berühmtesten Anlagen dieser Art gehören die Pyramiden des Cheops, Chefren und Mykerinos in Gizeh nahe der ägyptischen Hauptstadt Kairo.

Das architektonische Ensemble aus Kathedrale und schiefem Turm von Pisa ist ein Glanzlicht der italienischen Romanik.

Von der Romanik zum Barock

Stellte die Romanik, die abendländische Kunst des frühen Mittelalters, die Sakralarchitektur in den Mittelpunkt, weitete sich in der Gotik die architektonische Kunst auch auf den weltlichen Bereich, auf Schlösser, Burgen und später Bürgerhäuser aus. Anknüpfend an die griechische und römische Antike war die Renaissance bemüht, die als ideal empfundenen Traditionen weiterzuentwickeln. Im 17. und 18. Jh. war die Kunst des Barock vom Hang zu Größe, Bewegung und Übersteigerung geprägt.

Romanik: prachtvolle „Gottesburgen“

Die Arbeit von Baumeistern, Steinmetzen, Elfenbein- und Holzbildschnitzern, Goldschmieden, Buch- und Wandmalern sowie Textilhandwerkern in der Romanik (1000–1250) galt in erster Linie der prachtvollen Ausgestaltung von Kirchen und Klöstern. Der romanische **Kirchenbau** ist als Summe von Teilräumen zu verstehen. Durch blockhaft kubische und runde Baukörper, die wie aneinandergeschoben wirken, entstand ein oftmals vieltürmiges und wehrhaftes Erscheinungsbild. Eine wesentliche Neuerung war die Ausbildung des gebundenen Systems: Die Vierung – Schnittstelle zwischen Mittel- und Querschiff – wurde zum bestimmenden Maß. Zugleich bildete sie die Voraussetzung für die Bedachung der Kirchenschiffe mit **Tonnen- und Kreuzgewölben.** Das Gewicht der Dachkonstruktion wurde über die in rhythmischem Wechsel auf Pfeilern oder Säulen ruhenden Rundbögen der Mittelschiffwände abgeleitet. Als Höhepunkte der deutschen Romanik gelten die drei zwischen dem 11. und 13. Jh. entlang des Rheins errichteten Kaiserdome von Speyer, Worms und Mainz.

Gotik: kühn gegliederte Kirchenfassaden

Zu den eindrucksvollsten Leistungen der Epoche der Gotik (12. Jh. bis Anfang des 15. Jh.) gehört die Erfindung der **gotischen Kathedrale,** die von außen durch die oft doppeltürmig angelegte Westfassade mit Fensterrose und einer reichen Ausstattung mit Zierelementen wie schlanke, spitz zulaufende Türmchen, Ziergiebel und Blattornamente gekennzeichnet ist. Die Auffassung des Raums als architektonisches Ganzes, die vertikale Ausrichtung des Baus und die **Skelettbauweise** verliehen der gotischen Kathedrale einen völlig neuartigen Charakter. An die Stelle des Rundbogens der Romanik tritt der **Spitzbogen.** Weitere Merkmale sind die stärkere Verbindung von Langhaus und Querhaus, die Erweiterung der Seitenschiffe zum repräsentativen Chorumgang mit Kapellenkranz und der Verzicht auf eine Krypta. Notre-Dame in Paris, die Kathedralen in Chartres und Canterbury, der Mailänder Dom und der Kölner Dom sowie das Straßburger Münster gehören zu den wichtigsten Beispielen gotischer Baukunst.

Die **gotische Skulptur** sticht durch ihre besondere Gestaltung von Gewand und Faltengebung hervor, die den Körper beinahe vollkommen verbirgt. Neben der Glasmalerei wurde die Buchmalerei weiter gepflegt. Wichtig für die Malerei als Kunstgattung war die Erfindung des gemalten **Altarbildes,** Voraussetzung für die Entwicklung einer selbstständigen **Tafelmalerei.** Zu den herausragenden Kunstwerken der Gotik gehörten auch monumentale **Bildteppiche,** die Einblick in die Welt des Mittelalters geben.

Renaissance: das rechte Maß

Die Architektur der Renaissance (spätes 14. Jh.–16. Jh.), die im Florenz der Medici ihren Ausgang nahm, schulte sich an den **Proportionen der Natur,** besonders an den Maßverhältnissen des menschlichen Körpers und an geometrischen Grundformen. Sie griff auf den Regelkanon antiker Baumeister zurück und legte den Akzent auf die Gestaltung der Fassade (Palazzo Medivi-Riccardi in Florenz).

Bahnbrechend für die Malerei wirkte sich die wesentlich auf die Erkenntnisse des italienischen Baumeisters und Bildhauers Filippo Brunelleschi zurückgehende Erfindung der **Perspektive** aus. Mit **Leonardo da Vinci** im Süden und **Albrecht Dürer** im Norden setzte zu Beginn des 16. Jh. eine wissenschaftliche Auseinandersetzung mit der Perspektive ein, die weithin großen Einfluss hatte. Die Künstler der Renaissance propagierten den **Goldenen Schnitt,** das mathematische Teilungsverhältnis der Proportionen Breite und Höhe, das in allen westlichen Kulturen als harmonisch gilt.

Barock: Fantasie und Dynamik

Der das 17. und 18. Jh. prägende Stil war der Barock mit seinem **Hang zu Pathos** und Monumentalität und seinem freieren Umgang mit Formen und Ornamenten. Die Werke von Baumeistern wie Giovanni Lorenzo Bernini und Francesco Borromini präsentierten sich als architektonische Plastik, in der alle Komponenten zu einer Einheit verschmolzen. Straßen, Plätze und Gärten wurden in die Konzeption einbezogen. Paradebeispiel für barocke Architektur ist das 1661 begonnene **Schloss Versailles,** das als Symbol königlicher Macht die umgebende Landschaft beherrschte.

Die barocke Skulptur, bevorzugt aus blankpoliertem Marmor, zeigte eine Vorliebe für aufgelockerte Umrisse und sinnliche Körper in dynamischer Bewegung. Der bedeutendste Barockmaler im Spanien des 17. Jh. war Diego Velázquez mit seinen religiösen und genrehaften Sujets, seinen Historienbildern und seinen Porträts. Herausragende Beispiele für diese Bildgattung lieferten auch die niederländischen Maler Frans Hals, Anthonis van Dyck und **Rembrandt** („Nachtwache"). Als sein flämischer Gegenpart galt **Peter Paul Rubens** mit seinen großformatigen Szenerien. In den Niederlanden und in Spanien entwickelten sich das Genrebild, das Alltagsszenen aus dem Leben des Volkes darstellte, und das Stillleben, das sich auf die Abbildung lebloser Gegenstände konzentrierte.

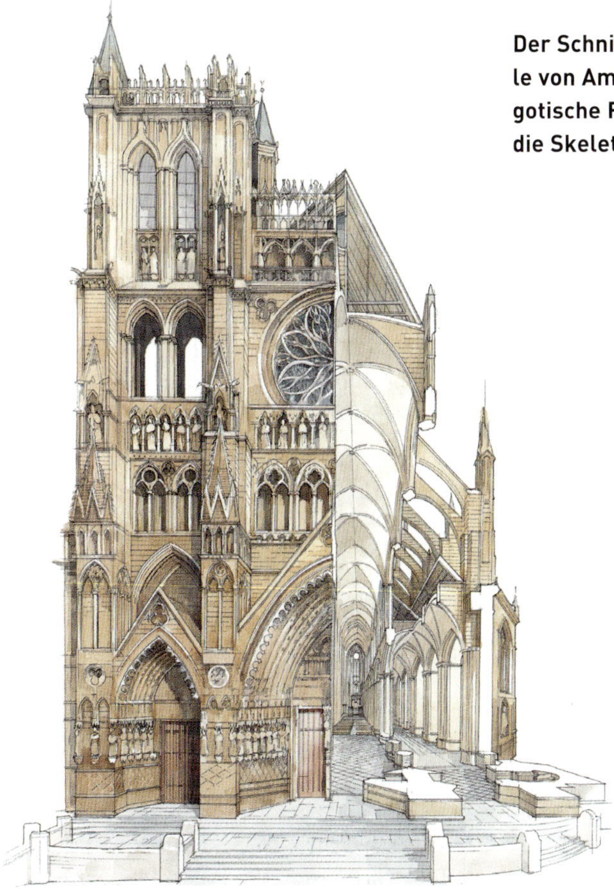

Der Schnitt durch die Kathedrale von Amiens verdeutlicht die gotische Fassadengliederung und die Skelettbauweise.

Fantasie, Gefühl und Farbe

Ab etwa 1800 entwickelte sich in ganz Europa mit der Romantik eine Kunst- und Lebensanschauung, die dem Rationalismus der Aufklärung Gefühl und Seele, das Unsichtbare und Ungewöhnliche entgegensetzte. Der darauf folgende Realismus stellte diesen idealisierten Bildern wirklichkeitstreue Darstellungen der Alltagswelt gegenüber. Im Impressionismus trat die Farbe in den Vordergrund und machte das Malerische selbst zum eigentlichen Thema. Als Gegenbewegung zum vorherrschenden Historismus bemühte sich der Jugendstil um eine Erneuerung aller Künste.

Caspar David Friedrich drückte in seinen Gemälden das Lebensgefühl der Romantik aus. „Kreidefelsen auf Rügen" (um 1818) ist eines seiner bekanntesten Werke.

Romantik: Befreiung durch Fantasie

Ebenso wie andere Kunstepochen ist die Romantik (ca. 1790–1850) stark geprägt von dem politischen Klima ihrer Zeit. Auf die gesellschaftliche Umbruchsituation nach der Französischen Revolution reagierte die Kunst mit der Emanzipation des Individuums und der Ablehnung objektiver künstlerischer Regeln. Da nun nicht mehr die Gestaltung der sichtbaren Wirklichkeit im Vordergrund stand, sondern die Darstellung von Gefühlen, von Unsichtbarem und Visionärem, wurden für die Malerei Allegorie, Parabel und Symbol zu typischen Ausdrucksformen. Als Spiegel des subjektiven Erlebens gewann die **Landschaftsmalerei** gegenüber dem Sakral- und Historienbild an Bedeutung. Zu den herausragenden Malern der Epoche gehörten in England Johann Heinrich Füssli sowie John Constable und **William Turner,** deren Werke jedoch weit über die Romantik hinausweisen. Kennzeichnend für die französischen Romantiker, allen voran Eugène Delacroix („Die Freiheit führt das Volk an", 1830), war der malerisch-farbenfreudige Stil und der leidenschaftliche Ausdruck. Hauptmeister der deutschen Romantik war **Caspar David Friedrich,** der mit seinen von schwermütig-einsamer Stimmung erfüllten Landschaftsbildern („Das Eismeer", 1823/24) der Malerei neue Wege wies.

Realismus: Mut zum Alltäglich-Hässlichen

Die Künstler des Realismus kehrten sich in der zweiten Hälfte des 19. Jh. von den idealisierten Bildern der Klassik und Romantik ab zugunsten einer wirklichkeitsgetreuen Darstellung der Menschen und ihres Alltags. Vorreiter für das „Alltäglich-Hässliche" war der Franzose Gustave Courbet mit seinem Bild „Die Steinklopfer" (1848). In Deutschland gehörten Wilhelm Leibl, **Adolph von Menzel** und Franz von Lenbach zu den wichtigsten Vertretern des Realismus. Die Arbeiten des französischen Malers **Edouard Manet** („Das Frühstück im Freien", 1868), der Farbe als eigenständiges gestalterisches Mittel einsetzte, schlugen eine Brücke zwischen Realismus und Impressionismus.

Impressionismus: Licht und Farbe

Die Impressionisten, allen voran die französischen Künstler **Claude Monet,** Paul Cézanne, **Auguste Renoir** und Edgar Degas, widmeten sich der möglichst getreuen Wiedergabe von Licht- und Farbeffekten, verzichteten auf eine strenge Linienführung und verwoben helle Farbflächen zu einem Ganzen. Farbe, Struktur und Komposition des Bildes waren den Künstlern ebenso wichtig wie die Thematik, die sich auf Szenen aus dem modernen Großstadtleben und die Landschaftsmalerei konzentrierte. Künstler wie **Vincent van Gogh** und **Paul Gauguin** waren zunächst im Umfeld der Impressionisten anzusiedeln, entwickelten aber bald eine wesentlich expressivere Form der Farbgebung. Auch **Paul Cézanne** überwand die Momenthaftigkeit der impressionistischen Malerei und beschäftigte sich u.a. in seinen Stillleben und Ansichten des Mont Sainte Victoire mit der Dauerhaftigkeit der Natur. Die Ideen des Impressionismus setzten sich auch in der Bildhauerei durch. Hier zählte **Auguste Rodin** mit Skulpturen wie „Der Kuss" (1898) zu den wichtigsten Vertretern.

Jugendstil: das Gesamtkunstwerk

Neben dem Kunsthandwerk war der Jugendstil um die Wende zum 20.Jh. vor allem in der Architektur maßgebend. Wichtige Zentren waren Wien, wo er auch als **Sezessionsstil** bezeichnet wurde, Paris und Brüssel, Glasgow und London sowie Barcelona. Angesichts der historistischen Überladenheit in der Innendekoration und des Stilmischmaschs in der Architektur gingen die Vertreter des Jugendstils neue Wege mit der Schaffung eines völlig neuartigen Stils. Dabei legten sie Wert auf Materialgerechtigkeit, Zweckmäßigkeit und sorgfältige handwerkliche Produktion. Schlanke Formen, asymmetrisch **geschwungene Linien,** flächige und **farbige Ornamente** waren im Kunstgewerbe, in der Gebrauchsgrafik, der Malerei sowie in der Architektur die wichtigsten Ausdrucksformen dieser Stilrichtung.

Architektonische Eleganz und Leichtigkeit wurden u.a. durch die in der ersten Hälfte des 19.Jh. entwickelte **Eisenskelettbauweise** möglich, die den Einsatz von schmalen Stützen und großen Glasflächen erlaubte. Sie bildet auch die bauliche Voraussetzung für die ersten Wolkenkratzer. Zu den bekanntesten frühen Stahlkonstruktionen gehört der **Eiffelturm** in Paris von Gustave Eiffel (1889).

Gestützt auf die Idee des Gesamtkunstwerks, hoben die Künstler des Jugendstils die Grenzen zwischen Architektur, Malerei und Innendekoration auf. So entstanden vielfach neue Organisationsformen wie die **Werkstättenbewegung** (u.a. Deutsche Werkstätten für Handwerkskunst in Dresden-Hellerau, 1897; Wiener Werkstätte, 1903), Künstlerkolonien (z.B. Darmstadt, ab 1899) und die Sezessionen in München (1892), Wien (1897) und Berlin (1898).

Beispielhaft für die Wiener Jugendstilarchitektur sind die Häuser des österreichischen Architekten Otto Wagner; im Bild das „Majolikahaus" (1898) in der Linken Wienzeile Nr. 40.

Was kostet Kunst?

Im 19. Jh. machten sich die Künstler nicht nur von überkommenen Regeln frei, sie wurden im ökonomischem Sinn auch „frei" von adligen oder geistlichen Mäzenen. Es entstand ein bürgerlicher Kunstmarkt und mit ihm die Frage nach dem Wert eines Kunstwerks. In den Galerien, auf den Sammlerbörsen und Auktionen bestimmen Angebot und Nachfrage den Preis z.B. eines Gemäldes. Zu den teuersten Bildern aller Zeiten gehört das Gemälde „Der Jüngling mit der Pfeife" (1905) von Pablo Picasso, das für 104 Mio. US-Dollar ersteigert wurde. 74 Mio. Euro kostete 2010 die Skulptur „Schreitender Mann" (1961) von Alberto Giacometti. Auch die Werke von Claude Monet, Henri Matisse, Henri de Toulouse-Lautrec und Edgar Degas erzielen immer wieder Höchstpreise.

Moderne Kunst des 20. Jahrhunderts

Bauhaus

Nicht nur die bildende Kunst, sondern auch die Architektur suchte Anfang des 20. Jh. nach einem Neubeginn. Das 1919 in Weimar unter Leitung von Walter Gropius gegründete Bauhaus wurde dabei zu einem Zentrum der Reformideen und zu einem bis in die Gegenwart wirkenden Vorbild. Im Bauhaus befruchteten sich die verschiedensten künstlerischen Strömungen der Zeit. Beeinflusst von den Ideen des Deutschen Werkbunds und des Arts and Crafts Movement, suchte das Bauhaus eine enge Verbindung von Kunst und Handwerk, die sich im Lehrbetrieb widerspiegelte. Die Vermittlung handwerklicher und künstlerischer Fertigkeiten war eng mit dem Entwurf von Prototypen für die industrielle Fertigung verbunden.

Das neue Jahrhundert und die Entwicklung der modernen Massengesellschaft brachten die Forderung nach gesellschaftlichen Veränderungen mit sich, die auch in der Kunst ihren Niederschlag fand. Viele Künstler ließen tradierte Kunstrichtungen hinter sich, um eine zeitgemäße, der Geschwindigkeit und dem Rhythmus der Zeit angemessene Formen- und Farbensprache zu entwickeln. Die neuen Kunstrichtungen nahmen dabei starken Einfluss aufeinander und lassen sich nur schwer trennen.

„Brücke" und „Blauer Reiter"

Um 1905 entstand der Expressionismus, der von Paul Gauguin und Vincent van Gogh und insbesondere von den Werken der Fauvisten wie Henry Matisse und André Derain beeinflusst war. Der Fauvismus geht auf den Begriff „Fauves" (frz., „wilde Tiere") zurück. Die Maler dieser Richtung setzten auf die Ausdruckskraft der Farben und bevorzugten leuchtende Flächen aus ungemischten Farben. Die ersten Arbeiten des Expressionismus, einer weit gefächerten Richtung, stammen aus dem norddeutschen Raum, etwa von **Emil Nolde** und Paula Modersohn-Becker, sowie aus München und Dresden.

1905 gründete sich um den Maler Ernst Ludwig Kirchner die Künstlergruppe „Brücke", der u. a. Karl Schmidt-Rottluff, Erich Heckel, Max Pechstein sowie kurzzeitig Emil Nolde angehörten. Ihre Mitglieder belebten alte Techniken wie Holzschnitt, Radierung und Lithografie neu. Obwohl sie unterschiedliche Malstile pflegten, ist allen der Einsatz farbiger Flächen eigen.

Anders als die Mitglieder der „Brücke" wandten sich die ab 1912 in der Vereinigung „Blauer Reiter" zusammengeschlossenen Künstler der **Abstraktion** zu. Gemeinsam mit Franz Marc, August Macke, Alexej von Jawlensky und Gabriele Münter versuchte Wassily Kandinsky, neben Form und Farbe auch Musik mit Hilfe der Malerei darzustellen und auf eine höhere, von der Gegenständlichkeit losgelöste Ebene zu heben. Das führte zu einer neuartigen Verwendung von Farben und Formen.

Kubismus: Auflösung der Form

In Frankreich entstand auf der Suche nach einer abstrakten Kunst der Kubismus. Als erstes Werk dieser Richtung gilt Pablo Picassos Gemälde **„Les Desmoiselles d'Avignon"** (1907). Es zeigt fünf Frauen und ein Stillleben, die Figuren sind nicht mehr als einheitliche Körper dargestellt, sondern als Facetten des eigentlichen Gegenstands, die sich zu einem Bild zusammensetzen. Die Kubis-

Der deutsche Maler Franz Marc (1880–1916) war Mitbegründer der Künstlervereinigung „Der Blaue Reiter"; sein Bild „Blaues Pferd I." entstand 1911.

Über 1800 Gemälde, rd. 1200 Skulpturen und Tausende von Zeichnungen, Grafiken und Keramiken hinterließ Pablo Picasso (1881–1973) der Nachwelt. Das Foto zeigt ihn um 1940 bei der Arbeit an einem Gemälde.

ten, zu denen auch Juan Gris, Fernand Léger und Robert Delaunay zählten, zeigten ihren Bildgegenstand, indem sie ihn auf seine **Grundformen reduzierten** und „neu zusammensetzten".

Ab 1910 begannen Picasso, Braque und vor allem Gris, Collagen aus unterschiedlichen Materialien mit sparsamen malerischen Mitteln zu überarbeiteten und leiteten damit zum sog. synthetischen Kubismus über, dem Beginn eines **neuen Raumkonzepts** in der Kunst.

Dada: bewusste Antikunst

Die Dadaisten stellten die Kunst generell infrage und etablierten mit ihren Werken eine Antikunst. Ausgangspunkt der bis etwa 1923 aktiven Bewegung war das 1916 in Zürich von **Hugo Ball** gegründete Cabaret Voltaire. Zusammen mit Richard Huelsenbeck, Tristan Tzara und Hans (Jean) Arp nutzte Ball diese Bühne, um eine Antikunst der Anarchie und Subversion zu schaffen. Wesentliche künstlerische Ausdrucksmittel waren Collage, Montage und Assemblage, das Zusammenfügen von willkürlich aufgegriffenen Einzelteilen zu neuen Gebilden – seien es Bilder, Laut- und Simultangedichte oder sog. **Geräuschkonzerte.** Zu den Mitgliedern des Berliner Dada, der sich als wesentlich politischer und aggressiver als der Züricher Dada verstand, gehörten neben Huelsenbeck u. a. der sog. Oberdada Johannes Baader sowie John Heartfield, George Grosz, Hannah Höch und Raoul Hausmann.

Surrealismus: Bilder der Innenwelt

Ausgehend von der Dada-Bewegung in Paris und beeinflusst von der italienischen Pittura metafisica (u. a. Giorgio de Chirico) sowie dem Symbolismus, entstand Anfang der 1920er Jahre die Gruppe der Surrealisten. Sie entwickelten keinen einheitlichen Stil, für sie alle waren jedoch Zufall, Traum und Unbewusstes wichtige Themen. Während **Max Ernst** in seinem Werk bedrohlich wirkende Analysen von psychischen Landschaften und traumatischen Kindheitserfahrungen schuf, wandte sich der Spanier **Salvador Dalí** der akribisch genauen Darstellung von Grusellandschaften und den Gräueln des Spanischen Bürgerkriegs zu. Sein Landsmann **Joan Miró** und der Franzose Yves Tanguy gingen von „dessins automatiques" aus: Tanguy schuf irreale monotone Traumlandschaften, während Miró zu abstrahierten, scheinbar naiven Figurationen fand. René Magritte, neben Paul Delvaux der Hauptvertreter des Surrealismus in Belgien, malte irritierende Visionen, in denen Bild und Wirklichkeit ineinander verschoben zu sein scheinen.

Kunstfälschungen: eine Welt für sich

Ob alte Meister oder Klassiker der Moderne, haben Kunstwerke erst einmal einen großen Marktwert, geraten sie schnell ins Visier der Kunstfälscher. Werke von Picasso, Chagall und Dalí wurden und werden immer wieder kopiert oder nachgeahmt in der betrügerischen Absicht, sie als Schöpfungen der Meister auszugeben. Bereits die Künstler der Renaissance erkannten das einträgliche Geschäft und präsentierten die Werke ihrer Schüler als eigene Originale. Berühmtheit in ihrem Metier erlangten z. B. der ungarische Maler Elmyr de Hory, der in den 1950er und 1960er Jahren u. a. Werke von Picasso, Matisse und Renoir fälschte, der Niederländer Han van Meegeren, der sich nach 1945 auf Jan-Vermeer-Kopien spezialisierte, der deutsche Restaurator Lothar Malskat, der Kirchenwände mit „falschen" gotischen Gemälden verzierte, und der deutsche Maler und Aktionskünstler Konrad Kujau, der 1983 als Fälscher der Hitler-Tagebücher entlarvt wurde.

Großformatige Farbfeld-Gemälde des US-amerikanischen Malers Mark Rothko (1903–1970) in einer Ausstellung der Hamburger Kunsthalle 2008

Die Kunst der Gegenwart

Die Entstehung immer neuer Techniken und ein neues Kunstverständnis haben ab etwa 1950 die Ausdrucksmittel der bildenden Künstler um ungeahnte Möglichkeiten erweitert. „Happenings" und „Performances" brachten Musiker und Maler mit anderen Künstlern und einem aktiven Publikum zusammen. Die Computertechnik ließ die Grenzen zwischen Ingenieur und Künstler verschwimmen und eröffnete der Kunst ein vollkommen neues und interaktiv einsetzbares Medium.

Moderne Malerei

Nach dem Zweiten Weltkrieg entwickelte sich in der neuen Kunstmetropole New York der Abstrakte Expressionismus, der als erster „echt" amerikanischer Stil betrachtet wird. Zu einem der wichtigsten Vertreter wurde Jackson Pollock, der mit der Technik des **Action-Painting** arbeitete, einer großflächigen Maltechnik, die den Akt des Malens selbst ins Zentrum rückte. Daneben entstand als Teil des Abstrakten Expressionismus in den 1950er Jahren die **Farbfeldmalerei** (Barnett Newman, Mark Rothko), der es in erster Linie um die chromatischen Werte der Farbe geht.

Als Reaktion auf die abstrakte Malerei entwickelte sich in den frühen 1950er Jahren die Richtung des Nouveau Réalisme, in der Maler wie Francis Bacon, Robert Rauschenberg und Jasper Johns wieder zur figürlichen Darstellung zurückfanden. Der Anfang der 1960er Jahre entstehenden **Pop-Art** ging es nicht mehr um den individuellen Ausdruck, sondern um adäquate Mittel zur Darstellung der anonymen, urbanen Konsumgesellschaft. Richard Hamilton fertigte z.B. Collagen an und Roy Lichtenstein malte mit Hilfe von Schablonen überdimensionale Comicszenen. Am weitesten trieb **Andy Warhol** die Distanz zwischen Künstler und Kunstwerk: Seine Siebdruckarbeiten reflektierten nicht nur die Möglichkeit unendlicher Vervielfältigung, er stellte sie z. T. auch nicht mehr alle selbst her.

In Deutschland ließen sich Gerhard Richter und Sigmar Polke von der Pop-Art inspirieren. Die Maler **Georg Baselitz** und **Markus Lüpertz** leiteten eine Gegenbewegung ein, indem sie auf traditionelle Themen der Malerei wie Landschaftsmotive zurückgriffen, die Baselitz allerdings wahrhaftig auf den Kopf stellte. Zu den renommiertesten deutschen Malern, die in den 1970er Jahren hervortraten, gehört Anselm Kiefer.

In den 1980er Jahren wurde der Begriff der Postmoderne von der Architektur auf die Malerei übertragen, um das Gemisch der Stile zu bezeichnen. Während in Deutschland zunächst die **Neuen Wilden** (u. a. Rainer Fetting, Helmut Middendorf, Hans-Peter Adamski, Elvira Bach) von sich reden machten, etablierten sich in den USA allmählich **Graffitikünstler** wie Keith Haring und Jean Michel Basquiat. Zu den international bekanntesten deutschen Künstlern zählte an zur Jahrtausendwende der Leipziger Neo Rauch.

Objektkunst und Land-Art

Ab den 1960er Jahren wurden auch in der Bildhauerei **Alltagsobjekte** zum Kunstgegenstand erhoben: Jasper Johns modellierte Bierdosen, Edward Kienholz kommentierte in dreidimensionalen Collagen Gesellschaft und Politik in den USA. Daneben entwarf George Segal Szenen mit weißen Gipsabdrücken von Menschen, Duane Hanson fertigte hyperrealistische Fiberglasskulpturen. Zu den bekanntesten Künstlerinnen der 1960er und 1970er Jahre gehörte Niki de Saint Phalle mit ihren „Nanas", z. T. riesige Frauenfiguren in leuchtenden Farben.

Viele Bildhauer wie Richard Serra präsentierten ihre Arbeiten immer stärker als Teil der urbanen oder natürlichen Landschaft. Der bulgarische Künstler **Christo** versuchte, im Team mit seiner Frau Jeanne-Claude, durch künstliche Ergänzungen oder Verfremdungen die Eigenarten von Stadt- und Naturlandschaften hervorzuheben. So umgab er z. B. 1980 Inseln in der Biscayne Bay vor Miami Beach mit leuchtendem, rosafarbenem Stoff und verpackte den Pont Neuf in Paris (1985) ebenso wie das Reichstagsgebäude in Berlin (1995).

Als Teil der **Arte Povera,** die sich Ende der 1960er Jahre auf „arme" Materialien wie Erde, Kohle und Holz zurückbesann, wird von manchen Kunstkritikern auch das Werk von **Joseph Beuys** betrachtet, der bevorzugt mit Fett, Filz, Honig, Stein und Holz arbeitete. Dennoch nimmt Beuys mit der komplexen theoretischen Grundlage seiner Arbeiten eine Sonderstellung ein.

Interaktive Kunst und Videoinstallationen

Nach dem Krieg wandten sich auch Maler einer neuen Arbeitsweise zu und fertigten wie z. B. Yves Klein ihre Bilder vor den Augen des Publikums an. 1959 lud der Amerikaner Allan Kaprow **zum ersten Happening** ein: „18 Happenings in 6 Parts" umfasste neben Musik, Tanz und gesprochenen Texten auch Diashows, Geräuschcollagen und die Entstehung eines Gemäldes. Anders als das Happening, das den Zuschauer in das Geschehen einbezieht, ist die **Performance** eine reine Vorführung. Wolf Vostell provozierte sein Publikum mit seinen Performances, den „De-collagen": Er riss Plakate von Wänden, begrub oder „erschoss" Fernsehgeräte und ließ ein Auto von einer Lokomotive überfahren.

In den 1970er Jahren begann der Siegeszug der Videotechnologie. Schnell etablierte sich die **Videokunst** als eigenständige Richtung, in der Marie Jo Lafontaine, Bruce Nauman, Pipilotti Rist und Nam June Paik eigens für das Medium entworfene Werke an die Stelle der Dokumentation anderer Kunst setzten. Als Bestandteil von Installationen, z. B. Kombinationen aus Gemälde, Video und Text, blieb die Videokunst auch nach der Jahrtausendwende präsent und profitiert zunehmend von den interaktiven Möglichkeiten des **Internets.**

Die Videoinstallation „Electronic Superhighway" von Nam June Paik wurde 1993 auf der Biennale in Venedig gezeigt.

documenta

Die documenta in Kassel hat sich zu einem der wichtigsten internationalen Kunstereignisse entwickelt, seit 1955 Kunstprofessor Arnold Bode seine „Ausstellung zeitgenössischer Kunst" zum ersten Mal eröffnete. Seit 1972, als erstmals ein Kurator benannt wurde, prägen die jeweiligen künstlerischen Leiter das Konzept und die Inhalte der Ausstellung. So unterschiedlich die Ausstellungen sind – allen gemein ist, dass sie die größte Werkschau zeitgenössischer Kunst der Welt sind, auf der Künstler gern vertreten sind, und dass sie jedes Mal das ganze Spektrum vom Verriss bis zu überschwänglichem Lob bei Publikum und Kritik hervorrufen.

Theater

Die Wirkung von Dramen hängt nicht nur damit zusammen, dass sie eine eigene, eine erfundene Welt schaffen und dass diese Welt von der Wirklichkeit, in der die Texte entstanden, inspiriert ist, sondern wird auch maßgeblich von ihrer Darstellung auf der Bühne beeinflusst.

Von der Antike zum 17. Jahrhundert

Kultische Gesänge und Tänze, die mit der Zeit um gesprochene Texte erweitert wurden, bildeten in allen Kulturen den Ausgangspunkt für die Entwicklung des Theaters. Die griechische Antike als Wiege der abendländischen Kultur ist auch der Ursprung der europäischen Bühne. Die Formstrenge im antiken Drama entsprach der Erhabenheit der Schicksalsdarstellung, das Drama des Mittelalters stellte sich ganz in den Dienst des Christentums. Als Theater für das Volk etablierten sich im 16. Jh. in Italien die Commedia dell'Arte und in England an der Wende zum 17. Jh. die Tragödien und Komödien William Shakespeares, der das Theater von seinen formalen Zwängen befreite.

Am Anfang war der Chor

Das europäische Theater geht auf den antiken Dionysoskult zurück: Zu Ehren von Dionysos, dem Gott des Weines, der Ekstase und der Fruchtbarkeit, wurde ein Spiel aufgeführt. Mit der Herauslösung eines einzelnen Sängers erweiterte sich

Bild oben: Der naive, erfolglose „Gilles“ (Antoine Watteau, um 1719; Paris, Louvre) ist eine typische Figur des Pariser Volkstheaters.

Die „Orestie“ des griechischen Dichters Äschylus, eine dreiteilige Tragödie, wurde 458 v. Chr. in Athen zum ersten Mal aufgeführt (Holzstich, 19. Jh.).

der Chorgesang zu Monolog und Dialog. Diesem ersten Schauspieler wurde bei Äschylus (525/24–456/55 v. Chr., u. a. „Die Perser") und Sophokles (um 496–406 v. Chr., u. a. „Antigone") bald ein zweiter und dritter zur Seite gestellt und der **Chor** erhielt eine wichtige Rolle als Kommentator des Bühnengeschehens. Die frühen **Tragödien** griffen meist mythologische Stoffe auf. Bereits bei Euripides (um 480–407/06 v. Chr.; u. a. „Medea") wurde die Darstellung individueller Konflikte immer wichtiger. Auch die **Komödie** genoss in der Antike als bissige Satire auf menschliche Eigenarten und gesellschaftliche Missstände Ansehen. Von Aristophanes (vor 445 bis um 385 v. Chr.) sind elf Komödien (u. a. „Die Vögel") überliefert.

Geistliches Drama und Fastnachtsspiel

Das Drama des Mittelalters war ganz vom Christentum geprägt. Mit der Absicht, Leben und Sterben Jesu szenisch lebendig zu machen, entstanden die **Mysterienspiele**. Sie entwickelten sich aus der Liturgie, aus einzelnen Abschnitten der Heilsgeschichte und insbesondere aus der Weihnachts- und Osterbotschaft, die immer mehr erweitert und um komische Elemente angereichert wurden. Zur bedeutendsten Form entwickelten sich die **Passionsspiele**. Sie erstreckten sich oft über mehrere Tage und bezogen als Mitwirkende alle Bevölkerungskreise ein.

Das erste deutschsprachige, nicht an religiöse Inhalte gebundene Drama war das **Fastnachtsspiel**. Aus germanisch-heidnischen Frühlingsriten entstanden, wurde es rasch zu einer populären Form der szenischen Darstellung, in deren Mittelpunkt häufig erotische oder obszöne Reden standen. Den literarischen Höhepunkt des Fastnachtsspiels bildeten die Werke des Nürnberger Meistersingers und Dichters Hans Sachs (1494–1576), die sich sowohl durch schwankhaften Scherz als auch durch moralischen Ernst auszeichnen.

Neue Entwicklungen

Neue Formen des Volkstheaters kamen auch im Italien des 16. Jh. auf: Die **Commedia dell'Arte** setzte auf ein festes Personal von Rollentypen – z. B. den geschwätzigen Pedanten „Dottore" und seinen ironisch-witzigen Diener „Arlecchino" –, die im Stegreifspiel auftraten. In Spanien bildete sich im frühen 17. Jh. mit Félix Lope de Vega (1562 bis 1635) und Pedro Calderón (1600 bis 1681) eine Dramenkunst heraus, die als das Goldene Zeitalter bezeichnet wird. Viele dieser Werke, u. a. Calderóns Stück „Das große Welttheater" (1645), verbanden religiöse und weltliche Themen und entzogen sich der herkömmlichen Einteilung in Tragödie und Komödie. Entgegen den vielfältigen Tendenzen zur Auflockerung des formenstrengen Theaters betrachteten die französischen Dramatiker des 17. Jh. das genauen Regeln folgende antike Drama als ihr Ideal. Pierre Corneille (1606–1684; u. a. „Cid") und Jean Racine (1639–1699; u. a. „Phädra") etwa hielten sich inhaltlich wie formal an das **antike Vorbild,** ihre Helden waren von hohem Stand und trugen ihre Anliegen in kunstvoller Sprache vor. Ganz anders ging Molière (1622–1673; u. a. „Der eingebildete Kranke") vor, der mit seinen satirischen Komödien der Gesellschaft den Spiegel vorhielt.

Shakespeare und das elisabethanische Theater

Die Regentschaft Elisabeths I. (1558 bis 1603) brachte England eine kulturelle Blütezeit, von der auch das Theater profitierte. Im Mittelpunkt der Theaterwelt stand William Shakespeare, dessen Werke die unterschiedlichsten europäischen Strömungen aufgriffen. Seine Lustspiele („Ein Sommernachtstraum") setzen sich ebenso wie seine Tragödien („Macbeth", „Hamlet") sprachgewaltig mit den Widersprüchen seiner Zeit auseinander. Dabei befreien sie sich von der antiken Formstrenge und stellen Tragisches und Komisches nebeneinander.

Wer war Shakespeare?

Romeo und Julia, Hamlet und Lady Macbeth – Shakespeares Figuren sind allen vertraut, doch gibt ihr Schöpfer wie kaum ein anderer Dichter der Nachwelt Rätsel auf. Als Sohn einer Familie aus dem aufstrebenden Bürgertum wurde William Shakespeare am 26. April 1564 in Stratford-upon-Avon getauft und heiratete 1582 Anne Hathaway, mit der er drei Kinder hatte. 1594 gehörte er der Schauspieltruppe Lord Chamberlain's Men an, die auch am königlichen Hof auftrat. Am 23. April 1616 starb der Dichter in Stratford-upon-Avon. Das sind die mageren Fakten. Bis heute wird darüber spekuliert, ob Shakespeare tatsächlich der Verfasser aller ihm zugeschriebenen welthaltigen und tiefschürfenden Dramen war.

Vom bürgerlichen Trauerspiel zur Weimarer Klassik

Eine nennenswerte eigenständige Dramenkultur bildete sich in Deutschland erst im 18. Jh., in der Epoche der Aufklärung (→ S. 334) heraus. Als deren bedeutendster Vertreter trug Gotthold Ephraim Lessing (1729–1781) mit seinen Dramen und dramaturgischen Schriften entscheidend zur Erneuerung des deutschen Theaters bei; so begründete er die neue Gattung des bürgerlichen Trauerspiels. Die Vertreter des Sturm und Drang (→ S. 336) führten seine Ansätze fort, indem sie das Individuum in seiner leidenschaftlichen Protesthaltung in den Mittelpunkt rückten. Die Weimarer Klassik (→ S. 338) mit ihren beiden Fixsternen Goethe und Schiller brachte formvollendete Stücke hervor, die die Bühne zur ästhetischen Schule machten.

Gustaf Gründgens verlieh der Figur des Teufels in Goethes „Faust" (Aufführung 1959), dem Mephisto, magische Präsenz.

Lessings bürgerliche Helden

War die Tragödie bislang für Personen höheren Standes reserviert gewesen, so entsprach es dem neuen Selbstbewusstsein des Bürgertums, nun auch selbst im Zentrum des dramatischen Geschehens zu stehen. Nicht mehr idealisierte Helden, sondern „gemischte Charaktere", also realistisch gezeichnete Menschen, ihr Aufbegehren gegen die Willkür des Adels und ihr Ringen um eine eigene sittliche Entscheidung stellte Lessing auf die Bühne. Das **bürgerliche Trauerspiel** wollte durch Rührung des Gemüts beim Zuschauer die Fähigkeit zum Mitleiden aktivieren und so zu dessen moralischer Besserung beitragen. Mit Stücken wie „Minna von Barnhelm" (1767), „Emilia Galotti" (1772) und „Nathan der Weise" (1779) lehrte Lessing die Zuschauer Toleranz und Mitgefühl, ohne die ständische Ordnung infrage zu stellen. Das bürgerliche Trauerspiel setzte allerdings neue moralische Maßstäbe, indem es die auf Humanität ausgerichteten bürgerlichen Wertvorstellungen als für alle Stände verbindlich betrachtete.

Protest auf der Bühne

Lessings Dramentheorie, die er in seiner „Hamburgischen Dramaturgie" (1767 bis 1769) entwickelte, übte großen Einfluss auf die folgenden Schriftsteller des **Sturm und Drang** aus, zu denen auch der junge

Johann Wolfgang Goethe und der junge Friedrich Schiller gehörten. Sie griffen in ihren Bühnenwerken insbesondere die von der Aufklärung geprägte Idee der freien Willensentscheidung und das Aufbegehren gegen die Gesellschaft auf; das Individuum gewann zentrale Bedeutung. Gleichzeitig brachen sie mit den starren Regeln für das Drama wie der Einheit von Zeit, Ort und Handlung. Beide betrachteten Dichtung nicht mehr als Produkt des Verstandes, sondern als Naturgabe eines Genies.

Des Pudels Kern

Der deutsche Dichterfürst Johann Wolfgang von Goethe hat der Nachwelt nicht nur meisterhafte Werke hinterlassen, sondern auch eine Vielzahl von Zitaten, die als Sprichwörter in die deutsche Sprache eingegangen sind. Der berühmte Ausspruch „Das also war des Pudels Kern!" stammt z. B. aus „Faust. Der Tragödie erster Teil": Mephisto erscheint Faust in der Gestalt eines streunenden Pudels. Als dieser sein wahres Wesen zu erkennen gibt, reagiert Faust mit dem besagten Zitat. Auch die Redewendungen „Hier bin ich Mensch, hier darf ich's sein" und „Dass ich erkenne, was die Welt im Innersten zusammenhält" stammen aus dem „Faust". Goethe bearbeitet hier einen alten Stoff; das „Puppenspiel von Doktor Faustus" war oft auf Jahrmärkten gespielt worden.

Diese neue Einstellung schlug sich z. B. in Goethes Bühnenstück „Götz von Berlichingen" (1773) nieder. Der Held verkörpert all jene Ideale, die in der absolutistisch geprägten Gesellschaft unterdrückt wurden: Freiheit, Selbstbestimmung und die Berufung auf das Naturrecht. Obwohl das Stück in fünf Akte gegliedert ist, ist die Handlung nicht in sich geschlossen. Sie erstreckt sich vielmehr über mehrere Jahre und spielt an vielen unterschiedlichen Orten in Süddeutschland. Auch Schillers Erstlingsdrama „Die Räuber" (1782) bringt die für die Zeit so typische Protesthaltung zum Ausdruck.

Bühnenkunst erzieht den Menschen

Goethe und Schiller suchten bald nach eigenen wirkungsvolleren Ausdrucksmöglichkeiten und etablierten dabei die kurze, aber bedeutende Epoche der **Weimarer Klassik** (1786–1805). Beide strebten nach ästhetischer Vervollkommnung und orientierten sich dabei an der Antike und ihren formvollendeten Kunstwerken. Ihre Bühnenstücke waren streng durchkomponiert. Durch die Präsentation vorbildlichen Handelns und Denkens auf der Bühne sollten die Zuschauer geläutert und zu sittlichem Handeln angeleitet werden, denn die deutsche Klassik stand ganz im Zeichen eines idealen Menschentums. Besonders deutlich wird dieses **erzieherische Konzept** in Goethes Drama „Iphigenie auf Tauris" (1787). Schiller rückte in seinen großen spannungsgeladenen Bühnenwerken wie „Wallenstein" (1800), „Maria Stuart" (1800) und „Wilhelm Tell" (1804) Ereignisse aus der europäischen Geschichte in den Mittelpunkt.

Goethes „Faust"

Goethes Lebensprojekt „Faust" begleitete den Dichter 60 Jahre lang. Die in ihrer Bedeutungsvielfalt nur schwer zu fassende Tragödie, in der sich das gesamte universelle Wissen Goethes niederschlug, gilt als Hauptwerk der deutschen Literatur. Im Mittelpunkt des Werks steht die Erkenntnistragödie des modernen Menschen, der fortwährend nach Sinn und Zweck des Lebens fragt. Bereits im Prolog treffen die zwei miteinander konkurrierenden Anschauungen aufeinander: Während Mephisto behauptet, der Mensch sei missraten und unvernünftig, bekräftigt Gott seine Überzeugung, der Mensch könne zwar irren, strebe aber letztlich nach dem Guten. Mephisto und Faust symbolisieren die **Dialektik des Bösen und des Guten** sowie das beständige Ringen der beiden Prinzipien, die das Schicksal des Einzelnen wie des Menschengeschlechts bestimmen.

Das Goethe-und-Schiller-Denkmal erinnert seit 1857 vor dem Deutschen Nationaltheater in Weimar an die „Dichterfürsten".

Das moderne Drama

Für den Schriftsteller und Regisseur Bertolt Brecht (Bild: 1947) waren Zigarre und proletarisches Outfit kein Widerspruch.

Eine Fülle unterschiedlicher Dramenkonzepte bestimmte das Bühnengeschehen im 19. und 20. Jh. Ob entlarvendes Milieudrama im Naturalismus, der neue Mensch als Held im Expressionismus, politisch-didaktischer Ansatz bei Brechts epischem Theater, authentische Hilfsmittel beim dokumentarischen Theater, Sinnentleerung im absurden Theater oder Kommunikationslosigkeit im zeitgenössischen Theater – all diese Strömungen waren von derselben Energie getrieben: Von der Unzulänglichkeit der herkömmlichen Konzepte überzeugt, suchten die Dramatiker nach zeitgemäßen Wegen, um ihr Verständnis der Wirklichkeit im Theater zu zeigen.

Auflösung der klassischen Strukturen

Erlebte das Drama in der Klassik eine Blütezeit, so spielte es in der nachfolgenden Epoche der Romantik eine untergeordnete Rolle. Erst mit Christian Dietrich Grabbe (1801–1836) und Georg Büchner (1813–1837) zeichnete sich eine neue Entwicklung ab. In ihren Stücken zeigten sie das tragische Scheitern individueller Helden angesichts der Übermacht historischer Ereignisse. Büchners „Woyzeck" (1836/37) gilt mit seiner sozial ausgegrenzten Hauptfigur, der losen Aneinanderreihung von Szenen und der kurzatmigen Figurensprache als Wegbereiter des modernen Dramas.

Bahnbrechende Neuerungen hatte auch das **naturalistische Drama** (u. a. Gerhart Hauptmanns „Die Weber", 1882) zu bieten, das die Prägung des Menschen durch seine Umgebung und seinen sozialen Status in den Mittelpunkt stellte. Insbesondere in Sprachform und dramatischer Technik beschritten die Naturalisten, auch Arno Holz und Johannes Schlaf, neue Wege, um die Wirklichkeit möglichst exakt abzubilden.

Das Theater des **Expressionismus** (u. a. Georg Kaisers „Gas", 1918) dagegen rückte nicht mehr das Individuum mit seinen psychologisch motivierten Handlungen ins Zentrum, sondern ein symbolisch verdichtetes Geschehen, das die Figuren in z. T. ekstatischen Extremsituationen zeigt. Die Personen erscheinen nicht mehr als Charaktere, sondern als Typen.

Auf der Suche nach dem Sinn

Aus der Kritik am herkömmlichen Theater entstanden in den 1920er Jahren in Deutschland neue Bühnenkonzepte. Bertolt Brecht (1898–1956) entwickelte sein von politischem Engagement geprägtes **episches Theater.** Zur gleichen Zeit präsentierte Erwin Piscator (1893–1966) das

Brechts episches Theater

Der überzeugte Marxist Brecht entwarf seine Theorie des epischen Theaters, welche die Veränderung der gesellschaftlichen Verhältnisse verfolgt. Um dies zu erreichen, sollte das Bühnengeschehen nicht mehr die Realität abbilden, sondern die gesellschaftliche Bedingtheit des Geschehens und damit seine Veränderbarkeit veranschaulichen.

Kennzeichnend für das epische Theater ist seine offene Form. Spezielle Gestaltungsmittel sind Verfremdungseffekte wie die direkte Publikumsanrede durch einen kommentierenden Erzähler oder das Einbinden von Songs und Texttafeln in die Handlung. Dies sollte die gefühlsmäßige Identifizierung des Zuschauers mit dem Gezeigten verhindern und ihm stattdessen ein kritisch-distanziertes Verhältnis ermöglichen. Mit Meisterdramen wie „Mutter Courage und ihre Kinder" (1939), „Der gute Mensch von Sezuan" (1943) und „Der kaukasische Kreidekreis" (1944) ist Brecht bis heute der meistgespielte Dramatiker deutscher Sprache.

Konzept des **dokumentarischen Theaters,** das zur intensiven Auseinandersetzung mit der eigenen Vergangenheit anregen sollte. In den 1960er Jahren griffen Dramatiker wie Rolf Hochhuth („Der Stellvertreter“, 1963), Heinar Kipphardt („In der Sache J. Robert Oppenheimer“, 1964) und Peter Weiss („Die Ermittlung“, 1965) dieses Prinzip auf, um mit dokumentarischem Material den Nationalsozialismus aufzuarbeiten.

Tragikomödien und Beziehungsdramen

Im deutschsprachigen Raum zählt der Schweizer Friedrich Dürrenmatt (1921 bis 1990) zu den herausragenden Dramatikern der Nachkriegszeit. Im Tragikomischen und Grotesken sah er die einzig adäquate Form, der „von großen Verbrechern und Mitmachern“ beherrschten modernen Welt zu begegnen.

Samuel Becketts Stück „Endspiel“ (1956) beschreibt die absurde Beziehung zwischen einem Diener (links) und seinem Herrn.

Großen Einfluss auf das deutsche Theater der Nachkriegszeit nahm das Drama des **Existenzialimus** mit seinen Hauptvertretern Jean Paul Sartre (1905 bis 1980) und Albert Camus (1913 bis 1960). Sie vertraten die Position, dass sich der Mensch selbst schaffe und durch Freiheit bestimmt sei. In ihren Werken geht es um grundlegende Fragen der menschlichen Existenz.

Das **absurde Theater** Samuel Becketts (1906–1989) und Eugène Ionescos (1909 oder 1912 bis 1994) dagegen führt die philosophische Sinnsuche ad absurdum. Fremdheit und Orientierungslosigkeit bestimmten den Menschen. In den handlungsarmen Stücken (u. a. Becketts „Warten auf Godot“, 1952; Ionescos „Die kahle Sängerin“, 1950) ist Sprache auf Floskeln reduziert.

Makabrer Humor und Ironie prägen seine unkonventionell moralischen Stücke (u. a. „Die Physiker“, 1962). Von den Ideen der Studentenbewegung der 1960er Jahre beeinflusst ist das Werk von Botho Strauß. Beziehungs- und Kommunikationsprobleme in der modernen Massengesellschaft kennzeichnen seine vieldeutigen Stücke (u. a. „Groß und klein“, 1978). Nicht mehr Wirklichkeit vorzuspielen, sondern „mit Wörtern und Sätzen der Wirklichkeit zu spielen“, ist das Ziel des Österreichers Peter Handke (* 1942), der eine ganz **eigene Bühnensprache** („Publikumsbeschimpfung“, 1966) entwickelte. Die Grundthemen seines Landsmannes Thomas Bernhard (1931–1989) sind der Kampf gegen Krankheit und Tod sowie Machtrituale in den menschlichen Beziehungen („Der Theatermacher“, 1984).

Musik

Die Musik zählt zu den ältesten menschlichen Ausdrucksformen (Bild: Sänger mit Lyra, 8. Jh. v. Chr.). „Und was da erklingt ... richtet sich an die begriffslose Empfindungsfähigkeit der Seele", beschrieb der deutsche Musikwissenschaftler Hans Heinrich Eggebrecht das musikalische Erlebnis.

Von den Anfängen bis zum Barock

Die Grundlagen für die europäische Musikgeschichte wurden in der griechischen Antike gelegt. Dort galt Musik als göttlichen Ursprungs und hatte vielfach kultische Funktionen. In der Renaissance löste sich die Musik langsam von kosmisch-religiösen Vorstellungen und richtete sich stärker auf den Menschen als Hörer aus. Im prunkvoll-repräsentativ ausgerichteten Barock wurde die Musik schließlich zur kunstvollen Tonsprache.

Mittelalter: Choral und Volksmusik

Die Musik in den jüdischen Synagogen bildete die Grundlage für die frühen geistlichen Gesänge der Christen. Unter Papst Gregor I. (um 540–604) wurden verstreute Sammlungen kirchlicher Musik zu einem verbindlichen Kanon zusammengefasst. Das Ergebnis blieb seither als **Gregorianischer Choral,** also lateinischer, einstimmiger Gesang ohne Instrumentalbegleitung, mit dem Namen des Kirchenoberhaupts verbunden.

Das Gegenstück zur geistlichen Musik bildete die Volksmusik. Ausgehend von der französischen Troubadour-Dichtung entstand in Deutschland der **Minnesang**. Die Musik der Minnesänger Walther von der Vogelweide, Wolfram von Eschenbach und Oswald von Wolkenstein ist in mittelhochdeutschen Liedsammlungen überliefert, von denen die bekanntesten die „Carmina Burana" aus dem Kloster Benediktbeuren, die „Jenaer Liederhandschrift" und die „Manessische Handschrift" (auch „Heidelberger Liederhandschrift") sind.

In der zweiten Hälfte des 9. Jh. setzte in Europa das **mehrstimmige Komponieren** ein. Den Anfang machten zweistimmige Sätze mit einer gregorianischen Choralmelodie in der Hauptstimme und einer parallel dazu geführten Nebenstimme. Die Werke der beiden ersten namentlich überlieferten Komponisten Leonin und Perotin, die um 1200 in Paris wirkten, wiesen bereits eine freier komponierte Mehrstimmigkeit auf. Der überragende Komponist des 14. Jh., Guillaume de Machaut, hinterließ mit seiner „Messe de Nostre Dame" (um 1360) die erste durchkomponierte vierstimmige Messe.

Renaissance: vielstimmiges Gotteslob

In der Renaissance (um 1430–1600) verlagerte sich das Zentrum der Musikentwicklung von Frankreich in die damaligen Niederlande und von dort nach Italien. Die Entwicklung der geistlichen Musik, ihr Weg zur Mehrstimmigkeit, wurde wesentlich von Komponisten aus dem Herzogtum Burgund vorangetrieben, das auch Teile der damaligen Niederlande umfasste. Beeinflusst von eng-

Quinte und Terz

Terz und Quinte zählen zu den musikalischen Intervallen, d. h., sie bezeichnen den Abstand zwischen zwei Tönen auf einer speziellen Tonleiter, der diatonischen Skala. Ihre Benennung orientiert sich an den Stufen der Skala. Die Terz ist demnach die dritte Stufe der diatonischen Leiter und das für den Dreiklangaufbau entscheidende Intervall von zwei Tonstufen, z. B. zwischen dem ersten und dem dritten Ton. Die Quinte ist die fünfte Stufe der diatonischen Tonleiter. Als Intervall enthält sie vier Tonstufen, z. B. zwischen dem ersten und dem fünften Ton der Tonleiter.

lischen Vertretern wie John Dunstable, verbreitete sich die sog. **franko-flämische Polyphonie** in ganz Europa und wurde stilprägend für die mehrstimmige Musik der Renaissance. Zu den Vertretern der „Niederländer" zählen u.a. Johannes Ockenghem, Josquin Desprez und Orlando di Lasso. Zum Klassiker polyphoner Kirchenmusik wurde der italienische Komponist Giovanni Pierluigi da Palestrina, der mehr als hundert Messen komponierte.

In Italien entstand im 16.Jh. das moderne, virtuose **Madrigal** (u.a. Luca Marenzio, Carlo Gesualdo, Claudio Monteverdi), ein mehrstimmiges weltliches Vokalwerk. Die einstimmige Kunstmusik lebte im 16.Jh. vor allem in Süddeutschland in der Form des **Meistersangs** (u.a. Hans Sachs in Nürnberg) weiter. Die geistliche Liedkunst wurde in Deutschland wesentlich durch die Reformation bestimmt, vor allem durch Martin Luther.

Barock: Oper und Konzert

Im Barock (um 1600–1750) spielte sich das musikalische Leben vorwiegend an den Königs- und Fürstenhöfen ab. Das führte zur Ausprägung verschiedener Musikstile für die drei wichtigsten Aufführungsorte bei Hof: die Kammer (Instrumentalmusik), die Kirche (Kirchenmusik) und das Theater (Oper). Die Komponisten gelangten schließlich zu einer kunstvollen, von Kritikern als schwülstig und überladen („barock") empfundenen Musiksprache.

Die Ursprünge der **Oper** liegen in Italien. Claudio Monteverdi schuf am Hof der Gonzaga in Mantua das erste vollgültige und noch heute vielgespielte Werk der Gattung („L'Orfeo", 1607). Die entscheidende Entwicklung nahm die Gattung in der zweiten Hälfte des 17.Jh.: Von den rezitativischen Gesangspassagen grenzten sich immer kunstvoller gestaltete Solostücke (Arien) ab, mit denen sich die einzelnen Vokalartisten vor dem Publikum profilieren konnten. Die französische Oper begründete Jean-Baptiste Lully (u.a. „Der Bürger als Edelmann", 1670), der auch die dreiteilige instrumentale Ouvertüre einführte (Französische Ouvertüre).

Das **Oratorium,** das geistliche Gegenstück zur Oper, kam zu Beginn des 17.Jh. in Italien auf. Wichtige Oratorien-Schöpfer waren Giacomo Carissimi (u.a. „Historia di Jephte", vor 1650), Marc-Antoine Charpentier (u.a. Weihnachts-Oratorium, 1685) sowie Georg Friedrich Händel (u.a. „Der Messias", 1742). Die „oratorische Passion" wie auch die mehrsätzige Kirchenkantate fanden ihren Meister in Johann Sebastian Bach („Johannes-Passion", 1724; „Matthäus-Passion", 1727), dessen Werk etwa 80 Jahre nach Bachs Tod von Felix Mendelssohn Bartholdy wiederentdeckt wurde.

In der Instrumentalmusik zählten neben Händel und Bach Georg Philipp Telemann, Antonio Vivaldi und Arcangelo Corelli zu den produktivsten Komponisten ihrer Zeit.

Georg Friedrich Händel (1685 bis 1759), einer der bedeutendsten Komponisten des Barock, in einem Porträt von Thomas Hudson (1756)

Allegorische Darstellung aus dem 14. Jh.: Die Natur stellt dem französischen Komponisten Guillaume de Machaut (rechts) ihre Kinder vor: Sinn, Rhetorik und Musik.

Von der Klassik zum Expressionismus

Das Denkmal (vollendet 1902), mit dem der Maler und Bildhauer Max Klinger seine Verehrung für Ludwig van Beethoven zum Ausdruck brachte, stellt den Komponisten als olympische Gottheit auf einem reich geschmückten Thron dar.

Die Musik der Klassik (um 1780–1820) strebte nach Ausgeglichenheit in Form und Inhalt, nach heiter-natürlichem Ausdruck und Einfachheit. Die Komponisten der Romantik (19. Jh.) dagegen widersetzten sich bewusst der formalen Strenge und Geschlossenheit, die ihrer Meinung nach das künstlerische Schaffen einengte. Sie stellten das tief empfundene Gefühl in den Vordergrund und suchten nach neuen Ausdruckselementen. In Impressionismus und Expressionismus (um 1900) begannen die Komponisten schließlich mit Tönen zu „malen“; Klangfarbe wurde zum wesentlichen gestalterischen Mittel.

Rund um die Oper

Libretto: aus dem Italienischen stammender Begriff mit der ursprünglichen Bedeutung „Büchlein“, Text einer Oper
Ouvertüre: instrumentales Einleitungsstück einer Oper, das üblicherweise bei geschlossenem Vorhang dargeboten wird
Arie: von einem einzelnen Sänger vorgetragenes Gesangsstück, das vom Orchester begleitet wird und u. a. dem Ausdruck von Gefühlen dient
Rezitativ: ein dem Sprechen angenäherter Gesang, der rhythmisch frei deklamiert werden kann

Wien: Zentrum der Klassik

Zur musikalischen Epoche der Klassik gehören im Wesentlichen die Kompositionen von Joseph Haydn, Wolfgang Amadeus Mozart und Ludwig van Beethoven, also der drei **Wiener Klassiker.** Ab Mitte des 18. Jh. entwickelte sich die **Symphonie** zur wichtigsten Gattung der Instrumentalmusik. Haydn hob sie über das der Unterhaltung dienende mehrsätzige Instrumentalstück (Divertimento) hinaus. Mozart erzielte in Werken wie der „Jupiter-Symphonie“ die vollkommene Einheit von geistigem Gehalt und formaler Gestalt. Beethoven wies durch die Beschäftigung mit heroischen Gedanken bereits über die Klassik hinaus.

Der wichtigste Reformer der höfischen italienischen Oper war **Christoph Willibald Gluck.** Mit „Orpheus und Eurydike“ (1762) setzte er der auf vokale Virtuosität ausgerichteten Barockoper ein dramatisches Singstück entgegen, das sich an den neuen Maßstäben der Einfachheit und Natürlichkeit orientierte. Die bedeutendsten und bis heute meistgespielten Opern der Klassik komponierte aber Mozart (u. a. „Die Hochzeit des Figaro“, 1786; „Zauberflöte“,1791).

Romantik: Kunst des Gefühls

Für die musikalische Frühromantik bis etwa 1850 stehen u. a. Hector Berlioz, Frédéric Chopin, Felix Mendelssohn-Bartholdy und Robert Schumann. Die bis etwa 1890 dauernde Hochromantik brachte das Werk von Franz Liszt, Giuseppe Verdi und Richard Wagner, Johannes Brahms und Anton Bruckner hervor. Romantische Komponisten suchten das Archaische, das Pittoreske, das Exotische. Dabei setzten sie Klangfarben gezielt als kompositorisches Mittel ein und trieben die Dur-Moll-Tonalität durch immer kühnere Harmonien an ihre Grenzen.

Fast alle Komponisten des 19. Jh. wie Franz Schubert, Schumann, Brahms, Mendelssohn-Bartholdy und Bruckner orientierten sich in ihrer **Orchestermusik** an Beethoven als dem großen Neuerer. Außerhalb des deutschsprachigen Raums taten sich vor allem César Franck, Peter Tschaikowskij und Antonín Dvořák als bedeutende Symphoniker hervor.

Die Romantik war die große Zeit des Liedes – als lyrisches Gesangsstück vor allem mit Klavierbegleitung. Im sog. **Kunstlied** wurde ein Text nicht nur gesungen, sondern zugleich interpretiert. Beste Beispiele dafür sind Schuberts mehr als 600 Lieder („Die schöne Müllerin", 1823; „Winterreise", 1827).

Die romantische Oper

Die italienischen Komponisten des 19. Jh. traten vorrangig als Opernkomponisten hervor. Sie setzten auf den Vorrang des Sängerischen, auf Klarheit der melodischen Linie sowie auf die Unmittelbarkeit des Ausdrucks. Als letzter Klassiker der Opernbühne gilt Gioacchino Rossini, der u. a. die **komische Oper** „Der Barbier von Sevilla" (1816) schuf. Dem heiteren Genre zugetan war auch Gaetano Donizetti („Der Liebestrank", 1832). Der dritte Vertreter der italienischen Oper des 19. Jh., Vincenzo Bellini, offenbarte in seinem Hauptwerk „Norma" (1831) eine neuartige, gefühlsintensive Tonsprache. Giuseppe Verdi begann in der Nachfolge Rossinis, Donizettis und Bellinis, wurde dann aber in der zweiten Hälfte des 19. Jh. zum Begründer des italienischen **romantischen Musikdramas** („Rigoletto", 1851; „Aida", 1871).

In Frankreich entwickelte sich die Gattung der „Grand opéra" als großdimensionale Opernkonzeption. Neben Daniel François Esprit Auber („Fra Diavolo", 1830) und Fromental Halévy („Die Jüdin", 1835) trat vor allem der deutsche Komponist Giacomo Meyerbeer mit Werken wie „Robert der Teufel" (1831) als Vertreter der **Grand opéra** hervor. Der ebenfalls aus Deutschland stammende Jacques Offenbach begründete 1858 in Paris mit „Orpheus aus der Unterwelt" die Gattung der **Operette.**

Bereits im späten 18. Jh. wurde in Deutschland der Ruf nach einer **Nationaloper** laut. Dieses Ziel erreichte Carl Maria von Weber 1821 in Berlin mit seinem „Freischütz", der wesentlich von seiner Waldesromantik und einem schlichten deutschen Volkston lebt. Richard Wagner („Tristan und Isolde", 1865; „Ring des Nibelungen", 1869–1876) griff in seinen Opern und Musikdramen das Konzept vom Ineinanderwirken von Dichtung, Musik und Szene im Rahmen eines Gesamtkunstwerks auf.

Impressionismus und Expressionismus

In den Jahren um 1900 entstand eine Musik von üppiger, vitaler Farbigkeit. Wichtig waren nicht länger die harmonisch-funktionalen Gesetze der Dur-Moll-Tonalität, sondern spezifische klangfarbliche Wirkungen. Während in Frankreich Claude Debussy und Maurice Ravel als Impressionisten weiche Farben bevorzugten, setzten Expressionisten wie Arnold Schönberg, der Schöpfer des Zwölftonsystems (→ S. 376), und seine Schüler Alban Berg und Anton Webern auf kräftige Farben und starke Kontraste.

Verdis Oper „Aida" wurde mit großem Erfolg am 24. Dezember 1871 in Kairo uraufgeführt. Der kunstbegeisterte ägyptische Vizekönig Ismail Pascha hatte sie zur Einweihung des Suezkanals in Auftrag gegeben (Szenenbild einer Aufführung in der Arena di Verona).

Ein „atonales" Konzert Schönbergs führte im März 1913 in Wien zu heftigen Tumulten im Publikum, das vorwiegend entsetzt auf die neuartige Musik reagierte („Das nächste Wiener Schönberg-Konzert", Karikatur in „Die Zeit" vom 6. 4. 1913).

Musik des 20. Jahrhunderts

Im 20. Jh. gab es vielfältige Versuche, die überkommene Dur-Moll-Tonalität zu überwinden und neue Prinzipien zur Strukturierung musikalischer Zusammenhänge zu finden. Entsprechend uneinheitlich, ja „bunt“ erscheint die Musikproduktion dieser Zeit. Nie zuvor koppelte sich die sog. ernste Musik so weit von der Popularmusik ab wie im 20. Jh. Nur selten ergaben sich durch experimentelle Strömungen innerhalb der Unterhaltungsmusik Berührungspunkte, etwa zwischen Freejazz und serieller Musik.

Klassiker der Moderne

Viele Musikhörer sind mit den verschiedenen Musikstilen des 20. Jh. nicht sehr vertraut, weil **Neue Musik** in Klassikkonzerten eher eine Nebenrolle spielt und stattdessen mehr bei – Kennern der Szene vorbehaltenen – Konzertreihen oder Festivals wie den 1921 gegründeten „Donaueschinger Musiktagen“ erklingt. Was in traditionellen Konzerten zu hören ist, stammt meist von Komponisten, deren Musik sich noch mit der Klangsprache der Spätromantik in Verbindung bringen lässt. Dazu zählen die Russen Sergej Rachmaninow, Sergej Prokofjew, Igor Strawinsky und Dmitrij Schostakowitsch sowie der Ungar Béla Bartók. Während Strawinsky und Paul Hindemith um 1920 eine neotonale, am vorromantischen Stil orientierte Musik, den **Neoklassizismus,** prägten, nahm Bartók mit seinen Kompositionen Bezug auf Elemente der Volksmusik.

Schönberg und seine Schüler

Über die sog. freie Atonalität mit der Aufhebung der Unterscheidung zwischen konsonanten und dissonanten Tonverbindungen gelangte der Österreicher Arnold Schönberg Anfang der 1920er Jahre zur „Komposition mit zwölf nur aufeinander bezogenen Tönen“. Die Dur- und Molltonleitern hatten bis dahin jeweils nur aus sieben Tönen bestanden, von denen der Grundton der wichtigste war. Die **Zwölftontechnik** nun machte alle zwölf Halbtöne gleichberechtigt und revolutionierte damit die Musik. Als Lehrer gab Schönberg sein Wissen vor allem an Alban Berg und Anton Webern weiter; später, im amerikanischen Exil, war u. a. John Cage sein Schüler.

In den 1950er Jahren erfolgte zunächst die konsequente Ausweitung der Zwölftontechnik auf sämtliche Bereiche der Komposition, also auch auf Toneigenschaften wie Dauer, Lautstärke und Klangfarbe. Zu den Pionieren der **seriellen Musik** zählten Olivier Messiaen und seine Schüler Karlheinz Stockhausen und Pierre Boulez. Einen Extrazweig innerhalb der seriellen Musik bildete die **elektronische Musik** mit ihren neuen klanglichen Möglichkeiten. Hier wirkte wiederum Stockhausen als Pionier.

Weitere bedeutende Komponisten elektronischer Musik waren Luigi Nono und Edgar Varèse.

Klangkompositionen

Als Reaktion auf die hoch komplizierte serielle Musik forderte John Cage 1958 die grenzenlose Öffnung der Musik für alles, was klingt. Als Komponisten dieser **Geräuschklänge,** die durch unorthodoxe Spielweisen der Instrumente wie Reiben und Kratzen auf den Saiten oder Klopfen auf den Korpus, aber auch durch kompositorische Mittel wie Verlagerung des Klanggeschehens in extreme Höhen und Tiefen entstanden, machten sich vor allem György Ligeti und Krzysztof Penderecki einen Namen. Etwa zur gleichen Zeit entstand die **Minimalmusik,** zu deren Hauptmerkmalen die Wiederholung und Variation kurzer rhythmisch-melodischer Motive (sog. Patterns) gehören. Als Begründer des Stils gilt der amerikanische Komponist La Monte Young mit seinem „Trio for Strings" (1958), bekannt sind auch Steve Reich, Terry Riley und Philip Glass.

Musik der Postmoderne

Die Neue Musik im letzten Drittel des 20. Jh. wurde „Neue Einfachheit", „Neoromantizismus" oder „Musik der Postmoderne" genannt. Kennzeichnend waren eine neuerliche Annäherung an Tonalität oder Modalität und das freie Verfügen über historische Stile in Form von Zitat, Collage oder freier musikalischer Auseinandersetzung. Exemplarisch dafür waren Stücke wie „Sinfonia" (1968/69, mit einer **Collage** auf Basis eines Satzes aus der zweiten Symphonie von Gustav Mahler) von Luciano Berio, die „Variationen ohne Fuge ..." (1971–1973, über die Händel-Variationen von Johannes Brahms) von Mauricio Kagel oder die „Hölderlin-Fragmente" (1976/77) von Wolfgang Rihm. Der Komponist Alfred Schnittke vermischte im „Concerto grosso Nr. 1" (1977) und der Kantate „Seid nüchtern und wachet" (1982/83) unterschiedlichste musikalische Ausdrucksweisen, was er selbst als Polystilistik bezeichnete. Der Este Avro Pärt schuf mit „Alina" (1976) für Klavier einen besonderen zweistimmigen Tonsatz, den Tintinnabuli-Stil.

In der Schweiz hat das Alphorn als „Nationalinstrument" eine lange Tradition; erste schriftliche Erwähnungen gehen bis ins 16. Jh. zurück.

Volksmusik – Musiktradition

Auch wenn Volksmusik im allgemeinen Sprachgebrauch mit dem volkstümlichen Schlager und mit Interpreten wie den Wildecker Herzbuben oder Marianne und Michael gleichgesetzt wird, meint der eigentliche Begriff doch etwas anderes: Volksmusik dient als Sammelbezeichnung für traditionelle, im Gegensatz zur Kunstmusik vorwiegend **mündlich überlieferte Musik** verschiedener Völker und Regionen. Sie umfasst das Volkslied, den Volkstanz und instrumentale Musik. Je nach Landschaft und Volksgruppe gibt es verschiedene Musizierformen und Instrumente wie z. B. das Akkordeon, die Fidel, den Dudelsack und die Drehleier. Im 19. Jh. setzte eine systematische Erforschung der Volksmusik ein, die im 20. Jh. zur schriftlichen bzw. tontechnischen Aufzeichnung führte. In Abgrenzung zur volkstümlichen Unterhaltungsmusik hat sich in den letzten Jahren im deutschsprachigen Raum der Begriff **„Volxmusik"** etabliert.

Unterhaltungsmusik

Die Unterhaltungsmusik entstand, als im 19. Jh. unterhaltende Darbietungen für breite Bevölkerungsschichten zur Regel wurden. Nicht nur Jazz, sondern auch Gospel, Blues und Soul bildeten die Grundlage für die Popmusik, die im 20. und 21. Jh. im raschen Wechsel immer neue Spielarten entwickelte. Dabei verstehen sich Rock, Pop und ihre Abwandlungen immer auch als Spiegel der Jugendkultur.

Die Wurzeln des Jazz

Grundlage für den Jazz, der in den amerikanischen Südstaaten entstand, war die ausschließlich mündlich überlieferte Musik der als Sklaven in die USA gekommenen Schwarzen. Der bedeutendste Stil des frühen **Jazz** entwickelte sich um 1895 in New Orleans und nahm Einflüsse der Gesänge zur Arbeit (Worksong) und für den Gottesdienst (Spiritual) und zugleich Einflüsse europäischer und karibischer Musik auf. Kennzeichnend wurde ein dreistimmiger instrumentaler Dialog zwischen Kornett oder Trompete als führendem Melodieinstrument sowie Posaune und Klarinette als antwortendem „Chorus". Bedeutendste Jazzmusiker der Zeit waren der Pianist Jelly Roll Morton sowie die Trompeter Bunk Johnson und King Oliver, in dessen **Creole Jazz Band** 1923/24 auch der junge Trompeter Louis Armstrong mitspielte.

Nach der Weltwirtschaftskrise (1929 bis 1931) tauchte in den USA mit dem **Swing** ein neuer Stil auf, bei dem sich die Besetzung auf Big-Band-Stärke (14–16 Musiker) erweiterte. Eine der ersten Big Bands leitete schon in den 1920er Jahren Fletcher Henderson. Auch wenn der Klarinettist **Benny Goodman** die Rassenschranken durchbrach und schwarze Arrangeure und Solisten beschäftigte, blieben die Big Bands meist strikt nach Hautfarbe getrennt. „Weiße" Orchester leiteten u. a. Artie Shaw, Woody Herman, Jimmy und Tommy Dorsey und Gene Krupa, „schwarze" Duke Ellington, Jimmie Lunceford, Count Basie, Chick Webb und der Sänger Cab Calloway.

Weitere Jazzstile

Im **Bebop** der 1940er und 1950er Jahre mit seinen kurzatmigen Phrasen in schnellen, oft rasenden Tempi war wie-

Die Creole Jazz Band bei einem Auftritt in San Francisco 1921

der die Individualität des einzelnen Jazzmusikers in kleinen Ensembles gefragt. Zu den Trendsettern gehörten schwarze Musiker wie der Saxophonist Charlie Parker, der Trompeter Dizzy Gillespie, der Pianist Thelonious Monk und der Schlagzeuger Art Blakey. Mit ihrem großen Stimmumfang setzte Jazzsängerin **Ella Fitzgerald** nachhaltige Maßstäbe. Als Reaktion auf den als zu hektisch empfundenen Bebop entstand bereits Ende der 1940er Jahre der introvertiertere, einer „kühleren" Klangästhetik folgende **Cool Jazz.** Wesentlich geprägt durch den Arrangeur Gil Evans, fand dieser Stil seinen Heroen in dem Trompeter **Miles Davis.**

Zu Beginn der 1960er Jahre vollzog sich der bis dato radikalste Wandel innerhalb der Jazzgeschichte: Im **Free Jazz** wurden die meisten der bisher gültigen musikalischen Normen infrage gestellt. Orientiert an der avantgardistischen europäisch-amerikanischen Kunstmusik von Komponisten wie Karlheinz Stockhausen oder John Cage, war diese Musik das Ergebnis von spontanen Kollektivimprovisationen. Nach dem Saxophonisten Ornette Coleman und dem Pianisten Cecil Taylor machte sich Mitte der 1960er Jahre der Saxophonist **John Coltrane** einen Namen als führender Solist des Free Jazz.

Eine neuerliche Kehrtwende vollzog sich in den 1970er Jahren durch die angestrebte Verschmelzung (englisch: **Fusion**) von Elementen aus Jazz, Rock- und Popmusik. Die musikalische Gestaltung wurde eingängiger, die Rhythmen waren dabei rockiger oder funkiger. Im Instrumentarium setzten sich elektronische oder elektrisch verstärkte Instrumente durch. Als Trendsetter dieser auch als Jazzrock oder Rockjazz bezeichneten Richtung betätigte sich einmal mehr Miles Davis, vor allem mit dem Album „Bitches Brew" (1970). In seiner Band spielten die Keyboarder Herbie Hancock, Chick Corea und Joe Zawinul, der Saxophonist Wayne Shorter, der Bassist Dave Holland und der Gitarrist John McLaughlin, die wenige Jahre später mit eigenen Gruppen erfolgreich waren.

Die Beatles zählen zu den kommerziell erfolgreichsten Bands des 20. Jh.

Weitere Formen afroamerikanischer Musik

In Anlehnung an das Spiritual und unter dem Einfluss des Jazz entstand der **Gospelsong** ab den 1920er Jahren in den Kirchen der Schwarzen. In die weltliche Popmusik fanden u. a. die Begleitung durch Hammondorgel und einen weiblichen Background-Chor sowie die allmähliche Intensivierung des Gesangs Eingang.

Als weltliches Pendant entwickelte sich der **Blues,** dem ein feststehendes zwölftaktiges harmonisches Gerüst zugrunde gelegt wurde, das möglichst kunstvoll durch Text und Melodie auszugestalten war. Zu den bedeutendsten klassischen Bluessängerinnen zählten Ma Rainey, Bessie Smith und Billie Holiday. Die in den 1950er Jahren entwickelten E-Gitarren mit massivem Holzblock im Innern wurden zum bevorzugten Begleitinstrument von Bluesmen wie John Lee Hooker, Muddy Waters und B. B. King.

In den 1940er Jahren setzte sich **Rhythm & Blues** (kurz: R & B) als neue Sammelbezeichnung für die von schwarzen Amerikanern für schwarze Amerikaner produzierte Musik durch. Im engeren Sinne bezeichnete R & B einen rhythmisch gestrafften zwölftaktigen

Beatlemania

In Liverpool und Umgebung entstand Anfang der 1960er Jahre bei jugendlichen Amateurbands der Beat-Stil. Anfangs spielten englische Gruppen wie die Beatles, Kinks, The Who und die Tremeloes vor allem Rock'n'Roll-Songs aus den USA nach. Typisch für den Beat-Stil wurden die Betonung **aller vier Grundschläge** (englisch Beat) eines Takts, der vierstimmige Satzgesang in den Refrains sowie die Besetzung mit zwei E-Gitarren, E-Bass und Schlagzeug. Die Songtexte orientierten sich ganz an der Alltagswelt der Teenager. Die Beatles in ihrer klassischen Besetzung mit John Lennon, Paul McCartney, George Harrison und Ringo Starr riefen überall in Europa eine an **Massenhysterie** grenzende Begeisterung hervor. Die „Beatlemania" wurde im Beatles-Film „Help!" (1965) dokumentiert und kommerziell ausgeschlachtet durch die Vermarktung unterschiedlichster Accessoires.

Beim legendären Woodstock-Festival im August 1969 trat auch die amerikanische Rockband Jefferson Airplane auf.

Blues. Angereichert mit Elementen weißer Unterhaltungsmusik, wurde daraus ab Mitte der 1950er Jahre der **Rock'n'Roll** (Bill Haley, Chuck Berry, Elvis Presley). Die zur gleichen Zeit erprobte Verbindung von R & B und Gospelgesang durch Sänger wie Solomon Burke, Sam Cooke und dann vor allem Ray Charles erhielt den Namen **Soul.**

Basierend auf Wiederholungen kurzer rhythmisch-melodischer Motive (Riffs), scharf angerissen auf der Gitarre, entstand in den 1970er Jahren der **Funk** als neue schwarze Tanzmusik. Begründet von Sly Stone und vor allem mit James Brown („Sex Machine", 1970) in Verbindung gebracht, wurde dieser Stil auch von Bands wie „Earth, Wind and Fire" oder Musikern wie Prince aufgegriffen.

Im Zeichen der Friedensbewegung

Die aufkommende Friedensbewegung und die Studentenrevolte von 1968 sorgten dafür, dass auch die Pop- und Rockmusik politischer wurde. Mit Slogans wie „Make Love, not War" setzten sich die **Hippies** für Gewaltlosigkeit und Frieden unter den Menschen ein. Treffpunkte der „Flower Power"-Bewegung waren die großen Rockfestivals von Monterey (1967) und **Woodstock** (1969). Hier traten u. a. Janis Joplin und Jimi Hendrix auf sowie die Bands The Byrds, Jefferson Airplane und The Who.

Die Begeisterung der Hippies für östliche Mystik und ihre Erfahrungen mit Drogen spiegelten sich im sog. **Psychedelic Rock** wider. Darin mischten sich der Folk Rock einer Joan Baez oder eines Bob Dylan mit Einflüssen indischer Musik und auch des Free Jazz. In England schufen Gruppen wie Pink Floyd und Traffic formal freie, fließende Musikstücke mit ausgedehnten improvisierten Instrumentalsoli, in den USA arbeiteten Grateful Dead, The Doors um Jim Morrison und vor allem der Gitarrist Jimi Hendrix mit technischen Soundeffekten.

Bewusste Provokationen

Im proletarischen Milieu englischer und amerikanischer Großstädte entstand unter dem Eindruck von Hoffnungslosigkeit und fehlender Perspektiven in den 1970er Jahren der Punk. Das grelle Outfit der Musiker („Irokesenschnitt"), ihr zur Schau gestellter musikalischer Dilettantismus und ihre obszöne Sprache schockierten die Öffentlichkeit – eine wohlkalkulierte Reaktion der ausnahmslos weißen Interpreten. In England richteten Nachfolgebands der anarchischen Gitarrenrocker Sex Pistols, The Damned oder The Clash ihre Musik zugleich gesellschaftspolitisch aus, indem sie darin Stellung bezogen gegen Rassismus, Polizeibrutalität und soziale Entfremdung. Vom Punk fasziniert, übernahmen Ende der 1970er Jahre einige avantgardistische

Musiker wie die Talking Heads Elemente des Stils in ihre Musik, mischten aber auch Elektronik, Reggae und Funk bei. Das Ergebnis war eine wieder eingängigere Rockmusik: der **New Wave**.

Deutsche Popmusik

Deutschsprachige Rockmusik war bis Ende der 1960er Jahre eher verpönt. Unter der satirischen Bezeichnung **Krautrock** erlangte sie jedoch ab den 1970er Jahren größere Eigenständigkeit und internationales Ansehen. Gruppen wie Amon Düül, Can oder Embryo knüpften vor allem an Musikstile wie den Free Jazz oder außereuropäische Musik an. Der Sound wurde wesentlich durch Elektronik bestimmt, so bei Tangerine Dream und Kraftwerk. Zur Leitfigur wurde **Udo Lindenberg,** der seit 1973 durch seine umgangssprachlichen Liedtexte auffiel. Als weibliches Pendant zeigte sich Nina Hagen. Daneben etablierte sich eine Politrockszene mit Formationen wie Ton Steine Scherben. Großen Erfolg verzeichnete die deutsche Rockmusik Anfang der 1980er Jahre unter der Bezeichnung **Neue Deutsche Welle.** Interpreten wie Nena und Falco schafften es sogar in die amerikanischen Single-Charts.

Nicht ohne einen DJ

Eine Erfindung der 1980er Jahre war der **Rap:** ein rhythmischer, in der Regel von Schwarzen vorgetragener Sprechgesang. Neben dem Vokalsolisten („Master of Ceremony", MC) spielte dabei der Discjockey (DJ) ein wichtige Rolle: Im frühen Rap, Old School genannt, bewegte er Schallplatten bei aufgelegtem Tonabnehmer rhythmisch vor und zurück (Scratching), seit dem **Hip-Hop** der späten 1980er Jahre nutzte er musikalische Phrasen aus bekannten Songs, die er am Computer neu zusammenmischte (Sampling). Zur Old School zählten u.a. die MCs Kurtis Blow und Whodini sowie die DJs Grandmaster Flash und Afrika Bambaataa. Einige Musiker wie MC Hammer, Notorious B.I.G., DMX, Jay-Z oder der – ausnahmsweise weiße – Rapper Eminem erreichten Superstar-Status. Zum Massenphänomen entwickelte sich der **Techno-Stil.** Aus dem **House,** einem monotonen Dance-Mix aus schnellen, stampfenden Beats wurde eine vollständig elektronische Musik mit Beats aus dem Drum-Computer und gesampelten synthetischen Klängen.

Musical – Showbusiness

Was das Singspiel für das 18. und die Operette für das 19. Jh., war das Musical für das 20. Jh. – modernes, populäres Musiktheater. Modetrends unterworfen, zeigte sich das Musical immer offen für den Geist der Zeit und spiegelte das politische und soziale Klima wider.

So nahm sich „Show Boat" (1927) der Rassenproblematik an. „West Side Story" (1957) von Leonard Bernstein siedelte die Geschichte von Romeo und Julia unter rivalisierenden Jugendbanden in New York an. „Hair" (1967) setzte der Hippie-Zeit und dem Vietnamkrieg ein musikalisches Denkmal. Die Welt des Showbusiness wurde in Werken wie „Annie Get Your Gun" (1946), „Gypsy" (1959) und „A Chorus Line" (1975) zum Thema gemacht. Frederick Loewe nutzte für „My Fair Lady" (1956) George Bernard Shaws Stück „Pygmalion", Jerry Bock siedelte seine „Anatevka" (1964) unter osteuropäischen Juden und John Kander sein „Cabaret" (1966) im Berlin der NS-Zeit an. Der meistaufgeführte Musicalkomponist des ausgehenden 20. Jh., der Brite Andrew Lloyd Webber, feierte mit „Jesus Christ Superstar" (1971), „Evita" (1978) und „Das Phantom der Oper" (1986), „Cats" (1981) und dem Eisenbahnspektakel „Starlight Express" (1984) gigantische Erfolge.

Das Musical „Evita" des britischen Komponisten Andrew Lloyd Webber erzählt die Geschichte der argentinischen Präsidentengattin Eva Perón; Szene mit Elena Roger in der Titelrolle (London, 2006).

Tanz

Die klassische Tanzkunst, das Ballett, entstand im 15./16. Jh. an den italienischen Fürstenhöfen und erlebte im 19. Jh. Glanzzeiten mit Handlungsballetten wie „Schwanensee". Neue Impulse gingen im 20. Jh. von Ausdruckstanz, Modern Dance und Tanztheater aus: Die Stücke sind freier und haben nicht immer eine Handlung.

Vom Hofballett zur romantischen Ballettrevue

„Giselle"

Das fantastische Ballett von Vernoy de Saint-Georges, Théophile Gautier und Jean Coralli mit Musik von Adolphe Adam gilt als Inbegriff des romantischen Balletts (Bild oben rechts).

„Giselle" wurde 1841 in der Pariser Opéra uraufgeführt und gehört auch heute noch zum Standardrepertoire vieler Ballettensembles. Die italienische Tänzerin **Carlotta Grisi** tanzte als Erste die Titelrolle. Die von dem deutschen Dichter Heinrich Heine inspirierte Geschichte erzählt von dem Bauernmädchen Giselle, das aus unglücklicher Liebe zu einem Prinzen den Verstand verliert, stirbt und zur Geisterstunde wieder erscheint – als eines der Geistermädchen, die vor ihrer Hochzeit gestorben sind und aufgrund ihrer Tanzleidenschaft verdammt sind, bis zum Jüngsten Tag weiterzutanzen. Bedeutende **Choreografien** für „Giselle" schufen Marius Petipa (St. Petersburg, ab 1847), Heinz Spoerli (Basel 1976) und John Neumeier (Hamburg 1983).

Die Grundlagen für das klassische Ballett wurden an den italienischen Adelshöfen der Renaissance geschaffen. Orientierte sich das damalige Menschenbild weitgehend an der Antike, so wurde auch die aufrechte und stolze Haltung des Tänzers mit vollkommen gerader Achse durch die Statuen der Antike abgeleitet. Die oft mehrtägigen Feste der Renaissance maßen dem Tanz bereits eine wichtige Rolle bei, doch begründet wurde das eigenständige Ballett von Katharina von Medici (1519–1589), die mit Heinrich II. von Frankreich verheiratet war: 1581 gab Katharina zu einem festlichen Anlass das „Ballet Comique de la Reine" in Auftrag, das als ältestes Ballett überhaupt gilt. Versailles blieb fortan das Zentrum für höfischen Tanz. Vor allem unter Ludwig XIV. dienten **prunkvoll ausgestattete allegorische Ballettaufführungen** der Stabilisierung der absolutistischen Ordnung. Da von den Mitwirkenden im Laufe der Zeit immer mehr Leistung erwartet wurde, was die Ausdrucksmöglichkeiten und die körperlichen Fähigkeiten betraf, verlangte der französische Monarch nach regelmäßig trainierenden, professionellen Tänzern. Er begründete 1661 die „Académie Royale de Danse", die über die Reinheit der Tanzsprache zu wachen hatte. Erst ab 1681 war es auch Frauen erlaubt, öffentlich zu tanzen.

Ludwig XIV. als aufgehende Sonne im „Ballett der Nacht", Paris 1654

Bewegung mit Botschaft

Nachdem sich Ballettmeister und Tänzer 100 Jahre lang vor allem um die Perfektionierung ihrer Technik bemüht hatten, klagte 1759/60 der französische Choreograf und Tänzer **Jean Georges Noverre** in seinen „Lettres sur la danse" über den Verfall des Balletts zum akrobatischen Kunststück. Er wandte sich gegen die

Prachtentfaltung des höfischen Balletts, gegen Reifröcke und Perücken und trat stattdessen für mehr **Natürlichkeit im Tanz** ein. Seine Reformen zielten auf die tänzerische Darstellung großer Leidenschaften in abendfüllenden **Handlungsballetten.** Diese sollten eine logische und glaubwürdige Geschichte erzählen. Auch die besonders in Frankreich populären Balletteinlagen in Opern ließ er nicht als bloße Divertissements, also schmückende Einlagen, gelten, sondern forderte, dass sie die Handlung vorantreiben sollten. Noverre, der u. a. in Berlin, Straßburg, Stuttgart und Wien wirkte, übte als wichtiger Reformator des Tanzes mit seinen theoretischen Schriften und seinen ausführlichen Szenarien zu seinen Balletten international nachhaltigen Einfluss aus.

Ballettromantik in Frankreich und Russland

Das Ballett des 19. Jh. war der Romantik verpflichtet – abgeschieden von der Lebenswirklichkeit, angesiedelt in einer Welt der Fantasie. Das ist umso bemerkenswerter, als sich alle anderen Künste spätestens ab der Jahrhundertmitte um realistische Tendenzen bemühten. Wer im 19. Jh. getanzte Gegenwartsstoffe sehen wollte, musste sich Ballettrevuen anschauen wie jene von Katti Lanner, die in London Stücke wie „The Sports of England“ (1887) und „The Paris Exhibition“ (1889) herausbrachte. Lediglich der dänische Choreograf und Tänzer August Bournonville schuf einige bürgerlich-realistische Ballette, fand aber, im fernen Kopenhagen tätig, kein Gehör in den Ballettzentren von Paris und dem aufstrebenden St. Petersburg.

Der romantische Höhenflug des Balletts begann 1832 mit „La Sylphide“ und setzte sich fort mit Stücken wie „Giselle“ (1841), „Don Quixote“ (1868), „Schwanensee“ (1877), „Dornröschen“ (1890), „Der Nussknacker“ (1892) und „Raymonda“ (1897). Zum literarischen Wegbereiter des romantischen Balletts wurde der Schriftsteller Théophile Gautier, zum einflussreichsten Choreografen **Marius Petipa,** der 1847 nach St. Petersburg kam und dort als Schöpfer von etwa 50 Balletten große Erfolge feierte. Formal kennzeichnend für die romantischen Ballette wurde die Zweiteilung in einen sog. bunten Akt mit Entwicklung der Handlung und einen abstrakteren „weißen Akt“, in dem der Tanz selbst im Vordergrund steht. Inhaltlich herausgehoben wurde eine **Primaballerina** – und diese musste, wie seit „La Sylphide“ alle Tänzer, selbstverständlich auf Spitze tanzen.

„Der Nussknacker“ von Peter Tschaikowskij gehört zu den vielgespielten Ballett-Klassikern.

Moderner Tanz: freie Bewegung

Ausdrucksstarke, energievolle Bewegungen machen den Modern Dance aus; hier Tanzszene aus einem Auftritt der Martha Graham Dance Company 2008.

Als zweiter großer Reformer des klassischen Balletts nach dem Franzosen Jean Georges Noverre trat Anfang des 20. Jh. der Russe **Michail Fokine** auf. Er visierte in Werken wie „Der sterbende Schwan" (Solo für Anna Pawlowa zur Musik von Camille Saint-Saëns aus „Karneval der Tiere") und „Les Sylphides" (beide 1907) eine größere dramatische und stilistische Einheit von Handlung und Tanz, Musik und szenischer Gestaltung an. 1909 wurde er zum Chefchoreografen der **„Ballets Russes"**, einer Gruppe von Tänzern der Kaiserlichen Theater in St. Petersburg und Moskau. Mit diesen russischen Kräften leitete er eine Renaissance des mittlerweile in West- und Mitteleuropa zum bloßen Amüsierspektakel herabgesunkenen klassischen Tanzes ein. Inspiriert vom Geist der zeitgenössischen Kunst verhalf er diesem zu neuem Ansehen als lebendige und ernst zu nehmende Kunstform. Zudem ließ er – in Person von **Vaclav Nijinsky** – den männlichen Tänzer wieder zum künstlerisch aktiven Interpreten und gleichberechtigten Partner der Primaballerina werden, die bis dahin die Bühne mit ihrem Spitzentanz dominiert hatte.

Neue Impulse von der russischen Bühne

Ihr hohes Ansehen als Gesamtkunstwerke verdankten die Produktionen der „Ballets Russes" vor allem dem Ballettimpresario **Serge Diaghilev,** der nicht nur die weltweit besten Choreografen und Tänzer beschäftigte, sondern auch führende Köpfe der Avantgarde aus den anderen beteiligten Künsten. So war beispielsweise für die inhaltliche Komponente der französische Schriftsteller Jean Cocteau zuständig, Pablo Picasso wurde als Bühnenbildner eingesetzt und der Komponist Igor Strawinsky stieg durch seine Werke für die „Ballets Russes" zum wohl bedeutendsten Schöpfer von Ballettmusik im 20. Jh. auf.

Serge Diaghilevs „Ballets Russes"

Die 1909 zunächst nur für ein Gastspiel in Paris zusammengestellte Gruppe wandelte sich unter der Leitung von Serge Diaghilev ab 1912 zur festen Kompagnie „Ballets Russes". Obwohl der Russe (1872–1929) weder Tänzer noch Choreograf war, zählte er doch zu den einflussreichsten Persönlichkeiten des Balletts im 20. Jh.

Der russische Jurastudent betätigte sich als Gründer einer fortschrittlich orientierten Kunstzeitschrift, wirkte als künstlerischer Berater am St. Petersburger Marientheater und veranstaltete ab 1905 Kunstausstellungen in St. Petersburg und Paris. Nach einem erfolgreichen Pariser Gastspiel mit der Oper „Boris Godunow" (1908) wurde er für 1909 wieder eingeladen. Er kam mit Tänzern der Kaiserlichen Theater in St. Petersburg und Moskau, die bald als „Ballets Russes" Furore machten. Seine Balletttruppe verlegte ihren Sitz ab 1911 nach Monte Carlo, gastierte aber weiterhin in Paris sowie u. a. in London und 1916/17 sogar in den USA. Nach Diaghilevs Tod lösten sich die „Ballets Russes" 1929 auf.

Auch nach ihrer Auflösung prägten die „Ballets Russes" über ehemalige Mitglieder das nun als neoklassizistisch bezeichnete Ballett: Serge Lifar gab dem Pariser Opernballett dessen frühere Geltung zurück. Ninette de Valois begründete das Londoner „Royal Ballet" und die ihm angegliederte Ballettschule, Marie Rambert eröffnete ebenfalls in London die nach ihr benannte Kompagnie und Schule und George Balanchine gründete das „New York City Ballet" und die „School of American Ballet". Durch den Balanchine-Schüler John Cranko und dessen Eleven John Neumeier stehen auch das Stuttgarter und das Hamburger Ballett in der direkten Nachfolge der Russen in Paris.

Ausdruckstanz: Freiheit, Gefühl, Rhythmus

Vorwiegend Frauen waren es, die an der Wende vom 19. zum 20. Jh. gegen das von ihnen als degeneriert, gefühllos und steril empfundene klassische Ballett vorgingen. Die Amerikanerin **Isadora Duncan** wurde mit ihren natürlich anmutenden Bewegungsformen ohne festgelegte Schrittfolgen zur Vorkämpferin für einen von künstlerischen wie moralischen Regeln freien Ausdruckstanz. Mit ihren Barfußtänzen in altgriechischen Kostümen schuf sie die Voraussetzungen für den expressionistischen Solotanz der deutschstämmigen **Mary Wigman,** die mit ihren Choreografien über die Beziehung rhythmisch bewegter Körper im Raum zur Pionierin des deutschen Ausdruckstanzes wurde.

Eine weitere Amerikanerin, die Tänzerin, Choreografin und Pädagogin **Martha Graham,** leitete aus dem individuellen Bewegungsvokabular der Mary Wigman und ihrer eigenen Lehrer Ruth Saint Denis und Ted Shawn eine neue „Sprache" des Tanzes ab, die sich erlernen lässt wie die des klassischen Balletts. Die 1934 entwickelte „Martha-Graham-Technik" wurde zur Grundlage des nun vom Solo zum Gruppentanz erweiterten Modern Dance.

Tanztheater: Wort, Musik und Bewegung

Einen neuen Realismus in Annäherung von Schauspiel und Tanz strebten seit den späten 1960er Jahren experimentelle Choreografen in Deutschland an. Schlüsselfigur dieses „Tanztheaters" war die 1973–2009 in Wuppertal wirkende **Pina Bausch.** Ausgebildet von Kurt Jooss, dem Begründer des Folkwang-Tanztheaters in Essen (1928), löste sich die Tänzerin und Choreografin von herkömmlichen Tanzstilen und entwickelte eine eigene Körpersprache. Indem sie Tanz und gesprochenes Wort miteinander verband, etablierte sie das Tanztheater als neue Kunstform. Als weitere bedeutende Tanztheater-Choreografen machten u. a. Reinhild Hoffmann, Krisztina Horváth, Susanne Linke und Johann Kresnik von sich reden.

Handlungsballett: neue Bühnendramaturgie

Durch den amerikanischen Tänzer und Choreografen **John Neumeier** erhielt das dem klassischen Tanz verpflichtete Handlungsballett in der zweiten Hälfte des 20. Jh. neue Impulse. 1963 von Marcia Haydée entdeckt und von John Cranko als Solotänzer ans Stuttgarter Ballett engagiert, kam er über Frankfurt am Main (1969–1973) nach Hamburg, wo er dem Staatsopernballett zu internationalem Renommee verhalf (1978 Gründung der Ballettschule). In der Nachfolge seines Lehrers John Cranko schuf der „kontrollierte Romantiker" Neumeier vornehmlich abendfüllende, dramaturgisch durchgearbeitete Ballette (u. a. „Die Kameliendame", 1978; „Endstation Sehnsucht", 1983), die dem klassischen Stil verpflichtet blieben. Sein Interesse gilt auch der Neudeutung von klassischen literarischen Stoffen, wie sein Ballett „Illusionen wie Schwanensee" (1976) und seine Shakespeare-Bearbeitungen „Ein Sommernachtstraum" (1977) und „Mozart und Themen aus Wie es euch gefällt" (1985) zeigen.

Pina Bausch

Die 1940 in Solingen geborene Ballettdirektorin († 2009) übernahm nach ihrer Ausbildung in Essen (Folkwang) und New York 1973 die Leitung des Balletts der Wuppertaler Bühnen, das seitdem Tanztheater Wuppertal heißt. Gemäß ihrem Credo, sie interessiere weniger, wie sich Menschen bewegen, als vielmehr, was sie bewegt, sah sie im Tänzer nicht länger die technisch perfekte Kunstfigur, sondern ein denkendes und fühlendes Individuum. In Stücken wie „Blaubart" (1977), „Kontakthof" (1978), „Viktor" (1986) oder „Nur Du" (1996) rieb sie sich an Normen und Sachverhalten des Alltags und ließ die Grenze zwischen Kunst und Trivialität absichtsvoll verschwimmen.

Pina Bausch wurde am 10. November 2007 mit dem Kyoto-Preis für ihr Lebenswerk geehrt; der hoch dotierte Preis wird jährlich für überragende Leistungen in Wissenschaft und Kunst ausgelobt.

Fotografie

Als scheinbar authentisches Abbild der Wirklichkeit erhielten Fotografien ihren festen Platz im Bildgedächtnis der Menschen. Die fortschreitende technische Entwicklung stellt aber die Überzeugung, Fotografie bilde die Wirklichkeit ab, infrage: Die digitale Fotografie macht Manipulationen aller Art leichter denn je.

Von der Camera obscura zur Digitalkamera

Schon Leonardo da Vinci und Albrecht Dürer kannten die Camera obscura, einen dunklen Kasten mit punktartiger Öffnung, der auf einer speziell präparierten Gegenseite ein seitenverkehrtes, aber scharfes Bild lieferte. Doch erst die Entdeckung chemischer Prozesse bahnten im 19. Jh. der Fotografie ihren Weg.

Seitenverkehrte Negativbilder – frühe Fototechnik

Das erste Foto der Welt entstand mit einer Belichtungszeit von über acht Stunden. Der Franzose Joseph Nicéphore Niepce hatte 1826 mit einer **Camera obscura** die Aussicht aus seinem Arbeitszimmer auf eine asphaltbeschichtete Zinnplatte gebannt. Entscheidende Fortschritte brachten in den Folgejahren Experimente mit lichtempfindlichen Silberverbindungen. Dem Maler Jacques Daguerre gelang es 1837 erstmals, versilberte Kupferplatten nach dem Belichten in einer Camera obscura zu fixieren. Zum Entwickeln benutzte er giftige Quecksilberdämpfe, die er anfangs mit Kochsalzlösung, später mit Natriumthiosulfat fixierte. Die sog. **Daguerreotypie** verbreitete sich binnen kurzer Zeit in ganz Europa und in den USA. Daneben

In der von William Henry Fox Talbot eingerichteten fotografischen Werkstatt begann Ende 1843 die kommerzielle Produktion von Fotoabzügen.

gehörten die **Talbotypie** und der **Nass-Collodium-Prozess** zu den verbreitetsten Verfahren in der Frühzeit der Fotografie: Der Engländer William Henry Fox Talbot entwickelte das nach ihm benannte Negativ-Positiv-Verfahren, mit dem es ihm 1840 erstmals gelang, ein Papiernegativ zu fixieren und auf ein zweites Papier zu kopieren.

Fotografie wird gesellschaftsfähig

Mit immer besseren fotografischen Verfahren wuchs das Interesse an dem neuen Medium. Bis zum Ende des 19. Jh. blieb die naturgetreue Abbildung von Personen, Objekten und Landschaften vorrangiges Ziel der Fotografen. Porträtaufnahmen erfreuten sich großer Beliebtheit. Um Landschaften aufzunehmen, mussten die Fotografen in der Frühzeit der Fotografie enorme Mühen auf sich nehmen, wenn sie z. B. ihre riesigen **Großbildkameras** für Aufnahmen im Format 50 x 60 cm im Gepäck hatten. Doch aufgrund der rasanten technischen Weiterentwicklung konnte das neue Medium Fotografie bald einem breiten Publikum zugänglich gemacht werden. Die Reproduzierbarkeit von Bildern führte gegen Ende des 19. Jh. verstärkt dazu, dass immer häufiger Fotos anstelle der nach Fotos angefertigten Stiche den Weg auf die Zeitungsseiten schafften.

Fotojournalismus

Anfang der 1920er Jahre begannen zahlreiche Fotografen, ausschließlich für die Presse zu arbeiten. Einige von ihnen versuchten mit ihren Fotos die Lebenswirklichkeit einzufangen, darunter der Amerikaner Jacob Riis, der mit seinen Aufnahmen aus den New Yorker Slums zu den Pionieren der **Sozialreportage** zählt, sowie der Soziologe Lewis Hine mit seinen dokumentarischen Fotos über Kinderarbeit. In Deutschland hielt Heinrich Zille die Lebens- und Arbeitsbedingungen der Unterprivilegierten fest.

Technisch gereift und preiswert haben Digitalkameras den Massenmarkt erobert.

Kleinbildkameras ermöglichten es den modernen Fotojournalisten, ihrer Arbeit auch unter schwierigen Bedingungen nachzugehen. Robert Capa zählte zu den herausragenden **Kriegsberichterstattern** im Spanischen Bürgerkrieg und im Zweiten Weltkrieg. Als erste Frau fotografierte Margaret Bourke-White für die US-Streitkräfte – u. a. dokumentierte sie die Öffnung der Konzentrationslager 1945 in Deutschland. In den 1960er Jahren bestärkte die Flut ungeschönter Bilder von den Grausamkeiten des Vietnamkriegs dessen Gegner. In späteren Kriegen mit amerikanischer und britischer Beteiligung – im Golfkrieg 1991 und im Irakkrieg 2003 – fanden daher nur zensierte Fotos den Weg in die Öffentlichkeit.

Die **digitale Fotografie** brachte in den 1990er Jahren einen tiefgreifenden Wandel mit sich. Digitalfotos werden mittels eines Scanners digitalisiert oder direkt mit der Digitalkamera aufgenommen und in Pixel übertragen auf dem Bildschirm sichtbar gemacht. Während die einfach zu bewerkstelligende Manipulation digitaler Fotos am Computer das Foto als Abbildung der Realität mehr denn je zweifelhaft erscheinen lässt, profitiert die künstlerische Fotografie von den neuen Möglichkeiten der Bildbearbeitung.

Meilensteine der Fototechnik

1826
Joseph Nicéphore Niepce nimmt die erste Fotografie mit achtstündiger Belichtungszeit auf.

1837
Das Daguerreotypieverfahren (Belichtung auf Silberplatten, Fixierung mit Silberiodid) wird entwickelt.

1851
Frederick Archer verwendet Glasplatten als Negativträgermaterial (nasses Collodium-Verfahren).

1888
Erste Rollfilmkamera von Eastman/Kodak

1907
Das Autochrome-Verfahren der Gebrüder Lumière ermöglicht die ersten Farbfotos.

1925
Leitz stellt mit der Leica die erste Kleinbildkamera (24-x-36-mm-Negative) vor.

1935
Kodak-Farbfilm (Kodachrome) mit drei lichtempfindlichen Schichten

1947
Die Polaroid-Sofortbildkamera für Schwarzweißbilder kommt auf den Markt.

Ab 1970
Mikroelektronik in der Kleinbildfotografie

Ab 1990
Foto-CDs mit digitalisierten Bilddaten

1994
Nikon und Kodak stellen die Digitalkamera vor: Digitale Sensorflächen zeichnen Bilder auf, die auf PC-Card oder Diskette gespeichert werden.

2003
Bei mehreren Millionen Bildpunkten (Pixeln) liefern digitale Kameras hochauflösende Bilder.

Vielfalt des Ausdrucks: künstlerische Fotografie

Bereits um 1900 änderte sich das Verhältnis des neuen Mediums zur Kunst. Hatte bis dahin die Fotografie noch die Kunst inspiriert, so nutzten nun die Fotografen die etwa im Impressionismus und Jugendstil verwendeten stilistischen Mittel für ihre Arbeiten. Die rasch fortschreitende Verbesserung der Fototechnik ermöglichte schon bald Experimente mit speziellen Verfahren wie Doppelbelichtungen, Mehrfachkopien sowie Fotomontagen und etablierte die Fotografie als bedeutendes Medium künstlerischen Ausdrucks.

Experimente mit dem neuen Medium

In den ersten Jahrzehnten des 20. Jh. regten vor allem die Prinzipien der konstruktivistischen und surrealistischen Malerei die Fotografie an. Künstler wie Alexander Rodschenko etwa, der kühle, streng komponierte Fotografien schuf, oder der Ungar László Moholy-Nagy inspirierten mit ihren Arbeiten u. a. auch die Künstler am Bauhaus. Zu den wegweisenden Fotokünstlern zählte auch der Amerikaner **Man Ray:** Bizarre Motive und ironisch-rätselhafte Montagen kennzeichneten seine surrealistisch anmutenden Fotografien.

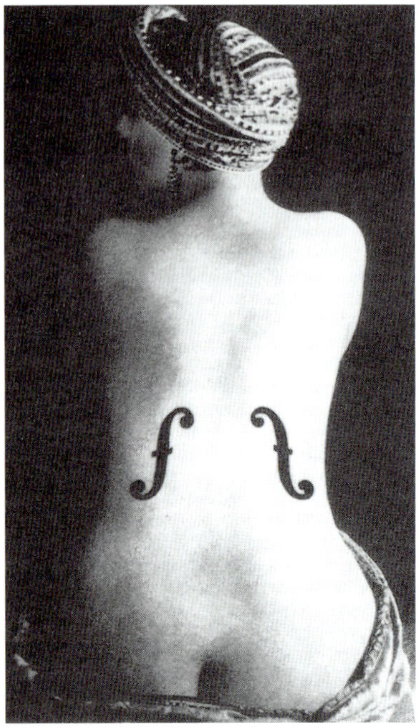

„Le Violon d'Ingres" (1924), eine Fotografie des amerikanischen Künstlers Man Ray

Eine Gegenbewegung zur „Malerei mit anderen Mitteln" ging von der **Neuen Sachlichkeit** aus, die zwischen 1920 und 1940 vor allem von deutschen Fotografen propagiert wurde. Auf die Bildkomposition der Kunstfotografie zurückgreifend, schufen Künstler wie Hugo Erfurth, Erich Salomon und Albert Renger-Patzsch sachlich bestechende **Porträts berühmter Zeitgenossen.** Der Fotograf selbst war nur heimlicher Beobachter und trat als Person ganz hinter sein Objekt zurück.

Auch die Fotografie geriet in den Sog der **nationalsozialistischen Propaganda** und wurde im Zweiten Weltkrieg als Medium missbraucht, um Heldenmut, Siegeswillen und den Glauben an die deutsche Überlegenheit zu verbreiten. Als Reaktion auf diese Vereinnahmung stellte sich schon bald nach dem Krieg eine neue Subjektivität ein. Mit seinen Ausstellungen der **„Subjektiven Fotografie"** lieferte der Deutsche **Otto Steinert** das Stichwort für die neue Richtung, die international großen Anklang fand. Steinerts formstrenges Konzept strebte nach kreativer Fotografie, die sich aus dem persönlichen Erleben entwickelte. Unscharfe Strukturen seiner Motive waren typisch für seine Arbeiten, mit denen er zum Mitbegründer der Abstraktion in der Fotografie wurde.

Impulse durch die moderne Kunst

Als im Laufe der 1960er Jahre Film und Fernsehen der Fotografie die herausragende Stellung für die Dokumentation von Wirklichkeit streitig machten und technische wie kommerzielle Entwicklungen allmählich zu einer Banalisierung des Mediums führten, erhielt die Fotografie neue Impulse und Aufgaben durch die moderne Kunst. **Pop-Art-Künstler** wie **Andy Warhol, Robert Rauschenberg** und **Jasper Johns** schufen eine neue Ästhetik, indem sie Bilder der trivialen Alltagswirklichkeit mit Elementen der Werbung, Massenkultur, des Comicstrips und Ähnlichem verbanden. Mit einer neuen Technik, der **Seriegrafie,** konnten Fotos unmittelbar in die Bildproduktion einbezogen werden. Sie dienten den Künstlern als Vorlagen für Montagen, Collagen und serielle Arbeiten. Durch Häufungen, Reihungen oder Kontrastierungen entstanden neue Zusammenhänge und Sichtweisen. Die Fotografin Diane Arbus dagegen dokumentierte mit ihren Fotos das Leben von Randgruppen dieser Zeit.

Der US-amerikanische Fotograf Richard Avedon zählt zu den bedeutendsten Fotografen des 20. Jh.; einen Namen machte er sich hauptsächlich mit Mode- und Porträtfotografien.

Nicht nur Glanz und Glamour – Modefotografie

Anfang des 20. Jh. avancierten die Zeitschriften „Vogue", „Harper's Bazaar" und „Vanity Fair" zum Inbegriff für anspruchsvolle Mode- und Porträtfotografie. Hier eröffnete sich ein lukratives Betätigungsfeld für Fotografen, das künstlerische und kommerzielle Aspekte des Mediums vereinte.

In der Frühzeit der Modefotografie gehörte der gebürtige Deutsche **Horst P. Horst,** der 1943 die US-Staatsbürgerschaft annahm, zu den Meistern seiner Zunft. Berühmt wurden seine nach klassizistisch-strengem Kompositionsmuster aufgebauten Fotografien, die Sinn für Luxus und erotische Ausstrahlung verrieten. Erst ab den 1930er Jahren verließen die Modelle bisweilen die Ateliers und wurden in natürlicher Umgebung abgelichtet. Zu den wichtigsten Vertretern eines neuen Stils nach dem Zweiten Weltkrieg zählten die Amerikaner **Irving Penn** und **Richard Avedon.** Penn fotografierte seine Modelle in leeren Räumen vor neutralem Hintergrund, verzichtete auf üppiges Dekor und theatralische Beleuchtung und erzielte so eine starke optische Wirkung. Sein Widerpart Avedon verlegte sein künstlerisches Schaffen lieber ins Freie. Mit seinen bisweilen surreal anmutenden Aufnahmen gehörte auch **Helmut Newton,** ein australischer Fotograf deutscher Herkunft, zu den großen Neuerern der Modefotografie.

Ende der 1960er und Anfang der 1970er Jahre kam mit dem Hyperrealismus bzw. dem **Fotorealismus** eine neue Kunstrichtung auf. Die Malerei nach Fotografien führte zu einer überscharfen Realitätsdarstellung, bei der Wirklichkeit und Fiktion miteinander verschmolzen. Eine wichtige Funktion übernahm die Fotografie auch für die moderne Aktionskunst, die aufgrund ihrer Einmaligkeit und zeitlichen Begrenzung auf die Fotografie – neben Film und Video – als integralen Bestandteil angewiesen war. Viele Künstler verwendeten die Aufnahmen ihrer Aktionen später für andere Kunstwerke, montierten sie neu oder vervollständigten sie mit ihren Kommentaren.

Moderne Künstler unterschiedlichster Richtungen haben die Fotografie für ihre Zwecke benutzt. Hierzu zählen z. B. der Franzose **Yves Klein,** der Österreicher **Arnulf Rainer** sowie die Deutschen **Sigmar Polke** und **Gerhard Richter.** Während Rainer durch die Übermalung konkreter Fotos seine künstlerische Position verdeutlichen will, behandeln Polke und Richter die fotografischen Vorlagen eher destruktiv, indem sie durch ihre manipulierende Bearbeitung die klassischen Regeln der Fotografie unterwandern.

Film und Fernsehen

Film und Fernsehen entwickelten sich im 20. Jh. zu den einflussreichsten Medien der Alltagskultur. Sie kommen den Wünschen der Menschen nach Unterhaltung und Ablenkung, nach Information und Bildung entgegen. Beide erreichen sie ein Millionenpublikum und prägen unsere Art, die Welt zu sehen.

Charlie Chaplin schrieb als Regisseur und beliebtester Stummfilmkomiker seiner Zeit Filmgeschichte. 1921 präsentierte er mit der Tragikomödie „Der Vagabund und das Kind" („The Kid") seinen ersten Langfilm.

Die Frühzeit des Films

Anfangs als technische Neuerung bestaunt, entfaltete der Film rasch das ihm innewohnende Potenzial, Geschichten in Bildern zu erzählen bzw. eine eigene illusionäre Welt zu erschaffen. Parallel zu den großen Filmgenres wie Melodram und Komödie und den Hauptkomponenten der Filmsprache wie Großaufnahme und Schnittmontage bildeten sich mit den Produktionsgesellschaften und Filmstudios die Grundpfeiler der Filmindustrie heraus. Der frühe Film brachte auch bereits die ersten Stars hervor.

Bewegte Bilder

Unbewegte Einzelbilder, die in einer Frequenz von mindestens einer Sechzehntelsekunde am Auge vorbeiziehen, lassen im Gehirn die Illusion einer kontinuierlichen Bewegung entstehen. Diesen Effekt machten sich die Pioniere der Filmtechnik zunutze und entwickelten den **Guckkasten** mit rotierender Bildtrommel. Die Geburtsstunde des Kinos an sich schlug 1895. Am 28. Dezember führten die Brüder **Louis und Auguste Lumière** im Pariser „Grand Café" erstmals öffentlich ihre bewegten Bilder vor. Die Lumières gehörten zu einer ganzen Reihe von Erfindern, die Ende des 19. Jh. an Geräten zur Aufnahme und Wiedergabe bewegter Bilder bastelten, so z. B. auch Max Skladanowsky, der am 1. November 1895 im Berliner Varieté „Wintergarten" erstmals „lebende Bilder" vorführte. Die ersten Filme zeigten Varieténummern oder Alltags- und Straßenszenen wie Arbeiter beim Verlassen einer Fabrik oder die Einfahrt eines Zuges in einen Bahnhof. Das Publikum war begeistert und von der Wirkung der Bilder zutiefst beeindruckt.

Spielfilm und erste Stars

Auf die ersten lebenden Bilder folgten zum einen Filme mit einer durchgehenden Spielhandlung, zum anderen die sog. Aktualitäten, Dokumentationen bedeutsamer Ereignisse aus Politik und Zeitgeschehen. Oskar Meßter, der erfolgreichste deutsche Filmpionier, nahm aktuelle Ereignisse auf und produzierte ab 1914 mit der „Meßter-Woche" die erste deutsche **Wochenschau.** Der französische Regisseur Georges Méliès begann, Filme mit einer fiktiven Handlung zu drehen und begründete mit „Die Reise zum Mond" (1902) den **Science-Fiction-Film.** Zum Meilenstein in der Entwicklung einer eigenen Filmsprache wurde das Monumentalepos „Die Geburt einer Nation" (1915) des amerikanischen Regisseurs David Wark Griffith.

Mit den Spielfilmen bekam das Kino auch schnell seine ersten Stars, deren Namen sich als Kassenmagneten erwiesen. Der erste Star am amerikanischen Kinohimmel war Mary Pickford, die den

Typus des unschuldigen, neckisch-naiven Mädchens verkörperte. Zu deutschen Stars der ersten Stunde avancierten Henny Porten und die auch in Deutschland arbeitende Dänin Asta Nielsen. Porten trat meist als verfolgte Unschuld auf, Nielsen verkörperte vom Vamp bis zur aufopferungsvollen Mutter ein breites Rollenspektrum. In den 1920er Jahren machte die Schwedin **Greta Garbo,** die Göttliche, von sich reden.

Im Oktober 1911 wurde das erste Filmstudio in **Hollywood** eröffnet. Damit begann eine Erfolgsgeschichte, die aus einer kleinen Ansiedlung wohlhabender Landbesitzer das Zentrum der Filmindustrie machte und aus dem Namen Hollywood das Synonym für die **Traumfabrik** schlechthin. Nach der Gründung des ersten Studios folgten binnen Jahresfrist 15 weitere. Bereits 1914 machten die US-amerikanischen Filme die Hälfte der Weltproduktion aus.

Klassische Stummfilmzeit

In den 1920er Jahren setzte sich das neue Medium – als Stummfilm – endgültig als Kunstform durch. Von Beginn an gab es Filmzentren mit unterschiedlichen Schwerpunkten. So erkundete der deutsche expressionistische Film z. B. die Abgründe der Seele wie Robert Wienes Meisterwerk „Das Kabinett des Dr. Caligari" (1920), Friedrich Wilhelm Murnaus „Nosferatu – Eine Symphonie des Grauens" (1922) eindrucksvoll zeigen. In „Metropolis" (1927) entwickelte **Fritz Lang** eine – die Filmgeschichte prägende – Vision von der Stadt der Zukunft. Die Wendung zur Neuen Sachlichkeit, der es um eine genaue Realitätsschilderung ging, markiert das Werk von Georg Wilhelm Pabst („Die freudlose Gasse", 1925). Zum Meister der frivol-ironischen Gesellschaftskomödie wurde **Ernst Lubitsch,** der als erster deutscher Regisseur bereits 1922 einen Ruf nach Hollywood erhielt, wo er auch mit Tonfilmen große Erfolge feierte.

Sowjetische Filmemacher, allen voran **Sergej Eisenstein** mit dem für seine Montagetechnik berühmten Revolutionsfilm „Panzerkreuzer Potemkin" (1925) und seinem im gleichen Jahr entstandenen Film „Streik", entwickelten einen anspruchsvollen **sozialistischen Film.**

Der avantgardistische französische Film griff den Surrealismus auf, eine Kunstrichtung, die die Wirklichkeit über das Unbewusste zu erfassen suchte und der Psychoanalyse nahestand. Eines der berühmtesten und provokantesten Beispiele drehten **Luis Buñuel** und der spanische Künstler Salvador Dalí mit „Ein andalusischer Hund" (1928). In freier Assoziation reihten sie verrätselte Bilder aneinander, die den Zuschauer zutiefst verunsichern.

In den USA wurde die **Slapstick-Komödie** perfektioniert. Künstler wie Charlie Chaplin („Goldrausch", 1925), Buster Keaton („Der General", 1926), Harold Lloyd („Ausgerechnet Wolkenkratzer", 1923) sowie Stan Laurel und Oliver Hardy kreierten unverwechselbare Persönlichkeiten, die auf komische Weise mit den Widrigkeiten des Alltags zu kämpfen haben. In den Sehnsüchten ihrer Figuren oder deren Auflehnung gegen Autoritäten erkannte sich das Publikum wieder.

Die Ufa

Die deutsche Antwort auf Hollywood war die Universum Film AG (Ufa). Gegründet im Ersten Weltkrieg (1917), um die deutsche Politik propagandistisch zu unterstützen und die Kampfmoral der Soldaten zu stärken, wuchs die Ufa in den 1920er Jahren nicht nur zum mächtigsten deutschen **Filmkonzern** heran, sondern entfaltete auch ein großes künstlerisches Potenzial. Zahlreiche namhafte deutsche und österreichische Filmschaffende drehten bei der Ufa. Ab 1933 wurde sie zum NS-Staatskonzern. Danach war für die jüdischen Künstler, die die Filmgesellschaft groß gemacht hatten, wie den Produzenten Erich Pommer, den Regisseur Fritz Lang oder den Schauspieler Peter Lorre, kein Bleiben mehr.

Mit dem Stummfilm „Nosferatu" begründete Friedrich Wilhelm Murnau 1922 das Genre des Vampirfilms; Max Schreck verkörperte die dämonische Hauptfigur.

Die österreichische „Sissi"-Trilogie aus den 1950er Jahren ließ die Kinokassen klingeln und machte aus der Jungschauspielerin Romy Schneider (links) in der Rolle der jungen Kaiserin Elisabeth einen gefeierten Star.

Vom frühen Tonfilm zum Kino der 1950er Jahre

Weltwirtschaftskrise, autoritäre oder faschistische Regime in Italien, Deutschland und auf der Iberischen Halbinsel, Zweiter Weltkrieg und Wiederaufbau – die Filmbranche, die außerdem auch noch die Umstellung vom Stummfilm auf den Tonfilm meistern musste, reagierte auf Krisen, Krieg und Umbruch: Einerseits konzentrierte sie sich auf reine Unterhaltungsprodukte wie Musik-, Heimat- und Historienfilme. Andererseits entstanden neue Genres wie der Gangsterfilm, der Antikriegsfilm und der kritische Jugendfilm.

Neue Genres

Ende der 1920er Jahre wurden die ersten Tonfilme gezeigt. Die Filmkunst brauchte eine neue Dramaturgie, die den Ton – Sprache wie Geräusche – nutzte, um die Aussage des Films zu unterstreichen. So entstanden der Unterhaltungsfilm und das **Filmmusical.** „Die Drei von der Tankstelle“ (1930) von Wilhelm Thiele wurde in Deutschland zum Publikumsrenner und machte Lilian Harvey und Willi Fritsch zum Traumpaar. In den USA waren Musicals („Tanz mit mir“, 1937) mit Ginger Rogers und Fred Astaire besonders beliebt. Zu Publikumsmagneten wurden auch die großen, oft melodramatischen **Ausstattungsfilme** Hollywoods wie das Südstaatenepos „Vom Winde verweht“ (1939) mit Clark Gable und Vivien Leigh in den Hauptrollen.

Esprit, Witz und geschliffene Dialoge zeichneten die **Screwball-Comedy** aus, einen in den 1930er Jahren in Hollywood entwickelte Komödientyp. „Es geschah in einer Nacht“ (1934) von Frank Capra begründete die Gattung, „Leoparden küsst man nicht“ (1938) von Howard Hawks, „Die Nacht vor der Hochzeit“ (1940) und „Die Frau, von der man spricht“ (1942), beide von George Cukor, gehören zu ihren Höhepunkten.

Film noir

Die Weltwirtschaftskrise fand auch im Kino seinen Niederschlag: in düsteren Filmen. „Der kleine Caesar“ (1930) von Mervyn Le Roy und „Scarface“ (1932)

von Howard Hawks brachten erstmals die Brutalität der Bandenkämpfe in die Kinos. Der **Gangsterfilm** lebte in den 1940er Jahren im „Film noir" wieder auf, den Filmen der „Schwarzen Serie", deren Helden nunmehr zynische bis korrumpierte Einzelkämpfer, Verlierer oder zwielichtige Existenzen waren. Als Privatdetektiv Sam Spade bzw. Philip Marlowe war **Humphrey Bogart** mit Filmen wie „Die Spur des Falken" (1941) von John Huston oder „Tote schlafen fest" (1946) von Howard Hawks untrennbar mit diesem Genre verbunden.

Im französischen Film ist die soziale Anklage mit poetischen, stark atmosphärischen Bildern verbunden, was ihm die Charakterisierung **poetischer Realismus** eintrug. Zu einem der berühmtesten Filme dieser Art wurde „Kinder des Olymp" (1945) von Marcel Carné und seinem Drehbuchautor Jacques Prévert. Der zweite große Regisseur des poetischen Realismus, Jean Renoir, drehte u. a. „Die große Illusion" (1937), einen Film, der den Widersinn des Krieges entlarvt.

Deutsche Nachkriegsfilme

Nach dem Krieg wandten sich **Trümmer- und Bewältigungsfilme** der Aufarbeitung der unmittelbaren Vergangenheit zu. „Die Mörder sind unter uns" (1946) lautete der Titel des ersten deutschen Nachkriegsfilms, den Wolfgang Staudte für die Deutsche Film AG (DEFA) realisierte. Einer der erfolgreichsten Nachkriegsfilme wurde Kurt Maetzigs DEFA-Produktion „Ehe im Schatten" (1947). In Westdeutschland drehte Bernhard Wicki den Antikriegsfilm „Die Brücke". Kritische Töne waren jedoch eher selten im westdeutschen Nachkriegsfilm, es überwogen die „Heile Welt"-Szenarien der **Historien- und Heimatfilme**. Vor allem die österreichischen „Sissi"-Filme (1955, 1956, 1957) mit Romy Schneider trafen den Geschmack des Publikums. Mit Komödien wie „Ich denke oft an Piroschka" (1955) avancierte die Schweizerin Liselotte Pulver zu einer der beliebtesten Schauspielerin des deutschen Films.

Vor der Flimmerkiste

Ein tägliches Fernsehprogramm begann in Deutschland in den 1950er Jahren. 1954 ging in Westdeutschland das **ARD-Programm** auf Sendung, 1963 folgte mit dem **ZDF** ein zweites deutsches Fernsehen. Die DDR begann 1952 mit ersten Programmen. Neben Nachrichten und Live-Berichten trugen vor allem die Unterhaltungssendungen dazu bei, dass sich das Fernsehen innerhalb weniger Jahre als **Massenmedium** etablierte. Sehr beliebt in den 1950er Jahren waren Rate- und Gewinnspiele wie Robert Lembkes heiteres Beruferaten „Was bin ich" und Heinz Maegerleins „Hätten Sie's gewusst". Peter Frankenfeld und Hans Joachim Kulenkampff moderierten große Shows am (Samstag-)Abend für die ganze Familie.

Der DDR-Film hingegen hatte ab 1952 dem Konzept des Sozialistischen Realismus zu entsprechen, das u. a. einen positiven Helden forderte. Er war – trotz einiger Tauwetterperioden – immer wieder von Zensur und Verboten bedroht.

Meisterregisseure und Leinwandidole

Roberto Rossellinis Film „Rom – offene Stadt" (1945) ist mit seiner ungeschminkten Wirklichkeitserfassung und der Offenlegung sozialer und politischer Zusammenhänge typisch für den italienischen Neorealismus, der mit Werken wie „Ossessione ... Von Liebe besessen" (1943, Regie: **Luchino Visconti**) und „Fahrraddiebe" (1948, Regie: Vittorio De Sica) das europäische Kino prägte.

Verschlüsselte Botschaften, Obsessionen, die sich aus Kindheitserinnerungen speisen, und eine ausufernde Bilderfantasie kennzeichnen die Werke von Federico Fellini („La Strada", 1954). Fellini prägte zusammen mit **Alfred Hitchcock,** dem Meister der Spannung („Psycho", 1960), und dem Schweden Ingmar Bergman („Wilde Erdbeeren", 1957) die Filmästhetik der späten 1950er Jahre.

Zu neuen Leinwandidolen mit Kultstatus wurden James Dean und **Marilyn Monroe.** In Filmen wie „Jenseits von Eden" (1955) etablierte **James Dean** eine eigene, von Zorn und Rebellion geprägte Jugendkultur. Die Monroe wurde in Komödien wie „Manche mögen's heiß" (1959) zum Sexidol aufgebaut.

In seinem Film „Vertigo – Aus dem Reich der Toten" (1958) gelang es Alfred Hitchcock, die Höhenangst und die Schwindelattacken der Hauptfigur (James Stewart, links) für den Zuschauer nachfühlbar zu visualisieren.

Film und Fernsehen nach 1960

Ausgehend vom Wertewandel in den 1960er Jahren eroberten junge Regisseure mit neuen Themen die Leinwand. Insgesamt war die Filmindustrie infolge der Konkurrenz durch das Fernsehen jedoch in einer Krise. Technische Perfektion durch Computereffekte und die Suche nach neuen Inhalten prägen das Kino der Gegenwart. Nach wie vor dominiert Hollywood das Kinoangebot, doch auch Filme regionaler Filmzentren von Afrika über Südostasien und Neuseeland bis Kanada und Lateinamerika werden stärker beachtet.

Nouvelle Vague

Mit dem Film „Sie küssten und sie schlugen ihn" (1959), der Geschichte eines unverstandenen Jugendlichen und seiner Konflikte mit Elternhaus und Schule, wurde nicht nur der Regisseur François Truffaut („Jules und Jim", 1962) auf einen Schlag berühmt, er verhalf auch der **Nouvelle Vague** (Neue Welle) zum Durchbruch. Die jungen Regisseure, neben Truffaut insbesondere Jean-Luc Godard („Außer Atem", 1960) und Claude Chabrol („Die untreue Frau", 1968), waren um Authentizität und eine persönliche Handschrift bemüht. Statt raffinierter Geschichten drehten sie Filme, in denen die Zuschauer ihr Lebensgefühl gespiegelt sahen. Alain Resnais, der mit „Hiroshima mon amour" (1959) ebenfalls zu den Wegbereitern der Nouvelle Vague gehörte, übte in Studien über die Vereinsamung Zeitkritik.

Neuer deutscher Film

„Papas Kino ist tot", postulierten 1962 junge westdeutsche Regisseure. Autorenfilmer wie Alexander Kluge („Abschied von gestern", 1966), Ulrich Schamoni („Es", 1966) oder Wim Wenders („Alice in den Städten", 1973) verschafften dem deutschen Film wieder internationale Geltung. Auch Frauen wie Helke Sander und Margarethe von Trotta („Die bleierne Zeit", 1981) eroberten nun den Regiestuhl. Produktivster und vielseitigster Filmemacher des neuen deutschen Films war **Rainer Werner Fassbinder.** Er zeigte vielfach Außenseiter und Personen, die an den Anforderungen der Gesellschaft zerbrechen („Angst essen Seele auf", 1974). Der jüngeren deutschen Geschichte spürte er in seinen großen Melodramen nach („Lili Marleen", 1981; „Lola", 1981). Mit Literaturadaptionen machte sich **Volker Schlöndorff** („Die verlorene Ehre der Katharina Blum", 1975) einen Namen. Seine Günter-Grass-Verfilmung „Die Blechtrommel" (1979) erhielt 1980 den Oscar als bester ausländischer Film.

Vom Autorenkino zum Blockbuster

1969 kam mit „Easy Rider" (Regie: Dennis Hopper) ein Film in die Kinos, der die Sehnsucht der Hippiegeneration nach einer anderen Gesellschaft auf den Punkt brachte. Der große Erfolg dieser Low-Budget-Produktion bot jungen Filmemachern, die anders als die kommerziell ausgerichteten Hollywood-Filme auf eine individuelle Handschrift setzten, eine Chance. Zu diesem „Neuen Hollywood" gehörten etwa **Robert Altman** („M.A.S.H.", 1970), Martin Scorsese („Taxi Driver", 1976) und Francis Ford Coppola („Apokalypse Now", 1979).

Steven Spielbergs Thriller„Der weiße Hai" (1975) und George Lucas' Weltraummärchen „Krieg der Sterne" (1977) leiteten in Hollywood eine neue Ära ein, die stark auf **Blockbuster** setzt. Diese Filme, die dank ausgefeilter Vermarktungsstrategien sowie über Merchandisingprodukte immens hohe Summen einspielen, konzentrieren sich auf die Genres Action-, Katastrophen-, Science-Fiction- und Fantasyfilm, wobei Tricktechniken und Spezialeffekte zu den typischen Gestaltungsmitteln gehören.

James Bond

Große internationale Kassenerfolge waren die Filme um den britischen Geheimdienstagenten, die auf den Bestsellerromanen von Ian Fleming beruhen. 1962 kam mit „007 jagt Dr. No" der erste Film der Reihe in die Kinos. James Bond ist der Held schlechthin: Er besiegt nicht nur jeden Gegner mit Scharfsinn wie Draufgängertum, er erobert auch jede Frau. Er beherrscht (und zerlegt) nicht nur ausgefeilte Technik, sondern erweist sich auch als echter Gentleman. Nach Sean Connery (im Bild), dem ersten Bond-Darsteller, verkörperten George Lazenby, Roger Moore, Timothy Dalton, Pierce Brosnan und Daniel Craig den Geheimagenten mit der Lizenz zum Töten.

Eine vielschichtige Zukunftsvision zeigte der Science-Fiction-Film „Blade Runner" (1982) von Ridley Scott, der bereits mit „Alien" (1979) ein exemplarisches Werk des Genres gedreht hatte. Dem Konflikt zwischen Mensch und Maschine gingen auch die „Terminator"-Filme von James Cameron nach. Mit seinen technisch perfekten **Computeranimationen** erreichte Steven Spielbergs Dinosaurier-Abenteuer „Jurassic Park" (1993) eine ganz neue Dimension. Intellektuelles Verwirrspiel und virtuose Nutzung der Special Effects für die Ankunft im Cyberspace kennzeichnen „Matrix" (1999) von Andy und Larry Wachowski. Zu den Fantasy-Blockbustern zählt die mehrteilige Verfilmung von J.R.R. Tolkiens Roman „Der Herr der Ringe", die Anfang des 21. Jh. in die Kinos kam.

Larry Hagman und Linda Gray als J.R. und Sue Ellen Ewing, zwei zentrale Figuren der erfolgreichen Fernsehserie „Dallas"

Vielfalt der Fernsehformate

Die Zulassung kommerzieller Programmanbieter (umgangssprachlich Privatsender) ab 1984 veränderte die deutsche Fernsehlandschaft grundlegend. Um in der neuen Vielfalt zu bestehen, strahlten die öffentlich-rechtlichen Sender mehrteilige Produktionen aus. Maßstäbe setzte hier der elfteilige Fernsehfilm „Heimat" (1984) von Edgar Reitz, der sich der Alltagsgeschichte in einem Hunsrücker Dorf von 1919 bis 1982 zuwandte. Der Erfolg der amerikanischen Serien „Dallas" und „Der Denver Clan" lösten einen deutschen Serien-Boom aus. 1985 starteten „Die Lindenstraße" sowie „Die Schwarzwaldklinik". Auf wöchentlich ausgestrahlte Serien folgten in den 1990er Jahren **Daily Soaps und Telenovelas,** die sich, wie „Gute Zeiten, schlechte Zeiten" (ab 1992), vor allem an ein jugendliches Publikum wenden.

Auch die Zuschauer selbst halten verstärkt Einzug in das Medium. Auf die Talkshows der 1990er Jahre, in denen jedermann seine privatesten Probleme ausbreitete, folgten Varianten des **Real-People-TV,** vom „Big Brother"-Container über das „Wer wird Millionär?"-Quiz bis zur Kür von „Superstars".

Für seinen Film „Jurassic Park" erweckte Steven Spielberg mit Hilfe perfekter Modell- und Animationstechnik Dinosaurier zum Leben.

Regieren und Handel treiben

Wirtschaft und Politik bestimmen von jeher das menschliche Dasein. Seit Menschen leben, müssen sie mit knappen Gütern wie Nahrung, Rohstoffen oder Energie auskommen und ihr Zusammenleben in der Gruppe regeln. Komplexere und größere Gemeinwesen machen berufliche Spezialisierung, ausgedehnte Handelsbeziehungen und eine ausgeprägte politische Organisation erforderlich.

Glaskuppel auf dem Dach des Reichstagsgebäudes in Berlin

Wirtschaft und Politik

Die täglichen Nachrichten über Wirtschaft und Politik in Zeitungen, Fernsehen oder Internet lassen erahnen, welche Bedeutung diese Bereiche für unser Leben besitzen. Schon vor Jahrtausenden unterhielten die Menschen Handelsverbindungen zu Wasser und zu Lande über Hunderte Kilometer, um an seltene Güter wie Salz oder Metalle zu gelangen. Und schon früh machten die wachsenden menschlichen Siedlungen eine politische Organisation erforderlich, die das Zusammenleben regelte und Interessengegensätze im Sinne des Gemeinwesens beilegte.

Durch die Globalisierung sind die Börsen der Welt gleichsam zur Intensivstation der Wirtschaft geworden: Gebannt starrt die Öffentlichkeit auf die aktuellste Fieberkurve (Foto: Börse Tokio).

Bewusst oder unbewusst trifft jeder Mensch täglich eine Vielzahl wirtschaftlicher Entscheidungen: Geld, sonstige Besitztümer sowie die frei verfügbare Zeit sind knapp, sodass ihre Verwendung bedacht sein will. Jeder befindet sich zudem in wirtschaftlichen Beziehungen zu anderen Privatpersonen, Unternehmen, Banken, Versicherungen und dem Staat.

Der hohe Grad der Spezialisierung und Arbeitsteilung hat unserer Gesellschaft großen Wohlstand gebracht, aber auch zu einer hohen Abhängigkeit von einer funktionierenden Wirtschaft und insbesondere vom weltweiten Handel geführt. Versorgten sich in landwirtschaftlich geprägten Gesellschaften die Menschen weitgehend selbst, so sind heute fast alle auf gefüllte Supermarktregale angewiesen. Dass auch Unternehmen und ganze Volkswirtschaften in Schieflage geraten können, wenn der Handel ins Stocken gerät, zeigte die durch eine Bankenkrise ausgelöste Wirtschaftskrise ab 2008.

Siegeszug von Demokratie und Rechtsstaat

Zwar gab es bereits in der Antike demokratisch verfasste Stadtstaaten und auch in zahlreichen mittelalterlichen Handelsstädten wurden demokratische Gremien gewählt, dennoch blieb die Demokratie lange Zeit die Ausnahme. Bis weit in die Neuzeit hinein wurden größere territoriale Einheiten fast ausnahmslos von Monarchen (Einzelherrschern) – Kaisern, Königen oder Fürsten – regiert, deren Macht wiederum durch eine kleine Adelsschicht gefestigt wurde. So waren die Menschen bereits durch ihre Geburt in Herrschende und Beherrschte geschieden. Die Monarchie – und damit eine in der Regel auf Geburtsrecht gründende Regierungsgewalt – endete in weiten Teilen Europas erst mit dem Ersten Weltkrieg. Nach dem Kriegsende wurde Europa neu geordnet, alte Staatengebilde wurden aufgelöst und zahlreiche Könige entweder abgesetzt (unter Ausrufung der Republik) oder sie übernahmen eine vorwiegend repräsentative Funktion. Damit hatte, zumindest in der westlichen Welt, die Demokratie ihren Siegeszug angetreten. Regierung und Parlament werden in regelmäßigen Abständen vom Volk gewählt.

Als Rechtsstaat verpflichtet sich der moderne demokratische Staat auf seine eigene Rechtsordnung und die darin garantierten Grundrechte – und gesteht seinen Bürgern zu, sie auch auf juristischem Wege gegen ihn einzuklagen. Ein wichtiges Grundprinzip ist die Gewaltenteilung. Durch internationale Abkommen wie die KSZE-Schlussakte von Helsinki (1975) und die Mitgliedschaft in internationalen Organisationen wie vor allem der UNO ist der Staat auch völkerrechtlich zur Einhaltung der Menschenrechte verpflichtet.

Mit Hilfe von internationalen Konsultationen und Organisationen versuchen die Staaten, weltweit Demokratie, Rechtstaatlichkeit und Wirtschaft zu stärken. Die Gruppe der führenden Industrie- und Schwellenländer (G20) arbeitete vor allem daran, die globale Finanz- und Wirtschaftskrise (2008/09) zu bewältigen. Auf ihrem Gipfeltreffen am 27. Juni 2010 in Toronto (Bild) ging es um den Abbau der Staatsverschuldung.

Sicherheit oder Freiraum?

Sehr unterschiedlich ausgeprägt ist der Grad der sozialen Fürsorge: Länder wie Deutschland und die Schweiz verpflichten sich als Sozialstaaten, den Einzelnen u.a. gegen die sozialen Folgen von Alter, Krankheit und Arbeitslosigkeit abzusichern; über Steuern und Transferzahlungen wird ferner eine Umverteilung von Einkommen vorgenommen, um die Kluft zwischen Arm und Reich zu verringern. In anderen Staaten, etwa den USA, ist das „soziale Netz" weitmaschiger; hier wird die Eigeninitiative gegenüber finanzieller Gleichheit und sozialer Sicherheit stärker betont. Auch die innere Ordnung der Staaten ist sehr unterschiedlich. Bundesstaaten wie den USA, der Schweiz oder Deutschland, in denen die Gliedstaaten, Länder und Kantone ein hohes Maß an Eigenständigkeit besitzen, stehen zentralistisch verfasste Staaten wie Frankreich gegenüber. Schließlich greifen die Staaten in das Wirtschaftsleben ein. Lassen z.B. die USA und andere angelsächsische Staaten den Unternehmen in der Regel einen größeren Freiraum, so neigen zahlreiche kontinentaleuropäische Staaten zu detaillierten Regelungen.

Der Weg zur Gewaltenteilung

Politische Entscheidungen waren lange Zeit vom Gutdünken des Herrschers oder dem Kräftespiel weniger mächtiger Gruppen abhängig. Auch die Anfänge des Verfassungsstaates bestanden oft in Rechten, die einzelne Gruppierungen dem Herrscher abtrotzten. So schrieb die Goldene Bulle Karls IV. von 1356, die die Königswahl im Heiligen Römischen Reich Deutscher Nation regelte, die privilegierte Position der sieben Kurfürsten fest. Auch die Magna Charta von 1215, die in England erstmals wichtige Grundrechte garantierte, wurde von den englischen Baronen zur Sicherung ihrer Privilegien und Rechte durchgesetzt. Erst in der Aufklärung entstand mit der Idee der Gewaltenteilung die Grundlage für den modernen Staat: Um Machtmissbrauch zu verhindern und die Freiheit der Bürger zu schützen, sollten Regierung (Exekutive), Gesetzgebung (Legislative) und Rechtsprechung (Judikative) getrennt sein. Verwirklicht wurde dies erstmals in England nach der „Glorious Revolution" von 1688/1689 mit einer konstitutionellen Monarchie, in der die Rechte des Königs durch eine Verfassung begrenzt waren und die gesetzgebende Gewalt beim Parlament lag.

schnell gefunden:

Was bedeutet wirtschaften?

Vom Tauschhandel zur Weltwirtschaft

Gesellschaft und Staat

Demokratie und Rechtsstaat

Leben und arbeiten im Sozialstaat

Internationale Politik

Was bedeutet wirtschaften?

Wirtschaften bedeutet, Entscheidungen über die Verwendung knapper Güter zu treffen. Von der Steinzeit bis ins Zeitalter einer globalisierten Weltwirtschaft hatten und haben Menschen dem Problem zu begegnen, dass benötigte Güter, z. B. Nahrung, Kleidung, Rohstoffe und Energie, nur begrenzt vorhanden sind.

Warum wir wirtschaften müssen

Der Standardcontainer erleichtert den Warentransport über die Weltmeere. Die größten Containerhäfen liegen in Asien: Hongkong, Singapur und Shanghai.

Um leben zu können, sind wir auf viele Dinge angewiesen. Jeder Mensch benötigt Luft, Wasser und Nahrungsmittel. Seit vorgeschichtlicher Zeit stellen Menschen Kleidung, Behausungen und Werkzeuge her. Die wenigsten dieser Güter sind freie Güter, also in ausreichender Menge vorhanden und jedem zugänglich (z. B. Atemluft). Die meisten sind **knappe Güter**, stehen also nicht in ausreichendem Maße zur Verfügung, um die Bedürfnisse aller Menschen zu befriedigen. Oder ihre Herstellung kostet Zeit, die dann nicht für andere Tätigkeiten genutzt werden kann.

Entscheidungen treffen

Selbst ein sich allein versorgender Mensch wäre aufgrund dieser Knappheit gezwungen, wirtschaftliche Entscheidungen zu treffen: Wie viel (Arbeits-) Zeit und Land sollen auf die Produktion von Lebensmitteln – etwa durch Ackerbau und Viehzucht – verwendet werden? Wie sollen die vorhandenen Rohstoffe genutzt werden, z. B. Holz (als Baumaterial oder Brennstoff)? Leben mehrere Menschen zusammen, müssen weitere Fragen beantwortet werden: Wer in der Gruppe produziert was (Arbeitsteilung)? Wie werden die Ressourcen und Produkte auf die Gruppenmitglieder verteilt?

Der Mensch ist also gleich mehrfach in den Wirtschaftsprozess eingebunden: Er ist durch seine Arbeitskraft an der Produktion beteiligt, fragt als Konsument Güter nach und entscheidet in seinem privaten Haushalt, aber auch in Unternehmen und in der Politik beispielsweise über die Produktion oder die Verteilung von Gütern.

Das Prinzip, nach dem solche Entscheidungen getroffen werden sollten, nennt man das **Ökonomische Prinzip** oder Wirtschaftlichkeitsprinzip. Es lässt sich in Abhängigkeit von der zu lösenden Aufgabe auf zweierlei Art formulieren: Entweder soll ein vorgegebenes Ziel mit möglichst geringem Mitteleinsatz erreicht werden **(Minimalprinzip)** oder mit den vorhandenen Mitteln soll ein möglichst großer Nutzen erzielt werden **(Maximalprinzip)**. Ziel des Ökonomischen Prinzips ist eine optimale Nutzung der Ressourcen.

Subsistenzwirtschaft

Wirtschaftliches Handeln muss nicht notwendigerweise auf Märkte – gar auf einen Weltmarkt – ausgerichtet sein. Es kann auch ohne ein allgemein anerkanntes Tauschmittel (Geld) auskommen. Eine Produktion, die ganz oder überwiegend der Selbstversorgung dient, nennt man

Der Haushalt unter Beobachtung

Das wirtschaftliche Verhalten von Haushalten, z. B. ihre Nachfrage nach Konsumgütern und ihr Angebot von Arbeitskraft am Arbeitsmarkt, wird von der **Volkswirtschaftslehre,** vor allem in dem Teilgebiet Mikroökonomie, untersucht. Mit dem Wirtschaften in den privaten Haushalten selbst beschäftigt sich die **Haushaltswissenschaft.** Sie untersucht aus der Perspektive des einzelnen (privaten) Haushalts, inwieweit Arbeit angeboten, Konsumgüter nachgefragt und verwendet sowie finanzielle Mittel gespart werden müssen, um die Bedürfnisse der jeweiligen Haushaltsmitglieder dauerhaft zu befriedigen. Die Haushaltswissenschaft ist ein Teilgebiet der **Ökotrophologie,** die sich neben organisatorischen und wirtschaftlichen Aspekten des Haushalts auch Fragen der richtigen Ernährung, der Gesundheit und Hygiene oder der Ökologie zuwendet.
Die Ausbildung zum/zur Hauswirtschafter/-in befähigt zur Arbeit in großen hauswirtschaftlichen Betrieben, z. B. Betreuungseinrichtungen wie Kindertagesstätten und Altenheimen, gastronomischen Betrieben oder Tagungszentren, aber auch in landwirtschaftlichen Betrieben.

Subsistenzwirtschaft (von englisch subsistence, „Versorgung"); etwaige Überschüsse können auf lokalen Märkten gegen andere Produkte eingetauscht werden. Diese stark landwirtschaftlich geprägte Wirtschaftsform ist besonders in **Entwicklungsländern** verbreitet. In Europa war sie bis zur Industrialisierung im 19. Jh. von Bedeutung, heute wird sie z. T. von kleineren Gruppen aus weltanschaulichen Gründen betrieben und spielt in der sog. Schattenwirtschaft (Leistungen außerhalb des erfassten Sozialprodukts) eine Rolle. Während der Kolonialzeit erhoben die Kolonialmächte z. T. insbesondere deshalb Steuern, um die indigene (alteingesessene) Bevölkerung zur Aufgabe der Subsistenz- und zum Eintritt in die Geldwirtschaft zu zwingen.

Der private Haushalt

Ein Haushalt ist die kleinste wirtschaftende Einheit in einer Volkswirtschaft. Er kann aus einer einzigen Person bestehen oder mehrere zusammenlebende und gemeinsam wirtschaftende Personen umfassen. Das gängigste Beispiel dafür ist die Familie. Durch die Haushalte erfolgt der **Konsum** (Verbrauch) von Gütern. Die finanziellen Mittel dazu erzielen Haushalte in den meisten Fällen durch **Erwerbsarbeit,** indem sie ihre Arbeitskraft gegen ein Arbeitsentgelt (Lohn, Gehalt) zur Verfügung stellen. Andere Haushalte leben von sog. Transferzahlungen. Dazu zählen beispielsweise Renten oder das Arbeitslosengeld.

In jedem privaten Haushalt muss zunächst geklärt werden, inwieweit das Einkommen für den Konsum ausgegeben oder aber gespart werden soll. In einem zweiten Schritt wird entschieden, wie die Ausgaben auf die einzelnen **Konsumgüter** aufgeteilt werden. So kann eine Familie auf eine Urlaubsreise verzichten, um sich ein neues Auto zu kaufen. Aber auch die Verbesserung von Arbeitsabläufen innerhalb eines Haushalts können den Nutzen für die einzelnen Haushaltsmitglieder vergrößern.

Qual der Wahl – Nahrungsmittel gehören zum notwendigen Konsum, das vielfältige Angebot verdrängt aber den Gedanken der Grundversorgung, die in den Entwicklungsländern vielfach nicht gesichert ist (Bild links oben).

Die gewerbliche Produktion

Produktion und Konsum, die in agrarisch geprägten Gesellschaften zu einem beträchtlichen Teil zusammenfallen, sind in der modernen Gesellschaft fast völlig getrennt.

Unternehmen und Betrieb

Privaten Haushalten, die ihre Arbeitskraft anbieten und Güter konsumieren, stehen Unternehmen gegenüber, die mit Hilfe dieser Arbeitskraft die nachgefragten Güter (Waren und Dienstleistungen) bereitstellen. Ein Unternehmen ist eine dauerhafte finanzielle und rechtliche Einheit, die Güter für den Markt herstellt, um **Gewinne zu erwirtschaften.** Es kann nur aus seinem Eigentümer (dem Unternehmer) oder dessen Familie bestehen, aber auch viele weitere Mitarbeiter umfassen. Unternehmensleitung und Eigentum können auch auseinanderfallen, etwa im Falle angestellter Geschäftsführer. Dies trifft etwa auf große Aktiengesellschaften zu, die sich im Eigentum von tausenden oder noch mehr Aktionären befinden. Im Unterschied zum Unternehmen ist der **Betrieb** eine technische Organisationseinheit; ein Unternehmen kann viele Betriebe umfassen, die auch in vollkommen unterschiedlichen Wirtschaftszweigen tätig sein können.

Wirtschaftssektoren

Die gewerbliche Produktion unterteilt die Wirtschaftswissenschaft in drei **Sektoren.** Der primäre Sektor (auch Urproduktion) umfasst vor allem die Landwirtschaft, Forstwirtschaft und Fischerei. Zum sekundären Sektor (auch industrieller Sektor) gehören das **produzierende und verarbeitende Gewerbe,** also Industrie, Handwerk und Energieversorgung. Der tertiäre Sektor (auch **Dienstleistungssektor)** umfasst Handel, Banken und Versi-

Blick in eine Produktionshalle von Krupp in Essen (um 1860). Wie kaum ein anderes Unternehmen steht Krupp für die Industrialisierung in Deutschland.

cherungen, Tourismus und Gastronomie, Vermietung, Nachrichtenwesen, die freien Berufe sowie Informations- und Kommunikationsdienstleistungen.

Der älteste der drei Sektoren ist die **Landwirtschaft,** die im Nahen Osten bereits seit etwa 11 000 Jahren betrieben wird. Noch im frühen Mittelalter waren auch in Europa nahezu alle Menschen landwirtschaftlich tätig. Erst mit der industriellen Revolution ab etwa 1800 begann, ausgehend von England, der Wandel von der Agrar- zur **Industriegesellschaft.** Erstmals ermöglichte die Massenproduktion, dass viele Güter nun auch von ärmeren Bevölkerungsschichten gekauft werden konnten. Umgekehrt hatten sich die Menschen immer mehr dem Rhythmus der maschinellen Fertigung anzupassen.

Ähnlich einschneidende Veränderungen brachte der Wandel zur **Dienstleistungsgesellschaft** ab Mitte des 20. Jh.; in vielen (ehemaligen) Industriestaaten sind inzwischen mehr als zwei Drittel der Erwerbstätigen im tertiären Sektor beschäftigt, ähnlich hoch ist dessen Anteil an der Wertschöpfung. Das bedeutete jedoch auch, dass viele Arbeitsplätze im zweiten Sektor wegfielen.

Produktionsfaktoren

Unternehmen setzen, um Sachgüter herstellen oder Dienstleistungen anbieten zu können, sog. Produktionsfaktoren ein. Dazu zählen u. a. Arbeitskraft, Knowhow, Kapital, Rohstoffe und Maschinen. Zusammengefasst werden diese Produktionsfaktoren unter den Begriffen Arbeit, Boden und Kapital.

Der Produktionsfaktor **Arbeit,** der alle körperlichen und geistigen Tätigkeiten von Menschen umfasst, wird manchmal noch unterteilt in dispositive Arbeit (Leitung, Planung, Organisation, Kontrolle) und objektbezogene Arbeit. Zum Produktionsfaktor **Boden** werden neben dem Grund und Boden, auf dem das Unternehmen produziert, auch der Natur entnommene Rohstoffe und Energieträger gezählt. Als **Kapital** gelten sowohl Geld als auch käuflich erwerbbare Güter wie Maschinen. Heutzutage wird häufig Wissen als eigenständiger vierter Produktionsfaktor aufgefasst.

In einem gewissen Rahmen können die Produktionsfaktoren einander ersetzen **(Substitution).** Beispielsweise kann in der Landwirtschaft durch den Einsatz von Erntemaschinen menschliche Arbeit eingespart werden (und umgekehrt) oder mit Hilfe von Düngemitteln kann die gleiche Erntemenge auf einer geringeren Fläche produziert werden. Bei hoch spezialisierten Produktionsabläufen – etwa in der Automobilfertigung – sind die Möglichkeiten der Substitution jedoch kaum gegeben.

Massenproduktion und Arbeitsteilung

Um erfolgreich am Markt zu bestehen, muss ein Unternehmen die ihm zur Verfügung stehenden Produktionsfaktoren effizient einsetzen. Das bedeutet, dass im Sinne des Ökonomischen Prinzips (→ S. 400) Aufwand und Nutzen in einem möglichst günstigen Verhältnis stehen. Aus diesem Grund kann ein Produkt in der Regel mit steigender Stückzahl immer günstiger produziert werden, weil sich die **Fixkosten** (z. B. Maschinenpark, Verwaltung) dann weniger auf die **Stückkosten** auswirken.

Auch Arbeitsteilung trägt zu einer höheren Effizienz bei: Zeit und Maschinenkapazität werden besser genutzt, wenn der einzelne Mitarbeiter nicht alle Fertigungsschritte ausführt, sondern sich spezialisiert. Internationale Arbeitsteilung besteht z. B., wenn arbeitsintensive Produktionsprozesse in sog. Niedriglohnländern (geringe Entlohnung und Sozialabgaben), kapital- oder know-how-intensive in hoch technologisierten Ländern durchgeführt werden. Werden die aus der **Effizienzsteigerung** resultierenden Gewinne gerecht geteilt, etwa durch steigende Löhne und eine schrittweise Verbesserung der Infrastruktur im Niedriglohnland, profitieren alle Beteiligten von der Arbeitsteilung.

Unternehmensformen

Grundlegende Rechtsformen von Unternehmen sind Einzelunternehmung, Personen- und Kapitalgesellschaft. Zu den **Personengesellschaften** zählen u. a. die Gesellschaft bürgerlichen Rechts (GbR) und die Offene Handelsgesellschaft (OHG). Die wichtigsten **Kapitalgesellschaften** sind die Aktiengesellschaft (AG bzw. SE) und die Gesellschaft mit beschränkter Haftung (GmbH). Eine wesentliche Bedeutung hat die Rechtsform u. a. in **Haftungsfragen:** Einzelunternehmer und Gesellschafter von Personengesellschaften haften mit ihrem Privatvermögen für Schulden des Unternehmens, GmbH-Gesellschafter und Aktionäre nur bis zur Höhe des eingebrachten Kapitals.

Grünanlagen gehören zum Angebot (Freizeit und Erholung) des öffentlichen Sektors. Ihre Planung sowie ihre Gestaltung und Pflege fallen in den Verantwortungsbereich der Kommunen.

Staatsquote im Vergleich

Viele Wirtschaftswissenschaftler fordern eine Senkung der Staatsquote, weil eine hohe staatliche Aktivität privatwirtschaftliche Initiative hemme. Gewerkschaften verweisen dagegen auf die skandinavischen Länder, bei denen hohe Staatsquoten und ein großes Wirtschaftswachstum keine Gegensätze darstellten. Ein internationaler Vergleich der Staatsquoten ist ohne weitere Informationen problematisch, da z. B. die Sozialversicherung in den skandinavischen Staaten vorwiegend aus Steuermitteln bestritten wird und in die Staatsquote eingeht. In Deutschland wird sie dagegen durch Beiträge finanziert, in den USA wird die soziale Sicherung überwiegend privat getragen.

Land	Anteil (%)
Frankreich	52,4
Schweden	51,3
Österreich	48,2
Euroraum	46,2
Großbritannien	44,7
Deutschland	43,8
Kanada	39,0
USA	37,4
Japan	35,8
Schweiz	33,4

Quelle: OECD

Der Staat und die Wirtschaft

Neben dem privaten Sektor, zu dem Haushalte und Unternehmen gerechnet werden, hat der öffentliche Sektor einen wesentlichen Anteil am Wirtschaftsleben. Dazu zählen vor allem der Staat und die Gebietskörperschaften (z. B. Bundesländer, Kommunen) sowie die Sozialversicherung.

Der **öffentliche Sektor** („Staat“) fungiert in bedeutendem Umfang als Anbieter und Nachfrager: Indem er als Arbeitgeber auftritt, fragt er bei den privaten Haushalten Arbeit nach; von Unternehmen kauft er Waren und Dienstleistungen. Umgekehrt bietet er zahlreiche Sach- und Dienstleistungen, die er Haushalten und Unternehmen zur Verfügung stellt. Dies erfolgt teilweise entgeltlich. Zahlreiche wichtige Leistungen wie der Bau und Erhalt von Schulen oder der Ausbau des Straßennetzes werden jedoch aus Steuermitteln finanziert. Diese Leistungen nennt man **Staatskonsum** oder Staatsverbrauch – obwohl eigentlich nicht der öffentliche, sondern der private Sektor sie „konsumiert“.

Den Anteil aller staatlichen Aktivitäten an der Gesamtwirtschaft gibt die **Staatsquote** an. Sie setzt die öffentlichen Ausgaben ins Verhältnis zur gesamten Wirtschaftsleistung einer Volkswirtschaft, wie sie etwa mit dem Bruttoinlandsprodukt ermittelt wird. Neben der allgemeinen Staatsquote (Staatsausgabenquote) werden spezielle Staatsquoten ermittelt, die das Verhältnis jeweils eines Ausgabenbereichs (z. B. Sozialausgaben) zum Bruttoinlandsprodukt angeben. Die Volkswirtschaftliche Gesamtrechnung betrachtet auch das Ausland als einen Sektor. Alle wirtschaftlichen Transaktionen zwischen In- und Ausländern erfasst die **Zahlungsbilanz.**

Die Volkswirtschaftliche Gesamtrechnung

Die Volkswirtschaftliche Gesamtrechnung (VGR) stellt die Güter- und Einkommensströme eines Landes zwischen Haushalten, Unternehmen, Staat und Ausland in einem abgeschlossenen (zurückliegenden) Zeitraum dar. So soll das wirtschaftliche Geschehen innerhalb einer Volkswirtschaft möglichst weitgehend buchhalterisch erfasst werden.

Das **Bruttoinlandsprodukt (BIP),** die Summe der innerhalb eines Jahres im Land produzierten und mit Preisen bewerteten Güter, wird nach deren Entstehung, Verwendung und Verteilung ermittelt. Das BIP erfasst anders als das **Bruttonationaleinkommen (BNE)** auch die Leistungen im Inland lebender Ausländer. Die Aussagekraft des BIP als Indikator der Wirtschaftskraft ist begrenzt, da u. a. Subsistenzwirtschaft (→ S. 401), ehrenamtliche Arbeit und Schwarzarbeit nicht berücksichtigt werden.

Die Wirtschaftswissenschaft

Thema der Wirtschaftswissenschaft (auch Ökonomik oder Ökonomie) ist die Wirtschaft bzw. das Wirtschaften, also die bestmögliche Bewältigung des Problems der Knappheit. Insbesondere behandelt sie alle Fragestellungen, die mit der Produktion, der Verteilung und dem Verbrauch von Gütern einhergehen. Ihre wichtigsten Teilgebiete sind die **Betriebswirtschaftslehre,** die sich mit den Bedingungen des Wirtschaftens aus der Sicht von Betrieben bzw. Unternehmen befasst, und die **Volkswirtschaftslehre,** die gesamtwirtschaftliche Zusammenhänge erforscht.

Widerstreit der Meinungen

Bei ihren Untersuchungen des Wirtschaftsgeschehens sind die großen Ökonomen aus Vergangenheit und Gegenwart zu sehr unterschiedlichen Einschätzungen gekommen.

John Nash – „A Beautiful Mind"

Einem breiten Publikum bekannt wurde der amerikanische Nobelpreisträger für Wirtschaftswissenschaften John F. Nash (* 1928) durch den Film „A Beautiful Mind" (2001). Der Kassenschlager mit Russell Crowe in der Hauptrolle gewann vier Oscars. Er behandelt das Leben des Mathematikers, der kurz nach dem Start seiner Karriere an Schizophrenie erkrankte. Nash erhielt den Preis 1994 gemeinsam mit seinem Landsmann John C. Harsanyi (1920–2000) und dem Deutschen Reinhard Selten (* 1930) „für ihre grundlegende Analyse des Gleichgewichts in nicht kooperativer Spieltheorie". Mit Hilfe der **Spieltheorie** werden in der Wirtschaftswissenschaft z. B. Märkte mit nur wenigen großen Anbietern (Oligopole) untersucht, bei denen für jede Aktion, etwa eine Preissenkung, Gegenmaßnahmen der übrigen Anbieter kalkuliert werden müssen.

Der Begründer der **klassischen Nationalökonomie,** der britische Moralphilosoph **Adam Smith** (1723–1790), wandte sich gegen staatliche Eingriffe in das Wirtschaftsleben, weil auf freien Märkten der Wettbewerb für den geordneten Ausgleich von Interessen sorge und eine Fortentwicklung der Arbeitsteilung bewirke; dies fördere den Wohlstand.

Smith' Grundsatz des „Laissez-faire" (französisch „lasst machen") widersprach der britische Ökonom **John Maynard Keynes** (1883–1946) in den 1930er Jahren unter dem Eindruck der Weltwirtschaftskrise und der Massenarbeitslosigkeit. Offenbar führten die „Selbstheilungskräfte" des Marktes kein neues Gleichgewicht mit Vollbeschäftigung herbei, es drohte sogar eine Spiralentwicklung nach unten bei Löhnen, Preisen und Produktion. Keynes forderte, der Staat müsse durch öffentliche Investitionen diesen Teufelskreis durchbrechen. Bis in die 1970er Jahre hinein wurde der **Keynesianismus** zu einem System der Konjunktursteuerung auch abseits von Wirtschaftskrisen weiterentwickelt. Die **Monetaristen** um **Milton Friedman** (1912–2006) bemängelten, dies heize nur Inflation und Staatsverschuldung an, und plädierten erneut für freie Märkte.

Die Träger des Nobelpreises für Wirtschaftswissenschaften während der Preisverleihung am 10. Dezember 1994 in Stockholm (von links): John Harsanyi, John F. Nash und Reinhard Selten

Vom Tauschhandel zur Weltwirtschaft

Schon früh begannen die Menschen, Dinge, die sie nicht selbst produzieren konnten, durch Tausch zu erwerben. Produkte wie Salz und Metalle wurden über weite Strecken transportiert. Kolonialismus sowie Fortschritte im Transport- und Kommunikationswesen ließen ein weltweites Handelssystem entstehen.

Vom Fernhandel zum Welthandel

Oben: Konstanzer Marktszene aus dem 16. Jh. Unten: Einkauf von Sklaven an der afrikanischen Westküste um 1820; legalen Sklavenhandel gab es vom Altertum an bis ins 20. Jh.; er wurde in Saudi-Arabien erst 1963 abgeschafft.

Handel zwischen Gemeinschaften gab es schon in vorgeschichtlicher Zeit, zunächst in Form von **Tauschhandel.** Frühe Hochkulturen pflegten Handelskontakte untereinander und mit weniger entwickelten Kulturen, dabei wurden oft weite Entfernungen überwunden. Der europäische Kontinent wies während der Bronzezeit (ca. 1800 bis 700 v. Chr.) ein gut organisiertes Handelsnetzwerk auf. Im 1. Jahrtausend v. Chr. unterhielten die aus dem heutigen Libanon stammenden Phönizier Seehandelsverbindungen ins Schwarze Meer, den westlichen Mittelmeerraum und später bis nach Britannien und wahrscheinlich Westafrika.

Fernhandel in Antike und Mittelalter

Der Eroberungszug Alexanders des Großen verband weit über Alexanders Tod (323 v. Chr.) und den politischen Zerfall seines Reiches hinaus große Gebiete in Asien sowie Ägypten mit dem griechischen Handelssystem, zu dem eine **einheitliche Währung und eine gemeinsame Verkehrssprache,** die Koine, gehörten. Später schuf das Römische Reich durch ein System einheitlicher Münzen, Maße und Gewichte eine Basis für den geregelten Warenaustausch innerhalb des Mittelmeerraums. Über Straßen und Kanäle konnte auch das Binnenland in den Warenaustausch einbezogen werden; die mehr als 6000 km langen Seidenstraßen verbanden Rom ab etwa 100 v. Chr. sogar mit China.

Nach der Völkerwanderung und dem Zerfall des (West-)Römischen Reichs kamen in weiten Teilen Europas das städtische Leben sowie Handels- und vor allem die Fernhandelsverbindungen zum Erliegen. Erst um das Jahr 1000 belebte sich der Warenaustausch zwischen Westeuropa und der Levante (östliches Mittelmeer) wieder, durch die Kreuzzüge kam es auch zu einem wirtschaftlichen und kulturellen Austausch mit den islamischen Reichen. Auch innerhalb

Europas bildete sich mit der Zeit wieder ein Netz von Handelsstraßen heraus und zahlreiche **Messestädte** – mit Schwerpunkt im 12. Jh. in Flandern, später in der Champagne – besaßen internationale Bedeutung.

Im Nord- und Ostseeraum dominierte die im 13. Jh. entstandene **Hanse:** Ursprünglich als ein Bündnis norddeutscher Kaufleute zum Schutz auf Reisen und als gemeinsame Rechtsvertretung in ausländischen Hafenstädten entstanden, war die Hanse ab 1356 ein mächtiges Städtebündnis, das zur Durchsetzung seiner Handelsinteressen sogar Kriege (u. a. gegen Dänemark) führte.

Frühe Neuzeit

Mit der Entdeckung Amerikas („Westindien“) und des Seewegs nach Indien durch Spanier und Portugiesen Ende des 15. Jh. verschob sich das Schwergewicht vom innereuropäischen auf den **Überseehandel.** Kostbare Güter wie Gewürze aus Asien und Edelmetalle aus Amerika ermöglichten große Gewinne und den Aufstieg neuer Handelsnationen.

Portugiesen und Spanier führten in Amerika die Plantagenwirtschaft ein, deren Erzeugnisse wie Zuckerrohr, Mais und Baumwolle sie nach Europa einführten. Die körperlich schwere Arbeit wurde von Sklaven erledigt, die die Schiffseigner in Westafrika kauften; der **atlantische Dreieckshandel** zwischen Europa, Afrika und Amerika entstand. Insgesamt wurden vom 16. bis 19. Jh. etwa 12–15 Mio. **Sklaven** von Afrika nach Amerika verschifft.

Im 17. Jh. stiegen die Niederlande zur führenden Handelsnation auf, gestützt auf ein Kolonialreich in Fernost; später nahm England diesen Rang ein. Der Handel wurde nun von mächtigen **Handelsgesellschaften** wie der Niederländischen Westindischen Kompanie oder der Britischen Ostindienkompanie dominiert – international agierenden Konzernen, die mit staatlichen Hoheitsrechten ausgestattet waren und z. T. Kriege gegen ihre Konkurrenten führten.

Nur knapp 24 m lang ist diese Kogge aus dem 14. Jh., ein originalgetreuer Nachbau eines typischen Handelsschiffs der Hanse. Zum Kern dieses Handelsbündnisses gehörten 70 Städte, rd. 130 weitere Städte hatten einen lockeren Kontakt zur Hanse.

Vom Freihandel zur globalen Wirtschaft

Die große Zeit der Handelsgesellschaften fiel in die Ära des **Merkantilismus,** in der sich die staatliche Politik in Europa bemühte, möglichst viele Rohstoffe ein- und Fertigprodukte auszuführen; ungewünschte Im- oder Exporte wurden durch staatliche Maßnahmen erschwert **(Protektionismus).** Da ein Rohstoffimport aus ebenfalls merkantilistischen Staaten kaum möglich war, blieben die Kolonien ein unabdingbarer Rohstofflieferant. Im 19. Jh. gewann dagegen die Idee des **Freihandels** immer größeren Einfluss. Zunächst basierend auf zwischenstaatlichen Verträgen, sollten Handelsschranken (z. B. Zölle, Handelskontingente) abgebaut werden.

Nach dem Zweiten Weltkrieg wurde mit der Gründung des Allgemeinen Zoll- und Handelsabkommens GATT (1947) ein Forum geschaffen, das die Aufhebung protektionistischer Maßnahmen im internationalen Rahmen betrieb (1995 durch die Welthandelsorganisation WTO abgelöst). Das rasante Wachstum des internationalen Warenaustauschs führte zur Bildung eines **Weltmarktes.** Dieser Prozess der weltweiten Verflechtung von Wirtschaft, Politik, Kultur und Kommunikation (Internet) wird als **Globalisierung** bezeichnet.

Der Container

Der 1956 in den USA erfundene Standard-(ISO-)Container wurde zu einem Symbol des weltweiten Handels. Das Transportmittel mit zwei genormten Größen (6,10 bzw. 12,19 m lang, 2,44 m breit, 2,59 m hoch) kann auf verschiedenen Schiffen gestapelt, aber auch mit Lkw und Eisenbahn transportiert werden und reduziert die Liegezeiten von Schiffen im Hafen deutlich. 1966 erstmals als Transportmittel über den Atlantik genutzt, wird mit Containern inzwischen ein großer Teil des internationalen Warentransports vorgenommen. Containerschiffe mit bis zu 6000 Containern Ladekapazität werden in eigenen Containerhäfen be- und entladen.

Lydische Goldmünze (ca. 550 v. Chr.); es gab sie als 1/1-, 1/3-, 1/6- und 1/12-Wert in Gold und Silber mit einem Gewicht zwischen gut 5 g und knapp 11 g.

Wichtige Weltwährungen

Name	eingeführt
Griechische Drachme	6. Jh. v. Chr.
Römischer Solidus	309 n. Chr.
Pfund Sterling (£)	8. Jh.
Niederländ. Gulden (fl)	1601
US-Dollar ($)	1794
Schweizer Franken (sfr)	1799
Yen (¥, Japan)	1871
Deutsche Mark (DM)	1948
Euro (€)	1999/2002

Was ist Geld?

Geld erfüllt mehrere Funktionen: Es dient als Zahlungs- bzw. Tauschmittel, kann also gegen Güter, Dienstleistungen oder Arbeitskraft eingetauscht werden. Dabei ist es zugleich Wertmaßstab und Recheneinheit, macht den Wert von Waren und Dienstleistungen vergleichbar und indirekt gegeneinander tauschbar. Schließlich ist Geld ein Wertaufbewahrungsmittel: Weil Menschen darauf vertrauen, auch in Zukunft ihr Geld gegen Güter eintauschen zu können, sparen sie einen Teil ihres Arbeitsverdienstes.

Geld – früher und heute

Vor Einführung des Geldes tauschten die Menschen Waren. Einige Kulturen verwendeten früh **Naturalgeld** (z. B. Muscheln oder Steine) als Zahlungsmittel, um 4500 v. Chr. wurde in Mesopotamien als vermutlich erstes weithin anerkanntes Zahlungsmittel Silber verwendet. Um 700 v. Chr. wurden in der heutigen Türkei erstmals Münzen geprägt.

Das erste **Papiergeld** wurde um das Jahr 1000 in China eingeführt, als Münzen knapp geworden waren. Weil Papier sich im Gegensatz zu Edelmetallen quasi beliebig vermehren ließ, konnte fortan das Phänomen der Geldentwertung (Inflation) auftreten, wenn Notenbanken mehr Banknoten ausgaben, als sie an Gegenwerten (z. B. Gold) besaßen.

Ausgehend von Norditalien entwickelte sich im Mittelalter das **Buchgeld** (Giralgeld), das bis heute das Bargeld im Zahlungsverkehr immer mehr abgelöst hat (z. B. Abbuchung, Überweisung, Zahlung mit Scheckkarte). Auch Schuldverschreibungen (Wechsel) erhöhten den Geldumlauf und führten dazu, dass bereits im Spätmittelalter ein Geldmarkt entstand: Geld selbst war zum Handelsobjekt geworden.

Während noch bis ins 20. Jh. einige Währungen durch Gold gedeckt waren und die Eintauschpflicht des US-Dollars in Gold erst 1971 aufgehoben wurde, sind heute die wichtigen Weltwährungen freie (nicht mehr an einen Metallwert gebundene) Währungen; die **Geldmenge** wird von den jeweiligen Zentralbanken bestimmt. Die fehlende Deckung und die Abhängigkeit von politischen Entscheidungen machen die Währungen anfällig für Inflation und konjunkturelle Schwankungen.

Geldentwertung

Inflation ist ein andauernder Prozess der Geldentwertung, der sich durch den stetigen Anstieg des Preisniveaus **(Inflationsrate)** bemerkbar macht. Inflation entsteht, wenn die Nachfrage nach Gütern das Angebot dauerhaft übersteigt. Ursache dafür kann eine zu starke Erhöhung der Geldmenge (Bar- und Buchgeld) sein, die nicht durch Produktionsausweitung oder höhere Sparraten „abgefangen" wird – oder umgekehrt eine Verringerung des Güterangebots.

Inflation führt dazu, dass Vermögensbesitzer Geld durch andere, knappere Vermögensformen wie Gold, inflationsfreie ausländische Währungen oder Grundvermögen ersetzen. Im Extremfall einer **Hyperinflation** wird eine Währung nahezu nutzlos. So stieg in Deutschland der durchschnittliche Wochenlohn eines gelernten Arbeiters zwischen Oktober und November 1923 um das 68-Fache auf 16,55 Billionen Mark. Die Menschen stürmten nach Erhalt ihrer Löhne in die Geschäfte, um sich vor allem haltbare Lebensmittel für den nächsten Monat zu kaufen.

Märkte und Preisbildung

Als Markt bezeichnet man einen Ort, an dem Wirtschaftsgüter und Geld getauscht werden und Angebot und Nachfrage aufeinandertreffen. Neben räumlich begrenzten Märkten (Marktplatz) gibt es durch Telefon- und Internethandel für viele Waren einen überregionalen oder sogar weltweiten Markt.

Bedeutung des Preises

Das Angebot wird bestimmt durch die Bereitschaft und die Möglichkeiten der Unternehmen, ein bestimmtes Gut zu dem auf dem Markt voraussichtlich erreichbaren Preis bereitzustellen; die **Nachfrage** ergibt sich aus dem Wunsch und den finanziellen Mitteln potenzieller Käufer, ein Gut zu erwerben. Steigende Preise signalisieren einen hohen Bedarf, der Unternehmen veranlasst, durch erhöhte Produktion das **Angebot** zu vergrößern. Sinkende Preise weisen auf ein zu großes Angebot hin, folglich drosseln die Unternehmen ihre Produktionskapazitäten. Dadurch werden Kapital, Arbeit und Rohstoffe zur Produktion stärker benötigter Güter frei. So steuern die Preise das künftige Angebot und wirken auf einen bedarfsgerechten und sparsamen Einsatz der vorhandenen Ressourcen.

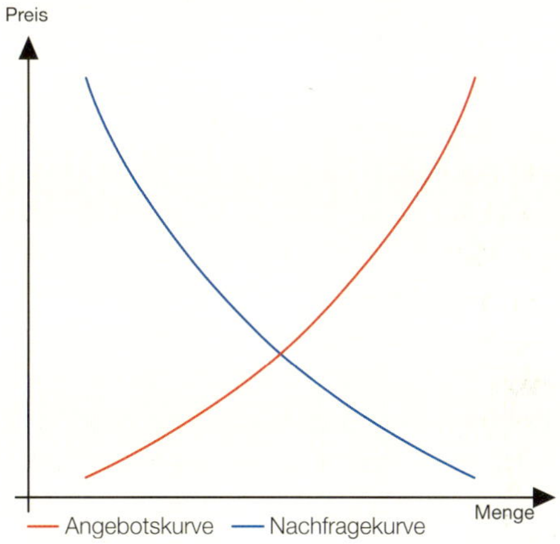

Der Schnittpunkt der Angebots- mit der Nachfragefunktion wird Marktgleichgewicht genannt. Zu diesem Preis kann das Unternehmen seine Güter absetzen, erhöht es den Preis, sinkt die Nachfrage.

Der „vollkommene Markt“

Um den Ablauf von Marktprozessen zu verdeutlichen, haben Wirtschaftstheoretiker das Modell des vollkommenen Marktes entwickelt. Dies sieht u.a. Markttransparenz (alle Marktteilnehmer sind gut informiert), Homogenität (gleichartige Produkte sind von gleicher Qualität), rationales Verhalten der Marktteilnehmer sowie Mengenanpasserverhalten (kein Marktteilnehmer kann den Preis beeinflussen) vor. Dann stellt sich ein Gleichgewicht zwischen Angebot und Nachfrage ein.

In der Realität sind jedoch nur **unvollkommene Märkte** anzutreffen. Eine Verkaufsplattform im Internet ist aber näher am vollkommenen Markt als ein Flohmarkt: Weil mehr Käufer und Verkäufer vorhanden und meist gut informiert sind, ist die Chance, eine gesuchte Ware zu einem angemessenen Preis zu erhalten, höher. „Schnäppchen“ sind bei häufig gehandelten Gütern aber seltener.

Eingeschränkter Wettbewerb

Ein unvollkommener Markt besteht auch, wenn einzelne Marktteilnehmer aufgrund ihrer Marktmacht die Preise beeinflussen können. Gibt es z. B. nur wenige große Anbieter, spricht man von einem **Oligopol;** wenige große Nachfrager nennt man Oligopson. Gibt es nur einen Anbieter (bzw. Nachfrager), spricht man von **Monopol** (bzw. Monopson). Größere Unternehmensfusionen sind von der Zustimmung z. B. des Bundeskartellamts oder der Europäischen Kommission abhängig. Die Behörden wachen auch darüber, ob Unternehmen den freien Wettbewerb z.B. durch Preisabsprachen oder Kartellbildung einschränken.

Noch heute sind manche Märkte an einen festen Veranstaltungsplatz wie den hier gezeigten Rathausplatz in Bautzen gebunden. Als „Markt“ wird jedoch jedes Zusammentreffen von Angebot und Nachfrage bezeichnet.

Banken und Versicherungen

Cosimo de' Medici

Die Möglichkeit, Geld durch Geld zu vermehren, brachte im ausgehenden Mittelalter reiche und mächtige Familienunternehmen hervor. So stieg Cosimo de' Medici (1389–1464), der von seinem Vater Giovanni di Bicci (1360 bis 1429) das Bankhaus Medici in Florenz übernommen hatte, im 15. Jh. zum wohl reichsten Mann Italiens auf. Ohne ein Amt zu bekleiden, besaß er ab 1434 faktisch die Macht in Florenz. Seine Geschäftsbeziehungen zum Papst halfen ihm, ein internationales Filialnetz aufzubauen, das neben dem Geldgeschäft auch Handel und Alaunabbau betrieb. Mit seinem Reichtum finanzierte er in Florenz u. a. den Bau des Stadtpalastes und förderte Künstler und Gelehrte.

Bereits im Mittelalter ließ der hohe Bedarf an Krediten in Handels- und Messestädten zunächst in Norditalien aus Geldwechslern erste Bankiers werden. Sie vergaben Kredite, nahmen Einlagen an und erleichterten ihren Kunden den örtlichen und überregionalen Zahlungsverkehr durch Kontobuchungen und Wechselbriefe. Seit dem 14. Jh. konnten Händler durch Seeversicherungsverträge das große finanzielle Risiko des Seehandels gegen Gewinnbeteiligung oder Zahlung einer Prämie von einem kapitalkräftigen Versicherer tragen lassen. Mit den ersten Banken und Versicherungen war es möglich, allein durch den Einsatz von Geld Gewinne zu erwirtschaften.

Aufgaben der Banken

Auch heute noch nehmen Banken Spareinlagen ihrer Kunden (gegen Zahlung von Zinsen) entgegen und vergeben umgekehrt **Kredite** – sind also Mittler zwischen Angebot und Nachfrage auf den Finanzmärkten – und wickeln den Zahlungsverkehr ihrer Kunden ab. Außerdem betreiben sie im Auftrag ihrer Kunden Handel mit Wertpapieren. Neben den im deutschen Sprachraum vorherrschenden Universalbanken gibt es Spezialbanken, die nur einige dieser Bankgeschäfte abwickeln, z. B. Bausparkassen. Für die Geldversorgung ist die **Zentralbank** eines Währungsraumes zuständig – in der Eurozone z. B. die Europäische Zentralbank (Frankfurt am Main), in der Schweiz die Schweizerische Nationalbank (Bern und Zürich).

Versicherungen

Das Grundprinzip der Versicherungen ist, dass ein Versicherer ein finanzielles Risiko des Versicherten gegen eine von diesem zu zahlende Prämie abdeckt. In der Regel wird damit das Risiko eines zufälligen Ereignisses (z. B. Unfall, Feuer, Schadenhaftung, Rechtsstreit) abgedeckt, das die finanziellen Möglichkeiten des Einzelnen überfordern würde; der Gewinn des Versicherers besteht darin, dass er viele gleichartige Verträge abschließt und somit das Risiko auf die Versicherten verteilt.

Neben privaten Versicherungsunternehmen gibt es die **Sozialversicherung** (→ S. 434), die als gesetzliche Pflichtversicherung breite Bevölkerungsschichten z. B. gegen durch Krankheit oder Arbeitslosigkeit entstehende finanzielle Verluste absichert. Allerdings kann auch der Abschluss einer privaten Versicherung wie etwa der Kfz-Haftpflichtversicherung gesetzlich vorgeschrieben sein.

Blick über den Main auf die Hochhäuser des Bankenviertels in Frankfurt; hier gibt es rd. 400 Banken, mehr als die Hälfte davon ausländische Niederlassungen.

Die Börse

An Börsen werden handelbare Vermögenstitel wie Aktien, festverzinsliche Wertpapiere, Rohstoffe und Derivate (wie Optionen und Terminkontrakte) ge- und verkauft. Als Märkte für Wertpapiere schaffen Börsen ständig Transparenz über den Wert z. B. von Unternehmensanteilen, denn die Börsenkurse geben die Erwartungen der Marktteilnehmer über die künftigen Erträge eines Unternehmens wieder.

Anlageformen

Aktien sind Anteils- oder Teilhaberpapiere von Unternehmen in der Rechtsform der Aktiengesellschaft (AG). Sie verbriefen die Mitgliedschaftsrechte eines Aktionärs an einer AG, wozu die Teilnahme an der Hauptversammlung und ein Anteil am Unternehmensgewinn (durch Dividendenzahlung) zählen. Ein **Aktienindex** ist eine Kennzahl, die durch Zusammenfassen mehrerer (z. T. Hunderter) Aktienkurse die Entwicklung des Aktienmarktes (oft eines Landes) insgesamt oder einzelner Aktiengruppen darstellt.

Mit Geld, Krediten und Devisen werden auch Werte der internationalen Finanzmärkte an Börsen gehandelt; beispielsweise **Anleihen,** die einen festen Zinssatz und eine bestimmte Laufzeit aufweisen und vom Staat, aber auch von Unternehmen ausgegeben werden; der Sparer wird durch den Erwerb von Anleihen nicht Mitinhaber, sondern Fremdkapitalgeber des Unternehmens.

Fonds geben Anlegern die Möglichkeit, gleichzeitig auf eine größere Anzahl von Werten zu setzen; so ermöglichen es beispielsweise **Aktienfonds** auch Kleinanlegern, durch die Beteiligung an einem aus vielen Unternehmensanteilen bestehenden Fondsvermögen an der Kursentwicklung des Aktienmarktes teilzuhaben und gleichzeitig das Risiko zu streuen.

Größere Spekulationsmöglichkeiten (und damit auch Verlustgefahr) bieten **Derivate:** Verträge, die einen Kauf oder Verkauf zu einem genauen Termin und festen Preis garantieren (z. B. als Option auf den Kauf einer bestimmten Aktie).

Börsencrashs

Immer wieder hat es in der Börsengeschichte Phasen gegeben, in denen die Anleger, von hohen Gewinnmöglichkeiten berauscht, alle Vorsicht vergaßen und die Kurse in irreale Höhen trieben – bis diese in sich zusammenfielen und Wirtschafts- und politische Krisen auslösten. Schon 1720 kam es in Großbritannien aufgrund des „Südseeschwindels“ um Aktien der South Sea Company zu einer Rezession. 1869 bewirkten Goldspekulanten den ersten **Schwarzen Freitag** der Börsengeschichte. Im Oktober 1929 stürzten die Kurse an der New Yorker Börse, was den Ruin zahlreicher Unternehmen und die bis weit in die 1930er Jahre reichende Weltwirtschaftskrise auslöste. Nach 2000 gab es bereits zwei weitere Börsenkrisen: den Zusammenbruch der New-Economy-Blase im März 2000 und die durch eine amerikanische Immobilienkrise ausgelöste Banken- und Finanzmarktkrise ab 2007, die Ende 2008 auch die Realwirtschaft erreichte.

Aktienindizes

Index	Bedeutung
Austrian Traded Index (ATX)	Wichtigster Aktienindex Österreichs (20 Unternehmen)
Deutscher Aktienindex (DAX)	Index der 30 größten deutschen Unternehmen, Leitindex Deutschlands
Dow Jones Euro Stoxx 50	Index der 50 größten Unternehmen der Eurozone
Dow Jones Industrial Average	30 US-amerikanische Unternehmen; bedeutendster Index der Welt
Nasdaq Composite	An der New Yorker Börse NASDAQ geführter Index, der über 3000 Technologiewerte berücksichtigt
Nikkei 225	Japanischer Aktienindex (225 Unternehmen); wichtigster Index Asiens
Swiss Market Index (SMI)	Wichtigster Aktienindex der Schweiz (20 Unternehmen)
TecDAX	Deutscher Aktienindex, der 30 Technologieunternehmen zusammenfasst

Gesellschaft und Staat

Das Streben nach Gemeinschaft ist ein Grundmerkmal des menschlichen Zusammenlebens. Gemeinsame Grundwerte und Regeln begründen die Stabilität einer Gesellschaft und eines Staates. Demokratische Staaten bieten dem Bürger viel individuelle Freiheit, müssen aber zugleich das Gemeinwohl sichern.

Der Mensch als soziales Wesen

Bereits in vorgeschichtlicher Zeit schlossen sich Menschen zu Gruppen zusammen, um ihr Überleben in der Auseinandersetzung mit der Natur zu sichern. Das Leben in einer Gruppe erhöhte die Chancen bei der Jagd, bot besseren Schutz vor Feinden und war für die Aufzucht von Nachkommen wichtig. Viele Besonderheiten der Gattung Mensch, wie z. B. die Fähigkeit zu sprechen, konnten sich erst innerhalb einer Gruppe entfalten. Der griechische Philosoph Aristoteles (384–322 v. Chr.) bezeichnete den Menschen daher als **„Zoon politikón“** (politisches Lebewesen), das aufgrund seiner Natur stets nach einer „geselligen“ Lebensweise strebt. Im Zusammenleben der Menschen in Gemeinwesen bildeten sich dauerhafte Organisationsformen heraus, die auf verwandtschaftlicher Zugehörigkeit (wie z. B. Familie und Sippe) und Arbeitsteilung beruhten. Es wurde nötig, Entscheidungskompetenzen zu verteilen und Eigentumsverhältnisse zu klären. Gesellschaftliche Machtstrukturen, Normen und Schichten bildeten sich allmählich heraus. Beständigem Wandel unterworfen, sind sie heute weit komplexer, als sie es in früheren Gesellschaften waren.

Die Zahl der Eheschließungen ist seit langem rückläufig; aus Tradition und wegen der rechtlichen und finanziellen Vorteile bleibt die Ehe aber meist Basis der Familie.

Sozialisation

Der Begriff Sozialisation bescheibt den Prozess, der die Einbindung eines Menschen in die Gesellschaft herstellt und beständig erneuert. Die **primäre Sozialisation** beginnt mit der Geburt des Kindes. Es ist die Phase, in der das Kind durch die liebevolle Zuneigung der Eltern Urvertrauen gewinnt, um weitere Sozialisationsschritte gehen zu können. Die **sekundäre Sozialisation** beginnt, wenn das Kind aus dem vertrauten Kreis der Familie heraustritt und durch Kindergarten, Schule, Freunde, Nachbarn und Medienangebote die eigene Kultur kennenlernt. Es ist die „Menschwerdung in einer Gesellschaft“. Das Fundament an Werten, Normen, Techniken und Gewohnheiten erweitert sich. Die **tertiäre Sozialisation** folgt im Erwachsenenalter. Ausbildung, Beruf, Karriere und Freizeitinteressen bilden den Hintergrund für eine Anpassung an sich ändernde Lebensbedingungen. Insofern ist Sozialisation ein lebenslanger Prozess, der durch das Mit- und Gegeneinander genährt wird.

Soziale Gruppen – Bausteine der Gesellschaft

Eine soziale Gruppe besteht aus mehreren Personen mit gemeinsamen oder zumindest ähnlichen Merkmalen. Sie zeichnet sich dadurch aus, dass sich ihre Mitglieder aufgrund gemeinsamer Unternehmungen, gleicher oder ähnlicher Ansichten oder ihrer Herkunft verbunden fühlen: Das **Wir-Gefühl** hält die soziale Gruppe zusammen und grenzt sie gegen andere Gruppen ab. Als soziales Wesen ist der einzelne Mensch immer zugleich Mitglied unterschiedlicher Gruppen, z. B. einer Familie, einer Schulklasse, eines Sportvereins oder einer Religionsgemeinschaft.

Besondere Bedeutung kommt der **Familie** zu, die den Fortbestand der Gesellschaft sichert. Sie dient der Versorgung der Kinder und ihrer Eingliederung in die Gesellschaft durch Erziehung, d. h. die Vermittlung grundlegender Wertvorstellungen und **Verhaltensregeln.** Wie diese Aufgabe wahrgenommen wird, hat sich stark gewandelt. In vorindustrieller Zeit bildete die Groß- und Mehrgenerationenfamilie eine Arbeits- und Versorgungsgemeinschaft unter einem männlichen Oberhaupt (Patriarchat). In unserem Kulturkreis herrscht heute die Klein- oder Kernfamilie vor, zu der beide Elternteile und die Kinder gehören. Auch nichteheliche Lebensgemeinschaften und Alleinerziehende mit ihren Kindern gelten heute als Familien und sind der ehelichen Form rechtlich weitgehend gleichgestellt.

Soziale Normen

Damit Menschen in Gruppen und in der Gesellschaft zusammenleben können, richten sie sich nach **Verhaltensregeln** (Normen), die auf grundlegenden, häufig religiös begründeten Wertvorstellungen beruhen, wie sie z. B. für eine christliche Gesellschaft in den Zehn Geboten zum Ausdruck kommen. Ein Gruppenmitglied, das die in seiner Gruppe geltenden Normen nicht befolgt, wird zu einem Außenseiter und muss mit Bestrafung oder Ausschluss rechnen. Änderungen in der Gesellschaft führen zu einem **Wertewandel** und einer Anpassung der Normen z. B. in der Gesetzgebung. So wurde 1994 der § 175 des Strafgesetzbuchs aufgehoben, der homosexuelle Handlungen unter Männern (über 18-Jährige mit unter 18-Jährigen) noch mit Freiheitszug bestrafte. Die Norm – Ächtung der Homosexualität – hatte sich überlebt.

Moral beruht weniger auf gesetzlich fixierten Normen als auf überlieferten Wertvorstellungen, die das Gewissen des Einzelnen prägen, z. B. seinen religiösen Glauben. **Religionen** geben Antworten auf Grundfragen des Lebens. Wo sich die Mehrheit der Gläubigen auf dieselben religiösen Werte und Normen bezieht, prägt ihre Religion das soziale Leben. In der christlich-abendländischen Kultur galten die bestehenden gesellschaftlichen Verhältnisse, in denen die Kirche eine beherrschende Rolle spielte, jahrhundertelang als gottgewollt und unangreifbar. Heute spiegeln sich christliche Traditionen in vielen Werten und Normen wider und beeinflussen auch nichtreligiöse Lebensbereiche wie z. B. unser Rechtssystem. Entsprechend beeinflusst der Koran als heilige Schrift des Islams das Handeln der Muslime.

Familienporträt eines wohlhabenden Berliner Schlossermeisters Mitte des 19. Jh.: Der Vater ist das Familienoberhaupt, die Mutter kümmert sich um die zahlreichen Kinder, die Großmutter lebt mit im Haushalt.

Die Entstehung der modernen Gesellschaft

Soziale Widersprüche und technischer Fortschritt sind Antrieb des gesellschaftlichen Wandels. Bis weit in die Neuzeit bildeten Ackerbau und Viehzucht in den Gesellschaften Europas die Lebensgrundlage. Ihre typische Ordnung war das **Feudalsystem,** in dem die soziale Ungleichheit als Teil der göttlichen Ordnung galt. Mit der Ende des 15. Jh. einsetzenden Reformation, der neuen Weltsicht des Humanismus und dem Aufschwung der Wissenschaften brach eine neue Zeit an. Im selbstbewussten **Bürgertum** der Städte erwuchs ein neues Gesellschaftsverständnis, in dessen Mittelpunkt nun nicht mehr Gott, sondern der Mensch stand. Die Aufklärung (seit Ende des 17. Jh.) sprach dem mündigen Bürger unabhängig von seiner Herkunft das Recht zu, sein Schicksal selbst zu bestimmen. Sie lieferte das geistige Rüstzeug für die Französische Revolution (1789–1799). Das Bürgertum wurde die bestimmende wirtschaftliche, kulturelle und politische Kraft.

Industriegesellschaft

Ausgehend von Großbritannien verdrängte die industrielle Revolution zu Beginn des 19. Jh. die bis dahin vom Handwerk geprägte Produktionsweise. Erfindungen wie Dampfmaschine und mechanischer Webstuhl ermöglichten die Massenfertigung von Gütern in Fabriken. Die verarmte Bevölkerung auf dem Land drängte in die Städte. Lebens- und Arbeitsrhythmus der **Arbeiterklasse** wurden von der industriellen Produktionsweise geprägt. Gegen Verelendung und Rechtlosigkeit der Industriearbeiterschaft kämpfte die Arbeiterbewegung an; **Sozialreformen** verbesserten die Situation. Innovation und Fortschritt führten allgemein zu einem höheren Lebensstandard. Mit ihm vollzog sich auch ein Wertewandel, der sich auf alle Bereiche des menschlichen Lebens erstreckte.

Dienstleistungsgesellschaft

Im Lauf des 20. Jh. vollzog sich ein erneuter Wandel: Der weitaus größte Teil der Wirtschaftsleistung wird seitdem nicht mehr im primären Sektor (Urproduktion) und im sekundären Sektor (verarbeitenden industriellen Gewerbe) erbracht, sondern durch Handel und Dienstleistungen. In diesem tertiären Sektor der Volkswirtschaft arbeiten in Deutschland heute gut zwei Drittel der Erwerbstätigen. **Informationsmedien** wie Handy und Internet prägen zunehmend unser Privat- und Berufsleben. Wissen und Bildung werden den Erfolg des Einzelnen, aber auch der Gesellschaft als Ganzes bestimmen.

Die Bedeutung der Freizeit nahm im 20. Jh. dramatisch zu, während die durchschnittliche Arbeitszeit sank und der Wohlstand wuchs; Jugendliche in der Achterbahn eines Freizeitparks.

Suffragetten, radikale Frauenrechtlerinnen, feiern 1920 in New York die Einführung des Frauenwahlrechts in den USA auf Bundesebene. Direkt nach dem Ersten Weltkrieg wurde in vielen Ländern das Frauenwahlrecht eingeführt.

Soziale Konflikte gestern und heute

Gesellschaftliche Unterschiede und Ungerechtigkeiten bringen soziale Konflikte mit sich, die bis zum Bürgerkrieg oder zu einer Revolution führen können. In den meisten Fällen aber werden soziale Konflikte friedlich ausgetragen. Ihre Entschärfung erfolgt dann über die Behebung ihrer Ursachen durch Kompromisse und Reformen. Die Folge ist ein sozialer Wandel. Häufig birgt dieser schon den Keim für neue soziale Konflikte in sich.

Kampf für Sozialstaat und Gleichberechtigung

Im Kampf gegen unerträgliche Arbeits- und Lebensbedingungen in den Fabriken schlossen sich ab Mitte des 19. Jh. die Arbeiter zusammen, **Gewerkschaften** und **Arbeiterparteien** entstanden als wichtige gesellschaftliche und politische Kräfte. Mit der Einrichtung von Unfall-, Kranken- und Rentenversicherung wurden die Grundlagen des heutigen Sozialstaats geschaffen.

Seit Anfang des 19. Jh. stritten Frauen für ihre grundsätzliche politische und gesellschaftliche **Emanzipation,** z.B. das Recht auf Bildung und Erwerbstätigkeit sowie das Frauenwahlrecht (in Deutschland 1918 eingeführt, in Frankreich 1944, in der Schweiz erst 1971). Die „neue" Frauenbewegung ab Ende der 1960er Jahre kämpfte vor allem für die **Gleichstellung der Frau** im gesellschaftlichen Leben und die Aufhebung der traditionellen Geschlechterrollen.

Neue Herausforderungen

Der relativ hohe Anteil von Ausländern in vielen europäischen Industriestaaten stellt Gesellschaft und Staat vor das Problem ihrer gesellschaftlichen Eingliederung. Viele ausländische Arbeitskräfte wurden schon vor Jahrzehnten angeworben, als einheimische Arbeitskräfte fehlten. Auch heute werden in Tourismus und Landwirtschaft regelmäßig ausländische Saisonkräfte angeworben. Andererseits kamen Flüchtlinge aus Krisenregionen und ein Ende dieses Zustroms in das vergleichsweise wohlhabende Europa ist nicht abzusehen (→S. 33). Auf die daraus erwachsenen sozialen Probleme reagierte die **Ausländerpolitik** mit einer Erschwerung der Zuwanderung auf der einen und intensiveren Integrationsbemühungen auf der anderen Seite.

Eine Herausforderung für die europäischen Gesellschaften ist die demografische Entwicklung (→S. 32), d. h., immer mehr Älteren stehen immer weniger Jüngere gegenüber. Nach Ansicht von Sozialwissenschaftlern wird der zunehmende Anteil der nicht mehr erwerbstätigen älteren Bevölkerung das Sozialsystem künftig so stark belasten, dass **Verteilungskämpfe** unausweichlich scheinen (Generationenkonflikt). Zur Finanzierung der Sozialsysteme ist daher ein größerer Eigenanteil bei der Daseinvorsorge, etwa im Gesundheitswesen, gefragt. Geschieht dies nicht oder werden keine neuen Einnahmen erschlossen, etwa über Steuererhöhungen, droht ein **Abbau von Sozialleistungen**.

Die älteste Monarchie Europas ist das Vereinigte Königreich von Großbritannien und Nordirland. Zu den weitgehend repräsentativen Aufgaben des Staatsoberhauptes (seit 1952 Elisabeth II.) gehört die Eröffnung des Parlaments.

Der Staat – gebändigte Macht

Der Begriff Staat bezeichnet die soziale Organisation von Menschen innerhalb eines abgegrenzten Gebiets. Das Staatsgebiet ist der geografische Raum, in dem das Staatsvolk lebt und die Staatsgewalt eigenständig, in Souveränität, ausgeübt wird. Dies bedeutet, dass nur der Staat das Recht und die Macht hat, Gesetze zu erlassen und deren Befolgung nötigenfalls auch mit Gewalt durchzusetzen: Er hat das Gewaltmonopol.

Die **Staatsorgane** üben die Staatsgewalt aus. Oberste Staatsorgane sind vor allem das Parlament, das Staatsoberhaupt, die Regierung und das oberste Gericht. In einem demokratischen Staat unterliegen diese **Verfassungsorgane** keinen Weisungen, sind aber an die Verfassung gebunden. Nachgeordnete Organe wie Verwaltungs- und Justizbehörden, Polizei und Militär sorgen für die Umsetzung der staatlichen Entscheidungen im gesellschaftlichen Leben, die Wahrung des Rechts sowie für öffentliche Ordnung und Sicherheit.

Staatsformen

Die frühen Hochkulturen schufen erste staatliche Strukturen – z. B. im alten Ägypten, in Mesopotamien und in China (→S. 256) – aus der Notwendigkeit heraus, sich mit Großprojekten wie dem Bau von Bewässerungsanlagen von den Naturgewalten (z. B. Dürre und Überschwemmungen) unabhängiger zu machen und sich gegen Angreifer von außen zu verteidigen. Im Lauf der Geschichte bildeten sich unterschiedliche Staatsformen heraus. Schon die griechischen Philosophen **Platon** und **Aristoteles** diskutierten Idealformen der Staatsherrschaft. So sind die bis heute gültigen Konzepte von Monarchie, Demokratie und Republik von Vorbildern der Antike geprägt.

Bis ins 18. Jh. hinein herrschte in den Staaten Europas die **absolute Monarchie** vor, in welcher der Monarch uneingeschränkt die Staatsgewalt ausübte. Seit dem 19. Jh. entstanden **konstitutionelle**

Monarchien, in denen Verfassungen die königliche Macht einschränkten und Parlamente verbriefte Mitwirkungsrechte besaßen. In einer demokratisch verfassten, konstitutionellen Monarchie, wie sie sich in Großbritannien oder Schweden findet, nimmt der Monarch nur noch die Rolle des repräsentativen Staatsoberhaupts wahr.

Wo die Monarchie abgeschafft wurde, trat die **Republik** mit einer geschriebenen Verfassung an ihre Stelle. Auch Republiken können autokratisch (unumschränkt) oder im Extremfall totalitär-diktatorisch regiert werden. In solchen Fällen besitzen meist eine Staats- oder Einheitspartei und ein Diktator die gesamte Machtfülle und es gibt keine echte Gewaltenteilung. **Einparteienherrschaften** in den ehemaligen sozialistischen Staaten waren autokratische Systeme. Kennzeichnend für die **Demokratie** dagegen ist, dass die Staatsbürger aus freiem Willen Macht und Herrschaft auf Zeit an die Regierenden delegieren, dass die Gewaltenteilung Machtmissbrauch verhindert und dass bestimmte Grundrechte gesichert sind.

Der ideale Staat

Der Staatsbegriff beschäftigte die Philosophen im Lauf der Geschichte immer wieder. **Immanuel Kant** (1724–1804) befürwortete einen Staat, der die Freiheit seiner Bürger zu sichern habe. Zudem forderte er ein verbindliches Rechtssystem für alle Bürger: Alle Handlungen sollten so ausgerichtet sein, dass die Freiheit des einen nicht die Freiheit des anderen einschränke.

Georg Wilhelm Hegel (1770–1831) war der Ansicht, der Staat solle die Verkörperung der Sittlichkeit sein. Seine Auffassung basiert auf der Annahme, dass Geschichte ein Prozess zur Selbstverwirklichung des Geistes sei, der sich mit der bürgerlichen Gesellschaft vollende.

Für **Karl Marx** (1818–1883), der die Grundlagen der kommunistischen Theorie schuf, war der bürgerliche Staat dagegen als Instrument der herrschenden Klasse der Kapitalisten darum bemüht, die kapitalistische Produktionsweise und damit auch die Eigentumsverhältnisse aufrechtzuerhalten. Nach der Überwindung des Kapitalismus werde der Staat seine Aufgaben verlieren und in einer klassenlosen, gerechten Gesellschaft vollkommen überflüssig sein.

In der parlamentarischen Demokratie ist die Regierung dem Parlament verantwortlich. Die 2009 vom Bundestag wiedergewählte Kanzlerin Angela Merkel trägt sich am 3. Oktober 2010 ins goldene Buch der Stadt Bremen ein (Bild); dort fand die offizielle Feier zum Tag der Deutschen Einheit statt.

Volk und Nation

Als Volk wird eine Gesellschaft bezeichnet, deren Mitglieder durch Geschichte, Kultur und meist auch eine gemeinsame Sprache und ein gewisses Zusammengehörigkeitsgefühl miteinander verbunden sind. Zum Staatsvolk gehören alle Angehörigen des Staates, aber nicht die Ausländer, die eine andere Staatsbürgerschaft besitzen. Der Begriff Nation ist oft enger gefasst: Das Volk bildet eine politische Einheit, deren Grundlage das Nationalbewusstsein ist.

Seit der Französischen Revolution 1789 führte das Bedürfnis der Staatsbürger oder des Staatsvolkes nach politischer oder nationaler Selbstbestimmung zur Bildung von Nationalstaaten, aber auch zu blutigen Konflikten zwischen Nationalitäten innerhalb eines Staates. Aus dem Zerfall von Vielvölkerstaaten gehen dann Nationalstaaten hervor, z. B. entstanden aus dem ehemaligen Jugoslawien durch Bürgerkriege sechs neue Staaten.

Die Afrikanische Union (AU), der außer Marokko alle afrikanischen Staaten angehören, orientiert sich beim Aufbau seiner Organe an der UNO und der EU; im Bild (Mitte) der AU-Vorsitzende, Libyens Revolutionsführer Muammar al-Gaddafi, bei einem AU-Treffen in Tripolis im April 2009.

Föderalismus

Föderalismus ist eine politische Ordnung, in der sich mehrere Einzelstaaten zu einem Bund(esstaat) zusammengeschlossen haben. Tragender Gedanke ist dabei die Subsidiarität: Die übergeordnete Ebene soll nur dann Aufgaben übernehmen, wenn die untergeordnete Ebene (die Einzelstaaten) dazu nicht in der Lage ist. Diese unterliegen dafür jedoch der sog. Treuepflicht, d. h., sie müssen zum Funktionieren des Ganzen beitragen.

Abgrenzung zu Staatenbund und Einheitsstaat

In einem **Bundesstaat** bilden mehrere Gliedstaaten einen übergeordneten Gesamtstaat unter einer gemeinsamen Regierung. Sie sind nicht souverän und können aus dem Bundesstaat nicht austreten. Aber sie verfügen über ein hohes Maß an Selbstständigkeit und haben eigene Staatsorgane wie z. B. Regierung, Parlament und Gerichte. Die **Kompetenzverteilung** zwischen den politischen Ebenen ist in der Verfassung des Bundesstaates festgelegt. An dessen Gesetzgebung sind die Gliedstaaten durch ein eigenes Verfassungsorgan maßgeblich mitbeteiligt; in Deutschland und Österreich ist dieses der Bundesrat, in der Schweiz der Ständerat, in den USA der Senat.

Im Unterschied zum Bundesstaat ist der **Staatenbund** (Konföderation) ein lockerer Zusammenschluss von Staaten. Es gibt zwar gemeinsame Gremien, aber keine gemeinsame Regierung, die Mitgliedstaaten behalten ihre volle Souveränität und können aus dem Bund austreten. Ein solcher Staatenbund ist das britische **Commonwealth of Nations,** dessen Mitglieder die britische Königin als gemeinsames Oberhaupt anerkennen. Die **Europäische Union** ist ein Staatenbund, dessen Mitgliedstaaten schon relativ viele Befugnisse auf die supranationale Ebene übertragen haben und dessen Entwicklung in Richtung eines Bundesstaates gehen könnte.

Das Gegenstück zum föderalistischen Staat ist der zentralistisch organisierte **Einheitsstaat.** In ihm legen die obersten staatlichen Institutionen die Regelungen für das gesamte Staatsgebiet fest und die untergeordnete Verwaltung in den Provinzen und Bezirken führt sie aus. Der dezentrale Einheitsstaat lässt den Behörden der regionalen Selbstverwaltung dagegen einen größeren Spielraum.

Vorteile und Nachteile

Pluspunkte des Föderalismus sind die größere **Mitwirkungsmöglichkeit** der Bevölkerung, die Kontrolle der Zentralregierung und der Zwang zu Kompromissen zwischen Zentrale (Bund) und Gliedstaaten (Ländern). Regionale Besonderheiten finden stärkere Berücksichtigung, die staatlichen Entscheidungen auf Länderebene können unmittelbarer und lebensnäher getroffen werden und sind leichter nachvollziehbar. Die **kulturelle Vielfalt** wird gefördert und die Identifikation der Bürger mit dem Staat gestärkt.

Negativ wirkt sich häufig aus, dass Entscheidungen über strittige Fragen zwischen Bund und Ländern lange hinausgezögert oder gar blockiert werden können, wenn ein Kräftegleichgewicht zwischen beiden staatlichen Ebenen herrscht. Die Entscheidungsprozesse werden teilweise undurchsichtiger, wenn sich Bundes- und Länderkompetenzen miteinander verquicken, und verursachen **höhere Kosten.** Eine finanzielle Belastung entsteht auch deshalb, weil in der föderativen Ordnung jedes Bundesland über eine eigene politische Zentrale samt komplettem Verwaltungsapparat verfügt. Die unterschiedliche wirtschaftliche Leistungsfähigkeit der Bundesländer und verschiedenes Recht, z. B. bei Gebühren und Ländersteuern, bei der Wirtschaftsförderung und in der Sozial-, Kultur- und Bildungspolitik, können dem Ziel entgegenstehen, gleichwertige Lebensbedingungen im Gesamtstaat zu schaffen.

Geschichtliche Wurzeln

Die Grundordnungen, die sich die Staaten mit ihren Verfassungen gegeben haben, sind unterschiedlich, weil sie aus historischen Erfahrungen und gesellschaftlichen Kräfteverhältnissen abgeleitet sind. So hat der **Föderalismus in den USA** seinen Ursprung im Unabhängigkeitskrieg von 13 britischen Kolonien, die 1777 zunächst einen losen Staatenbund bildeten und 1787 einen strafferen Bundesstaat schufen. Gleichwohl verblieben den Gliedstaaten weitgehende Eigenkompetenzen.

In **Frankreich** wälzte die Französische Revolution (1789–1799) zwar die gesellschaftlichen Machtverhältnisse um und erneuerte die Institutionen, behielt die unter dem Absolutismus ausgeprägte Zentralstaatlichkeit aber bei. In **Deutschland** gründet sich der Föderalismus auf die Autonomie von Fürsten und reichsfreien Städten im Rahmen des Heiligen Römischen Reichs Deutscher Nation, das Züge eines Staatenbundes aufwies. Die Verfassung des Kaiserreichs von 1871 etablierte einen Bundesstaat. Der Föderalismus der **Schweiz** hat seinen Ursprung in der Eidgenossenschaft verschiedener Landschaften im Spätmittelalter.

Verfassung der USA: Alle Gesetze, gegen die der Präsident sein aufschiebendes (suspensives) Veto einlegen kann, müssen von beiden Häusern des Kongresses verabschiedet werden. Der Senat, die Vertretung der Bundesstaaten, muss Kabinettsmitglieder und hohe Regierungsbeamte bestätigen und darf auch den Präsidenten absetzen (Impeachment).

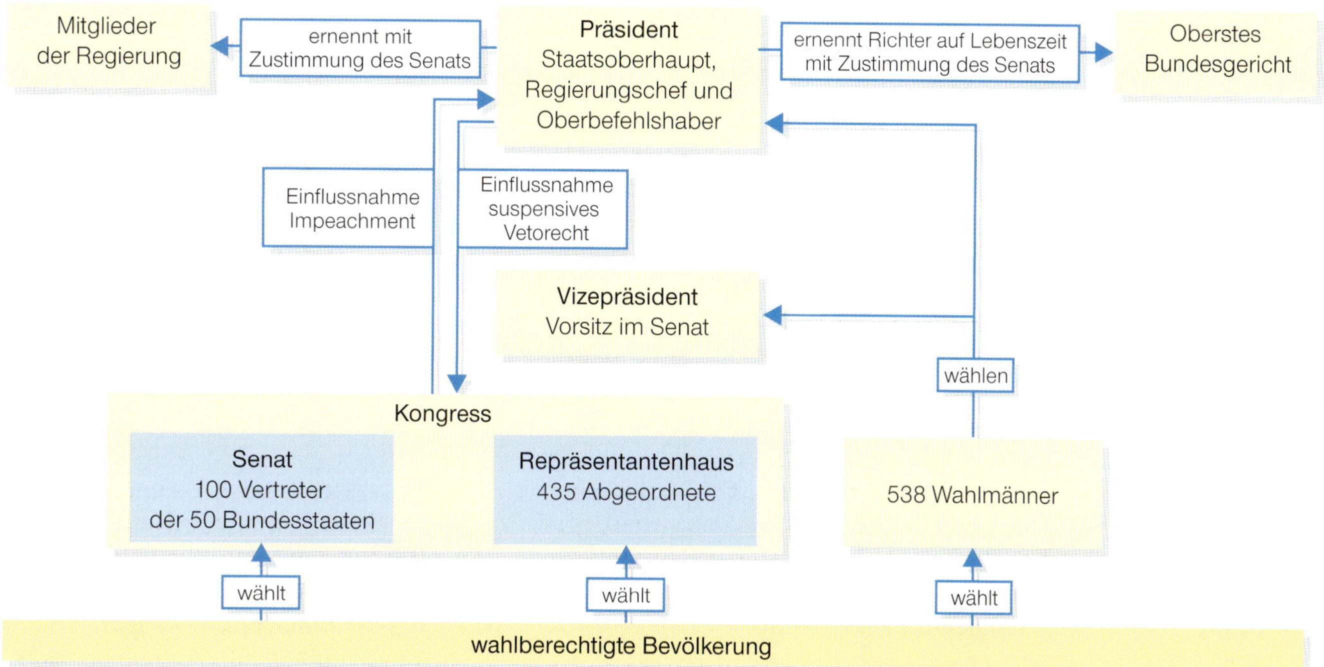

Bis 1866 waren die deutschen Länder weitgehend unabhängige Staaten (Briefmarke aus dem Königreich Hannover, 1860).

Deutschland – ein Bundesstaat

Artikel 20 des Grundgesetzes (GG) bestimmt die Bundesrepublik Deutschland als Bundesstaat. Mit der föderalen Ausgestaltung zogen die Verfassungsväter 1949 Konsequenzen aus der jüngsten Geschichte. Um die erneute Entstehung eines Einheitsstaates, wie es ihn unter der nationalsozialistischen Diktatur gegeben hatte, unmöglich zu machen, versahen sie die Bundesstaatlichkeit mit einer verfassungsrechtlichen **„Ewigkeitsgarantie":** Ebenso wie bei den Grundrechten und dem Prinzip der Rechts- und Sozialstaatlichkeit erklärt Artikel 79 Absatz 3 GG eine Verfassungsänderung, die den föderativen Grundsatz berührt, für unzulässig.

Die Verfassungsorgane

Der von allen wahlberechtigten deutschen Staatsbürgern gewählte Deutsche Bundestag verabschiedet die Gesetze, die das ganze Land betreffen. Neben der Bundesregierung, von der die meisten Gesetzentwürfe vorgelegt werden, wirken die Länderregierungen an der **Gesetzgebung des Bundes** maßgeblich mit. Ihre gemeinsame Vertretung, der Bundesrat, kann eigene Gesetzesvorhaben in den Bundestag einbringen. Alle vom **Bundestag** verabschiedeten Gesetze müssen den Bundesrat passieren. Bei vielen Vorlagen kann der **Bundesrat** Einspruch einlegen, der allerdings vom Bundestag mit qualifizierter Mehrheit (2/3- oder 3/4-Mehrheit) zurückgewiesen werden kann. Zustimmungspflichtige Gesetzentwürfe, die meist Rechte der Länder selbst betreffen, kann der Bundesrat auch ganz scheitern lassen.

Auch bei der Bestellung des Staatsoberhaupts und der Verfassungsrichter wirken die föderale und die Bundesebene zusammen. Alle fünf Jahre entsenden die Parlamente der Bundesländer Vertreter in die **Bundesversammlung,** in der sie

Die deutschen Bundesländer mit Hauptstadt

zusammen mit den Bundestagsabgeordneten den Bundespräsidenten wählen. Der **Bundespräsident** hat überwiegend repräsentative Aufgaben. Die 16 Richter des **Bundesverfassungsgerichts** werden je zur Hälfte vom Bundestag und vom Bundesrat gewählt. Dieses oberste Gericht in Deutschland entscheidet über die Vereinbarkeit von Gesetzen und Bestimmungen mit dem Grundgesetz – auch aufgrund von Verfassungsbeschwerden der Bürger.

Staaten im Staat

Die Bundesrepublik besteht aus 16 Ländern, die ihre Angelegenheiten selbst regeln und dazu über eigene Staatsorgane verfügen. Ihre von der Bevölkerung des jeweiligen Bundeslandes **gewählten Parlamente** sind die Landtage, Bürgerschaften (in den Stadtstaaten Bremen und Hamburg) und das Abgeordnetenhaus im Land Berlin. Während an der Spitze der Bundesregierung der Bundeskanzler steht, werden die Länderregierungen von Ministerpräsidenten geführt (in Bremen und Hamburg von Bürgermeistern, in Berlin vom Regierenden Bürgermeister), die von den Landesparlamenten gewählt wurden. **Artikel 30 GG** überträgt den Bundesländern die Ausübung der staatlichen Befugnisse und Erfüllung der staatlichen Aufgaben, soweit diese nicht anderweitig (vor allem an den Bund) verteilt wurden. So haben die Länder ein weitgehendes **eigenes Gestaltungsrecht** u. a. im Kommunalrecht, im allgemeinen Polizei- und Ordnungsrecht sowie im Kulturbereich (z. B. Bildung). Der Bund ist für die Bereiche zuständig, die Deutschland als Ganzes betreffen. Dies gilt vor allem für die Außen-, Verteidigungs- und Währungspolitik, aber in vielen Fällen auch für Angelegenheiten, die im gesamtstaatlichen Interesse einheitliche Regelungen erfordern. Hierzu zählen etwa das Strafrecht und der Strafvollzug, das Ausländerrecht, das Atomrecht, die Terrorismusabwehr.

In manchen Bereichen der sog. **konkurrierenden Gesetzgebung** kann der Bund die Zuständigkeit auch an sich ziehen. Wo Rechte auf Bundes- und Landesebene einander entgegenstehen, bricht Bundesrecht das Landesrecht (Artikel 31 GG), d. h., es gilt das Bundesgesetz. So erlaubt die hessische Verfassung immer noch die Todesstrafe, durch Artikel 102 GG wurde sie aber abgeschafft.

Macht und Geld

Das politische Gewicht der Länder in der Bundespolitik richtet sich weitgehend nach ihrer **Bevölkerungszahl.** Im Bundesrat, ihrem Vertretungsorgan auf Bundesebene mit derzeit insgesamt 69 Stimmen, entfallen jeweils drei auf Bremen, Hamburg, Saarland, vier auf Berlin, Brandenburg, Mecklenburg-Vorpommern, Rheinland-Pfalz, Sachsen, Sachsen-Anhalt, Schleswig-Holstein, Thüringen, fünf auf Hessen sowie sechs auf Baden-Württemberg, Bayern, Niedersachsen und Nordrhein-Westfalen.

Da die Wirtschaftskraft der Bundesländer sehr unterschiedlich ist, werden finanzschwache Länder durch einen **Finanzausgleich** unterstützt, um überall möglichst gleichwertige Lebensverhältnisse herzustellen. So zahlten 2009 fünf Bundesländer, Bayern, Hessen, Baden-Württemberg, Nordrhein-Westfalen und Hamburg, insgesamt 6,9 Mrd. Euro in den Finanzausgleich. Am meisten geben musste Bayern (3,4 Mrd. Euro), am meisten erhielt Berlin (2,9 Mrd. Euro), das auch von den sog. **Ergänzungszuweisungen** des Bundes für leistungsschwache Länder (2,5 Mrd. Euro) am stärksten profitierte (907 Mio. Euro). Der Länderfinanzausgleich ist umstritten, weil er nach Auffassung der „reichen" Bundesländer die „ärmeren" nicht zum wirtschaftlichen Haushalten veranlasst.

Ein neues Schild begrüßt Reisende an der dänisch-deutschen Grenze in Schleswig-Holstein, dem nördlichsten der 16 deutschen Bundesländer.

Föderalismus in Österreich

In der Republik Österreich ist das föderale Prinzip in der Bundesverfassung (Artikel 1) festgelegt. Entsprechend verteilen sich die staatspolitischen Funktionen auf Bund und Länder. Beide Ebenen sind jedoch weniger miteinander verschränkt als in Deutschland, sodass die Zuständigkeit für die meisten Politikfelder jeweils nur dem Bund oder den Ländern zufällt. Österreich wird wegen dieses Systems deshalb auch als **dualer Bundesstaat** bezeichnet.

Die **neun Bundesländer** haben eigene Verfassungen und verwalten sich im Rahmen ihrer eigenen Verfassungen und der Vorbehalte des Bundes selbst. Die Landtage werden jeweils für eine Legislaturperiode von vier Jahren gewählt. An der Spitze der Landesregierung steht der vom Landtag gewählte Landeshauptmann.
Die **Hauptstadt Wien** ist gleichzeitig Gemeinde und Bundesland. Statt einem Landeshauptmann steht ein Bürgermeister an ihrer Spitze.

Der Staatshaushalt

Damit der Staat seine Aufgaben für die Gesellschaft erfüllen kann, benötigt er Geld. Innere und äußere Sicherheit, Sozialleistungen, Infrastruktur, Verwaltung und Gerichtsbarkeit, Schulen und Hochschulen müssen aus öffentlichen Kassen finanziert werden. Wie viel wofür ausgegeben werden darf, beschließen die Parlamente durch Genehmigung eines **Haushaltsplans** für die jeweilige Finanzperiode (in der Regel ein Jahr), in dem die erwarteten Einnahmen und beabsichtigten Ausgaben einander gegenübergestellt werden. Alle Ausgaben müssen durch Einnahmen gedeckt werden, wobei diese auch aus **Kreditaufnahmen** stammen können; die darauf zu leistende Schuldentilgung und Zinszahlung erscheint dann auf der Ausgabenseite des Haushaltsplans. Sparsamkeit gehört zu den gesetzlich festgelegten Prinzipien für die Aufstellung und Ausführung des Haushaltsplans. Kredite werden u. a. in Form von „Staatspapieren", etwa Anleihen und Obligationen, aufgenommen.

Steuern

Der Staat holt sich das Geld vom Bürger durch die Erhebung von Steuern und Abgaben, über deren Höhe die Parlamente beschließen. Dabei machen die Steuern den Hauptanteil der Einnahmen aus. Die **direkten Steuern** werden unmittelbar bei denen erhoben, die sie tragen sollen. Der Hauptposten hierbei ist die Ertragsteuer, vor allem auf Löhne und Einkommen. Die **indirekten Steuern** zahlt jeder Endverbraucher vor allem in Form der Mehrwertsteuer beim Einkauf einer Ware. Dazu muss der Verkäufer einen bestimmten Prozentsatz auf seinen Handelspreis aufschlagen und als **Umsatzsteuer** an den Staat abführen. Auch werden häufig spezielle Verbrauchssteuern erhoben, etwa auf Alkohol, Tabak und Mineralöl.

Reichen die bisherigen Einnahmen nicht aus, um die geplanten Ausgaben abzudecken, greift der Staat auf Steuererhöhungen zurück. Das Problem dabei: Eine zu hohe **Steuerbelastung** von Verbrauchern und Unternehmen wirkt sich negativ auf die Stimmung aus, führt zu geringerer Konsumnachfrage und in deren Folge zu weniger Investitionen. Wird dadurch die Wirtschaft des Landes geschwächt, brechen die Steuereinnahmen wieder ein. Außerdem ist der Anreiz für reiche Bürger, sich durch **Steuer- und Kapitalflucht** dem Zugriff des Staates auf ihr Geld zu entziehen, umso größer, je höher ihre Steuerpflicht ist.

Die Haushaltspolitik eines Staates bestimmen neben den Finanzen vor allem politische Entscheidungen – beeinflusst von den Interessen gesellschaftlicher Gruppen. 2006 demonstrierten Studenten in Frankfurt am Main gegen die Einführung von Studiengebühren.

Deutschlands Finanzen

Der größte öffentliche Einzelhaushalt in Deutschland ist der **Bundeshaushalt** (geplante Ausgaben im Jahr 2010: 319 Mrd. Euro). Neben den Haushalten von Bund, Ländern und Gemeinden zählen auch die der Sozialversicherungen zu den öffentlichen Haushalten. Alle zusammen summieren sich zum Staatshaushalt. Der **Bundesrechnungshof** und die Landesrechnungshöfe überwachen den wirtschaftlichen und ordnungsgemäßen Umgang mit den Haushaltsgeldern.

Steuereinnahmen

In Deutschland machen die Steuern den Hauptanteil der Einnahmen aus. Etwa jeweils die Hälfte entfällt dabei auf **direkte und indirekte Steuern.** Der Bund teilt die Einkünfte aus den Steuern, die er zentral erhebt, in unterschiedlichen Anteilen mit den Bundesländern und den Gemeinden. Diese erheben auch eigene Steuern, die Bundesländer z. B. die Kraftfahrzeug- und die Erbschaftsteuer, die Gemeinden z. B. die Gewerbe- und die Grundsteuer. Der Bund finanziert sich zu etwa 85 % aus Steuereinnahmen, die Länder zu etwa 70 %.

Zu den ertragreichsten Steuern zählen als Gemeinschaftssteuern die **Lohnsteuer** und die **Mehrwertsteuer,** die seit 2007 19 % beträgt; ein ermäßigter Satz von 7 % gilt u. a. für Lebensmittel und Bücher. Wichtigste Bundessteuern sind die Energiesteuern (vor allem auf Kraftstoffe). Ertragreichste Gemeindesteuer ist die **Gewerbesteuer,** von der aber eine Umlage Bund und Ländern zusteht.

Staatsverschuldung

Ende 2010 lasteten auf jedem Einwohner Deutschlands Staatsschulden in Höhe von rd. 21 000 Euro, umgerechnet 1,7 Billionen Euro auf der gesamten Bevölkerung. Von diesen entfielen auf den Bund 63 %, auf die Länder 32 %, auf die Gemeinden 5 %. Um die Bedeutung dieser Beträge auch im internationalen Vergleich abschätzen zu können, werden sie auf die gesamte Wirtschaftsleistung des Landes, das Bruttoinlandsprodukt (BIP), bezogen. Laut Kriterien des Europäischen Stabilitätspaktes soll die **Gesamtverschuldung** der einzelnen Länder den Wert von 60 % des BIP nicht überschreiten. Zum Vergleich: Deutschland lag 2009 mit etwa 73 % schon klar darüber. Mit der wachsenden Verschuldung muss der Staat immer mehr Zinsen zahlen, für die er neue Kredite aufnehmen muss. So findet eine **Schuldentilgung** faktisch nicht statt. In der Folge stehen immer weniger Mittel für Zukunftsinvestitionen und Reformvorhaben zur Verfügung.

Nach dem Grundgesetz darf der Bund sich in einem Haushaltsjahr höchstens in der Höhe der Ausgaben für Investitionen neu verschulden, es sei denn, der Bundesfinanzminister stellt eine „Störung des gesamtwirtschaftlichen Gleichgewichts“ fest. Hinzu kommt die Vorschrift, dass die Staaten der Eurozone pro Jahr nur Kredite in Höhe von 3 % ihres BIP aufnehmen dürfen. Um den **Sparzwang für die öffentliche Hand** weiter zu verschärfen, vereinbarte die Große Koalition 2009, im Grundgesetz eine **„Schuldenbremse“** zu verankern, die ab 2011 greifen soll. Danach dürfen Bund und Länder ab 2016 bzw. 2020 im Normalfall keine neuen Schulden mehr aufnehmen. Eine zu rigide Sparpolitik kann aber dazu führen, dass auf notwendige Investitionen verzichtet wird (z. B. in Forschung, Bildung, Infrastruktur, Umweltschutz).

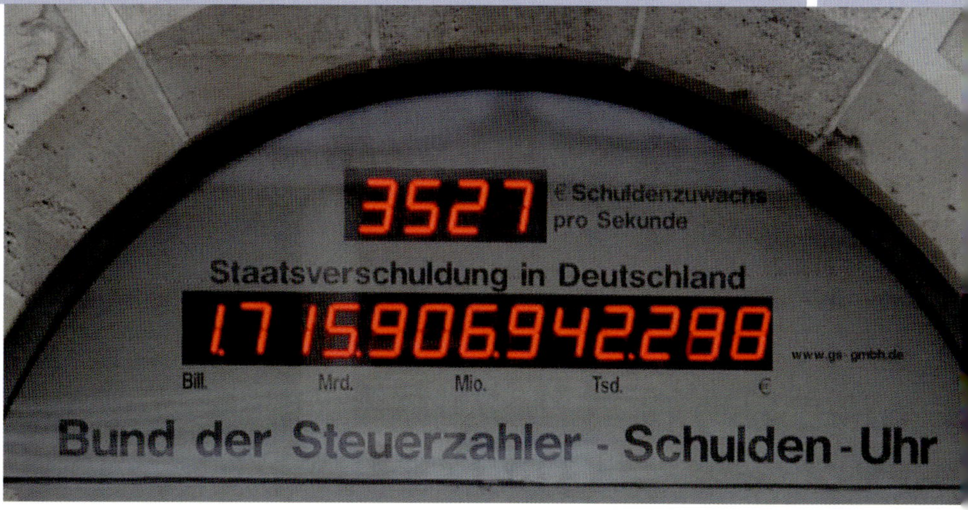

Die aktuelle Gesamtverschuldung der öffentlichen Hand in Deutschland zeigt die Schuldenuhr des Bundes der Steuerzahler in Berlin an (Stand: 28. September 2010).

Demokratie und Rechtsstaat

„Alle Staatsgewalt geht vom Volke aus." Dieser Satz im deutschen Grundgesetz (Artikel 20) ist Kern der Demokratie und hat eine Geschichte von 2500 Jahren. In der Demokratie konkurrieren Parteien um die politische Macht. Die Rechtstaatlichkeit gewährleistet Chancengleichheit, Freiheit und Sicherheit der Bürger.

Die Wurzeln der Demokratie

Das antike Athen besaß schon 509 v. Chr. eine Verfassung mit demokratischen Elementen. Die Blütezeit der Volksherrschaft endete, als Alexander der Große (356–323 v. Chr.) Athen unterwarf (338 v. Chr.). Auch im antiken Rom entwickelte sich ab dem 5. Jh. v. Chr. die Teilhabe der einfachen Bürger, der Plebejer, an der politischen Macht, bis die Römische Republik im 1. Jh. v. Chr. im Gefolge von Militärdiktaturen unterging.

Im Mittelalter und der frühen Neuzeit war der Durchbruch demokratischer Elemente mit dem Erstarken des Adels und des Bürgertums verbunden: Im Zuge der Reformation verbreitete sich die Idee von der Gleichheit der Menschen – vor Gott wie vor dem Gesetz. Mit der **Bill of Rights** begründete England 1689 das Zeitalter des modernen Parlamentarismus.

Die amerikanische Unabhängigkeitserklärung etablierte 1776 einen Verfassungsstaat, der die Freiheit und Gleichheit der Bürger garantiert. Die **Verfassung der USA** war vom Geist der Aufklärung getragen: Das Individuum galt nicht länger als rechtloses Wesen, sondern als selbstbestimmt. Zur Kontrolle der Macht propagierte der französische Staatstheoretiker Montesquieu (1689 bis 1755) das Prinzip der **Gewaltenteilung:** Neben Parlament und Regierung sollte die Rechtsprechung als „dritte Gewalt" über die Einhaltung der Gesetze wachen. Die Französische Revolution führte 1791 zur Verabschiedung einer Verfassung nach dem Vorbild der amerikanischen Unabhängigkeitserklärung.

In Deutschland beriefen die bürgerlichen Revolutionäre 1848 erstmals eine Nationalversammlung ein, scheiterten aber mit ihrem Verfassungsvorhaben. Erst 1919 kam es zur Verabschiedung einer demokratischen Verfassung. Die erste deutsche parlamentarische Demokratie **(Weimarer Republik)** konnte jedoch dem Druck der Verfassungsfeinde von rechts und links nicht standhalten. Nach nationalsozialistischer Diktatur und Zweitem Weltkrieg schufen die alliierten Westmächte demokratische

Parteien im Deutschen Bundestag

Die **CDU** (Christlich Demokratische Union) und die **CSU** (Christlich Soziale Union) bilden im Deutschen Bundestag eine Fraktion. Beide gelten als konservativ und setzen sich für christliche Grundwerte und soziale Marktwirtschaft ein.
Die **SPD** (Sozialdemokratische Partei Deutschlands) sieht sich als frühere Arbeiterpartei vor allem der sozialen Gerechtigkeit verpflichtet.
Bündnis 90/Die Grünen setzen sich stärker als andere Parteien für Umweltbelange und für mehr direkte Demokratie ein. Sie haben ihre Ursprünge auch in der Friedensbewegung der 1970er und 80er Jahre.
Die **FDP** (Freie Demokratische Partei) steht als liberale Partei für mehr Selbstbestimmung und Eigenverantwortung der Bürger.
Die Linke bzw. Linkspartei ging in Ostdeutschland aus der Sozialistischen Einheitspartei Deutschlands (SED), der Staatspartei der DDR, hervor, in Westdeutschland aus den Protesten gegen den 2003 beschlossenen Sozialabbau (Agenda 2010).

Strukturen, die 1949 in die Gründung der Bundesrepublik Deutschland und das **Grundgesetz** mündeten.

Demokratische Systeme

In den meisten **parlamentarischen Demokratien** wird die Regierung vom Parlament gewählt und kann durch dessen Misstrauensvotum wieder abgelöst werden. Umgekehrt kann unter bestimmten Bedingungen auch die Regierung oder das Staatsoberhaupt das Parlament auflösen. Der Regierungschef, in Deutschland der Bundeskanzler, bestimmt die **Richtlinien der Politik.** Das Staatsoberhaupt, in Deutschland der Bundespräsident, hat in erster Linie repräsentative Aufgaben. Gegenspieler der Regierung ist nicht das ganze Parlament, sondern die parlamentarische Opposition. Die in Europa noch verbliebenen Monarchien (u. a. in Großbritannien, Spanien, den Niederlanden, Dänemark) sind **parlamentarische Monarchien,** in denen der König oder die Königin als Staatsoberhaupt überwiegend repräsentative Pflichten wahrnimmt.

In einem **Präsidialsystem** wie z. B. in den USA sind Legislative und Exekutive stärker voneinander getrennt. Der vom Volk für vier Jahre gewählte Präsident ist als Staats- und Regierungschef nicht Mitglied des Parlaments. Präsident und Parlament kontrollieren einander, können sich gegenseitig aber normalerweise nicht entmachten. In Frankreich mischen sich parlamentarische und präsidiale Elemente: Staatsoberhaupt ist der direkt vom Volk auf fünf Jahre gewählte Präsident. Er arbeitet mit einem Ministerpräsidenten zusammen, der vom Vertrauen des Parlaments abhängig ist.

Deutsches Wahlsystem und Parteien

Die in der Regel 598 Bundestagsabgeordneten werden nach dem Grundgesetz (Artikel 39) in „allgemeiner, unmittelbarer, freier, gleicher und geheimer Wahl" gewählt. Für die Bundestagswahl hat der Wahlberechtigte zwei Stimmen: Mit seiner **Erststimme** wählt er einen Kandidaten aus seinem Wahlkreis (insgesamt 299), mit der Zweitstimme eine Partei. Die **Zweitstimme** ist für das Endergebnis wichtiger, denn auf dem Zweitstimmenanteil einer Partei beruht die Zahl ihrer Mandate. Die Fünf-Prozent-Sperrklausel soll verhindern, dass radikale Splitterparteien politisches Gewicht erhalten.

In Deutschland sind die **Parteien** die Akteure politischer Macht. Bundestagsabgeordnete sind zwar nur ihrem Gewissen verpflichtet, in der Praxis aber gehalten, die Linie ihrer Partei mitzutragen.

Direkte Demokratie

In der direkten Demokratie beschränkt sich die Volkssouveränität nicht auf einen periodischen Wahlakt, sondern hier entscheiden die Bürger auch über Sachfragen. Dies kann in den Kommunen z. B. durch Beteiligung der Bürger an Planverfahren, durch Bürgerbegehren und Bürgerentscheidungen geschehen. Auf der Ebene des Gesamtstaates können die Stimmberechtigten mittels **Volksinitiativen** Gesetzesvorlagen ins Parlament einbringen, durch **Volksbegehren** und **Volksentscheide** schon verabschiedete Gesetze zurückweisen oder über wichtige Sachfragen abstimmen. Musterbeispiel für eine solche Demokratie ist die Schweiz. In Deutschland sieht das Grundgesetz lediglich bei der Neugliederung des Bundesgebietes einen Volksentscheid vor (Artikel 29 GG). Mehr direktdemokratische Elemente finden sich in einigen Länderverfassungen. Vor allem auf kommunaler Ebene wurden seit den 1990er Jahren verstärkt Bürgerbegehren und Bürgerentscheide eingeführt.

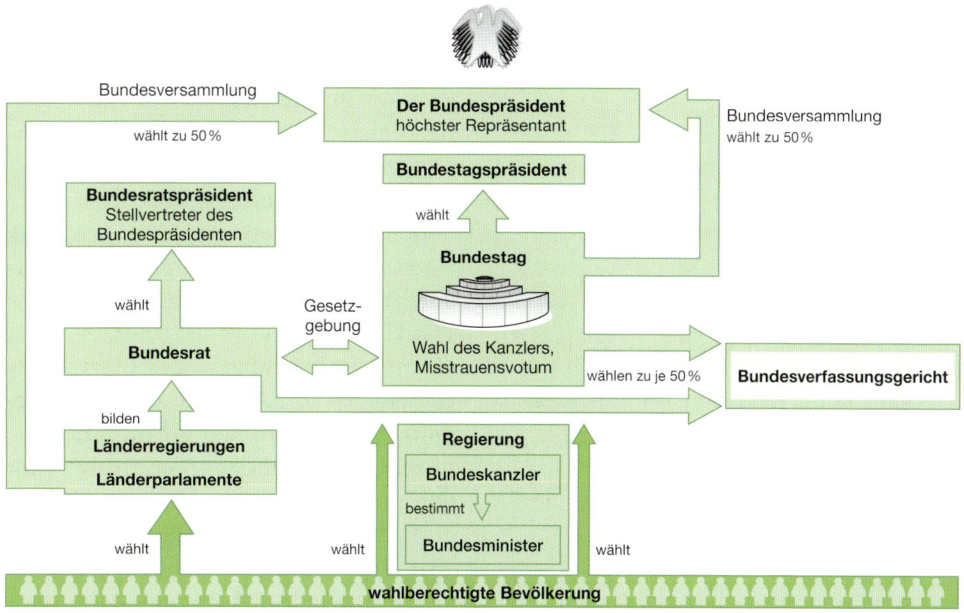

Das bundesdeutsche Regierungssystem ist eine parlamentarische Demokratie.

Konrad Adenauer (1876–1967), Präsident des Parlamentarischen Rates und erster Kanzler der neuen Bundesrepublik Deutschland, unterzeichnet am 23. Mai 1949 in Bonn das Grundgesetz.

Das Grundgesetz: die deutsche Verfassung

Eine Staatsverfassung beschreibt die Aufgaben der obersten Staatsorgane, legt die Regeln für das Funktionieren des Staatswesens fest und enthält die Grund- und Freiheitsrechte der Bürger. Sie ist die für Staat und Bürger verbindliche oberste Rechtsnorm. Die Verfassung der Bundesrepublik Deutschland ist das Grundgesetz (GG).

Das GG, und damit die demokratische Tradition in Deutschland, hat zwei Vorläufer: Die Verfassung des Deutschen Reiches wurde nach der Revolution von 1848 am 27. März 1849 von der deutschen Nationalversammlung in der Frankfurter Paulskirche beschlossen. Sie enthielt einen umfangreichen Grundrechtekatalog, kam aber nicht zur Geltung, weil das angestrebte einheitliche Deutsche Reich nicht zustande kam. Nach dem Untergang des Kaiserreichs im Gefolge des Ersten Weltkriegs trat die Verfassung der Weimarer Republik am 11. August 1919 in Kraft. Aus deren Fehlern, die der Machtergreifung der Nationalsozialisten (1933) Vorschub geleistet hatten, zogen die „Verfassungsväter" des Grundgesetzes Lehren.

Die Geschichte des Grundgesetzes

Auf Initiative der alliierten Besatzungsmächte und der Ministerpräsidenten der westdeutschen Länder trat im September 1948 der **Parlamentarische Rat** zur Beratung einer Verfassung zusammen. Am 23. Mai 1949 verkündete der Vorsitzende des Parlamentarischen Rats, Konrad Adenauer, das GG für die neu gegründete Bundesrepublik Deutschland. Die DDR gab sich am 30. Mai 1949 eine eigene Verfassung. Seit der deutschen Vereinigung am 3. Oktober 1990 gilt das GG für – wie es in der heute gültigen Präambel heißt – „das gesamte deutsche Volk". In den 60 Jahren seines Bestehens ist das GG häufig geändert worden, um den grundlegenden gesellschaftlichen und politischen Veränderungen Rechnung zu tragen. Für Änderungen des GG bedarf es jeweils einer **Zweidrittelmehrheit** von Bundestag und Bundesrat.

Freiheitlich-demokratische Grundordung

Das GG besteht aus 146 Artikeln in elf Abschnitten. Abschnitt I (Artikel 1–19) legt die **Grundrechte** fest. Abschnitt II bis VIIIa beschreiben die **Staatsform**, das föderale System (→ S. 418), die Staatsorgane und die Aufgaben der Staatsverwaltung. Abschnitt IX befasst sich mit der **Rechtsprechung.** Die Abschnitte X und Xa regeln das **Finanzwesen** und befassen sich mit dem **Verteidigungsfall.** Übergangs- und Schlussbestimmungen finden sich in Abschnitt XI.

Artikel 1 des GG lautet: „Die Würde des Menschen ist unantastbar. Sie zu beachten und zu schützen ist Verpflichtung aller staatlichen Gewalt." Dieser Auftrag bindet als unmittelbar geltendes Recht sowohl Gesetzgebung als auch vollziehende Gewalt und Rechtsprechung. Es dürfen keine Gesetze erlassen oder Maßnahmen ergriffen werden, welche die Menschenwürde verletzen.

Eng mit der Menschenwürde verwandt sind das Recht auf Leben und körperliche Unversehrtheit sowie die freie Entfaltung der Persönlichkeit. Der allgemeine Gleichheitsgrundsatz fordert die Gleichbehandlung aller Menschen vor dem Gesetz (u. a. Männer und Frauen). Weiterhin sind im GG Glaubens-, Gewissens- und Religionsfreiheit gewährleistet, ebenso die Meinungs-, Informations- und Pressefreiheit. Unter einem besonderen staatlichen Schutz stehen Ehe und Familie. Nach Artikel 19 Absatz 2 GG dürfen die Grundrechte in ihrem Wesensgehalt nicht geändert werden.

Was ist ein Rechtsstaat?

Zu den Grundprinzipien eines demokratischen Verfassungsstaats gehört eine Rechtsordnung, in der dem Bürger unaufhebbare Grundrechte zustehen (z. B. wie in Abschnitt I des deutschen Grundgesetzes niedergelegt). Staatliches Handeln ist an Gesetze gebunden und kann von unabhängigen Gerichten überprüft werden. Die staatlichen Grundfunktionen werden nach dem Rechtsstaatsprinzip auf verschiedene, weitgehend voneinander unabhängige Organe aufgeteilt (Gewaltenteilung).

Gewaltenteilung und Gewaltenverschränkung

Die Gewaltenteilung soll eine zu starke Konzentration und den Missbrauch politischer Macht verhindern. Unterschieden wird zwischen drei Gewalten, die jeweils unabhängigen Staatsorganen zugewiesen werden: Legislative (gesetzgebende Gewalt: Parlament), Exekutive (vollziehende Gewalt: Regierung/Verwaltung) und Judikative (rechtsprechende Gewalt: Gerichte). Die **Legislative** besteht aus den vom Volk gewählten Abgeordneten in den Parlamenten; sie formuliert und beschließt Gesetze, die von der Exekutive angewendet und durchgesetzt werden. Zur **Exekutive** zählen neben der Regierung auch die Verwaltung, Ministerien und Behörden, in denen Beamte als Staatsbedienstete tätig sind, z. B. die Polizei, aber auch der Bundespräsident. Die dritte Gewalt in einem demokratischen Rechtsstaat ist die **Judikative,** also unabhängige Gerichte, die jedem Bürger gemäß den Gesetzen zu seinem Recht verhelfen sollen.

Damit das Staatswesen funktionsfähig bleibt, wurde in manchen Verfassungen vom strikten Prinzip der Gewaltenteilung abgewichen (Gewaltenverschränkung). So sind in Deutschland z. B. die Mitglieder der Regierung in aller Regel auch Bundestagsabgeordnete und gehören damit sowohl der Exekutive als auch der Legislative an. Zudem hat die Bundesregierung das Recht, eigene Gesetzesentwürfe in den Bundestag einzubringen. Der Bundesrat als Teil der Legislative besteht aus Vertretern der Regierungen (der Exekutive) der Bundesländer. Die Gerichte hingegen sind auch in der Praxis unabhängig.

Der Bundesrat ist als Vertretung der 16 deutschen Länder an den Gesetzesentscheidungen des Bundes maßgeblich beteiligt; Blick in eine Bundesratssitzung in Berlin.

Das Bundesverfassungsgericht mit Sitz in Karlsruhe wird häufig als „Hüter der Verfassung" bezeichnet. Es besteht aus zwei Senaten mit je acht Richtern – im Bild der Erste Senat bei einer Urteilsverkündung im Februar 2008.

Im Namen des Volkes: Recht und Justiz

Im demokratischen Staat schafft das Parlament (Legislative) durch die Verabschiedung von Gesetzen Rechtsnormen, die für alle Bürger in gleicher Weise gelten. Die Umsetzung des Rechts und die Anwendung der Gesetze ist Sache der Regierung und der Verwaltung (Exekutive), wobei die staatlichen Organe selbst an Recht und Gesetz gebunden sind und nicht willkürlich handeln dürfen.

Wie Recht gemacht wird

Am Anfang eines Gesetzes steht zunächst ein **Gesetzentwurf,** der aus dem Bundestag selbst, von der Bundesregierung oder vom Bundesrat in die parlamentarische Beratung eingebracht wird. Nach Erörterung in Ausschüssen und mehreren sog. **Lesungen** im Plenum beschließt der Bundestag die Vorlage – gegebenenfalls mit Veränderungen am Gesetzestext. Nun wird das Gesetz an den Bundesrat weitergegeben. Einige Gesetze können nur zustande kommen, wenn sie vom Bundesrat gebilligt werden. Handelt es sich um ein Gesetz, das keiner Zustimmung des Bundesrats bedarf, so kann die Ländervertretung lediglich Einspruch erheben, der aber vom Bundestag mit einfacher Mehrheit zurückgewiesen werden kann. Wenn das Gesetz beschlossen ist, wird es dem Bundespräsidenten zugeleitet. Er unterzeichnet das Gesetz und verkündet es im **Bundesgesetzblatt,** hat aber dank seines Vetorechts auch die Möglichkeit, bei schwerwiegenden Bedenken die Ausfertigung des Gesetzes zu blockieren.

Wie Recht gesprochen wird

Die Gerichte in einem Rechtsstaat sind unabhängig. Ihre Richter sind nicht weisungsgebunden, das heißt, weder die Regierung noch andere staatliche Institutionen dürfen einen Richter in seinen Entscheidungen beeinflussen. **Richter** sind allein dem Gesetz verpflichtet und müssen ihre Urteile nach Recht und Gesetz fällen.

In einem Verfahren muss das Gericht die geltenden Gesetze auf den vorliegenden Fall anwenden und – falls ein Gesetzesverstoß vorliegt – eine **Rechtsfolge** (im Strafgerichtsprozess z. B. eine Haftstrafe) festlegen. Im Allgemeinen muss das Gericht jedoch zunächst den Sachverhalt klären, da Kläger und Beklagte dem Gericht oft unterschiedliche Ansichten des Sachverhalts darlegen. Zur Klärung werden Beweismittel sowie Zeugenaussagen herangezogen. Falls die Schuld des Beklagten nicht eindeutig festgestellt werden kann, gilt der Grundsatz „im Zweifel für den Angeklagten".

Jeder Einzelbereich der Gerichtsbarkeit hat mehrere Stufen, Instanzen genannt. Gegen ein Urteil der unteren Instanz kann man **Berufung** einlegen. Dann wird der Prozess von der nächsthöheren Instanz noch einmal geprüft. Gegen deren Urteil ist **Revision** zulässig. Oberste Stufe der ordentlichen Gerichtsbarkeit ist der Bundesgerichtshof.

Öffentliches Recht, Privatrecht, Strafrecht

Das Verfassungsrecht, das Staatsrecht (z. B. die Wahlgesetzgebung), das Verwaltungsrecht, das Steuerrecht sowie das Sozialrecht sind Bereiche des **öffentlichen Rechts.** Für sie sind z. B. die Verfassungsgerichte der Länder, das Bundesverfassungsgericht, die Verwaltungsgerichte, die Finanzgerichte und die Sozialgerichte zuständig.

Das **Privatrecht** regelt die Beziehungen zwischen einzelnen Bürgern sowie zwischen Bürgern und privaten Institutionen und gesellschaftlichen Gruppen. Die entsprechenden Regelungen sind hauptsächlich im **Bürgerlichen Gesetzbuch (BGB)** zu finden. Für privatrechtliche Streitfälle sind die Zivilgerichte zuständig. Für Probleme und Konflikte zwischen Arbeitnehmern und Arbeitgebern gibt es hingegen die Arbeitsgerichte.

Das **Strafrecht** schützt die grundlegenden Elemente des Gemeinschaftslebens, u. a. Leib und Leben des Einzelnen und sein Privateigentum. Gegen Personen, die diese wichtigen Rechtsgüter verletzen, kann der Staat Strafen (z. B. Haftstrafen, Geldbußen) verhängen. Das Strafrecht ist in einem **Strafgesetzbuch (StGB)** und strafrechtlichen Nebengesetzen (z. B. Straßenverkehrsgesetz) geregelt. Zuständig für Strafrechtssachen sind innerhalb der ordentlichen Gerichtsbarkeit die Strafgerichte.

Die Hüter des Grundgesetzes

Das oberste deutsche Gericht in allen Fragen, die das Grundgesetz betreffen, ist das **Bundesverfassungsgericht** (BVerfG) in Karlsruhe. Die 16 Verfassungsrichter werden je zur Hälfte von Bundestag und vom Bundesrat gewählt, ihre Amtszeit von zwölf Jahren kann nicht erneuert werden. Die Richter sind keinerlei Weisungen unterworfen, Entscheidungen des BVerfG können nicht angefochten werden und alle Staatsorgane sind daran gebunden.

Das BVerfG soll den Rechtsstaat für den Bürger durchsetzen und darauf achten, dass sich auch die Staatsorgane an die Gesetze halten. Deshalb kann jeder Bürger mit einer **Verfassungsbeschwerde** das Gericht anrufen, wenn er seine Grundrechte verletzt sieht. Außerdem überprüft das BVerfG die Gesetze auf ihre Verfassungsmäßigkeit und kann sie notfalls für ungültig erklären. Auch über Streitigkeiten zwischen den Staatsorganen über ihre Aufgaben und Rechte **(Organstreit)** entscheiden die Verfassungsrichter. Zu den Aufgaben des Gerichts gehört es auch, Parteien auf ihre Verfassungsmäßigkeit hin zu überprüfen.

Das Bürgerliche Gesetzbuch

Das Bürgerliche Gesetzbuch (BGB) ist die Grundlage der ordentlichen Gerichtsbarkeit in Deutschland. Es trat am 1. Januar 1900 in Kraft. Damit galt erstmals in allen deutschen Ländern ein einheitliches Privatrecht, das in den Jahrzehnten seiner Geltung jedoch weiterentwickelt und vielfach geändert wurde. Es gliedert sich in fünf Teile: Nach dem Allgemeinen Teil mit den für die Rechtsverhältnisse geltenden Regeln (z. B. Rechts- und Geschäftsfähigkeit, Verträge, Verjährung) regelt es das Recht der Schuldverhältnisse (zwischen Gläubigern und Schuldnern), das Sachenrecht (u. a. Recht an Besitz und Eigentum), das Familienrecht und das Erbrecht.

Innere und äußere Sicherheit

Europol

Das Europäische Polizeiamt (Europol) ist die Strafverfolgungsbehörde der Europäischen Union (EU) mit Sitz in Den Haag (Niederlande). Seit 1999 unterstützt Europol die EU-Mitgliedstaaten über die Grenzen hinweg bei der Strafverfolgung der international organisierten Kriminalität. Entsprechend sind ihre Hauptarbeitsbereiche die Bekämpfung des illegalen Drogen- und Waffenhandels, des Terrorismus und der Geldwäsche. Eigene Ermittlungen führt Europol nicht durch. Die rd. 500 Mitarbeiter in Den Haag sind hauptsächlich dafür zuständig, den Informationsaustausch zwischen den nationalen Polizeibehörden zu erleichtern, kriminalpolizeiliche Analysen zu erstellen und die nationalen Strafverfolgungsbehörden zu beraten.

Wie die äußere Sicherheit gehört die innere Sicherheit, das heißt der Schutz des Bürgers vor Kriminalität, zu den wichtigsten Aufgaben des Staates. Während Ordnungswidrigkeiten als einfache Alltagsdelikte nur mit Geldbußen geahndet werden, kommt es bei Straftaten, die sog. elementare Rechtsgüterverletzungen darstellen, in der Regel zu einer Anklage vor Gericht. Die Zahl der polizeilich erfassten Straftaten lag in Deutschland 2009 bei 6,05 Mio. Die Aufklärungsquote betrug knapp 56 %. Dabei entfielen rd. 39 % aller erfassten Straftaten auf **Diebstahlsdelikte.** Im europaweiten Vergleich liegt die Kriminalität in der Bundesrepublik Deutschland damit im Mittelfeld.

Als **schwere Gewaltkriminalität** gelten nach der Definition des Bundeskriminalamts (BKA) Verbrechen wie Mord, Totschlag, Vergewaltigung und sexuelle Nötigung, Raub, Körperverletzung mit Todesfolge, gefährliche und schwere Körperverletzung sowie Geiselnahme. Aber auch Straftaten, durch die das Wirtschaftssystem für kriminelle Zwecke missbraucht wird, wie Konkursstraftaten, Untreue und Betrug sowie Computerkriminalität werden als **schwere Kriminalität** bewertet. Dasselbe gilt für die organisierte Kriminalität und Umweltkriminalität (wie beispielsweise Gewässerverunreinigung).

Strafverfolgung

Die öffentliche Sicherheit und Ordnung, die Abwehr drohender Gefahr und die Verfolgung von Straftaten ist Sache der **Polizei.** Zu diesem Zweck darf sie innerhalb gesetzlicher Grenzen unmittelbare Gewalt anwenden. Nach dem Grundgesetz ist die Organisation der Polizei Sache der Bundesländer, entsprechend sind die Innenminister der Länder politisch verantwortlich für ihre jeweilige Landespolizei. Auf Bundesebene gibt es zudem die **Bundespolizei.** Sie ist dem Bundesinnenminister unterstellt und hat neben der Grenzkontrolle zahlreiche Aufgaben, die sich vor allem auf den Schutz der Staatsorgane und Bundeseinrichtungen, internationale Polizeizusammenarbeit und Bekämpfung des Terrorismus beziehen.

Das **Bundeskriminalamt** (BKA) koordiniert die Zusammenarbeit von Bund und Ländern bei der länderübergreifenden Verbrechensbekämpfung. Beim BKA sind alle wichtigen Informationen über Straftaten und -täter zentral gespeichert. Auf seine Daten können nicht nur die nationale Polizei, sondern auch **Europol** und **Interpol** (europäische und internationale Polizei) zurückgreifen.

Aufgabe der Polizei als Teil der Exekutive ist die Erhaltung bzw. Wiederherstellung der öffentlichen Sicherheit und Ordnung; im Bild Polizeiketten zwischen gegnerischen Fußballfans in Frankfurt am Main während der Weltmeisterschaft 2006.

Extremismus – Terrorismus

In Deutschland gilt als politischer Extremist, wer die freiheitlich-demokratische Grundordnung des Verfassungsstaates grundsätzlich ablehnt und Gewalt zur Durchsetzung seiner politischen Ziele nicht ausschließt. In den 1970er und 1980er Jahren sorgten die Linksterroristen der **Rote-Armee-Fraktion** (RAF) mit zahlreichen Entführungen und tödlichen Anschlägen für ein angespanntes innenpolitisches Klima. Die Situation eskalierte im Herbst 1977, als die Freipressung inhaftierter führender RAF-Terroristen durch die Entführungen des Arbeitgeberpräsidenten Hanns-Martin

Die Bundeswehr war Teil der Stabilisation Force (SFOR) 1998–2004 in Bosnien-Herzegowina.

Schleyer sowie einer Passagiermaschine der Lufthansa scheiterte. Die Aktion endete mit der Ermordung Schleyers und dem Selbstmord der drei RAF-Kader. 1998 löste sich die RAF auf. Seit Ende der 1990er Jahre, besonders aber nach den Terroranschlägen vom 11. September 2001 in den USA, wird der **religiös motivierte Extremismus** als größtes Sicherheitsproblem betrachtet. Zur Bekämpfung des Terrorismus wurden auch in Deutschland zahlreiche Gesetze mit erweiterten Befugnissen der Sicherheitsbehörden, etwa des Bundeskriminalamts, verabschiedet.

Rechtsextremistische Parteien haben in Deutschland vergleichsweise wenig Einfluss und sind in der Vergangenheit bei Bundestagswahlen regelmäßig an der Fünf-Prozent-Hürde gescheitert. In einigen Regionen in Ostdeutschland konnte sich die Nationaldemokratische Partei Deutschlands (NPD) jedoch gesellschaftlich verankern und zog in Sachsen (2004 und 2009) und in Mecklenburg-Vorpommern (2006) in die Landesparlamente ein. Jedoch sind – z. T. in enger Verbindung mit der NPD – seit den 1980er Jahren eine Reihe von Gruppierungen militanter **Neonazis** entstanden.

Bundeswehr und NVA

Mit Erlangung ihrer (eingeschränkten) Souveränität 1955 stellten beide deutsche Staaten die Bevölkerung wieder unter Waffen und Wehrpflicht: Die **Bundeswehr** der Bundesrepublik Deutschland sollte im Rahmen der NATO an vorderster Front einen möglichen Angriff des Warschauer Paktes abwehren helfen, die **Nationale Volksarmee** (NVA) der DDR die „Errungenschaften des Sozialismus" gegen den Westen verteidigen.

Mit dem Beitritt der DDR zur Bundesrepublik 1990 wurde die NVA aufgelöst. Die Bundeswehr beteiligte sich von nun an verstärkt an **Friedensmissionen** der UNO und Interventionen der NATO. So stimmte der Deutsche Bundestag, der jeden Einsatz der Bundeswehr genehmigen muss, 1995 der Beteiligung an einer Schutztruppe für UNO-Blauhelme im Bosnien-Krieg zu, 1999 der Beteiligung an den Luftangriffen der NATO gegen Serbien im Kosovokonflikt. Die größten **Auslandseinsätze** der Bundeswehr 2010 umfassten die Beteiligung an internationalen Streitkräften in Afghanistan (ISAF, ab 2002) und im Kosovo (KFOR, ab 1999).

Sicherheit um jeden Preis?

Zu den umstrittensten Methoden der Sicherheitsbehörden zählt der **große Lauschangriff**: die akustische Wohnraumüberwachung durch elektronisches „Verwanzen" und das Abhören von Gesprächen. Um sie zu legalisieren, wurde 1998 Artikel 13 GG geändert, der die Unverletzlichkeit der Wohnung garantiert. In den Kernbereich der Privatsphäre darf die Polizei jedoch nur bei Verdacht auf besonders schwere Straftaten vordringen, d. h. wenn diese mit mehr als fünf Jahren Haftstrafe belegt sind. Festgehalten werden dürfen nur Gesprächsinhalte, die mit diesen Straftaten zusammenhängen.

Die **Onlinedurchsuchung**, das heimliche Ausspähen von Daten im Computer eines Verdächtigen durch die Sicherheitsbehörden, erlaubte das Bundesverfassungsgericht im Februar 2008 nur für den Fall, dass Menschenleben oder der Bestand des Staates konkret gefährdet sind. Eine Onlinedurchsuchung muss zuvor grundsätzlich von einem Richter genehmigt werden. Auch Vertrauenspersonen von Verdächtigen wie Anwälte, Ärzte und Journalisten können in die Überwachung einbezogen werden.

Leben und arbeiten im Sozialstaat

Wenn Menschen zusammenleben, brauchen sie Rahmenbedingungen, die die sozialen, politischen und wirtschaftlichen Beziehungen regeln. Unsere demokratische Gesellschaftsordnung verbindet die Prinzipien der freien Marktwirtschaft mit den Ansprüchen des Sozialstaats.

Zwei Wirtschaftssysteme, zwei Politiksysteme

Nach dem Zweiten Weltkrieg konkurrierten weltweit zwei grundverschiedene Ausgangsmodelle zur Ordnung der Wirtschaft miteinander: Die **Marktwirtschaft,** die den einzelnen Wirtschaftssubjekten einen möglichst großen Entscheidungsspielraum einräumt, stand gegen die zentralstaatlich gelenkte **Planwirtschaft.** Der Organisation der Wirtschaft nach den gegensätzlichen Prinzipien von Kapitalismus und Kommunismus entsprach die politische Blockbildung im Kalten Krieg: Auf der einen Seite standen die demokratisch regierten westlichen Industrieländer, auf der anderen die von kommunistischen Einheitsparteien geführten Staaten, allen voran die Sowjetunion. Deren rigide Planwirtschaft scheiterte im **„Wettlauf der Systeme"** und bewirkte maßgeblich den Zusammenbruch der gesamten Ordnung. Mit den **politischen Reformen** in der Sowjetunion und den ostmitteleuropäischen Staaten ab Ende der 1980er Jahre vollzog sich auch ein eiliger Übergang zur Marktwirtschaft. In China suchte die kommunistische Führung einen eigenen Weg, um die Marktwirtschaft schrittweise einzuführen, ohne ihr politisches Herrschaftsmonopol zu gefährden.

Das neue China

Das kommunistische China startete in den 1980er Jahren ein großes Experiment: die Umwandlung der Plan- in eine „sozialistische" Marktwirtschaft. Das Land sollte moderner, kapitalistischer werden, das Machtmonopol der KP aber nicht angetastet werden. So entstanden Sonderwirtschaftszonen und Jointventures, also Firmen mit ausländischer Beteiligung. Überall im Land regte sich Privatinitiative, Millionen von Wanderarbeitern bauten Bürostädte und Bankentürme. China wurde immer stärker in die Weltwirtschaft integriert und löste Ende des letzten Jahrzehnts Deutschland als „Exportweltmeister" ab. Der Preis war hoch: Ressourcenverbrauch, Umweltverschmutzung, schlechte Arbeitsbedingungen, soziale Ungleichheit.

Planwirtschaft

Zu den Hauptmerkmalen der sozialistischen Planwirtschaft gehört, dass der Staat **Eigentümer der Produktionsmittel** ist und die grundlegenden Wirtschaftsprozesse in **Wirtschaftsplänen** festlegt. Die Unternehmen haben kaum Entscheidungsspielraum, denn allein der Staat bestimmt Menge und Art der produzierten Güter. Auch den Preis kann der Staat nach politischen Erwägungen gestalten.

Diesem Modell liegt die Vorstellung zugrunde, dass nur durch vorausschauende Planung der gesellschaftliche Wohlstand erwirtschaftet und gerecht verteilt werden kann. In der Realität hat sich dieses Konzept als illusionär erwiesen. Im Endeffekt gehen solche Planungen über

Bauern demonstrieren im November 2008 in Paris gegen sinkende Einkommen in der von der EU subventionierten Landwirtschaft.

die konkreten Bedürfnisse der Menschen hinweg und diese verweigern dem wirtschaftlichen **Zwangssystem** schließlich ihre Leistungsbereitschaft.

Grundzüge der Marktwirtschaft

Hauptmerkmale der Marktwirtschaft sind das **Recht auf privates Eigentum** und die freie Entscheidung aller am Wirtschaftsleben Beteiligten darüber, was sie produzieren bzw. konsumieren möchten. Unternehmen treffen ihre Produktionsentscheidung z. B. danach, welche Güter den höchstmöglichen Gewinn bei möglichst geringen Herstellungskosten erwarten lassen. Ob sie im **freien Wettbewerb** mit anderen Anbietern erfolgreich sind, bestimmt sich durch den Preis. Der regelt sich nach **Angebot und Nachfrage:** Ist das Angebot knapp und die Nachfrage hoch, kann der Hersteller in der Regel mehr dafür erzielen als für ein Produkt, das den Markt überschwemmt und beim potenziellen Käufer auf wenig Interesse stößt (→S. 409).

Von der freien Marktwirtschaft …

Ein erstes Modell der freien Marktwirtschaft entwarf der schottische Nationalökonom Adam Smith (1723–1790). Er ging davon aus, dass das Gewinnstreben aller am Wirtschaftsleben Beteiligten dafür sorge, dass die Wirtschaft sich ohne Eingriffe des Staates selbst reguliert. Eine echte „freie" Marktwirtschaft hat es jedoch nie gegeben. Dem Staat verblieb die Aufgabe, die gesetzlichen und institutionellen **Rahmenbedingungen** für das Funktionieren der Marktwirtschaft zu schaffen, z. B. das Recht auf Privateigentum und freien Wettbewerb zu sichern und für die Einhaltung von Verträgen zu sorgen. Er wird darüber hinaus auch in Anspruch genommen, um die Mängel der Marktwirtschaft auszugleichen. Denn das am Gewinnstreben ausgerichtete Wirtschaften ist in der Regel kurzfristig orientiert. Es verursacht mitunter wirtschaftliche Krisen, wie 2008 auf den Finanzmärkten, oder soziale Verwerfungen und vernachlässigt mögliche negative Folgen, z. B. Umweltverschmutzung.

… zur sozialen Marktwirtschaft

Durch Recht und Gesetz nimmt der Staat selbst Einfluss auf das Wirtschaftsgeschehen. So versucht er z. B. durch **Kartellvorschriften** allzu große wirtschaftliche Macht zu verhindern oder mittels **Umweltauflagen** die weitere Zerstörung der Umwelt durch eine ungehinderte Produktion einzudämmen. Mit sozialen Maßnahmen schützt er darüber hinaus den Einzelnen vor gesellschaftlich nicht akzeptablen Folgen von Arbeitslosigkeit, Krankheit und Alter. In der sozialen Marktwirtschaft wird der freie Wettbewerb durch **soziale Regelungen** und Leistungen, die der Markt nicht liefern kann, ergänzt. In welchem Umfang staatliche Eingriffe in das Wirtschaftssystem zu befürworten sind, ist letztlich eine ideologische Frage, um die sich die politischen Parteien streiten.

Propagandaplakat von 1953 für den ersten mehrjährigen Wirtschaftsgesamtplan in der DDR, den Fünfjahrplan (1951–1955)

Die Förderung von Ehe und Familie wird als besonders wichtige, weil staatserhaltende Maßnahme gesehen: Jeder neugeborene Bundesbürger ist ein potenzieller Steuerzahler.

Der Sozialstaat

Alle Bürger sollen ein menschenwürdiges Leben führen können und in der Gesellschaft soll es sozial gerecht zugehen – das sind die obersten Ziele eines Sozialstaats. Um sie zu erreichen, knüpft er ein „soziales Netz", das die Bürger vor dem sozialen Absturz bewahren soll. Auch die Chancenungleichheit für Menschen unterschiedlicher Herkunft soll vermindert werden. Ein solcher Sozialstaatsgedanke setzt voraus, dass sich alle Bürger durch Steuern und Sozialabgaben an der Finanzierung des sozialen Netzes beteiligen.

Gesetzliche Grundlagen

In Deutschland verpflichtet das Grundgesetz sowohl den Bundesstaat als auch die Bundesländer ausdrücklich auf den **Sozialstaatsgedanken** (in Artikel 20 Absatz 1 bzw. Artikel 28 Absatz 1). Auch Artikel 72 Absatz 2, in dem der Bund angehalten wird, für die „Herstellung gleichwertiger Lebensverhältnisse im Bundesgebiet" zu sorgen, enthält das Sozialstaatsgebot. Einzelne **soziale Grundrechte** wie das Recht auf Arbeit, Wohnung oder Bildung, die vor Gericht einklagbar wären, legt das Grundgesetz allerdings nicht fest.

Das soziale Netz

Alle Systeme zur sozialen Sicherung, die finanzielle Mittel zur Verfügung stellen, bilden das sog. soziale Netz. Dessen wichtigstes Element ist die **Sozialversicherung,** in der sich etwa 80 % aller Erwerbspersonen versichern müssen. Sie setzt sich aus gesetzlichen Pflichtversicherungen zusammen, die fünf Schutzfelder abdecken: Arbeitslosigkeit (→S. 437), Altersarmut, Krankheit, Pflegebedürftigkeit und Unfallinvalidität. Nach dem **Solidaritätsprinzip** zahlen alle Versicherten (und deren Arbeitgeber) Beiträge in eine gemeinsame Kasse ein, aus der dann bei Eintreten des Versicherungsfalls (z. B. durch Krankheit oder Erreichen des Rentenalters) den Anspruchsberechtigten geholfen wird. Zur **sozialen Grundsicherung** zählen u. a. auch das staatliche Sozialgeld für nicht erwerbsfähige Hilfsbedürftige und Leistungen für Eltern.

In Deutschland werden für Sozialleistungen etwa 30 % der gesamten wirtschaftlichen Wertschöpfung des Landes (Bruttoinlandsprodukt) aufgewendet. Daran haben die gesetzlichen Sozialversicherungssysteme einen Anteil von mehr als zwei Dritteln.

Sozialleistungen

Sozialleistungen	Betrag
Rentenversicherung (Arbeiter, Angest, Knappsch.)	253,4 Mrd. €
Krankenversicherung	160,9 Mrd. €
Leistungen der Bundesagentur für Arbeit	48,1 Mrd. €
Kindergeld	28,9 Mrd. €
Pflegeversicherung	20,3 Mrd. €
Arbeitslosengeld II („Hartz IV")	19,5 Mrd. €
Unfallversicherung	14,7 Mrd. €
Finanzierung der Sozialversicherung durch	
Sozialbeiträge der Arbeitgeber	232,4 Mrd. €
Sozialbeiträge der Versicherten	177,7 Mrd. €

Quelle: 2008/09

Die Arbeitswelt

Zu allen Zeiten mussten Menschen arbeiten, um zu überleben. Auch für das Funktionieren einer Gesellschaft ist Arbeit unverzichtbar. Neben Boden und Kapital ist Arbeit der dritte grundlegende Produktionsfaktor, der eingesetzt werden muss, um Güter zu produzieren oder Dienstleistungen zu erbringen. Arbeit hat viele Gesichter: Sie reicht von der Fließbandarbeit bis zur hoch spezialisierten Forschungsarbeit von Wissenschaftlern. Neue Produktionstechniken verändern den Charakter der Arbeit beständig und machen sie z. T. auch leichter. Schwere körperliche Arbeit wird in Zukunft seltener werden. Stattdessen müssen wir uns durch lebenslanges Lernen auf immer neue Herausforderungen einstellen.

Beruf und Berufung

In seinem Beruf konzentriert man sich auf eine bestimmte Arbeit, die auf speziellen Fähigkeiten und Kenntnissen gründet. Durch technischen Fortschritt und zunehmende arbeitsteilige **Spezialisierung** bilden sich neue Berufe heraus, während zugleich solche untergehen, die nicht mehr benötigt werden. Vor diesem Hintergrund gewinnen heute sog. Schlüsselqualifikationen wie z. B. Lernfähigkeit und Flexibilität zunehmend an Bedeutung.

Zur Sicherung qualifizierten Nachwuchses entstand in Deutschland ein System der **beruflichen Bildung,** in dem die duale Ausbildung eine besondere Rolle spielt: Dabei ergänzen sich die Lehre in einem Betrieb und der Besuch der Berufsschule. Daneben wird unterschieden zwischen betrieblicher und schulischer Ausbildung (z. B. Berufsfachschule oder Berufskolleg) und dem Studium an einer Fachhochschule oder Universität. Durch Fort- und Weiterbildung kann sich der Berufstätige den geänderten Anforderungen im Laufe seines Berufslebens anpassen. Befriedigung und äußerer Erfolg hängen wesentlich von einem Beruf ab, der mit der inneren Berufung übereinstimmt. Im Idealfall dient bezahlte Arbeit nicht nur dem Lebensunterhalt, sondern auch der Selbstverwirklichung und dem sozialen Aufstieg. Die **freie Wahl des Berufs** gehört zu den Grundrechten (Artikel 12 des Grundgesetzes).

Arbeit und Recht

Den Rahmen für die Ausgestaltung eines Arbeitsverhältnisses zwischen Arbeitgeber und Arbeitnehmer liefern die Bestimmungen des Arbeitsrechts. So begrenzt das **Arbeitszeitgesetz** die höchstzulässige Arbeitsdauer auf in der Regel acht Stunden täglich, das **Bundesurlaubsgesetz** sichert einen bezahlten Jahresurlaub von 24 Werktagen. Das **Kündigungsschutzgesetz** nennt die Bedingungen, unter denen ein Arbeitgeber ein Arbeitsverhältnis kündigen darf.

Damit auch die Interessen der Beschäftigten in einem Betrieb berücksichtigt werden, räumt das **Betriebsverfassungsgesetz** dem von der Belegschaft gewählten Betriebsrat gewisse Anhörungs-, Mitwirkungs- und Mitbestimmungsrechte ein. In Kapitalgesellschaften mit mehr als 500 Beschäftigten sind deren Vertreter an den Entscheidungen im **Aufsichtsrat** beteiligt.

Durch Automatisierung hat der Bedarf an ungelernten Arbeitskräften in den letzten Jahrzehnten ständig abgenommen; Arbeiterinnen in einer Fischverarbeitungsfabrik in Lüneburg.

Arbeitgeber und Arbeitnehmer

Arbeitgeberverbände

Die Bundesvereinigung der Deutschen Arbeitgeberverbände (BDA) ist die Dachorganisation von 54 Fachverbänden und 14 Landesvereinigungen, die alle Wirtschaftsbereiche umschließen. Die mächtigste Arbeitgeberorganisation ist der Bundesverband der Deutschen Industrie (BDI), in dem sich rd. 80000 Industrieunternehmen zusammengeschlossen haben.

Außer dem Gesetzgeber, der staatlicherseits das Arbeitsrecht gestaltet, nehmen vor allem die kollektiven Interessenvertretungen von Arbeitgebern und Arbeitnehmern Einfluss auf die Rahmenbedingungen und die Organisation des Arbeitsmarktes. In Deutschland gehört die Koalitionsfreiheit, das heißt das Recht von Arbeitnehmern und Arbeitgebern, sich zur Vertretung ihrer Interessen zu Verbänden zusammenzuschließen, zu den vom Grundgesetz garantierten Grundrechten (Artikel 9 Absatz 3).

Aufseiten der Arbeitenden: Gewerkschaften

Erste Gewerkschaften entstanden Mitte des 19. Jh. als Teil der Arbeiterbewegung, um die damals katastrophal schlechten Arbeitsbedingungen zu verbessern. Auch heute noch handeln die Gewerkschaften mit den Arbeitgeberverbänden verbindliche **Tarifverträge** über Arbeitsbedingungen wie Lohn, Arbeitszeit oder Urlaub aus. Um ihren Forderungen Beachtung zu verschaffen, verfügen sie über das **Druckmittel des Streiks.** Ihren Mitgliedern zahlen sie für die Zeit der Arbeitsniederlegung ein Streikgeld, das den Lohnausfall teilweise ausgleicht. So hängt die Verhandlungskraft der Gewerkschaften immer noch unmittelbar von der Zahl ihrer Mitglieder und deren Bereitschaft ab, sich für die gemeinsame Sache einzusetzen.

Der **Deutsche Gewerkschaftsbund (DGB)** ist die Dachorganisation der Gewerkschaften in Deutschland und umfasst acht Einzelgewerkschaften. Größte von ihnen ist die IG Metall (IGM). Mit großen Streiks setzte sie Marksteine in der deutschen Sozialgeschichte. 1956/57 erkämpfte sie die Lohnfortzahlung im Krankheitsfall, 1962 setzte sie das erste tarifliche Urlaubsgeld durch. Schrittweise erreichte sie in jahrelangen Tarifkämpfen zusammen mit den anderen Gewerkschaften die Einführung der 35-Stunden-Woche (1978–1995).

Der Streik ist das äußerste erlaubte Mittel der Arbeitnehmer, um Druck auf die Arbeitgeber auszuüben; im Bild Mitglieder der IG Metall in Dormagen.

Tarifparteien

Tarifautonomie ist das Recht der Tarifparteien, also von Arbeitgebern auf der einen und Arbeitnehmern auf der anderen Seite, Arbeitsbedingungen und -löhne eigenverantwortlich auszuhandeln. Der Staat tritt lediglich als Tarifpartei im öffentlichen Dienst auf, wo er auf der Arbeitgeberseite steht. **Friedenspflicht** besteht während der Laufzeit eines Tarifvertrags, es darf also kein Arbeitskampf zur Veränderung seiner Inhalte geführt werden. Zu einem Streik dürfen Gewerkschaften nur dann aufrufen, wenn es um die Durchsetzung einer Tarifvereinbarung geht und wenn die Gewerkschaftsmitglieder in einer Urabstimmung ihre Zustimmung gegeben haben. Die Teilnahme an einem solchen legalen Streik kann der Arbeitgeber nicht mit einer Kündigung bestrafen. Sog. **wilde Streiks,** die nicht von einer Gewerkschaft getragen und organisiert sind, sind dagegen rechtswidrig.

Arbeitslosigkeit und Arbeitsmarktpolitik

Arbeitslosigkeit ist zu Beginn des 21. Jh. ein Massenphänomen mit vielfältigen Ursachen. Sie kann die Folge von tiefgreifenden Strukturveränderungen in der Wirtschaft sein, unter denen z. B. ganze Wirtschaftszweige an Bedeutung verlieren (wie der Bergbau in Deutschland). Auch der technische Fortschritt ermöglicht häufig die Wegrationalisierung von Arbeitsplätzen. Meist ist ein Anstieg der Arbeitslosigkeit jedoch das Ergebnis von Konjunkturschwankungen. Die Phase des Abschwungs und der Rezession ist meist von Personalabbau in den Unternehmen begleitet.

Arbeitslosengeld

Zu den wichtigsten sozialstaatlichen Errungenschaften gehört die **Arbeitslosenversicherung.** Sie wurde 1911 in Deutschland als Erwerbslosenfürsorge eingeführt und wird seit 1927 als Arbeitslosenversicherung bezeichnet. Arbeitgeber und Arbeitnehmer zahlen einen Pflichtversicherungsbeitrag (2011: 3,0 % vom Bruttoeinkommen) je zur Hälfte in die Kasse, die von der Bundesagentur für Arbeit verwaltet wird. Aus ihr erhält der Arbeitslose, wenn er für eine bestimmte Mindestdauer pflichtversichert war, das **reguläre Arbeitslosengeld** (auch Arbeitslosengeld I, ALG I) in der Höhe von 60 % des bisherigen Nettoarbeitsentgelts (mit Kindern: 67 %). Die maximale Bezugsdauer bestimmt sich nach der Dauer der Beitragsleistung und dem Alter und liegt zwischen sechs und 32 Monaten.

Wenn die Frist für den Bezug von ALG I verstrichen ist, muss der Arbeitslose zur Bestreitung des Lebensunterhalts auf sein Erspartes und Vermögen zurückgreifen. Erst wenn er faktisch mittellos ist, hat er Anrecht auf das **Arbeitslosengeld II** (ALG II, auch Hartz IV genannt). Dessen Höhe bemisst sich nicht mehr am früheren Arbeitseinkommen. Die Regelleistung für Alleinstehende beträgt 364 Euro (2011); hinzu kommt die Übernahme „angemessener" Kosten für Unterkunft und Heizung. Spezielle Sätze gelten für sog. Bedarfsgemeinschaften (wie Ehepaare mit oder ohne Kind). Nach einem Urteil des Bundesverfassungsgerichts von 2010 müssen die Leistungen das Existenzminimum decken. Alle Empfänger von ALG II sind verpflichtet, jede nicht sittenwidrige Arbeit annehmen, da ihnen anderenfalls die Unterstützung teilweise oder ganz gestrichen wird, und sich auch für **gemeinnützige Tätigkeiten** bereithalten, für die nur eine Mehraufwandsentschädigung gezahlt wird („Ein-Euro-Jobs").

Wozu Arbeitsmarktpolitik?

Arbeitsmarktpolitische Maßnahmen sollen der Arbeitslosigkeit mit ihren schwerwiegenden negativen Folgen für die einzelnen Menschen wie auch für die Gesellschaft entgegenwirken. Die 2004/05 in Deutschland neu eingeführten Regelungen zu ALG I und ALG II waren ein wesentlicher und sehr umstrittener Teil der Maßnahmen, mit denen die damalige rot-grüne Regierungskoalition unter Bundeskanzler Gerhard Schröder (SPD) auf die **steigenden Arbeitslosenzahlen** reagierte. Dabei ging es zum einen darum, die unmittelbaren Aufwendungen für Arbeitslose einzuschränken, um das gesamte Leistungssystem weiter finanzieren zu können. Zugleich sollten Arbeitslose nachdrücklich motiviert werden, sich neu am Arbeitsmarkt zu orientieren und Beschäftigung auch dann anzunehmen, wenn sie schlechter bezahlt wurde oder nicht vollkommen ihren Vorstellungen entsprach. Besonders umstritten sind u. a. die **Arbeitszeitverkürzung** und die Einführung eines **Niedriglohnsektors** einerseits und von Mindestlöhnen andererseits.

Eine Empfängerin von Arbeitslosengeld II säubert im Rahmen eines Ein-Euro-Job-Programms in Hamburg einen Spielplatz.

Internationale Politik

Die Probleme der Menschheit werden immer größer: Armut, Bevölkerungswachstum, Umweltzerstörung, knappe Ressourcen, Klimawandel, Kriege und Terrorismus. Die internationale Politik muss sich diesen Herausforderungen stellen – und aufgrund der Globalisierung ist (fast) jeder Staat betroffen.

Bündnisse und Vertragssysteme

Aus den Erfahrung des Zweiten Weltkriegs und angesichts der zunehmenden wirtschaftlichen und politischen Verflechtung arbeiten die Staaten international immer stärker zusammen. Ab Mitte der 1940er Jahre etablierten sich zahlreiche Regelwerke, die der Friedenssicherung sowie der Zusammenarbeit einzelner Staaten, Staatengruppen und auf globaler Ebene dienten. Die Träger solcher Vertragssysteme und Bündnisse sind internationale Organisationen, denen die einzelnen Staaten als Mitglieder angehören. Wichtigste weltumspannende Organisation sind heute die Vereinten Nationen (UNO) mit ihren zahlreichen Unterorganisationen. Für die Weltwirtschaft und den Weltfinanzmarkt sind die Welthandelsorganisation (WTO), der Internationale Währungsfonds (IWF) und die Weltbank zuständig.

Zwölf gelbe Sterne auf blauem Grund sind das Motiv der Europaflagge, Symbol des Europarates und der Institutionen der Europäischen Union.

Bild oben: Der französische Präsident Nicolas Sarkozy und Bundeskanzlerin Angela Merkel 2007 in Berlin

Deutsche Außenpolitik nach 1945

Während der Zeit des Kalten Krieges galt für beide deutsche Staaten die Einbindung in das jeweilige militärische Bündnissystem als höchste außenpolitische Priorität: 1955 trat die Bundesrepublik Deutschland der von den USA geführten **NATO** bei, noch im gleichen Jahr beteiligte sich die DDR an der Gründung des **Warschauer Paktes** unter Regie der UdSSR. 1973, während einer Phase der Ost-West-Entspannung, wurden beide deutsche Staaten Mitglied der UNO. Während die DDR im Rat für gegenseitige Wirtschaftshilfe **(RGW)** seit 1949 zweitwichtigster Partner im Wirtschaftssystem des Ostblocks war, beteiligte sich Westdeutschland von Beginn an maßgeblich am westeuropäischen Integrationsprozess, der 1993 in die **EU** mündete.

In der **OECD,** der Organisation für wirtschaftliche Zusammenarbeit und Entwicklung mit 30 Mitgliedsländern, arbeitet Deutschland mit an der Lösung von wirtschaftlichen und sozialen Problemen. In der **OSZE,** der Organisation für Sicherheit und Zusammenarbeit in Europa (56 Mitglieder), beteiligt sich Deutschland am vorbeugenden Krisenmanagement. Als viertgrößte Volkswirtschaft der Welt (nach den USA, Japan und der Volksrepublik China) gehört es zur Weltspitzengruppe der Acht **(G8).**

Schweizer Neutralität

Ein geordneter Außenhandel und freier Kapitalmarkt sind auch für die Schweiz besonders wichtig. Die politische Bedeutung des Landes wuchs seit dem 19. Jh. als Sitz zahlreicher internationaler Organisationen vor allem in **Genf** (u.a. Internationales Komitee vom Roten Kreuz, Völkerbund, heute: UN-Unterorganisationen, UN-Abrüstungskonferenzen, Welthandelsorganisation). Das Land ist politisch und militärisch neutral, das heißt, es gehört keinem Bündnis an – schon 1815 hatte der Wiener Kongress die immerwährende Neutralität anerkannt. Allerdings engagiert sich die Schweiz in internationalen Organisationen, z. B. der UN, OSZE, dem Europarat und der Europäischen Freihandelsorganisation (EFTA), und ist durch zahlreiche bilaterale Verträge mit der internationalen Gemeinschaft und Wirtschaft verbunden, etwa mit dem Europäischen Binnenmarkt. Auch arbeitet die Schweiz mit der westlichen Verteidigungsallianz (NATO) über das Programm „Partnerschaft für den Frieden" zusammen.

Die NATO

Zehn europäische Staaten sowie Kanada und die USA gründeten am 4. April 1949 die NATO (North Atlantic Treaty Organization; Nordatlantikpakt). Bis 1990 kamen vier weitere Staaten hinzu, darunter 1955 die Bundesrepublik Deutschland. Gründungsmotiv waren die wachsenden militärischen Spannungen im Ost-West-Konflikt. Nach dem Ende des Kalten Krieges wurden aus Kontrahenten Bündnispartner: Seit 1999 traten auch zwölf Staaten des ehemaligen Ostblocks der NATO bei.

Das oberste zivile Entscheidungsgremium ist der **NATO-Rat** mit Sitz in Brüssel. Ihm gehören die Außen- und Verteidigungsminister der Mitgliedstaaten an. Seine Beschlüsse, vom **NATO-Generalsekretär** vorbereitet, müssen einstimmig gefasst werden.

Als Defensivbündnis soll die NATO nur im Verteidigungsfall aktiv werden: Alle Mitglieder müssen einem angegriffenen Bündnispartner helfen. Als mit dem Ende des Kalten Kriegs der potenzielle Feind abhandengekommen war, musste die NATO ihre Aufgaben neu definieren. In den Vordergrund rückten nun **friedenssichernde und -erhaltende Missionen** auch außerhalb des Bündnisgebiets. So griff die NATO 1994 in den **Bosnienkrieg** ein. 1999 führte sie, unter deutscher Beteiligung, erstmals einen Krieg – mit Bombenangriffen gegen Jugoslawien, um es zur Freigabe der unterdrückten Provinz Kosovo zu zwingen; der **Kosovokrieg** war von der UNO nicht autorisiert.

Europa wächst zusammen

Die europäische Einheit gehörte zu den großen Zielen von Staatsmännern, die aus dem Zweiten Weltkrieg Lehren gezogen hatten. 1949 gründeten zehn Länder den Europarat, der sich vor allem der Verwirklichung demokratischer und rechtsstaatlicher Prinzipien verschrieb. Er besteht inzwischen aus 47 Staaten.

Aus der 1951 gegründeten Montanunion erwuchs 1957 die Europäische Wirtschaftsgemeinschaft (EWG), die sich 1967 zur Europäischen Gemeinschaft (EG) und 1993 zur **Europäischen Union (EU)** fortentwickelte und 2007 auf 27 Mitglieder angewachsen ist. Die politische Integration des Staatenverbundes mit supranationalen Kompetenzen ist so weit fortgeschritten, dass einige Mitgliedstaaten um ihre nationale Souveränität fürchten und der Versuch, eine gemeinsame europäische Verfassung zu schaffen, 2005 scheiterte.

Blick über Genf mit dem Genfer See; die zweitgrößte Stadt der Schweiz ist Sitz zahlreicher internationaler Organisationen.

Die UNO und das Völkerrecht

An der Gründung der Vereinten Nationen (United Nations Organization, UNO) beteiligten sich 1945 51 Staaten. Heute umfasst die UNO fast alle souveränen Staaten der Erde, insgesamt 192. Sie alle haben sich mit ihrem Beitritt verpflichtet, den Weltfrieden zu bewahren, durch internationale Zusammenarbeit die Lebensbedingungen der Menschen und Völker zu verbessern und das Völker- und Menschenrecht zu fördern.

Die UNO und ihre Organe

Der **Weltsicherheitsrat** als wichtigstes Entscheidungsorgan der Weltorganisation trägt die vorrangige Verantwortung für die Aufrechterhaltung des Friedens und der internationalen Sicherheit. Seine Entscheidungen sind für alle UN-Mitglieder verbindlich. Das Gremium besteht aus zehn wechselnden und fünf ständigen Mitgliedern. Diese – die Volksrepublik China, Frankreich, Großbritannien, Russland und USA – besitzen ein **Vetorecht.** So kommt es häufig zur Blockade von Beschlüssen und zur Handlungsunfähigkeit der UNO in internationalen Konflikten. In Fällen, in denen Einigkeit erzielt wird, kann der Sicherheitsrat z.B. Friedensmissionen zur Überwachung eines Waffenstillstands durch sog. **Blauhelme** beschließen. Auch einen „friedenstiftenden“ Einsatz kann das Gremium genehmigen, beispielsweise den Golfkrieg 1990/91 sowie den ISAF-Einsatz in Afghanistan seit 2001.

Zentrales politisches Beratungsorgan der UNO ist die **Generalversammlung,** die einmal jährlich in New York tagt. Sie wählt u.a. die nichtständigen Mitglieder des Sicherheitsrats für jeweils zwei Jahre und alle fünf Jahre den **Generalsekretär.** Er leitet die Verwaltung, sorgt für die Umsetzung der Beschlüsse des Sicherheitsrats und vermittelt bei internationalen Konflikten.

Sitzung des UN-Sicherheitsrats in New York; Reformmodelle sehen eine Erweiterung des wichtigsten Organs der Vereinten Nationen vor. So streben Brasilien, Indien, Japan und Deutschland eine ständige Mitgliedschaft an.

Organisationen der UNO

Der UNO zugeordnet sind zahlreiche selbstständige Programme, Fonds, Hilfswerke und Sonderorganisationen. Das Kinderhilfswerk **UNICEF** fördert vor allem in Entwicklungsländern die Lebens- und Zukunftschancen von Kindern. Das Flüchtlingskommissariat **UNHCR** kümmert sich um den Schutz und die Versorgung von Millionen von Flüchtlingen in aller Welt. Die Weltgesundheitsorganisation **WHO** fördert weltweit das Gesundheitsniveau und trägt zur Bekämpfung von Infektionskrankheiten bei. Alle drei Organisationen haben ihren Sitz in Genf. Die Internationale Atomenergie-Agentur **IAEA** mit Sitz in Wien soll die friedliche Nutzung der Atomenergie fördern und zugleich dafür Sorge tragen, dass sie nicht militärisch missbraucht wird.

Die mit der Gründung der UNO in Kraft getretene **Charta der Vereinten Nationen** enthält die wichtigsten Rechtsgrundsätze für das Zusammenleben der Völker. Zu den wichtigsten zählt das Verbot, zur Durchsetzung nationaler Interessen Gewalt anzuwenden oder auch nur anzudrohen. Allerdings darf ein angegriffener Staat sich selbst verteidigen. Als

Italienische Blauhelm-Soldaten im Libanon; UNIFIL (United Nations Interim Force in Lebanon, seit 1978) ist eine der ältesten noch bestehenden Friedensmissionen der Vereinten Nationen.

souveräne Staaten sind alle Mitglieder der UNO gleichberechtigt. So hat in der Generalversammlung jeder Staat, unabhängig von seiner Größe und Macht, nur eine Stimme. Völkerrechtliche Streitigkeiten zwischen Staaten schlichtet der von der UNO eingesetzte **Internationale Gerichtshof** in Den Haag (IGH). **Sondertribunale** kann der Sicherheitsrat für Spezialkomplexe einrichten, wie z. B. das Internationale Strafgericht für das ehemalige Jugoslawien in Den Haag (ICTY).

Generell zuständig für die Verfolgung von Völkermord, Verbrechen gegen die Menschlichkeit und Kriegsverbrechen ist seit 2003 der **Internationale Strafgerichtshof** (IStGH), ebenfalls mit Sitz in Den Haag. Er wurde nicht vom Sicherheitsrat ins Leben gerufen, sondern durch einen internationalen Vertrag, dem bis Ende 2010 114 Staaten beitraten.

Der 11. September und die Folgen

Terroristische Gruppen zielen vor allem darauf ab, mit ihren Aktionen ein Klima der Verunsicherung in der Bevölkerung zu schaffen. Damit provozieren sie die Staaten auch zu Reaktionen, die deren eigene Grundordnung schädigen können, z. B. durch Einschränkung von Freiheitsrechten und Verletzung der Rechtsstaatlichkeit.

Die Terroranschläge des internationalen Netzes **Al Qaida** vom 11. September 2001 in den USA (mit über 3000 Todesopfern) sowie weitere opferreiche Attentate machten deutlich, dass islamische Extremisten der westlichen Zivilisation den Krieg erklärt haben. Die USA und weitere Staaten antworteten Ende 2001 mit einem Einmarsch in Afghanistan, um die Terroristen zu verfolgen, die sich in den Schutz der Taliban gestellt hatten. In den Folgejahren wurden in den westlichen Staaten umfassende **Antiterrorgesetze** mit erheblichen Auswirkungen auf Recht, Wirtschaft und Gesellschaft erlassen. Auch Vereinbarungen über die Bekämpfung des Terrorismus über die staatlichen Grenzen hinweg wurden getroffen.

War der Schlag gegen Al Qaida und das sie unterstützende Taliban-Regime in Afghanistan ab Ende 2001 noch von der UNO gedeckt, so handelten die USA und eine „Koalition der Willigen“ im **Irakkrieg** 2003 ohne Rückendeckung der UNO. Befürworter des Irakkriegs betonten, dass nur militärische Stärke Terroristen in ihre Schranken weisen könne. Begründet wurde das Vorgehen mit dem angeblichen Beweis, das Land verfüge über Massenvernichtungswaffen und stelle eine Bedrohung für den Weltfrieden dar. Schon Anfang 2004 erwies sich, dass diese angeblichen Geheimdienstinformationen falsch waren.

Globale Umwelt- und Sozialpolitik

Durch Erfolge in Wissenschaft und Technik sind Millionen Menschen bessergestellt als jemals zuvor. Bis gegen Ende des 20. Jh. hoffte man, dass durch Wirtschaftswachstum und weltweite Handelsbeziehungen der gesamten Menschheit in Zukunft ein Leben ohne Armut, Ungerechtigkeit und andere Beschwernisse ermöglicht werden könne. Jedoch hat der hohe Lebensstandard der Industriegesellschaften seinen Preis.

Globale Probleme

Ein grundlegendes Problem ist das starke **Bevölkerungswachstum.** Noch leben etwa 6,8 Mrd. Menschen auf der Erde. Aber in nur 50 Jahren könnten es schon über 11 Mrd. sein. Die Weltbevölkerung wächst um über 80 Mio. Menschen pro Jahr, überwiegend in den Entwicklungsländern (→S. 32). Sie stehen schon heute vor kaum lösbaren wirtschaftlichen und sozialen Problemen. Aber es entstehen auch globale Probleme aus dem Wachstum der Weltbevölkerung:

Hunger, Armut, Wassermangel: Weltweit sind mehr als 800 Mio. Menschen unterernährt, mehr als 1 Mrd. Menschen haben keinen Zugang zu sauberem Trinkwasser. 2035 wird die Hälfte der Weltbevölkerung unter Wassermangel leiden.

Umweltverschmutzung und -zerstörung: Das starke Bevölkerungswachstum und die Industrialisierung ließen die Abfallmenge in einem vorher nie gekannten Ausmaß anwachsen, vor allem auch den Anteil der für die Umwelt problematischen Abfallstoffe (Giftmüll). Für einige Abfälle, vor allem aus der Atomindustrie, gibt es keine dauerhaft sicheren Entsorgungsmöglichkeiten. Luft- und Wasserverschmutzung gefährden die Gesundheit von Menschen und schädigen die Natur. Die Belastung des Bodens mit Schadstoffen führt zur Zerstörung von Agrarflächen und bringt giftbelastete Lebensmittel hervor. Auch die Abholzung großer Waldflächen, vor allem der Regenwälder, schadet dem betroffenen Erdboden und dem Weltklima.

Klimawandel: Durch die Verbrennung von fossilen Energieträgern (Kohle, Erdöl, Erdgas) entstehen Treibhausgase (z. B. Kohlendioxid), die maßgeblich für die Erwärmung der Erdatmosphäre verantwortlich sind (→S. 56, →S. 169). Es kommt zu Unwettern, Erhöhung des Meeresspiegels und Wüstenbildung.

Flüchtlingsbewegungen: Die Zerstörung der Umwelt mit den daraus resultierenden Problemen veranlasst immer mehr Menschen, ihre Heimat zu verlassen (→S. 29). Die Abschottung der nördlichen Wohlstandsregionen gegen die Migrantenströme aus dem südlichen Teil der Erde hat schon begonnen.

Touristen auf Teneriffa kümmern sich um einen gerade angekommenen afrikanischen Flüchtling. Immer mehr Menschen fliehen mit kleinen Booten aus Afrika in Richtung Europa, um dem Elend ihrer Heimat zu entgehen.

Strategien des Wandels

Nur wenn es dem Menschen gelingt, seine Zukunft in Einklang mit den natürlichen Voraussetzungen zu gestalten, bleibt die Erde als sein Lebensraum erhalten. Verschiedene Strategien können dazu beitragen, den globalen Herausforderungen gerecht zu werden:

Die rasante wirtschaftliche Entwicklung hat die Bedeutung der Volksrepublik China wachsen lassen („Werkstatt der Welt"), aber auch das soziale Gefälle und die Umweltprobleme im Land selbst verstärkt (Bild: Spielzeugfabrik in Shantou, Provinz Guangdong).

Nachhaltigkeit: Als grundlegendes Prinzip der Entwicklungs-, Umwelt- und Wirtschaftspolitik will Nachhaltigkeit die Lebensqualität in der Gegenwart verbessern, ohne damit die Lebenschancen und den Handlungsspielraum zukünftiger Generationen zu beeinträchtigen.

Umweltökonomie: Sie untersucht die Zusammenhänge zwischen Wirtschaft und natürlicher Umwelt, die Voraussetzungen nachhaltiger Entwicklung sind. Das bedeutet u.a., die Nutzung nicht erneuerbarer Rohstoffe möglichst weit zu reduzieren und erneuerbare Rohstoffe nur in vernünftigem Maß zu nutzen.

Technischer Fortschritt: Technische Verbesserungen können Zeit für den Übergang zu einer nachhaltigen Wirtschaftsweise verschaffen, beispielsweise neue Methoden zur Vermeidung, Wiederverwertung oder Entgiftung von Abfällen. Wünschenswert wären auch Methoden zur natürlichen Schädlingsbekämpfung, Fortschritte in der Medizin und bei der Empfängnisverhütung oder die effektivere Nutzung regenerativer Energien.

Politische Prioritäten: Um die Rahmenbedingungen für ein ökologisch bewusstes Leben zu schaffen und die Gesellschaft durch Bildung, Wissenschaft und Technik zukunftsfähig zu machen, wird staatliches Handeln neue Prioritäten setzen müssen.

Entwicklungshilfe: Entwicklungspolitik dient vor allem dazu, die Grundbedürfnisse der Menschen nach Nahrung, sauberem Wasser und Wohnung zu befriedigen sowie die Armut abzubauen. Nach heutigem Verständnis definiert sich Entwicklungshilfe als „Hilfe zur Selbsthilfe". Gleichzeitig müssen das Bevölkerungswachstum gebremst und die Konsumgewohnheiten in den Industrienationen verändert werden.

Das rasante Bevölkerungswachstum hat zur Folge, dass es 2050 wahrscheinlich 34 Staaten mit mehr als 50 Mio. Einwohnern geben wird – 26 Staaten mehr als 1950. Darunter befinden sich hauptsächlich Entwicklungsländer; Deutschland z.B. wird dann von Platz 7 (1950) auf Platz 21 zurückgefallen sein.

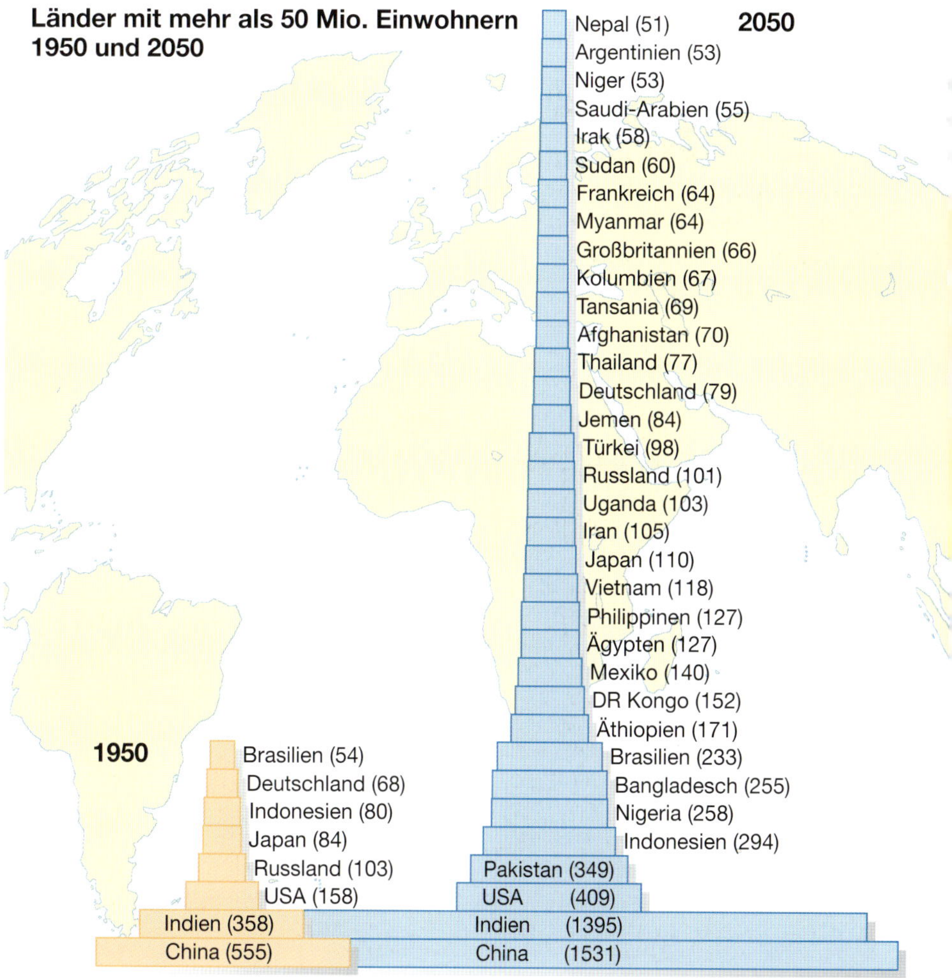

Rund um die Welt
Das Wunder des Lebens
Von Elementen und Molekülen
Den Naturgesetzen auf der Spur
Die Welt der Zahlen
Die Geschichte der Menschheit
Die Macht der Sprache
Der kreative Mensch
Regieren und Handel treiben
Auf der Suche nach dem Sinn

Auf der Suche nach dem Sinn

Menschen aller Kulturen und Epochen haben sich ähnliche Fragen gestellt: Woher kommen wir? Warum gibt es uns? Warum sind wir sterblich? Wie sieht die Zukunft aus und können wir unser Schicksal beeinflussen? Wie sollen wir leben? Was ist der Sinn des Lebens? Antworten darauf suchten sie in den Religionen und mit Hilfe der Philosophie.

Meditierender buddhistischer Mönch

Religion und Philosophie

Schon lange vor dem Beginn der Schriftlichkeit entwickelten die Menschen religiöse Vorstellungen – davon zeugen archäologische Befunde wie wertvolle Grabbeigaben. Bis heute scheint es über alle kulturellen Grenzen hinweg Menschen ein Bedürfnis zu sein, über das Sichzurechtfinden im Alltag hinaus nach einem Sinn ihres Daseins zu suchen. Eng verbunden mit dieser Frage sind meist Vorstellungen von einem (moralisch) richtigen Handeln, oft auch der Glaube an eine jenseitige Welt.

Verkünder und ihre Herkunft

So verschieden die religiösen Offenbarungen der Weltreligionen sind, so unterschiedlich ist auch die Herkunft ihrer Propheten und Religionsstifter. Moses, der biblischen Überlieferung zufolge als Baby ausgesetzt, wuchs am Hof des ägyptischen Pharaos auf. Gautama, der spätere Buddha, stammte aus einer indischen Adelsfamilie. Jesus war der Sohn eines Zimmermanns aus Nazareth (Galiläa), Mohammed stammte aus einer angesehenen, aber verarmten Familie im arabischen Mekka.
Auch die großen Philosophen wuchsen unter sehr unterschiedlichen Verhältnissen auf: Sokrates war der Sohn eines Steinmetzen und einer Hebamme, sein Schüler Platon und dessen Schüler Aristoteles stammten dagegen aus sehr begüterten Familien.

Weit mehr als heute, im Zeitalter von Wissenschaft und Medien, waren die Menschen vergangener Epochen Phänomenen ausgesetzt, deren Ursachen sie nicht kannten und die z.T. existenzielle Auswirkungen auf ihr Leben hatten: Naturkatastrophen, Regen und Dürre, der Erfolg von Ernte, Jagd und Fischerei oder Krankheiten waren und sind nur bedingt bzw. gar nicht zu beeinflussen.

Der Versuch, Unbegreifliches wie den Tod zu erklären, ließ Religionen entstehen (Urnen; Ungarn, 4. Jahrtausend v. Chr.).

Das Bestreben, die Ursachen dieser Ereignisse zu erforschen, verband sich mit dem Wunsch, Einfluss auf sie zu nehmen. So lieferten die Beobachtung der Gestirne und die Entdeckung des Sonnenjahres wichtige Informationen, um den Beginn von Regenzeiten und jährlichen Überflutungen oder den besten Termin zur Aussaat zu ermitteln. Aus Erfahrungen mit Krankheiten leitete man Regeln zu ihrer Behandlung und auch erste Ernährungs- und Hygienevorschriften ab. Bis heute sind sowohl der Kalender als auch Reinigungs- und Ernährungsgebote Bestandteil vieler Religionen. Der Versuch der Menschen, ihre Welt zu erklären, schlug sich auch in Mythen über die Entstehung der Welt und des Menschen nieder, die – wie der biblische Schöpfungsbericht – Eingang in die religiöse Überlieferung fanden. Eng verbunden damit war die Frage nach dem Sinn der Welt und des menschlichen Lebens.

Religion und Gemeinschaft

Den eigentlichen Kern der Religion bildet jedoch der Bezug der Menschen zu einem als übersinnlich oder heilig angesehenen Bereich. Hinter den kaum berechen- und beherrschbaren Vorgängen der Natur vermuteten die Menschen das Wirken übersinnlicher Mächte und Wesen. Sie entwickelten Rituale (z.B. Tieropfer, Regentänze), um diese Mächte gnädig zu stimmen oder in ihrem Sinne zu beeinflussen. Schon früh gab es „Spezialisten“ – Schamanen, Zauberer oder Priester –, die für die Gemeinschaft den Kontakt zur heiligen Sphäre bzw. zu den Göttern gewährleisteten.

Darüber hinaus gibt es in fast allen Religionen Regeln, die ein Funktionieren des Gemeinwesens garantieren sollen: moralische Verhaltensnormen für den Einzelnen und Gesetze für die Gemeinschaft einschließlich Strafregelungen. Historisch betrachtet waren Gemeinwesen und Religionsgemeinschaft lange Zeit identisch, fast alle politischen Einheiten (Staaten, Stammesverbände) waren religiös homogen. Missionierende Religionen wie Buddhismus und Christentum, Spaltungen (z. B. während der Reformation), die Säkularisierung (Verweltlichung) seit der Aufklärung und moderne Migrationsbewegungen haben dazu geführt, dass heute in zahlreichen Staaten der Erde Angehörige verschiedener Religionen zusammenleben.

Die Philosophie

Wo die Bindung der Menschen an die Religion schwächer wurde oder die religiösen Vorstellungen aus mehreren Kulturkreisen zusammentrafen, konnte sich die Philosophie der existenziellen Fragen annehmen. Sie ist nicht auf einen begrenzten Bereich bezogen, sondern bezeichnet allgemein das Denken und Nachdenken, das auf Verstehen (der Welt, des Menschen) gerichtet und durch keinerlei Begrenzung wie etwa religiöse Dogmen eingeengt ist. Ohne Verpflichtung gegenüber geistlichen und politischen Eliten konnte das philosophische Denken überlieferte Wahrheiten infrage stellen und radikalere Antworten auf drängende Fragen der Zeit geben. Aus diesem Grund war die Philosophie bei den Machthabern nicht immer wohlgelitten, nicht selten wurden Philosophen für ihre Ansichten verfolgt.

Wie die Religion(en) widmet sich auch die Philosophie Fragen nach der Beschaffenheit der Welt und der Natur des Menschen, nach moralisch richtigem Handeln und auch nach dem Übersinnlichen (Metaphysischen). Die Philosophie prüft allerdings auch ihre eigenen Positionen immer wieder kritisch. Schon Sokrates („Ich weiß, dass ich nichts weiß.“) vertrat nicht den Anspruch, Wahrheit zu verkünden, sondern deckte die verborgenen Widersprüche im scheinbar sicheren Wissen seiner Zeit auf. Anders als viele Religionen wurde die Philosophie daher durch neue Erkenntnisse z. B. der Naturwissenschaften nicht in ihren Grundfesten erschüttert. Allerdings veränderte sich auch die Philosophie mit dem wissenschaftlichen Fortschritt: Sie nahm dessen Forschungsergebnisse auf und zog sich aus Teilgebieten zurück, in denen wissenschaftliche Methoden das spekulative Denken ablösten. So verlor mit dem Siegeszug der Naturwissenschaften die Naturphilosophie im 19. Jh. massiv an Bedeutung.

Das Christentum ist mit 2 Mrd. Anhängern die weltweit verbreitetste Religion; 52 % davon gehören der römisch-katholischen Kirche an; Papst Benedikt XVI. bei der Ostermesse auf dem Petersplatz im Vatikan.

schnell gefunden:

Gemeinschaft, Religion, Moral

Schon früh entwickelten menschliche Gemeinschaften religiöse Vorstellungen, die das Handeln und die Wertvorstellungen ihrer Mitglieder beeinflussten. Durch Kulte und Zeremonien sollten die Mächte und Unwägbarkeiten gebändigt werden, denen die Menschen ausgeliefert waren.

Religiosität in der Frühzeit

Die „Venus von Willendorf" ist wohl die berühmteste Venusstatuette der Altsteinzeit. Sie wurde zwischen 30 000 und 20 000 v. Chr. aus Kalkstein geschaffen und diente vermutlich einem Fruchtbarkeitskult.

Fragen nach dem Sinn des Daseins, einem Leben nach dem Tod oder dem Wirken von Mächten, die sich dem Verstand nicht erschließen, waren immer untrennbar mit der menschlichen Existenz verbunden. Die Beantwortung dieser Fragen übernahmen Religion und Mythos. Die ersten Zeugnisse von Religiosität und Mythenbildung führen zurück in die Altsteinzeit. Allerdings liegen für die geistige Welt der Steinzeit nur indirekte und oft auch mehrdeutige archäologische Hinweise vor; erst mit den ersten schriftlichen Überlieferungen der Hochkulturen lassen sich genauere Aussagen über religiöse Vorstellungen machen. Vermutlich waren aber auch in dieser Zeit schon Zauberer und Schamanen für Riten und Kulte zuständig. Vielfach kreisten **religiöse Kulte** um Bereiche, von denen die Menschen existenziell abhängig waren, ohne sie verlässlich beeinflussen zu können: um Fruchtbarkeit, Jagdglück, teils um das Wetter und – in Form von Bestattung und Ahnenverehrung – um den Tod.

Bestattungsriten

Das Bestatten Verstorbener ist ein spezifisch menschliches Phänomen; es unterscheidet den Menschen von allen Tieren. Schon die Gräber in der Steinzeit lassen auf eine intensive Beschäftigung mit dem Tod und den Vorstellungen von einem möglichen Weiterleben danach schließen. Der Brauch, die Toten zu bestatten und ihnen **Grabbeigaben,** z. B. Werkzeuge, Waffen und Nahrungsmittel, mitzugeben, lässt sich dahingehend deuten, dass der Tod nicht als endgültiges Ende aufgefasst wurde.

Auch wenn mangels schriftlicher Zeugnisse das (religiöse) Denken vorgeschichtlicher Epochen nur indirekt erschlossen werden kann, liefern Gräberfunde einen wichtigen Schlüssel zum Verständnis dieser Zeit. So weisen verschiedene Epochen unterschiedliche Bestattungsriten auf. Zur Zeit der sog. Glockenbecherkultur im späten 3. und frühen 2. Jahrtausend v. Chr. gab es beispielsweise in weiten Teilen Europas und Großbritanniens eine Bestattung in **Hockstellung.** Dabei war das Gesicht des Verstorbenen nach Osten gewandt. Die genaue Deutung dieses Rituals ist mangels schriftlicher Zeugnisse nicht möglich. Es lässt sich jedoch daraus ablesen, dass bereits ein **Kulturaustausch** über große Entfernungen hinweg stattfand und dass die Menschen die Art der Bestattung für ausreichend bedeutsam hielten, sie zu einem Teil ihrer kulturellen Gemeinsamkeiten zu machen. Auch Grabbeigaben zeugen von solch einem Austausch.

Religion und Moral

Religionen sind von jeher untrennbar verbunden mit moralischen Gesetzen – Sitten und Konventionen, die festlegen, was innerhalb der Gemeinschaft als richtiges bzw. „gutes" Handeln angesehen wird. Religion und Moral festigen eine menschliche Gruppe, indem sie egoistisches Verhalten ihrer Mitglieder erschweren und gruppenkonformes Verhalten fördern. So wirken sie bis in die heutige Zeit als Bindeglieder menschlicher Gemeinschaften.

Kooperation

Ein Grundproblem ist es, das egoistische Handeln jedes Einzelnen so weit zu kanalisieren, dass es dem Gemeinwesen keinen Schaden zufügt, sondern sich vielmehr positiv auswirkt. Jeder Einzelne hat zunächst das Interesse, für sich oder für seine Angehörigen mit dem geringstmöglichen Einsatz ein Höchstmaß an Ressourcen – z. B. Nahrung, Fortpflanzungsmöglichkeiten – zu sichern. Obwohl kooperatives Verhalten im Sinne aller das Beste wäre, bestehen für das Individuum immer Anreize, die Kooperationsbereitschaft der anderen einseitig auszunutzen („Gefangenendilemma"). Von der Steinzeitgruppe bis zur modernen Gesellschaft hat also jede menschliche Gemeinschaft mit dem **Trittbrettfahrerproblem** zu kämpfen – Menschen, die vom Nutzen (z. B. Schutz, Verpflegung) der Gruppe profitieren, aber dafür nichts oder nur wenig beisteuern wollen.

Moral soll das Handeln des Einzelnen mit dem Wohl und dem inneren Frieden der Gruppe in Einklang bringen. Sie beinhaltet einen für alle Gruppenmitglieder verbindlichen **normativen Rahmen** mit Handlungsanweisungen, aber auch Entscheidungshilfen in Streitfällen oder Sanktionierung von Fehlverhalten. Damit erhöht sie aus der Perspektive der Gruppenmitglieder die „Kosten" egoistischen Verhaltens, jedoch auch die Verlässlichkeit der Gemeinschaft, weil das kooperative Verhalten jedes Einzelnen weniger leicht ausgenutzt werden kann.

Zusammenarbeit von Egoisten

Das sog. Gefangenendilemma ist ein Erklärungsmodell für das Zustandekommen einer Kooperation unter Egoisten.

Benannt ist es nach der (fiktiven) Situation zweier Gefangener, denen ein Bankraub angelastet wird. In getrennten Verhören wird jedem von ihnen eine Strafmilderung in Aussicht gestellt, wenn er als Kronzeuge gegen seinen Komplizen auftritt. Gestehen daraufhin beide, erwartet sie jedoch eine härtere Strafe, als wenn sie miteinander kooperiert und also geschwiegen hätten. Auch im Alltag gibt es für **egoistische Individuen** Anreize, zum Schaden der Gemeinschaft die Kooperation aufzukündigen: etwa die Hilfe anderer anzunehmen, diesen umgekehrt aber nicht zu helfen, Versprechen nicht einzuhalten oder von den Leistungen des Staates zu profitieren, selbst aber Steuern zu hinterziehen. Zur „Lösung" des Gefangenendilemmas und damit zur Kooperation können z. B. ein persönliches Vertrauensverhältnis, ein gemeinsamer Moralkodex oder Strafandrohung beitragen. Treffen die gleichen Personen häufig aufeinander, dann kann auch purer **Eigennutz zur beidseitigen Kooperation** führen: Viele Probleme des täglichen Lebens sind keine „Nullsummenspiele", bei denen es darauf ankommt, dem anderen etwas wegzunehmen bzw. ihn zu „besiegen". Vielmehr dient eine dauerhafte Kooperation dem beidseitigen Nutzen. Den größten Erfolg – so ermittelte der Politikwissenschaftler Robert Axelrod in einer Computersimulation – hat, wer gegenüber anderen zwar kooperativ („freundlich") ist, ausbleibende Kooperation aber unmittelbar mit gleicher Münze heimzahlt („reizbar" und „durchschaubar"), bis sein Gegenüber wieder kooperiert („nicht nachtragend").

Die geltende Moral einer menschlichen Gemeinschaft basiert auf Verhaltensregeln, Wertmaßstäben und Vorstellungen vom Sinn des Lebens. Eine grundlegende moralische Instanz ist die Religion.

Religion und Macht

Da Schamanen oder Priester für die Gemeinschaft eine Verbindung mit den Göttern darstellten, gewannen sie häufig Macht innerhalb ihrer Gesellschaften. Daher bemühten sich auch „weltliche" Herrscher (z. B. Stammesfürsten oder Könige), die Religion für ihre Zwecke zu nutzen. Die Kontrolle über wichtige Heiligtümer konnte politische und – durch Pilger – ökonomische Macht bedeuten. Manche Religionen schufen ganze Gesellschaftsordnungen oder erklärten den Herrscher zum Gott.

Ägypten: der Herrscher als Gott

Im alten Ägypten war der Pharao oberster Priester und besaß einen göttergleichen Status. Seit dem Alten Reich wurde er mit dem Gott Horus identifiziert, ab der 4. Dynastie galt er gleichzeitig als Sohn des Re, später Amun-Re. In dieser göttlichen Stellung herrschte der **Pharao** über das Land und war der Garant der kosmischen Ordnung. Somit war er auch religiöses Oberhaupt des Landes und sorgte für die Einhaltung der den Göttern geschuldeten Riten und Opfern.

Im Tempel des Apollonheiligtums in Delphi sprach eine Priesterin zu den Ratsuchenden. Sie saß über einer Erdspalte, aus der Dämpfe aufstiegen, die sie in Trance versetzten. Man glaubte, dass in diesem Zustand der Gott Apollon aus ihr sprach.

Orakel und Kulte in Griechenland

Auch im antiken Griechenland waren Opfer von großer Bedeutung. Vernachlässigten es die Menschen, den Göttern zu huldigen, erzürnten diese und brachten **Leid und Unglück über die Welt.** An bestimmten heiligen Orten, z. B. an Quellen, Hainen oder Blitzmalen, galten die Götter als besonders gegenwärtig; hier entstanden große Heiligtümer. Es entwickelten sich mächtige Priesterschaften, die wegen ihrer Nähe und Vertrautheit mit den Göttern großen sozialen und politischen Einfluss besaßen.

Von Bedeutung waren in Griechenland Orakel, die den Willen der Götter enthüllen und Antworten auf Fragen aller Art geben sollten. Das bedeutendste war das Orakel am Heiligtum des Gottes Apollon in **Delphi.** Es wurde in allen Fragen privater und öffentlicher Art zurate gezogen. Die Priesterschaft stellte in ihren Ratschlägen gute Kenntnisse der jeweiligen politischen Lage unter Beweis.

In der gesamten griechischen Welt verbreitet waren die zu Ehren der Götter abgehaltenen Spiele. Die bedeutendsten fanden alle vier Jahre in **Olympia,** einem Heiligtum des höchsten Gottes Zeus, statt. Die sportlichen und künstlerischen Wettbewerbe hatten religiöse Funktion: Die erbrachten Leistungen stellten ein Opfer an Zeus dar.

Religion und Politik in Rom

In der Römischen Republik nahmen die Priester u. a. Einfluss auf die Politik, indem sie die Tage festlegten, an denen Recht gesprochen oder eine Volksversammlung stattfinden konnte. Sie legten den Kalender fest und bestimmten damit auch die Dauer der Amtszeit gewählter Magistrate. Im Kaiserreich war der **Kaiserkult,** die kultische Verehrung und Vergöttlichung des Kaisers, von großer Bedeutung.

Südkoreanische Schamanin bei einem Beschwörungsritual. Der Glaube, dass Schamanen mit Geistern kommunizieren und die Botschaften der spirituellen Welt deuten können, besteht in unterschiedlichen Religionen.

Natur- und Stammesreligionen

Der (etwas ungenaue) Begriff „Naturreligion“ fasst eine ganze Reihe verschiedener Religionen zusammen, die in der Regel ohne eine heilige Schrift auskommen und keinen universalen Anspruch erheben, sondern sich auf die eigene Gemeinschaft, z. B. den Stamm, beziehen. Über die Kontinente hinweg gibt es manche Gemeinsamkeiten: Die Verehrung der Sonne als Gottheit, die Figur des Schamanen, Ahnenverehrung und Opferriten waren und sind Bestandteil zahlreicher Religionen. In größeren Kulturräumen und politischen Einheiten verehrten die Menschen dagegen oft überregionale Gottheiten, besaßen zentrale Tempelanlagen und mächtige Priesterschaften.

Religiöse Mittler

In vielen Religionen sind männliche oder weibliche **Schamanen** Mittler zwischen der Welt der Geister und der menschlichen Gemeinschaft. Sie nehmen u. a. den Rang von Heilern, Priestern, Wahrsagern und Seelenbegleitern der Toten ein. Das Ursprungsgebiet des Schamanismus sind Nord- und Mittelasien, er kommt aber auch in Südostasien, Australien, Ozeanien sowie Nord- und Südamerika vor. Auch die Religionen der Germanen und Skythen, die Alt-Irans, Indiens, Chinas und Japans weisen zahlreiche Phänomene auf, die in enger Beziehung zum Schamanismus stehen. Durch Gesänge, Tanz und Schlagen einer Trommel und in manchen Fällen auch durch die Einnahme von Drogen kann der Schamane sich in einen **ekstatischen Zustand** versetzen, in dem seine Seele zeitweise den Körper verlassen und Hinweise auf Ursachen von Erkrankungen bzw. Todesfällen oder Informationen über die Zukunft erhalten soll.

Eigentlich beschränkt sich die Bezeichnung **Medizinmann** auf die Kultur der nordamerikanischen Indianer, doch gibt es auch in anderen Kulturen Personen, die eine vergleichbare Tätigkeit ausüben. Oft ist der Medizinmann auch Schamane, allerdings verfügen nicht alle Medizinmänner über schamanistische Fähigkeiten. Seine Hauptaufgabe ist die Heilung kranker Personen durch Kräuter, Heilpflanzen, Beschwörungen, Maskentänze und gelegentlich chirurgische Eingriffe.

Heidnische Weihnachten?

In zahlreichen Kulturen wurde die Sonnenwende zu einem wichtigen religiösen Fest. Die Wintersonnenwende, nach dem julianischen Kalender am 25. Dezember, wurde z. B. von den Römern (Fest des Sol invictus, „unbesiegter Sonnengott") und den Germanen („Julfest") gefeiert. Das Christentum feiert die Geburt Jesu ebenfalls an diesem Datum, sodass das Weihnachtsfest bis heute in zeitlicher Nähe zu zahlreichen nichtchristlichen Kultfeiern liegt.

In Nordamerika gab es sogar Gesellschaften von Medizinmännern. Sie nahmen in einigen Fällen auch Einfluss auf die Stammesführung.

Die Religionen der Ureinwohner Amerikas

Viele indianische Kulturen Nordamerikas glaubten an eine unpersönliche, allen Lebewesen und Dingen innewohnende Kraft, die auch den Toten zu eigen war. Als Hauptgott verehrten die Prärie-Indianer einen Lenker des Universums, dem andere Gottheiten untergeordnet waren. Ackerbauern (Pueblo-Indianer) verehrten die Sonne und verschiedene **Erd- und Vegetationsgottheiten.**

Mittelamerika war bereits vor der Eroberung durch die Spanier ein relativ einheitlicher Kulturraum mit ähnlichen religiösen Vorstellungen. Danach gab es außer der Erde 13 Himmel und neun Unterwelten, Wohnorte der zahlreichen Götter. Im Zentrum der Welt befand sich für die Maya der Weltenbaum. Nach den Vorstellungen der Azteken benötigten bestimmte Gottheiten tägliche **Opfergaben** – auch in der Form von Menschenopfern. Starb ein Mensch einen gewöhnlichen Tod, litt seine Seele zunächst in der Unterwelt, bis sie geläutert in den Himmelsbereich aufstieg. Rituell geopferte oder im Krieg gefallene Männer sowie im Kindbett gestorbene Frauen gelangten direkt in die himmlischen Sphären.

Die Inka in Südamerika verehrten einen **Schöpfergott,** der im Küstengebiet als Pachacamac und im Bergland unter dem Namen Viracocha angebetet wurde. Tempelanlagen und andere Heiligtümer in Peru zeugen von diesem Kult. Mit der Regierungszeit des neunten Inkaherrschers Pachacutic („Weltenwender", 1438–1471) wurden Pachacamac und Viracocha in den Hintergrund gedrängt. Dem Mythos zufolge war Pachacutic der **Sonnengott** Inti erschienen und hatte ihn als seinen Sohn angesprochen, woraufhin dieser eine Dynastie von „Sonnensöhnen" begründete; die Verehrung des Inkaherrschers beruhte fortan auf seiner Abstammung von der göttlichen Sonne. Die Religiosität des einfachen Volkes äußerte sich meist in der Ahnenverehrung.

Die Religionen Ozeaniens

Den vielfältigen Glaubensvorstellungen Melanesiens sind einige zentrale Elemente gemeinsam, u. a. die Bedeutung der Mythologie für das tägliche Leben und eine allgegenwärtige Furcht vor böser Zauberei, vor allem aber **Fruchtbarkeitsriten** und **Ahnenverehrung.** Die Geister der Ahnen bleiben in die Gemeinschaft der Lebenden eingebunden. Sie sind für Fruchtbarkeit und Kindersegen zuständig und werden von den Lebenden durch regelmäßige Zeremonien und durch Gaben an ihre Pflichten erinnert.

In Polynesien führte die differenziertere soziale Schichtung dazu, dass sich ein Priesterstand bildete und neben lokale Naturgeister auch überregional mächtige Götter traten. Von großer Bedeutung ist das **Tabu.** Dieser zentrale Begriff beschreibt verbotene Gegenstände, Handlungen, Wörter usw.; bestimmte – heilige oder unreine – Dinge dürfen danach nicht berührt oder ausgesprochen werden, um Unheil abzuhalten oder abzuwenden.

Die Moais, kolossale Steinstatuen auf der Osterinsel im Pazifik, stellen wahrscheinlich Häuptlinge oder Ahnen dar. Das genaue Alter der Figuren ist umstritten.

Der Hinduismus

Der Hinduismus, der seinen Ursprung und Schwerpunkt in Indien hat, ist keine Stifterreligion wie das Christentum, der Buddhismus oder der Islam. Er verfügt über keine einheitliche Dogmatik, sondern in ihm existiert eine Vielfalt von Glaubensvorstellungen. Für alle Hindus gilt aber, dass sie von Geburt an einer **Kaste** angehören. Alle Hindus glauben zudem an den **Kreislauf der Wiedergeburten:** Jeder Gläubige strebt an, in einer höheren Daseinsform wiedergeboren zu werden und bestimmt durch sein Handeln seinen Weg.

Im nordindischen Pilgerort Varanasi führen Ufertreppen zum heiligen Fluss Ganges, der dem hinduistischen Glauben zufolge von Sünden reinwäscht.

Heilige Schriften

Der Hinduismus ging aus der **vedischen Religion** hervor, deren Name sich von ihren heiligen Schriften, dem älteren Teil des Veda („Wissen"), herleitet. Mitte des 1. Jahrtausends v. Chr. entstanden die Upanischaden (Sanskrit „Geheimlehre"), die im Unterschied zu den älteren Schriften mehr vom erlösungswirksamen Wissen als vom Ritual handeln. Besonders bedeutend ist ein Abschnitt des großen Epos „Mahabharata", die sog. Bhagavadgita („Gesang des Erhabenen"). Sie stellt **drei Erlösungswege** vor: den des Wissens, den des Handelns ohne Absicht und den der Hingabe an Gott.

Das indische Kastensystem

Im Hinduismus ist die Gesellschaft in vier große Stände – Kasten – gegliedert, die sich nach Beruf, ethnischer oder religiöser Herkunft in viele Tausend **Unterkasten** aufteilen. Die Kaste bestimmt u. a. den Grad der kultischen Unreinheit der Mitglieder, Heiratsmöglichkeiten und Beruf. Es ist genau festgelegt, welche Kasten welche Dienstleistungen für andere Kasten ausüben. Der Aufstieg einer Einzelperson in eine höhere Kaste ist nicht möglich, jedoch kann eine Kaste oder Unterkaste insgesamt aufsteigen.

Außerhalb der Kastenordnung und am Rande der indischen Gesellschaft stehen die **Kastenlosen,** die als unberührbar gelten. Mahatma Gandhi (1869–1948) kämpfte für die Abschaffung der Unberührbarkeit. Heute sind sie in Indien gleichberechtigt und Kocheril Raman Narayanan war 1997 bis 2002 der erste als „Unberührbarer" geborene Staatspräsident. Die gesellschaftliche Diskriminierung besteht aber vielerorts weiterhin.

Die heiligen Flüsse

In Allahabad strömen die drei heiligen Flüsse der Hindus – Ganges, Yamuna und die unterirdische, mythische Sarasvati – zusammen. Alle zwölf Jahre wird dort die Kumbhamela gefeiert. Dieses Fest erinnert daran, dass nach hinduistischer Vorstellung einst Götter und Dämonen um einen Topf (kumbha) Unsterblichkeitstrank stritten, wobei einige Tropfen verschüttet wurden. Die Orte, an denen sie auftrafen, gelten als besonders heilig: Allahabad, Hardwar, Ujjain und Nasik. Der Ablauf der **rituellen Bäder** ist streng geregelt. Nagasadhus (nackte Asketen) führen die Prozession an, danach folgen andere Gruppen religiöser Spezialisten. Schließlich nehmen auch die gewöhnlichen Gläubigen während der folgenden zwei Wochen ihr Bad.

Das Kastenwesen

(Haupt-)Kaste	Berufe (u. a.)
Brahmanen	Priester, Berater, Gelehrte
Kshatriya	Krieger, Adel, politische Führer
Vaishya	Bauern, Händler, gehobene Handwerker
Shudra	dienende Schicht einschließlich einiger Handwerker
Paria	„Unberührbare"; z. B. Straßenfeger, Küchenhelfer

Buddhastatuen in der Tempelanlage Wat Yai Chai Mongkol in Zentralthailand

Der Buddhismus

Der Buddhismus ging aus dem Hinduismus hervor, mit dem er den Glauben an den Kreislauf der Wiedergeburten teilt. Wer lebt wie der **Religionsstifter Buddha Siddharta Gautama,** wird den Kreislauf verlassen und ins **Nirvana,** einen Zustand der Vollkommenheit, eingehen. Die Heilslehre Buddhas ist ihrem Ursprung nach reine Philosophie. Sie wendet sich gegen das Kastenwesen der indischen Gesellschaft, kennt weder Priesterstand noch göttliche Offenbarung und keinen Götterhimmel. Im Ur-Buddhismus wird Buddha nicht als Gott, sondern als Lehrer verehrt. Er selbst sah sich als „Wegweiser zum Heil".

Buddha und seine Lehre

Siddharta Gautama wuchs Mitte des 1. Jahrtausends v. Chr. als Adelsspross im heutigen Nepal auf. Er praktizierte eine Zeitlang extreme Askese, erkannte aber, dass Extreme nicht den Weg zur Erlösung weisen, sondern ein mittlerer Weg gefunden werden muss. Darauf folgte die mystische Erfahrung des Erwachens (bodhi) durch **meditative Versenkung,** die Siddhartha zum Buddha, d. h. zum „Erwachten" oder „Erlösten", machte. Er durchlief vier Stadien fortschreitender Einsicht und erlangte die Erleuchtung, die in den **„vier edlen Wahrheiten"** bestand: der Erkenntnis der Leidhaftigkeit allen Daseins, der Ursache des Leidens (Begehren), der Möglichkeit seiner Aufhebung (durch Loslassen des Begehrens) und dem Wissen um den Weg zur Aufhebung dieses Leidens. Dieser **„achtfache Weg"** ist: rechte Anschauung, rechte Gesinnung, rechtes Reden, rechtes Handeln, rechte Lebensführung, rechtes Streben, rechte Achtsamkeit, rechtes Sichversenken.

Formen des Buddhismus

Buddhas Lehre hat sich im Laufe von 2500 Jahren vielfach verändert und weiterentwickelt. Die Ur-Lehre hat sich am reinsten in Sri Lanka und Birma (Myanmar) erhalten. Mit der zweiten großen Strömung, dem **Mahayana-Buddhismus,** wurde aus der philosophischen Lehre ein Volksglaube. Buddha wurde vergöttlicht und von weiteren Gottheiten umgeben. Durch Missionare gelangte die neue Religion nach China und weiter nach Osten. Daneben entstanden der **Zen-Buddhismus** in Japan und der tibetische Buddhismus. Für Zen-Buddhisten ist Satori (etwa „Verständnis", „Erkenntnis") das große Ziel. Der Suchende soll sich von Begriffen wie Raum und Zeit und jeder Form intellektueller Aktivität und Wertung befreien. Über strenge Meditationsübungen, Unterweisungen und Gespräche mit ihrem Zen-Meister sollen die Schüler einen Zustand erlangen, in dem sich das Ich vollkommen leer machen kann. Diese „Ichlosigkeit" steht im Mittelpunkt des Zen.

Das Mönchtum

Um aus dem Kreislauf der Wiederverkörperungen auszubrechen, ist es notwendig, die weltlichen Bindungen aufzugeben und Zuflucht zu den sog. **drei**

Juwelen zu nehmen: zum Buddha, zum Dharma (der buddhistischen Lehre) und zum Sangha, der Gemeindeorganisation der Bettelasketen oder Mönche. Nach dem Verständnis der frühen buddhistischen Lehre konnten nur sie allein zum Nirvana gelangen. Die Laien hingegen konnten durch die Unterstützung des Ordens Verdienste erwerben und auf eine bessere Wiedergeburt – letztlich als Mönch – hoffen.

Die Tradition des Mönchtums geht auf Buddha selbst zurück, denn nach seiner Erleuchtung durchstreifte er noch 45 Jahre zusammen mit den ersten Mönchen die mittlere Gangesebene und predigte die neue Lehre. Buddha und seine Anhänger bestritten ihren Lebensunterhalt aus **Almosen,** die Laiengläubige ihnen überließen. Ursprünglich sollten die Mönche stets ohne festen Wohnsitz unter freiem Himmel leben. Die alljährliche Regenzeit erzwang jedoch die Errichtung der ersten Klöster.

Die drei wichtigsten Grundzüge des Mönchtums waren schon in der Frühzeit **Armut, Ehelosigkeit und Friedfertigkeit.** Die Ordensmitglieder mussten Besitzlosigkeit geloben; die Nahrung sollte ausschließlich durch „Betteln" erworben werden. Die Verletzung des Keuschheitsgebots führte zum Ausschluss aus dem Orden. Das Prinzip des Ahimsa (Nichttöten oder Nichtverletzen) wendet sich gegen Tieropfer, den Verzehr von Fleisch, das Führen von Kriegen und Gewaltanwendung jeglicher Art.

Regeln für Mönche und Laien

Mönche leisten keine manuelle Arbeit, sondern beginnen den Tag mit dem Bettelgang. Die Zeit im Kloster dient dem Studium, Gesprächen über die Heilslehre, der Rezitation und Meditation. Dadurch, dass sie ihr **Leben nach dem Dharma** ausrichten und nicht durch ökonomische und familiäre Zwänge gebunden sind, gelten die Chancen eines Mönchs, das Heil zu erlangen, verglichen mit denen eines Laien als ungleich besser.

Doch auch Laiengläubige haben sich an Vorschriften zu halten. Für sie sind **fünf Pflichten** maßgeblich: Sie sollen nicht töten, nichts annehmen, was ihnen nicht freiwillig gegeben wird, keinen unsittlichen Lebenswandel führen, nicht lügen und keine berauschenden Mittel nehmen. Darüber hinaus gilt für Mönche, dass sie keine Nahrung nach der Mittagszeit zu sich nehmen sollen. Auf Zerstreuungen wie Tanz und Musik, auf Schmuck, Wohlgerüche, ein bequemes Nachtlager und den Besitz von Geld sollen sie verzichten.

Der Dalai-Lama

Der Dalai-Lama ist das religiöse und politische Oberhaupt im **tibetanischen Buddhismus,** auch Vajrayana oder **Lamaismus** genannt. Als Erster erhielt 1578 Sonam Gyatso diesen Titel zugesprochen. Er gilt aber als 3. Dalai-Lama, da seine beiden Vorgänger (seit 1391) postum so bezeichnet wurden. Nach dem Tod des Dalai-Lama wird unter den männlichen Neugeborenen anhand bestimmter Merkmale sein Nachfolger identifiziert, der als Inkarnation des Verstorbenen gilt. Der 5. Dalai-Lama war ab 1642 erstmals auch ein politischer Führer. Der 14. Dalai-Lama ging nach einem gescheiterten Aufstand der Tibeter gegen die chinesische Besatzung 1959 ins Exil und setzt sich für die Autonomie Tibets innerhalb der Volksrepublik ein.

Der gegenwärtige 14. Dalai-Lama ist Tenzin Gyatso. Er ist ein angesehener internationaler Staatsmann, der sich vor allem für Frieden und Menschenrechte einsetzt.

Betende Mönche in Birma (Myanmar); das buddhistische Mönchtum unterliegt festen Regeln und ist asketischer als das christliche. In einigen Schulen gibt es z. B. das Verbot, nach dem Mittag Essen einzunehmen.

Die monotheistischen Weltreligionen

Als Monotheismus (von griechisch monos = einzig und theos = Gott) wird der Glaube an einen einzigen Gott bezeichnet. Heute bekennt sich mehr als die Hälfte der Menschheit zu einer der drei monotheistischen Weltreligionen Judentum, Christentum und Islam. Polytheistische (viele Götter kennende) Religionen – z. B. von Griechen, Römern und Germanen – wurden während der beiden letzten Jahrtausende vielerorts verdrängt.

Monotheismus – Geschichte und Gegenwart

Der Monotheismus im eigentlichen Sinn entstand erst vor rd. 2500 Jahren; seitdem hat er weltweit enorme Verbreitung gefunden. Kritiker werfen ihm eine im Vergleich zu polytheistischen Religionen erhöhte Neigung zur Intoleranz vor.

Obwohl die religiösen Überlieferungen des **Judentums** weiter zurückreichen, bildete sich der Monotheismus erst während der Zeit des Babylonischen Exils im 6. Jh. v. Chr. heraus. Bis dahin hatte die Religion des Volkes Israel zwar eine ausschließliche Verehrung ihres Gottes verlangt (Monokult), die Existenz anderer Götter jedoch anerkannt.

Echnaton – Erfinder des Monotheismus?

Der ägyptische Pharao Echnaton (eigentlich Amenophis IV.) erhob im 14. Jh. v. Chr. Aton (die Sonnenscheibe) zum höchsten Gott. Ob er damit bereits einen Monotheismus begründete, ist umstritten: Zwar führte er einen Machtkampf mit der Priesterschaft und verbot z. T. die Kulte anderer Götter, stritt aber deren Existenz nicht ab. Nach Echnatons Tod kehrte Ägypten zu seiner traditionellen Religion zurück. Einer u. a. von Sigmund Freud vertretenen Theorie zufolge hatte die Aton-Verehrung großen Einfluss auf das später aus Ägypten geflohene Volk Israel – womit Echnaton doch als Stammvater der monotheistischen Weltreligionen anzusehen wäre.

Das **Christentum** übernahm vom Judentum den Glauben an einen einzigen Gott, den es jedoch in drei „Personen" – Vater, Sohn (Jesus) und Heiliger Geist – ehrt. Diese Trinitätslehre (Dreifaltigkeits-/Dreieinigkeitslehre) wird teilweise als nicht monotheistisch kritisiert und abgelehnt. Der **Islam** glaubt nicht an eine Menschwerdung Gottes und ist somit unbestritten monotheistisch.

Zoroastrismus und Bahai

Neben Judentum, Christentum und Islam gibt es weitere monotheistische Religionen: Der Zoroastrismus (auch Parsismus) beruft sich auf den Religionsstifter **Zarathustra** (Zoroaster) und verehrt den Gott Ahura Masda. Vom 3. bis 7. Jh. in Persien Staatsreligion, wurde er danach vom Islam verdrängt und hat heute ca. 120 000–150 000 Anhänger.

Der Bahaismus (auch Bahai-Religion) wurde im 19. Jh. begründet und hat etwa 7–8 Mio. Anhänger. Er vertritt den Glauben an einen Gott und fordert ein friedliches Miteinander aller Menschen, die Vereinbarkeit von Wissenschaft und Religion sowie sozialen Fortschritt.

Judentum: Thora und Talmud

Trotz seiner weltweit nur knapp 14 Mio. Anhänger zählt das Judentum zu den Weltreligionen. In ihm liegen die Wurzeln für Christentum und Islam – nach Abraham, dem Stammvater Israels, werden alle drei auch Abrahamitische Religionen genannt. Zudem ist das Judentum auch die älteste Weltreligion, denn seit über 2500 Jahren leben Juden in zahlreichen Ländern.

Geschichte Israels

Im 2. Jahrtausend v. Chr. kamen die zwölf Stämme Israels in das Land westlich des Jordans. Die Blütezeit ihres Reiches begann um 1000 v. Chr. und umfasste die etwa 80-jährige Regierungszeit der Könige **David und Salomo.** Danach zerfiel das Land in die Königreiche Juda (Hauptstadt Jerusalem) und Israel (Samaria). Israel wurde 722 v. Chr. durch die Assyrer zerstört, viele seiner Einwohner verschleppt. Das gleiche Schicksal ereilte 586 v. Chr. Juda durch die Babylonier. Mit der nun folgenden „Babylonischen Gefangenschaft" begann die Zeit der **Diaspora,** der „Zerstreuung" unter Andersgläubigen. Viele Juden verließen das Land ihrer Väter; bereits um Christi Geburt soll die Mehrzahl außerhalb Judäas – in Babylonien und vor allem im Römischen Reich – gelebt haben. In Zeiten der Diaspora ermöglichte die gemeinsame Religion, die Identität als Volk Israel zu wahren.

538 v. Chr. konnten viele Juden in ihre Heimat zurückkehren. Die Hohen Priester regierten das nun unter persischer Hoheit stehende Land. Im Hellenismus (→S. 263) wurde der jüdische Glaube bekämpft; der Aufstand der Makkabäer brachte 141 v. Chr. noch einmal die Unabhängigkeit, die aber nur bis zur römischen Eroberung (63 v. Chr.) währte. Nach zwei Aufständen gegen Rom wurden die Juden 135 **aus Jerusalem verbannt.** Erst 1948 gründeten sie mit dem Staat Israel wieder einen eigenen Staat.

Die jüdische Religion

Die Anfänge der jüdischen Überlieferung reichen bis ins 2. Jahrtausend v. Chr. zurück. Während der Babylonischen Gefangenschaft wurden die mündlichen Überlieferungen zu Religion und Geschichte aufgeschrieben. Kernstück des jüdischen Glaubens ist die **Thora** (auch Pentateuch, fünf Bücher Mose); sie beschreibt die Anfänge der Welt und des Volkes Israel. Den größten Raum nimmt der Bericht von der Flucht Israels aus Ägypten unter Moses ein; darin enthalten sind die **Zehn Gebote** (Dekalog) und weitere Gesetze und Kultvorschriften. Die Thora bildet zusammen mit den Prophetenbüchern und den „Schriften" den **Tanach,** die jüdische Bibel. Das zweite Hauptwerk der jüdischen Religion ist der **Talmud,** eine Sammlung von Kommentaren zur Thora und Erörterungen zu juristischen und wissenschaftlichen Fragen aus dem 1. Jahrtausend n. Chr.

Zentrum der jüdischen Gemeinden ist die **Synagoge.** Neben Gottesdiensten finden dort z. B. auch Versammlungen statt. Eine zentrale Bedeutung hat die Feier des Sabbat: An diesem Tag – dem christlichen Samstag – dürfen Juden nicht arbeiten, nicht reisen, keine Geschäfte tätigen und kein Feuer entzünden; er ist dem Gottesdienst und der Familie gewidmet.

Der Tempel in Jerusalem

Um 950 v. Chr.
Bau des ersten Tempels durch Salomo

586 v. Chr.
Zerstörung des Tempels durch die Babylonier

516 v. Chr.
Vollendung des zweiten Tempels; damit endet nach jüdischer Vorstellung die Babylonische Gefangenschaft der Juden.

165 v. Chr.
Wiedereinweihung des Tempels, der drei Jahre zuvor dem griechischen Gott Zeus geweiht worden war

20/19 v. Chr.
Erweiterung durch König Herodes den Großen

70 n. Chr.
Zerstörung während des Großen jüdischen Aufstands gegen Rom

Orthodoxe Juden lesen die Thora an der Klagemauer in Jerusalem.

Christentum und Kirche

Konfession und Kalender

Eine Folge der konfessionellen Spaltung der Christenheit war die Jahrhunderte währende Existenz zweier verschiedener Kalender, die um zehn (später mehr) Tage auseinanderfielen. 1582 führte Papst Gregor XIII. den **gregorianischen Kalender** ein, der Ungenauigkeiten des **julianischen Kalenders** (von Iulius Caesar) korrigierte. Fast alle römisch-katholischen Länder übernahmen binnen weniger Jahre den gregorianischen Kalender, die meisten protestantischen folgten erst zwischen 1700 und 1753. Das orthodoxe Russland stellte den Kalender sogar erst nach der Oktoberrevolution um (die nach dem gregorianischen Kalender im November 1917 stattfand).

Mit über 2 Mrd. Gläubigen ist das Christentum die mitgliederreichste Religion der Welt. Größte christliche Glaubensgemeinschaft ist mit über 1,1 Mrd. Mitgliedern die römisch-katholische Kirche. Weitere bedeutende Glaubensrichtungen sind die orthodoxen und die protestantischen Kirchen.

Anfänge und Lehre

Kern der christlichen Religion ist der Glaube an Jesus, genannt **Christus** (Gesalbter), der im 1. Jh. der christlichen Zeitrechnung lebte und um das Jahr 30 in Jerusalem starb. Nach christlicher Vorstellung war er der von den Juden erwartete Messias und Sohn Gottes und erstand am dritten Tag nach seiner Hinrichtung am Kreuz von den Toten auf. Sein Leben und seine Lehre sind in vier **Evangelien** (griechisch, „frohe Botschaft“) überliefert, die einige Jahrzehnte nach seinem Tod verfasst wurden.

In der Zeit seines öffentlichen Wirkens zog Jesus mit einer Gruppe von Anhängern (Jüngern) durch Palästina, lehrte und tat der Überlieferung nach Wunder, vor allem Krankenheilungen. Eine zentrale Stellung in seiner Lehre nimmt die **Bergpredigt** aus dem Evangelium des Matthäus (5.–7. Kapitel) ein. Sie enthält u. a. eine Auslegung wichtiger Gebote aus der Thora sowie das bedeutendste Gebet der Christenheit, das Vaterunser.

Das Christentum begann also als eine Reformbewegung innerhalb des Judentums. Dessen religiöse Gebote wurden allerdings z. T. liberaler ausgelegt (z. B. Gesetze zum Sabbat), z. T. strenger (z. B. Erweiterung des Begriffs „Ehebruch“). Im Gegensatz zum Prinzip „Auge um Auge“ predigte Jesus **Versöhnung und Friedfertigkeit.** Nach dem Tod Jesu verbreiteten die Jünger als **Apostel** (Gesandte) seine Lehre in weiten Teilen des Römischen Reiches und fanden zunehmend auch unter Nichtjuden Anhänger.

Die christliche **Bibel** setzt sich zusammen aus dem Alten Testament, im Wesentlichen die jüdische Bibel, und dem Neuen Testament (Evangelien, Apostelgeschichte, Briefe und die prophetische Apokalypse).

Bei den seit 1634 alle zehn Jahre stattfindenden Passionsspielen in Oberammergau werden die letzten fünf Tage im Leben Jesu dargestellt. Passionsspiele gibt es vor allem in katholischen Regionen.

Verbreitung

Das Christentum fand schnell Zulauf. Da Christen sich weigerten, den römischen Kaiser gottgleich zu verehren, waren sie **Verfolgungen** ausgesetzt. Die Wende leitete Kaiser Konstantin (der Große, Reg. 306–337) ein, der 313 im Edikt von Mailand den Christen die freie Ausübung ihrer Religion gestattete. Danach drangen Christen schnell in führende Staatsämter vor. Bereits 380 wurde das Christentum zur Staatsreligion erhoben.

Durch **Missionierung** der Germanen und Kelten verbreitete sich das Christentum auch nördlich der Alpen, blieb aber durch den Aufstieg des Islams im 7./8. Jh. zunächst auf den nördlichen Mittelmeerraum (außer der Iberischen Halbinsel) und Westeuropa beschränkt. Ab der Sachsenmission Karls des Großen (Reg. 768–814) breitete es sich auch ins östliche Europa aus.

Beginnend mit den Entdeckungsfahrten um 1500 begann die überseeische Ausbreitung des Christentums. Mit der **Kolonialisierung** erfolgte die (oft gewaltsame) Christianisierung, zunächst in Amerika. Im Zuge der europäischen Kolonisation Afrikas im 19. Jh. verbreitete sich das Christentum auch dort.

Kirchenspaltungen und Konfessionen

Bereits in der Spätantike entwickelte sich die Christenheit im Lateinisch sprechenden Westen und im Griechisch sprechenden Osten des Römischen Reiches auseinander. Nach der politischen Trennung (Untergang Westroms) und zunehmenden **theologischen Differenzen** erfolgte 1054 die endgültige Trennung, auf die die heutige katholische („allumfassende") Kirche, die den Papst als Oberhaupt anerkennt, und die orthodoxe („rechtgläubige") Kirche zurückgehen.

Zu einer **zweiten großen Spaltung** kam es im 16. Jh. mit der Reformation (→ S. 280). Die insbesondere im deutschen Sprachraum entstandene Bewegung führte zur Gründung protestantischer Glaubensgemeinschaften: Aus der von Martin Luther angestoßenen **Reformation** ging die evangelisch-lutherische Kirche hervor, die vor allem in Deutschland, Skandinavien, im Baltikum und Nordamerika Verbreitung fand; die Anhänger der Reformatoren Ulrich Zwingli und Johannes Calvin gründeten die reformierte Kirche u. a. auch im Nordwesten Deutschlands und den Niederlanden sowie in angelsächsischen Ländern; aus der Täuferbewegung gingen die **Freikirchen** wie Baptisten, Methodisten und Presbyterianer hervor.

Zum Protestantismus wird auch die **anglikanische Kirche** gezählt, die den Papst nicht als ihr Oberhaupt anerkennt. Wie die katholische und die orthodoxe Kirche bezieht sie sich jedoch auf die „apostolische Sukzession": die Rückführung bischöflicher Amtsgewalt auf die Apostel, von denen sie von Bischof zu Bischof weitergegeben wurde.

Heilige und ihre Symbole

Heilige – nach Vorstellung z. B. der katholischen Kirche Personen, die Gott besonders nahe stehen – werden in bildlichen Darstellungen immer wieder mit Symbolen gezeigt, die auf ihre Bedeutung oder eine Episode aus ihrem Leben verweisen.

Symbol	Name	Bedeutung
Andreaskreuz	Andreas	Apostel, Bruder des Petrus; wurde an einem X-förmigen Kreuz hingerichtet
Christuskind auf der Schulter	Christophorus	Schutzpatron der Reisenden; trug ein Kind durch einen Fluss, das sich als Christus zu erkennen gab
Brote, Rosen	Elisabeth von Thüringen	Symbolfigur tätiger Nächstenliebe; brachte den Armen Brot
Gans, Bettler	Martin von Tours	teilte seinen Mantel mit einem Bettler; bis heute bedeutend im Brauchtum (Martins-Umzüge)
Schwert	Paulus	Missionar und erster christlicher Theologe (Paulusbriefe im Neuen Testament); vermutlich mit dem Schwert hingerichtet
Schlüssel	Petrus	Apostel, gilt als erster Papst; „Himmelsschlüssel" symbolisiert Binde- und Lösegewalt
Steine in der Hand	Stephanus	erster Märtyrer des Christentums (wurde gesteinigt)
Schweißtuch	Veronika	reichte Jesus auf seinem Weg zur Kreuzigung ein Schweißtuch

Das Hauptheiligtum des Islams ist die Kaaba in Mekka, die als erstes Gotteshaus von Adam gebaut worden sein soll.

Islam: Leben nach Koran und Sunna

Mit rd. 1,3 Mrd. Anhängern ist der Islam – arabisch für „Unterwerfung (unter Gott)" – nach dem Christentum die zweitgrößte Religion der Welt. Der Islam ist streng monotheistisch; die Muslime bekennen ihren Glauben an den einen und einzigen Gott (arabisch: „Allah"), als dessen letzter und wichtigster Prophet Mohammed gilt.

Mohammed

Mohammed wurde um 570 in Mekka geboren. Er stammte aus einer verarmten, jedoch angesehenen Familie, in deren Händen die Betreuung des altarabischen Heiligtums der Kaaba lag. Um das Jahr 610 erschien ihm beim Meditieren der Erzengel Gabriel als göttlicher Bote. In der Folgezeit erhielt er mehrere Offenbarungen und scharte zahlreiche Anhänger um sich. Von der Mehrheit in Mekka abgelehnt, wanderte Mohammed 622 nach Yathrib aus; diese Auswanderung, die **Hedschra,** markiert den Beginn der islamischen Zeitrechnung.

In Yathrib, bald in **Medina** umbenannt (Kurzform für Medinat an-Nabi, „Stadt des Propheten"), wuchs Mohammeds Gefolgschaft schnell. Er führte eine Gemeindeordnung ein, die neben religiösen Regeln auch eine Sozial- und Wirtschaftsordnung beinhaltete. Mohammed erklärte die **Kaaba** zu einem islamischen Heiligtum und die Pilgerfahrt dorthin zur Pflicht für alle Muslime. 630 eroberte er Mekka. Als er 632 in Medina starb, war er auf der Arabischen Halbinsel eine religiöse und politische Autorität.

Koran und islamisches Recht

Im Koran (wörtlich: „Rezitiere!"), dem heiligen Buch der Muslime, sind die von Mohammed empfangenen Offenbarungen niedergeschrieben. Die zunächst teils schriftlich, teils mündlich überlieferten Fragmente wurden etwa 20 Jahre nach seinem Tod in einem Buch gesammelt. Der **Koran** gilt im Islam als Wort Gottes. Nach islamischer Vorstellung wurden bereits Moses und Jesus mit dieser Botschaft zu den Menschen geschickt, aber sowohl Juden als auch Christen haben sie verfälscht. Um dies in Zukunft zu verhindern, darf der Koran als Wort Gottes nur auf Arabisch gelesen werden.

Neben dem Koran bedient sich das islamische Recht (Scharia, arab. „Weg, Pfad") zahlreicher Sammlungen von **Aussprüchen des Propheten;** für die Schiiten sind auch die Aussprüche der Imame verbindlich. Der Islam trennt nicht zwischen religiösem und weltlichem Recht:

Die **Scharia** umfasst Bestimmungen zu allen Lebensbereichen wie Erbrecht, Ehe- und Familienrecht, Straf- und Prozessrecht und regelt das religiöse und soziale Verhalten des Einzelnen und der muslimischen Gemeinschaft (Umma).

Ausbreitung

Nach Mohammeds Tod eroberten seine Nachfolger, die **Kalifen,** innerhalb von drei Jahrzehnten den Fruchtbaren Halbmond, große Teile Nordafrikas sowie Mesopotamien und den Iran. Das Kalifat stieg in kurzer Zeit zu einem Weltreich auf. Zu Beginn des 8. Jh. drangen muslimische Truppen bis zum Industal vor, im Westen eroberten sie bis 711 den Maghreb (Nordafrika), bis 714 die Iberische Halbinsel; ihr Vordringen nördlich der Pyrenäen wurde 732 bei Tours und Poitiers von den Franken gestoppt.

Seine größte Ausdehnung erreichte das islamische Reich während der Herrschaft der **Abbasiden-Dynastie** (750–1258). Das Arabische setzte sich als Kultursprache durch und legte den Grundstein für die klassische islamische Zivilisation. Letztlich scheiterten die Abbasiden an ihrem Anspruch, einen Gottesstaat zu errichten. Die schiere Größe des Reiches, das zeitweise von Spanien bis nach Afghanistan reichte, führte zu Abspaltungstendenzen. 1258 wurde das Kalifat von Bagdad von den Mongolen zerstört.

Die **Ausbreitung des Islam** war damit jedoch nicht abgeschlossen. Über das Gebiet des damaligen Kalifats hinaus leben Muslime heute u. a. in der gesamten nördlichen Hälfte und im Osten Afrikas, in Mittel- und Südostasien, Ozeanien (vor allem Indonesien), im Süden der ehemaligen Sowjetunion sowie in der Türkei und Teilen Südosteuropas.

Das Gesicht Mohammeds (oben links, Miniaturmalerei, 16. Jh.) wird, dem Verbot des Korans folgend, nicht gezeigt.

Spaltungen

Bereits im 7. Jh. kam es zu einer Spaltung des Islams. Nach dem Tod des vierten Kalifen Ali, eines Cousins und Schwiegersohns Mohammeds, 661 waren seine Anhänger der Ansicht, dass nur Nachkommen Alis rechtmäßige Nachfolger Mohammeds seien. Die Parteigänger Alis, die „Schiat Ali“, sind heute bekannt als **Schiiten.** Sie machen etwa 15 % aller Muslime aus und stellen in Iran und im Irak die Bevölkerungsmehrheit.

Der Großteil der Muslime gehört der Hauptrichtung der **Sunniten** an; ihr Name leitet sich ab von der Sunna, den überlieferten Gewohnheiten des Propheten, die neben dem Koran als Richtlinie für das Leben eines gläubigen Muslims gelten. Unter Sunniten und Schiiten haben sich jeweils mehrere Rechtsschulen ausgebildet. Daneben gibt es kleinere Strömungen wie den mystischen **Sufismus,** dessen Anhänger auch als Derwische bezeichnet werden.

Die „Fünf Säulen“

Die zentralen Glaubensinhalte kommen in den „Fünf Säulen“ des Islams zum Ausdruck: das Glaubensbekenntnis „Es gibt nur einen Gott, Allah, und Mohammed ist sein Prophet“; das täglich fünfmalige Gebet, bei dem Suren aus dem Koran rezitiert werden und man sich vor Gott niederwirft; die Almosensteuer, die mindestens 2 % des Einkommens ausmachen soll; das Fasten im Monat Ramadan, in dem die Gläubigen zwischen Sonnenaufgang und Sonnenuntergang nicht essen, trinken oder rauchen dürfen; schließlich die Wallfahrt nach Mekka (Hadsch) mindestens einmal im Leben. Gebote, die aufgrund äußerer Umstände – z. B. Krankheit, Reise, Schwangerschaft, Armut – nicht zur vorgeschriebenen Zeit erfüllt werden können, dürfen (und müssen) nachgeholt werden.

Religion heute

Die Aufklärung, Fortschritte der Wissenschaft und die moderne, säkularisierte (verweltlichte) Gesellschaft fordern die Religionen heraus. Viele Menschen leugnen heute die Existenz Gottes oder leben ohne Bezug zu einer Religionsgemeinschaft. Im Gegenzug haben spirituelle und esoterische Strömungen großen Zulauf.

Säkularisierung und neue Religiosität

Gläubige, die an ihrer Religion festhalten, haben zwei grundverschiedene Möglichkeiten, auf die säkularisierte Welt zu reagieren: mit einer Anpassung ihrer Glaubensgrundsätze an die Zeit – unter Bewahrung des Kerns ihrer Religion – oder aber mit einem Festhalten an ihren religiösen Traditionen.

Autorität geht verloren

Bereits ab dem späten Mittelalter hatte die Kirche immer stärker an Autorität eingebüßt. In der Neuzeit stellte die selbstbewusst gewordene **Wissenschaft** schließlich auch das Weltbild der Kirche infrage. So berührte das von Nikolaus Kopernikus (1473–1543) begründete und von Galileo Galilei (1564–1642) weiterentwickelte heliozentrische Weltbild auch die Theologie: Die Vorstellung vom Menschen als Gottes Ebenbild war zuvor auch durch die Annahme gestützt worden, die Erde sei der Mittelpunkt des Universums.

Während der **Aufklärung** setzte sich diese Entwicklung fort. Neben der Kritik an theologischen Positionen wurde vor allem auch die (weltliche) Macht der Kirche nicht mehr als „gottgegeben" hingenommen. Selbst Texte der Bibel wurden nicht mehr als unveränderliches Wort Gottes angesehen, sondern im Zusammenhang mit ihrer Entstehungszeit betrachtet.

Reformen und Beharren

Die Kirchen passten in unterschiedlichem Maße ihre theologischen Lehrmeinungen, ihre Führungsstruktur und Liturgie der gesellschaftlichen Entwicklung an. Neben Reformern gab und gibt es konservative Gläubige, die ihre Religion auch gegen den Zeitgeist unverändert bewahren wollen. In den evangelischen Kirchen entstanden dadurch neben der teilweise relativ „weltlich" ausgerichteten Amtskirche streng bibeltreue **evangelikale Gemeinden.**

Die katholische Kirche entwickelte aufgrund der zentralen Bedeutung des Papstes weniger inneren Pluralismus; sie wandelte sich im Ganzen langsamer und führte erst mit dem **Zweiten Vatikanischen Konzil** (1962–1965) wesentliche Neuerungen ein, die auf die stark veränderten Lebensbedingungen im 20. Jh. reagierten.

Auch innerhalb des Judentums gab es eine Aufklärung, die **Haskala,** deren Hauptvertreter der Philosoph Moses Mendelssohn (1729–1786) war. Ihr Ziel war die Aufhebung der sozialen und kulturellen Isolation der Juden. Mendelssohn wollte dies unter Beibehaltung des traditionellen Judentums erreichen, viele seiner Schüler brachen im Sinne ihrer Integration mit der jüdischen Tradition. Dies führte zur Entstehung des konservativen Judentums auf der einen und des **Reformjudentums** auf der anderen Seite.

Säkularisierung

Der Begriff Säkularisierung bezeichnet den Prozess zunehmender Verweltlichung von Staat und Gesellschaft – im Gegensatz zu „Säkularisation", der Enteignung von Kirchengütern. Heute ist in nahezu allen westlichen Staaten die **Trennung von Staat und Religion** vollzogen: Angehörige verschiedener Konfessionen und Religionen sind gleichberechtigte Staatsbürger, der Einfluss religiöser Institutionen auf die Politik ist zurückgedrängt.

Doch auch in scheinbar nichtreligiösen Bereichen sind Anleihen aus der Religion zu finden. Die **Jugendweihe,** die seit dem 19. Jh. von Freidenkern praktiziert und später von der DDR übernommen wurde, ist eine Alternative zur protestantischen Konfirmation oder zur katholischen Firmung. Die Verehrung, die „Idole" aus Sport und Unterhaltung heute erfahren, trägt durchaus religiöse Züge; die Inszenierung z. B. von Rockkonzerten oder die festen Rituale, mit denen Fußballfans vor jedem Spiel ihrer Mannschaft das Glück zu beeinflussen suchen, ähneln religiösen Zeremonien. Nicht zuletzt politische Bewegungen, vor allem Diktaturen, bedienten und bedienen sich religiös anmutender Inszenierungen, um die **Heilserwartungen** der Menschen auf ihre Ziele und politischen Führer zu lenken.

Neue Religiosität

Das Bedürfnis der Menschen nach Religion blieb auch in der aufgeklärten Welt ungebrochen. Dies bezeugen z. B. die im 19. Jh. in den USA entstandenen Religionsgemeinschaften der **Mormonen** und der **Zeugen Jehovas.** Im 20. Jh. erfolgte im Westen eine Hinwendung zu asiatischen Religionen. Verschiedene esoterische (von altgriechisch für „innerlich") Strömungen, die Ende des 20. Jh. Zulauf verzeichneten, werden unter dem Namen **New Age** (Neues Zeitalter) zusammengefasst.

Auch innerhalb der christlichen Kirchen entwickelte sich eine neue Religiosität. Seit den 1960er Jahren besuchen Jugendliche aus aller Welt die ökumenische Brudergemeinschaft im französischen Dorf Taizé, wo sie beten, arbeiten und Bibelgespräche erleben. Die katholische Kirche richtet seit 1984 regelmäßig **Weltjugendtage** aus, die besonders durch das Charisma Papst Johannes Pauls II. (1978–2005) zu Massenereignissen mit z. T. über 1 Mio. Teilnehmern anwuchsen.

Pantheismus

Eine Herausforderung insbesondere für die monotheistischen Religionen ist der Pantheismus, der Gott in allen Dingen der Welt (griechisch pan, „alles") bzw. mit dem Universum identisch sieht. Ein herausragender Vertreter war Baruch Spinoza (1632–1677). Der Pantheismus, der besonders seit dem 18. Jh. (z. B. auch von Goethe) Beachtung fand, besitzt zwar eine gewisse Nähe zu hinduistischen Vorstellungen, ist aber weniger eine Religion als eine Weltanschauung. Mit der Vorstellung eines personalen Gottes und einem moralischen Dualismus (dem Gegensatz gut – böse) ist er kaum zu vereinbaren. Kritiker dieser Glaubensform bezeichnen den Pantheismus als eine Form des Atheismus, da ein unpersönlicher Gott gar kein Gott sei.

Abschlussveranstaltung des fünftägigen christlichen Jugendkongresses „Christival" im Kasseler Auestadion, an dem 2002 rund 20 000 junge Christen teilnahmen

Priesterweihe im Straßburger Dom 2008; in der römisch-katholischen Kirche und den orthodoxen Kirchen können nur Männer die Priesterweihe empfangen.

Theologie

Den Begriff Theologie (aus dem Griechischen, „Lehre von den Göttern") verwendete bereits Platon. Er bezeichnete damit die kritische Analyse des Volksglaubens und religiöser Mythen. Die christliche Theologie, die wissenschaftliche Beschäftigung mit Fragen des christlichen Glaubens, war bereits im Mittelalter neben Rechtswissenschaft und Medizin als Wissenschaft anerkannt.

Im Unterschied zur Religionswissenschaft, die alle Religionen gleichrangig behandelt, beschäftigt sich die Theologie immer mit einer konkreten Religion, z. B. als katholische Theologie. Die Theologie kann in **vier Fachgebiete** unterteilt werden: 1. die biblische Theologie, die Exegese (Auslegung) der Bibel; 2. die historische Theologie, zu der z. B. die Patristik (→ S. 472) und die Kirchengeschichte zählen; 3. die systematische Theologie mit Fundamentaltheologie, Dogmatik und theologischer Ethik; 4. die praktische Theologie, zu der etwa Religionspädagogik, Pastoraltheologie, Seelsorge, Liturgie und Kirchenrecht gehören.

Die Theologie der Befreiung

In den 1960er Jahren entstand in der katholischen Kirche Lateinamerikas die sog. Befreiungstheologie. Sie stellt sich auf die **Seite der Armen** und sieht ihre Aufgabe in der Behebung der Ursachen der Armut. Aus der christlichen Lehre leitet sie die Aufforderung zu politischem Widerstand ab; sozial benachteiligte Bevölkerungsgruppen werden nicht mehr auf das Himmelreich vertröstet, wie es die katholische Kirche Lateinamerikas lange Zeit getan hatte, sondern ermutigt, im Hier und Jetzt zur Bekämpfung ihrer schlechten Lebensbedingungen aktiv zu werden.

Damit begab sich die Kirche nicht nur in Lateinamerika in die Nähe marxistischer Befreiungsbewegungen. Dies löste bei anderen Christen Widerspruch aus, die auf die Unterdrückung der Christen in kommunistischen Staaten verwiesen. Sie warfen den Befreiungstheologen vor, ihr Glauben sei **rein politischer Natur.** Trotz dieser Widersprüche übt die Theologie der Befreiung bis heute einen großen Einfluss auch auf die Kirchen in Europa und Nordamerika aus. Hier diskutierten Theologen besonders die Fragen von Krieg und Frieden und, vor allem in den 1980er Jahren, die Konsequenzen der atomaren Hochrüstung.

Wie wird man Priester?

Obwohl das Christentum ursprünglich eine Laienbewegung war, bildete sich bereits früh eine Geistlichkeit (Klerus) heraus, die eine **religiöse Vermittlerrolle** zwischen Gott und der Gemeinde einnahm. Aus dem Gemeindeältesten („Presbyter") wurde der Priester, der in der katholischen und orthodoxen Kirche bis heute eine herausgehobene Position innehat. Die evangelische Theologie kehrte seit Luther zum **Priestertum aller Gläubigen** zurück, faktisch erfüllt der Pfarrer aber heute eine ähnliche Funktion wie in der katholischen Kirche.

Voraussetzungen für die (katholische) Priesterweihe bzw. die (evangelische) Ordination zum Pfarrer ist in aller Regel ein Studium der katholischen bzw. der evangelischen Theologie sowie eine Ausbildung im kirchlich-praktischen Bereich.

Religiöse Konflikte

Blutige Kämpfe im Namen der Religion sind allgegenwärtig. Beinahe täglich reißen Selbstmordattentate Menschen in den Tod, Bezeichnungen wie „Märtyrer“ und „heiliger Krieg“ sind regelmäßig in den Nachrichten zu hören. Insbesondere der Nahostkonflikt sorgt für immer neue Schübe (auch) religiös motivierter Gewalt.

Religionskriege

Religions- oder Glaubenskriege sind keine Erfindung der heutigen Zeit. So wurden von mittelalterlichen Königen und Fürsten wiederholt Kriege gegen „heidnische“ Völker im Namen des Christentums geführt, z. B. die Sachsenkriege Karls des Großen. Das Zeitalter der **Kreuzzüge** (→S. 274) brachte eine zwei Jahrhunderte währende militärische Auseinandersetzung zwischen christlicher und islamischer Welt mit sich.

Ebenso erbittert wurde oft zwischen verschiedenen Glaubensrichtungen innerhalb einer Religion gekämpft. Bereits im 7. Jh. gab es innerhalb des Islam blutige Auseinandersetzungen zwischen **Sunniten und Schiiten.** In Deutschland kam es infolge der Reformation zum Schmalkaldischen Krieg (1546/47) und zum **Dreißigjährigen Krieg** (1618 bis 1648). In Frankreich wurden im 13. Jh. Kreuzzüge gegen die Glaubensrichtung der Albigenser geführt, zwischen 1562 und 1598 insgesamt acht (Bürger-)Kriege gegen die protestantischen **Hugenotten** (Calvinisten).

Auch wenn bei all diesen Kriegen religiöse Fragen von Bedeutung waren, so waren sie doch selten die einzige Ursache. Machtfragen unter den Herrschenden, die Lösung gesellschaftlicher Probleme, der Wunsch, die Lebenslage einer Gruppe zu verändern, und auch das Streben nach persönlicher Bereicherung der Soldaten spielten ebenso eine Rolle wie bei Kriegen, die ohne Berufung auf religiöse Gründe geführt werden.

Nahostkonflikt und Glaubensfragen

Eine starke religiöse Komponente hat der Nahostkonflikt (→S. 305) zwischen Israel und seinen arabischen Nachbarn. Für die Juden war auch nach Jahrhunderten in der Diaspora der Wunsch nach Rückkehr in das von Gott verheißene Land Israel lebendig geblieben. Im 19. Jh. entstand mit dem **Zionismus** eine jüdische Nationalbewegung, die sich die Gründung eines jüdischen Staates in Palästina zum Ziel setzte. Die in Palästina lebenden Araber (Palästinenser) wollten dagegen den Anspruch auf das Land nicht aufgeben, weswegen es seit der Gründung Israels (1948) immer wieder zu Kriegen und blutigen Konflikten kam. Verschärft werden die Auseinandersetzungen insbesondere dadurch, dass **Jerusalem** gleich drei Weltreligionen als Heilige Stadt dient. So befindet sich das wichtigste jüdische Heiligtum, die Klagemauer (ein Rest des zerstörten Tempels), in unmittelbarer Nähe zum (islamischen) Felsendom und der Al-Aksa-Moschee.

Märtyrer

Als Märtyrer (vom griechischen Wort für „Zeuge“) werden Menschen bezeichnet, die für ihre religiöse oder weltanschauliche Überzeugung den Tod auf sich nehmen. Das Christentum kennt Märtyrer vor allem aus den ersten Jahrhunderten, der Zeit der Christenverfolgung im Römischen Reich. Im Islam, besonders in seiner schiitischen Ausprägung, gilt als Märtyrer, wer im Kampf um die Verbreitung des Islams stirbt.

Religiöse Glaubenssätze wurden zu allen Zeiten vorgeschoben, um Gewalt zu legitimieren: ein Restaurant in Haifa (Israel) nach einem palästinensischen Selbstmordattentat mit 16 Toten.

Antike Philosophie

Die Wurzeln der abendländischen Philosophie liegen im antiken Griechenland. Um etwa 600 v. Chr. begannen griechische Denker, religiöse Mythen infrage zu stellen und nach naturwissenschaftlich-rationalen Erklärungen der Welt zu suchen. Etwa zeitgleich erlebte auch die Philosophie in China und Indien eine Blütezeit.

Bild oben: Pythagoras experimentiert mit Tönen (kolorierter Holzschnitt aus Theoria Musicae; Venedig 1492)

Die Vorsokratiker erklären die Welt

Die klassische Periode der griechischen Philosophie begann im 5. Jh. v. Chr. mit Sokrates. Ihre Anfänge lagen jedoch nicht im griechischen Mutterland, sondern in den Kolonien Kleinasiens und Italiens. Die Philosophen vor Sokrates werden auch Vorsokratiker genannt.

Die ionische Philosophie

Die Reihe der Vorsokratiker beginnt um etwa 600 v. Chr. mit den ionischen (in Ionien an der heutigen türkischen Westküste beheimateten) Naturphilosophen. Nach einer Epoche der rein mythologischen bzw. religiösen Erklärungssuche wurde nun eine physikalischen Erklärung der Welt angestrebt. Für **Thales von Milet** war das Wasser der Urstoff der Welt. Sein Schüler **Anaximander** begriff das Werden und Vergehen der Welt (des Seins) als immer wiederkehrenden Wechsel der Dinge; die Welt war seiner Lehre nach aus dem Feuer entstanden. **Anaximenes** sah die Luft als Urstoff und Prinzip der Welt an; alle anderen Stoffe seien aus der Veränderung durch Verdickung und Verdünnung der Luft entstanden.

Pythagoreer und Eleaten

Im italienischen Kolonisationsraum der Griechen entstanden im 6. Jh. v. Chr. mit den Pythagoreern und den Eleaten zwei weitere bedeutende philosophische Bewegungen. Für **Pythagoras** (→S. 235) und seine Anhänger, die Pythagoreer, stand die Zahl als beherrschendes Prinzip der Welt fest. In seinem mathematischen Weltbild hatte jede Grundzahl ihre Bedeutung. Der gesamte Kosmos und auch die Musik waren für ihn nach Zahlenverhältnissen geordnet.

In Elea (heute Salerno) entstand um 580 v. Chr. die Bewegung der Eleaten. **Xenophanes** lehnte die „naiven" Göttervorstellungen seiner Mitbürger ab und stellte diesen die Idee eines einzigen Gottes entgegen. Wie er glaubte auch sein Schüler **Parmenides** an die Unveränderlichkeit des Seins; alle wahrnehmbaren Veränderungen seien lediglich in täuschenden Sinneswahrnehmungen begründet.

Die Eleaten um Parmenides und Zenon sowie **Heraklit** aus Ephesos (Kleinasien) eröffneten um 500 v. Chr. eine philosophische Streitfrage über die Beschaffenheit der Welt. Heraklit betrachtete in seiner Naturphilosophie das Werden und Fließen als Grundprinzip alles Seienden; auch das scheinbar Unveränderliche befinde sich in stetigem Fluss. Dagegen betonten die Eleaten die Unveränderlichkeit des Universums, auch der scheinbar sich wandelnden Phänomene. Ihre Position hatte großen Einfluss auf Platons **Ideenlehre** und wurde durch theologische Weltbilder lange Zeit gestützt.

Philosophische „Märtyrer"?

Obwohl Philosophen nicht selten die herrschenden Verhältnisse infrage stellten, wurden nur wenige wie Sokrates für ihre Ansichten getötet. Archimedes starb bei der römischen Eroberung seiner Heimatstadt Syrakus (212 v. Chr.) vermutlich nur zufällig. Im Zuge der Christianisierung kamen mehrere nun als „heidnisch" geltende Philosophen ums Leben: Sopater soll um 330 sein Einfluss auf Kaiser Konstantin zum Verhängnis geworden sein; 415 wurde die Philosophin Hypatia von Alexandria von fanatischen Christen ermordet.

Sokrates – Philosophie des Dialogs

Der um 470 v. Chr. in Athen geborene Sokrates gilt als Begründer der klassischen Periode der griechischen Philosophie, die seinen Schüler Platon und dessen Schüler Aristoteles einschließt. Sokrates hinterließ keine eigenen Schriften, seine Lehre ist von seinen Schülern überliefert.

Sokrates und die Sophistik

Im 5. Jh. begann in Griechenland die Zeit der Sophistik. Die Sophisten waren meist **reisende Lehrer,** die gegen Bezahlung Philosophie und **Rhetorik** (Redekunst) lehrten. Sie wandten sich Fragen nach dem Menschen und der menschlichen Gesellschaft zu und betonten das Recht des Einzelnen gegenüber der traditionellen Vorstellung vom Vorrang des Ganzen. In vielen Bereichen, auch der Moral, zweifelten sie den Wert traditioneller Ansichten an. Die Sophistik wird daher als **griechische Aufklärung** bezeichnet; gegenüber ihren eigenen Auffassungen verhielten sich die Sophisten jedoch unkritisch.

Sokrates war Vollender und gleichzeitig Überwinder der Sophistik. Sein epochal neuer Gedanke gipfelt in dem Satz: **„Ich weiß, dass ich nichts weiß."** Mit ihm begann die Philosophie, auch die eigenen Erkenntnisse zu hinterfragen. Sokrates verzichtete darauf, ein eigenes philosophisches System aufzustellen; umso unbarmherziger befragte er diejenigen, die Wahrheit zu verkünden meinten.

Lehrmethode und Schüler

Sokrates stellte die sophistischen Lehren mit Hilfe des philosophischen Gesprächs infrage. Durch **geschicktes Fragen** veranlasste er seine Gesprächspartner zur kritischen Selbstreflexion. In seinen Streitgesprächen mit anderen Gelehrten stellte sich Sokrates unwissend und wissbegierig. Dabei brachte er seine Gesprächspartner mit **Ironie, Schlagfertigkeit und pointierten Fragen** regelmäßig zum Eingeständnis ihres Nichtwissens. Auf diese Weise machte sich Sokrates allerdings auch Feinde. 399 v. Chr. wurde er wegen Gotteslästerung und Verführung der Jugend angeklagt und zum Tod durch den Schierlingsbecher, einen Gifttrank, verurteilt.

Sokrates hatte mehrere einflussreiche Schüler, die aus seiner Lehre und seinen Denkweisen und -methoden jedoch sehr unterschiedliche Schlüsse zogen. Aristippos begründete die Schule der **Kyrenaiker,** für die das Streben nach körperlicher Lust höchstes Gut war. Die von Anisthenes inspirierten, eher pessimistischen **Kyniker** dagegen lebten enthaltsam und betrachteten die gegenständliche Welt, ihre Reichtümer und Freuden mit Verachtung (Zynismus). Ihre Lehre beeinflusste verschiedene antike Denkrichtungen bis zum Siegeszug des Christentums. Xenophon wurde ein bedeutender Historiker. Sokrates' bedeutendster Schüler und wichtigster Überlieferer war Platon.

Der wegen Gottlosigkeit und verderblichen Einflusses auf die Jugend zum Tod verurteilte griechische Philosoph Sokrates (Mitte) trinkt den Schierlingsbecher (Gemälde, 18. Jh.).

Platon, Aristoteles und ihre Erben

Sokrates' wichtigster Schüler Platon (427–347 v. Chr.) vermittelte die Gedankenwelt seines Lehrers in literarischen Dialogen und entwarf in „Der Staat“ und „Die Gesetze“ einen in seinen Augen idealen Staat. Sein Schüler Aristoteles (384–322 v. Chr.) soll das gesamte Wissen seiner Zeit systematisch erfasst haben. Auch nach dem Tod Alexanders des Großen (323 v. Chr.) und dem Zerfall seines Reiches blieb die griechische Kultur bis ins 1. Jh. n. Chr. tonangebend (→ S. 263). Während dieser als Hellenismus bezeichneten Epoche eroberte griechisches Gedankengut die damals bekannte Welt, insbesondere die Oberschicht des Römischen Reiches.

Das Relief von Luca della Robbia zeigt Logik und Dialektik (Aristoteles und Platon) im philosopischen Streitgespräch (ca. 1437; Dom, Florenz).

Platon

Schwerpunkt der Lehre Platons waren die Ethik und die Erkenntnistheorie. Er unterschied die Welt der sinnlichen Wahrnehmung (phainomena) von der Welt der **ewigen Ideen** (nouomena). Da unsere Sinne Täuschungen und Irrtümern erliegen, musste es für ihn eine tiefere Wahrheit geben, und zwar die Ideen (z. B. das Schöne, das Gute), nach denen die materiellen Dinge geformt sind. In seinem berühmten **Höhlengleichnis** bezeichnet Platon die wahrnehmbaren Phänomene nur als Abbild (Schatten) der wahren Urbilder (Ideen).

Als Lehrer des Tyrannen Dionysios II. von Syrakus versuchte Platon erfolglos, seine Idee von einem vollkommenen Staat umzusetzen. 387 v. Chr. eröffnete er in Athen eine Schule, die **platonische Akademie.** Sie bestand bis 529 n. Chr.

Platons Bedeutung für Philosophie und Geistesgeschichte ist kaum zu ermessen: Die **Staatsphilosophie** der Neuzeit wäre ohne Platon undenkbar, seine Ideenlehre begründete die abendländische **Metaphysik** und formulierte den Vorrang der Theorie vor jeder Erfahrung.

Aristoteles

Aristoteles gilt als großer Systematiker und Naturwissenschaftler, der als Erster zwischen theoretischer, d. h. rein beschreibender, und praktischer Philosophie unterschied, die erzieherisch wirken sollte und an der Lebenswelt orientiert war. Anders als bei Platon lag für ihn das Erkennen der Wirklichkeit nicht in der Vernunft, sondern in der **Beobachtung der Natur,** die nicht nur das bloße Abbild der Ideen, sondern deren Träger ist.

Aristoteles bewertete die Erfahrung höher als die Idee. Für ihn lag **„die Wahrheit immer in der Mitte“** zwischen den Extremen. Stärker als Platon beeinflusste er das Geistesleben des christlichen Abendlandes im Mittelalter. Sein berühmtester Schüler war der Makedonier Alexander (später „der Große“).

Neuplatonismus

Der Neuplatonismus war vom 3. bis 6. Jh. die letzte große philosophische Strömung der Antike. Platons Ideenlehre mit aristotelischem und anderem antiken Gedankengut sowie Elementen östlicher Mysterienkulte verbindend, war er eine philosophisch-religiöse Alternative zum sich ausbreitenden Christentum. Ausgangspunkt und ein wichtiges Zentrum war das ägyptische Alexandria; als Begründer gelten **Ammonius Sakkas** (um 175–242) und sein Schüler **Plotin** (um 205–270).

Das Höhlengleichnis

In seinem Hauptwerk „Politeia“ („Der Staat“) vergleicht Platon die Gegenstände der sinnlich erfahrbaren Welt mit Schatten, die an die Wand einer Höhle geworfen werden. Die Menschen sind so in einer Position festgebunden, dass sie nur diese Schatten sehen können. Würde nun ein Einzelner (ein Philosoph) zum Verlassen der Höhle gezwungen, könnte er die eigentlichen Gegenstände und schließlich auch die Sonne als Quelle des Lichts erkennen. Kehrte er mit dieser Erkenntnis in die Höhle zurück, würden ihm seine ehemaligen Mitgefangenen nicht glauben. Sie würden sagen, er sei vom Licht verblendet worden, und würden sich in Zukunft gegen jeden Versuch wehren, sie zu befreien und ans Licht (der Wahrheit und Erkenntnis) zu führen. Mit diesem Gleichnis verbildlichte Platon seine Ideenlehre, nach der die sichtbaren Dinge nur Abbilder eines Urbilds (einer Idee) sind.

Raffaels Fresko „Die Schule von Athen“ (1509–1511; Rom, Vatikanische Museen) zeigt im Zentrum der erdachten Philosophenversammlung Platon (im roten Mantel) und seinen Schüler Aristoteles (im blauen Mantel).

Der Neuplatonismus übte starken Einfluss auf die arabische Philosophie und – durch Vermittlung der Kirchenväter – auf das christliche Mittelalter aus. Die griechische Philosophie blieb nicht auf Griechenland und die griechischen Kolonien beschränkt. Nach den Eroberungszügen Alexanders des Großen beeinflusste sie den Hellenismus. Als Griechenland selbst von Rom erobert wurde, fand sie Eingang auch in das römische Denken.

Rom

Nachdem Griechenland 146 v. Chr. unter römische Herrschaft gekommen war, entdeckte die römische Oberschicht die griechische Kultur. Griechische Kunst, Dichtung, Rhetorik und auch Philosophie wurden bewundert, nachgeahmt und weiterentwickelt. Obwohl der Hellenismus mit dem Vordringen des Römischen Reiches endete, währte der Einfluss der griechischen Philosophie somit fort. Besonders im Osten des Reiches blieb die **hellenistische Tradition** lange Zeit lebendig. Denn während im Westen mit der römischen Kultur auch die lateinische Sprache Einzug hielt, blieb im ehemals hellenistischen Osten das Griechische die Sprache der Gebildeten. Dies führte in der Spätantike zu einer Auseinanderentwicklung nicht zuletzt in theologischen Fragen – einer Ursache für den Zerfall der Christenheit in eine **West- und eine Ostkirche.**

Stoiker und Epikureer

Neben der platonischen Schule und der „peripatetischen“ Schule des Aristoteles waren die Schulen der Epikureer und Stoiker in der Antike von großer Bedeutung. Für **Epikur** (um 341–271 v. Chr.) lag das individuelle Glück in der Gemütsruhe, d. h. in der Abwesenheit von körperlichem und seelischem Leid; Gegner warfen den Epikureern oft Genusssucht vor. In der Lehre der um 300 v. Chr. von **Zenon von Kition** begründeten Stoa waren ethische Verantwortung in der Gesellschaft und moralische Vervollkommnung entscheidend; der Stoizismus strebt danach, durch Selbstbeherrschung und Gelassenheit **(„stoische Ruhe“)** zu Weisheit zu gelangen.

Beide Schulen fanden auch in Rom bedeutende Anhänger, wo sich besonders der auf Mitmenschlichkeit ausgerichtete Stoizismus stark entwickelte. Bedeutende Stoiker waren u. a. der römische Staatsmann, Schriftsteller und Philosoph **Seneca,** der Erzieher Kaiser Neros, und der römische Kaiser Marc Aurel (Reg. 161–180). Bekanntester römischer Epikureer war der Dichter **Lukrez.**

Chinesische und indische Philosophie

In Indien und China bildeten sich im 1. Jahrtausend v. Chr. mehrere bedeutende Lehren heraus. Sie enthalten oft zugleich religiöse wie philosophische Elemente, die kaum voneinander zu trennen sind.

Konfuzianismus

Der Konfuzianismus entstand in der Zeit, als das alte, religiös fundierte Feudalsystem Chinas verfiel. Der Lehre des **Konfuzius** (551–479 v. Chr.) liegen das Erlernen der Menschlichkeit in ihrer ganzen Fülle und die Entwicklung des rechten zwischenmenschlichen Verhältnisses zugrunde. Vorbild ist der „Edle", der durch unablässige Selbstschulung und Verinnerlichung ritueller Normen zur Reformierung der Gesellschaft von innen her beiträgt. Die **fünf Tugenden** des Konfuzianismus sind: Menschlichkeit, Rechtschaffenheit, Sittlichkeit, Weisheit und Aufrichtigkeit/Loyalität.

Der konfuzianische Philosoph **Mengzi** (um 370–288 v. Chr.) sah die Aufgabe eines konfuzianischen Weisen auch darin, den jeweiligen Herrscher die Tugend der Mitmenschlichkeit zu lehren. Sorgt dieser nicht ausreichend für das Wohl der Bevölkerung, sei das Volk zur Kritik und nötigenfalls auch zur Revolution berechtigt.

Quelle der Erkenntnis und der zu befolgenden moralischen Grundsätze sind die teils aus vorkonfuzianischer Zeit überlieferten, teils nach Konfuzius' Tod entstandenen kanonischen Texte, die zu Beginn der Han-Dynastie (206 v. Chr. – 220 n. Chr.) ihre endgültige Gestalt erhielten. In dieser Zeit gewannen die Konfuzianer zunehmend an Einfluss – der Konfuzianismus wurde zur **Staatsdoktrin.**

Eine bedeutende Stätte des Konfuzianismus ist der im 15. Jh. errichtete Himmelstempel in Peking; im Bild die Halle des Erntegebets.

Daoismus

Aufbauend z. T. auf älteren Ideen aus Philosophie, Religion und Heilkunde, grenzte sich im China des 5. Jh. v. Chr. die Schule des Daoismus gegen den Konfuzianismus ab. Benannt ist sie nach dem **Dao,** das in den Grundwerken „Daodejing" („Taoteking", Lao-tse als Verfasser zugeschrieben) und „Zhuangzi" als das allumfassende, ewige Grundprinzip beschrieben wird, das allen Erscheinungen zugrunde liegt.

Im Daoismus vereinigen sich philosophische und religiöse Komponenten. Grundlegend sind die **Betonung der Natur** und das **Streben nach Langlebigkeit** oder gar Unsterblichkeit. Die daoistische Mystik kennt zwei Stadien: In der Gegenwart will der Anhänger das Hier und Jetzt in Harmonie mit der Natur erleben. Für die Zukunft erstrebt er als von der Verblendung befreiter, reiner Geist das Verlöschen im Urgrund: Durch Kultivierung von Körper und Geist erzeugt er einen Zustand, in dem sein

Körper nur noch eine Hülle für den Geist darstellt. Mit dem Tod taucht er als Teil des Dao in die Grenzenlosigkeit des **ewigen, reinen Seins** ein.

Erst im 2. Jh. n. Chr. bildete sich eine daoistische Kirche heraus, in der Folgezeit wurde der Daoismus zu einer Volksreligion.

Yin und Yang: polare Kräfte greifen ineinander

Das in der chinesischen Philosophie verhaftete Universalprinzip des Dao basiert auf einer viel älteren Lehre: der **Gegensätzlichkeit der Kräfte** Yin und Yang, die im Dao aufgehoben wird. Nach uralten Glaubensvorstellungen Indiens, des Himalayagebiets und Chinas wird die Welt von gegensätzlichen Kräften beherrscht. Sie durchdringen alle Aspekte des Seins und bestimmen alle Erscheinungen.

Die Begriffe Yin und Yang, die ursprünglich „sonnig“ und „schattig“ bedeuten, vereinen sich in einer Art höchstem **Weltprinzip.** Darauf baut ein komplexes System von philosophischen Konzepten auf. Danach steht Yin für das weibliche, Yang für das männliche Prinzip. Diese polaren Kräfte greifen ineinander und finden Ergänzung in gegensätzlichen Zuständen und Eigenschaften wie hell und dunkel, warm und kalt, stark und schwach, aktiv und ruhig, außen und innen, trocken und feucht (Erstere werden jeweils dem Yang zugeschrieben). In ihrer erweiterten Dimension repräsentieren „hell“ bzw. „warm“ Sonne und Himmel, „dunkel“ bzw. „kalt“ dagegen Mond und Erde.

Zentrale Bedeutung für die Einteilung der Organismen und Lebewesen in Yin und Yang haben die **fünf Elemente,** die in den asiatischen Kulturkreisen einen besonderen Stellenwert einnehmen: Erde, Wasser, Feuer, Metall und Holz. So werden etwa Farben, Körperteilen und Organen, Planeten, Tieren und Zahlen bestimmte Eigenschaften und Merkmale zugeschrieben, mit denen man sie den fünf Elementen zuordnet. Auch für die Zubereitung von Speisen und in der traditionellen chinesischen Medizin sind die fünf Elemente von großer Bedeutung.

Yoga

Yoga, das „Anspannen“ (verwandt mit dem Wort „Joch“) der Seele zur Sammlung und Konzentration, war in Indien bereits zur Zeit der Upanischaden im 1. Jahrtausend v. Chr. bekannt. Durch körperliche und geistige Übungen **(Meditation)** soll der Weg zur Selbst- oder auch Gotteserkenntnis beschritten werden. Hierzu gibt es vier klassische „Wege“: Das Yoga der Erkenntnis, der (selbstlosen) Tat, der Hingabe an Gott und das Raja-Yoga (Sanskrit raja, „König“). Die acht Stufen des Raja-Yoga sind Selbstbeherrschung, Zucht, Körperhaltung, Atemkontrolle, Zurückziehen der Sinne von der äußeren Welt (Versenkung ins Innere), Konzentration, Meditation sowie Versenkung und Erleuchtung.

Indische Philosophie

Die indische Philosophie ist stark beeinflusst von heiligen Schriften der Hindus, den **Upanischaden** (→S. 453). Sie markieren den Übergang vom Opferkult der vedischen, also vorhinduistischen Religion zur indischen Philosophie. Die Upanischaden handeln im Gegensatz zu den älteren Texten des Veda mehr vom erlösungswirksamen Wissen als vom Ritual. An die Stelle der Ausübung des vedischen Opfers tritt ein Wissen um die dem Kosmos zugrundeliegenden Vorgänge; es entwickelt sich die Frage nach dem Menschen im **Kreislauf der Wiedergeburt** sowie nach den Möglichkeiten, Befreiung aus diesem zu erlangen.

Die Upanischaden behandeln Kernthemen der indischen Philosophie, z. B. die Frage nach dem Träger des Lebens oder die Frage nach dem Schicksal der menschlichen Seele nach dem Tod und die Lehre von der Wiedergeburt.

Das Symbol für Yin und Yang verdeutlicht das Ineinandergreifen der beiden gegensätzlichen Grundprinzipien.

Philosophie in Mittelalter und Neuzeit

Diente die Philosophie im europäischen Mittelalter vor allem zur Unterstützung der christlichen Theologie, so stellte die neuzeitliche Philosophie den Menschen in den Mittelpunkt. Indem sie alte Autoritäten hinterfragte und empirische Methoden einführte, bahnte sie der Entwicklung der (Natur-)Wissenschaft den Weg.

Der Hochscholastiker Thomas von Aquin (um 1225–1274); Bild oben: Der Mystiker Bernhard von Clairvaux (1090–1153)

Mittelalter und Renaissance

Die mittelalterliche Philosophie war auf die Rechtfertigung und Fortentwicklung des christlichen Weltbildes bezogen und suchte die christliche Lehre mit der antiken Philosophie zu vereinbaren. Die Renaissance vollzog eine Abkehr hiervon und stellte den Menschen in den Mittelpunkt. Statt nach dem Sinn **(„Warum?")** der Welt zu fragen, untersuchte man nun – gestützt auf Beobachtungen und Experimente – deren Beschaffenheit **(„Wie?")**.

Bereits in ihrer Frühzeit hatte die christliche Philosophie die christliche Lehre fortentwickelt und gegen abweichende Auffassungen abgegrenzt: Die **Patristik** (benannt nach den Kirchenvätern, lateinisch patres) griff hierzu in hohem Maße auf die antike Philosophie zurück (2.–7. Jh.) – vor allem auf den Griechen Platon und seine spätantiken Nachfolger, die Neuplatoniker (→ S. 468). Bedeutendste Kirchenlehrer der lateinischen, d. h. römischen Kirche waren der Bischof von Mailand Ambrosius (339 bis 397), der aus Dalmatien stammende Hieronymus (347–420), der die Bibel ins Lateinische übersetzte (Vulgata), sowie Augustinus (354–430) und Gregor I. (der Große, 540–604, Papst ab 590). Vor allem **Augustinus** prägte die Theologie bis in die Gegenwart: in der Dreieinigkeitslehre und der Beziehung zwischen Gott und den Menschen.

Wichtige arabische Philosophen des Mittelalters

Die Philosophie der Antike, insbesondere Aristoteles und der Neuplatonismus, wurde im Mittelalter von bedeutenden Philosophen innerhalb des islamischen Kulturkreises weitergeführt. Durch den Kontakt mit der islamischen Welt kam auch das christliche Europa im ausgehenden Mittelalter wieder mit dem Denken der Antike in Berührung.

Name (Lebensdaten)	Leistungen
Al-Farabi (um 873–950)	stellte philosophische Wahrheit über religiöse Offenbarung und widmete sich vor allem dem Neuplatonismus
Avicenna (Ibn Sina) (980–1037)	verband die Lehre des Aristoteles mit dem Neuplatonismus
Al-Ghazali (1058–1111)	wandte sich gegen die neuplatonischen Theorien seiner Vorgänger (vor allem Avicennas)
Averroes (Ibn Ruschd) (1126–1198)	verfasste zahlreiche Aristoteles-Kommentare

Scholastik – Dienerin der Theologie

Die christliche Philosophie des Mittelalters, die Scholastik (von lateinisch schola, „Schule"), widmete sich als „Dienerin der Theologie" (lateinisch ancilla theologiae) der rationalen Begründung der christlichen Wahrheit durch die Philosophie. Die **Frühscholastik** (9.–12. Jh.) beschäftigte sich intensiv mit dem Universalienproblem: Die sog. Realisten waren in Anlehnung an Platons Ideenlehre der Ansicht, dass Universalien, Allgemeinbegriffe wie „Mensch" oder „Baum", real existierten.

Die **Hochscholastik** (12.–13. Jh.) war geprägt von den zuvor in Vergessenheit geratenen Schriften des Aristoteles, die zur Zeit der Kreuzzüge in arabischer Übersetzung wieder nach Europa gelangten. Wichtigster Denker dieser Zeit war **Thomas von Aquin** (um 1225–1274); er unternahm den umfangreichsten Versuch, die Philosophie des Aristoteles mit der christlichen Lehre zu verbinden. Während Thomas und andere Hochscholastiker in Bezug auf den Universalienstreit eine gemäßigt realistische Position einnahmen und die Universalien als in den Dingen liegend bezeichneten, ging die **Spätscholastik** (14. Jh.) noch weiter. Wilhelm von Ockham (um 1285 bis um 1349) wird das Prinzip wissenschaftlicher Ökonomie zugeschrieben, dass einfache Erklärungen komplizierten vorzuziehen seien („Ockhams Rasiermesser"). Er vertrat gemeinsam mit anderen Denkern den Nominalismus. Danach sind Universalien lediglich Namen oder gedankliche Begriffe ohne reale Existenz. Der von Ockham begründete „neue Weg" („via moderna") war ein wichtiger Schritt hin zum neuzeitlich-rationalen Denken.

Mystik

Die Mystik (von griechisch mystein, „die Augen schließen") bot sich den Menschen als Alternative zur Scholastik an; statt philosophischer Lehren suchte sie die Trennung zwischen Gott und Mensch durch Vision und Kontemplation aufzuheben. Große **Mystiker** wie der Zisterzienser Bernhard von Clairvaux (1090 bis 1153) und Franz von Assisi (1182–1226), der Gründer des Franziskanerordens, traten oft auch als mitreißende Prediger auf. Wichtigster Vertreter in Deutschland, wo die Mystik besondere Bedeutung erlangte, war Meister Eckhard (um 1260–1328).

Entdeckung des selbstständig denkenden Menschen

In der um 1350 beginnenden Epoche der Renaissance entstand, ausgehend von den Fürstenhöfen und Stadtrepubliken Mittel- und Norditaliens, eine von Adel und Bürgertum getragene weltliche Kultur. Ohne Bevormundung durch die Kirche widmete man sich den Fragen, die die Menschen beschäftigten. Der Kontakt mit der arabischen Welt führte zu einer **Wiederentdeckung der griechischen Philosophie,** insbesondere der Gedanken von Aristoteles und Platon bzw. des in der Spätantike an Letzteren anknüpfenden Neuplatonismus.

Der wesentliche Unterschied zum mittelalterlichen Denken war vor allem die Suche nach objektiver Erkenntnis, die Entdeckung der Natur als Forschungsgegenstand und die Betonung der **Individualität des Menschen.** Sah sich der scholastische Philosoph noch als Teil der Schöpfungsordnung, geriet die neue Naturwissenschaft immer mehr zur Kritik an kirchlichen Lehren. Fragen nach der Beschaffenheit des Universums, der Natur oder des Menschen suchten nun nach Bestätigung durch Experimente und wissenschaftliche Beobachtung.

Die Philosophie entdeckte den Menschen und stellte zentrale Fragen, die sein Leben betrafen: Woher komme ich? Was kann ich wissen? Sie hinterfragte Sinn und Zweck des Staates und akzeptierte nicht mehr den einen über allem stehenden Gott. Stattdessen entstand ein **Pantheismus,** also die Idee eines nicht personalisierten, in allen Dingen seienden Gottes.

Niccolò Machiavelli

Niccolò Machiavelli (1469 bis 1527) übte in seiner Heimatstadt Florenz verschiedene politische Ämter aus. In seinem 1532 gedruckten Hauptwerk „Der Fürst" („Il Principe") befasste er sich mit der Theorie von Herrschaftserwerb und Machterhalt und begründete damit die moderne **Politikwissenschaft.** Machiavelli erfasste die Grundlagen eines geordneten Staatswesens, die allein in der Selbsterhaltung und Machtsteigerung des Herrschers liegen. Um seine Macht durchzusetzen, sind **alle Mittel recht:** Unmoral, Täuschung, List, Verrat oder Bestechung und Vertragsbruch. Damit ging die Ära der moralischen Legitimation des politischen Handelns zugunsten der **Staatsräson** zu Ende. Es entstand die Idee von einem weltlichen Staat, der seine Wurzeln nicht in Gott hat, sondern ein menschliches Konstrukt ist.

Der Rationalismus

Im 17. und 18. Jh. entstanden auf dem europäischen Kontinent der Rationalismus und in England der Empirismus. Wollten die **Empiristen** Erkenntnis aus Sinneseindrücken und Erfahrung ableiten, so war für die **Rationalisten** die Vernunft (lateinisch ratio) Grundlage allen Wissens. Sie glaubten, die Welt allein mit mathematischen und logischen Gesetzmäßigkeiten erklären zu können.

„Ich denke, also bin ich."

Als Begründer des Rationalismus gilt der französische Philosoph, Mathematiker und Naturwissenschaftler **René Descartes** (1596–1650). Sein mathematisch-exaktes Denken versuchte er auch auf die Philosophie anzuwenden, die er zur Grundlage für alle Wissenschaften machen wollte. Dazu stellte er alle vorherigen Erkenntnisse infrage und erhob das Zweifeln zur Methode. Weil auch Sinneswahrnehmungen keinen Weg zur sicheren Erkenntnis der Wahrheit darstellen (denn Sinne können getäuscht werden), stellte Descartes die menschliche Vernunft ins Zentrum. Zumindest einer Sache könne sich der Mensch sicher sein, dass er, wenn er denke, auch existiere: **„Cogito ergo sum"** („Ich denke, also bin ich"). Die Vernunft und das denkende Subjekt bieten also einen Ansatzpunkt, der selbst nicht mehr angezweifelt werden kann. Damit werden sie zur obersten Instanz der Erkenntnis: Weil ihre Existenz trotz allen Zweifelns gesichert ist, ist auch alles, was das rational geleitete Ich klar und widerspruchsfrei feststellen kann, gesicherte Wahrheit. In seiner **dualen Substanzlehre** unterschied er das Mentale (res cogitans = denkende Substanz) und das Stoffliche (res extensa = räumlich ausgedehnte Sache).

Das Gemälde zeigt René Descartes (am rechten Tisch rechts) im Gespräch mit Christine von Schweden (am Tisch links) in Stockholm, wo sich der Philosoph in seinem letzten Lebensjahr auf Einladung der Königin aufhielt.

Spinoza und Leibniz

Descartes übte großen Einfluss auf Baruch Spinoza (1632–1677) aus, einen niederländischen Philosophen mit portugiesisch-jüdischen Vorfahren, der wegen seiner Kritik am orthodoxen Judentum früh aus der jüdischen Gemeinde ausgeschlossen wurde. In seinem 1677 posthum erschienenen Hauptwerk „Die Ethik" ging er über Descartes hinaus und erkannte nur eine einzige Substanz an: die Natur, die wesensgleich mit Gott ist (deus sive natura). Damit vertrat Spinoza einen **Pantheismus,** in dem alles beseelt ist und einer Substanz entstammt.

Gottfried Wilhelm Leibniz (1646 bis 1716) überblickte als Philosoph, Mathematiker und Physiker vielleicht als **letzter Universalgelehrter** der Geistesgeschichte das Wissen seiner Zeit. In seiner Theorie unterschied er zwischen Vernunftwahrheiten (durch innere Reflexion erkannt) und Tatsachenwahrheiten (durch sinnliche Wahrnehmung erkannt). Die Frage, warum ein allmächtiger und allgütiger Gott menschliches Leid zulässt **(Theodizee),** beantwortete Leibniz damit, dass die Welt nicht vollkommen sein könne, weil nur Gott vollkommen sei. Er glaubte jedoch, in der besten aller möglichen Welten zu leben.

Der Empirismus: Erfahrung zuerst

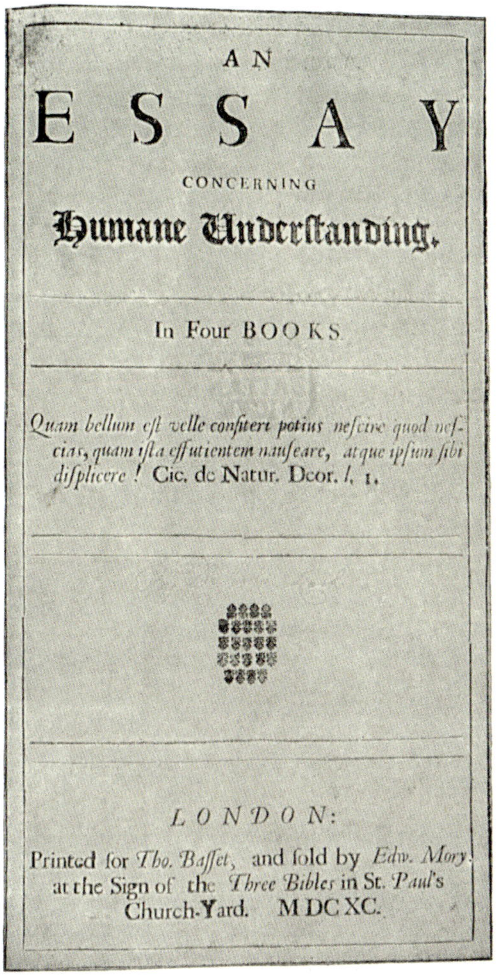
AN
ESSAY
CONCERNING
Humane Understanding.
In Four BOOKS.
Quam bellum est velle confiteri potius nescire quod nescias, quam ista effutientem nauseare, atque ipsum sibi displicere! Cic. de Natur. Deor. l. 1.
LONDON:
Printed for Tho. Basset, and sold by Edw. Mory at the Sign of the Three Bibles in St. Paul's Church-Yard. MDCXC.

Titel von John Lockes Hauptwerk „Ein Versuch über den menschlichen Verstand" (1690)

Als Gegenpol zum Rationalismus entwickelte sich in England eine Erkenntnisphilosophie, die auf Erfahrung und Sinneswahrnehmungen basierte: Der Empirismus bestritt die Existenz angeborener Ideen. Sein Leitsatz war die These John Lockes: „Nichts ist im Verstand, was nicht vorher in den Sinnen war."

John Locke

John Locke (1632–1704) war ein Gegner des Absolutismus und Vorkämpfer für die konstitutionelle Monarchie. Seine Ideen zur Gewaltenteilung, zur Souveränität des Volkes und den bürgerlichen Freiheiten prägten das moderne Staatsrecht und das europäische Denken.

Sein Hauptwerk „Ein Versuch über den menschlichen Verstand" (1690) beschäftigt sich mit der **Erkenntnistheorie.** Locke kannte keine angeborenen Ideen; alle Erkenntnis beruhe auf Erfahrungen und Sinneswahrnehmungen. Er unterschied zwei Arten von Erfahrung: die Wahrnehmung der äußeren Dinge (Sinnesempfindung, englisch „sensation") und die Wahrnehmung der inneren Vorgänge (Selbstbeobachtung, englisch „reflexion"). Aus Ersteren entstehen einfache Ideen, z. B. Gestalt, Bewegung oder Erinnern; komplexe Ideen – z. B. die Idee der Substanz oder der Zeit – bildet der Verstand aus der Verarbeitung der Wahrnehmungen. Zur eigentlichen Erkenntnis gelangt man erst durch Urteile.

Berkeley und Hume

George Berkeley (1685–1735) entwickelte die Theorie, dass nur Ideen und Geist existierten, jedoch keine materielle Existenz der Außenwelt. Den objektiven Eindruck der Realitätserfahrung stellte er nicht infrage, ging jedoch davon aus, dass die **Wahrnehmungen** und die Einbildungskraft des Geistes von Gott produziert werden. Erfahrung dient dabei dem Kennenlernen von Gottes Motivation.

David Hume (1711–1776) legte eine **Erfahrungstheorie** vor, wonach Vernunft und rationale Urteile lediglich Assoziationen von Sinneswahrnehmungen und Erfahrungen sind. Auch komplizierte Ideen (z. B. die Vorstellung, wie etwas Unbekanntes aussehen könnte) leiten sich letztlich von Sinneseindrücken her. Zur Kausalität schrieb Hume, der Mensch folgere aus einer mehrfach beobachteten Abfolge zweier Ereignisse einen Ursache-Wirkungs-Zusammenhang, der selbst jedoch nicht zu beobachten sei. Nach Hume sind auch Naturgesetze kein gesichertes Wissen.

Der Mensch – des Menschen Wolf?

Ein früher Vertreter des Empirismus war Thomas Hobbes (1588–1679). In seiner **Staatsphilosophie** ging er von einem (staatenlosen) Naturzustand aus, in dem jeder ein Recht auf alles besessen und seinen Nutzen zum Schaden der anderen gesucht habe. Ihr Selbsterhaltungstrieb brachte die Menschen dazu, diesen „Krieg aller gegen alle" durch einen Gesellschaftsvertrag zu beenden, in dem sie gegenseitig ihr Recht auf alles aufgaben, um zusammen in Frieden und Sicherheit leben zu können.

Die Aufklärung: Freiheit und Vernunft

Als Aufklärung wird die geistesgeschichtliche Epoche des späten 17. und des 18. Jh. in Europa, ausgehend von England, Frankreich und Deutschland, bezeichnet. Die Philosophen der Aufklärung vertrauten auf rationales und kritisches Denken. Irrational bestimmte Denkweisen wie Offenbarungsglaube, Metaphysik oder Fanatismus verloren an Bedeutung. Als umfassende geistige und gesellschaftliche Reformbewegung versprach sich die Aufklärung nicht nur geistigen Fortschritt, sondern auch die Aufhebung politischer und gesellschaftlicher Missstände.

Unterschiedliche Strömungen

Die Aufklärung war keine einheitliche Bewegung, sie fußte auf den so unterschiedlichen philosophischen Bewegungen des französischen Rationalismus und des englischen Empirismus. Daher ist z. B. David Hume als führender Vertreter des Empirismus (→ S. 475) zugleich einer der bedeutendsten Aufklärer. Über ihre Gegensätze hinweg vertraten die Aufklärer jedoch in der Forderung nach Vernunft und Freiheit gemeinsame Grundgedanken.

In Frankreich prägte sich im Umfeld der Aufklärung in der ersten Hälfte des 18. Jh. der **Materialismus** heraus, der das gesamte Weltgeschehen als Wirkung des Stoffs und seiner Bewegung erklärte. Der französische Arzt Julien Offray de La Mettrie (1709–1751) etwa beschrieb den Menschen als einen Mechanismus ohne eigenständige Seele und ohne Freiheit.

Aufklärung und Politik

Die politischen Theorien aus England und die dort seit der „Glorious Revolution" (1688/89) und dem Sieg über den Absolutismus erreichten Freiheiten fanden bei französischen Intellektuellen wie Charles de Secondat, Baron de La Brède et de Montesquieu (1689–1755), Voltaire (1694–1778) oder Jean-Jacques Rousseau (1712–1778) Widerhall. Sie kritisierten die Zustände des absolutistischen Frankreich und diskutierten politische und soziale Reformen. Montesquieu forderte in seinem 1748 erschienenen „Vom Geist der Gesetze" als Voraussetzung der Freiheit die **Gewaltenteilung** – die Trennung von exekutiver (ausführender), legislativer (gesetzgebender) und judikativer (richterlicher) Gewalt.

Für Rousseau war der Mensch im Prinzip gut, erst die Gesellschaft verderbe ihn. Er forderte eine Rückbesinnung auf die „natürlichen" Werte des Menschen wie Freiheit und Unschuld („Zurück zur Natur!"). In seinem Hauptwerk „Der Gesellschaftsvertrag" (1754/62) vertrat er die Theorie, dass der Staat als politische Organisation auf dem **Gesellschaftsvertrag** (Contrat social) beruhe, der von den in der Gemeinschaft lebenden Menschen freiwillig eingegangen werde. Seine Verteidigung des Gemeinwillens (Volonté générale) gegenüber dem Machtanspruch des absolutistischen Staates bildete die theoretische Grundlage der Französischen Revolution.

Immanuel Kant

Hauptfigur der deutschen Aufklärung war der Königsberger Philosoph Immanuel Kant (1724–1804). Seine Philosophie lässt sich in drei Phasen einteilen: In der vorkritischen Phase beschäftigte er sich u. a. mit naturwissenschaftlichen Themen und mit der Erkenntnislehre von Rationalismus und Empirismus. In der kritischen Phase mit den Hauptwerken „Kritik der reinen Vernunft" (1781), „Kritik der praktischen Vernunft" (1788) und „Kritik der Urteilskraft" (1790) unterzog Kant das **menschliche Erkenntnisvermögen** einer eingehenden Prüfung. In die nachkritische Phase ab 1790 fallen Werke zur Rechtslehre, zur Tugend und zur Sittenlehre.

Jean-Jacques Rousseau sammelt Kräuter im Park des nordfranzösischen Schlosses Ermenonville; hier verbrachte er auf Einladung des Marquis René Louis de Girardin seine letzten Lebensjahre.

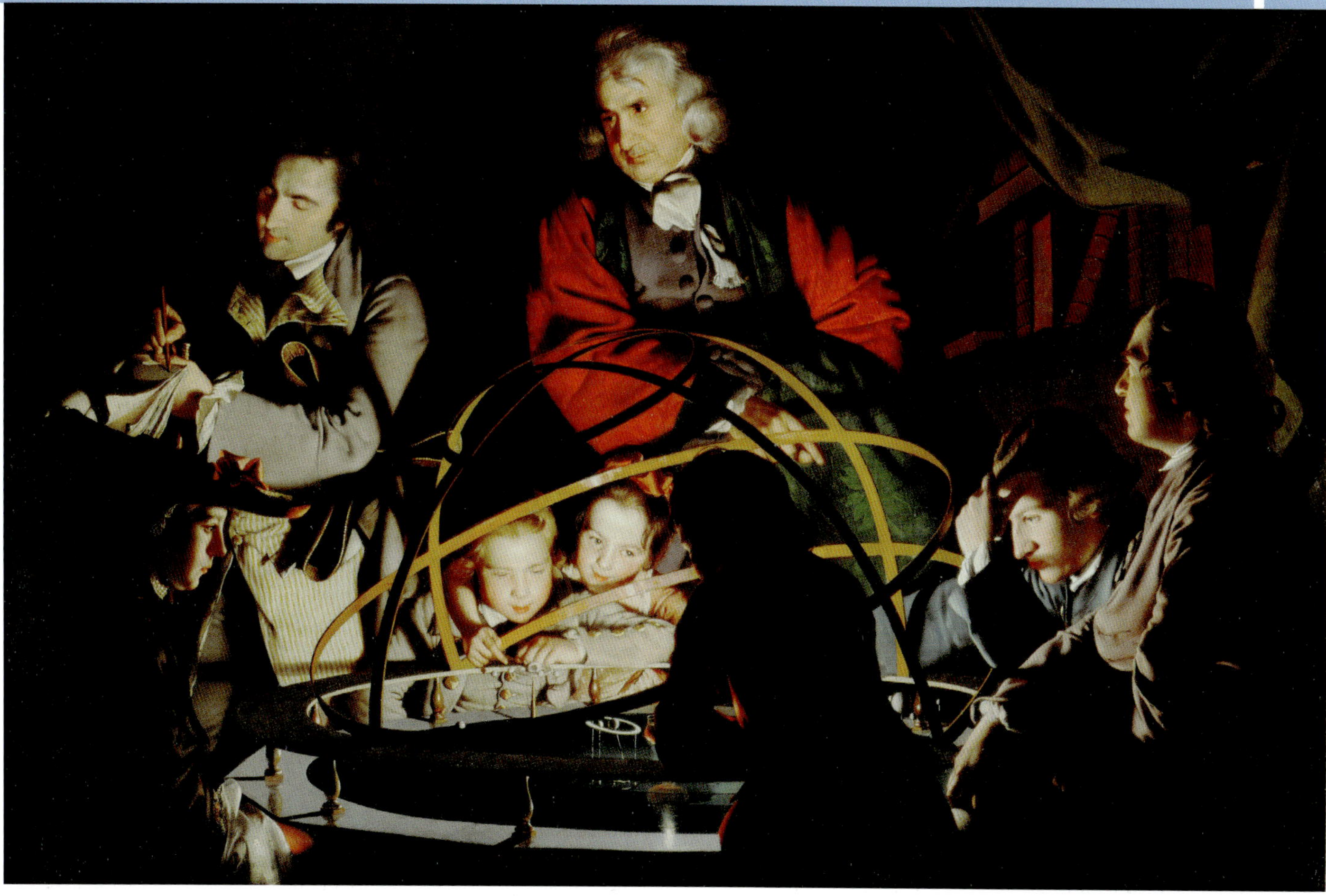

Begeisterung für die zeitgenössischen Naturwissenschaften vermitteln die Werke des englischen Malers Joseph Wright of Derby (1734–1797); hier sein Bild „Ein Philosoph hält einen Vortrag am Tischplanetarium" (1766).

Die Grundfragen, die Kants Philosophie aufwirft, sind: Was kann ich wissen? Was soll ich tun? Was darf ich hoffen? Was ist der Mensch? In der **„Kritik der reinen Vernunft"** beschäftigte er sich mit der ersten Frage. Während Rationalismus oder Empirismus davon ausgingen, „alle Erkenntnis müsse sich nach den Gegenständen richten", werden laut Kant die Gegenstände ihrer Form nach erst konstruiert, indem der Mensch seine diffusen Sinneseindrücke raumzeitlich ordnet und mit Hilfe spontan gebildeter Begriffe zu einer Einheit zusammenschließt. Unsere Erkenntnis der Welt bezieht sich demnach nur auf Phänomene, nicht auf die Dinge an sich. Diese Beurteilung nennt Kant die Kopernikanische Wende der Philosophie (in Anlehnung an die Erschütterung des geozentrischen Weltbildes durch Nikolaus Kopernikus): Die Welt ist subjektiv, die menschliche Vernunft schafft sich ihre Realität selbst. Urteile über die Metaphysik (z. B. über Gott) kann man nach Kants Meinung nicht fällen, da dies außerhalb der menschlichen Erfahrungswelt liegt.

In der **„Kritik der praktischen Vernunft"** beantwortet Kant die Frage „Was soll ich tun?" mit einer neuen Ethik. Als moralische Norm für alle vernunftbegabten Wesen formuliert er den **kategorischen Imperativ:** „Handle so, dass die Maxime deines Willens jederzeit zugleich als Prinzip einer allgemeinen Gesetzgebung gelten könne." In der „Kritik der Urteilskraft" erklärt Kant, der Mensch denke sich die Natur dank seiner Urteilskraft, als ob ihr ein Zweck unterläge.

Manifest der Aufklärung

1784 veröffentlichte Kant seine epochale Abhandlung „Beantwortung der Frage: Was ist Aufklärung?" Der Beginn lautet:

„Aufklärung ist der Ausgang des Menschen aus seiner selbst verschuldeten Unmündigkeit. Unmündigkeit ist das Unvermögen, sich seines Verstandes ohne Leitung eines anderen zu bedienen. Selbst verschuldet ist diese Unmündigkeit, wenn die Ursache derselben nicht am Mangel des Verstandes, sondern der Entschließung und des Mutes liegt, sich seiner ohne Leitung eines anderen zu bedienen. ‚Sapere aude!' –‚ Habe Mut, dich deines eigenen Verstandes zu bedienen!' ist also der Wahlspruch der Aufklärung. Faulheit und Feigheit sind die Ursachen, warum ein so großer Teil der Menschen [...] gern zeitlebens unmündig bleiben und warum es anderen so leicht wird, sich zu deren Vormündern aufzuwerfen."

Vor dem Hintergrund der Industrialisierung und dem Elend der Industriearbeiter im 19. Jh. entwickelten Karl Marx und Friedrich Engels ihre Theorien; im Bild eine Arbeiterin in einem Steinbruch.

Das 19. Jahrhundert

Die Philosophie des 19. Jh. war stark von der Auseinandersetzung mit Immanuel Kant geprägt. Der deutsche Idealismus wollte die von Kant gezogenen Grenzen der Vernunft – seine Auffassung, der Mensch könne Gott und die Welt nicht erkennen – nicht hinnehmen. Der Positivismus erkannte die Unmöglichkeit absoluter Erkenntnis an und stellte die Philosophie in den Dienst einer (positiven) Veränderung der Welt; Letzteres, wenngleich auf andere Weise, war auch das Ziel des Marxismus. Arthur Schopenhauer sah im Willen den (der Vernunft versperrten) Weg zum Absoluten; wie Sören Kierkegaard, der den Grundstein zur Erkenntnisphilosophie legte, beschäftigte ihn das Leiden des Menschen am Leben.

Der deutsche Idealismus

Johann Gottlieb Fichte (1762–1814) baute das Ich zum Fixpunkt seiner Philosophie aus; wenn schon nichts als gesichert gelten konnte, so doch wenigstens das Ich. Fichte ging sogar so weit, die gesamte Welt lediglich als ein Produkt dieses Ichs zu begreifen: Das, was uns als Realität erscheint, sei nur ein Bild oder eine Idee unseres individuellen Vorstellungsvermögens.

Mit dieser Erhöhung des Subjekts konnte sich Friedrich Wilhelm Joseph Schelling (1775–1854) nicht anfreunden und blieb weiterhin auf der Suche nach dem Absoluten, das er – dem Geist der Romantik entsprechend – in der Natur zu finden hoffte. **Das Absolute** ist bei ihm die Identität von Natur und Geist, von Realität und Ideal.

Georg Wilhelm Friedrich Hegel (1770–1831) sah das gesamte Kultur- und Geistesleben und die Geschichte des Menschen als **Verkörperung des „Weltgeistes“** an. Alles Wirkliche ist die Manifestation des „Absoluten“. Damit bekommt das Absolute eine Geschichte, die sich als dialektischer Entwicklungsprozess darstellen lässt, bei dem jedes Stadium (These) seinen Gegensatz (Antithese) hervorbringt und beide sich in der daraus hervorgehenden höheren Stufe (Synthese) aufheben. Hegel geht davon aus, dass alles Neue Besseres sein wird.

Marxismus

Die oft elende Situation der Industriearbeiter bewog Karl Marx (1818–1883) und Friedrich Engels (1820–1895) zu der Ansicht, nur eine Revolution könne zu einer gerechten Gesellschaft im **Kommunismus** führen. Marx' Ideologie entstand aus der Auseinandersetzung mit der Philosophie Hegels und dessen schärfstem Kritiker, Ludwig Feuerbach (1804–1872), der dem Idealismus vor allem die Vernachlässigung des Menschen vorwarf. Marx entwickelte Feuerbachs **materialistische Philosophie** zu einem politischen Programm weiter, das die aktive Unterstützung des Proletariats (abhängig Beschäftigte) gegen die Bourgeoisie (Großbürgertum) vorsah. „Nicht das Bewusstsein bestimmt das Leben, sondern das Leben bestimmt das Bewusstsein." Mit dieser Umkehrung des Idealismus beabsichtigte Marx, die Hegel'sche Philosophie „vom Kopf auf die Füße" zu stellen. Zwar betrachtete auch er die Weltgeschichte als dialektische Entwicklung, aber das Prinzip dahinter sei nicht die Selbstverwirklichung des Geistes, sondern die Befreiung der Produktivkräfte zu **einer klassenlosen Gesellschaft.**

Positivismus und Fortschrittseuphorie

Der französische Philosoph Auguste Comte (1798–1857) begründete den Positivismus, der jegliche Metaphysik ablehnte, die Möglichkeit absoluter Erkenntnis leugnete und sich nur mit der Wirklichkeit befasste. Der Positivismus stieß vor allem in England auf ein großes Echo und verband sich mit dem **Utilitarismus,** der das Kriterium der Nützlichkeit zur Grundlage sittlichen Verhaltens erklärte. Der englische Soziologe und Politökonom John Stuart Mill (1806–1873) wollte dem Positivismus ein psychologisch-logisches und erkenntnistheoretisches Fundament geben.

Der englische Positivist Herbert Spencer (1820–1903) vertrat bereits vor Charles Darwin einen philosophisch-erkenntnistheoretischen **Evolutionismus.** Die Übertragung der Evolutionstheorie (→ S. 69) auf gesellschaftliche Fragen, verbunden mit der Vorstellung einer ständigen Höherentwicklung, führte jedoch auch zu der folgenschweren Theorie des **Sozialdarwinismus,** der das Überleben des Stärkeren zum ordnenden Prinzip der Gesellschaft erhob.

Von Schopenhauer bis Nietzsche

Schärfster Gegner des deutschen Idealismus war Arthur Schopenhauer (1788 bis 1860). Nach Schopenhauer liegt der Welt der **Wille** zugrunde – den er sich als irrationalen, sinnlosen Drang vorstellt. Das Leben ist sinnlos, leidvoll und unglücklich. Allein durch Entsagung kann der absolute Wille gebrochen und ein Hauch von Freiheit gefunden werden.

Der dänische Philosoph Sören Kierkegaard (1813–1855) beschäftigte sich mit Fragen, die um die Existenz, den innersten, unfassbaren Kern des Individuums, kreisten – z. B. die Frage, wie der Mensch seinem Leben einen Sinn geben kann. In seinem Hauptwerk „Entweder-Oder" (1843) unterscheidet er drei Seinsmöglichkeiten des Menschen: die ästhetische, auf Genuss ausgerichtete, die aber nur Leere hinterlässt; die ethische mit dem zum Scheitern verurteilten Versuch, dieses Leben zu realisieren; die religiöse, in dem der Mensch nur durch die Gnade Gottes befreit werden kann.

Der **Nihilismus,** der die absolute Verneinung der gesellschaftlichen Werte zum Standpunkt erhebt, wurde vor allem durch die Philosophie Friedrich Nietzsches (1844–1900) bekannt. Sein Ziel war die Entwertung aller Werte und Normen, die ihren Sinn eingebüßt hätten. An die Stelle des Scheins und des Glaubens tritt dann das Nichts, das Nihil. Das Wesen der Welt ist nach Nietzsches Sicht der pure **Machtwille des Einzelnen.** Seine Philosophie beeinflusste Literatur und Psychologie, wurde aber auch oft missverstanden und u. a. von der nationalsozialistischen Ideologie missbraucht.

Der dänische Philosoph und Theologe Sören Kierkegaard (1813–1855) legte mit der Erkenntnis, dass der Mensch nur über sich selbst zu sich selbst finden kann, den Grundstein für die Existenzphilosophie des 20. Jh. (aquarellierte Zeichnung von Peter Christian Klaestrup, um 1850).

Das 20. Jahrhundert

Die Philosophie des 20. Jh. hat ihre herausragende Stellung als kulturelle Schrittmacherin weitestgehend verloren. Weltkriege, nationalsozialistische Barbarei und atomare Bedrohung haben das Vertrauen in Vernunft und Humanität erschüttert und die Philosophie in eine große Krise gestoßen. Die Fortschritte und Erfolge der Naturwissenschaften stellten das Selbstverständnis der Philosophie infrage und ließen sie nach exakteren Methoden streben.

Phänomenologie und Existenzphilosophie

Edmund Husserl (1859–1938) schuf Anfang des 20. Jh. eine einflussreiche analytische Wissenschaft, die Phänomenologie. Sie beschäftigt sich mit den **Bewusstseinsinhalten,** also mit der Frage, wie sich die Gegenstände dem Menschen darbieten. Sichere Aussagen kann man allerdings nur über Dinge treffen, die einem in der Außenwelt erscheinen; wie die Dinge an sich sind, kann man dagegen nicht wissen. Daher beschränkt sich die Phänomenologie nur auf die im menschlichen Bewusstsein erscheinenden Phänomene.

Aus der Phänomenologie entwickelte sich die Existenz- bzw. Seinsphilosophie. Diese philosophische Richtung wendet sich dem konkreten Leben des einzelnen Menschen zu. Das Bewusstwerden der eigenen Existenz vollzieht sich in **existenziellen Grenzsituationen** wie Krankheit, Tod, Angst oder Schuld. Zu ihren bedeutendsten Vertretern gehören Martin Heidegger (1889–1976), Karl Jaspers (1883–1969) und Jean-Paul Sartre (1905–1980). Heideggers Philosophie, die nicht den Menschen, sondern **das Sein** selbst in den Mittelpunkt stellte, wird auch als Ontologie (→ S. 489) bezeichnet, die Lehre vom Sein.

Jaspers führte Heideggers Philosophie zur eigentlichen Existenzphilosophie weiter, indem er die **realen Bedingungen menschlicher Existenz** untersuchte. Erkennen kann der Mensch das Wesen des Seins immer erst in Grenzsituationen; dann aber zeigt sich, dass wir uns auf nichts in der Welt völlig verlassen können. Dennoch hat jeder die Pflicht,

Die rasanten Fortschritte von Wissenschaft und Technik auf der Suche nach den kleinsten Teilchen und dem Aufbau des Weltalls haben unsere Sicht auf die Dinge seit dem 20. Jh. zunehmend unsicherer werden lassen.

seine Existenz eigenverantwortlich in die Hände zu nehmen und dem Scheitern ins Auge zu sehen.

Analytische Philosophie und Sprachphilosophie

Die Analytische Philosophie strebte seit Ende des 19. Jh. für das philosophische Wissen die gleiche Exaktheit an, wie sie die Naturwissenschaften auszeichnet. Als Begründer gilt Gottlob Frege (1848–1925), dem es um das Verhältnis von Sprache und Wirklichkeit, um die Zusammenhänge zwischen Mathematik, Logik, Erkennen und Psychologie ging.

Innerhalb der Analytischen Philosophie gibt es zwei Gruppen. Die eine beschäftigt sich mit der logischen Analyse der Alltagssprache und ihres Gebrauchs, die andere mit dem Ersatz der Alltagssprache durch eine Idealsprache, die den Ansprüchen formaler Logik genügt. Zu Letzterer zählt Rudolf Carnap (1891–1970), der alle philosophischen Fragen in Wirklichkeit **Fragen der Sprache** nannte und forderte, dass aufgrund der Unmöglichkeit der exakten sprachlichen Beschreibung der Welt sich die Erkenntnistheorie in erster Linie mit Sprachproblemen beschäftigen solle.

Ludwig Wittgenstein (1889–1951) wurde zum bedeutendsten Vertreter der Sprachphilosophie; diese untersucht Wesen, Funktion und Ursprung von Sprachen und fragt nach dem Anteil, den Sprachen an der Konstitution von Wirklichkeit und Bewusstsein haben. Für Wittgenstein lag in der Sprache die Ursache zahlreicher philosophischer Probleme. Wörter können in verschiedenen Kontexten sehr unterschiedliche Bedeutungen annehmen. Ein Wort (oder ein Satz) „hat" also keine Bedeutung, die unabhängig von der Situation wäre, in der es verwendet wird. Wittgenstein prägte den Begriff **„Sprachspiel"**, der eine sprachliche Äußerung innerhalb eines bestimmten Kontextes bezeichnet. Wie es zahlreiche Spiele (z. B. Brett-, Karten- oder Ballspiele) mit unterschiedlichen Regeln und auch Gemeinsamkeiten gibt, so gibt es auch sehr unterschiedliche Verwendungssituationen von Sprache; jede von ihnen (z. B. Alltagssprache, Fachsprache) besitzt z. T. andere Regeln und keine ist den anderen übergeordnet.

Weitere philosophische Strömungen der Moderne

Die Lehre vom Verstehen, **Hermeneutik,** hat ihre Wurzeln in der theologischen Auslegung heiliger Schriften. Wilhelm Dilthey (1833–1911) hat herausgearbeitet, dass sich der verstehende Geisteswissenschaftler – im Unterschied zu dem erklärenden Naturwissenschaftler – in seinen Untersuchungsgegenstand hineinversetzen muss.
Der von Ernst Mach (1838–1916) angeregte **Neopositivismus** unterscheidet sich vom Positivismus durch die enge Verbindung zur mathematischen Logik und wird daher auch Logischer Positivismus genannt.
Die von Karl R. Popper (1902–1994) begründete erkenntnistheoretische Richtung des **Kritischen Rationalismus** (→ S. 485) weist dogmatische Wahrheitsansprüche zurück und setzt sich für Wertfreiheit in den Gesellschaftswissenschaften ein.
Die auch als Frankfurter Schule bezeichnete sozial- und wissenschaftskritische Denkrichtung der **Kritischen Theorie** analysiert die Herrschaftsverhältnisse der Gesellschaft; ihr wichtigstes Werk war „Dialektik der Aufklärung" von Max Horkheimer (1895–1973) und Theodor W. Adorno (1903–1969).

Strukturalismus und Postmoderne

Die Grundthese des Strukturalismus ist, dass der Mensch den Sinn seines Seins und der Welt nicht mehr selbst schafft, sondern dass sich der Sinn quasi ohne Zutun des Menschen ereignet. Alles, was ist, was sich ereignet, besitzt eine Struktur, die sich in Zeichen, in Sprache, aber auch in Gesten oder in anderen Signalen ausdrücken kann. Das Ziel der strukturellen Tätigkeit besteht nun darin, eine **verborgene Tiefenstruktur** freizulegen, um zu erfahren, wie etwas wirklich funktioniert.

Der Poststrukturalismus behauptete dagegen, dass es überhaupt keine Strukturen gibt und dass der Sinn der Welt nie verstanden werden kann.

Die Postmoderne bezeichnet zusammenfassend neuere Theoriebildungen der Gegenwartsphilosophie, deren Hauptmerkmal die Ablehnung jeglicher Fortschrittsgläubigkeit und objektiver Erkenntnistheorie ist.

Grundrichtungen der Philosophie

Bereits seit der Antike sind philosophische Grundfragen bekannt, die eine Unterscheidung philosophischer Teilgebiete sinnvoll erscheinen ließen. Die folgenden Versuche, die Philosophie zu untergliedern, fielen teils sehr unterschiedlich aus – schon deshalb, weil sich die Untersuchungsgegenstände ständig wandeln.

Was gehört zur Philosophie?

Die Philosophie ist nicht auf einen begrenzten Bereich bezogen, sondern bezeichnet allgemein das Denken und Nachdenken, das auf Verstehen (der Welt, des Menschen) gerichtet ist. Schon die antiken griechischen Philosophen beschäftigten sich auch mit Themen, die heute der Mathematik oder den Naturwissenschaften bzw. ihrer Vorgängerin, der Naturphilosophie (lateinisch philosophia naturalis), zuzurechnen sind, und hatten maßgeblichen Anteil an der Entwicklung dieser Wissenschaften. Bis in die Neuzeit entstanden eigenständige Wissenschaften aus der Philosophie heraus, z. B. die Nationalökonomie (Volkswirtschaftslehre) oder die Sozialwissenschaften. Auch heute umfassen die **philosophischen Fakultäten** der Universitäten weit mehr als das Studienfach Philosophie, zu ihnen zählen Geschichtswissenschaft, Philologie, Psychologie, Erziehungs- und Sozialwissenschaft(en), manchmal sogar Mathematik, Natur- oder Wirtschaftswissenschaften.

Platon und Aristoteles

Platon bezeichnete im 4. Jh. v. Chr. als höchste Ideen das Wahre, das Schöne und das Gute. Damit benannte er drei philosophische Grundfragen, die wir heute den Teilgebieten der **Erkenntnistheorie, Ästhetik** und **Ethik** zuordnen würden. Platons Schüler Aristoteles hinterließ ein Werk, das einen großen Teil des Wissens seiner Zeit enthält und sich in folgende Bereiche gliedern lässt: Logik, Erste Philosophie oder Metaphysik („das hinter der Natur Liegende"), Theoretische Philosophie (Naturwissenschaft und Psychologie), Praktische Philosophie mit Ethik (einschließlich Politik) und Poietik (Poetik und Rhetorik).

Die sieben freien Künste

Im Mittelalter bildeten die bereits in der Antike bekannten sieben freien Künste (lateinisch septem artes liberales) einen **Kanon philosophischer Fächer,** die jeder Lernende zu durchlaufen hatte, bevor er sich einer der eigentlichen Wissenschaften Medizin, Rechtswissenschaft oder Theologie zuwandte. Die sieben freien Künste unterteilten sich in einen **Dreiweg** (Trivium) aus den sprachlichen Fächern Grammatik, Rhetorik und Dialektik bzw. Logik sowie einen daran anschließenden **Vierweg** (Quadrivium), der aus den der Mathematik zugerechneten Fächern Arithmetik, Geometrie, Musik und Astronomie bestand. Erkenntnistheoretische und ethische Fragen beantwortete die Theologie, der die Philosophie zu dienen hatte.

Die Artistenfakultät, neben der medizinischen, juristischen und theologischen die vierte Fakultät an mittelalterlichen Universitäten, war Vorläufer der heutigen philosophischen Fakultät. Bis vor kurzem wirkte das mittelalterliche Lehrsystem nach: Ein Hochschulstudium an der theologischen Fakultät wurde mit einem Diplom abgeschlossen, an der philosophischen Fakultät dagegen mit dem Titel **Magister Artium,** dem „Meister/Lehrer der (freien) Künste".

Die Grundfragen bei Kant

Während der Aufklärung formulierte Immanuel Kant im späten 18. Jh. die Grundfragen der Philosophie folgendermaßen: Was kann ich wissen? Was soll ich tun? Was darf ich hoffen? Was ist der Mensch? Die dazugehörigen philosophischen Teilgebiete, in denen er Antworten auf diese Fragen suchte, heißen Erkenntnistheorie, Ethik, Religionsphilosophie und Anthropologie. Kants Hauptwerke folgen nicht ganz dem von diesen Fragen vorgegebenen Rahmen. Die „Kritik der reinen Vernunft" (1781) widmet sich der Erkenntnistheorie, die „Kritik der praktischen Vernunft" (1788) der Ethik; die „Kritik der Urteilskraft" (1790) behandelt dagegen ästhetische und teleologische Fragen (nach Zweck und Ziel).

Philosophische Disziplinen heute

Obwohl die Philosophie im Verlauf der Jahrtausende nicht immer gleich unterteilt wurde, lassen sich doch einige zentrale Fragen und Disziplinen ausmachen, die sie bis heute bestimmen: 1. die Frage, wie folgerichtiges Denken funktioniert **(Logik)**; 2. die Fragen nach dem Wesen von Erkenntnis **(Erkenntnistheorie)** und den Voraussetzungen wissenschaftlichen Erkenntnisgewinns **(Wissenschaftstheorie)**; 3. die Frage, was „gut" ist und unser Handeln bestimmen sollte **(Ethik)**; 4. die Frage nach dem „Schönen" **(Ästhetik)**; 5. die Frage nach der Natur des Menschen **(Anthropologie)**; 6. die Fragen nach den ersten Gründen des Seienden **(Metaphysik)** und nach dem Sein selbst **(Ontologie)**; 7. die besonders im 20. Jh. gestellte Frage nach Entwicklung und Funktion von Sprache **(Sprachphilosophie)**.

Diese Zusammenstellung darf nicht als abschließender Fächerkanon verstanden werden. Ein solcher würde der Philosophie nicht gerecht, da sie zahlreiche Wissenschaften berührt und z. B. als Geschichts-, Rechts-, Religions- oder Sozialphilosophie ein Teil von ihnen ist. Es macht die Philosophie aus, dass sie stets durch neu sich stellende Fragen erweitert wird, während andere (ehemalige) Teilbereiche zu eigenständigen Wissenschaften werden.

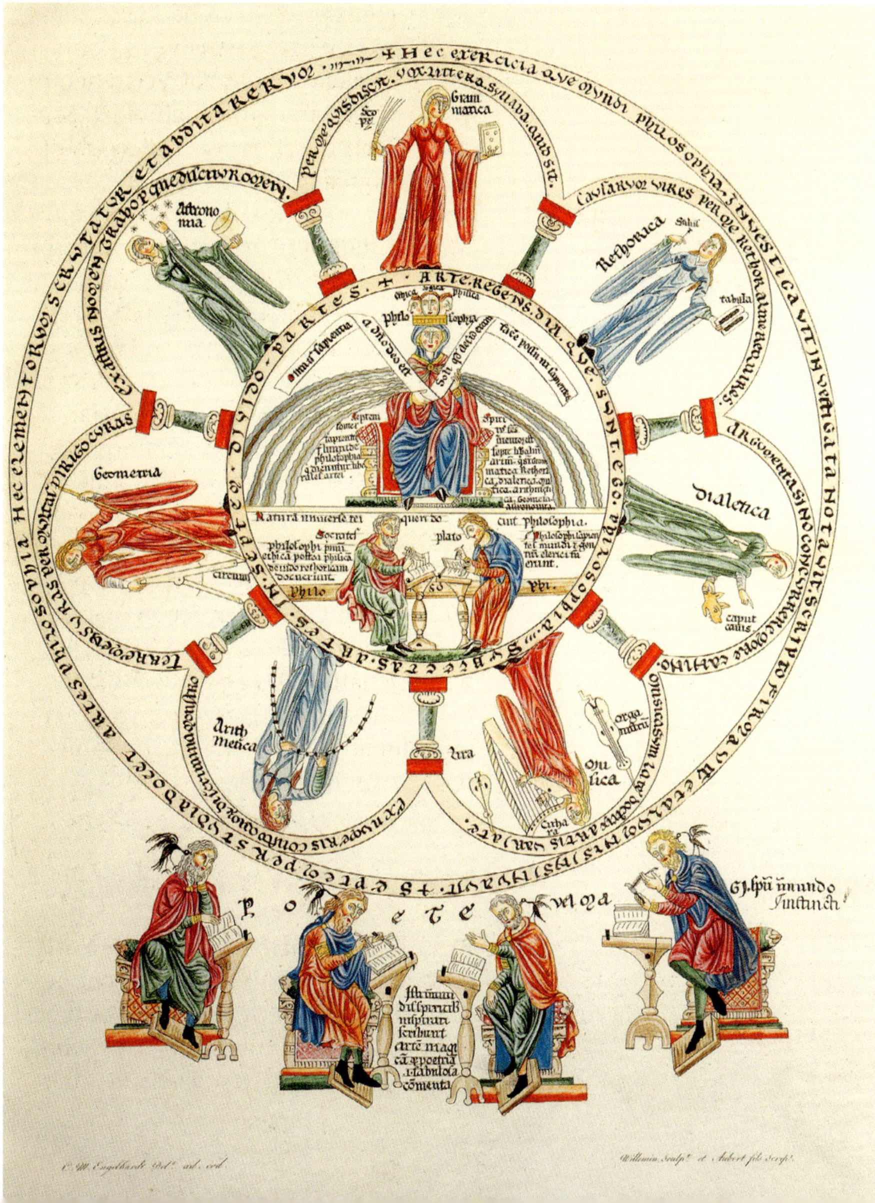

Die sieben freien Künste des Mittelalters umgeben die Philosophie (Darstellung um 1185).

Logik

Logik kommt vom griechischen Wort logos und kann u.a. mit „Wort“, „Rede“, „Sinn“ oder „Vernunft“ übersetzt werden. Sie ist die Lehre vom folgerichtigen Denken und vernünftigen Schlussfolgern. Als Erster untersuchte im 4. Jh. v. Chr. Aristoteles, wie Urteile – Sätze, die eine wahre oder falsche Aussage enthalten – zu Schlüssen verbunden werden. So folgt aus den Sätzen (1) „Alle Menschen sind sterblich“ und (2) „Sokrates ist ein Mensch“ der Satz (3) „Sokrates ist sterblich“; einen solchen Schluss nannte Aristoteles **Syllogismus.** Dieser Methode des deduktiven Beweises (Schlusskette vom Allgemeinen hin zum Besonderen) stellte er den induktiven Schluss (vom Besonderen zum Allgemeinen) gegenüber.

Mit der Verknüpfung von Aussagen durch verschiedene Junktoren, z. B. Konjunktion („und“), Disjunktion („oder“) und Negation („nicht“), befasst sich die **Aussagenlogik.** Sie beschäftigt sich u.a. mit Tautologien – Sätzen, die unabhängig vom Wahrheitsgehalt ihrer Aussagen logisch immer wahr sind. Tautologien sind Sätze wie „P oder nicht P“ (entweder Aussage P ist wahr oder ihre Negation). Über die Aussagenlogik hinaus geht die **Prädikatenlogik,** die auch die Inhalte der Sätze logisch analysiert; sie operiert u.a. mit dem Allquantor („Für alle x gilt: ...“) und dem Existenzquantor („Es gibt [mindestens] ein x, für das gilt: ...“). Weitere Zweige der Logik sind die kombinatorische Logik und die mehrwertige Logik, in der es neben „wahr“ und „falsch“ weitere Wahrheitswerte gibt.

Der Gödel'sche Unvollständigkeitssatz

Der österreichische Mathematiker und Logiker Kurt Gödel (1906–1978) bewies 1931, dass eine widerspruchsfreie mathematische Theorie, die die Arithmetik umfasst, unvollständig ist, weil sie Aussagen enthält, die sie aus sich selbst heraus weder beweisen noch widerlegen kann **(Erster Unvollständigkeitssatz).** Ferner, dass eine solche Theorie den Beweis ihrer Widerspruchsfreiheit nicht selbst enthalten kann **(Zweiter Unvollständigkeitssatz),** sondern dieser nur in einer umfassenden Theorie bewiesen werden kann. Damit war der Ansatz der Logik (und Mathematik), der eine Theorie durch den Nachweis ihrer Widerspruchsfreiheit als bewiesen ansah, widerlegt. Der amerikanische Physiker und Kognitionswissenschaftler Douglas A. Hofstadter (* 1945) griff Gödels Beweis 1979 auf. Als Beispiel wählte er einen Plattenspieler, der nie „vollkommen“ sein, also jede Platte abspielen könne: Es gibt Töne, die im Plattenspieler Schwingungen erzeugen, die ihn zerstören. Entweder kann der Plattenspieler diese Töne nicht erzeugen oder er wird durch sie zerstört; in beiden Fällen kann er die Platte nicht abspielen.

„Treppenhaus“ (1951), eine der widersprüchlichen Welten des Niederländers M. C. Escher, deren Paradoxien und „Seltsame Schleifen“ Douglas A. Hofstadter in seinem Buch „Gödel, Escher, Bach“ untersucht.

Wahre Lüge

Ein Paradoxon – ein (scheinbar oder tatsächlich) unauflöslicher Widerspruch – entsteht z. B. durch die Behauptung: „Ich lüge.“ Hält man die Aussage für wahr, dann ist sie falsch, denn der Sprecher hat entgegen seiner Behauptung etwas Wahres gesagt. Hält man sie aber für falsch, dann hat der Sprecher wie angekündigt gelogen, und die Aussage ist wahr. Dieses Paradoxon kann in vielen Varianten formuliert werden, z. B. mit der Aussage „Diese Aussage ist falsch“ oder aber durch ein Aussagenpaar: „Die folgende Aussage ist falsch“, und „Die vorangehende Aussage ist richtig.“ Bekannt ist es seit der Antike als das **Paradoxon des Epimenides.** Der Kreter Epimenides soll gesagt haben: „Alle Kreter lügen.“

Erkenntnis- und Wissenschaftstheorie

Die Erkenntnis- und die Wissenschaftstheorie beschäftigen sich mit den Bedingungen, Voraussetzungen und Grenzen der Erkenntnis. Sie fragen, unter welchen Voraussetzungen wir etwas „wissen“, eine Erkenntnis als wahr oder eine Theorie als bewiesen betrachten können. Erkenntnistheorie (Epistemologie) befasst sich mit dem Verhältnis von Subjekt, Objekt und Inhalt der Erkenntnis; die Wissenschaftstheorie analysiert die Voraussetzungen und Möglichkeiten von Erkenntnis in den Einzelwissenschaften sowie ihre Methoden.

Was können wir wissen?

Bereits die antike Philosophie stellte die Verlässlichkeit scheinbar sicheren Wissens infrage. Sokrates, dem der Satz „Ich weiß, dass ich nicht(s) weiß“ zugeschrieben wird, brachte seine Gesprächspartner durch geschicktes Hinterfragen ihres vorgeblichen Wissens regelmäßig dazu, ihr Nichtwissen einzugestehen. Sein Schüler Platon nannte in seiner **Ideenlehre** die sinnlich erfahrbare Welt ein Abbild der wahrhaft seienden Ideen, die nur durch die Vernunft erkannt werden könnten.

Dagegen wandte sich der **Empirismus** der frühen Neuzeit, der alle Erkenntnis aus der Erfahrung ableitet. Der **Rationalismus** wiederum sah im Denken und der Vernunft die Quelle der Erkenntnis, etwa in René Descartes' berühmtem Satz „Ich denke, also bin ich“. Immanuel Kant vereinte beide Positionen: Er unterschied Erkenntnis vor aller Erfahrung (a priori) von Erkenntnis, die auf Erfahrung beruht (a posteriori).

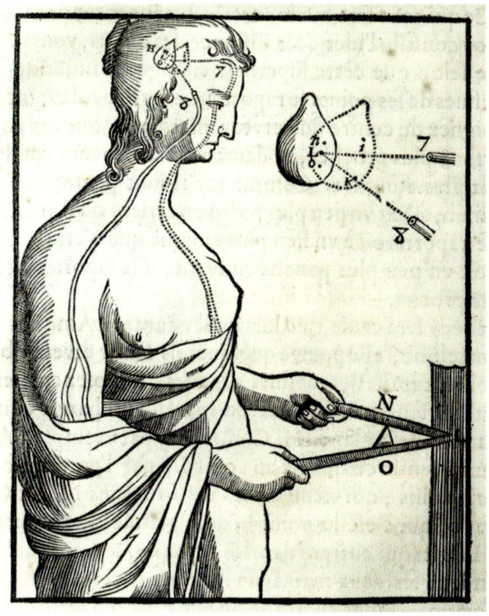

René Descartes sah im Menschen ein vernunftbegabtes Wesen, dessen (fast) mechanisch funktionierender Körper mit seiner Seele zusammenwirkt (Zeichnung aus „Traité de l'homme“, 1632).

Wissenschaftlicher Fortschritt

Im 20. Jh. entwickelte Karl Popper den **kritischen Rationalismus.** Danach kann die Wahrheit niemals mit Sicherheit erkannt werden, doch kann die Wissenschaft sich der Erkenntnis der Wahrheit stetig annähern. Zwar sind ihre Theorien nicht verifizierbar, sie ist jedoch falsifizierbar und durch das Erweitern oder Ersetzen widerlegter Theorien findet wissenschaftlicher Fortschritt statt. Nur Theorien, die durch Tatsachen zu widerlegen sind, können demnach einen Anspruch auf Wissenschaftlichkeit erheben.

Der Amerikaner **Thomas S. Kuhn** sagt, dass in der Wissenschaft Paradigmen existieren – (ungeschriebene) Regeln z. B. darüber, wie Probleme zu lösen und welche Probleme wissenschaftlich relevant sind. In Phasen „normalwissenschaftlicher“ Forschung wird innerhalb des Paradigmas geforscht, dieses selbst aber nicht hinterfragt. Nur in „revolutionären“ Phasen – etwa nach der Veröffentlichung der Evolutionstheorie von Charles Darwin – wird ein Paradigma durch ein neues ersetzt. Dieser Paradigmenwechsel geschieht jedoch nicht durch Falsifizierung, sondern weil ein neues Paradigma entsteht und Anhänger findet.

Sir Karl Popper

Der britische Philosoph österreichischer Herkunft kritisierte in seinem 1934 veröffentlichten Hauptwerk „Logik der Forschung“ die Ansicht des logischen Positivismus, aus empirischen Fakten könne auf Naturgesetze geschlossen werden. Popper hielt dem entgegen, Theorien könnten nur widerlegt, aber niemals bewiesen werden und wurde so zum Begründer des sog. Kritischen Rationalismus. Als Jude vor dem Nationalsozialismus geflohen, lehrte Popper 1937–1945 in Christchurch/Neuseeland, ab 1946 in London. Seinen kritischen Rationalismus übertrug er auch auf die Sozialwissenschaften, wo er den absoluten Wahrheitsanspruch der in Europa aufgekommenen totalitären Systeme (Nationalsozialismus, Kommunismus) kritisierte. In seinem zweibändigen Werk „Die offene Gesellschaft und ihre Feinde“ (1945) verteidigt er die Demokratie gegen ihre Feinde, als deren Vorläufer er insbesondere Platon sowie Hegel und Marx ansieht.

Statue Immanuel Kants (1724 bis 1804) in seiner Heimatstadt Königsberg (heute Kaliningrad); Kants Werk ist Grundlage für viele philosophische Richtungen der Moderne.

Ethik

Die Ethik (auch Moralphilosophie) beschäftigt sich mit der Frage nach dem Guten und nach den Richtlinien menschlichen Handelns. Die Moral bezeichnet das, was von einem Einzelnen, einer Gruppe oder einer Gesellschaft als richtig angesehen wird, ohne dies kritisch zu hinterfragen. Dagegen sucht die Ethik nach rational einsehbaren Prinzipien und Grundlagen des Handelns, die unabhängig von Traditionen, Konventionen und Autoritäten gelten.

Wie sollen wir handeln?

Platon benannte vier Kardinaltugenden als Voraussetzungen moralischen Handelns: Klugheit (oder Weisheit), Gerechtigkeit, Tapferkeit (oder Standhaftigkeit) und Mäßigung. Aristoteles postulierte sittliches Verhalten als den Mittelweg zwischen den Extremen und bezeichnete z. B. Tapferkeit als die Mitte zwischen Feigheit und Tollkühnheit. Die christliche Ethik fügte später die drei Tugenden Glaube, Hoffnung und Liebe hinzu und kennt somit **sieben Kardinaltugenden.**

Immanuel Kant sah als entscheidend für eine moralische Handlung nicht die persönliche Neigung an, sondern die Erfüllung der Pflicht, sein Handeln an Grundsätzen auszurichten, die als vernünftig erkannt wurden. Antrieb des Handelns muss danach die Achtung vor dem Gesetz sein, nicht die Selbstliebe. In seinem **kategorischen Imperativ** fordert er, die Maxime des Handelns müsse jederzeit als Prinzip einer allgemeinen Gesetzgebung gelten können – unabhängig von persönlichen und situationsbedingten Interessen des Handelnden.

Der **Utilitarismus** (lateinisch utilis, „nützlich") hob im 19. Jh. nicht mehr auf die Beweggründe einer Handlung ab, sondern auf ihre (zu erwartenden) Konsequenzen; Ziel war „das größtmögliche Glück der größtmöglichen Zahl". Kritiker werfen dem Utilitarismus vor, dass mit ihm auch eine Politik zu Lasten einer Minderheit durch eine Mehrheit begründet werden könne. Statt einer Maximierung des Glücks fordern sie eine Minimierung des Unglücks.

Wissenschaft und Ethik

Auch Fortschritt in der Wissenschaft wirkt sich auf das Verständnis von Ethik aus. So hat die Evolutionstheorie Charles Darwins Menschenbild und moralische Vorstellungen verändert. Ob aus wissenschaftlichen Erkenntnissen moralische Sätze (z. B. Fortpflanzung sei der Sinn des Lebens) abgeleitet werden können, ist sehr umstritten; ein solcher Schluss vom Sein aufs Sollen wird zumeist abgelehnt.

Auch neue Techniken, z. B. die Kernenergie, können zu ethischen Debatten führen. In jüngster Zeit erregen die Fortschritte der Biowissenschaften, etwa die Stammzellenforschung, viel Aufmerksamkeit. Zur Diskussion damit einhergehender ethischer und politischer Fragen gibt es seit 2007 den Deutschen Ethikrat.

Fortschritte in vorgeburtlicher Diagnostik und Stammzellenforschung haben viele ethische Fragen aufgeworfen.

Ästhetik

Die Ästhetik (von griechisch aísthesis, „Wahrnehmung") befasst sich im Wortsinn mit der sinnlichen Wahrnehmung. Meist ist ihr Gegenstand die Schönheit und Harmonie in Natur und Kunst sowie deren Wirkung auf den sie betrachtenden Menschen.

Ästhetik und Politik

Bereits in der Antike wurden ästhetische Fragen im engen Zusammenhang mit ethischen, gesellschaftlichen und politischen diskutiert. Schon Sokrates erwähnt (im Dialog „Lysis") eine Verbindung zwischen moralischen und ästhetischen Qualitäten, indem er äußert, **das Gute sei schön.** Das Christentum stand der Sinnenwelt reserviert gegenüber, sodass im ausgehenden Mittelalter die Rückbesinnung der Renaissancekunst auf den Schönheitsbegriff der Antike eine enorme gesellschaftliche Sprengkraft entfalten konnte.

Auch die totalitären Diktaturen des 20. Jh. erkannten die **Bedeutung der Ästhetik für die Politik** und übten in ihrem Machtbereich eine starke Kontrolle des Kunst- und Kulturbetriebes aus, um ihre ästhetischen Vorstellungen verbindlich umzusetzen. Sie bekämpften nicht nur systemkritische Künstler, sondern auch Kunstformen, die sie als mit ihrer Ideologie unvereinbar ansahen (etwa im Nationalsozialismus unter dem Schlagwort „entartete Kunst"). Darüber hinaus setzten sie in ihrem Machtbereich ihnen genehme Stilrichtungen als einzig „systemkonforme" Kunst durch (Sozialistischer Realismus). Die Rolle des Ästhetischen im Kapitalismus, wo das durch Massenmedien vermittelte Kunstwerk zur Ware gemacht werde, kritisierten u. a. Max Horkheimer und Theodor W. Adorno in der „Dialektik der Aufklärung".

Kants ästhetische Theorie

Immanuel Kant widmet sich in seiner 1790 erschienenen „Kritik der Urteilskraft" der Ästhetik und untersucht die ästhetischen Kategorien des Schönen und des Erhabenen. Bei der **Betrachtung des Schönen** empfinde das Subjekt ein „interesseloses Wohlgefallen"; dies setzt eine benennbare Eigenschaft des betrachteten Objekts (z. B. eine als schön empfundene Form und Farbgebung) voraus. Das **Erhabene** dagegen hängt von der inneren Einstellung des Betrachters ab. Bei der Betrachtung von unermesslich Großem oder Bedrohlichem in Natur oder Kunst erlebt der Mensch seine eigene Unterlegenheit. Erhabenheit liegt darin, diese Erfahrung (etwa die daraus resultierende Furcht) kraft der Vernunft zu überwinden und dadurch seine innere Freiheit gegenüber diesen äußerlich überlegenen Phänomenen zu gewinnen.

Die im 2. Jh. v. Chr. entstandene „Venus von Milo"; die Darstellung der Göttin Aphrodite repräsentiert das hellenistische Schönheitsideal.

Schillers ästhetische Erziehung

Immanuel Kants Zeitgenosse Friedrich Schiller entwickelte dessen Gedanken in seinen in Form von 27 Briefen verfassten Schriften „Über die ästhetische Erziehung des Menschen" (1794/95) und in seinen Stücken weiter. Er war enttäuscht darüber, dass die Befreiung vom auf physischer Machtausübung basierenden Staat in der Französischen Revolution zu Willkür und Terror geführt hatte, die nun vom Volk selbst ausgeübt wurden. Durch die Darstellung des Erhabenen auf der Theaterbühne wollte er die Menschen an die Freiheit heranführen und so die Grundlage für einen „moralischen" Staat schaffen. Schiller ging davon aus, dass das Schöne den Menschen an die sinnliche (materielle) Welt bindet, während das Erhabene ihn aus dieser herausführen kann. Er zeigte dazu auf der Bühne Menschen, die einer überlegenen physischen Macht ausgesetzt sind, ihr Leiden aber bezwingen. Auf diese Weise behaupten sie für den inneren oder „moralischen" Teil ihrer Persönlichkeit die Unabhängigkeit gegenüber den Zwängen der sinnlichen Welt.

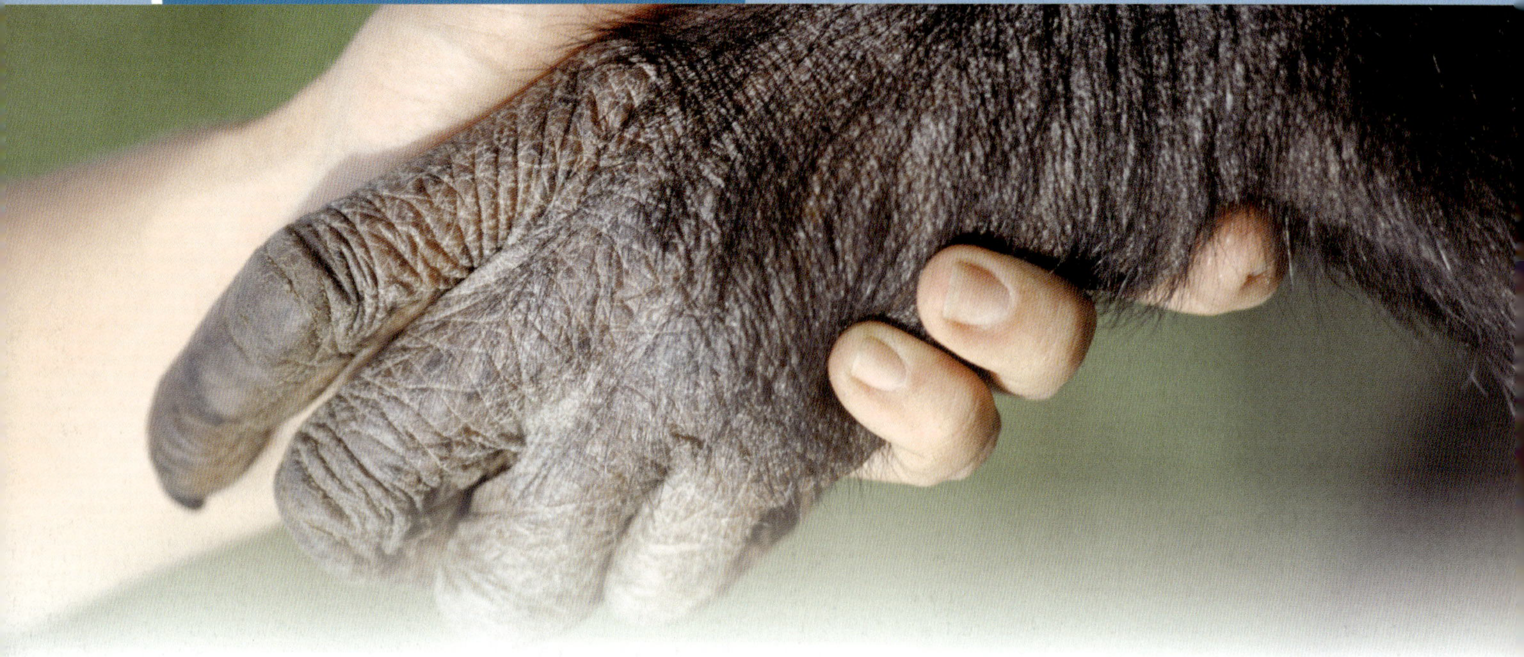

Eine bis heute populäre und noch nicht endgültig gelöste Frage: Was unterscheidet uns vom Affen?

Philosophische Anthropologie

Die Anthropologie (griechisch anthropos, „Mensch") widmet sich der Frage nach Natur und Wesen des Menschen. Nahezu jede philosophische Disziplin greift auf eine anthropologische Theorie zurück. Ein eher junger Zweig der Philosophie ist die im 20. Jh. begründete Philosophische Anthropologie.

Erschütterung des Menschenbildes

Die Frage nach dem Wesen des Menschen beinhaltet auch die Frage, was den Menschen von anderen Wesen unterscheidet. Nach Aristoteles ist der Mensch ein „zoon politikon" (soziales bzw. politisches Wesen) und ein „zoon logon echon" (Vernunftwesen; auch sprachbegabtes Wesen). Das aristotelische Menschenbild blieb über die Antike hinaus auch im Mittelalter von großer Bedeutung, ergänzt durch die christliche Vorstellung des Menschen als Ebenbild Gottes, aus der sich seine zentrale Stellung in der Welt erklärte **(Anthropozentrismus).**

Die Erkenntnis, dass sich die Erde wie die anderen Planeten um die Sonne bewegt, erschütterte im 16. Jh. den Glauben an diese Sonderstellung des Menschen nachhaltig. Noch mehr geriet er durch die 1858 von Charles Darwin und Alfred Russel Wallace veröffentlichte **Evolutionstheorie** ins Wanken (→ S. 68): Danach war der Mensch nicht durch einen planvollen Schöpfungsakt, sondern durch Mutation und Selektion aus tierischen Vorfahren entstanden. Zu Beginn des 20. Jh. stellte schließlich die **Psychoanalyse** Sigmund Freuds auch die Herrschaft des Menschen über sein eigenes Inneres infrage, etwa die von Kant postulierte Möglichkeit, mit Hilfe der Vernunft seine Natur zu zähmen.

Philosophische Anthropologie im 20. Jahrhundert

Die moderne philosophische Anthropologie, die 1928 von Max Scheler (1874–1928) und Helmuth Plessner (1892–1985) begründet wurde, suchte neue, rationale Erklärungen für die Sonderstellung des Menschen. Laut Scheler unterscheidet den Menschen von den Tieren sein Geist. Dieser steht in ständiger Spannung mit dem Drang, der ihn mit anderen Lebewesen verbindet. Nach Plessner kann sich der Mensch im Gegensatz zum Tier wie aus einer Außenposition selbst beobachten **(exzentrische Positionalität).** Arnold Gehlen (1904 bis 1976) sah den Menschen als Mängelwesen, das seine bedrohte Existenz durch Schaffung einer Kultur sichern muss.

Metaphysik und Ontologie

Der Begriff „Metaphysik" (griechisch meta ta physika, „nach bzw. hinter dem Physischen") wird auf eine Aristoteles-Ausgabe aus dem 1. Jh. v. Chr. zurückgeführt. Darin sind die Schriften zusammengefasst, die auf Aristoteles' acht „physikalische" Bücher (über die Natur) folgten. Im übertragenden Sinne bedeutet der Begriff, dass sich die Metaphysik mit den „ersten Gründen" bzw. den Ursprüngen und Ursachen des Seienden befasst.

Metaphysik

Zentrale metaphysische Fragen sind beispielsweise die, warum es überhaupt etwas gibt und nicht nichts, sowie die, ob die Wirklichkeit nur aus einer einzigen Substanz (Monismus) oder aus zwei Substanzen besteht (Dualismus, z. B. Geist und Materie, Gut und Böse).

Eine sehr einflussreiche dualistische Lehre schuf Platon mit seiner **Ideenlehre.** Danach sind die sichtbaren Dinge nur Abbilder eines Urbilds, einer Idee. In seinem berühmten **Höhlengleichnis** stellt er die Gegenstände der sichtbaren Welt als an die Wand geworfene Schatten der eigentlichen Gegenstände dar. Als höchste Idee gilt Platon die Idee des Guten. Für Aristoteles setzten sich alle Gegenstände zusammen aus Stoff und Form. Da die Welt sich ständig wandle und jede Bewegung als Ursache eine andere Bewegung haben müsse, schloss er auf die Existenz eines Gottes: eines „unbewegten Bewegers", den er sich als reine Form vorstellte.

Die heute bedeutendste monistische Lehre ist der **Materialismus,** der annimmt, dass es nur Materie gibt. Bereits zur Zeit der Aufklärung erstarkte ein gegen die Kirche und das Christentum gerichteter Materialismus. Im 19. Jh. erhielt er durch die Lehren von Karl Marx und die Evolutionstheorien von Charles Darwin und anderen Wissenschaftlern weiteren Auftrieb.

Ontologie

Die Ontologie („Seinslehre", von griechisch on, „das Seiende"), ein Teilgebiet der Metaphysik, hat das Sein selbst zum Gegenstand. Im 13. Jh. unterschied Thomas von Aquin das Wesen (essentia) einer Sache von ihrem Sein (existentia). Das Wesen von etwas bleibt demnach bei allen Veränderungen gleich; man kann das Wesen einer Sache kennen, ohne zu wissen, ob sie tatsächlich existiert. Nur bei Gott fallen Wesen und Sein zusammen.

Zwei bedeutende Ansätze im 20. Jh. waren die Fundamentalontologie Martin Heideggers (1889–1976) und die phänomenologische Ontologie Jean-Paul Sartres (1905–1980). Heidegger suchte 1927 in seinem Werk „Sein und Zeit", die Ontologie auf ein neues Fundament zu stellen. Er führte die **„ontologische Differenz"** ein, die Unterscheidung zwischen dem konkreten Seienden (räumlich und zeitlich bestimmbar, beispielsweise ein Gegenstand) und dem allgemeinen Sein. Dieses unveränderliche, dem Seienden zugrundeliegende Sein war laut Heidegger in der Geschichte der Metaphysik in Vergessenheit geraten.

Sartre befasst sich in seinem 1943 erschienenen philosophischen Hauptwerk „Das Sein und das Nichts. Versuch einer phänomenologischen Ontologie" mit einer ontologischen Begründung der Freiheit. Er unterscheidet das sich seiner selbst nicht bewusste Sein (An-sich-Sein) der Dinge vom durch Bewusstsein bestimmten Sein (Für-sich-Sein) des Menschen. Letzteres besitzt die Fähigkeit der Negation: Die **Freiheit des Menschen** besteht darin, dass er sich selbst verneinen kann, indem er einen Entwurf von sich selbst in der Zukunft macht, also seinen Lebensentwurf mitbestimmen kann. Zu dieser Freiheit ist der Mensch paradoxerweise gezwungen, da er laut Sartre gar nicht in der Lage ist, das Hinausgehen über das faktisch Gegebene zu vermeiden.

Neben seiner Tätigkeit als Lehrer und Schriftsteller engagierte sich der Philosoph Jean-Paul Sartre (Mitte) auch politisch; Kritik löste 1974 sein Besuch des RAF-Terroristen Andreas Baader im Gefängnis Stuttgart-Stammheim aus.

Register

Das Register umfasst alle wichtigen Personennamen, Sachbegriffe und literarische Werke. **Fette** Seitenzahlen verweisen auf Haupteinträge, ***kursive*** Seitenzahlen auf Abbildungen, Schaubilder und Karten. Bestimmte und unbestimmte Artikel sind nachgestellt und wurden bei der Alphabetisierung nicht berücksichtigt, z. B. „Blechtrommel, Die".

A

B

C

D

F

G

H

I

L

M

N

O

P

Q

R

S

T

W

X

Y

Z

akg = akg-images, Berlin
aisa = AISA Media S.L., photoaisa.com, Barcelona
alamy = Alamy Images, Abingdon
AP = Associated Press GmbH, Frankfurt
bett = Corbis GmbH, Düsseldorf/Bettmann Archive
Cine = Cinetext Bild- und Textarchiv GmbH, Frankfurt
Corbis = Corbis GmbH, Düsseldorf
dpa = dpa Picture-Alliance GmbH, Frankfurt
Focus = Focus, Hamburg/Science Photo Library
foto = fotolia.com
IF = Interfoto, München
ist = istockphoto.com
Jup = Jupiterimages/IFA-Bilderteam
laif = laif, Köln
Mau = Mauritius Images, Mittenwald
shutt = shutterstock.com
top = TopFoto, Kent
wm = wissenmedia GmbH, Gütersloh

6 l.: alamy/David Noton Photography **6 r.:** blickwinkel/Van Cauteren **7 l.:** shutt/Olivier Le Queinec **7 M:** alamy/Phototake **7 r.:** Corbis/Fisher **8 l.:** Bridgeman Art Library, London **8 M.:** IF/Jersicky **8 r.:** Jup/Harris **9 l.:** shutt/Marc Pinter **9 M.:** shutt/Kim Pin Tan **10/11:** alamy/David Noton Photography **13:** shutt/kavram **14:** NASA **15:** dpa/AFP **17:** shutt/Yegorius **18:** laif/Torfinn **19:** shutt/Specta **20:** shutt/juliengrondin **21 o.:** Dorling Kindersley, London **21 u.:** foto/Blickfang **22:** shutt/Jiri Papousek **23 o.:** ist/Matthew Antonino **23 u.:** Dorling Kindersley, London **24 o.:** FloraFoto Uwe Lochstampfer, Langenhagen **24 u.:** Dorling Kindersley, London **25:** NASA **27 o.:** Jup **27 u.:** Jup/Herzog **28 o.:** bett/UPI **28 u.:** Brown Reference Group, London **30:** top/Picturepoint **31:** aisa/Gonzalo **32:** shutt/Birute Vijeikiene **33:** shutt/OlgaLis **34:** Christoph & Friends, Essen/Stark **35 l.:** dpa/DLR **35 r.:** akg **36 l.:** Corbis/Gipe **36 r.:** dpa/Immoos **37:** Jup/Nova Stock **38:** laif/Klein **39:** laif/Macleod **41 o.:** dpa/Hollemann **41 o.:** NASA **41 u.:** shutt/Morgan Lane Photography **44:** IF/Fischer **46:** dpa/Morandi **47 o.:** Jup/Jon Arnold Images **47 u.:** Helga Lade Fotoagentur, Frankfurt **48:** Jup/Bowman **49:** Jup **50 o.:** laif/Kirchgessner **50 u.:** alamy/Images of Africa Photobank **51:** Corbis/Heaton **52:** laif/Heeb **53:** Jup/Jon Arnold Images **54:** Mau/Oxford Scientific **56:** dpa/Irham **57:** laif/Hahn **58/59:** blickwinkel/Van Cauteren **60 o.:** akg **60 u.:** alamy/Fleetham **62 o.:** Mau/Phototake **62 u.:** Mau/Anders Ekholm **63:** Mau/Chase Studio **64:** alamy/Peter Arnold Inc. **66:** shutt/Kirsty Pargeter **67:** dpa/Wartenberg **68:** shutt/Emily Sartoski **70:** ist/Russell Shively **71:** Focus/Bizley **72:** dpa/Zhongda Zhang **73:** AP/Gavrysh **74:** blickwinkel **75 u.:** TopicMedia Service, Ottobrunn/Essler **76:** Mau/Phototake **77:** shutt/Howard Grill **78 o.:** ist/David Hughes **78 u.:** Corbis/Visuals Unlimited **79:** TopicMedia Service, Ottobrunn/Janes E.A. **80:** shutt/stoupa **82 o.:** TopicMedia Service, Ottobrunn/Walz **82:** shutt/Richard Griffin **83 u.:** blickwinkel/Hartl **84:** Dr. Gisela Benecke, Gütersloh **85:** ist/Michael Valdez **86 o.:** TopicMedia Service, Ottobrunn/Cramm **86 u.:** alamy/Watt **87:** dpa/Delpho **88:** Corbis/Scott **91:** shutt/Arnaud Weisser **92 o.:** shutt/Florida Stock **92 u.:** Mau/AGE **93:** alamy/Visage **94 u.:** Jup **94:** IF/Schulz **95:** Jup/Limbrunner **96 l.:** Mau/Phototake **96 r.:** Mau/Umstätter **99:** Mau/Widmann **100 o.:** Focus/Innerspace Imaging **100 u.:** Focus/Syred **101:** foto/Susanne Güttler **104 u.:** dpa/Weihrauch **105:** dpa/Kage **106:** laif/Hartz **109:** Focus/Dr. G. Moscoso **111:** shutt/Christophe Testi **112:** dpa/Weihs **114/115:** shutt/Olivier Le Queinec **116:** wm **117:** akg **118 l.:** Alex Staroseltsev **118 r.:** Christoph & Friends, Essen/Sugar **119:** shutt/Sam DCruz **120:** Focus/Lawrence Livermore Lab. **122 o.:** foto/Sven Hoppe **124:** dpa/Stamme **126:** Mau/AGE **127:** dpa/Kasper **129:** GSI, Darmstadt/Otto **130:** Okapia KG, Frankfurt/Yoav Levy **131 o.:** dpa/Ria Nowosti **131 u.:** dpa/Ria Nowosti **132 o.:** Focus/Andrew Syred **133:** Jup/Maier **134:** IF **136:** Focus **137:** Jup/IDS **140:** mev **141:** alamy/Leach **142:** AP/Meyer **143:** ist/Ryan J. Lane Photography **144:** blickwinkel/Schmidbauer **145:** laif/Broze **146:** shutt/Elena Kalistratova **147:** dpa/Gerten **148 o.:** laif/Klein **149:** mev **150:** blickwinkel/Thomas **151:** dpa/Kasper **152 l.:** bett/UPI **153:** Photolibrary Group, London/Larrea **154/155:** alamy/Phototake **156:** shutt **157:** dpa/Thieme **158:** ist/christine balderas **159:** dpa/Qilai Shen **160:** dpa/ASA **162:** shutt/Sergey I **163:** foto/gunnar3000 **164 o.:** foto/Phoenixpix **165:** top/Hindley **166:** ESA/CNES/Arianespace **167:** foto/amridesign **168:** dpa/Kasper **169:** dpa/Förster **170 o.:** Jup/Nägele **170 u.:** shutt/Fellner **172 o.:** Caro Fotoagentur, Berlin/Westermann **172:** Mau/THFW **174 o.:** Mau/Phototake **174 u.:** shutt/ushama **175:** dpa/Weigel **176:** foto/Giordano Aita **179 u.:** foto/Reinhold Stansich **180:** dpa/Reinhardt **181:** Jup **182 o.:** alamy/Nano Calvo **182 u.:** ist/EuToch **183:** shutt/Paula Cobleigh **184:** bett **186:** Mau/Leblon **187:** IF/SSPL **188:** dpa/Hensel **189:** dpa/Hörhager **190:** dpa/Schiller **191:** bett/UPI **192:** Corbis/Bettmann **193:** dpa/Deck **194 o.:** dpa/Weißbrod **194 u.:** shutt/Vartanov Anatoly **195:** alamy/Picture Contact **196:** Corbis/Stocktrek **197:** dpa **198:** ESA **199 o.:** ist/shaunl **200, 201, 202:** NASA **203:** ESA/NASA/M. Jee and H. Ford/John Hopkins University **204:** CERN **206/207:** Corbis/Fisher **208:** shutt/vnlit **209:** shutt/Stephen Coburn **210 o.:** foto/Kiyoshi Takahase Segundo **211 u.:** Mau/Pöhlmann **212:** ist/Maartje van Caspel **213 o.:** foto/Uwe Malitz **215:** dpa **218 o.:** shutt/Dmitryi Shironosov **218 u.:** akg **219 u.:** wm **221:** top/AAAC **222:** alamy/Vario images **224:** shutt/kMaya Kruchankova **225:** Mau/AGE **226:** Texas Instruments Education Technology **228:** ist/antonio Nunes **229:** shutt/MWProductions **231:** Sir Norman Foster and Partners, London/Nigel Young **233, 234 o.:** akg **234 u.:** akg/Battanlini **237:** Sipa Press, Paris/List **238:** foto/Martin **240:** foto/Joachim Wendler **243:** Focus/Dr. Fred Espenak **244:** foto/tom **245 u.:** foto/FotoFactory.cc **246:** dpa/may **249:** foto/Yuri Arcurs **250/251:** Bridgeman Art Library, London **252:** dpa/Wittek **254 o.:** Prof. Dr. James Mellaart, London **254 u.:** akg/Lessing **256:** Mau/Scott **257 o.:** akg/Lessing **257 u.:** Dorling Kindersley, London **258:** bett/UPI **259, 260 o.:** top/HIP **260 u.:** akg/Lessing **261:** IF/Mary Evans **262 o.:** IF/aisa **262 u.:** akg **263 o.:** IF/aisa **263 u., 264:** akg **265:** Corbis/Marco Cristofori **267:** Brown Reference Group, London **268:** akg **269:** Cine **270 l.:** Mau/SuperStock **270 r.:** IF/Daniel **271:** aisa **272:** alamy/Bluered **273:** IF/Daniel **274:** top/HIP **275:** Jup **276 o., 276 u.:** akg **277:** shutt/Mirec **278:** akg **279:** IF **280:** dpa/Ottfilm **281, 282:** akg **283:** Jup/Diaf **284:** akg **285:** bett **286:** akg **287:** top/Roger-Viollet **288:** IF/NMPFT/Royal Photographic Society **289:** dpa **290:** IF/Hansmann, **291:** akg **292, 293:** bett **294:** wm **295:** alamy/Pictorial Press Ltd. **296 o., 296 u., 297:** IF **298:** akg **299:** bett **300 o.:** akg/Leibing **300 u.:** IF **301:** Corbis/Tim Page **302:** dpa/Eilmes **303:** AP/Willens **304:** dpa/Boesl **305:** AP/Delay **306/307:** IF/Jersicky **308:** alamy/imagebroker **309:** akg **310:** shutt/fotum **311:** shutt/Kuznetsov Alexey Andreevich **312:** dpa **313:** Mau/Umstätter **315:** Media Saturn, Ingolstadt **316 o.:** shutt/Russell Shively **316 u.:** aisa **318:** dpa/Rumpenhorst **320:** shutt/Baudot **322:** foto/Konstantin Sutyagin **323:** dpa/Widmann **324 o.:** shutt/Monkey Business Images **324 u.:** shutt/Mathieu Viennet **325:** dpa/Dedert **326:** akg **327:** akg/Pirozzi **328:** akg **329:** Cine **330 o.:** akg **330 u.:** IF **332:** akg **333:** Harry Zdera, Landshut für Bezirk Niederbayern Kulturreferat **334:** akg **335:** Cine **336:** Cine/Falke **337, 339, 340:** akg **341:** IF **342:** wm **343 o.:** IF/Mary Evans **343 u.:** dpa **344:** Cine **345:** Animal Photography Ltd., London **346:** akg **347:** IF **348:** dpa/Dedert **349:** dpa/Eisele **351:** kpa photo archives, Köln **352/353:** Jup/Harris **354:** aisa **355:** shutt/Sergey Petrov **356:** dpa/Kefalas **357:** top/Werner Forman Archive **358:** aisa/Vidler **360:** Museum Oskar Reinhart am Stadtgarten, Winterthur **361:** dpa/Hackenberg **362:** akg **364:** dpa/Ressaing **365:** Roman Mensing, Münster **366 o.:** top **366 u., 368:** akg **369:** Jup **370:** akg **371:** top/Jones **372:** akg/Lessing **373 o.:** akg **373 u.:** IF **374:** IF/Lebrecht Music Coll. **375:** alamy/imagebroker **376:** dpa/Imagno **377:** AGE **378, 379:** IF/Lebrecht Music Coll. **380:** Corbis **381, 382 o.:** IF/Lebrecht Music Coll. **382 u.:** akg **383:** IF/Lebrecht Music Coll. **384:** dpa/Stache **385:** dpa/Kyocery **386 o.:** dpa/Berg **386 u.:** akg **387:** dpa/May **388:** wm **389:** dpa/Scheidemann **390 o.:** foto/seen **390 u.:** akg **391, 392:** Cine **393:** bett/Springer **394:** akg **395 o.:** Cine **395 u.:** Corbis/Murray **396/397:** Caro Fotoagentur, Berlin/Hechtenberg **398:** aisa/Vidler **399:** dpa/Brakemeier **400 o.:** Caro Fotoagentur, Berlin/Hechtenberg **400 u.:** Jup/Eiben **401:** mev **402:** akg **404:** foto/amandare **405:** dpa **406 o.:** aisa/BEBA **406 u.:** akg **407:** dpa/Pfeiffer **408:** top **409:** foto/Bernd Kröger **410:** foto/Heino Pattschull **412 o.:** dpa/Heuberger **412 u.:** ist/TriggerPhoto **413:** akg **414:** dpa/Neumann **415:** bett/UPI **416:** dpa **417:** dpa/Grimm **418:** dpa/Sabri Elmhedwi **420:** IF **421:** dpa/Bally **422:** dpa/Roessler **423:** dpa/Bally **424:** dpa/May **426:** wm **427:** dpa/Klaunzer **428:** dpa/Ruetschi **430:** dpa/Bott **431:** shutt/Vinicius Ramalho Tupinamba **432:** shutt/Hannes Eichinger **433 l.:** AP/Euler **433 r.:** akg **434:** action press, Hamburg **435:** dpa/della Valle **436:** dpa/Ruetschi **437:** AP/Leanza **438 o.:** laif/REA **438 u.:** Sipa Press, Paris/Persuy **439:** Mau/AGE **440:** dpa/Landov/Hou Jun **441:** Corbis/Hawila **442:** AP/Rodriguez **443:** dpa/Li Jianbin **444/445:** shutt/Tan, Kim Pin **446:** akg/Lessing **447:** dpa/Osservatore Romano **448 l.:** aisa **448 r.:** dpa/Legaria **449:** shutt/Carsten Medom Madsen **450:** akg **451:** laif/Seokyong Lee **452:** shutt **453:** bett **454:** Mau/Vidler **455 o.:** laif/Biedrzycki **455 u.:** laif/Scagnetti **456:** shutt/boumen&japet **457:** shutt/Mikhail Levit **458:** AP/Endlicher **460:** AP **461:** akg **462:** ist/krzysztof Chrystowski **463:** dpa/Zucchi **464:** laif/Maigrot **465:** dpa/Nackstrand **466:** akg **467:** top **468:** akg/Rabatti-Domingie **469:** akg **470:** foto/Part Time Explorer **471 o.:** shutt/iofoto **471 u.:** wm **472 l., 472 r.:** aisa **474:** akg/Lessing **475:** IF/Lebrecht Music Coll. **476:** aisa **477:** dpa/Lessing **478:** IF/Mary Evans **479:** akg **480:** shutt/Giovanni Benintende **482:** shutt/Rafael Ramirez Lee **483:** IF/Hansmann **484:** wm **485 l.:** aisa **485 r.:** akg **486 r.:** shutt/Ami Beyer **486:** akg/Chudowski **487:** SXC, Stock.XCHNG/Josiah Gordon **488:** alamy/Steve Bloom **489:** dpa/Moesch

Abbildungen auf dem Cover:
Bilderberg, Hamburg: Baby/Nomi Baumgartl; Corbis GmbH, Düsseldorf: Selinunt/ Atlantide Phototravel, Tutanchamun/Claudius/zefa; Mauritius Images, Mittenwald: Schnecke/Botanica, Molekülmodell/SuperStock;